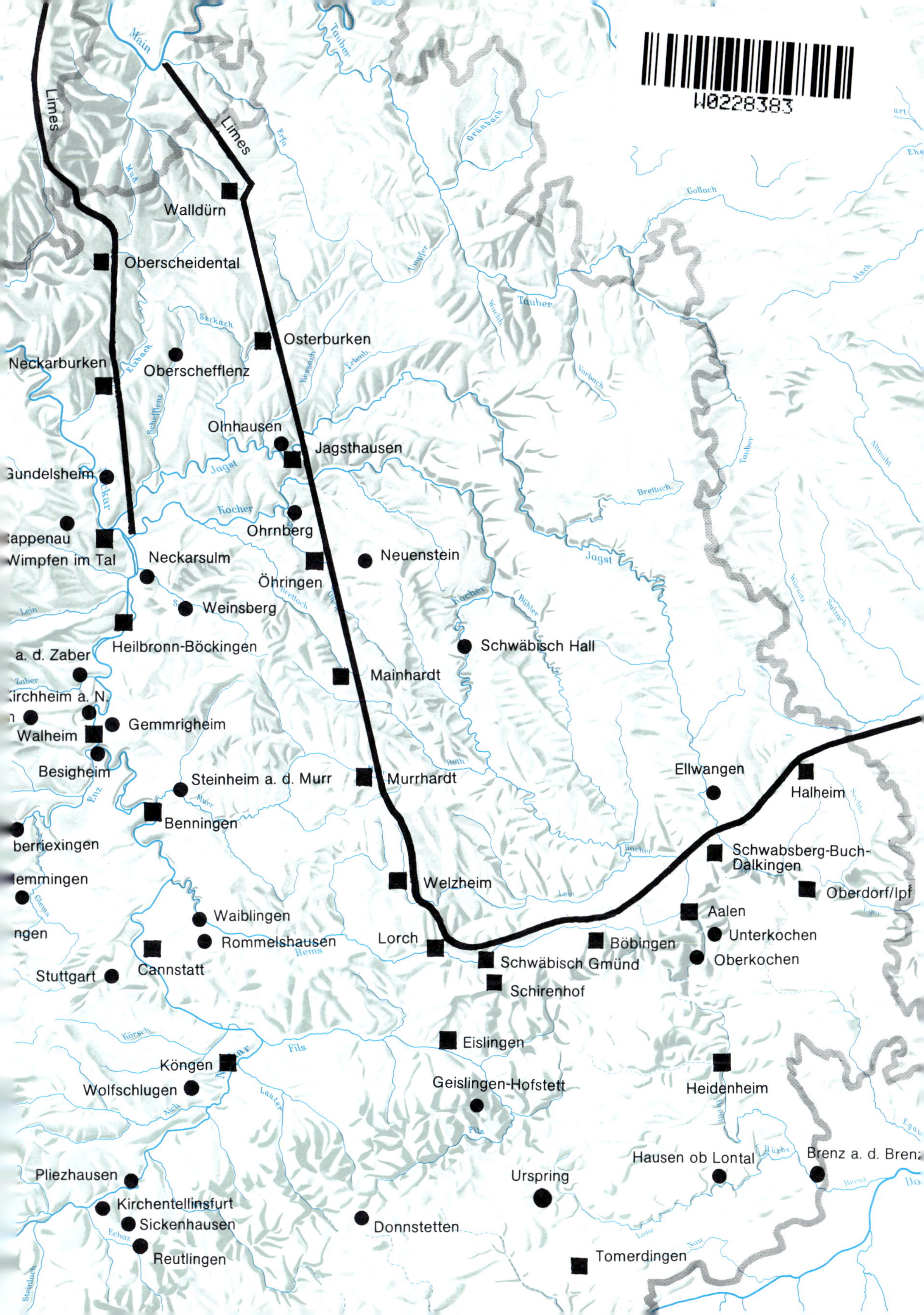

Limes
Limes
Walldürn
Oberscheidental
Osterburken
Neckarburken
Oberschefflenz
Olnhausen
Jagsthausen
Gundelsheim
Ohrnberg
Neuenstein
Wimpfen im Tal
Neckarsulm
Öhringen
Weinsberg
Heilbronn-Böckingen
Schwäbisch Hall
Mainhardt
Gemmrigheim
Walheim
Besigheim
Steinheim a. d. Murr
Murrhardt
Ellwangen
Halheim
Benningen
Schwabsberg-Buch-Dalkingen
Welzheim
Oberdorf/Ipf
Aalen
Waiblingen
Unterkochen
Rommelshausen
Lorch
Böbingen
Oberkochen
Stuttgart
Cannstatt
Schwäbisch Gmünd
Schirenhof
Eislingen
Köngen
Wolfschlugen
Geislingen-Hofstett
Heidenheim
Hausen ob Lontal
Brenz a. d. Brenz
Pliezhausen
Urspring
Kirchentellinsfurt
Sickenhausen
Donnstetten
Reutlingen
Tomerdingen
Main
Tauber
Jagst
Kocher
Fils
Rems
Murr
Enz

Die Karte auf den Vorsatzblättern zeigt die Ausgrabungsorte, Bodendenkmäler und Museen, die im archäologischen Teil des Buches behandelt werden. Die Kastelle sind durch ein Quadrat hervorgehoben. Das vordere Vorsatzblatt zeigt den nördlichen Landesteil, das hintere den südlichen. Als Kartengrundlage für die Vorsätze diente die Reliefkarte 1:600 000 des Landes Baden-Württemberg mit Genehmigung des Landesvermessungsamtes Baden-Württemberg.

Die Römer in Baden-Württemberg

Die Römer in

Herausgegeben von
Philipp Filtzinger
Dieter Planck
Bernhard Cämmerer

Konrad Theiss Verlag
Stuttgart und Aalen

Baden-Württemberg

unter Mitarbeit von

Jörg Biel, Horst Clauß, Alfred Dauber,
Klaus Eckerle, Gerhard Fingerlin,
Berndmark Heukemes, Bernhard Hildebrand,
Gerhard Hoffmann, Robert Koch,
Hermann Friedrich Müller, Helmut Neumaier,
Hans Ulrich Nuber, Hartmann Reim,
Siegwalt Schiek, Rolf Schweizer,
Gertrud Wamser

Gedruckt mit Unterstützung des Kultusministeriums
Baden-Württemberg

Redaktion: Gabriele Süsskind, Hans Schleuning
Schutzumschlag: Rolf Bisterfeld unter Verwendung eines Fotos von Karl Natter

Satz, Reproduktionen und Druck:
Grafische Betriebe Süddeutscher Zeitungsdienst, Aalen
Printed in Germany
ISBN 3 8062 0133 1

Vorwort

Dieses Buch gibt einen systematischen Überblick über den derzeitigen Stand der provinzialrömischen Archäologie in Baden-Württemberg. Herausgeber und Verlag wollen damit dem spürbaren Interesse weiter Kreise an der Archäologie unseres Landes entgegenkommen und ein praktisches Handbuch vorlegen, das auch in der Fachliteratur eine Lücke schließt.

Im ersten Teil des Buches werden Geschichte, Verwaltung und Wirtschaft sowie Religion im römischen Baden-Württemberg behandelt. Der zweite Teil gibt eine topographische Übersicht der römischen archäologischen Sehenswürdigkeiten und wichtigsten Grabungsergebnisse in unserem Lande; Zeichnungen und Lageskizzen sowie dokumentarische Fotos veranschaulichen die Vielfalt der römischen Funde in Südwestdeutschland – sie erleichtern das Aufsuchen der archäologischen Anlagen im Gelände und führen zu den wichtigsten Sammlungen und Museen mit provinzialrömischen Funden. Register, Zeittafel und Literaturverzeichnis sollen gestatten, gezielte Fragen rasch zu beantworten und weiterführende Hinweise geben.

Das Buch kam dank der Mitarbeit vieler qualifizierter Wissenschaftler zustande; sie alle stellten ihr Wissen und ihre Erkenntnisse selbstlos der gemeinsamen Sache zur Verfügung, was mit Respekt zu vermerken ist. Ihnen allen gilt unser Dank sowie dem Badischen Landesmuseum Karlsruhe, dem Württembergischen Landesmuseum Stuttgart, dem Landesdenkmalamt Stuttgart und seinen Außenstellen in Freiburg, Karlsruhe und Tübingen. Für redaktionelle Hinweise und besondere Hilfe bei der Beschaffung der Unterlagen für die Karten und das Abbildungsmaterial danken wir den Herren Dr. Gerhard Fingerlin, Dr. Berndmark Heukemes und Dr. Siegwalt Schiek. Unser Dank gilt dem Landesvermessungsamt Stuttgart, den Staatlichen Vermessungsämtern und den Stadt- und Gemeindeverwaltungen für Kartenunterlagen.

Vom Konrad Theiss Verlag danken wir Herrn Verlagsleiter Hans Schleuning für die stets verständnisvolle redaktionelle und technische Mitwirkung und für seine Geduld und Festigkeit; Frau Gabriele Süsskind verdanken wir die Register als wichtigen Bestandteil des Buches; mit Interesse an der Sache und Einfühlungsvermögen hat sie am guten Gelingen des Buches durch ihre redaktionelle Mitarbeit beigetragen. Die Typographie, das Arrangement der Tafeln und die drucktechnische Betreuung hat Herr Rolf Bisterfeld sachkundig besorgt.
Allen Zeichnern und Fotografen, die an diesem Buche mitgearbeitet haben, sei an dieser Stelle gedankt.

Die Herausgeber

Autoren

Dr. Jörg Biel, Landesdenkmalamt Baden-Württemberg Stuttgart, Abt. Bodendenkmalpflege (Bi)

Dr. Bernhard Cämmerer, Konservator, Badisches Landesmuseum Karlsruhe (Cä)

Horst Clauß, Konrektor, Mainhardt, Schulstraße 2 (Cl)

Dr. Alfred Dauber, Hauptkonservator a. D., Pfinztal, Rosenweg 7 (Dau)

Dr. Klaus Eckerle, Konservator, Badisches Landesmuseum Karlsruhe (Eck)

Dr. Philipp Filtzinger, Hauptkonservator, Württembergisches Landesmuseum Stuttgart (Fil)

Dr. Gerhard Fingerlin, Oberkonservator, Landesdenkmalamt Baden-Württemberg, Außenstelle Freiburg, Abt. Bodendenkmalpflege (Fin)

Dr. Berndmark Heukemes, Kurpfälzisches Museum Heidelberg (Heu)

Bernd Hildebrand, Kreisarchivar, Aalen, Landratsamt (Hi)

Gerhard Hoffmann, Realoberlehrer, Rastatt, Oppelner Straße 8 (Ho)

Dr. Robert Koch, Heilbronn, Hermann-Hesse-Straße 6 (Ko)

Dr. Hermann Friedrich Müller, Landesamt für Vor- und Frühgeschichte Schleswig-Holstein, Schleswig (Mü)

Helmut Neumaier, Hauptlehrer, Osterburken, Wilhelm-Pfoh-Straße 32 (Neu)

Professor Dr. Hans Ulrich Nuber, Universität Frankfurt (Nu)

Dr. Dieter Planck, Konservator, Landesdenkmalamt Baden-Württemberg Stuttgart, Abt. Bodendenkmalpflege (Pl)

Dr. Hartmann Reim, Konservator, Landesdenkmalamt Baden-Württemberg, Außenstelle Tübingen, Abt. Bodendenkmalpflege (Re)

Autoren

Dr. Siegwalt Schiek, Hauptkonservator, Landesdenkmalamt Baden-Württemberg, Außenstelle Tübingen, Abt. Bodendenkmalpflege (Schi)

Dr. Rolf Schweizer, Museumsleiter, Murrhardt (Schw)

Dr. Gertrud Wamser, Nürnberg, Wurzelbauerstraße 3 (Wa)

Inhalt

Archäologischer Teil

Anhang

Allgemeiner Teil

Römische Archäologie in Südwestdeutschland gestern und heute

von Philipp Filtzinger

Die römische Besetzung Baden-Württembergs

von Philipp Filtzinger

Die Zivilisation der Römer in Baden-Württemberg

von Dieter Planck

Römische Religion

von Bernhard Cämmerer

Römische Archäologie in Südwestdeutschland gestern und heute

Die geistige Wiedergeburt des Menschen der Antike (Renaissance) im 14./16. Jahrhundert in Italien strahlte aus in die Länder nördlich der Alpen. In Deutschland erwachte das Interesse für die Werke der Römer und Griechen, die man las, übersetzte, studierte und als Vorbilder bewunderte (Humanismus). In den Wirren der Völkerwanderung hatten sich die Klöster als „Refugium der lateinischen Literatur", als Schreib- und Kulturzentren entwickelt. In abgeschiedener Klosterzelle schrieben fleißige Mönche die antiken Texte ab und verwahrten die Abschriften sorgfältig in ihren Klosterbibliotheken. Dem Interesse der Franken für die lateinische Kultur – die Franken leiteten ihre Herkunft, wie die Römer, von den flüchtigen Trojanern ab – ist die Überlieferung des Hauptbestandes der erhaltenen lateinischen Literatur zu verdanken. Das Kloster von Tours war als Schreibschule berühmt; als wichtigste der an der Überlieferung beteiligten Klöster sind zu nennen: St. Gallen (von dem irischen Missionar Gallus um 612 gegründet), Reichenau (724), Fulda (744 von Bonifatius gegründet), Lorsch (764). Ende des Jahres 1425 entdeckte ein Mönch im Kloster Hersfeld einen Codex mit der Abschrift der Germania (sowie Dialogus und Agricola) des Cornelius Tacitus. Damit kam schlagartig Licht in die Lebensweise der germanischen Vorfahren im ersten Jahrhundert n. Chr.; der Codex Hersfeldensis wird heute in Rom aufbewahrt.
Unabhängig von den geistigen Strömungen der Zeit haben „verborgene Schätze" die Phantasie der Menschen immer beschäftigt und zum Abenteuer verführt. Die Chronik des Klosters Isny berichtet 1492 von zwei Isnyer Bürgern, die im spätrömischen Kastell *S. 311 ff* Isny nach Schätzen gruben; von irgendwelchen Funden offenbar angeregt, hofften sie durch Grabungen in den Besitz von Schätzen, Gefäßen aus Gold und Silber, Kleinodien

usw. zu kommen. Ihr Gedankenbild war keineswegs so abwegig. Jochen Garbsch hat während der Grabungskampagnen in Isny 1966 bis 1970 tatsächlich vier Münzschätze, einen davon mit reichem Frauenschmuck vergesellschaftet, ausgegraben. Von „unterirdischen Mauern auf weite Strecken" bei Aalen berichtet Beatus Rhenanus 1531 – damit meinte er die Mauern des Kastells Aalen auf Flur „Maueräcker". Noch heute sind römi-
S. 203 f sche Steine von beachtlicher Größe im ältesten Teil der St.-Johannis-Kirche vor dem Ausfallstor (*porta praetoria*) des Kastells Aalen vom Landesdenkmalamt wieder sichtbar gemacht worden – Spolien, d. h. Steine von ehemaligen Lagerbauten, mit denen wahrscheinlich im 3./4. Jahrhundert n. Chr. der erste Bau errichtet wurde. In Marbach war man in der Mitte des 16. Jahrhunderts auf eine römische Heizanlage gestoßen.

Der von Italien ausgehende Humanismus beeinflußte vor allem das Schulwesen: überall im Lande entstanden Lateinschulen. Der „Vater der römischen Altertumsforschung in Württemberg", Simon Studion, war Präzeptor an der Lateinschule in Marbach (1572–1605). In Urach 1543 geboren – sein Vater war Koch am herzoglichen Hofe –, studierte Simon Studion ab 1561 im Tübinger Stift, kam 1563 als Magister an das Pädagogium nach Stuttgart und wurde mit 29 Jahren Präzeptor in Marbach. Studions erste epigraphische Entdeckung war 1579 ein in der Wand eines baufälligen Weinkellers nahe
S. 235 ff der Benninger Kirche vermauerter Weihealtar, den die *vicani Murrenses*, die „Bewohner des Dorfes an der Murr" (*Murra*) dem Gotte Vulkan im 2. Jahrhundert n. Chr. hat-
S. 521 ten aufstellen lassen; in dem gleichen Keller stöberte er 1583 einen Wochengötterstein auf. Darauf weitete Studion sein Forschungsgebiet auf die Umgebung aus – und entdeckte weitere römische Steindenkmäler: in Steinheim, Erbstetten und Beihingen. Als Konrad Hummel beim Pflügen seines Ackers 1583 in Flur „Bürg" in Benningen auf einen römischen Weihestein stieß, kaufte Studion ihm diesen ab; damit hatte er sieben römische Steindenkmäler in seiner Sammlung. Studion schenkte diese Sammlung Herzog Ludwig (1568–1593); er schickte die Steindenkmäler auf zwei Wagen nach Stuttgart. Herzog Ludwig ließ sie zunächst im Herzoglichen Lustgarten und später in drei Türmen des neu erbauten Lusthauses (1584) aufstellen. Die beiden Wagenladungen Studions wurden zum Grundstock des römischen Lapidariums des Württembergischen Landesmuseums im Stiftsfruchtkasten (Schillerplatz 1), der größten Sammlung römischer Steindenkmäler Südwestdeutschlands.

Studions historische Vorstellung lernen wir an der Interpretation der von Hummel 1583 gefundenen Weiheinschrift kennen. Herzog Friedrich I. (1593–1608) ließ den Weihestein an der Fundstelle in Benningen auf einem Marmorsockel mit erklärender Beschriftung aufstellen; die Beschriftung lieferte Studion in römischem Versmaß. (Distichen, Zweizeiler). Beide Denkmäler sind erhalten: der Weihestein steht im Lapidarium des
S. 522 WLM (Nr. 13), der Marmorsockel mit der „Beschriftung" Studions (und darauf die Kunststeinnachbildung des römischen Weihesteines) wird in der Herzoglichen Kunstkammer im Alten Schloß gezeigt:

Altar der Campestres, geweiht von Publius Quintius Terminus, Tribun der 24. Kohorte freiwilliger römischer Bürger in Benningen, Kr. Ludwigsburg:

Campestribus / sacrum/P(ublius) Quintius L(uci) fil(ius) / Quir(ina) Terminus / domo Sicca/Veneria trib(unus)/coh(ortis) XXIIII vol(untariorum) c(ivium) R(omanorum)

Übersetzung: Den Schutzgöttinnen des Exerzierplatzes (hat) Publius Quintius Terminus, Sohn des Lucius, von der Quirinischen (Tribus), aus Sicca Veneria (El Kef in Tunesien), Oberst der 24. Kohorte freiwilliger römischer Bürger (den Altar) geweiht. (Haug-Sixt 1914, 456 Nr. 322).

Beschriftung auf dem Marmorsockel von Simon Studion:
Ut de Romanis Alemannas finibus oras
Dividerem, fueram Terminus Imperii.
Nam me Germanis Caesar Probus inde remotis
Jussit in hoc statui rure jugisque Nicri.
Me reperit vomis, sed in hoc me marmore sistit
Wirtembergiaci dux Fridericus agri.
Hic stetit urbs castris munita Veneria, miles
Teutonus hanc et Rex Attila stravit humi.

Übersetzung von Joh. Ulrich Pregizer, Historiker in Tübingen und Oberarchivar in Stuttgart, 1647 bis 1708:
Ich wurde für den Grentz- und Bann-Stein auffgestellt
Daß ich der Römer Reich abtheilt vom Teutschen land
Durch Kayser Probus hier an diesem Necker-Strand.
Wo er die Teutschen weg verjaget und gefället.
Herr Herzog Friedrich hat mich wieder auffgerichtet,
Als ich durch pflügen ward gerissen auss dem Grund,
Wo vor Veneria die Stadt und Vestung stund,
Vom König Hetzeln (Etzel = Attila) und den Teutschen gantz vernichtet.

Übersetzung von Philipp Montanus 1731:
Mich setzte Probi Glück an diesem Ufer ein,
Ich sollte Deutschlands und der Römer Grenze sein.
Und da das Altertum mit Erde mich bedeckt,
Hat man im Pflügen mich gefunden und erweckt.
Nachdem gab Friedrichs Huld mir neuen Glanz und Schein,
Daß ich zu ewger Zeit ein Zeuge sollte sein,
Hier sei Veneria, der Römer Burg gestanden,
Die Attals Grausamkeit nachher gemacht zu Schanden.

Studion war der Meinung: Kaiser Probus (276–282 n. Chr.) habe den *Limes* bauen lassen, *terminus* bezeichne die römische Reichsgrenze und *Sicca Veneria* sei der lateinische Name von Benningen.

Als ich 1972 die Heimatstadt des P. Quintius Terminus, Sicca Veneria/El Kef in Tunesien, im Rahmen des – wie die Inschrift zeigt – schon in römischer Zeit geübten „deutsch-tunesischen Kulturaustausches" besuchte, beobachtete ich Bewohner, die an dem mit römischen Architekturteilen aufgebauten Stadtbrunnen ihr Trinkwasser in ehemalige Benzinkanister der deutschen Wehrmacht abfüllten, mit der Aufschrift: „Kraftstoff 20 l, feuergefährlich, 1942" – Restbestände der Rommelarmee . . .

Als Herzog Friedrich I. 1597 im Schloß in Marbach weilte, konnte ihn Studion für die römischen Ruinen in Flur Bürg in Benningen gewinnen. Etwa zur gleichen Zeit *S. 341 ff* (um 1600) erkannte M. Freher die Bedeutung des römischen Ladenburg. Johannes Reuchlin (1455–1520) und Philipp Melanchthon (1497–1560) beschäftigten sich mit dem Namen von Pforzheim. Aber der Dreißigjährige Krieg (1618–1648) und die Franzoseneinfälle (1688–1697) ließen die so hoffnungsvollen Anfänge der archäologischen Erforschung wieder in Vergessenheit geraten.

Das Interesse an den römischen Denkmälern wurde erst wieder geweckt, als die Berliner Akademie der Wissenschaften 1748 die Preisaufgabe stellte: „Wie weit der Römer Macht, nachdem sie über den Rhein und die Donau gesetzt, in Deutschland eingedrungen, was vor Merkmale davon ehemals gewesen und etwa noch vorhanden seien." Diese Frage zu beantworten setzten sich zwei Forscher zum Ziel: Christian Friedrich Sattler und Christian Ernst Hanßelmann.

Der Stuttgarter Chr. Sattler, seit 1741 Geheimer Archivar des Herzogs Karl Eugen, veröffentlichte in seiner 1757 erschienenen „Geschichte des Herzogtums Württemberg von den ältesten Zeiten bis auf das Jahr 1220" die ihm damals zugänglichen römischen Inschriften und Bildwerke; in seiner „Topographischen Geschichte des Herzogtums Württemberg" (1784) beschäftigte er sich mit dem Limes.

Chr. Hanßelmann, Fürstlich Hohenlohescher Hofkammerrat, erkannte, daß die gestellte Frage nur durch Ausgrabungen zu beantworten sei: er ließ von 1766 bis 1770 in *S. 437 ff* Öhringen ausgraben und erforschte den Limes zwischen Mainhardt und Osterburken. Seine Ergebnisse veröffentlichte Hanßelmann in: „Beweiss, wie weit der Römer Macht in den mit verschiedenen teutschen Völkern geführten Kriegen in die ostfränkischen Lande eingedrungen" (Hall 1768) und „Fortsetzung des Beweisses" (1773).

Im 18. Jahrhundert war man allenthalben bei Ausschachtungsarbeiten auf römische Ruinen gestoßen. In Mannheim war 1763 auf Anregung des Straßburger Geschichtsforschers J. D. Schöpflin die Kurpfälzische Akademie der Wissenschaften unter Kurfürst Karl Theodor gegründet worden, deren Gelehrte die gefundenen Altertümer zu inter- *S. 333 ff* pretieren verstanden. Herzog Karl ließ 1783 in Köngen ausgraben und 1787 ein römisches Gräberfeld bei Horkheim freilegen. 1784 begann unter dem damaligen Hofge-

Tafel 1 Ausschnitt aus der Peutingertafel. Segment III/IV. Straßenkarte des 4. Jh. n. Chr.

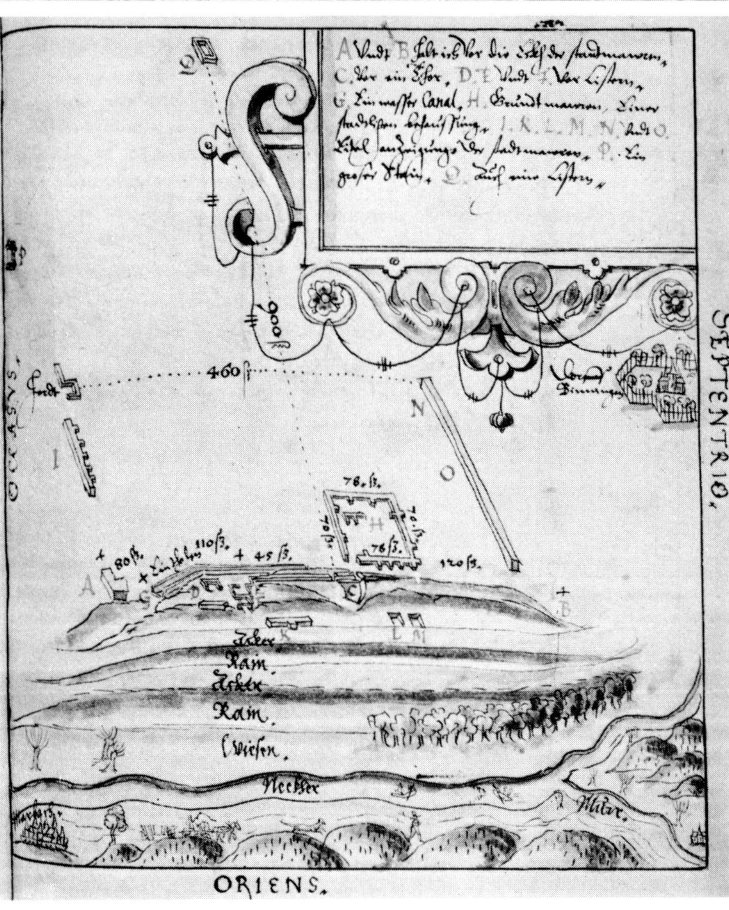

Tafel 2
a: Schriesheim. Gedächtnissäule, aufgestellt von Kurfürst Karl Theodor zum Gedächtnis an die Ausgrabung eines römischen Gutshofes im Jahre 1766
b: Benningen. Grabungsplan aus dem Jahre 1597 von Simon Studion

Tafel 3
Luftbildarchäologie: Kastell Unterkirchberg mit Stabsgebäude, Nebengebäude, Fundamentgräbchen und römischer Donautalstraße

Tafel 4 und 5
Luftbildarchäologie:
Straßenstation Sigmaringen

4 Entdeckung

5a: Ausgrabung des Haupt- und Nebengebäudes aus dem 2./3. Jh. n. Chr. (Grabung 1963)

b: Schatzfund, geborgen im Hauptgebäude aus dem Jahre 233 n. Chr.

Tafel 6 Bodenverfärbungen
a: Heidelberg-Neuenheim. Doppelspitzgraben eines Kastells (Grabung 1975)
b: Dangstetten. Verfärbungen des Lagergrabens und Pfostenlöcher des Osttores eines Lagers für eine größere Truppeneinheit

Tafel 7
Bondorf. Flächengrabung eines römischen Gutshofes 1975. In Bildmitte Fundamentreste von Haupt- und Nebengebäuden

Tafel 8 (umseitig)
a: Heidelberg-Neuenheim. Römisches Gräberfeld an der Berliner Straße. 1.–3. Jh. n. Chr.
b: Dalkingen. Limestor bei der Grabung 1974

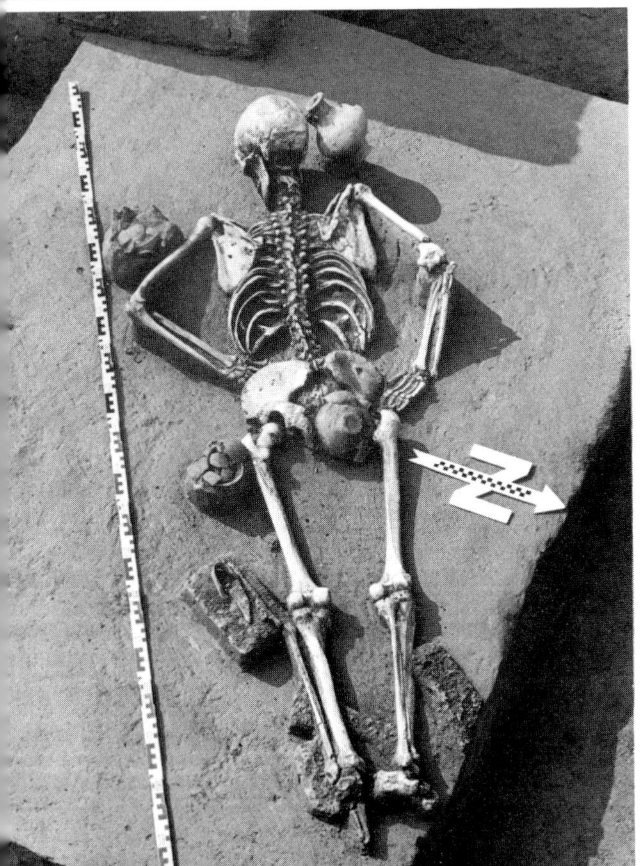

Tafel 10
a: Heidelberg-Neuenheim. Reich ausgestattetes Frauenbrandgrab um 130 n. Chr. mit noch erhaltenem flüssigem Balsam in einem Glas
b: Heidelberg-Neuenheim. Einheimisch-germanische Körperbestattung in Bauchlage. 2. Jh. n. Chr.

Tafel 9 (umseitig)
Heidelberg. Notgrabung im Bereich der Töpferei. Im Vordergrund durchlöcherte Brenndecke eines Töpferofens, auf die die Gefäße eingesetzt wurden

richtsassessor Johann Baptist Hofer die Erforschung des römischen Rottweil. *S. 483 ff* Im Odenwald ließ Franz zu Erbach-Erbach im ausgehenden 18. Jahrhundert die Schutthügel der Umgebung des Kastells Würzberg nach römischen Waffen durchsuchen; von Hanßelmanns Schriften angeregt, dehnte Graf Franz, von dem gräflichen Regierungsrat Johann Friedrich Knapp unterstützt, seine Untersuchungen auf den gesamten Abschnitt des Odenwaldlimes von Obernburg bis Schlossau aus. Er verfaßte 1809 bis 1811 einen ausführlichen Bericht seiner Entdeckungen und Funde. J. F. Knapp veröffentlichte 1854 eine Schrift mit dem Titel: Römische Denkmale des Odenwaldes. Andreas Buchner, Professor der Geschichte in Regensburg und später in München, studierte den Limes im Gelände (Reise auf der Teufelsmauer I–III. 1818–1831). Im Mittelpunkt der Forschungen von Ernst Julius Leichtlen, Archivrat in Freiburg, stand die Reiseroute der Tabula Peutingeriana (Schwaben unter den Römern 1825). In Baden begann *Tafel 1* Heinrich Schreiber in Freiburg um 1820 mit planmäßigen archäologischen Forschungen und Ausgrabungen (Taschenbuch für Geschichte und Altertum in Süddeutschland 1839–1846); er entdeckte die römische Siedlung bei Riegel am Kaiserstuhl. Domdekan *S. 462 ff* Ignaz Jaumann machte sich um die Erforschung des römischen Rottenburg verdient. *S. 475 ff* Bahnbrechend für die archäologische Forschung war die von Johann Daniel Georg Memminger (1773–1840) – Gründer und Mitglied des Statistisch-topographischen Bureaus (des späteren Statistischen Landesamtes) – 1820 in Angriff genommene Herausgabe der Oberamtsbeschreibungen; er selbst veröffentlichte 1824 als ersten Band die Beschreibung des Oberamtes Reutlingen. Bis zum Jahre 1885 waren die Beschreibungen aller 64 Oberämter erschienen; 1893 erfolgte bereits eine Neuauflage. Karl Eduard Paulus d. Ä. (1803–1878), Topograph am Statistisch-topographischen Bureau (seit 1862 mit dem Titel Finanzrat), bearbeitete von 1842 bis 1878 die Altertümer in 30 Oberämtern; sein Hauptinteresse galt den römischen Straßen, Siedlungen und dem Limes. Paulus behandelte die Altertümer im „Königreich Württemberg" (1841 u. 1863); er publizierte seine wissenschaftlichen Ergebnisse in den „Württembergischen Jahrbüchern für Statistik und Landeskunde" und in den „Schriften des Württembergischen Altertumsvereins". Ihm wird der topographische Atlas von Württemberg im Maßstab 1:50 000 (1821–1851) verdankt sowie die Bearbeitung der archäologischen Karte von Württemberg mit Eintragungen der römischen, keltischen und alamannischen Fundstellen in vier Blättern im Maßstab 1:200 000 (1859. 4. Aufl. 1882) – eine großartige wissenschaftliche Leistung. Sein Sohn Eduard Paulus d. J. (1837–1907) führte die Forschungsarbeit weiter als Landeskonservator (1873–1899) an dem 1858 gegründeten Landeskonservatorium.

Weiter sind als Pioniere der Altertumsforschung zu nennen: August Friedrich Pauly, 1796 in Benningen geboren und seit 1830 Professor am Gymnasium Stuttgart; Pauly war der Herausgeber der „Realenzyklopädie des klassischen Altertums" (RE) – heute das Fundament der gesamten klassischen Altertumswissenschaft.

Konrad Miller, von 1882 bis 1910 Professor am Stuttgarter Realgymnasium, erforschte die römischen Straßen und Niederlassungen in Oberschwaben (Das römische Straßennetz in Oberschwaben. Schr. d. Bodenseevereins 15 1885, 102 ff.); er entdeckte sieben Kastelle, u. a. Böckingen, Walheim, Benningen, Aalen. (Die römischen Kastelle in Württemberg 1892) und widmete sich den Studien der antiken Geographie (Itineraria Romana 1916).

Hans Dragendorff (1870–1941), Professor der Archäologie an der Universität Freiburg, legte die Fundamente für die gesamte Terra Sigillata-Forschung (Terra Sigillata, Bonner Jahrb. 96/97, 1895/96). Karl Schumacher, 1860 in Dühren bei Sinsheim geboren, war seit 1892 Streckenkommissar der Reichslimeskommission für Baden; er untersuchte die Limesstrecke zwischen Jagsthausen und Walldürn, den Odenwaldlimes und die römischen Straßen in Baden. Mit 40 Jahren wurde er erster Direktor des Römisch-Germanischen Zentralmuseums in Mainz.

Die in der ersten Hälfte des 19. Jahrhunderts entstehenden Altertumsvereine regten allerorts die Grabungstätigkeit an: In Sinsheim gründete Dekan Karl Wilhelmi (1786 in Heidelberg geboren) die Sinsheimer Gesellschaft zur Erforschung der vaterländischen Denkmale der Vorzeit; er publizierte seine Forschungsergebnisse in den Jahresberichten der Sinsheimer Gesellschaft 1831–1856. August von Bayer gründete 1843 den Badischen Altertumsverein, der es unternahm, eine Altertümersammlung einzurichten. Sie bildete den Grundstock für die Großherzogliche Altertümersammlung, an die 1875 Ernst Wagner berufen wurde (später: Badisches Landesmuseum Karlsruhe). Ernst Wagner hat in seinem grundlegenden Werk die ihm bekannten Fundstätten und Funde im Großherzogtum Baden (1908 und 1911) zusammengestellt.

Auch der 1859 gegründete Mannheimer Altertumsverein baute eine heimische Altertümersammlung auf, die mit dem Großherzoglichen Hofantiquarium vereinigt wurde; es ist das spätere (ab 1922) Städtische Schloßmuseum, das, von Hermann Gropengießer 1926 neu aufgestellt, durch Luftangriffe 1944 total vernichtet wurde.

Der 1843 gegründete Württembergische Altertumsverein sammelte von Anfang an archäologische Funde; für Ausgrabungen, Konservierung und Denkmalschutz stellte er Mittel zur Verfügung. Unter der Regierung König Wilhelms I. wurde am 17. Juni 1862 die „Königliche Staatssammlung vaterländischer Kunst- und Altertumsdenkmale" gegründet, das heutige Württembergische Landesmuseum.

Ernst Herzog, Professor der klassischen Philologie und der alten Geschichte an der Universität Tübingen, leitete mit einem Vortrag über die römischen Niederlassungen auf württembergischen Boden (1876) eine neue – die entscheidende Phase der provinzialrömischen Forschung ein (Bonner Jahrb. 59, 1876, 48 ff.).

Zusammen mit Oberstleutnant a. D. Fink und Landeskonservator Paulus d. J. hat E. Herzog im Herbst 1877 den römischen Grenzwall (*limes*) auf württembergischen Gebiet vermessen (Württ. Viertelj.Hefte 1880, 81 ff.). Etwa zur gleichen Zeit (1876) war auf der Generalversammlung des „Gesamtvereins der deutschen Geschichts- und Altertumsvereine“ in Wiesbaden eine planmäßige Untersuchung der römischen Befestigungen im Odenwald gefordert worden. Aber erst auf Anregung von Theodor Mommsen (1817–1903, Nobelpreis 1902) wurde 1892 die Reichslimeskommission gegründet, deren Vorsitz Mommsen hatte (Leiter: General Otto von Sarwey und Felix Hettner; ab 1902 Ernst Fabricius). Die Reichslimeskommission (RLK) setzte sich das Ziel: die Topographie und Geschichte des obergermanischen und rätischen Grenzwalls und seiner Kastelle sowie die das Limesgebiet durchziehenden Straßen zu studieren. Das Ergebnis dieser Forschungen wurde von den zahlreichen Mitarbeitern seit 1894 in dem Werk „Der obergermanisch-rätische Limes des Römerreiches“ (ORL) veröffentlicht. Bis zum Jahre 1915 waren die meisten Kastellmonographien erschienen (ORL Abt. B 1–75. 1894–1937); Strecken: ORL Abt. A 1–15 (1915–1936).

Im Jahre 1902 war auch die Römisch-Germanische Kommission (RGK) in Frankfurt a. Main als Zweigstelle des Deutschen Archäologischen Instituts gegründet worden; sie betrachtete es als eine ihrer Hauptaufgaben, die Erforschung der römischen Überreste in dem von den Römern besetzten Gebiet voranzutreiben.

Ihrem Ziel entsprechend, hatte sich die Reichslimeskommission mit den militärischen Anlagen im Taunus, in der Wetterau, am Main, im Odenwald, am Neckar und mit dem vorderen Limes von Miltenberg nach Lorch über Gunzenhausen nach Eining zur Donau beschäftigt. Unbearbeitet blieben die Schwäbische Alb westlich Urspring und das ganze Donausüdufer. In diesem Gebiet haben verschiedene Forscher Einzeluntersuchungen durchgeführt.

Die zahlreichen Einzelforschungen – die Forschungsgeschichte der Einzelobjekte ist dem Katalogteil zu entnehmen – sind in den 1893 zum ersten Male erschienenen Fundberichten aus Schwaben und den seit 1925 herausgegebenen Badischen Fundberichten publiziert. Die beiden Zeitschriften wurden 1972 als Organ des Landesdenkmalamtes (LDA) zusammengefaßt unter dem Titel: Fundberichte aus Baden-Württemberg. Der Leser der Fundberichte lernt die große Zahl der hochverdienten Heimatforscher kennen, ohne deren Einsatz bei jedem Wetter eine sinnvolle Denkmalpflege nicht möglich ist. Es galt die Heimatforscher zu betreuen, zu beraten und zu fördern: In Baden haben Ernst Wahle, Wilhelm Deecke und Eugen Fischer 1922 durchgesetzt, daß Ernst Wahle für Nordbaden und Friedrich Leonhard für Südbaden als staatliche Oberpfleger bestellt wurden. Georg Kraft, Honorarprofessor an der Universität Freiburg, übernahm 1926 die Geschicke der oberbadischen Denkmalpflege; sein Nachfolger wurde 1946 Wolfgang Kimmig. Bis zur Gründung des Landesdenkmalamtes (LDA) haben die badische Denkmalpflege maßgebend beeinflußt: Robert Lais, Hermann Gropengießer, Emil Gersbach, Paul Revellio, Friedrich Garscha, Hermann Stoll, Josef Alfs, Albrecht Dauber, Rolf Nierhaus, Elisabeth Schmid, August Eckerle, Gerhard Fingerlin, Berndmark Heukemes. In Württemberg haben Peter Goessler, Walter Veeck, Oskar Paret, Adolf

Rieth, Siegwalt Schiek und Hartwig Zürn der Denkmalpflege Richtung und Weg gewiesen.

Die römische Besetzung Südwestdeutschlands haben kurz nach 1900 beinahe gleichzeitig E. Fabricius (Besitznahme Badens durch die Römer, 1905) und G. Lachenmaier (Okkupation des Limesgebietes, 1906) zusammenfassend dargestellt. Ernst Fabricius (von 1888 bis 1926 Professor für alte Geschichte an der Universität Freiburg) war 1902 an die Stelle des Leiters der Reichslimeskommission, des Trierer Museumsdirektors Felix Hettner, getreten; seitdem hat Fabricius mit Umsicht und Geduld die große Zahl der Autoren für die gemeinsame Arbeit am Limeswerk zusammengehalten und die Herausgabe der Kastell- und Streckenbeschreibungen überwacht.

Den Stand der provinzialrömischen Forschung im Jahre 1912 schilderte Walter Barthel (Ber. RGK 6, 1910–1911, 114 ff.). Zwei Jahre später erschien von F. Haug und G. Sixt die 2. erweiterte Auflage der ,,römischen Inschriften und Bildwerke Württembergs" (1914). Die Beschreibung der Limesstrecken 4 bis 15, die in den Jahren 1926 bis 1936 erschienen, rundeten das Bild weiter ab. Ein gewisser Abschluß der Forschungen in Württemberg war die Zusammenfassung von F. Hertlein, P. Goessler und O. Paret: ,,Die Römer in Württemberg" 1–3 (1928–1932) und die Behandlung der römischen Zeit in: O. Paret, Württemberg in vor- und frühgeschichtlicher Zeit (1961).

Die provinzialrömische Forschung wurde nach 1933 nicht gefördert; der Nachholbedarf war daher nach Kriegsende groß, aber es fehlten die Mittel. Im Wintersemester 1945/46 beendete Peter Goessler seine Lehrtätigkeit an der wiedereröffneten Universität Tübingen mit der Vorlesung: Die Römer in Deutschland. Sein Nachfolger auf dem Tübinger Lehrstuhl, Kurt Bittel, hat seine Studenten auf zahlreichen Exkursionen in Baden-Württemberg und in die Schweiz mit den römischen Denkmälern im Gelände vertraut gemacht und ihnen die Augen geöffnet, die historischen Zusammenhänge zu erkennen und die Denkmäler innerhalb des riesigen Imperiums zu verstehen. Damals war Josef Vogt Ordinarius für alte Geschichte in Tübingen und Herbert Nesselhauf in Freiburg. Rolf Nierhaus lehrte provinzialrömische Archäologie in Tübingen, später in Freiburg. Gegenwärtig halten Vorlesungen über römische Provinzialarchäologie: Franz Fischer in Tübingen, Rolf Nierhaus in Freiburg, Otto Roller in Mannheim und Geza Alföldy in Heidelberg.

Die archäologischen Sammlungen des Württembergischen Landesmuseums haben Siegfried Junghans, Manfred Schröder und Robert Roeren 1956/57 im Alten Schloß in Stuttgart und im Stiftsfruchtkasten der Öffentlichkeit durch eine vorbildliche Ausstellung wieder zugänglich gemacht. Die provinzialrömische Abteilung des Badischen Landesmuseums ist nach der Neuaufstellung durch Bernhard Cämmerer, seit der Wiedereröffnung des Badischen Landesmuseums Karlsruhe 1966 wieder zugänglich. Der Krieg und die rege Bautätigkeit der Nachkriegszeit zerstörten zwar manchen archäologischen Befund, aber vieles konnte auch gerettet werden – dank des opferwilligen Einsatzes der

Denkmalpfleger, die zu jeder Jahreszeit zur Stelle waren, wenn die Bagger im Akkord
Baugruben aushoben. In Oberriexingen rettete Bürgermeister Louis Geiger den Keller
eines römischen Gutshofes *(villa rustica)* vor dem Bagger. Das Denkmalamt ließ den
„Römerkeller" konservieren; das Württembergische Landesmuseum richtete im Rö- *S. 434*
merkeller eine Ausstellung ein mit dem Thema: Weinbau in römischer Zeit. Der vorzüg- *Tafel 29b*
lich erhaltene römische Keller der Villa von Wössingen (5,85 x 4,15 m groß) konnte dank *Abb. 147*
der Unterstützung des Herrn Regierungspräsidenten Dr. Munzinger unter der Leitung
von Albrecht Dauber an seinem ursprünglichen Standort abgetragen und im Lapidarium
des Badischen Landesmuseums in Karlsruhe wieder aufgebaut werden.

In Badenweiler war die Baderuine der römischen Thermen schon 1785 freigelegt und in *S. 223 ff*
einem Plan festgehalten worden.

Der großzügigen Hilfsaktion der Stadt Rottweil ist es zu verdanken, daß die Fundamente des großen Thermengebäudes am Ruhe-Christi-Friedhof in Rottweil konserviert *S. 488 f*
und für Besucher zugänglich gemacht werden konnten. Es ist nicht möglich, an dieser *Abb. 268*
Stelle alle Bürger, Gemeinden, Städte, Landkreise zu nennen, für deren Hilfe und Zu- *Abb. 269*
sammenarbeit wir zu danken haben. Im Katalogteil dieses Buches wird hiervon die Rede
sein.

Der Landtag von Baden-Württemberg erteilte 1962 die Zustimmung, in Aalen ein ‚Li- *S. 206 ff*
mesmuseum' als Zweigmuseum des Württembergischen Landesmuseums zu errichten: die römische Provinzialarchäologie hatte ein Schaufenster erhalten. Dem historischen Verständnis der Aalener Bürger ist es zu verdanken, daß das Kastellgelände der *ala II Flavia milliaria* vor der Überbauung gerettet wurde. Der Gemeinderat und der ehemalige Oberbürgermeister von Aalen, Dr. Karl Schübel, ermöglichten den Aufbau von Wechselausstellungen, die vorwiegend von Schulklassen besucht werden. Die Kontinuität der Museumsarbeit gewährleisten weiterhin die Spitze der Stadtverwaltung, Herr Oberbürgermeister Ulrich Pfeifle und Herr Dr. Schwerdtner. Herr Regierungspräsident Friedrich Roemer fördert seit Jahren das Limesmuseum durch Rat und Tat. Die Gesellschaft für Vor- und Frühgeschichte in Württemberg und Hohenzollern e. V. und der Förderkreis für die ur- und frühgeschichtliche Forschung in Baden e. V. machen durch allgemeinverständliche Publikationen mit den neuen Forschungen in Baden-Württemberg bekannt.

Eine Luftbildausstellung im Limesmuseum macht mit einer Methode der modernen Ar- *Tafel 3, 4*
chäologie bekannt: Im Bewuchs der Felder zeichnen sich durch verschiedene Verfär- *Abb. 98, 99*
bungen archäologische Anlagen ab (Mauern, Gräben, Straßen etc.), die vom Flugzeug aus gut zu erkennen sind. Die im Boden steckenden Mauern und Gräben können auch mit der Widerstandstechnik und mit der magnetischen Meßmethode (Magnetometersonde) nachgewiesen werden. Es ist also möglich, Fundstellen schon vor der Ausgrabung im Gelände auszumachen und sodann nach dem Luftbild bzw. der gewonnenen Zeichnung systematisch auszugraben – vergleichbar mit einem Röntgenbild, das die

Verzierung einer tauschierten Dolchscheide schon vor der Restaurierung erkennen läßt.

Die Dendrochronologie (Jahresringchronologie) errechnet aus den Wachstumsringen der Bäume deren Alter sowie die klimatischen Verhältnisse ihres Wachstumsbereiches.

Mit der Radion-Karbon-Datierung kann das Alter pflanzlicher und tierischer Überreste am Zerfall des radioaktiven Kohlenstoffs (mit dem Atomgewicht 14) errechnet werden.

Für die Auswertung des archäologischen Befundes werden außerdem an naturwissenschaftlichen Methoden herangezogen: Botanik, Anthropologie, Bodenkunde, chemische Analyse.

Im Vorfelde des Reiterkastells Aalen erforscht, konserviert und rekonstruiert die Abteilung Bodendenkmalpflege des LDA Stuttgart seit Jahren in Zusammenarbeit mit dem Ostalbkreis und dem Landesamt für Flurbereinigung und Siedlung die Anlagen des räti-
S. 504 ff schen Limes bei Schwabsberg, Buch und Dalkingen. Die ausgegrabenen Anlagen werden mit Unterstützung von Landrat Wabro und der Kreisverwaltung der Öffentlichkeit zugänglich gemacht. Bernhard Hildebrand ließ die Schnittpunkte der Straßen mit dem Limes durch steinerne Hinweisschilder markieren und an den römischen Straßen im Kreisgebiet moderne Meilensteine aufstellen. In ähnlicher Weise haben die Bürger an vielen Orten in Baden-Württemberg die archäologischen Anlagen durch Hinweisschilder kenntlich gemacht. Es ist zu wünschen, daß nach Erscheinen dieses Buches die bisher noch nicht durch Hinweisschilder kenntlich gemachten archäologischen Anlagen im Lande markiert werden. Wenn wir vornehmlich das Interesse der Jugend wecken wollen, so beabsichtigen wir gewiß nicht, den Kindern noch mehr Lernstoff aufzubürden – vielmehr wollen wir die Schüler neugierig machen, die Hinterlassenschaften des römischen Weltreiches kennenzulernen, auf dessen kulturellem Boden die abendländische Kultur erwachsen ist. Wenn die Jugendlichen beim Anblick der römischen Denkmäler nachdenklich werden, dann ist der Zweck dieses Buches erreicht.

Die römische Besetzung Baden-Württembergs

Einleitung

Römische Soldaten bewachten um die Mitte des 2. Jahrhunderts n. Chr. im Mainhardter-, Welzheimer-, Murrhardter Wald, im Remstal, an Kocher und Jagst eine Befestigungsanlage: den obergermanisch-rätischen Limes, der am Ende einer fast 300jährigen, wechselvollen Geschichte des römischen Heeres in Gallien, Germanien und Rätien schließlich zur Grenze des römischen Imperiums gegen das freie Germanien wurde. Baden-Württemberg gehörte zwei römischen Provinzen an: Obergermanien (*Provincia Germania superior*) und Rätien (*Provincia Raetia*). Der obergermanische Provinzstatthalter (*legatus Augusti pro praetore*) residierte in *Mogontiacum*/Mainz, der Statthalter der Provinz Rätien (*procurator*) in *Augusta Vindelicum*/Augsburg.

Der Provinzgründung ging die militärische Besetzung voraus: Abteilungen des römischen Heeres (*exercitus*) sicherten strategisch wichtige Punkte durch Militärlager (*castra*); sie sorgten für ein gut ausgebautes Straßennetz und übten die Polizeigewalt in dem besetzten Gebiet. Von den Militärlagern und den sie umgebenden bürgerlichen Siedlungen (*vici*) – Kristallisationspunkten römischer Kultur und Zivilisation – erfolgte die Romanisierung des neu hinzugewonnenen Gebietes. Die aus allen Teilen des Imperiums rekrutierten Soldaten übten einen großen kulturellen und zivilisatorischen Einfluß aus auf die einheimische Bevölkerung und hielten diese in Botmäßigkeit für den Kaiser in Rom – den Oberbefehlshaber aller Streitkräfte des Imperiums. Vom Kaiser ernannte Legionskommandeure (*legati Augusti pro praetore*) bestimmten in Obergermanien und zeitweise auch in Rätien die Geschicke der beiden Provinzen. So ist es zu verstehen, daß die Geschichte Obergermaniens und Rätiens eng verknüpft ist mit der Geschichte des römischen Heeres.

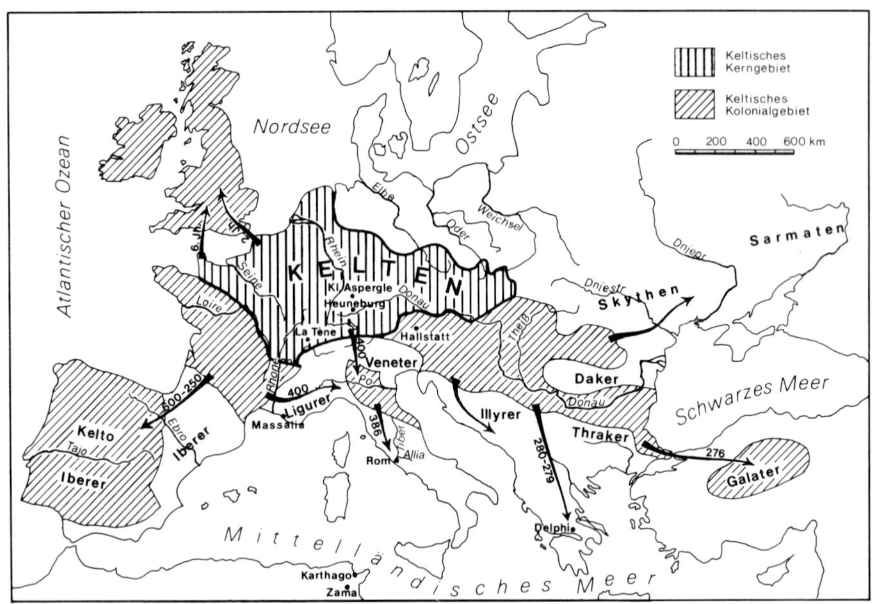

Abb. 1 Ausbreitung der Kelten (nach Gr. Hist. Weltatlas 1954, 32 und W. Kimmig, Heuneburg 1968 Abb. 33)

Vorrömische Bevölkerung

Süddeutschland sowie Teile Ost- und Nordfrankreichs und wahrscheinlich auch die westlichen Gebiete Böhmens und Oberösterreichs gelten als die Heimat der Kelten (um 1000 v. Chr.). Die Kelten (lat. Galli) Südwestdeutschlands und Ostfrankreichs unterhielten rege Beziehungen zu Griechen und Etruskern in Südfrankreich und Italien. Das beweisen die aus dem Süden importierten Fundgegenstände, mit denen mediterrane Lebensgewohnheiten aus dem Süden nach Mitteleuropa gelangten. So ließ z. B. der Burgherr der, seit Jahren durch systematische Ausgrabungen erforschten, späthallstattzeitlichen Heuneburg bei Hundersingen an der Donau im 5. Jahrhundert v. Chr. seine Burgmauer aus luftgetrockneten Lehmziegeln erbauen – in einer Technik, die bis dahin im Norden unbekannt, aber im gesamten Mittelmeerraum üblich war. Auf der Heuneburg wurden Bruchstücke griechischer Trinkschalen, Mischgefäße (Kratere) und in der heutigen Provence hergestellte Weinamphoren gefunden, in denen im ausgehenden 7. Jahrhundert v. Chr. der Wein rhonetalaufwärts an den Rhein und an die Donau befördert worden war.

Im 5. Jahrhundert v. Chr. bildete sich ein national-keltischer Kunststil, der sog. Latènestil, heraus, wie ihn z. B. die Funde aus dem Grabhügel Kleinaspergle bei Ludwigsburg zeigen. Es ist die Zeit der keltischen Wanderungen, in deren Verlauf es zur ersten Konfrontation der Kelten mit Rom kam. Um 400 v. Chr. überschritten keltische Stämme die Alpen, vernichteten 387/86 v. Chr. das römische Aufgebot an der Allia (Nebenfluß des Tiber) und plünderten Rom. Die Nachricht vom Einfall der Veneter in das keltische Gebiet in Oberitalien zwang sie zwar wieder abzuziehen. Aber während des ganzen 4. und 3. Jahrhunderts v. Chr. mußten die immer erneut von Oberitalien vorstoßenden Keltenstämme (Insubrer, Cenomanen, Boier, Senonen) von den Römern abgewehrt werden. Im 2. punischen Kriege (218–201 v. Chr.) kämpften die mit Hannibal befreundeten Insubrer auf seiten des von Spanien nach Italien vorstoßenden karthagischen Heeres: 218 v. Chr. unterlagen die Römer an der Trebia (Nebenfluß des Po). Aber Scipio entschied 202 v. Chr. bei Zama Regia (Afrika) den 2. punischen Krieg zugunsten Roms. Nun konnten sich die Römer auch gegen die Kelten Oberitaliens – die Beherrscher der Poebene – durchsetzen. Das Gebiet bis zum Po wurde latinisiert und als *Provincia Gallia*

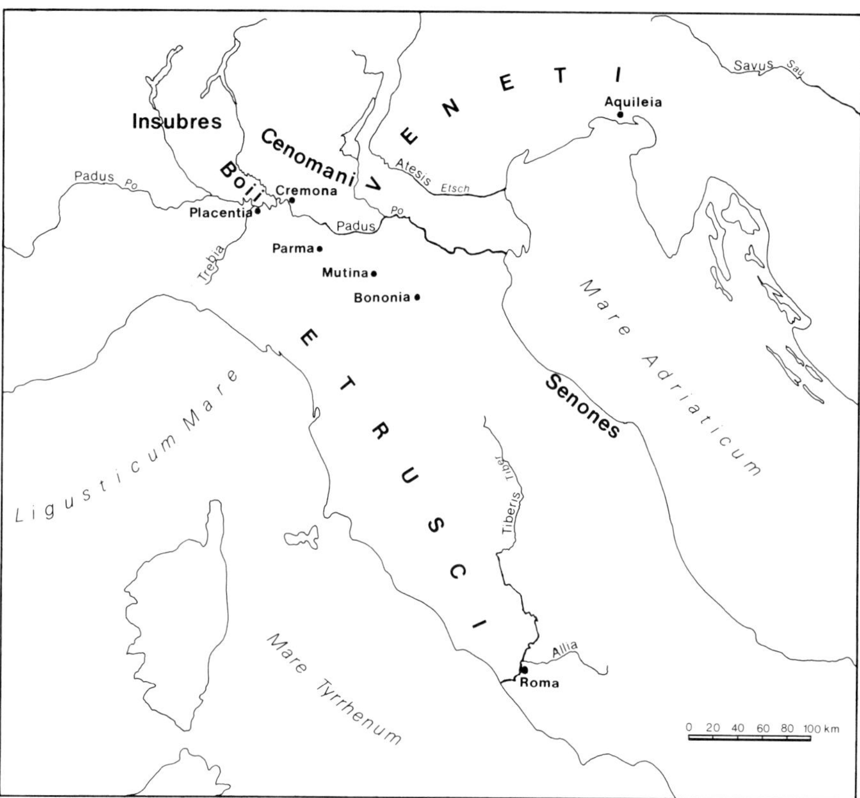

Abb. 2 Keltische Stämme und römische Kolonien in Oberitalien (nach Gr. Hist. Weltatlas 1954, 30/31)

cisalpina (diesseits der Alpen gelegenes Gallien) um 190 v. Chr. hinzugewonnen (römische Kolonien: Placentia, Cremona, Bononia, Mutina, Parma, Aquileia).

Gallia transalpina wird römisch

Relativ spät hat der römische Staat – nach der Expansion im westlichen Mittelmeer (Sizilien, Sardinien, Korsika, Spanien), in Nordafrika, Griechenland und Kleinasien – auch im Norden, im transalpinischen Gallien (jenseits der Alpen gelegenes Gallien), Fuß gefaßt: Im Jahre 121 v. Chr. war die *Provincia Narbonensis* (heute Provence) mit der mächtigen (von den aus Kleinasien kommenden ionischen Phokäern vor 600 v. Chr. gegründeten) Hafen- und Handelsstadt *Massilia*/Marseille eingerichtet worden. Von *Massilia* aus war, wie bereits erwähnt, griechische Kultur in das Gebiet nördlich der Alpen gelangt und hatte Roms Mission gewissermaßen vorbereitet. Mit den Germanen, den Kimbern und Teutonen, kam das römische Heer zum ersten Male im Jahre 113 v. Chr. in Berührung – und unterlag in allen Schlachten: bei *Noreia* in Kärnten, an der Nordgrenze der *Narbonensis* im Gebiete der Allobroger (109 v. Chr.), an der mittleren Garonne (107 v. Chr.), bei *Vienna*/Vienne und *Arausio*/Orange (6. Oktober 105 v. Chr.). Erst nach einer gründlichen Heeresreform gelang es Marius, die anstürmenden Germanen bei *Aquae Sextiae*/Aix-en-Provence und *Vercellae*/Vercelli (nördlich des oberen Po) zu besiegen (102/101 v. Chr.). Wenn diese Kämpfe auch keinerlei Gebietszuwachs im Norden Italiens zur Folge hatten – es waren Abwehrkämpfe wie zur Zeit des Keltenvorstoßes 387/86 v. Chr. – so war der Germanenschreck seit diesen Tagen in Rom lebendig. Ein Psychologikum, das Cäsar nach seinem Sieg über die Germanen des Ariovist propagandistisch zu nutzen verstand.

Abb. 3 a: Caius Iulius Caesar 100–44 vChr, b: Marcus Vipsanius Agrippa 63–12 vChr; c: Nero Claudius Drusus Germanicus 38–9 vChr

Als C. Iulius Caesar – Konsul 59 v. Chr., ab März 59 v. Chr. Statthalter von *Illyricum* und *Gallia cisalpina* auf fünf Jahre mit drei Legionen (Lex Vatinia) und zusätzlich ab April auch der *Narbonensis* – den auswanderungswilligen Helvetiern im März 58 v. Chr. den Durchzug durch die *Provincia Narbonensis* in das Gebiet der unteren Garonne verweigerte, leitete er damit eine neue Phase der römischen Expansionspolitik im Norden des Imperiums ein. Die Sequaner ließen den Helvetiertreck passieren. Aber bereits zwischen Rhône und Saône kam es zu Ausschreitungen, so daß die bedrängten Häduer, Ambarrer und Allobroger Cäsar mit seinen Legionen gegen die Helvetier zu Hilfe riefen. Gerne nutzte Cäsar die Gelegenheit zum Eingreifen in Gallien. Mit dem Senat war er in Schwierigkeiten geraten; in Rom verlangte man sein Erscheinen vor Gericht. Cäsar besiegte das Gros des Helvetiertrecks südlich des Mont Beuvray (bei Autun, Dép. Saône-et-Loire). Er schickte Helvetier, Tulinger, Latobriger und Rauriker in ihre alte Hei-

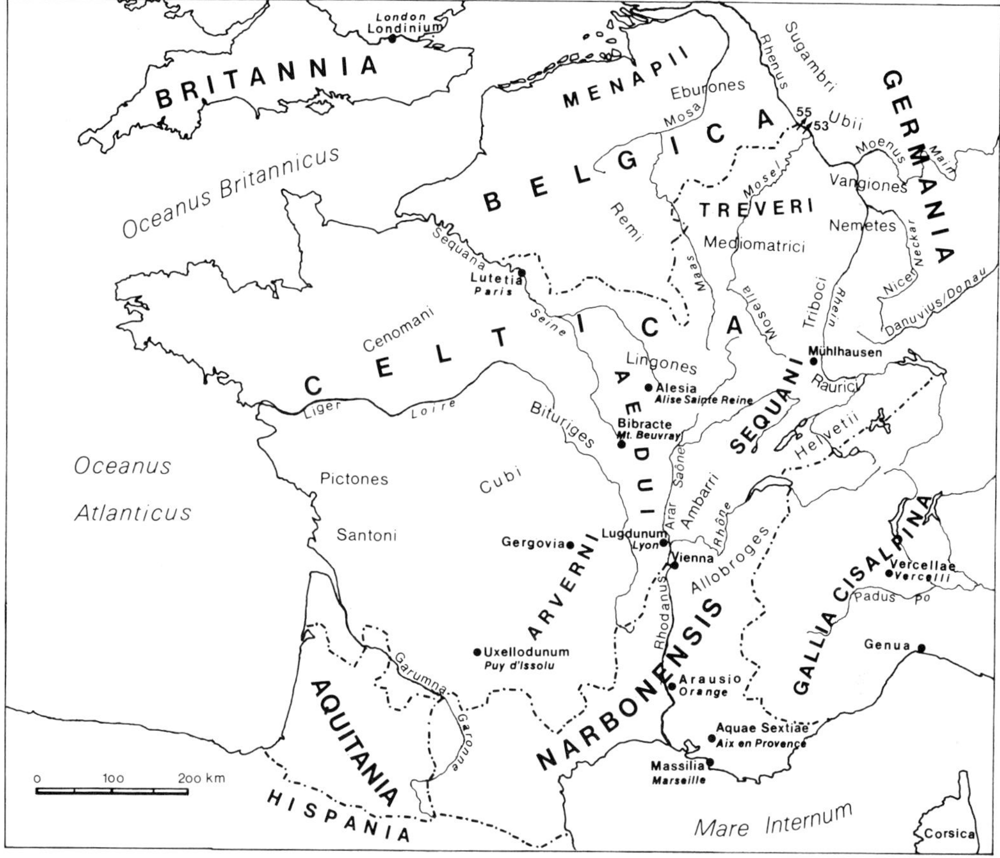

Abb. 4 Gallien zur Zeit Caesars, um 50 vChr (nach Gr. Hist. Weltatlas 1954, 33 c)

mat zurück: In der heutigen Schweiz sollten sie als *foederati* – geachtete Verbündete mit einem hohen Grad an kommunaler Selbständigkeit – ein weiteres Vordringen der Germanen über den Rhein verhindern.
Seit dem 2. Viertel des 1. Jahrhunderts v. Chr. hatten Germanenstämme (Harudes, Marcomanni, Triboci, Vangiones, Nemetes, Eudusii, Suebi) unter dem Swebenfürsten Ariovist den Oberrhein überschritten. Sie waren von den keltischen Stämmen der Häduer und Sequaner in die innergallischen Querelen hineingezogen worden. Das Sequanergebiet (Oberelsaß und Franche Comté) war bereits unter Kontrolle der Germanen. Dieser Entwicklung mußte Cäsar Einhalt gebieten, wenn er Gallien als römische Provinz gewinnen wollte. Anfangs September kam es zur Schlacht im Elsaß, wahrscheinlich in der Nähe von Mühlhausen. Cäsar siegte und stoppte damit die Ost-West-Bewegung der Germanen über den Rhein. Triboker, Nemeter und Vangionen, die zu den sieben Stämmen im Heere Ariovists zählten, siedelten später im Elsaß und in der Pfalz.

Die Römer am Rhein

Cäsar hat den Rhein zweimal überschritten (55 und 53 v. Chr.), seine beiden Rheinbrükken werden im Neuwieder Becken vermutet. Aber archäologisch konnte bis jetzt noch kein Militärlager aus der Zeit Caesars in der Rheinzone nachgewiesen werden.
Nach achtjährigen Kämpfen (58–50 v. Chr.), die Cäsar in seinen *Commentarii de bello Gallico* ausführlich beschreibt, war schließlich Gallien von der *Narbonensis* bis zur Nordsee und vom Atlantik bis zum Rhein unterworfen und dem römischen Staat neu hinzugewonnen worden. Der Rhein wurde zur Grenze des Imperiums gegen die Germanen.
Als Statthalter von Gallien gründete L. Munatius Plancus 44/43 v. Chr. die Bürgerkolonien *Lugdunum*/Lyon am Zusammenfluß von Rhône und Saône und die *Colonia Augusta Rauricorum*/Augst am Hochrhein. Von einer verwaltungsmäßigen Durchdringung Galliens bis zum Rhein kann aber erst zur Zeit der Statthalterschaft des Marcus Vipsanius Agrippa die Rede sein (39–37 und 19 v. Chr.). Agrippa erschloß Gallien durch ein Straßennetz bis zum Rhein und stationierte Truppen an wichtigen Straßenknotenpunkten.

Neugliederung des römischen Reiches

Tafel 17/1 Bei der Neugliederung des Reiches im Jahre 27 v. Chr. teilte Augustus Gallien in zwei Kommandobezirke mit vermutlich jeweils 3 Legionen: 1. Aquitania und Narbonensis und 2. das Gebiet der späteren Lugdunensis und Belgica (*Celtica, Gallia comata* ,,mit der Tracht der langen Haare"). Am 16. Januar 27 v. Chr. hatte der Senat *C. Iulius C. f(ilius) Caesar* – so hieß C. Octavius, geb. 63 v. Chr., seit der Adoption durch seinen Großonkel C. Iulius Caesar – den Namen *Augustus* (der Erhabene) verliehen und ihm die Verwaltung der noch nicht befriedeten Grenzprovinzen auf zunächst zehn Jahre übertragen: Spanien, Gallien und Syrien; hinzu kam Ägypten. In diesen Provinzen standen die Legionen. Wenn auch nicht ausdrücklich überliefert, so werden die Legionen auf 9 Militärprovinzen verteilt gewesen sein: Spanien (1. Hispania ulterior; 2. Hispania citerior), Gallien (3. Narbonensis und Aquitania; 4. Gallia comata, Celtica), Oberitalien (5. Transpadana), im nördlichen Teil Illyriens (6. Illyricum), an der Nordgrenze Mazedoniens (7. Macedonia), Syrien (8. Syria) und Ägypten (9. Ägyptus). Die Interessen des Princeps (*princeps civium* = erster Bürger; von 27 v. Chr. bis Diokletian datiert das Prinzipat) in den Provinzen nahmen von Augustus selbst ernannte Stellvertreter als Statthalter wahr (*legati Augusti pro praetore*). Es ist nicht bekannt, in welcher Weise die Legionen, deren Anzahl auf 27 geschätzt wird, nach Anzahl und Nummern auf die Militärprovinzen verteilt waren. Allem Anschein nach standen aber in jeder Militärprovinz drei Legionen.

In Gallien werden die Standlager der aquitanischen Heeresgruppe in der Gegend von Poitiers/*Lemonum Pictonum* oder im Gebiete der Santonen um Saintes/*Mediolanum Santonum* vermutet. Es gibt Hinweise, die für das Hauptquartier des Heeres der *Gallia comata* im Lingonengebiet sprechen, in der Gegend von Mirebeau bei Dijon. Einer Zweiteilung des römischen Heeres werden wir am Rhein nach 9 n. Chr. wieder begegnen.

Agrippa hat während seiner Statthalterschaft in Gallien die von Cäsar begonnene Defensivpolitik auch am Niederrhein fortgesetzt. Zum Schutze der Rheingrenze holte er den germanischen Stamm der Ubier auf das linke Rheinufer herüber und gründete als deren Vorort das *Oppidum Ubiorum*/Köln. Die bis zum Jahre 19 v. Chr. überlieferten Germaneneinfälle über den Rhein machen es unwahrscheinlich, daß damals der Rhein bereits durch Militärlager gesichert war. Jedenfalls fehlen bis jetzt hierfür archäologische Zeugnisse. Als aber der germanische Stamm der Sugambrer im Jahre 16 v. Chr. den Rhein – wahrscheinlich nördlich von Bonn – überschritt, die zur Verteidigung der Rheingrenze herbeigeeilte 5. Legion (*legio V*) unter Marcus Lollius vernichtete und den Adler der Legion erbeutete, wurde das römische Staatsbewußtsein stark getroffen. Sueton (Augustus 23) vergleicht die Niederlage des Lollius mit der des Varus. Kaiser Augustus kam sofort nach Gallien, um in den Jahren 16 bis 13 v. Chr. die Verwaltung Galliens zu reformieren. Er gliederte Gallien jetzt in drei Provinzen: *Belgica, Lugdunensis* und *Aquitania*. Damals wurde der Plan konzipiert, Germanien bis zur Elbe zu unterwerfen und die Nordgrenze Italiens bis zur Donau vorzuschieben. Die sechs Legionen der beiden gallischen Heeresgruppen erhielten Marschbefehl an den Rhein: die aquitanischen Legionen vermutlich an den Niederrhein und die im Lingonengebiet lagernden Legio-

Abb. 3b

nen wahrscheinlich an den Mittelrhein. Der Rhein wurde zur Operationsbasis der Germanenkriege. Strategische Voraussetzung der Feldzüge in Germanien war die Besetzung der Alpenpässe und des Alpenvorlandes bis zur Donau.

Die Unterwerfung der Räter und Vindeliker

Die Nordgrenze Italiens war im 1. Jahrhundert v. Chr. noch recht unsicher. Immer wieder plünderten die in den Zentralalpen wohnenden Bergstämme der Räter norditalische Koloniestädte, u. a. Como/*Comum*, Brescia/*Brixia;* auf einem Raubzug in die Nordschweiz waren die Räter von Munatius Plancus 44/43 v. Chr. besiegt worden. Um Abhilfe zu schaffen hatte Augustus 25 v. Chr. die Salasser im Tal von Aosta unterwerfen und die Kolonie *Augusta Praetoria*/ Aosta anlegen lassen. Damit waren die Alpenübergänge des Kleinen St. Bernhard (*Alpes Graiae*) und des Großen St. Bernhard (*Alpes Poeninae*) unter römische Kontrolle gekommen. Im gleichen Jahr, in dem Augustus nach Gallien ging (16 v. Chr.), operierte der Prokonsul von Illyrien P. Silius Nerva (Konsul 20 v. Chr.) sowohl im Grenzgebiet gegen Noricum und Pannonien als auch in Oberitalien gegen die alpinen Stämme der Cammuni (Val Camonica) und Vennonetes (Alpenrheintal?) (Cassius Dio, Hist. Rom 54, 20, 1.2. F. Fischer BRGK 1976). Den Hauptschlag gegen die Räter führten die beiden kaiserlichen Adoptivsöhne Drusus und Tiberius im Jahre 15 v. Chr. In diesem Jahr wurden zum ersten Male Teile von Baden-Württemberg von römischen Truppen besetzt. Die später in Windisch/*Vindonissa* stationierte *legio XXI rapax* wurde vermutlich damals aus den unterworfenen Alpenstämmen neu aufgestellt.

Drusus marschierte mit der transpadanischen Heeresgruppe (wahrscheinlich: 9., 13., 20., 21. Legion), die vermutlich bei Aquileia lagerte, etschtalaufwärts – anfangs des Jahres 15 v. Chr. hatte er die Venostes und Isarci nördlich Trient besiegt – über Bozen, Brenner oder Reschenscheideck ins Inntal. Die Reihenfolge der auf dem Siegesdenkmal
S. 31 von La Turbie (s. u.) genannten Alpenstämme verlockt – sollten sie nach geographischen Gesichtspunkten aneinandergereiht sein – den ungefähren Vormarschweg zu rekonstruieren. Drusus besiegte in der Gegend von Innsbruck die Breuni, nördlich davon die Genauni und die vindelikischen Cosuanetes, Rucinates, Licates und Catenates im Voralpenland.

Tiberius kam mit einer zweiten Heeresgruppe, sehr wahrscheinlich mit Legionen des gallischen Heeres vermutlich von Westen über Besançon/*Vesontio* – Augst/*Augusta Raurica* zum Bodensee. Von Strabo erfahren wir einige Einzelheiten dieses Feldzuges (Strabo, Geographica 7, 1, 5 p. 292). Strabo berichtet von einem großen, zwischen Rhein und Donauquellen liegenden See. In diesem See habe Tiberius eine Insel (Mainau? Reichenau?) als Operationsbasis für einen Seekampf gegen die Vindeliker benutzt. Als Anwohner des Sees nennt Strabo die Räter, Helvetier und Vindeliker. Tiberius habe sodann in einem Tagesmarsch vom See aus die Donauquellen erreicht. Die beiden Heeresgruppen vereinigten sich im Voralpenland. Eine bei Horaz (Carm. 4, 14, 14) erwähnte schwere Schlacht (*grave proelium*) beendete den Alpenfeldzug: die Alpen und das Alpenvorland bis zur Donau waren römisch. Wachttürme und Stützpunkte sicherten die Straßenverbindung von Como über Julier oder Splügen nach Chur – Walensee – Zürichsee – Bötzberg – Basel in das Elsaß. Reschenpaß, Fernpaß und Brenner waren in römischer Hand.

Ein im Jahre 7/6 v. Chr. bei La Turbie oberhalb Monaco zu Ehren des Kaisers Augustus errichtetes Siegesdenkmal (*tropaeum Alpium*), dessen Ruine erhalten ist, nennt in einer großen Inschrift die Namen von 45 Alpenvölkern, die ,,vom oberen Meer (Tyrrhenischen Meer) bis zum unteren Meer (Adria) unter der Führung und Planung" des Augustus unterworfen wurden. Die Inschrift ist außerdem bei Plinius d. Ä. überliefert. Während die in dieser Inschrift genannten Alpenstämme in den meisten Fällen nur annähernd lokalisiert werden können, macht Strabo (Geographica 4, 6, 8 p. 206) über die Wohnsitze der von den Römern besiegten keltischen Stämme im Voralpenland präzisere Angaben. Er lokalisiert die Brigantier bei Bregenz/*Brigantium* (vielleicht am Seeufer im Gebiet von Argen und Schussen), die Estionen bei Kempten/*Cambodunum* und die Likatier mit ihrem Vorort *Damasia* am Lech. Im Chiemgau, also bereits in Noricum, wohnten die Alaunen und südlich von ihnen die Ambisontier.

Noricum und Pannonien werden römisch

Das Königreich Noricum (*regnum Norici:* Ober-, Niederösterreich, Steiermark und Teile Sloweniens) wurde ebenfalls im Jahre 15 v. Chr. von römischen Truppen bis zur Donau friedlich besetzt. Seit der Mitte des 2. Jahrhunderts v. Chr. hatte das Königreich Noricum mit Rom einen Freundschaftsvertrag, der außer wirtschaftlichen Abmachungen auch eine Waffenhilfe vorsah. Aus diesem Grunde hatten römische Soldaten gegen die im Jahre 113 v. Chr. in Noricum eingefallenen Kimbern gekämpft.

Zur augusteischen Konzeption gehörte auch das Erreichen der Donau im Karpatenbekken. Wahrscheinlich noch im Jahre 15 v. Chr. besiegten die römischen Truppen das keltische Volk der Skordisker um Belgrad. Im Jahre 13 v. Chr. sollten die Pannonier im Savetal unterworfen werden. Aber die Römer stießen auf harten Widerstand, so daß die Anwesenheit des erfahrenen Feldherrn Agrippa notwendig wurde. Nach Agrippas plötzlichem Tode übernahm Tiberius im Jahre 12 v. Chr. das Kommando in Pannonien (südlich und westlich der Donau im Karpatenbecken). Im gleichen Jahr eröffnete Drusus mit der Rheinarmee die Offensive gegen Germanien.

Tafel 17/2
Abb. 3 c

Römische Truppen im Voralpenland

Nach dem Räterfeldzug sicherten römische Truppen das Voralpenland (Oberschwaben, Bayern). Um eventuellen Unruhen vorzubeugen, hoben römische Offiziere aus der Jugend des unterworfenen Volkes Hilfstruppen (*auxilia*) aus; sie entfernten diese Räter- und Vindelikerkohorten aus ihrer Heimat und verschickten sie an den Rhein. Grabinschriften von Angehörigen der *cohortes Raetorum* und *cohortes Raetorum et Vindelicorum* gehören zu den ältesten am Rhein gefundenen Grabdenkmälern von Kohortensoldaten. Rätische und vindelikische Kohorten kämpften im Heer des Germanicus bei Idistaviso, 16 n. Chr. Rätische Auxiliareinheiten votierten 69 n. Chr. für Vitellius. *Abb. 7b*

In Augsburg-Oberhausen waren bereits 1910/1912 am Westufer der Wertach beim Kiesabbau Tausende von Waffen, Werkzeugen und Ausrüstungsgegenständen von Legionssoldaten sowie Pferdegeschirrteile, Keramik und über 400 Münzen entdeckt worden; die Funde sind in das letzte Jahrzehnt v. Chr. bis 16 n. Chr. zu datieren und sprechen für ein Legionslager – wahrscheinlich sogar für ein Zweilegionslager – in unmittelbarer Nähe der Fundstelle. Der Kommandeur der Augsburg-Oberhausener Legionen war zugleich Statthalter (*legatus Augusti pro praetore in Vindelicis*) des neu eroberten rätisch-vindelikischen Gebietes. Der Name des ersten Statthalters in Vindelikien ist durch eine Inschrift (CIL V 4910) bekannt: *Caius Vibius Pansa.*

Das etwa einen Tagesmarsch von der Donaufront entfernte Lager Augsburg-Oberhausen hatte im Hinblick auf die im Jahre 12 v. Chr. beginnenden Feldzüge in Germanien offensiven Charakter; seine strategische Bedeutung ist vergleichbar mit den Zweilegionslagern am Rhein: Mainz/*Mogontiacum* und Xanten/*Vetera Castra*; die Truppen Rätiens und am Rhein unterstanden in augusteischer Zeit dem gleichen Oberkommando. Augsburg-Oberhausen hatte gute rückwärtige Straßenverbindungen: entlang des Lech über den Reschenpaß nach Italien, nach Südosten zum Inn, nach Salzburg und zum Brenner sowie nach Südwesten über Bregenz nach Gallien. Wo die von Gallien über Bregenz – Kempten kommende West-Ost-Straße den Lech überquerte, war auf dem Lorenzberg bei Epfach in augusteischer Zeit eine berittene Einheit von etwa 70 bis 80 Soldaten stationiert. Ähnliche Militärstationen als Straßenposten sind anhand der augusteischen Terra-Sigillata-Funde zu vermuten in: Basel, Augst, Winterthur, Zürich, Solothurn, Avenches, Yverdon an der Straße zum Genfer See und ins Rhonetal. Am Walensee sind drei Wachttürme augusteischer Zeit nachgewiesen. Basel und Augst liegen an der strategisch wichtigen Oberrheinstraße; Zürich und die drei Walenseeposten an der Straße vom Schweizer Mittelland ins obere Rheintal und zu den Bündnerpässen; Winterthur liegt an der West-Ost-Straße Basel – Windisch – Bregenz, die das helvetische Gebiet mit Vindelikien verbindet. Damit ergibt sich für einen vorgeschobenen Militärposten am Hochrhein eine ähnlich günstige, rückwärtige Straßenkonstellation nach Südwesten, Süden und Südosten wie für das Militärlager Augsburg-Oberhausen am Lech.

Tafel 11 Obergermanischer Limes zwischen Gausmannsweiler und Welzheim

Tafel 12 (umseitig)
a: Rätischer Limes. Fundamente eines Wachtturmes und rekonstruierte Mauer bei Schwabsberg-Buch
b: Obergermanischer Limes. Pfahlgraben nördlich Grab

Tafel 14

a: Dangstetten. Bronzetäfelchen „L XIX C III“ = 3. Kohorte der 19. Legion

b: Heilbronn-Böckingen. Ziegelstempel der co(hors) V Del(matarum)

c: Heilbronn-Böckingen. Ziegelstempel der leg(io) VIII Aug(usta)

d: Öhringen. Ziegelstempel der co(hors) I Hel(vetiorum)

e: Öhringen. Ziegelstempel des N(umerus) Brit(tonum) Cal(edoniorum)

Tafel 13 (umseitig)
a: Warenaustausch am rätischen Limes. Zinnfiguren-Diorama im Limesmuseum Aalen
b: Heidelberg. Modell einer Römerbrücke über den Neckar. Kurpfälzisches Museum

Legionslager Dangstetten

Tatsächlich wurde im Jahre 1967 nördlich des Hochrheines bei Dangstetten, Kr. Waldshut, beim Kiesabbau ein Legionslager aus der Zeit des Räterfeldzuges 15 v. Chr. entdeckt. In dem Kiesboden zeichneten sich die Pfostenlöcher und Fundamentgräben der Holzbauten und Holzerdemauer sowie Straßen und der Umfassungsgraben des Legionslagers als dunkle Verfärbungen deutlich ab. Die zahlreichen Funde: italische Terra Sigillata mit Töpferstempel, tongrundige Keramik, Waffen, Ausrüstungsgegenstände aus Bronze und Eisen, Gläser, Fibeln, Münzen etc. gestatten u. a. Rückschlüsse auf Zusammensetzung und Ausrüstung der Truppe. Es zeigte sich, daß außer den Legionaren auch keltische Reiter und orientalische Bogenschützen als Hilfstruppen (*auxilia*) zur Besatzung des Lagers Dangstetten gehörten. Ein Bronzeblechanhänger mit der eingravierten Inschrift: *L(egio) XIX C(ohors) III* (3. Kohorte der 19. Legion) weist darauf hin, daß in Dangstetten die 19. Legion stationiert war. Nach Ausweis der Münzen war das Lager bis zum Jahre 9 v. Chr. besetzt – zu einer Zeit, als Drusus vom Nieder- und Mittelrhein aus in Germanien bis zur Elbe operierte (12–9 v. Chr.). Es ist daher damit zu rechnen,

Tafel 6b
S. 253 ff
Tafel 36a
Tafel 35b
Abb. 96
Tafel 14

Abb. 5 a: Altar (ara) der Roma und des Augustus in Lugdunum/Lyon 12 vChr von Drusus eingeweiht. Mittelpunkt des Kaiserkultes der drei gallischen Provinzen (tres Galliae) und zugleich auch des Provinziallandtages von Gallien (Concilium Galliarum); b: Reiterstandbild des Drusus (gest. 9 vChr in Germanien) zwischen zwei Trophäen auf dem Dach eines eintorigen Triumphbogens. In der Attika die Inschrift: DE GERMANIS (Sieg über die Germanen)

daß die 19. Legion die Offensive vom Hochrhein nach Norden vortrug. Ein alter Handelsweg führte in der La-Tène-Zeit vom Schweizer Mittelland durch das Wutachtal über Tafel 1 Hüfingen zum Neckartal. Es ist die Route des späteren Itinerars der Tabula Peutingeriana (s. u.). Ob die 19. Legion im Jahre 9 v. Chr. an dem Feldzug des Drusus gegen die Markomannen in Nordbayern und Thüringen teilnahm oder ob Tiberius – als er nach dem Tode des Drusus das germanische Kommando übernahm – die 19. Legion von Dangstetten abberief, sind Vermutungen. Später war jedenfalls die 19. Legion am Niederrhein stationiert. Sie gehörte mit der 17. und 18. Legion zur Heeresgruppe des Varus, die im Herbst 9 n. Chr. im Teutoburger Wald unterging. Es wird vermutet, daß dem in Augsburg-Oberhausen residierenden Statthalter (*legatus Augusti pro praetore in Vindelicis*) u. a. unterstellt waren: die 16. Legion (genannt in einer Besitzerinschrift eines in Burlafingen, Kr. Neu-Ulm gefundenen Legionarshelmes), die 21. Legion, die *ala Pansiana* und die *cohors Trumplinorum* u. a. Die seit dem Jahre 15 v. Chr. in Rätien stationierten römischen Truppen unterstanden dem Oberkommando der Rheinarmee.

Unterwerfung Germaniens

Seit dem Jahre 13. v. Chr. war Drusus Oberbefehlshaber der Rheinarmee und Statthalter von Gallien. Er weihte am 1. August 12 v. Chr. in Lyon/*Lugdunum*, der Hauptstadt von Abb. 5 Gallien, den Altar der Roma und des Augustus (*Ara Romae et Augusti*) ein und eröffnete gleichzeitig den ersten Provinziallandtag von Gallien. Noch im gleichen Jahr führte Drusus die am Rhein bereitstehenden Legionen nach Germanien und operierte bis zur Ems. Im darauffolgenden Jahr erreichten die römischen Truppen die Weser und unterwarfen im dritten Kriegsjahr das Gebiet zwischen Main, Lahn und Weser. Im Jahre 9 v. Chr. gelang Drusus ein Vorstoß durch das Gebiet der Chatten und Cherusker bis zur Elbe. Auf dem Rückmarsch in die Winterquartiere an den Rhein stürzte Drusus vom Pferde und starb (am 14. September 9 v. Chr.) in einem Lager zwischen Saale und Rhein. Tafel 17/2 Tiberius, der gerade den Feldzug in Pannonien beendet hatte, übernahm nun das Kommando in Germanien. Seine Feldzüge waren erfolgreich, so daß Germanien im Jahre 7 v. Chr. als tributpflichtige Provinz bezeichnet werden kann. Aber familiäre Unstimmigkeiten veranlaßten Tiberius im Jahre 6 v. Chr. freiwillig in die Verbannung nach Rhodos zu gehen. Seine Nachfolger im Kommando durchzogen zwar mit den rheinischen Legionen Germanien – Lucius Domitius Ahenobarbus überschritt sogar die Elbe – aber die Verhältnisse in Germanien blieben unklar: das Land war weder frei noch unterworfen.

Eine neue Phase des Germanenkrieges begann, als Tiberius nach seiner Adoption durch

Abb. 6 Gallien, Britannien und Germanien in römischer Zeit (nach Westermanns Atlas 1956, 36)

0 100 200 km
Legionslager
Stadt
Caledonia
Vallum Antonini
Vallum Hadriani
Mare Germanicum
Superior
Eburacum
York
Deva
Chester
Britannia
Britannia
Isca
Caerleon
Camulodunum
Colchester
Verulamium
St. Albans
Londinium
London
Inferior
Isca Dumnoniorum
Exeter
Oceanus Britannicus
Cimbri
Saxones
Chauci
Langobardi
Angrivarii
Germania
Cherusci
Semnones
Frisii
Noviomagus
Nimwegen
Vetera Castra
Xanten
Batavi
Germania
Inferior
Menapii
Novaesium Neuss
Apud Aram Ubiorum
Köln
Bonna Bonn
Ubii
Chatti
Sugambri
Magna
Teutoburgiensis Saltus
Hermunduri
Marcomanni
Remi
Belgica
Treveri
Augusta Treverorum
Trier
Mogontiacum
Mainz
Durocortorum
Reims
Lutetia
Paris
Sequana
Seine
Mediomatrici
Superior
Aquae
Baden-Bad
Argentorate
Straßburg
Sumelocenna
Rottenburg
Castra Regina
Regensburg
Augusta Vindelicum
Augsburg
Danuvius/Donau
Alauni
Iuvavum
Salzburg
Noricum
Gallia Lugdunensis
Lingones
Dijon
Germania
Dangstetten
Vindonissa
Windisch
Aug. Rauric.
Augst
Brigantium
Bregenz
Raetia
Ambisontes
Innsbruck
Vesontio
Besancon
Augustodunum
Autun
Sequani
Helvetii
Aventicum
Avenches
Curia
Chur
Reschen
Brenner
Julier
Splügen
Bozen
Pictones
Avaricum
Bourges
Limonum
Poitiers
Bituriges
Aedui
Santoni
Mediolanium
Saintes
Augustonemetum
Clermont Ferrand
Ambarri
Lugdunum
Lyon
Salassi
Gr. St. Bernhard
Kl. St. Bernhard
Augusta Praetoria
Aosta
Tridentum
Trient
Opitergium
Oderzo
Aquileia
Comum
Como
Bricia
Brescia
Verona
Transpadana
Aquitania
Vienna
Vienne
Allobroges
Arverni
Burdigala
Bordeaux
Garumna
Garonne
Mare Cantabricum
Rhodanus/Rhône
Arar Saône
Liger/Loire
Rhenus
Rhein
Padus Po
Ravenna
Genua
Narbonensis
Gallia
Tropaeum Alpium
Aquae Sextiae
Aix en Provence
Massilia
Marseille
Narbo Martius
Narbonne
Arretium
Tiber
Tiberis
Roma
Corsica
Tarraconensis
Ems
Amasia
Weser
Visurgis
Albis/Elbe
Saale
Main
Moenus

Kaiser Augustus im Jahre 4 n. Chr. auf den germanischen Kriegsschauplatz zurückkehrte. Im Jahre 5 n. Chr. brach Tiberius endgültig den Widerstand der Germanen: Germanien bis zur Elbe wurde römische Provinz mit der Hauptstadt Köln/*Oppidum Ubiorum*, wo nach gallischem Vorbilde die *Ara Ubiorum* (Altar der Ubier) als geistiger Mittelpunkt der *Provincia Germania* errichtet wurde.

Um das eroberte Germanien mit dem von römischen Truppen besetzten Pannonien, d. h. um die Elbgrenze über Böhmen und Mähren mit der Donau zu verbinden, plante Tiberius für das Jahr 6 n. Chr. einen Zangenangriff – vergleichbar mit dem des Jahres 15 v. Chr. – gegen die Markomannen unter Marbod in Böhmen. Drusus hatte sie 9 v. Chr. in Nordbayern und Thüringen besiegt, woraufhin sie nach Böhmen abwanderten. 7 v. Chr. hatte Domitius Ahenobarbus den germanischen Hermunduren gestattet, sich in der ehemaligen *Marcomannia* niederzulassen (Cassius Dio 55, 10a, 2 f.).

Im Frühjahr 6 n. Chr. führte Tiberius die illyrischen Legionen bei Deutsch Altenburg/*Carnuntum* über die Donau nach Böhmen. Der Legat C. Sentius Saturninus erhielt Befehl, von Mainz/*Mogontiacum* mit den rheinischen Legionen nach Osten vorzustoßen. Die beiden Heeresgruppen waren nur noch wenige Tagesmärsche auseinander, als die Nachricht eintraf von einem furchtbaren Aufstand in Pannonien, an dem fast alle Stämme der Pannonier und Dalmater beteiligt waren. Die in den pannonischen Garnisonen bei Abmarsch der Legionen nach Böhmen zurückgebliebenen schwachen Abteilungen wurden von den Aufständischen niedergemacht. Tiberius mußte den Feldzug gegen Marbod abbrechen und seine Legionen auf den pannonischen Kriegsschauplatz führen, wo er drei Jahre lang einen erbitterten Partisanenkrieg gegen die Rebellen führte. Als er endlich im Jahre 9 n. Chr. den pannonischen Aufstand niedergeschlagen hatte, erreichte ihn die Nachricht von der Varuskatastrophe.

Schlacht im Teutoburger Wald

Die hohen Verluste der Römer in Pannonien hatten der nationalen Partei bei den germanischen Stämmen Auftrieb gegeben. Dem Cheruskerfürsten Arminius war es schließlich gelungen, die germanischen Stämme für einen Aufstand nach pannonischem Vorbilde zu gewinnen. Im Herbst 9 n. Chr. lockten die Germanen den Legaten P. Quinctilius Varus mit der 17., 18., 19. Legion, drei Alen und sechs Kohorten auf dem Rückmarsch von dem gemeinsamen Sommerlager an der Weser zu den Winterlagern an den Rhein im Teutoburger Wald in unwegsames Gelände. Die in den Wäldern taktisch manövrierunfähigen Legionen unterlagen den ortskundigen Germanen; Arminius vernichtete die gesamte Heeresgruppe, etwa 25 000 Soldaten – darunter auch die ehemals in Dangstetten am Hochrhein stationierte 19. Legion. Das war das Ende der römischen Herrschaft rechts des Rheines. Seit dieser katastrophalen Niederlage wurden die Nummern 17, 18, 19 der bösen Vorzeichen wegen im römischen Heer nicht mehr verliehen.

Die Nachricht von der Varuskatastrophe ließ in Rom das Schreckgespenst Kimbern und Teutonen wieder lebendig werden. Man befürchtete einen Generalangriff der Germanen auf die Provinzhauptstadt Köln/*Oppidum Ubiorum.* Segimund, der Sohn des Cheruskerfürsten Segestes, für das Jahr 9 n. Chr. zum Priester am Altar der Ubier (*Ara Ubiorum*) gewählt, hatte seine Priesterbinde zerrissen und war zu den Aufständischen geflohen.

Sicherung der Rheingrenze

Kaiser Augustus schickte Tiberius vom pannonischen Kriegsschauplatz an den Rhein, um die Verteidigung der Rheinfront zu organisieren. Tiberius verstärkte eilends die Rheinarmee von bisher fünf auf acht Legionen: Truppen von Vindelikien (vermutlich *legio XVI gallica, legio XXI rapax*) und Spanien (*legio II Augusta, legio V alaudae*) erhielten Marschbefehl an den Rhein. Zum Schutze der *Ara Ubiorum* stationierte Tiberius die von Pannonien mitgebrachte 20. Legion und die eilends aus Stadtrömern neu aufgestellte *legio I* beim Altar der Ubier (*apud Aram Ubiorum*) im *Oppidum Ubiorum,* der Stadt der Ubier (Köln). Aber der Winter 9 auf 10 n. Chr. verging ohne den erwarteten Germanensturm.
Das von der *Provincia Germania* noch übrig gebliebene linksrheinische Restgermanien (von der Nordsee bis in die Schweiz) ließ Tiberius mit der *Provincia Belgica* vereinigen (Hauptstadt: Reims/*Durocortorum Remorum,* Sitz des Statthalters), was aber nur für die Finanzverwaltung von Bedeutung war. In der Finanzverwaltung bildeten zunächst bis um die Mitte des 1. Jahrhunderts n. Chr. das linksrheinische Restgermanien zusammen mit der Belgica und der Lugdunensis einen Sprengel, der von Lyon/*Lugdunum* verwaltet wurde. Seit Claudius oder den ersten Jahren Neros bildete sodann die Belgica und Restgermanien einen eigenen Finanzsprengel. Seitdem trieb der Provinzialprokurator (*procurator Augusti provinciae* = Chef der kaiserlichen Finanzverwaltung) von Trier/*Augusta Treverorum* aus die direkten Steuern (*tributa*) ein. Er gehörte – wie später der Prokurator Rätiens – zur Rangklasse der *ducenarii,* die einen Jahresgehalt von 200 000 Sesterzen erhielten.

Linksrheinische Militärzone wird in zwei Distrikte gegliedert

Das bisherige Oberkommando der Rheinarmee teilte Tiberius nun in zwei gleichgestellte Kommandos über je ein Vier-Legionenheer. Dementsprechend gliederte er die linksrheinische Militärzone in zwei Militärdistrikte: 1. Im oberen Militärdistrikt übte der Legat des oberen germanischen Heeres (*legatus exercitus Germanici superioris*) die statthalterlichen Befugnisse von Mainz/*Mogontiacum* aus. 2. Der Statthalter des unteren

Militärdistriktes (*legatus exercitus Germanici inferioris*) residierte anfangs in Xanten/*Vetera Castra* und später in Köln/*Colonia Claudia Ara Agrippinensium.* Als Armeekommandanten hatten die rheinischen Statthalter einen höheren Rang als der Statthalter der Belgica, wo keine Legion stationiert war. Damit waren die beiden Militärdistrikte in der Jurisdiktion selbständig, obwohl sie verwaltungsmäßig zur *Provincia Belgica* gehörten.

Noch zweimal (11 und 12 n. Chr.) führte Tiberius die Legionen zur Einschüchterung der Germanen über den Rhein, ohne jedoch einen Gebietsgewinn anzustreben. Im Jahre 12 n. Chr. kehrte er nach Rom zurück, um den seit drei Jahren beschlossenen Triumph über Pannonien zu feiern. Die Neuorganisation der Rheinarmee war abgeschlossen, der Rhein als Verteidigungslinie ausgebaut.

Germanicus übernimmt das Rheinkommando

Abb. 7b Anfang 13 n. Chr. übernahm Germanicus, Sohn des Drusus, als Oberstatthalter von Gallien und Germanien das Kommando der Rheinarmee. Unter Tiberius hatte er im Jahre 7 n. Chr. ein Kommando in Pannonien, wo er sich die Triumphalinsignien verdiente. Als die Nachricht vom Tode des Kaisers Augustus († 19. August 14 n. Chr.) an den Rhein gelangte, kam es zu einer Meuterei der Rheinlegionen. Unter dem Einfluß der aus Stadtrömern rekrutierten *legio I* – die aufs engste mit den politischen Verhältnissen der Hauptstadt vertrauten Großstädter rieten ihren Kameraden, den Regierungswechsel zu nutzen – forderten die Soldaten: Verkürzung der Dienstzeit (es soll damals Soldaten mit mehr als 30 Dienstjahren gegeben haben. Tac. ann. I 17.35) – Erhöhung des Soldes – Milderung der Disziplin. Im gemeinsamen Sommerlager (*castra aestiva in finibus Ubiorum*) im Gebiete der Ubier in Neuss a. Rh./*Novaesium* wollten die vier Legionen des

Abb. 7a: Agrippina d. Ä. (14/13 vChr–33 nChr) Gemahlin des Germanicus; Tochter des Agrippa und der Julia, Enkelin des Kaisers Augustus; b: Caius Iulius Caesar Germanicus (15 vChr–19 nChr), Sohn des Drusus und Vater des Caligula; c: Germanicus Caesar in der Triumphalquadriga

unteren Heeres Germanicus zum Kaiser ausrufen. Aber Germanicus blieb dem neuen Kaiser Tiberius gegenüber loyal. Um der Meuterei die Brisanz zu nehmen, erfüllte er die Forderungen der Soldaten: Entlassung nach 20 Dienstjahren – Soldaten mit 16 Dienstjahren ließ er in Kampfgruppen (*vexilla*) zusammenfassen (sie brauchten künftig nur im Falle eines feindlichen Angriffes zur Stelle sein) – allzu gestrenge Centurionen (Hauptleute) wurden entfernt, sofern sie die ,,Justiz" der Legionare überlebt hatten – die von den Soldaten geforderten Gelder zahlte Germanicus teils aus eigener Tasche. Nach Rückkehr der Legionen in ihre Winterlager (*castra hiberna*) Köln und Xanten gärte es zwar noch weiter unter den Soldaten, aber schließlich konnte sich Germanicus durchsetzen: die Hauptaufwiegler wurden hingerichtet oder davongejagt; die Veteranen mit 16 Dienstjahren erhielten Marschbefehl nach Rätien – vermutlich in das seit 9 n. Chr. wahrscheinlich nur von einem Wachkommando besetzte Lager Augsburg-Oberhausen.

Erneute Offensive in Germanien

Um die Soldaten abzulenken, ließ Germanicus noch im Spätherbst 14 n. Chr. wohl von Xanten aus die ahnungslosen Marser überfallen. Das gleiche Schicksal ereilte im darauffolgenden Jahr die überraschten Chatten. Römische Truppen befreiten den von Arminius belagerten Segestes. Dabei fiel ihnen Thusnelda (Tochter des Segestes), die Gemahlin des Arminius, in die Hände. Bei den Bructerern erbeuteten die Soldaten den in der Varusschlacht verlorengegangenen Adler (*aquila*) der ehemals Dangstettener 19. Legion (Tac. ann. I 60).

Das Land zwischen Lippe und Ems wurde verwüstet. Germanicus besuchte das Schlachtfeld im Teutoburger Wald; die Gebeine der Gefallenen ließ er in einem Hügel bestatten. Auf dem Rückmarsch zum Rhein hatten die Römer zu Wasser – sie wurden von einer Sturmflut überrascht – und zu Lande erhebliche Verluste. Nennenswerte Erfolge waren allerdings mit den spontanen Feldzügen weder 14 n. Chr. noch 15 n. Chr. erzielt worden. Im Jahre 16 n. Chr. ließ Germanicus acht Legionen auf Schiffen von der Nordsee in die Ems befördern. Es kam zu Kämpfen mit den Angrivariern und Cheruskern (bei Idistaviso und am Angrivarierwall). Aber auch in diesem Jahr waren die Verluste des römischen Heeres groß. Germanicus hatte kein Kriegsglück; die Flotte wurde durch die Herbststürme verschlagen.

Abberufung des Germanicus

Jetzt forderte Kaiser Tiberius, ein ausgezeichneter Kenner der germanischen Verhältnisse, Germanicus auf, den Germanenkrieg abzubrechen und in Rom seinen Triumph ,,über Cherusker, Chatten, Angrivarier und die anderen Völker zwischen Rhein und Elbe" zu feiern. Im Triumphzug am 26. Mai 17 n. Chr. (Tac. ann. II 41. Strabo VII 1,4 p. *Abb. 7c*

292) fuhr Germanicus mit seinen fünf Kindern auf dem Triumphwagen; zahlreiche Gefangene wurden mitgeführt, unter ihnen Thusnelda mit ihrem dreijährigen Söhnchen Thumelicus: eine Demütigung für Arminius, den Befreier Germaniens.
Die Abberufung des Germanicus beendete einen dreißigjährigen Eroberungskrieg im Norden des Imperiums (15. v. Chr. bis 16 n. Chr.): Die Alpen und das Alpenvorland bis zur Donau waren zwar dem römischen Reich neu hinzugewonnen worden, aber das Kriegsziel Elbgrenze blieb unerreicht. Der Rhein erhielt wieder seine Funktion als Verteidigungslinie und blieb im Bereich des unteren Heeres von Vinxtbach nördlich Andernach/*Antunnacum* bis zur Nordsee vier Jahrhunderte lang durch Kastelle gesicherte römische Reichsgrenze (= Niedergermanischer Limes, NL). Die obere Heeresgruppe wurde im letzten Viertel des 1. Jahrhunderts n. Chr. nocheinmal offensiv (s. u.).

Auflösung des Legionslagers Augsburg-Oberhausen

Für Rätien bedeutete das Ende der Offensive die endgültige Auflösung des strategisch nun bedeutungslos gewordenen Legionslagers Augsburg-Oberhausen. Die Funde sprechen dafür, daß das vermutliche Doppellegionslager am Lech im Jahre 14 n. Chr., spätestens 16/17 n. Chr. aufgelassen wurde. Die Legionen – als Besatzung werden allgemein vermutet: *legio XXI rapax* und *legio XIII gemina* (oder *legio XVI gallica*) – hatten Augsburg-Oberhausen schon früher verlassen: die *legio XXI rapax* war nach der Varuskatastrophe an den Niederrhein beordert worden, wo sie im Jahre 14 n. Chr. in Xanten/*Vetera Castra* bezeugt ist (Tac. ann. 1,45). Im gleichen Jahr (14. n. Chr.) gehörten die *legio XIII gemina* und die *legio XVI gallica* zur oberen Heeresgruppe (Tac. ann. 1,37), die anscheinend im Todesjahr des Augustus im gemeinsamen Sommerlager bei Mainz/*Mogontiacum* versammelt war. Das Stammlager Augsburg-Oberhausen blieb nach den Funden zu schließen auch weiterhin bestehen: Die von Germanicus von Köln nach Rätien abgeschobenen Veteranen werden sehr wahrscheinlich das leerstehende Lager Augsburg-Oberhausen bezogen haben (vgl. Tac. ann. 1,44). Es ist damit zu rechnen, daß nach Abzug der Legionen ein Wachkommando im Lager zurückgeblieben war. So war auch das Legionslager Straßburg/*Argentorate* nach Abmarsch der *legio II Augusta* in den Britannienfeldzug vom Jahr 43 n. Chr. bis 71 n. Chr. ohne Legionsbesatzung.

Gründung des Legionslagers Vindonissa

Das Legionslager Augsburg-Oberhausen wurde spätestens 16/17 n. Chr. in den obergermanischen Militärdistrikt, nach Windisch/*Vindonissa* in die Nordschweiz verlegt. Erste Besatzung in Vindonissa war die 13. Legion. Das auf dem Hochplateau zwischen

Aare und Reuß gelegene Legionslager Vindonissa hatte einen ausgesprochen defensiven Charakter und die Aufgabe, die Straßen zu schützen nach: Germanien (Augst–Straßburg–Mainz), Gallien (Kembs–Burgundische Pforte), Italien (Zürich–Splügen/Julierpaß), in die Provence (Avenches–Genf), an die obere Donau (Zurzach–Schleitheim–Hüfingen–Augsburg) und nach Noricum (Winterthur–Bregenz–Salzburg). Dem Legionskommandeur von Vindonissa unterstanden die an der Alpenrandstraße (Bregenz–Salzburg) zum Schutze des Alpenvorlandes neu angelegten Militärposten: Bregenz/*Brigantium*, Kempten/*Cambodunum*, Auerberg bei Bernbeuren, Epfach/*Abodiacum* (Lorenzberg), Gauting/*Bratananium*. Vom Jahre 16 n. Chr. bis zur Zeit der Markomannenkriege (179 n. Chr. *Castra Regina*/Regensburg) waren in Rätien nur noch Hilfstruppen (*auxilia*) stationiert. *Abb. 8*

Rätien wird Provinz

Die Abkommandierung der rätisch-vindelikischen Legionen im Jahre 9 n. Chr. an den Rhein hatte zwangsläufig eine Verwaltungsumstellung im Voralpenland zur Folge. Aus einer Inschrift erfahren wir, daß beim Übergang von der Militärverwaltung (Statthalter: *legatus Augusti pro praetore in Vindelicis*) zur Zivilverwaltung (Statthalter: *procurator*) eine Präfektur zwischengeschaltet wurde; eine Maßnahme, die mit der Abwesenheit des Legionskommandeurs und Militärstatthalters erklärt werden könnte. Die Inschrift (CIL IX 3044) nennt Sextus Pedius als Präfekten der Räter und Vindeliker, des Wallis und der leichtbewaffneten Milizen (*praefectus Raetis Vindelicis vallis Poeninae et levis armaturae*). Sextus Pedius war vom primipilus der *legio XXI rapax* zum Präfekten befördert worden. Er unterstand dem obergermanischen Heereskommando und übte (mit Sitz in Augsburg) noch zu Lebzeiten des Germanicus († 19. n. Chr.) sein Amt aus, das er „nicht vor Ende des Jahres 14 n. Chr. angetreten haben kann und das spätestens 18 n. Chr., wahrscheinlich aber 17 n. Chr. beendet war". Zu seinem Amtsbereich gehörte außer Rätien und Vindelikien auch das Wallis, das an der Straße von Italien über den Großen St.-Bernhard-Paß nach Gallien und an den Rhein von strategischer Bedeutung war. Die militärische Präfektur löste vermutlich im Jahre 17 n. Chr. ein kaiserlicher Statthalter ritterlichen Ranges (*procurator*) ab (Dessau 9007). Aber sehr wahrscheinlich erst unter Kaiser Claudius wurden Rätien, Vindelikien und das Wallis als prokuratorische *Provincia Raetia et Vindelicia et vallis Poenina* konstituiert (CIL V 3936). Als Chef der provinzialen Finanzverwaltung war der Prokurator zugleich auch Provinzstatthalter. Wie der belgisch-germanische Provinzialprokurator (s. o.) gehörte er zu den *ducenarii.* In zwei bekannt gewordenen Fällen wurde die rätische Prokuratur vor der belgisch-germanischen bekleidet (CIL III 5212. Suppl. ad V 1227).

Claudius ließ das Straßennetz der Provinz Rätien ausbauen und an das der Nachbarpro- *Tafel 17/4* vinzen anschließen: Im Jahre 46 n. Chr. konnte die nach ihm benannte *Via Claudia Augusta* als Verbindungsstraße nach Italien dem Verkehr übergeben werden. Zwei als „Wegweiser mit Entfernungsangabe" an der Via Claudia aufgestellte Meilensteine sind (bei Feltre und Meran gefunden) erhalten; auf beiden steht die gleiche Inschrift: „Tiberius Claudius Caesar . . . hat . . . als er die tribunizische Gewalt zum 6. Mal besaß . . . die kaiserliche claudische Straße, die sein Vater Drusus nach Unterwerfung der Alpenvölker (bereits) konzipiert hatte, vom Po (resp. Altinum) bis zur Donau auf einer Strecke von 350 Meilen (= 517 km) ausbauen lassen" (CIL V 8003.8002). Die Via Claudia führte etschtalaufwärts an Meran/*Statio Maiensis* vorbei über den Reschenpaß in das Inntal–Imst/*Umista*–Fernpaß – Füssen/*Foetes* – Epfach/*Abodiacum* – Augsburg/*Augusta Vindelicum* nach Burghöfe/*Summuntorium* an die Donau. Im darauffolgenden Jahr (47 n. Chr.) war die Straße von Italien über den Großen St. Bernhard durch das Wallis an den Rhein fertiggestellt (CIL XII 5528).

Mittelpunkt des Straßennetzes im Voralpenland war die Provinzhauptstadt Augsburg/*Augusta Vindelicum;* von hier gab es Straßenverbindungen nach allen Himmelsrichtungen: nach Italien (u. a. auch über Kempten–Bregenz–Chur–Splügen oder Julier), nach Noricum, an die Donau und an den Rhein. Die Ost-West-Straße von Noricum (Salzburg–Gauting–Augsburg) zu den germanischen Heeresbezirken an den Rhein hatte über Günzburg Anschluß an die Donaustraße.

Kastelle an der oberen Donau

Anscheinend im Zusammenhang mit der Konstituierung Rätiens als Provinz bezogen um die Mitte des 1. Jahrhunderts n. Chr. Auxiliareinheiten neu angelegte Kastelle an der Nordgrenze Rätiens, an der oberen Donau, in: Oberstimm, Burghöfe/*Summuntorium,*
S. 541, 466 ff Aislingen (schon in tiberischer Zeit wohl des Donauüberganges wegen besetzt), Günz-
S. 260 burg/*Guntia* (?), Unterkirchberg/*Phaeniana* ?, Rißtissen/*Riusiava* ?, Emerkingen,
S. 539, 304 f Tuttlingen und Hüfingen/*Brigobanne.* Weitere Kastelle am claudischen Donaulimes werden vermutet bei: Mengen/Ennetach, Ertingen, Neuburg und auf dem Frauenberg bei Weltenburg. Mit dieser Maßnahme scheint die Aufgabe der rückwärtigen Militärstationen auf dem Lorenzberg bei Epfach, in Bregenz, Kempten, Auerberg und Gauting zusammenzuhängen. Die Donaukastelle waren, wie bereits erwähnt, durch eine Straße untereinander verbunden, die von Hüfingen/*Brigobanne* über Schleitheim/*Juliomagus* – Zurzach/*Tenedo* zum Legionslager Windisch/*Vindonissa* führte, wo im Jahre 45/46 n. Chr. die vom Niederrhein kommende *legio XXI rapax* die nach Pannonien abkommandierte *legio XIII gemina* ablöste. Mit großer Wahrscheinlichkeit hatte die Donaustraße von Hüfingen eine Fortsetzung nach Westen über den Schwarzwald – ein Naturweg, Saumpfad, der wahrscheinlich nicht erst seit römischer Zeit benutzt wurde – in das
S. 462 ff Rheintal. In Riegel am Kaiserstuhl, wo seit Jahren Funde claudischer Zeit bekannt

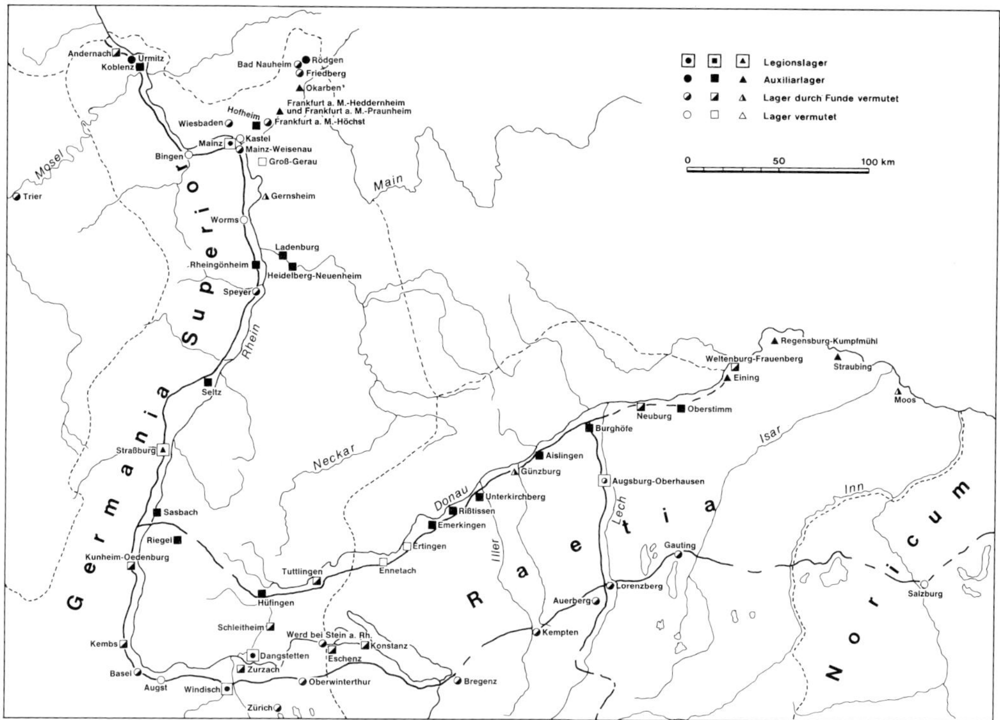

Abb. 8 Römische Kastelle in Südwestdeutschland, zur Zeit des Augustus und Tiberius (19 vChr – 37 nChr = Kreis), Claudius (41–54 nChr = Quadrat) und Vespasian (69–79 nChr = Dreieck) (Datierung Sasbach → S. 495 f.)

waren, kam 1974 bei Bauarbeiten der Umfassungsgraben des lange gesuchten Kastells zum Vorschein. Auf die gleiche Weise war 1971 nördlich Sasbach, Kr. Emmendingen, ein Kastell des frühen 1. Jahrhunderts n. Chr. entdeckt worden, dessen Aufgabe es gewesen sein dürfte, den Rheinübergang der Ost-West-Straße zu decken. *S. 495 f*

An Ober- und Hochrhein waren um die Mitte des 1. Jahrhunderts n. Chr. Militärposten – wahrscheinlich Detachements der *legio XXI rapax* – stationiert in: Kembs/*Cambete,* Kuenheim-Edenburg/*Olino ?,* Zurzach/*Tenedo,* Oberwinterthur/*Vitudurum,* Eschenz/*Tasgaetium,* Konstanz. Straßburg/*Argentorate* war (vermutlich seit 17 n. Chr.) bis 43 n. Chr. Garnison der *legio II Augusta,* die Vespasian, der spätere Kaiser, im Jahre 43 n. Chr. von Straßburg aus in den Britannienfeldzug führte. Den Verkehr auf der Rheintalstraße überwachten in claudischer Zeit die Besatzungen der Auxiliarkastelle: Seltz/*Saletio (?),* Speyer/*Noviomagus,* Rheingönheim/*Rufiniana (?),* Worms/*Borbetomagus (?),* Mainz-Weisenau, Bingen/*Bingium (?).*

Rechtsrheinisches Hoch- und Oberrheingebiet ist römische Einflußzone

Im Vorfelde des Doppellegionslagers Mainz/*Mogontiacum* (Besatzung seit 43 n. Chr.: *legio IV Macedonica, legio XXII Primigenia*) existierte um die Mitte des 1. Jahrhunderts n. Chr. ein rechtsrheinischer Brückenkopf mit den Kastellen: Wiesbaden/*Aquae Mattiacae,* Hofheim, Groß-Gerau (?). Wie die Funde zeigen, war auch das rechtsrheinische Hoch- und Oberrheingebiet römische Einflußzone. Nördlich Offenburg fungierten swebische Militärsiedler als eine Art Milizen, Vorposten und Straßenschutz (Diersheim,
S. 284 unteres Neckargebiet, Groß-Gerau). Die Kastelle Heidelberg-Neuenheim und (ver-
Tafel 6a, 69 mutlich auch) Ladenburg/*Lopodunum* waren in claudischer Zeit besetzt. Die Grenzver-
S. 341 f hältnisse an Rhein und Donau hatten sich konsolidiert.
Tafel 71 Im Jahre 43 n. Chr. schickte Kaiser Claudius drei rheinische Legionen zur Eroberung
Tafel 17/4 Britanniens über den Kanal. Zu dem Expeditionskorps gehörten: die Straßburger *legio II Augusta* (deren Kommandeur seit 42 n. Chr. der spätere Kaiser Titus Flavius Vespasianus war), die Mainzer *legio XIV gemina* und die Kölner *legio XX Valeria victrix.* Die Rheintalstraße ließ Claudius als Nachschubstraße für den Britannienfeldzug ausbauen. Zwar ermutigte der Tod des Legaten des unteren Heeres, Q. Sanquinius Maximus, die Chauken um das Jahr 46 n. Chr. zu einem Einfall am Niederrhein, aber der Nachfolger im Heereskommando Domitius Corbulo stellte bald die Ordnung wieder her und unterwarf Friesen und Chauken, wofür ihn Claudius mit den Triumphalinsignien auszeichnete (47 n. Chr.). Claudius verbot jedoch dem Corbulo alle weiteren Feldzüge in das rechtsrheinische Germanien und befahl, die römischen Truppen auf das linke Rheinufer zurückzunehmen. Dieser Befehl galt für die gesamte Rheinlinie. Die Eroberungspläne des Kaisers Augustus wurden endgültig aufgegeben. Etwa zur gleichen Zeit erhielt auch der Legat des oberen Heeres Curtius Rufus, der nie einen Krieg geführt hatte, die Triumphalinsignien: für die Anlage von Silberbergwerken im Gebiet der Mattiaker (im Taunus). Die zu den ungewohnten und beschwerlichen Bergbauarbeiten abkommandierten Legionssoldaten hatten damals ein geheimes Schreiben an Kaiser Claudius nach Rom geschickt mit der Bitte, er möge doch künftig den Offizieren, denen er ein Heereskommando übertrage auch gleichzeitig die Triumphalinsignien verleihen, damit sie diese nicht erst auf dem Rücken der Soldaten verdienen müßten. (Tac. ann. 11, 19.20).

Gründung von Köln

Claudius ließ das von Tiberius nach der Schlacht im Teutoburger Wald zum Schutze der Ara Ubiorum in Köln angelegte Doppellegionslager *apud Aram Ubiorum* auflösen und die beiden Kölner Legionen nach Bonn/*Bonna* und Neuss/*Novaesium* verlegen. Seine Gemahlin Agrippina, als Tochter des Germanicus (am 6. November 14 oder 15 n. Chr.)

Abb. 9a: Ansprache (ablocutio) Galbas an die Truppen, wahrscheinlich zu Beginn der Revolte gegen Nero (geprägt Januar 69 nChr); b: Honos (Ehre) mit Zepter und Füllhorn und Virtus (Tapferkeit) mit Helm, Lanze und Schwert. Januar 69 nChr; c: Trauernde Germanin und gefesselter Germane unter Siegeszeichen (tropaion). Umschrift: Germania capta (das besiegte Germanien) 85 nChr

in Köln/*Oppidum Ubiorum* geboren, setzte durch, daß in ihrer Vaterstadt auf dem Territorium des ehemaligen Doppellegionslagers eine Veteranenkolonie angelegt wurde, die nach ihr und Claudius den Namen erhielt: *Colonia Claudia Ara Agrippinensium* (50 n. Chr.).

Krise des Vierkaiserjahres 69 n. Chr.

Die friedliche Entwicklung an Rhein und Donau geriet unter Kaiser Nero (54–68 *Tafel 17/5* n. Chr.) in eine Krise, die beinahe zur Loslösung Galliens vom römischen Reich geführt hätte. Allgemeine Unzufriedenheit mit dem Regime des Nero führte schließlich zur Rebellion. C. Julius Vindex, Legat der Gallia Lugdunensis, erhob sich im Frühjahr 68 n. Chr. Ihm schlossen sich die Statthalter Spaniens an: M. Salvius Otho (Lusitania) und Servius Sulpicius Galba (Hispania Tarraconensis). Am 8. Juni 68 n. Chr. ächtete der Senat Nero und ernannte gleichzeitig Servius Sulpicius Galba zum Kaiser. Tags darauf endete Nero durch Selbstmord. Die Staatskrise schwelte weiter: als am 1. Januar 69 n. Chr. das Heer turnusgemäß den Treueeid (*sacramentum*) auf Kaiser Galba erneuern sollte, verweigerten die Mainzer Legionen Galba die Gefolgschaft. Am 2. Januar riefen die Rheinlegionen Aulus Vitellius, den Legaten des unteren Heeres, in Köln/*Colonia Clau-* *Tafel 17/6* *dia Ara Agrippinensium* zum Gegenkaiser aus. Zur Durchsetzung seines Machtanspruches gegen Galba schickte Vitellius 40 000 Soldaten der unteren Heeresgruppe unter dem Oberbefehl des Kommandeurs der Bonner *legio I,* Fabius Valens, durch Gallien über die Cottischen Alpen und 30 000 Mann der oberen Heeresgruppe unter dem Oberbefehl des A. Caecina Alienus, Kommandeur der Mainzer *legio IV Macedonica,* über die

Poeninischen Alpen nach Italien. Den Vexillationen der beiden Mainzer Legionen (*legio IV Macedonica* und *legio XXII Primigenia*) schloß sich in Vindonissa die gesamte *legio XXI rapax* an.

Helvetieraufstand

Ein unerwarteter Aufstand der Helvetier verzögerte den Weitermarsch der Heeresgruppe Caecina nach Italien. Anlaß war eine von Tacitus anschaulich geschilderte Episode, die sich zwischen Vindonissa und oberer Donau abspielte (Tacitus, hist. 1,67–70): Soldaten der *legio XXI rapax* fingen einen Geldtransport ab, der als Sold für die Kastellbesatzung einer helvetischen Milizeinheit bestimmt war. Die mit Kaiser Galba sympathisierenden Helvetier reagierten prompt und arretierten eine Kurierabteilung, die mit einer Botschaft des unteren Heeres an die pannonischen Legionen vom Rhein zur Donau unterwegs war. Caecina schlug zurück: Er verwüstete mit seinen Legionaren die Umgebung von Vindonissa und befahl den am Donaulimes stationierten rätischen Auxiliareinheiten, die Helvetier im Rücken anzugreifen. Die rätischen Hilfstruppen verließen ihre Kastelle an der oberen Donau und schlossen sich wahrscheinlich der Heeresgruppe Caecina an, die Ende Januar/Anfang Februar über den Großen St. Bernhard nach Italien marschierte.

In den Donaukastellen ist eine Schuttschicht aus dieser Zeit nachgewiesen. Ob aber die abziehenden Soldaten ihre Kastelle selbst niederbrannten oder ob die norischen Verbände des Sextilius Felix, wovon noch die Rede sein wird, bei ihrem Durchzug durch Rätien die Donaukastelle zerstörten, kann vorläufig noch nicht entschieden werden. Mit den Ereignissen der Jahre 68 bis 70 n. Chr. sind sehr wahrscheinlich Zerstörungshorizonte in Augsburg/*Augusta Vindelicum*, Kempten/*Cambodunum*, Bregenz/*Brigantium* und Münzschatzfunde in Zusammenhang zu bringen.

In Rom stürzte am 15. Januar 69 n. Chr. Marcus Salvius Otho – er fühlte sich von Galba übergangen – mit Hilfe der Prätorianer Kaiser Galba und ließ sich zum Kaiser ausrufen. Als am 17. April 69 n. Chr. die rheinischen Legionen die Truppen Othos bei Bedriacum in Oberitalien besiegten, war der Weg frei für Aulus Vitellius. Von Köln kommend zog Vitellius mit der Rheinarmee in Rom ein. Nun stellte das Rheinheer die Prätorianergarde.

Bataveraufstand

Die Abwesenheit des Gros der Rheinarmee und die verworrene politische Situation nutzend, inszenierte der Bataver C. Julius Civilis am Niederrhein einen blutigen Aufstand. Von Nero ins Gefängnis geworfen und von Galba rehabilitiert, war der verbitterte Kohortenpräfekt Civilis in seine Heimat zurückgekehrt und hatte seine Landsleute gegen die römische Besatzungsmacht aufgewiegelt. Im Frühjahr 69 n. Chr. zerstörten die Aufständischen die nordholländischen Kastelle und eröffneten im Spätsommer die Belagerung des Doppellegionslagers Xanten/*Vetera Castra* (Tac. hist. 4. 5).

Die politische Lage wurde noch verworrener, als Titus Flavius Vespasianus, Befehlshaber im jüdischen Aufstand, im Juli 69 n. Chr. in Alexandria und Syrien zum Kaiser ausgerufen wurde. Die Donaulegionen schlossen sich Vespasian an. Auch Civilis sympathisierte vordergründig mit Vespasian, der ihn zunächst ermunterte, weil er daran interessiert war, die noch am Rhein verbliebenen römischen Truppen vom italischen Kriegsschauplatz fernzuhalten. Als Ende Oktober die Donaulegionen unter Antonius Primus die Vitellianer bei Cremona besiegten – Vitellius fiel im Straßenkampf in Rom – und Vespasian vom Senat als Kaiser anerkannt wurde, erreichte der Bataveraufstand gerade seinen Höhepunkt: Die wichtigsten gallischen und germanischen Stämme und sogar Teile des Rheinheeres waren abgefallen. Die Besatzung des Doppellegionslagers Xanten/*Vetera Castra* kapitulierte Ende Januar oder im Februar 70 n. Chr. Die Treverer C. Julius Classicus und Julius Tutor und der Lingone Julius Sabinus riefen ein von Rom unabhängiges „Gallisches Reich“ (*Imperium Galliarum*) aus. Im Frühjahr 70 n. Chr. leisteten die 16. Legion von Neuss/*Novaesium* und die 1. Legion von Bonn/*Bonna* den Eid auf das gallische Reich, verließen ihre Lager am Rhein und marschierten nach Trier. Köln war in die Hände der Aufständischen gefallen. Es besteht berechtigter Anlaß zur Annahme, daß spätestens seit dem Frühjahr 70 n. Chr. nördlich der Nahe kein Rheinkastell mehr von regulären römischen Einheiten besetzt war. In den Militärlagern Mainz, Rheingönheim, Straßburg und vielleicht auch in Seltz sind Zerstörungen aus dieser Zeit nachzuweisen. *Tafel 17/7*

Jetzt entschloß sich Vespasian einzugreifen. Er beauftragte den Legaten Q. Petilius Cerialis, den Bataveraufstand niederzuschlagen. Als erste Verbände erschienen im Frühjahr 70 n. Chr. auf dem Kriegsschauplatz die *legio XXI rapax* und die norischen Auxiliarkohorten, die Sextilius Felix durch Rätien herbeiführte. Die norischen Verbände hatten seinerzeit gegen Vitellius votiert und im Januar 69 n. Chr. am Inn Stellung gegen die „Vitellianer“ Rätiens bezogen. Sollten in den Donaukastellen kleinere Wachabteilungen der von Caecina im Januar 69 n. Chr. abberufenen rätischen Hilfstruppen zurückgeblieben sein, dann wäre denkbar, daß sich alte Aggressionen der vorbeiziehenden Soldaten an den Vitellianern entluden. – Im Elsaß und der Pfalz stellte sich Tutor den norischen Auxiliareinheiten entgegen und vernichtete eine ihrer Kohorten. Aber Sextilius Felix drängte Tutor bis zur Nahe zurück und besiegte ihn bei Bingen/*Bingium.*

Inzwischen war Cerialis mit den Legionen von Mainz/*Mogontiacum* nach Trier/*Augusta Treverorum* aufgebrochen, wo Civilis, Classicus und Tutor die Aufständischen versammelt hatten. Es kam zur Schlacht bei Trier, deren Entscheidung zugunsten Roms das Eingreifen der rechtzeitig eintreffenden *legio XXI rapax* herbeiführte. Bis zum Ende des Jahres 70 n. Chr. war der Bataveraufstand niedergeschlagen. Vespasian konnte die alte Ordnung an Rhein und Donau wiederherstellen: im oberen Militärdistrikt bezogen im

Jahre 71 n. Chr. wieder vier Legionen die Garnisonen: Windisch/*Vindonissa* (*legio XI Claudia*), Straßburg/*Argentorate* (*legio VIII Augusta*), Mainz/*Mogontiacum* (*legio I adiutrix* und *legio XIV gemina*). Die zerstörten Donaukastelle wurden an den gleichen Stellen wieder aufgebaut (Hüfingen, Tuttlingen, Emerkingen, Rißtissen, Unterkirchberg, Burghöfe, Oberstimm). Neugründungen vespasianischer Zeit sind die Kastelle: Günzburg/*Guntia*, Eining/*Abusina*, Regensburg-Kumpfmühl, Straubing/*Sorviodurum* und wahrscheinlich Moos.

Bau einer Rhein-Donau-Straße

Das während des Bataveraufstandes offenbar gewordene Verkehrshandicap zwischen Rhein und Donau ließ Kaiser Vespasian, der aus seiner Straßburger Zeit die Verhältnisse am Oberrhein bestens kannte, von dem Legaten der oberen Heeresgruppe (*exercitus Germanici superioris*) Cneius Pinarius Cornelius Clemens bereinigen durch den Bau einer Verbindungsstraße von Straßburg/*Argentorate* über Offenburg durch das Kinzigtal – Rottweil/*Arae Flaviae* nach Tuttlingen zur Donau (*iter derectum ab Argentorate in Raetiam.* Offenburger Meilenstein: CIL 13, 9082). Im Vorfelde des neu besetzten Legionslagers Straßburg/*Argentorate* überwachte die *legio VIII Augusta* diese sogenannte Kinzigtalstraße, die von Tuttlingen donautalabwärts über Augsburg/*Augusta Vindelicum* nach Noricum führte. Es gibt keine direkten Zeugnisse für einen Feldzug oder gar kriegerische Auseinandersetzungen im Zusammenhang mit diesem Straßenbau. Wohl wurde das obere Heer in diesen Jahren durch die von Spanien kommende *legio VII gemina* – möglicherweise auch nur durch eine Vexillation – verstärkt und Cn. Pinarius Cornelius Clemens erhielt für nicht näher angegebene Taten in Germanien die Triumphalinsignien (CIL 11,5271). Auch hat Vespasian mit der Wiederherstellung der militärischen Ordnung die *ornamenta triumphalia* an konsularische Legaten nur nach erfolgreichen Kriegen verliehen (Marquardt II 592 Anm. 12). Aber die Besetzung des oberen Neckargebietes und der Bau der Rhein-Donau-Straße war tatsächlich der erste militärische Erfolg rechts des Rheines seit der Varuskatastrophe: Im Sinne der augusteischen Planung war eine Verbesserung der Kommunikation der rheinischen Heeresbezirke und der gallischen Provinzen mit den Donauprovinzen erreicht worden. Es ist daher wohl kaum abwegig, Rottweil/*Arae Flaviae* – eine exakte Lokalisierung durch eine Inschrift steht noch aus – als Mittelpunkt des neu hinzugewonnenen Gebietes zu sehen und vergleichsweise an die politisch/geistigen Mittelpunkte Galliens und der verlorengegangenen *Provincia Germania* zu erinnern: Lyon/*Lugdunum* und Köln/*Ara Ubiorum.* Für
S. 123 ff eine ähnliche Bedeutung von Rottweil/*Arae Flaviae* spricht die „zunächst großangelegte Planung der Stadt". Aber bereits zehn Jahre später entstand eine neue Situation: Domitian ließ das „Limesgebiet" besetzen. Damit verlor Rottweil/*Arae Flaviae* seine ur-

Tafel 15
a: Heidenheim. Adler. Bronzehohlguß. Mitte 2. Jh.
b: Dalkingen. Bruchstück vom Unterteil des Brustpanzers einer Kaiserstatue. Bronze
c: Murrhardt. Schwert mit Adlerknauf einer Kaiserstatue

Tafel 16 a und b: Zierbleche vom Gürtel eines Legionars. 1. Jh. n. Chr. c: Helm

sprüngliche Bedeutung; die archäologischen Befunde lassen erkennen, daß es im 2. Jahrhundert n. Chr. nur noch die Rolle einer kleinen Landstadt spielte.

Kastelle am oberen Neckar

Das von den Legionslagern Windisch/*Vindonissa* und Straßburg/*Argentorate* besetzte
obere Neckargebiet sicherten nun Auxiliareinheiten des oberen Heeres in den Kastellen: S. 549 f
Offenburg (?), Waldmössingen, Rottweil/Nikolausfeld, Rottweil/Altstadt, Sulz, Geis- S. 534 f
lingen (?) und Lautlingen auf der Schwäbischen Alb. Diese Kastelle waren durch Straßen S. 360 f
untereinander verbunden. Das Donaukastell Hüfingen/*Brigobanne* verlor seine Funk- S. 364 f
tion als Straßenkastell zugunsten von Rottweil bzw. Waldmössingen und wurde aufgegeben. Die Geschichte der im Zusammenhang mit dem Bau der Rhein-Donau-Straße angelegten Kastelle muß durch weitere Ausgrabungen noch erforscht werden.

Die Bevölkerung zwischen Rhein und Donau

Die Römer trafen östlich des Rheines Kelten (lat. *Galli*) an. Die antiken Nachrichten über die Bewohner zwischen Rhein und Donau sind spärlich. Tacitus (Germ. 28) berichtet, daß „Gallier nach Germanien hinüberwanderten"; „so ließen sich zwischen dem hercynischen Walde, den Flüssen Rhein und Main die Helvetier nieder, ein gallischer Volksstamm". Der Geograph Claudius Ptolemaeus erwähnt eine „Einöde der Helvetier" (Geogr. II 11,6) nördlich der Alb. Dagegen nennt Cäsar (b. G. I 1) – für ihn war der Rhein die Grenze zwischen Gallien und Germanien – Helvetier nur links des Rheines, in der heutigen Schweiz, nach deren Exodus im Jahre 58 v. Chr. er ein Nachrücken der Germanen von jenseits des Rheines befürchtete (b. G. I 28). Seit dem Jahre 72 v. Chr. standen Germanen – aus dem Innern Germaniens kommende Sweben – unter der Führung des Ariovist am Oberrhein (s. o.). S. 27

Aufgrund dieser Quellen wird allgemein angenommen, die ursprünglich rechts des Rheines wohnenden Helvetier seien dem Druck der vorrückenden Germanen nach Süden ausgewichen und allmählich in die Schweiz abgewandert. Bei den Helvetiern hatten nach der Schlacht bei *Noreia* (113 v. Chr.) die von Noricum kommenden Kimbern Aufnahme gefunden; dem weiterziehenden Kimberntreck schloß sich damals der helvetische Gau der Tiguriner an (Strabo VII 292 ff.).

Tacitus (Germ. 29) erwähnt außerdem noch Gallier rechts des Rheines, in den *agri decumates:* „Leichtfertige, durch die Not waghalsig Gewordene, die sich des Landes zweifelhaften Besitzes bemächtigten, das, als die Reichsgrenze und die Militärposten (unter Domitian) vorgeschoben wurden, gewissermaßen als Bucht des Imperiums Teil der römischen Provinz wurde."

Abb. 10 Deutschland in römischer Zeit (nach Gr. Hist. Weltatlas 1954, 35 a)

Oppida, Viereckschanzen, Grab- und Siedlungsfunde

In Südwestdeutschland sind vier keltische oppida, befestigte Städte, archäologisch nachgewiesen: Altenburg-Rheinau (bei Schaffhausen), Tarodunum bei Zarten (östlich Freiburg), Finsterlohr (im Taubergrund) und der ‚Heidengraben' bei Grabenstetten. Das von den Helvetiern um 100 v. Chr. angelegte oppidum Heidengraben umfaßt ein Areal von insgesamt etwa 1662 ha und ist somit das größte keltische oppidum auf deutschem Boden. Man bedenke die zum Bau einer solchen, von Wall und Graben umgebenen Anlage notwendigen Arbeitskräfte! Auch lassen die spätlatènezeitlichen Viereckschanzen sowie die Grab- und Siedlungsfunde in Baden-Württemberg erkennen, daß es keine Siedlungsverdünnung zu Ende der La-Tène-Zeit gab. In diesem Zusammenhang kann auch auf die in den Kastellen Rottweil, Hüfingen, Tuttlingen, Emerkingen, Rißtissen etc. gefundene tongrundige Keramik spätlatènezeitlicher Machart hingewiesen werden, die nur durch Anregung seitens der einheimischen Bevölkerung zu erklären ist.

Germanische Funde fehlen bis jetzt in Südwestdeutschland vom 1. Jahrhundert v. Chr. bis 260 n. Chr.; ausgenommen sind die archäologischen Hinterlassenschaften der bereits erwähnten Oberrheinsweben sowie elbgermanische und wesergermanische Funde im Maintal und südlich anschließend bis zum Kocher, entlang des obergermanischen Limes. Daraus darf geschlossen werden, daß die von Cäsar 58 v. Chr. zurückgewiesenen germanischen Wanderscharen sehr wahrscheinlich bald wieder nach Norden über den Main abgezogen sind. Die Römer trafen jedenfalls östlich des Rheines eine keltische Bevölkerung an.

Kastelle auf der Schwäbischen Alb

Zwangsläufig brachte das Vorgehen vom Rhein aus (74 n. Chr.) ein Anpassen der rätischen Nordgrenze an den neuen Grenzverlauf östlich des Rheines mit sich. In augusteischer Zeit, als die rätisch-vindelikischen Truppen dem Rheinkommando unterstanden – noch 69 n. Chr. erteilte Caecina von Vindonissa aus den rätischen Hilfstruppen Befehle – wäre ein gleichzeitiges Vorgehen vom Rhein und von der Donau selbstverständlich gewesen. Seit der Konstituierung Rätiens als Provinz gebot der Statthalter (*procurator*) über die in Rätien stationierten Verbände. Er ließ nach 74 n. Chr. die Donaukastelle auf die Schwäbische Alb vorverlegen nach: Burladingen, Gomadingen (?), Donnstetten/*Clarenna* (?), Urspring/*Ad Lunam* (?), Heidenheim/*Aquileia.* (?). Die Albkastelle waren durch eine Straße, den „Alblimes", untereinander verbunden. Wenn auch die Albkastelle durch Ausgrabungen noch erforscht werden müssen, so sprechen die bis jetzt bekannt gewordenen Funde dafür, daß die Albkastelle anscheinend in spätvespasianischer Zeit besetzt waren (um 80 n. Chr.). Es ist noch zu klären, wo die Albkastelle an die bayerischen Nachbarkastelle anschlossen. Möglich ist eine Verbindung von Urspring nach Günzburg oder von Urspring über Langenau nach Faimingen zur Donau. Auch ist zu beachten, daß in Heidenheim dem von der *ala II flavia milliaria* um 90 n. Chr. gebauten Reiterkastell ein älteres Kastell vorausging. Die Bauinschriften der Kastelle Günzburg/*Guntia* 77/78 n. Chr., Kösching/*Germanicum* 80 n. Chr. und Eining/*Abusina* 79/81 n. Chr. lassen eine rege Bautätigkeit unter dem Statthalter C. Saturius an der rätischen Nordgrenze erkennen. Allem Anschein nach war der Ausbau der Nordgrenze Rätiens noch nicht abgeschlossen, als durch den Chattenkrieg Domitians im Jahre 83 n. Chr. eine neue Lage entstand.

Abb. 11
S. 272 f, 269
S. 257 f
S. 543 f, 292 ff

Chatten bedrohen den Mittelrhein

Mit den im heutigen Hessen (etwa nördlich des Taunus) wohnenden Chatten – Wiesbaden/*Aquae Mattiacae* war später Vorort der Mattiaker, eines Teilstammes der Chatten –

waren Drusus, Tiberius und Germanicus auf ihren Feldzügen in Berührung gekommen. Neben den Cheruskern, mit deren Adelsfamilien verwandtschaftliche Bindungen bestanden, waren die Chatten der damals wohl bedeutendste germanische Stamm. Die Chatten gehörten der Verschwörung des Cheruskers Arminius im Jahre 9 n. Chr. an. Sie waren nach der Schlacht im Teutoburger Wald bis zum Rheine vorgestoßen und hatten Kastelle „am Taunus“ zerstört (Tac. ann. I 56). Seitdem blieb das Chattengebiet ein permanenter Unruheherd: 39/40 n. Chr. überschritten die Chatten den Mittelrhein, worauf der Legat des oberen Heeres Servius Sulpicius Galba (der nachmalige Kaiser Galba) mit einem Gegenstoß in das Chattenland antwortete. Im Frühling 40 n. Chr. erschien sogar Kaiser Caligula (Sohn des Germanicus) von Rom kommend auf dem Kriegsschauplatz, um persönlich die Gegenoffensive einer mindestens 200 000 Soldaten zählenden römischen Angriffsarmee zu leiten (Cassius Dio 59,22.1). Das Ergebnis dieser Kämpfe war ein durch Kastelle gesicherter rechtsrheinischer Brückenkopf im Vorfelde des Zweilegionslagers Mainz/*Mogontiacum,* den die Chatten aber bereits im Jahre 50 n. Chr. überrannten. Der Legat P. Pomponius Secundus vertrieb die Eindringlinge wieder, wofür er die Triumphalinsignien erhielt. Chatten, Mattiaker und Usipier belagerten während des Bataveraufstandes Mainz/*Mogontiacum,* konnten aber die Stadt nicht einnehmen. Nach dem Bataverkrieg ließ Vespasian die rechtsrheinischen Kastelle des Mainzer Brückenkopfes neu besetzen.

Chattenkrieg Domitians und Besetzung des Limesgebietes

Tafel 17/9 Das war die militärische Situation am Mittelrhein, als Domitian im Frühjahr 83 n. Chr. – er täuschte einen Census in Gallien vor, um einen wirkungsvollen Überraschungseffekt zu erzielen – eine gut vorbereitete Offensive vom Ober- und Mittelrhein aus mit Schwerpunkt Mainz gegen die Chatten eröffnete. Der Hauptstoß des Angriffes traf das Gebiet zwischen Lahn und unterem Main. Zu den operativen Verbänden gehörten: die vier Legionen des oberen Heeres, die Bonner *legio XXI rapax,* wahrscheinlich Vexillationen des unteren Heeres, Vexillationen des britannischen Heeres sowie die für den Chattenkrieg neu aufgestellte *legio I Flavia Minervia.* Von dem Militärschriftsteller Frontin, der sehr wahrscheinlich Domitian als Militärberater begleitete, sind einige Notizen über den Chattenkrieg erhalten. Frontin (Strateg. I 3, 10) berichtet, Domitian habe Grenzen *(limites)* von 120 Meilen anlegen lassen und damit den Chatten die Zugänge vom freien Germanien zu ihren Fluchtburgen im Taunus abgeschnitten. Die Ringwälle lagen jetzt auf dem von römischen Truppen kontrollierten Gebiet und waren damit den Chatten als Basis für ihre bisherigen Angriffe aus dem Waldgebiet des Taunus heraus entzogen. Die von Frontin genannte Länge der *limites* (120 Meilen = 177,6 km) entspricht der Länge des Limes vom Rhein über Taunus, Wetterau zum Main (= 178 km).

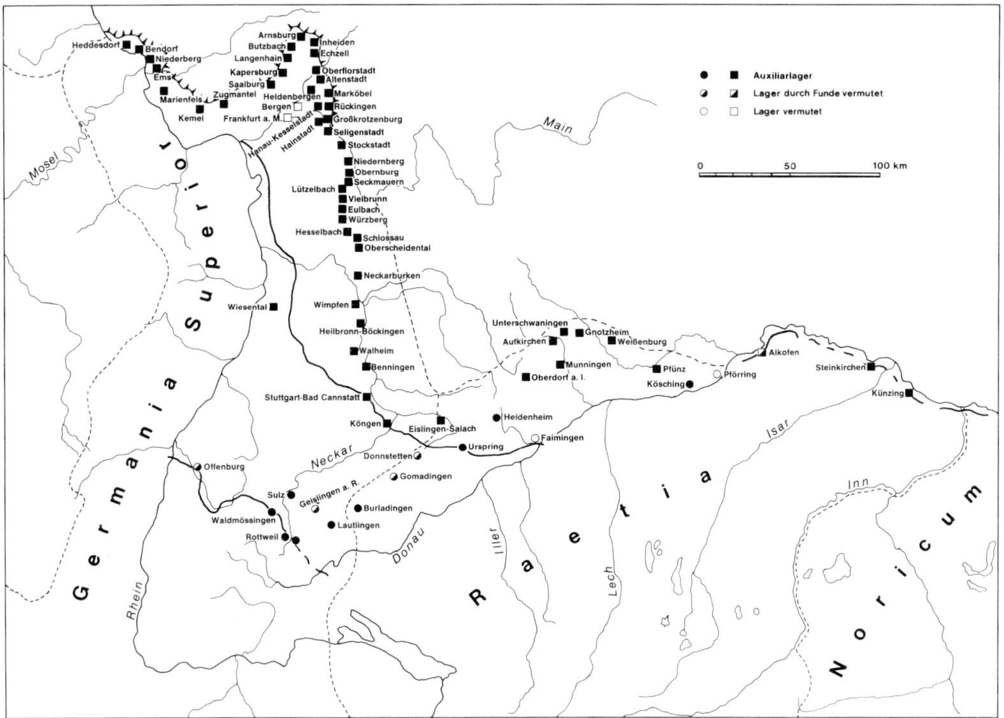

Abb. 11 Römische Kastelle Südwestdeutschlands aus der Zeit ± 74 nChr (Kreis) und + 83/85 nChr (Quadrate)

Der Chattenkrieg wurde noch im Jahre 83 n. Chr. beendet. Domitian kehrte nach Rom zurück und überließ den Legaten den Ausbau der Grenzsicherungen. Ende 83 n. Chr. oder Anfang 84 n. Chr. verlieh der Senat Domitian den Beinamen ,,Germanicus", eine Auszeichnung, die bisher nur Drusus erhalten hatte. Der Senat ließ in Rom eine Statue aufstellen: Domitian zu Pferde über den Rhein hinweggaloppierend (89 n. Chr.).

Die antiken Autoren verlieren kein Wort über Sinn und Zweck des Chattenkrieges; eine in den Anfängen steckengebliebene Offensive mit dem augusteischen Kriegsziel Elbgrenze ist in Anbetracht der damals angespannten Lage an der dakischen Donaufront unwahrscheinlich. Der archäologische Befund ist eindeutig: Nach dem Chattenkrieg (85 n. Chr.) sicherten Hilfstruppen (*auxilia*) des oberen Heeres in engem Kontakt mit den Legionen das Neuwieder Becken, Teile des Taunus und die Wetterau durch militärische Anlagen (Kastelle, Wachttürme). Sie bauten Kastelle am Main, im Odenwald (Seckmauern, Lützelbach, Vielbrunn, Eulbach, Würzberg, Hesselbach, Schlossau, Oberscheidental, Neckarburken) und am mittleren Neckar (Wimpfen, Heilbronn-Böckingen, Walheim, Benningen, Stuttgart-Bad Cannstatt, Köngen) und stellten somit eine

Verbindung des Taunus-Wetterau-Limes mit dem süddeutschen Alblimes her: von Kastell Köngen/*Grinario* nach Kastell Urspring/*Ad Lunam* (?). Der Prokurator Rätiens paßte die eben noch im Ausbau begriffene Nordgrenze dem veränderten obergermanischen Grenzverlauf an durch Kastellgründungen in: Heidenheim, Oberdorf, Munningen, Aufkirchen, Unterschwaningen, Gnotzheim, Weißenburg, Pfünz.

Der obere und untere Heeresbezirk werden Provinzen

Wohl gab es seit der Varuskatastrophe ein am Rhein stationiertes ,,germanisches Heer" (*exercitus Germanicus superior, inferior*) – mit acht Legionen stärker als ein Viertel der gesamten römischen Streitkräfte. Wohl gab es seitdem einen ,,germanischen Heeresbezirk". Aber es gab seit dem Jahre 9 n. Chr. keine germanische Provinz mehr. Erst als Vespasian und vor allem Domitian die Rheingrenze nach Osten und die Donaugrenze nach Norden vorschoben, glaubte sich die kaiserliche Propaganda in den Jahren 85 bis 87
Abb. 9c n. Chr. zu Münzprägungen berechtigt mit der Legende *Germania capta:* ,,Unterwerfung und Besitznahme Germaniens"; die bisher zur *Gallia Belgica* gehörenden Militärbezirke erhielten jetzt wahrscheinlich den Status selbständiger Provinzen: *Provincia Germania superior* (Obergermanien) und *Provincia Germania inferior* (Niedergermanien), in denen die Kommandeure der beiden Heeresgruppen als Statthalter fungierten (*legatus Augusti pro praetore Germaniae superioris, inferioris*).

Zwar hatte die ,,Unterwerfung und Besitznahme Germaniens" mit der von Augustus angestrebten ,,Provincia Germania" bis zur Elbe nur noch den Namen gemeinsam – aber vor den Augen der römischen Welt schien mit Domitians Vorgehen das leidige Germanenproblem nun endlich ausgestanden. Tacitus (ca. 55–120 n. Chr.), der die kaiserliche Propaganda schweigend erdulden mußte, hat in seiner wohl schon in domitianischer Zeit begonnenen ,,Germania" indirekt Stellung bezogen, wenn er aus seiner Sicht das wahre Bild Germaniens und die Wirklichkeit darzustellen versucht. Im Hinblick auf die Kimbern und Teutonen sagt er (Kp. 33 und 37): ,,Seit 210 Jahren . . . wird Germanien besiegt . . . Man hat in der letzten Zeit mehr über sie (die Germanen) triumphiert, als sie besiegt. – Bleibe doch, so bitte ich, diesen Völkern . . . der Hass gegeneinander, weil bei des Reiches drohendem Verhängnis nicht Größeres das Schicksal uns gewähren kann als der Feinde Zwietracht."

Unzufrieden mit der Politik Domitians waren Senatoren, Generäle und – vor allem die Soldaten. Sie sahen sich nicht, wie erwartet, zu einem großen Feldzug in Germanien, sondern zu Bauarbeiten an der Grenze herangezogen. Sie fühlten sich um ihre Beuteanteile geprellt: Neben Sold und Donativen waren Gefangene, die auf ihre Rechnung verkauft werden konnten, eine ihrer Haupteinnahmequellen.

Abb. 12 Germanien und Rätien in römischer Zeit (nach Westermanns Atlas 1956, 37)

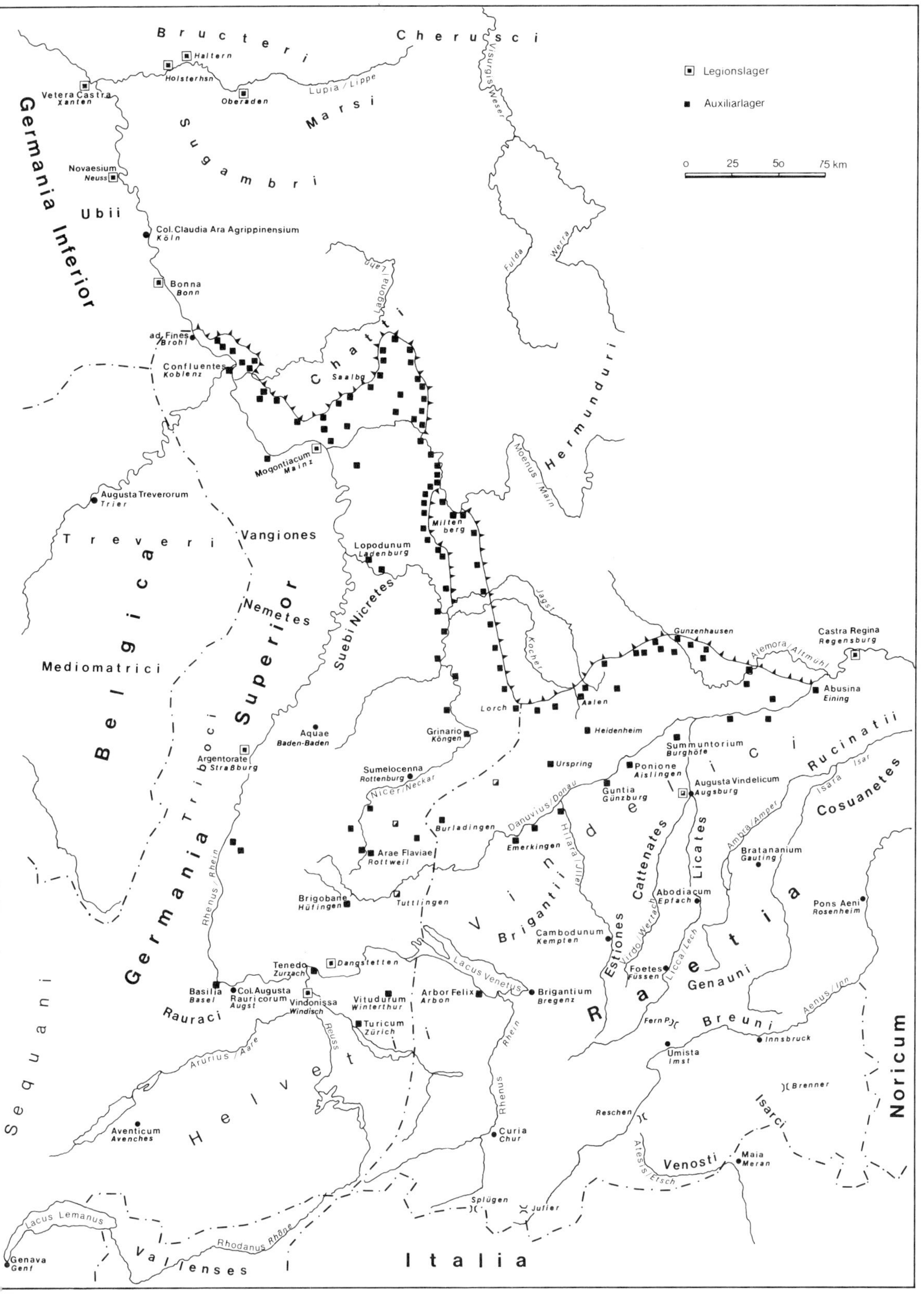

Legionslager
Auxiliarlager
0 25 50 75 km
Bructeri
Cherusci
Marsi
Sugambri
Ubii
Germania Inferior
Vetera Castra
Xanten
Haltern
Holsterhsn
Oberaden
Lupia / Lippe
Visurgis / Weser
Novaesium
Neuss
Col. Claudia Ara Agrippinensium
Köln
Bonna
Bonn
Fulda
Werra
Lahn
Lagona
Chatti
Saalbg
ad Fines
Brohl
Confluentes
Koblenz
Hermunduri
Moenus / Main
Mogontiacum
Mainz
Augusta Treverorum
Trier
Treveri
Vangiones
Miltenberg
Lopodunum
Ladenburg
Belgica
Nemetes
Suebi Nicretes
Superior
Jagst
Kocher
Mediomatrici
Gunzenhausen
Castra Regina
Regensburg
Alemora / Altmühl
Abusina
Eining
Lorch
Aalen
Heidenheim
Aquae
Baden-Baden
Grinario
Köngen
Triboci
Argentorate
Straßburg
Summuntorium
Burghöfe
Rucinatii
Sumelocenna
Rottenburg
Urspring
Ponione
Aislingen
Augusta Vindelicum
Augsburg
Nicer / Neckar
Guntia
Günzburg
Isara / Isar
Cosuanetes
Vindelici
Burladingen
Danuvius / Donau
Emerkingen
Hilara / Iller
Cattenates
Licates
Ambra / Amper
Bratananium
Gauting
Arae Flaviae
Rottweil
Germania
Rhenus / Rhein
Brigobane
Hüfingen
Tuttlingen
Abodiacum
Epfach
Pons Aeni
Rosenheim
Brigantii
Cambodunum
Kempten
Estiones
Virdo / Wertach
Raetia
Sequani
Tenedo
Zurzach
Dangstetten
Lacus Venetus
Foetes
Füssen
Licca / Lech
Genauni
Basilia
Basel
Col. Augusta Rauricorum
Augst
Vindonissa
Windisch
Vitudurum
Winterthur
Arbor Felix
Arbon
Brigantium
Bregenz
Rauraci
Turicum
Zürich
Fern P.
Breuni
Aenus / Inn
Innsbruck
Noricum
Reuss
Arurius / Aare
Helvetii
Rhein
Umista
Imst
Brenner
Isarci
Rhenus
Reschen
Aventicum
Avenches
Curia
Chur
Atesis / Etsch
Venosti
Maia
Meran
Splügen
Julier
Lacus Lemanus
Rhodanus Rhône
Genava
Genf
Vallenses
Italia

Aufstand des Antonius Saturninus

Die rechtsrheinischen Eroberungen waren noch einmal in Frage gestellt, als – sehr wahrscheinlich am Neujahrstag 89 n. Chr., also auf den Tag 20 Jahre nach der Meuterei des Jahres 69 n. Chr. – die Legionare der Mainzer Garnison (*legio XIV gemina* und *legio XXI rapax*) den traditionellen Treueeid auf Kaiser Domitian verweigerten und statt dessen ihren Kommandeur Lucius Antonius Saturninus zum Gegenkaiser ausriefen. Die Mainzer Umsturzpläne dürften durch undichte Stellen wohl schon im Dezember 88 n. Chr. in Rom bekannt geworden sein, denn die Revolte löste sofort eine Gegenaktion Domitians aus, die aus zeitlichen Gründen vorbereitet gewesen sein muß: Bereits am 12. Januar verließ Domitian mit der Garde Rom in Richtung Mittelrhein. Gleichzeitig erhielten Marschbefehl gegen die Aufständischen: die *legio VII gemina* unter Trajan (dem späteren Kaiser) aus Spanien, die Alen und Kohorten Rätiens unter dem Prokurator Lucius Norbanus und die untere Heeresgruppe (*exercitus Germanicus inferior*) des Legaten Aulus Buccius Lappius Maximus. Zur unteren Heeresgruppe gehörte die erst kürzlich von Domitian gegründete und diesem treu ergebene *legio I Minervia* in Bonn/*Bonna.* Als die *legio VIII Augusta* in Straßburg und die *legio XI Claudia* in Vindonissa sich abwartend verhielten, verbündete sich L. Antonius Saturninus mit den rechtsrheinischen Chatten und marschierte mit den beiden Mainzer Legionen in Richtung Bonn/*Bonna.* Saturninus hoffte vergeblich auf Verstärkung seitens der Chatten: durch einen Witterungsumschlag setzte auf dem Rhein Eisgang ein; die Verbände der Chatten konnten den Rhein nicht überqueren, um Saturninus zu Hilfe zu kommen. Mitte Januar unterlagen die Mainzer Legionen der unteren Heeresgruppe in einer Schlacht unterhalb von Mainz. L. Antonius Saturninus fiel, bevor er Bonn erreichte.

Kaiser Domitian in Vindonissa und Mainz

Domitian war in der Zwischenzeit mit der Garde bis Vindonissa gekommen, wo er Ende Januar 89 n. Chr. seine 5000 Prätorianer mit der *legio VII gemina* von Spanien, den Alen und Kohorten des rätischen Heeres und mit der *legio XI Claudia* vereinigte. Mit diesen ungefähr 20 000 Soldaten marschierte Domitian etwa Mitte Februar nach Mainz/*Mogontiacum.* A. Buccius Lappius ließ noch vor seiner Ankunft die gesamte Korrespondenz des L. Antonius Saturninus verbrennen (Cassius Dio 67, 11), wofür er seine Gründe gehabt haben dürfte. Domitian verlieh jeder Einheit des ihm treu gebliebenen unteren Heeres, den Legionen und ihren Hilfstruppen, den Ehrenbeinamen: *pia fidelis Domitiana* (die zuverlässige und pflichtgetreue Domitianische). Diesen Ehrenbeinamen erhielt damals auch die später in Heidenheim und Aalen stationierte *ala II Flavia pia fidelis Domitiana milliaria.*

Zur Wiederherstellung der rechtsrheinischen Grenzbefestigungen beauftragte Domitian

Tafel 17/18 Münzen römischer Kaiser
1. Augustus (31 v. Chr.–14 n. Chr.), 2. Tiberius (14–37), 3. Caligula (37–41), 4. Claudius (41–54), 5. Nero (54–68), 6. Vitellius (69), 7. Vespasianus (69–79), 8. Titus (79–81), 9. Domitianus (81–96), 10. Nerva (96–98), 11. Traianus (98–117), 12. Hadrianus (117–138), 13. Antoninus Pius (138–161), 14. Marcus Aurelius (161–180), 15. Commodus (177–192), 16. Septimius Severus (193–211), 17. Caracalla (211–217), 18. Elagabal (218–222), 19. Severus Alexander (222–235), 20. Maximinus I Thrax (235–238), 21. Gordianus III (238–244)

10 11 12

13 14 15

16 17 18

19 20 21

Tafel 19/20 Münzen römischer Kaiser
22. Philippus I Arabs (244–249), 23. Traianus Decius (249–251), 24. Trebonius Gallus (251–253), 25. Aemilianus (253), 26. Valerianus I (253–259), 27. Gallienus (259–268), 28. Postumus (259–268), 29. Claudius II (268–270), 30. Aurelianus (270–275), 31. Probus (276–282), 32. Diocletianus (284–305), 33. Maximianus Herculius (286–305, 307–308), 34. Constantius I Chlorus (305–306), 35. Constantinus I magnus (306–337), 36. Constantius II (337–361), 37. Iulianus (361–363), 38. Valentinianus I (364–375), 39. Gratianus (367–383), 40. Theodosius I (379–395), 41. Honorius (395–423), 42. Valentinianus III (425–455)

31 32 33

34 35 36

37 38 39

40 41 42

den Legaten A. Buccius Lappius mit einem Feldzug gegen die Chatten und unterstellte ihm hierfür die beiden Rheinheere. Lappius vertrieb die Chatten aus dem im Jahre 83 n. Chr. eroberten rechtsrheinischen Gebiet und ließ die zerstörten Limesanlagen und Kastelle wieder aufbauen.

Der rechtsrheinische Limes

Die Markierung „trockener" Grenzen durch *limites* und der Ausbau eines Grenzverteidigungssystems wird erst seit der Zeit der flavischen Kaiser (69–96 n. Chr.) praktiziert. *Limes* bedeutet einen Weg, eine Bahn, die etwas durchquert. In der Landwirtschaft wird mit *limes* insbesondere der Weg bezeichnet, der zwei Grundstücke voneinander trennt. Im militärischen Bereich bedeuten *limites* Wege, Bahnen, die vom römischen Gebiet aus in das Feindesland besonders in Wälder und Gebirgsgegenden vorgetrieben werden. An diesen Begriff knüpft die seit dem letzten Viertel des 1. Jahrhunderts n. Chr. verwendete Bezeichnung *limes* für die Benennung der Reichsgrenze an. Wo Flüsse fehlen, werden künstliche Grenzbahnen als Begrenzung des Reichsgebietes angelegt. Tacitus bezeichnet im Jahre 98 n. Chr. in seiner Germania (K. 29) die seit Domitian bestehende rechtsrheinische Reichsgrenze als *limes:* „Bald legte man den *limes* an und schob die Kastelle vor; das (besetzte) Gebiet galt als Bucht des Reiches und Teil der Provinz" (*mox limite acto promotisque praesidiis sinus imperii et pars provinciae habentur*).

Taunus-Wetterau-Limes

Der Taunus-Wetterau-Limes war zunächst ein überschaubarer Grenzstreifen mit *S. 363 ff* Wachttürmen (*turres, burgi*), deren Besatzungen, jeweils etwa vier bis fünf Mann, Sichtverbindung untereinander hatten. Anfangs lagen die Kastelle inmitten des neueroberten Gebietes, später (nach 89 n. Chr.) am Limes. Nicht überall benötigte man gleichstarke Grenzschutzverbände. Während im Taunus offenbar vorerst kleinere Einheiten von 100 bis 200 Mann genügten, schützten in der Wetterau Formationen von 500 Mann Infanterie und Kavallerie den Limes, die römische Reichsgrenze.

Bau der endgültigen Rhein-Donau-Straße

Der Taunus-Wetterau-Limes wurde, wie bereits erwähnt, zwischen 85 und 90 n. Chr. mit dem „Süddeutschen Limes" (Alblimes) verbunden durch Anlage von Kastellen am Main, im Odenwald und am mittleren Neckar (= Main-, Odenwald-, Neckar-Limes). Jetzt endlich konnte das seit dem Verlust der rechtsrheinischen, augusteischen *Provincia*

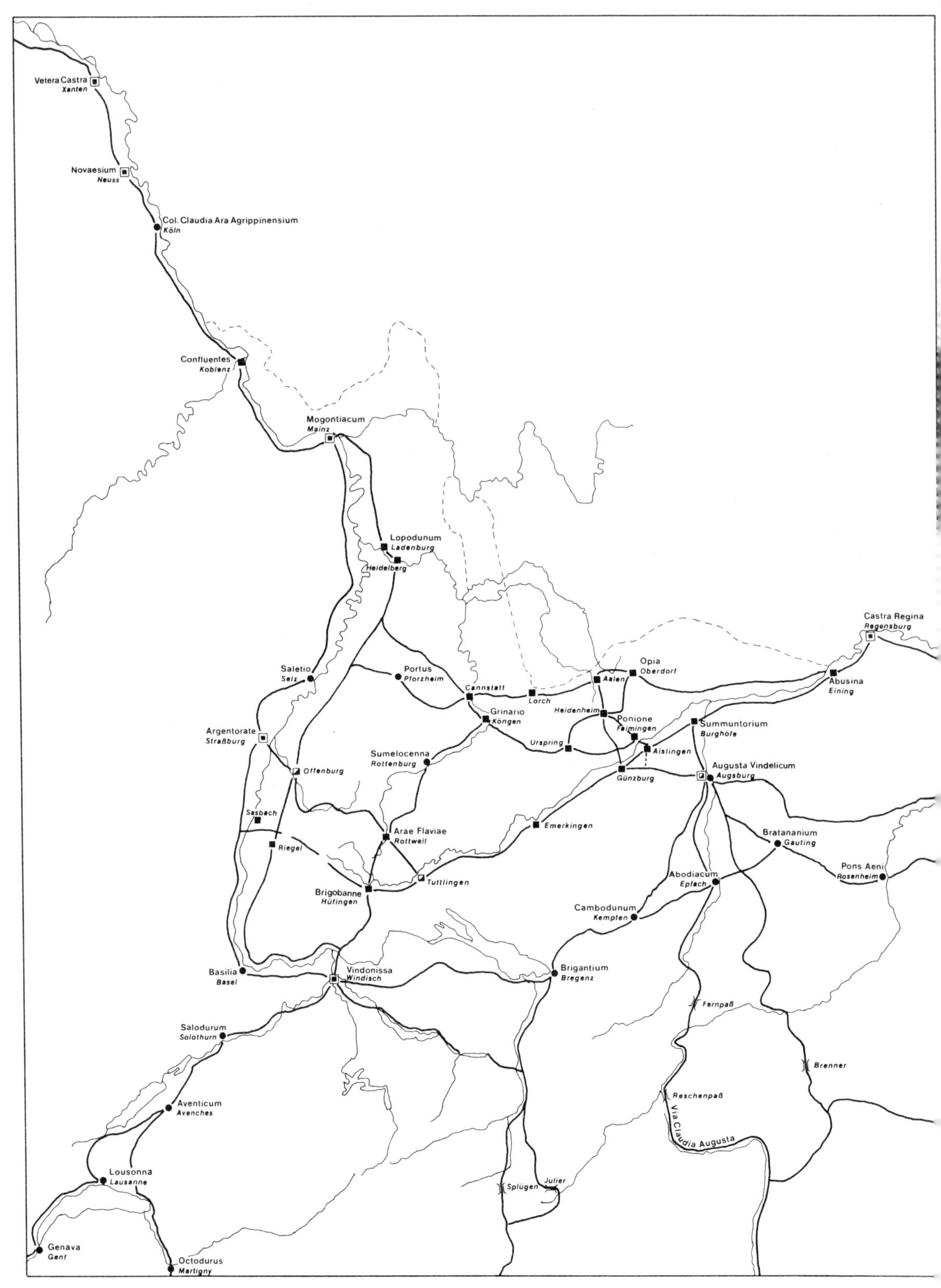
Vetera Castra
Xanten
Novaesium
Neuss
Col. Claudia Ara Agrippinensium
Köln
Confluentes
Koblenz
Mogontiacum
Mainz
Lopodunum
Ladenburg
Heidelberg
Castra Regina
Regensburg
Saletio
Selz
Portus
Pforzheim
Opia
Oberdorf
Aalen
Abusina
Eining
Cannstatt
Lorch
Grinario
Köngen
Heidenheim
Ponione
Faimingen
Summuntorium
Burghöfe
Argentorate
Straßburg
Urspring
Aislingen
Sumelocenna
Rottenburg
Offenburg
Günzburg
Augusta Vindelicum
Augsburg
Sasbach
Emerkingen
Arae Flaviae
Rottweil
Riegel
Bratananium
Gauting
Pons Aeni
Rosenheim
Tuttlingen
Abodiacum
Epfach
Brigobanne
Hüfingen
Cambodunum
Kempten
Basilia
Basel
Vindonissa
Windisch
Brigantium
Bregenz
Fernpaß
Salodurum
Solothurn
Brenner
Aventicum
Avenches
Reschenpaß
Via Claudia Augusta
Lousonna
Lausanne
Splügen
Julier
Genava
Genf
Octodurus
Martigny

Germania immer noch bestehende leidige Verkehrsproblem von den Rhein- zu den Donauprovinzen – die 74 n. Chr. gebaute Kinzigtalstraße war gewissermaßen eine versuchsweise Zwischenlösung – endgültig bereinigt werden durch den Bau einer Straße S. 146 ff von Mainz/*Mogontiacum*–Stettfeld–Cannstatt–Urspring–Faimingen–Augsburg/*Augusta Vindelicum*–Noricum–Pannonien. Fast die gleiche Route zwischen Rhein und Donau wählt die heutige Autobahn Frankfurt–München. Auf diese Rhein-Donau-Straße dürfte Aurelius Victor (de Caesaribus 13) anspielen, wenn er sagt, Trajan habe nach der Vollendung des Durchbruchs am Eisernen Tor im Jahre 100 n. Chr. den Weg gebahnt, auf dem man jetzt leichter vom Schwarzen Meer nach Gallien gelange. Die rechts des Rheines und nördlich der Donau stationierten römischen Truppen hatten insbesondere diese Rhein-Donau-Straße zu schützen.

Unter Domitian (81–96 n. Chr.) war die rechtsrheinische Okkupation im wesentlichen abgeschlossen. Es folgte in trajanisch-hadrianischer Zeit (98–138 n. Chr.) die Ausbauphase des neuhinzugewonnenen Gebietes und die Sicherung der Grenze (*limes*) gegen die Germanen. Die letzte Grenzkorrektur des obergermanisch-rätischen Limes zur Zeit des Antoninus Pius (138–161 n. Chr.) war notwendig, um den bald darauf einsetzenden Tafel 18/13 Germaneneinfällen besser begegnen zu können (s. u.). S. 77 ff

Aufbau und Gliederung des römischen Heeres

Die Verteidigung der riesigen Reichsgrenze in Nordafrika, Arabien, Syrien, Mesopotamien, Kleinasien, in den Donauprovinzen, Rätien, Germanien und Britannien erforderte ein gut organisiertes Heer. Das von Kaiser Augustus (30 v. Chr. bis 14 n. Chr.) reformierte Heer hatte eine bereits 500jährige Tradition: Auf das Milizheer der Republik (5. Jh. v. Chr.) gehen die drei Truppengattungen der kaiserzeitlichen Legion (= ‚die Auswahl', ausgehobene Mannschaft) zurück: *hastati* (*Lanzenträger*), *principes* (vorher die erste Kampflinie), *triarii* (die auch *pilani* = Wurflanzenträger genannt werden). Seitdem gehörten sechs Kriegstribunen (*tribuni militum*) zum Offizierskorps der Legion; Centurionen, aus dem Mannschaftsstand hevorgegangene Unteroffiziere, befehligten die Centurien (Hundertschaften); fortan existierte die allgemeine Wehrpflicht und in der Legion dienten seither ausschließlich Römer und Italiker.

Marius (geb. 156 v. Chr.) gab den Anstoß für die Entwicklung zum Berufsheer, als er im jugurthinischen Kriege (111–105 v.Chr.) besitz- und berufslose Proletarier als Freiwillige in seine Legion aufnahm und damit den Kriegsdienst zum Berufe erhob. Diese Maßnahme hatte zur Folge, daß die aktive Dienstzeit damals auf 16 und später auf 20 Jahre festgesetzt und für eine Altersversorgung der ausgedienten Soldaten gesorgt werden

Abb. 13 Wichtige Straßenverbindungen in römischer Zeit

S. 129 f mußte; die Veteranen erhielten nach ihrer Entlassung Landanweisungen. Diejenigen der Angeworbenen, die das römische Bürgerrecht (*civitas Romana*) nicht besaßen, konnten es durch den Dienst in der Truppe erwerben. Ein Sachverhalt, der für die Auxiliarsoldaten des kaiserzeitlichen Heeres zentrale Bedeutung bekam.

Für das Kommandoverhältnis des in den Provinzen stationierten Heeres war von Bedeutung, daß Sulla (138–78 v. Chr.) den Konsuln und Prätoren die oberste Befehlsgewalt (*imperium*) über das Heer entzogen und diese den Prokonsuln und Proprätoren (gewesenen Konsuln und Prätoren) übertragen hatte. Diese Maßnahme war mit dem Anwachsen der Provinzen zweckmäßig geworden, da der Konsul als oberster Staatsleiter auf die Dauer nicht in fernen Provinzen Krieg führen konnte, ohne die Staatsgeschäfte in Rom zu vernachlässigen. Dem Prokonsul wurde gleichzeitig mit der Provinz auch eine entsprechende Truppenzahl zugewiesen.

Provinzialarmee

Schlagkraft und Dynamik des längs der Reichsgrenze stehenden Heeres wurden erheblich gesteigert, als Augustus – bei der Aufteilung der Provinzen in kaiserliche und senatorische Provinzen – im Jahre 27 v. Chr. die Provinzen erhielt, in denen die meisten Legionen standen. Es entwickelten sich die Provinzialarmeen, die jede für sich als *exercitus* bezeichnet wurde (z. B. *exercitus inferior* und *exercitus superior* = Rheinarmee). Der in der Provinz stationierte *exercitus* bestand aus: 1. Legionen. – 2. *auxilia* (Hilfstruppen: Alen, Kohorten, Numeri). – 3. Ausländerformationen: aus Ausländern gebildete, national organisierte Hilfstruppen, die von einheimischen Führern befehligt wurden. Auch sie wurden als *auxilia* (Alen und Kohorten) bezeichnet.

Für das Verständnis der kaiserzeitlichen Kohortenlegion muß man sich der beiden taktischen Vorstufen erinnern: der Phalanx und Manipularlegion. *Abb. 14* Die wie ein Stab bewegliche, starre Phalanx des 5./4. Jh. v. Chr. (in 3 Treffen nach Altersklassen gegliedert: *hastati, principes, triarii*) wurde zu Anfang des 3. Jh. v. Chr. durch Querteilung beweglicher gemacht, d. h. innerhalb des Treffens wurden zwei Centurien (Hundertschaften) zu einer neuen taktischen Einheit, dem Manipel (*manipulus*), zusammengefaßt. Damit hatte die Phalanx „Scharniere" erhalten, in denen sich die Manipel drehen konnten. Die Manipel wurden innerhalb der Treffen von 1 bis 10 durchnumeriert (1. bis 10. Hastaten-, Principes- und Triariermanipel) und die Centurien innerhalb des Manipels als 1. und 2. Centurie (z. B. des 4. Hastatenmanipels) bezeichnet.

Kohortenlegion und ihre Bewaffnung

Das Novum der Kohortenlegion – diese Heeresreform wird allgemein Marius (156–86 v. Chr.) zugeschrieben – war: ein Zusammenfassen der gleichnumerierten, hintereinan-

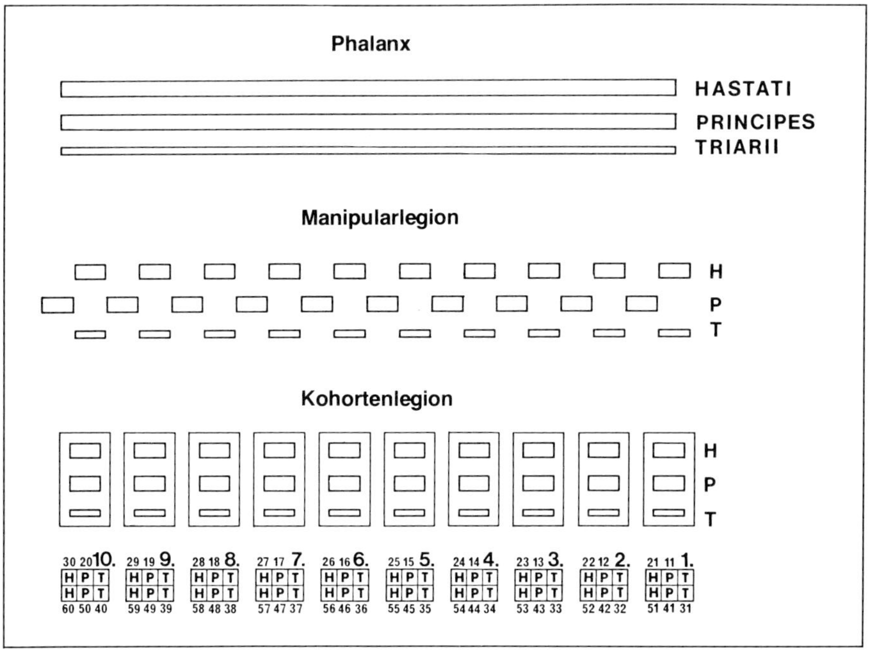

Phalanx

HASTATI
PRINCIPES
TRIARII

Manipularlegion

H
P
T

Kohortenlegion

H
P
T

30 20 10. 29 19 9. 28 18 8. 27 17 7. 26 16 6. 25 15 5. 24 14 4. 23 13 3. 22 12 2. 21 11 1.

60 50 40 59 49 39 58 48 38 57 47 37 56 46 36 55 45 35 54 44 34 53 43 33 52 42 32 51 41 31

Abb. 14 Taktische Entwicklung des römischen Heeres (nach J. Marquardt, Römische Staatsverwaltung Bd. 2[3]*, Darmstadt 1957, 334 ff. und O. Doppelfeld, Römer in Rumänien Köln 1969, 295)*

der stehenden Manipel aller 3 Treffen zu einem geschlossenen Kampfkörper, der Kohorte (*cohors*). Die 10 Kohorten der Legion stehen nebeneinander, jede Kohorte in 3 Treffen gegliedert. Die Kohorten werden von rechts nach links von 1 bis 10 durchnumeriert. Die 1. Kohorte hat das größte Ansehen, das sich bis zur 10. Kohorte staffelt. Die Manipel werden als Hastaten-, Principes- oder Triariermanipel der 1. bis 10. Kohorte, die Centurien als 1. bzw. 2. Centurie dieses oder jenes Manipels bezeichnet. Jede Kohorte hat 6 *centuriones* (Hauptleute), einen *prior* und *posterior* der *hastati, principes* und *triarii.* Das Kommando der Kohorte führt der *centurio prior* des Triariermanipels. Der Kommandant der 1. Kohorte, *primus pilus,* ist der ranghöchste *centurio* der Legion. Die Sollstärke der Legion in der Kaiserzeit betrug etwa 6000 Mann und 120 Reiter. Die 1. Kohorte hatte 800 Mann, die 2. bis 10. Kohorte jeweils 480 Mann, die Centurie 80 Mann. Zu jeder Kohorte gehörte ein kleiner Stab und Artillerie.

Die Legionen waren durchnumeriert und führten Beinamen, nach der Herkunft der Truppe (*Pontica, Cilicia*), Ehrenbeinamen (*Martia*), Spitznamen (*Alaudae*, ,,Haubenlerchen", nach ihrem Helmschmuck) etc.

Dem Legionsinfanteristen (*miles*) dienten als Schutzwaffen: Helm (*cassis*), Panzer (*lori-*

ca), Schild (*scutum*) und als Angriffswaffen: Wurflanze (*pilum*), Schwert (*gladius*) und Dolch (*pugio*). Bei Paraden und Festlichkeiten schmückten die Legionare ihre Helme mit einem Helmbusch oder Helmkamm (*crista*) aus Federn oder Roßhaaren in der Längsrichtung. Die Centurionen trugen den Helmkamm quer (*transversa crista*). Die Reiter (*equites*) benutzten bei Reiterspielen und Paraden Gesichtshelme.

Tafel 21

Die Offiziere vom *centurio* aufwärts bis zum Kaiser trugen im 1. und 2. Jh. n. Chr. einen sog. Muskelpanzer aus Metall. An den Panzerrändern angebrachte Lederstreifen in Form von breiten Fransen (*pteryges*) schützten den Körper gegen den Druck der Metallränder. Die unteren Dienstgrade und Soldaten begnügten sich mit einfachen Leder- und Metallpanzern, deren Formen vom 1. bis 3 Jh. n. Chr. variieren: Lederkoller, Kettenpanzer (*lorica hamata*), Lamellenpanzer, Schuppenpanzer (*lorica squamata*) und Schienenpanzer (*lorica segmentata*) waren teils gleichzeitig in Benutzung, wie die Reliefs der Trajanssäule zeigen.

Der Schild (*scutum*) des Legionars konnte viereckig, sechseckig oder oval sein. Er war aus Holz gearbeitet, mit Leder bespannt und auf der Feindseite mit Beschlägen verziert. Blechstreifen schützten den Schildrand gegen Hieb und Stoß; ein eiserner Schildbuckel war der Schutz für die Hand, die den Schild an der Schildfessel (*ansa*) hielt. Die Kavallerie (*equites*) benutzte leichtere Rund- oder Sechseckschilde (*parma*).

Die Legionen waren an den Hauptverkehrsstraßen in der Nordschweiz und am Rhein stationiert in den Legionslagern: Windisch/*Vindonissa*, Straßburg/*Argentorate*, Mainz/*Mogontiacum*, Bonn/*Bonna*, Neuss/*Novaesium*, Xanten/*Vetera Castra* und Nijmegen/*Noviomagus Batavorum*. Mit der ständigen Bewachung des rechtsrheinischen Limes waren *auxilia* beauftragt.

Die Hilfstruppen im römischen Heer

Als die ersten *auxilia* im römischen Heer (volksfremde Hilfstruppen, von außeritalischen freien Verbündeten auf Grund von Verträgen zur Hilfe [*auxilium*] geschickt) werden gallische Hilfstruppen im 1. punischen Krieg (264–241 v. Chr.) erwähnt. In der Kaiserzeit wurden die Auxiliareinheiten aus den unterworfenen Stämmen ausgehoben und erhielten fortlaufende Nummern (z. B. *cohors Asturum I – VI*). Die Auxiliareinheiten konnten benannt sein nach: 1. dem Volksstamm, aus dem sie gebildet worden waren (*cohors Raetorum*). – 2. der Provinz, in der die Truppe lag (*cohors Germanica*). – 3. dem Namen eines Offiziers (*ala Longiniana*). – 4. dem Kaiser (*ala Flavia*). – 5. einem durch Verdienst erworbenen Ehrennamen (*victrix* = die Siegreiche, *pia fidelis* = die Getreue; *torquata, torques* = keltischer Halsring). – 6. der Bewaffnung (*cohors sagittariorum* = Pfeilschützen; *scutata* = mit Rechteckschild ausgerüstete) etc.

Die Rekrutierung war entweder Aufgabe der Selbstverwaltung der Stammesgemeinden (*civitates*) oder römische Offiziere führten die Aushebung (*dilectus*) durch, „wodurch Kinder von ihren Eltern, Brüder von ihren Brüdern wie zum letzten Mal im Leben getrennt wurden“ (Tacitus, Hist. IV 14). Nach der Eroberung Rätiens und Vindelikiens im Jahre 15 v. Chr. haben römische Offiziere mindestens acht Räter- und vier Vindelikerkohorten aus der Jugend des unterworfenen Volkes ausgehoben und an den Rhein verschickt, um eventuellen Unruhen vorzubeugen. Die Einheiten zuverlässiger *civitates* konnten in ihrer Heimat verwendet werden, wo sie mit Land und Leuten vertraut waren. Allerdings hat man auch sie auf entfernten Kriegsschauplätzen eingesetzt, wenn die strategische Lage es erforderte.

Bis um die Mitte des 1. Jahrhunderts n. Chr. wurden die Alen und Kohorten noch aus ihren Aufstellungsgebieten ergänzt. Aber bereits zu Ende des 1. Jahrhunderts n. Chr. gab es in den Auxiliareinheiten viele Soldaten, die nicht mehr aus den ursprünglichen Rekrutierungsbezirken stammten. Im 2. und 3. Jahrhundert n. Chr. ergänzten sich die *auxilia* hauptsächlich aus der Bevölkerung ihrer Standortprovinz.

Rechtliche Stellung

Die meisten Auxiliarsoldaten waren im 1. Jahrhundert n. Chr. noch *peregrini* (ohne römisches Bürgerrecht). Seit der Mitte des 1. Jahrhunderts n. Chr. wurde ihnen nach 25jähriger Dienstzeit das römische Bürgerrecht (*civitas Romana*) und das Eherecht (*conubium*) in Form eines Diploms verliehen. Viele Soldaten hatten eine Familie, die durch dieses Diplom legitimiert wurde. Im 2. Jahrhundert n. Chr. gab es in den Auxiliareinheiten nur noch wenige *peregrini* und im 3. Jahrhundert waren wohl alle Auxiliarsoldaten römische Bürger (*cives Romani*).

Bewaffnung und taktische Verwendung

Die Bewaffnung der regulären Auxiliarformationen war im großen und ganzen die gleiche wie die der Legion. Allerdings wurde die Lanze (*hasta*) und – namentlich von den Reitern – ein leichterer Oval- oder Rundschild (*parma*) sowie das Langschwert (*spatha*) bevorzugt.

Unter den Auxilia gab es auch Spezialeinheiten, die sich durch ihre Sonderbewaffnung unterschieden: Bogenschützen (*sagitarii*), Schleuderer (*funditores*), Lanzenträger (*contarii*), mit schwerem Wurfspieß Bewaffnete (*gaesati*), Panzerreiter (*catafractarii*), Kohorten mit schwerem Rechteckschild (*scutati*) etc. Die irregulären nationalen Verbände kämpften in ihrer nationalen Bewaffnung.

Die Auxilia gehörten bis um die Mitte des 1. Jahrhundert n. Chr. taktisch zu den Legionen und waren in den Legionslagern oder deren nächster Nähe konzentriert. Als sie gegen Ende dieses Jahrhunderts infolge der defensiven Politik mit dem Grenzschutz beauftragt wurden, lockerte sich ihre Verbindung zu den Legionen: Jede *ala* und jede Kohorte erhielt nun einen zu überwachenden Limesabschnitt. Ihre Kastelle entwickelten sich als Mittelpunkte der jeweiligen Limesstrecke zu selbständigen Garnisonen, die auf die Zusammenarbeit untereinander angewiesen waren. Stärke und Kommando der einzelnen Verbände mag eine Übersicht verdeutlichen:

Gliederung der *auxilia* (Hilfstruppen)

Reguläre Auxiliareinheiten

I Infanterie

1. *cohors quingenaria peditata*

Stärke:	480 Mann = 6 Centurien à 80 Mann (und Stab)
Infanterist:	*miles*
Führer der Centurie:	*centurio*
Kommandant der Kohorte:	*praefectus, praepositus*
Kastellgröße:	etwa 1,4–2,5 ha

2. *cohors milliaria peditata*

Stärke:	nicht gesichert; 10 Centurien (und Stab)
Kommandant der Kohorte:	*tribunus*

II Kavallerie

3. *ala quingenaria*

Stärke:	480 Reiter = 16 Turmen Reiterzüge à 30 Mann (und Stab)
Reiter:	*eques*
Führer der Turme:	*decurio*
Kommandant der Ala:	*praefectus*
Kastellgröße:	3,1–4,2 ha

4. *ala milliaria*

Stärke:	1008 Reiter = 24 Turmen à 42 Reiter (und Stab)
Kommandant der Ala:	*praefectus*
Kastellgröße:	5,2–6 ha

III Gemischte Verbände aus Infanterie und Kavallerie

5. *cohors quingenaria equitata*

Stärke:	nicht gesichert; 6 Centurien und 6 Turmen (und Stab)
Kommandant der Kohorte:	*praefectus*
Kastellgröße:	etwa 2,1–3,3 ha

6. *cohors milliaria equitata*

Stärke:	800 Infanteristen und 240 Reiter = 10 Centurien à 80 Mann und 10 Turmen à 24 Reiter (und Stab)
Kommandant der Kohorte:	*tribunus*

IV Wach-, Beobachtungs- und Aufklärungsabteilungen seit Anfang des 2. Jh. n. Chr.

7. *numeri*

Stärke:	Nach D. Baatz war die Sollstärke des Hesselbacher Numerus etwa 150 Mann. Die *numeri* waren nicht numeriert
Gliederung:	in Centurien und Turmen
Kommandant des *numerus:*	*praepositus;* im 3. Jh. n. Chr. *praefectus* oder *tribunus*
Kastellgröße:	0,6–0,8 ha

8. *exploratores*

Stärke:	nicht gesichert

Irreguläre Auxiliareinheiten

1. Tumultuarisches Aufgebot
   In Kriegen aufgestellte Volksaufgebote, Stammesverbände in nationaler Bewaffnung unter dem Kommando eines Adeligen des jeweiligen Stammes

2. Provinzialmiliz
   Polizeitruppe der *civitates*

Das römische Lager

Die im Limesgebiet stationierten Hilfstruppen (*auxilia*) haben ihre Kastelle nach dem gleichen Schema gebaut wie die Legionen ihre Lager am Rhein – mit übereinstimmender Anordnung der Straßen, Tore, Kasernen, Führungs- und Versorgungsgebäude, allerdings in viel kleinerem Maßstab. Zwangsläufig ergeben sich Unterschiede auf Grund der Wahl des Lagerplatzes, der Truppengattung, der Zweckbestimmung, der Konstruktion der Umwehrung (wofür es viele Möglichkeiten gibt), in der Anordnung der Innenbauten, Konstruktion der Kasernen etc. Trotz alledem ist das Grundschema des Lagers stets das gleiche. Das römische Lager hat Polybios (geb. etwa 201 v. Chr.) im 2. Jahrhundert v. Chr. zum ersten Male beschrieben. Eine in das 3. Jahrhundert n. Chr. datierte Lagerbeschreibung wird Hygin zugeschrieben. Diese beiden Lagerbeschreibungen unterscheiden sich nur in verhältnismäßig unerheblichen Einzelheiten, die mit der Entwicklung des römischen Heeres zu erklären sind. Von den Legionslagern in den germanischen Provinzen ist das Legionslager Neuss/*Novaesium* am vollständigsten ausgegraben, so daß der Plan des claudischen Lagers (Mitte 1. Jh. n. Chr.) als Beispiel angeführt werden darf. *Abb. 15*

Vermessung und Aufbau

Ein Vermessungstrupp (*metatores, agrimensores*) unter Führung eines Tribunen suchte den Lagerplatz aus. Bevorzugt wurde ein leicht erhöhtes Gelände mit weitem Ausblick, ein sanft ansteigender Hügel, von dem das Lager vorteilhaft verteidigt werden konnte. Dabei mußte vor allem auf eine günstige Wasser-, Holz- und Grünfutterversorgung geachtet werden.

Die *agrimensores* markieren als erstes die Stelle des Stabsgebäudes (*principia*), Sitz des Legionskommandeurs, mit einer weißen Fahne und bestimmen die Himmelsrichtung des Ausfallstores (*porta praetoria*). Als nächstes stellen sie vor dem Stabsgebäude in der Mitte der späteren Lagerhauptstraße (*via principalis*) das Visierinstrument (*groma*) auf: ein eisernes Fußgestell, auf dem oben ein Winkelmesser (*tetrans*) mit zwei im rechten Winkel sich kreuzenden Armen angebracht ist, an deren Enden Perpendikel mit Gewichten hängen. Mit diesem Instrument werden nun die beiden Hauptlagerachsen eingemessen (*perpendere* = richten): der *cardo maximus* und der *decumanus maximus* und mit verschiedenfarbigen Fahnen ausgesteckt. Auf den beiden im rechten Winkel sich vor dem Stabsgebäude kreuzenden Hauptlagerachsen werden die Stellen der vier Lagertore markiert (Ausfallstor = *porta praetoria;* rückwärtiges Lagertor = *porta decumana;* rechtes Lagertor = *porta principalis dextra;* linkes Lagertor = *porta principalis sinistra*). Damit steht Länge und Breite des Lagers fest.

Nun messen die Agrimensores parallel zu *cardo* und *decumanus maximus* sog. *cardines*

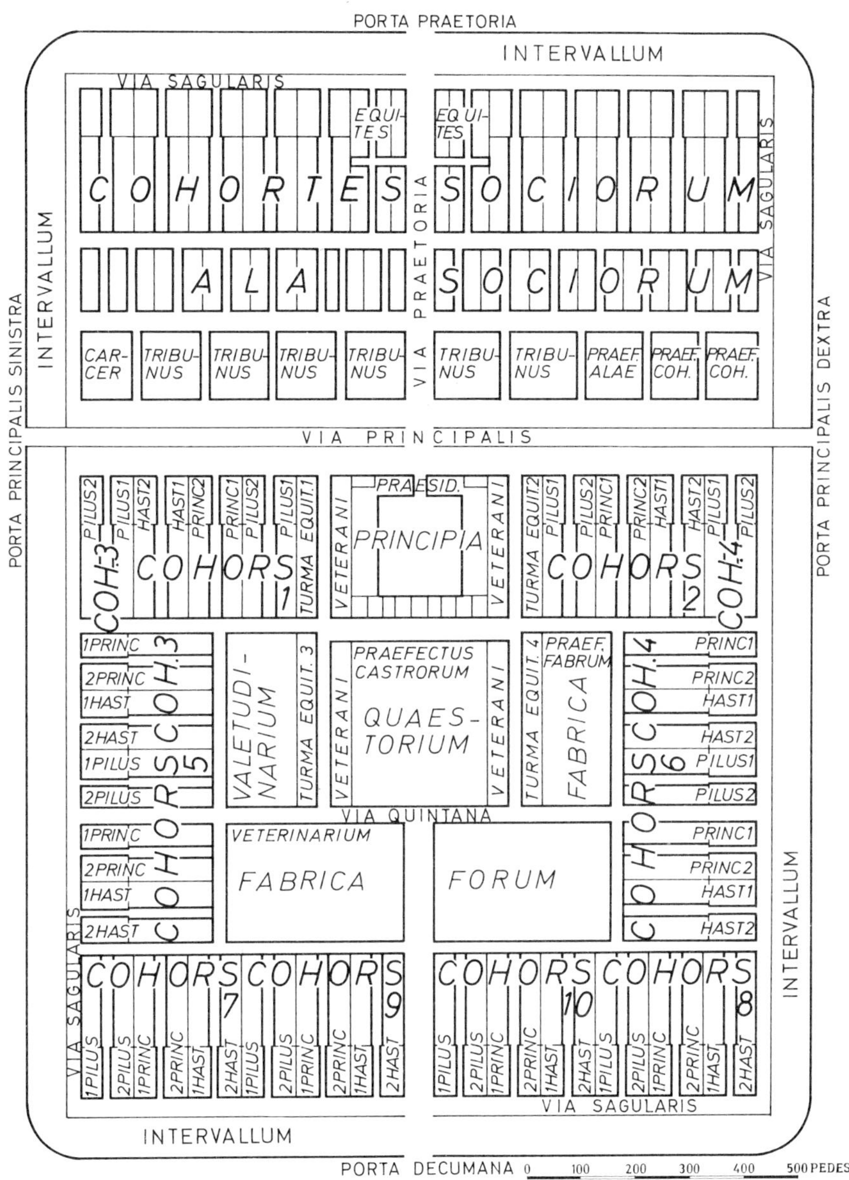

Abb. 15 Legionslager Neuss/Novaesium um 50 nChr (nach H. Nissen, Bonner Jahrb. 111/112, 1904, 33)

und *decumani* ein, die das Lager in längliche (*striges*) und breitrechteckige (*scamna*) Felder aufteilen. Die Stellen der zu errichtenden Dienstgebäude markieren sie mit Fahnen und die der Kasernen mit Speeren. Sodann beginnen die Soldaten mit dem Ausbau des Lagers:

Lagerumwehrung

1. Lagergraben (*fossa*). Um das Lager herum wird ein etwa 10 m breiter und 3 m tiefer Umfassungsgraben ausgehoben und das Gelände davor durch Annäherungshindernisse gesichert (*cippi, lilia, stimuli,* etc).
2. Holzerdemauer mit Wall (*vallum*). Mit dem Grabenaushub wird eine Holzerdemauer errichtet und ein Erdwall dahinter aufgeschüttet.
3 Intervallum. Zwischen Wall und Kasernen bleibt ein 30 m breiter Zwischenraum, das *intervallum.*
4. Eine Lagerringstraße (*via sagularis*) wird als „Verteilerstraße“ für die Soldaten im Falle eines Angriffs um die Kasernen gebaut.

Lagerstraßen

1. Der *cardo maximus* wird zur Hauptlagerstraße (*via principalis*).
2. Der *decumanus maximus* wird im vorderen Lagerteil zur Ausfallsstraße (*via praetoria*) und im rückwärtigen Lagerteil zur rückwärtigen Lagerstraße (*via decumana*).
3. Die *cardines* und *decumani* werden zu Verbindungsstraßen der Kasernen (*viae vicinariae*); von diesen wird die *via quintana* (so benannt, weil sie im polybianischen Lager die 5. von den 6. Manipeln trennte) breiter ausgebaut.

Führungs- und Versorgungsbauten

1. *principia* = Befehlszentrale im Lager. Der Mittelhof wird auf drei Seiten von Büros und Waffenkammern umgeben; hinter der Gerichtshalle (*basilica*) befindet sich das Lagerheiligtum (*sacellum*), in dem das Bildnis des Kaisers, der Adler (*aquila*) und die Feldzeichen (*signa*) der Legion aufgestellt sind. In einem Keller unter dem Fahnenheiligtum werden die Truppenkasse und die Ersparnisse der Soldaten aufbewahrt. Auf beiden Seiten des Fahnenheiligtums sind Versammlungsräume (*scholae*) verschiedener Dienstgrade untergebracht.
2. *quaestorium* = Sitz des Lagerkommandant (*praefectus castrorum*). Er hat die Oberaufsicht im Lager über Kasernen, Wachen, Lazarett, Geschützpark etc.
3. *praetorium* = Wohnhaus des Legionskommandeurs (in Neuss im Jahre 70 n. Chr. an der Stelle des Quaestoriums gebaut).

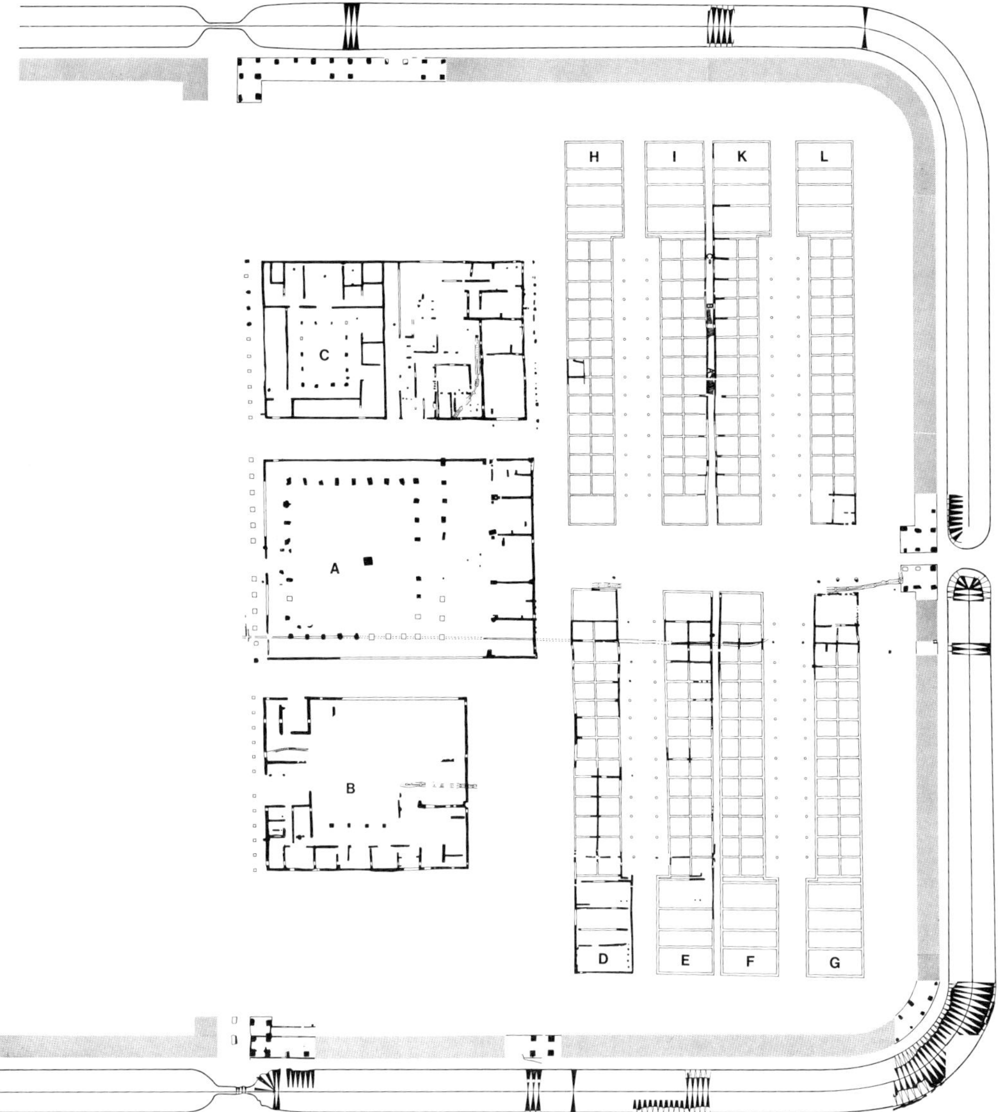

Abb. 16 Auxiliarkastell Rottweil (nach D. Planck, 1975), Rückwärtiger Teil (retentura), A Stabsgebäude (principia) B u. C Verwaltungsgebäude (praetorium I u. II), D–L Kasernen

4. *valetudinarium* = Lazarett mit Operationssaal und Einzelzimmern.
5. *fabrica* = Werkstätten der Handwerker (Zimmerleute, Schmiede, Waffenmeister etc.).

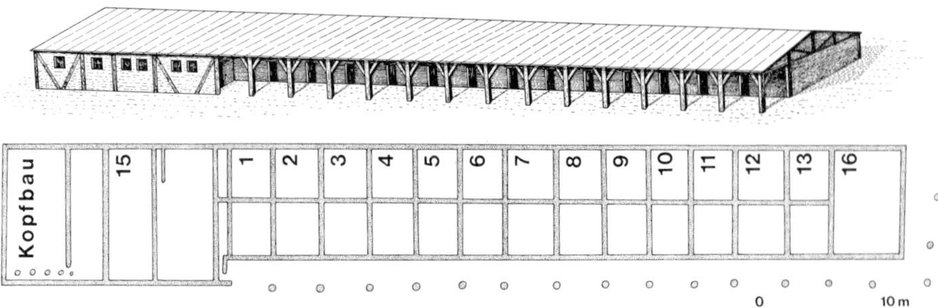

Abb. 17 Rottweil, Rekonstruierter Grundriß und Rekonstruktionsvorschlag einer Mannschaftsbaracke (1–13 Contubernia/Zeltgenossenschaften)

6. *veterinarium* = Pferdelazarett.
7. *horrea* = Getreidespeicher (befinden sich im Lager nach 70 n. Chr. hinter der *porta praetoria* in der Nähe des Rheines).

Hygin unterscheidet im kaiserzeitlichen Lager drei Hauptteile: 1. *praetentura* = Vorderteil (zwischen *via principalis* und *porta praetoria*). 2. *latera praetorii* = Mittelteil (zwischen *via principalis* und *via quintana*). – 3. *retentura* = rückwärtiger Teil (zwischen *via quintana* und *porta decumana*). In der *praetentura* lagern in Neuss die Hilfstruppen (*auxilia*): zwei Kohorten, eine Ala und eine Reiterabteilung. Entlang der *via principalis* stehen die Wohnhäuser der sechs Tribunen, des Alenpräfekten und der beiden Kohortenpräfekten. Links außen das Militärgefängnis (*carcer*) mit 59 Haftzellen. Die Legionskohorten 1 bis 10 bilden ein schützendes Viereck um die Führungs- und Versorgungsgebäude.

Auxiliarkastell

Von den Auxiliarkastellen in Obergermanien und Rätien ist bis jetzt am vollständigsten Kastell Künzing/*Quintana* an der Donau ausgegraben. Das von der *cohors III Thracum civium Romanorum equitata* – einer 500 Mann starken, teilweise berittenen Kohorte (*cohors quingenaria equitata*) und sehr wahrscheinlich einer kleinen Hilfstruppe – um 90 n. Chr. erbaute Holzerdekastell Künzing würde mit seinen 2,2 ha etwa elfmal in dem Legionslager Neuss/*Novaesium* (24,62 ha) Platz finden. Im vorderen Lagerteil (*praetentura*) sind 8 Centurien-Kasernen untergebracht. S. 295 Jede Kaserne hat 10 Zeltgenossenschaften (*contubernia*). Jede Zeltgenossenschaft hat einen Schlafraum (*papilio*) für 8 Soldaten, davor einen Raum zum Ablegen der Waffen (*armis*) und davor einen überdachten Raum zum Abstellen der Last- und Zugtiere (*iumentis*). Im mittleren Lagerteil (*latera praetorii*) stehen von links nach rechts: das Wohnhaus des Kommandanten (*praetorium*), das Stabsgebäude (*principia*), der Getreidespeicher (*horreum*) und das Lazarett (*valetudinarium*). Im rückwärtigen Lagerteil (*retentura*) befinden sich Stallungen und noch eine Kaserne. Das von 90 n. Chr. bis 242/244 besetzte Kastell Künzing war ein Standlager (*castra stativa, castra hiberna*). Es gab auch kurzlebige Marschlager, Sommerlager, Arbeitslager, Schanz- und Übungslager.

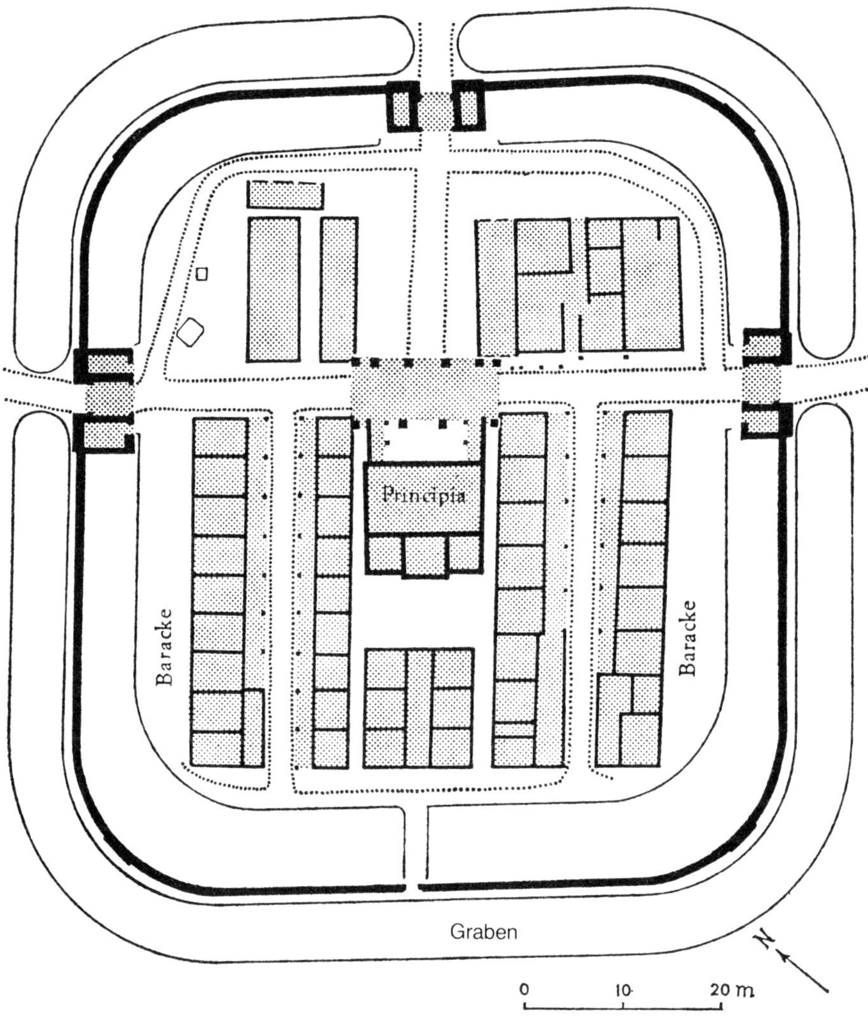

Abb. 18 Hesselbach, Schematischer Grundriß der Innenbauten (nach D. Baatz)

Numeruskastell

Neuere Ausgrabungen im Odenwald haben uns das Aussehen eines Numeruskastells gelehrt: Das in der Mitte des Lagers befindliche Stabsgebäude (*principia*) und das Wohnhaus des Kommandanten wurden rechts und links von jeweils 2 Kasernen mit 9 Zeltgenossenschaften eingefaßt. Im vorderen Lagerteil befanden sich Ställe, Schuppen und Speicher. Die *numeri* waren kleinere Aufklärungs- und Beobachtungsabteilungen von etwa 130 Mann (4 Centurien à 30 Mann und Unterführer, Centurionen und Principales). Sie hatten die Aufgabe, die Alen und Kohorten in ihrem Wachtdienst am Limes, vor allem in schwer zugänglichen Waldgegenden (Taunus, Odenwald) zu entlasten. Im Gegensatz zu den Alen und Kohorten blieben die *numeri* immer in der gleichen Provinz und waren ständig an der gleichen Stelle eingesetzt, da sie zur Erfüllung ihrer Aufgabe mit der jeweiligen Gegend eng vertraut sein mußten. Die Numerussoldaten waren *peregrini* (ohne römisches Bürgerrecht) und rangierten unterhalb der Alen- und Kohortensoldaten. Erst zu Ende des 2. und im 3. Jahrhundert n. Chr. erhielten sie allmählich das römische Bürgerrecht (*civitas Romana*).

Main-Odenwald-Limes

S. 363 ff Nachdem A. Buccius Lappius die Chatten aus dem rechtsrheinischen Limesgebiet vertrieben und den Taunus-Wetterau-Limes hatte wiederherstellen lassen, wurde nach 89 n. Chr. der Main von Hainstadt bis Wörth zunächst von kleineren Einheiten und später von Kohorten besetzt (Seligenstadt, Stockstadt, Niedernberg, Obernburg = Strecke 6). Im Odenwald haben in Britannien ausgehobene *numeri Brittonum* nach 90 n. Chr. Kastelle bezogen in: Seckmauern, Lützelbach, Vielbrunn, Eulbach, Würzberg, Hesselbach, Schlossau. Kleinkastelle dienten Wachkommandos für ihre verschiedenen Aufgaben als Unterkunft. Die Numerus- und Kleinkastelle im Odenwald waren durch einen Postenweg, an dem Holzwachttürme (Besatzung 4–5 Mann) aufgestellt waren, untereinander verbunden. Zur Zeit des Kaisers Hadrian (117–138 n. Chr.) wurde der Postenweg durch einen davorliegenden Palisadenzaun geschützt; in den Jahren 145 bis 146 *Abb. 172* n. Chr. ersetzten die Soldaten die Holztürme durch Steintürme.

Die Anlagen des Odenwaldlimes (= Strecke 10) sind heute noch im Gelände teilweise gut sichtbar. Die Holztürme waren von einem Graben umgeben und hatten einen Unterbau aus Holz und Steinen ohne Mörtelbindung. Die Steintürme hatten drei Geschosse, von denen das durch ein hochgelegenes Schlitzfenster belichtete Untergeschoß nur von oben durch eine Falltür über eine Treppe zugänglich war und als eine Art „Keller" zum Aufbewahren von Vorräten gedient haben dürfte. Das darüber befindliche 1. Obergeschoß mit zwei bis drei Fenstern diente der Turmbesatzung als Wohnraum; es

Tafel 21 Pfrondorf. Gesichtshelm eines Reiters. 3. Jh. n. Chr.

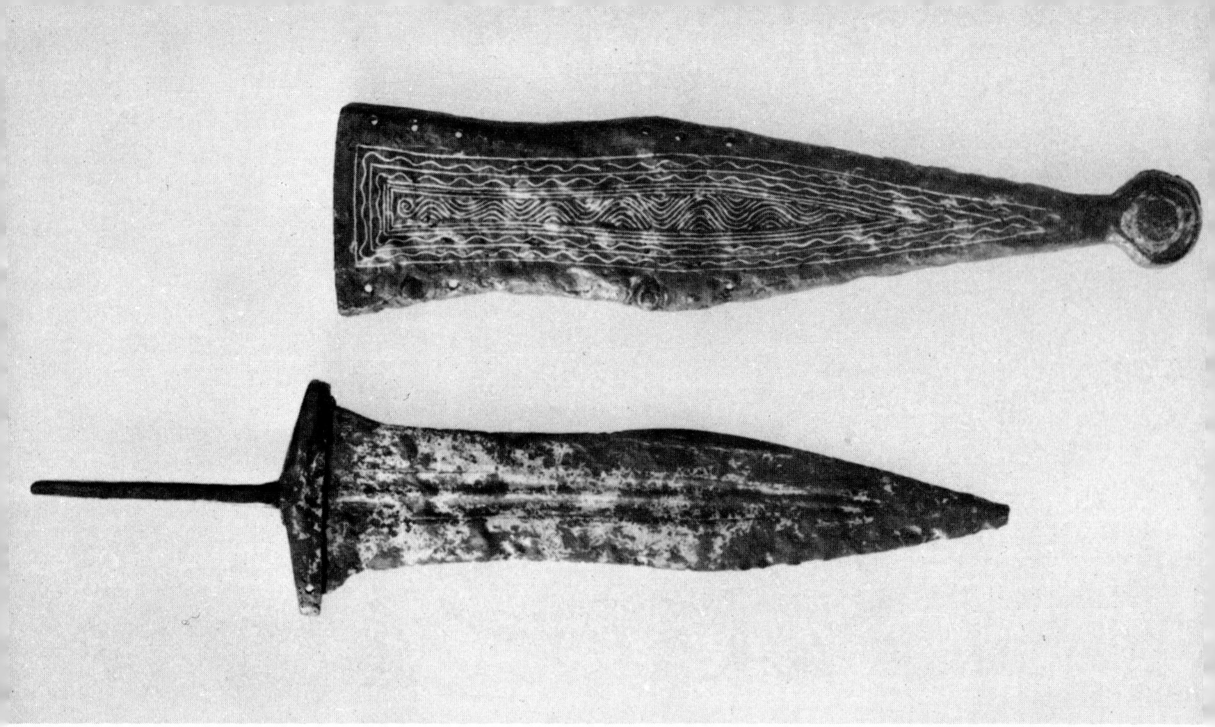

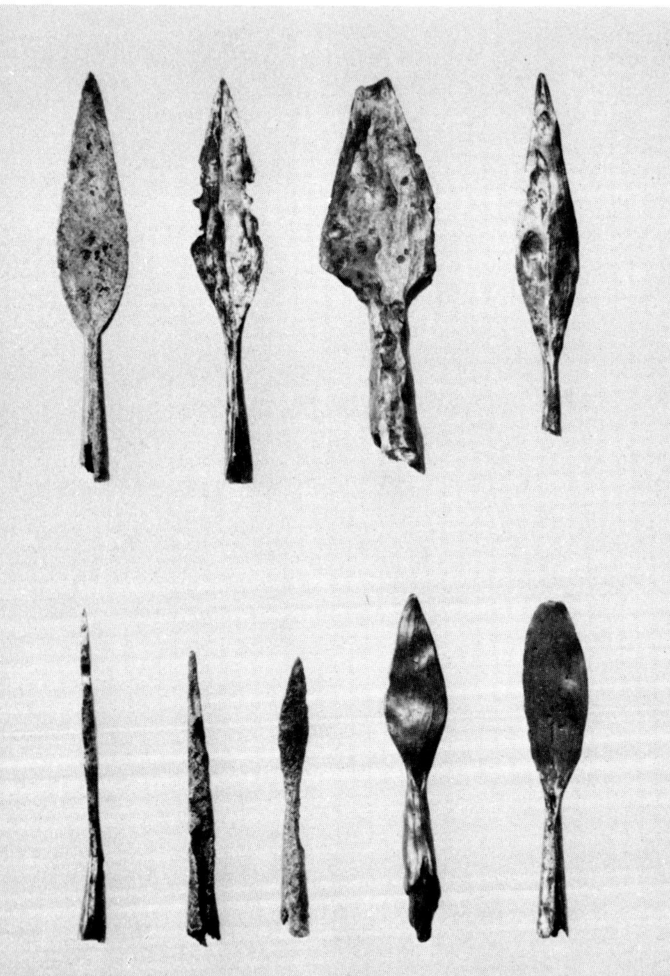

Tafel 22
a: Kastell Rißtissen. Dolch und messingtauschierte Scheide. 1. Jh. n. Chr.
b: Kastell Isny-Bettmauer. Lanzen- und Pfeilspitzen. 4. Jh. n. Chr.

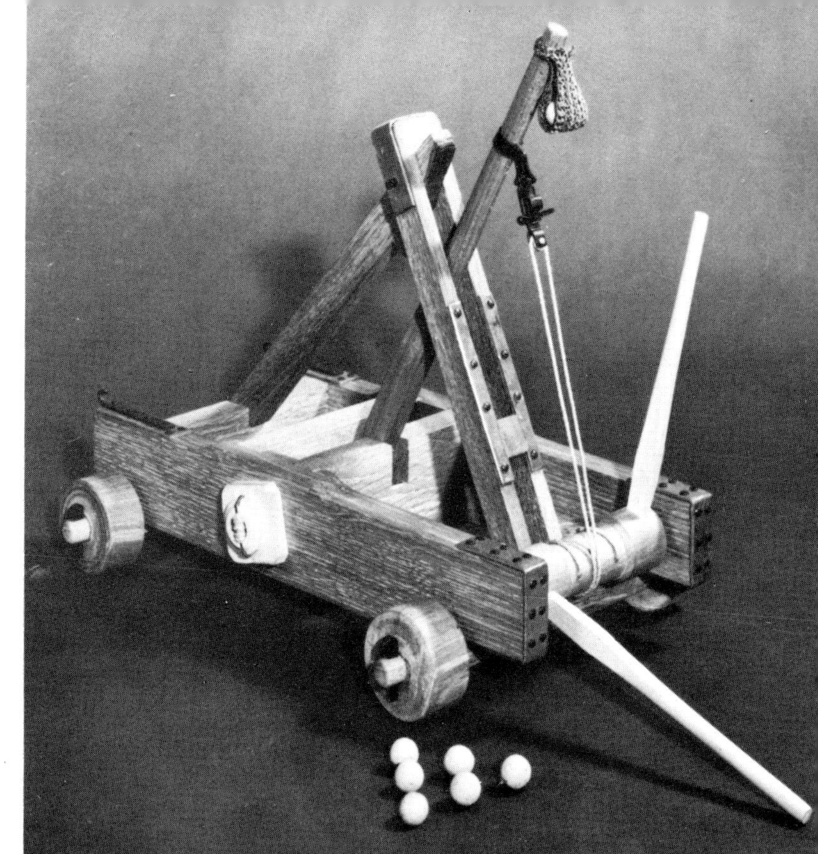

Tafel 23
a: Schleudergeschütz – Onager.
Modell von B. Wessinger.
Limesmuseum Aalen
b: Pfeilgeschütz – Catapulta.
Modell von B. Wessinger.
Limesmuseum Aalen

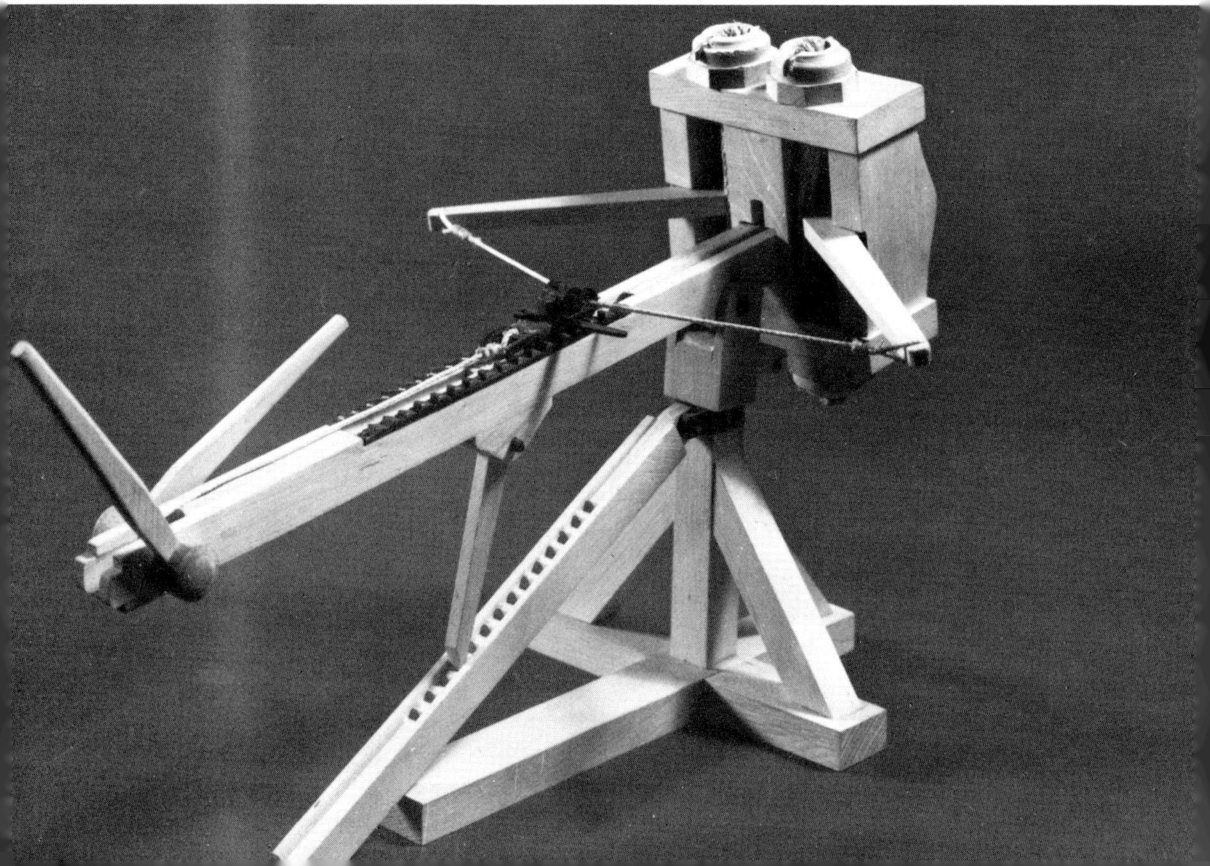

Tafel 24
a: Andernach. Grabstein des Firmus, Soldat der cohors Raetorum Mitte 1. Jh. n. Chr.
b: Offenburg. Grabstein des Hauptmanns (centurio) L. Valerius. 1. Jh. n. Chr.

hatte aus Sicherheitsgründen einen hochliegenden Eingang, der nur über eine Leiter erreicht werden konnte. Das 2. Obergeschoß war die Wachtstube; die Doppelfenster mit je einem Steinpfeiler in der Mitte konnten wahrscheinlich durch Holzläden geschlossen werden.

Die Kohortenkastelle Oberscheidental und Neckarburken schützten den von Schlossau *S. 435 f*
bis zum Neckar bei Bad Friedrichshall 35 km schnurgerade durch das Gelände verlaufenden *S. 425 ff* südlichen Odenwaldlimes (= Postenweg mit Palisade, Numerus-, Kleinkastellen und Wachttürmen). Der im Kastell Schlossau stationierte *numerus Brittonum Triputiensium* (benannt wohl nach einem „Dreiborn") sowie vermutlich alle Odenwaldkastelle bis Lützelbach unterstanden dem Kommando der im Kastell Oberscheidental stationierten *cohors I Sequanorum et Rauracorum equitata.* Dem Kommandanten der *cohors III Aquitanorum equitata civium Romanorum* im Westkastell Neckarburken war der *numerus Brittonum Elantiensium* (benannt nach dem rechtsneckarischen Nebenflüßchen Elz) unterstellt, der das Kleinkastell Trienz und das Ostkastell Neckarburken erbaute.

Neckarlimes

Die Auflösung des während des Chattenkrieges im Wetterau-Maingebiet zusammengezogenen großen Heeresverbandes nach 89 n. Chr. brachte es mit sich, daß sehr wahrscheinlich bei dem Auseinanderziehen der Auxiliarformationen längs des obergermanischen Limes damals an den Neckarlimes (= Strecke 11) abkommandiert wurden nach: Wimpfen – *cohors II Hispanorum equitata;* Heilbronn-Böckingen – *cohors V Dalmatarum;* Walheim – *cohors I Asturum equitata;* Cannstatt – *ala I Scubulorum.* Nach Benningen kam zur Zeit Domitians die *cohors XXIV voluntariorum civium Romanorum* vom Westkastell Heidelberg-Neuenheim. In Rottweil sind für das Ende des 1. und den Anfang des 2. Jahrhunderts n. Chr. bezeugt: *cohors I Biturigum, cohors II Aquitanorum equitata civium Romanorum, cohors I Flavia, cohors III Dalmatarum pia fidelis.*

Die bei der Auflösung des Heeresverbandes nicht zur Sicherung des obergermanischen Limes benötigten Auxiliarformationen wurden nach Britannien, Pannonien und Rätien abgegeben. Damals kamen zum rätischen Heer (*exercitus Raeticus*): die *ala II Flavia milliaria* nach Heidenheim, die *ala I Flavia singularium* nach Pförring und die *cohors II Aquitanorum* nach Regensburg.

Im Gegensatz zum Taunus- Wetterau-, Main- und Odenwaldlimes ist der Neckarlimes als offene Grenze zu bezeichnen: bis jetzt fehlen jedenfalls am Neckar sowohl Wachttürme als auch Palisaden; die römische Straße verläuft bald links, bald rechts des Flußes und verbindet als Grenzstraße die auf der linken Seite des Neckars liegenden Kastelle von Wimpfen bis Köngen. Zwischen den Kastellen Heilbronn-Böckingen und Walheim ist ein Stück römische Straße auf der rechten Seite des Neckars bei Horkheim nachgewiesen. Auch die Verbindungsstraße der Kastelle Walheim und Benningen verlief sehr wahrscheinlich ein Stück weit rechts vom Neckar, um den Bogen zwischen Klein-Ingersheim und Benningen abzuschneiden. Von Kastell Walheim gab es zwei Verbindungen nach Kastell Cannstatt: eine Straße über Benningen und eine zweite Straße über Groß-Ingersheim. Die Verbindungsstraße Cannstatt–Köngen/*Grinario* schneidet ein großes Stück des Neckarbogens bei Plochingen ab. Offensichtlich verhielten sich die aus Gallien in das Neckargebiet eingewanderten keltischen Siedler beim Vorverlegen der Truppen vom Rhein an den Neckar friedlich; möglicherweise wurden sogar die Landwirte für den von der Militärverwaltung für die militärischen Stützpunkte konfiszierten Grund und Boden entschädigt (Tacitus, Germania Kp. 29. – Frontin, strategemata II. 11,7). Der Neckarlimes hatte von Kastell Köngen über Kirchheim nach Donnstetten und über Weilheim–Wiesensteig nach Kastell Urspring Anschluß an den Alblimes.

Alblimes

Auch der Alblimes hatte weder Wachttürme noch Palisaden. Die Verbindungsstraße der Kastelle Burladingen – Gomadingen (?) – Donnstetten (?) – Urspring – Heidenheim – Oberdorf – Munningen – Aufkirchen – Unterschwaningen – Gnotzheim – Weißenburg – Pfünz nach Kösching – Pförring und Eining zur Donau markierte die Nordgrenze der Provinz Rätien.

Lagervorstadt

Die Legionslager waren von Lagervorstädten (*canabae legionis*) umgeben. In augusteisch-tiberischer Zeit wurden der Troß, die Handwerker und Händler aus Sicherheitsgründen in das Legionslager aufgenommen und die feuergefährlichen Betriebe der Töpfer, Ziegler und Schmiede am Rande des Lagers untergebracht. Wohl mögen schon damals Zivilisten auf eigene Gefahr auch außerhalb des Lagers gesiedelt haben. Die Lagervorstadt (*canabae legionis*) und das *territorium legionis* sind erst um die Mitte des 1. Jahrhunderts n. Chr. wahrscheinlich von der Zentrale in Rom angeordnete Neueinrichtungen an allen Militärgrenzen des Imperiums. Seitdem siedelten die Handwerksbetriebe (Töpfer, Ziegler, Schmiede, Metallgießer, Glasmacher, Sattler, Bauhandwerker, Steinmetzen), Händler, Krämer, Wirte mit ihren Familien außerhalb des Lagers auf dem *territorium legionis,* wo auch weiterhin ihre Hauptaufgabe die Versorgung der Truppe unter der Aufsicht des Militärs blieb.

Die Legion behielt eine *fabrica* immer im Lager, wahrscheinlich die Waffenschmiede, die im Belagerungsfall unentbehrlich war.

Alle fünf Jahre kontrollierte ein *primipilus* das militäreigene Inventar in den *canabae* und auf dem *territorium legionis.* Die Häuser der Lagervorstadt waren Fachwerkbauten (*canabae*) mit schmalrechteckigem, bis zu 60 m langem Grundriß. Mit der Giebelfront der Straße zugekehrt, waren sie nach Art der Kasernen entlang der Straßen aneinandergereiht. In dem der Straße zugewandten Hausteil befanden sich der Verkaufsraum und die Wohnung. Dieser Teil des Hauses war gewöhnlich unterkellert. Im hinteren Hausteil waren die Werkstätten und Magazine untergebracht. Die Ziehbrunnen aus Holz lagen außerhalb der Häuser. Die *canabae* umschlossen das Lager als runde oder ovale Siedlungsfläche auf allen Seiten. Sie benutzten die aus dem Lager führenden Straßen, hatten aber auch ihr eigenes, rechtwinkliges Straßensystem. Ein Bad war Soldaten und Zivilisten zugänglich. Ein Amphitheater diente der Unterhaltung. In Heiligtümern wurden verschiedene Götter verehrt: Jupiter optimus maximus, Matronen, Kybele, Mithras, Dolichenus etc. Der Friedhof für Soldaten und Canabenser lag an einer Straße außerhalb der Lagervorstadt. Zu jedem Legionslager gehörte ein großes *territorium legionis* mit Einzelhöfen, die das Lager mit landwirtschaftlichen Produkten versorgten.
Die *canabae legionis* sind wohl zu unterscheiden von den in der Nähe der Legionslager gelegenen bürgerlichen Siedlungen (*vici, municipia, coloniae*), die der zivilen Provinzverwaltung unterstanden. In diesen Siedlungen konnte z. B. ein Gewerbetreibender oder Händler sich frei entfalten und seinen Profit genießen. Anders in den *canabae legionis:* hier befand er sich auf militäreigenem Grund und Boden, wo sogar die Bauweise vorgeschrieben war und wo er sich der Kontrolle des Militärs zu unterziehen hatte.

Lagerdorf (vicus)

Der Auxiliarvicus ist in kleineren Dimensionen das Spiegelbild der *canabae legionis.* Der Haustypus ist der gleiche; die Zusammensetzung der Bewohner ist auf dörflicher Ebene die gleiche. Die Dorfbewohner sind wirtschaftlich eng mit den Soldaten im Lager verbunden. Auch sie siedeln auf militäreigenem Gebiet und unterliegen somit der Kontrolle des Militärs. Kneipen, Raststätten, Bäder sind Mittelpunkte des gemeinsamen Alltages. Die Götter verehrt man in gemeinsamen Heiligtümern (Mithras, Kybele, Jupiter Dolichenus, Merkur, Epona etc.). Am Rande des Lagerdorfes wird gemeinsam bestattet. Wahrscheinlich gehörte auch zum Auxiliarlager ein *territorium alae* oder *cohortis* mit Gutshöfen, die das Lager belieferten.

Das Straßennetz und seine Überwachung

Die Soldaten bauten schnurgerade Straßen von Kastell zu Kastell. Fernstraßen stellten die Verbindungen zu den Nachbarprovinzen her: Alpenrandstraße (Bregenz–Salz-

burg); Donaustraße; Kinzigtalstraße (Straßburg–Rottweil–Tuttlingen); Rhein-Donau-Straßen (Straßburg – Pforzheim – Cannstatt; Mainz – Stettfeld – Cannstatt – Urspring – Faimingen – Augsburg); Remstalstraße (Cannstatt – Lorch – Aalen); Neckar-
S. 150 f straße (Wimpfen – Rottenburg). An den Straßen aufgestellte Meilensteine gaben Aus-
Tafel 28 b kunft über die Entfernungen von Ort zu Ort: in römischen Meilen (1 römische Meile = 1478 m; millia passuum) und seit etwa 204 n. Chr. in Leugen (1 leuga = 2,22 km; keltisches Entfernungsmaß) in den gallischen und germanischen Provinzen. Durch das Li-
Tafel 1 mesgebiet führte die (ab *Sumelocenna*/Rottenburg irrtümlich südlich der Donau eingetragene) Reiseroute der Tabula Peutingeriana – aus dem 12. Jahrhundert stammende Abschrift einer die Straßen des römischen Imperiums enthaltenden Karte des 4. Jahrhunderts n. Chr., die nach ihrem zeitweisen Besitzer, dem Augsburger Ratsherrn Konrad Peutinger (1465–1547) benannt ist. Die Reiseroute führt von *Vindonissa*/Windisch in der Nordschweiz über *Arae Flaviae*/Rottweil – *Sumelocenna*/Rottenburg – *Grinario*/Köngen – *Clarenna*/Donnstetten (?) – *Ad Lunam*/Urspring (?) – *Aquileia*/Heidenheim (?) – *Opia*/Oberdorf bei Bopfingen – *Losodica*/Munningen – *Biriciana*/Weissenburg – *Abusina*/Eining nach *Reginum*/Regensburg.

Das Militär übte die Polizeigewalt auf allen Nah- und Fernverkehrsstraßen, die von Kaufleuten, Händlern und Reisenden weitgehend gefahrlos benutzt werden konnten. Als Durchgangsland für den Fernhandel von Britannien, Gallien und Germanien zu den Donauprovinzen bis hin zum Schwarzen Meer war das Limesgebiet verkehrsmäßig besonders begünstigt. Dieser Funktion als Bindeglied zwischen den Rhein- und Donauprovinzen verdankt das Limesgebiet letzten Endes seine Existenz als römische Provinz. Zur Überwachung der bedeutenderen Fernstraßen waren seit der Zeit Vespasians (69–79 n. Chr.) sog. *beneficiarii* als Kommandanten von Polizeistationen (*stationes*) mit einigen ihnen untergebenen Soldaten und kleinem sonstigen Personal an wichtigen Punkten des Straßennetzes eingesetzt. Die *beneficiarii* waren Unteroffiziere (*principales*), die der Statthalter als Militärkommandant oder ein Truppenkommandant von den niederen Diensten befreite (*beneficia*). Je nach Rang des Kommandanten, der sie ernannte, war auch ihr Rang verschieden: *beneficiarius consularis, beneficiarius procuratoris.*

S. 245 Nach dem bis jetzt vorliegenden archäologischen Befund hat es den Anschein, als läge
Tafel 4 den Straßenstationen ein bestimmter Bautypus zugrunde: ein kleineres rechteckiges Gebäude und ein etwas größeres Gebäude mit Innenhof und rückwärtigen sowie seitlichen Räumen; hinzu kommen zwei bis drei Nebengebäude. Die Polizeistation war gewöhnlich von einer Hofmauer umschlossen. Nach Beendigung ihres Dienstes ließen die Soldaten in der Nähe ihrer Straßenstation Altäre aufstellen. Dieser Brauch wurde hauptsächlich seit der Zeit des Commodus (180–192 n. Chr.) geübt. Wie aus diesen Inschriften
S. 533 hervorgeht, wechselten die Benefiziarier am 23., 29. Dezember, am 13. Januar und am 15. oder 18. Juli.

In Baden-Württemberg wurden bis jetzt Benefiziarierinschriften gefunden in: Heidelberg, Heilbronn-Böckingen, Jagsthausen, Köngen/*Grinario*, Mainhardt, Olnhausen, *Tafel 65* Osterburken und Stuttgart-Bad Cannstatt. Fast alle Inschriften standen in der Nähe von Kastellen oder an einem wichtigen Straßenknotenpunkt. Auffällig ist die Fundstelle in Cannstatt/Steig und Köngen vor der rechten Lagerseite, wo Fernstraßen wie nach einem zugrundeliegenden Schema am rechten Lagertor (*porta principalis dextra*) zusammentreffen. In Cannstatt bezieht sich sehr wahrscheinlich ein Weihestein für die Vierwegegöttinnen (*deae Quadriviae*) auf diese Straßenkreuzung, an der vier neue Wege entstan- *Abb. 299* den, die den Vierwegegöttinnen empfohlen wurden. In Köngen und Heidelberg-Bergheim standen Meilen- und Leugensteine in der Nähe der Benefiziarierinschriften. Vermutlich existieren die *stationes* an der Neckarstraße wohl schon zur Zeit der Neckar- *S. 150* kastelle; sie blieben jedenfalls bestehen, als die Kastelle um die Mitte des 2. Jahrhunderts n. Chr. an den vorderen Limes vorverlegt wurden. Die *stationes* am vorderen Limes waren gleichzeitig mit den Kastellen besetzt.

Vorverlegung des Odenwald-Neckarlimes

Am Odenwaldlimes bauten die *Brittones Triputienses* von Kastell Schlossau noch 145 und 146 n. Chr. steinerne Wachttürme (Wp 10/19, 22, 29, 33, 35) – am Neckarlimes ließ *Abb. 172* noch im Jahre 148 n. Chr. der Kommandant der in Heilbronn-Böckingen stationierten *cohors I Helvetiorum* zwei Weihealtäre aufstellen (für *Fortuna respiciens* und *Apollo Pythius*. HS 525 Nr. 368. 369). Aber bald darauf muß der Befehl aus der Provinzhauptstadt Mainz/*Mogontiacum* eingetroffen sein: die Garnisonen des Odenwald-Neckarlimes um etwa 30 km nach Osten vorzuverlegen in die Linie Miltenberg am Main – Walldürn – Osterburken – Jagsthausen – Öhringen – Mainhardt – Murrhardt – Welzheim – Lorch. Eine im Kastell Jagsthausen gefundene Bauinschrift (HS 646 Nr. 449) aus der Zeit des Antoninus Pius (138–161 n. Chr.) beweist, daß noch zu dessen Regierungszeit diese *Abb. 138* letzte Grenzkorrektur in Obergermanien erfolgt sein muß (= Obergermanischer Limes. *S. 363 ff* Strecken 7–9).

Vor den Kastellen errichteten Pionierabteilungen eine schnurgerade Palisade über Berge und Täler ohne Rücksicht auf das Gelände und hinter der Palisade Wachttürme aus Stein in Abständen von 400 bis 600 m, wie sie von den Reliefs der Trajanssäule bekannt sind. Für die Lage der Wachttürme wurden Höhen und Talränder bevorzugt, so daß die Turmbesatzungen (4–5 Mann) Sichtverbindung untereinander hatten, um Meldungen mit Rauch-, Feuer- oder Hornsignalen von Turm zu Turm bis zum nächsten Auxiliarkastell weitergeben zu können – eine Art der Nachrichtenübermittlung, wie sie die zeitgenössischen Reliefs der Mark-Aurel-Säule zeigen. Beim Vermessen des Limes, der von *S. 370 ff* Walldürn bis zum Haghof (südlich Welzheim) 80 km schnurgerade durch das Gelände verläuft, werden wohl zunächst die Wachttürme auf den Höhen durch Rauch- und Feu-

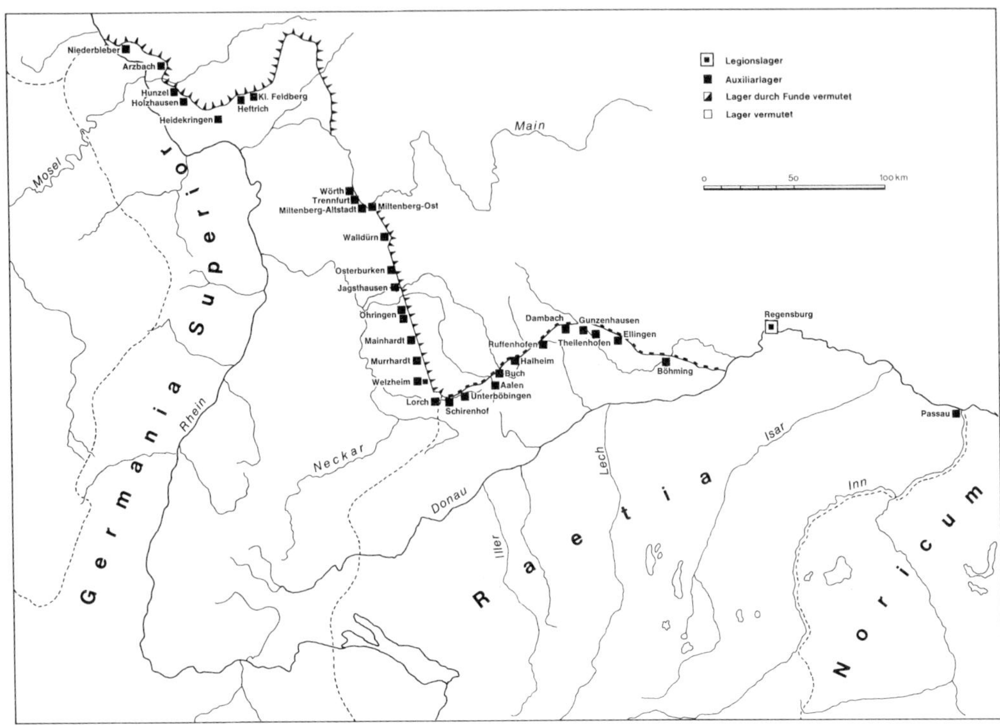

Abb. 19 Im 2. Jh. n. Chr. angelegte römische Kastelle

ersignale eingemessen und erst später die Zwischenstücke in den Tälern eingefluchtet worden sein. Der geradlinige Grenzverlauf erleichterte das Überwachen der Grenze und gestattete eine bessere Kontrolle des Waren- und Grenzverkehrs an den Grenzübergän-S. 391 ff gen. Vom Haghof bis Lorch paßte sich der Limes dem Gelände an.

Die Limeslinie vom Main bis ins Remstal überwachten die Besatzungen von 8 Kohortenkastellen, 9 Kleinkastellen und 267 Wachttürmen. Eine Übersicht mag die Truppenverschiebung um 150 n. Chr. vom Odenwald-Neckarlimes zum vorderen Limes verdeutlichen.

Früherer Standort	Gemeinsame Truppe	Späterer Standort
Köngen 2,4 ha	*cohors quingenaria equitata*	Lorch 2,5 ha
Cannstatt 3,7 ha	wahrscheinlich *ala I Scubulorum*	Welzheim West 4,2 ha (Ost 1,6 ha)

Benningen 2,2 ha	*cohors XXIV voluntariorum civium Romanorum*	Murrhardt 2,2 ha
Walheim 2,1 ha	*cohors I Asturum equitata*	Mainhardt 2,4 ha
Heilbronn-Böckingen 2 ha	*cohors I Helvetiorum*	Öhringen Bürgkastell (West) 2,4 ha Rendelkastell (Ost) 2,2 ha
Wimpfen ha ?	*cohors I Germanorum (equitata) civium Romanorum*	Jagsthausen 2,8 ha
Neckarburken 2,2 ha	*cohors III Aquitanorum equitata civium Romanorum*	Osterburken 2,1 ha
Oberscheidental 2,1 ha	*cohors I Sequanorum et Rauracorum equitata*	Miltenberg-Altstadt 2,7 ha

Verstärkung des Limes durch Wall und Graben

Die Bedrohung der Reichsgrenze durch die Markomannen und Alamannen war sehr wahrscheinlich die Ursache für eine Verstärkung der Grenzbefestigung am Ende des 2. oder zu Anfang des 3. Jahrhunderts n. Chr.: Hinter der Palisade wurde ein paralleler, etwa 2 m tiefer und 7 m breiter Graben ausgehoben (Grabenmittellinie etwa 5–6 m hinter der Palisade) und mit der dabei anfallenden Erde ein Wall hinter dem Graben aufgeschüttet, so daß ein Angreifer – wie bei der Lagerumwehrung – Palisade, Graben und *S. 68*
Wall zu überwinden hatte. Von Jagsthausen bis nördlich Osterburken ersetzte später eine Mauer als lokale Besonderheit den Wall und Graben und verband, wie die rätische Mauer, die Steintürme untereinander.

Der rätische Limes von Schirenhof bis Passau

Die Nordgrenze Rätiens war ebenfalls zur Zeit des Antoninus Pius, aber sehr wahrscheinlich einige Jahre vor dem Bau des vorderen obergermanischen Limes, auf den Nordhang des Remstales vorverlegt worden (= Rätischer Limes. Strecken 12–15). Im *S. 394 ff*
Remstal schlossen an das obergermanische Kastell Lorch die rätischen Kastelle an: Schirenhof – Böbingen – Aalen – Buch – Halheim – Ruffenhofen – Dambach – Theilenhofen/*Iciniacum* – Weißenburg/*Biriciana*. Der Ausbau in Stein zur Zeit des Antoninus Pius ist inschriftlich bezeugt für die Kastelle Gnotzheim/*Mediana* (144 n. Chr.),

Pfünz/*Vetoniana*, Kösching/*Germanicum* (141 n. Chr.), Pförring/*Celeusum* (141 n. Chr.) und Eining/*Abusina* (zwischen 139 und 161 n. Chr.). Die Donaukastelle Regensburg/Kumpfmühl, Straubing/*Sorviodurum*, Steinkirchen und Künzing/*Quintana* dürften damals ebenfalls in Stein ausgebaut worden sein; Kastell Passau (Altstadt)/*Batavis* ist eine Neugründung der *cohors IX equitata Batavorum milliaria exploratorum* um 140 n. Chr.

Von Schwäbisch Gmünd bis zum Kocher ist der Limes unter Berücksichtigung des Geländes „mit längeren, geraden Abschnitten polygonal" abgesteckt; er umschließt östlich der Jagst in weitem Bogen den Hesselberg und das Nördlinger Ries, erreicht bei Gunzenhausen den nördlichsten Punkt und strebt, das mittlere Altmühltal umfassend, der Donau zu, die er nördlich Eining erreicht.

Der rätische Limes bei Dalkingen

S. 595 ff Die Ausgrabung der Feldwache am Limes bei Dalkingen nördlich des Kastells Buch hat ergeben, daß sehr wahrscheinlich in hadrianischer Zeit als Limes ein Holzzaun mit Holzwachttürmen existierte. Den Holzzaun ersetzte später eine Palisade, an die eine Feldwache (nicht vor 140 n. Chr.) angebaut wurde: ein 13,3 m x 14,5 m großer Holzbau mit Eingang auf der Südseite und mit einem beiderseits von je drei (4 m x 3,5 m) Räumen flankierten Mittelgang. Aufgabe der wahrscheinlich von Kastell Buch abkommandierten Besatzung dürfte es gewesen sein, einen eventuell westlich gelegenen Limesdurchgang zu überwachen. In der 3. Bauphase wurde östlich des Holzbaues ein 5 m x 4,8 m großer Steinturm errichtet, zu dem möglicherweise eine weiter nördlich liegende Palisade gehört haben könnte; das Gelände ist noch nicht untersucht. Der Steinturm wurde beim Bau der Mauer abgebrochen und anstelle des Holzbaues nach 169 n. Chr. eine 12,6 m x *Abb. 283–285* 9,3 m große Toranlage aus Stein erbaut, deren Nordeingang links und rechts je ein Raum mit der Grundfläche eines Turmes flankierte.

Ganz allgemein kann gesagt werden, daß die Bauphasen des rätischen Limes – abgesehen von lokalen, geländebedingten Variationen – im großen und ganzen die gleichen sind wie *Abb. 197, Abb. 199* die des obergermanischen Limes: 1. Postenweg mit Holztürmen. – 2. Bau einer Palisade entlang des Postenweges in hadrianischer Zeit (um 120 n. Chr.). – 3. Ersatz der Holztürme durch Steintürme in der 2. Hälfte des 2. Jahrhunderts n. Chr. – 4. Bau einer *Abb. 282* Mauer anstelle der Palisade am Ende des 2. oder am Anfang des 3. Jahrhunderts n. Chr. als Verbindung der Wachttürme. Etwa zur gleichen Zeit wurden am obergermanischen Limes Graben und Wall angelegt. Ein genaues Datum für diese Maßnahmen gilt es noch zu ermitteln.

Als die Palisade streckenweise baufällig geworden war, hat man sie durch einen hölzernen Flechtzaun geflickt. Dieser provisorische Flechtwerkzaun ist an der Limesstrecke von Gunzenhausen bis Weißenburg nachweislich jünger als die Steintürme. Von der Altmühl bis zur Donau liegen die Kastelle weit hinter der Limeslinie.

Limesstrecke Schirenhof–Aalen

Als letzter Abschnitt des rätischen Limes wurde die Strecke von Schwäbisch Gmünd bis Aalen um die Mitte des 2. Jahrhunderts n. Chr. angelegt. Wenn auch durch Ausgrabungen noch manche Frage zu beantworten sein wird, so kann doch gesagt werden, daß von Anfang an vor den Wachttürmen die Palisade bestand, alle Holzwachttürme in der 2. Hälfte des 2. Jahrhunderts n. Chr. durch Steintürme ersetzt wurden und als letzte Ausbauphase die etwa 2 bis 3 m hohe Mauer zu Ende des 2. oder am Anfang des 3. Jahrhunderts n. Chr. gebaut wurde. Die rätische Mauer nahm ihren Anfang im Rotenbachtal, westlich Schwäbisch Gmünd. Sie ist heute noch streckenweit als Schuttwall im Gelände zu erkennen; in zahlreichen Orts- und Flurnamen hat sich der Name „Pfahl" erhalten. Der Volksmund nennt sie „Teufelsmauer". *Abb. 193–196*

Germanen bedrohen die Reichsgrenze

Völkerbewegungen in Skandinavien und Dänemark übertrugen sich in den sechziger Jahren des 2. Jahrhunderts n. Chr. wellenförmig auf die germanischen Stämme: Scharen von Langobarden und Obiern verließen das Gebiet an der unteren Elbe und kamen mit den Markomannen in Berührung; Goten zogen aus dem Küstengebiet zwischen Oder und Weichsel nach Süden und Südosten; Chatten fielen im Jahre 162 n. Chr. in Obergermanien und Rätien ein – der Statthalter von Obergermanien, C. Aufidius Victorinus, hat sie wieder vertrieben. Rätien scheint damals kaum betroffen worden zu sein, da im gleichen Jahr Truppen von Rätien (*ala I Hispanorum Auriana*) und Pannonien in den Partherkrieg (162–166 n. Chr.) abkommandiert wurden.

Am Donaulimes konnten die Germanenstämme so lange hingehalten werden, bis die Truppen aus dem Partherkrieg in ihre Garnisonen zurückgekehrt waren. Aber die Heimkehrer brachten aus Mesopotamien die Pest mit (Flecktyphus ? Beulenpest ?) und starben in Massen; die Pest dezimierte das Heer. Marc Aurel ließ Sklaven zum Kriegsdienst ausheben und Gladiatoren bewaffnen, um die Lücken zu schließen. Die Germanen erkannten die Not der Römer und setzten über die Donau: Markomannen, Quaden, Naristen, Jazygen überrannten das Grenzheer in Noricum und Pannonien. Der Hauptstoß traf das Wiener Becken: auf den gut ausgebauten römischen Straßen zogen die Markomannen sengend und brennend durch das Burgenland, die Steiermark und Krain nach Italien, belagerten Aquileia, zerstörten *Opitergium*/ Oderzo und bedrohten Verona (167 n. Chr.).

Tafel 18/14 Zur Verteidigung Italiens ließ Kaiser Marc Aurel eilends zwei neue Legionen in Italien ausheben (*legio II Italica* und *legio III Italica concors*) und ein Sonderkommando „Zum Schutze Italiens und der Alpenpässe" (*praetentura Italiae et Alpium*) unter dem Oberbefehl von Q. Antistius Adventus aufstellen. Hauptquartier der Verteidigungsarmee wurde Aquileia an der Adria. Rätien scheint bis 167/168 n. Chr. von dem Germanensturm verschont geblieben zu sein.

Im gleichen Jahr (169 n. Chr.), in dem M. Didius Severus Iulianus, Kommandeur der Mainzer *legio XXII primigenia* (der spätere Kaiser Iulianus) die erneut anstürmenden Chatten am Main- und Rheinlimes zurückwies, eröffnete Marc Aurel mit dem römischen Heer von Italien aus die Gegenoffensive und vertrieb die Eindringlinge aus Italien und Pannonien. P. Helvius Pertinax (der spätere Kaiser Pertinax) säuberte mit der *legio II Italica* und der *legio III Italica concors* (172 n. Chr.) Noricum und Rätien von den Markomannen; Marc Aurel überschritt mit seinem Heer die Donau (172 n. Chr.) und unterwarf Markomannen, Quaden und Jazygen. Die Pläne des Kaisers Augustus wur-
S. 36 den noch einmal aktuell: Marc Aurel beabsichtigte, Böhmen und Mähren als *Provincia Marcomannia* und das Gebiet zwischen Donau und Theiß als *Provincia Sarmatia* zu gewinnen. Aber wie im Jahre 6 n. Chr. der pannonische Aufstand Tiberius zur Umkehr aus Böhmen zwang, so vereitelte im Jahre 175 n. Chr. die Erhebung des Avidius Cassius, Statthalter des Ostens, die Pläne des Kaisers. Marc Aurel mußte mit den Markomannen Frieden schließen und Truppen zur Bekämpfung des Avidius Cassius nach Syrien schikken. Als im Jahre 177 n. Chr. die Kämpfe mit den Markomannen wieder aufflackerten, überschritten Marc Aurel und sein Sohn Commodus erneut mit dem römischen Heer die Donau; dem Feldherrn Tarrutenius Paternus gelang 179 n. Chr. ein entscheidender Sieg über Markomannen und Quaden; aber Marc Aurel erkrankte an der Pest und starb am
Tafel 18/15 17. März 180 n. Chr. im Feldlager, im Legionslager *Vindobona*/ Wien. Kaiser Commodus (180–192 n. Chr.) schloß mit den Markomannen Frieden und verzichtete auf jede neue Provinzgründung nördlich der Donau. Die Donau wurde wieder römische Reichsgrenze.

Sicherung der Donaufront in Noricum und Rätien. Markomannenkriege

Zum Schutze der mittleren Donaufront bezog in Noricum die *legio II Italica* 180/181 n. Chr. das neu angelegte Lager *Lauriacum*/ Lorch an der Enns. In Rätien war gegenüber der Mündung der Regen in die Donau 179/180 n. Chr. das Lager *Castra Regina*/ Regensburg für die *legio III Italica concors* bezugsfertig geworden. Das Lager hatte seinen Namen nach dem Flüßchen Regen /*Reganus;* der Name der alten vindelikischen Siedlung war Radasbona. Die am rechten Lagertor (*porta principalis dextra*) in Regensburg gefundene Bauinschrift nennt Marcus Helvius Clemens Dextrianus als Legionskommandeur (*legatus Augusti pro praetore*). Wie in allen Provinzen, in denen nur eine Legion stand, war der Legionskommandeur zugleich auch Provinzstatthalter mit Amtssitz in der Provinzhauptstadt. Auch der Leiter der provinzialen Finanzverwaltung (*procurator*) amtierte in der Provinzhauptstadt Augsburg/*Augusta Vindelicum.* M. Helvius Clemens Dextrianus war später Statthalter von Obergermanien und residierte in Mainz/*Mogontiacum.* Eine in Öhringen/*vicus Aurelianus* gefundene Inschrift berichtet, daß zur Zeit seiner Statthalterschaft, im Jahre 187 n. Chr., in Öhringen eine Wasserleitung gebaut wurde. Das Andenken des in der Öhringer Inschrift erwähnten Kaisers Commodus wurde nach seiner Ermordung – sein Sklave Narcissus erwürgte ihn in der Silvesternacht 192 n. Chr. im Bade – verflucht (*damnatio memoriae*) und sein Name auf allen Inschriften im römischen Reich ausgelöscht, so auch auf der Inschrift in Öhringen (HS 634 Nr. 508).

Auf dem Kapitolsplatz in Rom steht noch heute das 164/166 n. Chr. aus Bronze gegossene, vergoldete Reiterstandbild Marc Aurels. Die Reliefs der im Jahre 193 n. Chr. fertiggestellten, 100 Fuß (29,77 m) hohen Marc-Aurel-Säule auf der Piazza Colonna aus carrarischem Marmor, in deren Sockel die Asche des Kaisers beigesetzt war, zeigen die Ereignisse der Kriege gegen Markomannen, Quaden und Jazygen. Von dem Legionslager *Castra Regina*/Regensburg ist das Nordtor zur Donau (*porta praetoria,* Ausfallstor) mit einer Toröffnung von 4 m Breite und 5,80 m Höhe und einem Turmrest von 11 m Höhe erhalten.

Während der Markomannenkriege wurden die Kastelle Regensburg-Kumpfmühl, Böhming, Pfünz und sehr wahrscheinlich auch Eining, Weißenburg und Dambach zerstört. In Rätien sind bis jetzt fünf Münzschatzfunde der sechziger/siebziger Jahre und von Augsburg und Baden a. d. Limmat/*Aquae Helveticae* Schuttschichten der 2. Hälfte

Abb. 20a: Von den Truppen Marc Aurels 176 nChr im Kampf gegen Markomannen und Quaden erbeutetes Kriegsgerät: Panzer, Schilde, Standarte, Speere, Kriegstrompeten. Im Abschnitt: DE GERM(anis) Sieg über die Germanen; b: Julia Domna (gest. 217 nChr), Gemahlin des Septimius Severus; c: Adler (aquila) zwischen zwei Feldzeichen der Straßburger Legio VIII Augusta, die sofort für Septimius Severus votierte. Die Goldmünze (aureus) wurde wahrscheinlich als Geschenk (Donativ) des Soldatenkaisers für die Truppe 193/194 nChr geprägt

des 2. Jahrhunderts n. Chr. bekannt geworden. Es hat den Anschein, als sei damals auch
S. 535 ff die Nachfolgesiedlung des Lagerdorfes des Kastells Sulz am Neckar, Kr. Rottweil von den Kriegshandlungen betroffen worden; jedenfalls wurden die Häuser zur Zeit Marc Aurels niedergebrannt und die Brunnen der Siedlung zugeschüttet; in den Zerstörungszonen lagen Pfeil- und Lanzenspitzen. Für eine exakte Aussage reichen die bisherigen Forschungsergebnisse aus der Zeit der Markomannenkriege allerdings noch nicht aus.

Die Alamannen am Limes

Die einmal in Bewegung geratenen germanischen Stämme kamen nicht wieder zur Ruhe: Von den Goten bedrängt, verwickelten die Burgunder die benachbarten Semnonen in heftige Kämpfe. Tiberius hatte die Semnonen auf seinem Feldzug im Jahre 5 n. Chr. im Gebiet der mittleren Elbe kennengelernt, wo ihn ein Aufgebot von Semnonen und Hermunduren in der Gegend von Magdeburg am Überschreiten der Elbe hindern sollte. Velleius Paterculus, der als Reiteroberst (*praefectus equitum*) im Heer des Tiberius den Feldzug mitmachte, schildert als Augenzeuge eine Episode an der Elbe: Ein Häuptling der Germanen sei in einem Einbaum über die Elbe gerudert und habe um Erlaubnis gebeten, Tiberius und das römische Heer sehen zu dürfen, was man ihm gewährte; tief beeindruckt von der römischen Heeresmacht sei er in seinem Einbaum zu seinen Landsleuten auf das rechte Elbufer zurückgerudert (Velleius 2, 105–107).
Die Semnonen mußten schließlich den Burgundern weichen; sie zogen in südwestlicher Richtung durch das Gebiet der Hermunduren, die sich ihnen teils zugesellt haben mögen und gelangten in die Gegend des Mains – und an die römische Reichsgrenze (*limes*). Die römischen Grenzwachen meldeten im Jahre 213 n. Chr. das Auftauchen „alamannischer" Reitergeschwader am Limes (Aurelius Victor, Caesares 21, 2). Asinius Quadratus, ein jüngerer Zeitgenosse des Geschichtsschreibers Dio Cassius, bezeichnete die „Alamannen" als ein „zusammengelaufenes und gemischtes Volk" (*Alamanni homines sunt forte congressi et inter se conmixti.* Agathias, Hist. 1, 6). Die „Semnonen-Alamannen" waren Sweben und gehörten zu den Westgermanen.

Kaiser Caracalla in Rätien

Tafel 18/17 In Rom erkannte man die Invasionsgefahr für das Limesgebiet, den verwundbarsten Abschnitt der römischen Reichsgrenze im Norden. Kaiser Caracalla kam Ende 212 n. Chr. oder anfangs 213 n. Chr. von Rom über Gallien nach Rätien, um mit einem großen Heer gegen die Alamannen zu Felde zu ziehen. Den Kern dieser Angriffsarmee bildeten Truppen Obergermaniens und Rätiens; hinzu kamen Abteilungen (*vexillationes*) vermutlich aller Legionen Europas (nachweislich der *legio II adiutrix* von *Aquincum*/ Budapest); die *legio II Traiana* in Ägypten hatte ebenfalls Marschbefehl nach Rätien erhalten. Am 11. August 213 n. Chr. überschritt Caracalla mit dem römischen Heer den rätischen Limes (*per limitem Raetiae ad hostes extirpandos barbarorum terram introiturus est.* Acta fratrum Arvalium bei Dessau 451). Der Bereitstellungsraum für diesen Feldzug kann bei dem Reiterkastell Aalen vermutet werden: der Kommandeur (*praefectus*) der 1000 Reiter starken Aalener Einheit (*ala II Flavia milliaria*) war als ranghöchster Offizier der Provinz Rätien Abschnittskommandant im Bereich des größten Reiterkastells am gesamten obergermanisch-rätischen Limes. Für den Besuch des Kaisers im Raume Aalen–Faimingen gibt es zwei weitere Argumente: 1. Nach Dio Cassius hat Caracalla den keltischen Heil- und Gesundheitsgott Apollo Grannus um Heilung seiner Leiden angerufen (Dio Cassius, Hist. 77, 15. 6); es ist daher mit großer Wahrscheinlichkeit anzunehmen, daß Caracalla während seines Aufenthaltes in Rätien den in weitem Umkreis als Wallfahrtsort bekannten Apollo-Grannus-Tempel in Faimingen/*Ponione* besuchte, um von Apollo Grannus Linderung seiner Leiden zu erbitten. – 2. Die am Limestor bei *Abb. 286* Dalkingen ausgegrabenen Bruchstücke einer überlebensgroßen Kaiserstatue im Solda- *Tafel 15b* tenpanzer aus Bronze sind in den Anfang des 3. Jahrhunderts n. Chr. zu datieren. Die Fragmente können somit zu einer Statue des Kaisers Caracalla gehören, die eventuell zur Erinnerung an den Grenzübergang des kaiserlichen Heeres im Jahre 213 n. Chr. an dem *Abb. 283–285* prunkvoll ausgestatteten Limestor aufgestellt worden sein könnte. Das Limestor bei Dalkingen – das bis jetzt einzige Steintor am obergermanisch-rätischen Limes – betont die Bedeutung des Grenzüberganges einer wichtigen, aus Germanien in die römische Provinz Rätien führenden Nord-Süd-Straße. Es besteht durchaus die Möglichkeit, daß Caracalla mit seinem Expeditionsheer auf dieser Straße nach Norden marschierte; jedenfalls wird überliefert, Caracalla habe nach Überschreiten des rätischen Limes „Die Alamannen . . . in der Nähe des Mains besiegt“ (*Alamannos . . . prope Moenum amnem devicit.* Aurelius Victor, Caes. 21, 2). Der Sieg des Kaisers war am 6. Oktober in Rom bekannt (Acta fratrum Arvalium, CIL 6, 2086).

Caracalla in Baden-Baden

Eine in Meimsheim, Kr. Heilbronn gefundene Ehreninschrift für Caracalla und seine Mutter Iulia Domna wurde „wegen des Sieges über die Germanen“ (*ob victoriam Germanicam* HS S. 506 Nr. 358) wahrscheinlich noch im Jahre 213 n. Chr. aufgestellt. Caracalla nahm den Titel *Germanicus maximus* an (*„grösster Sieger über die Germanen“*). Auf der Rückreise nach Italien besuchte er wahrscheinlich Baden-Baden/*Aquae*, wo er *S. 215 ff* das Badegebäude wieder herstellen ließ (CIL 13, 6301. 6312) und der Gemeinde den Namen *Civitas Aurelia Aquensis* verlieh (CIL 13, 9113).

Erneuerung der Grenzschutzanlagen und Straßen

Den Ausbau des Straßennetzes im Limesgebiet nach 213 n. Chr. bezeugen an den Straßen aufgestellte Meilensteine als „Wegeschilder mit Entfernungsangaben" (CIL 13, 9116 etc.). Inschriften berichten von Instandsetzungsarbeiten und dem Ausbau der Limeskastelle (CIL 13, 7616. 7465a). Die Modernisierung der Grenzverteidigungsanlagen wurde forciert, als zu Beginn der Regierung des Severus Alexander (222–235 n. Chr.) erneut Bewegungen der Germanen den Limes bedrohten (CIL 13, 7466. 7441a. 7612. 9105. 9118).

Tafel 28b
Tafel 18/19

Gesellschaftliche Stellung des Auxiliarsoldaten

Tafel 18/16

Für die Organisation des Grenzheeres war von Bedeutung, daß Septimius Severus (193–211 n. Chr.), der seine Herrschaft dem Militär zu danken hatte, den Soldaten erlaubte zu heiraten und während ihrer dienstfreien Zeit außerhalb des Lagers bei ihren Familien zu wohnen (Herodian 3, 8. 5). So entstand allmählich aus dem Soldaten der ortsgebundene Grenzer, der *limitaneus.*

Bis dahin konnten die Soldaten erst nach ihrer Entlassung (nach 25jähriger Dienstzeit) eine rechtsgültige Ehe eingehen. Den peregrinen Auxiliarsoldaten verlieh der Kaiser bei ihrer Entlassung (*missio honesta*) nach dem 25. Dienstjahr das römische Bürgerrecht (*civitas Romana*) und das Eherecht (*ius conubium*). Dem entlassenen Soldaten wurde eine beglaubigte Urkunde („Militärdiplom") mit der Abschrift des in Rom angeschlagenen kaiserlichen Erlasses ausgehändigt. Das Bürgerrecht erhielt auch die Frau (und deren Kinder), mit der er zusammenlebte, bzw. die Frau, die er beabsichtigte zu heiraten.

Abb. 21

Das Militärdiplom besteht aus zwei Bronzetafeln, die an einer Seite je zwei Durchbohrungen besitzen, durch die sie mittels eines Bronzedrahtes aneinandergeheftet waren und buchartig aufgeklappt werden konnten. Zwei Löcher in der Querachse dienten zum Verschnüren der beiden Tafeln mit einer Schnur oder einem Draht, dessen Enden versiegelt wurden. Die Siegel bewahrte man in einer aufgelöteten Metallkapsel auf. Der Text auf den beiden Innenflächen der Bronzetafeln wird auf der Außenseite der einen Tafel in etwas kleinerer Schrift wiederholt. Auf der Außenseite der anderen Tafel sind die sieben Zeugen genannt, die ihre Siegel in der Kapsel abdrückten.

Die Militärdiplome sind wertvolle Quellen für die Kenntnis und Lokalisierung der in den Provinzen stationierten Alen und Kohorten, da sie außer der Einheit des entlassenen Soldaten auch die anderen Auxiliareinheiten der jeweiligen Provinz nennen, aus denen gleichzeitig Soldaten entlassen wurden. Es sind bisher etwa 160 Militärdiplome gefunden worden.

Tafel 18/19

Severus Alexander erweiterte die Privilegien des Grenzheeres und ließ (um 230 n. Chr.)

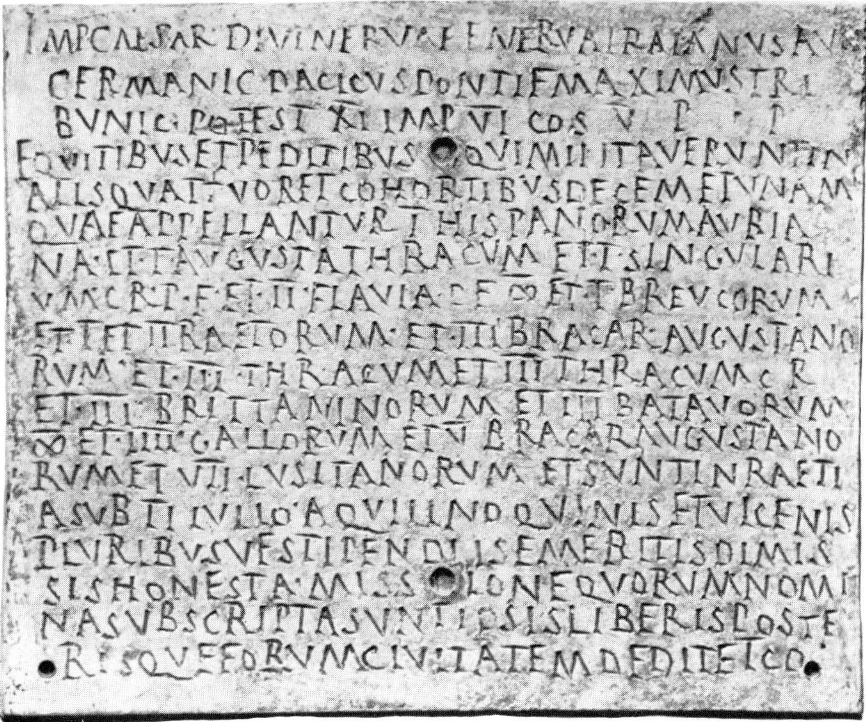

Abb. 21 Rätisches Militärdiplom vom 30. Juni 107 nChr. Bronze. H 16,3 cm. Fo Weißenburg

Offizieren und Soldaten (*limitanei duces et milites*) Grundstücke und Felder als Eigentum erblich übertragen, sofern deren Nachkommen wieder Soldaten wurden (Lampridius, Vita Alex. Severi 58, 4). Mit dieser Maßnahme hoffte der Kaiser, die Soldaten an die Scholle zu binden und ihren Verteidigungswillen für die Reichsgrenze zu stärken. Die zur Miliz gewordenen Soldaten halfen damit auch die kaiserliche Kasse zu entlasten, da sie und ihre Familien zu einem guten Teil von dem Ertrag der landwirtschaftlichen Arbeit leben konnten.

Die Alamannen überrennen 233 n. Chr. den Limes

Zur Germanengefahr im Westen kam eine Kriegsdrohung der Perser im Osten: Der Sassanidenkönig Ardeschir I erhob Anspruch auf die ehemals zum Perserreich gehörenden Gebiete was einer Kriegserklärung an Rom gleichkam. Zum Schutze der östlichen Reichsgrenze mußte Severus Alexander ein Heer zusammenziehen und nach Persien

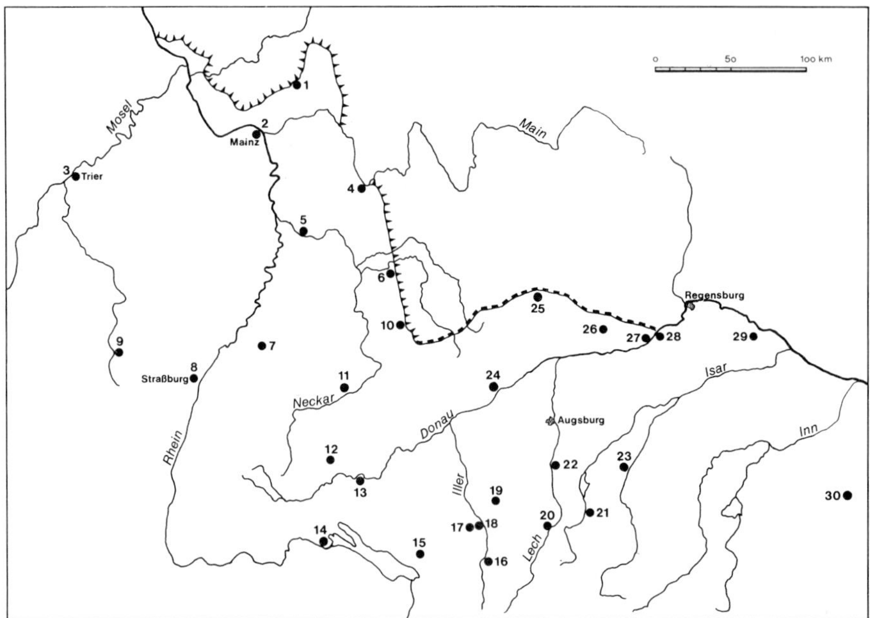

Abb. 22 Römische Münzschatzfunde aus der Zeit des Alamanneneinfalls 233 nChr (nach H. J. Kellner und R. Roeren) 1 Saalburg, 2 Mainz (Legionslager), 3 Trier, 4 Miltenberg, 5 Heidelberg-Neuenheim, 6 Öhringen, 7 Baden-Baden, 8 Straßburg, 9 Saarburg, 10 Welzheim, Rems-Murr-Kreis, 11 Einsiedel b. Tübingen, 12 Unterdigisheim-Meßstetten, Zollernalbkreis, 13 Sigmaringen, 14 Schrotzburg, Kreis Konstanz, 15 Rembrechts, Gde. Haslach, Kr. Tettnang, 16 Martinszell, Kr. Kempten, 17 Wiggensbach, Kr. Kempten, 18 Kempten, drei Schatzfunde: Spinnerei, Bühel, Speckelstraße, 19 Ronsberg, Kr. Marktoberdorf, 20 Jagstberg, Kr. Schongau, 21 Marnbach, Kr. Weilheim/Obb., 22 Haltenberg, Kr. Landsberg, 23 München-Harlaching, 24 Gundelfingen, Kr. Dillingen/Donau, 25 Dambach, Kr. Dinkelsbühl, 26 Pfünz, 27 Pförring, 28 Eining, 29 Kirchmattin b. Straubing, 30 Seewalchen am Attersee

aufbrechen. Zu dem Expeditionskorps gehörten Truppen der Rhein- und Donauarmee; bezeugt ist eine Abteilung (*vexillatio*) der *legio XXX Ulpia* aus Xanten.

Kaum waren die Truppen nach Persien abmarschiert, als prompt die Germanen an Nieder- und Mittelrhein angriffen (CIL 13, 8017. 6669; 231 n. Chr.). Am obergermanischen Limes scheint es vorläufig noch ruhig geblieben zu sein, wenn man die Bauin-
Abb. 330 schriften der Jahre 231 und 232 n. Chr. in Öhringen und Walldürn so deuten darf (CIL
S. 554 ff 13, 6541. 6592). Die Abwesenheit eines Teiles der Grenzschutzverbände reizte dann aber auch die Alamannen, die blühenden römischen Provinzen zu überfallen: Im Jahre 233 n. Chr. überrannten die Alamannen auf breiter Front den obergermanisch-rätischen Limes und stießen nach Westen bis zur Saar und Mosel und nach Süden bis zum Alpenrand vor. Der Überfall wirkte wie ein Schock auf die Bewohner Obergermaniens und
Abb. 22, 23 Rätiens; sie versteckten eiligst vor den anstürmenden Alamannen ihr Hab und Gut:

Tafel 26
a: Rottenburg. Bauinschrift mit der Nennung des „saltus Sumelocennensis"
b: Köngen. Votivinschrift gewidmet von einem Bezirksrat (decurio) von Sumelocenna

Tafel 25 (umseitig) Benningen. Römische Straße beim Rathaus

Tafel 27
a: Köngen. Votivinschrift mit der Nennung des „vicus Grinario"
b: Ettlingen. Weiheinschrift mit der Nennung einer Schiffergilde (contubernium nautarum)
Tafel 28 (umseitig)
a: Beihingen. Weihestein für Epona, die keltische Göttin der Pferde
b: Karlsruhe. Badisches Landesmuseum. Meilensteine

Geld, Schmuck, Silber-, Bronzegeschirr, Bronze- und Eisengerät. Die mit Münzen des Severus Alexander endenden Schatzfunde werden allenthalben in der Nähe der römischen Straßen gefunden, so daß sie gewissermaßen den Vormarsch der Alamannen in die römische Provinz widerspiegeln. Die Angreifer zerstörten die Kastelle Butzbach, Echzell, Altenstadt, Dambach, Pfünz, Straubing, die Feldwache bei Dalkingen und wahrscheinlich die erst 231 n. Chr. fertiggestellte, nach Severus Alexander benannte Wasserleitung *Aqua Alexandriana* (HS. S. 625 Nr. 599. 600) bei Kastell Öhringen; im Verlauf der Kampfhandlungen wurde u. a. das Legionslager Regensburg/*Castra Regina* teilweise beschädigt. Die Alamannen brandschatzten die Stadt Kempten/*Cambodunum* sowie fast alle dörflichen Siedlungen und Villen auf dem flachen Land. Die Wucht des Angriffs scheint das westliche Rätien, vor allem das Allgäu getroffen zu haben: zwischen Bodensee und Lech wurden bis jetzt neun Schatzfunde, davon allein fünf in und bei Kempten/*Cambodunum* ausgegraben; in Rembrechts, Kr. Wangen, hatte man vor den Eindringlingen außer Münzen auch Schmuck versteckt.

Marsch des römischen Heeres vom Euphrat zum Rhein

Die Nachricht vom Vorstoß der Alamannen an Rhein und Donau erreichte Severus Alexander in Antiochia in Syrien. Die Verantwortlichen der Provinz Illyrien – wo man die Verwüstungen der Markomannenkriege noch lebhaft in Erinnerung hatte und deren Wiederholung befürchtete – schilderten dem Kaiser in Briefen und Botschaften die verheerende Wirkung des Alamannenvorstoßes. Diese Nachrichten erschreckten besonders die an Rhein und Donau beheimateten Soldaten im kaiserlichen Heer; sie machten sich große Sorgen um ihre Frauen und Kinder in der Heimat, die schutzlos den Alamannen ausgeliefert waren; sie forderten den Kaiser auf, sofort gegen die Eindringlinge vorzugehen. Severus Alexander, der sich auch um Italien sorgte, ließ das Euphratufer durch Kastelle sichern und brach mit einem Teil der Soldaten von Syrien an den Rhein auf. Die durchschnittliche Marschleistung des geschlossenen Verbandes betrug ungefähr 20 km am Tag. Wie man sich die Soldaten auf dem Marsch vorzustellen hat, zeigen die Reliefs der Trajanssäule in Rom: sie tragen über der linken Schulter an einer Stange (*furca*) ein Gepäckbündel (*sarcina*) mit Koch-, Eß- und Trinkgeschirr (*vasa*) und dem eisernen Vorrat. Gelegentlich mußten zusätzlich auch Schanzpfähle mitgeführt werden.
Marius (156–86 v. Chr.) hat die Gesamtlast des Marschgepäckes (*sarcina,* Waffen und Gerät) auf etwa 30 kg festgelegt. Eine Maßnahme, die dem römischen Legionar den Spitznamen *mulus marianus* (marianischer Maulesel) einbrachte. In der Kaiserzeit dürfte das Marschgepäck etwa 20 kg schwer gewesen sein.
Das schwere Gepäck (Zelte, Lagergeräte, Waffen, Werkzeuge, Vorräte, Offiziersgepäck etc.) wurde von Pferden und Mauleseln (*iumenta*) im Troß (*impedimenta*) unter der Aufsicht von Troßknechten (*calones*) befördert. Jeder Zeltgemeinschaft (*contubernium,*

8–10 Mann) stand ein Tragtier zur Verfügung (C. Cichorius, Trajanssäule Taf. 7, 12–14).

Anfangs 235 n. Chr. ließ Severus Alexander bei Mainz/*Mogontiacum* eine große Angriffsarmee bereitstellen, zu der nachweislich gehörten: Teile der *legio VII gemina* aus Spanien, der *legio II Parthica* aus Rom, der *legio IV Flavia* aus Pannonien sowie Päonier, osrhoenische Bogenschützen, Mauren, Perser. Mit dieser Armee überschritt Severus Alexander den Rhein. Es kam zu wiederholten Gefechten mit den Alamannen; des Krieges müde, kehrte der Kaiser auf das linke Rheinufer zurück und verhandelte mit den Germanen. Das löste eine Militärrevolte aus; die Soldaten ermordeten Severus Alexander und seine Mutter Julia Mamaea am 18. oder 19. März 235 n. Chr. in der Nähe von
Tafel 18/20 Mainz/*Mogontiacum* und riefen Maximinus Thrax zum Kaiser aus (Herodian VI 7, 2–10. Scriptores Historiae Augustae XVIII 59, 1–5; 61, 3–6).

Maximinus Thrax, der Soldatenkaiser, vertreibt die Alamannen

Im Frühling 236 n. Chr. eröffnete Maximinus Thrax (235–238 n. Chr.) die von den Soldaten geforderte Gegenoffensive über den Rhein bei Mainz. Er vertrieb die Alamannen aus dem Limesgebiet und ließ die zerstörten Kastelle wieder aufbauen (Feldberg, Saalburg, Kapersburg, Butzbach, Echzell, Öhringen/Ost u. a.); er nahm den Titel *Germanicus maximus* an.

Abb. 305 In Cannstatt wurde am Wilhelmsplatz der Grabstein von zwei persischen Panzerreitern gefunden, die im Heer des Maximinus Thrax gegen die Alamannen kämpften: Aurelius Saluda und Aurelius Regrethus waren Brüder; sie hatten unter Caracalla im Jahre 212 n. Chr. durch die *Constitutio Antoniniana* das römische Bürgerrecht erhalten (worauf der Name *Aurelius* hinweist); sie waren in ihrer Heimat in die *ala nova Firma milliaria catafractaria,* deren Pferde und Reiter gepanzert waren, eingetreten und waren im Heer des Severus Alexander 234 n. Chr. aus Persien an den Rhein gekommen. Bei der Gegenoffensive 236 n. Chr. sind sie wahrscheinlich in einer Schlacht gegen die Alamannen bei Cannstatt gefallen. Ihr Bruder Aurelius Aurelianus Abdetathus, der wahrscheinlich mit ihnen in das römische Heer eingetreten war, ließ ihnen als Erbe einen Grabstein in Cannstatt, fern ihrer persischen Heimat aufstellen.

Noch vor Einbruch des Winters 236 n. Chr. marschierte Maximinus Thrax mit seinen Truppen nach Sirmium/Mitrowitz (*Pannonia inferior*) an der Sawe, von wo aus er Sarmaten und Jazygen besiegte; daraufhin ließ er sich *Sarmaticus* und *Dacicus* nennen.

In Afrika war man mit dem Soldatenkaiser Maximinus Thrax keineswegs einverstanden und erhob im März 238 n Chr. Gordian I zum Gegenkaiser, der seinen Sohn Gordian II zum Mitregenten ernannte. Aber der Statthalter von Numidien, Capellianus, hielt Maximinus Thrax die Treue und besiegte die Truppen der Usurpatoren: Gordian II fiel in der Schlacht, Gordian I endete durch Selbstmord. Daraufhin wählte der Senat die beiden Senatoren Balbinus und Pupienus zu Gegenkaisern; diese ernannten Gordian III zum Cäsar.

Den Kampf um die Macht mit den Senatskaisern mußte Maximinus Thrax in Italien bestehen. Bereits bei der Belagerung von Aquileia ereilte ihn das gleiche Schicksal wie seinen Vorgänger: die eigenen Soldaten erschlugen ihn. Genauso erging es seinen Gegnern: Die Prätorianer ermordeten im Juli 238 n. Chr. Balbinus und Pupienus und machten Gordian III zum Kaiser (238–244 n. Chr.). *Tafel 18/21*

Entweder waren es die Machtkämpfe der Thronprätendenten im Innern oder die Einfälle der Perser im Osten des Reiches, die regelmäßig der Rhein- und Donauarmee Kampfverbände abverlangten und damit die Verteidigungskraft des Grenzheeres erheblich schwächten. Die Germanen wußten diese Gelegenheiten jedesmal für Überfälle in die Provinz zu nutzen, so auch als Gordian III gegen die 241 n. Chr. in Mesopotamien eingefallenen Perser kämpfte: vermutlich um 242 n. Chr. durchbrachen die Alamannen den rätischen Limes im Osten Bayerns – worauf Münzschatzfunde hinweisen – und zerstörten die Kastelle Gunzenhausen, Kösching und Künzing. Während im Chiemgau die Inschriftensteine mit dem Jahr 241 n. Chr. aufhören, bezeugen Meilensteine aus der Zeit des Kaisers Philippus Arabs (244–249 n. Chr. CIL 13, 9100 Ladenburg; 9108 Heidelberg; Friolzheim) und des Kaisers Decius (249–251 n. Chr. CIL 13, 9101. 9102 Ladenburg; 9109. 9110 Heidelberg; 9123 Friedberg; 9126 Wiesbaden) die Fortsetzung der unter Gordian III begonnenen Bauarbeiten am Straßennetz im Limesgebiet. In Seligenstadt, Jagsthausen, Osterburken, Kapersburg und Niederbieber stellte man nach 242 n. Chr. Altäre auf (CIL 13, 6658. 249 n. Chr.; 6552. 248 n. Chr.; 6566. 244/249 n. Chr.; 7440. 250 n. Chr.; 7754. 246 n. Chr.). In Jagsthausen wurde 244/249 n. Chr. das Bad erneuert (CIL 13, 6562). *S. 316* Selbst noch zu Beginn der Regierung des Valerianus (253–260 n. Chr.) zeugen Meilensteine von Straßenbauarbeiten rechts des Rheines (CIL 13, 9103 Ladenburg; 9111 Heidelberg). Aber dann brach das Verhängnis über den obergermanisch-rätischen Limes herein.

Kaiser Decius fällt in der Schlacht gegen die Goten. Soldatenkaiser lösen sich ab

Kaiser Decius (249–251 n. Chr.) fiel im Juni 251 n. Chr. in der Schlacht bei Abrittus gegen die über die untere Donau nach Mösien eingefallenen Goten. *Tafel 19/23* Die Donaulegionen wählten Trebonianus Gallus (251–253 n. Chr.) zu seinem Nachfolger. *Tafel 19/24* Aber bereits zwei Jahre später (253 n. Chr.) korrigierten die an der Donaufront gegen die Goten eingesetzten Legionen diese Schilderhebung und entschieden sich für den Statthalter von Niedermösien (*Moesia inferior*) Aemilius Aemilianus als Gegenkaiser. *Tafel 19/25* Zur Bekämpfung des Ri-

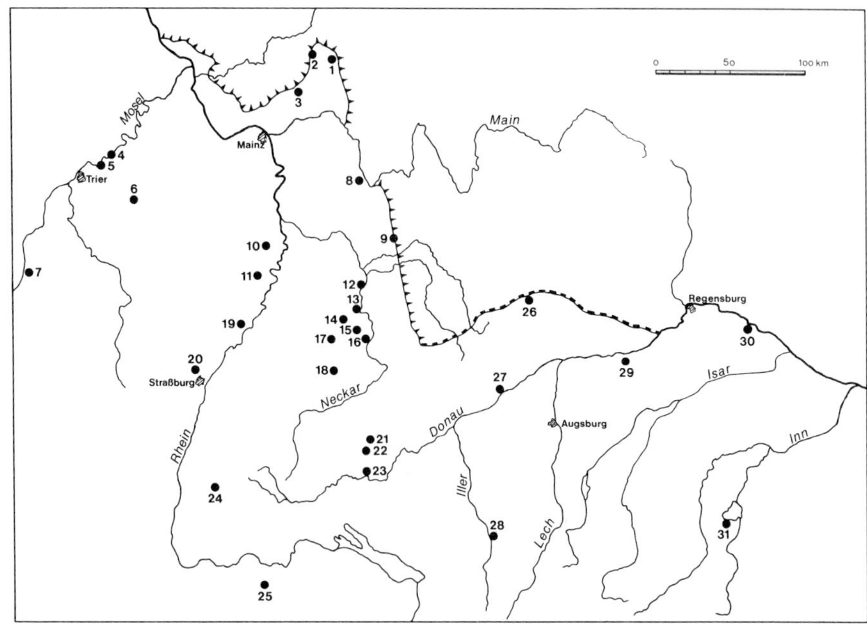

Abb. 23 Römische Schatzfunde aus der Zeit der Alamanneneinfälle 233–260 nChr: Schmuck, Bronzegeschirr, Eisengeräte etc. (nach R. Roeren) 1 Gettenau, Kr. Büdingen, 2 Butzbach, Kr. Friedberg, 3 Kastell Saalburg, 4 Filzen a. d. Mosel, Kr. Bernkastel, 5 Detzem a. d. Mosel, Kr. Trier, 6 Dienstweiler, Kr. Birkenfeld, 7 Metz-Queulieu, 8 Kleinheubach, Kr. Miltenberg, 9 Osterburken, Odenwaldkreis, 10 Geinsheim-Böbingen, Kr. Neustadt/Weinstr., 11 Rheinzabern, Kr. Germersheim, 12 Heilbronn-Böckingen, 13 Walheim, Kr. Ludwigsburg, 14 Illingen, Enzkreis, 15 Aichholzhof, Gde. Markgröningen, Kr. Ludwigsburg, 16 Kornwestheim, Kr. Ludwigsburg, 17 Rutesheim, Kr. Böblingen, 18 Ehningen, Kr. Böblingen, 19 Seltz (Elsaß – 2 Schatzfunde), 20 Mundolsheim (Elsaß), 21 Wilsingen, Kr. Reutlingen, 22 Hettingen, Kr. Sigmaringen, 23 Sigmaringen, 24 Waldkirch, Kr. Emmendingen, 25 Wettingen (Schweiz), 26 Dambach, Kr. Dinkelsbühl, 27 Faimingen, Kr. Dillingen, 28 Kempten (2 Schatzfunde), 29 Manching (4 Schatzfunde), 30 Straubing, 31 Bernau am Chiemsee, Kr. Rosenheim

valen beauftragte Kaiser Gallus seinen Feldherrn P. Licinius Valerianus, in Rätien einen Kampfverband mit Truppen aus den beiden germanischen Provinzen, aus Rätien und Noricum zusammenzuziehen. Jedoch: statt gegen Aemilianus zu marschieren, erhoben *Tafel 19/26* die in Rätien versammelten Truppen ihren Kampfgruppenkommandeur Valerianus auf den Schild; sie fühlten sich stark genug, ihren Kandidaten gegen die mösischen Fronttruppen durchbringen zu können. Der Bruderkrieg blieb den Truppen erspart, als Gallus und Aemilianus von den eigenen Soldaten ermordet wurden. Valerianus marschierte mit seiner Kampfgruppe nach Italien, um seinen Machtanspruch durchzusetzen. Und wieder überfielen die Alamannen (wahrscheinlich im Frühjahr 254 n. Chr.) die durch den Truppenabzug in ihrer Verteidigungskraft geschwächte Provinz; der Hauptstoß dürfte nach den Münzschatzfunden zu schließen das nordwestliche Rätien und die Nordschweiz getroffen haben. Kaiser Valerianus beauftragte seinen Sohn Gallienus (253–268 n. Chr.) mit der Verteidigung des Westens, während er selbst die Sicherung und Verwaltung des Ostens übernahm. *Tafel 19/27*

Gallienus stoppt die Germanen

Gallienus holte zur Verstärkung der Rheinarmee Vexillationen des britannischen Heeres über den Kanal und besiegte 255 n. Chr. die angreifenden Germanen. Münzprägungen des Jahres 256 n. Chr. mit *victoria Germanica* machen seinen Sieg über die Germanen in der damaligen Welt publik; die Münzlegenden preisen Gallienus propagandistisch als „Wiederhersteller der gallischen Provinzen" (*Restitutor Galliarum*) und als „größten Sieger über die Germanen" (*Germanicus maximus*). Den Münzumschriften zufolge hat Gallienus bis zum Jahre 260 n. Chr. wenigstens fünfmal die angreifenden Germanen zurückgeschlagen. In der Kirche in Hausen ob Lontal ist eine Bauinschrift vermauert, die Gallienus als *Germanicus* bezeichnet. Damit ist diese Inschrift nach 256 n. Chr. zu datieren; es ist die späteste Inschrift nördlich der Donau. *Abb. 111b*

In den Zeiten der Bedrängnis von außen nahmen die Usurpationen im Innern kein Ende. Immer wieder erhoben die Fronttruppen ihre Kommandeure auf den Schild, so 258 n. Chr. die pannonischen Legionen den Ingenuus. Gallienus mußte gegen Ingenuus Truppen vom Rhein in Marsch setzen, denen er später nachfolgte, seinen Sohn Saloninus in Köln und Postumus als Abschnittskommandanten am Rhein zurücklassend. Postumus machte sich selbständig: er ließ sich zum Kaiser ausrufen (Herbst 259–268 n. Chr.), eroberte Köln, beseitigte Saloninus und gründete ein gallisches Sonderreich (258–273 n. Chr.). *Tafel 19/28*

Alamannen stürmen das Limesgebiet

Der Abmarsch der römischen Truppen vom Rhein nach Pannonien war für die Germanen erneut das Signal zum Aufbruch: Franken und Alamannen fegten 259/60 n. Chr. die römischen Grenzwachen hinweg und stießen über den Rhein und die Donau weit nach Westen und Süden vor. Von diesem großen Germaneneinfall berichten die literarischen Quellen. Im gleichen Jahr geriet Kaiser Valerian vor Edessa (Mesopotamien) in die Gefangenschaft der Perser. Fast der ganze Orient schien für die Römer verloren.

Postumus der von seiner Residenz Köln den gesamten „gallischen" Westen: Hispania, Gallia und Britannia beherrschte, war „der Retter der römischen Sache in dieser schwersten Krise des westlichen Reiches": Postumus und seine Nachfolger (seit 271 n. Chr.

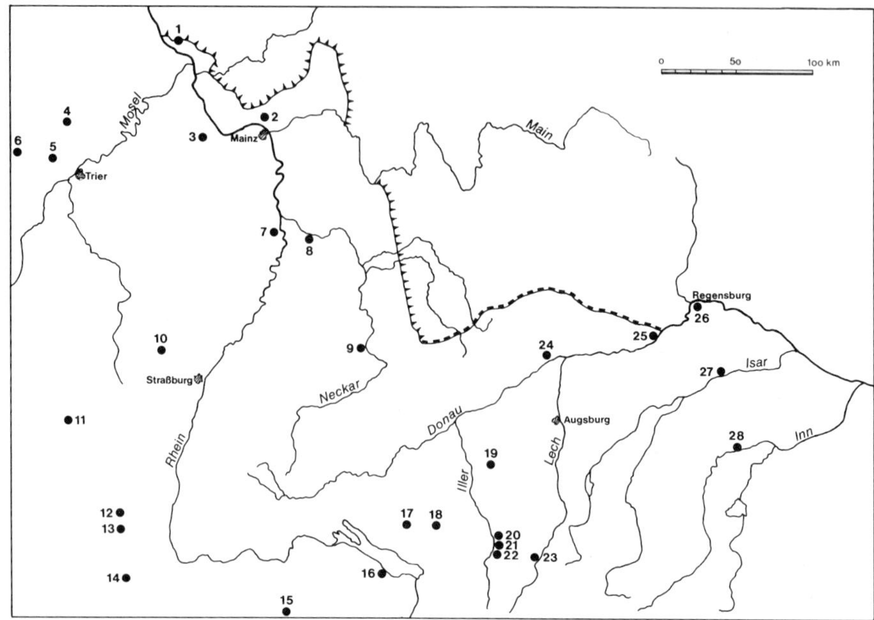

Abb. 24 Römische Münzschatzfunde aus der Zeit des Alamanneneinfalls 259/60 nChr (nach H. J. Kellner und R. Roeren) 1 Niederbieber (3 Schatzfunde), 2 Wiesbaden, 3 Daxweiler, Kr. Kreuznach, 4 Mürlenbach, Eifel, 5 Echternach (Luxemburg), 6 Großbuß (Luxemburg), 7 Neuhofen, Kr. Ludwigshafen, 8 Heidelberg-Neuenheim, 9 Ditzingen, Kr. Ludwigsburg, 10 Zabern, 11 Madonne-et-Lamerey (Vogesen), 12 Saint-Amerin (Elsaß), 13 Sentheim (Elsaß – 2 Münzfunde), 14 Coeuve, Kanton Bern, 15 Zürich, 16 Gottshaus, Kanton Thurgau, 17 Oberankenreuthe, Gde. Schlier, Kr. Ravensburg, 18 Unterhorgen, Gde. Kißlegg, Kr. Ravensburg, 19 Olgishofen, 20 Kempten-Burgstall, 21 Öchlesee, Kr. Kempten, 22 Steinegaden, Kr. Kempten, 23 Füssen-Bad Faulenbach, 24 Donauwörth, 25 Irnsing, Kr. Kelheim, 26 Regensburg (2 Münzfunde), 27 Mettenbach, Kr. Landshut, 28 Klugham, Kr. Mühldorf/Inn

war Trier Residenz) hielten die Rheingrenze 15 Jahre lang gegen die Franken. Der obergermanisch-rätische Grenzschutz brach dagegen zusammen – das Limesgebiet ging verloren. Zerstörungen und von der erschreckten Bevölkerung versteckte Münzschätze
Abb. 24 markieren den Vormarschweg der Alamannen 259/260 n. Chr. Das Ziel der Invasoren war diesmal der Süden: Italien; sie zerstörten u. a. Kempten/*Cambodunum*, Avenches/*Aventicum* und gelangten über den Mont Genèvre, den Großen St. Bernhard und Simplon nach Oberitalien und – bis vor Rom. Den Vormarschweg der Goten, Quaden und Sarmaten über die Donau durch Pannonien nach Oberitalien spiegeln 26 Münzschätze wider, die im Jahre 259 n. Chr. etwa in der Linie Budapest–Triest vergraben wurden. Wohl besiegte Kaiser Gallienus mit den rheinischen und rätischen Truppen die Alamannen 260/61 n. Chr. bei Mailand – aber die in Jahrhunderten aufgebaute Grenzschutzorganisation zwischen Rhein und Donau war zerschlagen: ,,Unter Gallienus ging

Rätien verloren, Noricum und Pannonien wurden verwüstet" (*sub principe Gallieno . . . amissa Raetia, Noricum Pannoniaeque vastatae*) besagt die Notiz eines Panegyrikers (Lobredner) für Constantius I (Panegyricus Constantio 10). Alle Hilfstruppen des Limesgebietes verschwinden nach 260 n. Chr. aus der Überlieferung, mit Ausnahme der auf dem rechten Donauufer stationierten Einheiten: *cohors III Brittannorum equitata* in Eining/*Abusina; legio III Italica* in Regensburg/*Castra Regina* und der *cohors IX Batavorum equitata milliaria exploratorum* in dem nach dieser Truppe benannten Passau/*Batavis.* Diese Einheiten werden wieder erwähnt in der *Notitia dignitatum* (Occidentis XXXV, 25; XXXV, 24), einem Staatshandbuch, das die zivilen und militärischen Ämter sowie die Truppenformationen in der östlichen und westlichen Reichshälfte um 400 n. Chr. aufführte.

Die Grenzorganisation (Stützpunkte, Befestigungen, Verbindungsstraßen) der Jahre nach 260 n. Chr. muß noch durch Ausgrabungen erforscht werden; literarische Quellen fehlen. Münzfunde des 3./4. Jahrhunderts n. Chr. im ehemaligen Limesgebiet – z. B. in Heidenheim, Aalen etc. – sprechen dafür, daß im Grenzgebiet auch nach 260 n. Chr. das Leben weiterging. Die weiter im Hinterland wohnende Bevölkerung des Voralpenlandes und des Rheintales rettete sich auf schnell zu befestigende Höhen (Geländesporn), steilabfallende Hügel – abseits der von den Alamannen benutzten römischen Fernstraßen: Moosberg bei Murnau, Lorenzberg bei Epfach, Krüppel ob Schaan, Wittnauer Horn etc. Die Bewohner von *Cambodunum*/Kempten wichen auf die Burghalde am westlichen Illerufer aus und benutzten die Ruinen der zerstörten Stadt als Steinbruch für ihre Befestigungen; die Überlebenden von *Brigantium*/Bregenz suchten hinter eilends erbauten Mauern auf dem Hügel der Oberstadt Zuflucht.

Römische Truppen in Rätien

Allerdings war Rätien nach 260 n. Chr. nicht von Truppen entblößt: Aureolus, ein General des Gallienus und Protektor des Postumus wurde 267 n. Chr. „von den Legionen, die er in Rätien befehligte" (*Aureolus cum per Raetiae legionibus praeesset . . .*) auf den Schild erhoben (Aurelius Victor, Caesares 33, 17). Mit diesen Truppen marschierte Aureolus nach Italien, um die Macht im Staate an sich zu reißen. Gallienus, der auf dem Balkan gegen Goten und Heruler im Felde stand, kam eilends nach Oberitalien und besiegte den Aureolus, der sich mit seinen Truppen nach Mailand zurückzog. Während der Belagerung von Mailand putschten die Generale des Gallienus (unter ihnen auch die späteren Kaiser Claudius II und Aurelianus); der Kaiser wurde ermordet. Claudius II (268–270 n. Chr.) übernahm als Oberbefehlshaber der Truppen die Regierungsgewalt. Aureolus ereilte das gleiche Los wie seinen Gegenspieler: die eigenen Soldaten ermordeten ihn und gingen zu Claudius II über.

Die Bindung der römischen Streitkräfte beim Kampf um die Macht in Italien ermunterte aufs neue die Alamannen zu einem Vorstoß nach Rätien und über den Brenner bis Oberitalien. Claudius II stellte sie am Gardasee, besiegte und vertrieb sie wieder aus Italien (Epitome de Caesaribus 34,2). Der aus Illyricum stammende Kaiser setzte sich das Ziel: die Donauprovinzen zu erhalten; er besiegte 269 n. Chr. die über die Donau eingefallenen Goten bei *Naissus*/Nisch in Mösien, was ihm den Beinamen Goticus einbrachte. Nach Pannonien zurückgekehrt, raffte ihn in *Sirmium*/Mitrowitz die Pest hinweg (Anfang 270 n. Chr.). Die Donaulegionen votierten für seinen Reitergeneral im Gotenkrieg Aurelian (270–275 n. Chr.) als Nachfolger. – Die Truppen Italiens entschieden sich für Quintillus, den Bruder des Claudius. Aurelian brach mit seinen Anhängern gegen Quintillus nach Italien auf. Und sogleich fielen die Juthungen über die Donau in Rätien und Oberitalien ein. Als Aurelian unterwegs die Nachricht erhielt, daß Quintillus durch eigene Hand oder seine Soldaten in Aquileia den Tod gefunden habe, wandte er sich mit seinen Truppen sofort gegen die Juthungen. Er erreichte diese mit Beute beladen auf dem Heimweg noch auf dem rechten Donauufer und brachte ihnen eine empfindliche Niederlage bei (Dexippus, fragm. 6, 1.4.12).

Tafel 19/29 · *Tafel 19/30*

Im Herbst 270 n. Chr. ging Aurelian nach Rom; aber man holte ihn sogleich wieder an die Donaufront: Vandalen, Quaden und Sarmaten waren in Pannonien eingefallen; Aurelian schlug sie zurück und konnte Frieden mit ihnen schließen.

Juthungen und Alamannen bedrohen Rom
Bau der Aurelianischen Mauer

Furcht und Schrecken verbreitete Ende 270 n. Chr. die Nachricht vom abermaligen Vorstoß der Juthungen nach Oberitalien; sie hatten sich diesmal mit den Alamannen verbündet und waren über die Westschweiz und den Großen St. Bernhard oder über Graubünden und den Bernhardin in Oberitalien aufgetaucht (Vita 18, 4–7. 19. 20.). Aurelian stellte sich den Eindringlingen entgegen, erlitt aber bei Placentia eine schwere Niederlage; er mußte sich mit seinen Truppen nach Rom zurückziehen, wo er Aushebungen vornehmen ließ: Die Hauptstadt war unmittelbar von den plündernden Germanenscharen bedroht. In dieser Kriegsphase machten die Germanen einen entscheidenden Fehler: sie teilten sich in mehrere Scharen, um besser plündern zu können. Die Römer nutzten diese Gelegenheit und besiegten einen Teil der Germanen bei *Fanum Fortunae*/Fano; die restlichen Germanen vernichtete Aurelian Anfang 271 n. Chr. in der Gegend von Pavia. Um vor Eventualitäten dieser Art künftig gesichert zu sein, bauten die Römer um ihre Hauptstadt eine 16 m hohe und 4 m dicke Mauer: die sog. Aurelianische Mauer. Diesem Beispiel folgten auch andere italische Städte. Während Aurelian die Provinz Dakien aufgeben mußte, übergab ihm Tetricus (der letzte gallische Sonderkaiser)

273 n. Chr. kampflos das seit 258 n. Chr. abgetrennte gallische Sonderreich. Die Fürsorge Aurelians galt nun auch den gallischen Städten. Zu Beginn seiner Regierung schien sich das römische Reich aufzulösen; am Ende seiner Regierung hatte Aurelian das Reich gewissermaßen neu begründet. Als der Kaiser 275 n. Chr. ermordet wurde, flammten die Feindseligkeiten am Rhein wieder auf: Franken und Alamannen überfielen Gallien und plünderten 60, nach anderen Angaben 70 Städte.

Rhein und Donau werden die Grenze des römischen Reiches

Kaiser Probus (276–282 n. Chr.), ein hoher Offizier unter Aurelian, sammelte bei Lyon das römische Heer und vertrieb mit einem Gegenangriff 277 n. Chr Franken und Alamannen aus Gallien; er verfolgte die Alamannen über Neckar und Alb. 278 n. Chr. konnte Probus Burgunder, Goten und Vandalen aus Rätien hinauswerfen und die Donaugrenze wieder sichern. Eine in Augsburg gefundene Inschrift (281 n. Chr.) bezeichnet Probus als „weitblickenden Erneuerer der Provinzen und Festungswerke sowie als tapfersten Feldherrn alle früheren Kaiser übertreffend" (*restitutor provinciarum et operum publicorum providentissimus ac super omnes retro princeps fortissimus imperator.* 37.38. BRGK 1956/57, 224 Nr. 30). Probus sicherte Rhein – Bodensee – Argen – Iller und Donau als römische Reichsgrenze gegen die Alamannen. Sein Nachfolger Carus (282–283 n. Chr.) – von den Truppen Rätiens auf den Schild erhoben – übertrug seinem Sohne Carinus (283–285 n. Chr.) die Verwaltung des Westens, als er in den Perserkrieg zog. Carinus wehrte mit Erfolg einen Ansturm der Germanen auf Gallien ab, der offenbar auch Rätien traf: zwei im Kastell Isny/*Vemania* wahrscheinlich 282/283 n. Chr. vergrabene Münzschätze sprechen für eine Zerstörung des Kastells in diesem Jahr.

Tafel 20/31

S. 311 ff

Diokletian läßt den Donau-Iller-Rhein-Limes befestigen

Kaiser Diokletian (284–305 n. Chr.) konnte auf der von Aurelian und Probus wiederhergestellten Ordnung aufbauen und die Verwaltung des römischen Reiches neu organisieren: Diokletian übernahm die östliche Reichshälfte (Hauptstadt *Nicomedeia*/Ismid in Bithynien) und übergab seinem Kriegsgefährten Maximian (seit 286 n. Chr. Augustus) die westliche Reichshälfte zur Verwaltung mit *Mediolanum*/Mailand als Residenz. Maximian (286–305 n. Chr.) kämpfte 286 n. Chr. erfolgreich gegen die über den Mittelrhein plündernd in Gallien eingefallenen Burgunder und Alamannen. Als er am 1. Januar 287 n. Chr. in Trier weilte, streiften Germanenscharen (Franken?) bis in die Nähe der Stadt. Maximian überschritt den Rhein und suchte die Ruhestörer in ihrer Heimat zu treffen. 288 n. Chr. stieß Diokletian vom Bodensee aus gegen die Alamannen bis zu den

Tafel 20/32

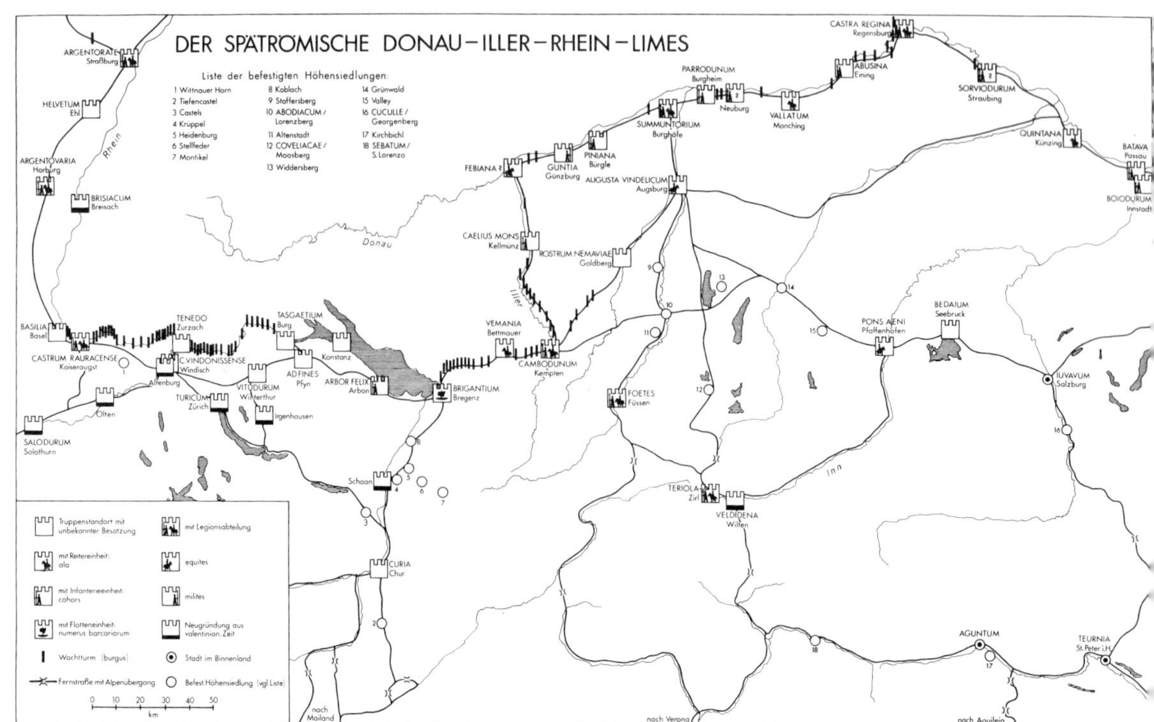

Abb. 25 Der spätrömische Donau-Iller-Rhein-Limes (nach J. Garbsch)

Donauquellen vor. Auf der Kaiserkonferenz 288/289 n. Chr. an unbekanntem Ort oder 290/291 n. Chr. in Mailand wurde beschlossen: die Rhein- und Donaugrenze wieder zu befestigen. Von den Kastellen *Vitudurum*/Oberwinterthur und *Tasgaetium*/Burg bei Stein a. Rhein sind in das Jahr 294 n. Chr. datierte Bauinschriften bekannt geworden (L. Schmid, Westgermanen 1940).

Die Befestigungsanlagen des Donau-Iller-Rheinlimes müssen noch durch Ausgrabungen erforscht werden, bevor über die Kastelle, Wachttürme und die sie verbindenden Straßen exakte Aussagen gemacht werden können. Ganz allgemein kann jedoch gesagt werden, daß die Befestigungen nach 260 n. Chr. beginnen und in Rätien im Jahre 401 n. Chr. mit der Abberufung des rätischen Heeres nach Italien enden. Von Baden-Würt-
S. 248 ff temberg gehörte jetzt nur noch das Gebiet um Isny und das Inselkastell Breisach/*Brisiacum* zum römischen Reich. Die Landesgrenze von Baden-Württemberg deckt sich im Westen, Süden und Südosten ungefähr mit der spätrömischen Reichsgrenze.

Die neuen Grenzer

In der *Notitia dignitatum*, die den Zustand um 400 n. Chr. (in Rätien wahrscheinlich die Zeit Valentinians I) widerspiegelt, werden die Kastellbesatzungen am Donau-Iller-Rhein-Limes aufgeführt. Von den Einheiten der Limeszeit sind, wie bereits erwähnt, nur noch übbriggeblieben: die *cohors IX Batavorum* in Passau/*Batava* und die *cohors III Brittannorum* in Eining/*Abusina* sowie die nominell 6000 Mann starke *legio III Italica*, deren Mannschaften jetzt auf fünf Orte verteilt sind: Regensburg, Burghöfe, Kempten, Füssen, Zirl; eine sechste Abteilung der Legion stand beim Feldheer. (Caius Valerius) Diokletian und Maximian (Herculius) haben die meisten Einheiten neu aufgestellt; hierauf weisen die Beinamen der Truppen hin: *Valeria* und *Herculea*. Diokletian, der seinen Kriegsgefährten Maximian 285 n. Chr. zum Cäsar und ein Jahr später zum Augustus erhob, ließ sich als *Iovius* und Maximian als *Herculius* bezeichnen; damit wollte er seinen Untertanen deutlich machen, daß der zweite Augustus nur sein Gehilfe sei – wie Herkules gegenüber dem obersten Himmelsgotte Jupiter. *Tafel 20/33*

In konstantinischer Zeit kamen neue Einheiten hinzu: die *ala I Flavia Raetorum* in Künzing/*Quintana* sowie (*equites*) Reiter und (*milites*) Infanterie. Die *equites Stablesiani* waren Eliteeinheiten, die sehr wahrscheinlich in der Notzeit des 3. Jahrhunderts n. Chr. mit Pferdewärtern des kaiserlichen Marstalls (*stabulum* = Pferdestall, Marstall) aufgestellt worden waren. Eine Übersicht mag die Standorte der Truppen am Donau-Iller-Rhein-Limes veranschaulichen:

Garnison	Einheit
Worms/*Borbetomagus*	– *legio II Flavia*
Altrip/*Alta Ripa*	– *milites Martensium*
Speyer/*Noviomagus*	– *milites Vindicum*
Germersheim/*Vicus Iulius*	– *milites Anderetianorum*
Rheinzabern/*Tabernae*	– *milites Menapiorum*
Seltz/*Saletio*	– *milites Pacensium*
Straßburg/*Argentorate* (1,95 ha)	– Abteilung der *legio I Martia ?*
Ehl/*Helvetum*	–
Horburg/*Argentovaria* (2,89 ha)	– Abteilung der *legio I Martia ?*
Breisach/*Brisiacum* (etwa 3,5 ha)	– Abteilung der *legio I Martia ?*
Basel/*Basilia*	–

Garnison	Einheit
Kaiseraugst/*Castrum Rauracense* (3,6 ha)	– Abteilung der *legio I Martia*
Solothurn/*Salodurum*	–
Olten	–
Altenburg	–
Windisch/*Castrum Vindonissense* (1,2 ha)	–
Zurzach/*Tenedo*	–
Zürich/Turicum	–
Irgenhausen	–
Winterthur/*Vitudurum*	–
Burg/*Tasgaetium*	–
Pfyn/*Ad Fines*	–
Konstanz/*Confluentes*	–
Arbon/*Abor Felix*	– *cohors Herculea Pannoniorum*
Bregenz/*Brigantium*	– *numerus barcariorum*
Schaan	–
Chur/*Curia*	–
Isny/*Vemania* (0,27 ha)	– *ala II Valeria Sequanorum*
Kempten/*Cambodunum* (etwa 2,5 ha)	– Abteilung der *legio III Italica*
Kellmünz/*Caelius Mons* (0,9 ha)	– *cohors III Herculea Pannoniorum*
Febiana (Gerlenhofen?)	– *equites Stablesiani iuniores*
Günzburg/*Guntia*	– *milites Ursariensium*
Bürgle/*Piniana* (Rechteckbau 23 bis 29 m × 62 m)	– *cohors V Valeria Frigum*
Burghöfe/*Summuntorium*	– Abteilung der *legio III Italica*
Burgheim/*Parrodunum* (0,4 ha)	– *cohors I Herculea Raetorum*
Neuburg/*Venaxamodurum?* (etwa 0,6 ha)	– *cohors VI Valeria Raetorum?*
Manching/*Vallatum*	– *ala II Valeria singularis*
Eining/*Abusina*	– *cohors III Brittannorum*
Regensburg/*Castra Regina* (2,43 ha)	– Abteilung der *legio III Italica*
Straubing/*Sorviodurum*	– *cohors VI Valeria Raetorum ?*

Garnison	Einheit
Künzing/*Quintana*	– *ala I Flavia Raetorum*
Passau/*Batava*	– *cohors IX Batavorum*
Augsburg/*Augusta Vindelicum*	– *equites Stablesiani seniores*
Füssen/*Foetes* (0,5 ha)	– Abteilung der *legio III Italica*
Zirl/*Teriola* (etwa 2,7 ha)	– Abeilung der *legio III Italica*
Pfaffenhofen/*Pons Aeni*	– *equites Stablesiani iuniores*

Neuorganisation des Grenzheeres

Im Gegensatz zu den nach einheitlichem Schema angelegten Kastellen des 1. bis 3. Jahrhunderts n. Chr. waren die spätrömischen Kastelle dem Gelände angepaßt und von wechselnder Größe. Das bisweilen geringe Flächenmaß der Kastelle läßt vermuten, daß z. B. in dem nur 0,27 ha großen Kastell *Vemania*/Isny „nur der Stab, ein Stammkommando und eine mobile Eingreifreserve" untergebracht war, während der Großteil der Isnyer Einheit (*ala II Valeria Sequanorum*) auf die etwa 12 bis 15 Wachttürme (*burgi*) von Isny bis Bregenz abkommandiert war. Konstantin (306–337 n. Chr.) verstärkte (um 330 n. Chr.) das Heer, das er neu organisierte: 1. die Garnisonstruppen (*limitanei*) hatten jetzt ausschließlich als stabile Wehr die Reichsgrenze in den Grenzkastellen zu schützen; sie durften nur im Bereiche der Provinz verwendet werden; – 2. anders die Feldtruppen (*comitatenses*): sie stellten eine mobile Reserve dar, die überall dort eingesetzt werden konnte, wo man ihrer gerade bedurfte. Die Grenzformationen behielten die alten Namen: Legion, Ala, Kohorte. Die Feldtruppen gliederten sich in Reiter (*vexillationes*) mit Abteilungen von 500 Reitern, Fußvolk (*legiones*) mit Formationen von je 1000 Mann und Hilfstruppen (*auxilia*) mit Einheiten von je 500 Soldaten.

Die Reichsgrenze war in unserem Bereich in mehrere Abschnitte gegliedert: *pars inferior* = Bodensee und Argen; *pars media* = Iller ab Vemania; *pars superior* = Donau bis Passau. Die durch Alamanneneinfälle besonders gefährdete Limesstrecke Kempten–Basel war zusätzlich noch durch eine Kette von Wachttürmen (*burgi*) verstärkt. Gegenüber den Steintürmen am ORL mit einer Seitenlänge von 4 bis 6 m waren die spätrömischen Wachttürme erheblich größer: am Hochrhein hatten sie eine Seitenlänge von 7 bis 11 m, sonst durchschnittlich 12 m. Durch Holzeinbauten in mehrere Stockwerke eingeteilt, boten die *burgi* Platz für 15 bis 20 Mann; sie lagen 1 bis 4 km auf Sichtweite auseinander, so daß die Turmbesatzungen Meldungen durch Rauch- oder Feuersignale weitergeben konnten. Allerdings kennt man bis jetzt einigermaßen genau nur die unter Valentinian 370/72 n. Chr. oft an der Stelle eines älteren Turmes erbauten Steintürme; von Wall und Graben umgeben können diese als Miniaturkastelle, als kleine Festungen bezeichnet werden. Auf dem linken Ufer des Hochrheines sind bis jetzt 42 *burgi* bekannt geworden.

Das nächstliegende Kastell hatte die Besatzungen für die Wachttürme zu stellen. Die seit Diokletian in Kastell *Vemania*/Isny stationierte Reitereinheit, *ala II Valeria Sequanorum*, überwachte die Reichsgrenze von *Vemania*/Isny bis *Brigantium*/Bregenz. Den östlich anschließenden Limesabschnitt von *Vemania* bis *Cassiliacum* (etwa in der Gegend von Memmingen) sicherte eine in *Cambodunum*/Kempten stationierte Abteilung der *legio III Italica;* für den Schutz der unteren Iller waren zuständig: die *cohors III Herculea Pannoniorum* in *Caelius Mons*/Kellmünz und die *equites Stablesiani iuniores* in *Febiana* – einem Kastell, das sehr wahrscheinlich bei Gerlenhofen zu suchen sein wird.

Diokletian teilt das Reich in vier Verwaltungsbezirke und zwölf Diözesen

Die Adoption der beiden Cäsaren Galerius und Constantius Chlorus im Jahre 293 n. Chr. hatte eine weitere Aufteilung des römischen Reichsgebietes in nunmehr vier Verwaltungsbezirke (*partes*) zur Folge (Tetrachie): 1. *Oriens* (Osten): Augustus Diocletianus übernahm den Osten des Reiches mit Residenz in *Nicomedeia*/Ismid in Bithynien. – 2. *Italia et Africa:* Augustus Maximianus verwaltete Italien und Afrika mit Residenz in Mailand/*Mediolanum.* – 3. *Illyricum:* Caesar Galerius erhielt Illyricum mit Mazedonien und Griechenland mit Hauptstadt *Sirmium*/Mitrowitz a. d. Save. – 4. *Galliae:* *Tafel 20/34* Caesar Constantius Chlorus führte die Regierungsgeschäfte in Spanien, Gallien und Britannien mit den Hauptstädten Trier/*Augusta Treverorum* und York/*Eburacum.*

Das Jahr 297 n. Chr. brachte eine Neuaufteilung der Verwaltung des gesamten Reichsgebietes in zwölf Diözesen (= Bezirke), die jeweils aus mehreren Provinzen bestanden. Jeder der vier Kaiser hatte seinen *praefectus praetorio* als höchsten Beamten der Zivilverwaltung für seinen Reichssprengel. Unter diesen standen zwölf *vicarii* (= Stellvertreter des *praefectus praetorio*) an der Spitze der zwölf Diözesen und unter diesen wieder 101 Statthalter der einzelnen Provinzen mit verschiedenen Titeln (*consularis, praeses* etc.).

Die ehemalige obergermanische Provinz (*Provincia Germania superior*) gehörte mit ihrem nördlichen (linksrheinischen) Teil bis südlich Straßburg als *Germania prima* (Hauptstadt Mainz/*Mogontiacum*) und mit ihrem südlichen Teil zwischen Oberrhein und Genfer See als *Sequania* (später *Maxima Sequanorum;* Hauptstadt: Besançon/*Vesontio*) zur Diözese *Galliae* des in Trier residierenden Cäsars Constantius Chlorus.

Gebiet zwischen Bodensee und Inn wird *Provincia Raetia secunda*

Die Ostschweiz und das Land westlich des Arlberges wurde zur *Provincia Raetia prima* mit der Hauptstadt Chur/*Curia,* wo der Statthalter (*praeses*) seinen Sitz hatte. Das Ge-

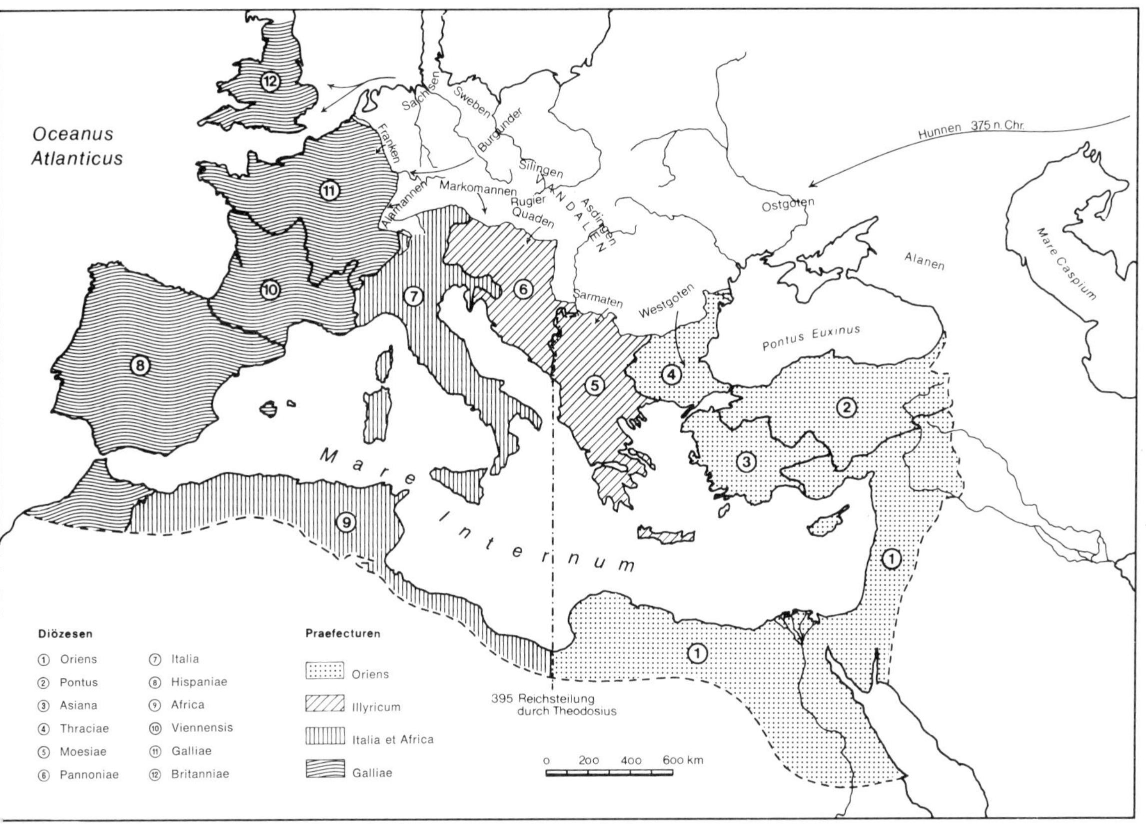

Abb. 26 Das römische Reich nach der Neuordnung Diokletians (284–305 nChr). Konstantin (306–337 nChr) ließ 318 nChr vier Präfekturen einrichten (nach Westermanns Atlas 1956, 42)

biet zwischen Bodensee und Inn und somit der noch zum römischen Reich gehörende Teil von Baden-Württemberg um Isny, wurde zur *Provincia Raetia secunda;* der *praeses* (Provinzstatthalter) residierte in Augsburg/*Augusta Vindelicum.* Der Titel *praeses* für Statthalter wurde seit der Mitte des 3. Jahrhunderts n. Chr. im amtlichen Sprachgebrauch verwendet. Die Provinzen *Raetia prima et secunda* unterstanden dem in Mailand/*Mediolanum* residierenden *vicarius* der Diözese *Italia annonaria* des Maximian. Die Truppen der beiden rätischen Provinzen befehligte der *dux Raetiae I et II* von Augsburg aus.

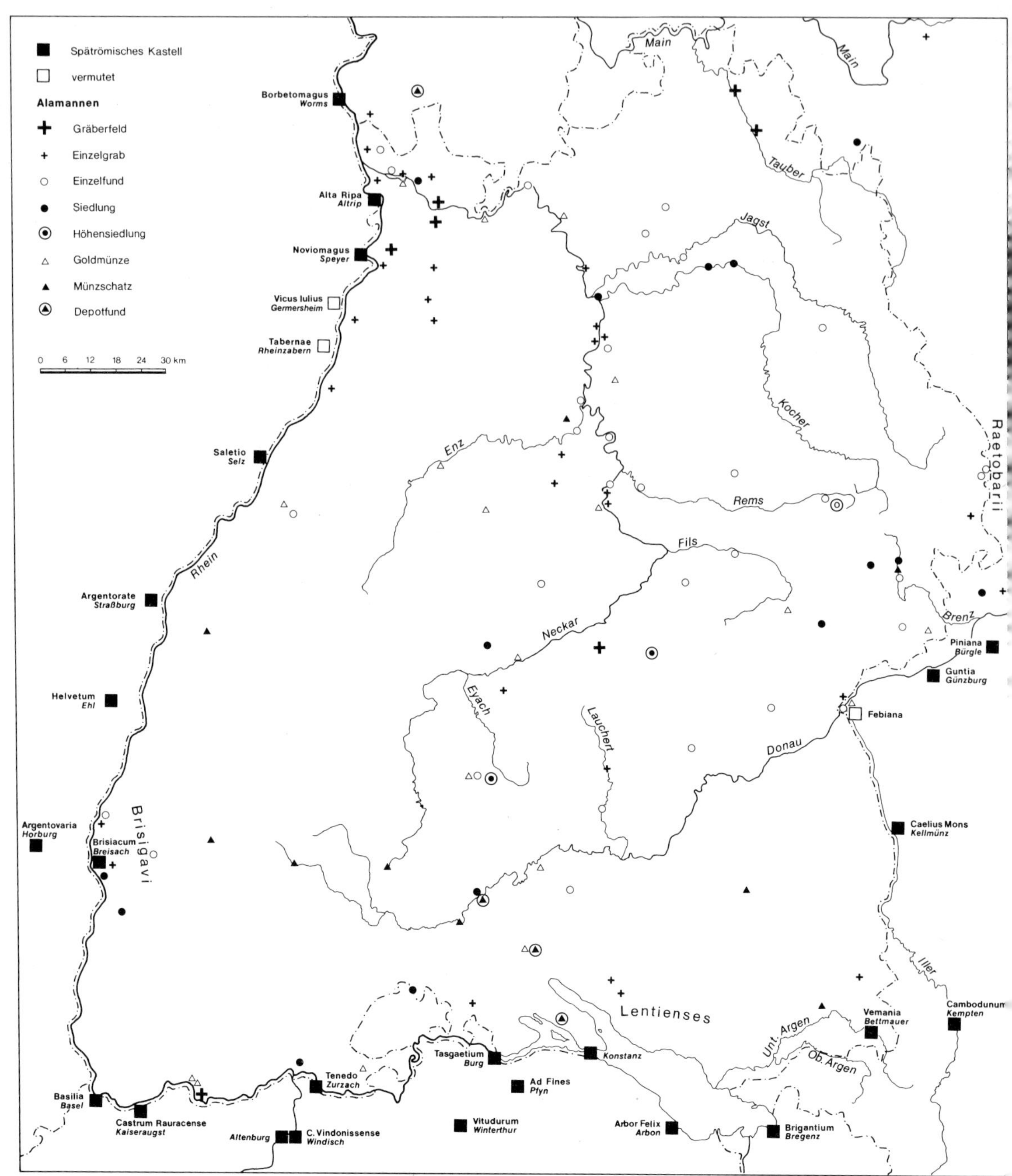
Spätrömisches Kastell
vermutet
Alamannen
Gräberfeld
Einzelgrab
Einzelfund
Siedlung
Höhensiedlung
Goldmünze
Münzschatz
Depotfund
0 6 12 18 24 30 km
Borbetomagus
Worms
Alta Ripa
Altrip
Noviomagus
Speyer
Vicus Iulius
Germersheim
Tabernae
Rheinzabern
Saletio
Selz
Argentorate
Straßburg
Helvetum
Ehl
Argentovaria
Horburg
Brisiacum
Breisach
Brisigavi
Rhein
Basilia
Basel
Castrum Rauracense
Kaiseraugst
Altenburg
C. Vindonissense
Windisch
Tenedo
Zurzach
Tasgaetium
Burg
Ad Fines
Pfyn
Vitudurum
Winterthur
Konstanz
Arbor Felix
Arbon
Brigantium
Bregenz
Lentienses
Unt. Argen
Ob. Argen
Vemania
Bettmauer
Cambodunum
Kempten
Iller
Caelius Mons
Kellmünz
Febiana
Guntia
Günzburg
Piniana
Bürgle
Brenz
Raetobarii
Donau
Lauchert
Eyach
Neckar
Fils
Rems
Enz
Kocher
Jagst
Tauber
Main

Kämpfe zwischen Römern und Alamannen 292–378 n. Chr.

Die Konsolidierung der römischen Reichsgrenze an Donau, Iller und Rhein bedeutete keinesfalls das Ende der provinzialrömischen Geschichte Baden-Württembergs. Kaiser, Cäsaren und Heermeister führten im 3. und 4. Jahrhundert n. Chr. immer wieder römische Truppen in das rechtsrheinische Gebiet: um Vergeltung zu üben, Grenzvergehen zu bestrafen oder um Verträge mit den Alamannenfürsten abzuschließen und dadurch auch weiterhin Einfluß auf das ehemalige Limesgebiet zu gewinnen. Der aus Antiochia in Nordsyrien stammende Geschichtsschreiber Ammianus Marcellinus (geb. 330 n. Chr.) zeichnet in seinem Geschichtswerk (Rerum gestarum 14–31) ein lebendiges Bild der Feldzüge und Kämpfe zwischen Römern und Alamannen; erhalten sind die Bücher 14–31, in denen Ammian die von ihm als *protector domesticus* teilweise beim Heer selbst miterlebte Epoche der Jahre 353 bis 378 n. Chr. fesselnd schildert.

Im römischen Heer breitet sich das Christentum aus

Damals diente Martinus als Offizier im römischen Heer. Am Stadttor von Amiens/*Civitas Ambianensium* spielt die bekannte Szene: Martinus teilt mit dem Schwert seinen Soldatenmantel und gibt die Hälfte einem Armen; Martinus läßt sich taufen und wird Christ. Um 360 n. Chr. quittierte Martinus den Dienst im römischen Heer und bezog bei *Pictavium* (wo später das Kloster Ligugé entstand) eine Zelle als Einsiedler, um die Bevölkerung Galliens zum christlichen Glauben zu bekehren. Als Bischof von Tours ist Martinus 397 n. Chr. gestorben. Sein Schüler Sulpicius Severus hat ihm, dem Vater des abendländischen Mönchtums, eine Biographie gewidmet.

Das Christentum ist seit dem beginnenden 4. Jahrhundert n. Chr. am Rhein besonders im Heer nachweisbar, gefördert von Kaiser Constantinus und seinen Söhnen. Nach Lactantius habe Konstantin in einem Traume in der Nacht vor der Entscheidungsschlacht gegen Maxentius (Sohn Maximians, von den Prätorianern 306 n. Chr. in Rom zum Augustus ausgerufen) an der Milvischen Brücke nördlich von Rom am 28. Oktober 312 n. Chr. die Mahnung erhalten, das Christuszeichen auf den Schilden seiner Soldaten anbringen zu lassen. Eusebius berichtet von einer Vision Konstantins zu Beginn des Feldzuges: über der Sonne habe er ein Kreuz aus Lichte gesehen mit der Inschrift: „In diesem Zeichen siege!“ Konstantin habe daraufhin eine Heeresfahne mit dem Christogramm

Tafel 20/39

Abb. 27 Der spätrömische Donau-Iller-Rhein-Limes und alamannische Funde des 3. bis frühen 5. JhnChr (nach R. Christlein, J. Garbsch und R. Roeren)

herstellen lassen. Konstantin siegte; er beschloß mit Licinius (dem Herrscher über Donau- und Balkanländer) im Februar 313 n. Chr. in Mailand, die christliche Religion im Staate zu fördern. Im Winter 312/313 n. Chr. überließ Konstantin den Palast der Laterani dem Bischof von Rom; hier entstand die Laterankirche als fünfschiffige Säulenbasilika mit Apsis (heute San Giovanni in Laterano). Bis zu diesem Zeitpunkt hatten die Christen Roms wohl ihre Begräbnisstätten (Katakomben), aber keine Kirchen; sie versammelten sich zum Gottesdienst in Privathäusern.

Auf dem Ager Vaticanus, wo der Apostel Petrus im Jahre 67 n. Chr. während der Christenverfolgung Neros im Circus den Martertod erlitten hatte und begraben worden war, erstand die gewaltige Peterskirche mit der Weiheinschrift:

Quod duce te mundus surrexit in astra triumphans,
Hanc Constantinus Victor tibi condidit aulam.

Weil unter deiner Führung die Welt triumphierend erstanden, hat dir Constantinus der Sieger die Aula gegründet.

In Bethlehem ließ Konstantin die Geburtskirche als fünfschiffige Säulenbasilika mit oktogonalem Chor über der Stelle bauen, wo Christus geboren wurde. In Jerusalem entstand über dem Grabe Christi die Grabeskirche.

321 n. Chr. wurde der Sonntag *(dies solis)* zum staatlichen Feiertag erklärt und noch in konstantinischer Zeit der Geburtstag des Herrn *(Natalis Domini)* auf den 25. Dezember, den bisherigen Geburtstag des Sonnengottes Sol invictus festgelegt. Das Christentum war zur Religion der Römer geworden.

Nach der Legende soll die Kaiserinmutter Helena auf Golgatha das Kreuz Christi gefunden haben. Helena – die Gemahlin des ab 318 n. Chr. in Trier als Cäsar des westlichen Reichsteiles residierenden Konstantinsohnes Crispus – stellte 326 n. Chr. ihren Palast in Trier für den Bau einer mächtigen Doppelbasilika zur Verfügung: die erste Bischofskirche Triers. Im Winter 1945/46 stieß man bei Grabungen im Innern des Trierer Doms auf Fresken des Kaiserpalastes. Für Konstantin wurde 310 n. Chr. die heute noch erhaltene „Basilika" – ein 30 m hoher, 30 m breiter und 60 m langer Backsteinbau – als kaiserlicher Audienzsaal seines Palastes erbaut. In der 12 m großen Apsis stand – an der Stelle des heutigen Altares – der Thron Konstantins des Großen. Trier war als kaiserliche Residenz bereits im ausgehenden 3. Jahrhundert n. Chr. Sitz eines Bischofs. Mit den orientalischen Kulten des Mithras und Jupiter Dolichenus war auch die Lehre des Sol invictus Christus in die Donauprovinzen gekommen. In Rätien gab es seit dem Ende des 3. Jahrhunderts n. Chr. in Augsburg und Regensburg christliche Gemeinden. 304 n. Chr. erlitt die heilige Afra während der diokletianischen Christenverfolgung den Märtyrertod in Augsburg und wurde vor den Mauern der Stadt begraben. In Noricum erlitt der heilige Florian, Bürovorsteher des Statthalters, im Jahre 304 n. Chr. in Lorch/*Lauriacum* das Martyrium und wurde in der Enns ertränkt.

Ammian berichtet von Feldzügen über den Mittelrhein und Hochrhein in das Gebiet der

Abb. 28 a: Labarum, aus der römischen Reiterfahne (Vexillum) entwickelte Kaiserstandarte mit Christogramm auf der Schaftspitze und 3 Medaillons auf dem Fahnentuch. Das Labarum durchbohrt die Schlange des Bösen; b: Galla Placidia, Tochter Theodosius I und Mutter Valentinians III, mit Perlendiadem, Ohrring und Perlenhalskette, darüber die sie bekränzende Hand Gottes. Goldmünze, ca 425/429 nChr in Ravenna geprägt

Lentienser (Linzgauer nördlich des Bodensees), der Brisigavi (Breisgauer) und in das ehemalige Limesgebiet bis zur Donau und zum vorderen Limes – aber bis heute fehlt noch jede Spur eines Militärlagers nach 260 n. Chr. bis 378 n. Chr. östlich des Rheines und nördlich der Donau. Umgekehrt war die Situation in augusteischer Zeit: während der augusteischen Offensive muß seit 15 v. Chr. mit Feldzügen von dem vorgeschobenen Legionslager Dangstetten (Kr. Waldshut) in das Gebiet nördlich des Hochrheines *S. 253 ff* gerechnet werden – aber kein Schriftsteller erwähnt diese Feldzüge; sie können nur anhand des archäologischen Materials erschlossen werden.

Dreißig Jahre nach dem Alamannensturm von 259/60 n. Chr. zog (291 oder 292 n. Chr.) Constantius Chlorus, der Schwiegersohn des Kaisers Maximian, sengend und brennend von Mainz/*Mogontiacum* auf der alten römischen Route quer durch das alamannische Gebiet bis zur Donau bei Günzburg/*Guntia* (*a ponte Rheni usque ad Danuvii transitum Guntiensem, deusta atque exhausta penitus Alamannia.* Panegyricus Constantio VIII [V] 2); er nahm einen Gaukönig der Alamannen gefangen. Eine über den Rhein vorgedrungene Alamannenschar überfiel 298 n. Chr. den inzwischen (am 1. 3. 293 n. Chr.) zum Cäsar des Westens ernannten Constantius Chlorus in der Umgebung von Langres. Constantius vernichtete die Angreifer; noch im gleichen Jahr besiegte er die über Ober- und Hochrhein bis ins Wallis eingedrungenen Alamannenscharen bei Windisch/*Vindonissa* (Eutropius 9,23. Panegyricus Constantino IV [VII] 6,3). Für einen eventuellen Germaneneinfall in Rätien um das Jahr 302 n. Chr. sprechen zwei im

S. 311 ff Kastell Isny/*Vemania* vergrabene Münzschätze, deren späteste Münzen in das Jahr 302 n. Chr. datiert sind; in den Schriftquellen wird dieser Germaneneinfall jedoch nicht erwähnt.

Auch Konstantin der Große (306–337 n. Chr.) und seine Söhne kämpften gegen Franken und Alamannen; „die gefangengenommenen Franken- und Alamannenkönige ließ er den wilden Tieren vorwerfen“ – wahrscheinlich in dem heute noch erhaltenen Amphitheater in Trier (Eutropius 10, 3). Münzumschriften erwähnen ein *Alamannia devicta* (besiegtes Alamannien). Seit 306 n. Chr. führte Konstantin den Titel *Germanicus maxi-* Tafel 20/36 *mus* (CIL 8, 10064) und sein Sohn Constantius II seit 328 n. Chr. den Titel *Alamannicus* (CIL 3, 7000). Danach trat eine Ruhepause der Kämpfe ein.

Die Alamannen besetzen die Pfalz und das Elsaß

Das Gleichgewicht der Kräfte wurde erst wieder gestört, als der von einem germanischen Kriegsgefangenen abstammende *magister militum* Magnentius 350 n. Chr. den im Westen regierenden Konstantinsohn Constans (337–350 n. Chr.) ermorden ließ und dessen Thron usurpierte. Magnentius schickte Truppen gegen Kaiser Constantius II (337–361 n. Chr.) nach Italien; er ernannte seinen Bruder Decentius zum Cäsar und übertrug ihm den Grenzschutz mit völlig unzureichenden Streitkräften. Die nur schwach besetzten Limesanlagen verlockten die Germanen zum Angriff: 352 n. Chr. fielen Franken und Alamannen wie 100 Jahre zuvor plündernd in der Pfalz, im Elsaß und der Schweiz ein; auch *Raetia prima* blieb nicht verschont. – Constantius II soll die Germanen zum Angriff ermuntert haben, um Streitkräfte des Magnentius am Rhein zu binden (Julianus Orationum I p. 43 Hertlein. Libanius Epitaphios p. 533 ff. Reiske). – Der Alamannenfürst Chnodomar brachte dem Decentius eine schwere Niederlage bei (Ammianus Marcellinus 16, 12. 5): Die Alamannen besetzten das Elsaß und die Pfalz; sie siedelten auf den Feldmarken der Städte: Straßburg/*Argentoratum,* Brumath/*Brotomagus,* Rheinzabern/*Tabernae,* Selz/*Saliso,* Speyer/*Nemetes,* Worms/*Vangiones,* Mainz/*Mogontiacum;* „die Städte selbst mieden sie wie mit Netzen umspannte Gräber“(Ammian 16, 2. 12).

Feldzug Constantius II gegen die Alamannen

Tafel 20/36 Nach der Beseitigung des Magnentius (353 n. Chr.) versammelte Constantius II bei Châlon-sur-Saône/*Cabillonum* Truppen, um die verlorengegangenen Gebiete zurückzugewinnen: Sein erster Feldzug richtete sich gegen die im Breisgau wohnenden Alamannenfürsten Gundomad und Vadomar; 354 n. Chr. überschritt er mit seinem Heer

den Rhein bei Kaiseraugst/*Castrum Rauracense,* aber die Alamannenfürsten schickten Gesandte und baten um Frieden, der ihnen unter der Bedingung gewährt wurde, Hilfstruppen für das römische Heer zu stellen. Sodann führte Constantius II die Truppen nach Mailand in die Winterquartiere (Ammian 14, 10).
Der Feldzug des darauffolgenden Jahres 355 n. Chr. richtete sich gegen die lentiensischen Alamannen, die Bewohner des Linzgaues nördlich vom Bodensee. Constantius II rückte mit dem römischen Heer von Mailand bis in die Gegend von Bellinzona im Tessin vor, von wo aus er den *magister equitum* Arbetio mit einer Vorausabteilung in das Gebiet der Lentienser schickte. Nach anfänglichem Mißerfolg besiegte Arbetio die Lentienser, aber Constantius II nutzte den Sieg nicht; er kehrte mit den Truppen in die Winterquartiere nach Mailand zurück (Ammian 15, 4).
An Mittel- und Niederrhein hatte sich die Lage weiter verschlechtert: der *magister peditum* Silvanus kämpfte zwar mit Erfolg gegen die Franken, aber er geriet in das Intrigenspiel am kaiserlichen Hofe in Mailand und wurde bei Constantius II verleumdet, so daß er schließlich alles auf eine Karte setzte und sich in Köln zum Kaiser ausrufen ließ. Constantius II nahm Silvanus gegenüber die Usurpation nicht zur Kenntnis; er schickte den *magister militum* Ursicinus mit einer Abordnung, zu der auch der *protector domesticus* Ammianus Marcellinus gehörte, nach Köln und ließ den Silvanus heimtückisch ermorden; vergeblich suchte Silvanus in einem Versammlungsraum der Christen Schutz vor seinen Mördern. Der Tod des Silvanus war für die Germanen das Signal zum Einfall in Gallien, wo sie weite Gebiete besetzten (Ammian 15, 5. 2 ff.).

Zangenstrategie der Römer gegen die Alamannen am Rhein

In dieser heiklen Situation ernannte Constantius II seinen Vetter Julianus am 6. November 355 n. Chr. zum Cäsar und schickte ihn mit einer Leibgarde von 360 Mann nach Gallien. Julian sollte die Bewohner der Provinz zum Ausharren im Widerstand gegen die fortdauernden Angriffe der Germanen ermutigen (Ammian 15, 8. 1. 18. 19. Julianus, Epist. ad Athenienses p. 357 Hertlein).
Julian besuchte die Städte Autun, Reims, Metz; er besiegte die Alamannen bei Brumath/*Brotomagus* und eroberte die Stadt zurück (Ammian 16, 2).
Im Verlauf einer gemeinsamen Operation nahmen 356 n. Chr. Julian von Gallien aus und Constantius II vom Hochrhein kommend die Alamannen in die Zange: Constantius II überschritt den Rhein bei Stein oder Zurzach – aber die Alamannen wichen aus und ließen es nicht zur Schlacht kommen. Die Operation hatte nicht den gewünschten Erfolg. Constantius II kehrte nach Italien zurück – das Elsaß blieb auch weiterhin von Alamannen besetzt. Julian marschierte rheinabwärts nach Köln und gewann die Stadt durch Verhandlungen von den Franken zurück (Ammian 16, 12. 15–17; 16, 3 und 4).

Im Frühjahr 357 n. Chr. fielen die Juthungen in Rätien ein. Der Heermeister Barbatio vertrieb sie wieder mit 25 000 Soldaten. Auch in diesem Jahr praktizierten Julian und Barbatio die Zangenstrategie des Vorjahres: Barbatio stieß von Kaiseraugst in das rechtsrheinische Gebiet vor, während Julian von Reims nach Osten vorrückte. Einer Schar Alamannen gelang es, zwischen beiden Heeeresgruppen hindurch plündernd bis Lyon vorzustoßen; Julian ließ sie auf dem Rückweg abfangen. Wenn auch die strategische Kooperation der beiden Heeresgruppen zu wünschen übrig ließ – es kam zu Mißstimmungen zwischen dem jungen Cäsar und dem Heermeister – so war es in diesem Jahr trotzdem gelungen, die Rheingrenze wieder zu sichern und mit dem Wiederaufbau der zerstörten Befestigungsanlagen, so z. B. von Zabern (Arr. Saverne) zu beginnen. Das gespannte Verhältnis zu Barbatio hatte Nachschubschwierigkeiten zur Folge. Julian löste das Problem: er ließ seine Soldaten mit dem von den Alamannen im Vorjahr auf linksrheinischem Gebiet gesäten und jetzt reifen Getreide verproviantieren. Die militärischen Erfolge des Jahres 357 n. Chr. wurden getrübt, als die in die Winterquartiere abrückenden Truppen des Barbatio die notwendigen Sicherheitsvorkehrungen außer acht ließen: Die Alamannen überfielen den Heereszug; es entstand allgemeine Panik (Ammian 16, 11; 17, 6). Nun glaubten die Alamannenfürsten auch mit Julian fertig zu werden; Chnodomar und dessen Neffe Serapio (südlich von Karlsruhe?), Westralp, Urius, Ursicinus (mittlerer und oberer Neckar), Suomar (südlich unterer Main), Hortar (wohl Kraichgau) versammelten sich mit dem Aufgebot ihrer Gaue am Rhein. Mindestens drei Alamannenfürsten – unter ihnen wohl Macrian und Hariobaudus von dem Gebiet um Wiesbaden zwischen unterer Lahn und Main – schickten Hilfstruppen gegen Sold (Ammian 16, 12. 26; 17, 1. 13). Zu ihnen stießen die Breisgauer (Brisigavi) des Fürsten Vadomar – Gundomad wurde ermordet und der 354 n. Chr. mit Constantius II geschlossene Vertrag gebrochen (Ammian 16, 12. 1. 23–26; 16, 12. 17).

Schlacht bei Straßburg. Julian operiert im Limesgebiet

Die Alamannenfürsten schickten Gesandte zu Julian nach Zabern (Arr. Saverne) mit der Forderung: die Römer sollten das linke Rheinufer räumen, das sie, die Alamannen, mit dem Schwert erobert hätten! – Julian hielt die Gesandten zurück. Daraufhin überschritten die Alamannen unter dem Oberbefehl des Chnodomar in der 2. Augusthälfte 357 n. Chr. den Rhein wahrscheinlich bei Seltz und rückten gegen Straßburg vor. Julian stellte sich ihnen entgegen: es kam zur Schlacht bei Straßburg (zwischen Ittenheim und Oberhausbergen). Julian siegte. Chnodomar wurde gefangengenommen und nach Rom geschickt (Ammian 16, 12).

Julian nutzte den Sieg: er marschierte nach Mainz, überquerte den Rhein auf einer Schiffsbrücke und operierte bis zum Einbruch des Winters im unteren Maingebiet; auf dem Rückmarsch ließ er ein von Trajan erbautes *munimentum* wiederherstellen (Ladenburg/Civitas Ulpia Sueborum Nicretum? RiW S. 178) und schloß mit drei alamannischen Fürsten, deren Namen nicht genannt werden, einen zehnmonatigen Vertrag (Ammian 17, 1. 1–13).

Auch in den beiden folgenden Jahren suchte Julian die Alamannenfürsten in ihren rechtsrheinischen Wohnsitzen auf: Im Sommer 358 n. Chr. forderte er von dem Fürsten Suomar im unteren Maingebiet die Auslieferung aller Gefangenen und verlangte Getreidelieferungen für das römische Heer. Noch im gleichen Jahr wandte er sich wohl von Speyer aus gegen Hortar (im Kraichgau ?); auch er mußte alle Gefangenen herausgeben und für den Wiederaufbau der von den Alamannen zerstörten linksrheinischen Städte Bauholz liefern und Fuhrwerke zur Verfügung stellen (Ammian 17, 10. 1–10).

Die bei Suomar mit ihren Truppen versammelten Alamannenfürsten verwehrten Julian 359 n. Chr. den Rheinübergang. Durch einen Überraschungsangriff weiter südlich, wahrscheinlich in der Gegend von Speyer glückte den Römern schließlich doch der Übergang in das Gebiet des Hortar. Julian führte seine Truppen bis zum ehemaligen vorderen Limes, möglicherweise in die Gegend von Öhringen. Auf dem Vormarschweg, der etwa in der Linie Heidelberg–Neckarelz oder Wiesloch–Wimpfen–Öhringen zu vermuten sein dürfte, ließ Julian von seinen Truppen das Land verwüsten und ,,die umzäunten, leicht gebauten Hütten der Alamannen niederbrennen" (*saepimenta fragilium penatium inflamata*). Der Heereszug erreichte den vorderen Limes: ,,bis zur Gegend, die Capellatium oder Palas genannt wird, wo Grenzsteine der Römer und Burgunder Gebiet schieden" (*ad regionem cui Capillacii vel Palas nomen est, ubi terminales lapides Romanorum et Burgundiorum confinia distinguebant.* Ammian 18, 2. 15). Aus dem Texte Ammians geht hervor, daß die Römer noch zur Zeit Julians das Limesgebiet als zum römischen Reich gehörend ansahen: so markieren die Grenzsteine die Grenze der *Römer* und Burgunder und nicht der Alamannen und Burgunder.

Julian ließ am Limes ein Lager aufschlagen, in dem er die beiden Alamannenfürsten Macrian und Hariobaudus empfing, die ihren Sitz zwischen unterer Lahn und Main hatten; aus dem Breisgau kam Vadomar angereist: er bat auch im Namen der Fürsten Urius, Ursicinus und Westralp um Frieden. Aber Julian ließ deren Gebiete so lange verwüsten, bis sie Gesandte schickten und versprachen, alle Kriegsgefangenen herauszugeben. Julian soll es gelungen sein, auf seinen Feldzügen insgesamt 20 000 Gefangene aus den Händen der Alamannen zu befreien; er ließ sich *Alamannicus* nennen (Julian, Oratio Vc. 8 S. 227, Ammian 18, 2).

Anfang 361 n. Chr. überfielen die Alamannen Vadomars erneut die an Rätien angrenzenden Gebiete. Julian schickte den *comes* Libino mit einer Truppenabteilung zu Hilfe. Libino traf bei *Sanctio* (Säckingen ?) auf die Alamannen; er erlitt eine Niederlage und fiel. Vadomar erschien bei den römischen Grenzwachen und beteuerte seine Unschuld, aber Julian ließ ihn nach Spanien abtransportieren.

Marsch Julians vom Hochrhein zur Donau

Die Beziehungen zwischen Julian und Constantius II hatten sich zusehends verschlechtert, seit die Truppen Julian zum gleichberechtigten Augustus ausgerufen hatten. Eine Auseinandersetzung war unvermeidlich. Julian zog bei Kaiseraugst Truppen zusammen, um gegen Constantius II aufzubrechen. Vor dem Abmarsch führte er noch einen Vergeltungsschlag über den Rhein gegen die nichtsahnenden Alamannen. Dann zog er von Kaiseraugst durch den Schwarzwald (*Silvae Marcianae*) mitten durch alamannisches Gebiet zur oberen Donau und wohl ab Ulm zu Schiff donauabwärts Richtung Sirmium (Ammian 21, 3–4; 21, 8. 1. 2).

Julian wird Alleinherrscher – Julian Apostata

Tafel 20/37 Das Blutvergießen blieb erspart; Constantius II starb am 3. November 361 n. Chr. Julian war Alleinherrscher (361–363 n. Chr.). An den Rhein kehrte er nicht mehr zurück. Er mußte gegen die Perser Krieg führen, wo er 363 n. Chr. am Tigris bei einem Angriff persischer Reiterei von einer feindlichen Lanze getroffen, in der darauffolgenden Nacht starb. Julian, der vom Christentum zum Heidentum zurückgekehrt war, ging als der große Abtrünnige – Apostata – in die Geschichte ein. Die Legende berichtet: Julian habe, tödlich getroffen, Blut von seiner Wunde in die Hand träufeln lassen und es wie ein Spendeopfer ausgegossen mit den Worten: ,,Galiläer, du hast gesiegt!" Mit Galiläer meinte er Christus. Jovian (363–364 n. Chr.), der Nachfolger Julians, hat die christenfeindlichen Erlasse Julians wieder aufgehoben und, obwohl er Christ war, alle anderen Religionen geduldet.

Solange Julian lebte und auch noch unter der kurzen Regierung seines Nachfolgers Jovian (363–364 n. Chr.) herrschte an Rhein und Donau Ruhe, die allerdings mit Tributzahlungen an die Alamannen erkauft werden mußte.

Erneut Kämpfe zwischen Alamannen und Römern

Tafel 20/38 Das änderte sich bald nach dem Regierungsantritt Valentinians I (364–375 n. Chr.). Empört verließen alamannische Gesandte den kaiserlichen Hof in Mailand, als sie statt der gewohnten ,,Geschenke" minderwertige Gaben vom Kaiser erhielten (Ammian 26, 5. 7 ff.). Schon im Januar des darauffolgenden Jahres (365 n. Chr.) überschritten die Alamannen – wahrscheinlich von Withikap, dem Sohne Vadomars, angestiftete Krieger der Gaue am oberen Neckar und an der Donauquelle – den zugefrorenen Rhein und plünderten Gallien, bis sie der Heermeister Jovinus an der Mosel und auf den katalaunischen Feldern bei Châlons-sur-Marne vernichtete (Ammian 27, 1–2; 10, 3).

Am Mittelrhein überfiel 368 n. Chr. der Alamannenprinz Rando mit einer Kriegerschar die Stadt Mainz während eines christlichen Festes (Ostern ?); er ließ eine große Zahl der Bewohner als Gefangene fortschleppen und plünderte die Stadt (Ammian 27, 10. 1). Valentinian I schlug zurück: er führte im Sommer 368 n. Chr. das römische Heer zu einem Vergeltungsfeldzug über den Rhein (bei Mainz, Worms?) in das ehemalige Limesgebiet. „Die Kohorten brannten alle Saatfelder und Häuser nieder, die sie unberührt fanden" (*cuncta satorum et tectorum, quae visebantur intacta, cohortium manu vorax flamma vastabat.* Ammian 27, 10. 7). Der Heereszug kam in die Nähe eines Ortes, der Solicinium hieß; wahrscheinlich Sülchen bei Rottenburg (*cum prope locum venisset cui Solicinio nomen est.* Ammian 27, 10. 8); hier gelang es den Römern, eine Anhöhe zu stürmen, auf der die Alamannen sich verschanzt hatten (Spitzberg zwischen Rottenburg und Tübingen?).

Den Kaiser begleitete sein etwa zehnjähriger Sohn Gratianus und dessen Lehrer Ausonius. Im Jahre 365 n. Chr. war Decimus Magnus Ausonius, Lehrer der Redekunst in *Burdigala*/Bordeaux, als Erzieher des Prinzen Gratian an den kaiserlichen Hof nach Trier berufen worden. Bald nach seiner Rückkehr aus dem Alamannenfeldzug verfaßte Ausonius das Gedicht *Mosella,* in dem es heißt: der Kaiser habe die Alamannen vertrieben über den Neckar und Ladenburg und über die Quellen der Donau hinaus (Mosella 421 ff.). Ausonius erhielt als Beuteanteil die junge Alamannin Bissula, die er in seinen Gedichten besingt.

Liebeserklärung eines Römers an ein an der oberen Donau geborenes Schwabenmädchen

Bissula, drüben zu Haus, dort über dem eisigen Rheinstrom,
Bissula, die oft belauscht heimlich der Donau Quell;
Kriegsgefangne, dann frei vom Feind gelassen, sie herrscht nun
In dem Bereiche des Manns, dem sie der Kriegsgott geschenkt . . .
Wenn auch durch Latiums Gesittung ihr Wesen ein andres geworden,
Blieb sie Germanin doch stets, Augen blau, blond auch ihr Haar.
Zweifel erweckt bald die Sprache und bald die Gestalt meines Mädchens;
Hiernach wär' sie am Rhein, danach in Latium zu Haus.

Herzblatt, Wonne, Zeitvertreib, Liebe, Lust,
Barbarenkind! Und doch stellst du die Mädchen Latiums in den Schatten,
Bissula, gröblicher Name für ein zartes Mädchen,
Wohl etwas garstig für den, der ihn nicht gewohnt, doch deinem Herrn gar lieblich.

. . . Wohlan denn, Maler,
Mische purpurne Rosen und mische Lilien,
Und die Farbe, die aus beiden wird – eben die soll die ihres Angesichts sein!!

(Ausonius, De Bissula um 370 n. Chr. verfaßt. A. Riese, Rheinisches Germanien 1892, 313 Nr. 25 I–III. W. Capelle, Das alte Germanien 1937, 322. 1–3).

Rhein-Donau-Grenze wird ausgebaut und befestigt

Während des Alamannenfeldzuges lernte Valentinian I die Verhältnisse im ehemaligen Limesgebiet aus eigener Anschauung kennen; seit 369 n. Chr. führte er den Titel *Alamannicus* (Dessau 771). Einerseits nahm Valentinian I mit den Burgundern, den östlichen Nachbarn der Alamannen, Verbindung auf mit dem Ziel, die Alamannen strategisch zu umfassen – andererseits entschloß er sich zur Defensive und ließ den Donau-Iller-Rhein-Limes ausbauen und „die ganze Rheinlinie von der Quelle in Rätien bis zur Meerenge des Ozeans durch gewaltige Festungswerke sichern; er ließ die Lagerwälle erhöhen und Kastelle und eine fortlaufende Reihe von Türmen an geeigneten Stellen errichten, an der ganzen gallischen Grenze entlang. Zuweilen ließ er auch Blockhäuser jenseits des Stromes anlegen.“ (Ammian 28, 2. 1 ff.) Von *Alta Ripa*/ Altrip aus überquerte er auf einer Schiffsbrücke den Rhein, um Befestigungen an der Neckarmündung anlegen zu lassen. Während Valentinian noch in Altrip war, erschien eine Gesandtschaft der Burgunder (Herbst 369 n. Chr.), um das gemeinsame Vorgehen gegen die Alamannen zu besprechen. Aber Valentinian verhielt sich zurückhaltend; es kam nicht zur gemeinsamen Offensive.

Wahrscheinlich hat man den Vorstoß des Heermeisters Theodosius (Vater des späteren Kaisers) 370 n. Chr. von Rätien aus in das Gebiet der Alamannen (Lentienser?) im Zusammenhang mit dem gemeinsam mit den Burgundern geplanten Alamannenfeldzug zu sehen; Theodosius machte zahlreiche Gefangene, die er als tributpflichtige Bauern in der Poebene ansiedelte (Ammian 28, 5. 15).

Valentinian I überfiel 371 n. Chr. die gegenüber von Mainz wohnenden Bukinobanten, um deren König Makrian in seine Gewalt zu bekommen. – Man wird an den Chattenfeldzug Domitians 83 n. Chr. erinnert. – Aber Makrian konnte sich rechtzeitig absetzen; die Operation blieb ohne Erfolg, zumal der anstelle von Makrian als König eingesetzte Fraomar sich nicht halten konnte. Schließlich verständigten sich (374 n. Chr.) Valentinian I und Makrian zu einem dauerhaften Frieden (Ammian 30, 3).

Eine falsche Grenzpolitik an der mittleren Donau war die Ursache für das Vorbrechen der Quaden und Sarmaten 374 n. Chr. über die Donau nach Pannonien. Valentinian I mußte sich dem pannonischen Kriegsschauplatz zuwenden; er kehrte nicht mehr nach

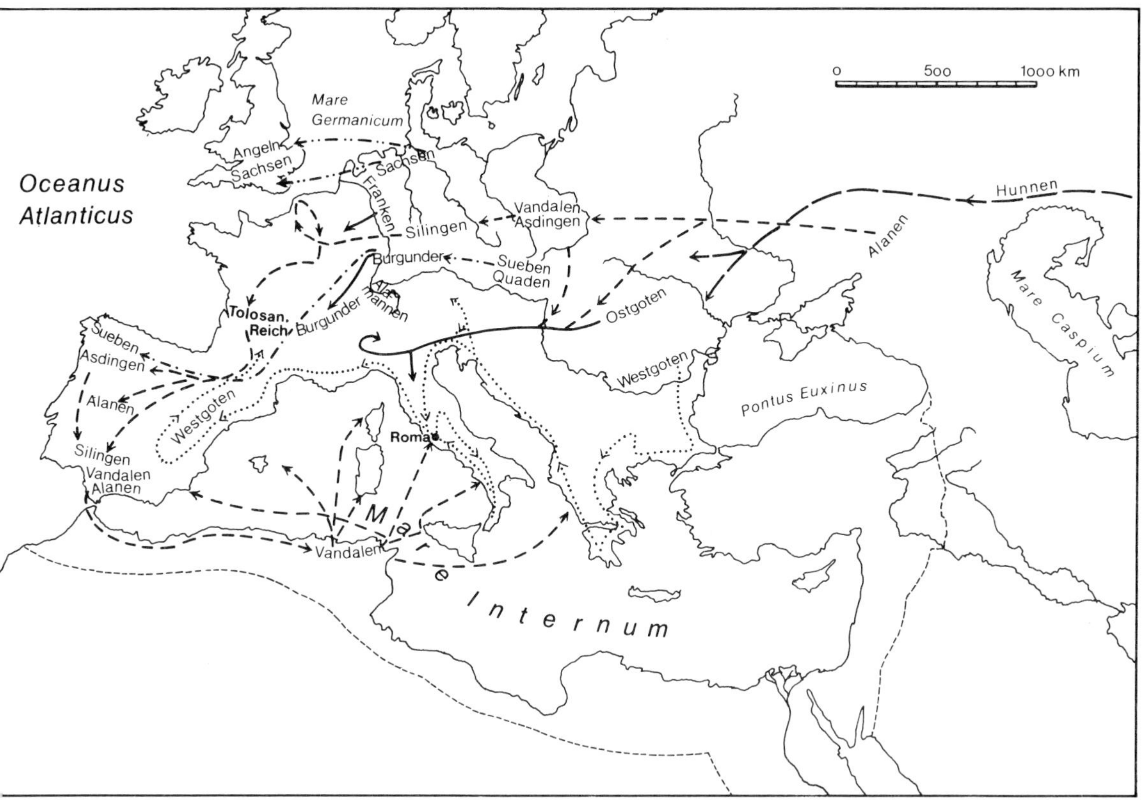

Abb. 29 Bewegungen der Germanen seit dem Ende des 4. JhnChr (nach Gr. Hist. Weltatlas 1972, Tafel 51 b)

Trier zurück; am 17. November 375 n. Chr. erlag Valentinian I in *Brigetio*/Oszöny (Pannonien) einem Schlaganfall. Sein Sohn Gratian (375–383 n. Chr.) wurde Kaiser der westlichen Reichshälfte. *Tafel 20/39*

An der unteren Donau baten 376 n. Chr. von den Hunnen bedrängte Scharen der Westgoten Kaiser Valens (364–378 n. Chr.), den Beherrscher der östlichen Reichshälfte, um Aufnahme in das römische Reichsgebiet. Valens, der Bruder Valentinians I, entsprach ihrer Bitte und gab Anweisung, die Westgoten in Thrakien anzusiedeln. Grenztruppen führten die Neusiedler in das Landesinnere; die Donaufront blieb nur von schwachen Verbänden besetzt; diese konnten nicht verhindern, daß nun auch Ostgoten, Alanen, Hunnen u. a. die Donau überquerten und plündernd auf dem Balkan umherzogen. In dieser Notsituation rief Valens seinen Neffen Gratian aus Gallien zu Hilfe; er selbst rückte mit seinen Truppen von Konstantinopel nach Adrianopel auf den Balkan vor.

Schlacht bei Horburg

Ein Leibwächter Kaiser Gratians aus dem Stamme der Lentienser, der in einer persönlichen Angelegenheit vom Kaiserhof in Trier in seine Heimat beurlaubt worden war, erzählte zu Hause seinen Landsleuten von der Krise auf dem Balkan: Gratian wolle noch im Winter 377/78 n. Chr. seinem Oheim Valens mit Truppen zu Hilfe kommen. Auf diese Nachricht hin griffen die Alamannen zu den Waffen: im Februar 378 n. Chr. überschritt eine Schar der Lentienser den zugefrorenen Oberrhein und brach in Rätien ein; die Grenztruppen wiesen die Angreifer zurück. Durch diesen Zwischenfall gewarnt, verzögerte Gratian den Abmarsch seiner Truppen auf den Balkan und blieb in Gallien. In der Meinung, das römische Heer sei bereits abmarschiert, forderte Priarius, Häuptling der Lentienser, die anderen alamannischen Gaue auf, mit den Lentiensern die römischen Grenzwachen zu überfallen: Die Alamannen überschritten wahrscheinlich bei Breisach den Rhein und gingen gegen Horburg/*Argentovaria* vor; hier kam es zur Schlacht; die Alamannen wurden vernichtend geschlagen, Priarius fiel.

Der letzte Feldzug der Römer im rechtsrheinischen Gebiet

Statt nun sofort auf den Balkan aufzubrechen und seinem Oheim Valens zu Hilfe zu eilen, überquerte Gratian den Hochrhein, um zuvor noch mit den Lentiensern abzurechnen. Die Lentienser zogen sich in die Berge zurück und baten um Frieden. Gratian gewährte ihnen diesen unter einer Bedingung: sie mußten ihre Jungmannschaft für den römischen Kriegsdienst zur Verfügung stellen. Dieser Feldzug Gratians im Jahre 378 n. Chr. war der letzte, den ein römischer Kaiser in das rechtsrheinische Limesgebiet führte. (Ammian 31, 10).
Erst jetzt eilte Gratian auf den Balkan. Aber er kam zu spät, um in die Entscheidungsschlacht bei Adrianopel einzugreifen: Kaiser Valens unterlag im August 378 n. Chr. gegen Ost- und Westgoten und fiel in der Schlacht. Die Goten blieben fortan auf dem Balkan.

Theodosius wird Kaiser des Ostreiches

Gratian erhob den *magister equitum* Theodosius zum Kaiser des Ostreiches (379–395 *Tafel 20/40* n. Chr.). Theodosius nahm die Mehrzahl der Goten als Verbündete (*foederati*) in das Reichsgebiet auf. Noch im gleichen Jahr mußte Gratian von Sirmium nach Gallien zurückkehren: Die Alamannen hatten erneut die Grenze überschritten. Mit dem Jahre 378 n. Chr. hören die genauen Nachrichten des Ammianus Marcellinus auf; für die folgenden Jahrzehnte sind die Berichte spärlich.

In Britannien ließ sich 383 n. Chr. Magnus Maximus zum Gegenkaiser ausrufen; er kam auf das Festland und veranlaßte die Juthungen, in Rätien einzufallen, um Truppen Gratians zu binden. Gratian kämpfte zunächst gegen die Juthungen – dann ging er nach Gallien, um Maximus entgegenzutreten. Aber seine Truppen verließen ihn; Gratian wurde am 25. August 383 n. Chr. bei Lyon ermordet. Sein Nachfolger war sein zwölfjähriger Stiefbruder Valentinian II (375–392 n. Chr.), den die Truppen bereits nach dem Tode seines Vaters Valentinian I 375 n. Chr. in *Aquincum*/ Budapest zum Augustus ausgerufen hatten. Als Maximus 387 n. Chr. Italien besetzte, floh Valentinian II zu Theodosius nach Saloniki.

Im Gegenangriff siegte Theodosius; er ließ den Usurpator Maximus in der Festung Aquileia von Soldaten hinrichten (Juli 388 n. Chr.). Theodosius übertrug Valentinian II die Verwaltung der westlichen Reichshälfte und schickte ihn mit dem Heermeister Arbogast, einem Franken, als Berater nach Gallien. Valentinian II wurde 392 n. Chr. ermordet; Arbogast erhob den Hofbeamten Eugenius (392–394 n. Chr.) zum Kaiser. Eugenius verstand es, mit dem Zurschaustellen der starken römischen Heeresmacht Franken und Alamannen zu beeindrucken und sie zum Abschluß von Bündnisverträgen zu bewegen. Im Machtkampf mit Theodosius unterlagen Eugenius und Arbogast 394 n. Chr. in Oberitalien. Theodosius war für kurze Zeit Alleinherrscher; als er am 17. Januar 395 n. Chr. starb, wurde das Reich unter seine beiden Söhne geteilt: der elfjährige Honorius (395–423 n. Chr.) erhielt den Westen und der achtzehnjährige Arcadius (395–408 n. Chr.) den Osten des Reiches.

Alarich fällt in Italien ein – und wird wieder vertrieben

Der Vandale Stilicho, *magister utriusque militiae,* führte für den elfjährigen Honorius die Regentschaft; er war mit Theodosius' Nichte und Adoptivtochter Serena verheiratet; 398 n. Chr. vermählte Stilicho seinen kaiserlichen Schützling mit seiner Tochter Maria und nach deren Tod (408 n. Chr.) mit seiner zweiten Tochter Thermantia. *Tafel 20/41*

Stilicho bereiste 396 n. Chr. und 398 n. Chr. die Rheingrenze und erneuerte die von Eugenius mit Franken und Alamannen geschlossenen Verträge. Gegen die 401 n. Chr. von Osten entlang der Donau in Rätien einfallenden Vandalen und Alanen schickte Stilicho Truppen von Oberitalien zu Hilfe. Die Bindung der Streitkräfte des weströmischen Reiches nördlich der Alpen nutzten die Westgoten und fielen in Italien ein: Alarich, Fürst der Westgoten und Heermeister von Illyricum, führte im November 401 n. Chr. die Westgoten über Aquileia durch Venetien in Richtung Mailand, um Kaiser Honorius in seine Gewalt zu bekommen. Mitten im Winter, noch vor Ende 401 n. Chr., eilte Stilicho über die Alpen (von Como über den Julier) nach Rätien, um die Kämpfe gegen Vandalen und Alanen zu beenden; es gelang ihm durch Verhandlungen, die ehemaligen Feinde für eine Kriegshilfe gegen die Westgoten zu gewinnen. Stilicho brauchte jeden Mann, um mit Alarich fertig zu werden: die Besatzungen der Grenzkastelle an Rhein, Bodensee, Argen, Iller und Donau sowie die Truppen in Britannien erhielten Marschbefehl nach Italien. Mit einem stattlichen Heer, zu dem auch Alanen gehörten, traf Stilicho etwa im März 402 n. Chr. (wahrscheinlich über den Brenner) wieder in Italien ein. Die Westgoten waren der römischen Heeresmacht nicht gewachsen: Alarich mußte Italien verlassen. Wenn auch vorläufig noch nicht gesagt werden kann, ob die Militärlager des Donau-Iller-Rhein-Limes nach Abkommandierung der Truppen 401/402 n. Chr. wieder besetzt wurden, so blieben jedenfalls Donau, Iller und Rhein auch weiterhin die römische Reichsgrenze gegen die Germanen.

Solange die Einheit von Kaiser und Heermeister bestand, war der Schutz der Reichsgrenze an Rhein und Donau gesichert. Wohl haben auch weiterhin Germanenstämme die Reichsgrenze überschritten, aber sie wurden entweder besiegt oder angesiedelt und integriert.

Ostgoten fallen in Italien ein. Alarich erobert Rom

Die Ostgoten stürmten 405 n. Chr. unter ihrem König Radageis über die Donau und die Ostalpen nach Italien; Stilicho besiegte sie bei Fäsulä in Etrurien.

Die Alamannen suchten 406 n. Chr. das Elsaß heim, scheinen aber bald wieder aufgrund eines mit dem Gegenkaiser Constantinus III (407–411 n. Chr.) geschlossenen Vertrages auf das rechte Rheinufer zurückgekehrt zu sein.

Alanen, Vandalen und Sweben gelangten 406 n. Chr. durch Pannonien, Noricum und Rätien an den Mittelrhein, den sie in der Gegend von Mainz überschritten. Drei Jahre lang zogen diese Völker durch Gallien, bis sie schließlich 409 n. Chr. über die Pyrenäen in Spanien eintrafen.

Die Westgoten kamen nach der Enthauptung Stilichos in Ravenna – er war bei Kaiser Honorius in Ungnade gefallen – wieder in Bewegung: Alarich eroberte 410 n. Chr. Rom; er ließ die Stadt plündern und führte die Schwester des Kaisers, Galla Placidia, als Geisel mit. Kaiser Honorius saß mit seinem Hofe in dem für die Germanen uneinnehmbaren Ravenna. Nach dem Tode Alarichs führte Athaulf die Westgoten nach Südwestgallien, wo später König Eurich (466–484 n. Chr.) das Land zwischen Loire, Rhône und Pyrenäen sowie den größeren Teil Spaniens eroberte (tolosanisches Königreich).

In Südspanien (Provinz Baetica) wurde Geiserich 428 n. Chr. König der Vandalen und Alanen. Er führte 429 n. Chr. sein Volk nach Afrika. Der heilige Augustinus, Bischof von Hippo Regius in Numidien, ist während der Belagerung der Stadt 430 n. Chr. gestorben. Die Vandalen eroberten Karthago und machten sich als erster Germanenstaat auf römischem Reichsboden unabhängig (439 n. Chr.).

Am Mittelrhein nahm der Heermeister Constantius, der Nachfolger Stilichos, die Burgunder 413 n. Chr. als Föderaten auf und siedelte sie in der Gegend von Worms an. Constantius wurde mit Galla Placidia, der Schwester des Kaisers Honorius, vermählt (417 n. Chr.). Aus dieser Ehe ging der Nachfolger des Honorius hervor: Valentinian III (425–455 n. Chr.) regierte drei Jahrzehnte das Westreich; in den Jahren 434 bis 454 n. Chr. führte der wohl bedeutendste Heermeister Aetius das militärische Kommando. Als die Burgunder 435 n. Chr. versuchten, in die benachbarte belgische Provinz vorzudringen, hat sie Aetius, durch starke hunnische Verbände unterstützt, niedergeschlagen; die Burgunder wurden in die Provinz Savoyen südlich des Genfer Sees umgesiedelt, von wo aus sie sich nördlich der Linie Genf–Lyon weiter ausdehnten. Hauptstadt ihres Herrschaftsgebietes wurde Lyon (461 n. Chr.).

Tafel 20/42

Aetius besiegt die Hunnen und rettet Gallien

Als König Attila mit seinen Hunnenscharen 451 n. Chr. donauaufwärts zum Mittelrhein zog, diesen überschritt und nach Gallien in Richtung Loire vorstieß, konnte Aetius Burgunder, Westgoten, Franken und Alamannen als Bundesgenossen gewinnen. Aetius besiegte 451 n. Chr. in der Schlacht auf den katalaunischen Feldern westlich von Troyes in der Champagne König Attila und rettete somit Gallien vor den Hunnen.

Der römische Bischof wird Leiter der ganzen Kirche

Papst Leo I (440–461 n. Chr.) verhandelte anstelle des Kaisers 452 n. Chr. in Mantua erfolgreich mit Attila und konnte ihn zur Umkehr bewegen. Als Geiserich mit den Vandalen 455 n. Chr. vor den Toren Roms erschien, gelang es Leo I auch mit diesem ein Übereinkommen zu treffen: Brandstiftung, Mord und Grausamkeiten unterblieben während der vierzehntägigen Plünderung Roms. Von Kaiser Valentinian III erreichte Leo I die gerichtliche Oberhoheit des römischen Bischofs über die Provinzialkirchen (Juli 445 n. Chr.) sowie die staatliche Unterstützung zur Bekämpfung der Sekten (Manichäer, September 445 n. Chr.). Papst Leo I ließ sich vom Kaiser bestätigen, daß der römische Bischof der Leiter der ganzen Kirche sei und als Nachfolger und Stellvertreter des Petrus seine Gewalt an die übrigen Bischöfe weitergebe.

Ende des weströmischen Reiches

Das Ende des weströmischen Reiches war gekommen, als die Einheit von Heermeister und Kaiser zerbrach: Valentinian III stieß seinen Heermeister Aetius während einer Audienz in Rom auf dem Palatin nieder (454 n. Chr.); im darauffolgenden Jahr haben die Soldaten des Aetius Valentinian III erschlagen. Die kaiserliche Macht war verspielt: „Von den Kaisern, die 455–476 n. Chr. regierten, ist nur ein einziger eines natürlichen Todes gestorben, zwei wurden abgesetzt, die übrigen sechs gewaltsam beseitigt."

Das von Eugippius 511 n. Chr. verfaßte „Leben des heiligen Severin" (*Vita Severini*) vermittelt einen lebendigen Eindruck von dem sich auflösenden römischen Reich im rätisch-norischen Grenzgebiet. Der Mönch Severin wirkte während der Jahre 460 bis 482 n. Chr. in dem Gebiet von *Asturis*/ Kloster Neuburg bis *Quintana*/ Künzing und *Iuvavum*/ Salzburg. Er gründete Klöster (in *Favianis*/ Mautern, *Batavis*/ Passau) und wurde zum Haupt der durch Raub und Plünderungen schwer geprüften römischen Bevölkerung, die er sowohl religiös als auch politisch betreute.

Die Reichsgrenze an Rhein und Donau war nicht mehr zu halten. Seit der Mitte des 5. Jahrhunderts n. Chr. überschritten die Alamannen den Rhein und siedelten in der Pfalz und im Elsaß; um 500 n. Chr. besetzten sie die Gegend von Basel und gelangten über den Hochrhein in die nordwestliche Schweiz und durch die Burgundische Pforte bis Besançon; zur Zeit des heiligen Severin stießen sie wohl in das Flachland der Provinz Raetia II vor, aber sie siedelten westlich des Lech in Bayrisch Schwaben und bewahrten im Bereich der Landwirtschaft und des Handwerks den Zusammenhang mit der vorausgegangenen Zeit.

Der Heermeister Orestes setzte 475 n. Chr. seinen Sohn Romulus, der noch ein Kind war, zum Augustus ein, um die Einheit von Kaiser und Heermeister wiederherzustellen. Die Soldaten der letzten römischen Armee – vorwiegend donauländische Germanen (Heruler, Skiren, Rugier) unter dem Oberbefehl des kaiserlichen Offiziers Odoaker, Sohn eines Skirenfürsten – forderten die Anerkennung als verbündete Macht und die Zuteilung von Land in Italien. Die kaiserliche Regierung lehnte diese Forderungen ab. Die Soldaten riefen Odoaker zum König (*rex*) von Italien aus; Odoaker drang in Ravenna ein und setzte den Kaiser Romulus Augustus ab (476 n. Chr.). Das war das Ende des römischen Kaisertums im Westen.

Abb. 30 Romulus Augustus 475–476 nChr, der letzte weströmische Kaiser, mit Helm, Diadem, Schild und geschulterter Lanze

Die Zivilisation der Römer in Baden-Württemberg

Die Verwaltung des Limesgebietes

Unter Kaiser Domitian wurden um 85 n. Chr. die beiden germanischen Heeresbezirke am Rhein, des unteren Heeres (*exercitus inferior*) in die Provinz Niedergermanien (*Provinicia Germania inferior*) und des oberen Heeres (*exercitus superior*) in die Provinz Obergermanien (*Provinicia Germania superior*) mit Sitz des Statthalters in Mainz/*Mogontiacum* umgewandelt. Damit begann für das Land hinter dem Limes – zu dieser Zeit noch *S. 54* hinter dem „Neckar- und Alblimes“ – ein neuer Abschnitt, die Zivilverwaltung.
In den beiden germanischen Provinzen ernannte der Kaiser gewesene Konsuln (*consulares*) oder Prätoren (*praetorii*) als Statthalter zu seinen Stellvertretern (*legati Augusti pro praetore*). Ihnen unterstand die gesamte Verwaltung sowie alle in der Provinz stationierten Truppen. An Obergermanien grenzte im Südosten die Provinz Rätien, die vom Bodensee bis zum Inn reichte. Wahrscheinlich unter Kaiser Claudius (41–54 n. Chr.) als kaiserliche Provinz eingerichtet (siehe S. 41), residierte in der Provinzhauptstadt Augsburg/*Augusta Vindelicum* als Statthalter ein vom Kaiser ernannter Prokurator, der dem Ritterstande angehörte.
Wo die Grenze zwischen Obergermanien und Rätien nach der Anlage von rätischem Alblimes und obergermanischem Neckarlimes 85 bis 90 n. Chr. verlief, wissen wir *S. 73 f* nicht. Später begann der rätische Limes im Rotenbachtal bei Lorch, von hier dürfte die Provinzgrenze über den Kamm der Schwäbischen Alb zwischen dem Kastell Lautlingen und dem östlich davon gelegenen Kastell Hausen nach Süden über die Donau zum Westrand des Bodensees verlaufen sein. Inschriftlich belegt ist der obergermanisch-rätische Grenzverlauf nirgends.

Kaiserliche Domänen

Bei der Neubildung von Provinzen pflegten die Römer, um die dort lebende Bevölkerung an die Art der römischen Verwaltung zu gewöhnen und eine rasche Romanisierung zu erreichen, dieser nach und nach eine Selbstverwaltung zu gestatten. Der erste Schritt hierfür war die Einrichtung kaiserlicher Domänen (*saltus*), Grund und Boden der Domänen war ausschließlich kaiserlicher Besitz und wurde an die Bewohner (*coloni*) verpachtet. Der Verwalter, ein Prokurator aus ritterlichem Stand war dem Provinzstatthalter unterstellt, hatte gerichtliche und polizeiliche Gewalt und zog den Pachtzins ein. So nennt eine Inschrift aus Rottenburg/*Sumelocenna* den „*saltus Sumelocennensis*" mit
Tafel 26 Hauptort Rottenburg. Den Stein hatten der Rat *ordo* mit seinen beiden Vorsitzenden *magistri* Iulius Dexter und G. Turranius Marcianus setzen lassen. Die Pächter hatten sich nach dem Muster römischer Kommunalverwaltung zu einem Verein zusammengeschlossen unter der Führung dieser beiden Männer. Der keltische Name *Sumelocenna* weist darauf hin, daß schon in vorrömischer Zeit hier eine keltische Siedlung bestand. Es ist anzunehmen, daß in ähnlicher Weise auch andere Domänen eingerichtet wurden. Dafür gibt es allerdings lediglich eine Inschrift aus Dusae (heute Düdzdsche, Wilajet Bolu, Türkei) in Bithynien aus dem frühen 2. Jahrhundert, die eine Domäne jenseits des Neckarlimes erwähnt, ein Hinweis, daß römische Truppen zu dieser Zeit schon das Gebiet östlich des Neckars kontrollierten.

Bildung von civitates

Zu Beginn des 2. Jahrhunderts wurden die Domänen aus der unmittelbaren kaiserlichen Verwaltung entlassen und Stammesgemeinden mit Selbstverwaltung (*civitates*) gebildet.
Tafel 26b Wieder ist Rottenburg hierfür ein Musterbeispiel. Mehrere hier oder in benachbarten Siedlungen gefundene Inschriften aus der Mitte des 2. und der ersten Hälfte des 3. Jahrhunderts beweisen, daß aus dem *saltus* eine *civitas Sumelocennensis* gebildet worden war. Hauptort dieser Stammesgemeinde wurde Rottenburg, wenn auch nicht Stadt im rechtlichen Sinne. In den *civitates* erhielt die Bevölkerung das Recht einer eigenen kommunalen Selbstverwaltung, wie sie auch sonst bei den römischen Städten im gesamten Imperium üblich war. Die freie Bevölkerung einer derartigen *civitas* waren Bürger dieser Gemeinde, wobei der Großteil das römische Bürgerrecht noch nicht hatte, sondern den Status von „Fremden" (*peregrini*), d. h. Nichtrömern. Erst Anfang des 3. Jahrhunderts verlieh die *Constitutio Antoniniana* allen freien Bürgern das römische Bürgerrecht.
An der Spitze einer *civitas* stand ein Rat, der *ordo decurionum,* aus dessen Mitte zwei Bürgermeister (*duoviri*) je für eine einjährige Amtszeit gewählt wurden. Daneben gab es ähnlich der römischen Stadtverwaltung weitere öffentliche Ämter, so etwa die *aediles,* die für die öffentlichen Einrichtungen verantwortlich waren, und die *quaestores,* die die

Finanzen der *civitas* verwalteten. Vom rechtsrheinischen Gebiet der Provinz Obergermanien kennen wir mehrere derartige *civitates*, vor allem aus der Regierungszeit Kaiser *Abb. 45* Ulpius Traianus; er war Ende des 1. Jahrhunderts Statthalter in Obergermanien und galt als ausgezeichneter Organisator. Die *Civitas Ulpia Sueborum Nicretum,* also die civitas der Neckarsweben trägt seinen Namen. Ihr Hauptort war *Lopodunum,* heute Laden- *S. 343 ff* burg. Sie ist wohl die älteste im Lande. Daneben sind inschriftlich nachgewiesen die *Ci-* *S. 215 ff* *vitas Aquensium* mit Vorort *Aquae*/Baden-Baden, die *Civitas Port . . .* mit Hauptort *S. 448 ff* *Port . . .*/Pforzheim. Vom römischen Pforzheim ist weder der genaue Name noch die ungefähre Ausdehnung bekannt. Am mittleren Neckar lag die *Civitas Alisinensium* mit *S. 231* Wimpfen i. T. als Hauptort. Der antike Name von Wimpfen ist nicht bekannt. Grabungen der letzten Jahre zeigen immer mehr Größe und Bedeutung dieser Siedlung.

Am obergermanischen Limes schließlich ist die *Civitas Aurelia G. S.* mit dem vermutli- *S. 440* chen Hauptort Öhringen/*Vicus Aurelianus,* – überliefert durch eine Inschrift von Hagenbach am Kocher – zweifellos die jüngste *civitas.*

Noch nicht genügend erforscht sind die Verhältnisse im südlichen Teil des heutigen Baden-Württemberg. Wahrscheinlich existierten auch hier *civitates,* doch lassen sie sich bis heute inschriftlich nicht belegen. Größere Siedlungen, z. B. Badenweiler waren möglicherweise Hauptorte unbekannter *civitates.*

Auch im ehemals zur Provinz Rätien gehörenden Landesteil sind wir auf Vermutungen angewiesen. Vielleicht war die große Zivilsiedlung *Aquileia*/Heidenheim Hauptort einer *civitas.* Für den südwestlichen Teil der Provinz, das heutige Oberschwaben, war vermutlich *Brigantium*/Bregenz Sitz einer zentralen Verwaltung. Eine Ausnahme bildete *Arae Flaviae*/Rottweil, das Ende des 1. Jahrhunderts zur Stadt (*municipium*) erhoben wurde.

Von der Zivilverwaltung ausgenommen waren die Militärterritorien, Gebiete um die Kastelle und Grenzgebiete am Limes. Sie unterstanden der Militärverwaltung (siehe S. 74 f). Zusammenfassend läßt sich für die Zeit der römischen Besetzung des heutigen Baden-Württemberg sagen, daß sich unter dem Provinzstatthalter eine rege kommunale Selbstverwaltung der *civitates* entfalten konnte. Sie wurde bis zum Ende der römischen Herrschaft, d. h. bis zur Aufgabe des obergermanisch-rätischen Limes (259/60), vermutlich weitgehend unverändert beibehalten.

Siedlungsformen

Die Stadt Arae Flaviae

Im gesamten rechtsrheinischen Gebiet der Provinz Obergermanien und in dem Teil der Provinz Rätien, der heute innerhalb von Württemberg liegt, gab es – soweit wir aus den

Quellen wissen – nur eine Stadt im staatsrechtlichen Sinn: *Arae Flaviae*/Rottweil (siehe S. 483 ff). Inschriftlich nachweisbar ist der Status der Stadt durch eine kleine hölzerne *Abb. 272* Schreibtafel, gefunden 1950 in einem Brunnen am Südrand des antiken Stadtbereiches. Der Vollzugsvermerk nennt den politischen Status der Siedlung *Arae*, das mit *Arae Flaviae* gleichzusetzen ist. Die Urkunde stammt aus dem 5. Konsulat von Kaiser Commodus, also aus dem Jahre 186 n. Chr. Antiker Name und historische Auswertung der archäologischen Funde beweisen jedoch, daß *Arae Flaviae* die Stadtrechte schon im späten 1. Jahrhundert n. Chr., vermutlich von Kaiser Domitian, erhalten hatte. Wie der Name *Arae Flaviae* – die flavischen Kaiseraltäre – vermuten läßt, sollte hier möglicherweise ein zentraler Ort des Kaiserkults im rechtsrheinischen Gebiet entstehen. Dazu kam es offensichtlich nicht, nachdem die Straße von Mainz über Cannstatt führte. *Arae Flaviae* geriet dadurch in eine Abseitsstellung und diente nur noch als Durchgangsort von *Vindonissa*/Windisch nach Cannstatt, eine wichtige Verbindungsstraße, wie die Route auf der *Tafel 1* *Tabula Peutingeriana* zeigt.

So blieb die Anlage von *Arae Flaviae* offensichtlich in den Anfängen stecken. Daß die Stadt von der Anlage her viel größer geplant war, zeigen Grabungen vom Anfang dieses *Abb. 268* Jahrhunderts und neue seit dem Jahre 1967. Tempel, große, ausgedehnte Thermen, *Abb. 269* großflächige, repräsentativ ausgestattete Wohn- und Wirtschaftsgebäude wurden ent- *Abb. 267* deckt. Am Nordrand der Stadt östlich der Straße nach Rottenburg, können wir, wie *Tafel 74* neueste Forschungen von A. Rüsch gezeigt haben, ein Gebäude (*mansio*) mit Bad und Magazin nachweisen. Das mit der Rechtsstellung verbundene Forum ist zwar bis heute noch nicht sicher lokalisierbar, aber einiges spricht dafür, daß es im Bereich der südlichen Flur Hochmauren lag. Weitere Ausgrabungen werden hierüber Aufschlüsse bringen.

Im römischen Imperium standen an der Spitze einer Stadt (*municipium*), dem Vorbild der Stadt Rom entsprechend, zwei Bürgermeister (*duoviri iure dicundo*). Zusammen mit den beiden für polizeiliche Belange zuständigen Räten (*duoviri aedilicia postestate*) bildeten sie die oberste Verwaltung der Stadt und des dazugehörigen Umlands. Dieses Viererkollegium und die ihm zur Seite stehenden Ratsherren (*decuriones*) entstammten der sozialen Oberschicht (Großgrundbesitzer und eingewanderte Kaufleute). Inschriftliche Quellen über die Verwaltung von *Arae Flaviae* und die damit betrauten Personen besitzen wir zwar nicht, doch ist anzunehmen, daß auch dieses *municipium* nach diesem Prinzip verwaltet wurde.

Ein sog. zweiter Stand (*secundus ordo*) – einheimische Familien, die durch Gewerbe und Handel Reichtum erlangt hatten – war zwar nicht zu den höchsten Ämtern der Stadtverwaltung zugelassen, konnte aber in einem Sechsmännerkollegium (*seviri Augustales*) ebenfalls öffentliche Ämter bekleiden. Dieses Sechsmännerkollegium war zuständig für die Abhaltung von öffentlichen Feiern, Spielen und Kulthandlungen. Aus einer leider inzwischen verschollenen Inschrift (H. S. 119) aus Rottenburg geht der Name des Mitglieds eines solchen Sechsmännerkollegiums hervor: Marcus Messius Fortunatus. Dieser Mann war *sevir Augustalis*, von Beruf Händler mit Tonwaren und Mänteln, und ließ 225 n. Chr. in Rottenburg/*Sumelocenna* ein vermutlich öffentliches Bauwerk auf eigene Kosten errichten.

Daß in Rottweil die einheimische Bevölkerung einen erheblichen Anteil hatte, zeigen Funde einfacher Gebrauchskeramik, bei der Form und Verzierung einheimischer Tradition entsprach. Auf die keltische Bevölkerung weisen auch die am Südostrand des römischen Stadtbereichs entdeckten drei gallorömischen Umgangstempel. *S. 485* *Abb. 266*

Stadtartige Siedlungen

Neben Arae Flaviae als einzigem Ort mit offiziellem Stadtrecht, gab es im heutigen Baden-Württemberg eine Anzahl stadtartiger Siedlungen (*vici*), die gleichzeitig Sitz der zentralen Verwaltung eines saltus oder später einer *civitas* waren. Diese Siedlungen hatten gegenüber Rottweil fast durchweg eine wesentlich größere Ausdehnung. Die eigentlichen Stadtbereiche von Ladenburg und Rottenburg waren etwa doppelt so groß wie der von Rottweil. Ebenfalls größer war auch Wimpfen mit einem ummauerten Teil von 760 m West-Ost-Ausdehnung und maximal 330 m Nord-Süd-Ausdehnung. Durch zahlreiche Grabungen konnten hier große repräsentative Bauten nachgewiesen werden. Alle drei Siedlungen wurden vermutlich Ende des 2. oder zu Beginn des 3. Jahrhunderts zur Sicherung vor alamannischen Überfällen mit starken Wehrmauern umgeben. In Rottenburg und in Ladenburg schloß diese Befestigung nicht den gesamten bebauten Teil ein, ausgedehnte Viertel, insbesondere die der Handwerker und deren Wohnungen, *Tafel 71* *Abb. 68, 69* *Abb. 31* *Abb. 255*

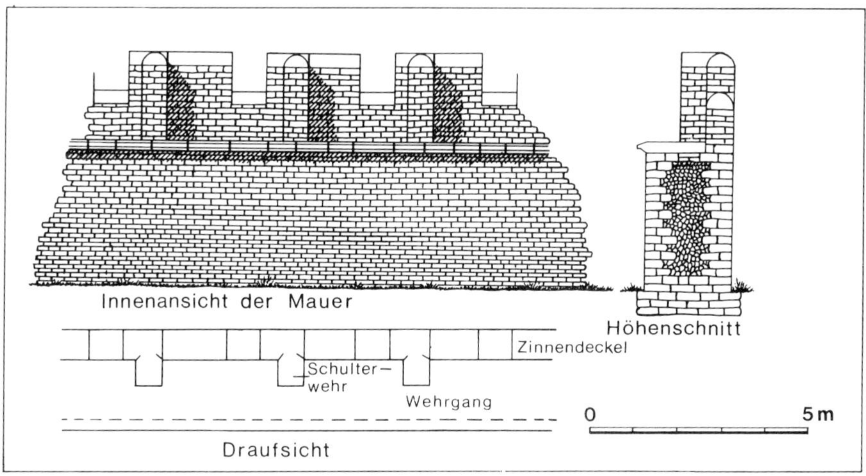

Abb. 31 Rottenburg. Rekonstruktion der Vicusmauer und Höhenschnitt

blieben außerhalb. Wenig bekannt ist bisher über das römische Pforzheim/*Port* . . . und das römische zivile Öhringen.

In Anlage und Architektur unterschieden sich diese Siedlungen wohl nicht von einem *municipium,* wenn sie auch verwaltungspolitisch gesehen im rechtlichen Sinne den Status einer Stadt nicht hatten. Neben den Wehrmauern hatten sie einen zentralen Platz, das *S. 343 ff* Forum, und öffentliche Bauten. So sind in Ladenburg/*Lopodunum* Reste einer bedeu- *Abb. 160–162* tenden Marktbasilika nachweisbar. Daneben dürften diese Siedlungen auch öffentliche Gebäude mit Sitzungs- und Amtsräumen für den *ordo decurionum,* Tempel und Heiligtümer gehabt haben. In Ladenburg fanden sich in jüngerer Zeit die Reste von zwei orientalischen Heiligtümern und große Badeanlagen. Einblick in die innere Struktur von La- *S. 475 ff* denburg und Rottenburg geben ausgedehnte Wohnviertel, die an *insulae,* d. h. von Straßen umgebene Wohnviertel, erinnern. In Ladenburg und Rottweil konnten riesige Ma- *Abb. 267* gazine untersucht werden. Dagegen wurden in Wimpfen bei Ausgrabungen in den Jah- *Abb. 69* ren 1969 bis 1971 vorwiegend Wohnhäuser gefunden, die dem für Kastelldörfer bezeichnenden Langhaustypus angehören. In Ladenburg entdeckte B. Heukemes am Süd- *Abb. 163* rand der Stadt ein Schauspieltheater. Möglicherweise liegt auch am Nordostrand der antiken Siedlung von Rottenburg ein solches Theater.

Lagerdörfer

Neben diesen Siedlungen mit dem Sitz zentraler Verwaltungen gab es bei jedem Auxiliarkastell ein Lagerdorf (*vicus*), das der Aufsicht des Militärs unterstand und mit ihm wirtschaftlich eng verbunden war. Zu jedem Auxiliarkastell gehörte vermutlich – wie in *S. 74 f* größeren Dimensionen zu den Legionslagern – ein größeres militäreigenes Umland (*territorium militaris*), dessen Bewohner die Kastelle mit allem Lebensnotwendigem versorgten und der Kontrolle der Truppe unterstanden (siehe S. 74 f). Die Lagerdörfer erstreckten sich entlang der wichtigsten Ausfallsstraßen des Kastells. Langgestreckte Bauten, die Giebelfront der Straße zugekehrt, mit einem oder zwei Kellern waren die typische Hausform.

Da man dem Auxiliarvicus erst seit dem Zweiten Weltkrieg Beachtung schenkt, müssen *Tafel 75* hier noch viele Fragen offenbleiben. Die erste systematische Ausgrabung eines Lager- *S. 534 ff* dorfes ist die von Sulz am Neckar, die zwischen 1967 und 1972 durchgeführt wurde. Zahlreiche Funde, wie Pferdegeschirr, Schreibgriffel, Mühlsteine kennzeichnen die Bedeutung dieser Orte als Niederlassung von Händlern. Daneben wurden auch ausgedehnte Handwerkerviertel, insbesondere Töpfereien und Schmiedewerkstätten nach- *Abb. 309* gewiesen. Eine Merkurstatue und ein Eponarelief, das sich in einem Keller in Sulz fand, *Abb. 310* sind in diesem Zusammenhang besonders interessant. Alle diese Funde zeigen, daß derartige Kastelldörfer nicht nur für das Militär, sondern auch für die im Umland wohnende

einheimische Landbevölkerung ein Zentrum des Handels und des geselligen, vermutlich auch kultischen Lebens waren. Hier wurden wohl regelmäßig Märkte abgehalten.
Nur wenige dieser Kastelldörfer sind inschriftlich überliefert, z. B. kennen wir die Dorfbewohner von Öhringen (*vicani Aurelianenses*), von Köngen (*vicani Grinarionenses*) und die Dorfbewohner an der Murr (*vicani Murrenses*). *Tafel 27a* *S. 234 f*
Zu den wichtigsten Kastelldörfern am obergermanischen Limes gehören die Siedlungen von Jagsthausen und wohl auch von Welzheim. In Jagsthausen konnten neben dem Gräberfeld ausgedehnte Steinbauten und größere Handwerkerviertel ausgegraben werden, die offenbar auch für die Kastelldörfer am Limes charakteristisch sind. Am rätischen Limes dürfte vor allem das Kastelldorf beim Kastell der *ala II Flavia* in Aalen wichtig gewesen sein. Im übrigen sind wir über die Kastelldörfer am Limes nur schlecht informiert, da hier noch keine planmäßigen Ausgrabungen durchgeführt werden konnten. Ihre Ausdehnung ist meist nur durch Zufalls- oder Oberflächenfunde bekannt. *S. 315 ff* *S. 559 ff* *S. 201 ff*

Nachfolgesiedlungen der Kastelldörfer

Bei Vorverlegung der Grenze wurden die Truppen nach vorn verlegt und die rückwärtigen Kastelle aufgelassen. Die mit den Kastellen entstandenen Dörfer behielten aber ihre Stellung als Mittelpunkt. Alle bisher bekannten ursprünglichen Kastelldörfer scheinen bis zum Fall des obergermanisch-rätischen Limes weiterbestanden zu haben. Vor allem die Nachfolgesiedlungen der Kastelldörfer im Neckargebiet wurden im 2. und 3. Jahrhundert zu blühenden Zivilsiedlungen. Nicht so gut entwickelten sich offensichtlich die Dörfer bei den Kastellen des ,,Alblimes". Hier scheint lediglich der *vicus* in Heidenheim/*Aquileia* einen weiteren Aufschwung nach 150 n. Chr. genommen zu haben.
So entwickelte sich das Lagerdorf Heidelberg, dank seiner verkehrsgeographischen Lage an der Straße nach Augsburg zu einer der bedeutendsten Zivilsiedlungen in römischer Zeit. Im Laufe des 2. und 3. Jahrhunderts wurde aus dem Lagerdorf zusammen mit der einheimisch-swebischen Siedlung ein Ort, dessen Ost-West-Ausdehnung nördlich des Neckars heute auf über 1,5 km nachweisbar ist. Vor der wichtigen, dort über den Neckar führenden Verbindungsstraße zeugen erst vor wenigen Jahren aufgefundene Teile einer massiven Neckarbrücke. Transport und Gewinnung von Rohstoffen, z. B. Bausteine aus dem Odenwald, führten zur Anlage eines Hafens, der dann vermutlich wiederum die Ansiedlung zahlreicher Kaufleute nach sich zog. Die reichen Tonvorkommen in der Umgebung begünstigten die Entwicklung eines Töpfereizentrums, wie durch zahlreiche Grabungsergebnisse belegt ist. Das große Brandgräberfeld an der Berliner Straße beidseits der römischen Straße nach Ladenburg mit zahlreichen turmartigen Grabdenkmälern und reich ausgestatteten Gräbern spiegelt den Wohlstand der hier ansässigen Bevölkerung wider. *S. 278 ff* *Tafel 69* *Tafel 13b* *Tafel 8a*
Die Nachfolgesiedlung des Lagerdorfes von Kastell Cannstatt verlagerte sich von der *S. 532 f*

Steig, wo eine militärische Benefiziarierstation blieb, in das siedlungsfreundlichere Neckartal, wo am Neckarübergang der Fernverkehrsstraße sich aus der römischen Siedlung das mittelalterliche Cannstatt entwickelte.

Tafel 27a Auch das Kastelldorf Köngen/*Grinario,* bekannt aus verschiedenen Inschriften, und der *Tafel 1* *Tabula Peutingeriana,* lag an der Hauptachse der Straße zwischen dem Kastell Cannstatt und Rottenburg. Hier wurden schon im 18. Jahrhundert zahlreiche römische Bauwerke freigelegt, die sich in Flur „Burg" auf der Hochfläche südwestlich, westlich und nördlich des Kastells erstreckten. Zahlreiche Keller, die dem für Kastelldörfer charakteristischen Langhaustypus angehören, reihten sich den Straßen entlang auf. Das im Kastellbereich aufgedeckte Bad gehörte sehr wahrscheinlich zu dieser zivilen Ansiedlung und wurde nach Aufgabe des Kastells um die Mitte des 2. Jahrhunderts auf dessen Grund und Boden errichtet.

Zahlreiche Kleinfunde, insbesondere eine Vielzahl an schönen Tonwaren aus Terra Sigillata, Schmuck, vor allem reich verzierte Emailfibeln, sowie eine Reihe von Gegenstän- *Abb. 154* den aus Silber und Bronze zeugen vom hohen Lebensstandard und Reichtum der zivilen Bevölkerung von *Grinario.* Ist die Bedeutung der zivilen Siedlung von Cannstatt unmittelbar an der großen Durchgangsstraße von Mainz nach Augsburg als Umschlageplatz für Güter an den Limes und zu den dort stationierten Truppen ziemlich klar, so ist der wirtschaftliche Hintergrund des *vicus Grinarionis* bisher zweifelhaft. Auffallend sind Funde von Bleibarren, möglicherweise ein Hinweis auf ein Zentrum des Metallhandels.

Auch die aus einem Kastelldorf entstandene ausgedehnte zivile Siedlung in Riegel am *S. 463 f* Kaiserstuhl hat nach Aufgabe der militärischen Anlagen (in der Mitte des 1. Jahrhunderts) einen Aufschwung erlebt. Soweit die bisher hier durchgeführten Grabungen zeigen, waren auch hierfür wirtschaftliche Gründe ausschlaggebend. Die zahlreichen Töpfereien, die hier ausgegraben werden konnten, dienten offenbar der Versorgung eines größeren Gebietes und verhalfen den dort ansässigen Handwerkern zu ansehnlichem *Abb. 245* Wohlstand. Das erst in jüngster Zeit ausgegrabene Mithrasheiligtum gibt Zeugnis für die *Abb. 246* Religiosität der Bevölkerung dieser Siedlung.

Neben diesen, ursprünglich vom Militär bestimmten Zivilsiedlungen gab es aber auch im heutigen Baden-Württemberg eine Reihe von Dörfern und Weilern, die von Anfang rein zivilen Charakter hatten. Über diese Art von Siedlungen sind wir bis heute nur unzureichend informiert.

Die vermutlich vorwiegend von einheimischer Bevölkerung bewohnten Siedlungen *S. 308 f* Mühlacker-Dürrmenz, Hüfingen-Mühlöschle, Lahr-Dinglingen und möglicherweise *S. 354 ff* auch Sindelfingen u. a. entwickelten sich an wichtigen Straßenknotenpunkten und dienten wohl als Rast- und Umspannstation für durchreisende Kaufleute und Händler. Die Bauten bestanden meist aus Holz oder Fachwerk.

Wichtige zivile Zentren entwickelten sich in der Umgebung von Heilquellen, vor allem *Tafel 32* Baden-Baden/*Aquae* und Badenweiler. Die Ruinen dieser ausgedehnten Thermen ge-

Tafel 30
a: Wiesenbach. Restaurierter Keller eines römischen Gutshofes 2./3. Jh.
b: Steintisch aus dem Keller eines römischen Gutshofes

Tafel 29 (vorstehende Farbtafel)
a: Limesmuseum Aalen. Römischer Gutshof. Zinnfiguren-Diorama
b: Römisches Weinfest. Meditrinalia. Diorama im „Römerkeller" in Oberriexingen

Tafel 31 Oberriexingen. Keller eines Gutshofes mit Abstellnischen. 2./3. Jh. n. Chr.

Tafel 32
Badenweiler. Ruinen der Heilthermen

Tafel 33 Bäder
a: Mundelsheim. Hypokaustanlage des römischen Gutshofes mit Kamin
b: Hüfingen. Warmbad (Raum B) mit Hypokaustpfeilerplatten und labrum. 1. Jh. n. Chr.

Tafel 34 a: Benningen. Töpferöfen. Grabung 1972
b: Steinheim a. d. Murr. Ziegelofen. Gewölbestützen für die Brenndecke. Grabung 1970

Tafel 35 a: Rottweil. Terra-Sigillata-Gefäße. 1. und 2. Jh. n. Chr.
b: Dangstetten. Millefioriglasschale. Frühes 1. Jh. n. Chr.

Tafel 36

a: Dangstetten. Trinkbecher aus einfachem Ton auf Teller aus Terra Sigillata mit Töpferstempel Tetti Samia

b: Rottweil. Reliefbecher mit Firnisüberzug

ben dem Besucher heute noch eine Vorstellung von der Ausdehnung und der Anlage antiker Bäder. *Abb. 58*

Der römische Gutshof

Neben den stadt- und dorfartigen Siedlungen, deren Bewohner hauptsächlich von Handwerk, Handel und Gewerbe lebten, gab es eine weitere Siedlungsform: den Gutshof (*villa rustica*). Diese Gutshöfe, deren Bedeutung für die Erschließung und das wirtschaftliche Wachstum des Landes kaum überschätzt werden kann, betrieben Ackerbau und Viehzucht, versorgten die Bevölkerung mit dem Lebensnotwendigen und prägten das Bild der Dekumatlandschaft. Weit über 1000 Höfe sind durch Grabungen oder anhand von Oberflächenfunden im heutigen Baden-Württemberg nachweisbar. *Abb. 40* Von ihnen ist nur eine kleine Zahl in größerem Zusammenhang untersucht und samt Nebenbauten und Hofmauern bekannt.

Wie oben ausgeführt, wurde das ganze besetzte Land kaiserliche Domäne, die Eigentümer des Bodens wurden Pächter, d. h. die Römer hatten die Möglichkeit, das Land an Kolonisten und Veteranen in Erbpacht zu verteilen. *S. 122* Zu diesem Zweck wurde das Land vermessen. Wie in anderen Provinzen dürfte auch in Baden-Württemberg das Land

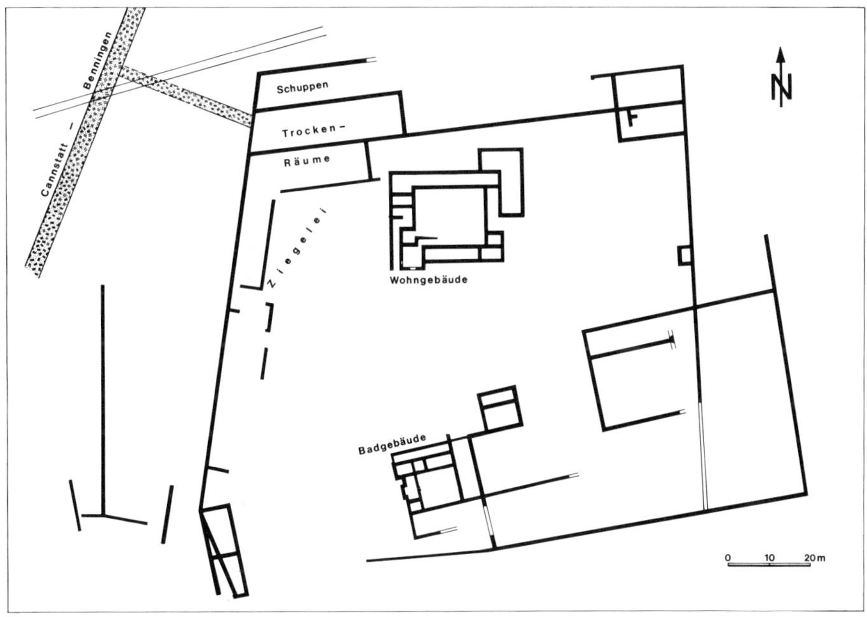

Abb. 32 Gutshof Ludwigsburg-Hoheneck. Grundriß der Gesamtanlage

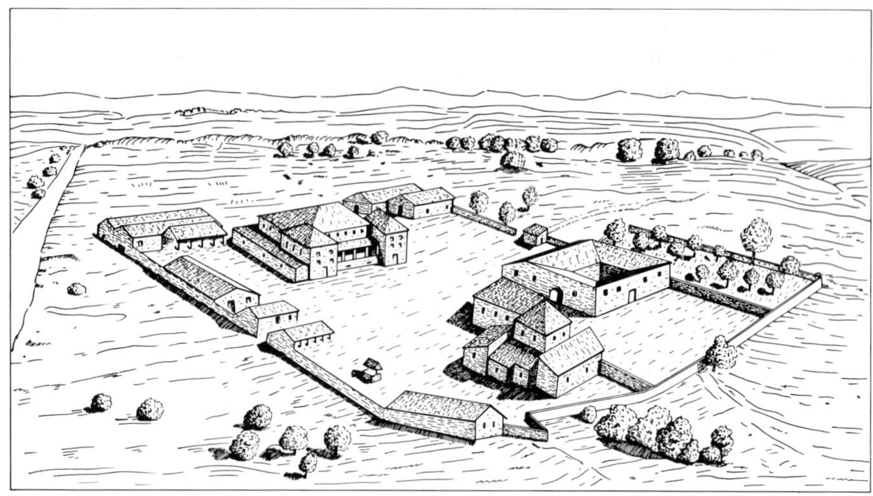

Abb. 33 Ludwigsburg-Hoheneck. Rekonstruktionsversuch der Hofanlage (nach Paret)

durch ein rechtwinkliges Limitationsnetz in rechteckige Feldfluren eingeteilt worden sein, wenn auch hierfür noch keine konkreten Beweise gefunden wurden. Auch die Größe des zu einem derartigen Gutshof gehörenden Umlands konnte noch nicht genau ermittelt werden. Höfe von einer Größe von ca. 100 Hektar wie im Rheinland gab es wohl selten. Die Mehrzahl dürften kleinere Höfe gewesen sein.

Die meisten Gutshöfe im Lande lagen an trockenen Hängen, möglichst in Süd- bzw. Südostlage mit Wasser in der Nähe. Offensichtlich wollten die Gutsherren die ihnen gehörenden Felder und Fluren überschauen können und legten Wert auf eine gute Aussichtslage. Das hatte außerdem den Vorteil, daß das Vieh in den Tälern direkt beim Hof weiden konnte. Beliebt waren deshalb Terrassen und Gleithänge oder Bergrücken zwischen zwei Tälern. Selbst dort, wo eigentliche Täler fehlten, wie in Ludwigsburg-Hoheneck, bevorzugten die Erbauer die Anlage ihres Hofes wenigstens an flachen Hängen.

Die Hofanlage

Die Einzellage der Gehöfte brachte es mit sich, daß die Bewohner die landwirtschaftlichen Produkte möglichst selbst weiterverarbeiteten, z. B. Milch zu Käse, Fleisch zu *Tafel 41, 42* Würsten, Häute zu Leder u. a. Die für die Bearbeitung des Bodens notwendigen Geräte wurden oft in eigenen Schmieden hergestellt und repariert. Kleine Töpfereien dienten der Fertigung des Tongeschirrs für den täglichen Bedarf. Selbst die Verarbeitung von Leder und die Anfertigung grober Textilerzeugnisse ist nachweisbar. Das zeigt, daß diese Höfe weitgehend autark waren und alles zum Leben und Arbeit Nötige selbst herstellten. Der Gutshof in Ludwigsburg-Hoheneck, unmittelbar im Nordosten des Parkes von Schloß Favorite, den O. Paret 1911 ausgrub, gibt ein gutes Beispiel für die allgemein übliche Art der Gutsanlage. Im Norden der Anlage, auf dem schönsten Platz, steht das stattliche Hauptgebäude, südlich davon und etwas tiefer gelegen das zu jedem Gutshof gehörende Bad, in diesem Fall sehr groß und vermutlich mehrfach umgebaut. Die Westseite des Hofes nahmen zahlreiche kleinere, zweifellos wirtschaftlichen Zwecken dienende Gebäude ein, wie Ställe, Scheunen und Schuppen. Hier war auch ein großer Brunnen. In dem an der Nordostecke über die Hofmauer vorspringenden Bau dürfte das Gesinde gewohnt haben. An der Nordwestecke der Gutsanlage befand sich eine kleine Ziegelei der sich nördlich Gebäude anschlossen, in denen wohl die Ziegel getrocknet und gelagert wurden. Offensichtlich betrieb der Gutsherr neben der Landwirtschaft eine eigene Ziegelfabrikation, die das umliegende Land mit Dach- und Hypokaustziegeln versorgte. Alle Häuser umschloß eine Hofmauer mit Seitenlängen von 146 bzw. 127 Metern. Im Jahre 1975 konnte bei Bondorf im westlichen Teil des Kreises Böblingen ein großer römischer Gutshof vollständig untersucht werden. Wie die Ausgrabungen ergaben, entstand zunächst ein Gehöft aus Holzbauten, das um die Mitte des 2. Jahrhunderts in Stein ausgebaut wurde. Die Hofmauer mit einer Länge von etwa 160 m und einer größten Breite von 95 m wurde an allen vier Ecken durch turmartige Eckbauten verstärkt. Im Innenraum ließen sich Haupt-, Bade- und Wirtschaftsgebäude, ein Handwerksbetrieb sowie ein wohl als Tempel anzusprechender Bau feststellen.

Abb. 33
Abb. 32
Tafel 7

Anlagen ähnlicher Größe und Ausdehnung wie diese Gutshöfe in Ludwigsburg-Hoheneck und Bondorf kennen wir, wenn auch bis jetzt nicht vollständig untersucht, u. a. von Meßkirch, Wössingen, Osterstetten, Kirchheim a. N., Gemmrigheim, Bierlingen-Neuhaus und Sigmaringen (Wachtelhau). Sie dürften aber in der Minderzahl sein. Eine ganze Reihe von Gutshöfen bestehen aus nur einem oder zwei Gebäuden. Als Beispiel dafür sei der Grundriß des kleinen, sehr einfachen Gutshofes von Mittelstadt (Stadt Reutlingen) dargestellt. Sein Hauptgebäude hatte in der letzten Bauphase Hof, Keller, Gang und Wohnraum sowie drei Baderäume. Hinzu kam noch ein kleines rechteckiges Wirtschaftsgebäude. Ähnlich einfach war auch der 1970 ausgegrabene Gutshof von Inzigkofen.

S. 419, 333
S. 268, 240
S. 514
Abb. 34
S. 310

Das Hauptgebäude

Der Grundtypus des Hauptgebäudes folgte im allgemeinen einem einheitlichen Schema, – der Portikusvilla mit Eckrisaliten. Diese Bauform hat vermutlich ihre Vorbilder in Italien. Ob und wie weit die Villa im keltisch-germanischen Raum auch die Weiterentwicklung einheimischer Grundformen ist, läßt sich bis heute schwer beurteilen, weil in keinem einzigen Fall ältere Vorgängeranlagen mit einfachem Grundriß nachweisbar sind.

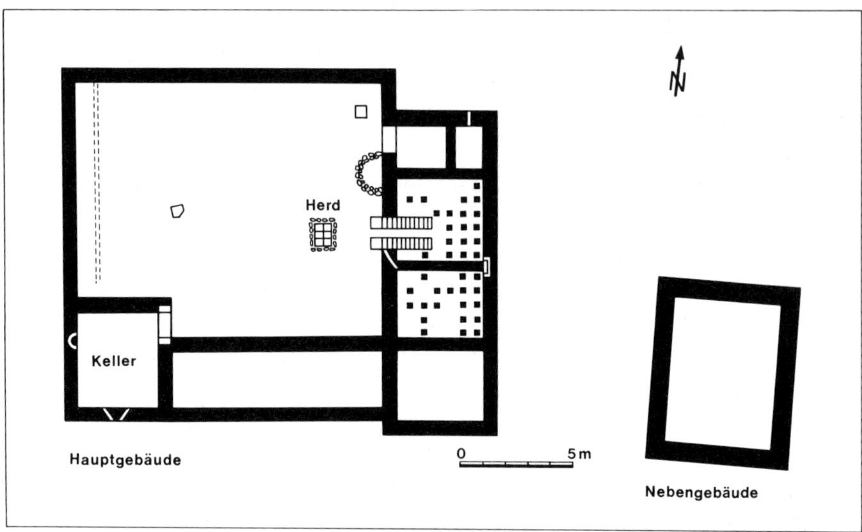

Abb. 34 Mittelstadt. Grundriß des Hauptgebäudes mit 2 Baderäumen

Vier Teile sind für die Hauptgebäude der römischen Gutshöfe charakteristisch:
1. Mehr oder weniger vorspringende Eckbauten (Risalite) werden durch eine überdachte Säulenhalle (*porticus*) miteinander verbunden und ergeben so eine repräsentative Front. Die Steinsäulen – sie wurden immer wieder vollständig oder in Bruchstücken im unter der Säulenhalle liegenden Keller gefunden – waren sorgfältig gedreht und 1,3 bis 1,8 m hoch. Sie müssen also auf einem Sockel, vermutlich aber auf einer durchgehenden Brü-

Abb. 35 Mundelsheim. Rekonstruktionszeichnung vom Hauptgebäude des Gutshofes, mit Portikus und Eckrisaliten

stungsmauer gestanden haben. Halbsäulen, z. B. in Rottenburg, bildeten Anfang und Ende dieser Säulenreihe. Bei den Anlagen am Hang betrat man den in der Mitte liegenden Eingang über eine Treppe oder Rampe. Musterbeispiel hierfür sind das Hauptgebäude von Bierlingen-Neuhaus und das – 1937/38 bzw. 1974 vollständig untersuchte *Abb. 79* von Mundelsheim. *Abb. 35*

2. An die vordere Fassade schloß sich eine große rechteckige Raumeinheit an. Sie wird meist als überdachte Halle angesehen. Bei vielen Hauptgebäuden spricht aber gegen die Überdachung dieser sog. Mittelhalle ihre Größe. Beim Hauptgebäude des Gutshofes *Abb. 39* von Rottenburg (Flur Kreuzerfeld), 1966 untersucht, ebenso bei Mittelstadt und Inzig- *Abb. 34* kofen ist der offene Hof nachgewiesen. Auch bei der Anlage von Mundelsheim ist man *Abb. 36* geneigt, statt der Halle einen offenen Hof anzunehmen, den hinten eine offene Pfeilerreihe abschließt. Die Ausgrabungen des Gutshofes in Bierlingen ergaben, daß der hin- *Abb. 79* tere Raum überdacht war und in der Form dem Atrium eines italischen Hauses entsprach, ein Hinweis, wie stark die Architektur von dort abhängig war.

3. Die Wohnräume befanden sich zweifellos in den Eckrisaliten. Es finden sich aber auch sehr häufig rechts und links des Hofes bzw. der Mittelhalle eine Reihe von Einzelräumen, vermutlich die eigentlichen Wohn- und Schlafräume, z. B. in Inzigkofen, Mun- *Abb. 132* delsheim, Stammheim und Ummendorf. Teilweise beherbergen die Seitenflügel aber *Abb. 37* auch die Bäder. Beispiel hierfür ist wiederum Mundelsheim, aber auch der nur unvoll-

Abb. 36 Inzigkofen. Rekonstruktionsversuche des Hauptgebäudes mit offenem Innenhof (nach H. Reim)

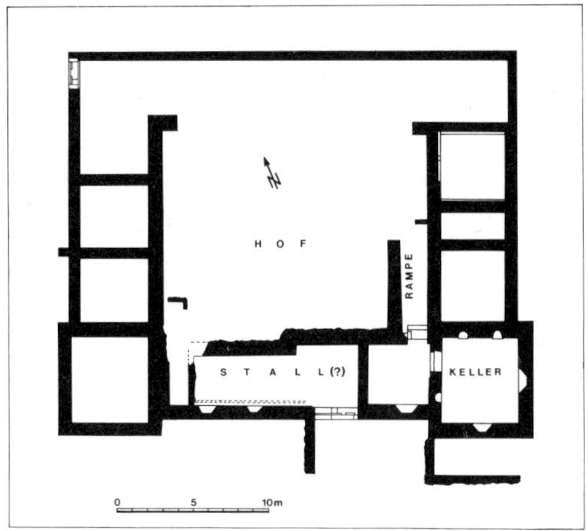

Abb. 37 Stammheim. Grundriß des Hauptgebäudes

ständig freigelegte Gutshof von Nagold und Sinsheim. Der genaue Nachweis, welchen
Zwecken die einzelnen Räume dienten, gelang in Baden-Württemberg selten. In dem einen oder anderen Fall erlaubten glückliche Umstände die Bestimmung der Küche, z. B.
Abb. 66, 67 in Bad Rappenau. Da die meisten Anlagen bis auf die Fundamente abgetragen wurden,
besitzen wir für das Aussehen der eigentlichen Räume leider nur dürftige Hinweise. Der
aus einem Kalkestrich hergestellte Boden war bei nicht heizbaren Räumen auf dem natürlichen Boden aufgelegt. Meistens konnten nur einige wenige, häufig nur ein oder zwei
Räume geheizt werden. In den eigentlichen Wohnräumen lassen sich vielfach Reste der
S. 142 f typischen römischen Fußbodenheizung (*hypocaustum*) nachweisen.

4. Der Keller des Hauses befand sind entweder unter einem Eckbau (Bierlingen, Laufen-
Abb. 166 burg) oder unter der Säulenhalle wie in Mundelsheim, Inzigkofen und – in sehr einfacher
Abb. 82 Form – in Bingen.

Die Keller sind, da sie in den Boden eingegraben wurden, in der Regel gut erhalten. Den
meist gestampften Kellerboden bedeckte eine Lage Sand zum Abstellen der im 2. und 3.
Jahrhundert typischen großen Kugelamphoren, in denen Wein, Öl und andere flüssige
Vorräte aufbewahrt wurden. In Rommelshausen wurden z. B. sechs Standspuren,
Tafel 38 runde Vertiefungen im Sandboden, festgestellt, in Oberriexingen waren es fünf.
Licht erhielten fast alle Keller durch ein oder mehrere Kellerfenster. Schräg nach oben
Abb. 147 verlaufende Lichtschächte führten zum eigentlichen Kellerfenster, das häufig aus einem
großen Stein herausgehauen wurde und an mittelalterliche Schießscharten erinnert. An
Tafel 31 den Mauerwänden befinden sich zahlreiche Bogen und rechteckige Nischen. Sie dienten
zum Abstellen von Lampen, Kerzen und kleineren Gefäßen. In einem Keller am Nordostrand von Rottenburg lagen unter diesen Nischen zahlreiche kleinere Henkelkrüge. Es
ist anzunehmen, daß sie ursprünglich dort gestanden haben. In den Nischen wurden
wohl auch kleine Kultbilder aufgestellt.

Abb. 38 Rommelshausen. Keller des Hauptgebäudes mit Standspuren von Amphoren

Normalerweise führte eine Rampe oder Treppe aus Holz, selten eine Steintreppe in den Keller hinab.

Die Grundrisse einiger Hauptgebäude sind, soweit die bisher vorliegenden Befunde eine Beurteilung gestatten, ungewöhnlich. So hat der Gutshof von Ödheim (Landkreis Heil-

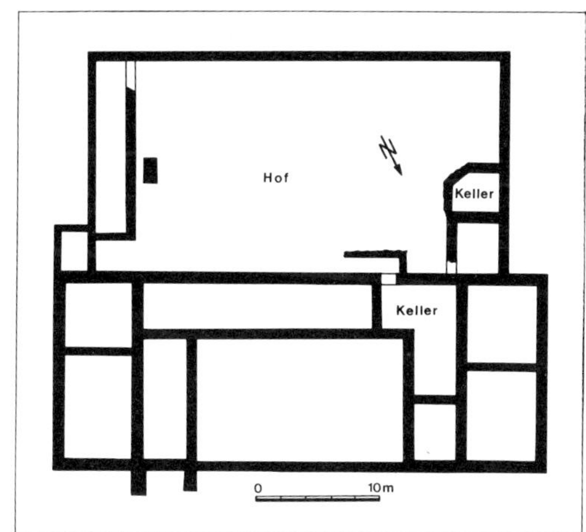

Abb. 39 Rottenburg. Flur Kreuzerfeld. Grundriß Hauptgebäude mit ungewöhnlich großen Eckrisaliten

bronn) und Rottenburg zwar auch die typische Eckrisalitfassade, die Eckbauten sind aber in ihren Ausmaßen überdimensional groß und beherbergen mehrere Räume. Die Ausmaße dieser Bauten erinnern fast an die palastartige Villa in Nennig bei Trier.
Einen völlig anderen Bautypus, bis heute in Baden-Württemberg selten nachgewiesen, stellt das rechteckige Wohnhaus dar, wie es in jüngster Zeit in Bad Rappenau freigelegt wurde. Um einen offenen Hof gruppieren sich auf allen vier Seiten Wohn- und Wirt-
S. 472 f schaftsräume. Rommelshausen, 1971 untersucht, Langenau (Landkreis Ulm) und das Haus von Bachenau sind wohl diesem Typus zuzurechnen.
Einschränkend ist insgesamt anzumerken, daß die meisten Gutsanlagen im letzten oder zu Beginn dieses Jahrhunderts schon ausgegraben wurden. Deshalb dürfte bei einem großen Teil der Grundriß korrekturbedürftig sein. Die heutigen Grabungsmethoden ermöglichen genauere Ergebnisse.

Bautechnik

Die Hauptgebäude, in denen die Hofbesitzer wohnten, waren, im Gegensatz zu den Wirtschafts- und Nebenbauten, in Stein ausgeführt und im Unterschied zu den früheren keltischen Bauernhäusern, mit roten Dachziegeln gedeckt.
Über die Ausführung der Mauern sind wir vor allem durch die Keller, deren Mauern bis zu 2 m Höhe erhalten sind, informiert. Sie geben einen guten Eindruck von der Qualität des römischen Mauerbaus. Auf einer ungemörtelten Rollierung als Grundlage sitzt ein grob gesetztes gemörteltes Fundament, über dem die eigentliche aufgehende Mauer errichtet wurde. Charakteristisch für die römische Zeit war das zweischalige Mauerwerk in einer Stärke von 0,60–0,80 m. An den beiden Außenseiten der Mauer wurden Quader sauber in Lagen verlegt, der dazwischenliegende Hohlraum mit Bruchsteinen und Mörtel ausgefüllt. Häufig wurden die Fugen verputzt und ausgefugt. Mit roter oder brauner Farbe ausgemalte Fugen sollten den Eindruck regelmäßiger Mauerlagen vermitteln. In
Tafel 31 Oberriexingen fand sich eine besonders gut erhaltene Ausfugung mit rotem Fugenstrich.
Die Wände der Wohnräume wurden ganz verputzt. Vielfach finden sich im Bauschutt
Tafel 51 Reste von weißem oder farbig bemaltem Wandverputz mit meist flächiger oder orna-
Abb. 167 mentaler, selten mit figürlicher Bemalung.
In einigen wenigen Hauptgebäuden von Gutshöfen wurden Reste von Mosaikböden ge-
Abb. 168 funden. Hier ist vor allem die Villa in Laufenburg (Landkreis Waldshut) zu nennen. Ein Mosaikboden in der Eingangshalle auf der Südseite zeigt eine Inschrift. Ihr leider sehr fragmentarischer Zustand erlaubt keine sichere Deutung des Inhalts. Daneben fand sich noch ein Mosaik in der Westhalle. Beide Mosaiken sind schwarzweiß und gehören in die Mitte des 2. Jahrhunderts n. Chr. Einen farbigen Mosaikboden hatte das Hauptgebäude des Gutshofes in Stühlingen (Landkreis Waldshut) und das unter der Kirche in Leidringen (Zollernalbkreis) gefundene. Das Bruchstück eines farbigen Mosaikfußbodens aus

Tafel 38   Bronzegeschirr aus Walheim und Illingen

Tafel 37 (umseitig)   Herstellung von Terra Sigillata. 2./3. Jh.
a: Waiblingen. Bildstempel aus der Töpferei
b: Kräherwald und c: Rutesheim. Formschüsselbruchstücke

Tafel 39 Mundelsheim. Bronzedeckel mit der Darstellung von Wild und Geflügel. Treibarbeit

Tafel 40
a: Urspring. Glasurne aus dem römischen Friedhof

b: Heidelberg-Neuenheim. Römische Luxusgläser aus dem Gräberfeld an der Berliner Straße. 1./2. Jh.

Mengen (Landkreis Sigmaringen) zeigt eine mit reichem Bandgeschlinge eingefaßte Darstellung der Medusa und läßt sich um 200 n. Chr. datieren. Reste von Mosaikböden sind sonst u. a. aus Wohngebäuden in Bechingen (Landkreis Biberach), Ertingen (Landkreis Biberach), Herrgottsfeld (Landkreis Ravensburg), Niederstotzingen (Landkreis Heidenheim) und Steinsfurt (Rhein-Neckarkreis) bekannt geworden.

Türöffnungen sind häufig an den Kellereingängen noch festzustellen. Hier finden sich in der Regel massive Türschwellen mit Einkerbungen zur Befestigung der Kellertür. Die beidseitig darauf gestellten steinernen oder hölzernen Türrahmen sind meist ausgebrochen und nur durch hinterlassene Aussparungen nachweisbar. Im Keller eines Gebäudes in Neuhausen/Fildern (Landkreis Esslingen) standen die beiden massiven Steine noch aufrecht und zeigen vorzüglich das Aussehen des Kellerzugangs.

Neben der Technik des Mauerbaus haben die Römer vor allem auch die Ziegelherstellung ins Land gebracht. Ziegel wurden hier nicht zum Hausbau verwendet, sondern nur für die Hypokaustanlage und zum Dachdecken. Die Dächer der meisten Hauptgebäude waren mit Ziegeln gedeckt. Die Größen der nur in römischer Zeit üblichen Flach- oder Leistenziegel (*tegulae*) schwankten zwischen 40 bis 50 cm Länge, 30 bis 37 cm Breite und einer Stärke von 2 bis 4 cm. Bei einem Neigungswinkel von 30 bis 40 Grad, also ziemlich flach, wurden diese großen Platten auf das Dach gelegt, wobei jeweils zwei Leisten der beiden benachbarten Ziegel mit Hohlziegeln (*imbrices*) abgedeckt wurden.

Nebengebäude und Hofmauer

Die Ställe, Scheunen, Wagenremisen, Wohnhäuser für das Gesinde, über die es wenige Hinweise gibt, waren meist rechteckig; auf dem Steinfundament saß ein Fachwerkaufbau, z. B. in Mittelstadt, Inzigkofen und Bierlingen. Hin und wieder gab es turmartige *Abb. 132* quadratische Speicherbauten, wie etwa in Tomerdingen, Bierlingen und Langenau. Sehr *Abb. 78* beliebt waren auch turmartige Eckgebäude, an die Hofmauer angebaut, die vielleicht auch gleichzeitig als Wachttürme dienten. Haupt- und Nebengebäude waren zum Schutz gegen Raubtiere und Räuber mit einer vermutlich 2 bis 2,5 m hohen Hofmauer umgeben. Eine interessante Toranlage zu einem Gutshof wurde erst jüngst in Pforzheim freigelegt. Zwei zungenartige Torwangen flankieren den Eingang in die Hofanlage. Eine *Abb. 237* Torform, die wir auch vom Kastellbau kennen.

Wasserversorgung

Die Gutshöfe wurden meist in der Nähe von Quellen angelegt. War keine Quelle vorhanden, so grub man Brunnen. Davon gab es zwei Arten. Die in Blockbauweise aus Holzbohlen erbauten quadratischen Brunnen sind hin und wieder in feuchtem Gelände erhalten. Im 2. und 3. Jahrhundert war der runde aufgemauerte Brunnenschacht die Regel.

Auf der Brunnensohle, im feuchten Schlamm, haben sich oft organische Reste erhalten. So kamen hölzerne Eimer, Lederreste von Schuhen, Kämme und Korbgeflechte zum Vorschein. Pflanzliche Reste erlauben wichtige Aufschlüsse über die damalige Vegetation (siehe S. 151) In einem Brunnen beim heutigen Krankenhaus in Pforzheim fand sich
Abb. 231 sogar eine hölzerne weibliche Figur, wahrscheinlich die Darstellung der Sirona. Das hier
Tafel 43a gefundene hölzerne Doppeljoch ist in unserem Raum gebräuchlich.

Für die Badeanlagen, entweder im Hauptgebäude oder in einem separaten Badehaus mit Kaltbad, Warmbad und Auskleideräumen finden sich ab und zu Wasserleitungen, bei denen kleine gemauerte, mit Platten abgedeckte Kanäle in den Boden eingegraben wurden. Ein sehr interessantes Beispiel für die Wasserversorgung erbrachte die Untersuchung einer römischen Gutsanlage in Bondorf (Landkreis Böblingen) im Jahre 1975. Hier gelang es, Reste einer hölzernen Wasserleitung, einer sog. Deichelleitung, nachzuweisen. Die durchbohrten Baumstämme wurden an den Verbindungsstellen mit Eisenringen zusammengehalten. Diese Art der Wasserführung war bis ins 19. Jahrhundert im Gebrauch. Auch Ton- und Bleiröhrenleitungen sind bekannt. Die längste gemauerte
Abb. 259 Wasserleitung (7,5 km) aus römischer Zeit im rechtsrheinischen Gebiet ist die vom
S. 480 Rommelstal bis Rottenburg.

Einzelfunde

Bei den Ausgrabungen finden sich, mehr oder weniger zufällig, Teile der beweglichen Innenausstattung wie Schlüssel, Türbeschläge, Griffe von Holztruhen und Teile von Truhenbeschlägen aus Eisen oder Bronze.

Häufig sind Münz- und Keramikfunde. Neben der einfachen Gebrauchskeramik wurde auch vielfach Terra Sigillata gefunden. Selten sind Gefäße aus Metall. Vor allem Bronze-
Tafel 38 geschirr, z. B. Kannen, Kasserollen und eimerförmige Gefäße fällt durch seine Formschönheit auf. Es gehörte wie das Glas, das nur vereinzelt in Bruchstücken gefunden wurde, als Ausstattung nur in reichere Gehöfte.

Abb. 271 Sehr oft zeigen eiserne Schreibgriffel, die als *stili* bezeichnet werden, daß zumindest ein Teil der Hofbewohner des Lesens und Schreibens kundig waren. Aber auch Geräte und Schmuckgegenstände, die den Lebensstandard der Bewohner näher bezeichnen, sollen
Tafel 49 hier nicht unerwähnt bleiben. Schmuck wie Fibeln, das sind Gewandnadeln aus Bronze, häufig mit farbiger Emaileinlage, Fingerringe mit vorzüglich geschnittenen Gemmen aus
Tafel 45b Halbedelstein und Glas und schließlich Haarnadeln aus Bronze und Bein seien hier hervorgehoben. Hin und wieder finden sich aber auch Bestandteile der Toilette wie Käm-
Tafel 44a, b me, Pinzetten, Ohrsonden und Arztbestecke.

Abb. 40 Siedlungsgeographischer Überblick der zivilen Besiedlung des heutigen Baden-Württemberg (Gutshöfe)

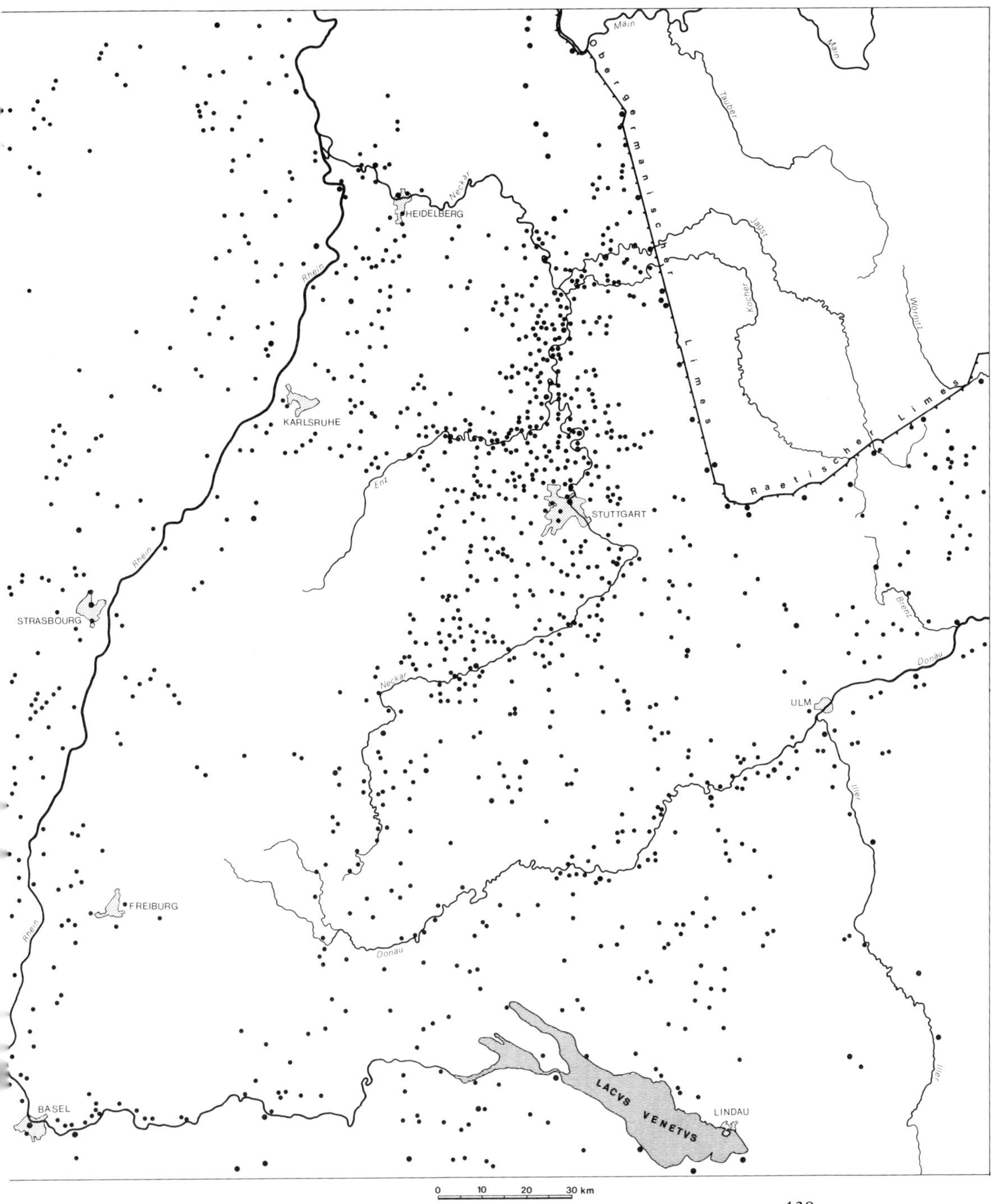
Main
Main
Tauber
Obergermanischer Limes
Neckar
HEIDELBERG
Jagst
Kocher
Wörnitz
Rhein
KARLSRUHE
Raetischer Limes
Enz
STUTTGART
Rhein
STRASBOURG
Brenz
Donau
Neckar
ULM
Iller
FREIBURG
Rhein
Donau
Iller
LACVS VENETVS
LINDAU
BASEL
0 10 20 30 km

Kultstätten

Auf Gutshöfen fand man Kultmale, mit denen die bäuerliche Bevölkerung um Schutz für Ernte und Vieh bat, Jupitergigantensäulen z. B. in Hausen a. d. Zaber für den Wettergott Jupiter, zwischen 3 und 15 m hoch, standen im Freien in den Hofanlagen, außerdem fanden sich Statuetten von Merkur, Hausaltäre und Reliefs für die Göttin Epona u. a.

Abb. 298

Die Gutsbesitzer

Die Eigentümer der in Baden-Württemberg nachgewiesenen Gutshöfe gehörten wohl in den seltensten Fällen der Oberschicht an. Bewirtschaftet wurden die Höfe u. a. von ausgedienten Soldaten, die nach ihrer ehrenvollen Entlassung einen Hof erbauten oder von Einheimischen. Vermutlich gab es auch Pächter, die kleinere Höfe im Auftrag von Gutsherren verwalteten. Die Inschrift der Hausener Jupitergigantensäule nennt einen Gutsherrn namens Gaius Vettius Connougus. Nach dem dritten Namen (*cognomen*) war der Besitzer und Stifter der Säule ein Mann von keltischer Abstammung.

Die Oberschicht ließ sich im rechtsrheinischen Gebiet offensichtlich fast durchweg in den größeren Siedlungen nieder und stellte die Ratsherren und Verwaltungsleute der *civitas.*

Siedlungsgeographischer Überblick

Abb. 40

Die Karte zeigt deutlich die Häufung von Gutshöfen in den fruchtbaren Lagen neckarabwärts von Rottenburg bis Bad Wimpfen, an der Neckarmündung und im Oberrheintal, im Kocher- und Jagsttal, im Enzgebiet und im Donautal südlich der Alb.

Die Alb selbst war zwar besiedelt, aber nur dünn, außer der Ostalb zwischen Lauingen und der Brenz und an der Straße von Faimingen bis zur Landesgrenze bei Neresheim. Ausgesprochene Siedlungslücken waren Schwarzwald und Odenwald, Strom- und Heuchelberg und das Keuperbergland vom unteren Kocher bis zum Schurwald.

Besiedelt, wenn auch nicht sehr dicht, war auch das Gebiet um Biberach a. d. Riß, von Aulendorf bis Pfullendorf und vom Schussenbecken bis zum Bodenseeufer.

Sanitätswesen und Hygiene

Die Medizin hatte im römischen Imperium, vor allem während der Kaiserzeit, einen enormen Aufschwung genommen. Zwei Ärzte, Cornelius Celsus aus der ersten Hälfte des 1. Jahrhunderts und der Leibarzt der Kaiser Marc Aurel und Commodus, Galenus, hatten dazu beigetragen. Allen Truppen waren Ärzte zugeteilt, ein Zeichen, welche Bedeutung die Kaiser dem Gesundheitswesen beimaßen. In Baden-Württemberg fanden sich bei Ausgrabungen zahlreiche medizinische Instrumente wie Skalpelle, Wundhaken, *Tafel 44a* Spatel, Sonden und Pinzetten. Besonders umfangreich ist das Arztbesteck, das vor wenigen Jahren in einem römischen Gutshof in Sontheim/Brenz bei Ausgrabungen gefun- *Tafel 44b* den wurde. Es ist anzunehmen, daß diesen Gutshof ein Arzt bewohnte. Auch Steinplatten mit einer Eintiefung an der Oberseite, zum Mischen und Anrühren von Salben, gehören zu den häufigen Funden.

An Salbenrezepten sind vor allem solche gegen Augenleiden bekannt. Auf meist zweizeiligen Stempeln aus graugrünem Speckstein steht der Name des Arztes, der Name der Arznei und schließlich die Augenkrankheit. In Rottweil/*Arae Flaviae* wurden zwei Stempel gefunden, ein einfacher mit der Aufschrift *M Ulpi Theodori Crocodes.* „Safranin von Marcus Ulpius Theodorius." Die Safransalbe ist ein Mittel gegen Bindehautentzündung. Danach war der Arzt griechischer Herkunft, wie überhaupt viele Griechen, teilweise Sklaven, diesen Beruf ausübten. Auf dem zweiten Stein mit vier Stempelseiten des Honestius Lautinus, eines Galliers, werden Mittel gegen Augenliderentzündung *Tafel 44c* bzw. gegen Hornhautvereiterung verschrieben. Die Salben waren mit Kupferhammerschlag, mit Schwefel- oder Kupferkies, mit Weihrauch oder mit samischer Erde vermischt. Ein dritter Stempel ist aus Riegel bekannt. Der Augenarzt L. Latinius Quartius verschreibt hier Salben gegen drei Augenkrankheiten. Der oben erwähnte Arzt, Galenus, gab z. B. in einem seiner Werke Anweisungen für das Baden von Gesunden und Kranken. Als Kuraufenthalte, entweder zur Rekonvaleszenz oder zur Gesunderhaltung, waren in Baden-Württemberg die ausgedehnten Heilbäder von Baden-Ba- *S. 215 ff* den/*Aquae* und Badenweiler beliebt. Ihre Baderuinen sind noch heute Zeugnisse römi- *S. 223 ff* scher Kultur in Obergermanien. *Tafel 32*

Anlage des Bades

Aus der Erkenntnis der Zusammenhänge von Gesundheit und Hygiene hatten die Römer frühzeitig ein hoch entwickeltes Badewesen. Es gehört zu den zivilisatorischen Errungenschaften der Römer, die rasch Eingang bei der einheimischen Bevölkerung fanden und zur Romanisierung beitrugen. Zu jedem Kastell gehörte ein eigenes Kastellbad. Jede Stadt, jede Siedlung, ja fast jeder Gutshof hatte ein Bad. Viele dieser Anlagen in Baden-Württemberg sind untersucht. Sie vermitteln ein gutes Bild von Größe, Ausstattung und Technik des römischen Bades. Einteilung und Konstruktion folgen in der Regel einem Schema: dem sogenannten Reihentypus. Er bildete sich im 1. Jahrhundert heraus und wurde im 2. und 3. Jahrhundert zur vorherrschenden Grundform, Beispiel hierfür sind neben den großen Badeanlagen von Rottweil und Griesingen die Kastellbäder von *S. 488 ff* Welzheim, Öhringen und Schirenhof (Schwäbisch Gmünd), Buch und Walldürn. *S. 500 ff*

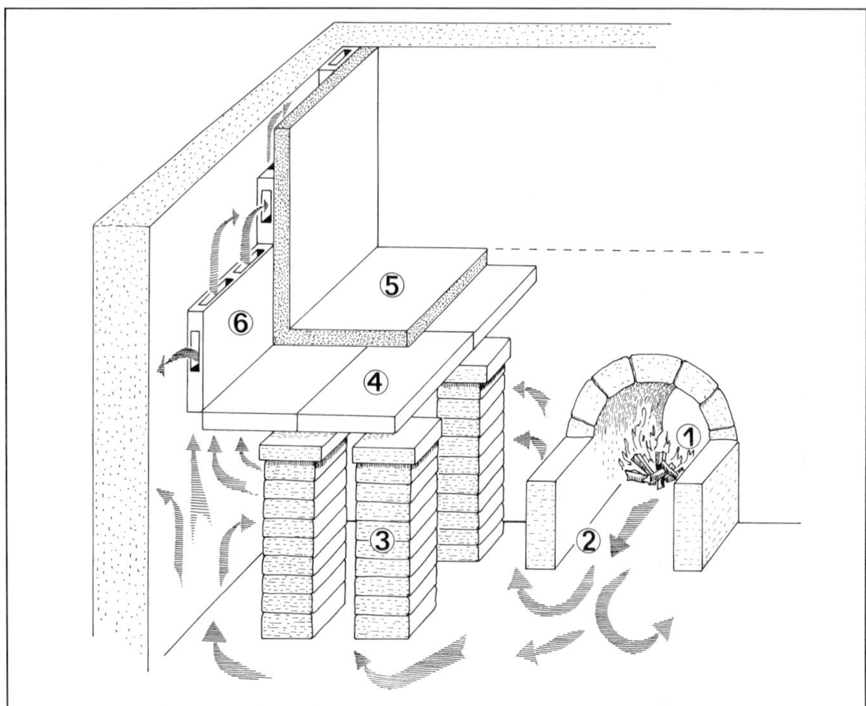

Abb. 41 Schema einer Hypokaustanlage. 1 Feuerungsraum, 2 Heizkanal, 3 Hypokaustpfeiler, 4 Suspensuraplatten (Ziegel oder Naturstein), 5 Fußboden, 6 Wandheizungsziegel (tubuli)

Die Hypokaustanlage

Voraussetzung für die Anlage derartiger Bäder war ein gut durchdachtes Heizsystem. Es wurde vermutlich im ausgehenden 2. Jahrhundert v. Chr. entwickelt und von C. Sergius Orata zum ersten Male zur Beheizung von Fischbecken in Betrieb genommen.

Die Fußboden- oder Unterbodenheizung (*hypocaustum*) beheizte die Räume, wie der Name sagt, von unten her. Kleine Pfeiler aus aufeinandergelegten Ziegeln oder auch massive Steinpfeiler wurden in bestimmten Abständen auf einen unteren Boden gestellt. Die Höhe dieser Hypokaustpfeiler schwankte zwischen 0,40 m bis 1,2 m. Besonders
Abb. 265 hervorzuheben sind die über 1,5 m hohen Pfeiler der Badeanlage unter St. Pelagius in Rottweil-Altstadt. Auf diese Pfeiler wurden große Ziegel- oder Natursteinplatten (etwa 50–70 cm Seitenbreite) als Abdeckung gelegt. Diese sogenannten Suspensuraplatten bildeten die Grundlage für den eigentlichen Fußboden. Ein Gemisch von Kalkmörtel und Ziegelschlag wurde aufgetragen und auf der Oberseite feingeglättet, so daß der Boden ein terrazzobodenartiges Aussehen erhielt.

In den zwischen Unterboden und eigentlichem Fußboden entstandenen Hohlraum wurde durch Kanäle heiße Luft von einem gesonderten Heizraum (*praefurnium*) geleitet; diese erwärmte den Fußboden. Bei den Warmbädern konnten außerdem die Wände beheizt werden. Vierkantige Röhren (*tubuli*) oder mit vier Warzen versehene Platten (*tegulae mammatae*) leiteten die heiße Luft vom Hohlraum unter dem Fußboden an den Wänden hoch. Durch ein Kamin, in der Regel der besseren Luftzirkulation wegen, am entgegengesetzten Ende der Heizanlage angebracht, zog die in der Zwischenzeit abgekühlte Luft ins Freie.

Moderne Heizungsversuche ergaben, daß ein lang andauernder Heizprozeß vorausgehen mußte, bis Boden und Wände erwärmt waren. Es ist deshalb anzunehmen, daß die großen Bäder ununterbrochen beheizt wurden. So ist es nicht verwunderlich, daß, wie bei Ausgrabungen festgestellt, Heizräume und vor allem Heizkanäle in vielen Anlagen erneuert oder wenigstens ausgebessert waren.

Das für das Badebecken benötigte heiße Wasser wurde in besonders hierfür eingebauten Metallbehältern erwärmt, die, wie die Bäder in Rottweil und Hüfingen zeigen, unmittelbar über den Heizkanälen eingebaut worden waren. Die noch konzentrierte Hitze konnte so am besten ausgenutzt werden. *Abb. 262* *Tafel 33b*

Der Badevorgang

Betrachten wir den Badevorgang an dem jüngst untersuchten Kastellbad von Walldürn (Bauphase 1), erbaut zwischen 148 und 161 n. Chr. *Abb. 42* *Abb. 43*

Der Badegast betrat zuerst den großen Auskleideraum (*apodyterium* oder auch *basilica thermarum* genannt). Diese Umkleidehalle war in Walldürn, wie wohl meist, nicht massiv, sondern aus Holz und hatte ein erhöhtes Dach mit Oberlichtern. Sie war vermutlich gleichzeitig Sporthalle. Die großen Bäder, vor allem in den Städten, hatten stets separate Übungshallen (*palaestrae*), bei den kleineren Anlagen übernahm der Einfachheit halber der Umkleideraum diese Funktion. Ähnliche Beobachtungen machte auch H. U. Nuber bei der jüngsten Untersuchung des Bades von Kastell Schirenhof (Schwäbisch Gmünd). *Abb. 278* In dieser Halle gab es Bänke, Tablaren und Nischen zur Ablage der Kleidung. Von hier begab sich der Badegast in das Kaltbad F (*frigidarium*) mit dem angebauten Wasserbekken P (*piscina*). Im Schwitzbad (*sudatorium* oder *laconicum*) begann der eigentliche Badeablauf. Dieser Raum wurde von einer separaten Feuerstelle aus geheizt. Danach begab sich der Badende zur Abkühlung und zur Vorbereitung auf das Warmbad in das Laubad (*tepidarium*). Hier wusch man sich und ließ sich eventuell von geschulten Dienern oder Sklaven massieren. Der Boden des Laubades wurde indirekt über C erwärmt. Hauptraum eines jeden Bades war das Warmbad C (*caldarium*), hier mit zwei eingebauten Wannen C 1 und C 2. Charakteristisch und besonders häufig anzutreffen sind apsidenförmige Wannen. C war immer der der Heizung am nächsten liegende Raum, hier waren

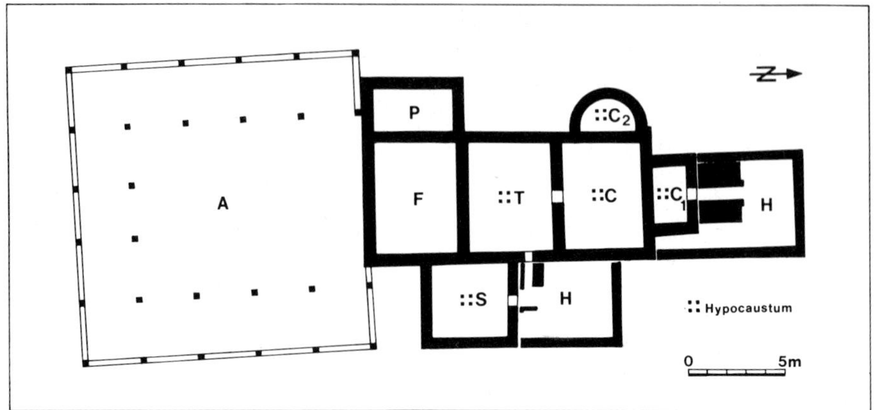

Abb. 42 Walldürn. Bad. A Auskleideraum (apodyterium), F Kaltbad (frigidarium) mit P Kaltwasserbecken (piscina), S Schwitzbad (sudatorium) beheizt vom danebenliegenden Raum H, T Laubad (tepidarium), C Warmbad (caldarium) mit eingebauten Wannen C_1 und C_2, H Heizraum (praefurnium)

auch die Wände geheizt. In einzelnen Fällen waren im *caldarium* große Becken aufgestellt. Ein solches *labrum* steht heute im Original in Rottweil bei der Pelagiuskirche. Wie wir aus antiken Berichten entnehmen, hielten sich die Badenden gerne längere Zeit in der angenehmen Wärme auf. Über Raum T zur langsamen Abkühlung kehrte der Badegast zu Raum F zurück und tauchte zur Abkühlung in das Kaltwasserbecken. Der Badekreislauf war damit beendet.

Abb. 262

Dieses Aufbauschema *frigidarium – tepidarium – caldarium* findet sich in allen größeren Bädern. Je nach Größe und Reichtum der Städte oder Siedlungen gab es mehrere Thermen, so zum Beispiel in Rottweil neben den Thermen im Nikolausfeld zwei weitere Bäder auf der rechten Neckarseite. Das gleiche dürfte für Ladenburg, Heidelberg, Rottenburg und Köngen gelten. Die Thermen, die eine öffentliche Einrichtung für die Bürger waren, spiegelten in Größe und Ausstattung den Reichtum der Stadt wider, sei es mit Wandmalereien, aber auch mit Mosaiken. (Ladenburg, Rottweil). Beliebtes Dekorationsmittel waren Fischdarstellungen auf blauem Grund (Rottenburg, Bad 2). Die bei den Kastellen lebende Zivilbevölkerung durfte die für das Militär gebauten Kastellbäder mitbenutzen. Die von D. Baatz in Walldürn festgestellte hölzerne Vorhalle gab es sicher auch bei anderen Anlagen, konnte aber, da die meisten Bäder Ende des 19., Anfang des 20. Jahrhunderts ausgegraben wurden, mit den damaligen Forschungsmethoden noch nicht erkannt werden. Auch die Bäder der Gutshöfe sind Zeichen für den Wohlstand des Gutsherrn. Nach dem oben genannten Grundschema angelegt, war hier allerdings manchmal Umkleideraum und Kaltbad in einem Raum. Kennzeichen für das Warmbad sind auch hier eine oder zwei Apsiden, die dem Bad sein besonderes architektonisches Aussehen verleihen. Ein Teil der Gutshöfe hatte gesonderte Badehäuser, bei anderen

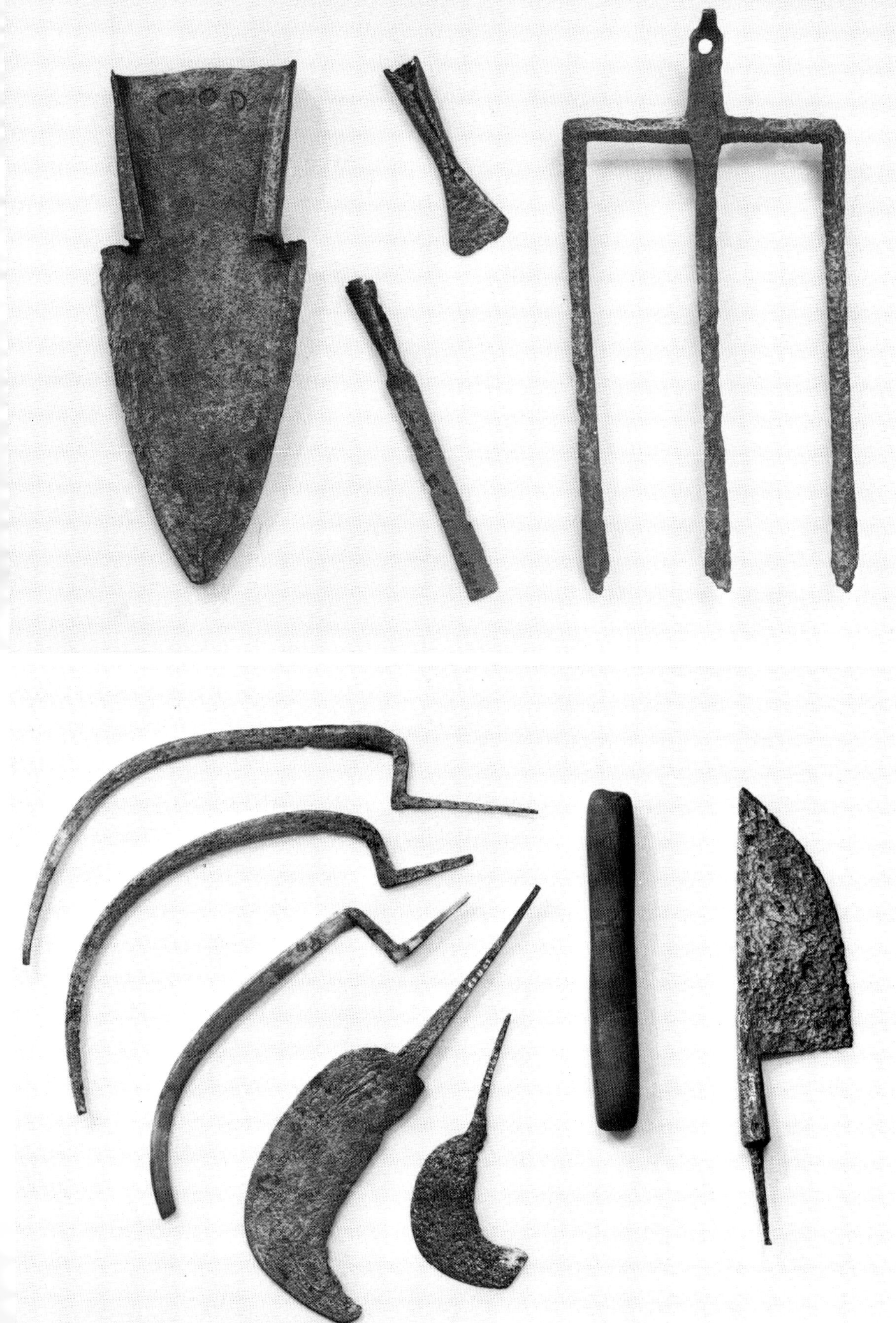

Tafel 42
a: Werkzeug zur Holzbearbeitung. Amboß, Bohrer, Meißel, Faschinenmesser
b: Schmiedezangen, Maurerkelle, Lot

Tafel 43
a: Pforzheim. Ochsenjoch aus Holz
b: Hufschuh, Brennstempel, Zügelring

Tafel 41 (umseitig)
Auswahl landwirtschaftlicher Geräte
a: Pflugschar, Rindenschäler, Lochbeutel, Gabel
b: Sensen, Winzermesser, Wetzstein, Haumesser

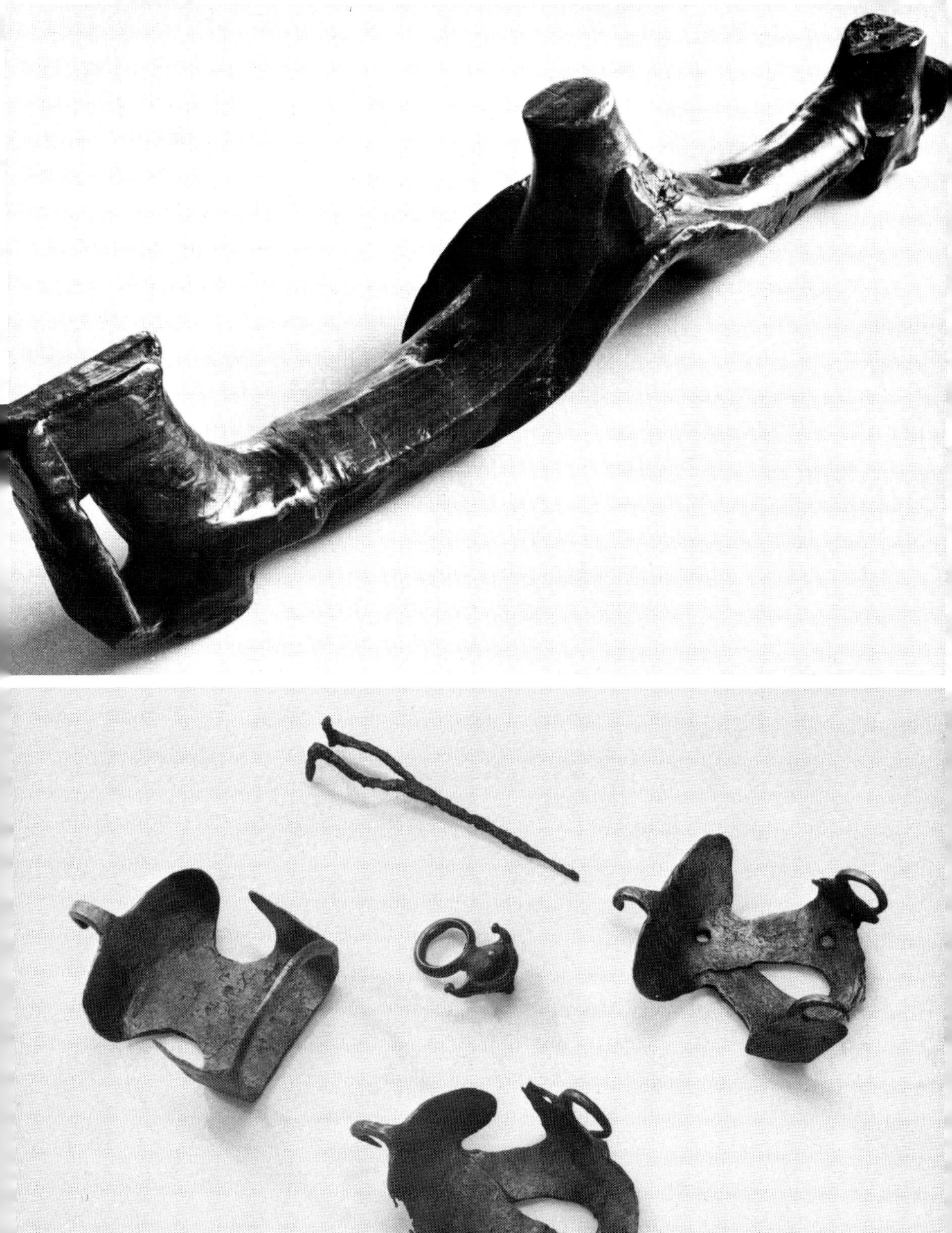

Tafel 44

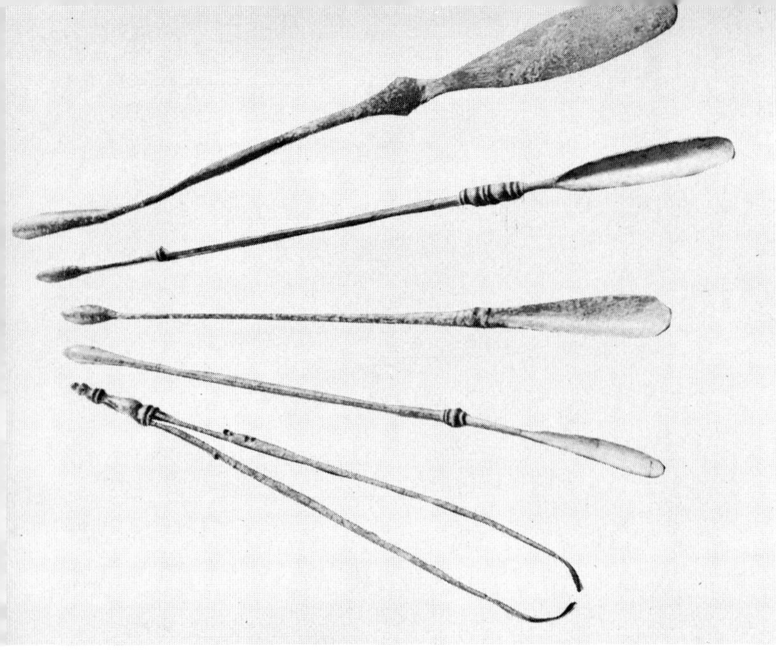

a: Rottweil. Arztbesteck

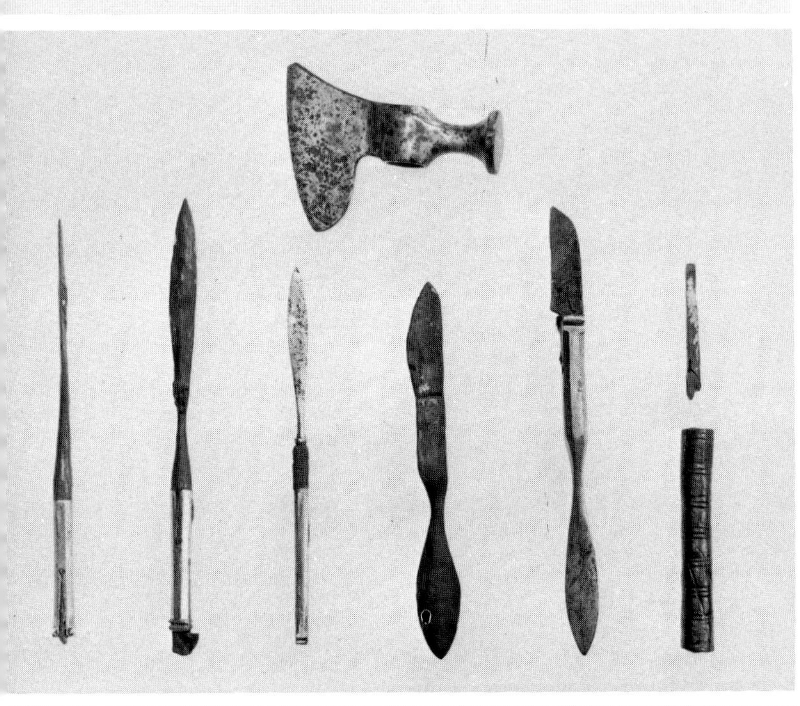

b: Sontheim/Brenz. Chirurgische Instrumente eines Arztes aus einem römischen Gutshof

c: Rottweil. Stempel des Augenarztes Honestius Lautinus

Tafel 45
a: Cannstatt. Würfel und Brettspielsteine aus Bein

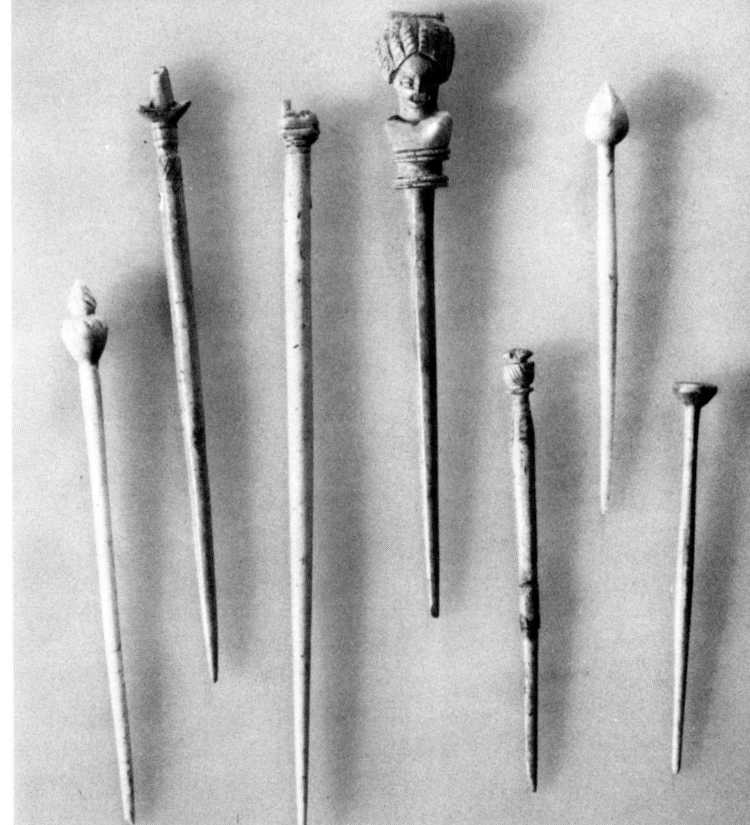

b: Rottweil. Beinerne Haarnadeln

Tafel 46 Gewandnadeln (Fibeln) des 3./4. Jh. n. Chr.

Tafel 47 Isny. Goldschmuck aus einem spätrömischen Schatzfund

Tafel 48 a, b: Münchhöf (Stockach). Goldenes Medaillon. Vorderseite: Constantius II. Rückseite: Thronende Constantinopolis
c: Kastell Isny. Schatzfund mit annähernd 400 stempelfrischen Antonianen des Probus

wiederum waren die Baderäume im Hauptgebäude untergebracht, z. B. in Sinsheim. In Mundelsheim befand sich der dreiteilige Badekomplex im Westflügel des Hauptgebäudes. Die sorgfältig verputzten Wände waren mit dem farbigen Linienband einer Marmorierung verziert. Das in einer Apsis eingbaute Becken zeigte die typischen viertelstabigen Eckwulste. Ein aus Heizröhren zusammengesetztes Kamin führte aus dem Hypo- *Tafel 33a*
kaustraum schräg durch die Apsismauer nach außen.
Besonders groß war das Badegebäude in Griesingen (Alb-Donau-Kreis). Böden und Wände waren mit Mosaik ausgelegt. Einige im archäologischen Teil vorgelegte Grundrisse von verschiedenen kleinen Bädern des Landes zeigen ihre mannigfaltige architektonische Gestaltung. Manche Anlagen, wie etwa das 1973 in Beihingen freigelegte, verraten deutlich die planende Hand eines Architekten.

Architektur und Aussehen

Architektur und Aussehen der Bäder im Aufgehenden (Mauerwerk über der Erde) läßt sich nur anhand von wenigen Funden bei Ausgrabungen nachweisen. Die Bäder vom Gutshof Griesingen, von Rottweil, Hüfingen und Ladenburg hatten Mosaikböden. In Rottenburg wurden zahlreiche Fragmente von rotem, blauem und grünem Verputz geborgen; dieses Bad war also farbig ausgemalt. Das Dekor zeigte Girlanden, Trauben und andere Pflanzen.
Die einzelnen Räume waren wohl, ähnlich den Thermen von Pompeji als Tonnengewölbe gebaut zur günstigsten wärmetechnischen Ausnützung.
Über die Wasserzufuhr sind wir nur sehr dürftig informiert. Vermutlich wurden die ungeheuren Wassermengen aus nahegelegenen Brunnen oder Quellen herbeigeschafft, teilweise über Wasserleitungen. In Rottweil fand man einen bronzenen Wasserhahn aus *Abb. 273*
dem warmes und kaltes Wasser herausgelassen werden konnte.
Die Entwässerung der Bäder erfolgte durch sehr häufig aufgedeckte Entwässerungska- *Abb. 217*

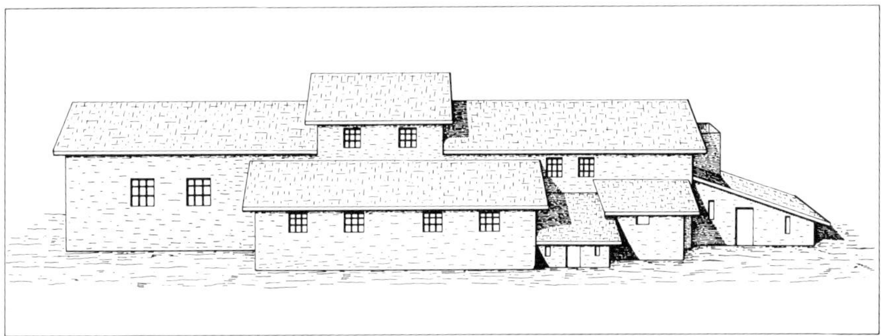

Abb. 43 Walldürn. Rekonstruktionsversuch des Bades (nach D. Baatz)

Abb. 44 Weinsberg. Rekonstruktionszeichnung des Badehauses (nach Paret)

näle, die die Abwässer – auch der Toiletten – in eine Art zentrale Kanalisation leiteten. In Rosenfeld brachte 1973 eine Ausgrabung bei dem dort an das Hauptgebäude angebauten Bade eine separate Toilette zutage, eine bislang einmalige Entdeckung in unserem Raum. Die Bauzeit der Bäder läßt sich fast ausschließlich nur durch Funde datieren. Bei den Kastellbädern erlauben Ziegelstempel einer Legion oder Auxiliareinheit eine nähere chronologische Eingrenzung. Ganz selten kündet eine Bauinschrift vom Bau derartiger Anlagen. In Jagsthausen fand sich eine solche, die besagt, daß unter Kaiser Philippus Arabs das verfallende Kastellbad der 1. Germanenkohorte und der philippianischen Kohorte unter Leitung des Tribunen Quintus Mamilius Honoratus wiederaufgebaut wurde. Die zahlreichen Weihesteine für die badeschützende Göttin, die *fortuna balinearis,* sind Zeugnisse dafür, wie sehr Militär und Zivilbevölkerung das Badeleben in den Alltag einbezog.

Abb. 253
S. 316

Das Straßennetz

Handels- und Wirtschaftswege hat es schon lange vor der römischen Zeit gegeben. Sie paßten sich den natürlichen Gegebenheiten der Landschaft an, z. B. Flußtäler (Rheintal). Für den Ausbau des römischen Imperiums und seine Organisation genügten diese

Wege aber nicht. Unerläßliche Voraussetzungen für Truppenverschiebungen, militärischen Nachschub etc. waren gute, direkte Straßen. So benutzten die Römer zwar teilweise die vorhandenen Wege, bauten sie aber aus und legten vor allem neue Straßen an. Aus antiker Zeit verfügen wir über zwei wichtige Quellen, über den Verlauf römischer Straßen. Die *Tabula Peutingeriana,* die mittelalterliche Kopie einer antiken Straßenkarte aus dem 4. Jahrhundert – sie heißt nach ihrem zeitweiligen Besitzer, dem Augsburger Humanisten und Ratsherrn Konrad Peutinger (1467–1547) – zeigt auf einer Länge von 6,82 m und einer Höhe von 34 cm das gesamte römische Weltreich. Diese Karte verzeichnet eine Straße: die Straße von *Vindonissa*/Windisch über *Tenedo*/Zurzach – *Juliomagus*/Schleitheim – *Brigobanne*/Hüfingen – *Arae Flaviae*/Rottweil – *Sumelocenna*/Rottenburg – *Grinario*/Köngen – *Clarenna*/Donnstetten – *Ad Lunam*/Urspring – *Aquileia*/Heidenheim – *Opia*/Oberdorf/Ipf – *Septemiacum*/bei Sechtenhausen – *Losodica*/Munningen – *Mediana*/Gnotzheim – *Iciniacum*/Theilenhofen – *Biriciana*/Weissenburg – *Vetoniana*/Pfünz – *Germanicum*/Kösching – *Celeusus*/Biburg bei Pföring – *Abusina*/Eining – *Reginum*/Regensburg. Bei Urspring geht eine Abzweigung über *Ponione*/Faimingen nach *Augusta Vindelicum*/Augsburg. *Tafel 1*

Die Entfernungen auf der Karte werden in den gallischen Provinzen und in Obergermanien in Leugen (1 Leuga = 2220 m), einem gallischen Maß, in Rätien dagegen in Millien (*1 millia passuum* = 1478 m) angegeben. Die teilweise falschen Entfernungsangaben scheinen auf Abschreibfehler im Mittelalter zurückzugehen.

Eine zweite antike Quelle, das *Itinerarium Antonini* (nach Kaiser Antoninus Caracalla benanntes Verzeichnis) aus der Zeit um 200 n. Chr. ist wenig ergiebig. Weitaus die meisten Kenntnisse verdanken wir der Feldforschung. Die römischen Straßen lassen sich bis heute vielfach noch gut im Gelände verfolgen. Typisch ist die geradlinige Führung und der üblicherweise hohe Damm. Dem Archäologen genügen diese Kriterien aber nicht. Um römische Straßen von mittelalterlichen Wegen unterscheiden zu können, bedarf es des Nachweises von Siedlungsresten und Funden. Friedrich Hertlein hat in Württemberg unermüdliche Feldarbeit geleistet und die Straßen im 2. Band der „Römer in Württemberg" zusammengestellt.

Ursprünglich für militärischen Transport und Verkehr bestimmt, wurden die großen Straßenverbindungen nach und nach zu wichtigen Handelsstraßen: 1. *Vindonissa* – Regensburg bzw. Augsburg, 2. die Kinzigtalstraße vom Legionslager *Argentorate*/Straßburg über Waldmössingen – Rottweil nach Tuttlingen und von dort donauabwärts, 3. die West-Ostverbindung von Ettlingen über Pforzheim, Cannstatt über die Schwäbische Alb nach Faimingen, Augsburg, 4. die Straße Mainz, Ladenburg, Heidelberg, Cannstatt, Urspring, Augsburg (den gleichen Verlauf nimmt heute die Autobahn). *Abb. 45*

Straße und Siedlung standen in Wechselwirkung zueinander. Straßen wurden nach wichtigen Siedlungen gelegt, Siedlungen gewannen an Straßen immer größere Bedeutung, wie z. B. Heidelberg, Ladenburg, Cannstatt, während Rottweil in seiner Ent-

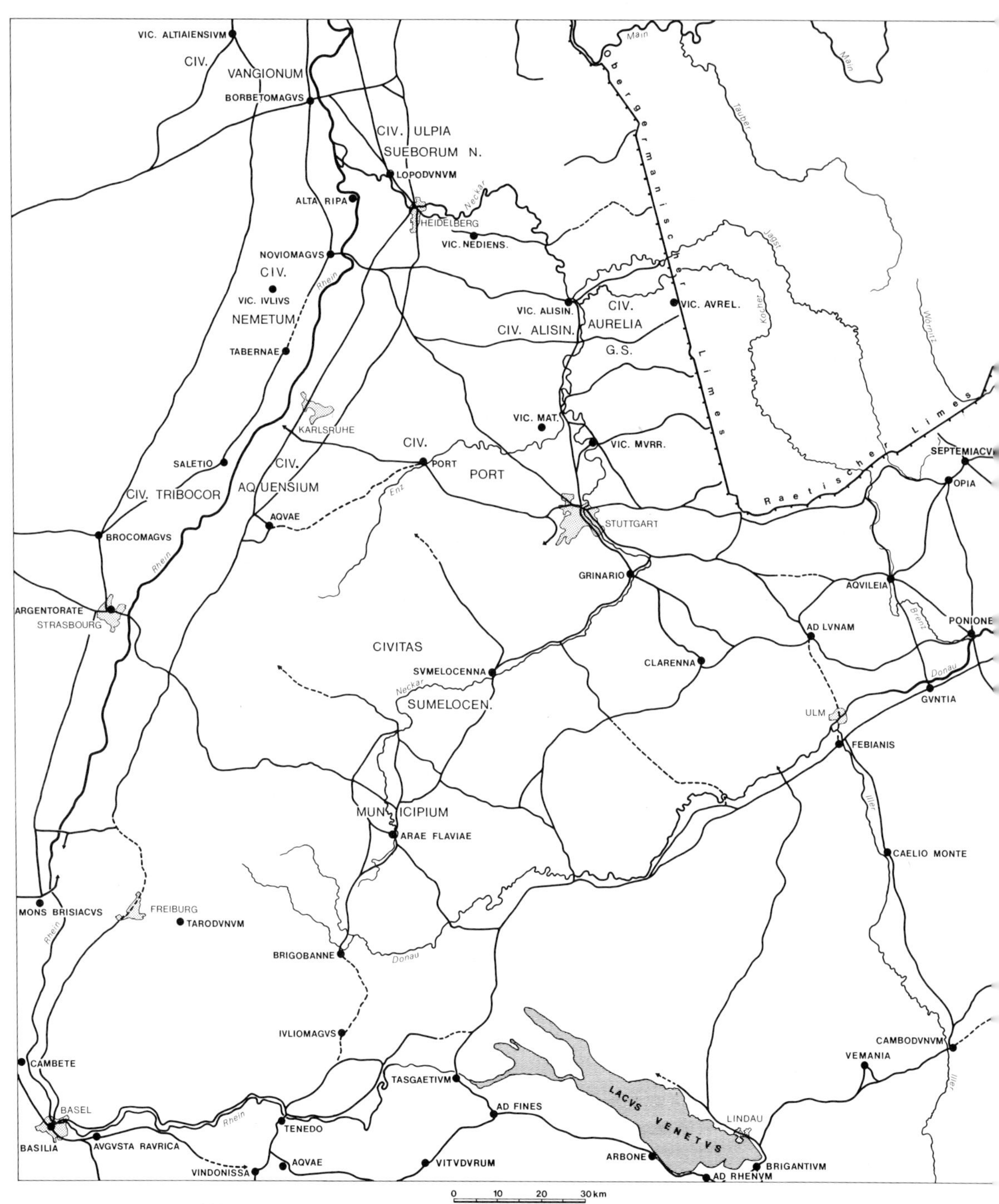
VIC. ALTIAIENSIVM
CIV.
VANGIONUM
BORBETOMAGVS
CIV. ULPIA
SUEBORUM N.
LOPODVNVM
ALTA RIPA
HEIDELBERG
VIC. NEDIENS.
NOVIOMAGVS
CIV.
VIC. IVLIVS
NEMETUM
TABERNAE
VIC. ALISIN.
CIV.
VIC. AVREL.
CIV. ALISIN.
AURELIA
G.S.
KARLSRUHE
VIC. MAT.
VIC. MVRR.
CIV.
PORT
SALETIO
CIV.
CIV. TRIBOCOR
AQUENSIUM
PORT
AQVAE
STUTTGART
BROCOMAGVS
GRINARIO
ARGENTORATE
STRASBOURG
CIVITAS
SVMELOCENNA
SUMELOCEN.
CLARENNA
AD LVNAM
AQVILEIA
PONIONE
GVNTIA
ULM
FEBIANIS
SEPTEMIACV
OPIA
MUNICIPIUM
ARAE FLAVIAE
CAELIO MONTE
MONS BRISIACVS
FREIBURG
TARODVNVM
BRIGOBANNE
IVLIOMAGVS
CAMBETE
CAMBODVNVM
VEMANIA
TASGAETIVM
AD FINES
BASEL
BASILIA
AVGVSTA RAVRICA
TENEDO
AQVAE
VINDONISSA
VITVDVRUM
LACVS VENETVS
LINDAU
ARBONE
BRIGANTIVM
AD RHENVM
Main
Tauber
Neckar
Jagst
Kocher
Wörnitz
Rhein
Enz
Donau
Brenz
Iller
Obergermanischer Limes
Raetischer Limes
0 10 20 30 km

wicklung stagnierte, als die Hauptverbindung von Gallien nach den Ostprovinzen nach Vorverlegung des Limes auf dem direkten Weg Mainz–Augsburg möglich war. *S. 57 f*

Straßenbau

Die römischen Straßen – möglichst geradlinig angelegt – hatten einen bis zu 6 m breiten Damm mit einem guten Unterbau aus in der jeweiligen Gegend anstehendem Gestein. Die Straßen selbst waren in der Regel 4 bis 5 m breit mit einer Steinpackung als Vorlage, auf der ein schotterartiger Belag aufgebracht war. Die Abdeckung entspricht etwa dem bis vor wenigen Jahrzehnten noch üblichen Landstraßenbau. Rechts und links waren Straßengräben. *Tafel 25*

Brücken

Straßen müssen Höhen und Täler, aber auch Flüsse und Bäche überwinden. Es ist anzunehmen, daß auch bei den Römern die meisten Flüsse an Furten durchquert wurden und Brücken nur im Verlauf der großen Straßen gebaut wurden. Aus der frühen und mittleren Kaiserzeit kennen wir nur wenige Brücken, deren Herkunft zweifelsfrei aus römischer Zeit ist. Eichenpfähle mit Eisenschuhen, die immer wieder gefunden werden, sind noch kein ausreichender Nachweis für römischen Ursprung. Die neuen archäologischen Methoden der Dendrochronologie (Bestimmung des Holzalters nach Jahresringen) und weitere Siedlungsbefunde werden hier weiterhelfen.

In Cannstatt fanden sich südöstlich des Kastells in der Nähe der Wilhelmsbrücke Reste von hölzernen Brücken, deren Herkunft aber nicht sicher ermittelt werden konnte. Auch ein beim Eisenbahnviadukt in Benningen gefundener Pfahl mit Eisenschuh deutet auf eine Brücke hin. In Ladenburg kamen zwei steinerne Widerlager und Strompfeiler einer römischen Straßenbrücke zutage.

Die Heidelberger Brücke, von der zwei steinerne Widerlager und sechs Strompfeiler mit zahlreichen Eichenpfählen aus dem Neckar geholt wurden – sie standen im Abstand von 34 m zueinander – steht seit kurzer Zeit im Modell im Kurpfälzischen Museum in Heidelberg. *Tafel 13b*

Eine Brückenverbindung Zurzach–Rheinheim wurde mehrmals umgebaut. Vermutlich bestanden noch weitere Rheinbrücken, sie konnten aber bis heute nicht lokalisiert werden; außerdem werden in Rottweil und Rottenburg Brücken über den Neckar vermutet. *Abb. 240*

In spätrömischer Zeit wurden schließlich einige Brücken über den Rhein erbaut als Ver-

Abb. 45 Straßenverbindungen in Obergermanien und Rätien

Abb. 338 bindung zwischen spätrömischem Kastell und Brückenkopf. So konnten Brückenteile in Abb. 241 Wyhlen, Rheinheim und Breisach festgestellt werden.

S. 76 f Die Pflege und Überwachung der Straßen übernahmen meist ausgediente Soldaten, sog. Benefiziarier. Zahlreiche solche Benefiziarierstationen sind in unserem Land nachgewie- Tafel 4, 5 sen; so wurde 1963/64 südlich von Sigmaringen eine derartige Station untersucht, eine S. 245 ff weitere auf dem Brandsteig an der Kinzigtalstraße. Andere können aufgrund von Inschriften in Cannstatt, Köngen, Heilbronn-Böckingen, Heidelberg-Bergheim, bei Jagsthausen und Mainhardt angenommen werden. Denkbar ist, daß diese Straßenstationen gleichzeitig Unterkunfts- und Rasthäuser (*mansiones*) für Reisende und Händler und Umspannstationen zum Pferdewechsel waren.

Meilensteine

Tafel 28b Die Straßen waren offensichtlich in bestimmten Abständen gesäumt von 3 m hohen Meilensteinen, aus denen der Reisende den Namen der nächsten größeren Siedlung und die Entfernung dorthin ablesen konnte. Darüber hinaus steht auf ihnen der Name des Kaisers und seine Verdienste um den Ausbau der Straße. So gibt z. B. der bei Offenburg gefundene Meilenstein Kunde davon, daß die Straße zur Regierungszeit des Kaisers Vespasian (74 n. Chr.) unter dem Befehl des Provinzstatthalters (*legatus Augusti pro praetore*) Cn. Pinarius Cornelius Clemens erbaut wurde. Die Meilensteine bildeten damit auch gleichzeitig wichtige politische Propagandainstrumente für den jeweiligen Herrscher. Händler und Soldaten benutzten die Straßen zu Fuß oder zu Pferde. Für Lasten wurden Tragtiere, z. B. Maulesel oder Ochsenfuhrwerke verwendet, ferner gab es auch zweirädrige und vierrädrige Wagen, für die allerdings kaum archäologische Hinweise vor- Abb. 60 handen sind. Besonders anschaulich ist ein vierrädriger Korbwagen mit Fuhrmann auf

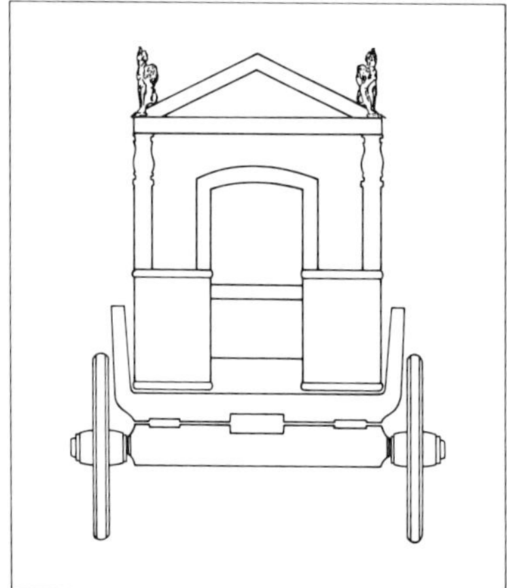

Abb. 46 Rekonstruktion eines Reisewagens in römischer Zeit (nach A. Radnoti)

einem Grabstein von Baden-Baden abgebildet. Auch auf die Darstellung eines Wagens auf einem Eponastein von Beihingen sei hingewiesen. Eiserne Reifen aus Walheim gehören wohl zu einem Wagen, vielleicht zu einem reich ausgestatteten Reisewagen. Zierstücke von Wagen stellen die 37 cm große Herkulesbronze von Stuttgart-Zazenhausen und eine Herkulesfigur aus Ebingen (Albstadt) dar, wie sie im römischen Weltreich aus der mittleren Kaiserzeit immer wieder nachgewiesen wurden. *Tafel 28a* *Abb. 46*

Für die Römer hatte das Limeshinterland und damit auch das hier angelegte Straßennetz vor allem Bedeutung als Durchgangsgebiet zur kürzeren Verbindung von Gallien nach den Ostprovinzen des römischen Weltreiches.

Landwirtschaft

Die Landwirtschaft war auch während der römischen Okkupation, wie vorher bei den Kelten, der bedeutendste und wichtigste Wirtschaftszweig. Gegenüber der früheren Zeit muß aber der Umfang der Agrarproduktion erheblich zugenommen haben. Ein stehendes Heer war in den Provinzen zu verpflegen. Die Bewohner von Städten und Dörfern, in denen Handel und Gewerbe gegenüber dem Ackerbau vorherrschten, waren mit dem Lebensnotwendigen zu versorgen. Dies war nur durch eine erhebliche Ertragssteigerung bzw. Vergrößerung der bewirtschafteten Fläche möglich. Zwar hatte es schon bei den Kelten größere Siedlungen gegeben, die sog. oppida, aber das Land war nicht so dicht bevölkert wie in römischer Zeit. Die Steigerung der landwirtschaftlichen Produktion ist nur aus literarischen Quellen und neuen Berechnungen zu belegen. Eine Ausweitung der bewirtschafteten Flächen dagegen ist z. B. auf der Schwäbischen Alb archäologisch nachweisbar. Weite Landesteile von Obergermanien und Rätien mögen in früherer Zeit besiedelt gewesen sein, unmittelbar vor der römischen Okkupation waren sie fast fundleer.

Für einen intensiven Ackerbau auf den Gutshöfen sprechen auch die zahlreichen Gerätefunde, wie Sensen, Sicheln, Messer, Pflugscharen, Hacken und Spaten. Hauptanbausorte beim Getreide war der Weizen, wofür die fruchtbaren Räume des Gäus, des mittleren und unteren Neckarlandes und des Oberrheintales besonders gut geeignet waren. Auch der Anbau von Dinkel, Roggen und sechsteiliger Gerste sowie Ackerbohnen, Linsen und Erbsen läßt sich nachweisen. *Tafel 41*

Neben dem Ackerbau wurden offensichtlich, wo Boden und Klima dies erlaubten, Sonderkulturen angelegt, z. B. am Bodensee und im Rheintal der Anbau von Obst.

Wie ein 1950 in Rottweil untersuchter Brunnen zeigte, gab es Süßkirschen-, Pflaumen, Zwetschgen-, Pfirsich-, Walnuß-, gemeine Haselnuß- und Mehlbeerbäume neben Apfel- und Birnbäumen, die schon in vorrömischer Zeit nachweisbar sind, ebenso Kratzbeere, Himbeere, Brombeere und Erdbeere.

Der Weinbau hat wohl auch eine wichtige Rolle gespielt und zwar in den gleichen Ge-
Tafel 41b genden, wo er auch heute noch gepflegt wird. Darauf weisen zahlreiche Rebmesser hin, die im Remstal, im mittleren Neckarraum, in Heidelberg und Ladenburg zum Vorschein
Abb. 325 kamen. Auf den Weinbau in römischer Zeit deutet auch die 1969 in Walheim ausgegra-
Abb. 326 bene Jupitergigantensäule hin, auf deren Schaft eine mythologisierte Weinlese dargestellt ist.

Bronzene Weinsiebe, Amphoren, Henkelkrüge und ein reicher Bestand an feinem Trinkgeschirr zeigen, daß Wein auch im entferntesten Kastellort am Limes gerne getrunken wurde.

Neben dem Ackerbau war die Viehzucht in Südwestdeutschland und in den benachbarten Provinzen ein wichtiger Produktionszweig. Schon in keltischer Zeit, wie Funde aus dem späthallstattzeitlichen Fürstensitz Heuneburg oder aus dem spätkeltischen oppidum Manching bei Ingolstadt zeigen, war Fleisch ein wichtiges Nahrungsmittel.

Zahlreiche Kleinfunde, wie etwa die in ihrer Form bis in die moderne Zeit nahezu unveränderte Schafschere, Kuhglocken aus Bronze oder Eisen, weisen auf eine umfangreiche Haustierhaltung hin. In den Ausgrabungen, vor allem in den Städten und Siedlungen Ladenburg, Rottweil, Bad Wimpfen und Sulz, in den Militärlagern Dangstetten und in den Limeskastellen sind eine Menge Tierknochen zutage gekommen.

Die Tierknochenfunde sind noch nicht untersucht. Dagegen eröffnete die Auswertung der Speiseabfälle der Zivilsiedlung Hüfingen interessante Aspekte. Daß es sich überwiegend um Speiseabfälle handelt, zeigen die Spuren, die scharfe Geräte an den Knochen hinterlassen haben. 62 Prozent der dortigen Tierknochenfunde waren vom Rind, mit einem auffallend hohen Anteil an männlichen Tieren. Daraus läßt sich schließen, daß Stiere als Fleischlieferant und als Arbeitstiere bevorzugt waren, während offensichtlich die Milchproduktion in der Hüfinger Gegend nicht im Vordergrund stand.

Die Tierknochenfunde belegten die Haltung folgender Haustiere: Pferd (2,9%), Schaf, Ziege (10,7%), Schwein (12,5%), Hund und Katze (0,3%), Geflügel (0,3%). Knochen vom Wild waren nur mit 0,3 Prozent vertreten: Rothirsch, Reh, Wildschwein, Braunbär, Rotfuchs, Feldhase, Biber, Gänsegeier, Kolkrabe, Krähe, Dohle, Eichelhäher, Habicht, Sperber, Roter Milan, Waldkauz, Rebhuhn und Krickente.

Tafel 39 Ein in Treibarbeit hergestellter bronzener Deckel aus dem Gutshof Mundelsheim gibt Hinweis auf die Speisekarte des Gutsherrn und zeigt eine Auswahl von Wild, das für die Pfanne zubereitet ist. Der Deckel gehörte wohl auf eine Schüssel, in der die Speisen aufgetragen wurden.

Rohstoffgewinnung

Haus- und Straßenbau, Töpferei und Ziegelei, Metallgießerei usw. sind ohne Rohstoffgewinnung im Lande nicht denkbar. Die Siedlungen und Einzelgehöfte, wie auch die Inschriftsteine und Bildwerke sind, dies zeigen die Ausgrabungen, normalerweise aus dem ortsanstehenden Gestein erbaut bzw. hergestellt worden; z. B. die Bauten am Schwarzwaldrand aus Buntsandstein, die auf der Schwäbischen Alb aus Weißjura-Kalk, die Anlagen im Neckarland aus Muschelkalkstein, Lettenkohledolomit, Schilf- oder Stubensandstein, in Ostwürttemberg aus Angulatensandstein u. a. Häufig finden wir auch bei römischen Bauten den Kalktuff, der gern als Baumaterial verwendet wurde, weil er leicht zu bearbeiten war.

Die Steine wurden systematisch in Steinbrüchen gewonnen. Der Nachweis ist freilich schwierig. 1974 brachte ein glücklicher Zufall in Steinheim an der Murr einen roh zubereiteten Altarstein aus Lettenkeupersandstein ans Tageslicht. Er war unmittelbar beim Steinbruch grob bearbeitet worden und kam nicht mehr zum Abtransport. Auch im Odenwald sind an einigen Stellen heute noch halbfertige Säulen an ehemaligen Steinbrüchen zu finden. Es wurden aber auch Steine verwendet, die nicht aus Steinbrüchen stammten, so zeigte z. B. die geologische Untersuchung der Feldwache Dalkingen, daß diese aus Lesesteinen erbaut wurde. *Abb. 292*

Sand- und Kiesgruben, – sie sind heute natürlich verschwunden – lieferten das Grundmaterial zur Herstellung von Estrich, Kalkmörtel und zum Unterbau der Straßen. Wichtig für den Hausbau war aber auch der Kalk. Er wurde in Kalköfen gebrannt. Reste von solchen Öfen fanden sich in Rottenburg, Rottweil, Nagold, Mühlacker und Stetten ob Lontal. Eine größere Zahl von Kalköfen waren in Heidelberg und Ladenburg in Betrieb. Die in der Nähe des Kastells Osterburken untersuchten Kalköfen hatten eine lichte Weite von 1,3 bis 2,7 m; sie verjüngten sich nach oben stark. Ein großer, sehr gut erhaltener Kalkbrennofen konnte 1975, anläßlich der Untersuchung des Gutshofes von Bondorf (Landkreis Böblingen) ausgegraben werden.

Das Holz zum Bau der Fachwerkhäuser und zur Herstellung von Holzkohle muß planmäßig geschlagen worden sein. Vor allem die Hypokaustanlagen, besonders die Heizung der Bäder verschlangen ungeheure Massen von Holz. Römische Kohlenmeiler wurden in Baden-Württemberg bis heute nicht gefunden. Es muß sie aber gegeben haben. Der Schmied brauchte Holzkohle und sie war unentbehrlich zur Erwärmung von Räumen ohne Hypokaustanlage. *S. 142 f*

Ob das immer wieder vorkommende Raseneisenerz und das Bohnerz bei uns weiterverarbeitet wurde, wissen wir nicht sicher. Metallgießereien in Heidenheim, Cannstatt, Ladenburg und im Gutshof in Pforzheim-Hagenschieß u. a. weisen darauf hin. In Sulz und Rottweil fand man erst in jüngster Zeit Schmelzöfen, Barren und Gußtiegel, die auf metallverarbeitendes Handwerk deuten.

Töpferei und Ziegelei

Ein besonders wichtiges und weitverbreitetes Handwerk war die Töpferei. Sie ist gut nachweisbar, weil die Öfen in den Boden eingegraben wurden. Die Lage der Töpfereien richtete sich häufig nach Tonvorkommen. So konnten 1968 im Bereich des Kastells III auf Hochmauren in Rottweil-Altstadt Teile einer sehr großen Tongrube beobachtet werden, die zu einer in unmittelbarer Nachbarschaft festgestellten Töpferei gehört hat. Sie war in der ersten Hälfte des 2. Jahrhunderts zugefüllt worden und in der 2. Hälfte des 2. Jahrhunderts nochmals mit Steinbauten überbaut worden.

Neben kleineren Gutshoftöpfereien für den Eigenbedarf an Gebrauchsgeschirr, gab es in jeder Siedlung mehr oder weniger große Betriebe. In größeren Siedlungen, z. B. Rottweil, Rottenburg, Ladenburg, Heidelberg, Riegel usw. waren mehrere derartige Werkstätten ansässig. Die Töpfereien bezeichnen in der Regel den Rand der Siedlung, da sie wegen Brandgefahr gerne außerhalb angelegt wurden.

Neben kleinen Töpfereien gab es z. B. bei Lahr-Dinglingen, Krozingen, Sulz und Walheim einige Großbetriebe, die ein größeres Umland mit ihrer Ware belieferten. Eine der-
Tafel 9 artige Töpferei konnte B. Heukemes in Heidelberg in Teilen ausgraben. Auch in Riegel
S. 462 f gab es im 2. und 3. Jahrhundert einen solchen Großbetrieb. Ebenfalls in diese Gruppe
S. 547 ff gehört die schon seit Anfang des 19. Jahrhunderts bei Waiblingen bekannte Töpferei, die, wie Grabungen aus den Jahren 1912 bis 1914 und 1967 erbrachten, sich beidseits der Straße vom Kastell Cannstatt zum Limes bei Lorch erstreckte. Sie war sicherlich Hauptlieferant für die Truppen am Limes. Ihr Schwerpunkt lag auf der normalen Gebrauchskeramik, wie Töpfe, Becher, Teller, Schüsseln, Amphoren usw.

Töpferöfen

Die Töpferöfen waren im allgemeinen nach einem Schema aufgebaut. Meist wurden zwei bis drei Öfen von einer muldenförmigen Grube aus beheizt. Diese Bedienungsgrube diente dazu die Öfen anzuheizen und das Feuer über dem Schürkanal, auch Fuchs genannt, aufrechtzuerhalten. Der runde oder ovale Schürkanal verband Bedienungs- und Feuerungsraum. Er war häufig durch eine Zungenmauer zweigeteilt und wurde durch einen Brennrost abgedeckt. Die auf der Töpferscheibe gedrehten und an der Luft getrockneten Tongefäße setzte der Töpfer in lederhartem Zustand auf diesen Brennrost im eigentlichen Brennraum. Die Flammen des im Feuerungsloch entzündeten Feuers schlugen in den Feuerungsraum; die Heißluft zog durch die Brennlöcher in den Brennraum und von da durch einen Kamin ab. Wie der Brennraum, der einen Durchmesser von 1 bis zu 3 m haben konnte, oben abgeschlossen war, ist meist nicht mehr sicher nachzuweisen. Es ist anzunehmen, daß er mit einer kuppelartigen Wölbung abschloß,
Tafel 34a im Scheitel mit einem Abzugsloch versehen war. An vollständig erhaltenen Öfen in Ben-

ningen und Riegel konnte nachgewiesen werden, daß manche Öfen einen zylindrischen Brennraum hatten, der oben offen war und während des Brennvorgangs mit Ziegeln oder großen Tonscherben abgedeckt werden mußte.

Terra Sigillata

Neben der einfachen Gebrauchskeramik wurde auch bei uns das feine tönerne Tafelgeschirr, das sich durch seine gleichmäßige rote Farbe auszeichnet – der moderne Begriff für diese Keramik der römischen Kaiserzeit ist Terra Sigillata = gestempelte Keramik. *Tafel 35a*
Ursprünglich im italischen Raum (Arretium) hergestellt übernahmen im 1. Jahrhundert n. Chr. südgallische Produktionsstätten, vor allem in La Graufesenque und Banassac die Fertigung von Terra Sigillata. Seit dem 2. Jahrhundert lieferten vor allem die großen Manufakturen von Lezoux und Rheinzabern in Ostgallien Sigillata ins heutige Baden-Württemberg. Offensichtlich entstanden aber auch in Obergermanien kleine Töpfereien, die Terra Sigillata herstellten, wie Formschüsselfragmente aus Nürtingen, Pfrondorf, Köngen, Neuhausen auf den Fildern und Rottweil zeigen.
Die Terra Sigillata dieser Töpfereien ist aus sehr weichem Ton und hat eine typisch hellrote Farbe. Vermutlich waren diese Werkstätten Zweigbetriebe der großen Manufakturen in Rheinzabern und hatten nur regionale Bedeutung. Es tauchen dort und hier auf Töpferstempeln die gleichen Töpfernamen auf. Die Waiblinger Töpferei produzierte etwa von der 2. Hälfte des 2. Jahrhunderts an auch Terra-Sigillata-Geschirr. Neben *Abb. 322*
glattwandiger Ware, wie Teller, Becher, Schüsseln und Näpfen wurden hier auch verzierte Schüsseln hergestellt und an den Limes und dessen Hinterland geliefert.
Formschüsselbruchstücke, in die mit Bildstempeln verschiedene Muster wie Blätter, Tiere, Figuren u. a. eingedrückt wurden, haben sich hier in Waiblingen zahlreich erhalten, desgleichen auch einige Bildstempel. Zur Herstellung solcher verzierter Schüsseln *Tafel 37a*
fertigte der Töpfer auf der Töpferscheibe zuerst eine Formschüssel an, in die in den weichen Ton die Bildstempel eingedrückt wurden. Nach dem Trocknen an der Luft wurde diese Formschüssel in lederhartem Zustand gebrannt. Dann drehte der Töpfer in die Formschüssel auf der Scheibe die eigentliche Bilderschüssel hinein, ließ diese an der Luft trocknen, nahm sie aus der Formschüssel heraus und drehte Rand und Fuß an. Die getrocknete Schüssel tauchte er in eine sog. Tonsuspension und setzte die Schüssel in den Töpferofen ein.
In den Boden der Teller, Schüsseln usw., später auch an der Außenwand der Schüsseln, stempelten die Töpfer häufig ihren Namen. So wissen wir, daß z. B. in Waiblingen die Töpfer Reginus, Dignus, Tertius, Vetedus, Marinus, Augustus und Marcellus tätig waren. In Stuttgart im Kräherwald, am Rande des Feuerbacher Tales kamen anfangs des 19. *Tafel 37b*
Jahrhunderts Baureste einer Töpferei und Bruchstücke von Formschüsseln der Töpfer Reginus, Domitianus und Marinus zutage.

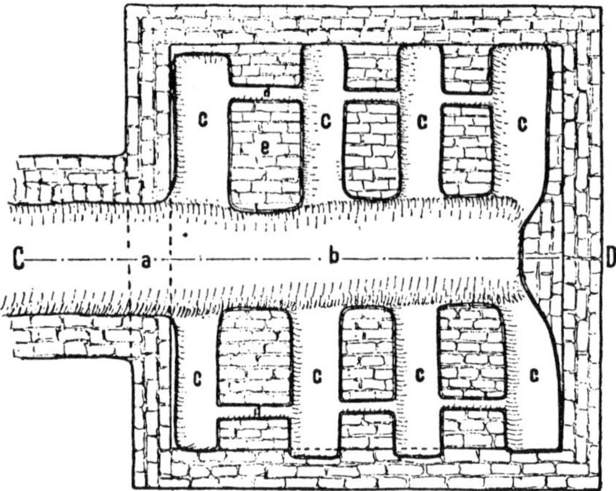

Abb. 47 Rekonstruktion eines Ziegelbrennofens. Normaltyp mit durchbrochenen Zungenmauern (nach Stefan)

Ziegeleien

Neben dem Mauerbau brachten die Römer auch die Ziegel in unser Land und verwende-
S. 142 f ten sie zu den verschiedensten Zwecken: für die Pfeilerchen der Hypokaustanlagen, für die Abdeckung dieser Anlagen und als Heizziegel (*tubuli, tegulae mammatae*) für die
S. 137 Wandbeheizung. Für die Dächer der Steinbauten nahm man Leistenziegel (*tegulae*) und Hohlziegel (*imbrices*).

Das Militär unterhielt eigene Ziegeleien und stempelte die in seinen Betrieben gebrann-
Tafel 14b–e ten Ziegel mit dem jeweiligen Truppenstempel. So unterhielt offensichtlich die 11. Legion, die von 69 bis 101 n. Chr. in *Vindonissa*/Windisch stationiert war und der die Truppen auch in der Gegend von Rottweil unterstanden, eine Ziegelei in Rottweil, denn
Abb. 264 die hier verwendeten Stempeltypen kommen sonst nirgends mehr vor. Allerdings lassen sich weder hier, noch an den anderen Kastellorten bis heute derartige Militärziegeleien archäologisch nachweisen. Vermutlich lagen auch sie, wie die Töpfereien, wegen Brandgefahr außerhalb der Lager und sind deshalb nur durch Zufall feststellbar.

Eine ganze Anzahl von Gutshöfen deckten den Eigenbedarf an Ziegeln mit eigenen klei-
Abb. 32, 33 neren Ziegeleien. So fand sich im Gutshof Ludwigsburg-Hoheneck ein Ziegelbrennofen. Insgesamt wurden im Land ca. 25 Ziegeleien entdeckt. Ihre Zahl war aber sicher wesentlich höher. In Steinheim an der Murr wurde 1961 ein recht gut erhaltener Ziegel-
Abb. 47 brennofen gefunden, dessen Grundform typisch ist. Er hatte eine rund 3,3 m im Durchschnitt große durchlöcherte Brenndecke. Sechs aus getrockneten Lehmziegeln aufgemauerte Querrippen, deren Zwischenräume eingehängte T-förmige, rohe Lehmziegel überbrückten, trugen die Brenndecke. Von der Heizgrube führte ein 2 m langer und 0,80 m breiter, im Querschnitt spitzbogiger Kanal unter den Rost.

In der Nähe einer Ziegelei bei Steinheim kamen bei der Ausgrabung des Badegebäudes eines römischen Gutshofes in Großbottwar zahlreiche Ziegel mit dem Stempel „GLSP“ zutage. Eine 1710 dort gefundene Weiheinschrift aus dem Jahre 201 nennt als Stifter eines Tempels einen Mann namens Gaius Longinius Speratus. Ob er der Besitzer der Ziegelei war? Longinius war, lt. Inschrift, Veteran der 22. Legion in Mainz und zog nach seiner Entlassung hierher ins Bottwartal.

Weitere Gewerbe

Ob im Lande Glas oder Bronze hergestellt bzw. verarbeitet wurde, wissen wir nicht. Glasschlacken, die in Siedlungen häufig zum Vorschein kamen, lassen vermuten, daß zumindest einfaches weißes oder grünliches mattes Fensterglas an Ort und Stelle fabriziert wurde.

Wir kennen auch noch andere Handwerksberufe aus Inschriften. So stiftete das Gemeinwesen von Baden-Baden (*res publica Aquensis*) ein Zunfthaus der Zimmerleute (*fabri tignarii*). Die Baumeister bzw. Architekten (*architecti*) Valerius Paternus und Aelius Macer stifteten einen Stein zur Ehre des Fluß- und Brückengottes Neptun in Heidelberg. Die Inschrift wurde nur wenig oberhalb der bekannten römischen Steinbrücke *Tafel 13b* gefunden. Ein vorzüglich erhaltener Zirkel aus Rottweil gehörte vermutlich zur Zei- *Abb. 271* chenausstattung eines Architekten. Vielerorts gefundene Spitzkellen und das bronzene *Tafel 42b* Lot aus Lautlingen, in das der Name des Besitzers – es war der Centurio Candidus – eingepunzt ist, sind Zeugnisse für die wichtige Stellung, die das Bauhandwerk in römischer Zeit einnahm.

Neben diesen archäologisch nachgewiesenen Gewerben gab es in größeren Siedlungen zweifellos noch Schneider, Bäcker, Schuster, Maler, Schreiner, Gerber, Tuchmacher, Messerschmiede und Metzger.

Der Handel

Eine wichtige Rolle spielte der Handel. Handelsgesellschaften (*negotiatores Cisalpinae et Transalpinae*) sorgten dafür, daß die römischen Bürger, die außerhalb des italischen Raumes lebten, nicht auf gewohnte Dinge oder Speisen verzichten mußten. Deshalb war der Handel mit Lebensmitteln besonders umfangreich, übrigens auch bedingt durch die Arbeitsteilung zwischen Gutshöfen und Siedlungen. Bei verschiedenen Ausgrabungen im Land, vor allem in Rottweil und Ladenburg, fand man Hinweise auf Einfuhren aus Italien, Südfrankreich und Spanien, z. B. Öl in Amphoren, Datteln und Oliven, aber auch Delikatessen wie Fischsaucen usw. In dem Brunnen in Rottweil (siehe S. 151) waren neben den Resten einheimischer Früchte auch drei Feigen – wie in römischer Zeit üblich – konserviert in Honig. Häufige Funde sind Austernschalen. Vielleicht wurden Austern in Badeanlagen gezüchtet.

Außerdem bestanden auch Handelsbeziehungen zum freien Germanien. Die Germanen kauften, wie Bodenfunde zeigen, Metallgefäße aus Silber und Kupferlegierungen, Glas- und Tongefäße, besonders Terra Sigillata, Schmuck und mancherlei Gebrauchsgerät. Dafür boten sie wohl vor allem Felle, landwirtschaftliche Produkte, Vieh und Honig. Die Kölner Glashütten lieferten ins Limesgebiet; auch Terrakotten und Votivfigürchen sind Import aus Köln.

Terra Sigillata kamen im 1. und 2. Jahrhundert noch aus Gallien, im 2. Jahrhundert setzte eine umfangreiche Terra-Sigillata-Produktion in Rheinzabern ein, die bis in die Donauprovinzen lieferte. Da von Rheinzabern aus die Versorgung der Donauländer *S. 547 ff* immer noch aufwendig war, entstanden Töpfereien im mittleren Neckargebiet (Waiblingen) und wenig später in Rätien nördlich Rosenheim. Die obergermanischen Töpfereien erlangten allerdings im Gegensatz zu dieser keine überregionale Bedeutung.

S. 146 ff Wesentliche Grundlage des Handels war das ausgebaute Straßennetz.

Ein großer Teil der Waren wurde auch mit Schiffen auf den größeren Flüssen, wie Rhein, Neckar und Donau transportiert. Die römischen Lastkähne (*naves onerariae*) waren breit und flach und hatten wenig Tiefgang; sie konnten deshalb auch auf seichten Gewässern fahren. Eine Inschrift aus Benningen – sie ist dem Genius der Schiffer (*genius nautarum*) geweiht – deutet darauf hin, daß der Neckar zumindest bis dorthin schiffbar war.

Tafel 27b Auf die wichtige Stellung der Schiffahrt weist die sehr schöne Inschrift einer Schiffergilde aus Ettlingen mit dem Relief des Gottes Neptun hin. Sie besagt, daß ein Mann namens Cornelius Aliquandus der Schiffergilde (*contubernium nautarum*) das Denkmal gestiftet hat. Inschriften über Händler sind in Baden-Württemberg sehr selten. Eine aus Rottenburg benennt einen Keramikhändler (*negotiator artis cretariae*) Marcus Messius Fortunatus, der zur Oberschicht des civitas Sumelocennensis aufstieg und sevir Augustalis wurde. Ein zweiter Keramikhändler ist von einem Grabstein aus Lorch überliefert.

Militär und Handel brachten eine große Mobilität der Menschen mit sich. Viele Inschriften erzählen von Personen, die aus anderen Provinzen des römischen Weltreiches stammten und sich hier im Land niederließen. Um nur einige zu nennen: Belger aus dem heutigen Belgien, Bituriger und Averner aus Frankreich, Brittonen aus Großbritannien, Dalmater aus dem heutigen Jugoslawien und schließlich Italiker und Nordafrikaner. Dieses Völkergemisch trug wesentlich zur raschen Romanisierung der einheimischen Bevölkerung bei.

Die alte, hochentwickelte römische Kultur mit ihrer organisatorischen Perfektion, ihrer Technik, mit Sanitätswesen, Handel und Geldwirtschaft hat wohl auch bei uns zur Anhebung des Bildungsniveaus beigetragen. Zahlreiche Graffiti auf Keramikfunden bestätigen die Annahme, daß schon im 2. Jahrhundert ein Teil der Bevölkerung des Lesens und Schreibens kundig war. Bei Ausgrabungen von Bädern finden sich im Wandverputz immer wieder Kritzeleien, z. B. eine griechische Inschrift in Ladenburg. Auch Schreibtafeln von Rottweil und Sindelfingen sprechen für die Verbreitung von Lesen und Schreiben. *Abb. 272*

In fast jeder Siedlung tauchten in großer Anzahl Schreibgriffel (*stili*) auf. Mit der Spitze dieser eisernen oder bronzenen Schreibgriffel beschrieb man die mit Wachs überzogenen Holztafeln, mit der breiten, spachtelähnlichen Kehrseite konnte das Wachs wieder überstrichen und der Text gelöscht werden. *Abb. 271*

Geld- und Zahlungsverkehr

Zur Zeit der Besetzung der nordalpinen Länder verfügten die Römer schon über eine differenzierte Geldwirtschaft und führten sie in ihren Provinzen ein. Vorher, in der keltischen Zeit des 2. und 1. vorchristlichen Jahrhunderts gab es zwar auch schon Münzen. Am bekanntesten sind in unserem Raum Goldmünzen, die sog. Regenbogenschüsselchen. Der Name rührt von der schüsselartigen Form der dicken Goldmünzen her und davon, daß man sie besonders nach dem Regen auf dem Feld fand. Geld spielte zunächst eine untergeordnete Rolle und im freien Germanien war der Tauschhandel in der römischen Kaiserzeit noch gang und gäbe.

Wie bei allen antiken Währungen hatten die Römer bestimmte Münzen, deren Wert der Metallgehalt angab. Zu ihnen gehörten die Edelmetallprägungen wie der Aureus, die römische Goldmünze der mittleren Kaiserzeit und der Denar, die Silbermünze. – *Abb. 96* Hauptzahlungsmittel waren aber Münzen ohne Edelmetallgehalt. Hierzu gehören Sesterz und Dupondius aus Bronze, As und der selten vorkommende Quadrans aus Kupfer. Bei diesen vier Münzarten (*Aes*) liegt der Metallwert unter dem Kaufwert. Neben dem verschiedenen Metall ist auch die Form bzw. Größe ein Unterscheidungsmerkmal. Der Dupondius ist kleiner als der Sesterz, der Quadrans kleiner als der As.

Aus der antiken Literatur wissen wir zwar, daß der Legionar unter Kaiser Domitian im Jahre 300 Denare, unter Kaiser Commodus ca. 375 Denare verdiente. Da wir aber über Preise einzelner Objekte in unserem Raum kaum Hinweise haben, sind über die Höhe der Kaufkraft der Währung keine Aussagen möglich. In der römischen Stadt *Flavia Solva* im Südostzipfel von *Noricum*, in der heutigen Steiermark, wurde eine Sigillata-Schüssel gefunden, hergestellt vom Töpfer Cinnamus im mittelgallischen Lezoux, in deren Boden der Preis von 20 Assen eingeritzt war. Der Tageslohn eines Legionars in domitianischer Zeit betrug $13^1/_3$ Asse, d. h. der Soldat mußte für diese Schüssel $1^1/_2$ Tageslöhne bezahlen.

Für den Archäologen sind Münzfunde die wichtigsten Indizien für die Datierung neben der Keramik, insbesondere der Terra Sigillata. Vor allem bei größeren Fundmengen, einer sog. Münzreihe läßt sich die zeitliche Einstufung genauer vornehmen. Der Fundmünzenbestand an Prägungen aus unedlem Metall ist in Baden-Württemberg um ein

Tabelle der Nominale und ihres Verhältnisses zueinander
a. Zeit der Flavier bis zum Beginn der severischen Dynastie

	Aureus	Quinarius Aureus	Denar	Quinar	Sesterz	Dupondius	As	Semis	Quadrans	
1 Aureus	1	2	25	50	100	200	400	800	1600	Gold
1 Quinarius Aureus		1	12,5	25	50	100	200	400	800	
1 Denar			1	2	4	8	16	32	64	Silber
1 Quinar				1	2	4	8	16	32	
1 Sesterz					1	2	4	8	16	Aes
1 Dupondius						1	2	4	8	
1 As							1	2	4	
1 Semis								1	2	
1 Quadrans									1	

b. Zeit der severischen Dynastie bis zur Regierungszeit Diocletianus

	Binio	Aureus	Aureus Quinarius	Antoninian	Denar	Quinar	Sesterz	Dupondius	As	
Binio	1	2	4	25	50	100	200	400	800	Gold
Aureus		1	2	12,5	25	50	100	200	400	
Aureus Quinarius			1	6,25	12,5	25	50	100	200	
Antoninian				1	2	4	8	16	32	Silber
Denar					1	2	4	8	16	
Quinar						1	2	4	8	
Sesterz							1	2	4	Aes
Dupondius								1	2	
As									1	

(aus J.P.C. Kent, B. Overbeck, A.U. Stylow, Die römische Münze [1973] 105 und 125)

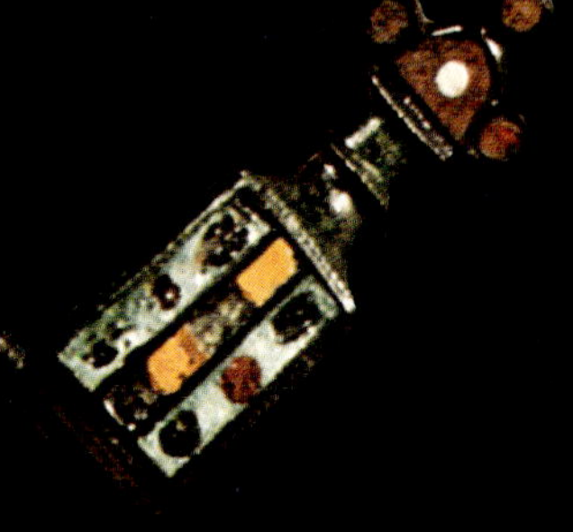

R230.2
R230.3

Tafel 49 (vorstehende Farbtafel)
a, b: Emailfibeln
c: Baden-Baden. Goldring mit geschnittener Gemme
d: Silberne Armreifen

Tafel 50
a: Geldbörse aus Bronze
b: Rißtissen. Gußformen aus einer Falschmünzerwerkstatt

Römische Religion

In den Beschreibungen der kaiserzeitlichen Historiker findet sich nicht eine einzige verbindliche Nachricht über Götterverehrung, Kultstätten oder Tempelbauten zwischen Oberrhein und Limes. Wir erfahren aus den erhaltenen Texten auch keineswegs, in welcher Weise sich Religion und Kult während der fast zweihundertjährigen römischen Besetzung hierzulande entwickelt haben oder welche religiösen Sonderformen neben der offiziellen Staatsreligion bestanden. Die verwertbaren Dokumente zu unserem Thema bestehen zunächst allein aus dem oft mühsam restaurierten Trümmergut archäologisch geborgener Kunstdenkmäler und den knappen Texten lateinischer Weiheinschriften, die durch die Sammeltätigkeit des letzten Jahrhunderts vor allem in den Museen des Landes zusammengekommen sind. Das Bild, das sich aus diesen Zeugnissen ergibt, bliebe voller Rätsel, wenn nicht die Denkmäler aus Rom und Italien, dem Zentrum der Macht und des Reiches, und die Aussagen lateinischer Dichter und Schriftsteller eine Fülle von Informationen vermittelten, die uns die Deutung der einheimischen Römerfunde erleichtern. Den ersten Eindruck von originaler römischer Kunst aus dem Gebiet des heutigen Baden-Württemberg verschafft man sich am besten in den großen Sammlungen der beiden Landesteile, dem Württembergischen Landesmuseum in Stuttgart und dem Badischen *S. 518 ff*
Landesmuseum in Karlsruhe. Ein Gang durch die Schausammlungen dieser Museen *S. 322 ff*
vermittelt zugleich einen Überblick über das wichtigste Quellenmaterial zur Kenntnis römischer Religion. Der moderne Betrachter provinzialrömischer Reliefs und Plastiken ist freilich oft enttäuscht von dem schlechten Erhaltungszustand und dem vielfach primitiv-rustikalen Stil der Denkmäler, der es selbst dem Fachmann ungemein schwierig macht, die Kunstwerke in abgewogener Weise ästhetisch zu beurteilen. Schon die Datierung der Denkmäler nach ihren Stilformen im Vergleich etwa mit stadtrömischen

Kunstwerken erweist sich hierzulande als eine wenig tragfähige wissenschaftliche Methode, historische Ordnung in das Fundmaterial zu bringen. Im Rheinland wie anderswo an den Grenzen des römischen Reiches hat man nämlich die charakteristischen Formen spätantiker Abstraktion hier und da viel früher auftauchen sehen als im zentralen Mittelmeerraum, wo das naturalistische Erbe der klassischen Kunst länger wirksam blieb. Solche ,,Tendenzen", die nicht einem allseits beachteten und verpflichteten Vorbild folgen, sondern an verschiedenen Orten spontan dem urwüchsig-naiven Temperament und weniger überzüchteten Geschmack ,,provinziellen" Künstlergemüts entspringen, machen treffsichere, stilistische Datierungen ungemein schwierig. Hier am Rande des Reiches ist es also einerseits gut möglich, daß ein Bildwerk konservativ und einfallslos den Kunststil von vorgestern verkörpert, der in Rom vielleicht zwanzig, dreißig Jahre früher einmal in Mode war; andererseits kann es aber auch sein, daß ein einfacher Kunsthandwerker scheinbar kühn, im Grunde jedoch naiv mit Formen spielt, die in den tonangebenden Zentren der römischen Kultur erst fünfzig bis hundert Jahre später verbindlich und stilbildend wirksam werden. Wir verzichten aus diesen Gründen darauf, hier eine Stilgeschichte römischer Kunst im östlichen Obergermanien aufzuzeichnen. Stattdessen soll die religionsgeschichtliche Bedeutung der Denkmäler im Vordergrund stehen.

Götterkult

Wie alle Völker der alten Welt, mit Ausnahme der Juden, verehrten die Römer nicht nur einen einzigen Gott, sondern eine Vielzahl verschiedengestaltiger Götter. Diese Feststellung ist fast ein Gemeinplatz. Denn seit dem Ausgang des christlichen Mittelalters und der Wiederentdeckung der Antike in der Renaissance haben die menschennahen und menschenähnlichen Götter des Altertums einige Jahrhunderte lang die Phantasie abendländischer Dichter, Maler und Bildhauer beschäftigt. Das vielfarbige Bild, das diese höchst produktive Wiedergeburt lang vergessener Überlieferungen uns heute darbietet, überdeckt in unserem Bewußtsein leider oft das, was die Forschung des verflossenen Jahrhunderts über die religiöse Wirklichkeit und tägliche religiöse Praxis der Griechen und Römer ermittelt hat. Denn die Götter von damals figurierten nicht nur als anmutige Gartenplastiken und repräsentativer Gebäudeschmuck herrschaftlicher Paläste, noch waren sie Erbauungsgestalten für Musenfreunde und Bildungsbürger. Sie bestimmten und beherrschten das Bewußtsein und die Lebenspraxis der Menschen jener Zeit kaum weniger, als in den christlichsten Epochen des Abendlandes die Figuren Jesu und der Mutter Maria oder die Heiligen der Kirche das menschliche Gemüt bewegt haben.
Zahllose Götterbilder und Weiheinschriften legen Zeugnis ab von einer Form der Frömmigkeit, die den ganzen Kosmos mit göttlichen Gestalten bevölkert glaubte:

Himmel, Erde und Unterwelt, Berge und Flüsse, einsame Wälder wie kultivierte Gärten, menschliche Siedlungen, Wege und Straßen unterstanden dem Machtbereich und dem Schutz einzelner oder mehrerer Gottheiten, die hilfreich oder drohend in das Leben von Völkern, Stämmen, Familien oder Individuen eingreifen konnten. Vertrauen und Gunst dieser Götter wurde den Menschen nicht mühelos zuteil; sie mußten durch Opfer, Gebete und wertvolle Weihegaben erworben und erhalten werden. Die Art und Weise, wie das geschah, ist bei mancher Ähnlichkeit doch in vielen Punkten so stark von den rituellen Bräuchen des Christentums unterschieden, daß wir die wesentlichen Unterschiede hier kurz in Erinnerung rufen müssen. Der „heidnische" Kult baute seinen Göttern Häuser, in denen ihr menschengestaltiges Abbild in Metall, Stein oder Holz zur Verehrung und Anbetung aufgestellt war. Diese Tempel waren also „Gottes Haus" im buchstäblichen Sinne des Wortes, nicht wie unsere „Gotteshäuser" Versammlungsräume für die anbetende Gemeinde. Nur Priester oder Personen, die zu einer gegebenen Zeit Funktionen des Priesters ausübten, durften den Tempel während der Kultfeierlichkeiten betreten. Die große oder kleine Gemeinde versammelte sich dagegen draußen unter freiem Himmel vor dem Altar des Gottes, um ihr Opfer darzubringen.

Strenge Kultsatzungen regelten die einzelnen Formen der Opferbräuche, die von Gottheit zu Gottheit recht verschiedenartig waren. Wir denken beim antiken Opferritual zunächst immer an das Schlachten von Großvieh, also an Rind, Schaf und Schwein. Aber das sind nicht die Opfergaben des Alltags und des Durchschnittsbürgers. Die einfachsten und beliebtesten Gaben bestanden – wie noch heute bei unserem Erntedankfest – aus schlichten Baum- und Feldfrüchten aller Art, wie die Jahreszeit sie hervorbrachte. Aus dem gemahlenen Getreide wurden Opferkuchen gebacken, die in so vielen Formen und Arten verbreitet waren, daß antike Kultschriftsteller es fertig brachten, eigene Abhandlungen über dieses Thema zu schreiben. Honig, vermischt mit Wasser oder Milch, reine Milch, Käse und sogar richtiger Käsekuchen sind als Opferspeisen überliefert. Schließlich waren Trankopfer aus Wasser und Wein oder einer Mischung aus beiden gebräuchlich. Wasser und Wein spielen eine hervorragende Rolle bei der Einleitung der großen Speiseopfer, die mit dem Schlachten und gemeinsamen Verzehren des Opfertieres ihren Höhepunkt erreichten. Auf Opferaltären erblickt man auf den Seitenflächen in flachem Relief häufig eine Kanne und eine Griffschale: Die beiden Gefäße sind typische Geräte für das Voropfer, das sich aus einer rituellen Handwaschung und anschließendem Ausgießen einer Wasser-Spende zusammensetzte. Die gegenüberliegende Seite solcher Altäre zeigt dann häufig eine Axt und ein Messer – in der Form unseren Metzgermessern ähnlich: Das sind die Instrumente, die zum Töten und Zerlegen der Tiere dienten, die beim Speiseopfer geschlachtet wurden.

So zeigt der große Altar aus Böckingen, den der Gefreite Gaius Julius Quietus dem Jupi- *Tafel 65*
ter und Mars geweiht hat, sehr schön diese klassische Opfergerät-Kombination; dagegen führt uns das reizvolle Epona-Relief aus Beihingen in einer kleinen Nebenszene – stark *Tafel 28a*

verkürzt aber sehr lebendig – beispielhaft ein ganzes Ritual vor Augen: Der Priester steht vor einem Altar. Er hat seinen Mantel von hinten über den Kopf gezogen, um mit bedecktem Haupt – wie es die Riten verlangten – seine Gaben zu offerieren. Hinter ihm – im Bild daneben – erblickt man eine bauchige Amphore, die wohl den Wein für das Trankopfer enthält. Ein Opferdiener macht sich mit einem Schwein zu schaffen, das der Todesstoß noch nicht ereilt zu haben scheint. Sicher ist auf dem Beihinger Relief kein großes Gemeinde- oder Festtagsopfer gemeint, eher die Dankzeremonie eines Privatmannes an seine Göttin, die ihn auf einer langen Reise treu beschützt und begleitet hat und glücklich und gesund wieder nach Hause führte.

Auch die Tempel sind nicht immer große Gebäude oder gar Prunkbauten gewesen. Sie bestanden im Mittelmeerraum wie hierzulande meist aus kleinen bis winzigen „Zellen", die gerade groß genug waren, um einem lebens- oder nur halblebensgroßem Götterbild Schutz vor der Witterung zu geben. Ein gutes Beispiel für solche Tempelchen (*aediculae*)
S. 265 stellen die Fundamentreste des Diana-Heiligtums bei Friesenheim im Ortenaukreis dar, die dort 1974 freigelegt und konserviert wurden. Reste von Tempeln sind im allgemeinen höchst selten hier im Lande gefunden worden. Aber eine ganze Reihe von Inschriftsteinen spricht deutlich von der Errichtung solcher Bauwerke samt zugehörigem Götterbild (*aedem cum signo*). Teile monumentaler Opferaltäre – wie sie etwa aus Baden-Baden in einigen Exemplaren bekannt sind – lassen eindeutig den Schluß zu, daß auch größere Tempelbauten in den Hauptorten des rechtsrheinischen Provinzgebiets keinesfalls gefehlt haben.

Griechische und römische Götter

Auch wenn nur wenig erhalten und überliefert ist: Sicher können wir sagen, daß Tempel und Kultstätten in unserem Lande in römischem Stil erbaut worden sind, und die Verehrung der Götter nach römischem Ritus erfolgte. Dennoch wäre es historisch nicht ganz korrekt, jene Götter, die durch römische Soldaten, Kaufleute und Verwaltungsbeamte an Rhein und Donau beheimatet wurden, ausdrücklich mit dem Etikett „römisch" zu versehen. Vieles, was die Zivilisation der Kaiserzeit nach Mitteleuropa mitbrachte, war ein von anderen Völkern des Mittelmeerraums errungenes, längst Gemeingut gewordenes kulturelles Erbe. Ganz besonders aber die Göttergestalten und die kaum überschaubare Fülle an Mythen und Legenden, die sie umrankten, verdanken nicht dem römischen Genius, sondern der dichterischen Phantasie und der künstlerischen Gestaltungskraft der Griechen ihre einmalige, unverwechselbare Prägung. Trotzdem kann man sie auch nicht einfach als „griechisch" bezeichnen. Ein Blick auf die geschichtliche Situation der griechischen und römischen Frühzeit mag diesen scheinbar komplizierten Sachverhalt verdeutlichen. Die Griechen wie die lateinisch sprechenden Stammesverwandten der

Römer sind nicht die Ureinwohner jener Landschaften, in denen wir ihnen in historischer Zeit begegnen; beide Volksgruppen sind lange vor dem Einsetzen geschichtlichen Bewußtseins von Norden aus dem Balkanraum in ihre späteren Wohnsitze in Griechenland und Mittelitalien eingewandert. Nicht nur die Verwandtschaft der beiden Sprachen, sondern auch die Ähnlichkeit der Gestalt ihres obersten Gottes, Zeus bzw. Jupiter, legt für ihre gemeinsame Herkunft beredtes Zeugnis ab. Aber die primitiven Vorfahren der Griechen erlebten am Westrand des „Alten Orient" in der Begegnung mit den dortigen Hochkulturen in jahrhundertelanger Symbiose und Auseinandersetzung jene beispiellose Entfaltung ihrer Produktivkräfte, die sie im 6. und 5. Jahrhundert v. Chr. zu den Schöpfern der ersten abendländischen Hochkultur werden läßt. In den Dichtungen Homers und in den Theaterstücken der griechischen Klassik sind die alten Stammesgottheiten der einst primitiven „hellenischen" Einwanderer und die der altmediterranen Bevölkerung zu einer so wohlgeordneten Familie zusammengewachsen, daß Herkunft und Ursprung einzelner Gestalten längst dem Bewußtsein der Menschen entrückt waren. Ganz anders liegt die Situation in Rom: Als in Athen, Delphi und Olympia die weltberühmten Tempelbauten für Athena, Apollon und Zeus entstanden; als die keltischen Herren der Heuneburg an der oberen Donau bei ihren Gelagen mit etruskischen Weinkannen und attischen Trinkschalen hantierten, war Rom nichts weiter als eine mittelgroße Ackerbauern- und Handelsstadt am Südrande Etruriens. Nur wenigen Griechen außer den Priestern des überregionalen Apollon-Kultes in Delphi mag die Stadt am Tiber überhaupt dem Namen nach bekannt gewesen sein.

Dann geschieht im Laufe von knapp zwei Jahrhunderten jenes politische Wunder, das bis ins 20. Jahrhundert hinein das immer neue Staunen der Historiker erweckt hat: Gestützt auf die Schlagkraft eines hervorragend organisierten Heeres erobert Rom ganz Italien und weist die Seemacht Karthagos in ihre Schranken. Im 2. Jahrhundert v. Chr. greifen die Befehlshaber der Legionen in die Geschicke des zerfallenden Staatensystems des griechischen Ostens ein. Damals hat uns ein griechischer Historiker, ein tiefer Bewunderer römischer Staatsverfassung, eine denkwürdige Aussage über die spezifische Qualität der römischen Religion hinterlassen. Polybios schreibt in seiner „Geschichte": „Der größte Vorzug des römischen Gemeinwesens aber scheint mir in ihrer Ansicht von den Göttern zu liegen, und was bei anderen Völkern ein Vorwurf ist, eben dies die Grundlage des römischen Staates zu bilden: eine beinahe abergläubische Götterfurcht. Die Religion spielt dort im privaten wie im öffentlichen Leben eine solche Rolle und es wird so viel Wesens darum gemacht, wie man es sich kaum vorstellen kann." Es ist besonders der moralische Einfluß römischer Frömmigkeit, die der aufgeklärte Grieche dabei im Auge hat; denn später fährt er fort: „Wenn man den Beamten einer griechischen Stadt auch nur ein Talent anvertraut und zehn Leute die Quittung gegenzeichnen, ebenso viele Siegel angebracht werden und doppelt so viele Zeugen den Akt bestätigen, so kann man sich doch nicht auf sie verlassen. In Rom dagegen bleiben Beamte oder Gesandte, durch de-

ren Hände große Summen gehen, einfach weil sie durch einen Eid gebunden sind, ihrer Pflicht treu. Überall sonst kann man nur selten einen Mann finden, an dessen Fingern von den Staatsgeldern nicht etwas kleben bliebe und der absolut sauber wäre; bei den Römern dagegen kommt es kaum vor, daß jemand der Unterschlagung überführt wird."
Ein römischer Volksvertreter jener Zeit, der im Senat auf seiten der Opposition gegen die herrschende Regierungsgruppe stand, hätte den Ausspruch des Polybios sicher ironisch belächelt. Aber nicht nur jenes anekdotisch scharf formulierte Beispiel, – auch was wir sonst von den Geschichtsschreibern wissen, spricht dafür, daß unser Berichterstatter einen entscheidenden Punkt getroffen hat. Von Polybios' Bewunderung altrömischer Treue und Frömmigkeit haben sich im damaligen Rom sicher fast nur konservative Kreise geschmeichelt gefühlt. Der progressive Zeitgeschmack war fasziniert von Philosophie, Literatur, Theater und bildenden Künsten des unterworfenen Brudervolks. Ganze Schiffsladungen griechischer Götterbilder und anderer Kunstwerke wurden ebenso aus Habgier wie aus Bewunderung nach Italien überführt. Griechische Dichter und Schriftsteller wurden für die Bühne wie zum Studium ins Lateinische übersetzt. Und der enge Zusammenhang zwischen Dichtung und Religion, der für das antike Geistesleben so charakteristisch ist, bringt es mit sich, daß die griechische Mythologie völlig zwanglos von der römischen Kultur Besitz ergreift. Man vergleicht die Götter, erkennt ihre Wesensverwandtschaft und fügt fremde Erfahrungen als eine Bereicherung der eigenen Überlieferung hinzu. Als die unerschöpflichen Kunstsammlungen griechischer Tempel langsam versiegen, beginnt man damit, die Meisterwerke der Klassik aus dem 5. und 4. Jahrhundert v. Chr. massenhaft zu kopieren und auf dem Seeweg zu exportieren. Später verlegen die Kopisten ihre Werkstätten nach Italien und stellen ihre Ware sogar nach Gipsabgüssen der bewunderten Vorbilder her.
Dieses begierig-ehrfürchtige Verhältnis der Römer zu Mythologie und bildender Kunst der Griechen bleibt nicht auf einen kurzen Zeitabschnitt beschränkt. Es wird zu einer Konstante der römischen Kultur, auch wenn diese Entwicklung von Zeit zu Zeit durch stärkere Rückbesinnung auf das eigentlich Römische unterbrochen wird. So kann es denn nicht verwundern, wenn selbst bei uns im obergermanischen Provinzgebiet, an den Grenzen des römischen Reiches, auf Denkmälern des Götterkultes wie auf Grabsteinen die berühmten Sagen des Dichters Homer nacherzählt werden, etwa die Irrfahrten des Odysseus, lateinisch Ulixes genannt, oder die Geschichte von der Liebe zwischen dem Kriegsgott Ares und der schönen Aphrodite, die auf römisch Mars und Venus heißen. So manches Götterbild, das hier gefunden wurde, erinnert bis in die Einzelheiten von Haltung, Stil und Ausdruck an große Vorbilder der griechischen Klassik, so etwa der „sitzende Herkules" aus Jagsthausen (WLM), in dem die Forschung die Nachbildung einer berühmten Herakles-Statue des Bildhauers Lysipp aus dem 4. Jahrhundert v. Chr. erkannt hat. Die Bronze-Statuette des jugendlichen Äskulap von Mechtersheim verkörpert in Form und Gehalt so makellos rein den Stil griechischer Spätklassik, daß man sie

Tafel 62b
Tafel 62c

– wäre sie in Griechenland gefunden worden – wohl ohne Zögern für ein Originalwerk jener Epoche halten könnte.

Am oberen Rand des großen Mithras-Altares von Osterburken, direkt über dem Scheitelpunkt der Grotte mit dem stiertötenden Mithras, fällt ein kleines querformatiges Relief ins Auge. Inmitten einer dichtgedrängten Gruppe stehender Figuren sitzt ein bärtiger Alter wie ein Herrscher im Kreis seiner Getreuen. Es ist Jupiter unter den Göttern und Göttinnen des Olymp, die uns in der Mythologie als seine Söhne und Töchter beschrieben werden. Ganz links erkennen wir Venus in ihrer nackten Schönheit; es folgt Minerva mit Helm, Schild und Lanze; schließlich Juno, Jupiters Gemahlin; auf der anderen Seite steht Apollo, der Gott mit der Leier; neben ihm in voller Rüstung der Kriegsgott Mars; ganz rechts der vergöttlichte Held Herkules in athletischer Nacktheit. Die obere Reihe von Jupiters Gefolge beginnt links mit der Jägerin Diana, die gerade einen Pfeil aus ihrem Köcher zieht; dann kommen die Unterweltsherrscher Pluto und Proserpina; zu Jupiters Häupten schwebt die geflügelte Viktoria und schwingt einen Palmzweig, das Symbol des Sieges; Neptunus mit dem Dreizack, der Herr des Meeres und aller Gewässer, bildet den Schlußmann der Reihe. Die Zahl göttlicher Mächte war im Altertum fast unbegrenzt. Viele von ihnen, die wir namentlich kennen und die auch hierzulande jedermann, der an sie glaubte, hilfreich zur Seite standen, begegnen uns weder in Bildzeugnissen noch auf Inschriften. Es wäre müßig, um der Vollständigkeit willen sie in diesem Rahmen alle aufzuzählen. Die Zwölfgöttergruppe von Osterburken aber zeigt uns die wichtigsten Gestalten der überirdischen – und unterirdischen – Machtträger. Nur wenige Hauptgottheiten des antiken Pantheon fehlen in dieser Zusammenstellung. Kaum ein weiteres Dutzend wäre hinzuzufügen, um den Kreis der am häufigsten in Bild und Schrift wiederkehrenden Figuren zu schließen. Wir beginnen mit unserem Überblick: *Tafel 60a*

Jupiter und die Jupitergigantensäulen

Jupiter (griechisch: Zeus) steht an der Spitze der göttlichen Weltordnung. Die Dichter nennen ihn oft „Vater der Götter und Menschen". Als Idealgestalt erscheint er in männlicher Reife, meist unbekleidet, mit Vollbart und wallendem Haupthaar. Er steht oder thront in Herrscherpose, zum Zeichen seiner Würde mit einem Zepter ausgestattet, zum Zeichen seiner Macht mit dem vernichtenden Blitzbündel gewappnet und von seinem Lieblingstier, dem Adler, begleitet. In mythischer Urzeit war seine Herrschaft nicht unangefochten. Es wird erzählt, die Giganten, Söhne der Erde, Mischwesen mit menschlichem Körper und Schlangenbeinen, hätten den Himmel zu stürmen versucht: Mit Felsbrocken und brennenden Baumstämmen greifen sie an. Sämtliche Götter eilen herbei, um Seite an Seite mit Jupiter ihr himmlisches Reich zu verteidigen. Da nach einer Prophezeiung nur die Hilfe eines Sterblichen den Sieg gewährleisten kann, bittet Jupiter den berühmten Herkules um seine Hilfe. Das Eingreifen des Helden entscheidet den Kampf. Die göttliche Weltordnung ist gerettet.

In der Mythensprache der Antike wurde die Niederwerfung der Giganten als das gültige Symbol für den Sieg von Ordnung und Kultur über das Chaos und die ungebändigten Mächte der Finsternis aufgefaßt. Selbst historische Kämpfe und Siege über barbarische Völker wurden häufig – mythisch überhöht und künstlerisch verhüllt – im Bilde des Gigantenkampfes verewigt. Der berühmte Zeus-Altar aus Pergamon (heute Ost-Berlin) mit seinem monumentalen Relieffries ist wohl die großartigste Ausformung dieses grundlegenden Mythos der antiken Götterlehre. Bis ans Ende des Altertums hat unser Thema immer wieder die Künstler zur Gestaltung angeregt. Seit einigen Jahren kennen wir auch in unserem Lande ein reizvolles Beispiel dafür. Es ist die von einem Friesband umzogene Säulentrommel aus dem Skulpturenfund von Hausen a. d. Zaber, auf der die Geschichte von der Gigantenschlacht in volkstümlich-drastischem Stil zügig erzählt wird. Nicht zufällig taucht dieses Motiv gerade hier auf. Denn der Hausener Komplex
Abb. 112 enthält neben anderen Steinen das vollständige Exemplar einer sog. Jupitergigantensäule. Alles deutet darauf hin, daß das reliefgeschmückte Stück Säulenschaft einst zu einer zweiten Säule dieser Art gehört hat, deren übrige Teile verloren gingen.

Damit ist der Name eines Denkmaltyps gefallen, der für die Kunst der obergermanischen Provinz einmalige Bedeutung besitzt. Als südliche Variante der am Mittel- und Niederrhein verbreiteten Jupitersäule ist die Jupitergigantensäule das typische Monument der Jupiterverehrung im nordgallisch-obergermanischen Raum, häufig und weit verbreitet wie kaum eine andere Gattung von Kultdenkmälern. Die Bekrönung der schlanken Säulen mit hohem Sockel und meist nicht allzu langem Schaft bildet eine freiplastische Reitergruppe: Jupiter, hoch zu Roß, das Blitzbündel schwingend, setzt triumphierend über einen von ihm besiegten Giganten hinweg. Diese Reitergruppe ließe sich mühelos als ein repräsentativer Ausschnitt aus dem jedermann bekannten mythischen Kampf verstehen, wenn nicht die Erscheinung Jupiters zu Pferde in Griechenland und Rom völlig ungewöhnlich wäre. Man findet sein Bild dort zuweilen als Wagenlenker eines Viergespanns, des klassischen Göttergefährts; er reitet niemals.

Schon früh hat man sich deshalb die Erfindung der Jupitergigantenreiter-Gruppe, deren Verbreitung sich tatsächlich ganz auf unseren geographischen Raum beschränkt, aus religiösen Vorstellungen der keltischen Urbevölkerung heraus erklärt. Diese einleuchtende Deutung – in jüngster Zeit mit neuen Argumenten bekräftigt – wird heute allgemein anerkannt. Gleichgültig, ob auch der Gigantenkampf bereits der altkeltischen Mythenwelt vertraut war, oder ob allein die Vorstellung des reitenden Gottes von dort entlehnt wurde, – die häufigen Weiheinschriften auf den Säulenbasen richten sich unzweideutig an den obersten Staatsgott des römischen Gemeinwesens. Auch das Bildprogramm bleibt durchweg im Rahmen der vertrauten griechisch-römischen Mythologie.

Teile von Jupitergigantensäulen bilden seit langem das Hauptfundgut unter den provinzialrömischen Steindenkmälern unserer Sammlungsbestände. Vor allem die meist auf vier Seiten mit Reliefs geschmückten Basisblöcke, die sogenannten Viergöttersteine, sind ungemein häufig, in der Regel auch sorgfältig gearbeitet und überliefern uns auf den besterhaltenen Exemplaren die vollkommensten Götterdarstellungen aus der Römerzeit unseres Landes. Im Spätmittelalter und noch lange danach scheint es, aus heute nicht mehr genau zu ermittelnden Gründen, beliebt gewesen zu sein, die mächtigen Blöcke in die Außenwände von Kirchen einzumauern. Noch heute kann man die zum Glück nicht ausgebrochenen letzten Reste eines solchen Steines am Chor der Kirche in Gräfenhausen *Abb. 107* im oberen Pfinztal bestaunen. Eine Reihe weiterer Beispiele lassen sich unserem topographischen Teil entnehmen.

Während die Altbestände an Jupitergigantendenkmälern in Stuttgart wie in Karlsruhe fast nur aus Trümmergut bestehen und man noch vor dem letzten Weltkrieg bis nach Metz reisen mußte, um einmal ein vollständiges Exemplar der Gattung sehen zu können, hat uns die Baukonjunktur der Nachkriegszeit vor allem im Neckargebiet eine wahre Fundinvasion von vorzüglich erhaltenen und zum Teil vollständigen Monumenten dieser Art beschert.

Da ist das Prachtstück der Reihe, die schon erwähnte Säule des Caius Vettius Connougus *Abb. 112* aus Hausen a. d. Zaber mit einer Höhe von 7,35 m. Das Original steht jetzt in Stuttgart im Lapidarium, eine getreue Nachbildung erhebt sich eindrucksvoll in einem archäologischen Freigelände in der Nähe der Fundstelle. Die hochinteressante Säule von Walheim, *Abb. 325* in einer Nachbildung im Parkmuseum in Aalen errichtet, erregt die Aufmerksamkeit durch ihren Reichtum an künstlerischem Detail und die mysteriösen Szenen in den aufsteigenden Weinranken, mit denen ihr Schaft übersponnen ist. Im Badischen Lan- *Abb. 326* desmuseum stehen die Säulenfragmente von Berwangen im Kraichgau mit ihrem erlesenen Reliefdekor und der machtvolle Torso von Reitergruppe und Kapitell aus Sins- *Tafel 56* heim-Steinsfurt, das größte Exemplar eines Jupitergigantenreiters, das bislang auf westdeutschem Boden gefunden wurde.

Kaum zwei Jahre alt ist der letzte, fast vollständige Fund einer solchen Säule, der aus einem römischen Brunnen in Ladenburg am Neckar geborgen wurde und jetzt dort, zu *Tafel 53* einem vollkommenen Stück ergänzt und nachgebildet, vor dem Bischofshof aufgestellt ist. Das zierliche Stück mag in unserer nachfolgenden Beschreibung eines Idealtypus dieses Denkmals dem Leser vor Augen stehen:

Die Jupitergigantensäulen erheben sich in der Regel auf einem dreistufigen Unterbau. Darauf folgt der schlanke Viergötterstein, der im Normalfall auf jeder Seite mit einer stehenden Götterfigur in Flachrelief geschmückt ist. Es sind meist Juno, Minerva, Herku- *Tafel 54a, b* les und Merkur; aber auch andere Göttergruppen sind nicht selten. Zuweilen, so etwa auch in Hausen a. d. Zaber, trägt die eine Seite einen Eichenkranz, von einem Adler mit *Tafel 55b* ausgebreiteteten Schwingen gehalten als Umrahmung der Weiheinschrift. Im allgemei- *Abb. 210* nen ist diese Inschrift aber – wie in Ladenburg – auf einem kleinen Zwischenblock, dem unmittelbaren Träger der Säulenbasis, eingefügt. Die Inschrift richtet sich immer im Dativ an *Iupiter Optimus Maximus* (*Iovi Optimo Maximo*), manchmal auch an *Iuno Regina* (*et Iunoni Reginae*), die „Himmelskönigin", und enthält den Namen des Stifters nebst Vatersnamen sowie die bekannten Buchstabenkürzel der klassischen Weiheformel *V. S. L. L. M.* (*votum solvit laetus libens merito,* d. h. der Stifter „hat sein Gelübde eingelöst, froh und willig, wie es gebührt"). Die übrigen drei Seiten des Zwischenblocks tragen Ornament oder flaches Relief mit symbolischen Darstellungen.

Nicht selten setzt der Künstler zwischen Viergötterstein und Säule den sogenannten *Tafel 57c* Wochengötterstein, einen meist achteckigen Block von gedrungener Form, der auf sieben Seitenflächen die Bilder der Planetengötter zeigt, nach denen die einzelnen Wochentage benannt sind: Saturnus = Samstag (engl. saturday), Sol = Sonntag, Luna = Montag (franz. lundi), Mars = Dienstag (franz. mardi), Mercurius = Mittwoch (franz. mercredi), Jupiter = Donnerstag, Venus = Freitag (franz. vendredi).

Nun erst kommt die eigentliche Säule, ganz verschiedenartig im Format; mal schlanker, mal gedrungener, aber immer mit einem Ornament überzogen, das sich in den meisten Fällen aus einem eigentümlichen Schuppenmuster zusammensetzt. Wir finden dieses Muster sonst auf bildlichen Darstellungen von Jupiters berühmtem Schutzschild, der sogenannten Ägis, die der Sage nach Vulkan gefertigt haben soll. Mag sein, daß dem Betrachter die Illusion vermittelt werden soll, die Säule sei mit jener geschuppten Haut überzogen, aus der auch die Wunderwaffe des Gottes hergestellt war.

Auf jeder Säule sitzt ein Kapitell, das bei unseren Denkmälern meist dem „korinthischen" Typus angehört. Dabei ist der korbartige Kapitellkörper, auf dem eine rechteckige Deckplatte ruht, von einem dichten Kranz aus Blättern der Akanthos-Pflanze umkleidet, deren größte sich stützend der Deckplatte anschmiegen. Zum schönsten Schmuck dieser Kapitellform gehören die Köpfe der vier Jahreszeiten, die nach antiker Vorstellung, den Weisungen Jupiters folgend, als Wächter an der Himmelspforte standen. Häufig sind diese „Horen" durch Attribute charakterisiert: Der Frühling trägt einen Blütenkranz, der Sommer eine Ährenkappe; den Kopf des Herbstes bekrönen Früchte; das Haupt des Winters wird von einem Kopftuch umhüllt. Der Meißel römischer Bildhauer hat diese Köpfe oft zu wahren Kabinettstücken gestaltet. Wir denken *Tafel 57a* etwa an die malerische Plastizität und den beseelten Ausdruck der Steinsfurter Horen, die zu dem Besten gehören, was an provinzialrömischer Plastik in Südwestdeutschland überhaupt erhalten ist. Ganz anders und doch ebenso eindrucksvoll ist die sanfte Schön- *Tafel 57b* heit der zierlichen Köpfe am Hausener Kapitell, deren scharfgeschnittene, kleinteilige Formen an die Treibarbeit eines Metallbildners erinnern.

Die zerbrechliche Freiplastik der krönenden Reitergruppe hat leider in keinem einzigen Fall als Ganzes den Sturz aus der Höhe überlebt. Vielfach hat der moderne Bagger, der das Fundstück glücklich ans Licht brachte, dem Kunstwerk gleichzeitig den Rest gegeben. Bei den heutzutage beliebten Ergänzungen überwiegt deshalb meist das Werk unserer Restauratoren. Dank behutsamer Rekonstruktion vermittelt noch am ehesten der Steinsfurter Reiter einen annähernd korrekten Eindruck von römischer Originalarbeit. *Tafel 56* Überraschenderweise ist bei diesem Fund auch fast das ganze bronzene Blitzbündel mit seiner smaragdgrünen Patina weitgehend unversehrt geblieben. Angesichts der Bedeutung, die unser Denkmaltyp für Religion und Kunst im obergermanischen Raum besitzt, möchte man sich wünschen, daß uns günstige Umstände und eine sachgerechte Fundbehandlung irgendwann endlich einmal ein ganzes Exemplar des reitenden Gigantenbezwingers bescheren mögen.

Die mythologischen Geschichten klingen für unser heutiges Ohr oft wie Märchen, deren tieferer Sinn unter der vordergründigen Handlung nicht immer gleich zu erkennen ist. Vielfach wird die Wesensart eines Gottes leichter verständlich, wenn wir erfahren, welche Rolle er im Alltag der Menschen spielte, in welcher Weise er den Lebenswandel des Einzelnen oder der Gemeinschaft bestimmte; welche Geschlechter, Altersklassen oder Gesellschaftsgruppen ihm besondere Verehrung entgegenbrachten und was sie als Gegengabe von ihm dafür erwarteten.

Inschriftliche Weihungen an Jupiter beginnen fast immer mit den drei Buchstaben I.O.M., der Abkürzung für *Iovi Optimo Maximo*. Die streng normative Formel *Iupiter Optimus Maximus* bezeichnet nicht irgendeine Erscheinungsform des altitalischen Himmelsgottes; sie beschwört würdevoll und feierlich den höchsten Gott des römischen Staats- und Gemeinwesens. Er ist *optimus*, d. h. „der Beste", weil er in stärkstem Maße hilfreiche Macht (*ops*) besitzt. Er ist *maximus*, d. h. „der Größte" unter allen wirkenden Gottheiten, dem verdoppelten „Herr Herr" der Sprache des alten Testaments vergleichbar.

Jupiter ist der Urheber des himmlischen Lichts, der die Sonne scheinen läßt, den Regen schickt und in Blitz und Donner seine Macht offenbart. Draußen auf dem Lande verehrt man ihn als Schützer und Nährer des Ackerbodens, der für das Wachstum der Saaten sorgt, die Früchte reifen läßt und dem Landwirt einen guten Ertrag seiner Ernte sichert. Bei jeder Aussaat bekommt der Gott, um seine Gunst herabzubitten, nach altem Brauch einen Becher Wein und eine kleine Mahlzeit offeriert. Später, nach der Ernte, bevor die reife Frucht in die Scheuer eingebracht wird, spendet man ihm Wein und Opferkuchen und bittet um seinen Segen für Haus und Hof.

Unter seinem ganz besonderen Schutz muß der Weinbau gestanden haben. Das verwundert uns heute: denn als Weingott gilt im allgemeinen Bacchus, der Dionysos der Griechen. Den Wein kannten die Römer aber schon, lange bevor der Herr der Bacchanale im 3. Jahrhundert v. Chr. auch in Rom seinen Einzug hielt. Und offenbar hat Jupiter seine Funktion als Schirmherr der Winzerfeste niemals ganz an den fremden Eindringling abgegeben. Wie wir dem altrömischen Festkalender entnehmen können, wurde er gleich dreimal im Jahr in dieser speziellen Eigenschaft gefeiert. Das erste Fest fällt – jedenfalls im Süden – auf den 19. August, also in jene Tage, wo Gunst oder Ungunst der Witterung über Gedeih und Verderb der Ernte oder zumindest über die Qualität des „Jahrgangs" entschieden. Jupiters oberster Priester, der *flamen dialis* schnitt persönlich die erste Traube. Es folgte das Opfer eines weißen Lammes. Dann setzte der Priester sein Werk fort. Die Weinlese war formell eröffnet.

Am 11. Oktober wurde der „Neue Wein" gekostet und unter Absprechen beschwörender altertümlicher Formeln zusammen mit einer Probe des vorausgegangenen Jahrgangs in feierlicher Weise getrunken. Mag sein, daß jene altüberlieferten Kalendertermine, die für die Klimabedingungen des Mittelmeerraums festgesetzt waren, in unseren kühleren Breiten einfach per Amtsbeschluß verschoben wurden. Vielleicht wurden die Kulttage aber auch aus ritueller Treue pünktlich eingehalten, ohne daß die Winzerpraxis sich streng daran gehalten hat.

Am 23. April des darauffolgenden Frühlings fand das Weinjahr seinen Abschluß: Der Wein wurde eingebracht. Eine Dankspende an den Gott eröffnete das Fest. Dann wurden die Fässer zum ersten Male geöffnet . . . Alle drei Festtage – so ist uns überliefert – waren nicht allein Jupiter sondern zugleich auch der Venus heilig. Sicher, weil diese Göttin eine Beschützerin aller Gärten, also auch der Weingärten war.

Der Dichter Ovid versichert uns aber in seinem Preisgedicht auf den 23. April, daß bei jenen Festen auch das, was wir noch heute als „Freuden der Venus" bezeichnen, ausgiebig genossen wurde.

Unter den Resten von Jupitersäulen aus Baden-Württemberg kennen wir einige Exemplare, bei denen das obenerwähnte Schuppenmuster auf dem Säulenschaft ganz oder teilweise durch das Rankengeflecht eines fruchttragenden Weinstocks ersetzt ist. Sie sind uns gültige Zeugnisse dafür, daß auch am Oberrhein und am Neckar Jupiter als Herr von Weinbau und Weinlese verehrt wurde. Zusammen mit der Säule aus dem Mithras-Heiligtum von Heidelberg–Neuenheim wurde überdies noch ein kleiner Altar gefunden, den ein gewisser Candidius Quartus dem *I.O.M.* gestiftet hat (BLM Steinsaal Nr. 13). Mit aller Wahrscheinlichkeit dürfen wir in ihm den zum Kultmal gehörigen Opferaltar sehen. Die Zeugenkraft dieser Dokumente wird aber noch übertroffen durch die Bilder-
Abb. 326 fülle auf dem Schaft der großen Säule von Walheim am Neckar. In dem traubenstrotzenden Rebstock, der dort das Oberteil der Schuppensäule umrankt, schwirren und werkeln die Liebesgötter, während Venus, ihre Herrin und zugleich Jupiters Kultgenossin, mit einer großen Traube in der Hand in lässiger Pose unten am Stamm des Weinbaums lehnt, an ihrer Seite Amor, der Liebesgott.

Überhaupt verblüffen die Jupitersäulen im Rhein-Neckar-Raum durch einen Reichtum an Bildinhalten wie Zierformen, der anderswo kaum seinesgleichen findet. Wir erwäh-
Abb. 112 nen nur eines der hervorragendsten Beispiele: Den stilisierten Schmuck von Eichblättern und Eicheln, der in gestochen scharfem Meißelschlag den langen Schaft der Hausener Säule über und über bedeckt. Von vielen römischen Dichtern und Schriftstellern wird

uns überliefert, daß die Eiche der heilige Baum Jupiters gewesen ist. Aber im ganzen Mittelmeerraum läßt sich kein Denkmal nachweisen, daß diese Tatsache so überzeugend und eindrucksvoll verkörpert wie das Monument aus Hausen a. d. Zaber.

Die Mehrzahl der Jupitersäulen stammt laut Fundstatistik aus römischen Gutshöfen. *Tafel 29a* Die größeren Exemplare muß man sich also im Kulturlandschaftsbild damaliger Zeit als weithin sichtbare Wahrzeichen vorstellen, die über Umfassungsmauern und Dächer eines Gehöftes (*villa rustica*) hinausragten und in ihrer farbigen Bemalung mit dem golden funkelnden Blitzbündel strahlend von der Höhe herab die Allgegenwart des Gottes verkündeten.

Jupiters Machtbereich beschränkt sich aber nicht auf Natur und Kosmos. Seine Wirksamkeit greift ebenso unmittelbar in das Gefüge der menschlichen Gesellschaftsordnung ein, heiligt und schützt die verschiedenartigsten bürgerlichen wie öffentlich-rechtlichen und staatlichen Institutionen und Verhältnisse. Er ist der Schirmherr von Recht und Treue. In seinem Namen wurden Eide geschworen. Der oben zitierte Historiker Polybios hat uns eine Eidesformel überliefert, die in ihrem rigorosen Inhalt und pathetischen Wortlaut auf Ernst und Strenge des römischen Treuebegriffs ein bezeichnendes Licht wirft. Er schreibt (leicht gekürzt): ,,Derjenige, der den Eid leistet, nimmt einen Stein in die Hand und sagt folgendes: ,Wenn ich den Eid halte, möge mir nur Gutes zuteil werden. Sollte ich aber anders denken oder handeln, so möge, während alle andern, jeder in seiner Stadt, jeder unter seinen Gesetzen, jeder in seinem Besitztum, seinen Tempeln und Gräbern heil und unversehrt bleibt, ich allein ebenso wie dieser Stein jetzt hinausgeworfen werden.' Und mit diesen Worten wirft er den Stein aus der Hand." Jupiter persönlich strafte den, der es wagte, solch feierlich-förmlich ausgesprochenen Eid zu brechen. In Rom wachte ein eigenes Priesterkollegium über die Bündnisse und Verträge des Staates mit anderen Staaten und Volksstämmen und kümmerte sich um Abschluß, Einhaltung und Aufkündigung dieser Rechtsakte.

Zu den vornehmsten Rechtsgütern, die der oberste Staatsgott bewahrte, gehörte die Heiligkeit und Unantastbarkeit alles privaten wie öffentlichen Eigentums. Unter seinem ganz besonderen Schutz standen die Grenzsteine, Symbole der Unverletzlichkeit des Grundbesitzes im innerstaatlichen Bereich wie nach außen hin. Keine Frage, daß auch unser obergermanisch-rätischer Limes der Schutzgewalt des *Optimus Maximus* unterstand; – nicht nur im symbolisch-allegorischen Sinne, sondern ganz handfest als lebendig vorgestellter und vom Menschen erlebter Helfer im Kampf. Nicht ohne Grund häufen sich gerade hier im Oberrhein-Neckar-Gebiet und in dessen pfälzisch-elsäßisch-lothringischem Hinterland, an einer der spannungsreichsten Grenzlinien des Imperiums, die Säulenmale mit dem beziehungsvollen Bild des Siegers im Gigantenkampf.

Erinnert man an den aggressiven Aspekt im Wesen des Gottes, so darf sein Lieblingstier, der Adler, nicht unerwähnt bleiben. Seine vielfältigen Funktionen als Kampfhelfer, *Tafel 15a* Siegverkünder und Bote Jupiters ließen ihn zu einem der wichtigsten Symbole im gesamten Militärbereich werden. Als Feldzeichen wurde er den marschierenden Legionen vorangetragen. In der Schlacht stand er an beherrschender Stelle – gleich hinter der 1. Kohorte – vor dem übrigen Heerbann. Im Standlager wurde er – zusammen mit anderen *S. 68 f* Feldzeichen – im Fahnenheiligtum aufbewahrt und mit allen Zeichen religiöser Verehrung bedacht. Sein Verlust bedeutete die tiefste Schmach, die einer Truppe widerfahren konnte. Um so häufiger beschwor man die Schutzkraft des heiligen Vogels: Da taucht *Tafel 21* sein Kopf auf der bekannten Helmmaske aus Pfrondorf als getriebenes Dekorstück auf; oder er schaut mit scharfgekrümmtem Schnabel aus dem gegossenen Griffende des *Abb. 286* Bronzeschwerts von Schwabsberg-Buch. Naturalistisch oder stilisiert, aggressiv mit dem Blitzbündel in den Krallen oder friedlich-gezähmt an der Seite des Himmelsbeherr- *Tafel 15c* schers, – das römische Militär-Kunsthandwerk hat das beziehungsstarke und dankbare künstlerische Motiv des Göttervogels geliebt und genutzt wie nur wenige andere Dekorationselemente.

Viktoria

Das glückliche Ergebnis eines Angriffs oder eine erfolgreiche Verteidigung, die dem Herrn der Götter zu verdanken waren, erschien dem Sieger in der Gestalt einer jugendli- *Tafel 57c* chen Göttin, die geflügelt und in langem, wehendem Gewand daherschwebt, um ihrem Schützling den Siegerkranz aufs Haupt zu drücken oder ihm einen Palmzweig zu überreichen: *Viktoria!* So jedenfalls erblicken wir sie in der oben beschriebenen Himmels- *Tafel 60a* szene auf dem Osterburkener Mithrasstein, auf zahlreichen Miniaturreliefs oder oft auch *Abb. 232* in Gestalt einer kleinen Bronzestatuette. Viktoria-Bilder dieser Art haben meist etwas Puppenhaft-kindliches.

Ganz andere Figur macht dagegen der Viktoria-Typus, der uns in der bekannten Götter- *Tafel 52c* gruppe aus einem Heiligtum am Odenwaldlimes in der Nähe von Schlossau und auf einigen Viergöttersteinen entgegentritt: Hier ist sie fast unbekleidet; nur ein faltenreicher Mantel, von Hüfte und vorgesetztem Bein gerade eben im Herabgleiten aufgehalten, läßt sie selbst wie ein Siegesmonument im feierlichen Augenblick der Enthüllung erscheinen. Feststimmung spricht auch aus ihrer Tätigkeit: Mit einem Griffel beschriftet sie einen Ehrenschild mit ihrem eigenen Namen und dem des Siegers. Ganz deutlich erkennt man auf dem Schild der Schlossauer Figur die Anfangsbuchstaben der beiden Worte *Victoria Augusti* – Der Sieg des Kaisers.

Wo immer Jupiter auf Denkmälern auftritt, braucht man Viktoria meist nicht lange zu suchen. Aber obgleich sie zuweilen unbekleidet erscheint, ist sie weder Frau noch Geliebte des Gottes; trotz ihrer oft engelhaften Züge ist sie weder seine Tochter noch eine Art Friedensbotin. Die Mythologie weiß nichts zu erzählen von verwandtschaftlichen Beziehungen zu anderen Figuren der alten Götterwelt. Sie ist ganz einfach die Personifi-

Tafel 54 Ladenburg. Viergötterstein der Jupitergigantensäule
a: Merkur und Herkules, b: Minerva und Juno

Vorstehende Tafeln:

Tafel 51 Wandmalerei Ladenburg
a: Groteske Figur als Dekoration an römischer Fensterlaibung. 2. Jh. n. Chr.
b: Medusenhaupt auf Schale. Gutes Beispiel impressionistischer Maltechnik des 2. Jh. n. Chr.

Tafel 52
a, b: Bruchstücke der Statue des Kaisers Commodus (?) als Herkules
c: Odenwaldlimes. Dreiergruppe Salus, Mars, Viktoria aus dem Wp 10/37 (Schneidershecke)

Tafel 53 Ladenburg. Jupitergigantensäule im Freilichtmuseum Bischofshof

*Tafel 55 Hausen an der Zaber. Viergötterstein der Jupitergigantensäule
a: Diana, b: Weiheinschrift mit Adler und Lorbeerkranz. Venus und Vulcanus.
2./3. Jh. n. Chr.*

Tafel 56
Steinsfurt. Kapitell und Reitergruppe der Jupitergigantensäule nach der Restaurierung

Tafel 57 Säulendetails von Jupitergigantensäulen
a: Steinsfurt. Frühling
b: Hausen a. d. Zaber. Sommer und Herbst
c: Hausen a. d. Zaber. Teil des Wochengöttersteins. Saturn, Viktoria und Venus

Umseitige Tafeln:

Tafel 58
Bondorf. Merkur

Tafel 59
Baden-Baden. Kopf einer Merkurstatue

Tafel 60
a: Osterburken. Mithrasrelief. Götterversammlung
b: Marbach/Neckar. Relief mit Darstellung von Merkur und anderen Gottheiten

kation des vollbrachten Sieges, – für die Gestaltwerdung einer eigentlich unsichtbaren Sache allerdings von erstaunlicher Leibhaftigkeit.
Die Kunst zeigt ihr Bild nicht nur in allen möglichen repräsentativen Situationen oder im Kampfgetümmel; man kann sie auch erblicken, wie sie stellvertretend für den Sieger das *Abb. 211* Dankopfer darbringt, die Opfertiere schlachtet oder aus den Waffen des gefallenen Gegners ein *tropaeum*, eine „Trophäe“, errichtet. Darunter verstand man – anders als im heutigen Sprachgebrauch – nicht nur das einzelne Beutestück, sondern ein Siegesmal, das unmittelbar auf dem Schlachtfeld aus Teilen der gegnerischen Rüstung, Feldzeichen und Blankwaffen teils kunstvoll drapiert, teils bunt zusammengewürfelt wurde. Die Miniatur-Bronze eines solchen *tropaeum* – mehr Symbol als Abbild einer Realität – kam unlängst bei einer Ausgrabung in Lorch zutage. *Abb. 205*
Oft wurde der vergängliche Augenblick des Sieges durch ein Monument von bleibenderer Dauer verewigt. In allen Teilen des römischen Reiches hat man zu allen Zeiten zum Andenken an siegreiche Feldzüge Bauwerke errichtet, die als *tropaea* verstanden werden sollten; manchmal in Form eines Säulenmals, manchmal in der Art eines Triumphbogens, aber auch in anderen Bauformen. Obgleich die Indizien für unsere Vermutung nicht ganz tragen, möchten wir meinen, daß das von D. Planck 1973 in Dalkingen am rätischen Limes freigelegte Gebäude mit den Resten einer bronzenen Kaiserstatue ebenfalls als ein solches Siegesdenkmal anzusehen ist. *Tafel 15b* *Abb. 283–285*

Triumph und Kapitol

Feierlich offizieller Höhepunkt jedes größeren Sieges römischer Waffen war der sogenannte Triumph. Wir benutzen heute noch dieses Wort, meinen aber damit eher einen subjektiven Gefühlszustand. Der römische Triumph war dagegen ein Festzug des siegreichen Heeres, der nur in Rom, der Hauptstadt des Reiches, stattfinden konnte. Ursprünglich eine Ehre für jeden Feldherrn, der einen legal erklärten Krieg gegen äußere Feinde erfolgreich geführt hatte, kam dieser Ritus in der Zeit der Besetzung unseres Landes allein dem Kaiser zu. Die Teilnehmer des Triumphs versammelten sich auf dem Marsfeld am Rande der Stadt. An der Spitze des Zugs zogen die Mitglieder des Senats und die obersten Magistrate. Dann folgte die Kriegsbeute. Dazwischen zeigte man Bilder mit Darstellungen der Kämpfe und des Sieges – die ältesten Vorläufer moderner Front-Bildreportagen. Gefesselt oder gar in Ketten wurden die prominentesten Gefangenen mitgeführt.
Nach diesem theatralischen Vorspann erschien endlich, von vier Schimmeln gezogen, *Abb. 7c* der Wagen mit dem Triumphator. Der Sieger trug eine purpurfarbene Toga, darunter eine Tunika mit eingestickten goldenen Palmzweigen, auf dem Haupt einen Lorbeer-

kranz und in der Hand das Adler-Zepter. Das Gesicht war mit Mennige rot bemalt. Sein Anblick glich bis ins Detail dem Jupiterbild im Tempel auf dem Kapitol, auf das der Zug sich hinbewegte. Kein Zweifel, daß der Mann auf der Quadriga während des festlichen Zeremonials mit Jupiter identisch war.

Hinter dem Prunkgespann schließlich marschierte der Heerbann, dessen Soldaten im Wechselgesang Lob- und Spottlieder anstimmten. Die Spottlieder sollten dem Sieger im Augenblick seiner äußersten Erhöhung in Erinnerung rufen, daß er trotz allem ein Sterblicher war und blieb.

Der prachtvollste und erhabenste Kultakt der römischen Staatsreligion erreichte seinen Höhepunkt, wenn das herrscherliche Viergespann den Tempel des *Jupiter Optimus Maximus* oben auf dem Kapitolshügel erreicht hatte. Der Triumphator legte seinen Lorbeerkranz dem Bild des Gottes zu Füßen und brachte ein Dankopfer von weißen Stieren dar. Ein Festmahl, bei dem Soldaten und Volk beschenkt und bewirtet wurden, beschloß das großartige Ereignis.

Im Jupiterheiligtum auf dem Kapitol betete man neben dem Herrschergott zugleich zwei weibliche Gottheiten an: Juno und Minerva. Das Tempelinnere soll aus drei voneinander getrennten „Zellen“ bestanden haben: Im Mittelraum stand das Abbild Jupiters, in den Seitenräumen die Bilder seiner beiden Kultgenossinnen. Oben im Giebelfeld des Gebäudes sah man ihre Gestalten in der gleichen Anordnung, hier aber noch flankiert von zwei männlichen Figuren, dem Gott Merkur und dem vergöttlichten Helden Herkules. *Tafel 54* Juno, Minerva, Merkur und Herkules – genau diese vier und meist auch genau in dieser Zusammenstellung sind die am häufigsten auftauchenden Gestalten auf den Viergöttersteinen unserer heimischen Jupitergigantensäulen. Das kann kein Zufall sein.

Juno

Die Gemahlin des *Iupiter Optimus Maximus* trägt den Namen *Iuno Regina*, d. h. Königin. Die Griechen nannten sie Hera. Ihre himmlische Ehe mit Jupiter gilt als ideales Vorbild aller irdischen Ehen. Wie ernst die konstitutive Verbindung der beiden Gottheiten genommen wurde, geht daraus hervor, daß eine Kultsatzung ausdrücklich verfügte, Jupiters oberster Priester, der *flamen dialis* müsse immer verheiratet sein. Denn den Opferdienst für Juno hatte dessen Gemahlin, die *flaminica*, zu verrichten. Das vorschriftsmäßige Kultgewand dieser Priesterin bestand aus einem Brautkleid mit Kopftuch und einem Granatzweig im Haar.

Wie eine Braut erscheint Juno auch auf den kanonischen Bildern der Viergöttersteine: Feierlich steht sie da, in langem Gewand mit kunstvoll geknoteter Gürtung, von einem schweren Mantel umhüllt und den Kopf mit dem Schleiertuch bedeckt. In dem angewinkelten linken Arm hält sie das kleine Kästchen, in dem die Weihrauchkörner für das

Rauchopfer aufbewahrt wurden. Neben ihr steht meist ein schlanker Altar, mal von ekkiger, mal von runder Form, auf den sie mit der Opferschale in der ausgestreckten Rechten das Trankopfer schüttet. Fast immer erblickt man hinter ihr eine Säule, auf der in stolzer Pose ein Pfau placiert ist, – eines ihrer Lieblingstiere. Manchmal hält sie in der Linken statt des Weihrauchkästchens auch einen langen Zepterstab. *Tafel 54b* *S. 270*

Juno als Ehefrau (*matrona*) war die persönliche Gottheit aller verheirateten Frauen, der Matronen – eine Bezeichnung, die für römische Ohren nicht jenen leicht abfälligen Klang besaß wie unser lateinisches Fremdwort. Mindestens einmal im Jahr, am 15. März, dem Fest der *Matronalia*, betete die römische Ehefrau zu Juno um Bestand und Fortdauer ihrer Ehe. Der Ehemann überraschte seine Frau an diesem Tage mit einem Geschenk, und die Herrin ihrerseits beschenkte nach altem Brauch ihre Dienerinnen.

Ihre besondere Fürsorge galt den werdenden Müttern. Ebenso deutlich wie behutsam sagt uns Ovid in seinem Lob auf das Wirken der Juno, worin diese Fürsorge bestand (Fasti IV, 257):

si qua tamen gravida est, resoluto crine precetur,
ut solvat partus molliter illa suos.

„Die aber schwanger schon ist, die löse das Haar sich und bete, daß ihr die Göttin sanft löse die Frucht aus dem Schoß!"

So riefen die Wöchnerinnen sie an, wenn die entscheidende Stunde nahte, und baten um Linderung ihrer Wehen und um eine schnelle, schmerzlose Geburt. Verlief die Entbindung glücklich, dann wurde der Göttin zum Dank eine ganze Woche lang ein Tisch mit Speisen gedeckt. Und die Wöchnerin bedachte die Tempelkasse des Heiligtums der *Iuno Lucina*, wie der Beiname der Göttin in ihrer Eigenschaft als Geburtshelferin lautete, mit einer Geldspende – einer Form von indirekter Kirchensteuer, würden wir heute sagen. Genug: Wo und wann immer Juno hilfreich gewesen sein mag, sie verkörpert im patriarchalischen System der römischen Religion das höchste Ideal weiblicher Sittsamkeit, Treue und Häuslichkeit.

Minerva

Die dritte Gottheit der sogenannten kapitolinischen Trias, der drei im Jupitertempel auf dem Kapitol verehrten Gestalten, war *Minerva*, die Athena der Griechen, eine legitime Tochter Jupiters und doch kein leibliches Kind der Juno; denn der Mythos berichtet – und die mediterrane Kunst hat diese Szene häufig dargestellt – sie sei einst in vollerwachsener Gestalt dem Haupte ihres Vaters entsprungen.

Minerva trägt, wo immer sie hierzulande im Bild erscheint, deutlich die Abzeichen dieser väterlichen Herkunft. Sie tritt gerüstet auf mit Helm, Schild und Lanze. Dennoch *Tafel 54b* verrät ihre Erscheinung keinerlei Aggressivität. Auch ihre gefährlichste Waffe – ein Geschenk ihres göttlichen Vaters – diente nicht dem Angriff sondern der wirkungsvollen *Abb. 55* Verteidigung: Die Ägis, ein schuppenpanzerartiger Brustschutz, der in seiner Mitte mit dem grimassierenden, schlangenumwundenen Haupt der Medusa geschmückt war, soll der Sage nach jeden Gegner, der dem Schreckensantlitz ins Auge blickte, zu Stein verwandelt haben. All dieses Waffenwerk trägt die jungfräuliche Göttin wie ihren Mantel mit mädchenhafter Lässigkeit – eine Gestalt, der die schwierigsten Dinge leicht zu fallen scheinen. Menschen, die Schwieriges mit Leichtigkeit vollbringen müssen oder zu vollbringen suchen, Berufe, zu deren Ausübung nicht Muskelkraft oder Draufgängertum sondern Intelligenz und Geschicklichkeit gehören, baten deshalb Minerva um Hilfe und erfuhren ihre Gunst. Unter der Obhut Minervas standen besonders alle Bereiche der Textilproduktion, also das Spinnen des Garns, das Weben der Stoffe und ihr Einfärben – Tätigkeiten, die in allen Geschichtsepochen vor Einbruch des Industriezeitalters nicht nur von Handwerkern, sondern in jedem bürgerlichen wie bäuerlichen Haushalt von den jungen Mädchen der Familie und dem zugehörigen Gesinde geübt wurden.

Vom 19. März, dem Geburtstag der Göttin, bis zum 23. dieses Monats, feierte man das große fünftägige Minerva-Fest, dessen Ausrichtung vor allem die Handwerkervereine bestritten. Wir hören von Walkern, Färbern, Schustern, Zimmerleuten, aber auch von Lehrern und Ärzten, Malern, Bildhauern und Goldschmieden, die den Festzug, das Opfer im Tempel und die anschließenden Volksbelustigungen und Gladiatorenspiele auszurichten hatten. Bis auf unsere Tage gilt Minerva als Inbegriff von Weisheit und Verstand; und ihr Lieblingstier, die Eule, das auf kaum einer bildlichen Darstellung der Antike fehlt, ziert noch heute dann und wann die Bücherstützen unserer Hausbibliotheken und das Firmenzeichen von Buchhandlungen und Verlagen.

So verwundert es kaum, wenn schon damals auch Lehrer und Schuljugend in einem besonders innigen Verhältnis zur Göttin standen. Am 19. März, dem großen Feiertag, erhielten die römischen Lehrer – damals keine Staatsbediensteten sondern ausschließlich Hausangestellte oder freiberuflich Tätige – ihr Jahreshonorar, das man recht sinnig als *minerval* bezeichnete und das, je nach Verdienst, oft durch ein außerordentliches Geschenk aufgebessert wurde. Die fünf Festtage waren schulfrei, und Theateraufführungen sowie andere musische Wettkämpfe sorgten für spannende Kurzweil und fröhlichen Zeitvertrieb. Nicht immer hatten die Lehrer dabei Grund zum Lachen. Denn das Sozialprestige dieses Berufes stand damals weit unter dem heutigen Niveau.

Der Dichter Ovid, der in der heilen, von himmlischen Mächten regierten Welt des offiziellen Lobgesangs recht häufig mit spitzer Zunge die dunklen Punkte der sozialen Wirklichkeit zu treffen wußte, erzählt an einer Stelle in seinen „Fasten" (III, 829), was dem Pädagogen beim Blick in die „Lohntüte" hin und wieder zustoßen konnte, und fügt mit kaustischem Humor hinzu, was ein einsichtiger Lehrer unter Minervas „Gotteslohn" verstehen sollte:

nec vos, turba fere censu fraudata, magistri,
spernite: discipulos attrahit illa novos!

„Ihr aber, die man so oft um den Lohn noch betrügt, ihr Lehrer, achtet sie trotzdem: sie führt stets wieder Schüler euch zu!" Zu den Verehrern der Göttin gehörten auch Musikanten, und zwar ausschließlich Bläser. Besonders merkwürdig, daß die Trompeter unter ihnen zusammen mit Handwerkern, Künstlern und Lehrern die allgemeinen Festtage im März feierten, während die Flötenspieler am 13. Juni in einem großen Maskenumzug mit der Kunst ihres Instruments der Göttin huldigten. Das kann hier nicht anders gewesen sein als in Rom: Denn hoch oben im rauhesten Odenwald, in der Nähe des Kastells Oberscheidental, fand man einen Weihealtar, der nach Aussage seiner Inschrift vom Bläserchor der 1. berittenen Kohorte der Sequaner und Rauraker ausdrücklich der Minerva gewidmet ist.

Merkur

Einer der beliebtesten und zugleich wichtigsten Götter des römischen Alltags war *Merkur* (*Mercurius*), der Hermes der Griechen. Für unser christlich-abendländisches Gottesverständnis ist er eher eine menschlich-allzumenschliche Figur; denn seine Gunst schützte nicht nur alle Art von Handelsgeschäften und Mittlerdiensten sondern auch Diebstahl, Betrug und Hinterlist. Er stand denen noch bei, die Gesetz und Moral mit Geschick zu umgehen wußten.

Dabei tritt er aber keineswegs in irgendeiner Art Teufelsmaske vor uns auf, sondern vielmehr in der verführerischen Gestalt eines schönen Jünglings, meist athletisch nackt, *Abb. 226* manchmal mit einem einfachen Mäntelchen bekleidet, auf dem Kopf die Flügelkappe, häufig auch Flügelschuhe an den Füßen, mit denen er sich windschnell von Ort zu Ort *Abb. 261* bewegt. Unzweifelhaft erkennt man ihn auch an seinem ständigen Attribut, dem „Merkur"-Stab mit dem sich kreuzenden Schlangenpaar, dem glückbringenden Zauberstab, Symbol des Handels und zugleich Friedenszeichen. Häufig trägt der Mehrer des Reichtums auch einen Geldbeutel in der Hand. Auf Reliefs sieht man an seiner Seite zuweilen sein Lieblingstier, den Hahn, aber auch einen Ziegenbock oder Widder, die man ihm zu opfern pflegte.

Merkur besaß viele Funktionen im Himmel und auf Erden. Er diente den Göttern – be- *Tafel 58* sonders Jupiter – als Bote und Herold; den Verstorbenen als Weggeleiter in die Unterwelt, als Seelenführer – wie man ihn bezeichnete. Mit seiner Schnelligkeit, Gewandtheit und Kraft stand er den Jugendlichen bei ihren sportlichen Übungen und Wettkämpfen zur Seite. Aber sogar der Mutterwitz der Beredsamkeit galt als eine Gabe des Gottes. Er half den Wanderern und Reisenden zu Wasser und zu Lande, den rechten Weg zu finden. Und so errichtete man seine Heiligtümer gern an Weggabelungen. Der kleine Kult-

Abb. 100 bezirk westlich von Ettlingen, nicht weit von jener Stelle, wo die O-W-Transversale Straßburg–Cannstatt die römische Rheintalstraße kreuzt, ist ein schönes Beispiel für diesen Brauch. Vor allem reisende Handelsleute, die von Gallien ins Neckar- und Donauland hinüberstrebten, mögen ihm vor dem Gebirgsaufstieg hier ihr hoffnungsvolles Opfer dargebracht haben. Denn den Händlern und Kaufleuten war Merkur wie kaum einem anderen Berufszweig gewogen. In Pompeji, wo sich alles viel besser erhalten hat als anderswo, trifft man noch heute sein gemaltes Bild als klassisches Zunftzeichen wie als schützendes „Herrgottsmal" an den Außenwänden von Kaufmannshäusern. Auch die Laufgewichte römischer Schnellwaagen, die man immer wieder bei Grabungen entdekken kann, sind oft als Merkurkopf gestaltet oder mit seinem Reliefbild verziert. Ein brillantes Beispiel dieser Gattung kam vor wenigen Jahren in der Römersiedlung beim Kastell Wimpfen i. T. ans Tageslicht. Mit unverblümter Zunge verrät uns Ovid, worin der geschäftliche Nutzen eines solchen Patrons bestand. Folgende Bitte an den Gott legt der Dichter einem „frommen" römischen Kaufmann in den Mund (Fasti, V 689):

da modo lucra mihi, da facto gaudia lucro
et fac, ut emptori verba dedisse iuvet!

„Gib mir nur immer Gewinn und laß darüber mich froh sein; gib mir, daß es ergötzt, Kundschaft betrogen zu sehen!" Von keinem Gott besitzen wir hierzulande so zahlreiche Reste freiplastischer Bildwerke, meist etwa halblebensgroße steinerne Statuen, wie von Merkur. Man könnte glauben, das Dekumatland sei ein Kaufmannsparadies gewesen. Einleuchtender scheint uns aber der Hinweis Cäsars, bereits die Gallier hätten eine dem Merkur ähnliche Gestalt als oberste Gottheit – also anstelle Jupiters – angebetet. Tatsächlich trägt der Name des Gottes auf vielen Inschriften in den gallisch-germani-
Tafel 60b schen Provinzen einen eindeutig keltischen Beinamen. Und das bekannte Relief aus Marbach am Neckar zeigt ihn gar inmitten einer Schar von dreizehn Göttern, die er allesamt an Größe um das Doppelte übertrifft. Der gallische Vorgänger Merkurs hat die Beliebtheit des römischen Zuwanderers bei der breiten Bevölkerung sicher gewaltig unterstützt.

Und in einigen Fällen hat man im gallischen Siedlungsraum dem Gott mit dem Flügelhut eine weibliche Gestalt beigesellt, die im Mittelmeerraum unbekannt war. Die Forschung hat in ihr die keltische Göttin *Rosmerta* erkannt, von der man aber sonst nichts weiter weiß, als daß sie als Kultgenossin des einheimischen Merkur Verehrung fand. Ganz rührend kommt das Beschützerverhältnis des Gottes zu seiner Genossin in der großen
Abb. 310 Standbildgruppe aus Sulz a. N. zum Ausdruck: Der kräftig-bäuerliche Geselle legt behutsam seine Hand um die schmächtige Gestalt der Göttin, die er um Haupteslänge überragt. Rosmerta, langgewandet und mit einem keltischen Halsreif geschmückt, hält mit beiden Händen den Geldsack festumschlossen, den sonst der Gott locker in der Hand trägt.

Herkules

Mit Handel, Verkehr und Geldgeschäften hatte im alten Rom merkwürdigerweise auch ein griechischer Held zu tun, der der Sage nach einst in Urzeiten auf seinen abenteuerlichen Wanderungen durch die Welt an der Küste Latiums Station gemacht haben soll: *Herkules* (*Hercules*), der am Ende eines tatenreichen und mühevollen Erdenlebens in den Kreis der Götter aufgenommen wurde. Auch ihm huldigten – genauso wie dem Merkur – die römischen Kaufleute, die oft bis zu zehn Prozent eines guten Geschäftsertrages ihrem kraftvollen Helfer durch Ausrichtung eines Opfers dankbar überließen. Auch Herkules' Abbild hängten die Krämer häufig als Laufgewicht an ihre Schnellwaagen. Und oft wurden beide Götter in einem Atemzug genannt.

Dennoch meinte man deutlich zwei verschiedene Dinge, wenn man ihren Segen erbat. Herkules wachte über die Richtigkeit der Gewichte wie der Münzen. An seinem Altar wurden Verträge und Geldgeschäfte abgeschlossen. Beim Schwur, wenn es darum ging, daß eine geschäftliche Abmachung in ihrem ganzen Gewicht getreu eingehalten werden sollte, rief man ihn als Eideszeugen an: *hercle* oder *me hercle*, d. h. „beim Herkules", – lautete die altehrwürdige Namensformel. Der findige Merkur dagegen wußte, wie man selbst Schwüre umgeht und umdeutet.

Auch Herkules mit seiner Muskelkraft und seiner Keule, der Mann, der jeden Gegner *Tafel 61a*
aufs Kreuz zu legen verstand, galt als Beschützer der Wege und Straßen und empfing die Opfer von Menschen, die sich dem ungewissen Schicksal einer größeren Reise anvertrauten. Merkur seinerseits wußte den kürzesten Weg und wie sich Gefahren geschickt umgehen ließen. Überall, wo allein Körperkräfte für die erfolgreiche Erledigung einer Sache vonnöten waren, berief man sich auf Herkules. Wir kennen Weihungen von Arbeitern in den niederrheinischen Steinbrüchen, aber auch von Bauern, deren Erträge nicht nur vom Wetter sondern auch von der Kraft und Gesundheit der Arbeitskräfte abhingen, die hinter dem Pflug standen. Kein Wunder, daß die Soldaten mit besonderer *Tafel 62b*
Liebe die Gestalt des unermüdlichen Kämpfers verehrt haben.

Trotzdem wird der Gott auf den Kunstdenkmälern mit jenen handgreiflichen Alltagsdingen, für die seine stetige Hilfe so wichtig und nützlich war, nirgendwann in Verbindung gebracht. Die religiöse Kunst kennt nur das Bild des mythischen Helden, das auf *Tafel 54a*
den Viergöttersteinen eine fast kanonische Form angenommen hat: Da steht er unbekleidet mit seinem athletisch gebauten Körper; neben ihm lehnt seine mächtige Waffe, die Keule; über der einen Schulter hängt das Fell des sagenhaften nemeischen Löwen, den er einst im Kampf besiegt hat; in der einen Hand hält er drei Äpfel, die an eine seiner schwierigsten Taten erinnern: Die goldenen Äpfel der Hesperiden, die am Ende der Welt, jenseits des Ozeans, von einem hundertköpfigen Drachen bewacht in einem Göttergarten wuchsen. Herkules brachte die Früchte einst heim, nachdem er das Ungeheuer getötet hatte.

Für alle, die in der unendlichen Mühsal des Lebens auf Belohnung in einem seligen Jenseits hofften, war Herkules ein lebendiger Trost. Deshalb hat man seine abenteuerlich-mühevollen Leistungen immer wieder in der Grabkunst zur Darstellung gebracht. Auf dem Reliefblock eines größeren Grabdenkmals aus Dürrn bei Pforzheim, dessen übrige Teile leider verschollen sind, sind gleich vier berühmte Herkules-Taten verewigt: die Erwürgung des nemeischen Löwen, der Kampf mit dem Meerungeheuer zur Befreiung der Königstochter Hesione, der Ringkampf mit dem Riesen Antaeus und die Jagd auf die Hirschkuh.

Herkules, von alters her Beschützer der Häuser und Privatgrundstücke, wird im Kaiserreich auch zu einem Schutzpatron des Herrscherhauses erklärt. Es ist hier nicht der Ort, um aufzuzählen, welche Kaiser den Kult in besonderem Maße gefördert haben. Ein wahnwitziger Auswuchs dieser Herkules-Verehrung, der durch ein interessantes Denkmal sogar für unser Land bezeugt ist, muß jedoch erwähnt werden. Der unglücklich geratene Sohn des berühmten Philosophenkaisers Marc Aurel, der unter seinem Beinamen Commodus (180–192 n. Chr.) in die Geschichte eingegangen ist, identifizierte sich in den letzten, geistig umnachteten Jahren seiner Lebens- und Regierungszeit so stark mit der Gestalt des Heldengottes, daß er, mit dessen Attributen kostümiert, öffentlich als Gladiator auftrat und seinem Publikum die jedermann bekannten Abenteuer vorspielte. Er ließ Bildsäulen und Büsten von sich *in Herculis habitu*, „im Gewande des Herkules“ aufstellen. Und wir sehen keinen Grund daran zu zweifeln, daß in den bekannten Fragmenten eines kaiserlichen Standbildes aus dem Kastell Köngen ein Bild dieses Commodus als *Romanus Hercules* erhalten ist.

Tafel 52a, b

Homerisches Gelächter

Mit Verblüffung stellt man immer wieder fest, wie viel von allerältestem griechischem Sagengut selbst hier im römisch-germanischen Grenzland bis in die spätere Kaiserzeit hinein lebendig geblieben ist. Bekannt ist der Reichtum an mythischen Darstellungen auf monumentalen Grabdenkmälern. Aber gerade solche Bauwerke sind hier nicht ebenso zahlreich erhalten wie in westlicheren Reichsgegenden oder im mittleren Donauland. Jupitergigantensäulen oder Weihereliefs zeigen die Götter meist einzeln wie Statuen, die in Nischen oder vor Tempelwänden aufgestellt sind und scheinbar keinen Bezug zueinander haben.

Um so überraschender ist es, wenn diese Regel einmal durchbrochen wird. Auf einem kleinen Viergötterstein aus Sinsheim im Kraichgau (heute Kurpfälzisches Museum Heidelberg), dessen bescheidene Qualität eine Abbildung nicht lohnt, erkennt man auf der Vorderseite drei Figuren, die sich mühelos bestimmen lassen: Es sind Mars, Venus und Amor. Das Dreifigurenbild wäre nichts weiter als eine bekannte Götter-Liebesgeschich-

Tafel 61 (umseitig)
a: Berwangen. Herkules vom Viergötterstein
b: Pforzheim. Gigantenreiter
c: Stettfeld. Dreigötterrelief mit Apoll, Minerva und Merkur

Tafel 62 Bronzefiguren
a: Öhringen. Silen
b: Jagsthausen. Herkules
c: Mechtersheim. Äskulap

Tafel 63 (rechts) Bronzefiguren
a: Otterswang. Meergreif
b: Herbrechtingen. Kletterer mit Seil
c: Dangstetten. Schwurhand. ca.15–10 v. Chr.

Tafel 64 (umseitig)
a: Hausen a. d. Zaber. Epona
b: Köngen. Epona
c: Stuttgart-Zazenhausen. Drei Matronen, Göttinnen der Fruchtbarkeit

te, wenn es nicht ungewöhnlich wäre, daß auf einem Relief dieser Art mehr als eine Figur vorkommt, und wenn nicht auf der gegenüberliegenden Seite des Steines ausgerechnet Vulkan (*Vulcanus*) mit Hammer und Zange zu sehen wäre. *Mars*, *Venus*, *Amor* und *Vulkan*! Auf griechisch: Ares, Aphrodite, Eros und Hephaist.

Es kann kein Zweifel daran bestehen, daß der Steinmetz, der die Bildvorlagen für diesen Block aus seinen Musterbüchern aussuchte, jene berühmte und wohl uralte Geschichte gekannt hat, die bereits der Dichter Homer gut tausend Jahre früher in seiner Odyssee von einem Sänger vortragen läßt (VIII, 266). In knappen Worten: Die schöne Venus ist die Gemahlin des hinkenden Schmiedegottes Vulkan. Der Kriegsgott entbrennt in Liebe zu ihr. Der betrogene Ehemann möchte seinem heimlichen Nebenbuhler auf die Schliche kommen und schmiedet eine Falle, ein kunstvolles Netzwerk, das er ringsum das Ehebett unsichtbar befestigt. Es gelingt ihm, die Ehebrecher auf frischer Tat zu ertappen und seinen Rivalen an der Flucht zu hindern. Alle Götter eilen herbei, um selbst Augenzeugen der nicht gerade alltäglichen Geschichte zu werden. Nur die Göttinnen bleiben schamhaft in ihren Gemächern, wird berichtet. Als alle versammelt sind, fragt Merkur mit frivoler Unschuld seinen Bruder, ob nicht auch er gern an Mars' Stelle neben der „goldenen" Venus liegen möchte, und Apollo bejaht diese Frage freimütig und aus vollem Herzen. Der griechische Dichter charakterisiert diesen delikaten Moment so:

Also sprach er, da lachten laut die unsterblichen Götter.

Dies ist jenes berühmte, sprichwörtliche „homerische Gelächter", das da erscholl und dessen Widerhall noch unendliche Zeiten danach in den Tavernen des römischen Nekkarlandes zu hören gewesen sein muß. Zwar wird auf anderen Steinen nicht in solch signifikanter Weise wie auf dem Sinsheimer Götterstein auf jene Geschichte angespielt, aber auch die große Säule aus Hausen a. d. Zaber zeigt recht ungewöhnlich das Ehepaar Vulkan und Venus auf einem Bild beieinander; und auf einem Viergötterstein aus Pforzheim-Brötzingen kauert die Göttin nackt, in reizvoller Haltung, mit der Gans auf dem Schoß, während ihr Gemahl auf der Gegenseite in seiner Werkstatt posiert.

Tafel 55b
Abb. 234
Abb. 233

Venus

Homers berühmte Geschichte hat Dichter und bildende Künstler aller Zeiten fasziniert. Auf den Wandfresken pompejanischer Wohnhäuser sieht man sie mehr als einmal gemalt, und auch das Kunsthandwerk hat das dankbare Motiv für dekorative Zwecke zu nutzen gewußt, ganz zu schweigen von den Hofdichtern und Malern des Barock . . . Läßt man den Mythos aber beiseite und betrachtet die eben erwähnten Götter nicht als Bühnenfiguren der Weltliteratur sondern als Schutzhelfer im Alltag der römischen Bevölkerung, so erhält man weit weniger romantische Aspekte. Ebenso ist es oft irreführend, die einzelnen Gestalten aus ihrem geläufigen lexikalischen Etikett heraus zu verstehen. Für den Kreuzworträtsellöser ist *Venus* zweifelsfrei die „Göttin der Liebe". Und wer Mythen liest und seine Phantasie spielen läßt, könnte gar auf den Gedanken kommen, sie sei speziell für die „freie Liebe" zuständig gewesen. Auch das traf gewiß unter anderem zu.

Zuallererst aber sah man in Venus, wie die Griechen in ihrer Aphrodite, die Göttin der Schönheit, einer Schönheit allerdings, die Liebe zu erwecken weiß. Wie bei Jupiter beschränkte sich ihr Wirken nicht auf einen eingeengten menschlichen Bereich des individuellen oder gesellschaftlichen Lebens; ihre Triebkraft erfüllte den ganzen Kosmos. Sie ließ Saaten, Bäume und Pflanzen sprießen. Die schönste aller Blumen, die Rose, war ihre Lieblingspflanze. Zähmend, besänftigend und kultivierend stellte man sich ihre Wirkung auf Tiere und Menschen vor. Ovid versichert uns (Fasti IV 107):

prima feros habitus homini detraxit, ab illa
venerunt cultus mundaque cura sui . . .

„Sie erst nahm von dem Menschengeschlecht die verwilderten Sitten, schenkt ihm feinere Form, saubere Pflege dem Leib."

Nicht etwa „Liebedienerinnen" sondern brave Bürgersfrauen, *matrones*, vollzogen die Opferbräuche am großen Festtag der Göttin, dem 1. April, dem Stiftungstag eines ihrer wichtigsten stadtrömischen Heiligtümer. Sie hieß dort *Venus Verticordia*, „die die Herzen wendet", indem sie die Gedanken von unerlaubter Liebe ablenkt! Die Frauen entfernten an diesem Tage die Schmuckstücke vom Kultbild der Göttin, reinigten es anschließend durch ein Bad, schmückten es frisch und bekränzten es mit Rosen. Nach dem feierlichen Ritual schritten sie selbst, mit Myrtenzweigen bekränzt, zum Bade. Der Inhalt des Gebetes, das sie zum Schluß sprachen, stimmt nur wenig mit unserer vordergründigen modernen Venus-Vorstellung überein. Man wünschte sich nämlich *forma*, *mores* und *bona fama*, d. h. Schönheit, Sittsamkeit und einen guten Ruf unter den Menschen. In der oben vorgetragenen Geschichte von Mars und Venus sollte man also nicht etwa ein Argument gegen die Gültigkeit sittlicher Normen im römischen Alltagsleben erblicken. Der Mythos erzählt, was einmal vorgekommen ist und immer wieder geschehen kann. Sein Inhalt wurde damals wie heute auch von denen genossen, deren Lebenswandel keineswegs gegen die Moralgebote verstieß.

Vulkan

Tafel 55b *Vulkan* war der Herr des Feuers. Er tritt wie ein Schmied auf: In kurzer gegürteter Tunika, die eine Schulter entblößt, auf dem Kopf eine runde Kappe, neben sich den Amboß, in den Händen Hammer und Zange. Im Bereich der germanischen Provinzen sind Bildwerke, die seine Gestalt zeigen, ungemein verbreitet. Obgleich unlängst behauptet wurde, Vulkan habe anders als der griechische Hephaist nichts mit dem Schmiedehandwerk zu tun gehabt, möchten wir nicht daran zweifeln, daß er jedenfalls im römischen Rheinland nicht anders als im klassischen Athen der große Beschützer dieser Zunft gewesen ist. Nicht umsonst findet man die Weihebilder an Vulkan gerade in jenem Ballungsraum römischer Wirtschafts- und Militärkraft, wo der Bestand an Waffen, Kriegsgerät, Transportmitteln und Maschinen aller Art, diesem Berufszweig gewiß eine Schlüsselstellung einräumte.

Vom Herrn des Feuers erwartete aber auch jede bürgerliche Gemeinde und jeder Landwirt Schutz vor jenen Feuersbrünsten, die Haus und Hof und die Erträge der Ernte besonders in den Sommermonaten regelmäßig bedrohten. Man glaubte, jener Gott, der wie kein anderer mit dem Feuer zu tun hatte, wüßte auch am besten vor den Gefahren dieses unberechenbaren Elements zu schützen. In einer Hafenstadt Italiens war Vulkan sogar oberster Schirmherr der ganzen städtischen Gemeinde: In Ostia, dem Heimathafen der römischen Hochseeflotte, jenem Ort, wo auf den großen Werften Metallteile und Waffen für die Kriegs- und Handelsschiffahrt geschmiedet wurden und gleichzeitig die großen Speicher standen, die die Hauptstadt des römischen Reiches mit Getreide versorgten.

Mars

Mars, der Kriegsgott, der griechische Ares, war eine der Hauptfiguren im römischen Pantheon. Im Gigantenkampf der Hausener Säulentrommel kämpft er unbekleidet mit *Abb. 112* gezücktem Schwert; manchmal trägt er auch eine Tunika; aber immer erscheint er gerüstet mit Helm, Schild und Lanze. Anders als bei der ebenfalls gewappneten, aber in ihrem Wesen friedfertigen Minerva, wird seine Natur ausdrücklich als ,,wild" (*ferox*) bezeichnet. Sein Name war so sehr zum Inbegriff seines Wesens geworden, daß der lateinische Sprachgebrauch oft einfach ,,Mars" sagte, wo man ,,Krieg" meinte.

Die Sage macht ihn zum Vater des Romulus, des Gründers der Stadt Rom und damit zum Stammvater des römischen Gemeinwesens. Zu den Tieren des Gottes gehörte der Wolf. Das erklärt, warum das Brüderpaar der göttlichen Zwillinge, Romulus und Remus, von einer Wölfin gesäugt wurden. Wie das kleine Bronzeblech von Rißtissen so *Tafel 16b* schön zeigt, gehörte das Bildmotiv dieser Sage, das auch heute noch jedermann durch die berühmte Bronzegruppe der sogenannten kapitolinischen Wölfin vertraut ist, zu jenen Sinnbildern, an denen sich das römische Auge nicht satt sehen konnte.

Auf einheimischen Weiheinschriften des gallisch-germanischen Raumes begegnet uns Mars, ähnlich wie Merkur, mit einer Unzahl fremdartig klingender Beinamen. Auch er hat also mit Sicherheit einen keltischen Vorgänger besessen, dessen Erinnerung in der Bevölkerung über die Zeiten hinweg lebendig geblieben war.

Apollo

Tafel 61c Unter den römischen Göttern hat *Apollo* als einziger seinen ursprünglichen griechischen Namen unverändert beibehalten. Sein Beiname *Phoebus*, ,,der Leuchtende", kennzeichnet ihn als einen Sonnengott. Sein Wesen ist jedoch weit vielschichtiger, als die schlichte Charakterisierung vermuten läßt.

Die Geschichtsschreibung berichtet, sein Kult sei einst in Rom eingeführt worden, als man bei Ausbruch einer Seuche von den medizinischen Kenntnissen seiner Priesterschaft die einzig wirksame Abhilfe gegen das Unheil erhoffte. Als *Apollo Medicus* verehrt, könnte man ihn vorschnell für einen göttlichen Arzt halten. Aber er ist nicht allein Heilbringer. Denn Bogen und Köcher, die ihm fast regelmäßig als Attribut beigegeben sind, erinnern daran, daß seine treffsicheren Pfeile den Menschen unerwartete Krankheiten und plötzlichen Tod bringen konnten. Berühmt waren im Altertum die Weissagungen seiner Orakel, deren Ruf selbst in unserem Gebiet bekannt gewesen sein muß. Sonst hätte nicht der Hauptmann Nasellius Proclianus in Heilbronn-Böckingen ausdrücklich dem *Apollo Pythius* einen Altar gestiftet. Apollo als Anführer der Musen und Erfinder der Leier ist auch heute noch jedem Musenfreund vertraut. Mit gekreuzten Beinen, die eine Hand lässig auf eine Säule gestützt und neben sich das ruhmreiche Musikinstrument, eher heiter als streng, erscheint er auf manchem Reliefbild. Zuweilen sieht man einen Greifen an seiner Seite. Als *Apollo Grannus*, wie ihn manche Inschriften nennen, hat sein Kult den eines alten keltischen Heilgottes offenbar überdeckt.

Aesculapius und Diana

Ebenso wie den ,,Gott mit der Leier" kennen wir noch seinen Sohn *Äskulap*, griechisch Asklepios, dessen Kult, von Epidauros in Griechenland ausgehend, schon früh in Rom auf der Tiberinsel Fuß gefaßt hatte und später auch in anderen Zonen der westlichen Reichshälfte verbreitet war. Der ,,Gott der Ärzte" verstand es, durch seine Wunderheilungen und Traumoffenbarungen viele gläubige Anhänger um sich zu scharen. Jeder sieht das Bild des bärtigen Alten mit dem Schlangenstab vor sich, dessen Andenken selbst die Medizin des 20. Jahrhunderts noch ehrt. Seltener wurde der Gott in Jünglings-
Tafel 62c gestalt dargestellt, wie die oben erwähnte Bronzestatuette aus Römerberg-Mechtersheim zeigt. Den Schlangenstab muß man in ihrer rechten Hand ergänzen.

Die griechische Hygieia, von der unser Wort Hygiene kommt, hat man mit der altitali-
Tafel 52c schen Heilgöttin *Salus* identifiziert. Salus, die uns in der bekannten Statuengruppe aus Schlossau nackt und mit einer Schlange auf dem Arm vorgeführt wird, bedeutete in Rom jedoch nicht allein physische Gesundheit sondern Heil und Wohlfahrt im allgemeinsten Sinne. Man kannte eine *Salus populi Romani*, d. h. ,,des römischen Volkes", und betete

zu einer *Salus Augusta*, einer „kaiserlichen", für das Wohlergehen des Reichsherrschers. Am ganzen Schwarzwaldrand, an den Paßstraßen und am Oberrhein begegnen wir einer Göttin, die einmal schlicht *Abnoba* oder *dea Abnoba* genannt wird, in anderen Fällen den erläuternden Vornamen *Diana* trägt. Eine Sandsteinstatuette aus dem Albtal bei *Abb. 145* Karlsruhe-Mühlburg gibt uns letzte Gewißheit darüber, daß hier die altrömische Jagdgöttin *Diana* – die griechische Artemis, die Schwester Apollos – gemeint gewesen sein muß. Die kleine Weihefigur, der leider der Kopf fehlt, umhüllt eine ärmellose, kurzgeschürzte Tunika; sie ist gerade dabei – wie es sich für eine Jägerin geziemt – einen Pfeil aus ihrem Köcher zu ziehen. Wie auch auf dem Diana-Relief aus Hausen a. d. Zaber be- *Tafel 55a* gleitet sie ein Jagdhund, der in diesem Fall – so scheint es – gerade einen Hasen gefangen hat. Der ungedeutete Name Abnoba wird wie bei den obengenannten Beispielen auf eine Wald- oder Jagdgöttin der keltischen Urbevölkerung zurückzuführen sein.

Neptun

Die Kraft des Meeres und aller Gewässer gewann in *Neptunus*, dem griechischen Poseidon, ihre mythische Gestalt. Er ist der Meergott. Sonst stünde nicht auf dem bekannten Relief aus Ettlingen ein robbenflossiges Seeungeheuer an seiner Seite. Ein mächtiger *Tafel 27b* Dreizack, speerartiges Fanggerät der antiken Fischer, diente ihm zugleich als Waffe und Würdezeichen. Nicht nur die Hochseeschiffer standen unter seinem Schutz, sondern auch die Treidler der Tieflandströme und die Flößer auf den Gebirgsbächen. Sie alle hießen auf lateinisch *nauta*, was man korrekter mit unserem Wort „Schiffer" als mit dem gebräuchlichen Matrose oder Seemann übersetzen sollte. Im Hochsommer, am 23. Juli, wurde das Fest der *Neptunalia* gefeiert, eine Art Laubhüttenfest, an dem der Herr des Wassers darum gebeten wurde, sein Element mit Freigebigkeit zu spenden und die Flüsse vor dem Austrocknen zu bewahren.

Naturgeister

Neben den großen göttlichen Weltmächten und ihren engeren Trabanten kannten Griechen, Römer wie Kelten eine Vielzahl weiblicher Naturgeister, die Berge und Wälder, Flüsse und Quellen bevölkerten. Besonders die einfachen Leute auf dem Lande, Bauern und Hirten, brachten diesen *Nymphen* oft liebevolle Verehrung entgegen. Die Kunst *Abb. 280* zeichnet von ihnen Bilder voll Anmut und Schönheit, und wir begreifen leicht, wie die zahllosen Geschichten über ihre Liebesbeziehungen zu Göttern und Menschen entstehen konnten.

Eine Darstellung, die den ganzen Zauber dieses Motivs auskostet und mit einer fast jugendstilhaften Delikatesse vorträgt, besitzen wir in dem großen Relief aus Unterheimbach: Drei schlanke Najaden, deren mädchenhafte Körper von Gewandgirlanden umspielt werden, sitzen im Schilf versteckt beieinander und scheinen mit seitwärts gewendeten Köpfen einem fernen Zuruf oder den Tönen einer verborgenen Syrinx zu lauschen.

Unterwelts- und Totengötter

Fast alle Völker der Alten Welt kannten einen Gott, meist ein göttliches Paar, dem man die Herrschaft über die Unterwelt zuwies. In der Raumordnung des Kosmos steht *Jupiter* für den Himmel, den Kreislauf der Gestirne und den Wechsel der Jahreszeiten; das Meer und die Gewässer regierte *Neptun*; in den Tiefen der Erde herrschte *Pluto* mit seiner Gemahlin *Proserpina*, von den Griechen Hades und Persephone genannt. In sein Reich gehen die Toten ein, werden vor seinen Richterstuhl gestellt und leben weiter als Selige oder als ewige Büßer. Der Gott gebietet über die Rachegöttinnen, die Furien (*furiae*), griechisch Erinnyen, die die Strafen der Unterwelt im Namen ihres Herrn an den Schuldbeladenen vollstrecken.

Die spärlichen Kultzeugnisse, die wir hierzulande besitzen, nennen Pluto mit einem anderen Namen, der aber auch in Rom seit alters geläufig war: er heißt *Dis Pater*, seine Gemahlin *Aerecura*, häufiger *Herecura* geschrieben. Auf dem römischen Friedhof in
Abb. 301 Bad Cannstatt fand sich eine ganze Reihe kleiner und größerer Votivbildnisse der Herekura: Sie sitzt auf einem Thron und hält auf dem Schoß einen mit Früchten gefüllten Korb in ihren Händen. Nach antiker Vorstellung konnten die Unterweltgötter nicht nur unerbittlich und streng ihres Amtes walten; sie waren zugleich Besitzer und Spender von Reichtum und Fruchtbarkeit.

Auf römischen Grabsteinen steht vor dem Namen des Toten oft die Weiheformel *Dis Manibus* oder einfach nur die Abkürzung *D M*. Die Formel steht im Dativ der Mehrzahl und richtet sich an die Totengeister, die *Di Manes*, „die Manen". Diese Geister waren mächtig. Irgendein Frevel oder auch nur die Vernachlässigung der religiösen Verpflichtungen gegenüber den Toten konnten ihren Zorn hervorrufen. Man glaubte sie imstande, die Lebenden zu sich hinabzuholen oder einem mißliebigen Verstorbenen den Eintritt in die Unterwelt zu verweigern. Sie mußten gütig gestimmt werden; und das tat man, indem man durch eine Devotionsformel ihnen gebührenden Respekt erwies: *Dis Manibus sacrum*, das bedeutet „den guten Göttern geweiht"!

Bacchus

Mit dem seligen Leben im Jenseits stand ein anderer Kreis göttlicher Gestalten in enger Beziehung, den unsere eingeengte moderne Bildung zunächst immer nur mit Weinrausch und deftigem irdischen Treiben in Verbindung bringt. Gemeint ist der griechi-

sche Dionysos, der *Bacchus* der Römer und sein lärmendes Gefolge, die Satyrn und Mänaden. Tatsächlich wird man öffentliche Zeugnisse dieses Mysterienkultes in unserem Gebiet nahezu vergeblich suchen. Dennoch darf man die Popularität dieses mächtigen und beliebten Gottes deshalb nicht gering veranschlagen. Zwar fehlt uns ein richtiges Bacchus-Bild. Auf manchen Grabsteinen entdeckt man jedoch an den unauffälligen Schmalseiten einzelne seiner tanzenden und schwärmenden Trabanten. Und der Stein des Vigellius und seiner Angehörigen aus Heidelberg beschert uns als Mittelbild zwischen Totendarstellung und Grabinschrift sogar eine brillante kleine Abbildung mit flötenspielenden und beckenschlagenden Satyrn und nackten tanzenden Mänaden.
Auch im Kunsthandwerk, etwa bei Kleinbronzen oder auf den Sigillata-Bilderschüsseln, *Abb. 307*
gehört die bacchische Thematik keineswegs zu den Seltenheiten. Wir erinnern nur an ein Prunkstück dieses Genre, die kleine Statuette von Bacchus' treuem Gefährten Silenus *Tafel 62a*
aus Öhringen. Das Bildwerk vermittelt trotz seines winzigen Formats alle typische Details an Körperbau und physiognomischem Habitus, das die männliche Gefolgschaft des Gottes auszeichnet: Die Glatze, das „gedrückte“ Profil mit der Stupsnase, die Eselsohren, der zottige Bartwuchs und nicht zuletzt das fette Bäuchlein, das der kurzgeschürzte Bursche mit dem Weinschlauch vor sich herträgt. Der Öhringer Silen – wohl ein aus dem Zusammenhang gerissener figürlicher Teil irgendeines Tafelgeräts – war lediglich ein Dekorationsstück, das vielleicht nicht allzu viel bedeuten sollte. Bacchische Figuren auf Grabdenkmälern bedeuten mehr: Denn der Myste, der in die Geheimnisse dieses Kultes eingeweiht war, seine Weihe als Mitglied des *Thiasus* erhalten hatte, lebte in dem Glauben, daß er die Freuden rauschhafter Seligkeit, deren er im Kult teilhaftig wurde, nach dem Tode, im ewigen Leben, weiterhin genießen dürfte.

Fortuna

Fortuna, Göttin des Glücks oder des Zufalls, besaß im alten Rom weder einen Festtag im Kalender noch einen eigenen Priester. Doch bereits um die Mitte des 1. Jahrhunderts n. Chr. machte der berühmte Plinius der Ältere, der bekannte Augenzeuge des großen Vesuvausbruchs vom Jahre 79. n. Chr., in seiner „Naturgeschichte“ die Feststellung, Fortuna sei in seiner Zeit für viele Menschen die einzige wahre Gottheit.
Diese Entwicklung kann im darauffolgenden Jahrhundert nicht haltgemacht haben. Denn ihr Bild behauptete sich nicht nur in der höchst respektablen Figurenreihe der Viergöttersteine, – sie erscheint auf kleinen und großen Weihreliefs, und inschriftliche *Abb. 330*
Weihungen bringen ihren Namen mit den verschiedenartigsten Anlässen in Zusammenhang. Jedermann und alle vertrauten sich ihrer Hilfe an. Die Frauen verehrten eine *Fortuna Muliebris*, eine „weibliche“, als Beschützerin ihrer persönlichen Dinge und gleichzeitig eine *Fortuna Virilis*, eine „männliche“, die ihnen Glück bei den Männern bringen

sollte; während die *Fortuna Populi Romani*, die ,,des römischen Volkes", für das Staatsglück – also direkt für Männer! – zuständig war. Im Bild erscheint die Göttin matronal gekleidet, nur durch den fehlenden Schleier etwa von einer Juno zu unterscheiden. Die wechselnden, aber charakteristischen Attribute erlauben es jedoch fast immer, ihre Gestalt zweifelsfrei zu bestimmen. Globus, Rad und Steuerruder lassen meinen, sie gewährleiste ,,Meeresstille und glückliche Fahrt". Das Füllhorn, aus dem die Früchte quellen, verspricht Reichtum und Überfluß.

Castor und Pollux

Nothelfer in mannigfaltigen Lebenslagen waren die beiden Dioskuren, die Zeus-Söhne *Castor* und *Pollux*, im Griechischen Kastor und Polydeukes. Auf den Bilddokumenten treten sie wie jugendliche Helden auf, nur mit einem Mäntelchen bekleidet, führen jeder ein Pferd mit sich und tragen eine Lanze. Als Beschützer der Reiter und der Seeleute genossen sie weithin Verehrung.

Genius

Neben den zahlreichen römischen Göttern, die unter dem Einfluß griechischen Mythos' und griechischer Kunst so weitgehend hellenisiert worden waren, daß man sie richtiger als ,,hellenistisch-römisch" bezeichnen sollte, steht schließlich eine kleine Gruppe von Gestalten, die ihre altrömische Identität weitgehend bewahrt hatten, weil Griechenland nichts Gleichartiges besaß, das die römischen Vorstellungen hätte überlagern oder verändern können.

Abb. 53 So verkörperte etwa der *Genius* die lebendige Zeugungskraft eines Menschen; die Kraft, die sein Wesen bestimmt und von der es abhängt, ob jemand faul oder fleißig ist, ernst oder heiter mit dem Leben umzugehen weiß. Die Kraft des Genius endete mit dem Tode seines Besitzers. In jedem Hause gab es in der Nähe des Herdfeuers einen Kultplatz für den Genius des Hausherrn, den man sich eigentümlicherweise in Gestalt einer Schlange vorstellte. Der Geburtstag des Familienoberhauptes, des *pater familias*, war zugleich der große Festtag seines *Genius*. Die Sklaven des Hauses opferten ihm Wein, Kuchen und Weihrauch auf einem mit Blumen bekränzten Altar. Es wurde getanzt.

Interessant, daß es den Unfreien eines Hausstandes nicht erlaubt war, etwa im Namen Jupiters oder einer anderen großen Gottheit einen Eid abzulegen; sie schworen dafür im Namen des Genius ihres Herrn. So verwundert es nicht, wenn in der Kaiserzeit der Brauch aufkam, daß freie Bürger beim Genius des Kaisers schworen. Ein römischer Jurist hat überliefert, daß derjenige, der einen solchen Eid zu brechen wagte, mit Stockschlägen bestraft wurde.

I·O·M
EMARTICA
TVRIGIGEN
IO·LOCI·C·
IVL·OVIETVS
B C oS
V S L L M

Tafel 66 Heidelberg-Neuenheim. Mithras aus dem 2. Jh. n. Chr. mit dreiseitigem Fries, der die Taten des Mithras schildert

Tafel 65 (umseitig) Heilbronn-Böckingen. Weihealtar für Jupiter und Mars caturix, gestiftet von einem Benefiziarier

Tafel 67 Ladenburg. Mithras und Sol beim Kultmahl

Tafel 68 (umseitig) a und b: Heidenheim. Büchse aus Bein in Form eines Frauenkopfes. 2./3. Jh.
c: Schallstadt. Salbengefäße in Tierform aus Brandgräbern

Da die vielgeliebte Gottheit – abstrakt gesprochen – nichts weiter als „wirksame Macht" war, ursprünglich also nicht als ein figürliches Wesen gedacht wurde, konnten sogar die verschiedenartigsten, in unserer Vorstellung eigentlich leblosen Gegenstände mit einem Genius verbunden werden. Prudentius, ein christlicher Dichter der Spätantike, bemerkte kritisch: „Tür und Tor pflegt Ihr einem Genius zuzuschreiben, den Häusern, den Thermen, den Ställen und für jeden Ort und alle Glieder der Stadt viele tausend Genien anzunehmen, so daß buchstäblich kein Winkel ohne solchen Schattengeist existiert." Eine ganze Reihe von Inschriften belegt auch für unser Land die Richtigkeit dieses Satzes.

Dem Humanismus haben wir es zu verdanken, daß einer der vielen Genien in unserem Wortschatz bildhafter Redewendungen noch heute weiterlebt: Der sogenannte *Genius loci*, der „des Ortes". Die Benefiziarier, die römischen Straßenpolizisten von Cannstatt, haben sein Andenken zusammen mit anderen Gottheiten gleich auf mehreren Denksteinen verewigt.

Genien, deren Wirksamkeit über den privaten Bereich hinausging, wurden in der kaiserzeitlichen Kunst nicht selten auch in Menschengestalt vorgestellt. Immer sind es Männer, denn weibliche Genien gab es nicht. Das weibliche Gegenstück zum männlichen Genius war die persönliche *Juno* einer Frau, die den gleichen Namen trägt wie die Staatsgöttin, aber nicht mit ihr verwechselt werden darf. Denn *Iunones* als private Schutzgöttinnen gab es natürlich ebensoviele wie es Frauen gab.

Genius erscheint in der Kunst als jugendlicher Mann, mal bürgerlich in eine Toga gehüllt, mal heroisch-halbnackt mit einem schön drapierten Mantel. Kennzeichnende Attribute sind das Füllhorn, das wir bereits von Fortuna her kennen, und die ausgestreckt über einen kleinen Altar gehaltene Opferschale, die sonst für Juno charakteristisch ist.

Laren

Zu den klassischen Schutzgeistern des römischen Hauses gehörte außerdem der *Lar*, bzw. die *Laren*, die das Leben der Familie bei allen großen Ereignissen wie Geburt, Hochzeit und Tod treu begleiteten. Kultplätze der Larenverehrung waren kleine Hauskapellen in Wandnischenform, wo in der Regel ein Paar dieser Götter, meist in Gestalt kleiner Bronzestatuetten, aufgestellt war. Man dachte sich die Laren tanzend, und so treten sie auch tatsächlich auf: In kurzgeschürzter und gegürteter Tunika, mit fliegenden Gewandzipfeln, erheben sie in der einen Hand ein Trankopfergefäß, ein sogenanntes Rhyton, und fangen den dünnen Strahl des Opfertranks in einer flachen Schale auf, die sie in der anderen Hand halten. *Tafel 70a*

Silvanus

Silvanus, der Gott der italischen Wälder, Weiden, Plantagen und Gärten, besaß weder Tempel noch einen offiziellen Kult; aber Bauern, Holzfäller und Plantagenarbeiter beteten ihn an. An den Grenzen zwischen urtümlicher Wildnis und halbkultivierten Waldweiden empfing der Beschützer des Viehes seine Opfergaben. Er behütet außerdem die bäuerliche Niederlassung und alle Arten von Gartenkulturen.

Während der Kult dieses Gottes in früher Zeit vor allem vom Landvolk und von Sklaven ausgeübt wurde, gelang es ihm in der hohen Kaiserzeit, wohl vor allem durch sozial arrivierte Freigelassene, bis in die Spitzen der Gesellschaft vorzudringen. Zeugnis dieser Entwicklung und zugleich eines der poesievollsten Denkmäler römischer Frömmigkeit ist die Versinschrift, die der kaiserliche Statthalter der Grajischen und Poenischen Alpen, Titus Pomponius Victor, hoch oben am Splügenpaß an der Reichsstraße von Como nach Chur dem Silvanus hat setzen lassen:

O Gott Silvanus, halb in dem Gezweig
der heil'gen Esche du versteckt, du Schirm
des hohen grünen üpp'gen Waldreviers,
ich bringe diese Verse dir zum Dank
dafür, daß du uns über weites Land
und durch der Alpen unwegsam Gebirg
wie deiner Büsche süßen Blütenduft
geleitet hast, dieweil ich hier das Amt,
das Kaisermacht mir gab, verwaltete.
Mich und die Meinen führe du nach Rom
zurück und laß uns unter deinem Schutz
italische Gefilde pflegen: ich
gelobe tausend hohe Bäume dir!

Tausend Bäume! – Schon ein Versprechen!

Die bildlichen Darstellungen zeigen Silvanus als einen väterlichen Hirten, meist in geschürzter Tunika, in den Händen einen großen Zweig oder Früchte, oft auch ein Gartenmesser. Fast regelmäßig begleitet ihn ein Hund, der im Unterschied zu dem schlanken rassigen Begleittier der Diana eher wie ein Hof- oder Hirtenhund ausschaut.

Keltische Götter

Tacitus berichtet, daß es Gallier waren, die noch vor der offiziellen römischen Besetzung unseres Landes den Rhein überschritten hätten, um im Niemandsland zwischen römischem Reich und westlichsten Siedlungsgebieten germanischer Volksstämme wagemutig ihr Glück zu versuchen. Auch später, im Gefolge der römischen Truppen, sind sicher noch manche gallische Neubürger von den römischen Behörden hier angesiedelt worden. Man könnte sich deshalb wundern, weshalb verhältnismäßig wenige rein keltische Götter in Bildzeugnissen in Erscheinung treten oder inschriftlich genannt werden, obgleich so viele Stifter von Weihedenkmälern eindeutig keltische Namen tragen. Die Erklärung hierfür dürfte ähnlich lauten wie das, was wir über die weit zurückliegende Hellenisierung der altrömischen Religion ausgeführt haben.

Die urtümliche Verwandtschaft der indogermanischen Volksstämme, an der auch die Kelten teilhatten, machte es den künstlerisch großartig definierten, mit formvollendeten Kultritualen ausgestatteten Götterfiguren der hellenistisch-römischen Welt recht leicht, ihre wesensverwandten keltischen Vorgänger in den Schatten zu stellen. Im übrigen kommt hinzu, daß die hellenistisch-römischen Vorstellungen und Gebräuche neben ihrer bereits früher in aller Welt bewiesenen Überzeugungskraft hier im Norden zugleich von der inneren Sicherheit einer zivilisatorisch wie kulturell überlegenen Besatzungsmacht getragen wurden, die in ihrem Sieg über das gallische Land wie in der Behauptung ihrer Machtstellung gegenüber den germanischen Barbaren gleichzeitig einen Triumph ihrer Götter erblickte. Andererseits wurde die Religion der Urbevölkerung, soweit ihre Bräuche nicht in elementarer Weise das Humanitätsgefühl verletzten, in der im Altertum üblichen Art toleriert, was den Verschmelzungsprozeß der hellenistisch-römischen und der keltischen Vorstellungswelt sicher wesentlich erleichtert hat.

Die Bewunderung der Einheimischen für Segnungen und Symbole des Staatswesens, dem sie nun angehörten, ihr Streben, sowohl bürgerlich-rechtlich wie kulturell vollbürtige Römer zu werden, hat die Treue gegenüber der Religion ihrer Vorväter bestimmt stark gemindert. Was blieb, waren Namen von Bergen, heiligen Hainen, Flüssen und Quellen, die mit der Verehrung einer Gottheit seit alters verbunden waren; Namen, die für das Ohr noch lange manch Heil- und Segensversprechen enthalten haben mögen und deshalb einfach dem lateinischen Wort für einen bestimmten Gott macht- und kraftsteigernd hinzugesetzt wurden.

Wie der römische Genius oder Silvanus, da es kein griechisches Äquivalent für sie gab, bis in die späteste Antike römische Götter geblieben sind, so haben auch einige keltische Gottheiten tief in die Römerzeit hinein nicht nur ihren ursprünglichen Namen bewahrt, sondern sind zugleich von der Bildkunst in einer Gestalt wiedergegeben worden, die, von nirgendwoher erborgt, nur ihnen selbst unverwechselbar eigen war.

Epona

Nur eine dieser Gottheiten allerdings konnte es nach Aussage der Denkmäler an Beliebtheit mit den römischen Hauptgöttern aufnehmen: *Epona*, die Herrin der Pferde, deren

Abbild in keinem römischen Pferdestall gefehlt zu haben scheint. Der Schriftsteller Apuleius läßt in seinem Roman „Der goldene Esel“ seinen in einen Vierhufer verzauberten Helden ein solches Weihemal erblicken: „. . . werde ich beim Umsehen, ungefähr in der Mitte des Stalles, in dem Hauptpfeiler, auf dem alles Gebälk ruhte, der Vorsteherin der Ställe, der Göttin Epona Bild gewahr, das eben mit frischen Rosen bekränzt wurde.“ Diese Beschreibung erinnert einen ganz unmittelbar an jene typische kleine Votivbildform mit der reitenden Göttin, oft kaum größer als eine Ofenkachel, die uns in vielen Beispielen erhalten ist.

Nicht nur bei Apuleius ist Epona mit einem eigentümlichen Hauch von liebevoller Poesie umgeben. Denn wir kennen neben dem Durchschnittstyp des Epona-Votivs eine ganze Reihe höchst origineller Darstellungen der Göttin, die selbst heute noch kaum je-
Tafel 64b mand vergißt, der sie einmal gesehen hat. Da ist die rührend kindliche Epona von Köngen a. N., die – mehr beschützt als beschützend – zwischen ihren Pferden sitzt. Oder die
Tafel 28a feierlich Thronende auf dem Relief von Beihingen, dessen Szene wie ein Filmstreifen abrollt, der von Schnauben, Pferdegetrappel und Opferdunst erfüllt ist. In anmutigem Damensitz schließlich reitet die Göttin auf der in einer Kirchenmauer eingelassenen
Abb. 157 Bildtafel in Königsbach i. B., von den Kirchgängern in alter Zeit für eine hl. Dorothea gehalten.

Aber es ist nicht allein die Innigkeit, die die Verehrung der Herrin der Pferde vor anderen auszeichnet. Als einziger keltischer Gottheit gelang es ihr – aus was für Gründen auch immer – selbst bis an die mittlere Donau, nach Italien und sogar in die Hauptstadt des Reiches vorzudringen.

Sirona

Abb. 310 *Rosmerta* als keltische Kultgenossin des Merkur hatten wir oben bereits kennengelernt. Apollo, der hierzulande manchmal den Beinamen Grannus trägt, wird zuweilen mit einer *Sirona* verbunden, die eine Göttin heilkräftiger Quellen gewesen sein muß. In der
Abb. 231 bekannten Holzstatuette aus dem Pforzheimer Brunnenfund von 1947 hat man mit guten Gründen ein Bild dieser Sirona vermutet.

Verglichen etwa mit Epona bleiben all diese Figuren im Grunde bloße Namen für uns. Und das nebulose Beiwort „Fruchtbarkeitsgöttin“, das man einigen von ihnen anhängt oder anzuhängen versucht, besagt im Grunde gar nichts, wenn man nicht anzugeben weiß, welche Gattung von Lebewesen oder welcher genauere Lebensraum denn nun wann und bei welcher Gelegenheit „Frucht“ von ihnen zu erwarten hatte.

Matronen

Die bekanntesten dieser „Fruchtbarkeitsgöttinnen" sind die vorwiegend am Niederrhein verbreiteten *matres* oder *matronae*, eine Trinität mütterlicher Gestalten, die in feierlich-sakraler Haltung in einer Nische thronen und durch ihre großformatigen Hauben eine charaktervolle Steigerung ihrer Würde erfahren. Hierzulande sind sie ganz selten. *Abb. 208*
Eine einzige Inschrift auf einem Weihe-Altar aus Neidenstein nennt ihren Namen. Und das Reliefbild aus Zazenhausen mit einer thronenden und zwei stehenden „Matronen" *Tafel 64c*
ist nur ein schlichter provinzieller Abglanz der niederrheinischen Vorbilder.

Sucellus

Nur ein einziger Fall ist uns bekannt, wo das Bild eines keltischen Gottes ganz offen in Konkurrenz zu seinem römischen Gegenüber tritt. Es ist *Sucellus*, der Gott der Unterwelt, und seine Kultgenossin *Nantosuelta*, die mit den oben genannten Dis pater und Herekura zu vergleichen sind. Dieser Sucellus, der sehr verschieden aussehen kann, trägt *S. 190*
immer einen mächtigen, langgestielten Hammer in der Hand, so daß man ihn auch als „Gott mit dem Hammer" bezeichnet hat. Aus Karlsruhe-Grünwinkel stammt eine *Abb. 141*
höchst originelle Fassung dieser Gestalt: Mit einer Zackenkrone auf dem Haupt, die jedem Märchenkönig wohl zu Gesicht stünde, thront er in gutmütig-behäbiger Haltung neben seiner Göttin, die eine Fruchtschale im Schoß hält.

Wo immer keltische Götter ihre eigene Erscheinungsform bewahrt haben, gelingt es den Künstlern ungleich häufiger als sonst, ihren Bildwerken einen ganz besonderen Hauch von menschlicher Wärme und Stimmung zu geben, die sich von der kühlen Präzision und mediterranen Grandezza der hellenistisch-römischen Musterbuchfiguren auffallend abheben. Wir haben dieses Phänomen schon bei den Epona-Bildern festgestellt. Für kaum einen einheimischen Götterstein trifft diese Beobachtung mehr zu als für das Relief aus Karlsruhe-Grünwinkel. Leider weiß man wenig darüber, wie sich die Kelten im Gegensatz zu den Römern ihre Unterwelt vorstellten und welche Funktion der Hammer des Sucellus in diesem Bereich zu erfüllen hatte.

Orientalische Kulte: Mithras

Ein Überblick über Götter und Kulte der Römerzeit in unserem Lande bliebe unvollständig und wäre auch recht einseitig, wenn man ihn auf das Römische und Keltische beschränken würde. Denn unglaublicherweise sind gerade die größten und inhaltreichsten Götterdenkmäler in Obergermanien weder den Olympiern des römischen Kapitols noch den Göttern der alteinheimischen Bevölkerung gewidmet. Sie verherrlichen stattdessen in schier endlosen Bilderzyklen einen Zuwanderer aus dem fernsten Orient des Reiches, den persisch-kleinasiatischen Lichtgott *Mithras*, den „unbesiegten Sonnengott", wie ihn die Eingeweihten seines Mysterienkultes genannt haben. Levantinische Kaufleute brachten die neue Religion im ersten Jahrhundert nach Christi Geburt nach Ostia und Rom. Syrische Legionare machten an Donau und Rhein sowohl andersstämmige Kameraden als auch Zivilisten mit seiner Lehre bekannt.

Lange bevor man wußte, daß das Christentum mehr als nur eine jüdische Sekte war, standen bereits in allen Teilen des Reiches von Nordafrika bis hinauf ins ferne Britannien die Tempel jenes Gottes, der von seinen Jüngern sittliche Reinheit und geistige Disziplin forderte und den Standhaften ein seliges Leben nach dem Tode versprach. Alles an dieser Religion war anders als man es gewohnt war. Die Tempel waren unterirdische Höhlen (*spelunca* oder *spelaeum*), in denen sich die kleinen Gemeinden, die nur aus Männern bestanden, zur Verehrung ihres Gottes versammelten. Sie feierten dort ein mystisches Ereignis, das Gott Mithras, ihr Vorbild und Retter, am Anfang aller Zeiten im Auftrage des höchsten Gottes vollbracht hatte: Die Tötung des Stieres. Diese Heilstat wurde als mystischer Schöpfungsakt begriffen, denn aus Fleisch und Blut des getöteten Tieres ging neues Leben hervor. Die Mysten hatten an dieser Erneuerung des Lebens teil, indem sie Fleisch und Blut des Stieres in der symbolischen Gestalt von Brot und Wein in einer gemeinsamen Mahlzeit zu sich nahmen. Der Vers eines Hymnus an Mithras lautete:

et nos servasti eternali sanguine fuso

„auch uns hast Du gerettet durch das Vergießen des ewigen Blutes."

Während der Kultfeiern lagen die Teilnehmer auf den Seitenbänken der dreischiffigen Tempelräume. Unterdessen schritten die Priester durch den Mittelgang nach vorn zum Allerheiligsten, um vor dem großen gemalten oder skulpierten Altarbild mit Gesängen
Abb. 245 und Opfern den heiligen Ritus zu vollziehen. Die kürzlich in Riegel am Kaiserstuhl freigelegten und soeben konservierten Reste eines Mithras-Heiligtums vermitteln eine bescheidene aber dennoch eindrucksvolle Vorstellung vom Aufbau solcher Tempel. Das große Altarbild in der Apsis des Mithräums hat sich in Riegel leider nicht erhalten. Wie es ungefähr ausgesehen haben muß, zeigen uns die monumentalen Reliefs aus den ver-
Tafel 66 schwundenen Mithräen in Heidelberg-Neuenheim und Osterburken, beide heute im
Abb. 229 Badischen Landesmuseum, und das schöne Relief aus Fellbach im Lapidarium des Stutt-
Abb. 56 garter Stiftsfruchtkastens.

Genug: Die frommen Lehren der Priester des iranischen Gottes, die besonders auf dem
Abb. 143 Osterburkener Stein mit einer bilderbogenartigen Vielfalt vor unserem Auge ausgebreitet werden, lassen sich in diesem Rahmen nicht einmal in Stichworten formulieren. Wir verweisen deshalb auf die Darstellung der Mysterien des Mithras, die uns einer ihrer kompetentesten Kenner, der niederländische Gelehrte M. J. Vermaseren, erst kürzlich in der kleinen Schriftenreihe des Limes-Museums Aalen vorgelegt hat.

Archäologischer Teil

Ausgrabungen

Bodendenkmäler

Museen

Erläuterungen und Abkürzungen zum archäologischen Teil

▶ im Text = im Gelände sichtbare Bodendenkmäler

Abb	Abbildung
Ao	Aufbewahrungsort
B	Breite
betr	betrifft
BLM	Badisches Landesmuseum
bzw	beziehungsweise
ca	zirka
dh	das heißt
Dm	Durchmesser
ebd	ebenda
ev	evangelisch
Fo	Fundort
H	Höhe
Jh	Jahrhundert
kath	katholisch
KM	Kurpfälzisches Museum
L	Länge
LDA	Landesdenkmalamt Baden-Württemberg
Lit	Literatur
lt	laut
M	Museum
N	Norden, nördlich
nChr	nach Christi Geburt
O	Osten, östlich
og	oben genannt
RLK	Reichslimeskommission
röm	römisch
S	Süden, südlich
Str	Straße
sog	sogenannt
T	Tiefe
TK	Topographische Karte 1:25000 des Landesvermessungsamtes Baden-Württemberg
ua	unter anderem
usw	und so weiter
Verf	Verfasser
vChr	vor Christi Geburt
W	Westen, westlich
Wp	Wachtposten
WLM	Württembergisches Landesmuseum
zT	zum Teil
zZ	zur Zeit

Die Landkreise werden mit ihren Autokennzeichen genannt

AA	Ostalbkreis
BAD	Stadtkreis Baden-Baden
BB	Kreis Böblingen
BC	Kreis Biberach
BL	Zollernalbkreis
ES	Kreis Esslingen
FR	Kreis Breisgau-Hochschwarzwald, Stadtkreis Freiburg
GP	Kreis Göppingen
HD	Rhein-Neckar-Kreis, Stadtkreis Heidelberg
HDH	Kreis Heidenheim
HN	Stadt- und Landkreis Heilbronn
KA	Stadt- und Landkreis Karlsruhe
KN	Kreis Konstanz
KÜN	Hohenlohekreis
LB	Kreis Ludwigsburg
MA	Stadtkreis Mannheim
MOS	Neckar-Odenwald-Kreis
OG	Ortenaukreis
PF	Enzkreis, Stadtkreis Pforzheim
RA	Kreis Rastatt
RT	Kreis Reutlingen
RV	Kreis Ravensburg
S	Stadtkreis Stuttgart
SHA	Kreis Schwäbisch Hall
SIG	Kreis Sigmaringen
TÜ	Kreis Tübingen
TUT	Kreis Tuttlingen
UL	Alb-Donau-Kreis, Stadtkreis Ulm
WT	Kreis Waldshut

Punktierung in den Zeichnungen = Siedlungsausdehnung (vicus)

Aalen AA

Alenkastell für 1000 Reiter

Abb 48

Das Kastell liegt in der Nähe der Stadthalle im W der Stadt, auf einem nach NO geneigten Abhang (Flur „Maueräcker"), W der Einmündung der Aal in den Kocher. Vor dem Limesmuseum sind ▶ die Fundamente eines Lagertores (1) konserviert. Am Eingang des Friedhofes ist die NW-Ecke des Lagers freigelegt. Eine hier aufgestellte Tafel zeigt den Grundriß des Kastells ▶ Die St.-Johannis-Kirche (3) vor dem Ausfallstor *(porta praetoria)* (4) ist mit Steinen, Inschriften- und Architekturteilen *(Spolien)* des Lagertores, der Lagermauer und lagerzeitlicher Bauten aufgemauert (Inschrift für Jupiter Dolichenus im Limesmuseum).

Als 1964 das Limesmuseum auf der Lagerhauptstraße *(via principalis* B ca 12 m) (5) unmittelbar hinter dem linken Lagertor *(porta principalis sinistra)* (1) erbaut wurde, hat das LDA die Fundamente des Tores ausgegraben und konserviert. Eine zeichnerische Rekonstruktion von E. Leo vermittelt das ehemalige Aussehen des Tores und der Lagermauer.

Die Lagermauer bildet ein nicht ganz regelmäßiges Rechteck von 288,2 m (und 277,6 m) x 214,8 m (und 214,6 m) = 6,07 ha, mit abgerundeten Ecken, Eck-, Zwischentürmen und vier Toren, die jeweils von zwei Tortürmen flankiert werden. Fast der gesamte vordere Lagerteil *(praetentura)* ist heute Friedhof. Das Kastellgelände fällt von dem rückwärtigen Lagertor *(porta decumana)* (6) zum Ausfallstor (4) in der Längsachse um etwa 18 m, so daß das Lager von oben herab günstig zu verteidigen war. Von dem höchsten Punkt im rückwärtigen Lager *(retentura)* konnten das Kochertal, die Taleinschnitte des Aal- und Sauerbaches sowie der Rems weithin eingesehen werden. Zu den etwa 4 km entfernten Wachttürmen am Limes bestand keine Sichtverbindung.

Auf den „Maueräckern" sollen noch im 16. Jh röm Mauern als Ruine sichtbar gewesen sein. Anfangs der 50er Jahre des 19. Jh setzte Diakon H. Bauer zum ersten Male den Spaten an. Er stieß auf die Fundamente eines röm Bades, in dem er mit *LEG(io) VIII AVG(usta)* gestempelte Ziegel fand. Paulus dJ und L. Mayer untersuchten 1882 im N des Friedhofes eine röm Badeanlage (7), in der sie Ziegel mit dem Stempel *AL(a) II FL(avia)* fanden. Von diesen Befunden ausgehend suchte K. Miller im Jahre 1890 systematisch nach einem Kastell auf Flur „Maueräcker" und traf mit seinen ersten Suchschnitten auf die rückwärtige Lagermauer. Im Auftrag der RLK erforschten Steimle und Hettner 1894 die Lagermauer, Mauertürme, Lagerstraßen, das Stabsgebäude *(principia)* (8) und ein Gebäude im mittleren Lagerteil *(latera praetorii)* (9). Vor der Lagerrückseite fanden sie zwei Spitzgräben, von denen der innere Graben noch 4,80 m breit und 1,40 m tief war (Bermenbreite 1,50 m).

Die aus weißem Jura bestehende Lagermauer ist im Fundament 1,70 m und im Aufgehenden 1,40 m breit. Die Zwischentürme an der rückwärtigen Lagermauer maßen etwa 5 x 6 m. Die Lagertore hatten zwei Durchfahrten. Die Straßenkörper der Lagerhauptstraße (5), der *via quintana* (10) und der Lagerringstraße *(via sagularis)* (11) hatten eine pflasterartige Unterlage, auf der Kies und Kleinschlag lagen.

Das Stabsgebäude (8) hatte eine große Torhalle über der Lagerhauptstraße (5) und einen von überdachten Hallen flankierten und von einer Querhalle abgeschlossenen Mittelhof. Von den rückwärtigen Räumen war das Fahnenheiligtum *(sacellum)* durch eine Apsis hervorgehoben und unterkellert. Der Keller diente zur Aufbewahrung der Truppenkasse. Im SO des Stabsgebäudes stießen die Ausgräber auf die Fundamente eines Gebäudes (27,3 x ca 12 m) mit acht Räumen und einer Fußbodenheizung *(hypocaustum)* in der sie Bauziegel *(later)* mit dem Stempel *AL(a) II FL(avia)* fanden (9).

Die *ala II Flavia pia fidelis Domitiana milliaria* war, wie der Name sagt, in flavischer Zeit wahrscheinlich aus den während der Kämpfe der Jahre 69/70 nChr übriggebliebenen Reitereinheiten am Rhein neu aufgestellt worden. Die Einheit nahm

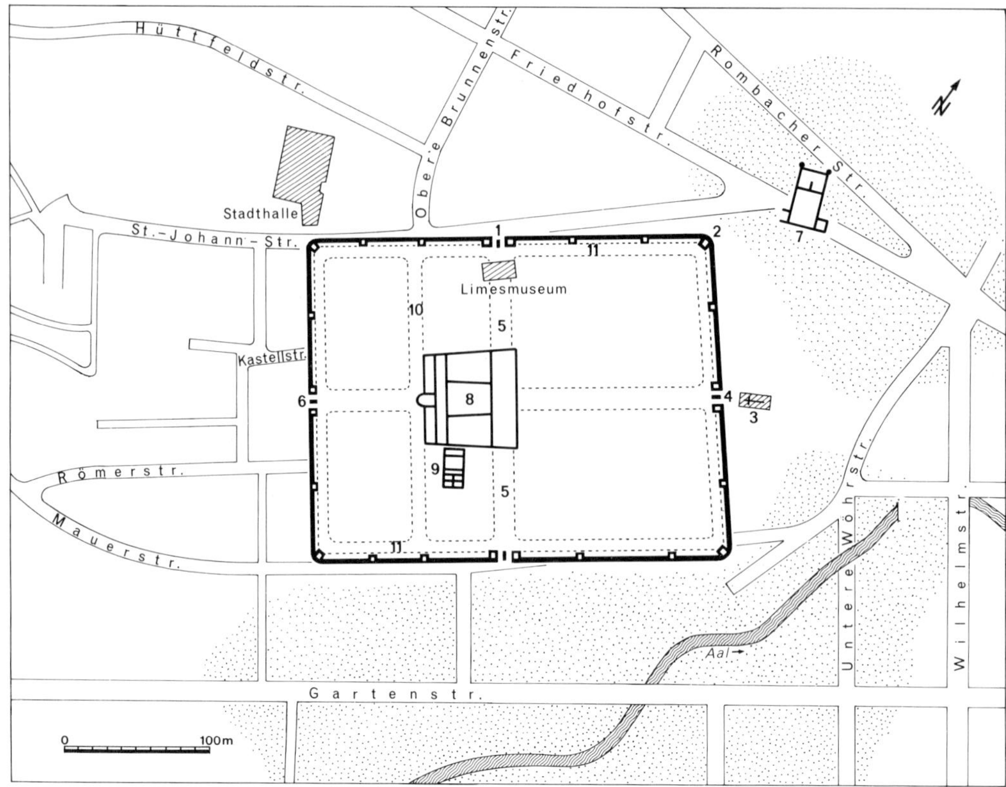

Abb. 48 Aalen. Grundriß des Kastells der ala II Flavia milliaria. 1 linkes Lagertor, 2 Lagerecke, 3 St.-Johannis-Kirche, 4 Ausfallstor, 5 Lagerhauptstraße, 6 rückwärtiges Lagertor, 7 Bad, 8 Stabsgebäude, 9 Wohngebäude, 10 via quintana, 11 Lagerringstraße (nach Hildebrand)

vermutlich an den Feldzügen 73/74 nChr in das obere Neckartal und 83/84 nChr im Taunus-Wetterau-Gebiet teil. Als 88/89 nChr L. Antonius Saturninus, Kommandeur der in Mainz/*Mogontiacum*, stationierten *legio XIV gemina* und *legio XXI rapax* gegen Domitian rebellierte, hielt die *ala II Flavia* dem Kaiser die Treue. Auch votierte damals die gesamte untere Heeresgruppe *(exercitus inferior: legio I Minervia* in Bonn/*Bonna; legio VI victrix* in Neuss/*Novaesium; legio X gemina* in Nijmegen /*Noviomagus; legio XXII Primigenia* in Xanten/*Vetera Castra* und alle Auxiliareinheiten) unter L. Appius Norbanus Maximus für Domitian und besiegte die Aufständischen in einer Schlacht bei Mainz/*Mogontiacum.* Damals verlieh Domitian allen ihm treu gebliebenen Verbände die Ehrenbeinamen *pia fidelis Domitiana.* Als nach 89 nChr der während des Chattenkrieges im Wetterau-Main-Gebiet zusammengezogene große Heeresverband aufgelöst und die für die Besetzung der obergermanischen Limeskastelle nicht benötigten Verbände nach Rätien, Pannonien und Britannien abgegeben werden mußten, kam wahrscheinlich die *ala II Flavia* zusammen mit der *ala I Flavia singularium* und der *cohors II Aquitanorum* zum rätischen Heer *(exercitus raeticus).*

Nach den neuesten Ausgrabungen erbaute die *ala II Flavia* um 90 nChr Kastell Heidenheim. Die *ala II Flavia milliaria* wird zum ersten Male in einem in Weißenburg gefundenen Militärdiplom vom 30. 6. 107 nChr als zum rätischen Heer gehörend erwähnt. Damals war Ti. Iulius Aquilinus Statthalter *(procurator)* der Provinz Rätien. Er hatte seinen Amtssitz in der Provinzhauptstadt Augsburg/*Augusta Vindelicum.*

Um 150 nChr wurde die *ala II Flavia milliaria* von Heidenheim nach Aalen vorverlegt. Die *ala* wird in den rätischen Militärdiplomen der Jahre 125–128, 153, 153–157, 156/157, 162 und 176 nChr erwähnt. Kastell Aalen blieb sehr wahrscheinlich bis zur Aufgabe des Limes Garnison dieser vornehmsten Truppe Rätiens. Vermutlich unterstanden dem Kommandanten der *ala (praefectus alae)* die Besatzungen der Nachbarkastelle des Limesabschnittes Lorch, Schirenhof, Böbingen und Buch.

Von dem Lagerdorf *(vicus)* sind bis jetzt lediglich ein Bad vor der NO-Ecke des Kastells (7) und Teile eines wahrscheinlich zu einem Wohngebäude *(mansio?)* gehörenden Bades vor dem Ausfallstor (unter der Leichenhalle) sowie Reste von Stein- und Fachwerkbauten NO und SO des Lagers bekannt geworden.

Das Lagerdorf erstreckte sich hauptsächlich im S beiderseits der Aal (zwischen Garten- und Gmünder Str) und bis hin zum Kocher. (Im Kastellplan wurde auf das Einzeichnen der unter der Leichenhalle angeschnittenen röm Mauern verzichtet; der Grundriß des röm Gebäudes muß noch ermittelt werden.) S der oberen Bahnstr war man im Jahre 1938 in Flur Neue Breite auf einer Fläche von 150 m auf röm Baureste des 2./3. JhnChr sowie sieben holzverschalte Brunnen (T bis 8 m) gestoßen. In Brunnen 1 lag ein Einhenkelkrug mit der Aufschrift DECORATVS TVRMA PRIS = Decoratus (Eigentümer des Krugs) aus der Schwadron des Priscus. Der im Jahre 1925 in Flur Krähenbühl am Fuße des Burgstalls festgestellte Totenverbrennungsplatz des 2./3. JhnChr spricht für einen in der Nähe befindlichen Friedhof der *ala II Flavia milliaria* und der Bewohner des Lagerdorfes am Rande der Siedlung. Die Toten hat man auf einem Scheiterhaufen mit den Grabbeigaben verbrannt und sodann die Urne mit dem Leichenbrand und die Beigaben in der Nähe des Leichenverbrennungsplatzes beigesetzt. Das Fundament eines großen röm Grabbaues wurde etwa 80–100 m O des Verbrennungsplatzes in der Burgstallstr 32 entdeckt. Die röm Siedlung in Flur Krähenbühl, an der Mühlstr, könnte eine Kontinuität ins Mittelalter gehabt haben. In Flur Krähenbühl ist nämlich „1136 eine Ansiedlung durch eine Ellwanger Beschwerdeschrift in Verbindung mit einem Cunrad de Alon (Konrad von Aalen) als villa bezeugt". Der heutige Name Aalen könnte von *ala* kommen, wie der des spanischen „Leon", des palästinensischen „Ledschun" und des britannischen „Caerleon" von *legio* (Legion). So lebt beispielsweise auch in dem Ortsnamen Künzing/*Quintana* der Name der dort stationierten *cohors V Bracaraugustanorum* weiter: in den Quellen heißt es *castra quintana* (= das Lager der Fünften).

Kastell Aalen hatte Straßenanschluß nach W über Kastell Böbingen an die Remstalstraße und nach S über Heidenheim an die Alblimesstraße. Die zu dem O-Nachbarkastell Buch mit Sicherheit anzunehmende Verbindungsstraße hatte ihre Fortsetzung über Oberdorf am Ipf/*Opia* – Munningen/*Losodica* – Weissenburg/*Biriciana* – Kösching/*Germanicum* nach Regensburg/*Reginum.*

Fil

TK 7128 – L 7126

Ao: WLM Stgt, Schubart-M Aalen, Limesm

Lit: Steimle, ORL B 66 Aalen 1904 – RiW 1–3 s.v. Aalen – PhFiltzinger, Limesmuseum Aalen 2. Aufl 7, 1975.

Römische Steine im Mauerwerk der St.-Johannis-Kirche

Abb 49–51

Bei den 1973 unter der Aufsicht von B. Cichy vom LDA begonnenen Instandsetzungsarbeiten an der Johannes dem Täufer oder Johannes dem Evangelisten geweihten ev Friedhofskirche wurden im gesamten Fundamentbereich dieses Bau-

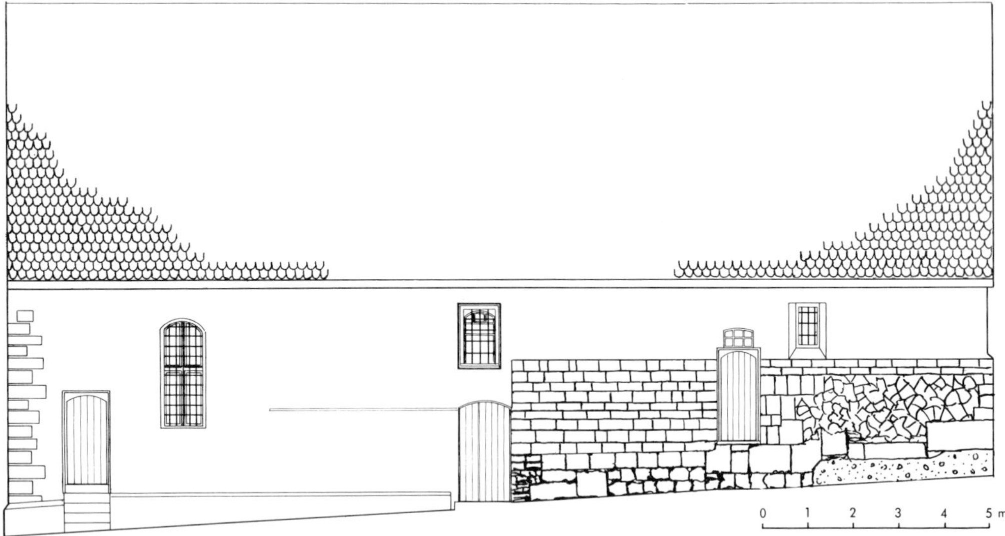

Abb. 49 Aalen, St.-Johannis-Kirche. Nordwärtige Ansicht. Das Quadermauereck rechts ist Bestand der 1. Kirche. Linke Kante war ursprünglich NO-Ecke dieses Baus.

Abb. 50 Aalen, St.-Johannis-Kirche. Blick auf NW-Ecke. Die großformatigen Steine sind röm Herkunft.

werkes und nach NW hin, auch im aufgehenden Mauerwerk ▶ großformatige Kalk- und Tuffquader von abgebrochenen röm Bauten *(Spolien)* festgestellt. Der erste Kirchenbau ist frühestens im 3./4. JhnChr entstanden, als die Truppe – spätestens 259/60 nChr – das Lager bereits verlassen hatte. Denn im Fundament sind Bruchstücke von Zinnendeckeln der Lagermauer vermauert. Der W-Teil der N-Wand ist fast bis zur Decke mit den gleichen, kleineren röm Steinen aufgemauert, wie sie auch unterhalb der großen Quader nachzuweisen sind. Aus diesem Grunde dürfte der W-Teil der N-Wand noch zu Bau 1 gehören. Auf den noch stabilen Mauern von Bau 1 wurde im 10. oder 11. Jh mit Quadern, die sich sowohl in Format als auch in der Oberflächenbehandlung deutlich vom röm Steinmaterial abheben, der zweite Kirchenbau aufgemauert.

Die erste und zweite Kirchenanlage war ein nach O ausgerichtetes, schwach langrechteckiges und sehr niedrig gehaltenes Kapellengebäude, das einen mit Rundbogen überfangenen schmalen Eingang auf der S-Seite hatte. Diese Anordnung des Einganges ist ungewöhnlich. Üblicherweise sind Kirchenzugänge der W-Seite vorbehalten, insbesondere dann, wenn der Altar, wie bei der Aalener Johanniskirche, im O des Kirchenraumes aufgestellt war. Für die Belichtung des Raumes sorgten schartenartig schmale Fenster, von denen sich auf der S-Seite ebenfalls eines noch erhalten hat.

Bei der äußeren Instandsetzung wurde das ursprünglich auf Sicht gearbeitete Mauerwerk des ersten und zweiten Kirchenbaues offen stehen gelassen, so daß Abmessung und Höhe dieser beiden frühen Kirchen außen abgelesen werden können. Die Teile, die am Außenbau heute verputzt und farbig abgefaßt sind, gehören den baulichen Veränderungen bzw Vergrößerungen in gotischer (15. Jh) und späterer Zeit (17. Jh) an.

Weiheinschrift für Jupiter Dolichenus, etwa 30 Zentner schwere Basis für das Bildnis des Gottes (im Limesmuseum): In den Fundamenten der abgebrochenen gotischen O-Wand war ein Inschriftenstein für Jupiter Dolichenus vermauert, der, wie B. Cichy vermutet, ursprünglich wahrscheinlich in der O-Wand von Bau 1 und 2 als

Abb. 51 Aalen, St.-Johannis-Kirche. Fundort des röm Inschriftensteins für Jupiter Dolichenus

Baustein diente. Diese Inschrift stand sehr wahrscheinlich zur Zeit des Lagers in oder beim Tempel des Jupiter Dolichenus und wurde wie die Zinnendeckel der Lagermauer als Spolie im ersten Kirchenbau vermauert. Der Dolichenustempel kann O oder W der aus dem Ausfallstor (4) herausführenden Straße vermutet werden. So stand zB der bei Kastell Pfünz nachgewiesene, O-W orientierte Tempel (ca 21 x 18 m) des Jupiters Dolichenus O der aus dem rückwärtigen Lagertor *(porta decumana)* kommenden Straße, etwa 50 m von der Lagermauer entfernt.

Die Entdeckung der röm Steine in der St.-Johannis-Kirche wird Kreisarchivar B. Hildebrand und Herrn BM Kieninger verdankt.

Die Siedlung im Bereich des Lagerdorfes *(vicus)* scheint nach den Fundmünzen des späten 3. und 4. JhnChr weiterbestanden zu haben. Als Bewohner kommen zurückgebliebene Soldatenfamilien, Marketender und Handwerker in Betracht, deren wirtschaftliche Grundlage bis 260 nChr die Versorgung der Garnison Aalen bildete. Bewohner des Lagerdorfes werden es gewesen sein, die im 3./4. JhnChr den ersten Bau der St.-Johannis-Kirche mit Spolien der Lagerbauten und des Dolichenustempels errichteten. Es könnte sich bereits um einen christlichen Kultraum handeln: Mit den orientalischen Kulten des Mithras und Jupiter Dolichenus war auch die Lehre des Sol invictus Christus in die Donauprovinzen gekommen. Fil

Ao: Limesm Aalen
Lit: PhFiltzinger, Limesmuseum Aalen, 2. Aufl. 7, 1975, 15 ff.

Limesmuseum

Abb 52, 53

Öffnungszeiten: Di – So 10–12, Mi, Sa, So auch 14–17 Uhr.
Das Limesmuseum wurde 1963/64 als Zweigmuseum des Württembergischen Landesmuseums Stuttgart mit Mitteln des Landes Baden-Württemberg, der Stadt Aalen und einer Stiftung von Herrn Carl Schneider im röm Reiterkastell erbaut.
Im Limesmuseum wird auf die Bedeutung des röm Heeres für das röm Württemberg aufmerksam gemacht.
Eingangsraum: 1. Ausschnitt der Tabula Peutingeriana. Aus dem 12. Jh stammende Abschrift einer die Straßen des röm Imperiums enthaltenden Karte des 4. JhnChr. Durch das Limesgebiet führt eine Reiseroute von Windisch/*Vindonissa* in der Schweiz über Rottweil/*Arae Flaviae* – Rottenburg/*Sumelocenna* – Heidenheim/*Aquileia* nach Regensburg/*Reginum.* Diese Straße hatte von Heidenheim/*Aquileia?* über Faimingen/*Ponione* Verbindung mit der Provinzhauptstadt Augsburg/*Augusta Vindelicum.* 2. Luftbild. Der obergermanisch-rätische Limes von Kastell Lorch bis Kastell Schwabsberg-Buch. 3. Kartenausschnitte des Meßtischblattes mit Lage der Kastelle im Raume Aalen. 4. Röm Wehranlagen in SW-Deutschland. Das Geländemodell zeigt die verschiedenen Phasen der röm Besetzung von der Zeit des Augustus bis Gallienus (15 vChr bis 260 nChr). 5a. Inschrift für Jupiter Dolichenus, gestiftet von T. Vitalius Adventus, Rittmeister der *ala II Flavia.* Kalkstein. H 0,87 m. Die Einarbeitungen auf der Oberseite des Inschriftensteines zeigen, daß der etwa 30 Zentner schwere Stein als Basis für das Bildnis des Gottes diente. Fo:St.-Johannis-Kirche vor dem Ausfallstor (4) des Kastells Aalen. 5b. Plastik des Jupiter Dolichenus, gefunden im Hafen v. Marseille. 5. Wandvitrine. Funde aus den Kastellen Schirenhof, Böbingen, Aalen und Buch. 5,1. Sechs vergoldete Bronzebuchstaben (Bauinschrift). – 5,2. Votivblech des Jupiter Dolichenus, Bronze, vergoldet (N). – 5,3. Becher, Terra Sigillata-Schüssel und Einhenkelkrug mit Graffito. – 5,4a. Marsstatuette, Bronze (N). – 5,4b. Bruchstück eines Militärdiploms, Bronze. – 5,5. Köpfchen eines Schutzgeistes *(genius)* mit Mauerkrone, Sandstein (N). – 5,6. 9 Geschützbolzen, Eisen. – 5,7. Siegeszeichen *(tropaion).* Bronze. – 5,8. Großfotos von Münzen mit Porträts der Kaiser Domitian (81–96 nChr) bis Gallienus (253–268 nChr).
Nebenraum. Wechselausstellungen: Röm Münzprägungen.
Saal. 6,1–5 Modelle des obergermanisch-rätischen Limes mit Wachttürmen. – 6,1. Die Limestürme waren anfangs aus Holz, später aus Stein: 6,2–5. – Die Grenzsperre wurde besonders seit hadrianischer Zeit (120/122 nChr) mit einer fortlaufenden hölzernen Palisade markiert: 6,2–3. – Wohl zu Anfang des 3. JhnChr wurde in Obergermanien hinter der Palisade ein parallel verlaufender V-förmiger Graben ausgehoben und ein Wall dahinter aufgebaut: 6,5. – In Rätien hat man an der Stelle der Palisade eine 2–3 m hohe und 166 km lange Mauer aus Stein gebaut: 6,4. 7a. Karte. A. *Geschichte des röm Heeres bis 260 nChr.* I. Das Heer der Republik (5.–1. JhvChr). 1. Milizheer. – 2. Söldnerheer. – II. Das Berufsheer der Kaiserzeit (1. JhvChr – 3. JhnChr). 7a. B. Schaltpult zur Karte: Die Provinzen des röm Imperiums. Von dem Schaltpult aus können fünf verschiedene Phasen der Karte nacheinander zum Aufleuchten gebracht werden: 1. Einigung Süd- und Mittelitaliens bis 260 vChr unter der

Führung Roms. – 2. Hinzugewonnene Gebiete bis zum Ende des 2. JhvChr. – 3. Eroberungen bis zum Beginn der Regierung des Kaisers Augustus (30 vChr). – 4. Provinzgründungen der Kaiserzeit. – 5. Die röm Truppen räumen 259/260 nChr das rechtsrheinische Limesgebiet. Donau, Iller und Rhein werden seit dem 3. JhnChr die röm Reichsgrenze. 7b. Graphische Darstellung. Taktische Entwicklung des römischen Heeres. 1. Phalanx. – 2. Manipularlegion. – 3. Kohortenlegion. – Das Heer der Kaiserzeit: 9 u. 10 Vitrine. Bewaffnung der Legion. 9,1. Foto: Grabstein des Legionars Caius Valerius Crispus. – 9,2 – 4. Infanteriehelme des 1. JhvChr – 2. JhnChr (Bronze, Kupfer, Eisen. N). – 9,5 Foto: Soldaten auf dem Marsch. – 9,6–10. Fotos: Leder- und Metallpanzer (Kettenpanzer, Schienenpanzer, Muskelpanzer, Schuppenpanzer). – 9,11. Reste eines Kettenpanzers, Eisen. – 9,12. Beinschienen aus Bronze (N). – 9,13. Schildbuckel, Bronzeblech. – 9,14. Schildfessel, Eisen. – 9,15. Modell: Ovalschild aus Holz mit Leder überzogen. – 9,16. Modell: Rechteckschild aus Holz mit Leder überzogen, Metallteile aus Bronze- und Eisenblech. – 10,1. Foto: Grabstein des Marcus Favonius Facilis, Hauptmann *(centurio)* der 20. Legion. – 10,2. Kurzschwert *(gladius)*, sog Schwert des Tiberius (N). Eisen, Bronze. – 10,3. Dolch *(pugio)* (N) Eisen. – 10,4 a. Langschwert *(spatha)*. Eisen. – 10,4 b. Dosenortband. Eisen, beiderseits messingtauschiert. – 10,5 a. Dolch, Eisen. – 10,5 b. Ortband, Bronze. – 10,6. Modell eines Dolches, Eisen, Holz. – 10,7. Foto: Tragweise des Dolches am Gürtel. – 10,8. Wurflanzenspitze (N). Eisen. – 10,9–11. Drei Wurflanzen *(pila)* (N). Eisen, Holz. – 10,12 Foto der Trajanssäule (Kupferstich von 1667): Vermutlich Eintreffen der früher in Mainz/*Mogontiacum* stationierten *Legio I adiutrix* auf dem dakischen Kriegsschauplatz, anfangs 101 nChr. – 10,13. Soldatenschuh *(caliga)* (N). Leder. – 8 u. 11. Gliederung und Bewaffnung der Hilfstruppen *(auxilia)*. 8,1–6. Soldatengrabsteine. 8,1. Grabstein (N) des Pintaius, Feldzeichenträger der *Cohors V Asturum* aus Spanien. – 8,2. Grabstein (N) des Annaius, Soldat der *cohors IIII Delmatarum* aus Dalmatien. – 8,3. Grabstein (N) des Firmus, Soldat der

Abb. 52 Aalen, Limesmuseum. Votivblech des Jupiter Dolichenus

Abb. 53 Aalen, Limesmuseum. Köpfchen eines Genius mit Mauerkrone. H 12 cm

cohors Raetorum aus Rätien. – 8,4. Grabstein (N) des Titus Flavius Bassus, Reiter der *ala Noricorum* aus Thrakien. – 8,5. Grabstein (N) des Vonatorix, Reiter der *ala Longiniana* aus Gallien. – 8,6. Grabstein (N) des Caius Romanius Capito, Reiter der *ala Noricorum* aus Cilli in der Steiermark.

11 Vitrine. Bewaffnung der Hilfstruppen *(auxilia)* – 11,1 u. 2. Fotos der Trajanssäule: Auxiliarreiter, nächtlicher Überfall auf eine Wagenkolonne der Daker. – 11,3. Langschwert (N). Eisen. – 11,4. Dolch (N). Eisen. – 11,5 a. b. Pfeil und Bogen *(arcus)* (N). Eisen, Holz, Bein. – 11,6. Stoßlanze *(hasta)* (N). Eisen, Holz. – 11,7. Wurflanze *(lancea)* (N). Eisen, Holz. – 11,8a. b. Pfeil- und Lanzenspitzen. Eisen. – 11,9. Ovalschild *(parma)* (N). Holz mit Leder überzogen, Eisenbeschläge. – 11,10. Reiterhelm. Bronze, Eisen. – 11,11. Gesichtshelm. Eisen, Bronze. – 11,12.13. Teile eines Hornes *(cornu)* (N). Bronze. – 11,14. Cornumundstück, Bronze. – 11,14 a. Horn. Modell. Messingblech, Holz. – 11,15. Sattelbeschläge, Bronzeblech. – 11,16. Zwei Sporen *(calcaria)* (N). Kupferlegierung. – 11,17 a. Hufschuh, Eisen. – 11,17 b. Hufeisen. – 11,18. Zwei Trensen, Eisen. – 11,18 a. Brandstempel (N). Eisen.

12 Vitrine. Festungskrieg. Fotos der Trajanssäule: 12,1. Röm Soldaten stürmen eine dakische Festung im Gebirge *(ex itinere oppugnare)*. – 12,2. Eroberung der Königsstadt Sarmizegetusa im Jahre 106 nChr. – 12,3. Wandelturm *(turris ambulatoria)* Modell. Holz. – 12,4. Widder *(aries)*. Balken mit eisenbeschlagenem Kopfe. Modell. – 12,5. Pfeilgeschütz (*catapulta* nach Vitruv, auch *scorpio* genannt). Modell. – 12,6. Schleudergeschütz, *Onager* nach Ammianus Marcellinus. Modell. – Fotos der Trajanssäule: 12,7 a. Röm Geschützstellung. – 12,7 b. Pfeilgeschütze auf Wagen (*carroballistae*) greifen in eine Schlacht ein. – 12,8 a–w. Handwerkszeug der Pioniere und Handwerker *(fabri)* aus Eisen: Spitzkelle (N), Lot (N), Amboß (N), Feuerschaufel, Schmiedezange, Sense (N), Sichel, Faschinenmesser (N), Reste einer Spatentasche, Kreuzhakke, Pickel, Beile, Hammer, Lochbeutel, Stemmeisen (N), Säge (N), Löffelbohrer, Nägel. – 12,9 a–f. Fotos der Trajanssäule: Furagieren. – Bau von Belagerungswerken. – Behelfsbrücke. – Lagerbau. – Schiffsbrücke über die Donau, wahrscheinlich bei Drobeta/Turnu Severin, Kr. Mehedinti. – 12,10. Luftbild: Röm Straße von Rottweil/*Arae Flaviae* nach Kastell Sulz a. N.

13 Vitrine. Das röm Lager *(castra)* 13,1 a. Ausgrabungsplan des Kastells Aalen. – 13,1 b. Modell des Lagers der *ala II Flavia milliaria*. – 13,2. Ausgrabungsplan des Kastells und des Kastellvicus der Saalburg. – 13,3. Zeichnung und Rekonstruktion eines Ziegelofens. – 13,4. Zeichnung und Rekonstruktion einer Heizanlage *(hypocaustum)*. – 13,5 Rekonstruktion eines röm Töpferofens der Töpferei Waiblingen-Bildstöckle. – 13,6. Rekonstruktion eines Brunnens (T 16,4 m) aus Cannstatt. – 13,7. Zeichnung des Pont du Gard bei Nîmes und Rekonstruktion der röm Wasserleitung bei Rottenburg.

14 Vitrine. Religion, Freizeit und Entlassung. Karten: 14,1.2. Geschichte der *legio VIII Augusta* und der *legio X gemina*. – 14,3 a–m. Bronzestatuetten: Jupiter, Juno, Minerva, Merkur, Venus, Amor, Diana, Fortuna, Ceres/Demeter, Lar, Herkules, Jupiter Pantheos. – 14,4–7. Fotos: Dem Mars Caturix geweihter Altar. – Den Campestres geweihter Altar. – Relief der Epona. – Mithrasaltar. – 14,8. Militärdiplom. Bronze (N). – 14,9 a–i. Becher mit Trinksprüchen (N). – 14,10. Würfel, Spielsteine (N). Bein. – 14,11 a. Modell des in Ludwigsburg-Hoheneck ausgegrabenen röm Gutshofes *(villa rustica)*. – 14,11 b. Karte: Röm Gutshöfe und Siedlungen in SW-Deutschland. – 14,12. Foto: Grabstein des Veteranen der 10. Legion Marcus Valerius Celerinus und seiner Gemahlin Marcia Procula.

15 Vitrine. Verbreitung röm Kultur und Zivilisation durch das röm Heer. 15,1. Luftbild von Köln mit Lage des Zweilegionslagers der 1. und 20. Legion *apud Aram Ubiorum* (beim Altar der Ubier) und der *Colonia Claudia Ara Agrippinensium*. – 15,2.1–18. Keramikformen aus dem Gräberfeld von Cannstatt. – 15,3.1–19. Keramikformen aus den Töpfereien Cannstatt und Waiblingen-Bildstöckle. – 15,4. Töpferei Waiblingen-Bildstöckle. – Herstellung von Terra Sigillata-Bilderschüsseln, Drag. 37: 15,5.1.2. Terra Si-

gillata-Schüsseln Drag. 37. – 15,5.3–7. Bildstempel aus Ton (N). – 15,5.9–11. Formschüsselbruchstücke aus Ton. – 15,5.12. Schüsselbruchstück Drag. 37. – 15,5.13. Ausformung der Formschüssel Nr. 8 mit angedrehtem Rand. – 15,5.14. Schüsselbruchstück Drag. 37. Fehlbrand. – 15,6. Karte: Terra Sigillata-Töpfereien des 1. JhvChr – 3. JhnChr in Italien, S-, Mittel- und O-Gallien, Württemberg und Bayern.
16 Vitrine. Wechselausstellungen.
17 Großfotos der Saalrückwand: Szenen aus dem zivilen Leben in der röm Provinz. I. Familie: 1. Grabstein eines Ehepaares in einheimischer Tracht. – 2. Grabstein des Schiffers Blussus mit Frau und Kind. – 3. Schulszene. – 4. Schenktisch aus Stein *(cartibulum)* und zwei einschenkende Diener. – 5. Küche mit Anrichtetisch und zwei Köchen. – 6.7. Tischszenen. – 8. Totenmahl. – II. Gewerbe: 1.2. Mähmaschinen. – 3. Seifensieder. – 4. Holzschuhmacher. – 5. u. 6. Grabstein eines Tuchwalkers. – 7. Werkstatt der Messerschmiede L. Cornelius Atimetus und L. Cornelius Epaphra. – 8. Laden der beiden Messerschmiede. – 9. Fleischerei. – 10. ,,Tuchprobe". – 11. Rechner am Rechenbrett. – III. Verkehr: 1. Straßenpolizei. Landjäger *(speculator)* der 7. Legion auf Dienstreise. – 2. Bauernwagen, Ochsenkarren. – 3. Leichter Reisewagen. – 4. Wagen eines Händlers. – 5. Hochseeschiff. – 6. Flußschiff. – IV. Jagd und Spiele: 1. Gefangener Eber. – 2. Hirschjagd. – 3. Tierkämpfer *(bestiarius)* mit Panther kämpfend. – 4. Zweikampf zwischen einem Gladiator in samnitischer Rüstung *(samnites)* und einem zusammenbrechenden in thrakischer Rüstung kämpfenden Gladiator *(thraex)*. – 5. Zwei mit Rundschild und Kurzschwert sich bekämpfende Gladiatoren in schwerer gallischer Rüstung *(murmilliones)*. – 6. Gladiatorenkampf eines Retiarius mit einem Secutor unter der Aufsicht eines Kampfordners. – 7. Tierkämpfer im Kampfe mit einem Eber. – 8. Straßenmusikanten. – 9. Musikanten mit Wasserorgel und Horn.
Untergeschoß: 18. Meilenstein von Isny aus dem Jahre 201 nChr (N). – 19,1–36. Luftbildausstellung: Wehranlagen am Donaulimes in Baden-Württemberg. – 19,36. Luftbild: Röm Straßenstation *(statio, mansio)* des 2./3. JhnChr bei Sigmaringen. – 19,36.1. Luftaufnahme des im Jahre 1963 ausgegrabenen Hauptgebäudes der Straßenstation Sigmaringen. – 19,36.2. Foto: Münzschatz (44 Denare), gefunden in Raum D des Hauptgebäudes der Straßenstation Sigmaringen. – 19,36.3. Grabstein der beiden Brüder Aurelius Saluda und Aurelius Regrethus, Reiter der *ala nova Firma milliaria catafractaria.* – 20. Zinnfigurendiorama, von Herrn Bankdirektor Richard Probst gebaut: Römer und Germanen am Limes. – 20,1. Büste des Kaisers Caracalla 212–217 nChr (N). – 20,2. Foto: Ehreninschrift für Caracalla und seine Mutter Julia Augusta. – 20,3. Foto: Germane. – Bibliothek – Wechselausstellungen.
Fil

Lit: Kleine Schriften zur Kenntnis der röm Besetzungsgeschichte SW-Deutschlands: PhFiltzinger, Limesmuseum Aalen 7, 1975 – ENau, Anfänge der röm Münzprägung. Münzausstellung im Limesm Aalen 1968 (Faltblatt) – PhFiltzinger, Römer und Germanen am Limes. Zinnfiguren-Diorama im Limesm Aalen 1970 (Faltblatt).

Römisches Parkmuseum bei der Stadthalle

Abb 54–56

Das von Forstdirektor W. Koch angeregte ,,Römische Parkmuseum" im Stadtpark bei der Stadthalle wurde 1973 durch die Stadt Aalen eingerichtet und dem Limesmuseum angeschlossen. Im Parkmuseum werden 16 Abformungen in Kunststein von in Württemberg gefundenen röm Steindenkmälern des 2. und 3. JhnChr gezeigt. Die Kunststeinnachbildungen hat Günter Weinreuter hergestellt.
1. *Leugenstein* von Friolzheim/PF (Ao WLM Stgt). Buntsandstein. H 1,80 m. Inschrift: *Imp(eratori) M(arco) Iul(io) Ph/ilippo Pio Fel(ici) / Aug(usto) P(ontifici) M(aximo) trib(unicia) / pot(estate) co(n)s(uli) p(atri) p(atriae) et / M(arco) Iul(io) Phili/ppo Caes(ari) / a Port(u)*

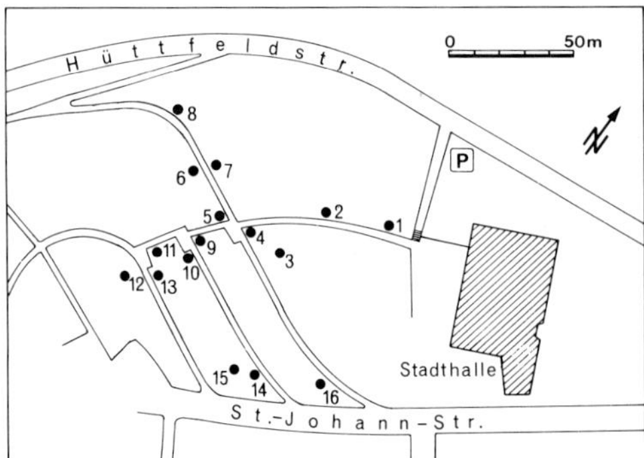

Abb. 54 Aalen. Römisches Parkmuseum

L(eugas) V. Übersetzung: Dem Kaiser Marcus Julius Philippus, dem frommen, glücklichen, erhabenen, Oberpriester, mit tribunizischer Gewalt, dem Konsul, dem Vater des Vaterlandes und dem Cäsar Marcus Julius Philippus. Von Pforzheim/*Portus* 5 Leugen (= 11,1 km. 1 leuga = 2,22 km, ein keltisches Entfernungsmaß). Die Strecke von fünf Leugen entspricht ungefähr der Entfernung von der Fundstelle des Leugensteines bei Friolzheim bis zum Enzübergang der röm Straße bei Pforzheim. Der Leugenstein ist in das Jahr 245 nChr datiert.

2. *Altar für die Vierwegegöttinnen* von Stgt-Bad Cannstatt. (Ao WLM Stgt). Stubensandstein. H 1,22 m. Unter einem mit Akanthusornament geschmückten Giebel sind die Vierwegegöttinnen mit langem Untergewand *(chiton)* und gegürtetem Obergewand *(himation)* dargestellt. Inschrift: *I(n) h(onorem) d(omus) d(ivinae) / deabus Quadrivis / I(ovi) o(ptimo) m(aximo) dis deabusque / omnib(us) Sereni(us) At/ticus b(ene)f(iciarius) co(n)s(ularis) pro / sua et suorum salute / posuit IV k(alendas) Ian(urarias) / Agricola et Clem/entino co(n)s(ulibus).* Übersetzung: Zur Ehre des Kaiserhauses hat den Vierwegegöttinnen, Jupiter, dem besten und größten, den Göttern und Göttinnen allen Serenius Atticus, Benefiziarier des Konsularlegaten, für sein und der Seinen Wohl (den Altar aufstellen lassen) am 4. Tag vor den Kalenden des Januar (= 29. Dezember) im Konsulatsjahr des Agricola und Clementinus (= 230 nChr).

Der *beneficiarius consularis* war ein von den niederen Diensten befreiter *(beneficia)* Unteroffizier *(principalis)*, der vom Provinzstatthalter (Konsularlegaten) als Kommandant einer Straßenstation abkommandiert wurde. Serenius Atticus war von dem Provinzstatthalter in Mainz/*Mogontiacum* an den Neckar abkommandiert worden. Er hat am 29. Dezember 230 nChr in der Nähe seiner Polizeistation *(statio)* Cannstatt/Steig den Vierwegegöttinnen *(deae Quadriviae)* den Weihealtar an der Stelle aufstellen lassen, wo die Rhein-Donau-Straße (Mainz – Stettfeld – Illingen, resp. Straßburg – Pforzheim – Leonberg – Cannstatt – Plochingen – Filstal – Lonetal – Donau – Augsburg) die röm Neckarstraße (Benningen – Cannstatt – Köngen) vor dem rechten Lagertor *(porta principalis dextra)* des Kastells Cannstatt kreuzte. Die an der Kreuzung entstehenden vier Wege wurde den Vierwegegöttinnen empfohlen.

3. *Jupitergigantensäule* von Walheim/LB (Ao WLM Stgt). Stubensandstein. H etwa 6,50 m. Auf stufenförmigem Unterbau (I) und Basisplatte (II) steht der zweiteilige Viergötterstein (III) mit Reliefs in Nischen mit Doppelbogen: 1. Juno in langem Untergewand *(chiton)* und Mantel *(himation)*, mit Schleier (und Diadem?) hält in der erhobenen Linken das Zepter und opfert mit der Rechten auf einem rechteckigen Altärchen. – 2. Herkules, bärtig, hält in der Rechten die Keule und in der Linken die Hesperidenäpfel. Über den linken Unterarm hängt das Löwenfell tief herab. – 3. Minerva mit Helm, Schild und Lanze, mit langem Chiton, Himation und Brustpanzer *(aegis)*. Neben ihrer linken Schulter die Eule. – 4. Merkur mit Flügelhut, Schlangenstab und Beutel. Links neben ihm der Bock, rechts der Hahn. Auf dem Viergötterstein liegt eine Abdeckplatte (IV): darauf steht ein zweiteiliger Zwischensokkel (V), in den acht Nischen mit einfachen oder Doppelbögen eingearbeitet sind, die auf Säulen mit würfelförmigen Kapitellen aufsitzen. Über den Nischen ist im Relief je ein Giebel mit First- und Seitenakroteren und einer Rosette in der Mitte aus dem Stein herausgearbeitet. In den Nischen sind im Relief dargestellt: 1. Geflügelte Victoria n. r., den linken Fuß auf einer Kugel (?)

schreibt mit der Rechten auf einen ovalen Schild. Das herabgleitende Gewand bedeckt nur die Hüften. – 2. Mars mit Helm, Panzer, Schild, und Lanze. – 3. Vesta (?) in langem Chiton und Himation. – 4. Vulkan mit Filzmütze *(pilos)*, im Arbeitsrock *(exomis)* hält in der Rechten einen Hammer, mit dem er sich auf den Amboß stützt. In der Linken hält er wohl eine Zange. – 5. Juno mit Chiton und Himation hält in der Linken eine Büchse *(pyxis)*. – 6. Apollo stützt sich auf die neben ihm stehende Leier; das von der Schulter herabfallende Gewand bedeckt sein linkes Knie. – 7. Jupiter, thronend, bärtig, mit gelocktem Haar und entblößtem Oberkörper ist das Gewand über die Knie gelegt. Er hält in der Linken das Blitzbündel und legt die Rechte auf das Knie. – 8. Fortuna, in Chiton und Himation, hält im linken Arm das Füllhorn und in der ausgestreckten Rechten das Steuerruder.

Die Säule (VI) mit Basis und Kopfkapitell besteht aus zwei Trommeln. Die untere Säulentrommel ist in ihrem unteren Teil mit abwärts weisenden Schuppen verziert, die nach oben von einem Doppelblattfries begrenzt werden. Darüber beginnt das Relief. Die obere Säulentrommel ist mit Weinranken verziert, die aus drei Rebstöcken hervorwachsen. Schlangen winden sich in den Reben. Eroten machen Jagd auf Vierfüßler (Füchse) und ganze Vogelschwärme, die in den Weinberg eingefallen sind. Sieben nackte Personen lagern im Grase und ruhen sich im Weinberg aus oder beteiligen sich an der Jagd.

Das Relief wird unten von einem umlaufenden fischgrätenartigen Blattfries mit ausgeprägtem Stengel begrenzt. Auf dem mit Akanthusblättern verzierten Kapitell (VII) sind in der Mitte von zwei Kapitellseiten im Relief noch erhalten: 1. ein bärtiger Kopf mit langen Haaren. – 2. ein Frauenkopf mit langen Haaren. Die Köpfe der 3. und 4. Seite hat der Bagger zerstört. Sie werden als die vier Jahreszeiten *(ver, aestas, autumnus, hiems)* oder die vier Tageszeiten *(matutinus, meridies, vespera, nox)* gedeutet.

Die Jupitergigantengruppe und der zur Säule gehörende Inschriftstein sind bis jetzt in Walheim noch nicht gefunden worden. Die Jupitergigantengruppe auf dem Kapitell ist nach einem in Pforzheim gefundenen Jupitergigantenreiter, den Dr. B. Cämmerer zur Verfügung stellte, nachgebildet.

Die Details des auf dem Säulenschafte im Relief entworfenen Weinberges weisen auf die Dionysos- und Mithrasmysterien: Die übergroße Traube symbolisiert Dionysos/Bacchus. Sie wird die „heilige Traube" *(sacra vitis)* und die „mystische Traube" *(mystica vitis)* genannt. Die an den Trauben pickenden Vögel erinnerten den Mysten, daß ihn im Jenseits ein seliges Geschick erwarte. Der fruchtgefüllte Korb ist das Symbol der verschwenderischen Fruchtbarkeit und des wunderbaren Überflusses der Natur. Die Seligen sind im Jenseits mit der Weinlese beschäftigt. Sie schneiden die Trauben und füllen die Körbe. Sie keltern die Trauben und trinken den neuen Most. Sie frönen dem Vogelfang und der erholsamen Jagd.

Sieben Figuren des Reliefs sind weder als Eroten noch als Satyrn, noch als Mänaden gekennzeichnet. Sie sind nackt dargestellt. Das Ablegen der Kleider bezeichnete die Reinigung des Mysten und bedeutete für den Eingeweihten die Verneinung alles Irdischen. In der Nacktheit manifestierten sich die Reinheit der Seele und ihre Verbindung zum Göttlichen. Die sieben nackten Personen des Reliefs können als selige Mysten verstanden werden, die sich durch die Weihe ihrer Körperlast entledigt haben und nun in der Gemeinschaft mit ihrem Gotte leben.

Sollte der vor Weinstock 1 sitzende Mann tatsächlich eine Löwenmaske tragen, so könnte diese Darstellung Bezug darauf haben, daß Dionysos seinen Feinden als Löwe entgegentrat. Dionysos kämpfte in der Gestalt eines Löwen gegen die Giganten. Um sich mit Dionysos zu identifizieren, streiften sich die Mysten Löwenfelle über. Der Fuchs hatte besondere Vorliebe für die Trauben. Er wird, wie dionysische Darstellungen zeigen, von Satyrn und Silenen gejagt und an der Lunte gepackt. Schlangen sind auf dionysischen Darstellungen unbekannt. Auf mithrischen Denkmälern ist die Schlange als Symbol der Erde geläufig, so daß der mit Löwenmaske vor Weinstock 1 Sitzende auch als Mithrasmyste, als „Löwe" *(leo)* gedeutet werden kann. Die dem 4. Weihegrad angehörenden Mithriasten *(leones)* trugen bei der Kultfeier Löwenmasken. Es hat den Anschein, als ob auf dem Kopfe des vor Weinstock 2 Sitzenden ein Vogel säße; allerdings ist von diesem Vogel kein Schwanz zu erkennen, obwohl der Stein an dieser Stelle noch seine alte Oberfläche hat. Es ist daher zu fragen, ob der Sitzende evtl eine Zipfelmütze (phrygische Mütze) auf dem Kopfe hat, in die eine von oben herabhängende Schlange beißt. Der 5. Weihegrad der Mithriasten, der Perses, wird mit einer Zipfelmütze bildlich dargestellt. Die Darstellungen auf der Walheimer Säule sind teils auf dionysischen, teils auf mithrischen Denkmälern zu belegen. Sie sprechen – als Kontamination (Vermischung) der Dionysos- und Mithrasmysterien – für eine Zugehörigkeit der Jupitergigantensäule zu einem Mysterienheiligtum, am ehesten zu einem Mithräum.

Seit dem Fund eines Aion („Unendliche Zeit": Torso aus Sandstein. H noch 0,73 m) im Jahre 1892 auf der „Burg" bei Walheim, etwa 500 m NW der Säulenfundstelle, suchte man in der Umgebung des Kastells Walheim nach dem Mithrastempel, in dem dieser Aion aufgestellt war. Der Standort der im Jahre 1967 gefundenen Jupitergigantensäule dürfte nun einen neuen Hinweis für die Lokalisierung des Walheimer Mithräums geben. Sehr wahrscheinlich gehören auch die heute im Rathaus in Besigheim aufbewahrten Reliefs eines Mithrasaltarbildes zu diesem Walheimer Mithrastempel.

4. *Siebengötterstein.* Fo: Schwaigern – Stetten/HN (Ao WLM Stgt). Schilfsandstein. H 0,70 m. Zwischensockel einer Jupitergigantensäule. Sol (Sonnengott) mit Strahlenkranz und Mäntelchen *(chlamys)* über dem linken Arm hat die rechte Hand hoch erhoben. – Luna (Mondgöttin) in Untergewand *(chiton)* und Obergewand *(himation)*, mit Mondsichel auf dem Haupte, hält in der Linken eine Kugel. – Venus (Göttin der Schönheit), unbekleidet, mit lang herabfallendem Haar, hält in der erhobenen Linken den Spiegel. – Vesta (?) (Herdgöttin) in Chiton und Himation senkt eine Fackel auf ein neben ihr stehendes Altärchen. – Neptun (Gott der Landgewässer) mit Mäntelchen, Dreizack und Delphin. – Merkur (Gott des Handels und Gewerbes) mit Mäntelchen, Flügelhut, Schlangenstab und Beutel. – Maia/Rosmerta (keltische Segens- und Fruchtbarkeitsgöttin, Göttin des Handels und Gewinns) mit Chiton, Himation und Schleier hält in der Rechten den Beutel und in der Linken den Schlangenstab.

5. *Jupiter fährt in einem von zwei Pferden gezogenen Wagen* über einen Giganten (Dämon der Unterwelt) hinweg. Fo: Weißenhof (Löchgau)/LB; gefunden auf dem Gelände eines röm Gutshofes *(villa rustica).* Bekrönung einer Jupitergigantensäule. (Ao WLM Stgt). Lettenkohlensandstein. H 1,14 m. Jupiter ist mit einem Mantel bekleidet, der auf der rechten Schulter mit einer Rundfibel zusammengehalten wird. An dem Kummet der Pferde war die Deichsel mit Riemen befestigt; die Zügel liefen durch die durchbohrten Mäuler.

Die bäuerliche Bevölkerung verehrte Jupiter, den höchsten Himmelsgott, als den Herrn über das Wetter, von dem das Wachstum auf den Feldern abhängt. Der Gutsherr ließ als Dank für eine gute Ernte eine Jupitergigantensäule auf seinem Gutshof aufstellen.

6. *Merkur.* Fo: Rottenburg/TÜ. (Ao WLM Stgt). Stubensandstein. H 1,56 m. Merkur (Gott des Handels, Gewerbes, Reichtums und Gewinns; Hermes/Merkur geleitet die Seelen der Verstorbenen in die Unterwelt) mit Flügelhut und Mäntelchen über der linken Schulter hält in der Linken den Schlangenstab und der Rechten den Beutel; zu seinen Füßen der Ziegenbock.

7. *Trauernder Jüngling.* Fo: Stgt–Bad Cannstatt. (Ao WLM Stgt). Schilfsandstein. H 0,55 m. Bekrönung eines Grabdenkmals.

8. *Grabstein.* Fo: Langenau/UL. (Ao WLM Stgt). Kalkstein. H noch 1,44 m. Auf dem halbrunden Oberteil ist in einer Nische die Büste des wohl zuletzt verstorbenen Sohnes Hermes im Relief dargestellt. Inschrift: *D(is) M(anibus) / Ael(iae) Novellae / matri, vixit (a)n(nos) LXX / et Victoriae, For/tioni (filiae) coniugi / vixit (a)n(nos) XL et / Hermeti filio / vixit (a)n(nos) XIX Fl(avius)/Serenus piissimus.* Übersetzung: Den Göttern der Unterwelt. Der Aelia Novella, seiner Mutter, 70 Jahre alt, und der Victoria, des

Fortionius Tochter, seiner Gattin, 40 Jahre alt, und seinem Sohne Hermes, 19 Jahre alt (hat) Flavius Serenus in treuer Liebe (den Grabstein aufstellen lassen).

9. *Viergötterstein.* Fo: Maulbronn/PF. (Ao WLM Stgt). Schilfsandstein. H 0,79 m. Basis einer Jupitergigantensäule. Juno (Gemahlin Jupiters; Göttin für Haus, Ehe, Sitte und Familie) in Chiton und Himation, mit Schleier und Diadem, hält in der Linken das offene Weihrauchkästchen und opfert mit einer Schale in der Rechten auf einem kandelaberartigen Altärchen. Neben ihrer rechten Schulter der Pfau. – Apollo (Vegetations-, Heil- und Gesundheitsgott) mit Mäntelchen über der linken Schulter stützt sich auf die Leier *(kithara),* unter der ein Greif sitzt. – Herkules (Gott der Straßen und des Verkehrs) mit Löwenfell über der linken Schulter hält in der Linken ein zweihenkliges Gefäß mit den Äpfeln der Hesperiden und stützt sich mit der Rechten auf die Keule. – Minerva (Schutzgöttin Roms) mit Chiton und Himation, Helm, Schild und Lanze. Neben ihrer linken Schulter die Eule.

10. *Diana.* Fo: Weil im Schönbuch/BB. (Ao WLM Stgt). Stubensandstein. H 0,90 m. Diana (Göttin der Jagd) mit aufgeschürztem Chiton und Jagdstiefeln hält in der Linken den Bogen und holt mit der Rechten einen Pfeil aus dem neben ihr auf einem Postament stehenden Köcher. Links neben ihr sitzt ihr Jagdhund.

11. *Minerva.* Fo: Öhringen/KÜN. (Ao WLM Stgt). Stubensandstein. H noch 0,93 m. Minerva (Schutzgöttin Roms) mit Chiton, Brustpanzer mit Gorgonenhaupt und Himation hielt in der erhobenen Linken den Speer und in der Rechten den Schild. Auf der Basis: [*I(n)*] *h(onorem) d(omus)* [*D(ivinae)*]. Zur Ehre des Kaiserhauses.

12. *Mithrasaltar.* Fo: Fellbach/WN (Ao WLM Stgt). Schilfsandstein. H 1,37 m. Mithras (Gott des Lichtes und der Wahrheit) mit phrygischer Mütze, Chiton und nach rückwärts flatterndem Mantel ist auf den Stier gesprungen, den er mit der Linken an den Nüstern packt; mit der Rechten stößt er ihm den Dolch in die Seite. Sein Hund springt an dem Stier empor und leckt gierig das aus der Wunde hervorquellende Blut. Auf dem nach rückwärts flatternden Mantel sitzt der

Abb. 55 Aalen. Römisches Parkmuseum. Minerva von Öhringen

Abb. 56 Aalen. Römisches Parkmuseum. Mithrasaltar von Fellbach

Rabe *(corax)*, der im Auftrage des Sonnengottes *(Sol)* Mithras die Aufforderung zur Tötung des Stieres überbringt. Um den Kopf des Stieres: Dolch, Lampe und Altar. Unter dem Stier: Schlange, Mischgefäß *(krater)* und Löwe (Symbole der Elemente Erde, Wasser und Feuer); ein Skorpion packt die Hoden des Stieres. In den Zwickeln links und rechts oben: Büsten von Sol und Luna. Nach mithrischer Lehre entsteht aus dem getöteten Stier die gesamte Pflanzen- und Tierwelt neu. Aus dem Schweif des Stieres wachsen Ähren hervor.

13. *Relief: Rückkehr von der Reise.* Fo: Freiberg aN – Beihingen/LB (Ao WLM Stgt). Schilfsandstein. H 0,60 m. Oberes Feld: In muschelförmiger Nische thront Epona (keltische Göttin) mit Futterkorb im Schoße; von rechts und links kommen Pferde herbei. Unteres Feld: Ein mit keltischem Kapuzenmantel Bekleideter kehrt auf einem von drei Pferden gezogenen vierrädrigen Wagen von der Reise zurück. Rechts wird ein Schwein zum Opfer an einem Altar herbeigebracht als Dank für die glückliche Rückkehr.

14. *Epona.* Fo: Köngen/ES (Ao WLM Stgt). Schilfsandstein. H 0,43 m. Epona (als Schutzherrin der Pferde vornehmlich von den Auxiliarreitern angerufen) mit langem Untergewand und von der Schulter über Rücken und Beine geschlungenen Obergewand ist sitzend dargestellt; sie hält einen Futterkorb im Schoße. Rechts und links hinter ihr steht je ein Pferd.

15. *Herecura.* Fo: Stgt–Bad Cannstatt (Ao WLM Stgt). Stubensandstein. H 1,13 m. Herecura (als Vegetationsgöttin für die Früchte des Feldes zuständig, wird auch als Unterweltsgöttin verehrt) in einem Lehnstuhl sitzend, ist mit Unter- und Obergewand bekleidet und hält einen mit Äpfeln gefüllten Korb im Schoße.

16. *Weiherelief für Merkur, Apollo, Minerva.* Fo: Conweiler/PF (Ao WLM Stgt). Buntsandstein. H 2,40 m. Merkur mit Flügelhut, Mäntelchen, Schlangenstab und Beutel. Rechts neben ihm: Apollo mit Mäntelchen hält in der Rechten das Stäbchen zum Schlagen der Leier. Zwischen Apollo und Merkur in kleinerem Maßstab eine weibliche Person und links neben Merkur eine männliche Person; es handelt sich sehr wahrscheinlich um die Anbetenden. Im giebelförmigen Abschluß: Hahn und Rabe links und rechts einer Rosette. Auf dem Sockel in der Mitte: Minerva mit Schild und Lanze. Links neben ihr: Opferpriester mit Opferbeil in der Rechten packt den Opferstier am Horn; vor ihm ein Opferkessel, rechts daneben von einer Schlange umwundene Krüge. Rechts von Minerva zwei weitere Opfertiere: Ziegenbock und Schwein. Schwein *(sus)*, Schaf *(ovis)* und Stier *(taurus)*, die *Suovetaurilia*, sind besonders Mars zukommende Opfertiere. Aber auch der einzelne Landwirt hat durch die *Suovetaurilia* sein Grundstück geweiht. Fil

Aalen → Unterkochen

Aichhalden → Brandsteig

Albstadt → Lautlingen

Bad Buchau BC

Federseemuseum

Zweigmuseum des Württembergischen Landesmuseums Stuttgart. Träger: Buchauer Altertumsverein. Öffnungszeiten: 1. Apr – 15. Okt tägl 9–11.30 und 13.30–17 Uhr. 16. Okt – 31. März Mi 14–17 Uhr. Sonst nach Bedarf.

Die Funde der Ausgrabungen im Federseegebiet wurden erstmals 1927 im Buchauer Schloß gezeigt, wo sie bis zum Ende des Zweiten Weltkrieges blieben. Als später eine Kinderheilstätte im Schloß untergebracht wurde, mußte die Ausstellung in die Feierhalle beim Schloß verlegt werden. Diese unbefriedigende Lösung ließ den Wunsch nach einem Museumsneubau entstehen. Architekt Dr. M. Lehmbruck entwarf einen eingeschossigen Museumsbau, der im nassen Moorland auf einer Pfahlgründung und auf Betonstützen ruht. Das Museum am Weg zum Federsee konnte 1967 der Öffentlichkeit übergeben werden. Für die Ausstellung: „Die Natur- und Urgeschichte des Federseegebietes" haben das WLM, das Staatliche Museum für Naturkunde und das Institut für Ur- und Frühgeschichte der Universität Tübingen Leihgaben zur Verfügung gestellt.

Themen der Ausstellung: Eiszeit. – Vogelwelt des Federseegebietes. – Vorgeschichte (Altsteinzeit – Latènezeit von 10 000 vChr – Ende 1. JhvChr). – Röm Zeit (15 vChr – 260 nChr). – Alamannenzeit (4.–8. JhnChr).

Römische Zeit: Kunststeinnachbildung des Meilensteines von Isny (201 nChr). – Karte des röm Imperiums mit den röm Provinzen. Kartenausschnitt: SW-Deutschland zur Römerzeit (Kastelle, Straßen, Städte, Provinzgrenzen, Limes). – Fotos: Münzbilder röm Kaiser von Augustus (30 vChr – 14 nChr) bis Gallienus (253–268 nChr). – Luftbild des röm Gutshofes bei Achstetten/BC. – Tischvitrine: Geräte, Werkzeuge, Fibel, Armreif, Löffel, Pinzette, Glocke usw aus Eisen und Bronze, Beinnadel, Bronze- und Tonlampen. 2./3. JhnChr von württ Fundplätzen. Vitrine: Keramik (Teller, Topf, Becher, Terra Sigillata-Schüssel, -Teller, -Näpfe, Krüge, Schüssel). 2./3. JhnChr von oberschwäbischen Fundplätzen. Fil

Lit: ARieth, Führer durch das Federseemuseum in Bad Buchau (Bad Buchau 1969).

Baden-Baden BAD

Thermen und zivile Siedlung

Abb 57–60

Baden-Baden gehört zu den bedeutendsten Orten röm Zeit im heutigen Baden-Württemberg. Ganz im Gegensatz dazu steht unsere geringe Kenntnis der antiken Topographie dieses Ortes. Für die Gründung der röm Siedlung sind wie für das moderne Baden-Baden die Thermalquellen entscheidend. Der röm Ort lag etwas abseits der großen Rheintalstraße und war mit dieser durch eine Nebenstraße über Baden-Oos und die W-Stadt verbunden; an mehreren Stellen konnte sie durch Ausgrabung nachgewiesen werden.

Wie eine Reihe anderer Badeplätze röm Zeit hieß der Ort einfach *Aquae* (= Wasser). Unser *Aquae* bildete im 2.–3. JhnChr den Hauptort einer Bezirksgemeinde, der *civitas Aquensis* oder *res publica Aquensis.* Die Grenzen und damit die Größe des Bezirkes sind allerdings nicht bekannt. Daß der einzige namentlich überlieferte Ratsherr *(decurio)* der *civitas Aquensis,* Tiberius Iulius Severus, in Mühlacker-Dürrmenz gewohnt hat, dort einen Tempel renovieren ließ und ein Götterbild gestiftet hat, beweist nicht unbedingt, daß sich die Bezirksgemeinde bis dorthin erstreckt hat. Stadtrechte im eigentlichen Sinne waren für den Hauptort mit seiner zentralen Funktion allerdings nicht verbunden. Zur Unterscheidung von anderen Badeorten, etwa Wiesbaden/*Aquae Mattiacorum* oder Baden in der Schweiz/*Aquae Helveticae* führte Baden-Baden möglicherweise erst im 3. JhnChr den Beinamen *Aurelia* oder *Aurelianensis.* Dieser Beiname erscheint nur als Buchstabe *A* auf den In-

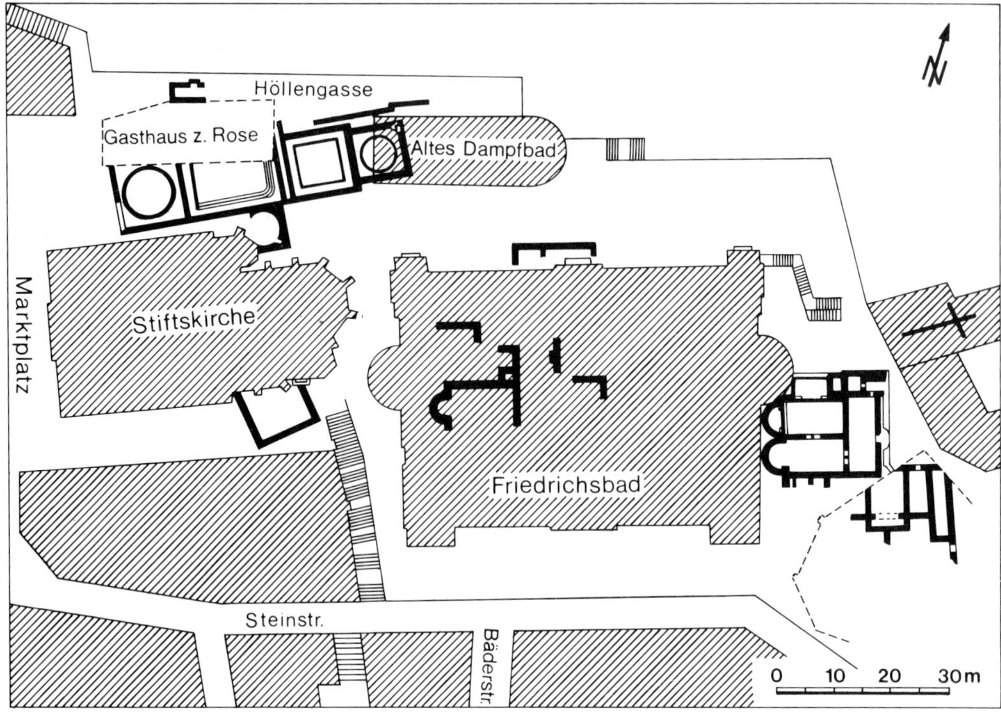

Abb. 57 Baden-Baden. Gesamtplan der röm Thermen

schriften. Da auf einem Leugenstein aus Nöttingen ausnahmsweise die drei ersten Buchstaben aufgefunden wurden, kann der Beiname als gesichert gelten. Ungewiß bleibt vorläufig, seit wann *Aquae* seinen Beinamen trägt. Faßbar wird er erst auf Leugensteinen, die unter Kaiser Elagabal um 220 nChr aufgestellt wurden. Ein vergleichbarer Beiname, *vicani Aurelianenses* – aurelische Dorfbewohner im heutigen Öhringen – wird schon in die 2. Hälfte des 2. JhnChr datiert. Wegen dieses ähnlichen Namens und aus anderen Erwägungen ist es unsicher, ob der Beiname – wie vielfach behauptet – unmittelbar auf eine Verleihung durch Kaiser Caracalla zurückgeht, der im Jahre 213 n Chr von Rätien aus Krieg gegen die erstmals die N-Grenze des röm Reiches bedrohenden Alamannen führen mußte. Von einer schweren Erkrankung, die er sich im Felde zugezogen hatte, soll er in den Thermen von Baden-Baden Heilung gefunden und zum Dank dafür der Bezirksgemeinde seinen Namen verliehen haben. Diese Theorie kann nicht voll einleuchten, weil mit einer solchen Ehrung durch den Kaiser wohl auch eine Aufwertung des Ortes selbst dh seine Erhebung zur Stadt verbunden gewesen wäre.

Gleich anderen Orten, die röm Inschriften in größerer Zahl bargen, hat auch Baden-Baden schon in der Zeit des Humanismus Kenner der lateinischen Sprache und Verehrer der Antike interessiert. Von einer einigermaßen systematischen Erforschung kann aber erst im 19. Jh die Rede sein. Zwei Umstände sind besonders hervorzuheben: Einmal die Errichtung eines Museums, Museum palaeotechnicum genannt, erbaut im Jahre 1804 in der Form einer dorischen(!) Säulenhalle. Obwohl dieser Bau nach dem Plan Fr. Weinbrenners schon 1846 der Vergrößerung der Thermalbäder dem sogenannten „Neuen", jetzt „Alten Dampfbad" im NO der Stiftskirche weichen mußte, gingen von dem Museum in der ersten Jahrhunderthälfte große Impulse zur Erforschung des röm Baden-Baden und seiner Umgebung aus. Zum zweiten spielte der 1843 gegründete Altertumsverein für das Großherzogtum Baden, trotz seiner kurzen Blütezeit von nur 15 Jahren, speziell für Baden-Baden eine bedeutsame Rolle, insbesondere für die Erforschung der Badeanlagen. Das Ende des Altertumsvereins fiel 1858 zusammen mit der Überführung des ganzen Museumsbestandes in die Großherzogliche Altertümersammlung in Karlsruhe, das heutige Badische Landesmuseum. Von 1892 an verwahren die Stadtgeschichtlichen Sammlungen die meisten seither geborgenen Baden-Badener Funde. Größere Ausgrabungen fanden in Baden-Baden in neuerer Zeit nicht statt. Notgrabungen auf dem Rettig haben trotz ihrer bescheidenen Ausdehnung deutlich gemacht, daß dort nicht – wie lange behauptet – militärische Kastelle vorhanden waren. Einen kleinen Einblick in relativ ungestörte, allerdings sehr fundarme röm Fundschichten ergab eine Notgrabung 1973 NW des „Alten Dampfbades".

Aus verständlichen Gründen haben in Baden-Baden die röm Thermen von jeher die größte Beachtung gefunden. Die Badegebäude lagen auf zwei verschiedenen Ebenen: Auf einer oberen Trasse, dem heutigen Marktplatz, fanden sich, leicht versetzt zur Längsachse der Stiftskirche, unter das früher hier befindliche Gasthaus „Zur Rose" und das „Alte Dampfbad" hinunterreichend, Mauerzüge, die je zwei runde und viereckige Becken umschlossen. Die beiden Becken im O, ein rundes (Dm ca. 7,5 m) und ein viereckiges (8 x 9 m) scheinen nach Ansicht des Ausgräbers von Bayer wegen ihrer höheren Lage und ihrer einfacheren Ausstattung nur Behälter zur Abkühlung des bekanntlich sehr heißen Thermalwassers gewesen zu sein. Die beiden Becken im W, das viereckige (14,5 x 9 m) und das runde (Dm 9 m) bildeten mit ihren doppelten Sitzstufen wohl die eigentlichen Badebecken. Böden und Wände waren im O-Teil mit weißen Marmorplatten verkleidet; der Marmor soll aus Auerbach

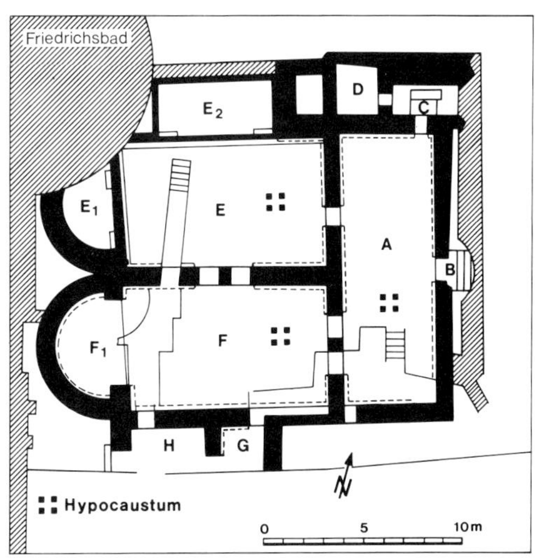

Abb. 58 Baden-Baden. Teil einer Badeanlage (konserviert). B alter Eingang, D Heizraum, E Warmbad, F Laubad, A Schwitzbad

im Odenwald stammen. Den W-Teil stattete man einst mit grünlichen Granitplatten aus. Zu dem nur unvollständig bekannten Badehaus gehörte, zur Stiftskirche hin, noch ein innen runder Raum, wahrscheinlich wegen der Hypokaustanlage ein Heißluft- oder Schwitzraum *(laconicum* oder *sudatorium).* Gebäudereste entdeckte man auch unter der Stiftskirche und S von ihr. Die Bäder auf dem Markt wurden nach ihrer Aufdekkung wieder zugeschüttet und sind nicht sichtbar.

Auf einer tiefer gelegenen Terrasse erschienen Ruinen von Badegebäuden unter dem heutigen Friedrichsbad, bei dessen Bau sie – nur recht oberflächlich beobachtet – zerstört wurden. Auch die unter einer modernen Betondecke ▶ konservierten und begehbaren Baderuinen am Römerplatz stellen nur einen zufälligen Ausschnitt einer einst wesentlich größeren Badeanlage dar. Zwischen 1846 und 1900 wurden sie in mehreren Etappen ausgegraben. Der heutige Zugang zu dem Bad liegt etwa ein Meter tiefer als das röm Gehniveau und erlaubt besonders gute Einblicke in die Konstruktion einer Unterboden- und Wandheizung. Ein alter Eingang führte –

vermutlich nicht aus dem Freien, sondern aus anderen tiefer liegenden Räumen des Badehauses – über eine Treppe B in das Bad. Neben einem kleinen Raum C liegt – durch einen modernen Mauerdurchlaß erreichbar – der Heizraum D *(praefurnium);* das heute noch vorhandene, antike Tonnengewölbe gibt einen selten vollständigen Raumeindruck. Von hier aus wurden die Räume A, E und F und der bis auf einen kleinen Rest verschwundene Raum G beheizt. In Raum E konnte man das feucht-heiße Bad nehmen *(caldarium).* Auf seiner N Längsseite stieg man über eine Mauer (H 0,8 m) in ein Becken mit einer Sitzstufe E_2 hinein. Ein weiteres Becken E_1 gleicher Bauart befindet sich in der halbrunden Apsis des Raumes E. Den S anschließenden Raum F bezeichnet man wegen der größeren Entfernung von der Heizstelle als lauwarmen Baderaum *(tepidarium).* Der unmittelbar vor der Heizstelle gelegene Raum A dürfte trotz seiner Größe (13x4,5–4,7 m) als trocken-heißes Schwitzbad *(sudatorium* oder *laconicum)* gedient haben. Die Hypokaustpfeiler dieses Raumes sind im Gegensatz zu den anderen beheizten Räumen aus runden Ziegeln aufgesetzt. Neben dieser anderen Bauweise fällt ein aus Bruchsteinen gemauerter Abwasserkanal auf, der unter dem N vorgelagerten kleinen Raum mit der Treppe C im Bogen verläuft. Wie schon angedeutet, bleibt diese Badeanlage wegen ihrer Unvollständigkeit problematisch; durch ihre unregelmäßige Bauweise bringt auch der Vergleich mit besser bekannten Thermen etwa denen Badenweilers nicht weiter.

Im Bereich O des Bades unter dem Römerplatz wurden Reste eines großen Abwasserkanals entdeckt, dessen Boden und Wände aus großen Steinquadern zusammengefügt waren. Die Wandsteine besaßen an ihrer Oberkante Aussparungen für die Querbalken der Überdachung. Teile dieses Kanals konnten auch am Sonnenplatz und noch weiter W beobachtet werden, so daß seine Erstreckung auf mehrere hundert Meter gesichert ist.

Im Jahre 1973 wurden NW des „Alten Dampfbades" am Florentinerberg Teile eines röm Gebäudes freigelegt. Wiederverwendete Architekturteile machen deutlich, daß das Gebäude mehrere Bauphasen aufweist. Auch unterschnitt der im Innern festgestellte Kalkmörtelboden die Südwand des Raums. An der Hangseite stellte man eine Rinne fest, die in hintereinander gereihte Steinquader halbrund eingetieft war. Der Mangel an Funden verhindert eine genauere zeitliche Einordnung des Baubefundes. Für einige Gesteinsbrocken konnte ihre südliche Herkunft ermittelt werden; eine Publikation erfolgt durch R.-H. Behrends.

Geringe Reste röm Bauwerke konnten auf der anderen Seite des Rotbachtales, auf der dem röm Bäderviertel S gegenüberliegenden Erhebung des Rettig beim Bau des Kindergartens (1951) und der Volksschule (1957) aufgedeckt werden. Unter der Volksschule befand sich ein größeres Gebäude mit einer Hypokaustanlage. Ob eine weitere Unterbodenheizung unter dem Kindergarten zum selben Gebäudekomplex gehört hat, ist wegen der fehlenden Maueranschlüsse nicht bekannt. Die Ergebnisse dieser Notgrabungen haben zeigen können, daß auf dem Rettig nicht – wie immer aufgrund von vermutlich verschleppten Inschriftsteinen behauptet wurde – ein Kastell gelegen hat.

Die bis heute entdeckten Gebäude geben kaum einen Eindruck von der Bedeutung Baden-Badens in röm Zeit, als es nicht nur ein bedeutender Badeort sondern auch Hauptort einer *civitas* war. Dagegen erlauben die zahlreichen Steindenkmäler und -inschriften Schlüsse, die die unmittelbar archäologischen Befunde bis jetzt nicht gestatten.

Die folgende Auswahl der wichtigsten Inschriften behandelt nacheinander Bau-, Grab- und Weihe-Inschriften. Am Anfang steht eine ganz besonders interessante Bauinschrift, von welcher drei Bruchstücke – ihre ursprüngliche Breite wird mit über 3,5 m angegeben – zu verschiedenen Zeiten zwischen 1809 und 1890 am Rettig gefunden wurden; eines der Bruchstücke ist verschollen, je eines befindet sich in den Stadtgeschichtlichen Sammlungen und im BLM. Die Inschrift nennt drei militärische Einheiten als Bauherren, die 1. Legion *(legio I adiutrix),* zwischen 70 und 85 nChr in Mainz stationiert, und die 11. Legion *(legio XI Claudia pia fidelis),* zwischen 70 und

100 nChr in Windisch/*Vindonissa* liegend und die 7. Räterkohorte mit Reiterabteilung *(cohors VII Raetorum equitata)*, die in jener Zeit der Windischer Legion als Hilfstruppe zugeteilt war und etwa um das Jahr 90 in das Neuwieder Becken versetzt wurde. Von den genannten Legionen waren nur Bautrupps nach Baden-Baden abgeordnet, während die 7. Räterkohorte möglicherweise in voller Stärke am Ort saß. Das Bauwerk, an dem diese Inschrift angebracht war, kennt man nicht; es braucht sich aber keineswegs um ein Gebäude für militärische Zwecke gehandelt haben. Die Inschrift trug ursprünglich den Namen Domitians; nach seinem unrühmlichen Ende wurde sein Name getilgt *(damnatio memoriae)* und durch den Trajans ersetzt.

Durch mehrere Inschriften flavischer Zeit ist auch die Anwesenheit der 26. Kohorte freiwilliger röm Bürger *(cohors XXVI voluntariorum civium Romanorum)* bezeugt, auch sie darf mit der regen Bautätigkeit in den 80er Jahren in Verbindung gebracht werden. Bei einem solchen Aufgebot an Militär fällt es selbstverständlich schwer, militärische Anlagen in Baden-Baden nicht annehmen zu dürfen. Aber einmal sprechen die geographischen und strategischen Verhältnisse dagegen – ein Kastell ist höchstens am Talausgang der Oos oder in der vorgelagerten Rheinebene möglich – und zum zweiten widerlegen auch die archäologischen Befunde auf dem Rettig die immer wieder geäußerte Vermutung, daß dort ein Kastell gelegen habe. Die in anderen Inschriften genannten Truppen beweisen nur die Anwesenheit einzelner Truppenangehöriger. Größere Bedeutung – an vorwiegend im Bereich des Marktplatzes auftretenden Ziegelstempeln ablesbar – besaß die (von etwa 70 bis in das 4. Jh) in Straßburg stationierte 8. Legion *(legio VIII Augusta)*, deren Soldaten die Bäder besonders intensiv benutzt haben dürften und deswegen wohl auch zu Bauarbeiten hinzugezogen worden sind.

Über 100 Jahre nach der beschriebenen großen Bauinschrift wurde an einem ebenfalls unbekannten Bauwerk in Baden-Baden einer der schönsten Inschriftsteine Südwestdeutschlands angebracht. Er war dem erst etwa zehn- bis elfjährigen Thronfolger Marcus Aurelius Antoninus, der als Kaiser am bekanntesten unter seinem Übernamen Caracalla wurde, gewidmet. Der bis 1804 im Glockenturm der Stiftskirche eingemauerte Stein befindet sich heute im BLM und wird an jener Stelle genauer abgehandelt.

Abb. 59 Baden-Baden. Bauinschrift mit Weihung an Marcus Aurelius Antoninus, dem späteren Kaiser Caracalla

Im Bereich der Badeanlagen auf dem heutigen Marktplatz fand man 1848 zwei Teile einer Inschrift aus weißem Auerbacher Marmor. Die Inschrift wird folgendermaßen ergänzt und gelesen:

Imp(erator)] *Caes(ar) M(arcus)* [*Aur(elius) / Anto*]*ninus Pi*[*us fel(ix) / invi*]*ctus Aug(ustus)* [*Par(thicus) max(imus) / Brit(annicus)*]*max (imus) Ger(manicus)* [*max(imus) pont(ifex) / maxi(mus)*] *trib(unicia) po*[*t(estate) XVII co(n)s(ul) IIII / pro*]*co(n)s(ul) p(ater)* [*p(atriae) pro / libe*]*ralita*[*te sua / rem*]*otis* [*saxis / baline*]*um pe*[*rfecit / caldar*]*ia res*[*tituit / et aba*]*cis mar*[*moreis*] *exor*[*navit*]. Übersetzung: Der Imperator Caesar Marcus Aurelius Antoninus Pius, der Glückliche, der unbesiegte Herrscher, der

Abb. 60 Baden-Baden. Grabstein des L. Aemilius Crescens

größte Parthische, Britannische und Germanische Sieger, Oberpriester, im 17. Jahr seiner tribunizischen Gewalt, im vierten Konsulat, Prokonsul, Vater des Vaterlandes, hat entsprechend seiner Großzügigkeit nach Entfernung der Felsen (?) das Bad ausgebaut, die Warmbäder wiederhergestellt und mit Marmorplatten ausgeschmückt. – Wenn auch diese Inschrift kein absolut sicherer Beweis dafür ist, daß Caracalla persönlich in Baden-Baden weilte und die Bauarbeiten veranlaßte, so darf sie doch mit einigen anderen inschriftlichen Zeugnissen dafür gelten, daß der Kaiser während seines Aufenthaltes in Mitteleuropa versucht hat, den Niedergang der obergermanischen Provinz zu verhindern und öffentliche Einrichtungen wie Straßen und auch Bäder zu unterstützen. Bleibt diese bei den Bädern auf dem Marktplatz gefundene Inschrift vorläufig die einzige mit einem bekannten Bauwerk zusammenhängende, so geben zwei an ganz verschiedenen Stellen gefundene Inschriftfragmente einen mittelbaren Hinweis auf ein Gebäude des bürgerlichen Lebens. Im „Alten Dampfbad" war ein Stein eingemauert, nach dessen Inschrift die Gemeinde *(res publica)* zu Ehren des Kaiserhauses – es handelt sich um die antoninische oder severische Dynastie – den Zimmerleuten ein Zunfthaus *(schola fabrum tignariorum)* gestiftet hat. Auf dem anderen Stein erscheint als privater Stifter ein gewisser Rufinus, der zur Ausstattung wohl desselben Zunfthauses beigetragen hat; dieses Fragment fand sich zwischen Leopoldsplatz und Gernsbacher Str. Die Zunft der Zimmerleute besaß damals für die Allgemeinheit eine große Bedeutung, da sie für das Feuerlöschwesen zuständig war.

Vier Grabsteine mit Inschriften – als Reste des Friedhofs, der sich röm Brauch entsprechend längs der Ausfallstraße hinzog – entdeckte man auf dem Gelände des heutigen Hotels Badischer Hof schon 1626, wenig oberhalb der dortigen Oosbrücke 1869 und beim Hotel Zähringer Hof 1908. Die mit einem Grabmal Geehrten, ein Lucius Aemilius Crescens aus Köln, Soldat der damals (etwa zwischen 70 und 92 nChr in Mainz stehenden 14. Legion *(legio XIIII gemina Martia victrix)* und ein Angehöriger der 26. Kohorte freiwilliger röm Bürger mit Namen Lucius Reburrinus Candidus, ebenfalls aus Köln stammend, starben schon im aktiven Alter, wobei der Mainzer Legionär vielleicht noch als Badegast Heilung gesucht hat. Der 26. Kohorte gehörte auch ein Caius Veturius Dexter aus Placentia (Piacenza in Italien) an. Möglicherweise dienten beide Kohortensoldaten sogar unter demselben Hauptmann *(centurio)*, Anicius Victor. Ein Begräbnis ziviler Bewohner belegt ein Inschriftstein des Quintus Valerius Pruso, der schon zu seinen Lebzeiten für sich und seine Frau, wie für seinen schon verstorbenen Vater und Sohn einen Familiengrabstein anfertigen ließ. (Die Grabsteine werden ausführlicher unter ihren Aufbewahrungsorten, dem BLM und den Stadtgeschichtlichen Sammlungen Baden-Baden abgehandelt).

Den reichsten Inschriftenbestand aus Baden-Baden bilden die Weihedenkmäler. Zumeist dürften sie zum Dank für den erfolgreichen Besuch der Thermen aufgestellt worden sein. Ihre Konzentration im Bereich im O der unteren Thermen am Römerplatz ließ die Vermutung aufkommen, ob sich hier nicht einst ein besonderer heiliger Bezirk befunden habe, über dessen Aussehen man freilich nur spekulieren kann. Die Götter, die mit den Steindenkmälern geehrt werden sollten, sind sehr vielgestaltig. Mehrere Inschriften nennen die Minerva. Zwei wollen wir besonders hervorheben: Die erste wurde 1890 beim Bau des (alten) Augustabades gefunden und lautet: *Minervae / sacrum Nimpheros / L(uci) Lo[ll]i Certi / praef(ecti) coh(ortis) VII / Raetorum eq(uitatae) v(otum) s(olvit) l(aetus) l(ibens) m(erito).* Übersetzung: Nimpheros (griechischer Name „Nymphenliebe"), Sklave des Präfekten der 7. Räterkohorte, Lucius Lollius Certus, hat Minerva ein Denkmal geweiht wie er es gelobt hat, froh und freudig, wie es gebührt. – Die durch dieses Denkmal erschließbare Anwesenheit des Kohortenpräfekten ist ein Indiz dafür, daß die ganze Kohorte und nicht nur eine ihrer Unterabteilungen in Baden-Baden weilte.

Auf die andere der Göttin geweihte Inschrift stieß man 1966 bei Baggerarbeiten vor dem Eingang des Friedrichsbades; heute befindet ▶ er sich neben zwei anderen gleichzeitig entdeckten Inschriften in Raum A der begehbaren Badruine. Die Inschrift lautet nach H. Nesselhauf: *Minervae / Val(erius) Perimus / arc(hitectus) c(o)ho(rtis) et / Vittalis lapp / idari(us) ex Votto / et sui lappidar(ii).* Übersetzung: Minerva (haben) Valerius Primus, Architekt der Kohorte und der Steinmetz Vitalis und seine Steinmetzen entsprechend ihrem Gelübde (diesen Stein errichtet).

Die zahlreichen orthographischen Fehler weisen auf Mängel im Lesen und Schreiben der Steinmetzen hin, die vielleicht gleichzeitig die Stifter waren. Der namentlich genannte Baumeister und die Steinmetzen gehörten vermutlich der 26. Bürgerkohorte und nicht der 7. Räterkohorte an. Dasselbe darf man von Valerius Aprilis annehmen, der als Trompeter einer Kohorte dem Jupiter ein Denkmal errichtet hat; dieses Denkmal wurde (sekundär verschleppt?) beim Hotel Straßburg gefunden und steht heute in den Stadtgeschichtlichen Sammlungen.

Der Gott Merkur hat im keltisch-germanischen Bereich wegen seiner Vermischung mit einheimischen Gottheiten eine besondere Verehrung erfahren; ▶einen 1966 zusammen mit zwei anderen gefundenen und ebenfalls in der Badruine aufgestellten Weihestein – ein der Minerva zugedachtes Denkmal – wurde oben schon behandelt – liest H. Nesselhauf folgendermaßen:

Mercurio / L(ucius) Cassius Manius / (centuria) Aemili Serani / milis leg(ionis) I / adiutricis / v(otum) s(olvit) l(ibens) l(aetus) m(erito). Übersetzung: Dem Merkur hat Lucius Cassius Manius aus der Centurie des Aemilius Seranus, Soldat der 1. hilfreichen Legion sein Gelübde erfüllt, freiwillig, froh und nach Gebühr. Auch dieses Weihedenkmal gehört in die Zeit, als Bautruppen in Baden-Baden standen.

Außer den schon erwähnten Gottheiten wurden auch Diana, Apollo, Mars, Visuna und Einobeia, zwei keltische Gottheiten – die zweite kommt nur ein einziges Mal vor – und die Göttermutter Kybele-Rhea durch Steinbilder und -inschriften geehrt.

Zu der Unkenntnis der antiken Topographie Baden-Badens haben auch offensichtliche und vermutete Verschleppungen von Denkmälern in nachröm Zeit und die Umlagerung von Schuttmassen nach dem großen Stadtbrand von 1689 beigetragen. *Aquae* scheint sich auf den Bereich der heutigen Altstadt zwischen Marktplatz, Sophienstr und Lange Str konzentriert zu haben. Die wenigen gesicherten Befunde außerhalb dieses Areals etwa auf dem Rettig deuten schon eine sehr viel lockere Besiedlung an. Das Schwergewicht der Bautätigkeit durch Bautruppen lag in den 80er Jahren des 1. JhnChr. Terra-Sigillata-Funde belegen eine röm Einflußnahme schon um die Mitte des Jahrhunderts. Andere Kleinfunde, insbesondere die Münzen verlegen die Blütezeit des Ortes um oder kurz nach 100 nChr. Vermutlich erst in severischer Zeit, also gegen das Ende des Jahrhunderts erfuhr der Ort wieder einen Aufschwung. Die Renovierung der Badeanlagen auf dem Marktplatz dokumentiert nach Zeiten des Verfalls einen neuen Anfang. Einige wenige Funde aus der Zeit nach dem Zusammenbruch der Römerherrschaft über das Dekumatland dienen lediglich als Nachweis für eine gelegentliche Begehung der röm Ruinenstätten. Von einer wirklichen Besiedlung kann erst Jahrhunderte später wieder die Rede sein. Eck

TK 7215 – L 7314
Ao: Stadtgesch. Sammlungen Baden-Baden, BLM Karlsruhe
Lit: EWagner II, 6 ff – HGropengießer, Bad. Heimat 24, 1937, 85 ff – JAlfs, Die Kunstdenkmäler der Stadt Baden-Baden 1942 – PSchaudig, BadFdb 23, 1967, 83 ff u. 95 ff – HNesselhauf, FdbaBW 3, 1976 (i. Druck) – RHBehrends FdbaBW 3, 1976 (i. Druck)

Stadtgeschichtliche Sammlungen

Abb. 60, 61, Tafel 59

Schloßstr 22: im Marstallgebäude des Neuen Schlosses. Der Eingang zum Museum links in der Durchfahrt des Torturms. Öffnungszeiten: Osterso – 31. 10.: Di–So 10–13 und 15–18 Uhr. Winter: Mo bis Fr von 10–12 und 15–17 Uhr. Während der Weihnachtsausstellung Mitte Dez bis Anfang Jan tägl geöffnet. Jan u Febr häufig außerhalb der Regel geschlossen.

Für die älteren Römerfunde aus dem Stadtgebiet von Baden-Baden ließ Markgraf Karl Friedrich bereits 1804 durch den Architekten Friedrich Weinbrenner auf dem O Marktplatz eine eigene Halle in Form eines dorischen Tempels errichten, das ehemals berühmte „Museum palaeotechnicum". Nach Abbruch dieses Bauwerkes 1846 im Zuge der Vergrößerung der Dampfbadeanlage gelangten die Denkmäler nach einer kurzen Zwischenstation 1858 in die neugegründete Staats-Altertümersammlung nach Karlsruhe. Die Hauptstücke dieses Bestandes: Der Grabstein des L. Aemilius Crescens, der Brunnenstein der 26. Kohorte, ein Merkurkopf und der Caracalla-Inschriftstein gehören bis heute zu den wertvollsten Römersteinen des BLM (s. dort). In den Stadtgeschichtlichen Sammlungen sind die nach Karlsruhe überführten Stücke heute fast vollzählig durch Gipsabgüsse vertreten. Die Gründung dieser Sammlung im Jahre 1892 geht auf die Initiative des Stadtrates und Druckereibesitzers Stanislas Kah (1842–1922) zurück, der auch bis 1920 ihr erster Konservator war. Dank seiner Tätigkeit blieben nun auch bedeutende Neufunde im Besitz der Stadt. Spitzenstück der Sammlung ist ein Soldatengrabstein, dessen Inschrift leider verloren ging. Er wurde zusammen mit dem nachfolgenden Inschriftstein 1908 bei Kanalisationsarbeiten in der Nähe des „Zähringer Hofes" gefunden. In einer von Blütenornamenten bekrönten Rundbogennische erscheint das Bild des Verstorbenen in Tunika und Lederpanzer mit Halstuch, Schwert und Schriftrolle. Der zweite Stein trägt bis auf das Ornamentfeld am Oberrand keinerlei Bildschmuck, stattdessen aber eine aufschlußreiche Inschrift: *C(aius) Veturiu*[*s*] *C(ai) f(ilius) Vetur*[*ia*] *(tribu) Dexter Placent(ia) mil(es) co*[*hortis*] *XXVI Vol. · C.R. c(enturia) Victoris a*[*n(orum)*] *XXXX Stip(endiorum) XV*[*I*]. *H(eres) f(aciendum)* [*c(uravit)*]. Übersetzung: Gaius Veturius Dexter, Sohn des Gaius, aus der Tribus Veturia, in Piacenza geboren, Soldat der 26. Kohorte freiwilliger römischer Bürger, in der Kompanie des Hauptmanns Victor, (starb) mit 40 Jahren, nach 16 (–19)

Abb. 61 Baden-Baden. Terra-Sigillata-Schüssel

Dienstjahren. Sein Erbe hat (den Stein) setzen lassen.
Im Gegensatz zu den beiden anderen Soldatengrabsteinen mit Inschrift vom „Kapuzinerkloster“ (→ BLM) taucht hier kein „Zugereister“ sondern ein Angehöriger einer direkt in Baden-Baden stationierten Einheit auf.
An großplastischen Originaldenkmälern sind noch die verschiedenartigen Teile von Jupitergigantensäulen aus Haueneberstein zu erwähnen. Eine Reihe von Vitrinen enthält Gefäße aus Terra Sigillata und Terranigra des 2. und 3. JhnChr von verschiedenen Fundpunkten der röm Siedlung: Augustabad, Gernsbacherstr 24, Langestr und Sophienstr. Hinzu kommen Dachziegel mit Stempeln der 8. (Straßburger) Legion, Münzen, Bronzefibeln und andere Kleinfunde.
Die topographische Dokumentation enthält einen Plan der Baden-Badener Ausgrabungen, ein Thermenmodell und die Rekonstruktion der Heizanlage *(hypocaustum)* unter dem heutigen Augustabad mit Nägeln für die Befestigung der Wandhohlziegel *(tubuli)*. Cä

Lit: Wagner II 6 ff – Die Soldatengrabsteine ebenda S. 30/1 – GFingerlin, Ein kostbarer Gefäßfund aus dem röm Baden-Baden ArchNaB 9, 1972, 15

Badenweiler FR

Thermalbad

Abb 62–64, Tafel 32

Die von einem weitgespannten Holzdach überdeckte ▶ Ruinenanlage liegt an einem nach N fallenden Hang mitten im Kurpark des heutigen Badeortes. Man erreicht sie, auf der Hauptstr von W kommend, nur zu Fuß vom Vorplatz des neuen Kurhauses aus in wenigen Minuten auf einem ebenen Promenadenweg oder auf kürzestem Wege links vor dem Kurmittelhaus auf einem bergab führenden Verbindungsgäßchen zwischen der Hauptstr und jener Parkpromenade.
Das Gebiet der Thermalanlage im Gewann „Sennbuck“ trug früher die Geländebezeichnung „Beim Gmür“ (Gemäuer) und war seit dem Mittelalter als billiger Steinbruch bekannt. 1784 stieß man bei der Steinentnahme für den Bau des markgräflich-durlachischen Oberamtshauses in Badenweiler auf einen gewölbten Kanal und auf eines der Badebecken. Das Eingreifen des Ortspfarrers Jeremias Gmelin verhindert die Zerstörung der Baureste und bewirkt eine sofortige Anordnung des „Geheimen Kabinetts“ in Karlsruhe, „daß keine der unter dem Sennbuck entdeckten oder noch zu entdeckenden Mauern demoliert, sondern mit vorsichtiger Räumung dieser kostbaren Ruinen fortgefahren werden solle“. Der für die damalige Zeit erstaunliche Beschluß verdankte sein Zustandekommen dem wachen Interesse des markgräflichen Ministers Freiherr Wilhelm von Edelsheim, der auf einer Italienreise röm Bauwerke kennengelernt hatte und die Neuentdeckung im eigenen Lande von Anfang an in vollem Umfang zu würdigen wußte. Unter Aufsicht des Geometers G. W. von Weißensee, der eine sorgfältige Planaufnahme im Maßstab 1:200 sowie Skizzen und Zeichnungen anfertigte, wurde die Freilegung der Ruine systematisch fortgesetzt und fand bereits 1785 ihren Abschluß. 9454 Gulden und 31 Kreuzer wurden in das ehrgeizige Projekt investiert. Schon 1787 erscheint im Auftrage des Markgrafen Karl Friedrich eine ausführliche Darstellung der Grabungsergebnis-

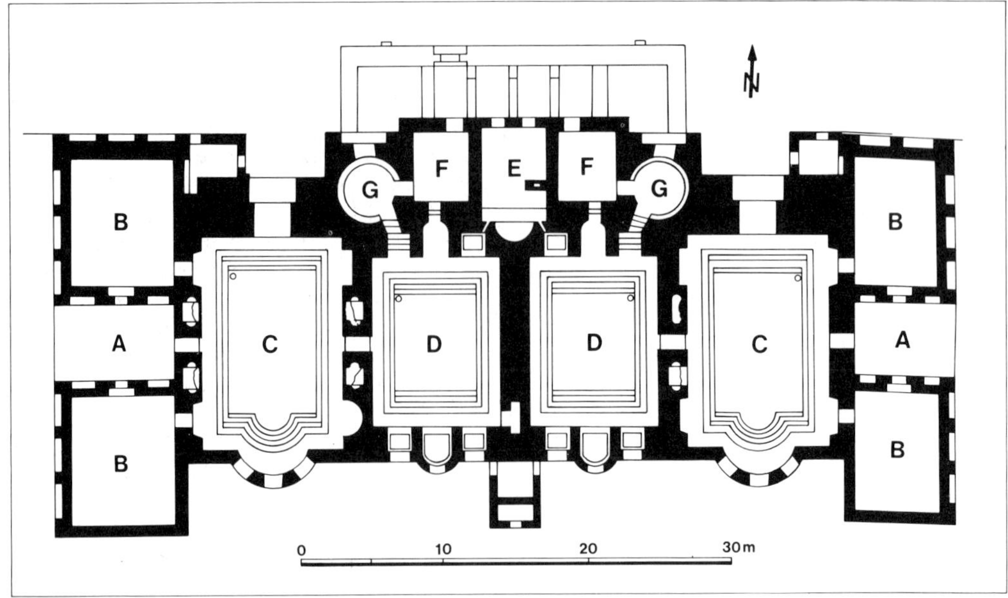

Abb. 62 Badenweiler. Gesamtplan der Thermenanlage. A Zugang, B Auskleideraum, C Außenbecken, D Mittelbecken, G Kaltwasserbecken, F Schwitzbad, E Heizraum

se, die von einem A. G. Preuschen unter dem schwülstigen Titel „Denkmäler von alten physischen und politischen Resolutionen in Deutschland, besonders in Rheingegenden" verfaßt wurde. 1822 versucht F. Weinbrenner eine zeichnerische Rekonstruktion der Gesamtanlage. Aber erst zwischen 1930 und 1933 erfolgte im Auftrage der RGK eine wissenschaftlichen Ansprüchen genügende Untersuchung des Baubestandes durch H. Mylius, der die Ergebnisse der Bauaufnahme zusammen mit einem fundierten Rekonstruktionsversuch 1936 in einer umfassenden Monographie vorgelegt hat. Im Anhang dazu hat E. Fabricius den reizvollen Ausgrabungsbericht des Freiherrn von Edelsheim von 1784 erstmals veröffentlicht und kommentiert. Dem heutigen Besucher kann der kleine, aber reich informierende Wegweiser von J. Helm, „Das römische Kurbad zu Badenweiler" empfohlen werden.

▶ Mit einer Grundfläche von rund 28 m x 64 m und einem Mauerwerk, das in weiten Teilen bis zu 2 m über dem Fundament original erhalten ist, bietet die Thermalanlage „vermutlich die größte und kostbarste Ruine aus römischen Gebäuden, die in Deutschland entdeckt worden sind" (v. Edelsheim, 1784). Zumindest für Baden-Württemberg gilt dieser Satz auch heute noch ohne Einschränkung. Vier geräumige Badebecken *(piscinae)*, die einst von Tonnengewölben (H ca 12 m) überspannt gewesen sein müssen, bilden den Kern der Anlage. Eine im Innern des Gebäudes zwischen den beiden mittleren Becken von N nach S verlaufende Quermauer teilte die Raumfolge in zwei streng voneinander geschiedene Komplexe, deren Grundriß jeweils spiegelbildlich auf der O bzw W gegenüberliegenden Seite wiederkehrt. Obgleich unter einem Dach vereint, hatte jede der beiden Raumgruppen im O bzw W ihren eigenen Zugang A *(vestibulum)*, der von zwei N und S anschließenden Umkleideräumen B *(apodyterium)* flankiert wurde. Die lockere Anfügung dieser Räume an den eigentlichen Baukern erklärt sich aus der Entstehungsgeschichte der Anlage: Die ursprünglichen Thermen bestanden allein aus den beiden kleineren Mittelbecken (D). Der zugehörige Eingangstrakt lag dort, wo heute die größeren Außenbecken (C) liegen, die erst später – wohl auf Grund steigender Besucherzahlen – dem Altbau hinzugefügt wurden. Aber auch diese Erweiterung bietet in ihrer heutigen Gestalt nicht mehr das ursprüngliche Konzept: denn beide Becken zeigen in ihrem inneren Baubefund, daß die halbkreisförmigen Ausbuchtungen der S-Schmalseite und die parallel laufenden Wandnischen zuerst auch an den gegenüberliegenden N-Seiten spiegelbildlich wiederkehrten. Absinkender Baugrund – vielleicht als Folge eines Erdbebens – hat eine Verstärkung der hangabwärts gelegenen N-Mauern notwendig gemacht, die eine Begradigung der Mauerfluchten wie der Beckenwände nach sich zog. – Während die beiden N-Umkleideräume eine Fußbodenheizung besessen haben, zeigen sich im Bereich der vier Badebecken nirgendwo Spuren eines künstlichen Heizungssystems. Es scheint also, daß allein die Thermalquelle, deren ständige Temperatur heute bei 26,4° Celsius liegt, das Wärmebedürfnis der röm Kurgäste befriedigt hat. Das Quellwasser tritt nur wenig oberhalb der Anlage aus dem Berghang und muß durch ein nicht mehr erhaltenes Röhrensystem irgendwie von oben in die Becken hineingeflossen sein. Bei einer Wasserfläche von 7,5 m x 10 m (D), bzw 7 m x 12 m (C) und bei einer T von ca 1 m ergibt sich eine durchschnittliche Beckenfüllung von 75 bzw 84 Kubikmeter. Die Besucher betraten die Becken von den Schmalseiten über eine Folge von vier Einstiegstufen und konnten sich auf den halbmeterhohen Sitzstufen der Längsseiten geruhsam niederlassen. Der wasserdichte Mörtelverstrich des Unterbaus ist zT mit geschliffenen Kalksteinplatten ausgelegt. Das Beckenterrain ist zur Erleichterung des Abflusses leicht nach N geneigt. Die Ableitung des Wassers erfolgte bei den mittleren Becken durch Steinkanäle unter dem N-Vorbau hindurch, bei den Außenbecken durch noch vorhandene Bleirohre in einen großen Drainagekanal, der die Gesamtanlage hufeisenförmig im O, S und W umgibt.

Abb. 63 Badenweiler. Nische der Thermenanlage

Durch ihn wurde zugleich auch das von oberhalb des Hanges eindringende Regen- und Schmelzwasser abgeführt, das die Anlage durch Unterspülung gefährden konnte. Die erhaltenen Mauern bestehen zum größten Teil aus Gußmörtelwerk, das mit kleinen behauenen Quadern sorgfältig verblendet und teilweise mit einem kräftigen, später aufgetragenen Verputz bedeckt ist. In den gewölbetragenden Mauerpartien (B 1,60–1,80 m) finden sich fast überall teils rechteckig, teils rund ausgesparte Nischen mit Plattenverkleidung oder sauberem Verputz, die offensichtlich teils als Sitzbadewannen, teils als Duschräume genutzt wurden und als sanitäre Ergänzung der großen Gemeinschaftsbecken für speziell verordnete Einzelbehandlungen gedacht gewesen sein müssen. Einige dieser Hohlräume waren im letzten Bauzustand der Anlage – wahrscheinlich aus statischen Gründen – bereits zugemauert und aufgefüllt und sind durch den archäologischen Eingriff wieder wie ursprünglich hergerichtet worden.

Die komplizierte Baugeschichte des N-Vorbaus kann hier nicht in allen Phasen erläutert werden: Im Anfang eine selbständige dreischiffige Anlage mit Vorhalle, die in keiner räumlichen Verbindung mit den Badehallen stand und wohl wie ähnliche Bauten im modernen Kurbetrieb als

Abb. 64 Badenweiler. Fibel „si me amas“

Trinkkur- und Wandelhalle benutzt wurde, wird dieser Raumkomplex zum Schluß durch Um- und Anbauten in unmittelbaren Zusammenhang mit der Hauptanlage gebracht: Die Seitenflügelräume (F) wurden durch Einbau einer Hypokaustheizung zu Schwitzräumen *(sudatoria)* umfunktioniert. In den Mitteltrakt (E), der mit seiner rückwärtigen Rundnische einst wohl sakralen Zwecken vorbehalten war, wurde eine Kesselheizung untergebracht. Schließlich fügte man in die Ecken zwischen Haupttrakt und N-Vorbau Rundräume mit Kaltwasserbecken (G) *(frigidaria)* ein. Mauerdurchbrüche verbanden die neu geschaffenen Nebenräume sowohl untereinander wie mit den mittleren Thermalwasserbadehallen, die erst durch diese Bereicherung ihres sanitären Angebots von der schlichten Kurmittelhalle auf das Luxusniveau einer klassischen röm Thermenanlage gehoben wurden.

Fundgut des 1. JhnChr sowie baugeschichtliche Indizien legen eine Datierung der ältesten Anlage in die Anfangszeit der röm Besetzung nahe. Leider gibt es für die Fixierung der späteren Bauphasen so gut wie keine sicheren Anhaltspunkte. Die Untersuchungen von Mylius, die von der strengen amtlichen Auflage eingeschränkt wurden, das Umfeld sowie die Bausubstanz der Ruine in keiner Weise anzutasten, konnten daher die abschätzbaren Möglichkeiten zur historischen Erforschung des Objekts in keiner Weise ausschöpfen. Ältere Berichte lassen erkennen, daß die nähere und weitere Umgebung der Thermen noch manche röm Baureste enthalten muß, deren ungestörte Stratigraphie bei einer Untersuchung mit modernen Methoden zu tragfähigen neuen Erkenntnissen führen könnte. Bei der dringend notwendigen Neukonservierung der Ruine, die nur im Rahmen einer totalen musealen Absicherung der noch vorhandenen Bausubstanz sinnvoll ist, sollte es auf keinen Fall unterlassen werden, die nähere Umgebung des Bauwerkes einer gründlichen archäologischen Untersuchung zu unterziehen.
Die Fibel mit der Inschrift *si me amas* = wenn du mich liebst, soll aus den Gebäuden unterhalb des Bades stammen, die im Sommer 1785 ausgegraben wurden. Cä

Lit: Wagner I, 164 ff – HMylius, Die röm Heilthermen von Badenweiler. Mit Beiträgen von EFabricius und WSchleiermacher. Röm-German Forschgen. B 12, 1936.

Bad Krozingen FR

Römischer Brunnen und Siedlung

Abb 65

Rekonstruktion eines röm Brunnens mit einfacher Holzüberdachung unmittelbar O der B 3 am S-Ausgang der Ortschaft. ▶ Der neu aufgemauerte Brunnenkranz sitzt auf einem Schacht (T ca 6,50 m), der in antiker Zeit bis ins Grundwasser

Abb. 65 Bad Krozingen. Rekonstruierter Brunnen

reichte. Heute bildet dieses kleine Bauwerk den einzigen oberirdischen Anhaltspunkt für ein röm Siedlungsgelände, das sich links und rechts der Bundesstraße ausdehnt. Der Platz wurde ursprünglich wohl als Versorgungsstation an der Strecke Basel – Mainz gegründet, entwickelte sich aber dank seiner günstigen Lage zu einer größeren Ortschaft *(vicus)*, die auch die nähere Umgebung mit handwerklichen Produkten versorgte. Unmittelbar neben dem Brunnen konnte 1973 eine Töpferei mit mehreren Öfen freigelegt werden (einer davon konserviert im BLM). Andere Funde weisen auf die Verarbeitung von Eisen, Bronze und Tierknochen. Der größtmögliche Absatzbereich der Krozinger Betriebe wird durch die Lage der nächsten Töpfereien, Riegel im N und Badenweiler im S umschrieben.
Im Vorfeld dieses weitgehend noch unerforschten *vicus* liegen röm Landgüter, die wahrscheinlich in enger Beziehung zur Ortschaft standen. Besonders zu erwähnen sind frühe Funde aus einer 400 m im SW gelegenen Villa, die möglicherweise auf eine Gründung der Straßenstation Krozingen schon in vorflavischer Zeit, etwa um die Mitte des 1. JhnChr hinweisen. Fin

TK 8012 – L 8112
Ao: BLM Karlsruhe, LDA Freiburg
Lit: RNierhaus, Zwei frühkaiserzeitliche Fibeln von Bad Krozingen. BadFdb 17, 1941–1947, 182.

Bad Niedernau Rottenburg TÜ

Römische Quelle

1 km S vom Ort, S des Kurhotels Bad Niedernau im Bereich des Sprudelwerkes Niedernauer Römerquelle, Dr. Landerer, liegt die röm Quelle. In der Rückwand des Quellhauses ist das hier gefundene ▶ Relief des Apollo eingemauert, Stubensandstein. H 0,64 m, B 0,24 m.
Beim Graben nach Mineralwasser stieß man im Jahre 1836 in einer Tiefe von fünf bis sechs Meter auf das genannte Relief. Daneben wurden Ringe, Fibeln, Perlen und Gefäßscherben und dazu etwa 300 röm Münzen gefunden, deren Reihe mit Kaiser Nero (54–68 nChr) beginnt und mit Prägungen Kaiser Valens (364–378) endet. Das Relief zeigt den Gott Apollo mit reich gelocktem Haar und gekreuzten Beinen. In der rechten Hand hält er das Gewand, das über den Rücken gelegt ist. Die linke Hand stützt sich auf die Leier *(lyra)*, die auf einem Sockel steht. Relief und Münzen haben durch das stark schwefelhaltige Wasser sehr gelitten.
Bei diesen Funden, die leider 1920 zum größten Teil einem Diebstahl zum Opfer fielen, handelt es sich um einen typischen Weihefund an die Heilgötter der schon in röm Zeit benutzten Schwefelquelle. Sehr wahrscheinlich diente sie in der Hauptsache den Bewohnern der Stadt Rottenburg/*Sumelocenna*, die nur knapp 4 km O liegt. Vermutlich gab es in der nächsten Umgebung einzelne Gebäude, die allerdings bis heute nicht genau lokalisiert werden können. Wie die zahlreichen Münzen aus der Zeit nach 260 nChr zeigen, wurde die Quelle ohne Zweifel bis in die

2. Hälfte des 4. Jh von hier seßhaften germanischen Bewohnern aufgesucht. Pl

TK 7519 – L 7519
Ao: Quellhaus der Niedernauer Römerquelle (Relief). – Privatbesitz der Familie Raidt, Bad Niedernau (Münzen). – Sülchgau-M Rottenburg.
Lit: RiW 3, 178, 351. – Haug-Sixt, 276 f, Nr. 162 – KChrist FMRD II, 3, 213 ff Nr. 3313/14.

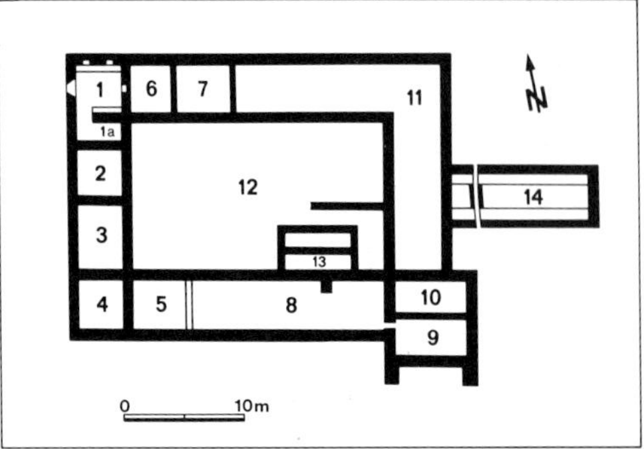

Abb. 66 Bad Rappenau. Gutshof. Plan des Hauptgebäudes. 1 Keller, 2–8 Wohnteil, 9 Feuerungsraum, 10, 11, 13, 14 Wirtschaftskomplex, 12 Innenhof

Bad Rappenau HN

Römischer Gutshof

Abb 66, 67

Das in Teilen erhaltene und restaurierte Hauptgebäude des Gutshofs liegt W des Ortsteils Zimmerhof auf dem unteren S-Hang des Jungfrauenbergs dicht oberhalb des Tiefenbachs. Von Bad Rappenau kommend erreicht man den Zimmerhof von S und nimmt gleich am Ortsanfang die nach links abbiegende Straße in Richtung Siegelsbach und gelangt nach ca 1 km an die Fundstelle. Die Ruine liegt gut sichtbar und leicht erreichbar ca 100 m O der Straße. ▶ Zwei Flügel des rechteckig um einen Innenhof errichteten Gebäudes, der N- und der W-Trakt sind restauriert; die originalen Fundamentmauern sind noch erhalten, jedoch zur besseren Konservierung überdeckt und teilweise ergänzt, die Estrichböden der Räume sind erneuert. Besonders der in der NW-Ecke gelegene ▶ Keller (1) ist stark restauriert, die Wände sind auf die volle Höhe hochgezogen und in den oberen Teilen ergänzt, ebenso sind die Nischen und der Lichtschacht zum Großteil nachgebildet, der Wandverputz ist neu. S- und O-Trakt sowie Anbauten sind in ihrem Mauerverlauf mit Steinplatten angegeben, so daß der Gesamtgrundriß des Gebäudes zu sehen ist.
Die Fundstelle war lange unbekannt, bis 1971 ein Beamter des Flurbereinigungsamts Sinsheim bei einer Geländebegehung auf sie aufmerksam wurde und das LDA benachrichtigte. 1972 wurde das Gebäude vollständig ausgegraben, da es einer Geländeverschiebung durch die Flurbereinigung zum Opfer fallen sollte. Nach der Ausgrabung entschloß sich jedoch die Stadt Bad Rappenau und das Flurbereinigungsamt Sinsheim zur Restaurierung des Baus.
Das Gebäude gehört mit seinen um einen rechteckigen Hof (12) angelegten vier Flügeln zum Typ der Peristylvillen, so genannt nach einem im Innenhof umlaufenden Säulengang *(peristylon)*, der hier allerdings nur als Teilgang im W-Gebäudeteil erwiesen ist. An das Hauptgebäude (32 x 23 m) schließt sich im O ein langgestreckter Anbau (12 x 5 m) (14) an, in der SO-Ecke des Hofs haben sich die Fundamente eines Einbaus mit drei kleinen Räumen (13) erhalten. Das Schalenmauerwerk (B 0,90 m) besteht aus Fronten mit regelmäßig behauenen Kalksteinquadern und Bruchsteinfüllung im Innern. Durch die Hanglage, deren ursprüngliches Gefälle wegen einer späteren Aufschüttung des Geländes heute nicht mehr deutlich wird, war das Gebäude terrassenartig angelegt. Der hangabwärts gelegene S-Flügel lag mit seiner Wohnebene 3,30 m unter dem oberen N-Flügel, reichte mit seinen Fundamenten sogar noch weitere 2 m tiefer. Die beiden Räume des W-Flügels waren zwar in der Höhe abgestuft (2,3), lagen jedoch erhöht auf einer künstlichen Aufschüttung. An ihrer Hofseite

Abb. 67 Bad Rappenau. Hauptgebäude des Gutshofes, teilweise restauriert

wurden sie von einem entsprechend hoch terrassierten Innengang begleitet, bei dem jedoch keine Spuren von Säulen mehr nachweisbar waren. Der O-Flügel verlief dem Gefälle entsprechend schräg hangabwärts. Durch die unterschiedliche Bauausstattung ließen sich eindeutig ein Wohn- und ein Wirtschaftsteil des Gesamtkomplexes unterscheiden. Die Räume der S-, W- und NW-Flügel besaßen Estrichböden und Wandverputz (2–8), im S ließ sich zusätzlich eine Bodenheizung *(hypokaustum)* (8) nachweisen. Im O- und NO-Flügel, im Anbau und Innenhofbau fehlen Verputz und Mörtelböden, auch sind dort die Mauern weniger sorgfältig ausgeführt. Der O-Anbau ist durch seine Herdstelle (14) und die mit Ziegeln ausgemauerte Abflußrinne als Küche gekennzeichnet, entlang der Innenwände verlief rundum eine zweite Mauer, vielleicht eine Art Abstellbord. Die übrigen, einfach ausgestatteten Bauteile könnten Vorratsräume gewesen sein. Der bis auf Fundamentreste ausgebrochene S-Flügel war nach Ausweis der Befunde der repräsentative Teil der Villa mit einer heizbaren Halle (16 x 4 m) (8) und besonders farbig verziertem Wandverputz in allen drei Wohnräumen (4,5, 8). Die Beheizung erfolgte von dem im O gelegenen Feuerungsraum (9) aus, dessen zur Halle leitender, mit Ziegeln gemauerter Heizkanal erhalten war. Die Heizanlage selbst war völlig zerstört, lediglich Reste der tönernen Heizsäulchen waren noch im Schutt zu finden. Die kleineren Wohnräume des W- und NW-Flügels (2, 3, 6, 7), die sich am besten erhalten hatten und restauriert sind, waren weniger aufwendig gestaltet. Die Heizung fehlte, der Wandverputz war einfach, wie auch im Kellerraum (1) noch zu sehen ist: das Quadermauerwerk bleibt sichtbar, lediglich die Mauerfugen sind mit Kalkmörtel ausgestrichen, der mit einer rot ausgemalten Rille verziert ist. Der Estrichboden schloß mit einer wulstförmigen Fußleiste gegen die Wände ab. Von den Mauern war zu wenig erhalten, um die Türöffnungen zu erkennen, die Eingänge dürften zum Innenhof hin, wohl zu einem überdachten Säulengang, gelegen haben. Der Keller war durch seine tiefe Lage am besten erhalten (3,70 x 3,70 m, H 1,90 m). In der N-Wand waren zwei, in der O-Wand eine Nische und in der W-Wand ein Lichtschacht eingebaut, der Eingang (B 1,50 m) lag im S. Die Schwelle mit dem Türangelloch und den eingearbeiteten Vertiefungen für die Türverriegelung ist noch zu sehen. Vor die N-Wand und die neben dem Eingang verbleibende S-Wand waren schmale halbhohe Mauern gesetzt, der Kellerboden war aus Lehm. Die Nischen waren zusätzlich zu den rot bemalten Fugstrichen im Mörtel mit grün gerandeten Keilsteinen verziert.
Die Funde machen eine Datierung in die 2. Hälfte bis Anfang 3. JhnChr wahrscheinlich.

Wa

TK 6720 – L 6720
Ao: BLM Karlsruhe
Lit: GWamser, Ein röm Gutshof bei Bad Rappenau, in FdbaBW Bd. 3 (i. Druck)

Bad Wimpfen im Tal HN

Kohortenkastell am Neckarlimes

Abb 68–70

Das Kastell lag im W-Teil des heutigen Ortes Wimpfen im Tal, am N-Rand der Niederterrasse, unmittelbar gegenüber der Jagstmündung. Für die Anlegung des Kastells war sicher die Verkehrslage ausschlaggebend. In Wimpfen führte

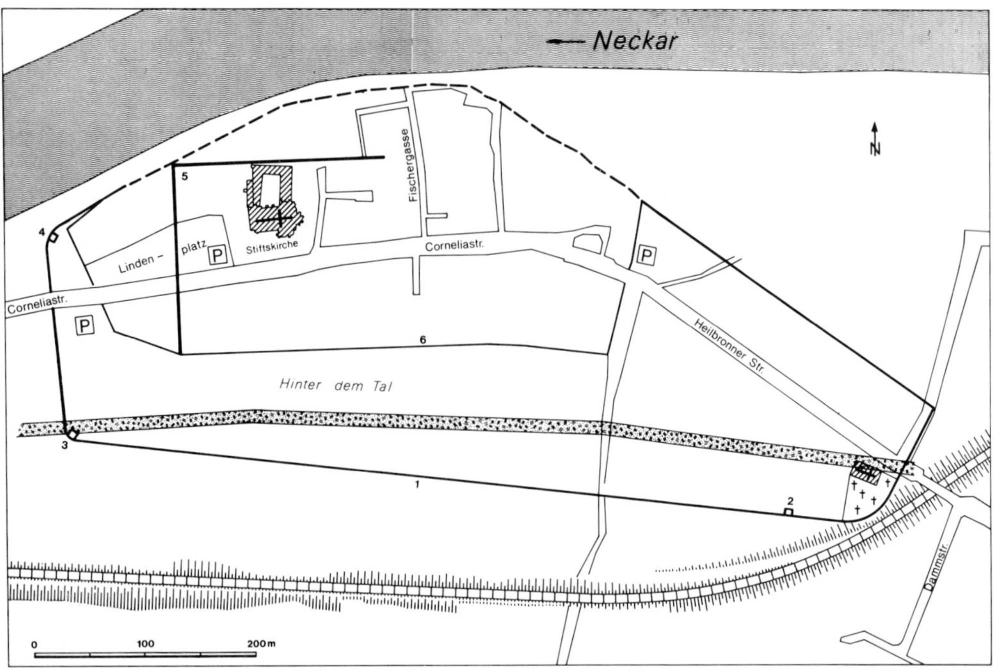

Abb. 68 Bad Wimpfen. Grundriß vom Kastell und Zivilsiedlung. 1 röm Stadtmauer, 2, 3, 4 Türme der Stadtmauer, 5 Steinkastell, 6 mittelalterliche Stadtmauer

eine vom Rheintal kommende Straße über den Neckar und lief als „Hohe Straße“ auf der Wasserscheide zwischen Kocher und Jagst nach O weiter. Sie wurde in röm Zeit bis Jagsthausen benutzt. Die Reste der röm Holzbrücke wurden 1957 bei Baggerarbeiten im Neckar in Flucht der Fischergasse erfaßt.

Die Größe des Steinkastells (5) oder älterer Holz-Erde-Kastelle ist nicht genau bekannt, da sie durch jüngere röm Zivilbauten und nachröm Schuttschichten überlagert wurden und heute teilweise mehrere Meter tief im Boden stecken. Die ungefähre Lage hat K. Schumacher bei den Grabungen der RLK 1894–1898 durch wenige Schnitte ermittelt.

Die S-Mauer (B 1,60 m) des Kastells liegt unter der S spätmittelalterlichen Stadtmauer. Schumacher konnte sie auf einer Strecke von 80 m verfolgen. Die ganze Länge der N- und S-Seite ist unbekannt; Die W- und O-Seite mag nach den Geländeverhältnissen etwa 160–170 m betragen haben. Vom S-Kastellgraben wurde nur die N-Hälfte geschnitten; es war ein Spitzgraben (T 3 m, B ca 10 m, Berme 2,25 m).

Von der Innenbebauung des Kastells ist kaum etwas bekannt. Mauerzüge, die man 1896 unmittelbar vor der Stiftskirche anschnitt, hielt Schumacher für Teile des Stabsgebäudes *(principia).* Erbaut wurde das Kastell vermutlich unter Domitian (81–96 nChr). Funde aus der Gründungszeit sind überaus selten. Einige Neufunde von südgallischen Sigillata erlauben die Vermutung, daß in Wimpfen das Kastell vielleicht schon einige Jahre vor dem bisher angenommenen Datum 90 nChr angelegt wurde.

Als Besatzung ist durch mehrere Ziegelstempel die *cohors II Hispanorum* belegt sowie eine bisher unbekannte *cohors Br(ittonum)* durch ein einzelnes Ziegelfragment. Der im Kreuzgang des Klosters aufbewahrte Inschriftstein nennt die *co-*

hors II Aquitanorum equitata civium Romanorum.

Zivilsiedlung

Wie bei allen Kastellen hat sich auch in Wimpfen an den wichtigen Ausfallstraßen eine Zivilsiedlung entwickelt. Als um die Mitte des 2. Jh die Garnison abgezogen und nach Jagsthausen verlegt wurde, war dank der günstigen Verkehrslage der Zuzug von Handwerkern und Händlern schon so groß gewesen, daß die Ansiedlung aufgrund ihrer zentralörtlichen bedeutenden Funktionen weiterhin fortbestand.

Nach der bei Bonfeld 1852 entdeckten Inschrift war es der Hauptort der *Civitas Alisinensium*, der Gebietskörperschaft links des Neckars. Der antike Name von Wimpfen selbst ist nicht bekannt. In röm Zeit war es eine kleine Landstadt, hatte aber kein Stadtrecht. Das städtische Gepräge zeigt sich in der Baugestaltung nicht zuletzt daran, daß die Ansiedlung von einer Mauer (1) mit Türmen und einem Graben (B 7–9 m) umgeben war. Die geschützte Fläche bildet ein unregelmäßiges Oval von 760 m Länge und 330 m größter Breite (in N-S-Richtung). Die gebogene N-Seite liegt zT unter der mittelalterlichen Stadtmauer. Die S-Mauer zeichnete sich als gerader Feldweg noch vor wenigen Jahren deutlich ab, bevor dieser Geländestreifen mit Industrieabfällen zugefüllt wurde. Die O-Seite (L 100 m) lag bei der gotischen Cornelienkirche und zT unter dem Weg nach Jagstfeld. Die W-Seite wird von der Straße nach Berg-Wimpfen etwa 40 m vor dem Durchlaß durch die mittelalterliche Stadtmauer überschnitten. Die röm Stadt war demnach fast dreimal so groß wie das mittelalterliche Wimpfen. In einer Luftaufnahme von 1968 ist der Verlauf der röm Stadtmauer am Wegenetz und an den Grundstücksgrenzen noch gut zu erkennen. Die Höhe der Mauer (B 2 m) läßt sich nur vermuten. K. Schumacher konnte teilweise Mauerstümpfe (H 1 m) beobachten. In vielen Partien ist die Mauer aber bis auf die Fundamentsohle ausgerissen. Die obere Mauerkante war abgedeckt mit halbzylindrischen Decksteinen (B 0,5 m). Wehrgangbreite also noch 1,50 m.

In den beiden abgerundeten W-Ecken (3,4) hat bereits Schumacher rechteckige, nach innen vorspringende Türme (5 x 3 m) ermittelt. Von Zwischentürmen stellte er nur einen einzigen, 80 m von der SO-Ecke (2) entfernt fest. Etwa 100 m O der SW-Ecke wurde 1970 ein weiterer Turm aufgedeckt. Die Stelle eines dritten läßt sich dadurch vermuten, daß Schumacher 315 m W der SO-Ecke einen winkligen Mauerdeckel gefunden hatte. Anscheinend standen in einem Abstand

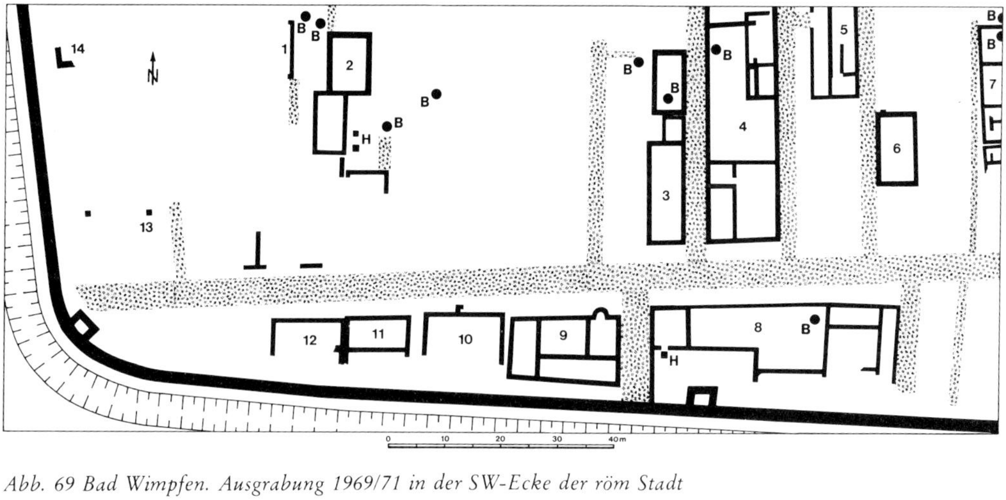

Abb. 69 Bad Wimpfen. Ausgrabung 1969/71 in der SW-Ecke der röm Stadt

von 80–100 m entlang der ganzen Mauer rechteckige Türme.

Wann die röm Stadtmauer erbaut wurde, ließ sich durch Befunde bisher nicht genau ermitteln. An der S-Mauer waren zwar vereinzelt noch ungestörte Schichten vorhanden; sie konnten aber 1970/71 wegen der darüberliegenden Salinenleitungen nicht flächig aufgedeckt werden. So bleibt bisher offen, ob der Bau schon in der 2. Hälfte des 2. Jh erfolgte – wie Schumacher vermutete – oder erst zu Beginn des 3. Jh. Deswegen konnte auch nicht geklärt werden, ob die Häuser 10–12 an die Stadtmauer anschließen.

Eine dichte Bebauung hatte sich aber wohl schon vorher gebildet. Aus dieser älteren Entwicklungsphase wurde das Straßennetz beibehalten, selbst als die im S des vermuteten Kastells vorbeiziehende Fernstraße von Speyer durch die Stadtmauer abgeschnitten wurde. Die zweite Straße verlief anscheinend im wesentlichen im Zug der heutigen Hauptstraße. Bei den Baggerarbeiten für die neue Kanalisation wurden 1970, soweit Beobachtungen möglich waren, dort keinerlei Baureste angeschnitten, sondern nur zahlreiche, übereinander liegende Kiesschichten, offenbar die auch in nachröm Zeit mehrfach erhöhten Straßenkörper. Diese beiden Straßen haben die innere Einteilung der Zivilsiedlung bestimmt. In der SW-Ecke des röm Stadtgeländes konnte 1969–1971 ein Teil der alten Bebauung aufgedeckt werden, bevor das Gelände mit Erde für den Talmarkt-Platz planiert bzw. mit Industrieabfällen zugeschüttet wurde. In 100 Grabungsflächen wurden ca. 4000 qm untersucht und dadurch beidseits der südlichen W-O-Straße 13 Häuser ganz oder teilweise ermittelt. Die Baureste lagen zT unter einer dicken Schuttschicht. Auch hatte man im Mittelalter die röm Ruinen als bequeme Steinbrüche benutzt und aus dem gemörteltem Mauerwerk alle brauchbaren Steine bis zur Fundamentsohle herausgerissen. Klare Zusammenhänge der vielfach unterbrochenen Mauerreste waren nur dadurch zu erlangen, daß man größere Flächen auf das Niveau der röm Fußböden und Straßen aufdeckte. Oft ergab sich ein eindeutiges Bild auch erst im Niveau der Fundamente.

N der W-O-Straße zeichnen sich zwei Häusergruppen ab. Die Gebäude der W-Gruppe sind nur unvollständig ausgegraben. Von dem am weitesten W gelegenen Haus wurde nur die O-Wand (L 10 m) erfaßt. Das Nachbargebäude (2) bestand aus verschiedenartigen Baueinheiten. Der bestimmende Teil war vermutlich der N-Bau (6 x 9 m), dessen auffallend starke Wände (B 1 m) aus kleinen, sorgfältig zugehauenen Kalksteinquadern gebaut waren. Der Splitt vom Zurichten der Steine lag noch entlang der Außenwände. Der mit einem Mörtelestrich versehene Innenraum war nicht unterteilt. An der S-Seite setzten – etwas nach W gerückt – zwei weitere Räume an (Wand B 0,6 m). Zusammen mit einem dritten Anbau im S umgaben sie eine nach O offene Veranda, die mit Kalksteinplatten ausgelegt war und in deren Mitte sich eine ebenerdige, rechteckige Herdstelle aus Ziegelplatten befand. Rings um diesen Hauskomplex gab es mindestens 4 Steinbrunnen; der östlichste davon war durch ein kleines Brunnenhaus aus Holz oder Fachwerk geschützt. Ob die wenigen, 15 m S davon gelegenen Fundamentreste zum gleichen Gebäudekomplex gehörten, konnte 1971 nicht mehr geklärt werden, da keine Geldmittel mehr zur Verfügung gestellt wurden. Unmittelbar bei der Stadtmauer lag noch ein bescheidenes, aber baugeschichtlich überaus wichtiges Haus (13). Nach den großen Sockelsteinen und den flachen Steinlagen war es ganz aus Fachwerk errichtet. Nur ein einziger Raum (4x4,50 m) hatte einen Estrichfußboden aus Kalkmörtel.

Die O-Gruppe bestand aus mindestens 5 Häusern, die durch Gassen (B 3–6 m) voneinander getrennt waren. Das westlichste Haus (3) war etwa 30 m lang. Der S-Teil (B 5 m) war mindestens durch eine Querwand aus Fachwerk unterteilt. An einem schmäleren Raum (B 3 m) war, mit einer Baufuge davon getrennt, ein Anbau (10 x 4 m) angesetzt, in dessen Innerem sich ein Steinbrunnen befand.

Das Nachbargebäude (4) war wesentlich größer (ca 40 x 12 m). Leider konnte weder die Straßenfront im S noch die N-Seite aufgedeckt werden. Der Hauskomplex setzt sich aus mehreren Räumen zusammen. In seinem großen Hof lag an der

W-Mauer des Anwesens ein Steinbrunnen. Ein kleiner quadratischer Raum im S-Teil war mit Fresko-Malerei reich ausgeschmückt; auf den Resten sind noch Teile von 2 Figuren und ein Tischchen zu erkennen. Ursprünglich besaß der Raum eine Hypokaustheizung. Der kleine Heizkeller schloß außen an das O-Fundament an. Bei einem Umbau wurde der ganze Heizraum zugefüllt und ein dicker Mörtelfußboden eingezogen.
Das nächste Haus (5) ist etwa 25 m von der Straße weg gerückt (B 9 m). Es ist deswegen interessant, weil sich seine Inneneinteilung gut rekonstruieren läßt. Im N-Teil waren 3 Räume an den Kanten der Mörtel- und Lehmfußböden zu unterscheiden. In der SW-Ecke lag, erkennbar an der ebenerdigen Herdstelle, die Küche. Daneben ein ausgemauerter Keller mit 2 Wandnischen und einem Fenster zur Straßenseite. Vor dem Haus stand zur Straße hin eine offene Halle (L 10 m) mit Mörtelfußboden. Das einräumige Haus (6) mit Lehmfußboden, das wahrscheinlich als Lagerhalle gedient hatte, mag zum gleichen Anwesen gehört haben.
Haus 7, am O-Rand des Grabungsareals gelegen, wurde nur teilweise erfaßt. Von den 3 hintereinander gelegenen Räumen war der mittlere wohl ein Hof und mit großen Kalksteinplatten ausgelegt. Im N-Raum befand sich dicht neben einem Brunnen ein runder, aus Ziegelstücken gesetzter Backofen. Davor lag eine Arbeitsgrube, um den Ofen leichter beheizen und bestücken zu können.
Vor der S-Seite des Hauses lag ein ausgemauerter Keller, der mindestens einmal umgebaut wurde; darüber stand – nach den großen Sockelsteinen zu schließen – ein kleiner Fachwerkbau. An der W-Seite von Haus 7 führte ein Fußweg aus Kalksteinplatten entlang. Im S der W-O-Straße stand – gegenüber den Häusern 3–6 – ein großes Gebäude (L 45 m), das sich vermutlich bis an die Stadtmauer erstreckte. Die Funktion seiner einzelnen Räume ließ sich nur teilweise klären. Einen Mörtelfußboden hatte nur der Raum in der NW-Ecke; er wurde anscheinend durch einen offenen Kamin vom Nachbarraum aus beheizt. Die N-Mauer von Haus 8 wurde über den alten zugefüllten Straßengräben errichtet und mußte im

Abb. 70 Bad Wimpfen. Zierknopf. Schreitender Amor mit Hase und Weintrauben

Lauf der Zeit mit mehreren Stützpfeilern versehen werden. Jenseits einer Gasse (B 5 m) schließt ein kleineres Haus (9) an, das Schumacher schon teilweise ausgegraben hatte. An seiner W-Seite hatte es aber entgegen den alten Beobachtungen noch einen weiteren Raum, dessen Mauern aber völlig ausgebrochen waren.
Die kleineren Häuser (10–12) wirken in dem schmalen Streifen zwischen Straße und Stadtmauer merkwürdig aufgereiht. Vielleicht handelte es sich teilweise um Magazine und Werkstätten. Vor Haus 12 wurde z. B. ein Fortunarelief gefunden, für das man einen 6 Zentner schweren Gesimsblock in sekundärer Verwendung benutzt hatte; möglicherweise war der Weihestein noch nicht ganz fertig. Alle ergrabenen Häuser gehörten zur bürgerlichen Siedlung des 2. u 3. Jh. Bei den Alamanneneinfällen nach der Mitte des 3. Jh wurden sie spätestens verlassen. Einzelne Gebäude verfielen erst durch die Einwirkung der Witterung. Brandspuren einer gewaltsamen Zerstörung wurden nur ganz vereinzelt beobachtet. Von den Kleinfunden der letzten Jahre sei besonders noch auf das bronzene Laufgewicht einer röm Schnellwaage hingewie-

sen; seine Schauseite ist mit einer Büste des Merkur, des Schutzherrn der Kaufleute, verziert.

Ko

TK 6721 – L 6720
Ao: M im Steinhaus, Bad Wimpfen, Abtei Grüssau – Stiftskirche, Bad Wimpfen, WLM Stgt
Lit: Schumacher, ORL B 54–55 Wimpfen 1900 – AvDomaszewski-HFinke, Neue Inschriften, in: 3. Ber. d. RGK 1909 – FBehn, Die röm Steindenkmäler und Inschriften aus Starkenburg, in: Festschr des Röm.-German. Zentralmuseums in Mainz 1952, Bd. 1 – HHHartmann, Neufunde südgallischer Terra Sigillata aus Böckingen und Wimpfen, in: Saalburg – Jahrbuch 26, 1969 – RKoch-Th Fischer, Neue Ausgrabungen im röm Wimpfen 1971 (Vorbericht) – RKoch, Kunst der Römerzeit, Heilbronner Museumshefte 1, 1971 – DBaatz, Eine neue Kohorte am obergerm Limes? Arch Korrbl 4, 1974.

Benningen LB

Kastell und Zivilsiedlung

Abb 71–75, Tafel 25, 34a

Zum Kastell am SO-Rand von Benningen führt die Studionstr. Das Rathaus von Benningen steht inmitten der röm Zivilsiedlung und ist ein guter Ausgangspunkt für den Rundgang (Parkplatz). Das Kastell gehört historisch zum sog Neckarlimes und wurde spätestens um 85 nChr angelegt. Die ersten Spuren röm Altertümer verdanken wir den Ausgrabungen des Marbacher Präzeptors Simon Studion (1543–1605), der 1579 einen röm Altar, den die Dorfbewohner an der Murr *(vicani Murrenses)* Vulkan (Gott des Feuers und Schutzgott der Schmiede) gestiftet hatten, fand. 1593 führte er größere Grabungen durch, von denen wir heute noch interessante Pläne besitzen. Seither wurden immer wieder Ausgrabungen bis in die jüngste Zeit durchgeführt. Sichtbar ist im Gelände nur noch die Lage des Kastells (1) selbst, die sich besonders durch eine deutliche ▶ Böschung nach NO zum Neckar hin hervorhebt. Das Gelände selbst ist größtenteils unbebaut und ist als eingetragenes Bodendenkmal geschützt. Außerdem ist an der SO-Seite des Rathauses ein Stück ▶ einer röm Straße konserviert (2) und um das Rathaus als Freilichtmuseum ▶ zahlreiche Inschriften und Bildwerke in Kopien aufgestellt (3), die aus dem Boden Benningens stammen. Das Museum selbst ist im Rathaus (s.u.).

Das Kastell wurde, wie Grabungen des LDA 1970 an seiner NW-Seite ergaben, zunächst in Holz-Erde-Bauweise errichtet. Von dieser ältesten Anlage konnten tief in den anstehenden Boden eingelassene Pfosten ermittelt werden. Vermutlich im frühen 2. JhnChr wurde dann das Kastell in Stein ausgebaut. Die Erforschung dieser Anlage verdanken wir vor allem der RLK, die hier 1898 Ausgrabungen durchführte.

Vom Kastell selbst kennt man die Umfassungsmauer (B ca 1,5 m) die ein Rechteck von 163 x 134 m = 2,2 ha umschloß. Die Mauer umgab ein Graben (B bis 7,5 m, T 2,5 m). Die an der SO-Seite freigelegten nach innen vorspringenden Steinpfeiler lassen vermuten, daß auf ihnen der hölzerne Wehrgang aufgesetzt war. Die abgerundeten Ecken waren mit trapezförmigen Ecktürmen befestigt. Von den vier Toren hatte das Ausfallstor *(porta praetoria)* zum Neckar hin zwei Durchfahrten.

Im Inneren des Steinkastells konnten rechts und links der Ausfallsstraße *(via praetoria)* zwei gleichartige Bauten (23 x 17 m bzw 21 x 17 m) (4) untersucht werden, die vermutlich Speicherbauten *(horrea)* waren. Am Kreuzungspunkt der Ausfallsstraße und der Lagerhauptstraße *(via principalis)* fanden sich Reste des Stabsgebäudes *(principia)* (5), wobei allerdings nur die Vorderfront, dh die NO-Seite erfaßt werden konnte. Außer dem einen oder anderen kleineren Steingebäude bestanden die Barackenunterkünfte der Soldaten wahrscheinlich aus Holz. Ihr Grundriß und Größe könnten nur durch moderne Grabungen erfaßt werden. Da hier jedoch das einzige bis heute noch nicht überbaute Kastell am Neckar zwischen Cannstatt und Wimpfen vorliegt, wurde gerade diese Anlage unter Denkmalschutz gestellt und soll so erhalten bleiben.

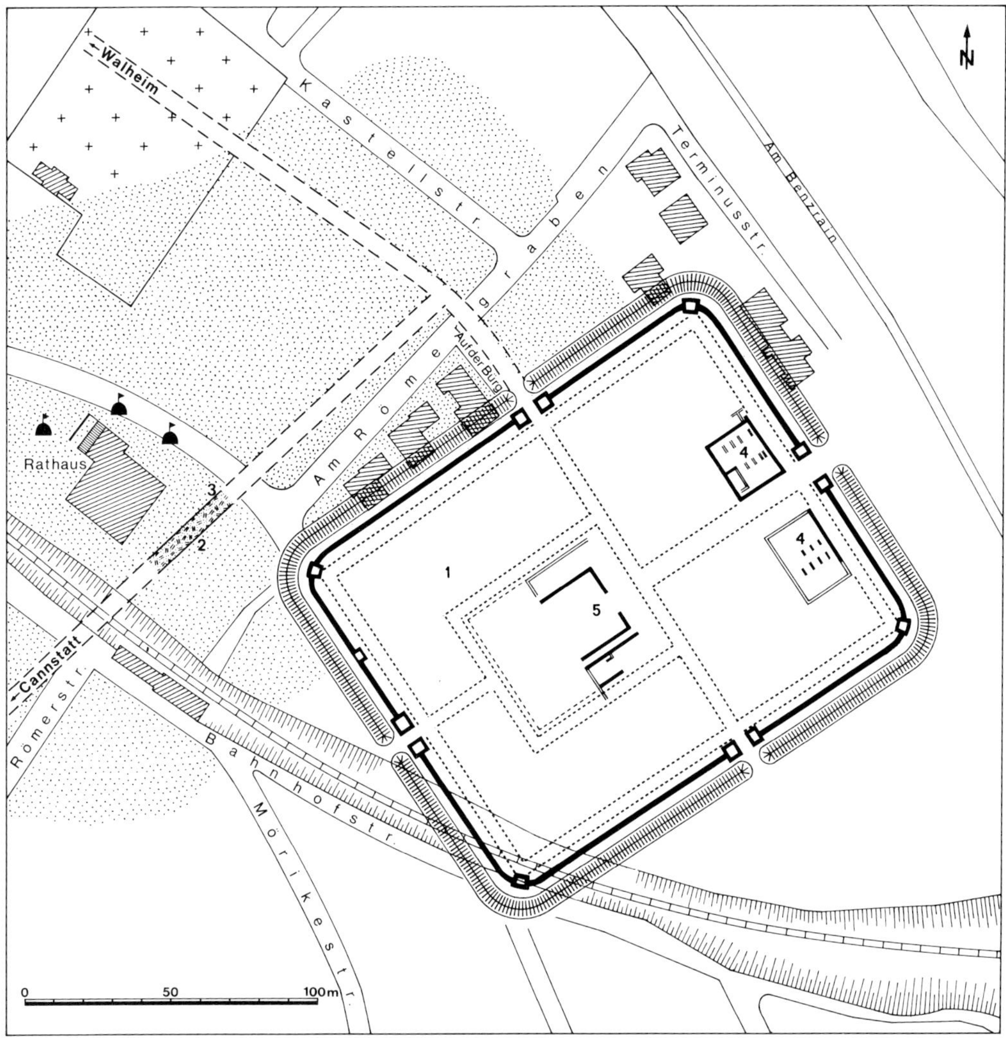

Abb. 71 Benningen. Kastell und zivile Siedlung. 1 Kastell, 2 konservierte Straße, 3 Freilichtmuseum, 4 Magazingebäude, 5 Stabsgebäude

Aus dem Altar der Campestres, geweiht von einem Tribun namens Quintius Terminus der 24. Kohorte freiwilliger röm Bürger erfahren wir, daß im Kastell Benningen diese Kohorte stationiert war. Nach Vorverlegung des Limes wurde sie nach Murrhardt verlegt. Wie der Beiname der Inschrift besagt, stammt dieser Tribun aus Sicca Veneria einer nordafrikanischen Stadt (heute Le Kef, Tunesien). Eine weitere Inschrift, die eine militärische Einheit nennt, wurde schon 1583 bei Benningen gefunden. Sie ist heute verschollen. Der Inhalt dieser Inschrift ist jedoch überliefert. Es handelt sich um eine Weihung an Diana, die von der Kundschaftereinheit *(exploratores)* der

Abb. 72 Benningen. Angeschnittene röm Straße mit Straßengraben

Abb. 73 Benningen. Töpferofen

Triboker und Boier gestiftet wurde. Diese Kundschafter waren meist kleinere Abteilungen, die sich in diesem Falle aus den germanischen Tribokern und den keltischen Boiern rekrutierte. Wo diese Einheit genau lag, wissen wir bis jetzt nicht. Möglicherweise befand sich in der Gegend von Benningen noch ein weiteres kleines Lager.

Unmittelbar mit der Anlage des Kastells entstand auch hier ein Lagerdorf *(vicus)*. Diese Siedlung wurde nie planmäßig untersucht. Doch kennen wir durch zahlreiche Aufschlüsse und Beobachtungen die Lage und einzelne Teile recht gut. SW und W des Kastells müssen wir mit einer dichten zivilen Besiedlung rechnen. Entlang der Straße nach Cannstatt wurden schon Keller und verschiedene Baureste aufgedeckt. Auch beim Neubau des Rathauses, 1972, wurden Reste dieser Zivilsiedlung untersucht. An der S-Seite wurde ▶ eine Straße (2) freigelegt, deren größter Teil heute sichtbar ist. Diese Straße (B durchschnittlich 5,5 m), sie spielte lediglich innerhalb des *vicus* eine Rolle, verband vermutlich die Straße nach Cannstatt und die nach Walheim und ist leicht gewölbt. Die auf ihren beiden Seiten freigelegten Straßengräben enthielten allerlei Kleinfunde wie Fibeln, Nadeln, Münzen usw. Diese Straße ist das einzige Stück originaler röm Straße, das zZ in Württemberg zu sehen ist. N von ihr unter dem Rathaus konnte das Fundament eines Denkmales festgestellt werden, in dessen Umgebung sich über 800 Fragmente röm Skulpturen fanden. Sie gehören offenbar zu mehreren größeren Kultbildern und Säulen. Vermutlich liegen auch Reste einer Jupitergigantensäule vor. Evtl hat sogar dieses Fundament zu einer derartigen Säule gehört.

Entlang der Studionstr auf der NW-Seite des Rathauses konnten vier röm Töpferöfen freigelegt werden, von denen einer besonders gut erhalten war. In der Füllung dieses vollständig erhaltenen Ofens fanden sich zahlreiche Fehlbrände einfacher Gebrauchskeramik, die hier an Ort und Stelle hergestellt worden war. Besonders interessant sind zwei Tonschlangen, die vermutlich als Auflagen für Kultgefäße gedient haben. Das Dorf bestand, wie zahlreiche Funde zeigen, bis ins 3. Jh und hatte zweifellos Bedeutung als Mittelpunktsortschaft für das umliegende Land. Auch die Lage am Neckar, auf dem, wie die Inschrift eines Weihesteines an den Genius der Schiffer zeigt, rege Schiffahrt betrieben wurde, spielt hierbei sicher eine wichtige Rolle.

Zu den *vicani Murrenses*, die den oben erwähnten Altar für Vulkan gestiftet haben, gehörten sicher auch die Einwohner dieses *vicus*.
Besonders zu erwähnen sind noch Friedhöfe, die an den beiden Ausfallstraßen nach Cannstatt und Walheim gefunden worden sind. Von einem Grabbau stammt vermutlich auch die in den Anlagen des Rathauses in einer Kopie aufgestellte Sphinx, die 1906 in der Merkurstr gefunden wurde. Pl

TK 7021 – L 7120
Ao: WLM Stgt – M Benningen
Lit: AMettler, ORL Abt. B Nr. 58 (1908) – Haug-Sixt 455 ff Nr 322 ff – OParet, Benningen am Neckar, Ur- und Frühgesch (1962) 24–60 – DPlanck, Benningens Rathaus auf röm Grund, in: Das neue Rathaus in Benningen – EKünzl, FdbaBW 3, 1976 (i. Druck)

Heimatmuseum

Rathaus, Erdgeschoß, Öffnungszeiten: Tägl während der Dienststunden des Rathauses, sonst nach Vereinbarung. Eintritt frei.
Das Museum, 1972 neu aufgestellt, umfaßt eine umfangreiche Sammlung vor- und frühgeschichtlicher Bodenfunde aus Benningen und der nächsten Umgebung. Dazu kommt noch eine kleinere Sammlung ortsgeschichtlicher Dokumente und handwerklicher Gegenstände.

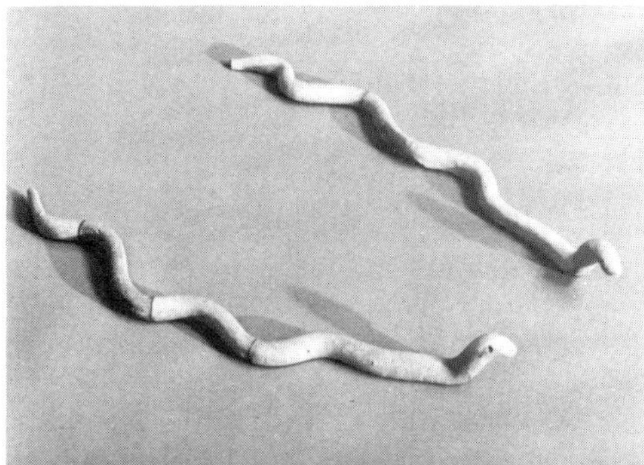

Abb. 74 Benningen. Tonschlangen

Abb. 75 Benningen. Röm Kopf

Sie geht auf die Tätigkeit von W. Seyfferle zurück, dem Gründer des Bundes für Heimatkunde in Benningen. Der Verein ist Besitzer der Sammlungen des Heimatmuseums. Mittelpunkt sind die röm Funde von Benningen. Besonders zu erwähnen ein Modell des Kastells sowie zahlreiche Keramik- und Metallfunde aus dem Bereich der Zivilsiedlung *(vicus)*.
Eine gesonderte Vitrine birgt eine Auswahl Keramik sowie zwei Tonschlangen, gefunden 1972 in einem der Töpferöfen NW des Rathauses. Ein bärtiger Kopf aus einem großen Skulpturenfund unter dem Rathaus weist starken keltischen Einfluß auf. Das halbfertige Bildwerk einer Statuette eines Genius, der im linken Arm das Füllhorn trägt, deutet auf eine am Ort bestehende Bildhauerwerkstätte hin.
Als Ergänzung des Museums wurde an der NO- und SO-Seite des Rathauses in den Anlagen drei Inschriften und ein Bildwerk in Kunststeinab-

güssen aufgestellt, die von besonderer Bedeutung für die röm Geschichte Benningens und der nächsten Umgebung sind. 1. Altar der Schutzgöttinnen des Exerzierplatzes *(campestres)* geweiht von dem Tribunen der 24. Kohorte Quintius Terminus. 2. Weihestein der Dorfbewohner an der Murr für den Gott Vulkan. 3. Weihestein für den Genius der Schiffer. 4. Das Fragment einer Sphinx, vermutlich von einem Grabmal. Pl

Besigheim LB

Römischer Gutshof

Abb 76

Von Besigheim 2,5 km SW im Wald Rossert bei Pkt. 276,7. Mit dem Auto von Besigheim über Sachsenheimer Steige, Schwalbenhalde und Paradiesweg oberhalb der Weinberge in SW-Richtung, dann zu Fuß 0,7 km auf Feldwegen nach W. Im lichten Wald liegen gut sichtbar die ▶ Ruinen von sechs Gebäudeteilen eines Gutshofes *(villa rustica)*. Die bis zu 1 m H erhaltenen Mauern sind teilweise freigelegt, aber nicht konserviert. Im Grundriß gut zu erkennen ist ein viereckiges Nebengebäude A, ein Wirtschaftsgebäude mit einer Türschwelle auf der O-Seite. Hier fand man zwei Mühlsteine und zahlreiches Eisengerät. Ein Gebäudeteil B, ein Keller C und ein großer Gebäudeteil D sind teilweise freigelegt, in ihrem Zusammenhang jedoch unklar. Sie dürften alle zum Wohngebäude gehören. Ein Bau E ist in seinem Grundriß nicht mehr zu erkennen, ein Waldweg führt darüber. Dagegen ist der viereckige Grundriß eines Gebäudes F im SW noch einigermaßen klar und auch teilweise im Aufgehenden sichtbar. Von einer umgebenden Hofmauer ist oberflächig nichts zu sehen.
Die Untersuchung der Ruine 1886 durch Fribolin erfolgte nur sehr bruchstückhaft, so daß wesentliche Fragen offen blieben. So ist vor allem der Grundriß des Wohngebäudes völlig unsicher. In seinem Mittelteil waren beheizte Räume vorhanden. Auch das Gebäude E war beheizt, nach N schloß sich ein Keller (4 x 4 m) an.

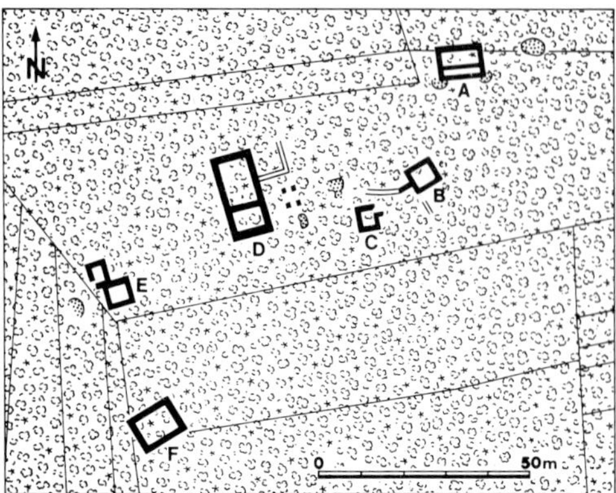

Abb. 76 Besigheim. Gesamtplan des Gutshofes. B, C und D Teile des Hauptgebäudes. A, E und F Nebengebäude

Unter den Funden der Grabung sind zu erwähnen zahlreiche Scherben, drei Münzen, eine Emailfibel sowie Eisenwerkzeuge, ebenso ein Ziegelstempel der 8. Legion. Die Funde gehören in das 2. JhnChr. Bi

TK 7020 – L 7120
Ao: WLM Stgt
Lit: OParet, Urgeschichte Württembergs (1921) 194 f – RiW 3 (1932) s. v. Besigheim.

Zwei Reliefplatten

Abb 77

Von der oberen und unteren Umrahmung eines Mithrasaltarbildes, im Treppenhaus des Rathauses eingemauert.
▶ *Obere Reliefplatte.* Keupersandstein. L 0,98 m. H 0,28 m. Dm 0,21–1,00 m. Felsgeburt des Mithras. Der nackte Oberkörper des Mithras ragt aus Felsblöcken empor. Mithras hält in der linken Hand eine Fackel und in der Rechten ein Schwert oder Messer. Rechts davon hält ein Hirte mit phrygischer Mütze und in orientalischer Kleidung mit der Rechten eine nach links gerichtete Ziege. – 2. Nackter Mann mit phrygi-

Abb. 77 Besigheim. Rathaus. Reliefplatten eines Mithrasaltarbildes

scher Mütze, den linken Arm erhoben und in der Rechten ein Schwert haltend, geht nach rechts auf einen ihm zugewandten Mann zu, der eine phrygische Mütze und orientalische Kleidung trägt. Er hält scheinbar einen Schild vor sich. – 3. Götterversammlung (?). Zu erkennen sind die Köpfe von sechs nebeneinanderstehenden Figuren. Aber es sind die Beine von nur fünf Figuren auszumachen. Die Beine der 4. Figur von links könnten von dem Gewand einer davor sitzenden Figur verdeckt werden. Sixt hat die Gruppe als die sieben Wochengötter gedeutet. Er glaubt rechts noch eine sitzende Figur erkennen zu können. A. Mettler denkt in Analogie mit Osterburken und Virunum an eine Götterversammlung, in der Jupiter in der Mitte sitzt. Die ,,Götterversammlung“ dürfte die Mitte des oberen Altarfrieses markieren, dh das Besigheimer Mithrasaltarbild könnte ungefähr 1,50 m breit gewesen sein.

▶ *Untere Reliefplatte.* Keupersandstein. L noch 1,32 m (links abgebrochen). H 0,28 m. Dm 0,21 m. – 1. Mithras mit phrygischer Mütze streckt in geduckter Haltung die linke Hand nach den Früchten eines Baumes empor. – 2. Wasserwunder. Mithras in orientalischem Gewand nach rechts stehend, hält in der Linken den Bogen und greift mit der Rechten nach einem Pfeil in seinem Köcher auf seinem Rücken. Vor ihm kniet ein Mann in orientalischer Kleidung, der beide Arme nach dem aus dem Felsen strömenden Wasserstrahl ausstreckt. – 3. Wasserwunder. Mithras nach rechts schreitend, hält in der Linken den Bogen und legt mit der Rechten den Pfeil auf. Vor ihm kniet ein Mann in orientalischer Kleidung und mit phrygischer Mütze. Er berührt mit der linken Hand das linke Knie des Mithras und mit der Rechten seine phrygische Mütze. Hinter ihm kniet ein Orientale, der mit beiden Händen das aus dem Felsen hervorsprudelnde Wasser auffängt. – 4. Stierraub. Mithras in orientalischer Kleidung (Kopf ist abgebrochen) führt einen Stier, den er am Horn gepackt hat, nach rechts. Die beiden Platten waren ursprünglich in einem Hause (im Keller und im Hausgang) am Marktplatz in Besigheim eingemauert. Nach dem Brande des Hauses kamen sie nach Heilbronn. Die Stadt Besigheim hat sie wieder zurückgekauft und bewahrt sie heute im Treppenhaus des Rathauses auf.

Sehr wahrscheinlich stammen die beiden Reliefplatten aus dem in Walheim vermuteten Mithräum, zu dem auch der auf der ,,Burg“ in Walheim gefundene *Aion* (Unendliche Zeit) gehört haben dürfte. Fil

Lit: PhFiltzinger, FdbaBW 1, 1974, 437 ff, 479 und 457.

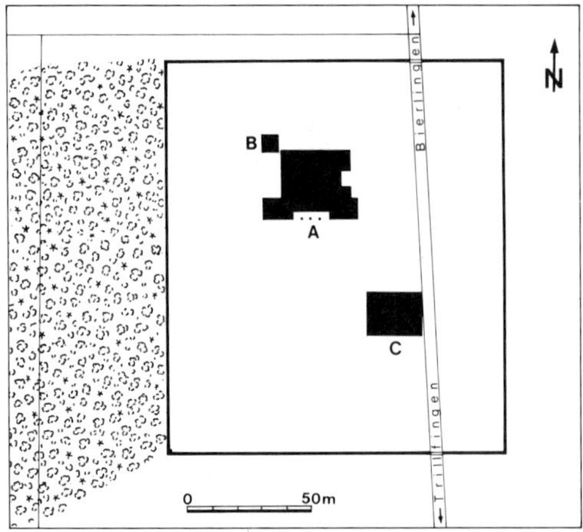

Abb. 78 Bierlingen. Gesamtplan des Gutshofes. A Hauptgebäude, B Speicher, C Wirtschaftsgebäude

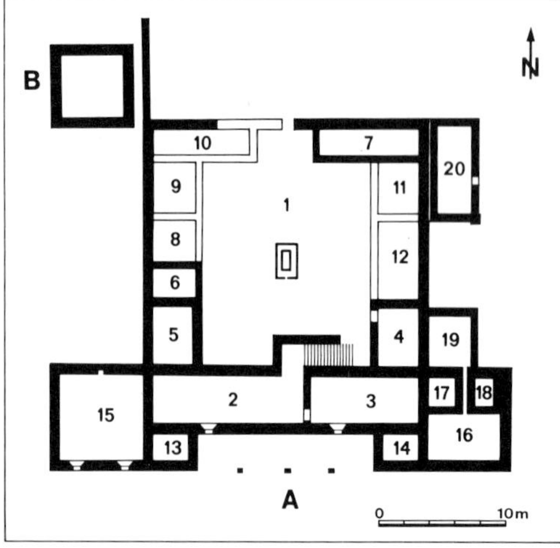

Abb. 79 Bierlingen. Grundriß des Wohngebäudes mit atriumähnlichem Mittelteil

Bierlingen Starzach TÜ

Römischer Gutshof

Abb 78–81

S von Bierlingen und 0,6 km W der Landstraße nach Trillfingen liegt der Wald Großholz. Auf diesem leicht nach S abfallenden WO-Hang wurde 1865 beim Roden des Waldes die Ruine eines röm Gutshofes *(villa rustica)* aufgedeckt. Der Platz wird schon seit Jahrhunderten ,,beim Klösterle" genannt, eine Flurbezeichnung, die ebenfalls auf eine Ruine hinweist. Der größte Teil der villa rustica liegt heute mitten im freien Akker. Lediglich die ▶ Reste des Hauptgebäudes wurden nach der Freilegung mit Bäumen und Buschwerk bepflanzt und heben sich heute als eindrucksvolles Geländedenkmal vom umliegenden Acker ab. In diesem Wäldchen, das genau die Umrisse des Hauptgebäudes kennzeichnet, sind Türschwellen und zahlreiche Vertiefungen der einzelnen Räume heute noch zu erkennen.
Die Untersuchungen, durch Hans-Carl Freiherr von Ow-Wachendorf (1865–69), erbrachten insgesamt drei Gebäude, die von einer Hofmauer (B 1,1 m) umgeben waren. Den Eingang zum Gehöft (138 x 155 m) kennen wir nicht. Wir wissen auch nicht, ob alle Gebäude bekannt sind. Anzunehmen ist, daß ein separates Badegebäude, vermutlich am Fuß des Abhanges, bestand. Das Hauptgebäude (A) hat zwei Bauperioden. Die ältere Bauphase umfaßt die Räume 1–14. Besonderes Kennzeichen dieses Gebäudes bildet ein atriumähnlicher Mittelraum, der gleichsam das Zentrum des Wohnhauses darstellt. Die Front wird von zwei kleinen Eckbauten *(Risalite)* und dazwischenliegendem Säulengang *(porticus)* gebildet. Raum 2 und 3 waren unterkellert, wie vorhandene Fenster zeigen. In der jüngeren Bauphase wurde die Hauptfassade des Gebäudes durch den Anbau von zwei größeren Ecktürmen (15, 16) betont. Der W-Eckturm (15) besaß wieder einen Keller.
NW vom Hauptgebäude (A) konnten die Fundamente eines vermutlich turmartigen Speicherbaues (B) freigelegt werden. Schließlich wurde 30 m SO von Gebäude A ein rechteckiges Gebäude C (22,2 x 16,5 m) aufgedeckt. Vermutlich handelt es sich hier um ein Wirtschaftsgebäude.

Bei den Ausgrabungen konnten zahlreiche Kleinfunde geborgen werden. Neben Geschirr aus normalem Ton fand sich zum Teil reich verzierte Terra Sigillata, vor allem aus Rheinzaberner Werkstätten. Unter den reichen eisernen Geräten wie Hämmer, Meißel usw ist eine mit tordiertem Schaft verzierte eiserne Hypokaustschaufel (L 1,2 m) zu erwähnen. Neben Bruchstücken aus Glas fanden sich auch zahlreiche Gegenstände aus Bronze, bei denen besonders drei Statuetten herausragen. Neben zwei Tierfiguren, einem Hund und einem Hahn, auf einem runden hohlen Sockel, der vermutlich als Aufsatz gedient hatte, sind die Statuetten eines Merkurs und eines Ebers besonders interessant. Während die Merkurstatuette von einem wenig guten Handwerker angefertigt wurde, ist die Eberplastik kaum röm Ursprunges, sondern, wie zahlreiche ähnliche Eberfiguren insbesondere aus den spätkeltischen oppida zeigen aus keltischer Zeit. Der Eber ist in keltischer Zeit das Symbol der Kampfeswut.

Abb. 80 Bierlingen. Schloßmuseum. Merkurstatuette

Abb. 81 Bierlingen. Schloßmuseum. Eberplastik

Wie die Funde zeigen, wurde der Gutshof in der 2. Hälfte des 2. und 3. Jh bis spätestens 260 nChr benützt. Neben der Landwirtschaft wird auch das Handwerk eine Haupternährungsquelle dieses Gehöftes gewesen sein, da er 10 km bis zur nächsten röm Siedlung, nämlich Rottenburg/*Sumelocenna* und außerdem nicht unmittelbar an einer großen Durchgangsstraße liegt.

Pl

TK 7518 – L 7518
Ao: Schloßm Wachendorf
Lit: EvKallee, Württ. Vierteljahreshefte für Landesgesch 10, 1887, 77 ff – Haug-Sixt, 187, Nr. 106 – DPlanck, Die villa rustica von Bierlingen-Neuhaus FdbaBW 1, 1974, 501 ff (mit gesamter Literatur).

Bingen SIG

Hauptgebäude eines römischen Gutshofes

Abb 82

Im Wald „Schmelzenhau", 2,5 km S, auf einer Geländezunge, die nach O ins Laucherttal und nach S ins Luibental abfällt. Der mit Gras überwucherte ▶ Grundriß eines Baues mit der Front-

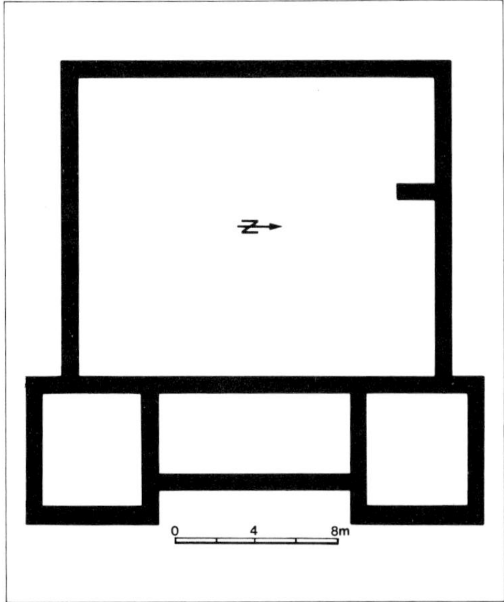

Abb. 82 Bingen. Hauptgebäude eines Gutshofes

seite nach O, ist im Gelände noch gut zu erkennen. Das Hauptgebäude eines röm Gutshofes (*villa rustica*), eine Porticusvilla (23x23 m) mit Eckrisaliten wurde 1866 von Hofrat v. Lehner freigelegt. Die Innenwände der nach W an die Frontseite anschließenden Räume hatten keine Steinfundamentierung, sie werden in Holzfachwerkbauweise aufgeführt gewesen sein. Im Umgebungsbereich des Gebäudes liegt heute eine große Anzahl von Bohnerzgruben, durch die wohl weitere Gebäude zerstört worden sind. Der Gutshof bestand von der Mitte des 2. JhnChr bis ins beginnende 3. Jh. Re

TK 7921 – L 7920
Ao: M Sigmaringen
Lit: Westd Zeitschr. f. Gesch. u. Kunst 6, 1887, 290 – FKnickenberg, Reste aus röm Zeit in u. um Sigmaringen, in: Mitt. d. Ver. f. Gesch. u. Altertumskde in Hohenzollern 26, 1892/93, 53 – RiW 3, 284 (mit weiterer Literatur).

Birkenfeld → Gräfenhausen

Böbingen AA

Limeskastell und römische Zivilsiedlung

Abb 83, 84

Das Kastell liegt über dem im S der Rems liegenden Steilabfall am O-Rand von Böbingen. Das auf einem Sporn gelegene Kastellgelände, begrenzt im N durch die Niederung der Rems und im W durch die des Klotzbaches, ist am besten zu erreichen von S her, indem man die Bundesstr 29 in Richtung Heubach verläßt, um dann nach etwa 300 m in die nach O auf die Höhe führende heutige Römerstr abzubiegen. Etwa 100 m hinter dem Rathaus führt die Bürklestr unmittelbar an das S-Tor des Kastells. Vom Kastell selbst sind heute Teile der ▶ S-Kastellmauer mit ▶ dem S-Tor *(porta decumana)* (1), der ▶ SO-Ecke mit Eckturm (2) und ▶ Teile der O-Mauer mit Zwischenturm (3) im Jahre 1973/74 konserviert und restauriert worden. Nach der Bebauung des übrigen Kastellareals werden diese Teile in eine Grünanlage miteinbezogen.
E. Kallée erkannte 1886 als erster das Kastell, nachdem schon früher hier röm Reste geborgen worden waren. 1892 fanden dann Grabungen der RLK unter der Leitung von Major H. Steinle statt. Leider wurde zwischen 1930 und 1935 das gesamte Vorderlager *(praetentura)* durch einen Steinbruch zerstört, ohne daß Ausgrabungen durchgeführt werden konnten. Da das Kastellgelände bebaut werden soll, untersuchte die Bodendenkmalpflege des LDA Stuttgart 1973 den gesamten noch erhaltenen Lagerbereich.
Das Kastell hatte etwa quadratischen Grundriß (148 m x 135 m = 2,0 ha). Die massive Kastellmauer (B ca 1,2 m) war mit insgesamt drei in den anstehenden Fels eingehauenen Spitzgräben umgeben, die beiden äußeren etwas breiter als der mittlere. An den abgerundeten Ecken konnten rechteckige Türme freigelegt werden, von denen der im Jahre 1973 untersuchte ▶ Turm (2) heute sichtbar ist.
An der S-Hälfte der O-Front gelang es, den rechteckigen Zwischenturm mit fischgrätförmi-

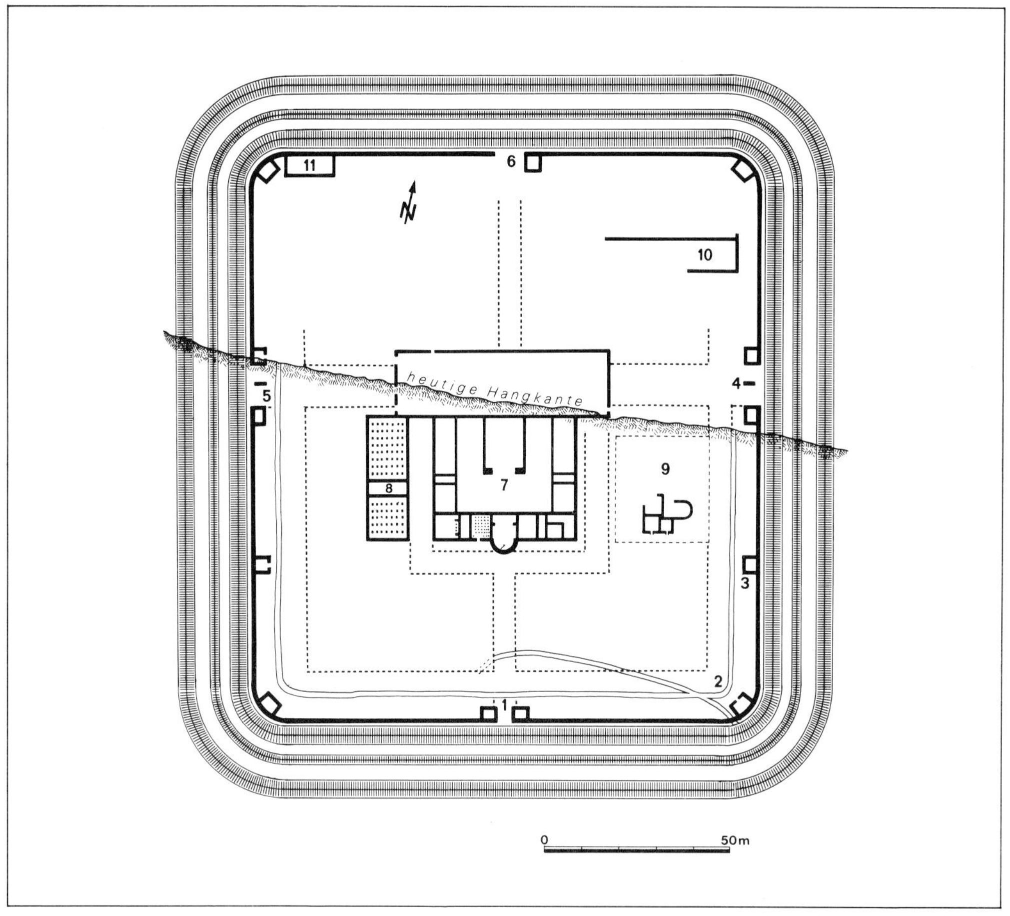

Abb. 83 Böbingen. Gesamtplan des Kastells. 1 S-Tor, 2 Eckturm, 3 Zwischenturm, 4 O-Tor, 5 W-Tor, 6 N-Tor, 7 Stabsgebäude, 8 Magazin, 9 Kommandantenwohnung, 10 Baracke?, 11 Gebäude unbekannter Bestimmung

gem Mauerwerk zu untersuchen. Ein weiterer derartiger Turm hatte die RLK an der W-Seite beobachtet. Ob weitere Zwischentürme vorhanden waren, wissen wir nicht.

Teile aller vier Toranlagen wurden nachgewiesen. Von den beiden Seitentoren (4 und 5) wurde das linke Seitentor *(porta principalis sinistra)* (5) 1973 vollständig erfaßt. Dabei zeigte es sich, daß die nur noch in einer bzw zwei Lagen der Fundamente vorhandenen Mauern unmittelbar auf den anstehenden Fels aufgesetzt worden sind, der wiederum knapp 0,5 m unter der heutigen Oberfläche ansteht. Aus dieser Tatsache ist es zu verstehen, daß wir nur noch geringe Reste des röm Lagers vorfinden konnten. Die Seitentore hatten doppelte Ausfahrten, während das S-Tor (1) nur eine Durchfahrt hatte. Wie das N-Tor *(porta praetoria)* (6) ausgesehen hat, konnte nicht mehr festgestellt werden, da wie schon eingangs erwähnt, das Vorderlager völlig zerstört war. Im Abstand von 4 – 5 m konnte an der Innenseite der Kastellmauer ein ebenfalls in den Fels eingegrabener Abwasserkanal ermittelt werden, der unmittelbar im W des SO-Eckturmes durch einen

Abb. 84 Böbingen. SO-Eckturm des Kastells

Kanal in der Umfassungsmauer in den inneren Kastellgraben abgeleitet werden konnte.
Am Schnittpunkt der Hauptlagerachsen liegt das Stabsgebäude *(principia)* (7) mit Fahnenheiligtum *(sacellum)*, an dessen N-Front eine die Hauptstraße *(via principalis)* überspannende Halle (57 x 16 m) festgestellt werden konnte. Den vermutlich von einem gedeckten Säulengang *(porticus)* umgebenen Innenhof flankieren an den beiden Seiten verschiedene Räume. Die fünf rückwärtigen Räume, davon mindestens drei mit Fußbodenheizung *(hypocaustum)*, schließen sich weiter nach S an. Der mittlere dieser Räume mit halbrundem Abschluß ist das eigentliche Fahnenheiligtum, der kultische Mittelpunkt des Lagers. Die beiden O und W liegenden Räume konnten jeweils von einem Gang aus betreten werden. Ein W des Stabsgebäudes stehendes Gebäude (33 x 10 m) war vermutlich das Magazin *(horreum)* (8). Die Freilegung von Teilen eines großen Holzbaues (9) O des Stabsgebäudes brachte den Nachweis des in den Fels eingetieften Pfostengrabens. Zumindest vier Räume innerhalb dieses Gebäudes hatten ein massives Fundament und können durch den bezeichnenden Grundriß als Baderäume gedeutet werden. Dieses Gebäude, obwohl sein Grundriß nicht völlig untersucht werden konnte, ist wohl als Wohnhaus des Lagerkommandanten *(praetorium)* (9) anzusehen. Innerhalb dieses Gebäudes konnten zwei zeitlich verschiedene Bauphasen festgestellt werden. An der Stelle der Baderäume stand ursprünglich eine Zisterne, die aus irgendwelchen Gründen aufgegeben worden war.
Im rückwärtigen S-Teil des Lagers *(retentura)* wurden keine baulichen Reste gefunden. Wir müssen uns hier in Holz erbaute Mannschaftsunterkünfte vorstellen, wie sie in vielen Kastellen in Teilen nachzuweisen sind.
Im vorderen Bereich des Kastells wurde schon im Jahre 1892 ein weiteres Steingebäude (10) freigelegt, dessen Bestimmung jedoch nicht sicher ist. Besonders ist noch auf eine starke Unebenheit des Geländes hinzuweisen, die vor allem im vorderen Teil des Lagers bestand. Hier wurde das Lager von einer Böschung durchzogen, die ein Gefälle von knapp 10 m verursachte und die in krassem Gegensatz zum fast ebenen Bereich des rückwärtigen Lagers steht.
An Kleinfunden sind besonders erwähnenswert einige Waffen, Keramik, der Daumen einer überlebensgroßen Bronzestatue sowie einige Fibeln. Außerdem wurde schon im Jahre 1892 das Bruchstück eines Militärdiploms gefunden, das allerdings nur sehr unvollständig ist und das für die Truppen in Rätien ohne Wert bleibt. Das Kastell (2,0 ha) war sicher die Kaserne einer unbekannten Kohorte von 500 Mann *(cohors quingenaria)*, die einen bestimmten Abschnitt des rätischen Limes zu überwachen hatte. Gerade die topographische Lage dieses Kastells darf als Musterbeispiel für diese Aufgabe angesehen werden. Vom Kastell selbst konnte ein Limesabschnitt von ungefähr 15 km direkt eingesehen werden. Es handelt sich um den Limesabschnitt von Herlikofen bis zum Kolbenberg im O, an dem insgesamt 20 Wachtposten nachgewiesen werden konnten. Auf diese einmalige topographische Lage sei der Besucher besonders hingewiesen.
Wie die Ausgrabungen 1973 gezeigt haben, wurde das Kastell um die Mitte des 2. JhnChr angelegt und bestand wohl bis zur endgültigen Aufgabe des rätischen Limes in den Jahren 259/60 nChr. Nach dem bisherigen Forschungsstand ersetzte das Kastell Unterböbingen (Böbingen) das Kastell Urspring der Alblinie.
Von der zivilen Siedlung, nachweisbar durch

zahlreiche Oberflächenfunde, besonders im S, SO und O des Kastells, sind bisher nur einzelne nicht näher bestimmbare Mauerzüge und Befunde bekannt. Etwa 85 m im SO des Kastells konnte ein Gebäude in Teilen untersucht werden. Beim Bau des Sportplatzes unmittelbar im O des Kastells, S der vom O-Tor her verlaufenden Straße nach Aalen untersuchte das LDA im Sommer 1975 umfangreiche Bauten der zivilen Siedlung. Es handelt sich um insgesamt vier rechteckige Bauten mit durchweg mehreren Räumen. Die geringe Breite der Fundamente läßt vermuten, daß hier Fachwerkbauten vorliegen, die ein massives Fundament besaßen. Besonders auffallend waren in jedem Gebäude mehrere Räume mit Fußbodenheizung *(hypocaustum),* wohl Wohnräume. Die einzelnen Gebäude waren durch eine Hofmauer voneinander getrennt. Unter den Ziegeln fanden sich zwei gestempelte Hypokaustziegel. Beide Stempel stammen von der *cohors I Raetorum,* die als Besatzung im Kastell Schirenhof in Schwäbisch Gmünd nachgewiesen werden konnte.
Die Lage des Kastellbades ist bis heute nicht bekannt. Vermutlich lag dieses Bauwerk N des Kastells nahe der Rems. Aus dem Bereich der Siedlung stammt auch die Bronzestatuette (H 12,4 m) des jugendlichen Mars, 1962 gefunden in einem durch die Planierraupe freigeschobenen Depotfund. Der Gott ist unbekleidet und trägt die für ihn typische Helmkappe, die auf den Kopf aufgelötet ist. Pl

TK 7125 – L 7124
Ao: WLM Stgt. Stadtm Schwäb. Gmünd. Limesm Aalen.
Lit: HSteimle, ORL Abt. B Nr. 65 Unterböbingen – HUNuber FdbaSchw NF 18/I, 1967, 283 ff – AHNuber, Ein Mars von Böbingen an der Rems. Germania 41, 1963, 250 ff – DPlanck, Neue Ausgrabungen am Limes (1975).

Böckingen → Heilbronn

Bopfingen → Oberdorf

Brackenheim → Hausen a. d. Zaber

Brandsteig Aichhalden RW

Straßenstation

Abb 85–87

Die von ▶ einer Hofmauer umgebenen drei Gebäude der Straßenstation *(statio)* liegen an der Stelle, wo die von Cneius Pinarius Cornelius Clemens im Jahre 74 nChr erbaute Rhein-Donau-Straße von Straßburg/*Argentorate* nach Rätien *(iter derectum ab Argentorate in Raetiam)*, über Offenburg durch das Kinzigtal (Gengenbach – Haslach – Wolfach – Schiltach) kommend, in 693 m NN die Paßhöhe beim heutigen Hofe Brandsteig erreicht. Unmittelbar W der Straßenstation verläuft die ehemalige Grenze des Königreichs Württemberg zum Großherzogtum Baden.
Die Gebäudegrundrisse der seit 1770 durch unsachgemäße Grabungen durchwühlten Straßenstation Brandsteig hat Eugen Nägele in den Jahren 1895 und 1899 im Auftrag der RLK aufgenommen. Er stellte fest: 1. ein Wohnhaus (22x21 m) mit Innenhof (15x13 m) (1). – 2. einen Rechteckbau (17x11 m), auf dessen W-Seite ein Straßenpflaster nachgewiesen werden konnte (2). – 3. die Mauerfundamente eines dritten Gebäudes NO von Gebäude 2; ein Gebäudegrundriß war nicht mehr zu ermitteln (3). – 4. das Fundament (B 0,80 m) einer trapezoiden Umfassungsmauer, die alle Gebäude umgab (ungefähre Maße: S 134 m; O 71 m; N 103 m; W 42 m) (4).
Auf dem Brandsteig waren erstmals um 1770 „die Treppen eines unterirdischen Gewölbes“ und „eine eingesunkene Columnade“ zufällig gefunden worden. Um 1800 entdeckte ein Ziegler „einen Stein mit Inschrift“, den er in seinem Ziegelofen vermauerte, wo die Inschrift in kürzester Zeit ein Opfer der Hitzeeinwirkung wurde, ohne daß sie zuvor noch hätte aufgenommen werden können. Auf der Suche nach Bausteinen waren 1822/23 Bauern auf 6 Säulen aus Sandstein und einen zweiten Inschriftenstein gestoßen, den sie verschleppten. Ein 1825 von einem Bauern gefundener dritter Inschriftenstein konnte endlich

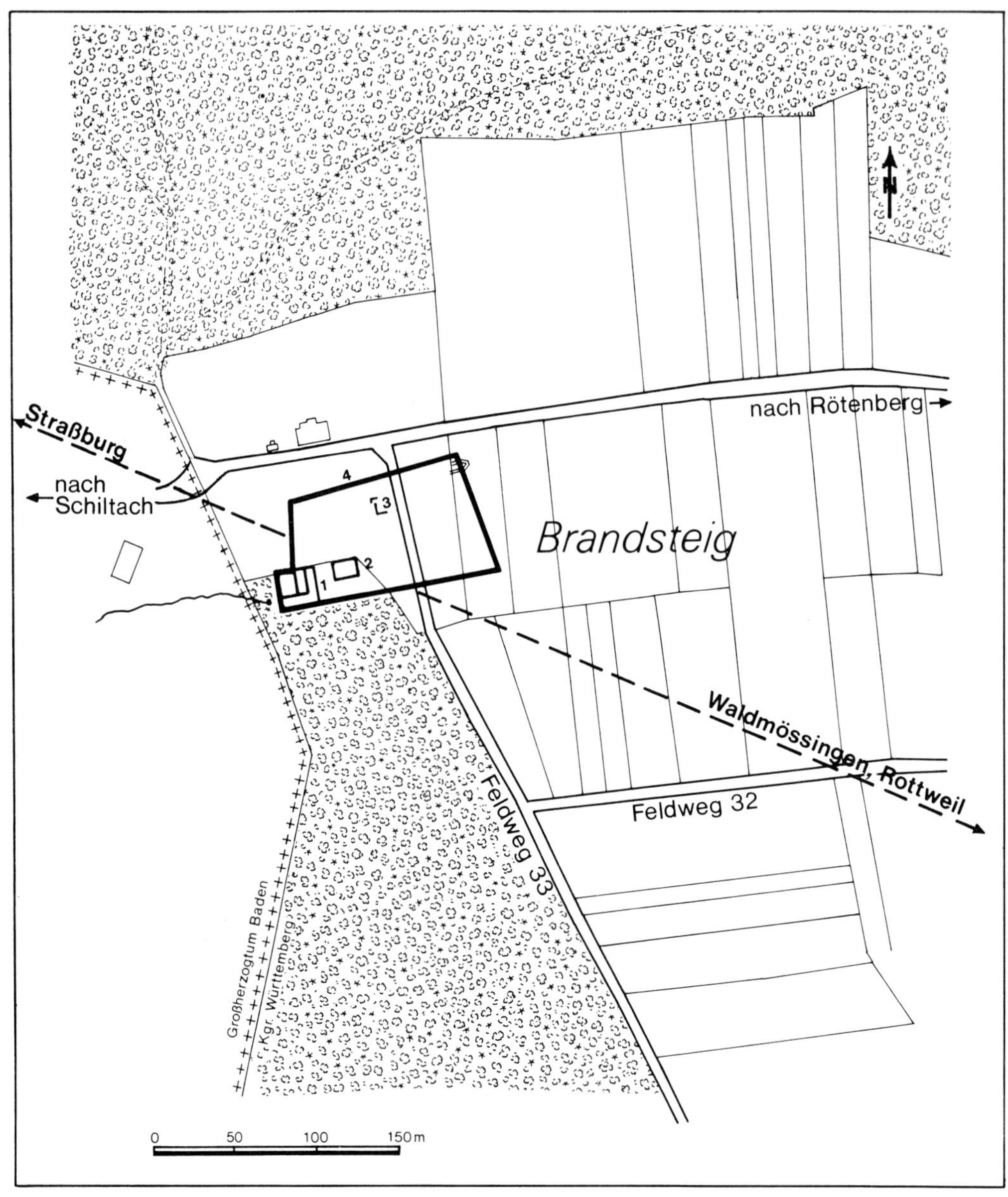

Abb. 85 Brandsteig. Übersichtsplan der topographischen Lage. 1 Wohnhaus, 2, 3 Gebäude, 4 Umfassungsmauer

von Pfarrer Rüdiger sichergestellt und 1834 für das Lapidarium Stuttgart erworben werden. Es ist eine Weiheinschrift des *Quintus Antonius Silo*, Hauptmann *(centurio)* der *legio XXII p(ia) f(idelis) D(omitiana)*, für Abnoba, Schutzgöttin des Schwarzwaldes, vermutlich aufgestellt im Hofe von Gebäude 1 in der Spätzeit Domitians (81–96 nChr). *Quintus Antonius Silo* war als Hauptmann der 22. Legion von der Provinzhauptstadt Mainz/*Mogontiacum* in die *statio* Brandsteig in den Schwarzwald abkommandiert worden. Von der Polizeistation aus hatte er mit einigen ihm untergebenen Soldaten und kleinem sonstigen Personal für die Sicherheit auf der Fernstraße zu sorgen. Sein Dienstauftrag entsprach dem eines *beneficiarius consularis*, den der Provinzstatthalter *(legatus Augusti pro praetore)* als Kommandanten einer Polizeistation an einem wichtigen Punkte des Straßennetzes einsetzte. Gewöhnlich waren die Benefiziarier von den niederen Diensten befreite *(beneficia)* Unteroffiziere *(principales)*, die bei ihrer Ernennung zum Hauptmann *(centurio legionis)* befördert werden konnten. *Quintus Antonius Silo* hatte bereits als *centurio* in 5 Legionen gedient *(legio I adiutrix, II adiutrix, III Augusta, IV Flavia felix, XI Claudia pia fidelis)* als er in die 22. Legion eintrat und nach dem Brandsteig abkommandiert wurde. Der Inschriftenstein ist leider einem Bombenangriff 1944 zum Opfer gefallen.

Der Fund der 3. Inschrift veranlaßte 1835 das Statistisch-topographische Bureau, eine Ausgrabung an der Fundstelle, im Hofe des Gebäudes 1 unter Leitung des Revierförsters Warth durchzuführen. Eine im gleichen Jahr von Kameralverwalter Pflüger von Alpirsbach durchgeführte Grabung brachte keine neuen Erkenntnisse.

Um 1840 gründete Hauptmann von Alberti in Oberndorf einen Altertumsverein zur Erforschung der röm Gebäude auf dem Brandsteig. Der Verein beauftragte Pfarrer Schmid von Rötenberg mit weiteren Untersuchungen in den Jahren 1841 und 1842. Aber 1843 löste sich der Brandsteiger Altertumsverein bereits wieder auf. Der vorliegende Grabungsplan wird den Untersuchungen E. Nägeles 1895 und 1899 verdankt.

Fil

Abb. 86 Brandsteig. Bronzeherme

Abb. 87 Brandsteig. Tierkleinplastiken. Bronze

TK 7717 – L 7716
Ao: WLM Stgt
Lit: ENägele, Die röm Station auf dem Brandsteig (Schänzle) bei Rötenberg OA. Oberndorf, in: FdbaSchw 17,1909,38 ff – PhFiltzinger, FdbaSchw 19,1971,178 ff.

Breisach FR

Spätrömisches Grenzkastell

Abb 88–90

Auf dem in der Rheinniederung SW des Kaiserstuhlmassivs gelegenen Breisacher Münsterberg. Nach der Korrektion fließt heute der Rhein in einigem Abstand an der W-Seite des Berges vorbei, der ursprünglich wie eine Insel zwischen zwei Flußarmen lag. Von der einst mächtigen Anlage ist oberirdisch nur ein kurzes, niedriges Stück der ▶ W-Umfassungsmauer erhalten geblieben, die heute in die Terrassenwand des Münsterberghotels einbezogen ist. Der Großteil des röm Kastellgeländes wurde im Mittelalter überbaut und dabei gründlich zerstört. Weitere Substanzverluste ergaben sich durch die Beschießung der Stadt im Jahr 1793 und durch den Umbau zu einer modernen Festung unter Vauban (bis 1670).

Nur geringe Restflächen vor allem in den ehemaligen Gärten und Innenhöfen, sind für die planmäßige Erforschung übriggeblieben. Eine Ausnahme bildet allein der lange Zeit als Friedhof genutzte Platz vor dem Stephans-Münster. Hier konnte 1969/70 ein großzügig dimensionierter Gebäudekomplex freigelegt werden, der sich nach S unter das Münster, nach N unter das Rathaus fortsetzt. ▶ Die ergrabenen Fundamentmauern, die einen wesentlichen Teil des Gesamtgrundrisses wiedergeben, wurden bei der Pflasterung des Platzes mit andersfarbigen Steinen ausgelegt. Vom Obergeschoß des Breisgaumuseums (s. u.) bietet sich der beste Blick über die ausgedehnte Anlage. Die archäologische Erforschung des Breisacher Münsterberges begann 1938 mit einer technisch sehr schwierigen Grabung in den mittelalterlichen Straßen (R. Nierhaus). Hier hoffte man, auf ungestörte Spuren des Kastells zu stoßen, dessen antiker Name, *Brisiacum,* in einem hier ausgegebenen Edikt des Kaisers Valentinian vom Jahre 369 nChr überliefert ist. Bei diesen Sondierungen wurde tatsächlich die N-Mauer und zwei vorgelagerte Gräben angeschnitten. Erst 1962 gab eine größere Bauausschachtung erneut die Möglichkeit, Einblick in den Untergrund der mittelalterlichen Stadt zu gewinnen. Ab 1967 folgte dann eine Reihe von Flächengrabungen durch das LDA Freiburg (Verf), den vorläufigen Schlußpunkt setzte die Untersuchung der 1973 durch das Münsterberghotel überbauten Grundstücke am W-Rand des Plateaus (H. Bender).

Die wesentlichen Feststellungen zu Art und Größe der röm Befestigung waren schon R. Nierhaus gelungen. Das ummauerte Areal umfaßte demnach die ganze S-Hälfte des Berges, etwa vom Radbrunnenturm bis zur S Münsterterrasse. Nach drei Seiten (OSW) boten die sehr steil abfallenden, stellenweise felsigen Hänge einen ausgezeichneten Schutz. An der besonders gefährdeten N-Seite zog sich quer über den Berg eine Mauer (L 200 m, B 3,30 m), lt R. Nierhaus H ca 8 m, eine Schätzung, die sich teilweise auf Tiefe und Böschungswinkel der zwei mächtigen, parallel zur Mauer verlaufenden Gräben stützen kann. Vorspringende Türme mit rechteckigen Fundamenten und ein nach innen gezogener Torbau dienten der Verstärkung dieser eigentlichen Feindseite des Kastells. Während die Abschnittsmauer völlig geradlinig verläuft, paßt sich offenbar die wesentlich schwächere Umfassungsmauer den natürlichen Gegebenheiten des

Abb. 88 Breisach. Blick auf den Münsterberg (Kastell)

Abb. 89 Breisach. Münsterplatz. Im Pflaster markierter Grundriß eines spätröm Gebäudes

Abb. 90 Breisach. Ziegelstempel der legio I Martia

Geländes an. An der O-Seite des Münsterplatzes, dicht neben einem jüngeren Aufgang (Schänzletreppe) konnten die Reste eines halbrund vorspringenden Turmfundaments beobachtet werden, daran anschließend ein kleines Stück der Randmauer. Auf der W-Seite, wo ▶ diese Mauer auf mehrere Meter Länge erhalten ist, ließ sich wenigstens noch die „Standspur" eines weiteren Turms feststellen. Daraus ergibt sich eine der Frontseite entsprechende Verstärkung auch an den von Natur besser geschützten Seiten. Die Mauerführung am äußersten Rand des Hochplateaus zeigt deutlich, wie konsequent der Vorteil der Lage ausgenützt wurde. Gleichzeitig ergibt sich daraus klar der defensive Charakter der ganzen Anlage. Vom Innenraum ist außer dem großen, in seiner Funktion jedoch ungeklärten Baukomplex beim Münster bisher nicht viel bekannt. Spärlich sind auch die Funde, Münzen und Keramik, aus der langen spätröm Periode des Berges. Desto wichtiger ist die Auffindung eines Ziegelfragments mit Stempel der *legio I Martia*, einer vermutlich dem Kaiser direkt unterstellten Truppeneinheit. Gleichartige Stempel fanden sich auf rechtsrheinischer Seite im Brückenkopf von Wyhlen, linksrheinisch in Kaiseraugst und anderen, in spätröm Zeit hervorgehobenen Plätzen der Schweiz und des Elsaß. Diese Ziegel scheinen einen Ausbau der Grenzbefestigungen unter Kaiser Valentinian I. (364–375 nChr) anzudeuten, der sich zu diesem Zweck längere Zeit an der N-Reichsgrenze aufhielt, ua auch auf dem Breisacher Münsterberg. Man hat deshalb lange das Kastell *Brisiacum* für eine Gründung dieses Kaisers gehalten, doch sprechen neue Grabungsergebnisse für eine Entstehung schon in früherer Zeit. Zu ähnlichen Feststellungen führt eine Betrachtung der spätröm Situation am Oberrhein. Anders als am Hochrhein war im N von Basel wegen des hier stark mäandrierenden Stromes und wegen der Undurchdringlichkeit des sumpfigen Auwaldgürtels der Verkehr auf wenige, von der Natur vorgezeichnete Wege angewiesen. Daher konnte man sich in diesem Grenzabschnitt anscheinend auf die Sicherung dieser Übergänge beschränken. Seit der Besetzung des ehemaligen Dekumatlandes fiel damit dem *mons Brisiacus* eine wichtige Rolle in der röm Grenzorganisation zu. Schwerlich hat man gerade diese vorgeschobene, von ihrer Topographie her besonders geeignete Position weit ins 4. Jh hinein unbefestigt gelassen. Die hier den Rhein überquerende Straße erreichte schon wenige km W bei Horburg/*Argentovaria* einen weiteren Truppenstandort und gleichzeitig eine wichtige Station an der linksrheinischen Hauptstraße von Basel nach Straßburg. Die Fortsetzung über Horburg/Colmar hinaus führte über die Vogesen ins Innere Frankreichs. Die verkehrsgeographische Lage unterstreicht nachdrücklich, was sich aus anderen Überlegungen für den Stellenwert Breisachs in der spätröm Grenzverteidigung ergeben hat.

Fin

TK 7911 – L 7910
Ao: M Breisach
Lit: RNierhaus, Grabungen in dem spätröm Kastell auf dem Münsterberg von Breisach, (Kr. Freiburg i. Br.) 1938. Germania 24, 1940, 37 – GFingerlin, Ausgrabungen im spätröm Kastell Breisach. DmpfliBW Nachrbl des LDA 1, 1972, 7 – HBender, Ein spätröm Ziegelstempel vom Münsterberg in Breisach. ArchNaB 13, 1974, 26.

Museum für Ur- und Frühgeschichte

Abb 91, Tafel 68c

Münsterbergstr 21. Öffnungszeiten: Mai–Sept Di–Sa 14–16, So u Feiert 10.30–12.30, 14–17 Uhr. Okt–April Sa u So 14–16 Uhr.

Mit der Eröffnung des vorgeschichtlichen Museums (1972) hat die Stadt Breisach zusammen mit der Denkmalpflege einen lange gehegten Plan verwirklicht: die anschauliche Darstellung des ältesten Abschnitts in der wechselvollen und reich dokumentierten Geschichte des Münsterberges und seiner näheren Umgebung. Eindeutig liegt dabei das Schwergewicht in prähistorischer Zeit, bei dem für S-Deutschland fast einmaligen Bestand urnenfelderzeitlicher Keramik und bei den reichen Funden der am Rheinufer gelegenen keltischen Siedlung von Breisach-Hochstetten. In diesem Zusammenhang erscheinen mit den typischen, schlanken Weinamphoren die ersten Zeugnisse eines zunehmend enger werdenden Kontakts mit der röm Welt. Die folgenden Jahrhunderte der Besetzung S-Deutschlands haben auf dem Münsterberg selbst nur geringen Niederschlag gefunden. Stellvertretend für diese Zeit stehen Tongefäße, Gläser und Tierfiguren aus Schallstadt: Totenbeigaben eines kleinen Gräberfeldes, das bei einem ländlichen Gutshof angelegt worden war. Wenige keramische Funde aus Siedlung und Mithrasheiligtum von Riegel am N-Rand des Kaiserstuhls ergänzen und erweitern das Bild der Landschaft in röm Zeit.
Für die spätantike Periode, in der Breisach zur Grenzfestung ausgebaut und damit seine geschichtliche Rolle für Jahrhunderte festgelegt wurde, ist eine neue Dokumentation mit den Ergebnissen der jüngsten Grabungen vorgesehen.

Fin

Lit: GFingerlin, Tierfiguren aus röm Brandgräbern bei Schallstadt. ArchNaB 7, 1971, 21 – AEckerle, Ein Museum für Ur- und Frühgesch auf dem Münsterberg in Breisach a. Rhein. Arch NaB 9, 1972, 3.

Abb. 91 Breisach. Krug mit Medusenköpfen aus Schallstadt

Brenz an der Brenz
Sontheim HDH

Römische Baureste und Inschrift im Bereich der Galluskirche

In der auf eine Kirche des 8. Jh zurückgehenden romanischen Basilika befindet sich am linken Bogenansatz der S Seitenapsis ▶ ein Statuenbasisstein mit Inschrift eingemauert. Kalkstein. H 0,7 m, B 0,42 m.
Der schon im 16. Jh von dem Brenzer Humanisten A. Althamer erwähnte Stein war lange Zeit Zeugnis für die röm Vergangenheit des Ortes und insbesondere für die Bedeutung des Brenzer Kirchhügels in röm Zeit. Die Inschrift lautet: *In h(onorem) d(omus) d(ivinae) / Apolli(ni) Granno/Baienius Victor / et Baienius Victor / et Baienius Victorinius fili(i) eius, ex / vissu signum cum / base*, zu deutsch: Zur Ehre des Kaiserhau-

ses (haben) dem Apollo Grannus Baienius Victor (der Vater) und Baienius Victor und Baienius Victorinus, dessen Söhne, aufgrund eines Gesichts die Statue mit Basis (gesetzt).
Die Inschrift weist auf ein Heiligtum des Apollo Grannus hin, das lange Zeit in Brenz vermutet worden ist.
Die 1964 von B. Cichy im Auftrag des LDA hier durchgeführten Ausgrabungen erbrachten tatsächlich unter der heutigen romanischen Kirche röm Baureste. Auf 50 x 30 m wurden insgesamt vier Keller freigelegt, von denen der Ausgräber einen röm Alters feststellen konnte. Das Bruchstück einer Säule mit Schuppenmuster, wahrscheinlich von einer Jupitersäule, läßt vermuten, daß hier in röm Zeit ein Gutshof (*villa rustica*) stand. Über Ausdehnung und Aussehen dieser Anlage konnten jedoch die Ausgrabungen keine Klarheit erbringen, da durch die späteren Kirchenbauten das übrige Mauerwerk weitgehend entfernt worden war.
In der Mauer der ersten Brenzer Steinkirche fanden sich weitere als Spolien benutzte röm Architekturteile, von denen das reliefierte Fragment eines Pfeilerkapitells besonders hervorzuheben ist.
Die Herkunft der Apollo-Inschrift konnte durch die Ausgrabungen nicht ermittelt werden. Ein an dieser Stelle stehender Tempel – wie es früher in der Forschung angenommen worden war – wurde nicht gefunden. Vermutlich stammt dieser Stein von Faimingen, wo zwischen 1888 und 1890 ein großer Tempel des Apollo gefunden wurde. Gerade zahlreiche Inschriften mit Weihungen an Apollo-Grannus aus der näheren und weiteren Umgebung von Faimingen deuten darauf hin, daß dieser Tempel im frühen Mittelalter zum Steinbruch wurde, in dem Steine für die umliegenden Bauwerke gebrochen worden sind. Besonders auffallend ist, daß sich derartige Weihungen im Gebiet von Faimingen häufen und es darf wohl ausgeschlossen werden, daß nahe an einem so großen Tempel des Apollo sich weitere derartige Heiligtümer befanden.
Von der Markung und der nächsten Umgebung sind weitere röm Gutshöfe bekannt. Pl

TK 7427 – L 7526
Ao: WLM Stgt
Lit: Haug-Sixt, 84 ff – Vollmer, Inscriptiones Baiuariae Romanae sive Inscriptiones Prov Raetiae (1915) 63 Nr. 201 – RiW 3, 290. – BCichy, Die Kirche von Brenz (1966) 13 ff.

Buch → Schwabsberg

Burladingen → Hausen i. K.

Cleebronn HN

Römische Baureste auf dem Michaelsberg

Von Cleebronn Richtung Freudental biegt nach etwa 1 km ein Weg nach SW ab, der unmittelbar auf den Michaelsberg führt. An der Stelle der schon im Jahre 793 auf dem O-Ausläufer des Stromberges genannten St. Michaelskapelle wird seit den Grabungen O. Parets 1930 ein gallo-röm Umgangstempel vermutet. Zahlreiche Reliefbruchstücke und Dachziegel sowie eine Mauerecke außerhalb der N-Seite der Kapelle beweisen, daß hier röm Baureste vorliegen. Die Mauer (B 0,6 m, L 5,6 m) hatte roten Fugenstrich. Die Grabungen im Inneren der Kirche im Jahre 1959 ergaben jedoch keine weiteren Hinweise. Die sichere Zuweisung zu einem Tempel muß deshalb offen bleiben. Es ist jedoch durchaus möglich, daß hier auf diesem Berg mit seiner, das umliegende Land beherrschenden Lage inmitten des Zabergäus, ein kultischer Bau gestanden hat. Pl

TK 6920 – L 6920
Lit: OParet, FdbaSchw NF 5, 1930, 62 ff – RiW 3, 174 f.

Dalkingen → Schwabsberg – Buch

Dangstetten Küssaberg WT

Lager für eine größere Truppeneinheit

Abb 92–96, Tafel 6b, 14a, 35b, 36a, 63c

Einfachster Zugang von der Landstraße Rheinheim–Dangstetten an der Stelle, an der sie die Böschung der Hochterrasse schneidet. Zu Fuß nach O durch einen allmählich ansteigenden Geländeeinschnitt (Wasserreservoir) bis zur Hochfläche, Standpunkt hier etwa N-Ende des ehemaligen Lagerareals. Nach Abschluß der Rekultivierungsarbeiten soll an dieser Stelle ein kurzes Stück der ▶ Befestigung rekonstruiert werden.

Das Lager liegt auf einer spornartig ins Rheintal vorspringenden Hochterrasse, im Gewann „Auf dem Buck", O der Landstraße Rheinheim–Dangstetten. Der Platz, an dem das Lager stand, ist heute bis auf geringe Reste durch ein Kieswerk abgebaut. Im Gelände läßt sich daher nur noch eine Vorstellung von der topographisch wie strategisch günstigen Position der Anlage gewinnen. Ein guter Überblick bietet sich vom N-Rand der Kiesgrube.

Seit der Entdeckung im Frühjahr 1967 wurde das gesamte vom Kiesabbau beanspruchte Gelände in mehreren Grabungskampagnen durch den Verf. aufgedeckt. Etwa 90% des noch erhaltenen Lagerareals (vor 1967 wurden größere Flächen unbeobachtet zerstört) können als untersucht gelten, kleinere Abschlußgrabungen am N- und S-Rand stehen noch aus. Wie auch bei anderen militärischen Anlagen der frühen Kaiserzeit folgt der Plan keinem festgelegten Schema sondern orientiert sich an der Geländeform und anderen, aus der Situation gegebenen Voraussetzungen. Soweit bisher festgestellt, hat das Lager eine nicht regelmäßige, lang-ovale Form mit einer einspringenden SO-Ecke. Die erwähnten Zerstörungen verbieten eine genauere Beschreibung. So bleibt unsicher, ob sich der W-Lagerrand an die hier besonders hohe und steile Terrassenkante anlehnte oder weiter einwärts auf der Hochfläche verlief. Entsprechend vorsichtig muß die Frage nach der Größe des befestigten Areals beantwortet werden. Bei einer Ausdehnung von 420 m (N–S) auf mindestens 300 m (W–O) steht aber auf jeden Fall eine Fläche von mehr als 12 ha zur Verfügung, ausreichend für die Unterbringung mindestens einer halben Legion (Sollstärke zwischen 5000 und 6000 Mann). Die aus Holzschalwänden und Erdfüllung bestehende Mauer, die in Abständen von je 40 m durch Holztürme verstärkt war, erstreckte sich demnach über eine Länge von mehr als 1,3 km. Von den vermutlich vier Toren wurde bisher nur das an der O-Seite gelegene Ausfallstor *(porta praetoria)* ausgegraben. Die Rekonstruktionszeichnung vermittelt eine Vorstellung des nach innen gezogenen, von Türmen flankierten Torbaus mit zwei getrennten Eingängen. Der vorgelagerte, schmale und flache Spitzgraben ist an dieser Stelle unterbrochen, ebenso eine Palisade, die im Abstand von 4,5 m ein zusätzliches Annäherungshindernis bildete.

Trotz überwiegend schlechter Beobachtungsbedingungen und teilweiser Zerstörungen im Innenraum konnte der Lagerplan weitgehend erfaßt werden. Steinerne Fundamente gab es nicht. Wie die Umwehrung waren auch alle Gebäude aus Holz errichtet, die Dächer mit Schindeln oder Stroh, jedenfalls nicht mit Ziegeln gedeckt. Durch ein Netz rechtwinklig zueinander laufender Straßen wurde der Innenraum in große, regelmäßig begrenzte Felder oder Streifen aufgeteilt. Unmittelbar hinter der O-Lagerumwehrung und der an der Innenseite der Mauer verlaufenden Ringstraße *(via sagularis)* standen zunächst mehrere Reihen von Mannschaftsbaracken, dann folgten, etwa in der Mitte des Lagers, der Wohnbau des Kommandanten *(praetorium)* (1) und das ausgedehnte, dreiflüglig um einen größeren Platz angelegte Stabsgebäude *(principia)* (2). Nach N schlossen sich an das Wohnhaus des Kommandanten (1) die Kasernen der Reiter an. S des Stabsgebäudes (2) lag ein Areal, in dem die zur Versorgung der Truppe wichtigen handwerklichen Betriebe untergebracht waren: die *fabrica legionis* (3). Hier fanden sich eine Töpferei für einfaches Gebrauchsgeschirr, mehrere Schmelzöfen, Schmiede-Essen von Eisen- und Bronzehandwerkern, eine Schnitzerwerkstatt (Material Hirschgeweih) und Hinweise auf die

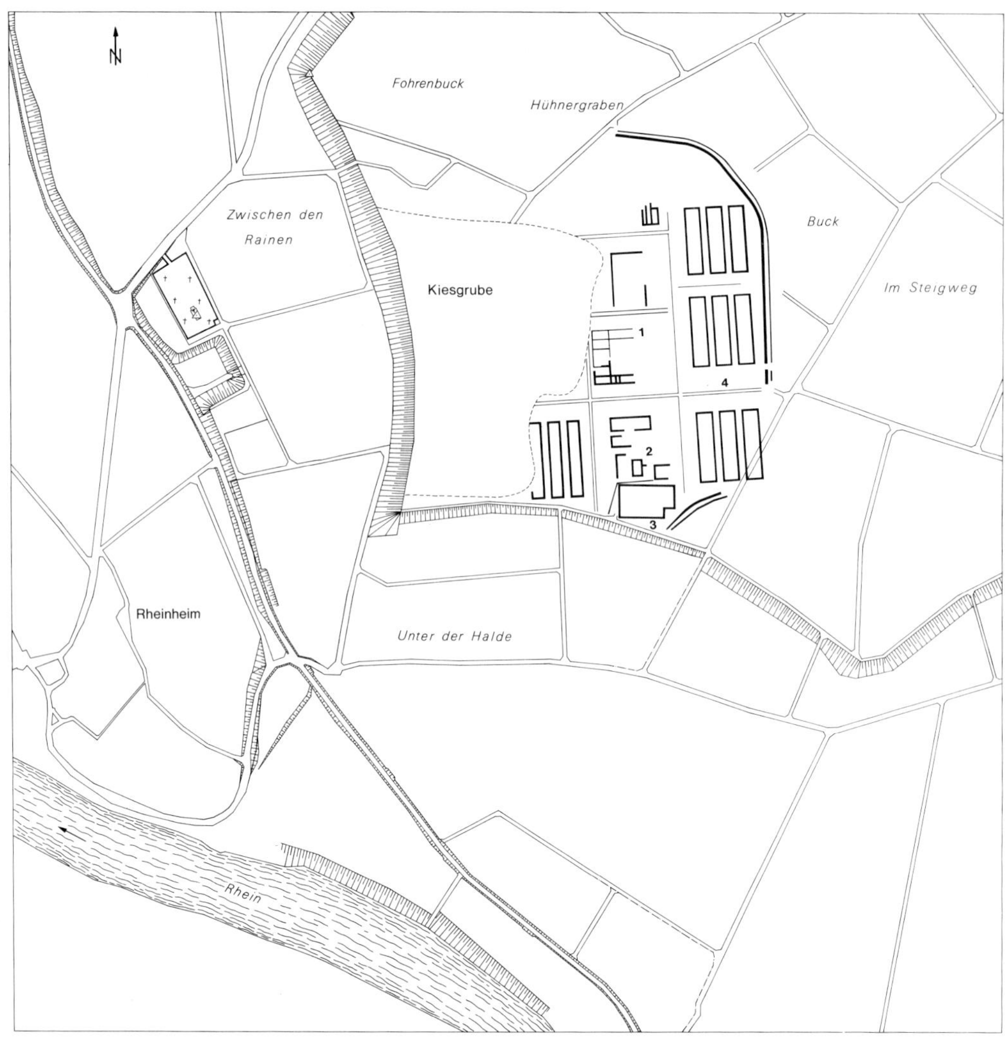

Abb. 92 Dangstetten. Gesamtplan des Lagers. 1 Stabsgebäude, 2 Wohnbau des Kommandanten, 3 Handwerksbetriebe, 4 Speicher

Bearbeitung von Holz und Leder. Ein großer Speicher *(horreum)* (4) schloß diesen „Mittelstreifen" des Lagers gegen die S-Mauer ab. Im rückwärtigen Teil folgten wieder Mannschaftskasernen. Ob hier noch andere Bauten, etwa ein Lazarett *(valetudinarium)* oder Wohnhäuser der höheren Offiziere *(tribuni)* standen, läßt sich wegen der hier sehr weitgehenden Zerstörungen nicht mehr feststellen.

Aus der großen Fundmasse ist vor allem ein beachtlicher Bestand an mittel- und oberitalienischer Sigillata, an feinem, meist aus S-Frankreich stammenden Trinkgeschirr, an röm und einheimisch-keltischen Fibeln und schließlich an mili-

Abb. 93 Dangstetten. Löwenapplike von Bronzekessel

Abb. 94 Dangstetten. Zierbeschlag einer Schwertscheide

Abb. 95 Dangstetten. Becher mit Reiterfries

tärischen Ausrüstungsstücken hervorzuheben. Dazu gehört ein kleines Bronzetäfelchen mit der Inschrift *L XIX C III.* Damit ist die 19. Legion, eine unter Kaiser Augustus neu aufgestellte Einheit des röm Heeres, als Besatzung des Dangstetter Lagers nachgewiesen. Knapp zwei Jahrzehnte später wurde diese Truppe, die seit dem Alpenfeldzug (15 vChr) anscheinend ununterbrochen in den germanischen Kriegen eingesetzt war, unter dem Kommando des Varus in der Schlacht im Teutoburger Wald aufgerieben. Zeugnisse für ihre Stationierung nach dem Abzug vom Hochrhein sind aus Köln und Haltern (Westfalen) bekannt geworden.

Der überwiegend aus röm Bürgern Oberitaliens rekrutierten Legion sind im Dangstetter Lager Hilfstruppen anderer Herkunft zugeteilt: keltische Reiter, vielleicht aus der Gegend von Trier und orientalische Bogenschützen. Sie lassen sich

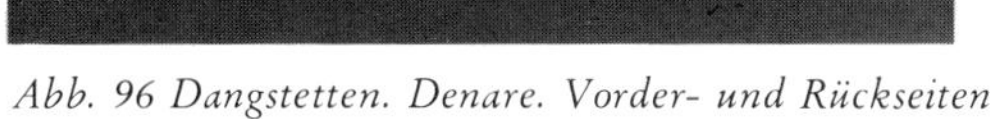

Abb. 96 Dangstetten. Denare. Vorder- und Rückseiten

anhand ihrer typischen Ausrüstung und ihrer sonstigen materiellen Hinterlassenschaft deutlich erkennen. Weniger eindeutig ist die Aussage einiger Scherben, die aus germanischem Milieu stammen. Es erscheint aber durchaus möglich, daß einzelne germanische Söldner zum Hilfskontingent der keltischen Reiter gehörten.

Eine weitere Fundgattung schließlich, das aus Bronze geprägte Kleingeld, erlaubt eine sichere Festlegung des Zeitpunktes, an dem der Platz von den röm Truppen geräumt wurde: das Jahr 9 oder 8 vChr, in dem sich, verursacht durch den Tod des Drusus wie auch durch andere Faktoren, gewisse Änderungen des militärischen Konzepts ergaben.

Da aus historischen Gründen (Alpenfeldzug) das Lager nicht früher als 15 vChr angelegt worden sein kann, steht für die Belegungszeit nicht viel mehr als ein halbes Jahrzehnt zur Verfügung. Dangstetten gehört damit zu den am genauesten datierten Fundplätzen röm Zeit, gleichzeitig mit den ältesten militärischen Anlagen auf deutschem Boden, die im Zusammenhang mit den germanischen Unternehmungen des Augustus entstanden sind.

Die Wahl gerade dieses Platzes am N-Ufer des Hochrheins als Ausgangspunkt einer größeren militärischen Operation war gut begründet. Ähnlich wie die Täler von Main und Lippe, wo in dieser Zeit vergleichbare Stützpunkte entstanden, bildet auch das Klettgautal ein natürliches Einfallstor in den germanischen Siedlungsraum, die zweifellos günstigste, auch für ein großes Heer benützbare Verbindung vom Schweizer Mittelland zum Quellgebiet der Donau und weiter zum Neckartal. Es ist seit langem bekannt, daß diese Linie, die von Windisch/*Vindonissa* über Zurzach, Rheinheim (Rheinübergang), Dangstetten, Schleitheim und Hüfingen nach Rottweil führt und schon im 1. JhnChr zu einer festen Straße ausgebaut ist, schon in vorgeschichtlicher Zeit als Handels- und Verkehrsweg intensiv benutzt wurde. In *Vindonissa,* dem linksrheinischen Ausgangspunkt dieser Route, nur 20 km S von Dangstetten gelegen, laufen mehrere wichtige Fernstraßen aus Frankreich, von den Westalpenpässen und den Bündner Pässen zusammen. Dies bedeutete für den vorgeschobenen Brückenkopf Dangstetten ausgezeichnete rückwärtige Verbindungen, die wahrscheinlich noch zusätzlich durch ein kleines rechtsrheinisches Uferkastell bei der zum Lager gehörenden Brücke in Rheinheim gesichert war.

Fin

TK 8415 – L 8514

Ao: Kleine Ausstellung im Klettgaumuseum Tiengen. Sonst LDA, Außenstelle Freiburg.

Lit: GFingerlin, Rheinheim-Dangstetten. Ein Legionslager frühröm Zeit am Hochrhein. Arch NaB 6, 1971, 11 – Ders, Dangstetten, ein augusteisches Legionslager am Hochrhein. Vorbericht über die Grabungen 1967–1969. 51.–52. Ber. RGK 1970–1971, 197 ff.

Ditzingen → Heimerdingen

Donaueschingen VS

Fürstlich Fürstenbergische Sammlungen

Karlsplatz 7: 1868/69 errichtetes Museumsgebäude, sog „Karlsbau", im 1. Obergeschoß „Kreismuseum für Ur- und Frühgeschichte" des ehemaligen Kreises Donaueschingen.

Öffnungszeiten: Di–So 9–12, 14–17 Uhr

Mit der 1805 gegründeten – also einem der ältesten süddeutschen Altertumsvereine – „Hochfürstl. Fürstenbergischen Gesellschaft der Freunde vaterländischer Geschichte und Naturgeschichte an den Quellen der Donau" befand sich in Donaueschingen ein sehr frühes Zentrum auch der archäologischen Erforschung für die Region. Neben den durch diese Gesellschaft angeregten Ausgrabungen bilden staatliche Leihgaben das „Kreismuseum für Ur- und Frühgeschichte". Die röm Abteilung des Museums wird fast ausschließlich durch Funde aus Hüfingen vertreten. Den Anfang machen zwei Vitrinen mit typischen Funden aus dem Hüfinger Kastell. Neben Gewandspangen und Gerät sollte man Bronzeteile des Pferdegeschirrs und Ziegel mit Stempeln der 11. Legion – *Leg(io) XI C(laudia) P(ia) F(idelis)* – besonders beachten. Die übrigen Vitrinen zeigen Fundstücke aus der Zivilsiedlung Hüfingen – „Mühlöschle". Sog Fehlbrände, also beim Brennen verformte und deshalb unbrauchbare Tongefäße, belegen die örtliche Produktion; gewisse Form- und Verzierungselemente der vorröm Zeit leben in der einheimischen Ware fort. Ein kleiner Altar, gefunden in einem Gebäude – vielleicht ein kleiner Tempel – am Rande des röm Gutshofes „Altstadt" bei Meßkirch, vertritt die Steindenkmäler in der Sammlung. Er trägt folgende Aufschrift: *Diana(e) / sacrum / M(arcus) Aurel(ius) / Honoratus / Pancratius / v(otum) s(olvit) l(ibens) l(aetus) m(erito)*; Übersetzung: Der Diana (hat) Marcus Aurelius Honoratus Pancratius einen Altar (errichtet, indem) er sein Gelübde froh, frei und nach Gebühr erfüllt hat. – Ungewöhnlich an der Inschrift ist, daß der Weihende – vermutlich gleichzeitig auch der Besitzer des Hofes – neben dem lateinischen Beinamen Honoratus auch noch den seltenen griechischen Beinamen Pancratius führt.

Eck

Donnstetten Römerstein RT

Römische Siedlung

Abb 97

Im Jahre 1907 vermutete R. Knorr zum ersten Mal in Donnstetten ein Kastell der Alblinie. Seine Vermutung stützte sich auf zahlreiche südgallische Terra-Sigillata-Scherben der Zeit um 80 nChr, die hier gefunden worden waren. Schon 1903/04 hatte Pfarrer Dreher am O-Rand des Ortes ein röm Gebäude entdeckt und ausge-

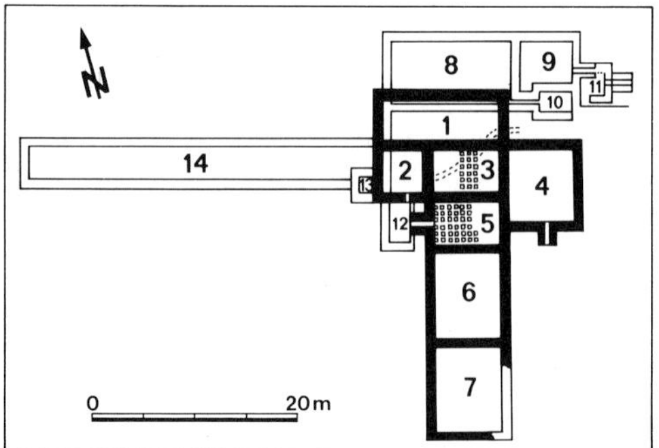

Abb. 97 Donnstetten. Gesamtplan des Bades mit späteren Um- und Anbauten. 1–7 älteres Bad, 8–14 jüngere Anbauten

graben, das O. Paret 1931 als Badegebäude erkannte. Das Gebäude hat zwei Bauperioden, der ältere Bau (34x21 m) (1–7) wurde möglicherweise später in einer zweiten Bauphase (8–14) als ziviles Gebäude umgebaut. Über die Lage des hier angenommenen Kastells fehlen sichere Anhaltspunkte. Von der Umgebung des Ortes sind mehrere röm Fundstellen bekannt, doch muß wohl angenommen werden, daß das Kastell in der Nähe des Bades gelegen hat. O. Paret vermutete das Lager, möglicherweise nur ein Holz-Erde-Kastell, am O-Rand des Ortes etwa 100 m NW des Bades in Flur „Lichtenekere". Pl

TK 7423 - L 7522
Ao: WLM Stgt
Lit: RiW 3, 295 – OParet, Germania 15, 1931, 230 ff – WBarthel 6. Ber. d. RGK 1910–1911 (1913) 170 f – PhFiltzinger, Bonner Jahrb. 157, 1957, 201 f.

Dornstadt → Tomerdingen

Ehingen UL

Heimatmuseum

Altes Spital, Kasernengasse. Öffnungszeiten: So u Feiert 10.30–12 Uhr. Sonst über Herrn Ege, Hauptstr 132.
Die vor- und frühgeschichtliche Sammlung des Altertumsvereins Ehingen hat Studienrat Karl Flügel 1928 inventarisiert. Die Fundgegenstände, fast ausschließlich von Rißtissen und Emerkingen, wurden 1974 in drei Glasschränken ausgestellt. Weitere Fundorte: Unterwachingen, Munderkingen, Rupertshofen, Griesingen.
Schrank 1: In Rißtissen, Emerkingen und Rupertshofen gefundene Keramik (Schüssel, Topf, Teller, Reibschüssel, Einhenkeltopf, Einhenkelkrug, Lampen), Terra Sigillata-Teller, Glasurne; Funde von einem röm Gutshof in Griesingen: bemalter Wandverputz, Bruchstücke eines Mosaikfußbodens und Ziegel. – *Schrank 2:* Keramik von Rißtissen und Emerkingen (Topf, Einhenkeltopf, Teller, Deckel. Terra Sigillata: Napf, Schüssel, Teller). Gegenstände aus Bronze: Nadeln, Löffel, Zügelring, Kannenhenkel, Pferdegeschirranhänger, Gürtelschnallen, Scharnier vom Panzer, Beschläge, Fibeln, Ringe, Glocke, Ohrringe. Beinnadel, Beinwürfel, Schreibgriffel aus Eisen, Balsamarium aus Glas. – *Schrank 3:* Rätischer Becher von Rißtissen. 3 Töpfe aus einem Kindergrab in Emerkingen. Terra Sigillata-Näpfe von Rißtissen. Eisengeräte: Messer, Schlüssel, Lanzenspitze, Beil, Hämmer, Sichel. Ziegelstempel *Al(a) II Fl(avia)* von Aalen. Münzen. Fil

Lit: KFlügel, Führer durch das HM Ehingen/Donau.

Ehingen → Rißtissen

Eislingen GP

Römisches Kastell

Abb 98

Das Kastell liegt etwa 1,7 km O der Stadt in Flur „Steiniger Esch" über dem N-Ufer der Fils. Die S-Ecke liegt heute unter der Straße Eislingen – Salach. Das Kastell befindet sich im wesentlichen NO der Straße kurz vor dem modernen Industriegebiet von Salach.
Das Kastell wurde erst 1966 von dem Luftbildfotografen Albrecht Brugger, Stuttgart, entdeckt.

Abb. 98 Eislingen. Luftbild des Lagers

Bis zu diesem Zeitpunkt war hier von der Existenz eines röm Lagers nichts beobachtet worden. Das Luftbild erbrachte ganz klar ein leicht trapezförmiges Viereck, umgeben von einem Graben (B 5–6 m). Die Innenfläche von etwa 2,2 ha weist es sehr wahrscheinlich in die Gruppe der normalen Kohortenkastelle. An drei Seiten zeigt die Luftaufnahme Unterbrechungen des Grabens, die die Stelle der Tore andeuten. An einem der Tore können sogar auf dem Luftbild deutlich die Spuren der Torpfosten festgestellt werden, die sich als dunkle Verfärbungen abheben. Zwei kleinere Untersuchungen erbrachten lediglich das Bruchstück eines Henkelkruges. Im Inneren wurde bei der Grabung keine Kulturschicht festgestellt, was vermuten läßt, daß die alte Oberfläche durch Erosion zerstört ist. Lediglich in der W-Ecke zeigt das Luftbild deutlich eine rechteckige Verfärbung und eine nach außen verlaufende dünne Linie, vermutlich ein Wasserbecken. Ähnliche Befunde liegen uns auch von anderen Kastellen vor.

Das Kastell ist sicher ein reines Holz-Erde-Kastell, das nie in Stein ausgebaut und deshalb auch nur kurzfristig benutzt wurde. Es gehört in die Frühzeit der röm Okkupation des mittleren Neckarlandes und könnte als Verbindung zwischen Kastell Köngen einerseits und Kastell Heidenheim andererseits angesehen werden. Pl

TK 7324 – L 7324
Ao: WLM Stgt
Lit: DPlanck, Ein neues röm Lager bei Eislingen FdbaBW 1, 1974, 527 ff.

Ellwangen AA

Weiblicher Kopf

Der vollplastische Kopf aus hellgrauem Sandstein ist an der ▶ O-Seite der Stiftskirche über dem Dach der Apsis des Nebenchores in einer Höhe von 12–15 m eingemauert, tritt aber frei aus der Wand heraus. Man erkennt ein lebendig durchformtes, volles Gesicht mit großen tiefliegenden Augen. Das knapp anliegende wellige Haar ist am Scheitelansatz von einem hochovalen Schmuckstück verziert. Ein Kerbornament, das den Hals wie eine Kette umgibt, scheint erst später angearbeitet worden zu sein. Wir wissen leider nicht, ob der Kopf einst zu einer Grabstatue oder einem Götterbild gehört hat. Das überlebensgroße Format spricht allerdings eher für eine Göttin als für eine Sterbliche. Über die Herkunft und den Zeitpunkt der Anbringung des Denkmals ist nichts Genaues bekannt. Mit großer Wahrscheinlichkeit dürfte der einstige Aufstellungsort des zugehörigen Standbildes hinter dem Limes zu suchen sein, am ehesten in der Nähe des nur wenig S von Ellwangen gelegenen Kastells Buch.
Die Höhe des Erhaltenen beträgt 0,54 m, die des Gesichts 0,37 m. Cä

TK 7026 – L 7126
Lit: Haug-Sixt 111, Nr. 50.

Ellwangen → Halheim

Elztal → Neckarburken

Emerkingen UL

Kohortenkastell

Abb 99

Das Kastell liegt etwa 600 m NW Emerkingen in Flur „Schindergrube", auf der Anhöhe W der Straße nach Munderkingen, etwa 180 m S des Sportplatzes. Eine aus dem Kastell nach N führende Straße stellt die Verbindung zur röm N-Donaustraße her, die etwa 500 m N des Kastells über Möhringen–Unlingen N am Bussen vorbeizieht. Von dem Holz-Erde-Kastell, das zum Teil dem Kiesabbau zum Opfer fiel, ist heute oberirdisch nichts mehr zu sehen. Von der Kastellhöhe hat man einen weiten Ausblick in das Donauried, in dem die von Oberwachingen kommende röm S-Donaustraße S an Emerkingen vorbei nach Kirchbierlingen verläuft. Der röm Straßendamm ist heute noch auf weite Strecken gut sichtbar. In den Fluren Meisental, Goldäcker, Schindergrube und Öschle waren im 19. Jh immer wieder röm Funde bekannt geworden. 1911 fand Dom die ersten Terra Sigillatabruchstücke aus der Mitte des 1. JhnChr. 1913 entdeckte G. Burkhardt das Stabsgebäude *(principia)* in Flur Schindergrube. 1934 kamen beim Bau der Straße nach Munderkingen N des Kastells röm Mauern heraus, die möglicherweise zu einem Bad gehören. 1949 wurden beim Kiesabbau die Mauern des Stabsgebäudes angeschnitten und neu aufgenommen; etwa 40 m N des Gebäudes konnte sehr wahrscheinlich der Lagergraben nachgewiesen werden. In einem Suchschnitt W des Kastells wurden Holzbauten des Lagerdorfes *(vicus)* angeschnitten.
Der Grundriß des Stabsgebäudes (26,7 x 32,5 m) in Emerkingen ist dem des Stabsgebäudes im Kastell Rißtissen sehr ähnlich. Wie in Rißtissen scheint auch in Emerkingen dem Steinbau ein Holzbau vorausgegangen zu sein. Eine als Zisterne zu deutende Lehmgrube im Hof ist wahrscheinlich in claudische Zeit zu datieren.
In den Jahren 1958–1962 aufgenommene Luftbilder ließen erkennen: 1. den rückwärtigen Teil des Stabsgebäudes; 2. ein rechteckiges Gebäude N davon; 3. N-S verlaufende Fundamentgräbchen (Kasernen?) N des Stabsgebäudes; 4. die Verbindungsstraßen des Kastells mit der N- und S-Donaustraße; 5. sehr wahrscheinlich Teile des W Umfassungsgrabens; 6. ein rechteckiges Gebäude im Lagerdorf W des Kastells.
Das Lagerdorf erstreckte sich, wie Lesefunde bisher immer wieder zeigten, um das Lager herum an den zum Kastell führenden Straßen.

Abb. 99 Emerkingen. Luftaufnahme des Stabsgebäudes des Kastells

Das zum Kastell gehörende Gräberfeld wurde noch nicht gefunden.
Kastell Emerkingen hatte Straßenverbindung zu den Donaukastellen. Fil

TK 7723 – L 7722
Ao: Ehingen. WLM Stgt
Lit: PhFiltzinger, Bonner Jahrb. 157, 1957, 181 ff – Ders., FdbaSchw 16, 1962, 83 ff und 18/I, 1967, 106 ff.

Ettlingen KA

Neptunus-Stein

Tafel 27b

An der O-Wand des Rathauses zwischen Albbrücke und Torturm ist ▶ eine Reliefplatte eingemauert. Darauf erscheint in hochrechteckigem Bildfeld die Gestalt des Gottes Neptunus mit dem Dreizack; er hält in seiner Rechten ein schwer bestimmbares Fischwesen und ist von einem flossenfüßigen Meerungeheuer begleitet. Daneben steht eine Weihinschrift: *In h(onorem) d(omus) d(ivinae) / d(eo) Neptuno / contubernio / nautarum / Cornelius/ Aliquandus/ d(e) s(uo) d(edit).* Übersetzung: zu Ehren des göttlichen (Kaiser)hauses dem Gott Neptunus (geweiht). Der Genossenschaft der Schiffer hat Cornelius Aliquandus (den Stein) von dem Seinigen geschenkt. Nach alten Berichten soll zur Zeit der Auffindung rechts neben der Inschrift noch ein Bild mit der Darstellung von „Wassernymphen" zu sehen gewesen sein. Die Schrifttafel wäre also wie eine Art Triptychon symmetrisch von Bildtafeln eingefaßt gewesen. Unter dem Relief befindet sich eine weitere Inschrift, die in Humanistenlatein über das abenteuerliche Schicksal des Römersteins berichtet: Er wurde im Jahr 1480 oberhalb von Ettlingen bei einer Albüberschwemmung gefunden und bald darauf an der Albbrücke beim Rathaus zum ersten Mal aufgestellt. 1511 wird Kaiser Maximilian I. bei einem Besuch der Stadt auf das merkwürdige Denkmal aufmerksam und erbittet es zum Geschenk. Es kommt nach Weißenburg im Elsaß, von dort zu dem kaiserlichen Landvogt in Hagenau, der es seinerseits dem Deutschordensmeister auf Schloß Horneck bei Gundelsheim am Neckar überläßt. 1550 schließlich wird es den badischen Markgrafen Philibert und Christoph zurückerstattet. 1554 lassen Gemeinderat und Bürgerschaft von Ettlingen den Stein an seinem alten Ort wieder aufrichten. Aber nach dem Tode von Markgraf Philibert (1569) geht das begehrte Stück erneut auf Wanderschaft: der Vormund des noch unmündigen Thronfolgers läßt das Relief zum zweiten Male ausbrechen und schenkt es Herzog Albrecht V. von Bayern für dessen gerade gegründetes Antiquarium. Kaum aber ist Markgraf Philibert II. mündig geworden, da drängen ihn die Ettlinger, er möge den Stein aus München zurückfordern. So bekommen die Bürger „ihren Abgott" endgültig wieder und setzen ihn an jene Stelle, von der er bis heute auf den Beschauer hinabblickt. Soweit die Geschichte. 1748 passiert dann aber etwas Merkwürdiges: in einem Keller in Baden-Baden taucht ein weiteres Exemplar des Neptunus-Steins auf, das dem ersten Stück zum Verwechseln ähnlich ist (heute BLM Steinsaal 20). Dem Gott fehlt aber hier der Kopf und mehrere Details auf Relief und Schrifttafel sind beschädigt, während in Ettlingen alles ganz makellos erhalten scheint. Dafür wirkt der dort erhaltene Kopf des Neptunus aber ganz unröm; er ist ein echtes Renaissance-Werk und doch zugleich – welch Widerspruch – aus einem Stück mit dem „römischen" Relief gearbeitet. Diese Beobachtung läßt trotz aller historischen Überlieferung nur einen Schluß zu: irgendwann – vielleicht schon im 16. Jh muß das Original beiseitegeschafft und durch jene Kopie ersetzt worden sein, die durch geschickte Ergänzung der Fehlstellen des Vorbildes bis heute das unkundige Auge zu täuschen vermag. Gern möchte man wissen, wann, warum und auf welche Weise das offensichtlich authentischere der beiden Exemplare den Weg nach Baden-Baden fand. Die Quellen schweigen darüber. Und so wird die Geschichte dieses Steines wohl für immer etwas Mysteriöses behalten. Cä

TK 7016 – L 7116
Lit: Wagner II 66 ff (Ettlinger Stein), 22 f (Baden-Badener Exemplar).

Albgau-Museum

Abb 100

Schloß Öffnungszeiten: Sa 14.30–17, So 10–12 Uhr, jederzeit nach Voranmeldung im Rathaus. Das Albgaumuseum der Städtischen Sammlungen Ettlingen ist Regionalmuseum für die mittlere Albzone. Die im Eingangsflur der Sammlung ausgestellten Bodenfunde stammen ausschließlich aus Ettlingen und dessen unmittelbarer Umgebung. Ein Stadtplan mit Markierung der wichtigsten Fundstellen und dem Verlauf der Römerstraßen im Ettlinger Raum verdeutlicht die exponierte Lage des Platzes im röm Verkehrsnetz am Schnittpunkt der Fernstraße von Straßburg nach Cannstatt, die hier in das Albtal eintritt, und der am Gebirgsrand verlaufenden Straße von Heidelberg nach Offenburg. Die über das ganze heutige Stadtgebiet verstreuten Fundpunkte sprechen eindeutig für eine röm Ansiedlung, die sich vom jetzigen Stadtkern albaufwärts erstreckt haben muß. Aber die Spärlichkeit des Fundmaterials läßt nur wenige unbestimmte Aussagen über deren Größe, Wirtschaftslage und Bevölkerungsstruktur zu. Wie die unten beschriebene Weihinschrift von Mörsch bekräftigt, gehörte die Bevölkerung zur *civitas Aquensis,* deren Verwaltungsmittelpunkt in der röm Vorläuferin von Baden-Baden lokalisiert werden kann. Der oben behandelte Neptun-Stein am Rathaus berechtigt zu der Annahme, daß das Flößereiwesen einen wichtigen Faktor im Wirtschaftsleben der Gemeinde darstellte.

Die erste Vitrine enthält Keramik-Funde aus der Grabung unter der Martinskirche und aus dem röm Gutshof *(villa rustica)* im Schatzwäldle. Dieser Gutshof, 2,5 km N der Stadtmitte in einem Wiesengelände W des Hedwigshofes gelegen, wurde berühmt durch die Grabungen, die der Karlsruher Architekt Friedrich Weinbrenner 1802 mit seinen Schülern durchführte. Das prominente Objekt, das auch im 20. Jh Architekten und Archäologen immer wieder zu Untersuchungen gereizt hat, wurde von seinen ersten Ausgräbern leider nur unzureichend dokumentiert und überhaupt nicht beschrieben, so daß allen späteren Rekonstruktionsversuchen zwangsläufig etwas Phantastisches anhaften muß. Dies gilt auch für das in der zweiten Vitrine ausgestellte Modell.

Die dritte Vitrine enthält verschiedene Kleinfunde aus einem Brandgräberfeld, das 1927 in einer Sandgrube W von Ettlingen-W, im N der Straßengabelung nach Mörsch und Forchheim, geborgen wurde. Die Fundstelle, die bereits auf der Gemarkung Mörsch liegt, trägt in der Lokalforschung nach einem früher dort aufgestellten Standbild des hl. Johann Nepomuk den Beinamen „St. Johann". Die röm O-W-Straße spaltet sich hier in drei verschiedene Routen auf, die in den Richtungen SW, W und NW auf dem je nach Reiseziel möglichst kürzesten Wege der Rheinuferstraße entgegenstreben. Das Gräberfeld,

Abb. 100 Ettlingen. Merkur

dessen Benutzung vom Ende des 1. bis in den Anfang des 3. JhnChr reicht, mag zu einer noch nicht aufgefundenen Straßenstation gehört haben, der der Schutz dieses wichtigen Verkehrsknotenpunktes anvertraut war.

An dem Wandabschnitt hinter der dritten Vitrine ist eine Reihe von Steinfunden montiert, die 1939 unmittelbar NW vom Gräberfeld St. Johann in der gleichen Kiesgrube aus einem röm Brunnen geborgen wurden. Der bedeutende Komplex scheint zu einem kleinen Heiligtum gehört zu

haben; denn er umfaßt neben zwei Merkur-Reliefs, Teilen einer Merkur-Statue, der Statuette eines liegenden Amor und einigen anderen Skulpturfragmenten verschiedene Teile einer steinernen Balustrade, wie sie zur Einfassung von Grabdenkmälern oder heiligen Bezirken an mehreren Orten Obergermaniens nachgewiesen wurden. Das wertvollste Stück der Fundgruppe ist ein Altarstein von vorzüglicher Erhaltung und makelloser röm Steinmetzarbeit, der nach Ausweis seiner Inschrift von einem L. Cornelius Augurinus dem Merkur und der Maia geweiht wurde: *In h(onorem) d(omus) d(ivinae) / deo Mercu/rio et Maiiae / aedem cum / signis L(ucius) / Cornelius / Augurinus(s) / d(ecurio) c(ivitatis) Aq(ensis) / v(otum) s(olvit) l(ibens) l(aetus) m(erito).* Übersetzung: Zu Ehren des vergöttlichten Kaiserhauses hat L. Cornelius Augurinus, Ratsherr der Bürgergemeinde von Aquae (= Baden-Baden), dem Gott Merkur und der Maia ein Heiligtum mit Standbildern geweiht, wie er es gelobt hatte, froh und freudig, wie es gebührt. –
Neben einigen interessanten Steinfunden von verschiedenen Fundpunkten des Ettlinger Stadtbereiches, darunter einem Mithraskopf, besitzt das Albgau-Museum Abgüsse aller wichtigen Ettlinger Steindenkmäler, die im BLM Karlsruhe aufbewahrt werden. Cä

Lit: Wagner II, 64 f – JAlfs, Röm Skulpturen von Mörsch bei Ettlingen (Baden), in: Germania 25, 1940, 111–120.

Freiburg FR

Museum für Urgeschichte

Zentralmagazin des LDA. Abteilung der Städt Sammlungen im Adelhauser Kloster (Adelhauserstr 33). Seit 1961 geschlossen. Bis zur Wiedereröffnung wechselnde Sonderausstellungen.
Von den reichen Beständen des Freiburger Museums sind als ständige Exponate derzeit nur zwei Altarsteine im Kreuzgang des Klosters zu sehen. Der größere stammt aus dem Mithrasheiligtum von Riegel, seine teilweise beschädigte Inschrift lautet: *Deo Invict(o) / Victor / Abascan / tenu*[*s*] */ d(e) v(otus?) d(ono) d(edit)* Dem unbesiegten Gott (= Mithras), Victor Abascantinus (= Sohn des Abascantus) . . . es folgt eine nicht völlig gesicherte Weiheformel. Als Stifter des Altarsteines läßt sich mit großer Wahrscheinlichkeit ein griechischer Kaufmann erschließen, ein Bürger der Zivilsiedlung Riegel im 2. JhnChr. Der Stein kann als Beleg dafür gelten, daß sich in Obergermanien der Mithraskult weniger durch das Militär als durch zugewanderte Neubürger aus ostmediterranen Provinzen ausbreitete.
Der zweite Altarstein aus Mühlenbach im Kinzigtal ist dagegen einer einheimischen Göttin geweiht, die nach der Zahl ihrer erhaltenen Denkmäler zu schließen große Verehrung genoß. *In h(onorem) d(omus) d(ivinae) / Dianae Abn / obae Cassia / nus Casati / v(otum) s(olvit) l(ibens) l(aetus) m(erito) / et Attianus / frater Fal/con*[*e*] *et Claro / COS.* Übersetzung: Zu Ehren des göttlichen Kaiserhauses hat der Diana Abnoba Cassianus, Sohn des Cassatius, froh und freudig sein Gelübde eingelöst, ebenso Attianus, sein Bruder, unter dem Konsulat des Falco und Clarus. Der Stein für die „Diana des Schwarzwaldes", eine romanisierte keltische Waldgöttin, wurde im Jahr 193 nChr gesetzt. 1778 durch ein Hochwasser der Kinzig freigespült kam er zunächst in den Besitz des Abtes Martin Gerbert von St. Blasien, von dort bei Auflassung des Klosters 1807 in die Universitätsbibliothek Freiburg. Zusammen mit den im 19. Jh von dem bekannten Freiburger Historiker H. Schreiber zusammengetragenen Funden gehört dieser Stein zum Grundstock der vor- und frühgeschichtlichen Sammlung.
Von Anfang an war Freiburg als Schwerpunkt der südbadischen Denkmalpflege eine Sammlung überregionalen Charakters. Hier sind Funde aus dem gesamten Betreuungsgebiet (heute Regierungsbezirk Freiburg) in einer Art von archäologischem Landesarchiv zusammengetragen. Das zZ im Neuaufbau begriffene Magazin wird nach seiner Fertigstellung wissenschaftlichen Benutzern zugänglich sein. Fin

Lit: RNierhaus, Zu dem Mithras-Altarstein von Riegel am Kaiserstuhl. Aleman Jb 1953,62.

Friesenheim OG

Römische Straßenstation

Abb 101

Die Straßenstation liegt im Gewann Bannstude von Friesenheim in dem etwa 8 km breiten Bruchgebiet längs der lößbedeckten Vorbergzone des mittleren Schwarzwaldes. Zu erreichen von der Autobahnausfahrt Lahr über Friesenheim in Richtung Bahnhof, von dort nach Überquerung der Bahnlinie auf dem ersten asphaltierten Feldweg links noch etwa 1,5 km in S-Richtung (Beschilderung).
Die Grabungen fanden 1973/74 mit Unterstützung der Gemeinde Friesenheim statt.
Ausgegraben und konserviert wurde ▶ die Anlage mit einer röm Straße (B 5,5 m) mit zwei Straßengräben (1) und Resten von Buntsandsteinpflasterung (Straße Mainz–Basel), ein Antentempelchen (2), in dem Teile einer Dianaskulptur gefunden wurden, und eine Hofmauer (3) mit drei kleinen überdachten Räumen in der Ecke. Die Außenmauer dieser Hofmauer hatte ein verstärktes Fundament eines rechteckigen Turmes?, an den später ein Rundturm (4) angebaut worden war. Ein quadratisches Wohnhaus (5) war in zwei Phasen erbaut worden (Holzpalisade), es war zweigeteilt im Innern und hatte eine Feuerstelle. Ein Steinbrunnen (6) mit hölzernem Brunnenkasten war bis 1 m tief in den Boden abgerissen und verfüllt. Eine gemauerte Feuerstelle (7) war vielleicht eine Esse. In einem Holzbau in Fachwerkkonstruktion (8) wurden mehrere Schmiedewerkzeuge gefunden. Außerdem konnten noch weitere Holzbauten in Fachwerkkonstruktion entdeckt werden.
Die Lage in sumpfigem Gelände dicht an der Straße läßt an eine Straßenstation *(statio)* mit vielleicht militärischer (Türme) und handwerklicher (Schmiede) Versorgungsfunktion denken. Sie

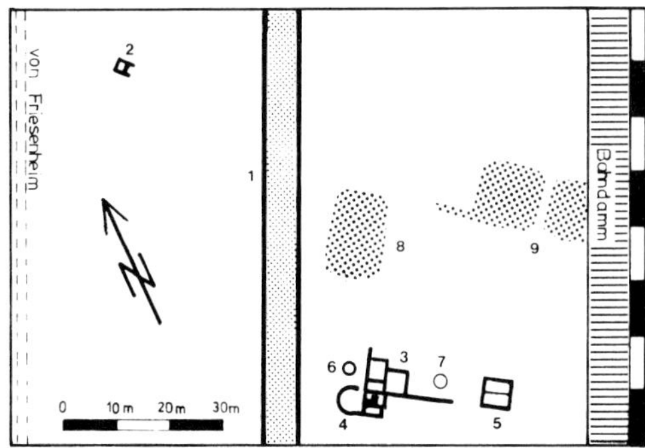

Abb. 101 Friesenheim. Militärstation. 1 röm Straße, 2 Antentempel, 3, 4 Hauptgebäude, 5 Nebengebäude, 6 Brunnen, 7 Esse, 8 und 9 Fachwerkbauten

schützte eine Abzweigung nach einer größeren Siedlung auf besserem Boden O der Bahnlinie. Die Keramikfunde datieren den Bau der Straße in das Ende des 1. JhnChr, die Stein- und Holzgebäude in das 2. und an den Anfang des 3. Jh. Die Straßenstation wurde durch einen Brand zerstört (Alamanneneinfall?). Genauere Datierung und Deutung der Anlage müssen einer umfassenden Auswertung überlassen werden. Str

TK 7613 – L 7712
Ao: LDA Freiburg
Lit: GFingerlin, Zwei röm Straßenstationen im S Oberrheintal. DmpfliBW Nachrbl des LDA 5, 1976, 1, 27.

Geislingen a. R. BL

Römisches Denkmal und Siedlung

Abb 102, 103

Die Straße Geislingen a. R. – Isingen-Rosenfeld, führt nach etwa 3,8 km auf die Höhe des Kleinen Heuberges und zum Häsenbühl-Hof. Dieser Hof liegt am NW-Rand eines Gebietes in den Fluren „Lange Schlichte", „Mohnlen" und „Heuberg", das reich an röm Siedlungsresten ist. Zwei wichtige röm Straßen überqueren diese Hochfläche. Einmal verläuft von SW kommend

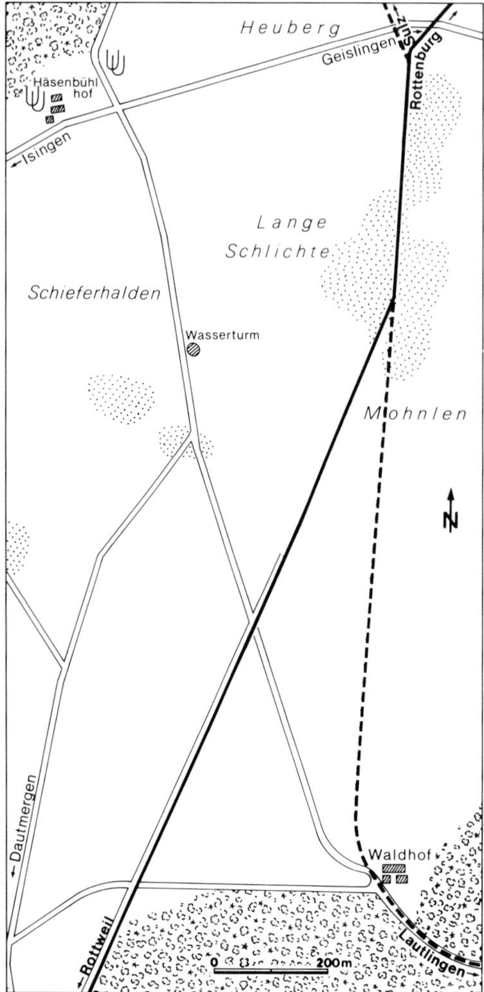

Abb. 102 Geislingen a. R. Übersichtsplan der röm Straßenkreuzung mit Siedlungsresten

die Straße von Rottweil/*Arae Flaviae* nach Rottenburg/*Sumelocenna* über dieses Gebiet, zum anderen kommt von O die Straße vom Kastell Lautlingen nach Kastell Sulz a. N. Es ist deshalb nicht verwunderlich, daß hier am Schnittpunkt zweier wichtiger Straßen eine röm Ansiedlung lag. Im Bereich entlang der Straßen Rottweil – Rottenburg, aber auch darüber hinaus, W und O dieser Strecke, fanden sich immer wieder zahlreiche Funde, die auf eine größere Ansiedlung hinweisen. Die Karte zeigt die Fundstreuung, wie sie bis 1973 bekannt geworden ist. Erwähnenswert sind zahlreiche Sigillatascherben flavischer Zeitstellung. Gerade in den letzten Jahren konnten hier durch die Begehungen A. Danners und R. Matulls wichtige neue, teilweise sogar vespasianische Scherben geborgen werden. Derartige frühe Funde waren auch der Anlaß, daß schon vor dem 1. Weltkrieg hier Suchschnitte angelegt worden sind, die jedoch ohne einen baulichen Befund blieben. Lediglich ein Brandhorizont konnte ermittelt werden, der offenbar das Ende der flavischen Besiedlung charakterisiert. Da diese frühen Funde sehr wahrscheinlich mit einer militärischen Anlage in Verbindung zu bringen sind, möchte man hier ein Kastell lokalisieren, das etwa gleichzeitig mit den Anlagen von Sulz und Lautlingen entstand.

Im Knick der röm Straße von Rottweil nach Rottenburg konnten Reste eines Steingebäudes festgestellt werden, das zuletzt 1971 angeschnitten worden ist. Allerdings können wir die Bestimmung dieses Bauwerkes nicht ermitteln.

Unmittelbar im N der bisher bekannten Siedlungsfläche konnten 1953 etwa 50 m W des Waldes „Schopflen" durch O. Paret Reste eines Denkmales freigelegt werden. Die Fundstelle liegt auf dem höchsten Punkt der röm Straße un-

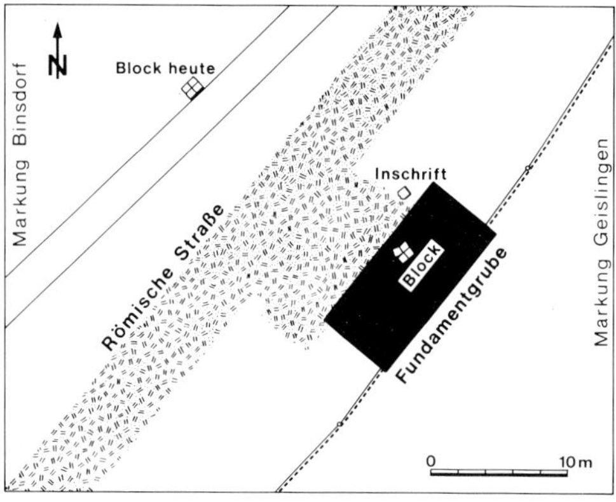

Abb. 103 Geislingen a. R. Gesamtplan des Denkmals beim Häsenbühlhof

mittelbar neben dem dort etwa 5 m breiten Straßenkörper. Aufmerksam auf diese Stelle wurde man durch zahlreichen Bauschutt und Steinbrocken, die hier immer wieder beim Pflügen der Felder ans Tageslicht gekommen waren. Im Abstand von 6 m von der Straße konnte Paret das Fundament eines Bauwerkes (6 x 13 m) aufdekken. Erhalten war nur die mit Bauschutt sekundär verfüllte Fundamentgrube, die noch ungefähr 0,9 m tief in den Boden reichte. In der Grube fand sich lediglich ▶ ein Block (1,17 x 0,86 x 0,47 m) der heute W des Denkmales liegt. Neben der NW-Ecke der Fundamentgrube fand sich das Bruchstück einer Kaiserinschrift. Zu lesen ist jeweils der Anfang der ersten und zweiten Zeile mit *IMP.* Eine Datierung dieses Bauwerkes, das vermutlich als Denkmal anzusprechen ist, kann aufgrund des vorliegenden Befundes nicht vorgenommen werden. Paret glaubte zunächst hier ein Denkmal zur Vollendung des Straßenbaues von Rottweil nach Rottenburg vermuten zu können, obgleich hierfür keine sicheren Beweise vorliegen. Eine erst in jüngerer Zeit aufgeworfene Theorie, daß hier die in Rottweil angenommenen *Arae Flaviae* vorliegen könnten, ist wenig stichhaltig, da sich unseres Erachtens mit der zentralen Verehrung des Kaiserhauses auch eine größere und bedeutende Siedlung verbindet.

Da hier in diesem Gebiet die Provinzen Obergermanien und Rätien aneinandergrenzen, wäre auch an ein Denkmal zu denken, das hier an der Grenze erstellt worden ist. Derartige Bauwerke oder triumphbogenartige Tore kennen wir aus den spanischen Provinzen an den Grenzen von *civitates* oder an den Grenzen der *municipia.*

Zur Erinnerung an dieses Denkmal wurde vom Landkreis Balingen W der Fundstelle ▶ ein Gedenkstein errichtet, der auf dieses sicher einst monumentale Bauwerk hinweisen soll. Pl

TK 7718 – L 7718

Ao: M Balingen, WLM Stgt

Lit: RiW 1, 35. – RiW 3, 307 f – Schleiermacher ORL Abt. A. Str. 11, 28 f – Paret, FdbaSchw NF 13,1955, 76 ff – Ders. Der Landkr Balingen Amtl. Kreisbeschreibung Bd. 1 (1960) 199 ff – Ders. Bl des Schwäb Albvereins 70, 1964, 100 f.

Geislingen-Hofstett a. St. GP

Straßenstation

Abb 104, 105

Im Staatswald „Oberes Hochsträß" bei Hofstett a. St. hat Oberförster Schultz im Jahre 1903 vier röm Gebäude (A–D) ausgegraben, die er als Straßenstation *(statio, mansio)* deutete. Die Gebäude liegen 300 m N der röm Alblimesstraße (Urspring – Steighof – Heidenheim) auf dem höchsten Punkt der Umgebung (665 m NN). Diese Lage erinnert an die der Straßenstation *(statio)* Brandsteig bei Rötenberg (RW), die an der Stelle liegt, wo die von Straßburg/*Argentorate* durch das Kinzigtal kommende Rhein-Donau-Straße in 693 m NN die Paßhöhe beim heutigen Hofe Brandsteig erreicht. Auch die Straßenstation Brandsteig hat vier Gebäude. In Gebäude B der *statio* Hofstett wurde ua ein eisernes, beiderseits messingtauschiertes Dosenortband des 2./3. JhnChr gefunden, das den unteren Scheidenabschluß eines Ringknaufschwertes bildete. Das

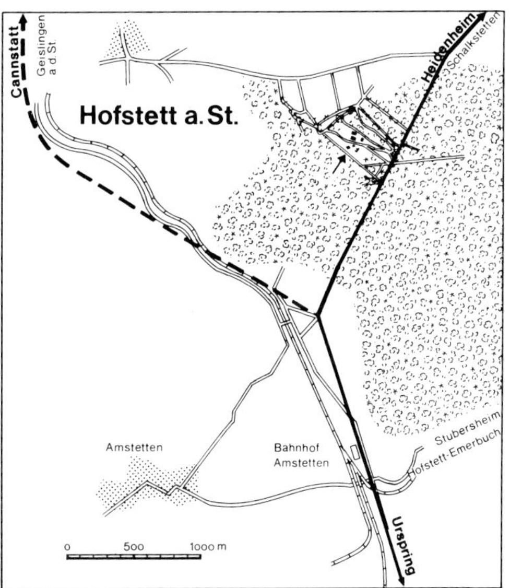

Abb. 104 Geislingen-Hofstett. Übersichtsplan

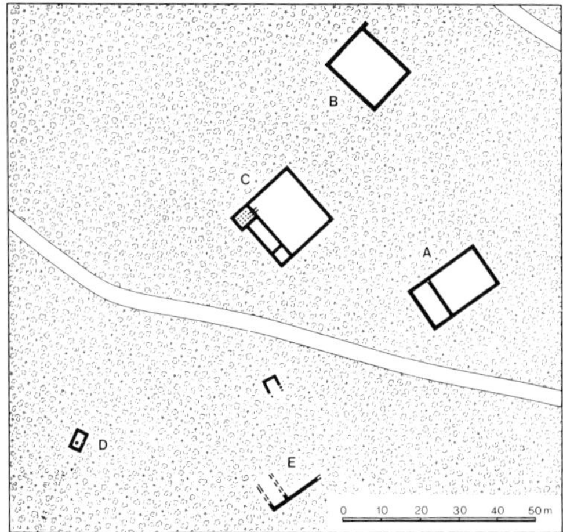

Abb. 105 Geislingen-Hofstett. Gesamtplan

Schwert mit Ringknauf gehörte sehr wahrscheinlich zur Bewaffnung der Benefiziarier. Der *beneficiarius consularis* war ein von den niederen Diensten befreiter *(beneficia)* Unteroffizier *(principalis)*, der von dem Statthalter oder von einem Truppenkommandeur als Kommandant einer Polizeistation *(statio)* mit einigen ihm untergebenen Soldaten und kleinem sonstigen Personal an einem wichtigen Punkte des Straßennetzes eingesetzt wurde.

▶ Gebäude A: 20,40 x etwa 12,80 m (5,30 m hinter der SW-Mauer durch eine Quermauer abgeteilt). Die Mauern, B 0,80 m, H noch 0,60 m–1,20 m. – ▶ Gebäude B: 17,40 x 13,90 m. Umfassungsmauer, B 0,80 m, H noch 0,70–1,20 m. – ▶ Gebäude C: 18,70 x 18,30 m; eine Innenmauer, die 3,10 m parallel zur SW-Mauer verläuft, trennt 3 Räume ab: einen Eckraum (4,1 x 5,2 m) mit Hypokaustanlage im W (er springt um 2 m über die SW-Mauer vor) und daran anschließend 2 Räume (L 9 m u. 3,50 m) mit Estrichböden. Mauern H noch 0,20–1,00 m. – ▶ Gebäude D: 3 x 5,45 m; Mauern B 0,60 m, H noch 0,40–0,50 m. Im Innern lag ein behauener Tuffstein (B 0,5 m, H 0,4 m). – ▶ Mauer E: L 12,85 m, B 0,80 m, H noch 0,2–0,3 m. – 70 m SW von Gebäude A – Zwei rechtwinklige Ansätze scheinen darauf hinzudeuten, daß diese Mauer zu einem weiteren Gebäude gehörte. Fil

TK 7325 – L 7324
Ao: WLM Stgt. Limesm Aalen
Lit: Schultz, FdbaSchw 12, 1904, 51 ff.

Gemmrigheim LB

Römischer Gutshof

Abb 106

Zufahrt über die Landstr Gemmrigheim–Mundelsheim, nach 1 km biegt nach S ein geteerter Feldweg ab. 200 m weiter im Wald liegen die Gebäude eines röm Gutshofes *(villa rustica)* am W-Hang. Zu sehen ist die ▶ Hofmauer als Schuttwall bzw Absatz im NW, SW und SO, die im Tälchen liegende NO-Seite sowie die im Wiesenland liegende N-Ecke sind dagegen oberflächig nicht festzustellen. Im W-Teil des Hofes liegt der mächtige Schutthaufen ▶ des Wohngebäudes A (25 x 30 m) mit deutlich erkennbaren

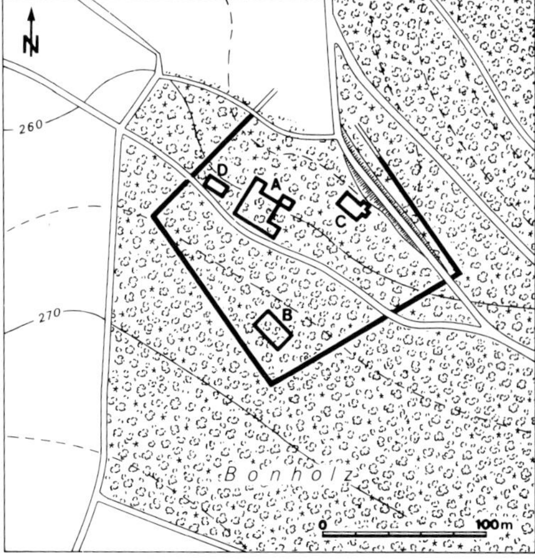

Abb. 106 Gemmrigheim. Gesamtplan des Gutshofes. A Hauptgebäude, C Bad, B und D Nebengebäude

Eckvorsprüngen. Das aufgehende Mauerwerk dürfte noch sehr gut erhalten sein, ist jedoch verschüttet. Im NO-Teil nahe des Weges liegt der Schutthügel ▶ des Badegebäudes C, das durch Grabungsspuren verunstaltet ist. Sein S-Teil wurde 1896 und 1905 aufgedeckt. Man fand dabei das nach NO vorspringende Kaltwasserbekken und einen nach SO vorspringenden beheizten Raum mit bemaltem Wandverputz. Der N-Teil des Bades ist noch nicht ausgegraben. In der S-Ecke des Hofes liegt ein einfaches ▶ rechteckiges Nebengebäude B (14 x 21 m), dessen aufgehendes Mauerwerk noch bis zu 1,5 m H erhalten ist. Noch nicht untersucht ist ein kleines ▶ Nebengebäude D (ca 6 x 12 m) NW des Wohnhauses. Es ist jedoch als Schutthügel gut zu erkennen. Bi

TK 6921 – L 6920
Lit: FdbaSchw 4, 1896, 4. – RiW 3 s. v. Gemmrigheim.

Gomadingen RT

Römische Siedlung

In den Fluren „Schwärze", „Hasenberg" und „Kalkofen", etwa 0,5 km N vom Ort im Bereich der neuen Umgehungsstraße und im Gebiet N von ihr wurden schon lange röm Funde beobachtet. Die Lage auf einem Hang im N der Lauter und des Schorzbaches ist ausgezeichnet geeignet für das hier gesuchte Kastell der Alblinie. Zahlreiche Funde und Mauerzüge deuten auf das Vorhandensein einer größeren röm Ansiedlung hin. Aufgrund besonders zahlreicher Funde südgallischer Terra Sigillata in diesem Bereich erscheint es wahrscheinlich, daß hier ein Kastell bestand, obwohl bis heute noch keine Reste dieser Anlage gefunden wurden. Pl

TK 7522 – L 7522
Ao: WLM Stgt. Privatbesitz
Lit: Riw 3, 309. – WBarthel 6. Ber. der RGK 1910–1911 (1913) 170 ff – PhFiltzinger, Bonner Jahrb. 1957, 202.

Gräfenhausen Birkenfeld PF

Viergötterstein und Junorelief an der Kirche eingemauert

Abb 107

▶ Viergötterstein als Eckstein außen am Kirchturm eingemauert. Buntsandstein. H 1,20 m. Sichtbar sind Herkules und Minerva. Auf den

Abb. 107 Gräfenhausen. Kirche. Viergötterstein. Herkules

beiden anderen Seiten sind sehr wahrscheinlich Juno und Merkur dargestellt. – Herkules, unbekleidet mit Löwenfell über der linken Schulter, hält in der gesenkten Rechten die Keule. Kopf und linke Hand sind zum Teil abgeschlagen. – Minerva in langem Untergewand *(chiton)*, das durch einen Gürtel zusammengehalten wird und Medusenhaupt auf der Brust, trägt von der linken Schulter über den Rücken und unter dem rechten Arm nach dem linken Arm durchgezogen den Mantel *(himation)*. In der hoch erhobenen Rechten hält sie die Lanze; mit der Linken faßt sie den oberen Rand des auf dem Boden stehenden Ovalschildes. Rechter Arm und Kopf mit Helm zerstört.

▶ Relief der Juno, nur bis zu den Knien erhalten, in einer Nische der O-Seite des Kirchturmes eingemauert. Buntsandstein, H noch 0,55 m. Juno trägt auf dem Kopfe ein Diadem und Schleier. Das Untergewand ist gegürtet. Der Mantel ist über den Unterleib und die linke Schulter gezogen. In der erhobenen Linken hält sie das Zepter, in der gesenkten Rechten die Opferschale.

▶ Bruchstück eines Viergöttersteines (?) mit Büstenrelief einer Frau in einer durch Wülste angedeuteten Nische. Fil

TK 7117 – L 7118
Lit: Haug-Sixt, 197, Nr. 114.115.

Grenzach → Wyhlen

Gundelsheim HN

Römischer Altar in der Michaelskapelle

Auf dem rechten Neckarufer über Gundelsheim liegt der Michaelsberg mit der romanischen Michaelskapelle, leicht erreichbar über die ausgeschilderte Fahrstraße.

In der Kirche an der S-Seite steht in einer Nische ▶ der Altar des Jupiter und der Juno. Die Inschrift lautet: *I(ovi)o(ptimo) M(aximo) et Iunoni reginae C(aius) Fabius Germanus B(ene)f(iciarius) Co(n)s(ularis) pro se et suis v(otum)s(olvit) L(aetus) L(ibens) M(erito).* Übersetzung: Jupiter dem besten und größten und der Königin Juno hat Caius Fabius Germanus Gefreiter des Konsularlegaten für sich und die seinen sein Gelübde eingelöst froh und freudig nach Gebühr. Der Altar (H 1,05 m, B 0,46 m) ist aus Buntsandstein, hat einen einfachen Sockel und Gesims, auf der Oberseite befindet sich eine runde Vertiefung. Auf der rechten Schmalseite ist ein Opfermesser und darunter ein Pfau, auf der linken Schmalseite ein Krug, eine gestielte Opferschale und ein Doppelbeil zu sehen.

Der Stein steht schon seit dem 16. Jh an dieser Stelle, seine Fundstelle ist unbekannt. Es muß demnach offen bleiben, ob der Stein möglicherweise auf eine Kultstätte auf dem Berg selbst hindeutet, oder ob er aus einer der zahlreichen röm Niederlassungen im Tal so etwa in Böttingen oder Gundelsheim stammt. In der Neckarschleife in den „Schloßäckern" fand man 1952 Reste eines röm Gutshofes (*villa rustica*) und Teile einer Jupitergigantensäule. Auf dem Michaelsberg selbst gibt es im N an der schmalsten Stelle einen vorgeschichtlichen Abschnittswall. Pl

TK 6720 – L 6720
Lit: Haug-Sixt, 559, Nr. 391 – PhFiltzinger, FdbaSchw NF 19, 1971, 196, 2 – WPalm, Eine uralte Kultstätte: Der Michelsberg bei Gundelsheim. Schwaben und Franken. Heimatgesch. Beil. d. Heilbronner Stimme 12. Jg, 1966.

Zwei Reliefsteine

Rechts neben dem Torbogen zum Schloß Horneck am Ende der Schloßstr beim Kriegerdenkmal – gegenüber dem Forstamt – in die Mauer eingesetzt. Buntsandstein. H 0,45 und 0,36 m. Vielleicht Stücke von kleinen Viergöttersteinen.

1. ▶ Der Gott Mars steht in einer oben halbrund geschlossenen Nische. Über die Schulter hängt nach hinten ein Mantel. Er trägt einen Helm. Seine erhobene rechte Hand stützt sich auf die

Lanze, in der gesenkten Linken trägt er einen Rundschild. An der linken Hüfte hängt ein Schwert.

2. ▶ Das Relief mit rechteckigem Rahmen zeigt einen Genius in einem reichen, bis zu den Knien reichenden Gewand. Mit der rechten Hand legt er eine Opfergabe auf einen Altar. Ko

TK 6720 – L 6720
Lit: Haug-Sixt, 560 Nr. 595, 596.

Halheim Ellwangen AA

Numerus-Kastell am rätischen Limes

Abb 108, 109

Am besten ist die Anlage vom Ort über die Straße nach Gerau zu erreichen. Nach etwa 1 km biegt ein Feldweg nach N ab (Hinweissteine zum Kastell). 500 m weiter biegt nach O ein Feldweg rechtwinklig ab, der nach 150 m an die S-Seite der Schanze führt.

Etwa 1,2 km NO von Halheim liegt im Flur „Buschelacker" das Kastell Halheim, das schon seit dem Beginn des 19. Jh als röm Siedlung bekannt ist. Doch erst 1894 führte die RLK eine Ausgrabung durch, auf der unser heutiger Kenntnisstand beruht. Das Kastell bildet ein Quadrat mit abgerundeten Ecken (Seitenlänge 80–82,5 m = 0,67 ha). Die Befestigung liegt auf einer leichten Erhebung S des Sonnenbaches etwa 35 m S der rätischen Mauer, die hier zwischen Wp 12/101 und 12/107 einen auffälligen Knick nach Norden aufweist. Das Kastell liegt heute mitten im Ackergelände. Eine Buschhecke, die auf dem Schuttwall der Mauer wächst, kennzeichnet ▶ die Schanze und ist ein eindrucksvolles Bodendenkmal.

In der Mauer (B 1,2 m) wurde an der N- und S-Seite je ein Tor freigelegt. Die Ecken und die Mitte der O- und W-Seite wird von je einem rechteckigen Turm verstärkt. Um die Anlage verläuft ein Spitzgraben (B 6,5 m, T 1,1 m). Über die Bebauung der Innenfläche erbrachten die Ausgrabungen keine klaren Ergebnisse.

S der Schanze konnten einige Mauerzüge freigelegt werden, die vermutlich zur Zivilsiedlung gehören.

Das Kastell Halheim gehört zur kleinsten Gruppe der Kastellanlagen am obergermanisch-rätischen Limes. Die stationierte Einheit von 100–200 Mann (*numerus*) hatte einen Limesabschnitt zu überwachen. Da nur sehr wenige Kleinfunde bisher bekannt sind, können wir die Benutzungszeit dieser Anlage nur vermuten. Mit dem Bau ist frühestens unter Kaiser Hadrian zu rechnen. Wie eine Münze des Kaiser Gordian III. von 241 nChr zeigt, bestand das Kastell mindestens bis zur Mitte des 3. JhnChr und wurde spätestens 260 nChr aufgegeben.

Vermutlich führte entlang der rätischen Mauer vom Kastell Buch hierher eine Grenzstraße, die außerdem weiter zum Kastell Ruffenhofen verlief. Pl

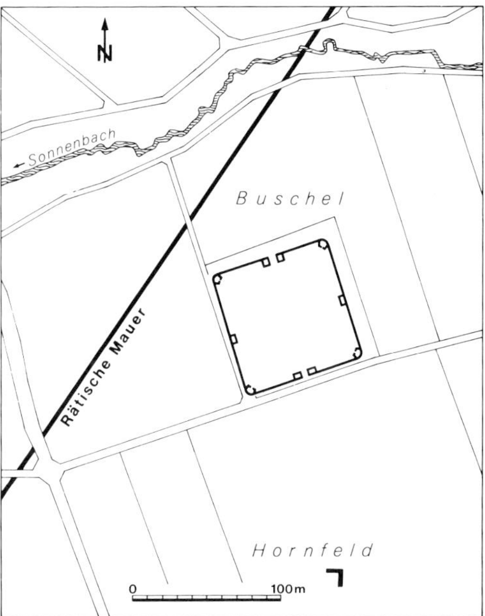

Abb. 108 Halheim. Gesamtanlage mit rätischer Mauer

Abb. 109 Halheim. Luftbild des Kastells mit Verlauf der Limesmauer

TK 7027 – L 7126
Ao: WLM Stgt
Lit: HSteimle, ORL Abt. B Nr. 67a Halheim. – RiW 2, 299, RiW 3, 313 – WSchleiermacher, Der röm Limes in Deutschland (1967) 64, 170, 320.

Hausen Burladingen BL

Kastell der Alblinie

Abb 110

Das Kastell Hausen liegt wie die meisten anderen Anlagen der Alblinie auf einer Wasserscheide zwischen Starzel-Neckar und Vehla-Lauchert in 730 m NN. Es gehört zur Markung Hausen i. K.

Das Gelände, an dem heute oberflächlich fast nichts mehr zu erkennen ist, erreicht man auf der Bundesstraße 32 von Hausen i. K. nach Burladingen. Kurz nach der Schleife, die die Autostraße auf die Höhe W von Burladingen führt, erstreckt sich nach S das Kastellgelände.

Schon 1893/94 erkannte der hohenzollerische Forscher Zingeler hier röm Siedlungsreste. Der Sage nach soll hier eine Stadt gestanden haben. Doch erst 1912 wies G. Bersu in einer ersten Untersuchung das Kastell nach. Eine zweite Ausgrabung folgte 1914.

Wie die Ausgrabungen ergeben haben, wurde das Kastell zunächst in Holz-Erde-Bauweise errichtet. Die quadratische Anlage (Seitenlänge 137 m) war mit zwei Gräben umgeben. Von der Holz-Erde-Mauer konnten besonders an der NO-Ecke Pfostengruben festgestellt werden. Nach der Ausrichtung des Stabsgebäudes (*principia*) (5) ist das Tor an der N-Seite das Ausfallstor *(porta praetoria)* (1), W- und O-Tor demnach linkes Seitentor *(porta principalis sinistra)* (2) und rechtes Seitentor *(porta principalis dextra)* (3). Diese drei Tore hatten vermutlich zwei Durchfahrten, flankiert von je einem Torturm, von denen ebenfalls Pfostenstellen nachgewiesen werden konn-

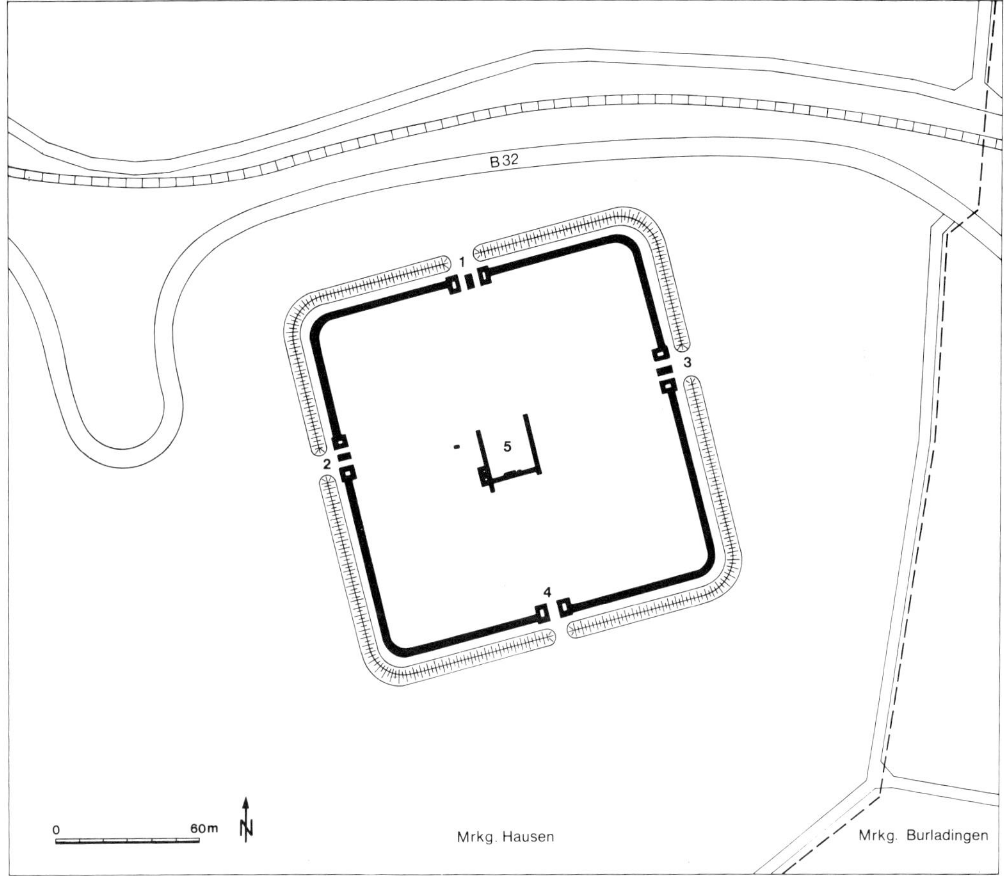

Abb. 110 Hausen. Gesamtübersichtsplan des Kastells. 1 Haupttor, 2 linkes Seitentor, 3 rechtes Seitentor, 4 rückwärtiges Lagertor, 5 Stabsgebäude

ten. Das S-Tor *(porta decumana)* (4) hatte nur eine Durchfahrt. Im Rahmen der Freilegung einer größeren zusammenhängenden Fläche im O-Teil des Kastells, wurden Teile der Baracken festgestellt. Pfostengräbchen, dh Verfärbungen ließen klar die Grundrisse der Baracken wenigstens in Teilen erkennen.

Dieses Lager wurde später in Stein ausgebaut, dh die Befestigung erhielt eine Steinmauer und Teile der Innenbebauung, so wurde etwa das Stabsgebäude (5) in Stein errichtet. Dieses Lager hatte nun eine Seitenlänge von je 140 m = 1,96 ha. Bei den Ausgrabungen 1914 gelang es, alle vier Tore wenigstens teilweise freizulegen. Die Tore entsprechen denen der älteren Anlage. Die Türme und die Mittelpfeiler wurden jetzt in Stein errichtet. Inwieweit außer dem Stabsgebäude weitere Steinbauten vorhanden sind, wissen wir bei dem derzeitigen Forschungsstand nicht. Vermutlich waren aber zumindest noch ein bis zwei weitere Steinbauten bzw auf Steinfundamenten errichtete Fachwerkbauten vorhanden. Die Bauweise der Mannschaftsunterkünfte hat sich nicht verändert.

Entsprechend der Größe des Kastells stand hier sehr wahrscheinlich eine bisher nicht genau bekannte Kohorte von 500 Mann *(cohors quingenaria)*. Wie die Ausgrabungen zeigten, scheint das Lager in einer Brandkatastrophe untergegangen zu sein. Ob es sich um ein historisches Ereignis oder eine örtliche Katastrophe handelt, können wir heute noch nicht sicher beurteilen.

Die bisherigen Kleinfunde zeigen, daß der Beginn der ersten Kastellperiode in domitianischer Zeit liegt, spätestens 85 nChr. Da das Kastell jedoch noch in Stein ausgebaut wurde, hat diese Anlage wohl sicher bis ins 2. Jh bestanden. Bersu glaubte das Ende des Kastells Hausen um 110 nChr annehmen zu können. Ob dies zutrifft, kann bis heute nicht sicher entschieden werden. Hier könnten nur erneute Ausgrabungen und die endgültige Analyse des vorliegenden Fundmaterials eine Antwort geben. Da mit dem Ausbau der Neckarlinie gerade das Kastell Hausen in ein Hinterland geriet und seine Lage nicht unbedingt als wichtige Nachschubbasis gedient hat, hat diese Anlage wohl kaum viel länger bestanden.

Zum Kastell Hausen gehört sicher eine zivile Siedlung *(vicus)* in der Größenordnung, wie etwa beim Kastell Sulz. Diese zivile Ansiedlung wurde bisher noch nicht genauer erforscht. In den letzten Jahren verschiedentlich beobachtete Siedlungsreste und Streufunde lassen vermuten, daß sie sich nach S und vor allem nach O erstreckte und auch nach Aufgabe des Lagers weiterbestanden hat. Pl

TK 7720 – L 7720

Ao: WLM Stgt

Lit: GBersu, Röm-Germ Korrespondenzbl 5, 1912, 65 ff – Ders., Germania 1, 1917, 111 ff – WSchleiermacher ORL Abt. A Str. 11, 30 f – RiW 2, 227 f – RiW 3, 314. – HSchönberger, Limesforschungen 2 (1962) 114 f – HReim, Ausgrabungen eines röm Kastells bei Burladingen-Hausen, Zollernalbkreis. Archäol. Ausgrabungen 1974, 30 ff.

Hausen ob Lontal
Herbrechtingen HDH

Inschrift des Kaisers Gallienus und Grabinschrift

Abb 111a und b

Abb. 111a Hausen o. L. Inschrift des Kaisers Gallienus

Abb. 111b Hausen o. L. Grabinschrift

Die beiden Inschriften sind in der S-Innenmauer der ev Kirche eingemauert.

▶ *Inschrift des Kaisers Gallienus.* Jurakalk. H und B noch etwa 0,40 m. *[I]mp(erator) Caes(ar) Galli[enus] / Germanicu[s p(ius) f(elix)] / invictus Au[g(ustus)]* . . . Übersetzung: Der Imperator Caesar Gallienus, der Germanische, der Fromme, Glückliche, der unbesiegbare Augustus . . . Kaiser P. Licinius Gallienus (253–268 nChr) nahm wegen seines Sieges über die Germanen *(victoria Germanica)* 256 oder 257 nChr den Titel Germanicus maximus an. Die offensichtlich unvollendete Inschrift gehörte möglicherweise zu einer Brücke. Es ist die späteste bis jetzt bekannt gewordene Inschrift in Württemberg.

▶ Bruchstück einer Grabinschrift. Jurakalk. H noch 0,36 m. *NG N/ . . . us et fr(ater) / . . . Hispanu[s] / et C(aius) Iul . . . / . . .ipsis sibi . . .* Übersetzung: (Name) und dessen Bruder Hispanus und C. Julius haben sich selbst noch zu Lebzeiten (den Grabstein aufstellen lassen). Die militärische Sicherung des Gebietes nördlich der Donau zur Zeit der Alamanneneinfälle 233–260 nChr muß noch durch Ausgrabungen erforscht werden. Fil

TK 7426 – L 7526
Lit: Haug-Sixt 85 Nr. 30.31

Hausen a. d. Zaber
Brackenheim HN

Jupitergigantensäule

Abb 112, Tafel 55a und b, 57b, c, 64a

Die Gemeinde Hausen hat 1967 am N-Rand des Ortes bei der Kelter die Kunststeinnachbildung einer ▶ Jupitergigantensäule von G. Weinreuter aufstellen lassen. Die Säule war bei Ausschachtungsarbeiten auf dem Gelände eines röm Gutshofes (*villa rustica*) gefunden worden.

In Flur „Steinäcker" NW von Hausen war seit Jahrzehnten an dem zum Neipperger Bächle abfallenden S-Hang ein röm Gutshof bekannt. Beim Ausschachten der Häuser an der Zimmerer Str, Schiller- und Weinstr war man im Bereich des Gutshofes auf röm Mauerfundamente und bearbeitete Steine gestoßen. 1964 entdeckten Bauarbeiter beim Ausheben eines Kabelgrabens an der Ecke Schiller-/Weinstr eine Grube (T 1,80 m), in der zahlreiche Bruchstücke röm Steindenkmäler übereinanderlagen: Teile von zwei Jupitergigantensäulen, drei Eponareliefs, zwei Herecurastatuetten, Teile von drei Schutzhäuschen (*aediculae*), Skulpturenfragmente und Architekturteile. Eine der Jupitergigantensäulen war in fast allen Teilen erhalten, so daß Nachbildungen in Kunststein 1967 im Lapidarium des WLM in Stuttgart und in Hausen in der Nähe der Fundstelle aufgestellt werden konnten. Ergänzt sind lediglich die Zwischenprofile über dem Viergötterstein und über dem Siebengötterstein (nach dem Profil der Basisplatte) sowie die Höhe des nur im mittleren Teil erhaltenen Siebengöttersteines. Aus Proportionsgründen dürften jedoch die ergänzten Bauglieder nur wenige Zentimeter von dem Original abweichen. Bei Niederlegung der Säule stürzte das Kapitell aus 6 m Höhe vermutlich auf die Ecke mit der Büste des Winters (*hiems*), so daß der Kopf zersplitterte. Die erhaltenen Teile der Jupitergigantengruppe auf dem Kapitell gestatten eine gesicherte Ergänzung.

Die Säule stand wahrscheinlich auf einem abge-

Abb. 112 Hausen a. d. Z. Jupitergigantensäule

treppten Unterbau. H 7,35 m von der Basisplatte bis zum Scheitel des Jupiter, mit Stufenunterbau H ca 8 m. Auf der Basisplatte steht ein quaderförmiger Viergötterstein. Vorderseite: Weiheinschrift in einem Kranz aus Eichenblättern über einem Adler mit ausgebreiteten Schwingen *I(ovi) o(ptimo) m(aximo) / et Iunoni / reg(inae) C(aius) Vettius / Connougus / v(otum) s(olvit) l(aetus) l(ibens) m(erito).* Übersetzung: Jupiter dem besten und größten und der Königin Juno hat Caius Vettius Connougus sein Gelübde eingelöst, froh und freudig nach Gebühr. Linke Seite: Apollo (Kopf abgeschlagen), nackt bis auf einen über die linke Schulter gelegten Mantel, stützt sich mit dem linken Unterarm auf einen Pfeiler mit Kopfleiste und Sockel. In der linken Hand hält er einen auf dem Boden stehenden Bogen, in der gesenkten Rechten einen Pfeil. Hinter seiner rechten Schulter schaut ein Köcher hervor, den er an einem Traggurt schräg über die Brust trägt. Rückseite: Diana ist bekleidet mit dem verdeckt gegürteten Gewand der Jägerin und einem auf der rechten Schulter durch eine runde Fibel zusammengehaltenen Mantel, der den Oberkörper und den linken Oberarm bedeckt. Sie trägt halbhohe Stiefel. Mit der Rechten holt sie einen Pfeil aus dem Köcher, der über der rechten Schulter sichtbar wird. In der Linken hält sie den Bogen. Hinter ihr ein Jagdhund n.r. Rechte Seite: Venus (Kopf abgeschlagen) und Vulkan (Gesicht beschädigt). Venus, nackt bis auf einen Mantel, der auf der linken Schulter liegt und den linken Arm und das linke Bein einhüllt, hält in der gesenkten Rechten ein Zepter. Vulkan, bärtig, mit Kappe, über der eine Flamme emporzüngelt, trägt ein knielanges, gegürtetes Gewand, das die rechte Schulter freiläßt (Arbeitstracht des Handwerkers, *exomis*) und halbhohe Stiefel. In der Rechten hält er den Hammer und in der Linken eine Schmiedezange, die er auf den Amboß stützt.

Der Wochengötterstein ist ein achtkantiger Block mit dem Relief der Viktoria auf der Vorderseite und den Büsten der sieben Wochengötter (v.l.n.r.): Geflügelte Viktoria mit gegürtetem, ärmellosen Gewand. Saturn mit Vollbart – Samstag. Sol mit Sonnenscheibe – Sonntag. Luna, hinter ihrem Kopfe die Hörner eines liegenden Halbmondes – Montag. Mars, jugendlicher Mann – Dienstag. Merkur, jugendlicher Mann – Mittwoch. Jupiter mit Vollbart – Donnerstag. Venus, weibliche Büste – Freitag.

Der mit Eichenblättern im Relief verzierte Säulenschaft besteht aus sechs Trommeln unterschiedlicher Höhe; mit Basis und Kopfkapitell. Kapitell: Aus einem Akanthusblattkranz kommen die Büsten der Vierjahreszeiten hervor und stützen, in diagonaler Anordnung, die ausschwingenden Ecken der Abdeckplatte (*abacus*) des Kapitells. Sie lehnen sich mit dem Rücken an den Schaft, einen nach oben sich erweiternden Zylinder (*kalathos*), der mit Zungen, einem Horizontalstreifen mit Drehbandmuster und Eierstab verziert ist. Die Jahreszeiten sind durch ihre Frisuren gekennzeichnet: Frühling (*ver*) mit Blütenkranz. Sommer (*aestas*) mit Ähren und Herbst (*autumnus*) mit Äpfeln im Haar. Der Winter (*hiems*) ist in einen Mantel gehüllt. Zwei Rillen auf der Abdeckplatte verlaufen von der Sommer-Herbst-Seite zur Winter-Frühling-Seite; sie stellen die Aufschnürung für die Basisplatte der Jupitergigantengruppe dar. Es ist anzunehmen, daß die fruchtbringenden Jahreszeiten Sommer und Herbst nach vorne blickten (also über der Inschrift und der Viktoria).

Auf dem Kapitell galoppiert Jupiter mit nacktem Oberkörper, bekleidet mit Hosen und einem nach rückwärts flatternden Mantel, den Blitz mit der Rechten schleudernd, über einen am Boden liegenden Giganten hinweg. Rote und weiße Farbspuren beweisen, daß die Jupitergigantensäule ursprünglich bemalt war.

Der Stifter der Säule, Caius Vettius Connougus, war, wie die drei Namen besagen, röm Bürger. Der Beiname (*cognomen*) Connougus ist unröm, vermutlich keltisch. C. Vettius Connougus war also ein Einheimischer mit röm Bürgerrecht, dem der Gutshof (*villa rustica*) in Hausen a. d. Zaber um 200 nChr, zur Zeit der Aufstellung der Säule, gehörte. Er hat Jupiter, dem höchsten Himmelsgott, dem Herrn über das Wetter, dem Gewittergott, auf dem Gelände seines Gutshofes die Säule als Dank für eine gute Ernte und mit der Bitte um Schutz vor Blitzschlag, Hagel und Gewitterregen aufstellen lassen. Im 3. JhnChr haben die Alamannen den Gutshof in Hausen a. d. Zaber zerstört, die Jupitergigantensäule gestürzt, die Götterbildnisse verstümmelt und in eine Grube geworfen. Fil

TK 6920 – L 6920

Ao: WLM Stgt

Lit: HKlumbach, Der röm Skulpturenfund von Hausen a. d. Zaber. Forschgen u Ber z Vor- und Frühgesch in Ba-Wü Bd. 5 (Stuttgart 1973).

Hofstett a. St. → Geislingen

Heidelberg HD

Die Zivilsiedlung

Abb 113–115, Tafel 8a, 9, 10a und b, 40b, 66, 69

In den „Origines Palatinae" beschrieb der Humanist Marquard Freher (1565–1613) die ersten röm Funde von Heidelberg. Das 1838 entdeckte und von F. Creuzer sogleich veröffentlichte erste Neuenheimer Mithräum lenkte mit dem bekannten Mithrasrelief zum ersten Mal das wissenschaftliche Interesse auf die Heidelberger Römerzeit. Aber erst seit der 2. Hälfte des 19. Jh erfaßte die moderne Bebauung das bis dahin durch intensive landwirtschaftliche Nutzung weitgehend unzugängliche Gebiet der röm Zivilsiedlung *(vicus)*. Diese Flächen entsprechen heute dem Bergheimer Viertel und dem Stadtteil Neuenheim. Die früher hier liegenden Dörfer Bergheim (erstmalig erwähnt 769) und Neuenheim (765) waren bemerkenswerterweise mit ihren Wohnbauten auf den Trümmerfeldern der Römerzeit erbaut, wobei manches bereits beim Ausbau dieser Orte zerstört wurde. S des Nekkars hatten im Auftrag des großherzogl Konservators E. Wagner, der Archäologe B. Stark und Bauleiter Schäfer zahlreiche Siedlungsfunde beobachtet. 1880 forschte dort auch K. Christ. 1877 stieß man auf Holzreste vom Rost der röm Neckarbrücke, die von H. Baer untersucht wurden. 1894 und 1913 fanden O. Schoetensack und M. Wippermann weitere Brückenreste. 1972 barg Verf. 43 Eichenbalken verschiedener Pfeilergründungen aus dem Flußbett. – N des Nekkars entdeckte seit 1878 K. Christ, 1898–1908 vor allem aber K. Pfaff größere Abschnitte der Zivilsiedlung. Nachdem bis 1949 dort wenig gebaut wurde, konnte erst seitdem Verf. die restliche Ausdehnung der röm Siedlung festhalten. 1951–1971 barg Verf. rund 1500 Gräber aus dem Gräberfeld an der Berliner Str – Das Fundmaterial wird im KM Heidelberg aufbewahrt; einige Funde ua das Neuenheimer Mithrasrelief gelangten in das BLM Karlsruhe, in das RM Mannheim und in Privatbesitz.

Auf Heidelberger Boden hatte die über längere Zeit reichende Massierung militärischen Lebens besondere Bedingungen zum Entstehen eines bürgerlichen Ortes geschaffen. Was dem späteren *vicus* aber seinen Charakter gab, war bereits durch die naturräumliche Gliederung zwischen Rheinebene und Gebirge einerseits und durch den aus dem Gebirge tretenden Neckar und die ihn kreuzende Bergstraße andererseits bedingt. Die sich nicht nur aus einem einzigen Lagerdorf, sondern sehr wahrscheinlich aus verschiedenen Lagerdörfern entwickelnde Zivilsiedlung hat im Laufe des 2. und 3. Jh allein auf dem N-Flußufer die stattliche Ausdehnung von 1,5 km O-W-Erstreckung erreicht. Auch S des Neckars zeigen sich Spuren dieser Siedlung, deren Name bis heute unbekannt geblieben ist, entlang der nach SW, nach Straßburg, verlaufenden Fernstraße auf eine Länge von 0,5 km. Besonders in Flußnähe ergab die Bebauung größere Dichte. Als Ersatz einer älteren Holzbrücke stellte seit etwa 170 nChr eine steinerne Pfeilerbrücke (9) von beachtlicher Länge (L 260 m) die Verbindung zwischen den beiden Ortsteilen her. Ihre sieben rekonstruierbaren Steinpfeiler (L 15,80 m, B 7,20 m) ruhten auf Eichenpfahlrosten (L 8,90 m, B 9,00 m), während der Oberbau in weiten hölzernen Sprengwerkbögen (B 34,50 m) konstruiert war. Als Werk des Architekten Valerius Paternus wies sie als Besonderheit auf dem mittleren Flußpfeiler ein Neptunheiligtum mit Statue des Gottes auf. ▶ Vor dem Hause Uferstr 36/38 erinnert ein großer Steinblock an ihre Lage. Dort fand man an den N-Brückenkopf angrenzende Kaimauern eines röm Hafens (8), die beweisen, daß das heutige

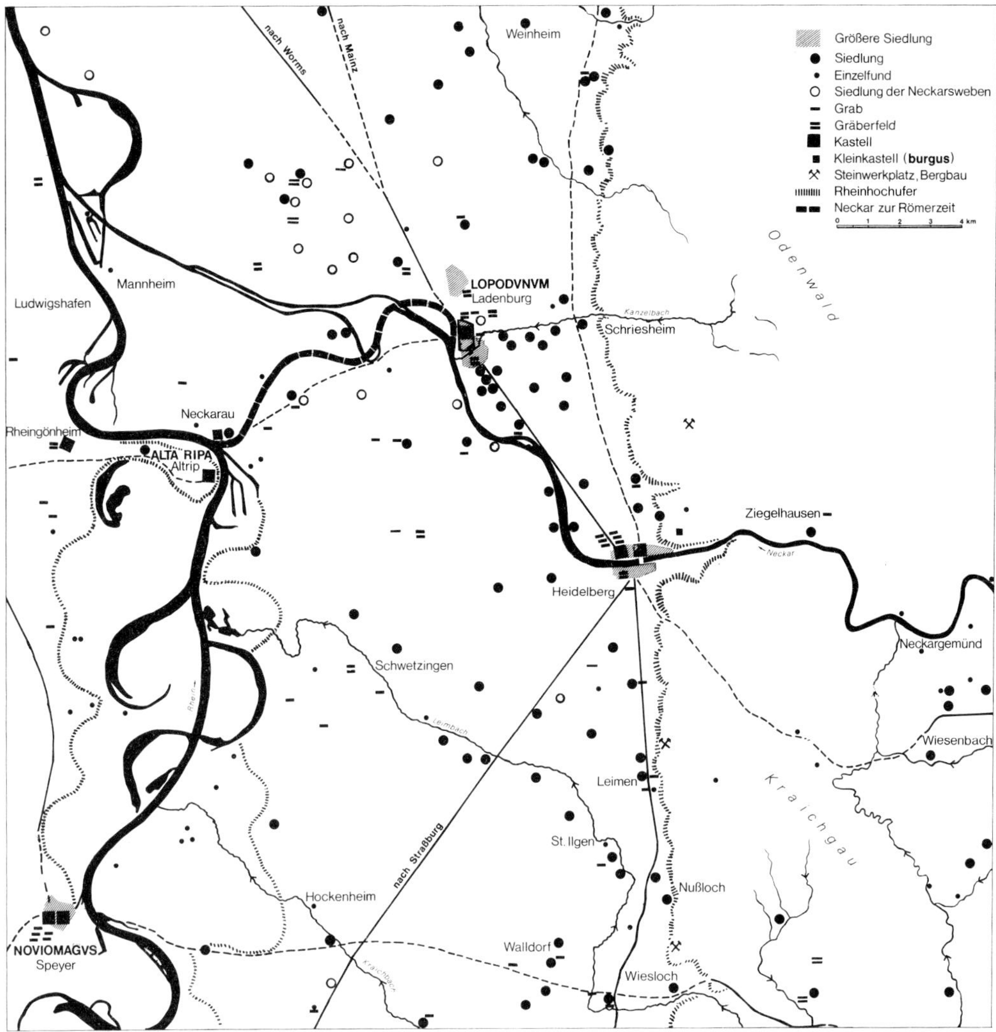

Abb. 113 Heidelberg. Lage der Siedlung im Fernstraßennetz

Neckarvorland damals noch vom Fluß überflutet war.

Der frühzeitige wirtschaftliche Aufschwung der Zivilsiedlung kam durch das günstige Zusammentreffen verschiedener Fern- und Nebenstraßen von zumeist militärischem Ursprung in Nähe dieser Brücke zustande. Bemerkenswert ist die Erhaltung dieses Straßennetzes bis auf die Gegenwart. So vereinigten sich S des Flusses an einem Punkt (12) vor der heutigen Krehl-Klinik an der Bergheimer Str folgende Straßen, um gemeinsam zur nahen Brücke weiterzuziehen: aus SW die Straßburger Fernstraße, aus S die Gebirgsrandstraße mit einer als strategische Fernstraße bedeutenden Abzweigung aus dem Donaugebiet, aus SO die vom Limes bei Neckarburken kommende Straße, aus O ein kurzer ausgebauter Straßenzug, der aber nur innerhalb der Siedlung von Bedeutung war und vermutlich einen das Neckartal säumenden Weg fortsetzte, und vermutlich auch eine aus W vom Rheinübergang herüberziehende Straße, von der aber noch keine Spuren vorliegen. Wenig NO dieses Knotenpunktes, den auffallenderweise auch der auf dem anderen Flußufer verlaufende Straßenzug von Ladenburg her anvisiert, standen, jedem Vorüberziehenden sichtbar, auf einem Steinsokkel (11) acht Meilensteine mit Kaiserinschriften der Jahre 220–253/54. Die mehrfach auf ihnen vermerkte Bezeichnung *A Lop(oduno) L(eugae) IIII* bezeugt die mit vier Leugen gemessene Entfernung bis zum Vorort der *civitas:* Ladenburg. Wenig entfernt davon lag beim S-Brückenkopf eine der Verkehrskontrolle dienende Benefiziarierstation (10), bei der ein dem Jupiter geweihter Altar und eine Jupitergigantensäule aufgestellt waren.

N des Flusses zog die über Ladenburg nach Mainz führende Fernstraße von der Brücke eine kurze Strecke entlang des Ufers, um in Nähe des ehemaligen Westkastells scharf nach N und wenig weiter dann nach NW abzubiegen. Unklar ist, wie die Bergstraße von N her die Brücke anlief. Die Neckartalstraße von Ziegelhausen her mündete vermutlich in die Hauptstraße des rechtsufrigen röm Ortsteils ein, die im Zuge der heutigen Ladenburger Str bis zum linken Seitentor *(porta principalis sinistra)* des in bürgerlicher Zeit weiterbenutzten Steinkastells führte und im Zuge der ehemaligen Hauptstraße *(via praetoria)* des Ostkastells eine Abzweigung zur Brücke besaß. Topographisch ist diese Hauptstraße bedeutsam, weil sie nicht nur in der Römerzeit, sondern auch während des gesamten Mittelalters bis zur Neuzeit in dem Dorfe Neuenheim eine ähnliche Funktion ausübte. Übrigens bestanden fast alle Straßen im Fundament aus einer Buntsandstückung, auf der Schichten von grobem und feinem Kies lagen. Gut beobachtet ist die von NO kommende Fernstraße aus Ladenburg in ihrem Verlauf am W-Siedlungsrand. Sie verbreiterte sich auf 7,50–12 m B, wies einen gewölbten Straßenkörper von 1,20 m größter Stärke auf und zeigte im Unterbau eingesetzte Begrenzungssteine aus der Zeit ihrer ersten Trassierung.

Röm Wohnbauten wurden bisher nur durch die Bautätigkeit erfaßt. Es fehlen somit genauere Kenntnisse, wie man sie anderenorts durch Plangrabungen erzielt hat. Neben kleineren Stein- und Fachwerkhäusern kann man aber diejenigen Wohnhäuser als besonders charakteristisch bezeichnen, die mit einem Steinkeller zur Straßenseite ausgestattet waren und mit tiefgestaffeltem Grundriß den Langhaustyp der obergermanischen Kastelldörfer erkennen lassen. Man findet sie beiderseitig der oben beschriebenen Straßenzüge in lockerer Reihung, gelegentlich aber auch, wie an der Ladenburger Str oder an der Straßburger Fernstraße unmittelbar S der Brücke, in dichter Folge. Gelegentlich deuten sich auch verschiedene Bauperioden an. So wurden meist zu Anfang des 2. Jh Fachwerk- durch Steinbauten ersetzt, wobei letztere im Laufe der Zeit Umbauten erfuhren. Auf eine frühe Parzelleneinteilung verweisen eine Reihe von Häusern an NW-Rand der von S zur Neckarbrücke hinführenden Fernstraße. Ursprünglich war das dortige Gebiet in schmale Grundstücke aufgeteilt, die sich in NS-Richtung senkrecht auf eine kleine Nebenstraße (bei 7) orientierten. Als diese Nebenstraße beim Bau der Brücke schräg von der Fernstraße durchschnitten wurde, war man wegen der Enge der Grundstücke gezwungen, die meisten Wohnbauten mit ihrer Schmalseite gegen die neue Straße hin abzuknicken. Nur wenige größere Bauten wurden im Bereich der Ladenburger, Kepler- und Jahnstr beobachtet, die anhand von Heizanlagen, Wandbemalungsresten oder profilierten Werkstücken einen bescheidenen Luxus widerspiegeln. Die Wasserversorgung erfolgte über eine Druckleitung (6) aus Tonröhren (L 0,83 m, D 0,15 m) von einer gefaßten Quellenstube an der unteren Gustav-Kirchhoff-Str, also vom Fuß des Heiligenberges her. Brunnen standen nur in geringer Zahl zur Verfügung. Für wirtschaftliche Zwecke konnte man das benötigte Wasser dem Neckar entnehmen.

War es nun allein die vorteilhafte geographische Lage, das Zusammenkommen von Fluß, Brücke und Straßen, die die Entwicklung der Zivilsied-

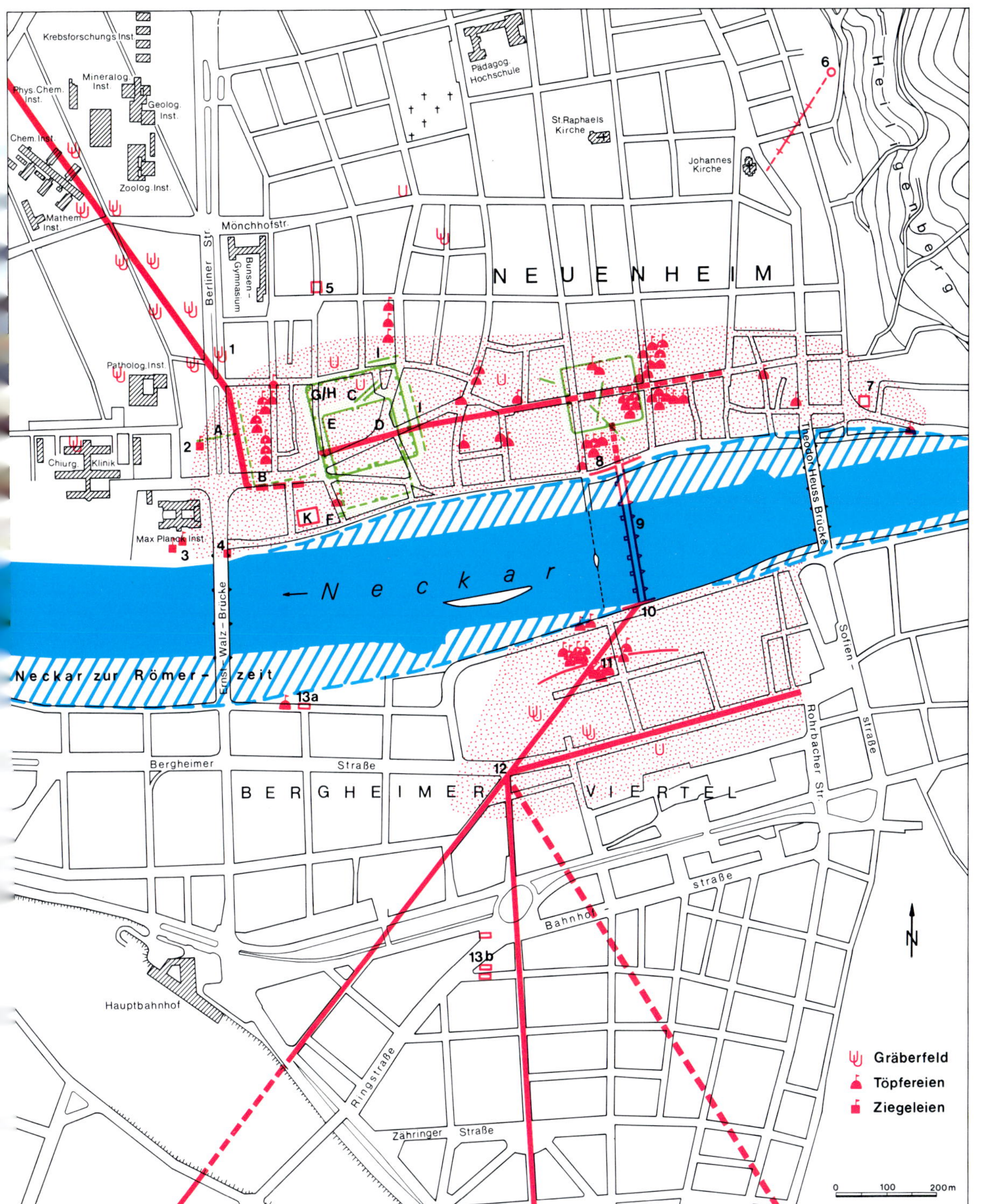

Tafel 69 Plan Heidelberg. 1 Gräberfeld Berliner Str., 2, 3 Ziegelöfen, 4 Ziegelofen, Wohnhaus und Heiligtum des P. Attius Rufinus, 5, 7 Mithräen, 6 Wasserleitung, 8 Hafenmauer, 9 Brücke mit Neptunheiligtum, 10 Benefiziarierstation, 11 Steinsockel mit 8 Meilensteinen, 12 Vermessungspunkt, 13 a,b Röm. Grabsteine aus Gräbern der Merowingerzeit, A, C, D, I, Wehrgräben verschiedener Kastelle, B Westkastell, E Holzkastell I, F Spitzgraben von Holzkastell I?, G Holzkastell II, H Steinkastell, K Kastellbad, rechts: Ostkastell

a: Rot. Tanzender Lar. Statuette aus Bronze. Kurpfälzisches Museum Heidelberg

b: Heidelberg. Reitender Mithras

lung begünstigte? Sicherlich bot sie etlichen Bewohnern, die den starken Durchgangsverkehr als Händler oder Gastwirte zu nutzen verstanden, gute Verdienstmöglichkeiten. Hauptsächlich ging die hier lebende Bevölkerung aber dem Töpferberuf nach, denn durch die reichen Tonvorkommen im benachbarten Ziegelhausen war das römerzeitliche Heidelberg über 150 Jahre lang ein Industrieort. Aufbauend auf den frühen Werkstätten der Militärzeit bildete sich hier zu beiden Seiten des Neckars ein ausgedehntes Töpferzentrum, in dem alle Arten von Gefäßen, von der feinen verzierten Ware, wie sie die rotüberzogene Ware, die Goldglimmer-, graue Glanzton- oder Nigraware darstellte, über das vielseitig geformte tongrundige Alltagsgeschirr bis zur Grobkeramik gefertigt wurden. Auffallend ist die hiesige Produktion von ausgesprochen konservativen Gefäßformen neben solchen, wie sie der jeweilige Zeitgeschmack diktierte. Das hängt offensichtlich mit der Nachfrage der im unteren Neckarland ansässigen swebisch-germanischen Bevölkerung zusammen, die in einer Zeit, in der die röm Keramik bereits anderenorts weite Räume uniformierte, noch stark am überlieferten Formengut festhielt. Da die Töpfereien zT schon im Mittelalter überbaut und zerstört wurden, bedeuten die bisher im gesamten *vicus* N und S des Neckars entdeckten Töpferofen, bereits mehr als 60 Stück, daß die Töpferbetriebe einst noch zahlreicher gewesen sein müssen. Die reiche keramische Industrie belieferte im Laufe der Zeit sicherlich ein größeres Absatzgebiet, wie es etwa der Raum zwischen Rhein und Limesgrenze gebildet haben mag. Die zum Brennen benötigten Holzvorräte konnten aus dem waldreichen Gebirge durch Abflößen auf dem Wasserweg besorgt werden, wie sich überhaupt der Neckar als bequemer Transportweg für verschiedene Güter anbot. Wie in Marbach am Neckar oder in Ettlingen an der Alb ist auch hier eine Schiffer- oder Flößergilde *(collegium* oder *contubernium nautarum)* vorauszusetzen, ohne die man sich einen Hafenbetrieb schwerlich vorstellen kann. Die in Nähe der Steinpfeilerbrücke beobachteten gut ausgebauten Flußmauern sicherten vermutlich einen hier betriebenen Umschlagplatz für die in

Abb. 114 Heidelberg. Ausgrabung eines römischen Töpferofens

der Nachbarschaft gelegenen Buntsandstein- und Kalkbrüche, und da der Unterlauf des Neckars bis hierher auch Flußschiffen mittlerer und größerer Bauart vom Rhein her zugänglich war, konnte man Schwergüter wie etwa die massenhaft verwendeten Mühlsteine aus Eifeler Basaltlava leicht an diese Stelle befördern. Weil es den Siedlungen in der Rheinebene an Bausteinen und Kalk mangelte, darf man die umgeschlagenen Mengen nicht zu gering einschätzen. Große Bedeutung kommt deshalb den außerhalb der Zivilsiedlung entdeckten Kalkbrennereien von Heidelberg-Rohrbach zu, die den dort anstehenden Muschelkalk gleich am Berghang verarbeiteten und damit ein weites Gebiet zu versorgen hatten. Des Wasserweges dürften sich sicherlich verschiedene Ziegeleien (3) in Nähe der heutigen Walzbrücke bedient haben. Dort lag auch der Betrieb des Privatzieglers Publius Attius Rufinus (4), dessen Erzeugnisse aus der 1. Hälfte des 2. Jh seinen Namensstempel trugen. Ihm gehörte sehr wahrscheinlich auch ein am dortigen Ufer gelegener Wohnbau mit Heiligtum und Jupitergigantensäule.

Vermutlich hat man die zahlreichen Göttersteine, die sich etwa von der Mitte des 2. Jh an großer Beliebtheit erfreuten, unweit der Steinbrüche in Steinmetzwerkstätten hergestellt und von dort auf Bestellung versandt. Wo aber die Stifter solcher Steine persönlich genannt sein wollten oder besondere Aufträge vorlagen, wird man sich der im Bereich des *vicus* liegenden Werkstätten bedient haben. Nachträglich zu Aschekisten für Brandbestattungen verarbeitete mißlungene Säulenteile sowie ein unvollendetes großes korinthisches Kapitell aus Buntsandstein, die man am Hilzweg in Heidelberg-Handschuhsheim gefunden hat, können als Hinweis auf einen solchen im Bereich der Zivilsiedlung gelegenen Steinmetzbetrieb gedeutet werden. Auch die an der Berliner Str bei einem monumentalen, turmartigen Grabmal aus Keupersandstein entdeckten Werkstattabfälle zeigen, daß Bildhauer und Steinmetze hier tätig waren. Auf gewerbliche Tätigkeit verweisen auch große Mengen an Eisenschlacken. Bei diesen seit etwa 90 nChr belegten Vorkommen handelt es sich aber vermutlich nicht um die Reste von Schmelz-, sondern von Schmiedeöfen. Nichts läßt etwa auf eine Verhüttung schließen.

Die meisten Götterdenkmäler aus Stein wurden nicht in ursprünglicher Lage angetroffen. Da sich aber ihr Vorkommen über die gesamte Siedlung verteilt, werden sich auch die zugehörigen Heiligtümer kaum auf eine bestimmte Stelle konzentriert haben. Das bekannteste Heiligtum ist das bereits 1838 Ecke Neuenheimer Land- und Bergstr entdeckte Mithräum (7). Die Kultgrotte lag bei einer rituell verwendeten Quelle am Fuß des Heiligenberges. Die in 3 m T entdeckten Mauern stammten nur von einem Rest der ursprünglichen Anlage. Dicht dabei wurden bedeutende Funde geborgen, die sich wie das große Relief des tiertötenden Gottes, die Skulptur der Felsgeburt des Mithras und das Relief des reitenden Gottes direkt auf Mithras beziehen oder wie die Reste der einst dort vor dem Heiligtum gegen den nahen Fluß aufgestellten Jupitergigantensäule den engen Zusammenhang der orientalischen Gottheit mit dem einheimischen Wettergott und, im Hinblick auf die Weinreben verzierte Säule auch auf Dionysos/Bacchus beweisen. Bescheidener sind die Bildwerke des zweiten Heidelberger Mithräums (5), Reste von drei mithräischen Figuren und ein schuppenverzierter Pfeiler, die Kastellweg 26, am NW-Rand der Siedlung, zutage kamen. Die zugehörige Bauanlage konnte nicht erforscht werden. – Röm und einheimische Kulte fanden ihre Stätte auch auf der Kuppe des sich NO der Siedlung erhebenden Heiligenberges. Unter ihnen ist die Verehrung des „kimbrischen Merkurs", *(Mercurius Cimbrianus)* besonders hervorzuheben. Der erst spät bezeugte Kult dieser einheimisch-germanischen Gottheit setzt eine gleichzeitige germanische Bevölkerung voraus. Wenig ältere Spuren einer solchen stellen die im Bergheimer Viertel nahe des N-Brückenkopfes und im Neuenheimer Feld entdeckten swebischen Gräber aus der Zeit des 1. und vom Anfang des 2. JhnChr dar. Solche Gräber setzen entsprechende germanische Siedlungen voraus, die aber wie die eine oder andere kleinere keltische Siedlung im Sog des entstehenden *vicus* bald aufgegangen sind. Erwähnenswert ist, im Zusammenhang mit dem einheimischen Element, daß sowohl auf der höchsten Kuppe des Heiligenberges wie auch auf dem jenseits des Neckars gegenüber aufragenden Königsstuhl bei Gaiberg weithin sichtbar große Jupitergigantensäulen den einheimischen Wettergott ehrten.

Wichtige Einblicke in die Vorstellung von Totenkult und Jenseitsglaube der hier lebenden provinzialröm Bevölkerung und natürlich auch Hinweise auf ihren Umfang geben die Gräber. Neben fünf kleineren zT mit Kapellen ausgestatteten Friedhöfen und einer Reihe verstreuter Einzelgräber ist vor allem ein weit ausgedehntes Gräberfeld (1) zu beiden Seiten der nach Ladenburg ziehenden Fernstraße zu nennen, von dem in letzter Zeit etwa 1500 Brand- und Körpergräber von sehr unterschiedlichen Bestattungssitten geborgen wurden. Die Grabsteinreste mit In-

Abb. 115 Heidelberg. Kurpfälz. Museum.
Jupiterkopf einer Jupitergigantenreitergruppe

schriften der 24. Bürgerkohorte und der 2. cyrenäischen berittenen Kohorte bekunden, daß hier in Kastellnähe bereits die Garnisonstruppe bestattete, der sich bis zum Ende der Römerzeit dann die bürgerliche Bevölkerung anschloß. Die zT mit Beigaben reich versehenen Gräber, einzelne Kapellen und die im Bereich 'dieses Friedhofs entdeckten reliefverzierten Turmdenkmäler sprechen für die Bildung eines wohl kaufmännisch begründeten Reichtums.

Wie weitgehend bereits der alamannische Einbruch des Jahres 233 das Hinterland des Limes heimsuchte und damit den wirtschaftlichen Niedergang des Industrieortes einleitete, unterstreichen ein dicht beim W-Tor des Steinkastells gehobener Münzschatz und ein ausgedehnter Brandhorizont entlang der unter der Ladenburger Str liegenden röm Ortshauptstraße. Am ehesten hat man die am Steinkastell vorgenommenen baulichen Verstärkungen in diesem Zusammenhang zu deuten. Ob der nach einer Inschrift vom 23. Februar 225 hier wohl zeitweilig stationierte germanische *numerus* im Steinkastell lag und in diesen Überfall verwickelt wurde, sei dahingestellt. Wenig später jedenfalls geriet nach Auskunft eines weiteren Münzschatzes, der sehr wahrscheinlich unter Postumus (259–268 nChr) nahe des N-Brückenkopfes im Boden versteckt wurde, die Zivilsiedlung anläßlich der Eroberung des gesamten Limesgebietes in die Hand der Alamannen. Noch ein letztes Mal versuchte ein Jahrhundert später das röm Heer unter Kaiser Valentinian I. von der spätröm Feste Altrip *(Alta Ripa)* aus das untere Neckarland zu besetzen. Ammianus Marcellinus berichtet, daß das Heer im Jahre 369 unter dem Feldherrn Hermogenes über den Rhein ging „um auf dem *mons Piri*, der im Barbarenland liegt, eine Festung zu errichten“. Dort wurden die röm Soldaten wegen eines gebrochenen Vertrages von den Alamannen überfallen und niedergemacht. Seit langem hat die Forschung diesen Berg mit dem Heiligenberg bei Heidelberg in Beziehung gesetzt. Wenn sich dies auch schwerlich völlig beweisen läßt, bietet doch ein vor kurzem in Heidelberg-Wieblingen entdeckter Münzschatz aus dieser Zeit eine wichtige geschichtliche Stütze für diese mißlungene Rückeroberung. Die im Bereich der einstigen röm Zivilsiedlung später gegründeten Orte Bergheim und Neuenheim erstrecken sich nun mit ihrem Ackerland und zT mit ihren Wohnbauten auf röm Trümmern. Die Römerstraßen wurden in gewissem Maße weiterverwendet und an Stelle der röm Steinbrücke die alte Neckarfurt wieder benutzt, die man noch bis zur beginnenden Neuzeit als „Wälschenfurt“ bezeichnet hat. Heu

TK 6818 – 6518
Ao: KM-Heidelberg, BLM-Karlsruhe, Lobdengau-M Ladenburg RM Mannheim.
Lit: Wagner II, 271 ff – BHeukemes, Röm Keramik aus Heidelberg 1964, 3 ff mit Kartenbeilage 1 – BHeukemes in: Die Stadt- u. Landkr Heidelberg und Mannheim, Amtl Kreisbeschreibung 1966, 159 ff –

Sieben Kohortenkastelle aus Heidelberg-Neuenheim

Tafel 6a, 69

Bisher wurden mindestens sieben röm Kastelle bekannt, die sich alle auf dem Boden des Stadtteils Neuenheim erstrecken. Soweit sich ihre Größe feststellen läßt, eigneten sie sich einst am ehesten zur jeweiligen Aufnahme einer Kohorte (500 Mann). Von ihnen ist heute nichts mehr zu sehen, wenn auch die WO gerichteten Züge der Jahn- und Ladenburger Str auf röm Lagerstraßen zurückgehen und damit die Orientierung verschiedener Kastelle entlang des N Neckarufers widerspiegeln. Vermutlich waren einige Wehrbauten nur kurzfristig in Benutzung, doch verrät insgesamt die Massierung dieser Kastelle die Notwendigkeit, dort während des 1. JhnChr einen militärischen Schwerpunkt anzulegen. Die Ursache hierfür sei kurz angedeutet. Am ehesten lassen sich militärstrategische Überlegungen zur Schaffung eines weit über den Rhein vorgeschobenen Brückenkopfes anführen. Als Ausgangspunkt hierfür diente das vermutlich unter Gaius (39/40 nChr) gegründete linksrheinische Kastell Rheingönheim. Offensichtlich war es das Ziel dieses militärischen Unternehmens, nicht nur die der Rheingrenze als Glacis vorgelagerte Ebene, sondern vor allem die bei Neuenheim dicht unter der mächtigen Ringwallanlage des Heiligenberges liegende Flußfurt zu kontrollieren, die den NS-Verkehr der am W-Rand des Odenwaldes entlangziehenden prähistorischen Bergstraße über den Neckar leitete. Zeitlich dürften alle im W von Neuenheim entdeckten Kastelle unter Vespasian (69–79 nChr) oder unter seinem Nachfolger Domitian (81–96 nChr) angelegt worden sein, was nicht in jedem Falle für die im O von Neuenheim entdeckten Kastelle gelten mag. Da die älteste dort nachgewiesene röm Keramik noch aus der Zeit des Tiberius (14–37 nChr) und wenig später stammt, ist damit ein auffallend frühes militärisches Interesse an diesem Platz nicht zu übersehen. Bei den seit dem Feldzug des Jahres 74 nChr entstandenen jüngeren Wehranlagen wird deutlich die Absicht spürbar, der nach O gerichteten Offensive hier am Gebirgsfuß einen neuen Ausgangspunkt zu schaffen. So lag die Bedeutung dieses Platzes vor allem darin, die Eroberung des Gebietes bis zu der unter Domitian eingerichteten Odenwald-Linie des Limes zwischen Main und Neckar abzusichern, Nachschub an Truppen und Material zu liefern, wobei wie im Falle des Alenkastells von Ladenburg sicherlich auch der naheliegende Neckar eine vom Rhein her flußaufwärts genutzte Verbindung für die Versorgung und militärische Operationen darstellte.

1864 entdeckte K. Christ das Kastellbad, von dem Verf 1951–59 Teile untersuchte. 1896 wurde von M. Wippermann, K. Zangemeister und O. Schoetensack der Umfang des Steinkastells festgestellt, in dem Verf 1949–75 Grabungen vornahm und dabei auch verschiedene Vorgängeranlagen fand. E. Wahle ermittelte 1922 anläßlich von Bauarbeiten das Westkastell, 1929 mit Schmieder dann das Ostkastell. Seit 1950 grub der Verf in beiden letzteren Kastellen, wobei dort weitere Befunde gesichert werden konnten.

Die Kastelle werden ihrer Lage nach von W nach O besprochen. Alle liegen unweit des einstigen Neckarufers zwischen Berliner- und Werderstr. WO-Spitzgraben (A) von unbekannter röm Befestigung unter der Berliner Str. – Vom angrenzenden Westkastell (B), einem Holzkastell, verläuft die W-Front O der Berliner Str, die S-Front deckt sich mit dem Verlauf der W-Jahnstr, während die N-Front etwa der W Gerhart-Hauptmann-Str folgen dürfte. Da die von Ladenburg in Richtung NW-SO verlaufende Römerstraße in Höhe der W-Front des Westkastells plötzlich nach S abbiegt, um später das Kastell nach O zu umziehen, wird dieses sicherlich älter als der spätestens zur Zeit des Domitian (81–96 nChr) ausgebaute Straßenzug sein. Nach dort gefundenen Ziegelstempeln der 24. Kohorte freiwilliger röm Bürger *(cohors XXIIII voluntariorum civium Romanorum)* kommt diese wohl seit Vespasian (69–79 nChr) in Heidelberg stationierte Truppe am ehesten als Besatzung des Westkastells in Betracht. Wie die Inschrift eines ihrer Centurionen aus St. Leon und im benachbarten Walldorf gefundene Ziegelstempel nahelegen, kann diese Kohorte aber auch unmittelbar vor oder nach ihrem Neuenheimer Aufenthalt ihr Lager eine Zeitlang im dortigen Raume gehabt haben.

Dicht W ihres Neuenheimer Kastells hat die 24. freiwillige Bürgerkohorte eine Ziegelei (2) betrieben, von der aus vermutlich unter Nutzung des Neckars als Transportweg bis in die Höhe von Eberbach und von dort aus auf dem Landweg Ziegel an die Kastelle Würzburg und Oberscheidental befördert wurden. Gestempelte Ziegel dieser Kohorte kamen auch verschiedentlich auf dem Heiligenberg zutage. Vielleicht hängt damit ein röm Mauerquadrat (ca 8 x 8 m) zusammen, das wenig SW des Aussichtsturmes auf der vorderen Kuppe entdeckt wurde und vermutlich von einem Beobachtungsturm stammt. Noch unter Domitian jedenfalls gelangte diese Kohorte nach dem Kastell Benningen an der Neckarlinie und nach der Vorverlegung des Limes in die Linie Miltenberg-Lorch nach der Mitte des 2. JhnChr nach Murrhardt.

Nach O folgt nun eine Häufung von Resten verschiedener Wehranlagen (C–I), von denen sich aber nur drei Kastelle genauer bezeichnen lassen. Da ist das Holzkastell (E), das vermutlich bereits unter Vespasian angelegt wurde. Seit 1975 kennt man nun drei Seiten der Grabenumwehrung. Die

N Lagerseite (B 140 m) wird von zwei Spitzgräben (jeweils B 5,85 m, T 3,05 m) bewehrt, die an der W- und O-Lagerseite zT noch größere Breite (B bis 6,50 m) aufwiesen. Das Kastelltor ist 93–104 m S der NO-Lagerecke anzunehmen, da dort die Gräben unterbrochen waren. Die S-Grabenfront hat man sich demnach ein ganzes Stück weiter S vielleicht im Zuge der Spitzgrabenanlage (F) und damit unweit des einstigen Neckarufers vorzustellen, wo am ehesten wie bei den später dort errichteten Kastellen das Ausfallstor *(porta praetoria)* zu suchen sein wird. Nach diesen Spuren zu urteilen, dürfte das Kastell (E) für eine Kohorte genügend Quartierraum geboten haben. Von seinen Innenbauten werden bisher nur geringe Spuren bekannt. – Sehr wahrscheinlich noch unter Vespasian hat man über dem einplanierten Kastell (E) mit größerem Grundriß das Holzkastell (G) erbaut, dessen Wehranlagen einen fast quadratischen Innenraum (176 x 178 m) von 3,0 ha Fläche umschließen. Als dieses Kastell unter Domitian abbrannte, wohl unbeabsichtigt, da wertvolle Ausrüstungsteile mit zerstört wurden, ersetzte man es um 90 nChr auf gleichem Grundriß in Stein. Das Steinkastell (H) ist somit die jüngste Wehranlage auf Heidelberger Boden. Als Baumaterial verwendete man hierzu den roten Buntsandstein des Neckartals, der sich von den dicht am Fluß gelegenen Steinvorkommen bequem bis nahe an das Kastellgelände auf dem Wasserwege transportieren ließ. Die ziemlich starke Wehrmauer (B 1,80–2,20 m) wies große Quader als Blendsteine auf. Beim Mauerbau wurden 16 Zwischentürme (B 3,45 m) eingegliedert, die nach innen vorsprangen (1,40 m). An den abgerundeten Ecken saßen verhältnismäßig breite Ecktürme von trapezförmigem Grundriß (3,80 x 8 m). Von den vier mit je zwei Türmen flankierten Toren wurde nur das W-Seitentor *(porta principalis dextra)* genauer untersucht. Beide Tortürme sprangen 0,75 m vor die Mauerflucht. Ihre ursprünglichen Fundamente waren 3,80 m breit und 3,70 m tief, wurden aber später seitlich und zum Lagerinnern hin auf 4,50 x 4,50 m vergrößert, wobei man in den N-Torturm eine Schlupfpforte eingebaut hat. Die Toranlage weist insgesamt rund 12 m B auf; für die Durchfahrten blieben davon 3 m übrig. Bemerkenswert sind attisch profilierte Sokkelgesimse an beiden Tortürmen, wie im Falle des wohl in gemeinsamer Planung entstandenen Alenkastells Ladenburg eine seltene Ausstattung. Auch bei den übrigen Tortürmen hat man solche Sockelgesimse gefunden. Vor der Kastellmauer folgte der Berme (B 2,00 m) über einem verschütteten Spitzgraben des Vorgängerkastells, ein Spitzgraben (B 5,50–8,00, T 2,50–3,50 m), der vor den Toren unterbrochen war. Ob parallel hierzu verlaufende Spitzgräben (I) 10 m N und 14 m O der Kastellmauer gleichzeitig oder älter sind, ist nicht zu klären. Hinter der Mauer lag ein Erdwall (B etwa 7 m), den eine Fußmauer gegen die Lagerringstraße *(via sagularis)* (B 4,50 m) hin säumte. Sämtliche Lagerstraßen bestanden übrigens aus Steinstückung und Kiesbeschichtung. Von den verschiedenen steinernen Innenbauten sind das Stabsgebäude *(principia)* (L 58 m, B 42 m), das Wohnhaus des Kommandanten *(praetorium)* und sein Bad *(balineum)*, ein Speichergebäude *(horreum)* und vermutlich auch ein Lazarett *(valetudinarium)* bekannt geworden. Die Spuren von Holzbauten stammen von Mannschaftsbaracken und sehr wahrscheinlich auch von Ställen.

Eine im Gebiet des Steinkastells gefundene Weihinschrift und zahlreiche Ziegelstempel legen es nahe, dieses verhältnismäßig große Lager der *cohors II Augusta Cyrenaica equitata* zuzuweisen. Diese berittene Hilfstruppe *(cohors equitata quingenaria)* von 380 Mann und 120 Reitern, die ihren Namen von vermutlich in der Cyrenaika (Nordafrika) verrichteten Kriegstaten ableitete, ist infolge der Neuorganisation des obergermanischen Limes unter Hadrian dann um 135 nChr nach dem Kastell Butzbach in der Wetterau verlegt worden. In die Zeit ihres Heidelberger Aufenthaltes fällt der Bau des SW vom Steinkastell gelegenen Militärbades (K), das nach den bisherigen Kenntnissen eine Fläche von etwa 35 x 40 m bedeckt. Hierzu lieferten neben den beiden bekannten Heidelberger Kohorten auch auswärtige Truppen Ziegelmaterial. So bezeugen die dort gefundenen Stempel der Straßburger Legion *VIII Augusta* und der Mainzer Legionen *XIV*

Gemina Martia Vitrix, XXI Rapax und *XXII Primigenia Pia Fidelis,* wie weitgehend diese Legionen die militärischen Baumaßnahmen im unteren Neckarland durch Materiallieferungen aus ihren linksrheinischen Ziegeleien unterstützt haben. Für die Weiterverwendung dieses Bades in bürgerlicher Zeit sprechen verschiedene Funde. Nicht immer diente es dabei hygienischen Bedürfnissen. Zuletzt jedenfalls wurde eines der Badebecken als Bassin zum Frischhalten importierter Austern seinem ursprünglichen Zweck entfremdet.

Höchst überraschend ist die Feststellung, daß das Steinkastell nach der Verlegung seiner Garnisonstruppe nicht abgerissen, sondern nach dem Verfüllen seiner Grabenumwehrung bis an das Ende der Limeszeit weiterbenutzt wurde. Sehr wahrscheinlich kam ihm als Etappenplatz an einer wichtigen Straßenverbindung vom Rheinland zu den Donauprovinzen oder zum Limes noch einige Bedeutung zu. Durch seine günstige Lage konnte es zB als Raststätte durchziehender Truppen oder als Materiallager dienen. Wie ein dicht beim W-Tor vergrabener Münzschatz vom Jahre 233 und damals erfolgte Zerstörungen bezeugen, wurde auch das Steinkastell davon betroffen. Ob damals die Toranlagen bereits verstärkt worden waren oder erst als Folge des alamannischen Überfalls ein solcher Umbau vorgenommen wurde, läßt sich kaum klären. Sicherlich stammen aber die im W-Tor gefundenen menschlichen Skelette nicht von damals Erschlagenen, wie man in der älteren Literatur vermutet hat, sondern von geosteten Bestattungen der späten Merowingerzeit.

Eine weitere Anhäufung von Kastellresten zeigt sich 160 m O des Steinkastells zwischen Wilhelm-Blum- und Werderstr: von NWW nach SOO der flache Graben (L) (B 7,50 m, T 2,60 m); von NW nach SO verlaufen zwei Spitzgräben (M) (B etwa 3,20 u 4,30 m, T etwa 2,50 m), an die sich der Hanglage nach zu urteilen nach NO ein Holzkastell unbekannter Zeitstellung anschloß; von SSW nach NNO zwei mächtige Spitzgräben (N) (Gesamt-B etwa 14 m) eines weiteren Holzkastells, das vermutlich noch unter Vespasian einplaniert wurde; schließlich folgen die Befestigungen des Ostkastells (O). Wie schon erwähnt wurde, ist dem Ostkastell wegen seiner besonderen Lage große Bedeutung zuzusprechen. Seine OW-Achse *(via principalis)* erweist die heute darüberziehende Ladenburger Str als frühe Römerstraße. Auffallend ist nun, daß die entsprechende NS-Achse dieses Kastells und damit auch sein Ausfallstor *(porta praetoria)* genau auf die in bürgerlicher Zeit errichtete röm Neckarbrücke (9) zeigt. Diese Steinpfeilerbrücke ist durch eine Weihinschrift als ein Bauwerk des ausgehenden 2. JhnChr bezeichnet. Es ist kaum anzunehmen, daß bei der topographischen Bedeutung der Brücke als Bindeglied der beiden zur gleichen bürgerlichen Siedlung zählenden Ortsteile am N- und am S-Flußufer bis zu diesem Zeitpunkt kein Vorgängerbau an der gleichen Stelle lag, zumal die zum N-Brückenkopf ziehenden Straßen wesentlich älter als die nachgewiesene Steinbrücke sind. Man hat demnach mit mindestens einer älteren Holzbrücke an der Stelle der einstigen Flußfurt zu rechnen. Jedenfalls lag die militärische Aufgabe des Ostkastells in der Sicherung dieses wichtigen Flußüberganges. Die Entstehungszeit dieses Holzkastells ist immer noch ungeklärt, doch dürfte dieses vermutlich länger benutzte Lager bereits in der Zeit des Vespasian aufgegeben worden sein. Seine W-Umwehrung verrät verschiedene Bauperioden. Dort erstrekken sich zwei Spitzgräben und davor ein Doppelspitzgraben (alle B 4,20 m, T 2,10 m). Nach S ist das Lager durch zwei Spitzgräben (beide B etwa 4,20 m, T 2,30–2,40 m) gesichert. Da die Lage des W- und S-Tores bekannt ist, wird das Ostkastell mindestens eine Innenfläche (138 x 138 m) von 1,9 ha bedeckt haben. Diese bot einer Kohorte genügend Platz. Leider steht der weiteren Erforschung des Ostkastells die fast völlige Überbauung entgegen. Heu

TK 6818 – L 6518

Ao: KM Heidelberg

Lit: BHeukemes in: Die Stadt- und Landkr Heidelberg und Mannheim, Amtl Kreisbeschreibung 1966, 150 ff – EStein, Die kaiserlichen Beamten und Truppenkörper im röm Deutschland unter dem Prinzipat 184 ff, 228 ff.

Kurpfälzisches Museum

Abb 116, Tafel 13b, 70a und b

Die Bestände an röm Steindenkmälern der kurfürstlichen Sammlungen auf dem Heidelberger Schloß gelangten 1720 mit der Verlegung der Residenz nach Mannheim, soweit diese nicht bereits in den Wirren des Orleans'schen Krieges zuvor verlorengegangen waren. Um 1830 erwarb Charles de Graimberg die ersten röm Steindenkmäler aus dem Heidelberger Raum für seine ebenfalls auf dem Schloß angelegte Sammlung, die 1879 in städtischen Besitz überging und wesentlich vermehrt durch die Ausgrabungstätigkeit des Forschers Karl Pfaff in das 1905 erworbene jetzige Gebäude des Kurpfälzischen Museums kam. Seitdem sind etliche weitere röm Steine hinzugekommen. Der größte Teil der röm Funde der Archäologischen Abteilung wurde aber 1949–1975 in Heidelberg-Neuenheim vom Verf ausgegraben, doch gelang es noch nicht, diese reichen Bestände auszustellen. Eine Auswahl der bisher gesammelten Fundstücke soll 1976 in einer neuen Aufstellung gezeigt werden, so daß man hier nur auf den später geplanten Ausbau der Kellerräume des Museums verweisen kann. Die Besprechung der Denkmäler beschränkt sich somit auf die zunächst im NO-Teil des Kurpfälzischen Museums in zwei kleineren Sälen und einem verbindenden Flurraum (Räume 47–50) gezeigten Funde.

Über eine Treppe herab betritt man am besten gleich rechts einen Saal, in dem neben den vorgeschichtlichen Funden Holzreste der röm Neckarbrücke sowie ein Modell (B 7 m) dieser Steinpfeilerbrücke mit Neptunheiligtum und Uferbebauung gezeigt wird. In der Nische links vom Modell ein auf eine Benefiziarierstation nahe des S-Brückenkopfes hinweisender Altar wohl vom Ende des 2. JhnChr, Buntsandstein, H 0,75 m, B 0,35 m, mit Inschrift: *I(ovi) o(ptimo) m(aximo) / aram et co/lumnam / pro se et(suis) / C (aius) Vereius / (Cl)emens mile(s) / Leg(ionis) VIII Aug(ustae) / b(eneficiarius) co(n)s(ularis) v(otum) s(olvit) l(aetus) l(ibens) m(erito).* Übersetzung: Jupiter, dem Besten und Größten, (hat) einen Altar und eine Säule für sich und die Seinen (errichtet) Gajus Verejus Clemens, Soldat der 8. Augustischen Legion, Gefreiter des Konsularlegaten. Er hat sein Gelübde gelöst, froh und freudig nach Gebühr. – In der Nische rechts vom Modell ein Inschriftsockel (H 0,75 m, B 0,57 m), aus Buntsandstein mit eingepaßtem Rest einer Neptunstatue aus Keupersandstein. Dieses Denkmal stand in einem Heiligtum auf dem mittleren Brückenpfeiler und nennt ua den Erbauer dieses etwa wenig nach 170 nChr errichteten monumentalen Bauwerkes. Neptun wird hier nicht nur als Gott aller Gewässer, sondern auch als Schutzgott der Brücken verehrt. Inschrift: *In h(onorem) d(omus) d(ivinae) / Neptuno / (a)edem cum / signo Val(erius) / Paternus / arc(hitectus) et Aeli/us Macer ex / voto pos(uerunt).* Übersetzung: Zur Ehre des Kaiserhauses haben dem Neptun ein Heiligtum mit einem Standbild Valerius Paternus, der Baumeister, und Aelius Macer nach einem Gelübde errichtet.

Nach dem Verlassen des Saales wende man sich in den Flur nach rechts. Getrennt durch eine Vitrine mit Funden der Neckarsweben *(Suebi Nicretes)* aus dem 1. JhnChr stehen dort zwei bemerkenswerte Grabsteine, die wie die meisten folgend genannten Stücke nicht von ihrem ursprünglichen Aufstellungsplatz her bekannt sind, sondern später wiederverwendet in Plattengräbern der Merowingerzeit zutage kamen. Zunächst der Stein rechts, der in einer Nische einen mit Rundschild und zwei Lanzen offensichtlich germanisch bewaffneten Reiter zeigt, darüber im Giebel ein militärisches Zeichen. Die jetzt grob wirkende Darstellung war sehr wahrscheinlich einst durch Bemalung auch in den Einzelheiten verständlicher. Wichtig ist, daß hier ein Angehöriger der im unteren Neckarland bezeugten Gaugemeinde der Neckarsweben *(civitas Sueborum Nicretum)* genannt wird, der als Kundschafter in einem Numerus *(numerus exploratorum)* des röm Heeres diente. 3. JhnChr, Buntsandstein, H 2,30 m, B 0,78 m. Inschrift: *D(is) M(anibus) / Respecto Be/ri (filio) an(norum) XXIII c(ivi) S(uebo) N(icreti) exp/loratori Can/didus Beri(filius) frat(ri) pro c(aritate).* Übersetzung: Den Manen. Dem Respectus, Sohn des Berus, 23 Jahre alt, Bürger der Neckarsweben, Kundschaf-

Abb. 116 Heidelberg. Hahn und Henne. Kurpfälzisches Museum. Kinderrasseln aus einem Brandgrab

ter. Candidus, Sohn des Berus, seinem Bruder aus Liebe. – Wegen seines reichen Bildschmuckes ist der folgende aus dem 2. JhnChr stammende Grabstein besonders aufschlußreich. Buntsandstein, H 2,06 m, B 0,86 m. Im Giebel eine hokkende Sphinx als Todesdämon. Darunter sitzen in einer muschelartig überwölbten Nische ähnlich zeremoniell wie die Darstellungen auf den Matronensteinen die drei Figuren der Verstorbenen beim Mahle. Links mit haubenartig wirkender Frisur eine Frau, einen Früchtekorb in den Händen, vor ihr ein Hund. In der Mitte ein Jüngling, vor ihm ein Dreifußtischchen. Rechts ein Mann mit erhobener Rechter, in der Linken wohl, wie auch der Jüngling, ein Trinkgefäß haltend. In starkem Kontrast dazu steht das darunter folgende bewegte Flachrelief: eine bacchantische Tanzszene mit zwei Schleiertänzerinnen, die von zwei Jünglingen mit Flöte und Zimbeln begleitet werden. Darunter die nicht ganz klar zu deutende Inschrift: *D(is) M(anibus) / Vigellius Nonni (filius) an(norum) / XVII Iulio Tertio et Cand(idiae) / coniugi su (a)e Nonnus Bland(i filius) / faciend(um) c(uravit) filio et su(a)e c(oniugi) pi(i)ss(imae) / d(e) s(ua) p(ecunia).* Übersetzung: Den Manen. Vigellius, Sohn des Nonnus, 17 Jahre alt. Dem Julius Tertius und seiner Frau Candidia. Nonnus, Sohn des Blandus, hat (den Grabstein) für den Sohn und seine liebevollste Gattin von seinem Geld machen lassen.

Dicht daneben ein vierseitig mit Ranken verzierter Pfeiler aus gelblichem Sandstein von 1,31 m H und 0,44 m größter B, der vermutlich vom Oberbau eines turmartigen Grabdenkmals vom Ende des 2. JhnChr herrührt. Die Vorderseite weist einen Krater auf, aus dem ein Weinstock wächst, an dem sich Vögel laben. Dieses aus dem Bereich des Gottes Dionysos/Bacchus stammende, seltene Motiv sollte die Anhänger dieses Kultus darauf hinweisen, welch seliges Geschick sie im Jenseits erwarte. – Entlang der Flurwand folgen Funde aus der Zeit der Neuenheimer Kastelle, Mitte des 1. bis Anfang des 2. JhnChr, ua Ziegelstempel verschiedener Legionen und Kohorten, Auszeichnungen des röm Heeres und verschiedenartige Keramik. Eine besondere Vitrine ist den zahlreichen Töpfererzeugnissen vorbehalten, wie solche in den verschiedensten Techniken vom Ende des 1. bis zur Mitte des 3. JhnChr zu beiden Seiten des Neckars im Bereich des bürgerlichen *vicus* gefertigt wurden. In einer weiteren Vitrine sind reliefverzierte Sigillata-Bilderschüsseln zu sehen, Importware der verschiedenen gallischen Manufakturen. – Dicht dabei ein Grabstein H 1,85 m, B 0,46 m Buntsandstein 2. JhnChr. Er zeigt in der muschelartigen Nische einen einheimischen Baumeister mit Winkelmaß in der Rechten und Schriftrolle in der Linken, bekleidet mit dem keltischen Mantel *(sagum)*, zu seinen Füßen ein Hündchen. Verschiedene keltische Namen in der zugehörigen Inschrift verweisen auf eine einheimisch-keltische Familie. Die darunter befindliche Inschrifttafel wird von einer hockenden Sphinx, dem Todesdämon, getragen. Inschrift: *Dis M(anibus) / Volcio Mer/catori an(norum) XXXX/Luteia Caranti (filia) / con(iugi) pien(tissimo) pos(uit).* Übersetzung: Den Manen. Dem Volcius Mercator, 40 Jahre alt, ihrem lieben Gatten, hat Luteia, des Carantus Tochter, (den Grabstein) gesetzt. – Gegenüber ist eine giebelförmige Grabmalbekrönung aus dem röm Gräberfeld Berliner Str, wohl 2. Jhn Chr, aus gelblichem Sandstein (H 0,52 m, B 0,58 m) aufgestellt, die dreiseitig eine Rosette – hier wohl Symbol der Seele – umschließt.

Hier biegt der Flur scharf um und führt in einen schmalen Raum, dessen Mitte von der Kopie einer mit ornamental eingesetzten Steinen und mehrfarbiger Ausmalung verzierten Kellerwand des 2./3. JhnChr aus Heidelberg-Neuenheim eingenommen wird. In der Kellernische ist eine qualitätvolle Bronzestatuette (H 0,12 m) aufgestellt, die einen tanzenden Lar – die Schutzgottheit des röm Hauses – wiedergibt. Links dieser Kellerwand eine Vitrine mit 38 Beigaben eines reich ausgestatteten Brandgrabs um 120 nChr aus dem großen röm Gräberfeld an der Berliner Str. Zur Ausstattung dieses vornehmen Toten zählen 30 Tongefäße, darunter eine Weinamphore und komplette Speisegeschirrsätze aus Sigillata, 4 Glasgefäße, Firmalampe, Schabeisen *(strigilis)*, Trajan-Münze als Eintrittsgeld in die Unterwelt und Reste eines Spanferkels. Rechts dieser Kellerwand eine Vitrine mit röm Siedlungsfunden des 1.–3. JhnChr aus der bürgerlichen Siedlung von Heidelberg. – Am Flurende eine Vitrine mit Baukeramik, darunter gute Beispiele röm Wasserleitungsröhren für Druckleitungen. Die Formen der dabei ausgestellten mittelalterlichen und neuzeitlichen Wasserleitungsröhren folgen alle dem röm Vorbild. – Dicht daneben ein Grabstein mit zwei Giebeln, der aufgrund seiner Schriftformen zu den spätesten Beispielen des unteren Neckarlandes zählt. Deswegen wurde der Stein bereits in das 4. JhnChr datiert, doch wohl eher dem 3. Jh zugehörig. Beachtlich sind die germanischen Namen Masvetinca und Ungario, daneben wohl ebenfalls germanisch Pacus, Bervus, Mattius. H 2,13 m, B 0,78 m, Buntsandstein. Die Inschrift ist trotz der Zweiteilung des Steins durchlaufend zu lesen. *D(is) M(anibus) / Pacus(s) Bervi (filius) fratribu/s monimentum pos(u)it / Secundo Bervi (filio) et Mas/vetinc(a)e coniugi et Mat/tio et Placidi(a)e neptiae / fili(a)e Secundi / d(e) s(ua) p(ecunia) / Vngario locum ded/it.* Übersetzung: Den Manen. Pacus, Sohn des Bervus, hat seinen Brüdern ein Denkmal gesetzt, (nämlich) dem Secundus, Sohn des Bervus, und seiner Gattin Masvetinca, und dem Mattius und seiner Nichte Placidia, der Tochter des Secundus, auf eigene Kosten. Ungario hat den Platz (dazu) gegeben.

Ein weiterer Saal schließt sich an, der vor allem eine Reihe mithräischer Denkmäler zeigt. Neben den Kopien der beiden großen Reliefs von Heidelberg-Neuenheim (Original im BLM Karlsruhe) und Ladenburg (Original im Lobdengau-Museum Ladenburg) ist das Relief des reitenden Mithras aus dem Mithräum an der Neuenheimer Landstraße wegen seiner Seltenheit besonders wichtig. H 0,48 m, B 0,40 m, Buntsandstein um 200 nChr. Mithras reitet mit dem Globus in der Hand als Herrscher über den Kosmos *(kosmokrator)* von Löwe (Feuer) und Schlange (Erde) begleitet durch einen Zypressenwald, ganz ähnlich wie auf einem bekannten Wandgemälde von Dura-Europos am Euphrat. – Aus einem Mithräum von Spechbach (HD), das früher unter Lobenfeld genannt wurde, stammen zwei dem Mithras geweihte Altäre der Zeit um 200 nChr. 1. Buntsandstein, H 0,91 m, B 0,38 m. Inschrift: *Deo invic/to L(ucius) Vetur(ius) / Quintus / v(otum) s(olvit) l(aetus) l(ibens) m(erito).* Übersetzung: Dem unbesiegbaren Gott hat Lucius Quintus sein Gelübde gerne, froh nach Gebühr gelöst. Der aus dem Kampf mit den Mächten der Finsternis immer von neuem siegreich hervorgehende „unbesiegbare Gott" ist hier ebenso der persische Mithras wie der auf der nächsten Inschrift gen. „Sonnengott". 2. Buntsandstein, H 0,88 m, B 0,48 m. Inschrift: *Deo Sol(i)/Vitalius / Severus / v(otum) s(olvit) l(aetus) l(ibens) m(erito).* Übersetzung: Dem Sonnengott hat Vitalius Severus sein Gelübde gerne, froh nach Gebühr gelöst. – Nahe dabei eine dem Götterkult und Jenseitsglauben gewidmete Vitrine, in der neben einst rituell verwendeter Keramik wie Gesichtsurne, Opferpfanne und Räucherkelch sowie kleineren Götterbildern ua des orientalischen Attis verschiedene Steindenkmäler aus dem zweiten Neuenheimer Mithräum am Kastellweg gezeigt werden: 1. Kopf des Mithras, Buntsandstein, H 0,13 m, B 0,11 m; 2. Unterteil eines Cautes, Begleiter des Mithras mit erhobener Fackel (Leben), Buntsandstein, H noch 0,27 m, B 0,23 m; 3. Cautopates, Begleiter des Mithras mit abgesenkter Fackel (Tod), Buntsandstein mit geringen Resten einstiger Stuckierung und roter Bemalung, H 0,48 m, B 0,23 m; 4. Geschuppte Pyramide mit Aussparung oben: vermutlich für Lampe oder Kugel, bisher einzigartig im mithräischen Bereich. Buntsandstein, H 0,30 m, B 0,18 m. – Ein in einer Kleinvitrine verwahrtes, sehr qualitätvolles, getriebenes Bronzeblech vom Ende des 1. JhnChr (H 0,05 m, B 0,03 m) gibt die für die germanischen Soldaten im röm Heere zuständige Gerichtsgottheit wieder. Mars Thingsus, der Gott mit der Gans, wird in einem Tempel stehend gezeigt, der von Figuren und den Reiterbildern des Castor und Pollux bekrönt ist. – In anderen Vitrinen sind gut erhaltene Glasgefäße aus dem röm Gräberfeld Berliner Str ausgestellt, darunter als Seltenheiten ein Zirkusglas mit vier Quadrigen sowie ein Glas mit flüssig erhaltenem Balsam. Weitere Vitrinen enthalten Bild- und Firmalampen, Toiletteninstrumente, Schlüssel und Schloßbeschläge. Ein aus 90 röm Silber- und Bronzemünzen bestehender Schatzfund des Jahres 233 nChr dokumentiert den ersten größeren Alamanneneinfall in das untere Neckarland. – Abschließend sind neben einem von einer Jupitergigantensäule aus Heidelberg-Neuenheim stammenden, um 200 nChr eindrucksvoll stilisierten Jupiterkopf aus Buntsandstein (H 0,22 m, B 0,17 m) noch einige Steindenkmäler vom Heiligenberg bei Heidelberg zu nennen. Diese geben Zeugnis von der dortigen Verehrung einer einheimischen Gottheit, die als „kimbrischer Merkur" vermutlich den germanischen Wodan vertrat. 1. Inschriftplatte um 200 nChr, umlaufend profiliert, gelblicher Sandstein, H 0,56 m, B 0,66 m mit Inschrift: *In h(onorem) d(omus) d(ivinae) deo Mercu/rio Cimbriano ae/dem cum signo / Tettius Perpetu/ius Carus v(otum) s(olvit) l(aetus(l(ibens) m(erito).* Übersetzung: Zu Ehren des Kaiserhauses (hat) dem Gott Mercurius Cimbrianus einen Tempel mit Standbild (errichtet) Tettius Perpetuius Carus. Er hat sein Gelübde eingelöst gerne, froh nach Gebühr. 2. Inschriftplatte mit schwalbenschwanzförmiger Einfassung, Buntsandstein, H 0,53 m, B 0,65 m mit Inschriftrest: *Mercurio/Cimbrio . . .* Übersetzung: Dem Mercurius Cimbrius . . . 3. Basis einer Merkurstatue, Buntsandstein, H 0,65 m, B 0,32 m, Inschrift: *Mercurio/M(arcus) Lusius Vica/rius et Mess (o)/rius Perpetu/us et Valmar/us / l(ibentes) p(osuerunt).* Übersetzung: Dem Merkur haben Marcus Lusius Vicarius und Messorius Perpetuus und Valmarus mit Freuden (die Statue) gesetzt.

Heu

Lit: Wagner II, 271 ff – PhStemmermann u CKoch, Der Heilige Berg bei Heidelberg, in: BadFdb 16, 1940, 42 ff.

Heidenheim HDH

Alenkastell für 1000 Reiter

Abb 117–121, Tafel 15a, 68a und b

Das Kastell liegt W des Bahnhofes mitten in der Stadt, zwischen Paulinen-, Karl-, Brenz- und Bahnhofstr. Wenn auch oberirdisch heute von dem Lager nichts mehr zu sehen ist, so spiegeln doch einige Straßen das Lagerstraßennetz wider: die Paulinenstr deckt sich mit der N Lagerringstraße *(via sagularis)* (1) und begrenzt das nach NNO orientierte Lager im N. Unter der Kreuzung Paulinen-/Karlstr liegt die NW-Lagerecke; von hier bis zur Heinrich-Voelterstr ist die Karlstr mit der W-Lagerringstraße identisch. Von der Straßenecke gegenüber dem Jugendhaus (Karlstr 14) zielt die Lagermauer – vor dem WO-Trakt des Finanzamtes durch das linke Lagertor *(porta principalis sinistra)* (2) unterbrochen – zur NW-Ecke des Hauses Karlstr 2; hier biegt sie um zur NW-Ecke des Hauses Marienstr 19, vor der das LDA 1962 den W Torturm und den Torpfeiler des rückwärtigen Lagertores *(porta decumana)* (3) ausgegraben hat. Die O-Lagermauer schließt das Hellensteingymnasium ein, durchschneidet das Forstamt und trifft auf die NO-Ecke der Olga-Turnhalle, diese fast ganz einschließend.

Die O-Begrenzung der Marienstr markiert gewissermaßen die Mittelachse des Lagers: sie geht mitten durch das um 6 m aus der Mitte nach W versetzte rückwärtige Lagertor, bezeichnet die Mitte der rückwärtigen Lagerstraße *(via decumana)* (4) und schneidet die Apsis des Fahnenheiligtums *(sacellum)* (5) des Stabsgebäudes *(principia)* (6) an der Ecke Olgastr 16 (Olgaschule); ab der Marienkirche begrenzt sie die Ausfallsstraße *(via praetoria)* (7) im W und trifft auf die Innenkante des W Torturmes des Ausfallstores *(porta praetoria)* (8) an der Ecke Paulinenstr 8.

Das Stabsgebäude liegt zwischen Olgaschule und Marienkirche, im Schnittpunkt Olga-/Marienstr/Bahnhofsanlagen. Die Hauptlagerstraße *(via principalis)* (9) verlief in Verlängerung des WO-Traktes des Finanzamtes vom linken Lagertor (unter der Karlstr) parallel zur Heinrich-Voelter-Str durch die Torhalle (10) des Stabsgebäudes zum rechten Lagertor *(porta principalis dextra)* (11) zwischen Forstamt und Wirtschaftsgymnasium. Die Lagermauer umschließt ein langrechteckiges Areal (271 x 195 m = 52,845 ha); sie hat abgerundete Ecken, Eck- und Zwischentürme, vier Tore, jeweils von zwei Türmen flankiert. Die beiden Toröffnungen des Ausfallstores sind je 3,5 m breit (lichte B), seine Tortürme L 5,97 m, B 5 m.

Das zwischen Toten- und Ottilienberg gelegene Alblimeskastell Heidenheim sperrte das Brenztal, den natürlichen S-N-Verbindungsweg von der Donau in das Kochertal und in das N-Vorland der Schwäbischen Alb.

Auf eine röm Ansiedlung bei Heidenheim war man zum ersten Male aufmerksam geworden, als bei Anlage der Heidenheim–Ulmer Eisenbahn im Winter 1873/74 S des Totenberges (12) ein röm Gebäude (14 x 8 m) angeschnitten wurde, das wahrscheinlich als Verbrennungsstätte der W und O davon angetroffenen röm Brandgräber diente. Als 1881 im Stadtgebiet von Heidenheim röm Mauern und bei der Kanalisation einiger Straßen röm Funde herauskamen, vermutete Forstmeister Prescher als erster in Heidenheim ein röm Kastell. Prescher konnte 1896/97 im Auftrag der RLK die Lagermauer und die Fundamente des Stabsgebäudes (57 x 63 m) (6) mit einer Torhalle (B 15 m) über der Hauptlagerstraße (9) nachweisen. Er fand O des Stabsgebäudes Teile eines Wohngebäudes mit Fußbodenheizung *(hypocaustum)* (13). Fundbeobachtungen von E. Gaus, Fr. Hertlein und E. Bittel rundeten

Abb. 117 Heidenheim. Grundriß des Kastells. 1 Lagerringstraße, 2 linkes Lagertor, 3 rückwärtiges Lagertor, 4 rückwärtige Lagerstraße, 5 Fahnenheiligtum, 6 Stabsgebäude, 7 Ausfallsstraße, 8 Ausfallstor, 9 Hauptlagerstraße, 10 Torhalle des Stabsgebäudes, 11 rechtes Lagertor, 12 Gebäude, 13 Wohngebäude mit Hypokaustanlage, 14 drei Kasernen, 15 nachkastellzeitliche Töpferwerkstatt, 16 Umwehrung des älteren Erdkastells

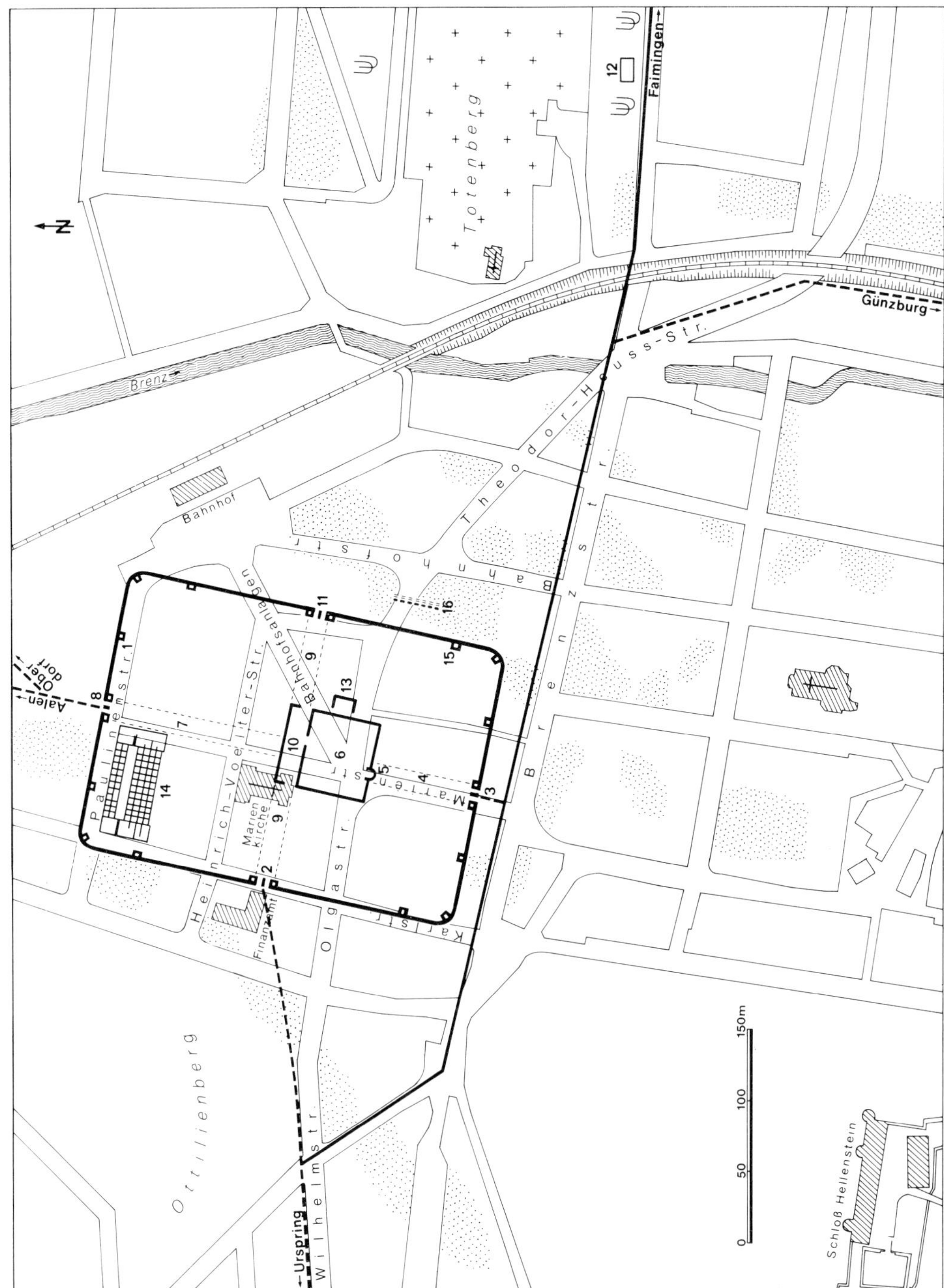

N
Faimingen
12
Totenberg
Günzburg
Brenz
Theodor-Heuss-Str.
Bahnhof
Bahnhofstr.
Bahnhofsanlagen
Brenzstr.
11
16
9
15
13
6
10
5
4
3
Marienstr.
7
8
1
Paulinenstr.
14
Heinrich-Voelter-Str.
Marien Kirche
2
Olgastr.
Karlstr.
Finanzamt
Aalen
Oberdorf
Ottilienberg
Wilhelmstr.
Urspring
Schloß Hellenstein
0
50
100
150m

Abb 118 Heidenheim. Ausgrabung der NW-Ecke des Kastells. Fundamentgräben von Kasernen

das Bild weiter ab. Die außerhalb des Kastells gemachten Funde (Keramik, Münzen etc) lassen die Ausdehnung des Lagerdorfes *(vicus)* und dessen Nachfolgesiedlung erkennen.
1961/62 legte das LDA Teile des rückwärtigen Lagertores und die Apsis des Fahnenheiligtums mit dem darunter befindlichen Keller für die Truppenkasse frei. 1965 untersuchte B. Cichy im Auftrag des LDA in der NW-Ecke des Kastells (im vorderen Lagerteil, *praetentura)* ein Areal von 1250 qm ganzflächig (14) und 1966 im SO (im rückwärtigen Lagerteil, *retentura)* eine Fläche von 1400 qm (15). Er stellte im SO fest: „die Lagermauer (B 1,2 m) ist aus grob zugerichteten

Jurasteinen mit stark sandigem Kalkmörtel aufgemauert und ruht auf einem Fundamentsockel (B ca 1,4 m, H 0,2 m) aus Bruchsteinen. Der Fundamentsockel springt nach außen 0,2 m über die Mauerflucht vor und schaute in röm Zeit etwa 0,2 m aus dem Boden. Die Außenwand der Mauer hatte einen mit leuchtend weißer Kalktünche gestrichenen starken Kalkmörtelverputz (8–12 mm), in den waagerecht und senkrecht eingeritzte Linien den Eindruck einer aus echten Quadern gefügten Mauer erweckten. Eine bis zu 0,15 m dicke, sehr harte Kalkmörtelschicht bedeckte die Berme (B 1,2 m), die schräg zum Spitzgraben (B = 8 m, T = 1,8 m) abfällt. 25 m vor der Lagermauer stellte Cichy einen Doppelgraben (B 8 m und 2 m) und eine Palisade fest, die er als Annäherungshindernis des Steinkastells deutete. Hinter der Lagermauer war ein Erdwall *(vallum)* (B 4 m) angeschüttet. Den Wallfuß verstärkten Pfosten und Zweiggeflecht, um das Abrutschen der aufgeschütteten Erde auf die dem Erdwall parallel verlaufende Lagerringstraße (B 3,5–4 m) zu verhindern. Die Lagerringstraße hatte leichtes Gefälle nach dem sie lagereinwärts begleitenden Straßengraben (B 1 m, T 1 m), in den das Regenwasser abfloß. Die anschließenden Kasernen waren durch spätere Eingriffe stark zerstört. Der Mauerturm (5 x 5 m) S des rechten Lagertores hatte einen durch eine Tür (B 0,9 m) in der Rückwand zugänglichen Innenraum (3,20 x 2,70 m). Der Turm sprang zur Grabenseite über die Lagermauer vor. Höhe der mit Wehrgang und vermutlich auch mit Zinnen versehenen Lagermauer schätzungsweise 4,50 m.

Von der lagerzeitlichen Innenbebauung des Steinkastells konnte Cichy in der NW-Ecke (14) drei Kasernen in Fachwerkbauweise nachweisen, die – vermutlich mit einer 4. Kaserne – baulich eine Einheit bilden. Jede Kaserne hatte zwölf etwa gleichgroße Zeltgenossenschaften *(contubernia)* mit einem Schlafraum *(papilio)* (4,5 x 4,3 m) mit Herdstelle, davor einen Raum zur Ablage der Waffen *(armis)* und davor einen auf die Straße führenden, überdachten Raum zum Abstellen von Last- und Zugtieren *(iumentis)*. Den Abschluß auf den beiden Schmalseiten der Kasernen bildet ein erweiterter Kopfbau, in dem die Chargen *(decurio, duplicarius, sesquiplicarius* etc.) untergebracht waren. Eine Wand (B 0,21 m) teilt die Kaserne zwischen dem 6. und 7. Contubernium in zwei gleiche Hälften. In jeder Hälfte lag ein Reiterzug *(turma)* mit 42 Reitern, die auf die sechs Contubernien und den Erweiterungsbau zu verteilen sind. Die beiden N Turmenkasernen öffneten sich auf die Lagerringstraße, die heutige Paulinenstr. Auf ihrer Rückseite hatten sie einen überdachten Gang, der zur Straße der beiden im S anschließenden Turmenkasernen gehörte. Dadurch entstand eine Art Innenhof, an den Schmalseiten von den Kopfbauten begrenzt. Diese ließen einen schmalen Durchgang frei, der einer Wache die genaue Kontrolle der Ein- und Ausgehenden ermöglichte. Die beiden folgenden Kasernen hatten eine gemeinsame Rückwand und mit den gegenüberliegenden, nicht mehr ausgegrabenen Kasernen, eine gemeinsame, beiderseits von überdachten Gängen begleitete Straße, die auf die Ausfallsstraße (Marienstr) und die Lagerringstraße (Karlstr) führte.

Kastell Heidenheim wurde nach den in den Kasernenbauten gefundenen Münzen zu schließen um 90 nChr von der *ala II Flavia milliaria* (zur Geschichte der *ala* S. 62 ff) erbaut. Von dieser Reitereinheit liegen bis jetzt aus Heidenheim zwei inschriftliche Zeugnisse vor: ein am SO-Abhang des Totenberges 1902 gefundenes Grabsteinfragment des Reiters *(eques)* Julius der *ala II Flavia* (in zweiter Verwendung Deckel eines Brand-

Abb. 119 Heidenheim. Ziegelstempel der ala II Flavia

Abb. 120 Heidenheim. Grabsteinfragment eines Reiters der ala II Flavia

grabes) und ein 1926 von K. Bittel gefundener Ziegel mit dem Stempel *(ala) II F(lavia).*

Erdkastell. Cichy traf 18 m vor der O-Lagermauer auf eine der Lagermauer parallel verlaufende Umwehrung eines älteren Erdkastells, das sich nach O erstreckte (16). Der Spitzgraben (B 2,2 m, T 1,75 m) hatte eine Berme (B 0,5 m), hinter der eine dem Graben parallel verlaufende Pfostenreihe und hinter dieser im Abstande von 1,2 m ein Palisadengräbchen (B 0,4 m, T 0,4 m) verlief. Pfostenreihe und Palisadengräbchen sind Überreste einer Holz-Erde-Mauer (B ca 1,2–1,3 m) eines Erdkastells, dessen Breite durch die Brenz gegeben ist. Es dürfte maximal 120–130 m breit, bei dem üblichen Verhältnis von 3:2 etwa 180 m lang gewesen sein und evtl einer Einheit von 500 Soldaten *(cohors quingenaria)* Platz geboten haben. Das Lagerdorf *(vicus)* erstreckte sich um das Lager herum, vornehmlich zu beiden Seiten der nach Faimingen und Günzburg führenden röm Straßen.

Die *ala II Flavia* wurde um 150 nChr nach Aalen vorverlegt. Damals scheinen die verlassenen Kasernen als Speicher und Depots weiterbenutzt worden zu sein. Die Lagermauer diente dem archäologischen Befund zufolge seit etwa 160 nChr als Steinbruch für Zivilbauten der röm Nachfolgesiedlung, die sich im 2./3. JhnChr aus dem Lagerdorf entwickelte. Im SO des Kastells (15) stellte Cichy über der abgebrochenen Kastellmauer und über dem Wall sowie Teilen der Kasernen eine um 180 nChr errichtete Keramikwerkstatt fest, einen Fachwerkbau mit Töpferofen, Töpferateliers, Lagerraum und einem Wohnteil. Im Abbruchschutt der Kastellmauer fand er ein rundplastisches Adlerfigürchen aus Bronze. Außerhalb des Kastellgrabens war mit Steinmaterial der Kastellmauer nach 156/157 nChr ein Wohngebäude (14 x 8,5 m) errichtet worden. SW des Gebäudes kam ein gemauerter Brunnen heraus mit einer Wasserleitung aus Holzrohren in S-N-Richtung. An der Stelle der Töpferwerkstatt und eines Nachfolgebaues – beide Gebäude wurden durch Brand zerstört – entstand in 1. Hälfte 3. JhnChr ein Saalbau (40 x 14 m = 350 qm) mit kleiner Vorhalle auf Bruchsteinfundamenten (B 1,4 m). Er hatte in der SW-Ecke zwei Zimmer mit Fußbodenheizung *(hypocaustum)* und Heizraum *(praefurnium).* Auf den Mauern des abgebrochenen Wohnhauses war ein achteckiger Bau errichtet worden.

In der NW-Ecke (14) fand Cichy im Bereich der Kasernen bei der Herdstelle eines späteren Holzbaues einen Hortfund von 77 Bronzemünzen aus der Zeit Constantin d. Gr. Die Münzen sind 341–346 nChr in Trier geprägt und sprechen dafür, daß die röm Besiedlung Heidenheims auch nach 259/60 nChr bis ins 4. Jh weiterging. Das röm Heidenheim war auch in der Nachkastellzeit ein wichtiger Verkehrsknotenpunkt, von dem fünf röm Straßen strahlenförmig ausgingen: Nach Faimingen, Günzburg, Urspring, Oberdorf a. I. und Aalen. Vermutlich ist Heidenheim mit dem in der *Tabula Peutingeriana* erwähnten *Aquileia* identisch. Aber bis jetzt fehlen hierfür noch inschriftliche Zeugnisse. Fil

TK 7326 – L 7326
Ao: M Heidenheim. WLM Stgt.
Lit: Prescher, ORL B 66 b Heidenheim – FHertlein, Altertümer des OA Heidenheim – Haug-Sixt, 81 ff, 89 ff Nr. 506 – RiW 1–3 s.v. Heiden-

heim – OParet, Württ.i.vor- und frühgeschich Zeit (Stuttgart 1961) 435 s.v. Heidenheim – BCichy, Das röm Heidenheim, 1971.

Museum Schloß Hellenstein

Öffnungszeiten: Di–So 10–12, 14–17 Uhr.

Die vor- und frühgeschichtlichen Bestände dieses Museums hat Prof. Dr. A. Walzer neu aufgestellt: Übersichtskarte der röm Fundstellen und Straßen im Lkr Heidenheim. – Wandvitrine: Ziegelstempel der *(ala) II F(lavia)* und Keramik (Töpfe, Räucherkelch, Reibschüssel, Terra-Nigra-Schüssel, Krüge, Teller) von Heidenheim, Hermaringen und Nattheim; Plan des Kastells Heidenheim mit röm Gräberfeld. – Wandvitrine: Röm. Schmuck und Geräte [Spiegel, Armringe, Ohrring, Fibeln (Bronze), Muschelanhänger, Messer, Löffel, Beil (Eisen), Schreibgriffel, Spachtel (Bronze), Lampen (Ton), Münzen, Beschlägstücke, Schlüssel (Bronze)] von Heidenheim und Hermaringen; Foto: Weihealtar für Mercur, in Heidenheim gefunden; Foto: Gallienus – Inschrift von Hausen ob Lontal. – Vitrine: Terra Sigillata, in Heidenheim gefunden (Schüsseln, gestempelte und mit Graffiti versehene Bodenbruchstücke von Tellern; verzierte Wandbruchstücke von Schüsseln; Teller, Näpfe); Münzsammlung Reiser: 290 Münzen von der Zeit der Republik bis Arcadius (395–408 nChr). – Fußbodenheizung *(Hypokaustanlage)* eines röm Wohnhauses, aufgebaut unter Verwendung der originalen Fundstücke und nach dem Ausgrabungsbefund. – Grabsteinfragment: *Iuliu[s . . .*

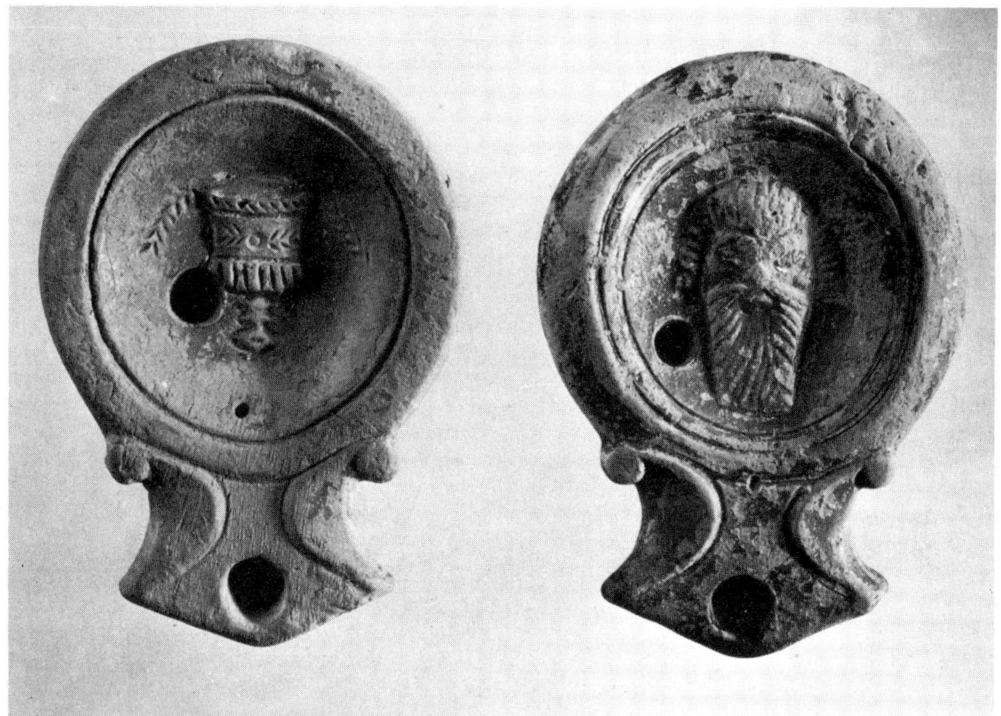

Abb. 121 Heidenheim. Tonlampen

.eques alae] / II Fl(aviae) m(illiariae), t[urma . . . . .] / vix[it annos . . . .] / Veget[ius?] . . . . . . Übersetzung: Julius . . . . ., Reiter der ala II Flavia von tausend Mann, von der Schwadron des . . . . . . Er hat gelebt . . . . . Jahre. Vegetius [sein Erbe hat das Grabmal aufstellen lassen]. – Grabstein: *D(is) M(anibus) / T(itus) Fl(avius) Vitalis / cives Kal(etus) / vix(it) an(nos) LXX / Fl (avius) Aucus, lib(ertus) / et (h)eres, fac(iendum) cur(avit).* Übersetzung: Den guten Göttern. Titus Flavius Vitalis, kaletischer Bürger, hat 70 Jahre gelebt. Flavius Aucus, sein Freigelassener und Erbe, hat (den Grabstein) machen lassen. – Weihealtar: *I(ovi) o(ptimo) m(aximo) / ex vot(o) / Mat(ernus?) Marcellin(us).* Übersetzung: Jupiter, dem besten und größten, hat Maternus Marcellinus auf Grund eines Gelübdes (diesen Stein geweiht). Fil

Heilbronn-Böckingen HN

Kohortenkastell

Abb 122, 123, Tafel 65

Das Kastell liegt W des Neckars, an der Kante der weitgestreckten Terrasse und nur 8 m über der Talaue. Sichtbar ist nur die ▶ Rekonstruktion der Fundamente des N-Tores (1). Bereits 1615 war in Böckingen beim Sonnenbrunnen, S der Straße nach Großgartach, ein röm Inschriftstein für Mithras gefunden worden. Weitere Weihesteine entdeckte man im 17. und 18. Jh und zwar sowohl S des damaligen Dorfes in Flur „Guckelemur", wie auch N von Böckingen an der Straße nach Neckargartach.

Das Kastell in der ehemaligen Flur „Steinäcker", jetzt Bereich von Kastell- und Steinäckerstr, wurde jedoch erst 1886 durch K. Miller genau lokalisiert. Die Ausgrabungen der RLK (1895, 1897) konnten trotz der bescheidenen Suchgräben den Umfang des Kastells ermitteln als eine rechteckige Anlage (150 x 133 m = 2,0 ha). Erkannt wurden damals aber nur die Steinbauten und die bescheidenen Reste der teilweise sehr stark ausgerissenen Kastellmauern.

Daß die Umwehrung und die Truppenunterkünfte vorher weitgehend aus Holz errichtet waren, zeigten erst die Grabungen der letzten 15 Jahre. 1959 untersuchte H. Schönberger das N-Tor (1) und beobachtete dort unter den Resten des Steintores die Pfosten der älteren Tortürme aus Holz. In beiden Bauphasen war die doppelte Durchfahrt gleich breit. Die Steintürme (5 x 6 m) der 2. Periode waren fast genau über die beiden kleineren abgetragenen Holztürme gesetzt. Auch der Mittelpfeiler – zunächst aus Holz, später aus Stein – blieb an der gleichen Stelle.

Die gleiche Abfolge ließ sich 1969 am W-Tor (2) vor der Überbauung beobachten. Dieses Tor hatte nur eine Durchfahrt. Die kärglichen Reste der nahezu ganz ausgerissenen Steintürme (4,50 x 5 m) lagen auch hier fast genau über den Pfostengruben des älteren Holztores und bestanden aus je 3 Paaren von kräftigen Holzpfosten, die etwa 1,20 m eingetieft waren.

Das Lager war von zwei Gräben umzogen. Den inneren Graben (B 7 m, T 3 m) hatte man zweimal neu ausgehoben; er war vor dem N-Tor unterbrochen. Auch vor der W-Seite wurde dieser Graben teilweise angeschnitten. Dort lagen in halber Höhe der Füllung eine große Zahl sorgfältig scharrierter Sandsteinquader von der Frontseite der Kastellmauer.

Von der Innenbebauung ist nur wenig bekannt, so einige Teile des Stabsgebäudes *(principia)* (3) und nahe beim O-Tor ein Gebäude (25 x 13 m) vermutlich ein Magazin *(horreum)* (4). Durch Grabungen S des N-Tores (1) wurden 1965 Spuren der Mannschaftsunterkünfte beobachtet; in zwei Bauperioden hatte man diese Baracken in verschiedener Holzbautechnik errichtet (Schwellbalken-Konstruktion und Pfostenbau).

Das Osttor *(porta praetoria)* mußte im August 1975 durch das LDA untersucht werden. Auch hier konnten wiederum die Fundamente des Steintores mit zwei Durchfahrten erfaßt werden. Unter den Fundamenten kamen die Holzpfosten der älteren Holz-Erde-Bauphase zum Vorschein. Im Gegensatz zum Westtor handelt es sich um ein Tor mit zwei Durchfahrten, die von

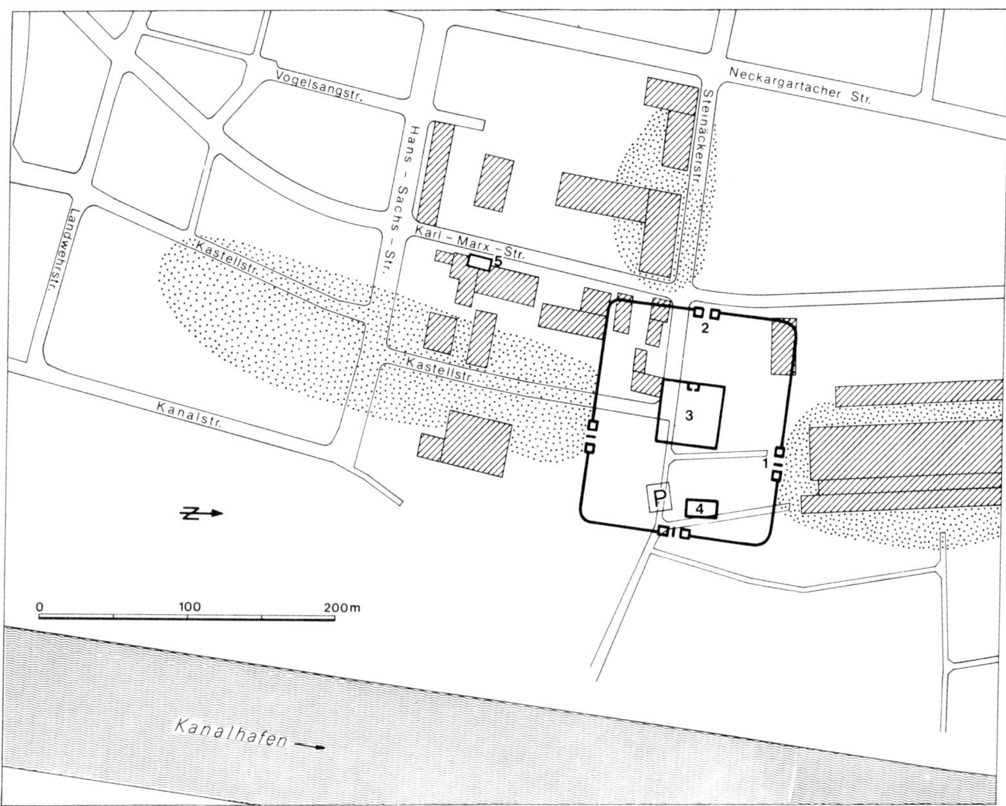

Abb. 122 Heilbronn. Grundriß des Kohortenkastells Böckingen. 1 N-Tor, 2 W-Tor, 3 Stabsgebäude, 4 Magazin, 5 Kastellbad

je einem in das Lagerinnere vorspringendem Turm flankiert wurden. Im davorliegenden Kastellgraben fand sich eine große Zahl vorzüglich bearbeiteter Zinnen- und Abdecksteine des Wehrganges. Besonders wichtig ist außerdem, daß in der NO-Ecke des Kastells die Spuren eines Holzturmes der 1. Bauperiode beobachtet werden konnten.

Als erste Besatzung wird durch einen Ziegelstempel die *cohors V Delmatarum* genannt; sie errichtete vermutlich das Kastell um 85–90 nChr. Später wird durch Inschriften die *cohors I Helvetiorum* erwähnt. Ob sie den Neubau der Steinumwehrung um 120 nChr ausgeführt hat, ist ungeklärt. Als weitere Einheit ist für Böckingen ein *numerus Britto(num) Mur(rensium)* bezeugt.

Welche Funktion das Kastell erfüllte, als die *coh I Helvetorium* um 150 nChr nach Öhringen verlegt wurde, ist noch unklar. Als Fiskalbesitz diente es wahrscheinlich Zwecken der Versorgung. Das N-Tor wurde in dieser Zeit zB auch durch einen Anbau auf der S-Seite zur Hälfte versperrt.

Bad Etwa 80 m S des Kastells lag das Bad (5). In seinen Resten, die schon 1897 untersucht wurden, hat man die meisten Ziegelstempel gefunden. Ihre Neubearbeitung ergab, daß um 105–110 nChr das Bad bestanden haben muß oder gründlich umgebaut wurde. Benutzt wurde es vermutlich bis zum Abzug der Truppe in der Mitte des 2. Jh.

Die Zivilsiedlung *(vicus)* lag beidseitig der nach

Abb. 123 Heilbronn. Grabstein

N und S gehenden Straßen und bestand weitgehend aus Holzbauten. Nur in ihrem S-Teil, der sich bis in die Gegend des heutigen Rangierbahnhofes erstreckte, standen einzelne Steingebäude. Ko

Ao: WLM Stgt, Histor M Heilbronn
Lit: Steimle, ORL Abt. B Nr. 56 Böckingen 1898. – HSchönberger, Das Nordtor des Römerkastells in H-Böckingen, Germania 38, 1960, 65 ff – Limesforschungen 2, 1962, 102 ff – HSchönberger, Ein Eisendepot, röm Floßfesseln und andere Funde im Bereich des Kastells Heilbronn-Böckingen, FdbaSchw NF. 18/I, 1967, 131 ff – HHartmann, Neufunde südgallischer Terra Sigillata aus Böckingen und Wimpfen, Saalburg-Jahrb 26, 1969, 120 ff – RKoch, Kunst der Römerzeit, Heilbronner Museumshefte 1, 1971. – DBaatz, Röm Ziegelstempel aus H-Böckingen, Jahrb. f. schwäb.-fränk. Geschichte 27, 1973, 5 ff.

Römisches Bad

Abb 124

Am Nordfuß des Wartberg liegt in der Vogelsangklinge (Waldabt. II/3) am S-Rand des Weges ein Badegebäude. Zu erreichen ist es zu Fuß von der Hochfläche des Wartberges aus, und zwar über den O der drei gegenüber der ,,Sternschanze" hangabwärts führenden Wege (zT verwachsen und nicht markiert); auf dem Weg im Tal dann 400 m nach W. Außerdem auch erreichbar vom derzeitigen Auffüllplatz her, entlang dem Waldrand.
Das 1933 entdeckte ▶ Gebäude (12,45 x 4,65 m) hat 6 Räume. An der N-Seite war der Raum F für ein Kaltwasserbecken im rechten Winkel angesetzt, durch Wegebau aber schon weitgehend zerstört. Die Feuerung lag im W in der Mitte der Schmalseite (1). Neben dem Warmwasserbecken

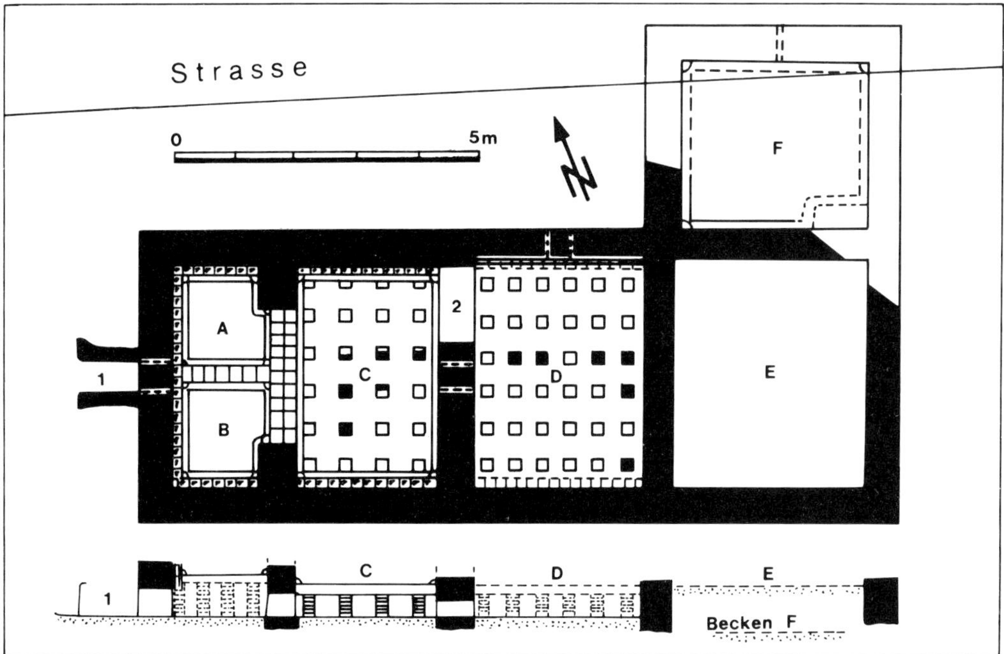

Abb. 124 Heilbronn. Grundriß des Bades. E Eingang und Auskleideraum, F Raum für Kaltwasserbecken, D Warmluftraum, C Warmwasserbecken, A, B beheizte Räume, 1 Heizung, 2 Türschwelle

(caldarium) (C) lagen nach W zwei kleine beheizte Nebenräume (A, B), nach O ein Warmluftraum *(tepidarium)*. OS daran schließen der Auskleideraum, der zugleich als Eingangsraum (E) diente, an und der Anbau (F) nach N. Nur für eine Tür innerhalb des Gebäudes ließ sich die Lage durch den Abdruck einer 1,15 m langen Türschwelle (2) erkennen. Die Fußböden in den vier beheizten Räumen waren weitgehend entfernt, ebenso die Ziegel der Heizungspfeiler.
Das Bad gehört sicher zu einem röm Gutshof *(villa rustica)*, der auf dem nach N anschließenden Geländerücken gelegen haben mag. Wegen des seit langem betriebenen Weinbaus ist er dort aber kaum noch nachweisbar.
Von den aus SW-Deutschland bekannten röm Bädern ist es eines der kleinsten. Ko

TK 6821 – L 6920
Lit: OParet, FdbaSchw NF 8, 1935. 104 ff.

Historisches Museum

Abb 125

Im ehemaligen Fleischhaus, Kramstraße 1. Öffnungszeiten: Di–So 10–12, 15–17 Uhr

Das Museum Heilbronn besitzt nur eine kleine Sammlung röm Altertümer. Gegenstände, die vor 1944 gefunden worden waren, haben die Kriegszerstörung kaum überstanden.
In den letzten 30 Jahren kamen vor allem durch die Überbauung von Kastell und Zivilsiedlung in Böckingen röm Funde zutage, vorwiegend verschiedene Arten von tongrundigem Gebrauchsgeschirr und nur wenig Feinkeramik wie zB Terra Sigillata oder Metallgegenstände. Als besonderes Stück ist die kleine Büste einer Göttin mit Strahlenkranz hervorzuheben und ein eisernes Rebmesser aus einer röm Grube. Neben Originalen zeigt das Museum das Modell eines röm

Abb. 125 Heilbronn. Historisches Museum. Büste mit Strahlendiadem

Kastells, das sich teilweise an den wenigen beobachteten Befunden in Böckingen orientiert. Den Sockel unter diesem Modell bilden sorgfältig scharrierte Sandsteinquader von der röm Kastellmauer, die 1969 bei der Grabung am W-Tor aus der Füllung des Kastellgrabens herausgeholt werden konnten.
Aus dem Landkreis verwahrt das Museum nur wenige röm Funde. An Steindenkmälern besitzt es einzelne Originale und Nachbildungen. Zu nennen sind vor allem die Teile einer kleinen Jupitergigantensäule aus Böttingen bei Gundelsheim und der gleichzeitig damit gefundene Weihestein aus Sandstein: *I(ovi) o(ptimo) m(aximo) / M(arcus) Firminius / Martius / l(aetus) l(ibens) m(erito)* Übersetzung: Jupiter, dem besten und größten, (hat) Marcus Firminius Martius (den Stein gesetzt) froh und freudig nach Gebühr.

Ko

Heimerdingen Ditzingen LB

Römischer Gutshof

Von der Landstraße Heimerdingen – Rutesheim biegt beim Waldanfang ein Fußweg ab. Er führt nach 300 bzw 550 m nach W durch den Wald zu den ▶ Ruinen eines röm Gebäudes (sog „Kirchhöfle“) sowie weiter W den ▶ Ruinen eines Gutshofes *(villa rustica)* mit Hofmauer (sog „Schlößle“). Das W-Gebäude (20 x 23 m) hat eine unklare Inneneinteilung, an der SW-Ecke ist ein Schwellstein freigelegt. Der Bau ist als Schutthügel recht gut erhalten, durch eine kleine Grabung von 1912 jedoch etwas zerwühlt.
Das O gelegene „Schlößle“ ist ein gut zu überblickender ummauerter Gutshof. ▶ Seine Mauern und Gebäude sind als Schuttwälle gut zu erkennen. Der ummauerte Hofraum hat eine Größe von etwa 80 x 100 m, die NW-Ecke ist wegen einer Quelle abgeschrägt. In der Mitte des Hofes liegt der hohe Schutthügel des Wohngebäudes, Einzelheiten des Grundrisses sind nicht zu erkennen. In der NO-Ecke der Hofmauer scheint ein kleines Nebengebäude gestanden zu haben, ein weiteres angelehnt an die Mitte der O-Mauer. Auch hier wurde 1911 eine allerdings nur sehr kleine Grabung durchgeführt. Das einzeln liegende Gebäude dürfte zu dem Gutshof gehören.

Bi

TK 7119 – L 7118
Ao: WLM Stgt
Lit: Beschreibung des OA Leonberg (1852) 83. – (1930) (2) 191. – FdbaSchw 20, 1912, 39 f. – RiW 3, s.v. Heimerdingen.

Hemmingen LB

Römischer Gutshof

Abb 126

Zufahrt über Straße Heimerdingen – Hochdorf, sobald diese den Wald erreicht zu Fuß 50 m nach W zu der Ruine.

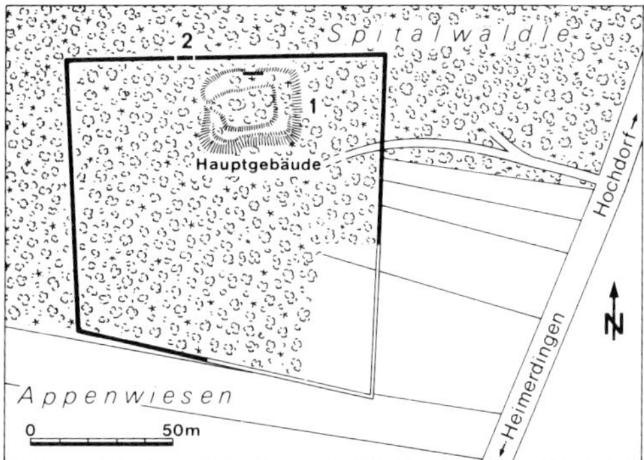

Abb. 126 Hemmingen. Röm Gutshof.
1 Hauptgebäude, 2 Türschwelle

Zu sehen ist die ▶ stark überwachsene Hofmauer als deutlicher Schuttwall im O, N und W, im S ist sie nicht mehr sichtbar, ebensowenig wie die in den Wiesen liegende SO-Ecke. Auf der N-Seite ist im W-Teil etwa 45 m von der NW-Ecke entfernt ▶ eine Türschwelle (2) freigelegt, wohl von einem kleinen Seiteneingang. Der bis zu 2 m hohe Schutthügel des Hauptgebäudes (1) des röm Gutshofes *(villa rustica)* liegt dicht an der N-Umfassungsmauer. Die Hauptfront des Gebäudes dürfte nach S weisen, es sind hier im Schutthügel Eckvorsprünge zu erkennen. Auf der N-Seite des Gebäudes liegt ▶ eine stark überwachsene Türschwelle frei. Weitere Gebäudereste liegen im W-Teil des Hofbereiches, sie sind jedoch zur Zeit wegen des dichten Bewuchses nicht auszumachen.

Bei einer kleinen Grabung von 1850 fand sich an der S-Innenwand des Hauptgebäudes das Schürloch einer Heizung. Aus dem Gutshof stammt wohl auch eine stark beschädigte Statue einer weiblichen bekleideten Figur, deren Kopf, Arme und Beine fehlen. Bei Waldarbeiten wurde an verschiedenen Stellen nachgewiesen, daß von NO her eine Wasserleitung mit Tonröhren zur Villa führt. Bi

TK 7119 – L 7118
Ao: WLM Stgt
Lit: Haug-Sixt 440 Nr. 310. – RiW 3 s.v. Hemmingen.

Herbrechtingen → Hausen ob Lontal

Hockenheim HD

Ziegelbrennofen der 14. Legion

1,0 km SO vom Ortsmittelpunkt wurde 1894 im neuen Kraichbachbett ein röm Ziegelbrennofen aufgedeckt, in dem sich verschieden gestempelte Ziegel der *legio XIV gemina Martia victrix* fanden. Aufgrund der dort entdeckten Stempelformen ist der Fund allgemein in die Jahre 71–92 nChr zu datieren, als die genannte Legion in Mainz stationiert war. Vermutlich hat aber dort erst nach dem Chattenkrieg 83 nChr eine auf rechtsrheinisches Gebiet verlegte Vexillation dieser Legion Ziegel gebrannt. Da etwa 1,2 km O die Militärstraße Heidelberg–Straßburg von der Verbindung Speyer–Wiesloch gekreuzt wird, läßt dieses bedeutende militärische Zeugnis an ein Kastell in der nächsten Umgebung denken. Heu

TK 6617 – L 6716
Ao: RM Mannheim
Lit: EWagner, II, 196 f – EStein, Die kaiserlichen Beamten und Truppenkörper im röm Deutschland unter dem Prinzipat 1932, 102 f – Die Stadt- und die Landkr Heidelberg und Mannheim. Amtl KRB 1966, 153 (Heukemes).

Hofstett a. St. → Geislingen

Hüfingen VS

Kastell und Bad

Abb 127–131, Tafel 33b

Die sichtbaren Reste des röm Hüfingen sind im Vergleich zu dem ehem Bestand wenig eindrucksvoll. Die geringe moderne Überbauung aber läßt an Ort und Stelle eine beinahe beispiel-

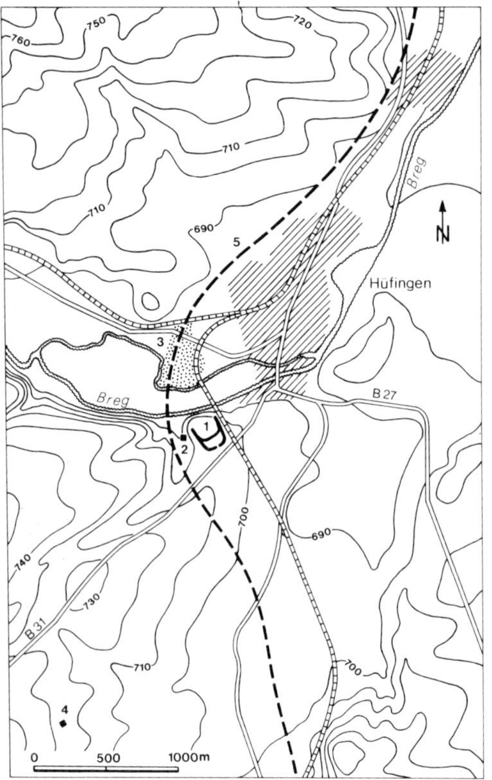

Abb. 127 Hüfingen. Gesamtübersicht. 1 Kastell, 2 Bad, 3 Siedlung, 4 Villa, 5 Römerstraße

hafte Vorstellung von der antiken Besiedlung gewinnen, wie sie kaum ein anderer Ort in Baden-Württemberg bietet. Schon im 16. Jh setzte sich der Reichsritter Hans von Schellenberg (1551/52 – 1609) in Briefen an den Schaffhausener Pfarrer J. J. Rieger mit Fundmünzen aus Hüfinger Boden, einem Mosaik-Fußboden, der wahrscheinlich zu dem Bad gehört und über „Gewölbe" – vielleicht natürliche Karsthöhlen – unterhalb des „Galgenbergs" auseinander. 1820 bringt A. Bucher die röm Reste mit dem in der „Peutinger Tafel" verzeichneten „Brigobanne" in die wissenschaftliche Literatur ein. Daraufhin veranlaßt Fürst Karl Egon II. zu Fürstenberg Ausgrabungen im „Mühlöschle" und des Kastellbades. Im Kastellbereich auf dem „Galgenberg" stieß man auf die Steinfundamente eines zunächst als Tempel, später zutreffend als Getreidespeicher *(horreum)* (19) gedeuteten Gebäudes. Reste der Kastellgräben entdeckte K. Schumacher 1897. Dennoch wurden 1899 beim Eisenbahnbau Teile des Kastellbereichs unbeobachtet zerstört. Die entscheidende Ausgrabungstätigkeit im Auftrag der RLK leistete P. Revellio – zunächst zusammen mit F. Leonhard – von 1913 – 1931, nur unterbrochen durch den 1. Weltkrieg. Die Ergebnisse dieser Ausgrabungen sind in das Limes-Werk aufgenommen, obgleich die Kastelle des Donau-Limes im allgemeinen nicht berücksichtigt wurden. 1957 – 1968 untersuchte A. Eckerle einige größere Flächen im Bereich der Zivilsiedlung im „Mühlöschle" archäologisch, die vorher nur in kleinen, mehr zufälligen Ausschnitten bekannt war; allerdings erstreckten sich diese Untersuchungen auf einen kleinen Teil des von der röm Besiedlung eingenommenen, durch Oberflächen- und Zufallsfunde erschließbaren Bereichs. Luftaufnahmen des Kastellbereichs durch Ph. Filtzinger bestätigten und erweiterten die Forschungsergebnisse der RLK. Das am längsten bekannte röm Monument, das Kastellbad, wurde 1969 nochmals aufgenommen und neu konserviert.

Das Kastell. Es befindet sich im SW von Hüfingen, N der Bundesstraße 31 und ist in seinen Umrissen im Gelände nicht erkennbar. Die NW-Ecke des Kastells wird deutlich durch einen modernen Wasserhochbehälter bezeichnet. Nähert man sich dem Kastellgelände von N im Tal der Breg, einem der Quellflüsse der Donau, so wird die für Kastelle des Donau-Limes typische Lage auf einem Geländesporn deutlich, der sich etwa 20 m über dem Bregtal erhebt. Die im O an dem Geländesporn vorbeiführende Eisenbahn benutzt einen alten Geländeeinschnitt, der beim Eisenbahnbau verändert und vertieft wurde. Das auf der W-Seite den Geländesporn bildende Tälchen wurde durch künstliche Maßnahmen in nachröm Zeit weniger stark verändert. Kein Abhang zeigte sich in alter Zeit so steil wie der im N, wo die Breg zeitenweise am Hügelfuß unmittelbar vorbeifloß. Nur nach S verläuft das Gelände

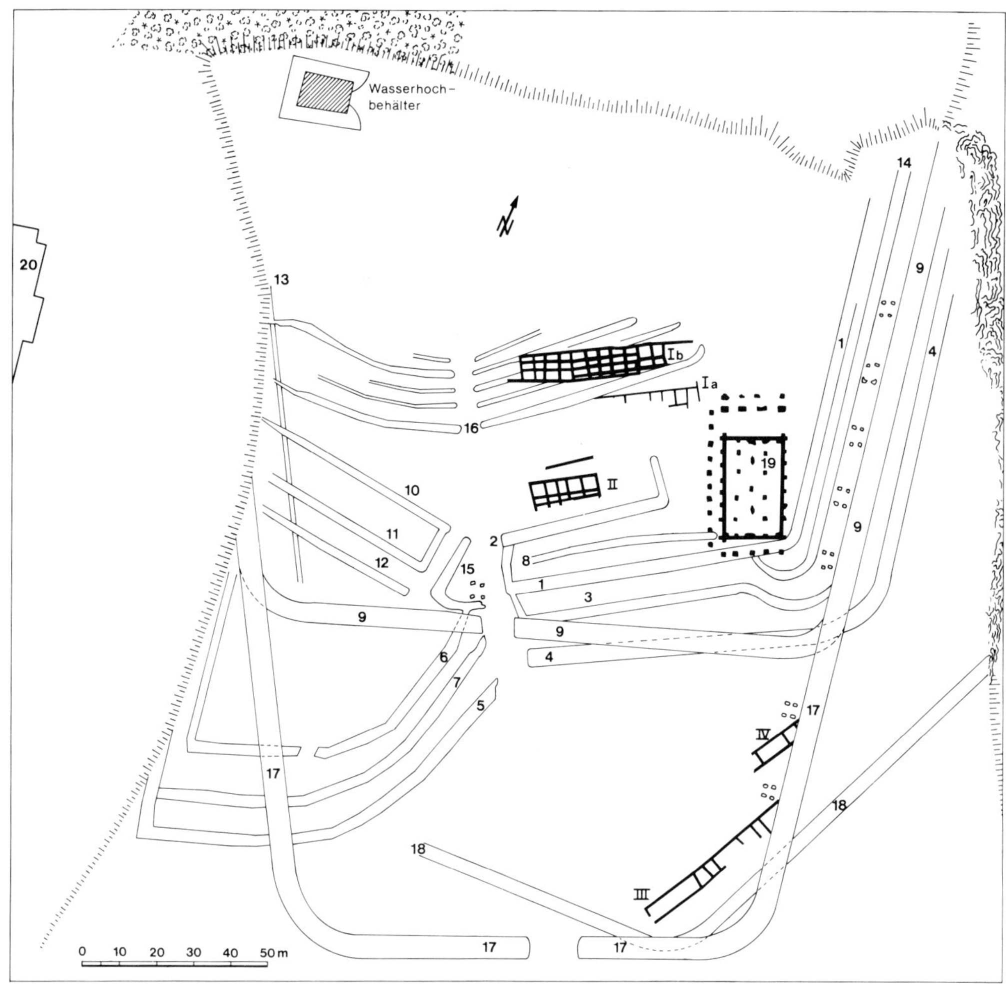

Abb. 128 Hüfingen. Grabensystem der verschiedenen Ausbauphasen von Holz-Erde-Kastell und Steinkastell mit Innenbauten

einigermaßen eben. Da das Kastell wahrscheinlich einer Reitertruppe gehörte, war ein ebener Zugang wichtig.

Die Ausgrabungen Revellios galten überwiegend den fortifikatorischen Einrichtungen des Kastells. Feststellbar blieb noch ein kompliziertes System von Kastellgräben, hinter denen man sich eine Mauer aus Holz und Erde (Holz-Erde-Kastell) vorstellen muß. Bei der Ausgrabung gelang es, zwei Kastelle jeweils mit Erweiterungen festzustellen: „Behelfsmäßige Kastellanlagen“ und „Dauerkastelle“. Zu den behelfsmäßigen Kastellen gehört ein drei- bis vierfaches Grabensystem, die Gräben 4, 3, 1, 2, auf der S- und O-Seite und 10, 11, 12 auf der S-Seite, die auf der W-Seite wegen späterer Geländeabtragung nicht zu fassen waren. Eine oder mehrere Erweiterungen dieses frühen Kastells nach S, der einzig möglichen Ausdehnungsrichtung, wird durch den Graben 18 im S und O und durch die Gräben 6, 7, 5 im S,

wobei der Verlauf des Grabens 6 auch auf der W-Seite verfolgt werden konnte, dokumentiert. Ein Tordurchlaß konnte durch den Graben 15 und Pfostenlöcher für das innere Kastell, aber nicht für seine Erweiterung nachgewiesen werden. Ein weiteres mehrfaches Grabensystem 16 innerhalb des inneren Kastellteils diente vermutlich wegen der geringen Grabentiefen der Drainage zur Trockenlegung der Kastell-Innenbauten. Jedenfalls zeigen auch hier die Grabenenden den Verlauf der Lagerstraße an.
Gräbchen für sog Schwellbalken als Unterzüge für Fachwerkbauten deuten die Lage mehrerer Baracken an. Die Baracken I und II – mit verschiedenen Bauphasen – liegen innerhalb des inneren Lagerteils. Weitere Barackenteile (III und IV) innerhalb von Graben 18 und parallel zu diesem fanden sich in dem erweiterten Lager.
Eine wesentlich regelmäßigere Planung lag dem späteren ,,Dauer-Kastell" zugrunde. Auch jetzt kann man von einer inneren und einer äußeren Anlage sprechen. Die innere Anlage wird durch den Graben 9 mit einem der früheren Anlage entsprechenden Tordurchlaß auf der S-Seite nach S und O begrenzt; dagegen ließ sich dieser Graben im W nur ein kurzes Stück verfolgen, der Rest fiel wie beim früheren Lager der Abtragung des Hanges zum Opfer. Verlängerungen des Grabens 9 im O und W nach S, die nach entsprechenden Kurven im S wieder zusammenlaufen, umfassen als Graben 17 das erweiterte ,,Dauer-Kastell". Hinter dem Durchlaß, die die beiden Grabenköpfe bilden, fand man die Pfostenlöcher der Toranlage. Gruppen von jeweils vier Pfostenlöchern hinter den Gräben 9 und 17 in einem Abstand von 12 – 14 m deutet der Ausgräber als Belege für die entsprechenden Wachttürme, die Palisaden der Wallfront wurden nicht entdeckt.
Als zum ,,Dauer-Kastell" gehörige Baracke, weist die Baracke I b zwei Bauphasen auf. Eindeutig in die späte Kastellphase gehört auch das Gebäude 19, das als einziges der ausgegrabenen Innenbauten ein Steinfundament besaß. Der verhältnismäßig kräftige Unterbau als Tragekonstruktion für einen Schwebeboden aus Holz, zusammen mit den freigelegten Pfeilerunterbauten auf drei Seiten – nur im O scheinen sie zu fehlen – sprechen für einen Getreidespeicher *(horreum).*
Die Luftaufnahmen von Ph. Filtzinger brachten als neue Entdeckung im N des Kastellgeländes, O des Wasserhochbehälters Teile des Stabsgebäudes *(principia),* wo man seinerzeit nicht oder nur wenig ausgegraben hatte.
Lange Zeit wurde in der Fachwissenschaft das Anfangsdatum der Kastellanlagen diskutiert. Als besonders problematisch erwiesen sich dabei eine Reihe von spätkeltischen Funden, insbesondere Fibeln und Münzen, die nicht so spät zeitlich anzusetzen sind wie die frühesten röm Keramikfunde, die am besten datierbaren Terra Sigillata. Die größte Wahrscheinlichkeit besitzt heute die Vermutung, daß dem röm Kastell eine spätkeltische Siedlung auf dem ,,Galgenberg" in einigem zeitlichen Abstand vorausging, an die der keltische Name ,,Brigobannis" gebunden war. Die Anlage in claudischer Zeit teilt das Hüfinger Kastell mit den anderen Kastellen des Donau-Limes, die ersten dürften sogar in frühclaudischer Zeit angelegt worden sein; Einebnungen dieser frühen Anlagen haben anscheinend in spätclaudisch-neronischer Zeit stattgefunden. Die letzte Ausbauphase, die Erweiterung des ,,Dauerkastells" fällt in frühflavische Zeit, das Kastell wurde bald darauf vom röm Militär verlassen. Unzweifelhaft sind diese örtlichen Ereignisse mit der Besetzung des Dekumatlandes unter Vespasian oder genauer mit dem diesen Zweck verfolgenden Feldzug seines Feldherrn Cnaeus Pinarius Clemens in Verbindung zu bringen. Mit dem weiteren Vorverlegen der Reichsgrenze nach N – von Hüfingen aus gesehen – hat sich die Bedeutung des Kastells erschöpft. Welche Truppen das Lager gebaut und besetzt haben ist nicht genau bekannt. Die letzte Besatzung dürfte nach den Funden eine Reitertruppe *(ala quingenaria)* gewesen sein, was auch der Vergleich der Größe des Kastells mit anderen Alen-Kastellen nahelegt. Die Truppe selbst hat mit Ausnahme eines sehr fragmentarischen Altarsteines keine inschriftlichen Zeugnisse hinterlassen. Eine ganze Reihe von auf dem Kastellgelände und im Bad gefundenen gestempelten Ziegeln zeigen die Inschrift *LEG XI CPF* (= *legio XI Claudia pia fidelis,* 11. Legion, die claudische die gläubige und treue).

Diese Legion bezog im Jahre 69 nChr ihren neuen Standort in Windisch/Vindonissa, deren Kommandant die Hüfinger Garnison als Hilfstruppe unterstellt war. Diese Stempelung bedeutet allerdings nicht, daß die Ziegel so weit transportiert wurden, sondern daß sie entweder von einem Bautrupp der Legion in Hüfingen gefertigt wurden oder ihre Herstellung von einem Ziegelmacher der Legion überwacht wurde.

▶ *Das Kastellbad,* auch einfach Römerbad genannt, bietet dem interessierten Besucher noch am ehesten die Möglichkeit, vom röm Hüfingen einen unmittelbaren Eindruck zu gewinnen. In dem den Kastell-Hügel auf der W-Seite begrenzenden Geländeeinschnitt gelegen, bildet es mit seiner frühen Erforschung in der 1. Hälfte des 19. Jh und mit dem schon damals angebrachten Schutzdach ein wichtiges Zeugnis für die private Denkmalpflege eines fürstlichen Mäzens, Karl Egon II. von Fürstenberg, was auch die lateinische Inschrift über dem Eingang des Schutzbaues bezeugt: *Romanorum quae hic spectas monumenta eruit posterisque servavit Carolus Egon princeps de Fuerstenberg MDCCCXI* Übersetzung: Das Bauwerk der Römer, das du hier siehst, hat Karl Egon, Fürst zu Füstenberg, erforscht und für die Nachwelt gerettet. 1821.

Bei der heutigen Betrachtung des Bades muß auf diese frühe Erforschung hingewiesen werden, da den Ausgräbern – ohne entsprechende Vorbildung – wohl manche wichtige Einzelheit entgangen ist. Außerdem hat die Badeanlage durch ihr langes Offenliegen trotz Schutzdach und Zaun manche Einbuße erfahren. Ganz unbekannt ist das Ausmaß der Zerstörung vor der eigentlichen Ausgrabung. Wie bei anderen antiken Baudenkmälern wird das Bad auch als billiger Steinbruch gedient haben.

Die Räume im S-Teil des Bades sind als Warmräume anzusehen. Vom Heizraum A *(praefurnium)* beheizte man das Bad. Von den für den Badebetrieb vorgesehenen Räumen war Raum B am besten erwärmbar und damit das Warmbad *(caldarium).* Durch einen Kanal zog die Wärme aus dem Heizraum A unter den auf aus Ziegeln aufgebauten Pfeilern ruhenden erhöhten Fußboden *(hypocaustum).* Die Wärme konnte auch in

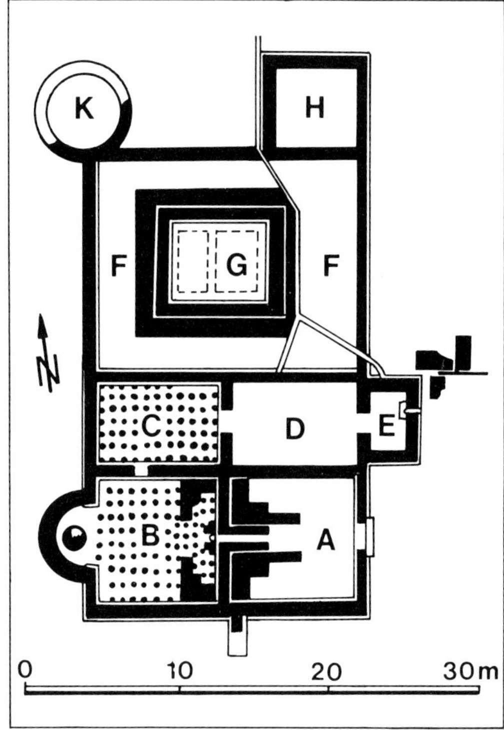

Abb. 129 Hüfingen. Kastellbad. A Heizraum, B Warmbad, C Laubad, D Auskleideraum?, E Kaltwasserbecken?, später angebaut F mit Becken, G Kaltbad, H Auskleideraum und K Schwitzraum

den Wänden hochsteigen, allerdings nicht wie in anderen Badeanlagen in Tonröhren mit viereckigem Querschnitt *(tubuli),* sondern in kleinen Wandnischen die nach der Raumseite hin mit flachen Ziegeln verschlossen waren. Ein sehr starker Unterbau, in seinem O-Teil an die Wand des Heizraumes angelehnt, besagt wohl, daß hier das Warmwasserbecken *(alveus)* stand. Auf der gegenüberliegenden Seite des Raumes in einer halbrunden Apsis des Gebäudes ruhte auf einem gemauerten Pfeiler ein aus einem Stück gefertigtes rundes Becken *(labrum).* Die ersten Ausgräber haben den Fußboden teilweise noch in originalem Zustand vorgefunden. Über mehreren Lagen von Stein-, Ziegelplatten und einem Kalkmörtelestrich, zeigte sich ein Mosaikboden aus gelben und blauen Dolomitsteinchen. Auch der anschließende Raum C besaß eine Fußbodenheizung, möglicherweise war auch hier die Oberfläche mit Mosaiksteinen belegt. Wegen seiner zur Feuerung rechtwinklig versetzten Lage dürfte dieser Raum C das Laubad *(tepidarium)* gewesen sein, wobei man sich auch wieder kleinere Bekken oder Wannen längs den Wänden vorstellen darf.

Der daneben liegende Raum D hatte einen Fußboden aus parkettartig aneinandergestellten Ziegeln, so daß man auch in diesem Raum Wannenbäder vermuten darf. Angefügt ist nach O ein kleinerer, mehr als einen Meter tiefer gelegener, über Stufen betretbarer Raum E. Auch dieser Raum besaß den schon bekannten Ziegelfußboden. Ein Abfluß und ein entsprechender Abwasserkanal nach NW deutet neben der tieferen Lage des Raumes darauf hin, daß er insgesamt ein Bassin bildete. Außerdem befand sich in der O-Wand einst ein in Kalkstein gehauener, (heute stark fragmentierter) Löwenkopf, aus dessen Maul direkt von außen Wasser über eine ebenfalls sehr bruchstückhaft überkommene Kalksteinwanne in den Raum floß; allerdings wurde für den Löwenkopf schon die andere Möglichkeit angedeutet, daß er nämlich als Überlauf für das Bassin gedient hat.

Noch nicht behandelt wurden die Funktionen der Räume des N-Teiles des Bades; der S-Teil mit den beheizbaren Räumen A, B, C und dem Raum D – ohne Wanne – als Ankleideraum *(apodyterium)* mit dem anschließenden kleinen Bassin-Raum E als Kaltbad *(frigidarium)* bildeten eigentlich schon ein vollständiges röm Bad. Dies und das etwas andere Mauerwerk der N-Hälfte lassen vermuten, daß es sich hierbei um einen späteren Anbau handelt. Zweifellos diente auch Raum F mit dem in den Boden eingelassenen Becken G (4,40 x 6,60 m) als Kaltbad *(frigidarium)*. Die schon bei den ältesten Ausgrabungen stark zerstörten Räume H sind wohl als Auskleideraum *(apodyterium)* und K als Schwitzraum *(sudatorium* oder *laconicum)* anzusprechen. Im letzteren befand sich ein loses Heizkachelbruchstück *(tubulus)*, wie sie in dem beheizten S-Teil nicht verwendet wurden. Ob der Raum aber eine so komplizierte Heizeinrichtung besaß, ist unbekannt. Möglich wäre auch ein einfaches, in der Mitte des Raumes aufgestelltes Kohlenbecken, das in dem zylinderförmigen Raum mit einem entsprechenden Kuppeldach eine besonders gute Wärmewirkung erzielen konnte und mit der heutigen trocken-heißen Sauna am besten vergleichbar ist. Das Bad zählt wohl zu den frühesten diesseits der Alpen errichteten Bädern. An zwei Fakten ist das frühe Entwicklungsstadium zu erkennen: Einmal an dem Nebeneinander von warmem und lauwarmem Baderaum, und nicht – wie es die späteren Militärbäder zumeist zeigen und was eine bessere Nutzung der Wärme erlaubt – hintereinander. Zweitens fällt das Fehlen der tönernen Heizröhren auf, die die jüngeren Warmbäder charakterisieren.

Im Unterschied zum Kastell kennen wir bei der Badeanlage keinen Vorläufer. Das könnte für die zeitliche Einordnung des Kastellbades bedeuten, daß das Bad erst um 70 nChr angelegt wurde. Allerdings wurde es noch lange nach dem Abzug der Truppe von den Dorfbewohnern im „Mühlöschle“ weiterbenutzt, wie die Münzfunde zeigen.

Die zivile Siedlung

In der Niederung links der Breg im Gewann Mühlöschle lag die zivile Siedlung, in der Art eines Straßendorfes *(vicus)*. Die Frage, ob es sich bei dieser Siedlung um ein – ursprünglich zum Kastell gehöriges und dessen Kommandanten unterstelltes Lagerdorf *(canabae)* handelte, ist noch ungeklärt. An der zunächst militärisch sehr wichtigen Straße von der Schweiz in das Neckarland gelegen, hatte das Dorf auch ohne militärische Funktion als Verpflegungs-, Versorgungs- und Umspannstation eine wichtige Aufgabe. Durch die Ausgrabungen ist nur ein verhältnismäßig kleiner Ausschnitt von der in röm Zeit besiedelten Fläche bekannt geworden. Ihre Auswertung steht noch aus. In dem Gebiet W der Römerstraße zum Bregkanal hin entdeckte man einige Steinfundamente, deren aufgehende Teile

Abb. 130 Hüfingen. Fischfibel

kaum zu rekonstruieren sind. Daneben zeigten sich auch Reste von Fachwerkbauten. Auf der anderen Seite O der Römerstraße fand man größere, gepflasterte, durch Gräbchen getrennte, rechtwinklig zur Straße verlaufende Steinpflasterungen. Dieser Bereich war wohl Teil des Handwerkerviertels: Töpfer und Eisenschmiede sind nachgewiesen. Innerhalb des Siedlungsareals stieß man immer wieder auf die Spuren von Überschwemmungen durch Breghochwasser. Die besiedelte Fläche reicht nach Oberflächenfunden und zufälligen Erdaufschlüssen von W des Bahndammes der Linie Freiburg–Donaueschingen, im N bis zur Trasse der Bregtalbahn und im S und SO bis zum Bregkanal. Die überaus zahlreichen Funde aus den Siedlungsgrabungen warten in ihrer Mehrheit noch auf ihre Bearbeitung. Nur die Kleinfunde und die Fundmünzen sind einigermaßen überschaubar. Aus den Fundmünzen ergibt sich das Folgende: Vorröm, spätkeltische Funde sind in dem Zivilsiedlungsbereich wesentlich seltener als im Kastell-Areal auf dem Galgenberg. Einige Indizien sprechen dafür, daß der Dorfbereich erst in flavischer Zeit eine intensive Besiedlung erfahren hat, also erst in der Spätzeit des Kastells, und daß die Siedlung ihre Blütezeit um die Mitte des 2. JhnChr schon überschritten hatte. Hinweise auf ein bescheidenes Nachleben bis in die ersten Jahrzehnte des 3. Jh liegen vor.

Der römische Gutshof Auf einer Waldecke des Deggenreuschen Waldes, in einem leicht nach SO abfallenden Gelände – am besten nähert man sich dem Objekt von der B 3 aus durch den Wald – sind die sehr ruinösen ▶ Reste eines kleinen Gutshofes *(villa rustica)* zu erkennen. Bekannt wurden die Reste eines einzelnen Gebäudes. Ob auch andere Gebäude und eine Umfassungsmauer vorhanden waren, weiß man nicht. Um 1903 entdeckt, fanden hier 1913 Ausgrabungen durch Revellio statt. Das Gebäude zeigt den allgemein bekannten Villen-Typ mit Eck-Risaliten. Dem S-Risalit wurde eine halbrunde Apsis angefügt, der Innenraum (1) war reichlich mit Malereien versehen und hatte demnach repräsentativen Charakter. Vor dem anschließenden Raum (5) befand sich innerhalb des Gebäudes eine Feuerstelle, so daß der Raum als Küche gedeutet wurde. Der anschließende Raum (6), ebenfalls mit einer Heizmöglichkeit von der Gebäudeinnenseite aus, ist mit seiner, bei der Ausgrabung noch gut erhaltenen Hypokaustanlage als Warmbaderaum *(caldarium)* zu erklären. Von den bei der Ausgrabung besser erhaltenen Teilen ist noch der große Kellerraum (3) unter der Gebäudevorderseite – aber nicht wie meist unter einem der Risaliten liegend – zu dem eine rechtwinklig versetzte Treppe mit bei der Freilegung noch 16 erhaltenen Stufen hinabführte, erhalten. Dieser

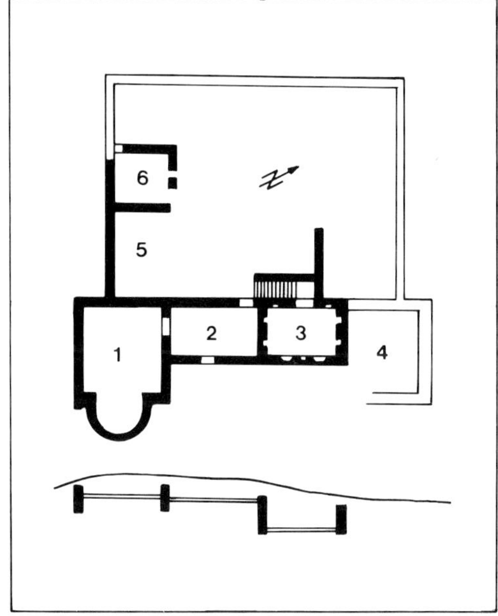

Abb. 131 Hüfingen. Hauptgebäude eines Gutshofes. 1 Wohnraum, 5 Küche, 6 Warmbad, 3 Keller

Keller war mit acht – davon eine im Abgang – überwölbte Wandnischen und zwei Lichtschächten versehen. Funde sind aus der Villa nicht in größerer Zahl bekannt, zT wurden sie mit denen anderer Fundstellen in Hüfingen vermischt. Man darf wohl mit einiger Vorsicht sagen, daß der Gutshof seinerseits erst seine beste Zeit hatte, als das Dorf im Mühlöschle schon seinen Niedergang erlebte. Eck

TK 8016 – L 8116
Lit: PRevellio, ORL Abt. B, Nr. 62 a – EWagner I, 94 ff – PhFiltzinger Fdb 23, 1967, 107 ff – AEkkerle, Röm Badruine Hüfingen. – PRevellio, Bad Fdb 20, 1956, 103 ff – RNierhaus, Bad Fdb 20, 1956, 115 ff – AEckerle, Vorbemerkungen zu Fr. Dannheimer, Die Rinderknochen der röm Zivilsiedlung in Hüfingen, Sonderh 6 der BadFdb 1964, 9 f – PRevellio, Schriften des Vereins für Gesch und Naturgesch der Baar 14, 1920, 92 ff.

Illerkirchberg → Unterkirchberg

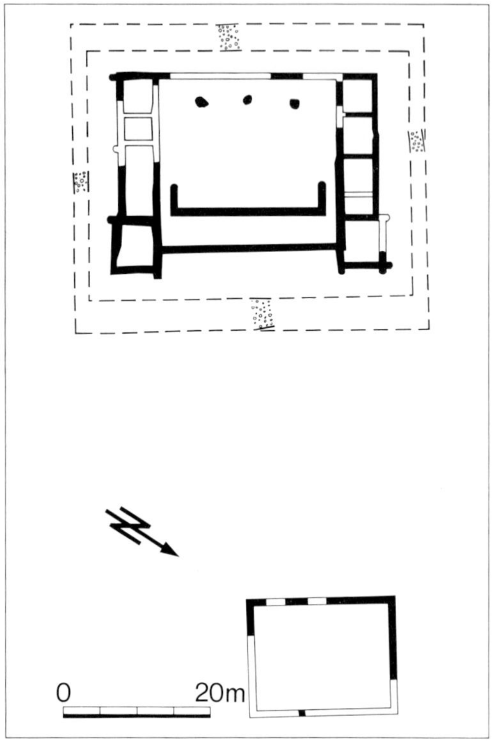

Abb. 132 Inzigkofen. Gutshof. Haupt- und Nebengebäude

Inzigkofen SIG

Römischer Gutshof

Abb 132

In Flur „Krummäcker“, O von Inzigkofen, auf einem Höhenrücken, der nach N und O sanft abfällt und im S von der Straße Laiz–Inzigkofen begrenzt wird. Grabungen 1848 durch den Fürstl. Hohenz. Archivar Schwarzmann, 1970 durch das LDA Tübingen. Freigelegt wurden zwei Gebäude eines röm Gutshofes *(villa rustica).* Das Hauptgebäude (37 x 27 m), entspricht dem geläufigen Bautypus einer Porticusvilla mit Eckrisaliten. Der frontseitige Bauteil war zwischen den Risaliten auf ganzer Länge unterkellert, mit zwei Zugängen vom Innenhof her. Die Eckrisalite waren ursprünglich wohl zweigeschossig und mit flachen Pyramidendächern überdeckt, die Eingangshalle *(porticus),* war wahrscheinlich mit einem Satteldach geschlossen. Die seitlichen Wohn- und Schlafräume waren eingeschossig, die Dächer, den italischen Atriumhäusern vergleichbar, waren als zum Innenhof hin geneigte Pultdächer gebildet. Reste von Wandverputz zeigen, daß diese Räume verputzt, getüncht und teilweise mit einfachen geometrischen Mustern farbig bemalt waren. Bruchstücke von Hohlziegeln *(tubuli)* weisen darauf hin, daß einige Räume Wandheizung besaßen, Reste eines Estrichbodens lassen auf eine Bodenheizung *(hypocaustum)* schließen. Im Hofraum fanden sich noch die Spuren eines älteren Holzbaues (9 x 6 m), mit zwei Räumen (3 x 3 m) an der Stirnseite. Dieser Bau kann als Vorgängerbau des später in Stein ausgebauten Gutshofes gedeutet werden. 50 m O

des Hauptgebäudes zeigten sich die Fundamente eines Nebengebäudes (20 x 17 m), wohl einer Scheuer oder Stallung.
Nach Ausweis der Funde kann der Gutshof in die Zeit zwischen Mitte 2. JhnChr und 3. JhnChr datiert werden. Vier Fibeln aus der Mitte 1. JhnChr deuten vielleicht auf die Nähe eines Auxiliarkastells des Donaulimes hin, das im Raum Laiz–Inzigkofen vermutet wird, können aber auch als Erbstücke von Gutsbewohnern getragen worden sein. Das Ende des Gutshofes kann mit einem der ersten Vorstöße der Alamannen in das Gebiet der röm Provinz Rätien gesehen werden, wohl dem, der um 233 nChr erfolgte.
Der Gutshof von Inzigkofen liegt wenig N der röm Donautalstraße Sigmaringen–Tuttlingen.

Re

TK 7921 – L 7920
Ao: WLM Stgt
Lit: Mitt. d. Ver, f. Gesch. u. Altertumskde. in Hohenzollern 27, 1893/94, 62. – RiW 3, 324 ff – HReim, Ein röm Gutshof bei Inzigkofen, in: Hohenzoll Heimat 21, 1971, 116 ff – Ders., ein röm Gutshof bei Inzigkofen, Kreis Sigmaringen, im: DmpfliBW, NachrbldLDA 1972, 2, 38 ff.

Isny-Bettmauer RV

Spätrömisches Kastell

Abb 133–135, Tafel 22b, 46, 47, 48c

Das Kastell liegt 2 km O von Isny, auf dem spornartigen Moränehügel „Bettmauer" ▶ (1) beim Weiler Burkwang 4 km N der röm Straße Bregenz/*Brigantium* – Kempten/*Cambodunum*. Kastell Isny/*Vemania* wird erwähnt: im *Itinerarium Antonini* (Verzeichnis der größeren Straßen des röm Reiches zur Zeit Caracallas, 211–217 nChr) und in der *Notitia dignitatum* (Staatshandbuch des 4./5. JhnChr, das die zivilen und militärischen Ämter sowie die Truppenformationen in der O und W Reichshälfte aufführt).
Der Moränehügel erhebt sich etwa 12 m über die Talaue der Argen, die in röm Zeit möglicherweise dicht am Hügel vorbeifloß. Während der alte Prallhang im O und der künstlich abgesteilte N-Hang des Hügels einen natürlichen Schutz boten, mußten die S- und W-Seite des Kastells durch einen ▶ Graben (B 12 m, T 3 m) (2) gegen das Hochplateau geschützt werden.

Abb. 133 Isny-Bettmauer. Lage des ehemaligen Kastells auf einem Moränehügel (rechts Bildmitte)

Die fast nur noch als Ausbruchspur feststellbare Umfassungsmauer (B 1–1,80 m) folgte der Kontur des zuvor planierten Geländesporns und bildet ein unregelmäßiges Fünfeck mit Eck- und Zwischentürmen. Das Kastell hatte nur ein Tor im NW. Von dem Plateau (L 60–80 m und B 40–45 m) war das wellige Vorgelände nach N und W gut zu überschauen. Die Verbindungsstraße des Kastells zur röm Fernstraße Bregenz – Kempten, die bei Nellenbruck die Argen überquert, ist noch nicht gefunden.
Von der etwa 500 Reiter starken Einheit, die vermutlich den Limesabschnitt von Isny /*Vemania* bis Bregenz /*Brigantium* zu schützen hatte, waren im Kastell Isny etwa 200 Reiter stationiert. Die übrigen 300 Reiter dürften als Besatzungen der etwa 12 bis 15 *burgi* zwischen *Vemania* und *Brigantium* abkommandiert gewesen sein. In diocletianischer Zeit war Isny Garnison der *ala II Valeria Sequanorum.*
Abt Georg vom Kloster Isny soll 1490 zwei Isnyer Bürgern erlaubt haben, ,,auf dem Bettmauer Bühl nach verborgenen Schätzen“ zu graben. 1855 suchte man an mehreren Stellen nach Gewölben eines hier vermuteten Isistempels, mit dem der Name Isny volksetymologisch in Zusammenhang gebracht wurde. 1882 stellte E. Paulus den Verlauf der Außenmauer fest; er fand im Kastell einen Brunnen, den er bis in 5,70 m Tiefe ausgrub. 1926 untersuchte G. Bersu den seit 1855 bekannten SW-Turm und verfolgte mit kleinen Schnitten den Mauerverlauf. Im Auftrag der Kommission zur archäologischen Erforschung des spätröm Rätien der Bayer. Akad. der Wissenschaften München untersuchte J. Garbsch von 1966–1970 in Verbindung mit dem damaligen Staatl. Amt f. Denkmalpflege Tübingen in fünf Kampagnen planmäßig das ganze Kastell.
Die Umfassungsmauer ist im W 1,50–1,80 m breit. Die Fundament-B der N-Mauer 1,10 bis 1,30 m, O-Mauer 0,90 m und S-Mauer 1,80 m (Ausbruchsbreite der S-Mauer 2,00–2,20 m). Die Mauertechnik ist anderen Festungsbauten dieser Zeit ähnlich: über ein bis zwei Lagen Kiesel und Rollsteinen folgen drei bis vier Lagen stark mörtelhaltigen Gußmauerwerks und darüber, leicht zurückspringend, das Aufgehende mit Kalksteinquadern (gemessen 90 x 60 x 40 cm) verblendet.
Die Kastellecken waren durch Türme geschützt. SW- und SO-Turm (je 6x7 m) waren wahrscheinlich mit Geschützen bestückt. Das Tor hatte zwei halbrund vorspringende Tortürme (Durchm 4 m) und zwei innen an die Umfassungsmauer rechtwinklig angesetzte Wangen (B 2 m, L 3,5 m) als Seitenwände eines Zwingers, der an beiden Enden durch Holztore verschlossen werden konnte. Die Torgasse war 3 m breit. Nach den Bolzengeschoßfunden dürften die Tortürme mit leichten Geschützen bestückt gewesen sein. Der NO-Eckturm (3,50 x 3,50 m) diente wahrscheinlich als Ausguck für einen Posten und zur Weitergabe von Rauch- und Feuersignalen an den nächstliegenden Burgus Nellenbruck. Nur die W- und S-Mauer hatten einen Zwischenturm.
Vor der Mauer lag eine nahezu horizontale Berme (B 6 m) mit Böschung (B 5 m, 45°), an die der Spitzgraben (B 12 m, T 3 m) anschloß.
Die Innenbauten waren Holz- und Fachwerkbauten. Es gab nur einen Steinbau (15 x ca 19,50 m), der dem Kommandanten und dessen Stab als Unterkunft gedient haben dürfte. Das Gebäude lehnte sich gegenüber dem Tor an die O-Kastellmauer an, hatte zwei Räume (B 5 u 3 m) im N, daran anschließend einen Hof, auf den der Eingang (B 2,10 m) führte. In der O-Ecke des Gebäudes war ein Bad (1,50 x 2 m) eingebaut, das von außen beheizt wurde. Parallel der S-Hauswand war durch eine Holzwand eine Art Speicher (3 x 10 m) abgeteilt. Ein durch Querwände abgeteilter Anbau (33 x ca 5 m) mit Steinfundament hinter der S-Kastellmauer diente sehr wahrscheinlich als Pferdestall. In ähnlicher Weise standen hinter der N-, O- und W-Mauer im Abstande von 1,50–5 m Mannschaftsbaracken, deren Größe in den verschiedenen Kastellperioden wechselt. Die Kaserne hinter der N-Mauer war zB in der ersten Kastellperiode 7,50 x 29 m bis 33,50 m groß; zwei Räume hatten Herdstellen.
Im Kastell wurden Werkstätten für Eisen- und Bronzeverarbeitung nachgewiesen. Zwei Brun-

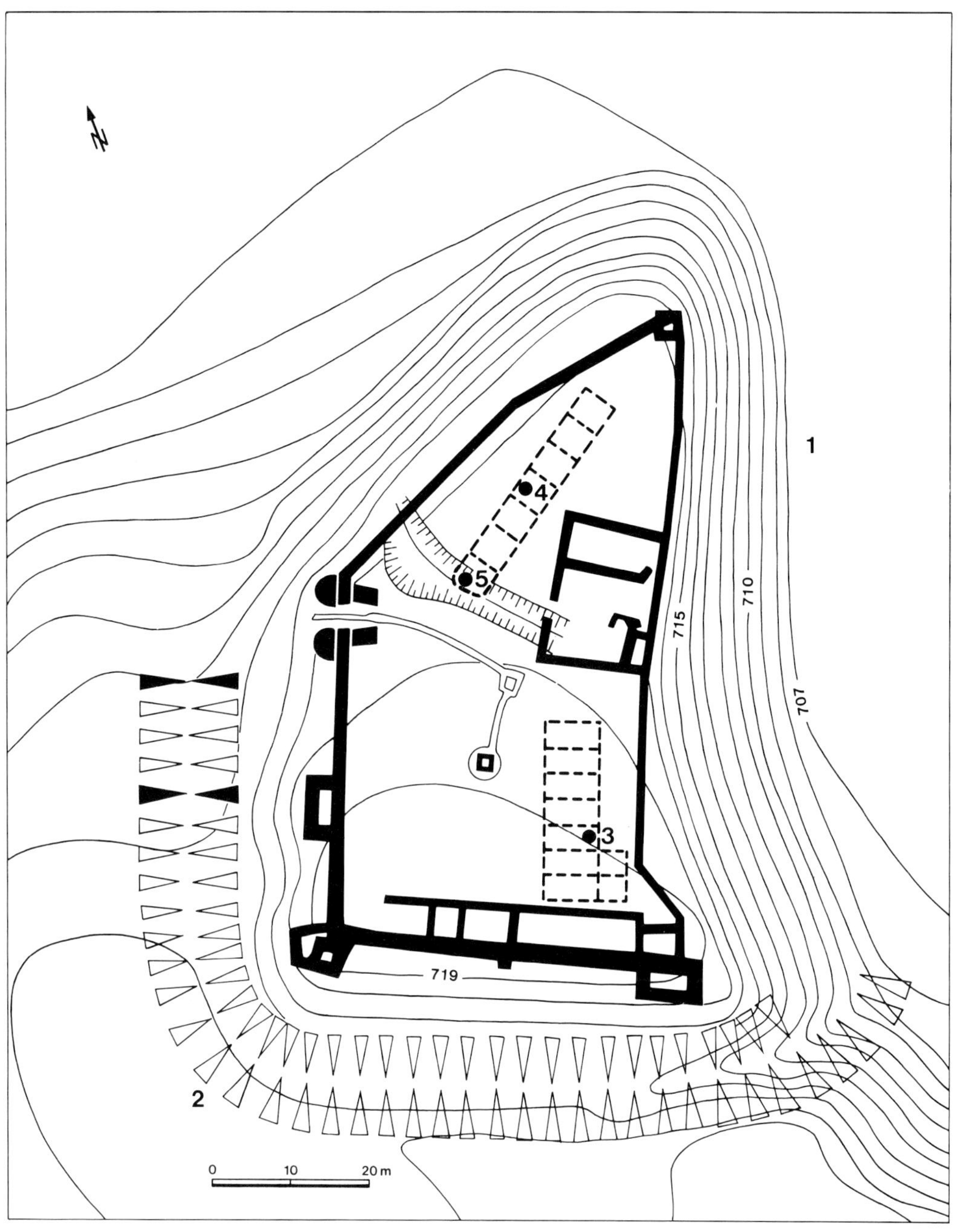

Abb. 134 Isny-Bettmauer. Spätröm Kastell. 1 Böschung, 2 Graben, 3–5 Schatzfunde (Zeichnung nach Garbsch)

Abb. 135 Isny-Bettmauer. Spätrömische Geschoßbolzen

nen dienten der Wasserversorgung. Im 3. JhnChr war die N-Spitze der Bettmauer durch einen Graben (B 5 m, T 1,70 m) abgetrennt worden. Möglicherweise hatten Bewohner eines benachbarten Gutshofes auf dem Hügel Schutz gegen die eingefallenen Alamannen gesucht (233 nChr). Das Steinkastell dürfte erst unter Kaiser Probus (276–282 nChr) erbaut worden sein. Zwei Schatzfunde – ein zerstreuter Fund in der Nähe des Tores und ein Fund mit 387 Münzen in der Kaserne hinter dem S-Teil der O-Mauer (3) – sind wohl beide in das Jahr 282/283 nChr zu datieren. In diesem Jahr wurde das Kastell sehr wahrscheinlich zerstört. Unter Diocletian (284–305 nChr) wieder aufgebaut ging das Kastell bereits 302/303 nChr wieder in Flammen auf. Darauf weisen zwei weitere Schatzfunde hin, die 302/303 nChr in den Boden gekommen sein dürften. Der eine Schatz mit 771 Folles (*follis* = von Diocletian eingeführte größere Kupfermünze) wurde in der Kaserne hinter der N-Mauer (4) und der zweite Schatz mit 193 Münzen und umfangreichem Frauenschmuck am S-Ende der gleichen Kaserne (5) gefunden. Da die Folles dieser Schatzfunde zum größten Teil aus der Münzstätte Karthago stammen (geprägt 296 u 298 nChr), ist damit zu rechnen, daß die *ala II Valeria Sequanorum* an dem Afrikafeldzug Maximians (296–299 nChr) teilgenommen hat. Unter Constantin (306–337 nChr) wurde Kastell Isny wieder aufgebaut, wahrscheinlich nach 350 nChr und in den 60er Jahren des 4. JhnChr noch zweimal zerstört und wieder aufgebaut.
Kastell Isny blieb wohl bis 401 nChr besetzt. In diesem Jahre holte Stilicho die Truppen zur Sicherung Oberitaliens gegen Alarich nach Italien. Die Verbindungsstraße des Kastells zur röm Fernstraße Bregenz – Kempten und das zum Kastell gehörende Gräberfeld sind noch nicht gefunden. Fil

TK 8326 – L 8326
Ao: WLM Stuttgart
Lit: JGarbsch, Ausgrabungen und Funde im spätröm Kastell Vemania (Bettmauer bei Isny), in: Allg Geschichtsfreund 73, 1973, 43 ff – Ders, FdBaSchw NF 19, 1971.

Jagsthausen HN

Kohortenkastell

Abb 136–138

Das Kastell Jagsthausen liegt unmittelbar am Schnittpunkt des obergermanischen Limes mit der Jagst. Den Ausschlag für seine Erbauung gab die Verkehrslage. S von Jagsthausen zieht über den Rücken zwischen Kocher und Jagst die von Wimpfen her kommende „Hohe Straße“ die vielfach der Wasserscheide folgend wohl schon seit vorgeschichtlicher Zeit gegangen und auch von den Römern benutzt wurde.
Das Kastell (185 x 152 m = 2,9 ha) liegt am O-Rand des nach S flach geneigten Gleithanges. Die O-Schmalseite des Kastells ist dicht an das Steilufer zur Jagst gerückt und nur 400 m vom jenseits des Flusses vorbeiziehenden Limes entfernt. Das Kastell liegt weitgehend im Bereich der Parkanlagen zwischen Neuem Schloß und Götzenburg, reicht aber auch in den N-Teil des heutigen Dorfes hinein. Oberirdisch sichtbar ist vom Kastell heute nichts mehr. Auch war der Nachweis der Umfassungsmauern und der Innenbebauung bis jetzt nur an wenigen Stellen möglich. Die genaue Lage des Kastells wurde erst durch die Forschungen der RLK 1893–1909 ermittelt. Ecktürme sind noch nicht nachgewiesen, Zwischentürme nur an der N-Längsseite. Von den Toren ist nur das S-Tor *(porta principalis dextra)* (1) durch kleine Ausgrabungen unter der Hauptstraße genauer bekannt. Es war ein Tor mit 2 Durchfahrten, flankiert von rechteckigen Türmen. Im Lagerinneren wurden als einzige Bauten, bisher die beiden Hauptgebäude teilweise aufgedeckt. Das Stabsgebäude *(principia)* (2) liegt im Bereich des Roten Schlosses, S davon die Wohnung des Lagerkommandanten *(praetorium)* (3) zu der auch eine Hypokaustenanlage für eine Heizung gehörte.
Für die Geschichte des obergermanischen Limes hat das Kastell eine besondere Bedeutung; von dort stammt die älteste Inschrift der vorderen Limeslinie. Das Fragment der Inschrift wurde in der Nähe des Stabsgebäudes (7) gefunden

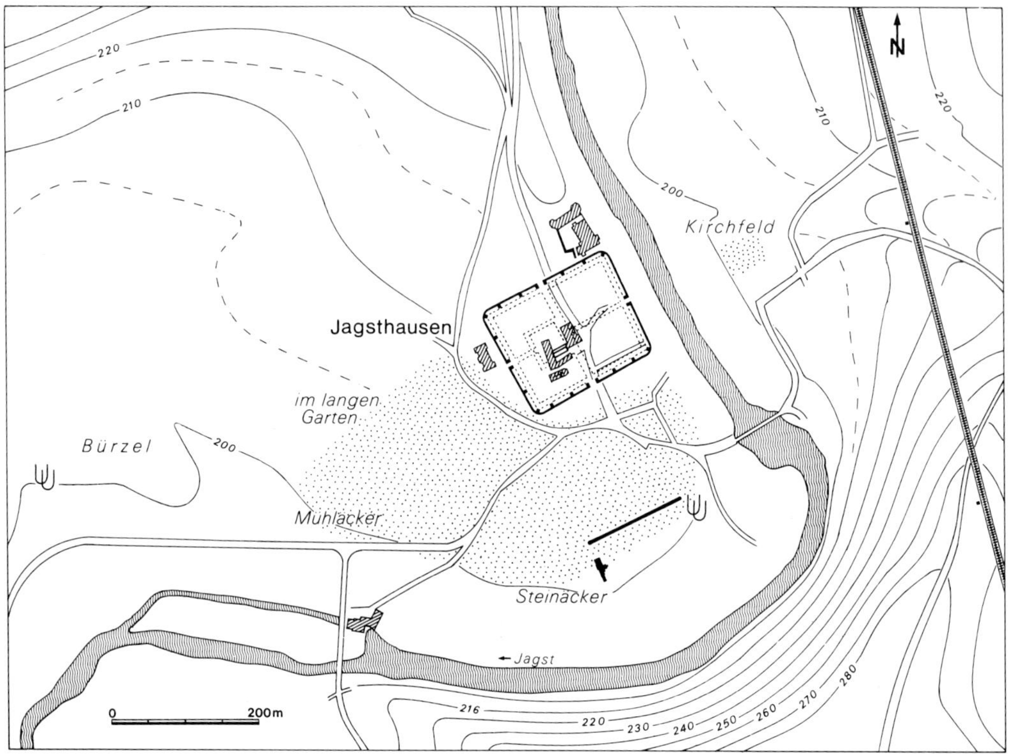

Abb. 136 Jagsthausen. Gesamtübersicht. Kastell mit Lage zum Limes

und ist wohl ein Teil der Bauinschrift. Es nennt den Namen des Kaisers Antoninus Pius (138 – 161) und muß vor 161 entstanden sein: [*Imp. Caes. divi/ Had*] *riani* [*fil(io)*]/ *divi Trai* [*ani*] / *parthici* / *nep (oti) divi Nervae* / *pronep(oti)* / [*T(ito)Aelio Hadriano* / *Antonino Aug(usto) pio* . . . . Übersetzung: Dem Imperator, Caesar, Sohn des verewigten Hadrian, Enkel des verewigten Nerva, Titus Aelius Hadrianus Antoninus Augustus Pius . . . .

In dem 200 m S des Lagers gelegenen Kastellbad (L 31 m) wurden die beiden jüngsten röm Inschriften aus Jagsthausen gefunden. Sie sind zugleich die jüngsten Inschriften vom vorderen Limes. Die schon 1790 entdeckte Bauinschrift, die aus den Jahren 244 – 247 stammt, berichtet von Bauarbeiten während der Regierungszeit der Kaiser Philippus I. und II. Die Namen der Kaiser wurden nach deren Tod 249 ausgemeißelt. *Imp(eratores) Caes(ares)* [*M(arcus) Iulius Philippus*] *P(ius) F(elix) invict(us) Aug(ustus)* [*et M(arcus) Iulius Philippus*] *Aug(ustus) balineum Coh(ortis) I Germ(anorum)* [*Philippianae*] *vetustate conlabsum restituerunt, curante Q(uinto) Caec(ilio) Pudente v(iro) c(larissimo) leg(ato) Aug(ustorum) pr(o) pr(aetore), insistente Q(uinto) Mamil(io) Honorato, trib(uno) coh(ortis) s(upra) s(criptae)*. Übersetzung: Die Imperatoren und Caesaren Marcus Julius Philippus Pius Felix, der unbesiegte Augustus, und Marcus Julius Philippus Augustus, haben das Bad der 1. Germanenkohorte, der Philippianischen, das durch Alter baufällig war, wiederherstellen lassen, unter dem Oberbefehl des Quintus Caecilius Pudens, von senatorischen Rang, Legat des Kaisers anstelle des Prätors, unter örtlicher Leitung des Quintus

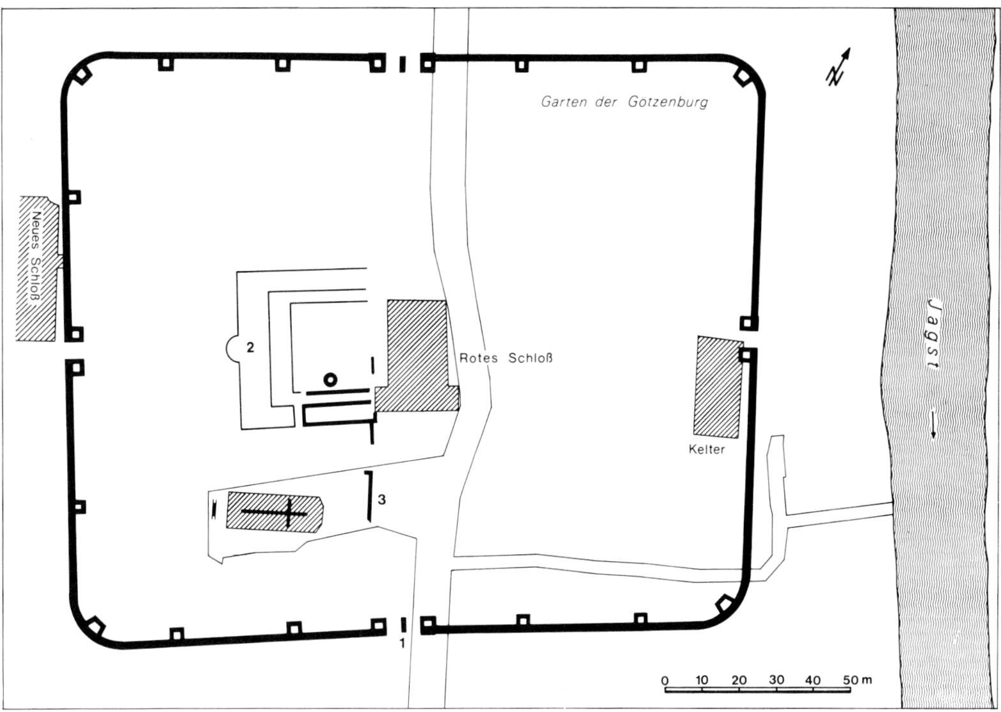

Abb. 137 Jagsthausen. Kastell. 1 S-Tor, 2 Stabsgebäude, 3 Wohnung des Kommandanten

Mamilius Honoratus, des Tribuns der genannten Kohorte.

Als Besatzung des Kastells ist auf der Bauinschrift die *cohors I Germanorum* genannt. Auch ein zweiter Inschriftstein – 1886 im Kastellbad gefunden – wurde 248 von dem Tribun Valerius Valerianus für die Göttin des Bades *(Fortuna balinearis)* geweiht. Vermutlich war die *cohors I Germanorum* bereits seit der Mitte des 2. JhnChr in Jagsthausen stationiert. Ob die Kohorte beritten war, wird durch Inschriften nicht belegt. Die Größe des Kastells mit 2,9 ha ist für eine normale Kohorte aber zu groß. Eigene Ziegelstempel verwendete die *cohors I Germanorum* nicht, sondern benutzte – besonders für das Kastellbad – Ziegel der in Mainz stationierten 22. Legion. Die Zivilsiedlung *(vicus)* lag vor dem S- und W-Tor auf dem flachen Hang. N des Lagers sind keine Baureste bekannt, jenseits des Flusses nur zwei kurze Mauern. Teile von größeren Gebäuden wurden in der Nähe des Bades nachgewiesen. Neuere Flächengrabungen haben nicht stattgefunden. Die zufälligen Einzelbeobachtungen und Funde sprechen aber für einen gewissen Wohlstand der Bevölkerung. So wurden mehrfach Reste von beheizten Räumen angeschnitten. Von Handwerkern sind bisher Hafner durch eine Gruppe von Töpferöfen nachgewiesen.

Etwa 600 m W des Kastells liegt N der heutigen Straße nach Olnhausen ein röm Friedhof, der nur teilweise fachkundig ausgegraben wurde. Die etwa 100 festgestellten Brandgräber sind meist ärmlich ausgestattet; so ist zB die sonst übliche Beigabe einer Lampe recht selten. Bemerkenswert sind viereckige Fundamente von vier turmartigen Grabmälern sowie einige Reste von In-

Abb. 138 Jagsthausen. Bauinschrift. Älteste Inschrift am vorderen Limes

schriften und Bildsteinen. Röm Straßenkörper wurden in Jagsthausen bisher nur zwischen Kastell und Bad nachgewiesen. Zahlreicher sind Weihesteine von Benefiziariern, welche die Überwachung der Straßen besorgten. Drei in der Kirche des benachbarten Olnhausen eingemauerte Inschriftsteine wurden von Angehörigen der 8. und 22. Legion gestiftet und deuten vielleicht auf eine Brücke hin. Ko

TK 6622 – L 6722

Lit: HMettler – FDrexel, Kastell Jagsthausen ORL, B, IV Nr. 41 (1909) (mit älterer Literatur). – Haug-Sixt, 640 ff – PhFiltzinger, FdbaSchw F. 19, 1971,196 ff – RKoch, Kunst der Römerzeit. Heilbronner Museumshefte 1, 1971. – ABöhme, Führer zu vor- u. frühgeschichtl. Denkmälern Nr. 24, 1973, 150 ff (mit weiterer Literatur)

Schloßmuseum

Abb 139, Tafel 62b

Öffnungszeiten: Tägl 9–12, 15–17 Uhr (im Sommer an So teilweise durchgehend)

Im Museum im Runden Turm des Alten Schlosses werden vorwiegend jene Funde aufbewahrt, die Rentamtmann Fest im 19. Jh zusammengetragen hat, ferner einige Stücke aus röm Brandgräbern, die 1913 entdeckt wurden. Neben Gebrauchskeramik sind es einige Sigillata-Schüsseln, wenige Metallkleinfunde, drei Gläser und Ziegel mit Stempeln der 22. Legion. Als das hervorragendste Fundstück ist die bronzene Herkules-Statuette zu nennen. Den wesentlichen Bestandteil der Sammlung bilden aber die verschiedenen Inschriftsteine. Die Bauinschriften von Lager und Kastellbad wurden bereits genannt. Erwähnung verdienen ferner zwei kleine Inschriften, die den abgekürzten Namen der 22. Legion tragen. Sie haben die Form einer *tabula*

Abb. 139 Jagsthausen. Amazonenbüste

ensata, bestehen aus feinen Kalksteinen und wurden an der N-Mauer des Kastells gefunden. Gemeinsam mit dem Oberteil einer Jupitergigantensäule entdeckte man vor 100 Jahren den Weihestein des Atusonius Victorinus: *I(ovi) O(ptimo) M(aximo) Atusonius Victorinus / V(otum) s(olvit) l(ibens) l(aetus) m(erito).* Übersetzung: Jupiter dem besten und größten hat Atusonius Victorinus sein Gelübde eingelöst, froh und freudig nach Gebühr.

Aus dem Kastellbad stammt neben einem gut erhaltenen, schönen Relief für Fortuna der Weihestein des Valerius Valerianus, auf dem die Namen der beiden Kaiser Philippus nicht getilgt wurden, da der Stein im Innern des Gebäues stand: *In h(onorem) d(omus) d(ivinae) deae Fortunae sanct/(a)e balineari, reduci Valerius Valerianus trib(unus)/coh(ortis) I Germanorum Phil(i)ppianae votum posuit / Imp(eratoribus) d(ominis) Philippis Aug(ustis) tertium / et iterum co(n)s(ules) l(ibens) l(aetus) m(erito).* Übersetzung: Zu Ehren des Kaiserhauses hat der Göttin Fortuna, der heiligen, der Beschützerin des Bades, der heimführenden, Valerius Valerianus, Tribun der 1. Germanenkohorte, der Philippianischen, sein Gelübde geleistet, als die Kaiser, unsere Herren, die beiden Philippus Augustus, zum 3. und 2. Mal Konsuln waren, froh und freudig nach Gebühr.

Ein Weihestein für Jupiter und alle Götter war schon vor 1767 gefunden worden: *I(ovi) o(ptimo) m(aximo) Iun(oni) reg(inae) Marti et Herc(uli) diis patriis, dis deabusq(ue) omnibus Iunius Iuvenis signi(fer) in suo. V(otum) s(olvit) l(ibens) l(aetus) m(erito) Gr(a)to et Seleuc(o) Co(n) s(ules).* Übersetzung: Jupiter, dem besten und größten, der Herrscherin Juno, dem Mars und Herkules, den heimischen Göttern, allen Göttern und Göttinnen hat der Fahnenträger Junius Juvenis auf seinem Eigentum sein Gelübde gelöst, froh und freudig nach Gebühr unter dem Konsulate des Gratus und des Seleucus. Ko

Lit: Haug-Sixt, 646 ff – RKoch, Kunst der Römerzeit (1971) 10 ff.

Jagsthausen → Olnhausen

Karlsruhe KA

Römische Siedlung und Ziegelofen

Abb 140, 141

Siedlung: in der Gartenstadt Grünwinkel am N-Ufer der Alb zwischen Eckenerstr und Zeppelinstr, S der Gaststätte Römerhof. ▶ Konservierter Ziegelofen: im Garten des Grundstücks Silcherstr 17. Unter Verwaltung des Städt Hochbauamts Karlsruhe (Rathaus). Zur Zeit nicht öffentlich zugänglich.

Es kann nicht verwundern, daß sich im Zentrum von Karlsruhe bisher keine röm Siedlungsspuren nachweisen ließen; denn Stadt und Schloß wurden als Reißbrettanlage des 18. Jh weitab von Fluß- und Gebirgsrand inmitten der weiten sandigen Ebene des Hardtwaldes errichtet. Aber auch in Durlach und auf dem Turmberg konnten manchen Spekulationen zum Trotz noch keine Funde gemacht werden, die auf einen röm Vorläufer der alten badischen Metropole hindeuteten. Das einzige bemerkenswerte Dokument der Römerzeit, das auf Durlacher Gemarkung zutag kam, ist ein Grabstein, der 1898 nördlich der

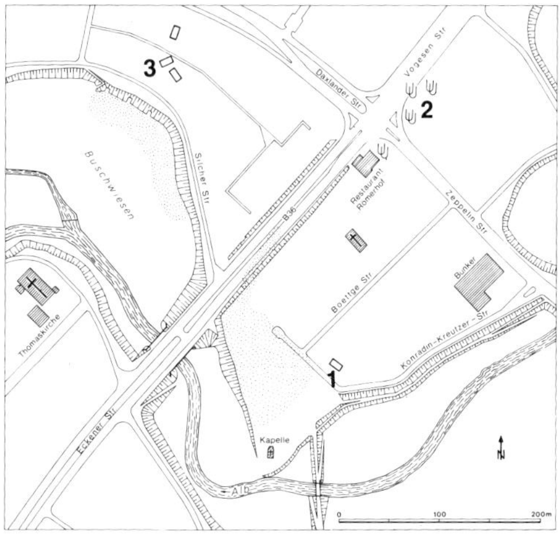

Abb. 140 Karlsruhe-Grünwinkel. Zivilsiedlung. 1 Keller, 2 Gräberfeld, 3 Ziegelofen

Pfinz zwischen Grötzingen und Hagsfeld geborgen wurde. Nach dem Wortlaut der Inschrift hat ein gewisser Flavius Vehemens diesen Stein für seinen Vater Flavius Sterius setzen lassen, einem – wie es heißt – im 100. Lebensjahr verstorbenen Veteranen des röm Heeres (heute im Magazin des BLM). Die wenigen Mauerreste und Einzelfunde in der Umgebung der Begräbnisstätte deuten eher auf einen Gutshof oder eine Straßenstation, kaum auf eine regelrechte Ortschaft.

Lebhafte Siedlungstätigkeit erkennen wir dagegen deutlich am W-Rand der heutigen Stadt im Bereich der Vororte Grünwinkel und Knielingen. Auch wenn die einzelnen Zeugnisse noch kein ganz lückenloses Bild ergeben, so deuten doch zwei Gräberfelder am Rande der heutigen Siedlungszonen, ansehnliche Einzelfunde und eine Reihe von Ziegelöfen in der Gartenvorstadt Grünwinkel mit Sicherheit auf zwei kleinere röm Ansiedlungen hin. Schon die geographische Situation läßt hier eine Siedlungsverdichtung erwarten: Zwischen Grünwinkel und Knielingen verläßt die Alb die Hochuferterrasse und tritt in die Rheinebene hinaus. Hier liegen die letzten hochwassergeschützten Stellen am Unterlauf des Flusses – idealer Stützpunkt für Rheinfischer und Albflößer. Es kommt hinzu, daß die röm Rheinuferstraße von Heidelberg nach Straßburg, deren Verlauf in den Wäldern N und S von Karlsruhe sich bis heute deutlich verfolgen läßt, genau im Zentrum von Grünwinkel die Alb überschritten haben muß. Hier wird also auch eine Brücke gestanden haben, für deren Schutz und Erhaltung die Bewohner der Albsiedlung zu sorgen hatten. Zum frühröm Brandgräberfeld von Knielingen – 1911 von Rott ausgegraben –, das wahrscheinlich bis in claudisch-neronische Zeit zurückreicht, fehlt bis jetzt der Nachweis der dazugehörigen Siedlung. Man wird sie wohl im Kern der heutigen Ortschaft in unmittelbarer Nähe der Kirche zu suchen haben. Die archäologischen Entdekkungen, die im letzten Jahrzehnt am Hochrhein und am S-Oberrhein gemacht wurden, geben der alten Vermutung neue Nahrung, daß auch hier eine frühe Kastellanlage vielleicht bereits in vorflavischer Zeit gestanden hat. Der alte Ortsname Porz für das pfälzische Maximiliansau auf der anderen Rheinseite geht mit großer Wahrscheinlichkeit auf das lateinische *portus* = Hafen, zurück. Ein Kastell in Knielingen auf dem die umliegende Rheinebene beherrschenden Hochufersporn könnte also gut in der Zeit vor der offiziellen Besetzung des Dekumatlandes schützender Brückenkopf für eine linksrheinische gegenüberliegende Hafenanlage gewesen sein.

Wohlüberlegt ist auch der Standort der Grünwinkler Albsiedlung gewählt. Das Flüßchen, das zwischen Ettlingen und seiner Einmündung in den Rhein im wesentlichen von SO nach NW verläuft, schwingt hier in einer großen Schleife weit nach S und W aus und schafft so eine rings von Steilufer umgebene Halbinsel. Wenn nicht alles täuscht, lag das Zentrum der Niederlassung im S dieser Flußschleife, etwa in jenem Winkel, der heute von Eckener- und Zeppelinstr gebildet wird. Im N, W der von Eckener- und Vogesenstr gebildeten Achse lag das Gräberfeld (2). Von Daxlander- und Silcherstr wird das Ziegeleigebiet begrenzt, von dem die konservierten Reste eines Ziegelofens auf dem Grundstück Silcherstr 17 noch heute Zeugnis ablegen (3). Auch auf dem linken Albufer bis nach Daxlanden hinunter liegt eine Reihe röm Fundpunkte. Die Kenntnis der Albsiedlung verdanken wir O. Homburger und E. Wahle, die hier von 1922–1927 während der Entstehung der Gartenstadt Grünwinkel im Auftrage des BLM als Ausgräber tätig waren. Im gleichen Auftrag hat F. Muthmann 1932 das Fundmaterial publiziert.

Wären nicht die Ziegelöfen, das Gräberfeld und eine breite Streufundzone im Albuferbereich, so könnte das röm Grünwinkel von Skeptikern leicht als ein archäologisches Phantom hingestellt werden; denn von den eigentlichen Wohnbauten der Niederlassung fand Wahle 1927 lediglich die Mauerreste eines einzigen Kellers (9,50 x 4,60 m), die beim Bau der Häuser Konradin-Kreutzer-Str 13/14 zum Vorschein kamen (1). Setzt man aber in Rechnung, daß das zugehörige Gebäude restlos den Erosionskräften der Alb zum Opfer gefallen ist und die Wände dieses Raumes (T mindestens 1,80 m) nur noch bis zu einer H von 0,65 m erhalten waren, so kann man sich das Schicksal der übrigen Siedlungsreste leicht aus-

Abb. 141 Karlsruhe-Grünwinkel. Weiherelief der keltischen Unterweltsgötter Sucellus und Nantosuelta

malen. Die dünne Bebauung des Geländes durch Villengrundstücke hat überdies nur ein begrenztes Areal der im Altertum bebauten Zone erschlossen. Die modernen Baustellen wurden nicht archäologisch überwacht. Dem Kellerfund in der Konradin-Kreutzer-Str wäre ohne die Aufmerksamkeit von A. Zippelius, eines archäologisch geschulten Architekten, der zufällig in der Nachbarschaft tätig war, damals kaum Beachtung geschenkt worden. Trotz seiner mangelhaften Erhaltung enthielt der Kellerraum einige bedeutsame Funde, darunter das originelle Weihrelief für die keltischen Unterweltsgötter Sucellus und Nantosuelta, das heute zu den eindrucksvollsten religionsgeschichtlichen Denkmälern des BLM zählen darf.

Vom Friedhof im N (2) konnten rund 60 Urnengräber geborgen werden, die Aufschlüsse über

die Bevölkerungsstruktur der Siedlung erbrachten. Die Aschenurnen erinnern in der Mehrzahl stark an einheimische vorröm Gefäßformen. Zusammen mit dem Weihrelief an die Unterweltsgötter stellen sie einen wichtigen Hinweis für die wohl überwiegend keltische Stammeszugehörigkeit der Bewohner dar.
Flußabwärts längs der heutigen Silcherstr erstreckte sich ein Ziegeleirevier, von dem insgesamt drei Öfen ausgegraben, ▶ einer von ihnen anschließend restauriert und durch einen Schutzbau gesichert wurde (3). Die konservierte Anlage liegt im Gartengrundstück Silcherstr 17. Sie besitzt einen fast quadratischen Grundriß mit sehr breitem Feuerkanal, so daß die Züge stark verkürzt wirken. Anstelle des Tonnengewölbes sitzt ein falsches, oben spitz zulaufendes Gewölbe aus überkragenden Steinen, dessen Querschnitt am Schürhals von außen noch gut zu erkennen ist. Durch regelmäßig verteilte runde Löcher gelangte die Hitze aus dem Feuerraum nach oben in den eigentlichen Brennraum, wo man bei der Auffindung noch eine Anzahl der zum Brennen senkrecht geschichteten Ziegel vorfand. Der Ofen war von einer Mauer umgeben; vor dem Schürloch befand sich ursprünglich noch eine halbkreisförmige Brüstung. Es wäre wünschenswert, daß dieses wertvolle technische Kulturdenkmal und einzige am Ort erhaltene Zeugnis der Römerzeit in Karlsruhe auch einer breiteren Öffentlichkeit regelmäßig zugänglich gemacht würde.
Die Lebensdauer der Grünwinkler Siedlung läßt sich mit Hilfe von Münzfunden und datierbaren Sigillata-Gefäßen einigermaßen bestimmen. Die Münzreihe reicht von Domitian (83–96 nChr) bis Antoninus Pius (138–161 nChr). Die Gefäße aus dem Gräberfeld und die Bruchstücke aus dem Streufundbereich stammen in der Mehrzahl aus den Töpfereien des gegenüberliegenden Rheinzabern, aber auch aus La Graufesenque, Heiligenberg i. E. und Blickweiler in der Pfalz und reichen vom Ende des 1. bis ans Ende des 2. JhnChr. Mit dem Bau der rechtsrheinischen Militärstraße, also in den 80er Jahren des 1. JhnChr, dürfte die Niederlassung entstanden sein. Da die Gräberfunde mit großer Wahrscheinlichkeit nur einen durch den Straßenbau bedingten Zufallsausschnitt aus dem röm Friedhof darstellen, da zum anderen der Siedlungsbereich – wie oben erwähnt – von den Erosionserscheinungen der Flußuferzone stark in Mitleidenschaft genommen wurde, ist es gut möglich, daß die Bewohner bis ins 3. Jh hinein, vielleicht bis zum Limesfall hier ausgeharrt haben. Cä

TK 6916 – L 6916
Ao: BLM Karlsruhe
Lit: FMuthmann, Die römerzeitliche Siedlung bei Karlsruhe-Grünwinkel, BadFdb II, 1932, 405–426.

Badisches Landesmuseum

Abb 59, 142–147, Tafel 24b, 27b, 30b, 52c, 56, 57b, 59, 60a, 61a, 61c, 62c, 63a, 66

Schloß. Öffnungszeiten So, Mo, Mi, Fr, Sa, 10–17, Do 10–22 Uhr. Eintritt frei.

Teile der heutigen Bestände gehen auf die schon frühe Sammeltätigkeit der Markgrafen von Baden-Baden und Baden-Durlach, bzw der badischen Großherzöge zurück. Wesentlicher Ausbau der Sammlungen im 19. Jh. Gründung des Landesmuseums 1919 durch Zusammenlegung des ehem Kunstgewerbemuseums und der „Vereinigten großherzogl Sammlungen für Altertumskunde". Unterbringung des Museums im ehem Residenzschloß (erbaut nach 1715). Von 1959 bis 1963 provisorische Aufstellung der Hauptwerke im wiederaufgebauten Mitteltrakt des Schlosses. Nach Fertigstellung der Seitenflügel Neueröffnung des Museums mit allen Beständen im Sommer 1966.
Der Rundgang durch den röm Steinsaal beginnt links mit einem Inschriftblock aus Baden-Baden (1), der hier als Musterbeispiel eines graphisch klar aufgebauten und plastisch lebendig durchformten lateinischen Monumentalschriftbildes vorgeführt wird. Durch ihren Inhalt ist die Inschrift zugleich ein interessantes historisches Dokument. Die Weihung nennt den Prinzen

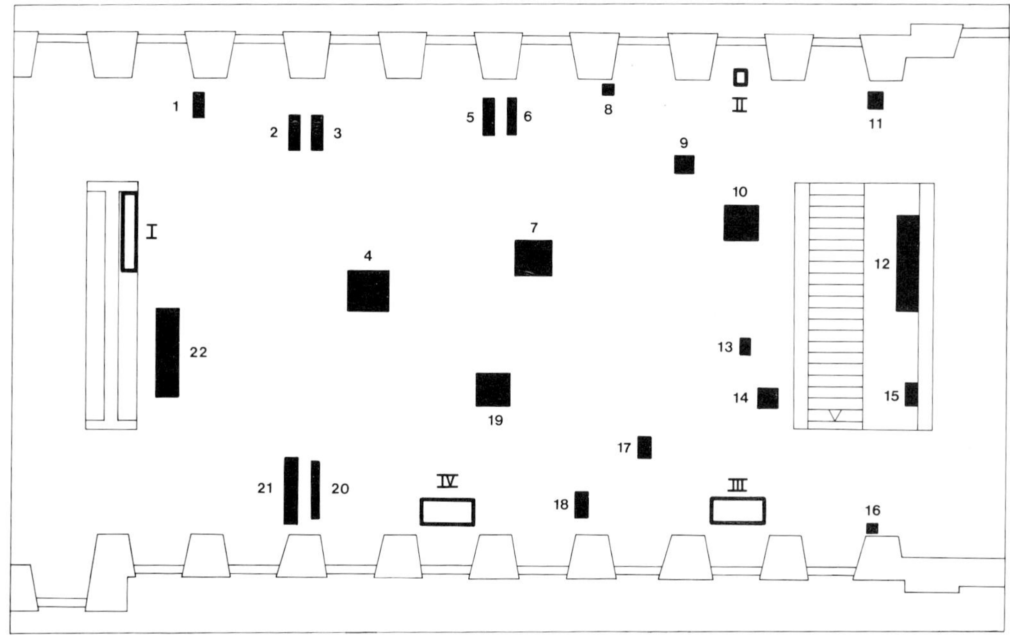

Abb. 142 Karlsruhe. Badisches Landesmuseum. Plan Erdgeschoß

(Caesar) M. Aurelius Antoninus, der in der Geschichtsschreibung unter seinem Beinamen „Caracalla" bekannt ist: *M(arco) Aurelio Antonino, Caes(ari), Imp(eratori) destinato, Im(peratoris) L(ucii) Septimi(i) Severi Pertinacis Aug(usti) filio, resp(ublica) Aqu(ensis).* Übersetzung: Dem Prinzen Marcus Aurelius Antoninus, Thronfolger, Sohn des regierenden Kaisers Lucius Septimius Severus von der Bezirksgemeinde von „Baden" (geweiht). Wie man aus anderen Quellen weiß, ließ Septimius Severus (193–211 nChr) seinen damals zehnjährigen ältesten Sohn 196 nChr offiziell in die kaiserliche Familie aufnehmen und ernannte ihn im darauffolgenden Jahr zum Thronfolger *(imperator destinatus),* 198 nChr schließlich zum Mitregenten *(Augustus).* Die Entstehung der Inschrift läßt sich also aufs Jahr genau bestimmen. Obgleich der eindrucksvolle Stein seit der Renaissance bekannt ist, weiß man leider nicht, aus welchem lokalen Anlaß die Inschrift gemeißelt wurde, und welches Bauwerk im röm Baden-Baden sie einst geschmückt hat. – Durch Vielfalt und Genauigkeit an historischen Informationen zeichnen sich auch die meisten röm Grabsteine aus, selbst wenn das Schriftbild manchmal recht einfach und nachlässig gearbeitet ist. Die interessantesten Exemplare der Sammlung sind zwei Soldatengrabsteine des 1. JhnChr, sie stammen also aus der Frühzeit der Besetzung des Landes. Die Grabinschrift des Lucius Aemilius Crescens aus Baden-Baden (2) beginnt mit der feierlichen Weihung Dis manibus, dh „den unterirdischen Göttern", nennt die Herkunft des Verstorbenen, den Truppenteil, dem er angehörte, sein Lebensalter und seine Dienstjahre und die Namen seiner beiden Brüder und Erben, die den Stein haben setzen lassen. Ein bekrönendes Ornamentfeld und das Bild eines zweispännigen Reisewagens setzen die nüchterne Schrifttafel in einen lebendigen Rahmen. – Der Grabstein des Hauptmanns *(centurio)* Lucius Valerius Albinus stammt aus Offenburg (3) und zeigt in einer

Rundbogennische das Ganzfigurenbild des Verstorbenen in voller Ausrüstung. Der Verstorbene war nach Aussage der leider recht verstümmelten Inschrift Kommandant der 1. Thrakerkohorte, die in Offenburg (→ Offenburg) stationiert gewesen sein mag, und starb im 65. Lebensjahr nach 23 Dienstjahren. – Das eindrucksvollste figürliche Denkmal röm Militärherrschaft in unserem Land bildet eine Gruppe von drei freiplastischen Statuen, die – leider kopflos und zT stark beschädigt – in einem kleinen Heiligtum des Odenwaldlimes in der Nähe von Schlossau gefunden wurden (22). Der fast lebensgroße Gott Mars tritt hier in voller Rüstung auf, in Begleitung der weiblichen Gottheiten Viktoria und Salus. Es handelt sich hierbei sicher um richtige Kultbilder, die von den Soldaten der Grenztruppen auf den Höhen des Odenwaldes durch Opfer und Anbetung verehrt wurden. – Vom Denkmaltypus der Jupitergigantensäule besitzt das BLM leider kein vollständig erhaltenes Beispiel, dafür aber eine Reihe, zT höchst qualitätvoller Einzelstücke. Die ausgestellten Fundstücke dieser Gattung, die fast alle aus dem Kraichgau oder vom N Schwarzwaldrand stammen, machen es dem Betrachter leicht, sich eine Vorstellung vom Idealtypus dieses Denkmals zu verschaffen. Den vollständigsten Eindruck vermittelt die Säule von Berwangen (9); ihr fehlt allein der Stufenunterbau, der Unterteil des Schaftes und leider auch die krönende Jupitergigantengruppe. Dafür sind die flachen Reliefs des Viergöttersteins mit Herkules, Minerva, Juno und Merkur – soweit gut erhalten – von ungewöhnlicher Qualität. Der Säulenbasisblock trägt eine Inschrift von delikatester Meißelarbeit mit dem Wortlaut *I (ovi) O(ptimo) M(aximo) Candidus Vintrionis v(otum) s(olvit) l(aetus) l(ibens) m(erito).* Übersetzung: Jupiter, dem besten und größten hat Candidus, der Sohn des Vintrio, sein Gelübde eingelöst, froh und freudig, wie es gebührt. Auf den Seiten und hinten sitzen drei ganz dünne, graphisch präzise Flachreliefs mit Flügelpferden *(pegasi)* und einer Meerziege *(capricornus).* Das korinthische Kapitell über der Schuppensäule trägt die Köpfe der vier Jahreszeiten. Das Monument wäre fast vollständig, wenn man die im Format gut dazu passende kleine Figur eines Jupitergigantenreiters aus Pforzheim (17) auf das Kapitell setzen würde. – Als größtes Exemplar seiner Art in diesem Lande und weit darüber hinaus dürften Reitergruppe und Kapitell aus Sinsheim-Steinsfurt (4) gelten. Der großartige Fund, der 1959 beim Bau der Raiffeisenkasse Steinsfurt vom Bagger zerschlagen und anschließend zerstreut wurde, konnte nur durch den aufopferungsvollen Einsatz von Laienhelfern in einem langwierigen und mühevollen Restauriervorgang mit vielen Ergänzungen zu seiner jetzigen, noch immer stark fragmentarischen Gestalt wiederhergerichtet werden. Das bronzene Blitzbündel Jupiters – man möchte es kaum glauben – ist wirklich echt. Die lebendigen Köpfe der Jahreszeiten mit ihrem sanften Pathos sind jeder für sich kleine Kabinettstücke einheimischer Bildhauerkunst. Überträgt man das Verhältnis von Kapitellhöhe zu Säulenhöhe vom Berwanger Fund auf den Steinsfurter, so ergibt sich ein Maß, das die Dimensionen unseres Raums bei weitem überschreitet. – Viergöttersteine von Jupitergigantensäulen sind auch die beiden schwergewichtigen Blöcke in der Mitte des Saals. Der größere von beiden (7) stammt aus Pforzheim-Brötzingen und zeigt in leicht verwaschenem Relief Venus mit der Gans, Sol mit Nimbus, Vulcanus mit den Schmiedewerkzeugen und Juno; der kleinere – aus Kleinsteinbach (19) – ist aus zwei Werkstücken zusammengesetzt und zeigt den vollgerüsteten Mars, Fortuna mit Füllhorn und Steuerruder, Viktoria mit dem Schild und eine leere Inschrifttafel, über der ein Fragment mit den Beinen von Jupiters Adler und seinem Blitzbündel sichtbar wird. – Auch das Relieffragment mit Herkules an der Betonwand (15) aus dem Bezirk des Heidelberger Mithräums ist mit Sicherheit der Rest eines Viergöttersteins; die hohe rankenumsponnene Säule (14) vom gleichen Fundort mit hoher Wahrscheinlichkeit eine Jupitergigantensäule. – An der Stadtseite der Fensterfront stehen Rücken an Rücken zwei Weihreliefs für Götterpaare von fast gleichem Format, aber ganz verschieden in Stil und Inhalt. Die flache Tafel mit den stehenden Figuren aus Nöttingen (6) zeigt einen nackten Merkur mit dem Geldbeutel neben seiner Kultgenossin Rosmerta, die – in schwere Gewänder gehüllt – in der Hand eine Opferschale hält. – Das thronende Paar auf der Gegenseite stammt aus Karlsruhe-Grünwinkel (5) und stellt die keltischen Unterweltgötter Sucellus und Nantosuelta dar. Die seltsamen Attribute und die märchenhafte Stimmung, die über der Szene liegt, geben dem Stein unter den klassischen Musterbuchfiguren der anderen Denkmäler eine einzigartige Originalität. – Ein wirkliches Spitzenstück provinzialröm Kunst am Oberrhein dürfen wir in dem hellen Sandsteinkopf einer kleinen Merkur-Statue erblicken (8), die vermutlich einst in der Bäderzone des röm Baden-Baden gestanden hat. Das auf den ersten Blick ganz unscheinbare Stück fesselt den aufmerksamen Betrachter durch seine unwahrscheinlich frisch empfundene Physiognomie, die Augen und Mund des Gottes von einem momentanen Lächeln bewegt sein läßt. Der Kopf dürfte noch in der 1. Hälfte des 2. JhnChr entstanden sein. – Der puppenhaft-starre Gesichtsausdruck mit den schematischen Haarformeln läßt einen im Format ganz gleichartigen Merkur-Kopf aus Ettlingen (16) als ein echtes Gegenstück erscheinen. Tatsächlich kommt in diesem Kopf, der sicher bereits an der Wende vom 2. zum 3. JhnChr entstanden ist, recht deutlich der Stil einer anderen Epoche zum Ausdruck. – In einem Vitrinensturz in der Fensternische hinter der Berwanger Säule (9) steht ein Meisterwerk unter den Kleinbronzen des röm Rheinlandes: die Statuette eines jugendlichen Äsculap (II), in dessen rechter Hand wir einen schlangenumwundenen Stab zu ergänzen haben. Die Figur wurde früher – psychologisch nicht unwahrscheinlich – als „Narziß" bezeichnet. Die neue Deutung stützt sich aber auf gewichtigere Argumente. – Drei ganz verschiedenartige Reliefblöcke repräsentieren die formale Vielfalt röm Grabmalkunst, ohne daß man exakt anzugeben wüßte, in welchen inhaltlichen und strukturellen Zusammenhang sie im einzelnen hineingehören: Ein ausdrucksstarkes Fragment einer figürlichen Darstellung zeigt der fast kubische Block aus Waldmühlbach (11) mit Kopf und Oberkörper eines Schwertkämpfers. – Der Zwischenblock eines Pfeilergrabmals aus Dürrn bei Pforzheim (10) bietet in vier rechteckigen Bildfeldern einen Zyklus von Herakles-Taten: den Kampf mit dem nemeischen Löwen, Hesione und das Meerungeheuer, den Ringkampf mit dem Riesen Antäus und die Gefangennahme der Hirschkuh. – Eine zweiseitig skulpierte schlanke Reliefplatte aus Dietenhausen (18) zeigt auf der einen Seite einen Mann in Tunika mit Schultersack und Krug; gegenüber die arg zerschlissene, aber auch in den Umrissen noch recht wirkungsvolle Figur einer nackten Mänade, die einen Schleiertanz vorführt. – Vor Betonwand und Treppe sind die Funde aus dem Mithräum von Heidelberg-Neuenheim versammelt. Herkules-Block (14) und Rankensäule (15) wurden bereits oben erwähnt. Der kleine Weihaltar an Jupiter (13) könnte zu dem Säulendenkmal gehört haben. Das alles aber wird überstrahlt vom Prunkstück dieser Fundgruppe, dem monumentalen Altarrelief mit dem stiertötenden Mithras (12). Die streng aufgebaute Komposition des Hauptbildes ist auf drei Seiten von Bilderfriesen umgeben. Auf der rechten Seite läuft wie in einem Filmstreifen die Folge von Stierfang und Bändigung ab. Auf dem obersten Bild links taucht der „felsgeborene" junge Gott mit Schwert und Globus auf. Darunter übergibt Saturnus über einem Altar das Blitzbündel an Jupiter. Die darauffolgende liegende Gestalt ist wohl Oceanus. Auf dem Schlußbild trägt Mithras kniend den Globus auf seinen Schultern. Auf dem oberen Streifen erscheint zuerst der Kopf eines Windgottes. Dann sieht man einen winzigen Mithras Blätter von einem Baum abschneiden. Es folgt Mithras, wie er als Bogenschütze Wasser aus dem Felsen schießt. Schließlich wird er von der Quadriga des Sonnengottes zum Himmel emporgetragen. Daneben steht als Gegenstück zu Sol das absteigende Gespann der Mondgöttin Selene/Luna. Noch einmal, jetzt aber seitenverkehrt gegenüber der zweiten Szene, vollbringt der Gott das Wasserwunder. Zum Schluß sehen wir sein winziges Haupt aus einem Baum hervorwachsen, auch diesmal – wie gegenüber – von einem Windgott begleitet. –

Während das strenge Altarbild von Heidelberg-Neuenheim sicher noch im 2. JhnChr ent-

Abb. 143 Karlsruhe. Badisches Landesmuseum. Ausschnitt aus dem Mithrasstein Osterburken

standen ist, gehört die pathetische Formulierung des Themas auf dem Osterburker Mithras-Stein (21) schon ins fortgeschrittene 3. JhnChr. Das Relief quillt fast über von Szenen und Figuren. Die ganze Glaubenslehre der mithrischen Religion scheint hier im Bild festgehalten zu sein. Interessant ist die heute nur schwer erkennbare Inschrift mit dem Stifternamen auf dem unteren Rand des Steines: *D(eo) S(oli) I(nvicto) M(ithrae) Mercatorius Castrensis in suo const(ituit).* Übersetzung: Mercatorius Castrensis hat dem unbesiegbaren Sonnengott Mithras (diesen Stein) auf seinem Grundstück setzen lassen. – Der Ettlinger Neptunus-Stein (20) und sein merkwürdiges Schicksal wurde an anderer Stelle ausführlich besprochen (→ Ettlingen). – Die schmalen Vitrinen vor den Fenstern der Parkseite (III, IV) enthalten eine Auswahl röm Gläser aus rheinischen und syrischen Werkstätten. Die Wandvitrine (I) neben der Dreifigurengruppe (22) zeigt ua rheinisches und nordafrikanisches Terra-Sigillata-Geschirr. Im Treppenhaus vor dem Lapidarium sind zwei lange Quaderblöcke aus Ladenburg/Lopodunum aufgestellt (23/24). Durch neuere Untersuchungen von B. Heukemes wurden die lange Zeit in ihrer Funktion unerkannten Stücke kürzlich als Teile von Sitzreihen eines röm Theaters erkannt, das noch heute am Stadtrand von Ladenburg unter dem Schwemmland der Jahrhunderte und modernen Neubauten verborgen liegt. Mit dieser Erkenntnis wird auch die Weihung an den Vorderseiten der Blöcke verständlich: *Vic(anis) Lop(odunensibus)* = den Einwohnern von Ladenburg. Aus der Theaterzone von Lopodunum

kommt auch der stark beschädigte Altarstein an der Wand gegenüber (25) mit der Weihung an den „Genius der ulpischen Gaugemeinden der Nekkarsweben" und den vier Figurennischen. – Der kleine Weihealtar aus Steinbach (26) vor dem Eingang zum Lapidarium eröffnet die Reihe der Inschrift-Dokumente vom Odenwaldlimes. Der Bläserchor der 1. Kohorte der Sequaner und Rauraker hat ihn der Minerva geweiht. An den Seitenflächen sind Opfergeräte abgebildet.
Beim Eintritt ins Lapidarium empfängt den Besucher zunächst eine Landkarte zum Thema „Römer in Baden", auf der aber aus didaktischen Gründen nicht alle Fundpunkte kartiert sind. Es fehlen auch neuere wichtige Grabungsplätze, die erst nach der Eröffnung des Römerkellers erschlossen wurden, wie zB das Legionslager von Dangstetten. – Auf einem Brunnenstein mit Löwenkopf als Wasserspeier (27) – rechts neben der Karte – hat sich ein inschriftlicher Beleg für die Stationierung der 26. Kohorte freiwilliger röm Bürger in Baden-Baden erhalten. Da diese Truppe bereits 89 nChr rheinabwärts ins Neuwieder Becken verlegt wird, gehört unser Stein mit Sicherheit zu den ältesten Militärinschriften im Lande. Im Bogenfeld erscheinen zwei Ziegenfische *(capricornus)*; an den Schmalseiten sitzen Hermenpfeiler. – In der Kirchhofmauer von Rheinheim am Hochrhein, gegenüber Zurzach/Schweiz, entdeckte man 1975 einen bemerkenswerten Grabstein des 1. JhnChr (29). Die Inschrift auf der schlichten Steintafel, die von einem Rundbogen mit großer Rosette bekrönt wird, nennt den Freigelassenen L. Ferridius Felix und den Sklaven Modestus aus dem keltischen Stamm der Treverer (→ Rheinheim). – An der gleichen Wand links ist die primitive Sandsteinstatuette einer Diana Abnoba aus Karlsruhe-Mühlburg montiert (45), die ein Wanderer im Frühjahr 1850 am Albufer unterhalb der damali-

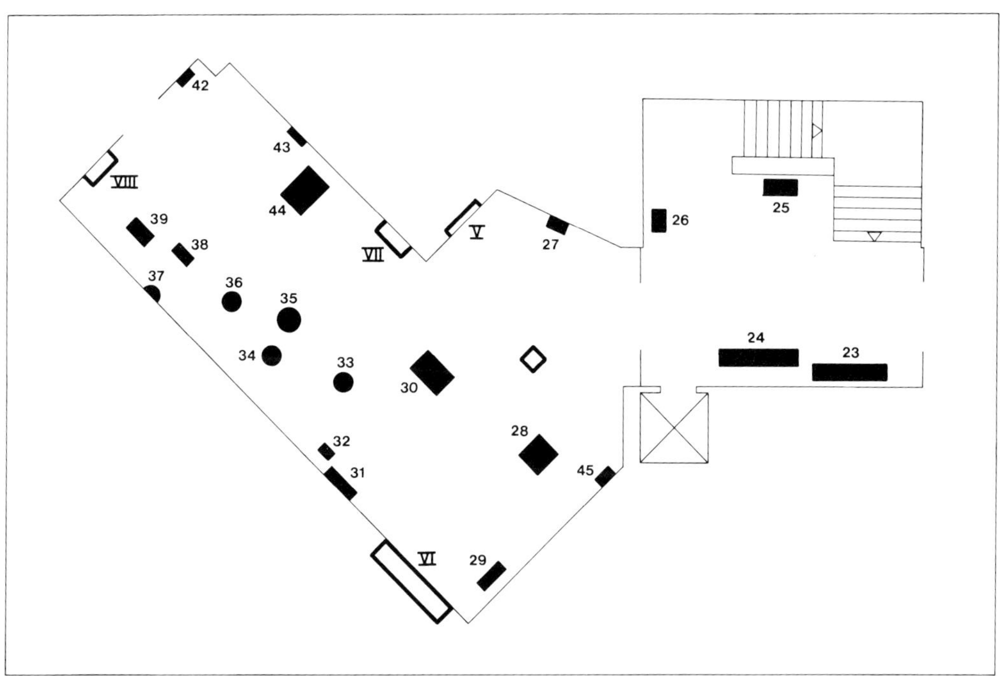

Abb. 144 Karlsruhe. Badisches Landesmuseum. Lapidarium

Abb. 145 Karlsruhe. Badisches Landesmuseum. Diana Abnoba

gen Militärschwimmschule (heute Restaurant ,,Kühler Krug") entdeckt hat. Die Göttin – leider ohne Kopf – zieht einen Pfeil aus ihrem Köcher. Hinter ihren Beinen sieht man einen Hund, der einen Hasen jagt. Und auf dem Sockel liest man: *Deae Abnoba(e) Lucius Moderatus v(otum) s(olvit) m(erito).* – Übersetzung: Der Göttin Abnoba hat Lucius Moderatus sein Gelübde eingelöst, wie es gebührt. Der hohe Viergötterstein zwischen Wand und Pfeiler kommt aus Au am Rhein und ergänzt die Gruppe im oberen Steinsaal durch ein spätes Beispiel des 3. JhnChr mit der Götterfolge Juno, Apollo, Herkules und Minerva. – Im Zentrum des Raumes steht ein merkwürdiger Block, dessen Oberfläche irgendwann als Hackklotz und Wetzstein zugleich benutzt wurde. Es handelt sich um das Mittelstück eines Grabmonuments aus Wilferdingen im Pfinztal (30), das auf drei Seiten mit drollig wiedergegebenen mythologischen Szenen geschmückt ist: Leider halb zerstört schwimmt auf der einen Schmalseite das Boot des Odysseus, von dem das Ruder des Steuermanns und die an den Mastbaum gefesselte Gestalt des Helden erkennbar sind. Das Bild der Hauptseite setzt die Erzählung fort: drei musizierende Sirenen mit Trompeten und Pansflöte suchen mit ihrem Spiel die Seeleute zu verführen. Nicht ganz klar ist die Szene auf der anderen Schmalseite: Vor einer sitzenden Sirene mit einem maskenhaften Haupt zu ihren Füßen steht ein bärtiger Mann mit einem Wanderstock. – Die große Einbauvitrine an der Längswand trägt die Bezeichnung ,,Landesschaufenster" (VI). Hier finden in wechselnder Folge Neufunde aus dem Lande, Leihgaben anderer Museen und kleine thematische Ausstellungen mit Magazinmaterial aus dem BLM ihren Platz. –

Die Geschichte der Limesanlagen in unserem Land wäre ohne die zahlreichen exakt datierten Inschriften, die die röm Besatzungstruppen hinterlassen haben, ein äußerst schwieriges Forschungsgebiet. Viele dieser Schriftdokumente sind ausgezeichnet erhalten, weil sie in Architekturteile eingemeißelt waren, die beim Einsturz der Bauwerke im Innern der Schutthügel geschützt lagen oder von Steinräubern wegen ihrer ausgefallenen Formen aussortiert wurden. Rechts neben dem ,,Landesschaufenster" ist ein besonders reizvolles Stück dieser Art montiert: Der Füllstein eines Türentlastungsbogens vom Wachtturm 10/33 ,,auf dem Kahlen Buckel" (31) in der Gipfellage der Odenwaldstrecke. Die Weihung richtet sich wie bei den meisten Steinen aus diesem Gebiet an den Kaiser Antoninus Pius (138–161 nChr). Die Erbauer des Turmes waren laut Text der vorletzten Zeile Brittonen, die aus

Nordengland hierher versetzt wurden. – Der kleine hochformatige Block darunter gehört zu dem wichtigen Wachtposten 10/37 „in der Schneidershecke“ bei Schlossau, aus dessen einer Turmruine die berühmte Dreifigurengruppe (22) im oberen Steinsaal stammt. Es handelt sich um die Bauinschrift mit dem Namen der Erbauer, einem Fähnlein *(vexillatio)* der 1. Kohorte der Sequaner und Rauracer (32). Das Bauwerk wird darin interessanterweise als *burgus* bezeichnet. – Keine röm Staatsstraße ist ohne die charakteristischen Meilensteine denkbar, deren schmuckloser Säulenkörper neben den konkreten Zahlenangaben auch noch die langen Titelreihen des jeweilig regierenden Kaisers enthält. Das BLM besitzt im Magazin eine ungewöhnlich reichhaltige Sammlung dieser Denkmäler. Die vier am besten erhaltenen Exemplare sind hier ausgestellt. Der

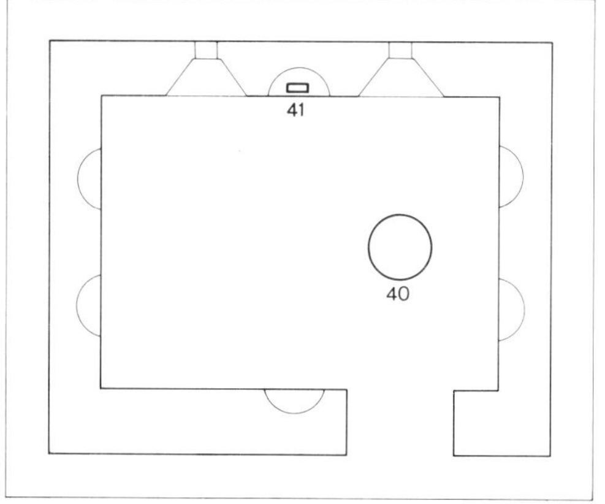

Abb. 146 Karlsruhe, Badisches Landesmuseum. Plan Römerkeller

Abb. 147 Karlsruhe. Badisches Landesmuseum. Keller des röm Gutshofes Wössingen

erste stammt aus Nöttingen (33), ist dem Kaiser Alexander Severus geweiht und zählt 17 Leugen (= 37 km) von Baden-Baden *(ab Aquis)*. Der zweite stammt aus Sinzheim bei Bühl (34), wurde unter Caracalla errichtet und zählt 4 Leugen (= ca 9 km) von Baden-Baden. Der dritte wurde in einem röm Keller in Heidelberg gefunden (35), war dem Kaiser Elagabal geweiht, dessen Name später, nach dessen *damnatio memoriae,* wieder gelöscht wurde, und zählt 4 Leugen (= ca 9 km) von Ladenburg, *(a Lop*[*oduno*]). Der letzte Stein kommt wieder aus Sinzheim, nennt den Kaiser Gordian III., und mißt ebenfalls 4 Leugen von Baden-Baden (36). – In der katholischen Kirche in Neidenstein im Kraichgau stand im vorigen Jahrhundert ein Weihwasserbecken (38), ein umgearbeiteter röm Weihaltar. Die Inschrift: *Matronis Alhiahenibus Iul(ius) Veranius Super pro se et suis v(otum) s(olvit) l(aetus).* Übersetzung: Den Alhiahenischen Matronen (Muttergottheiten) hat Julius Veranius Super für sich und die Seinen freudig sein Gelübde eingelöst. – Der Form nach ein Weihaltar, wenn auch weniger deutlich ausgeprägt, ist auch die Fortuna-Inschrift aus Walldürn (39), deren Abguß jetzt am Fundort des Steins im Umkleideraum des Walldürner Kastellbades aufgestellt wurde (→ Walldürn). – Monumentalaltäre wurden aus transporttechnischen Gründen nicht aus einem Stück gearbeitet. Das Oberteil eines großen Altarsteins aus Baden-Baden (44) muß deshalb vom Betrachter nach dem Vorbild kleinerer Exemplare wie 26 oder 38 ergänzt werden. Die Opferschale auf diesem mächtigen Block müssen wir uns aus Metall, wahrscheinlich Bronze, gearbeitet denken. In der Fläche des Giebelfeldes erblickt man Apollo mit Leier und Bogen. An den Seitenflächen der Pulvinare erscheinen Tierköpfe in Blattwerk. – Die Wandvitrine VII bietet eine Auswahl qualitätvoller Kleinbronzen, ua Inschriften, Schmuck und Geräteteile. – Ein anspruchsloses kleines Relief aus dem Kleinkastell Robern am Odenwaldlimes (43) an der Wand über dem großen Altaraufsatz zeigt die Göttin Viktoria auf dem Globus mit Siegerkranz und Palmenzweig. – Den Abschluß des Rundganges bildet eine kleine Steintafel mit drei Relieffiguren aus Stettfeld bei Bruchsal (42). Man erkennt die Götter Apollo, Minerva und Merkur, die hier in wunderlich-drolligen Posen wie auf einer Bühne agieren.

Der letzte Raum der provinzialröm Schausammlung ist ein Stück echtes Originalbauwerk. Der Keller eines Gutshofes aus Wössingen, Gde Walzbachtal (KA), wurde 1966 beim Straßenbau entdeckt, nachdem man schon 1893/84 weite Teile der zugehörigen Anlage freigelegt hatte. Mit Unterstützung des Regierungspräsidiums Karlsruhe und des zuständigen Denkmalamts wurden die Wände des Raumes ausgegraben, in sieben große Transportblöcke zerschnitten, mit dem Tieflader nach Karlsruhe geschafft und maßgetreu wieder zusammengesetzt. Alle Steine mitsamt Fugenverputz und roter Bemalung sind – mit Ausnahme der schmalen Fugen zwischen den Blöcken (B ca 2 m) und der rekonstruierten Teile an der Eingangsseite – unverfälschtes röm Originalmauerwerk. Der runde Steintisch aus Mörsch (40) in der Mitte stammt zwar ebenso wie das kleine Fortunarelief aus Pforzheim-Brötzingen (41) in der einen Wandnische nicht aus diesem Raum; sie dürfen aber trotzdem als stilechtes Inventar gelten. Cä

Lit: Wagner I u II – BLM Bildkatalog – Eine Auswahl aus den Schausammlungen, 1975 – Das BLM im Karlsruher Schloß – Ein Rundgang durch die kunst- und kulturgesch. Schauslgen, 1976.

Kieselbronn PF

Römischer Gutshof

Zwei km O der Ortsmitte, im „Aspenwald" und im Feld W davon (Gewann Schlößle!) liegen die Reste eines röm Gutshofes *(villa rustica)*, der zu den größeren derartigen Anlagen in Baden-Württemberg gehört. Er dehnt sich noch auf die Nachbargemarkung Enzberg aus. Man erreicht die Stelle, indem man vom SO-Ortsrand ausgehend dem Schneitweg (Verlängerung der Nieferner Str) nach O bis zum Waldrand folgt (1,7 km). Dort rechts abbiegend ist nach 100 m auf schwach nach S geneigtem Hang die Mitte der Anlage erreicht.

Zur Linken zeigen sich die röm Baureste im Schutz des Waldes vollständiger erhalten und deutlicher zu erkennen, als im Feld, wo zunächst nur ein hoher gebüschüberwachsener Steinhaufen ins Auge fällt. Von der Hofummauerung ist nur die im Wald liegende ▶ O-Seite in ganzer Länge (185 m) sowie zwei Ecken (NO und SO) erhalten und zu erkennen. Von der N-Umfassungsmauer fallen 49 m, von der S etwa 60 m noch in den Wald. Unbekannt sind die beiden im Feld liegenden Ecken und die Längen der W-, N- und S-Seiten, doch müssen die beiden letzteren mindestens 150 bzw 180 m betragen haben, wenn sie das heute im Feld liegende Gebäude eingeschlossen haben. Auch ein Zugang, oder Zugänge sind in der Feldlage zu suchen, vom Gelände her kommen dafür am ehesten die W- und die S-Seite in Frage. An die O-Mauer nach außen angehängt erscheint bei der SO-Ecke ein weiterer ummauerter Hof oder Bezirk von trapezförmigem Grundriß mit Seitenlängen zwischen 45 und 60 Metern.

In der NO-Ecke des Hofraumes, jedoch nicht an die Hofmauer angelehnt, liegt ein ▶ mehrräumiges Gebäude (36 x 24 m). Es hat zwei schmale korridorartige Räume entlang seiner W-Seite. Nach O schließen sich zwei größere etwa quadratische Räume an. Von der O- wie von der W-Seite her sind ▶ Zugänge zu erkennen, die O-Türe mit vorgebautem Windfang. Die großen aus Buntsandstein gefertigten Türschwellen (L 2,20 und 2,80 m) 1959 noch sichtbar, wurden inzwischen gestohlen. Der Geländeneigung entsprechend sichern die am meisten schubgefährdete SO-Ecke des Gebäudes starke Strebpfeiler.

▶ Der große buschbestandene Steinhaufen im Feld (etwa 25 x 30 m) ist nicht ohne weiteres als Ruine zu erkennen, diente er doch jahrhundertelang als Sammelplatz für Lesesteine, die im Bereich des oberen Muschelkalks nur zum Teil dem röm Ruinenareal entstammen. Immerhin ist schon die strenge Rechteckform des Steinhaufens auffallend. Auch heftet sich speziell an ihn der Flurname Schlößle, ein Hinweis auf den früh schon erkannten Ruinencharakter.

In der Tat wird der röm Gutshof bei Kieselbronn schon 1833 bei Wilhelmi genannt und die Nachricht von J. Näher (1883) und E. Wagner (1911) übernommen, doch scheint keiner der genannten Autoren das Objekt selbst gesehen zu haben. Erst 1958 wurde eine von Th. Schickle begonnene Grabung vom LDA übernommen und 1959 abgeschlossen. Sie führte im Bereich des Waldes zur Verfolgung der Hofmauer sowie zur Feststellung von Mauerfluchten des großen Gebäudes nahe der NO-Ecke. Der im Feld liegende Ruinenhügel wurde von W her untersucht und dabei eine der W-Schmalseite folgende Flucht von fünf Räumen freigelegt. An den anderen Seiten wurde der Hügel nur so weit von Schutt befreit, daß die Fluchten der Außenmauern faßbar wurden. Die Untersuchung ergab, daß in dem großen Ruinenhügel das Herrenhaus der Anlage in der üblichen Form der Risalitvilla steckt. Die Schaufront ist nach S gerichtet. Der SW-Eckrisalit enthielt im Untergeschoß einen Nischenkeller (5,5 x 5,9 m), der vom Hausinnern her zugänglich war. N davon folgte ein heizbarer Raum (2,8 x 3,4 m), dem im Obergeschoß ein Raum gleicher Form und Größe entsprochen haben muß. Er wurde von einem N anschließenden Heizraum *(praefurnium)* (2,8 x 3,3 m) aus beheizt, der von außen zugänglich war und auch die N anschließenden Räume bediente: ein hypokaustierter Raum (2,8 x 6,0 m), auf den in der NW-Ecke des Hauses im Obergeschoß eine gemauerte Badewanne (1,5 x 2,0 m) folgte.

Anhaltspunkte zur Baugeschichte des Hauses, insbesondere datierbare Bauphasen wurden nicht gewonnen, doch darf die Anlage insgesamt mit den meisten landwirtschaftlichen Anlagen des Dekumatlandes in das 2./3. Jh datiert werden. Daß in dieser langen Benutzungszeit Umbau- und Erneuerungsarbeiten stattgefunden haben, bezeugt ua mehrschichtiger bemalter Wandputz. Ein Begräbnisplatz des Gutshofes ist ebenso unbekannt, wie die Art der Wasserversorgung in dem wasserarmen Karstgebiet ungeklärt ist. Auch über Wegverbindungen sind, so abseits der großen Straße nur Vermutungen möglich. Sicher hat ein Weg nach dem röm *vicus PORT . . .* geführt, doch ist sein Verlauf unbekannt. Dau

TK 7018 – L 7118
Ao: HM Pforzheim, ArchAbt (Reuchlinhaus)
Lit: KWilhelmi in Sinsheimer Jahrbuch III, 1833 . . . – JNäher, Die baulichen Anlagen der Römer in den Zehntlanden (1883), 19. – EWagner, II, 140. – ADauber, BadFdb 18, 1950, 127 ff.

Kirchentellinsfurt TÜ

Reste eines römischen Familiengrabmals

Abb 148

2 km NO von Kirchentellinsfurt wurden in den Jahren 1936 und 1937 beim Straßenbau Reste einer in den Anfang des 3. JhnChr zu datierenden röm Familiengrabstätte aus Stubensandstein gefunden. Es sind Überreste eines sog Pfeilergrabes nach Art der 23 m hohen Igeler Säule, eines röm Grabpfeilers im Dorfe Igel bei Trier. Das Grabmal gehörte möglicherweise zu dem 1 km O, in Flur Burg, W Altenburg gelegenen, röm Gutshof *(villa rustica)*. Es wurde sehr wahrscheinlich im Mittelalter als Steinbruch benutzt.
Es wurden folgende Bruchstücke aus Stubensandstein gefunden: Löwe ohne Beine und Schnauze L 1,50 m. – Löwenpranke auf einen menschlichen Kopf gesetzt H 0,35 m. – Sphinx mit zwei Brüsten und vier Paar Zitzen H etwa 1 m. – Etwas überlebensgroßer Kopf einer zweiten Sphinx. – Attiskopf mit phrygischer Mütze H 0,38 m. – Mann mit Mäntelchen bekleidet hält einen Ovalschild in der Linken, Relief H etwa 0,65 m. – Nach rechts schreitender Mann, Relief H etwa 0,65 m. – Bärtiger Kopf H 0,30 m. – Kopf eines Jünglings, Relief H etwa 0,23 m. – Zwei Bruchstücke von weiblichen Köpfen. – Nach links springender Hund, Reliefblock H 0,61 m. – Eckpilaster mit Weinranken- und Blätterfries, an den sich beiderseits eine Nische mit Reliefs anschließt. Block L noch 1,32 m, H etwa 0,60 m. – Block mit Henkelvase und Weinranken H 0,60 m. – Mehrere Bruchstücke von einem pyramidenförmigen Schuppendach. – Weitere Bruchstücke von Plastiken, Reliefs und Architekturteilen. In Württemberg sind bis jetzt nur Bruchstücke der turmartigen Grabdenkmäler mit pyramidenförmigen Schuppendächern bekannt geworden; sie hatten als Bekrönung meist einen Pinienzapfen. Fil

Abb. 148 Kirchentellinsfurt. Attiskopf mit phrygischer Mütze

TK 7421 – 7520
Ao: WLM Stuttgart
Lit: Haug-Sixt 1914, 285 Nr. 167–169 – OParet, FdbaSchw 9, 1935–1938, 87 ff.

Kirchheim a. N. LB

Römischer Gutshof

Abb 149

Die Landstraße Kirchheim–Meimsheim führt 500 m NW des Haghofes an einem im S gelegenen Wäldchen vorbei, in diesem liegt die Ruine des röm Gutshofes *(villa rustica)* über dem Tal der Zaber. Zu sehen ist ▶ die Hofmauer auf allen vier Seiten, im N ist sie etwas freigelegt. Sie hat annähernd rechtwinkligen Grundriß (B 0,7 m) und ist noch sehr gut erhalten. Gut zu sehen sind ▶ die Gebäude im Hofinnern, doch ist ihre Inneneinteilung wegen der alten Grabungsspuren teilweise verworren und nicht mehr klar zu erkennen. Das aufgehende Mauerwerk liegt zum Teil noch frei und ist recht hoch erhalten.
Das Wohngebäude A liegt in der NW-Ecke des Hofes. Es hat einen rechtwinkligen Grundriß, die Innenunterteilung ist unklar. Weitgehend freigelegt ist ▶ das Badegebäude auf der W-Seite des Hofes. Zugang von O über einen Schwellstein F, im Inneren zwei Blöcke mit Wasserrinnen, in zwei Räumen ist der Estrichboden weitgehend erhalten. Das Bad war offenbar auch von außen her zugänglich. In der NO-Ecke der Umfassungsmauer liegt ein Nebengebäude B, das nach N über die Mauer vorragt. Es ist als Schutthügel gut zu erkennen. Freigelegt sind die Mauerzüge eines weiteren zweiräumigen Gebäudes C im O-Teil des Hofes, teilweise auch die eines weiteren Nebengebäudes D nahe der S-Umfassungsmauer, in dem ein Raum beheizt war.
Grabungen wurden hier von Richter 1885 und 1887 durchgeführt. Der Grundriß des Wohngebäudes konnte dabei nicht geklärt werden, dagegen wurde das Bad vollständig freigelegt. Vor dem etwas vorgezogenen Eingang im O fand sich eine noch 1,67 m hohe Sandsteinsäule. Der Innenraum des Bades war verputzt und figürlich bunt bemalt, außen war das Badegebäude rot getüncht.
Die zu dem Gutshof gehörenden Gräber liegen 0,8 km O im Wald. Sie sind heute nicht mehr zu sehen. Aufgedeckt wurden fünf kleine rechteckige Steinbauten mit kantenartigen Vorsprüngen. Die Gräber waren offenbar schon gestört, doch fand sich der stark beschädigte Kopf einer weiblichen Statue aus Sandstein. Es ist einer der wenigen Fälle, bei dem wir die zu einem Gutshof gehörenden Gräber kennen. Bi

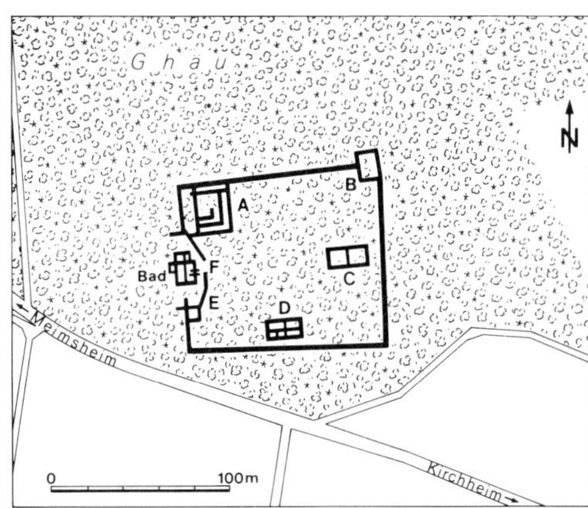

Abb. 149 Kirchheim. Gesamtplan des Gutshofes. A Hauptgebäude, B, C, D und E Nebengebäude, F Bad

TK 6920 – L 6920
Ao: WLM Stgt
Lit: Haug-Sixt 503 Nr. 357 – RiW 3 s.v. Kirchheim a. N.

Köngen ES

Kohortenkastell

Abb 150–156, Tafel 26b, 27a, 52a und b, 64b

Das Kastell liegt am linken Neckarufer, gegenüber der Lautermündung, am Rande eines als „Burgfeld“ bezeichneten Plateaus, 30 m höher als der Neckar. Das nach SO orientierte Lager wird im N begrenzt durch ein muldenförmiges Trockental, die „Kehle“, und im SO durch einen Abhang, der den Namen „Altenburg“ führt. Die

Abb. 150 Köngen. Kastell. Restaurierte Lagerecke

wiederaufgebaute ▶ S-Lagerecke (1) ist von der Nürtinger Straße (B 313) in Höhe der Neckarbrücke (der nach Wendlingen führenden Straße) zu sehen und über die von der Nürtinger Straße abzweigende Adolf Ehemann Str – Ringstr – 1. Str links zu erreichen. Der Eckturm ist zugänglich (Schlüssel bei: W. Huttenlocher, Köngen, Benzengrabenstr 21. Schwäb Albverein). Die zur Rekonstruktion der S-Lagerecke verwendeten Steine sind größer als die des ursprünglichen röm Mauerwerkes. Hinter dem Eckturm ist die ▶ Nachbildung eines Meilensteines aufgestellt (2) (Original im WLM), gefunden 1900 am rechten Lagertor *(porta principalis dextra)* (3) datiert in das Jahr 129 nChr. Er gibt die Entfernung von Rottenburg/*A SVMELOCENNA* mit 29 röm Meilen an (= 42,86 km; 1 röm Meile = 1478 m).

Die Lagermauer umschließt ein fast quadratisches Areal von 160,5 m x 151,0 m = 2,4235 ha (Vorderseite: 151,8 m; Rückseite: 150,3 m; rechte Seite: 159,6 m; linke Seite: 161,4 m), das einem gemischten Verband aus Infanteristen und Kavalleristen *(cohors quingenaria equitata)* Platz bot. Der Name der Einheit ist noch unbekannt. Von der Kastellhöhe aus konnten Neckar- und Lautertal bis Kirchheim, Weilheim weithin eingesehen werden. Der Blickwinkel reicht von der Achalm bis zum Hohenstaufen.

Auf dem Burgfeld S Köngen hat zum ersten Male 1783/84 Oberamtmann Friedrich Karl Roser die sich im Sommer 1783 im Getreidebewuchs abzeichnenden röm Mauerfundamente und Straßen ausgegraben, ohne jedoch das Kastell zu erkennen. Er stellte drei röm Straßen fest: 1. eine zum rechten Lagertor führende Straße; 2. eine von diesem Tor nach NW führende Straße und 3. eine an der W-Ecke des Lagers vorbeiführende S-N-Straße. Roser hat an zahlreichen Stellen Gebäude des Lagerdorfes und der Nachfolgesiedlung angeschnitten und ua eine Kellerreihe an der zum rechten Lagertor führenden Straße ausgegraben. Er fertigte einen Ruinenplan seiner Ausgrabungen an. 1843/44 nahm Paulus d. Ä. weitere Untersuchungen auf dem Burgfeld vor. 1882 fand K. Miller N des Kastells auf der rechten Seite der S-N-Straße einen Begräbnisplatz. 1885 entdeckte E. v. Kallee das Kastell, das A. Mettler und F. Hettner 1896 im Auftrag der RLK untersuchten. Die von Esslinger Altertumsfreunden 1886/87 begonnene Rekonstruktion der S-Lagerecke hat der Schwäbische Albverein 1911 fertiggestellt. Die im Aufgehenden 1,10 m – 1,20 m breite Lagermauer ist aus Steinen (H 0,13 m, L 0,30–0,45 m) aus Liassandstein mit Mörtel aufgemauert und ruht auf einem 13–15 cm stärkeren Fundament. Die Mauer hat vier Eck-, zehn Zwischentürme und vier Doppeltore. Gesamtbreite des Torbaues des Ausfallstores *(porta praetoria)* (4) 18,40 m. Das rückwärtige Lagertor *(porta decumana)* (5) ist zerstört. Auch vom linken Lagertor *(porta principalis sinistra)* (6) sind nur noch die untersten Fundamentschichten erhalten. Vom rechten Lagertor wurde lediglich der O-Turm (5,75 x 4,90 m) ausgegraben, dessen äußere Seite 0,70 m über die Lagermauer vorspringt. Die Breite der Lagerhauptstraße *(via principalis)* (7) wird mit 6 m und die der Lagerringstraße *(via sagularis)* (8) mit 5 m angegeben. Der Abstand der Lagerringstraße von der Lagermauer beträgt an der Vorderseite und der rechten Lagerseite etwa 6,5 m, an der Rückseite 8 m und 9,4 m. An der Innenseite der Umfassungsmauer sind – wie in Cannstatt – auf der rechten und rückwärtigen Lagerseite Sporen (0,5 x 0,7 m) nachgewiesen, die sehr wahrscheinlich als Träger des Wehrgan-

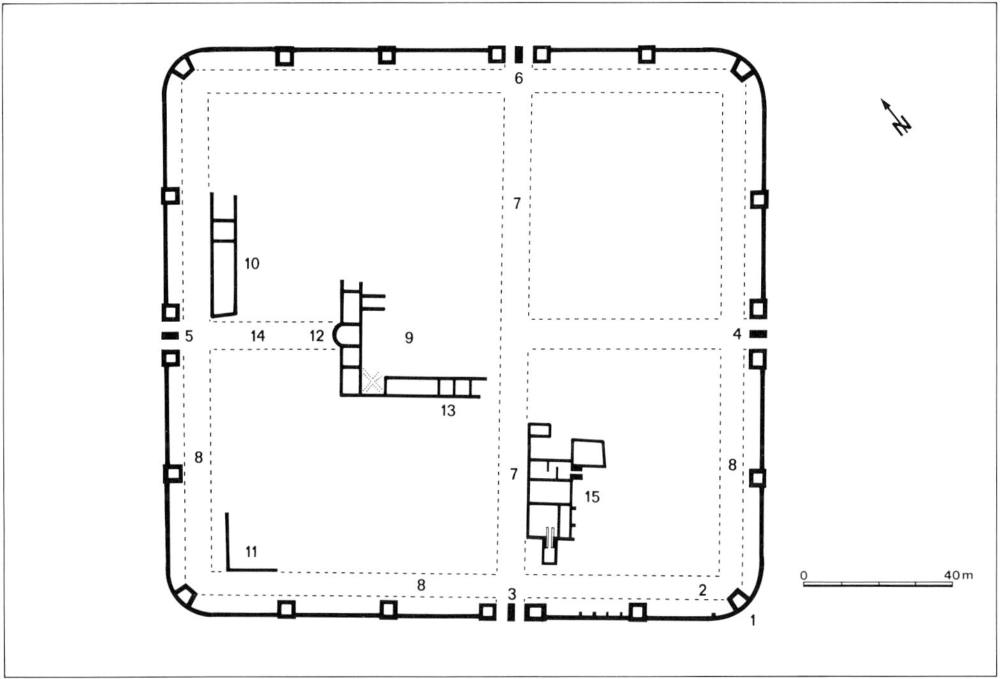

Abb. 151 Köngen. Kohortenkastell. 1 linke Lagerecke, 2 Meilenstein, 3 rechtes Lagertor, 4 Ausfallstor, 5 rückwärtiges Lagertor, 6 linkes Lagertor, 7 Lagerhauptstraße, 8 Lagerringstraße, 9 Stabsgebäude, 10, 11 Teile von Gebäuden unbestimmbarer Deutung, 12 Fahnenheiligtum, 13 Fundort Epona, 14 rückwärtige Lagerstraße, 15 Bad

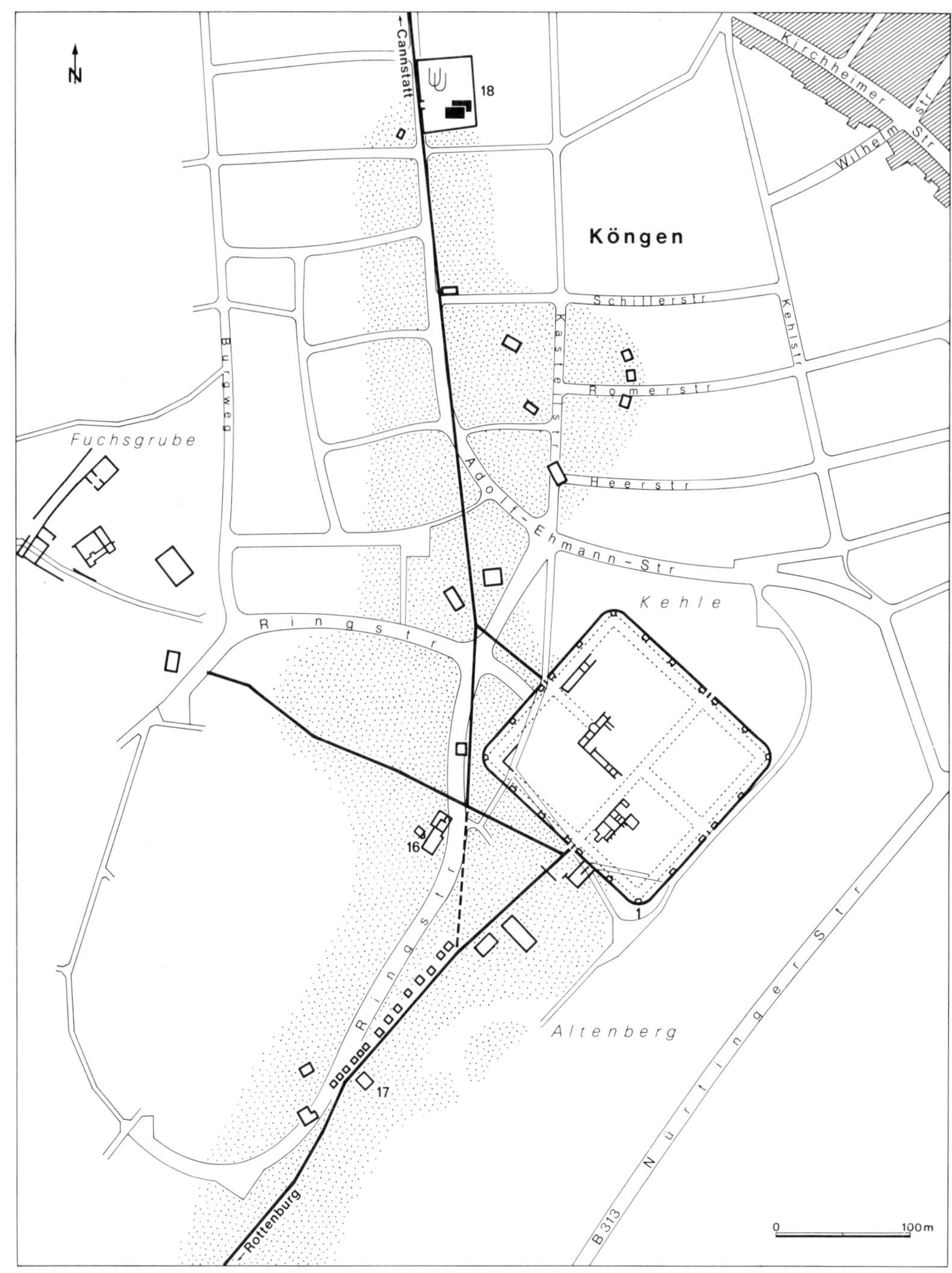

Abb. 152 Köngen. Kastell und Siedlung. 16 Straßenstation, 17 Jupiterheiligtum, 18 Begräbnisplatz

ges aus Holz dienten. Im SW wurde vor der Mauer (Bermen B 1,50 m) ein Doppelgraben und im SO ein einfacher Graben festgestellt. Im inneren Graben (B 6,5–7 m, T 1,5 m) im SW lag das Bruchstück eines Zinnendeckels.
Von den Lagerinnenbauten sind ausgegraben: das Stabsgebäude *(principia)* (9), ein Gebäude O des rückwärtigen Lagertores (10) und Teile eines Gebäudes in der W-Lagerecke (11). Das auf der linken und vorderen Seite größtenteils zerstörte Stabsgebäude ist 49,50 m lang; es war vermutlich 32,80 m breit. Den großen Innenhof begrenzen auf der Rückseite fünf Räume und vermutlich ebensoviele Räume auf der rechten Seite. Das durch eine Apsis hervorgehobene Fahnenheiligtum *(sacellum)* (12) ist nicht unterkellert. Das Gebäude wurde durch spätere Umbauten verändert: an den SW-Eckraum wurde im NW ein heizbarer Raum mit Sandsteinpfeilerchen (H 0,47 m) angebaut; der an den Eckraum anschließende erste Raum der seitlichen Zimmerreihe hat zwei diagonale Heizkanäle. Ebenfalls in die Nachkastellzeit, als das Kastellgelände in die bürgerliche Siedlung einbezogen worden war, gehört ein im Fahnenheiligtum gefundener Kopf und Unterarm einer überlebensgroßen Herkulesfigur aus Sandstein und eine qualitätvolle Eponaplastik aus Sandstein, gefunden in einem der seitlichen Räume (13).
Das Gebäude (18,6 x 8 m) (10) hinter dem rückwärtigen Lagertor N der rückwärtigen Lagerstraße *(via decumana)* (14) hat einen quadratischen Mittelraum, in dem drei faustgroße Sandsteinkugeln (Geschützkugeln?) gefunden wurden. Die Mauern des in der W-Lagerecke angeschnittenen Gebäudes (11) überlagern ältere Holzbauten, deren Grundrisse leider nicht mehr erkannt werden konnten. In die Nachkastellzeit gehört sehr wahrscheinlich das hinter dem rechten Lagertor an der Lagerhauptstraße ausgegrabene Badegebäude (20,5 x 36 m) (15) mit Kaltbad *(frigidarium)* mit zwei Kaltwasserbecken, Warmbad *(caldarium)* mit zwei Becken, Laubad *(tepidarium)* und Schwitzbad *(sudatorium)*.
Kastell Köngen, gegründet um 85 nChr, war mit den gleichzeitig angelegten Neckarkastellen durch eine Straße, den sog Neckarlimes verbun-

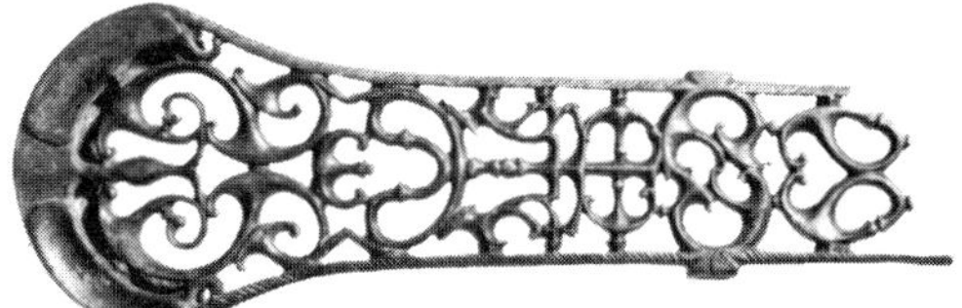

Abb. 153 Köngen. Ortband eines Schwertes. Bronze

Abb. 154 Köngen. Silberner Löffel

Abb. 155 Köngen. Schabeisen (strigilis). Bronze

Abb. 156 Köngen. Rätischer Becher

den. Die Besatzung des Kastells Köngen hatte die Verbindungsstraße des Neckarlimes mit dem Alblimes über Kirchheim – Owen – Gutenberg – Donnstetten, resp. über Weilheim – Wiesensteig nach Kastell Urspring zu überwachen. Diese Funktion ging auf die Nachfolgesiedlung des Lagerdorfes *(vicus)* über, als die Kastellbesatzung wahrscheinlich nach Lorch vorverlegt wurde. Das Lagerdorf *(vicus)* erstreckte sich im SW, W und N des Kastells, vor allem beiderseits der von dem rechten Lagertor nach Rottenburg/*Sumelocenna* und von dem rückwärtigen Lagertor nach Cannstatt führenden Straßen. Als die Garnison – wahrscheinlich um 150 nChr – nach Lorch ins Remstal an den Limes vorverlegt wurde, entwikkelte sich aus dem Lagerdorf eine durch die Verkehrslage besonders begünstigte, blühende bürgerliche Siedlung: der inschriftlich bezeugte *vicus Grinario,* der verwaltungsmäßig zum Gau von Rottenburg *(civitas Sumelocennensis)* gehörte. Es ist die in der *Tabula Peutingeriana* erwähnte Station *Grinario.*

Nach einer Inschrift wohnte in Köngen/*vicus Grinario* ein Bezirksrat *(decurio)* des Gaues von Rottenburg. Er war Mitglied der aus 100 Bezirksräten bestehenden Versammlung *(ordo),* die im Gauvorort Rottenburg/*Sumelocenna* tagte.

Die in Köngen inschriftlich bezeugte Straßenstation *(statio)* (16) wurde sehr wahrscheinlich an der Straßengabel vor der W-Ecke des Kastells ausgegraben. Ein Jupiterheiligtum (7 x 10 m) (17) ist 220 m SW des Kastells an der nach Rottenburg führenden röm Straße inschriftlich bezeugt. Eine Inschrift für Jupiter Dolichenus läßt auf einen Dolichenustempel schließen.

Der Name *Grinario* weist auf vorröm Ursprung. Eine vorröm Straße führte an Köngen vorbei über Denkendorf – Ruit nach Cannstatt. Es wurde die Vermutung geäußert, *Grinario* käme eventuell als Name der bei Köngen in den Neckar mündenden Lauter in Betracht.

Der Begräbnisplatz (18) liegt an der nach Cannstatt führenden röm Straße, 400 m N des Kastells. Der Friedhof (51 x 34 m) war von einer Mauer (B 0,75 m) umgeben und hatte den Eingang zur Straßenseite. Von den nur noch im W-Viertel des Friedhofes erhaltenen Gräbern (Urnen, Steinkisten, Holzsärge, gemauerte Gräber) konnten 54 Gräber untersucht werden.

Kastell Köngen war ein wichtiges Straßenkastell an der Verbindungsstraße vom Rhein zur Donau (Mainz – Stettfeld – Cannstatt – Köngen – Urspring – Faimingen – Augsburg). Fil

TK 7322 – L 7322
Ao: WLM Stgt
Lit: AMettler, ORL B 60 Köngen 1907 – RiW 1–3 s. v. Köngen – Haug-Sixt, 298 ff – HGSimon, FdbaSchw 18/I, 1967, 162 Anm. 4; ders, Terra Sigillata aus Köngen, in: FdbaSchw 19, 1971, 254 ff.

Königsbach i. B.
Königsbach-Stein PF

Reliefbild der keltischen Göttin Epona

Abb 157

In der NW-Außenmauer der ev Kirche eingemauert. Sandstein. 0,73 m.

Die Kirche liegt verbunden mit dem Friedhof am Rand der Ortschaft auf dem steil über die Ebene des Kämpfelbachtals hinausragenden W-Ausläufer des „Kirchbergs" und ist über eine steile Treppenflucht von der Ortsmitte her erreichbar.

▶ An der NW-Mauer des Kirchenschiffs, rechts neben einem vereinzelten, großen spätgotischen Kielbogenfenster sitzt das Relief, dessen Darstellung nach älteren Zeugen von den Einwohnern des Dorfes als ein Bild der hl. Dorothea verehrt wurde.

Der Bildtypus kennzeichnet die Figur eindeutig als Epona. Die Göttin erscheint im „Damensitz", auf einem von links nach rechts im „Paßgang" schreitenden Pferd von schwerem Körperbau. Sie trägt ein langärmeliges Gewand, darüber einen Mantel und setzt ihre Füße auf eine Art Gestell, das als ein fester Bestandteil des Sattels erscheint. In graziöser Bewegung führt sie

mit der Linken die Zügel und hält in der Rechten ein unkenntliches Attribut. Einzelheiten des Gesichts und der Frisur sind nicht mehr zu erkennen. Ein leicht gedrückter Rundbogen bildet den oberen Bildabschluß. Durch eine moderne rote Übermalung ist die Grundfarbe des Steins verdeckt, sie dürfte aber ebenfalls rot sein.
Über die Herkunft des Reliefs ist nichts bekannt. Vielleicht stammt es aus den Trümmern des 1899 von A. Bonnet untersuchten röm Gutshofes *(villa rustica)* im Ramsbachtal, 1,5 km NO von Königsbach. Der Stil des Bildwerks, der sich durch eine preziöse Mischung gedrungener und schlanker Formen auszeichnet, legt eine Datierung in die 2. Hälfte des 2. JhnChr nahe. Cä

TK 7017 – L 7116
Lit: Wagner, 92 (dort die ältere Literatur)

Abb. 157 Königsbach. Eponarelief

Konstanz KN

Spätrömisches Kastell

Der im Zentrum der Konstanzer Altstadt gelegene Münsterhügel vermittelt trotz mittelalterlicher Überbauung und starker Niveauveränderungen heute noch ein gutes Bild von der Situation des hier erbauten spätröm Kastells. In mancher Hinsicht ist die Lage typisch für eine dem Schutz der röm Reichsgrenze dienende Befestigung: einmal die geringe Distanz zu der Engstelle, durch die der Rhein den Obersee verläßt, dann der noch geringere Abstand zum Seeufer (Hafen) und schließlich die Auswahl der einzigen, das umgebende Terrain beherrschenden Erhebung (Moränenhügel). Möglicherweise lag an dieser Stelle auch schon ein Holz-Erde-Lager der tiberisch-claudischen Periode, das aber bislang nur aus Keramikfunden erschlossen wird. Mehr ist auch von der spätröm Anlage durch Grabungen nicht bekannt, nachdem verschiedene Mauerzüge, die im 19. Jh auf dem Münsterhügel festgestellt wurden, zweifellos in jüngere Perioden gehören.
Immer wieder hat die lokale Forschung versucht, die Lage der antiken Befestigungen zu klären, möglichst „aus einem Schnitt", wie es einmal formuliert wurde, „die Geschichte des röm Konstanz herauslesen zu können". Die ersten systematischen Sondierungen durch das Deutsche Archäologische Institut (1956 unter der Leitung von G. Bersu) erbrachten zwar auch keinen gesicherten Baubefund, aber doch so viele typische Münzen und Scherben, daß seitdem an der Lokalisierung des Kastells nicht mehr gezweifelt werden kann. Der Bereich für weitere Forschungen ist damit abgesteckt.
Von einem zum Kastell gehörenden Gräberfeld, auf dem wahrscheinlich auch die Bewohner einer im Altstadtbereich gelegenen Zivilsiedlung bestattet wurden, sind bisher Ausschnitte bekannt. Die Gräber liegen überwiegend unter dem Stephansplatz und beidseitig der Hussenstr, in deren Verlauf sich der antike Zugang zum Kastell

erhalten hat. Die Lage an einem exponierten Punkt der spätrömischen Grenze, die ab Konstanz dem S Bodenseeufer folgt, und die verkehrsgeographische Bedeutung des Platzes hatten schon früh dazu geführt, hier einen spätantiken Truppenstandort zu vermuten. Gestützt wurde diese Annahme durch die geschichtliche Rolle, die der Stadt späterhin als Sitz eines Bischofs zufiel. Dies setzt im frühen Mittelalter eine Befestigung voraus, die eben nur ein hier noch existierendes spätröm Kastell sein konnte. Während der Münsterhügel von Konstanz in der frühen Phase des röm Vordringens (1. JhnChr) offenbar die Flankensicherung an einer wichtigen Vormarschlinie übernahm (Vindonissa – Schleitheim – Hüfingen), fügt sich das spätröm Kastell in eine Kette entsprechender Stützpunkte an Hochrhein und Bodensee. W von Konstanz gehören zu dieser Verteidigungslinie die Kastelle von Stein, Zurzach, Augst und Basel, im O davon diejenigen von Arbon und Bregenz. Alle diese Plätze liegen unmittelbar an der Fernstraße aus dem Inneren Galliens (Besançon) ins rätische Alpenvorland (Augsburg) oder stehen mit ihr in direkter Verbindung. Der Straßenanschluß von Konstanz erreicht diese Strecke bei Pfyn i. Thurgau, einem in dieser Zeit ebenfalls wichtigen Waffenplatz.

In beiden Fällen ist allerdings über die hier stationierten Truppen nichts bekannt. Möglich, daß in Konstanz, entsprechend dem *numerus barcariorum* in Bregenz, zur Besatzung auch eine Flotteneinheit gehörte. Die starken neuzeitlichen Veränderungen im Ufer- und Hafenbereich machen allerdings die Antwort auf diese Frage von einem glücklichen Zufall abhängig.

Die Geschichte des spätantiken Konstanz, bestimmt durch die Grenzlage und die Auseinandersetzungen mit den am N Seeufer ansässigen Alamannen (vom Stamm der Lentienser), kann von der Archäologie heute noch nicht geschrieben werden. Urkunden und andere Schriftquellen fehlen aus dieser Zeit. Erst Jahrhunderte später tritt die Stadt in ihrer neuen Rolle als Bischofssitz ins Licht der historischen Überlieferung. Fin

Abb. 158 Konstanz. Rosgartenmuseum. Röm Keramik aus dem 3. und 4. Jh

Tk 8321 – L 8320
Ao: Rosgartenm Konstanz
Lit: PRevellio, BadFdb II 1929–32,340. – Ders., Die Grabungen auf dem Münsterhügel zu Konstanz. BadFdb II 1929–32,353. – ABeck, Konstanz bis zum Ende der Römerherrschaft. Bad Heimat 33, 1953,224. – FBeyerle, Der Alamannenfeldzug des Kaisers Constantius II. von 355 und die Namengebung Constantia (Konstanz). Zeitschr f Gesch d Oberrh 104, 1956,225. – GBersu, Das spätröm Kastell in Konstanz. Limesstudien (1959) 34.

Rosgarten-Museum

Abb 158

Rosgartenstr 3, Okt bis März Di–Sa 9–12, 14–16; So 10–12; Apr bis Sept Di–Sa 9–12, 14–17, So 10–12 Uhr.
Das städtische Museum besitzt eine vor- und frühgeschichtliche Abteilung, die im wesentlichen auf die Privatsammlung des Konstanzer Apothekers und Geschichtsforschers L. Leiner zurückgeht. Das Schwergewicht liegt eindeutig auf den steinzeitlichen und bronzezeitlichen Funden aus Uferrandsiedlungen des Bodensees, den sog Pfahlbauten. Ein Raum mit röm Funden aus Konstanz ist vor allem wegen der Beigaben aus spätantiken Gräbern beim Stephansplatz beachtlich. In SW-Deutschland ist dies die einzige größere Sammlung röm Keramik des 3. und 4. JhnChr. Gefäße dieser Art sind sonst nur vereinzelt als Beigaben frühalamannischer Bestattungen gefunden worden. Bemerkenswert sind auch die wenigen Fragmente verzierter Sigillatagefäße der tiberisch-claudischen Zeit. Sie beweisen, daß der Ort schon in der Zeit der röm Eroberung als militärischer Stützpunkt ausgebaut wurde. Ein Teil der Ausstellungsstücke gelangte aus dem nahegelegenen Eschenz/*Tasgaetium* in Konstanzer Besitz. Fin

Küssaberg → Dangstetten

Küssaberg → Rheinheim

Ladenburg HD

Alenkastell für 500 Reiter

Tafel 71

Das Kastell erstreckt sich unter dem Altstadtkern etwa zwischen dem Bischofshof im W und der St. Galluskirche im O. Da seine Reste unter meterhohem Schutt und den darüberliegenden Häusern verborgen liegen, ist nur der W-Teil in einigen Aufschlüssen bekannt geworden. S und N der St. Sebastianskapelle sowie N der Wohnhäuser Hauptstr 8, 14 und 16 (1) sind Abschnitte der ▶ W- und N-Kastellmauer auf dem Straßenpflaster markiert. Dicht N der NW-Ecke der St. Sebastianskapelle ist ein 1974 konservierter ▶ Torturm des Ausfallstores *(porta praetoria)* mit bemerkenswertem Sockelprofil unter Resten jüngerer röm und frühmittelalterlicher Mauern zu besichtigen (2). Über das einstige Aussehen des erwähnten Kastelltores und seiner nächsten Umgebung geben dort ausgestellte Pläne und zeichnerische Rekonstruktionen Aufschluß.
Sehr wahrscheinlich befindet sich das Ausfallstor genau in der Mitte der W-Lagermauer, so daß diese 168 m lang gewesen sein wird. Etwa 70 m W dieses Abschnittes verlief fast parallel hierzu in röm Zeit der Neckar, dessen ▶ altes Hochufer dicht W des Bischofshofs gut erkennbar ist (3). Wie im Falle des etwa gleichzeitig erbauten Steinkastells von Heidelberg-Neuenheim war auch das Ladenburger Lager auf den Fluß hin orientiert, dem in dieser Zeit eine gewisse strategische Bedeutung zukam. Beide Kastelle wurden aus dem Buntsandstein des Neckartales erbaut, der auf dem Wasserwege leicht zu transportieren war. Die Kastellmauer ist im Fundament 2,20 m und im Aufgehenden 1,70–1,80 m breit. An einer Stelle blieb sie durch spätere Weiterbenutzung noch 2,75 m hoch erhalten. Ob sie Zwischentürme besaß, ist noch unbekannt, doch aufgrund eines Vergleichs mit Heidelberg-Neuenheim wahrscheinlich. Beide Türme des Ausfallstores *(porta praetoria)* (2) springen etwa 1,10 m vor die Mauerflucht. Sie sind im aufge-

henden Mauerwerk 3,95 m breit und 4,70 m tief. Die gesamte Toranlage mißt 17 m B, wobei für die Durchfahrten ein Zwischenraum von 9 m = 30 röm Fuß übrigblieb. Vor der W-Kastellmauer zeigten sich hinter einer Berme (B 2,50 m) zwei Spitzgräben, die ältere Spitzgräben eines Holzkastells überschnitten. Von dieser älteren Wehranlage war der innere Graben 7,20 m breit und 3,30 m tief. Entsprechend dieses Befundes konnte auch unter dem Ausfallstor (2) des Steinkastells die wenig nach O verschobene hölzerne Toranlage eines Vorgängerkastells ermittelt werden. Hinter der Kastellmauer lag ein Erdwall (B 7,50 m), um dessen Fuß die Lagerringstraße *(via sagularis)* (B 6 m) aus Kiesschichtung zog. Auch die vom Ausfallstor zum Stabsgebäude *(principia)* verlaufende Ausfallsstraße *(via praetoria)* (3) (B 10,50 m) bestand aus Kies. Ihren Rand säumten die Pfostenstellungen einer Baracke. Unbekannt ist die Ausdehnung des Kastells nach O. Da aber das Lager für ein Reiterregiment von 500 Mann *(ala quingenaria)* erbaut war, erstreckte sich seine Innenfläche sehr wahrscheinlich über mindestens 3 ha. Dies bedeutet, daß bei einer N-S-Ausdehnung von 165 m die W-O-Ausdehnung mindestens etwa 185 m betragen hat, also einst bis zur später erbauten röm Marktbasilika reichte.

Bereits 1599 vermutete Marquard Freher, der Begründer der pfälzischen Geschichtsschreibung, in seinen „Origines Palatinae" ein röm Kastell in Ladenburg. Er berichtet von noch sichtbaren, hoch aufragenden antiken Ruinen, die sich aber vermutlich auf das weiter unten beschriebene röm Schauspieltheater beziehen werden. 1912 stießen H. Gropengießer und G. Weise bei der Ausgrabung frühmittelalterlicher Baureste auf das Ausfallstor bei St. Sebastian, wo sie das Relief einer Siegesgöttin *(victoria)* fanden, das sie als Teil einer Bekrönung des Lagertores deuteten. Da Verf. über diesem Tor 1970 den Rest einer jüngeren Architektur, vermutlich von einem Straßenbogen aus dem 2./3. Jh freilegte, zu der das Relief ebenfalls gehören könnte, ist seine Verwendung am Kasteltor nicht gesichert. 1969–1974 grub Verf. im Inneren der St. Sebastianskapelle sowie S und N davon weitere Abschnitte des Kastells aus. 1975 ermittelte Verf. auch dicht N des Kastells Reste eines Lagerdorfes, das nach der 1960 vorgenommenen Suchgrabung von D. Baatz bisher nur weiter S entlang der flavisch datierten Straße Ladenburg-Neuenheim angenommen wurde. Vielleicht stammen die SW des Kastells an der Hadrianstr entdeckten gestempelten Ziegel von dem bisher noch unbekannten Kastellbad. Genannt werden als Zulieferer dieses Materials die Mainzer Legionen *I Adiutrix und XXII Primigenia Pia Fidelis,* die Straßburger Legion *VIII Augusta* sowie die für Neuenheim bezeugte *cohors XXIIII voluntariorum civium Romanorum,* die 24. freiwillige röm Bürgerkohorte.

Als Besatzung des in domitianische Zeit um 90 nChr datierten Ladenburger Steinkastells ist das 1. Reiterregiment der Cannanefaten, die *ala I Cannanefatium,* zu nennen von der ein Decurio L. Gallionius Januarius, Führer eines Reiterzuges *(turma* = 30–40 Reiter), in Ladenburg den „sulevischen Schwestern" einen Stein widmet. Dies Reiterregiment trägt den Namen eines den Batavern benachbarten germanischen Stammes in Nordholland. In vorflavischer Zeit stand diese Truppe wahrscheinlich in Untergermanien. Sehr wahrscheinlich gelangte sie dann im Jahre 74 nach Ladenburg. Wie nun Militärdiplome der Jahre 74, 82 und 90 bezeugen, zählte sie in flavischer Zeit zum obergermanischen Heere, fehlte aber bereits im obergermanischen Diplom vom Jahre 116. Da sie 116 erstmals in Pannonien erwähnt wird, ist sie vermutlich unter Trajan zu den Dakerkriegen dorthin beordert worden. Das Kastell wurde damals aufgelassen, wie die beigemengte trajanische Keramik in der Schuttauffüllung der Wehrgräben und die systematisch bis auf die Fundamente heruntergerissenen Mauern beweisen.

Wenn über den Zeitpunkt der Aufgabe des Kastells jedenfalls heute keine Ungewißheit mehr herrscht, kann man das weniger gewiß für das Gründungsdatum sagen. Alles hätte seine Ordnung, wenn sich beweisen ließe, daß das erste Holzkastell in Ladenburg im Jahre 74 infolge des Feldzuges des Konsularlegaten Gnaeus Pinarius Clemens angelegt worden wäre. Die zu diesem

Zeitpunkt vorgenommene Auflassung des unter Gajus (39/40) gegründeten linksrheinischen Kastells Rheingönheim, dessen Fläche von 4,67 ha für zwei Truppeneinheiten von der Größe einer Kohorte oder *ala* ausreichend war, fordert seit langem die Annahme heraus, daß diese beiden Einheiten damals in das untere Neckarland zur Gründung der Kastelle von Ladenburg und Heidelberg-Neuenheim verlegt wurden. Bewiesen werden kann, daß das Ladenburger Holzkastell in vespasianischer Zeit zum ersten Mal und vermutlich in domitianischer Zeit nochmals – ob absichtlich im Zuge einer Bauplanung oder durch kriegerische Ereignisse – durch Brand zerstört wurde. Nicht befriedigend erklärbar ist das gelegentliche Vorkommen von spätaugusteischer, tiberischer oder claudischer röm Keramik im Bereich des Kastells und des Lagerdorfes ohne Zusammenhang mit militärischen Vorhaben. Hier können nur weitere Grabungen trotz der erwähnten räumlichen Schwierigkeiten Klarheit bringen. Auch steht bis jetzt noch die Entdekkung des zum Kastell gehörigen Gräberfeldes aus. Heu

TK 6517 – L 6516
Ao: RM Mannheim, Lobdengau-M-Ladenburg
Lit: DBaatz, Lopodunum-Ladenburg a. N., BadFdb, Sonderheft 1, 1962 S. 30 f – BHeukemes in: Die Stadt- und Landkr Heidelberg und Mannheim, Amtl Kreisbeschreibung 1966 S150 ff – BHeukemes, Die röm Funde von der St.-Sebastians-Kirche in Ladenburg a. N., in: Saalburg-Jahrb 28, 1971, S 5 ff – EStein, Die kaiserlichen Beamten und Truppenkörper im röm Deutschland unter dem Prinzipat.

Die Zivilsiedlung Lopodunum

Abb 159–163, Tafel 67, 71

Das Gebiet der ausgedehnten Zivilsiedlung *(vicus)* deckt sich etwa mit dem Umfang der heutigen Alt- und S-Stadt von Ladenburg. Zu besichtigen sind einige ▶ konservierte Hausreste des 2.–4. Jh im Bereich des kleinen Parks O des Bischofshofs (23) sowie dicht S desselben (24) → Freilichtm. Besonders lohnt sich ein Besuch der ▶ Baureste der Marktbasilika (13) in der Krypta von St. Gallus (Eingang im Kirchenchor) sowie ▶ im Kirchgarten S und N davon (Eingang vom S-Seitenportal der Kirche aus). Die Ausmaße der mächtigen Buntsandsteinquader in der Ausgrabungsgrube S der Kirche sind weithin ohne Beispiel. Die Seite zum röm Marktplatz *(forum)* dieser gewaltigen Basilika ist durch die W-Front der Kirche sowie ▶ auf dem Straßenpflaster vor den Häusern Kirchstr 43–47 markiert. In der dicht beim Marktplatz liegenden Färbergasse (14) wurde erst 1974 der mit den Quadern der vermutlich erst im Mittelalter abgebrochenen Basilikaruine eingefaßte Kanzelbach verschüttet. ▶ Dort und am S-Rand der O des Marktplatzes verlaufenden Hauptstr (15) sind noch Reste dieser wiederverwendeten Steinquader zu sehen. ▶ Ein inschriftloser röm Altar mit Pinienzapfenaufsatz steht außerhalb von Ladenburg an der Heidelberger Str, dicht NW der Loosgrabenbrücke (40).

Da sich bis heute kein keltischer Ort oder gar ein *oppidum,* wie die Namensendung *-dunum* nahelegt, im Bereich des *vicus* feststellen läßt, ist es unklar, woher die spätere röm Zivilsiedlung ihren Ortsnamen bezog. Noch ist der Untergrund der von röm und mittelalterlichen Schuttmassen bedeckten Altstadt fast völlig unerforscht und durch dichte Überbauung weitgehend unzugänglich, so daß sich dort älteres Fundmaterial, etwa aus der Latènezeit nicht nachweisen läßt. Am ehesten kann man den als „Sumpf"- oder „Seeburg" zu übersetzenden keltischen Namen *Lopodunum* mit den im Bereich einer alten Neckarschlinge liegenden, 1,5 km N von der heutigen Stadt entfernten, keltischen Siedlungs- und Grabfunden in Beziehung setzen. Weniger wahrscheinlich, doch auch bereits in Erwägung gezogen, ist eine Übertragung des Namens von der keltischen Ringwallanlage auf dem Heiligenberg bei Heidelberg.

In der Regel haben sich die im Gebiet früherer Kastelle entstandenen röm Zivilsiedlungen aus dem vorhergehenden Lagerdorf entwickelt, so auch im Falle von Ladenburg, wo sich die entsprechenden Reste des Lagerdorfes entlang der

Abb. 159 Ladenburg. Eckpfeiler der monumentalen röm Marktbasilika von Lopodunum

wohl in vespasianischer Zeit ausgedehnten Heeresstraße Mainz – Groß-Gerau – Heidelberg erstrecken. Heute liegen dort N des einstigen Kastells im Zuge dieser wichtigen Römerstraße und auf ihrem Fundament die Wormserstr und Kellereigasse sowie im S davon die Heidelberger Str. Für die Entstehung des *vicus* kommt aber neben dem Lagerdorf noch eine ältere germanische Siedlung im Gebiet der heutigen S-Stadt in Betracht. Dieses erst in den letzten Jahren im S der Zivilsiedlung erfaßte Dorf gibt mit seiner archäologischen Hinterlassenschaft, die seit spätaugusteisch-tiberischer Zeit zunehmend mit röm Formengut durchsetzt ist, den wichtigen Hinweis, wie früh sich im unteren Neckarland schon röm Einfluß bemerkbar machte. Offensichtlich handelt es sich hier um eine Siedlung aus der Anfangszeit der swebischen Zuwanderungswelle aus elbgermanischem Gebiet, die wie weitere swebische Siedlungen am N-Rand von Ladenburg später in der neugegründeten bürgerlichen Siedlung aufgegangen ist. Am ehesten hat man in diesen auch von anderen Plätzen am Oberrhein bekannten Gruppen swebischer Siedler eine Art röm Interessen dienende germanische Bauernmiliz im Vorfeld der röm Rheingrenze zu sehen. Ihre auffallend früh einsetzende Romanisierung spricht für engen Kontakt mit den linksrheinischen Militärlagern, woraus sie doch sehr wahrscheinlich geleitet wurden, wenn nicht sogar über den Rhein vorgeschobene Militärposten diese Kontrolle selbst übernommen haben. Man hat sich hierbei vor Augen zu halten, wie sehr die O Oberrheinebene während der gesamten Rö-

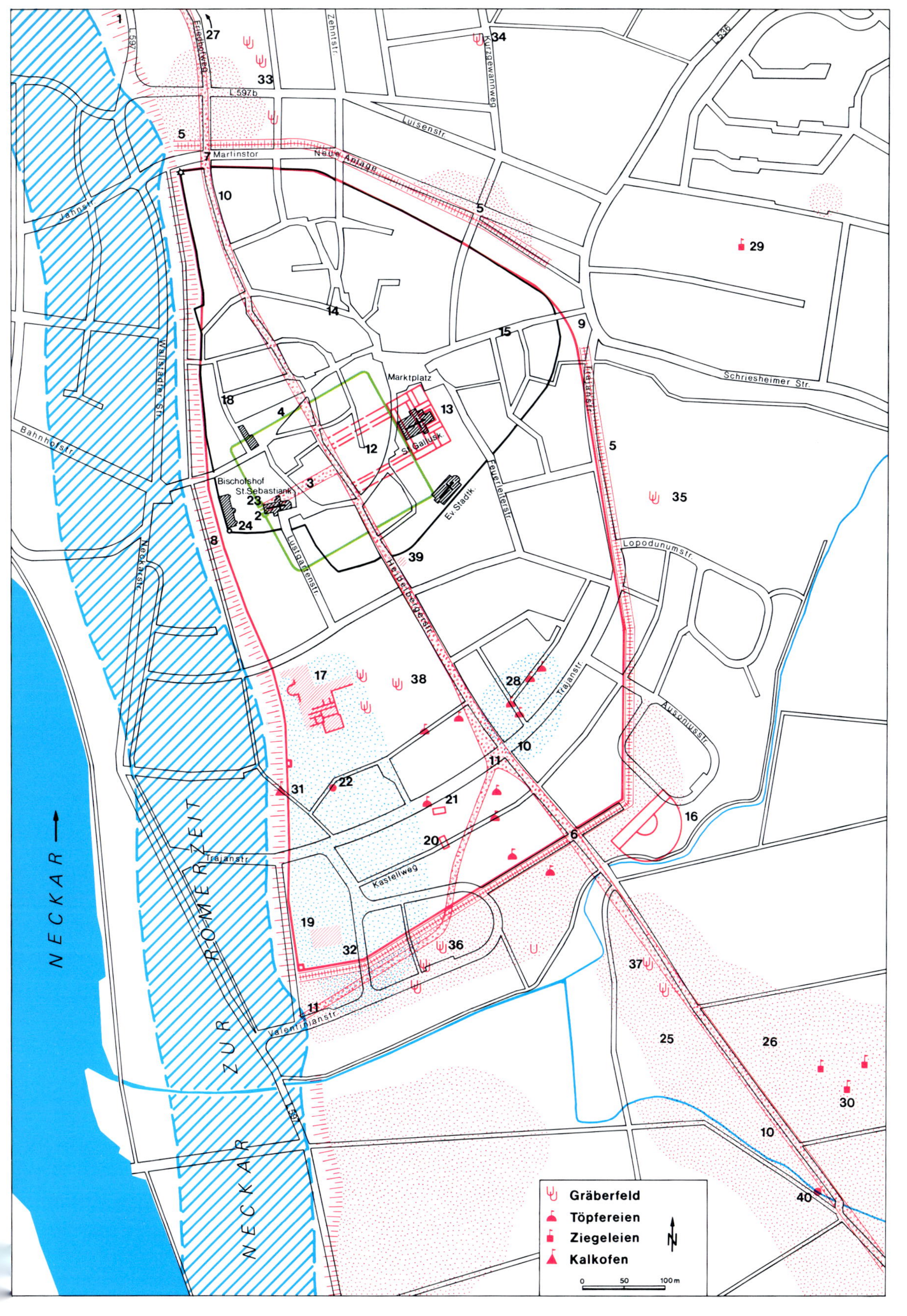
Gräberfeld
Töpfereien
Ziegeleien
Kalkofen
0 50 100 m
NECKAR
NECKAR ZUR RÖMERZEIT
Marktplatz
St. Gallusk.
Bischofshof
St. Sebastiank.
Ev. Stadtk.
Martinstor
Neue Anlage
Luisenstr.
Zehntstr.
Kurzgewannweg
Friedhofweg
Jahnstr.
Bahnhofstr.
Wallstadter Str.
Neckarstr.
Lustgartenstr.
Heidelbergerstr.
Feuerleiterstr.
Trajanstr.
Schriesheimer Str.
Lopodunumstr.
Ausoniusstr.
Kastellweg
Valentinianstr.
L 597
L 597b
L 536

Tafel 72 Ladenburg. Römische Baureste südlich vom Bischofshof

Tafel 71 (umseitig) Plan Ladenburg. 1 römerzeitliche Uferzone des Neckars, 2 Ausfallstor des Steinkastells, 3 Ausfallsstraße des Alenkastells und spätere Forumstraße, 4 Pflastermarkierung der Kastellmauer, 5 Wehrmauer mit Spitzgraben, 6–9 mutmaßliche Tore der Vicusmauer: 6 S-Tor, 7 N-Tor, 8 W-Tor, 9 O-Tor, 10 röm Hauptstraße (Fernstraße Mainz–Heidelberg), 11 älterer röm Straßenzug zum Neckar (Hafen?), 12 Forum, 13 Marktbasilika, 14, 15 röm Quader der Marktbasilika, 16 Schauspieltheater, 17 Thermen, 18 Bad (Mühlgasse 8), 19 Tempelrest, 20 Mithräum (Kastellweg 7), 21 orientalisches Heiligtum (Trajanstr 28), 22 Brunnen mit Jupitergigantensäule, 23, 24 röm Hausreste O und S vom Bischofshof, 25 Vororte des vicus im Kreuzgewann, 26 im Ladengewann, 27 am Erbsenweg, 28 Töpfereien, 29 Ziegelei (Rindweg), 30 Ziegelei (Ladengewann), 31 Kalköfen, 32 Lampenwerkstatt, 33–37 Brandgräber, 38 mutmaßlicher spätrömischer Friedhof, 39 Meilenstein-Depotfund, 40 Altar (Heidelberger Str/Loosgrabenbrücke) Punkte: blau Siedlung der Neckarsweben, rot röm Besiedlung

merzeit ein Vorfeld, eine Art Glacis, der W-Rheinseite bildete, was in den letzten Jahren sowohl die frühesten als auch die spätesten röm Funde von hier unterstreichen. Ihre militärische Aufgabe verloren diese Milizen jedenfalls mit der Einverleibung ihres Stammesgebietes in das Römische Reich zur Zeit der vespasianischen Eroberung 74 nChr.

Wie stark der germanische Charakter der Bevölkerung aber noch kurz nach der Befriedung des unteren Neckarlandes überwog, bezeugt am besten der Name der unter dem Kaiser Ulpius Traianus um 100 gegründeten *civitas,* die sich nun die ,,Ulpische Gaugemeinde der Neckarsweben" *(civitas Ulpia Sueborum Nicretum)* nennt. Die Gründung dieser *civitas* mit Lopodunum als Vorort war eine wesentliche Voraussetzung, daß der *vicus* im Laufe des 2./3. Jh stadtartige Ausmaße annahm und zugleich städtisches Leben provinzialer Art entfalten konnte. Wie die meisten Vororte der *civitates* blieb aber auch das röm Ladenburg trotz dieser Entwicklung im rechtlichen Sinne nur *vicus.* Nach dem heutigen Stand der Forschung reichte der zugehörige Verwaltungsbezirk vom Rhein im W bis zu der nach der Elsenz benannten *civitas Aliensis* (Wimpfen?) im SO und von der *civitas Auderiensium* (Dieburg) im N bis zur *civitas Aquensis* (Baden-Baden) im S.

Über das rasche Wachstum des *vicus* während des 2. Jh gibt am ehesten die anfangs des 3. Jh zum Schutz vor drohenden Alamanneneinfällen errichtete Wehrmauer mit davorliegendem Spitzgraben (5) Auskunft. Die Mauer (Fundament B ca 2 m) wies einst eine Brustwehr mit Winkelzinnen auf. Buchstabenzeichen auf diesen Winkelzinnen verweisen auf die Beteiligung verschiedener Steinmetzbetriebe. Zur Feindseite folgen eine Berme (B 2 m) und der Verteidigungsgraben (B ca 10 m, T 3 m). Vermutlich befanden sich hinter der Mauer ein Erddamm und Zwischentürme. Da diese Mauer in aller Eile angelegt und auch wegen des weither zu beschaffenden Steinmaterials in ihrem Umfange begrenzt werden mußte, wurden verschiedene ältere Bauten und selbst ein wichtiger Straßenzug zum Fluß hin (11) einfach von ihr überschnitten und die sich S im Kreuzgewann (25), SO im Ladengewann (26) sowie N am Erbsenweg (27) erstreckenden dorfartigen Vororte ausgeklammert. Nach W erübrigte sich ein Verteidigungsgraben, da der Neckar dort entlang der auf dem Hochufer erstellten Wehrmauer noch weiter O als heute verlief (1). In einiger Entfernung der S- und O-Mauerfront ist heute noch eine alte verlandete Flußrinne zu erkennen, deren sumpfige Niederung zur Römerzeit gewiß ein weiteres hervorragendes Hindernis bildete. Im N fällt der Verlauf der dort bis heute noch nicht nachgewiesenen Wehrmauer sehr wahrscheinlich mit dem der mittelalterlichen Stadtmauer von Ladenburg zusammen, was Spitzgrabenanschnitte (B 12 bis 15 m, T 3,50–4 m) unter den Häusern Jahnstr 2 und Schulstr 21 nahelegen. Als Besonderheit wies die N-Wehrfront der Siedlung nach diesen Resten zu urteilen, deshalb eine Doppelspitzgrabenanlage (B fast 30 m) auf, weil sie allein vor dieser Stadtseite keine offenen oder verlandeten Neckarwasserläufe als zusätzliche Sicherung anboten. Die geschickte Ausnutzung natürlicher Hindernisse zur Verstärkung der Verteidigungsanlagen ist beachtlich. Nach all diesen Beobachtungen hat man mit einer Gesamtlänge der Wehrmauer von 2470 m zu rechnen, die einen Bezirk von etwa 930 m L und 420 m B umschloß. Damit überbot das röm *Lopodunum* den Umfang des Mauerringes der mittelalterlichen Stadt um annähernd das Doppelte. Stadttore sind zwar noch nicht gefunden, doch mindestens an den Schnittpunkten der diagonal durch den *vicus* verlaufenden röm Hauptstraße mit der Wehrmauer anzunehmen. So ein S-Tor an der Kreuzung der Heidelberger Str mit der Vespasianstr und dem Mithrasweg (6), ein N-Tor beim Martinstor (7), vielleicht gab es aber in der verlängerten WO-Achse des Forums noch weitere Tore im W beim Bischofshof (8) und im O etwa anstelle des einstigen mittelalterlichen Schriesheimer Tores (9), wo die röm Mauer einen auffallenden Knick macht. Für die Lage dieser beiden letztgenannten Tore spräche zudem, daß dort am ehesten die Verbindungen vom Rheinübergang bei Altrip-Rheingönheim und vom Odenwald bei Schriesheim eingemündet sein

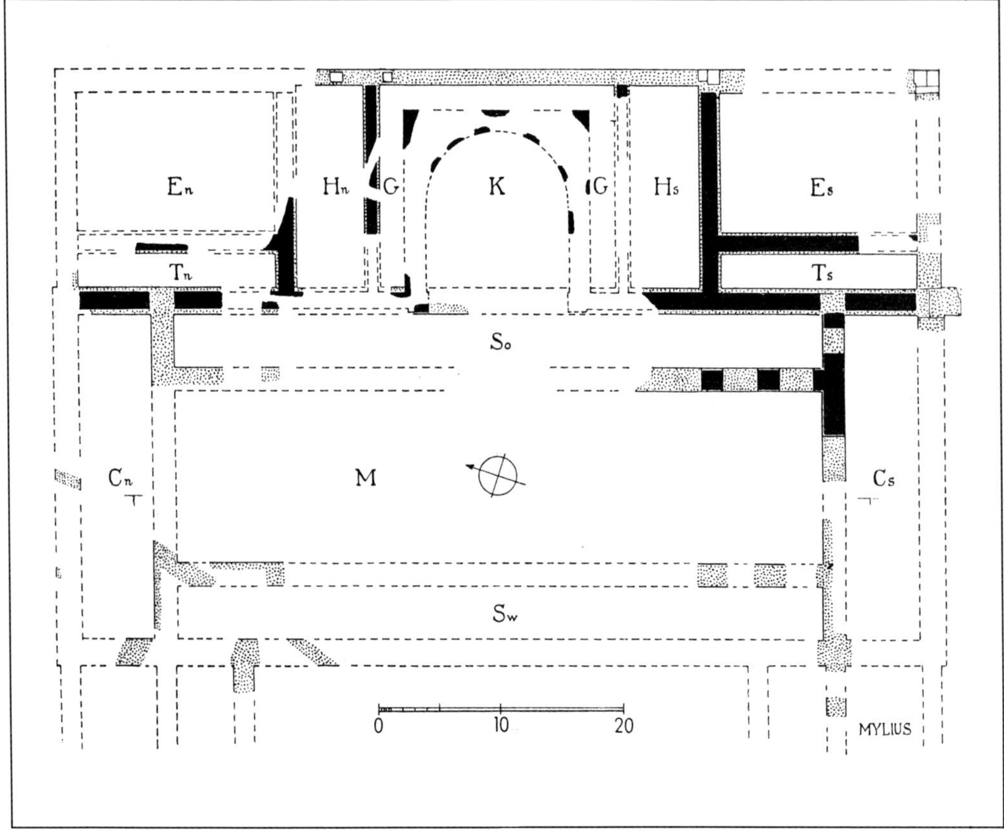

Abb. 160 Ladenburg. Basilika. Befundplan. Schwarz: gefundenes aufgehendes Mauerwerk. Gepunktet: gefundene Fundamente. Gestrichelt: Ergänzungen. (Mylius, Germania 30, 1952)

könnten. Vielleicht gab es ähnlich wie beim *vicus* (Frankfurt-Heddernheim) *Nida* sogar mehrere Tore zur Flußseite hin, was schon wegen eines sicher vorauszusetzenden Hafens in Betracht kommt.

Der Marktplatz *(forum)* (12) erstreckte sich inmitten der N-Siedlungshälfte nun genau dort, wo bis zum Abzug der Garnisonstruppe noch der rückwärtige Kastellabschnitt *(retentura)* zwischen der heutigen Neugasse und der St.-Gallus-Kirche lag. Deutlich zeigt sich hier, wie planmäßig der Auflassung des Kastells die Errichtung des Verwaltungszentrums für die neugegründete *civitas* folgte. Aus verschiedenen Befunden läßt sich eine stattliche Platzanlage (L 75 m, B 41,5 m) rekonstruieren, an deren O-Seite breitgelagert der mächtige Bau der Marktbasilika (13) lag. Seit der Ausgrabung der Basilika durch den Mannheimer Altertumsverein im Jahre 1911 und zusätzlicher Entdeckungen 1935 ist ein Grundriß des bedeutenden Baues erschlossen. Dieses öffentliche Gebäude (L 73 m, B 47 m) zählt zu den größten und monumentalsten röm Bauschöpfungen im N der Alpen. Aus dem weit entwickelten Grundriß läßt sich eine Pfeilerbasilika mit zweigeschossiger Arkadenarchitektur an den Längsseiten ermitteln, die für das Römische Reich bedeutende neue Bauideen ver-

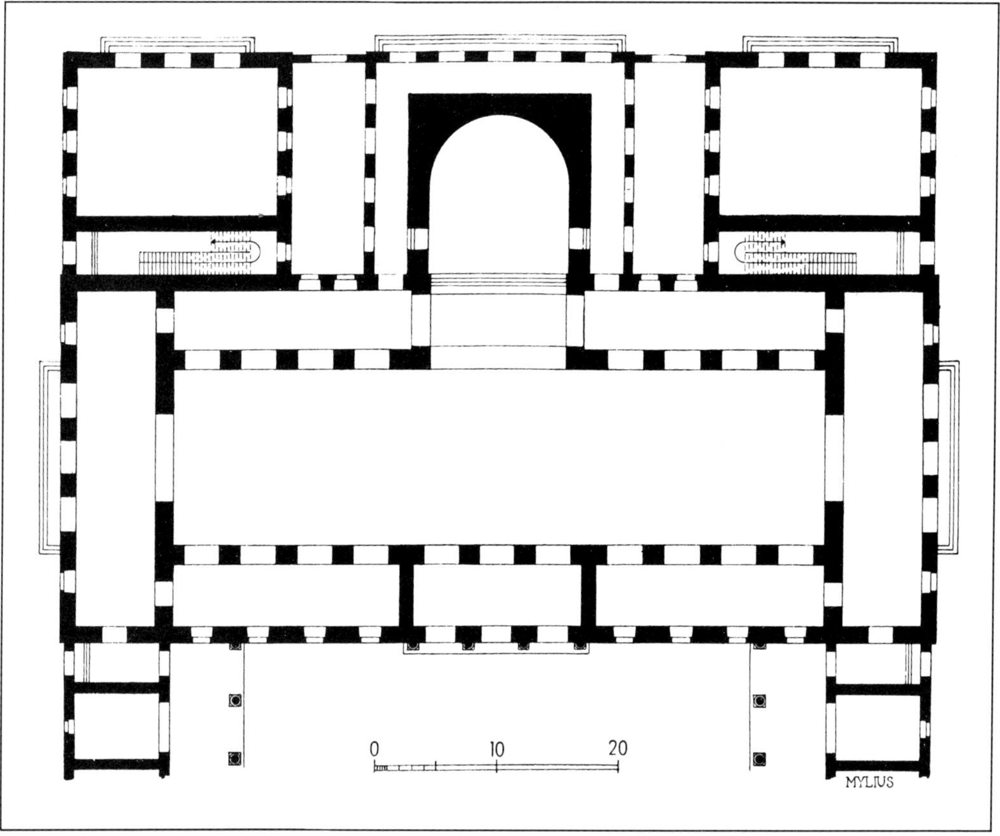

Abb. 161 Ladenburg. Basilika. Grundriß des Erdgeschosses. Rekonstruktion. (Mylius, Germania 30, 1952)

körpert. Nach O öffnete sich der Hauptbau zu einer umgehbaren Tribunalapsis, wo sich der Hochsitz für den Gemeindevorstand *(ordo decurionum)* befand. Die Weite dieser Apsis, überhaupt des ganzen Baues, läßt sich heute noch gut im Kircheninnern von St. Gallus ermessen. Da die gotische Kirche nämlich die röm Fundamente verwendete, steht der Chor genau auf der röm Apsis. Die Länge der Kirche entspricht somit der Breite der Marktbasilika, ein gewaltiges Ausmaß! Ohne kaiserliche Förderung kann man sich die Errichtung der Basilika schwerlich vorstellen, worauf auch der italische Charakter des Baues verweist. Daß entgegen der bisherigen Vermutungen ein solcher Bau nicht erst im 3. Jh begonnen werden konnte, sondern eigentlich kurz nach der Gründung des zivilen Verwaltungsmittelpunktes entstanden sein muß, ergibt sich vor allem aus rechtlichen Gründen. Bei den Ausgrabungen 1911 ließ sich nämlich keine Spur eines Vorgängerbaues ermitteln und da auch der Untergrund dabei nahezu fundleer angetroffen wurde, kann die Marktbasilika nur einer frühen Phase der Entwicklung von *Lopodunum* angehören. Die Verwaltung bedurfte eben zur Abwicklung ihrer rechtlichen Funktionen von Anfang an einer solchen baulichen Einrichtung.

Leider gelang es der Forschung bisher noch

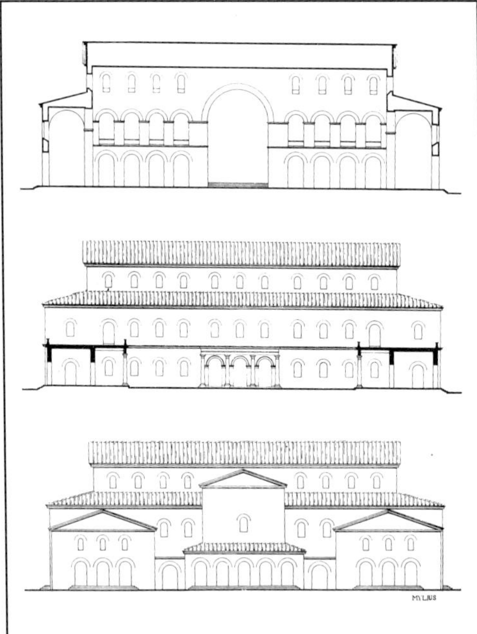

Abb. 162 Ladenburg. Längsschnitt mit Blick gegen O (oben). Außenansicht vom Forum her (Mitte). Außenansicht von O (unten). Rekonstruktion. (Mylius, Germania 30, 1952)

nicht, weitere öffentliche Gebäude am Rande des Forums zu erfassen, wo man noch zusätzliche Amtsräume für die Selbstverwaltung von Ort und *civitas* und Heiligtümer für etliche der zahlreichen röm und einheimischen Gottheiten erwarten darf. Genaueres weiß man dagegen seit den 1969–74 vom Verf. vorgenommenen Grabungen über die von W her auf das Forum stoßende sog Forumstraße (3). Diese nutzte den Verlauf der aus der Kastellzeit übernommenen Ausfallsstraße *(via praetoria)*, begann im W nahe des Bischofshofs sehr wahrscheinlich mit einem Straßenbogen und wurde dann in ihrem weiteren Verlauf von etwa 30 m tief gegliederten Steinbauten flankiert, die man zT als öffentliche Getreidespeicher deuten kann.

Von monumentalen Ausmaßen muß ein 1967 vor der SO-Ecke der Siedlungs-Wehrmauer entdecktes Schauspieltheater (16) gewesen sein, dessen rasche Überbauung mit modernen Wohnhäusern an der Ausoniusstr vor dem Inkrafttreten des neuen Denkmalschutzgesetzes für Baden-Württemberg leider nicht verhindert werden konnte, obwohl sich der Bau bereits auf archäologischen Luftbildern von 1955 zu erkennen gab. Aus den wenigen Befunden kann man ein Bühnenhaus (L ca 90 m) erschließen, vor dessen Mitte sich das Halbrund der *orchestra* (B 30 m) erstreckte. Da sich für die Sitzränge von Natur aus keine Erhöhung anbot, hatte man für den dammartigen Unterbau eine große Masse von Humuserde aufgeschüttet, auf dem die Sitzstufen aus mächtigen Steinblöcken aufsaßen. Mittels einer solchen inschriftverzierten Sitzstufe ließ sich ein Zusammenhang mit weiteren, bereits 1867 dort entdeckten, heute im BLM Karlsruhe befindlichen Sitzsteinen ermitteln. Diese tragen zT die Namen der Stifter, die den Bewohnern von *Lopodunum*, den *vicani Lopodunenses*, vermutlich einst dieses Gebäude vermachten. Jahrhundertelang diente nun das Theater, auf dessen sicher noch im 16. Jh aufragende Ruine sich der Flurname „Burgäkker" bezieht, als Steinbruch. Noch während der zuletzt 1867/68 im großen Umfang betriebenen Ausbeute wird von „gewaltigen Steinmassen" berichtet. Damals kam in den Trümmern auch ein Altar zutage, den man auffallenderweise dem Genius der Gaugemeinde der Neckarsweben gewidmet hat. Jünger und in den Anfang des 3. Jh zu datieren ist ein ebendort gefundenes steinernes Jupiterstandbild, das einst zusammen mit den Göttinnen Juno und Minerva die höchste Götterdreiheit, die Capitolinische Trias, bildete. Vielleicht gab es deshalb an diesem Platz eine architektonische Verbindung zwischen Kultbau und Theater, wo im ursprünglichen Sinne das Theaterspiel letzten Endes Götterverehrung bedeutete. Hierauf könnte auch eine tönerne Schauspielermaske aus der nächsten Umgebung des Theaters hinweisen, die als Dämonenmaske dort wohl bei Götterspielen getragen wurde. Die Frage nach der Entstehungszeit des Theaterbaues ist wegen der ungenügenden Erforschung schwierig zu beantworten, doch wird man sich eine solch gewaltige Bauanlage nur in der Blütezeit von *Lopodunum* während des 2. Jh errichtet vorstellen können. Vielleicht erlangte das Theater zZ der Errichtung der Wehrmauer zu Anfang des 3. Jh fortifikatorische Bedeutung, da durch die Abknickung der Mauer an dieser Stelle der Theaterbau wie ein Festungsvorwerk benutzt wurde.

Bei unseren Untersuchungen während der Bautätigkeit im S-Teil des ummauerten *vicus* konnten als wertvolle topographische Details neben kleineren und größeren bürgerlichen Stein- und Fachwerkbauten auch Reste weiterer Großbauten entdeckt werden. So gelang eine wichtige bauliche Beobachtung im Bereich des Benz-Gymnasiums und der Lobdengau-Halle. Dort erstreckten sich in Nähe eines seiner Bestimmung nach noch nicht gedeuteten Steinbaues (L über 80 m) Thermen (17) entlang des Neckarhochufers, die sicherlich erst um die Mitte des 2. Jh angelegt wurden. Neben der üblichen technischen Ausstattung dieses Badegebäudes (L über 40 m) sind besonders die Reste von Wandmalereien bemerkenswert. Solche aufwendigen Malereien fanden sich auch in einem weiteren Badegebäuderest an der Mühlgasse (18) und vor allem an den Wänden eines Wohngebäudes an der Realschulstr. Der zuletzt erwähnte Fund weist mit einer Wand aus pompejanisch-roten, schwarz eingefaßten Hauptfeldern und mythologischen Figuren aus dem dionysischen Bereich einerseits den Malstil einer bekannten Kölner Werkstatt aus der 1. Hälfte des 2. Jh auf, andererseits läßt er die großen Vorbilder röm Kunst aus dem S spürbar werden.

Über die Lage von Heiligtümern war man sich bisher völlig im unklaren, obwohl Funde zahlreicher Inschrift- und Göttersteine solche seit langem andeuteten. Höchst überrascht war man daher, als in den letzten Jahren nicht nur mächtige, kannelierte Säulen und Reste einer Steinfigur der Fortuna einen Tempel nahe des Flußufers an der Domitianstr (19) faßbar machten, sondern man auf den Grundstücken Kastellweg 7 (20) und Trajanstr 28 (21), also dicht benachbart, gleich auf zwei orientalische Heiligtümer stieß. Vom ersten Platz stammt ein qualitätvolles Relief mit den Göttern Sol und Mithras beim heiligen Mahl, weshalb es als Mithräum zu bestimmen ist; vom zweiten Platz kennen wir nur einen Kultkeller (14×7,45 m) in dessen Mitte noch am ursprünglichen Platz *(in situ)* ein inschriftloser, einst bemalter Altar und ein schlangenumwundenes Kultgefäß zutage kamen.

Schon vor Jahren war aus stilistischen Gründen der Verdacht ausgesprochen worden, daß um das Jahr 200 in *Lopodunum* eine Bildhauerwerkstatt arbeitete, von wo aus sie das umliegende Neckarland mit Denkmälern versorgte. Weit früher,

Abb. 163 Ladenburg. Sitzstein aus dem röm Schauspieltheater

noch in die Ausbauzeit des *vicus* um 120 fallend, sind nun Reste eines solchen Ateliers nachweisbar. Der jüngeren Werkstatt sind dagegen gleich mehrere Jupitergigantensäulen zuzuschreiben, die vor kurzem um ein weiteres nahezu völlig erhaltenes Denkmal aus dem Brunnenfund Trajanstr 19a (22) bereichert wurden. Da sich aus den Fundumständen und der abgeänderten Inschrift sicher ergab, daß die Säule des Stifters Novanius Augustus gleich zweimal während der Alamannenüberfälle der Jahre 233 und 259/260 in diesen Brunnen gestürzt wurde, haben wir hiermit zudem ein wichtiges Zeugnis, welches Schicksal der Siedlung im 3. Jh beschieden war. ▶ Der Brunnen wurde konserviert.

Wo Töpfereien (28) im Mauerbereich des *vicus* zutage kamen, markieren sie zumeist eine frühe Entwicklungsstufe des Ortes, etwa zu Anfang des 2. Jh. Nicht nur wegen der Lage günstiger Tone und Lehme, sondern auch, um lästigen Rauch von den Wohnhäusern abzuhalten, hat man Töpfer- und Ziegelöfen dann außerhalb des Ortes angelegt. NO davon am Rindweg (29) und besonders SO davon im Ladengewann (30) sind Ziegeleien festgestellt worden. Auf andere gewerbliche Tätigkeiten verweisen Kalköfen am Neckarufer (31) sowie die Form einer Lampenwerkstatt (32), die vermutlich vor dem 3. Jh in der SW-Ecke des *vicus* betrieben wurde.

Noch hat man keine Gräber im Inneren des Wehrmauerringes entdeckt, was aber für die Kastellzeit noch möglich wäre. Die bisher bekannten Brandgräberfriedhöfe säumen an sechs Stellen den Rand des Ortes, so im N an der Freising- und Preysingstr (33) sowie am Kurzgewannweg (34), im O an der Trajanstr (35) und schließlich im S an der Valentinian- (36) und Heidelberger Str (37). Es gibt zu denken, daß man dort keine Grabsteinfunde gemacht hat, was man aber, trotz des Fehlens eindeutiger Belege, mit einem Vorhaben Kaiser Valentinian I., die Ruinen von *Lopodunum* zum Bau der spätröm Feste Altrip *(Alta Ripa)* zu nutzen, seit langem zu erläutern versucht hat. Immerhin haben uns die neueren Grabungen mit der Lösung des Problems, wer die Wehrmauer von *Lopodunum* so systematisch ausgeplündert hat, einen erheblichen Schritt vorwärts gebracht, denn alle Spuren verweisen in diese Zeit. Das paßt ausgezeichnet zu den geschichtlichen Gegebenheiten, über die uns die röm Schriftsteller Ammianus Marcellinus und Symmachus für die Jahre 368/369 berichten.

Als letzte Zeugnisse von *Lopodunum* sind wie im Falle von Heidelberg eine Reihe von Meilensteinen zu betrachten, die man zZ des Limesfalles in einem Steinkeller (39) unweit des Forums geborgen hat. Vier dieser Steine hatten einst auf dem Forum als dem Mittelpunkt der *civitas* Aufstellung gefunden, wie ihre fehlenden Entfernungsangaben bezeugen, ein weiterer stand 1 Leuge = 2200 m S des Ortes an der Römerstraße nach Heidelberg. Diese fünf Meilensteine stammen aus den Jahren 238–253/54, also der Zeit nach dem ersten Alamannenüberfall, als die *civitas* noch einmal den neuen Kaisern gegenüber ihre Loyalität bekunden wollte. Sie schließen mit einer Widmung an Valerian und an Gallien, unter dessen Regierung dann *Lopodunum* 259/260 in die Hand der Alamannen geriet. Über das Fortleben der provinzialröm Bevölkerung lassen sich nur Vermutungen anstellen, doch haben am ehesten Reste dieser Bevölkerung den Ortsnamen bis zu seiner Eindeutschung in Lobetdenburg weiter tradiert. Vermutlich bestattete die weiterlebende romanische Bevölkerung ihre Toten in dem O des Benz-Gymnasiums 1897–1974 immer wieder angeschnittenen Friedhof (38) mit seinen zahlreichen geosteten, beigabelosen Gräbern, die keine Verbindung mit der Merowingerzeit erkennen lassen. Aus den Spuren von völkerwanderungszeitlichen Notunterkünften in den Ruinen von *Lopodunum* läßt sich ersehen, daß dort nicht jegliches Leben erstarb. Heu

TK 6517 – L 6516

Ao: BLM Karlsruhe, RM Mannheim, KM Heidelberg, Lobdengau-M Ladenburg.

Lit: Wagner, S. 212 ff. – HGropengießer, Die röm Basilika in Ladenburg. 1914 – HMylius, Die röm Marktbasilika in Lopodunum, in: Germania 30, 1952, 56 ff – DBaatz, Lopodunum-Ladenburg a. N., BadFdb, Sonderheft 1, 1962 – BHeukemes in: Die Stadt- und die Landkr Heidelberg und Mannheim/Amtl Kreisbeschreibung, 1966, S 159 ff mit archäolog. Karte 1:50 000.

Freilichtmuseum beim Bischofshof

Tafel 53, 54a und b, 71, 72a und b

Nach Abschluß der vom Verf. durchgeführten Grabungen 1964–1974 wurden drei Stellen zur Besichtigung offen gehalten und verschiedene röm Denkmäler oder Nachbildungen solcher nahe dabei aufgestellt. Zunächst ist die ▶ Grube dicht N von der St. Sebastianskapelle und der anschließenden Dalberg-Hauptschule II zu betrachten. Der Besucher steht etwa auf dem Schuttniveau des 16. Jh; 3,50 m unter ihm markiert die moderne Kiesschicht auf der Grubensohle das Niveau um 90 nChr. Im O-Teil der Grube erstrecken sich der ebenfalls um 90 nChr datierte N-Torturm des Ausfallstores *(porta praetoria)* des Steinkastells und ein kurzes Stück der nach N anschließenden Wehrmauer (B 1,70 m im Aufgehenden). Das attisch profilierte Sokkelgesims des Torturms ist wegen seiner Seltenheit zu beachten. Übrigens wird die Gegenseite dieses Kastelltores S von St. Sebastian durch ▶ Pflasterung angedeutet. Über dem Torturm verläuft von W nach O die N-Begrenzungsmauer der zu Anfang des 2. JhnChr angelegten Forumstraße des *vicus Lopodunum.* An diese Mauer stößt rechtwinklig ein im 4. Jh errichteter Mauerzug, einer der wenigen Baubefunde aus der Völkerwanderungszeit. Weiterhin sieht man dort ▶ röm Mauersteine in Zweitverwendung an frühmittelalterlichen Bauresten: im Halbrund einer Treppenapsis des merowingischen Königshofes vom 6./7. Jh und in der aus dem 8. Jh stammenden Fundamentwand des Schulgebäudes, das die Stelle der karolingischen Aula des Wormser Bischofshofs einnimmt.

Wenig NW davon erblickt man einen ehemaligen Burggraben aus der Frühzeit des Bischofshofs, bei dessen Ausschachtung röm Gebäuderuinen des 2./3. Jh angeschnitten wurden. So erkennt man unter der mittelalterlichen Stützmauer am N-Grabenende den Rest ▶ einer röm Kellertreppe, darüber eine wenig jüngere Mauer. Diese gehört zu einem röm Gebäude, dessen Parallelmauer genau 100 röm Fuß = 30 m entfernt über dem Kasteltor verläuft.

Nun begibt man sich zur Hauptstr hin, wo als Abschluß des Parkes ▶ drei röm Steinpfeiler aufgestellt sind, wie solche zB die Forumstraße im 2./3. Jh säumten und als Stützen für einen Laubengang dienten. Wenig entfernt davon liegt in einer Stützmauer ▶ ein röm Steinbrunnen (T 8,64 m), der im Mittelalter zufällig entdeckt bis zum 16. Jh benutzt wurde. ▶ Einen weiteren röm Brunnen mit quadratischer Steinfassung sowie eine dabei aufgestellte Säule mit unheilabwehrender Phallusverzierung kann man unweit davon beim Besuch des Museums im Bischofshof von den Fenstern der W-Seite aus besichtigen.

Beim Treppenturm am Bischofshof ist eine ▶ Nachbildung der 1973 Trajanstr 19a in einem röm Steinbrunnen entdeckten Jupitergigantensäule und ein zugehöriger Altar in Kunststein aufgestellt. Das Original befindet sich im Lobdengau-Museum. Ergänzt sind die profilierte Platte über dem Viergötterstein und der Pferdekopf sowie Oberkörper, Kopf, Arme und Blitzbündel des Reiters. Ohne den Stufenunterbau beträgt die Gesamt-H 4,13 m. Der in der unteren Zone mit Ornamenten verzierte Viergötterstein zeigt auf der Vorderseite: *Herkules,* nackt und bärtig, mit Bogen und Köcher über der rechten Schulter, in der Rechten die Keule, in der Linken die drei Äpfel der Hesperiden, über linker Schulter und linkem Unterarm das Fell des nemeischen Löwen. – Linke Seite: *Merkur* mit Flügelhut, bis auf den Mantel über der rechten Schulter nackt, in diesen eingeschlagen trägt er mit der Linken den Geldbeutel. In der Rechten hält er den Schlangenstab, darunter hockend der dem Gott zugeordnete Bock. – Rückseite: *Juno,* mit langem Chiton und Himation bekleidet, mit Diadem und Schleier, in der Linken das geöffnete Weihrauchkästchen tragend, mit der Rechten aus einer Schale auf ein flammendes Altärchen opfernd, neben der rechten Schulter der Pfau. – Rechte Seite: *Minerva,* mit bebuschtem Helm, mit langem Chiton, Himation und Ägis (Medusenhaupt) auf der Brust, hält mit der erhobenen Rechten die Lanze und mit der gesenkten Linken über einem Felsblock den Schild, dessen Fessel sichtbar wird. Neben ihrer linken Schulter auf einem Pfeilerchen die Eule. – Über der Abdeckplatte folgt der ornamentgeschmückte Zwischensockel mit der Stifterinschrift, die an der darüberliegenden Säulenbasis beginnt: *IN H(onorem) D(omus) D(ivinae) / I(ovi) O(ptimo) M(aximo) / ET IUNONI / REGINE / NOVANIUS / AUGUSTUS / IN SUO R(estituit)* Übersetzung: Zu Ehren des göttlichen Kaiserhauses. Jupiter, dem Besten und Größten und der Königin Juno. Novanius Augustus hat (dieses Denkmal) auf eigenen Boden wiederhergestellt. – Unter der letzten Zeile liest man noch die schlecht weggemeißelte ältere Inschrift: *V(otum) S(olvit) L(ibens) L(aetus) M(erito)*, übersetzt: hat sein Gelübde gerne, froh nach Gebühr eingelöst. Über der schuppenverzierten Säule erkennt man an den Seiten des Kapitells vier Frauenköpfe, die die Jahreszeiten bezeichnen, darunter mit wärmendem Tuch um den Kopf den Winter, und weiter oben Jupiter zu Pferde, über einen keulenbewehrten, schlangenbeinigen Erdgiganten hinwegsprengend. Jupiter präsentiert sich hier ganz unröm als der einheimische Gewittergott.

Der zugehörige Altar ist beim Original im Gegensatz zum Säulendenkmal nicht aus Keupersandstein, sondern aus Buntsandstein. Er wurde erst geschaffen, nachdem das Denkmal nach Beschädigung und Brunnensturz während des Alamannenüberfalls vom Jahre 233 mit veränderter Inschrift und erneuertem Gigantenreiter wiederhergestellt worden war. Offensichtlich hat man damals die ursprünglich auf dem Denkmal stehende Weiheformel auf den Altar übertragen. Inschrift: *I(ovi) O(ptimo) M(aximo) / ARAM / AUGUSTUS / POSUIT / L(ibens) L(aetus) M(erito)* Übersetzung: Jupiter, dem Besten und Größten, hat Augustus den Altar gesetzt, gerne, froh nach Gebühr. – Da Altar und Jupitergigantensäule 259/260 nochmals in den Brunnen gestürzt wurden, ist dieses qualitätvolle und weitgehend erhaltene Denkmal von großer geschichtlicher Bedeutung.

Dicht dabei an der Schulhauswand liegt ▶ ein Buntsandsteinbalken (2,46 x 0,45 x 0,36 m), eine Sitzstufe aus dem Schauspieltheater von *Lopodunum* mit Inschrift *OPTATI TETRICI*. Mögliche Übersetzung: (Stiftung) des Optatus Tetricus . . . Wenig SW davon neben der Ruine des mittelalterlichen Pfaffenturmes eine weitere Ausgrabungsgrube mit ▶ konservierten Resten von Mauern und Gußmörtelböden eines größeren röm Gebäudes unbekannter Benutzung. Die dort unter Verwendung originaler Teile ▶ rekonstruierte, mit zwölf Kanneluren gegliederte Säule aus Keupersandstein verweist mit 6,25 m H auf stattliche Ausmaße. Im frühen Mittelalter hat man am daneben sichtbaren Eckpfeiler des Bischofshofs ▶ ein röm Gesims vermauert. – Abschließend noch ein Hinweis auf die an der Kirchenstr O von der St.-Sebastians-Kapelle aufgestellten ▶ steinernen röm Abwasserrinnen, die unweit von dort entdeckt wurden. Heu

Lobdengau-Museum

Tafel 67

Bischofshof. So 11–12.30, Sa u So 14.30–17.30 Uhr.

Das 1968 im Bischofshof eröffnete Museum ist aus dem früheren Heimatmuseum im Renaissancehaus Kirchenstr 45 hervorgegangen, vor allem erweitert durch neuere Ausgrabungen im Gebiet der röm Zivilsiedlung *(vicus)* Ladenburg/*LOPODUNUM*. Die vor- und frühgeschichtlichen Funde sind im Untergeschoß in den Räumen 1–6 untergebracht, von denen sich die Räume 2–5 auf die Römerzeit beziehen. Im *Raum 1* verweist eine archäologische Wandkarte auf die zahlreichen röm Fundstellen im Gebiet von Ladenburg. Bemerkenswert sind die große Ausdehnung der stadtähnlichen Vicusfläche und die Häufung röm Landgüter in der Nähe von Ladenburg. Im *Raum 2* folgen Grabfunde der Neckarsweben *(Suebi Nicretes)*, vom 2. Drittel 1. JhnChr. Die reichausgestatteten Grabinventare dieser Sweben elbgermanischer Abstammung aus dem Gräberfeld Erbsenweg gehören zu den wichtigsten Belegen ihrer Art im nordbadischen Raum. Neben handgemachten Urnen fallen früheste Beispiele röm Keramik auf. Reste von bronzenen Weinsieben, Kasserollen und Trinkhornbeschläge verweisen auf swebische Trinksitten. Es folgen einige Steindenkmäler, von denen die Teile der Jupitergigantensäule aus dem Brunnenfund Trajanstr 19a bei der Beschreibung des Freilichtmuseums erläutert werden. Grundsätzlich ist bei der Betrachtung der Steindenkmäler davon auszugehen, daß alle Funde nach den festgestellten Spuren einst intensiv farbig bemalt waren und auch die fehlenden Inschriften zB auf den beiden kleinen Buntsandstein-Altären aufgemalt erschienen. So wurde einer der Altäre, H 0,60 m in der Steinmetzwerkstatt mit eingemeißelter Inschrift: *I(ovi) o(ptimo) m(aximo)*, übersetzt: Jupiter, dem Besten und Größten, versehen, während Stiftername und Weiheformel erst nach dem Kauf vom Maler hinzugefügt wurden. Der andere Altar, H 0,60 m, wurde dagegen nur mit Farbe beschriftet, die inzwischen völlig verschwunden ist. Somit entging der Forschung die namentliche Bestimmung der Gottheit, was deshalb bedauerlich ist, weil der Altar einem neu entdeckten, unterirdischen, orientalischen Heiligtum auf dem Grundstück Trajanstr 28 entstammt. Vermutlich handelt es sich um ein Mithräum. – Weiterer Altar der 2. Hälfte 2. JhnChr, Buntsandstein, H 0,85 m mit Inschrift: *I(ovi) o(ptimo) m(aximo) / Dacius / Privatus / v(otum) s(olvit) l(aetus) m(erito)*. Übersetzung: Jupiter, dem Besten und Größten, Dacius Privatus hat froh sein Gelübde nach Gebühr eingelöst. – Sitzgruppe mit Juno und Jupiter auf dem olympischen Thron. Keupersandstein. H noch 0,46 m. Beide Köpfe fehlen. Juno, langgewandet mit Spendenschale in der Rechten. Jupiter mit nacktem Oberkörper, bekleidet mit Schurz und Stiefeln, in der Rechten Blitzbündel, in der erhobenen Linken ist ein Zepter zu ergänzen. An den Thronseiten gekreuzte Blitzbündel. Starre, archaisierende Stilisierung. 1. Drittel 3. JhnChr.

Abgang in den Kellerraum 3. Sol-Mithras-Relief. Aus einem Mithräum am Kastellweg. Keupersandstein mit Resten einstiger Stuckierung und Bemalung. H 1,38 m, B 1,51 m. Unter dem Bogen der Weltengrotte lagern auf dem Fell des erlegten Stieres beide Götter beim heiligen Kultmahl. Links Sol, bis auf ein Diadem mit Binde unbekleidet, in der Linken den Rest einer Peitsche haltend, und rechts Mithras mit phrygischer Mütze und Schultermantel. Eng verbunden hat Mithras seine Rechte auf die Schulter des Sol gelegt, der in einer Art *ostentatio solis*, betont die Bildmitte einnehmend, den Gläubigen vorgestellt wird. Beide Götter halten Trinkhörner, Sol hebt seines vor eine ungewöhnliche Darstellung, eine Strahlenscheibe, wohl die Sonne oder eine sonnenmessende Uhr auf einem Pfeiler. Vorne ein aus Stierbeinen geformter Opfertisch mit einer Traube und zwei brotartigen Gebilden, die anstelle von Fleisch und Blut das heilige Mahl symbolisieren. In den oberen Ecken verschieden gestellte Rosetten für Sonne und Mond oder Tag und Nacht. Thema und Qualität der aus stilistischen Gründen in die hadrianische Zeit zu datierenden Darstellung zeichnen dieses Relief als eines der bedeutendsten mithräischen Bildwerke aus. – Kapitell einer Jupitergigantensäule. Rechts des Wallstadter Weges. Keupersandstein. H 0,67 m. Über dem Oberteil einer Schuppensäule das aus Akanthusblättern und oben abschließendem Eierstab geformte Kapitell. Reste von Büsten verweisen wohl auf die vier Jahreszeiten. – Reliefierte Tischplatte. Keupersandstein, Dm 0,53 m. Unvollendete Arbeit eines Ladenburger Handwerkers Anfang 2. JhnChr. Umrandet von einem Spitzblattfries mit Eichel und Vogel liegen auf einer mit Griffen versehenen Speiseplatte ein Fisch und sechs Eier oder Brote. – Die freigelegte Quaderwand des Kellers aus der Anfangszeit des mittelalterlichen Bischofshofes zeigt wiederverwendete röm Steine und Ziegel. – Auf halber Treppenhöhe Sichtfenster auf Ausgrabung: röm Mauer mit Gußmörtelboden.

Raum 4. Pultvitrine mit Militärziegelstempeln der Ziegelmaterial liefernden VIII. augusteischen Legion aus Straßburg, der beiden Mainzer Legionen *I adiutrix* und *XII primigenia pia fidelis* sowie der 24. Kohorte freiwilliger röm Bürger *(cohors XXIIII voluntariorum civium Romanorum)* aus Heidelberg-Neuenheim. – Schrankvitrine mit Kleinfunden aus der Zeit der Ladenburger Kastelle, dabei gut erhaltenes Kurzschwert *(gladius)* aus dem Altrhein bei Ketsch. – Inschriftstein 2. JhnChr. Keupersandstein. H 0,49 m. Inschrift: *I(ovi) o(ptimo) m(aximo) / Q(uintus) Jul(ius) Karus.* Übersetzung: Jupiter, dem Besten und Größten (stiftet dies) Quintus Julius Karus. Auffallend die Verwendung des griechischen K anstelle des üblichen C bei Karus, wohl ein Hinweis auf Abkunft des Stifters aus dem O. – Relief der keltischen Göttin Epona. Wohl 2. Hälfte 2. JhnChr. Keupersandstein. H 0,47 m. Die Göttin reitet frontal im Damensitz auf einem nach rechts schreitenden Pferd. Sie sitzt auf einer lang herunterhängenden Satteldecke, bekleidet mit langem Gewand und Mantel, den sie über den Kopf gezogen hat. Auf dem Schoß liegt ein Korb mit Früchten, wodurch der ursprüngliche Charakter einer Fruchtbarkeitsgottheit angedeutet wird. Das Pferdegeschirr zeigt in Anlehnung an Reitergrabsteine Zierscheiben mit Quasten sowie vorne als weiteres Fruchtbarkeitszeichen einen Halbmondanhänger. Oben wird das Relief durch eine Muschelnische abgeschlossen, unten Rillen, wohl durch Schutz heischendes Reiben von Geschirrteilen entstanden. – In der Schrankvitrine rechts daneben ein weiteres Relief der keltischen Göttin Epona, wohl 2. Hälfte 2. JhnChr. Keupersandstein. H noch 0,15 m, auf etwa 0,19 m zu ergänzen. Auf einem nach rechts schreitenden Pferd zeigt sich die Göttin frontal im Damensitz auf einer lang herabhängenden Satteldecke. Sie trägt ein langes, gegürtetes Gewand. Ihre Linke hält hinter der Pferdemähne verborgen das Zaumzeug, ihre Rechte umgreift eine sich herabschlängelnde Peitsche. Diese Darstellung der Epona mit der Peitsche ist ungewöhnlich, vermutlich bisher einzigartig. – In derselben Schrankvitrine wird als weiteres seltenes Stück eine ergänzte tönerne Schauspielermaske (H 0,31 m) gezeigt, die unweit des an der Ausoniusstr neu entdeckten Schauspieltheaters von *Lopodunum* geborgen wurde. Es handelt sich um eine nach punischen Vorbildern gestaltete Dämonenmaske, die man bei Götterspielen getragen hat. – Grabmalaufsatz aus Kalkstein (H 0,85 m) in Form eines Pinienzapfens als Zeichen der Unsterblichkeit.

Im anschließenden Flur werden röm Werkstättenfunde gezeigt, im *Raum 5* dann Kleinfunde und Baumaterialien aus röm Wohnhäusern des 1.–3. JhnChr. An der Wand: Zwei Wandmalereien zeigen Ausschnitte einer großen Dekoration des 2. JhnChr im antoninischen Stil. Pompejanisch-rote Felder mit Blättergirlanden werden von schwarzen Feldern mit figurenbekrönten Kandelabern eingerahmt. Heu

Lit: BHeukemes, Führer durch das Lobdengau-Museum. In: Ladenburg am Neckar (1970) 33–77. – MJVermaseren, Der Kult des Mithras im röm Germanien. Limes-Museum Aalen Nr. 10 (1974) 18 f.

Lahr-Dinglingen OG

Römische Siedlung

Abb 164

Keinerlei oberirdisch sichtbare Reste oder konservierte Bauten kennzeichnen den Platz im Gewann „Maueräcker“, in dem eine ausgedehnte röm Siedlung mit offenbar sehr produktiven Töpfereibetrieben lag. Seit 1820 beim Bau der Schutterbrücke zahlreiche Münzen und Scherben gefunden wurden, hat man immer wieder versucht, durch kleinere Sondierungen die antike Bebauung in dem ebenen Gelände zwischen Schutter und Mauerweg, beidseits der Freiburger Straße (B 3) zu klären. Dabei zeigte sich allmählich, daß die Steingebäude und damit das Zentrum, nahe der Schutter liegen und daß sich nach S eine lockere Holzbebauung anschließt, durchsetzt mit Wirtschaftsgebäuden (?) auf Fundamentreihen von großen Sandsteinblöcken. 1965–1968 konnte zwischen Schwarzwaldstr und Mauerweg mit einem größeren Töpfereibezirk der S-Rand des besiedelten Areals erreicht werden. W der B 3 kamen zur gleichen Zeit mehrere Tonentnahmegruben zum Vorschein, die riesige Mengen von Fehlbränden aus den nahegelegenen Brennöfen enthielten. Besonders aufschlußreich für die bauliche Entwicklung dieser Ortschaft war eine 1971 im Bereich des vermutlichen Zentrums durchgeführte Grabung, die erst in 3 m Tiefe den anstehenden Boden erreichte. Darüber lagen nicht weniger als fünf Umbauperioden eines größeren Gebäudes, die eine lebhafte Bautätigkeit während der 2000jährigen Geschichte des Ortes bezeugen. Das Ergebnis an dieser Stelle läßt sich unbedenklich verallgemeinern. Demnach wurde im späteren 1. JhnChr die Siedlung *(vicus)*, zunächst vielleicht nur eine Straßenstation am Schutterübergang, in Holzbauweise errichtet. Daß diese Fachwerkhäuser nicht ohne Komfort waren, zeigen Reste von mehrfarbigem Wandverputz. Offenbar bestand die Siedlung in dieser Form so lange, daß einzelne Häuser in gleicher Technik neu gebaut oder verändert werden mußten. Erst danach, wahrscheinlich seit trajanisch/hadrianischer Zeit ging man im Zentrum dazu über, Häuser aus Stein zu errichten. Der Ort hatte sich inzwischen längs der Hauptstraße nach S weiterentwickelt, an seiner Peripherie waren gewerbliche Betriebe entstanden, von denen nicht nur der örtliche Bedarf gedeckt, sondern auch ein größeres Absatzgebiet im Umkreis beliefert wurde. Damit werden Versorgungsfunktionen des Ortes deutlich, die nicht mehr allein an den Verkehr auf der Fernstraße Basel–Mainz gebunden sind. Am Rand dieser Straße, die im Siedlungsbereich wie die heutige Bundesstraße verläuft, kamen einige der zugehörigen Brandgräber zutage. Doch nicht mehr als eine Generation ist mit diesen Bestattungen zeitlich erfaßt. Nach den baugeschichtlichen Ergebnissen wie nach dem Befund der Gräber muß derzeit noch offen bleiben, bis zu welchem Datum die Siedlung von Dinglingen bestanden hat. Da Funde des 3. Jh vorliegen, dürfte sie wohl frühestens durch den Alamanneneinfall von 233 nChr, wahrscheinlich aber erst bei der endgültigen Eroberung 260 nChr ihr Ende gefunden haben.

Die nächsten wichtigeren Stationen an der rechtsseitigen Oberrheinstraße sind Riegel und Offenburg. Unmittelbar S von Lahr liegt ein Gebäude *(mansio)* bei Kippenheim, nur wenig N ein entsprechendes bei Friesenheim. Fin

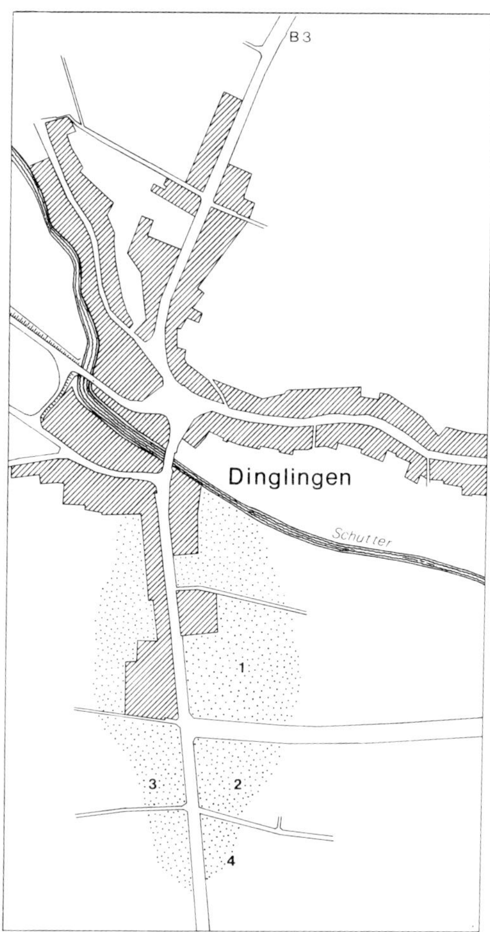

Abb. 164 Lahr-Dinglingen. Ungefähre Ausdehnung des röm Siedlungsbereiches im S der Schutter. 1 Siedlungskern mit Steinbauten, 2 Töpfereibezirk, 3 Gruben für Tongewinnung, 4 Gräberfeld

TK 7613 – L 7712
Ao: M für Ur- und Frühgesch Lahr
Lit: FStein, Geschichte und Beschreibung der Stadt Lahr und ihrer Umgebung (1827), 6 und 20. – GMüller, Die röm Siedlung bei Dinglingen. Ortenau 10, 1923, 10 (dort Verweise auf frühere Folgen). – GFingerlin, Die röm Straßenstation in Lahr und ihre Töpfereibetriebe. ArchNaB 4, 1970, 23.

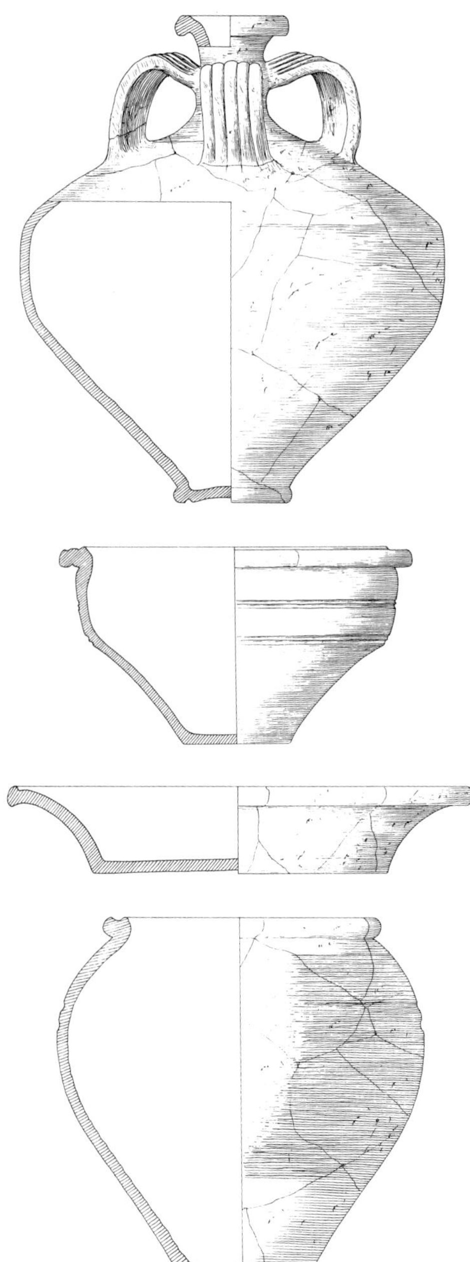

Abb. 165 Lahr-Dinglingen. Produkte aus den Töpfereibetrieben

Museum für Ur- und Frühgeschichte

Abb 165

Dinglinger Hauptstr 54. Mi u Sa 16–18, So 10–12 Uhr.

Das Museum wurde 1970 durch das Amt für Urgeschichte Freiburg (A. Eckerle) im früheren Rathaus von Dinglingen eingerichtet. Der vollständige Name „Museum für Ur- und Frühgeschichte des Unteren Breisgaus" kennzeichnet diese Sammlung als Regionalmuseum, in dem das archäologische Bild einer ganzen Landschaft gezeigt werden soll. Hier liegt aber der Hauptakzent eindeutig auf der röm Siedlung von Lahr-Dinglingen. Größeren Raum beansprucht vor allem die formenreiche Gebrauchskeramik aus den Abfallgruben des Töpferviertels. Stellvertretend für das röm besiedelte Umland steht ein ungewöhnlich reichhaltiger Grabfund aus dem nahegelegenen Altdorf. Merowingerzeitlicher Schmuck aus der Kirche von Lahr-Burgheim, die am Platz einer röm Villa und eines späteren fränkischen Königshofes steht, vermittelt eine Vorstellung vom Zusammenhang der röm Zeit mit dem frühen Mittelalter. Fin

Lit: AEckerle, Museum für Ur- und Frühgeschichte „Unterer Breisgau" in Lahr. ArchNaB 5, 1970, 3.

Laufenburg WT

Römischer Gutshof

Abb 166–169

Zufahrt über die B 34 von Säckingen oder Waldshut. Im Ortsbereich biegt in N-Richtung die Landstraße nach Todtmoos ab, dann 1. Straße nach links (Bergstr), an der nächsten Gabelung rechts (Obere Sitt). Am Ende dieser Straße Parkmöglichkeit vor dem Umspannwerk, unmittelbar am O-Rand der Grünanlage, in der die Villa liegt.

Abb. 166 Laufenburg. Röm Gutshof. Verschiedene Bauphasen

W des alten Ortskerns von Laufenburg, auf einer vorspringenden flachen Kuppe, im Gewann „Obere Sitt". Die Bevorzugung eines landschaftlich schönen, hochgelegenen Platzes, von dem sich eine weite Aussicht bietet, ist kennzeichnend für die großen Villen des Hochrheintales. Leider ist die ehemals freie Lage durch die heutige Überbauung stark eingeengt, doch läßt sich noch eine gute Vorstellung von der ursprünglichen Situation gewinnen.

Wegen des starken Zerfalls der anfänglich gut erhaltenen Mauern mußte bei der 1970/71 durchgeführten zweiten Restaurierung auf die Wiederherstellung sichtbaren antiken Mauerwerks verzichtet werden. Statt dessen wurden wesentliche Teile, vor allem ▶ die großen Eckrisalite des W-Trakts, neu aufgesetzt und der Verlauf anderer Mauern durch ▶ Plattenwege im Rasen markiert. Auf diese Weise ist der Grundriß im Gelände ablesbar geworden. Gleichzeitig geben die gemauerten Teile eine gewisse Vorstellung von der architektonischen Form (W-Fassade) und den Raumdimensionen. Über die ziemlich komplizierte Baugeschichte, die bei der Darstellung des Grundrisses nicht berücksichtigt werden konnte, gibt eine Erläuterungstafel mit entsprechenden Planzeichnungen Auskunft.

Auf dem durch Ziegel, Mosaiksteinchen und andere Oberflächenfunde schon lange bekannten Platz wurde 1936 unter Leitung von H. Dragendorff und E. Samesreuther eine erste Sondierung durchgeführt. Sie brachte so bemerkenswerte

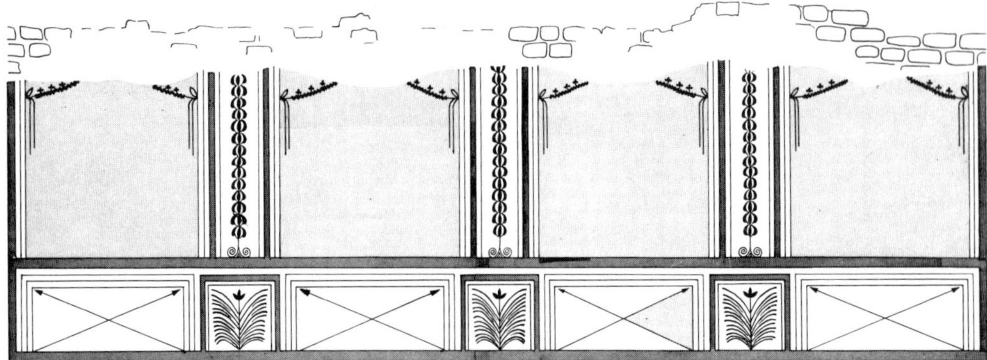

Abb. 167 Laufenburg. Röm Gutshof. Wandmalerei

Resultate, daß man sich zur Fortsetzung der Grabungen entschloß. 1940 erzwang der Krieg eine Unterbrechung. Trotz provisorischer Konservierung der aufgedeckten Mauern nahm die Ruine in den folgenden Jahren erheblichen Schaden. Doch erst 1970 konnte die Untersuchung wieder aufgenommen und zu einem gewissen Abschluß gebracht werden (A. Eckerle). Bis 1971 war auch die Konservierung des Grundrisses in der heute sichtbaren Form beendet.

Nach den Ergebnissen der baugeschichtlichen Untersuchung und nach der Aussage des Fundmaterials gehört Laufenburg zu den wenigen Gutshöfen, die während der gesamten Dauer der röm Besetzung SW-Deutschlands in Benutzung waren. Ziegelstempel der zwischen 43 und 69 nChr in Windisch i. Aargau/*Vindonissa* stationierten 21. Legion datieren den Beginn in die Mitte des 1. JhnChr. Sie belegen gleichzeitig einen engen Zusammenhang mit diesem wichtigsten Garnisonsort der N-Schweiz. Mit Ziegelstempeln der 11. Legion läßt sich die Verbindung zu *Vindonissa* noch ein Menschenalter später nachweisen. Möglicherweise war es ein Offizier dieser Garnison, der sich von einem Legionsdetachement eine Villa auf dem rechten Rheinufer bauen ließ, vielleicht auch eine andere hochgestellte Persönlichkeit, die entsprechende Lei-

Abb. 168 Laufenburg. Röm Gutshof. Mosaik mit Inschrift

stungen der Truppe beanspruchen konnte. Namen sind nicht bekannt. Dafür erwähnt eine spätere, leider nur in Resten überlieferte Mosaikinschrift einen Pächter *(cliens)*. Der Gutshof *(villa rustica)* wurde demnach nicht ständig von der Familie des Besitzers bzw dessen Erben bewohnt, sondern wohl längere Zeit als Pachtbetrieb geführt. Als die letzten Bewohner spätestens im Jahr der alamannischen Eroberung (260 nChr) den Platz verließen, waren seit seiner ersten Besiedlung mehr als 200 Jahre vergangen. In diesem Zeitraum ist der Gründungsbau nicht weniger als dreimal erneuert und dabei wesentlich umgestaltet worden.

Vom Wohntrakt der ersten Anlage (I) aus der Jahrhundertmitte ist ein großer rechteckiger Kellerraum im Westteil erhalten geblieben. Der Aufbau über diesem teils gegen den Hang gestellten, teils freistehenden Untergeschoß bestand vermutlich aus Holzfachwerk. Der O-Teil des Baukomplexes, in seinen Dimensionen wesentlich kleiner als der heute sichtbare Grundriß, ist in seinen Einzelheiten nicht bekannt.

Anbauten und Erweiterungen kennzeichnen den zweiten Bauzustand (II), der nach Auskunft der hier verwendeten Ziegel der 11. Legion ins spätere 1. JhnChr gesetzt werden kann. Durch die Anfügung von zwei (?) Risaliten wird die S-Seite zur Hauptfassade ausgebaut. In diese Periode gehört ein mit polychromer Wandmalerei versehener Raum im W-Flügel, der später zugeschüttet und dadurch relativ gut konserviert wurde. Nach einer Brandkatastrophe um 120 nChr erwies sich ein Neubau (III) als notwendig. Er behält die Betonung der S-Seite als Hauptfassade bei: hier öffnete sich zwischen zwei vorspringenden Eckräumen eine gedeckte Eingangshalle. Gleichzeitig wurden in der SO-Ecke des Gebäudes neue ▶ Baderäume angelegt. Spuren hellblauer Bemalung lassen sich an mehreren Stellen im Inneren des Hauses nachweisen. Ihr endgültiges Aussehen (IV) erhielt die Villa im 2. und 3. Jh durch den Anbau der beiden im Hang stehenden ▶ W-Risalite und den dazwischen liegenden Säulengang *(porticus)*. Längs der bisherigen N-Front entstand eine neue Halle. Mit einer ähnlichen, zwischen die vorspringenden Eckräume eingefügten Halle wurde eine Begradigung der S-Seite erreicht und gleichzeitig ein neuer, repräsentativer Eingang geschaffen. Von einem hier ausgelegten Mosaikboden waren bei der Auffindung noch Reste vorhanden, die eine zeichnerische Rekonstruktion ermöglichten.

Unklar blieb für alle Perioden die Funktion des großen, allseitig von Bautrakten umschlossenen Mittelraums und die Art seiner Überdachung (Mittelhalle?). Der Gedanke an einen offenen Innenhof, so nahe er liegen mag, hat doch wenig Wahrscheinlichkeit.

Unter den zahlreichen Funden, die das Leben in einem röm Landsitz illustrieren, sind ein kleiner Stierkopf und der Kopf einer reliefartig gearbeiteten Frauenstatuette aus Grünsandstein hervorzuheben. Wahrscheinlich gehörten sie zu einem kleinen Hausheiligtum, in dem auch ein Tonfigürchen des ägyptischen Gottes Bes seinen Platz hatte. Fin

TK 8414 – L 8514
Ao: HochrheinM Säckingen
Lit: ESamesreuther, Der röm Gutshof bei Laufenburg (Baden). Germania 24, 1940, 32. – HEiden, Aus dem HM in Säckingen. BadFdb III 1933–36, 220.

Abb. 169 Laufenburg. Röm Gutshof. Weiblicher Kopf aus Grünsandstein

Lautlingen Albstadt BL

Römisches Kastell und zivile Siedlung

Abb 170

Das Kastellgelände ist über die Verbindungsstraße Lautlingen nach Ebingen-W zu erreichen. Diese Straße teilt das Kastell in zwei Hälften. Im N der Straße an der Abzweigung nach Margrethausen liegt der Gasthof Petersburg, der gleichzeitig unmittelbar an der NO-Ecke des Lagers liegt. Die Flurbezeichnungen lauten „Steinhaus" und „Totland".

Schon 1840 und dann 1874 wurden in der Flur „Steinhaus" röm Reste, darunter auch Architekturteile, entdeckt, die vermutlich zu einem röm Gutshof *(villa rustica)* gehört haben, von dem im Jahre 1913 ein Bauwerk (B 19 m) angeschnitten worden ist. Im Zusammenhang mit Planierungsarbeiten unterhalb der Flur „Steinhaus" wurde neben einem bronzenen Lot mit Eigentümerinschrift *CANDIDI ELI*, dh eines Centurio namens Candidus auch zahlreiche südgallische Sigillatascherben gefunden. Diese Funde veranlaßten G. Bersu 1924/25 im Auftrage des damaligen Landesamtes für Denkmalpflege hier Ausgrabungen durchzuführen, deren Ergebnis die Festlegung des Kastells war. Es liegt genau auf der europäischen Wasserscheide zwischen Rhein und Donau. Oberflächlich ist heute vom Lager nichts mehr zu erkennen. Bei den Grabungen wurde der Kastellgraben durch insgesamt 37 Schnitte ermittelt. Die durchschnittlich B des Spitzgrabens 2,5 m, die entsprechende T 1,75 m. An der SO-Ecke konnten insgesamt drei Gräben beobachtet werden, die darauf hindeuten, daß hier der Graben mehrfach ausgebessert worden ist. Die W-Seite des Lagers: 273 m, die S-Seite 248 m, O-Seite 264 und die N-Seite 254 m = ca 6,7 ha (von Grabenmitte zu Grabenmitte). Bisher konnte lediglich an der W-Seite ein Tor festgestellt werden. Der Kastellgraben setzt hier auf eine Breite von 6 m aus. Von einer Holz-Erde-Mauer konnten nur an der W-Seite einzelne Pfostengruben erfaßt werden. Im Inneren der Anlage wurde bisher noch keine Grabung durchgeführt. Ob hier Holzbauten standen wissen wir nicht. Das Vorhandensein massiver Bauten aus Stein ist auszuschließen.

Wie die Grabungen G. Bersus ergaben, wurde das Kastell nicht in Stein ausgebaut, was darauf schließen läßt, daß es nur kurze Zeit bestanden hat. Die Größe von über 6 ha ergibt, daß hier mit großer Wahrscheinlichkeit eine *ala milliaria* oder möglicherweise zwei Kohorten stationiert gewesen waren. Die Lage des Kastells auf der europäischen Wasserscheide entspricht also ziemlich genau der Lage des Kastells Hausen i. Killertal bei Burladingen.

Nach den vorliegenden wenigen Funden wurde das Lager vermutlich in spätvespasianischer oder frühdomitianischer Zeit angelegt und schon wenige Jahre später wieder aufgegeben. Es ist das westlichste Lager der Alblinie, und liegt an einer wichtigen Verbindungsstraße vom Kastell Sulz über den Häsenbühlhof bei Geislingen a. R. nach Inzigkofen und damit zur Donau. Die Bedeutung des Kastells Lautlingen ist bis heute nicht sicher zu beurteilen. Wenn auch die Lage auf der Wasserscheide denen der anderen Albkastelle entspricht, paßt doch seine weit zurückgezogene Lage auf der Alb nicht so ganz zu den anderen Anlagen. Deshalb äußerte schon Hertlein, Bersu und Schleiermacher die Vermutung, daß dieses Lager im Zusammenhang mit dem Bau der Straße Sulz – Laiz stehe, die möglicherweise schon um 80 nChr fertiggestellt worden ist. Damit hätte dieses Lager mit der eigentlichen Alblinie im Grunde nichts zu tun. Die Albkastelle wurden erst um 80–85 nChr angelegt, wie etwa die ältesten Funde aus dem Kastell Hausen zu beweisen scheinen.

Über die Lage einer Zivilsiedlung wissen wir bisher nichts. Wir möchten sogar annehmen, daß eine in der Zeit des Kastells gehörende zivile Ansiedlung hier in größerem Umfang nie bestanden hat. Neue Funde am Rand von Ebingen (Albstadt), wo 1972 verschiedene Siedlungsreste etwa 1,5 km O des Kastells beobachtet werden konnten, deuten darauf hin, daß hier Siedlungsreste des 2. JhnChr vorliegen, die mit diesem Kastell

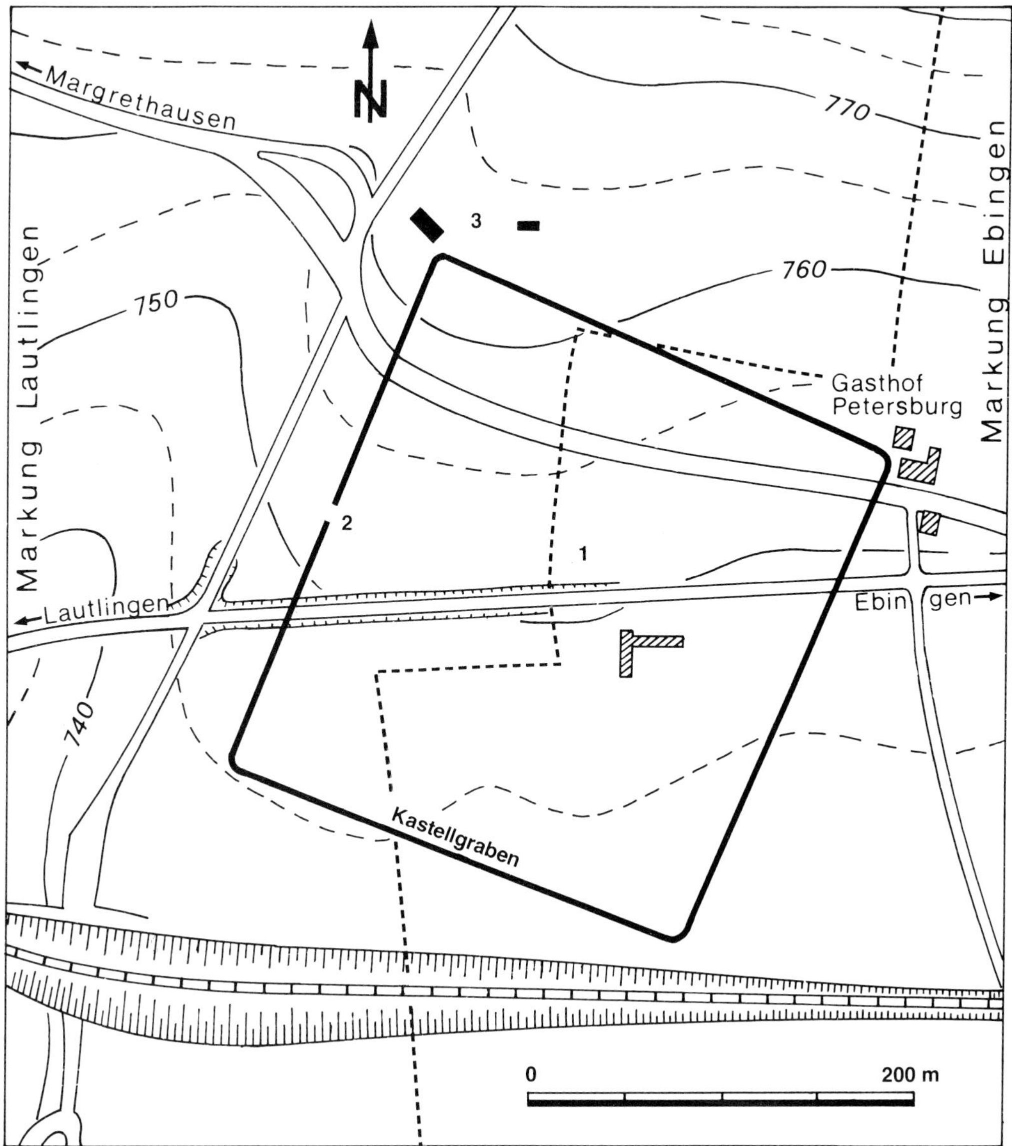

Abb. 170 Lautlingen. Gesamtplan des Kastells. 1 Kastell, 2 Tor, 3 röm nachkastellzeitliche Bauten

selbst nichts mehr zu tun haben. Unter dem neuen Fundmaterial ist ein größerer Bestand an Keramik hervorzuheben, der in frühdomitianische Zeit zu datieren ist. Wenn auch keine sicheren Befunde vorliegen, so könnten gerade diese neuen Funde mit einem bisher unerkannten Kastell am W-Rande der Stadt Ebingen in Verbindung stehen. Pl

Ao: WLM Stgt, M Ebingen
Lit: GBersu, Das Kastell Lautlingen, in Württ. Studien (Festschrift zum 70. Geburtstag von Prof. Eugen Nägele) 1926, 177 ff. – RiW 2, 215. – RiW 3, 334. – WSchleiermacher, ORL Abt. A Str 11, 29 f. – GBersu, Germania 9, 1925, 167 ff. – HSchönberger, Limesforschungen 2 (1962), 112 f.

Lonsee → Urspring

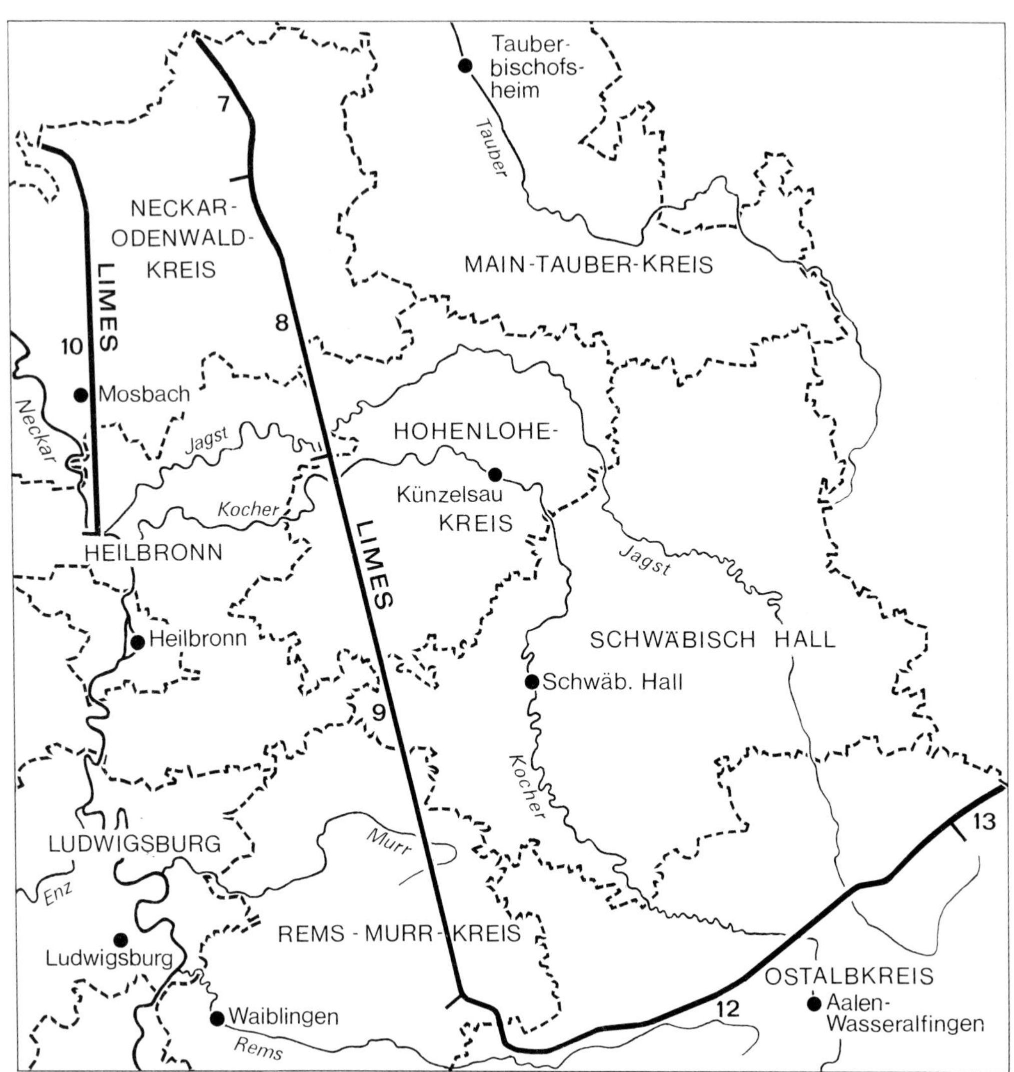

Abb. 171 Limes. Übersicht über den Verlauf des obergermanisch-rätischen Limes in Baden-Württemberg mit Einzeichnung der Streckenabschnitte und Kreisgrenzen

Limes

Abb 171, Tafel 13a

Geschichte, Entstehung und Bedeutung des Limes siehe im allgemeinen Teil S 72ff
Der baden-württembergische Teil des obergermanisch-rätischen Limes wird in folgenden Abschnitten behandelt:
Odenwaldlimes im Neckar-Odenwald-Kreis S 363ff
Neckar-Odenwald-Kreis S 370ff
Hohenlohekreis und
Landkreis Heilbronn S 377ff
Landkreis Schwäbisch Hall S 382ff
Rems-Murr-Kreis S 386ff
Ostalbkreis S 394ff
Die Beschreibung der einzelnen Streckenabschnitte folgt der o. g. Einteilung und der üblichen Strecken- und Wachtpostennumerierung laut ORL. Jeder Abschnitt wird eingeleitet mit einer Übersicht über die sichtbaren Überreste und die konservierten oder restaurierten Wachtposten u dergl. Die nachfolgende genaue Beschreibung des Limesverlaufes wird durch detaillierte Streckenskizzen veranschaulicht. Beschreibung und Skizzen enthalten genaue Hinweise auf Zufahrten, Parkplätze (P), Wanderwege ua. Die sichtbaren Limesstrecken sind in der Skizze fett gezeichnet ▬, die nicht sichtbaren ▬, die sichtbaren Wachtposten (Wp) ■ , die nicht sichtbaren ▪ . Zusätzlich sind diese sichtbaren Stellen durch einander entsprechende Pfeile in Beschreibung und Skizze gekennzeichnet (▶ bzw. ▷).
Lit: DBaatz, Der röm Limes (1975) – ORL Abt A Str. 7–12

Odenwaldlimes im Neckar-Odenwaldkreis

Abb 172–176, Tafel 52c

Strecke 10, Wp 33–62a

▶ 1 Wp 33. Konservierte Steinturmstelle. Parkplatz ,,Jägerwiese" (km 0,2 an der L 585 Schlossau-Hesselbach) oder Kreuzung L 585 und L 2311
▶ 2 Limesmauer ,,Am Hohewald" und
▶ 3 Wp 10/34 ,,Im Hohewald". Konservierte Steinturmruine. Parkplatz km 1,8 ,,Schlossau-Hesselbach"
▶ 4 Wp 10/35 ,,Im Klosterwald". Steinturm
▶ 5 Wp 10/36 ,,Am Fischerpfad". Konservierte Steinturmruine
▶ 6 Wp 10/37 ,,In der Schneidershecke". Parkplatz L 585 600 m O der L 2311 (Siegfriedstraße)
▶ 7 Wp 10/44 ,,Auf dem Hönebuckel". Größte Steinturmruine der Strecke 10. Parkplatz Sportplatz Unterscheidental
▶ 8 Kleinkastell ,,Hönenhaus" bei Robern, Wp 10/48. Konserviertes und teilrekonstruiertes Kleinkastell. Parkplatz L 525 Wagenschwend-Robern
▶ 9 Wp 10/51 ,,Auf der Roberner Höhe". Kaum sichtbar
▶ 10 Limesbegleitstraße zwischen Robern und Neckarburken. Teilweise sichtbar
▶ 11 Wp 10/55 ,,Im Mühlwegschlag". Zerwühlte Reste einer Steinturmruine. Parkplatz Trienzgrund
▶ 12 Wp 10/59 ,,Römerturm" im Neckarburker Bürgerwald

Abb. 172 Rekonstruktionszeichnung eines Steinturmes des Odenwaldlimes

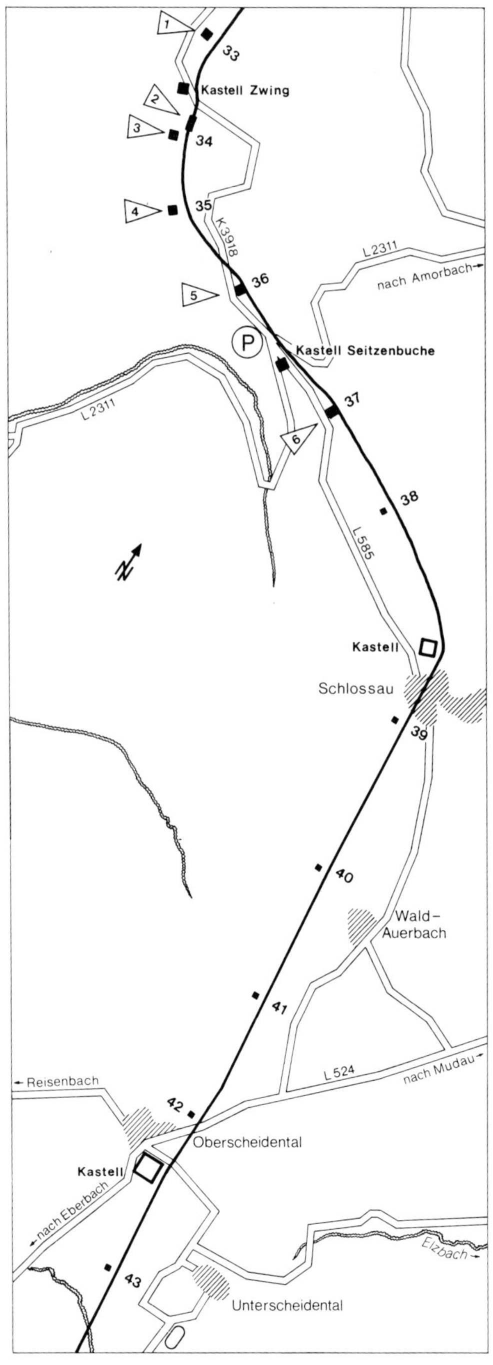

Abb. 173 Limes. Strecke 10, Wp 33–43

▶ 13 Wp 10/60 „Schäbige Hecke" im Neckarburker Bürgerwald. Reste NW- und SW-Ecke aufgemauert.

▶ 14 Wp 10/62a „Auf dem Eulberg". Parken Straße Neckarburken–Sulzbach

Diese Linie verbindet den Main mit dem Neckar. Da sie größtenteils durch den Odenwald zieht, wird sie auch Odenwaldlinie oder Odenwaldlimes genannt. Die Strecke gehört zu den älteren Abschnitten des obergermanischen-rätischen Limes (ORL).

Übersicht: Nach dem Limeswerk beginnt der Odenwaldlimes (Strecke 10) bei Wörth a. M. und endet nahe der Kochermündung gegenüber Bad Wimpfen a. N. Der Anfang wird auch S Obernburg bei der Mömlingmündung angenommen. Dann führt die Linie über die Karlshöhe zum ersten gesicherten Wachtposten (Wp 10/5) der Strecke. Von hier zieht sie über das Numeruskastell Lützelbach (Reste sichtbar: Lützelbacher Schlößchen), Kleinkastell Windlücke, Numeruskastell Hainhaus (Reste sichtbar), Numeruskastell Eulbach, beim Jagdschloß Eulbach (im Schloßpark sind interessante röm Denkmale der Odenwaldlinie ausgestellt), Numeruskastell Würzberg (mit gut erhaltener Badruine), Numeruskastell Hesselbach (im Gelände gut sichtbar), dann in Baden-Württemberg nach Schlossau und von hier schnurgerade ohne Rücksicht auf Berg und Tal nach Bad Wimpfen a. N.

Die Strecke ist 70 km lang, davon liegen 40 km in Baden-Württemberg. Die N Schlossau liegenden 35 km passen sich sehr genau dem Gelände an. Die S-Strecke ist ohne Rücksicht auf die Geländeformen angelegt. Ursache für diesen Systemwechsel war vermutlich die größere Geländeschwierigkeit des N-Abschnitts.

Laut Limeswerk hatte die Strecke über 80 Wp (davon rund 50 in Baden-Württemberg). Ein gutes Drittel ist nur geländebedingt angenommen, fast ein Drittel ist nicht mehr sichtbar, aber durch Untersuchungen nachgewiesen; das restliche Drittel ist auch heute noch mehr oder wenig gut (meist weniger gut) im Gelände oberirdisch

sichtbar. Während die waldreiche N-Strecke viele Überreste bewahrt hat, sind auf der landwirtschaftlich stark genutzten S-Strecke nur wenige Geländedenkmale gut erhalten.
Der Abstand der Wachtposten beträgt im Durchschnitt an die 700 m (340–1020 m Abstand kommen vor), entscheidend war die Sichtweite. Die Numeruskastelle für 100–150 Mann Besatzung lagen auf der N-Strecke in fast regelmäßigen Abständen von 5,8 km (zwischen 5,1 und 6,7 km). Kohortenkastelle für ca 500 Mann Besatzung gibt es nur zwei. Sie liegen an der S-Strecke in sehr unregelmäßigen Abständen. Der Verlauf von Verbindungsstraßen scheint für ihren Standort wichtiger als das Gleichmaß des Abstandes. Zum Schutz von Paß- und Talübergängen finden sich sogenannte Kleinkastelle, die auch als verstärkte Wachtposten angesehen werden können.
Die Auffindung mancher Stellen (besonders auf der S-Strecke) ist nicht immer leicht. Die Verwendung von Kompaß und topographischen Karten ist daher sehr zu empfehlen. Oft haben diese Karten aber auch Hinweise auf röm Wachttürme aus dem Limeswerk übernommen, die im Gelände nicht mehr sichtbar sind. Oberirdisch nicht sichtbare Wachtposten werden nachfolgend nicht aufgeführt. Daher auch die Lücken zwischen den Nummern der Wp.

▶ 1 – ▶ 5 Wp 10/33 – 10/36 und Limesmauer.
Die Siegfriedstraße (L 2311) Eberbach–Amorbach überquert einen kleinen Paß mit der Straße Schlossau–Hesselbach. Abbiegen Richtung Hesselbach (K 3919) 1,8 km NW kurz vor der Kreisgrenze (bei km 0,2) ein freier Platz (Parkmöglichkeit). Auf dieser ,,Jägerwiese" genannten Stelle stand das Kleinkastell ,,Zwing" (20 x 20 m). Funde von hier sind im Heimatmuseum Amorbach ausgestellt. Die Jägerwiese ist ein günstiger Ausgangspunkt zum Auffinden der Limesstellen zwischen Wp 10/33 und 10/36.
Oder vom Parkplatz der Kreuzung L 2311 (Siegfriedstraße) Schlossau–Hesselbach in umgekehrter Richtung (Gesamtwanderstrecke 5 km).

▶ 1 Wp 10/33 ,,Auf dem Kahlen Buckel"
TK 6420 Schlossau
Wenige Meter jenseits der Kreisgrenze führt ein Waldweg 400 m bergauf (Hinweisschild Limesanlage) über einen Wildzaun (Leiter) zur frischkonservierten Steinturmstelle des Wp 10/33. 25 m und 50 m S sind die Sockel zweier Holztürme mit Resten der gallischen Mauer deutlich sichtbar. Von hier zieht der Limes (ähnlich der Kreis- und Landesgrenze) über die Bergkante zur ,,Jägerwiese" hinab. Der wenig O parallel ziehende Graben ist eine mittelalterliche Anlage, die nichts mit dem Limes zu tun hat.

▶ 2 Die Limesmauer ,,Am Hohewald"
TK 6420 Schlossau
S der Zwing war die Palisade auf einer besonders steilen Strecke durch eine Mauer aus Buntsandsteinblöcken ersetzt. Vielleicht hatte hier der felsige Untergrund die Ausarbeitung eines Palisadengrabens verhindert, so daß man die am Odenwaldlimes einzigartige Mauerstrecke (B 0,9 m) schuf. Die Länge des Mauerstücks betrug 112 m. Geringe Reste sind heute in dichtem Jungwald fast unzugänglich verborgen.

▶ 3 Wp 10/34 ,,Im Hohewald"
TK 6420 Schlossau
Er liegt ca 50 m oberhalb des Mauerendes am Beginn des Bergplateaus und ist mit 553 m NN der höchstgelegene Wp des Odenwaldlimes. Sein Holzturmhügel ist durch einen alten kleinen Steinbruch stark gestört. Die Steinturmruine ist sauber konserviert. Ein Kontrollstein von hier, mit der Inschrift ,,CHO I" ist im Schloßpark Eulbach im sog ,,Römergrab", dem rekonstruierten Unterteil des Wp 10/22 eingemauert.

▶ 4 Wp 10/35 ,,Im Klosterwald"
TK 6420 Schlossau
Dem Waldweg nach SSO der Gemarkungsgrenze folgend, findet man 450 m weiter bei den Grenzsteinen 12 und 13 den Wp 10/35. Der im Wald liegenden Steinturmruine sind 20 und 50 m SO beachtlich hohe Holzturmhügel vorgelagert.

▶ 5 Wp 10/36 ,,Am Fischerpfad"
TK 6420 Schlossau
SO von Wp 10/35 befindet sich im Wald nahe dem Grenzstein 24 die wohlkonservierte Steinturmruine des Wp 10/36. Der Durchbruch nahe der S-Ecke ist nicht als Tür anzusprechen. Nur 12 m im SO liegt in dichtem Jungwald ein grabungsmäßig unberührter Holzturmhügel. SO

Abb. 174 Limes Strecke 10, Wp 37. Bauinschrift

vom Parkplatz Kreuzung Schlossau–Hesselbach mit der L 2311 (Siegfriedstraße) befand sich das Kleinkastell Seitzenbuche (20 x 20 m).

▶ 6 Wp 10/37 „In der Schneidershecke"
TK 6420 Schlossau
Auf der L 585 Schlossau–Hesselbach 600 m nach der Kreuzung Siegfriedstraße (L 2311) rechts ein kleiner Abstellplatz. Gegenüber ist das Hinweisschild „Limesanlage".
Geht man hier 140 m den Waldweg hinein, trifft man auf den interessanten Wp 10/37. Zuerst fallen, einmalig am Odenwaldlimes, die zwei Steinturmruinen auf. 40 m W des unteren Steinturmes liegt eine Holzturmstelle, 40 m O liegt der zweite besonders hoch rekonstruierte und konservierte Steinturm. Bei der Ausgrabung brachte dieser Turm auffallende Funde, aber auch außergewöhnliche Deutungsprobleme. Er hat zwei Schrägabläufe und einen langen, schmalen Anbau, der nachträglich angefügt ist und als Unterbau einer Freitreppe gedeutet wird. Gefunden wurden keilförmige Gewölbesteine für einen Bogen von gut 3 m Spannweite und zahlreiche Reste verschiedenfarbigen Wandverputzes. Einmalig an einer Wachtturmstelle war der Fund von drei Statuen ohne Köpfe. Sie stellen Salus, Viktoria und Mars dar (letzterer wurde auch als Kaiser Domitian gedeutet). Die Statuen (H über 1 m) sind im BLM Karlsruhe ausgestellt. Auch eine Bauinschrift von diesem Turm befindet sich dort. Sie bezeichnet den Turm als *burgus* und nennt als Erbauer ein Arbeitskommando *(vexillatio)* der *coh(ors) I Seq(uanorum) et Raur(acorum) eq(uitata)*. Warum diese Turmstelle nachträglich in ein Heiligtum *(sacellum)* umgewandelt wurde, ist unbekannt. Die zusammenfassende Deutung der Chronologie dieser Stelle im Limeswerk sei hier gekürzt wiedergegeben: Die Stelle wurde als *burgus* in einer Zeit errichtet, in der die genannte Kohorte in Oberscheidental lag (etwa zwischen 120 u 160 nChr). In diese Zeit fallen auch die Brittonenbauten, von denen der Turm sich nicht trennen läßt. Vielleicht wurde er von der Kohorte als Muster hergestellt, nach dem sich die Brittonen richten sollten. Diese erbauten dann den zweiten Steinturm, sei es bloß aus Disziplingründen, sei es, weil der Bau der Kohorte schon damals anders verwendet werden sollte. Die Umwandlung in ein Heiligtum erfolgte aber erst, als die Kohorte nach Miltenberg vorgescho-

ben und Oberscheidental (um 155 nChr) aufgegeben wurde. Die Figur des der *damnatio memoriae* (= Auslöschung der Erinnerung) anheim gefallenen Kaisers hatte zertrümmert 50 Jahre auf der Müllkippe in Oberscheidental gelegen (ein Teil des Schildes der Viktoria wurde hier gefunden) bis man sie zur Ausgestaltung des Heiligtums für die zurückgebliebenen nachmilitärischen Ansiedler renovierte. Die Richtigkeit dieser Theorie wird heute stark bezweifelt. D. Baatz meint, daß das Heiligtum als erster Steinturm entstand. Bald danach aber habe sich hier ein ungewöhnliches, uns unbekanntes Ereignis abgespielt. Es führte zum Umbau des Turmes in ein Heiligtum und zur gleichzeitigen Errichtung des zweiten Wp. Baatz kommt aufgrund recht einleuchtender Argumente zu dem Schluß, daß das Heiligtum nicht den wenigen nachmilitärischen Ansiedlern, sondern dem Militär selbst diente. Auf der L 585 gelangt man nach Schlossau. 350 m NW der Ortsmitte lag das Numeruskastell Schlossau, von dem nichts mehr sichtbar ist. Funde von hier sind im Schloßpark von Eulbach und im BLM Karlsruhe. Hier endet die geländemäßig trassierte N-Strecke des Odenwaldlimes. Nun führt er 35 km schnurgerade nach S durch mäßig bewegte Landschaft.

Von Schlossau führt der Weg über Waldauerbach auf der L 524 nach Oberscheidental. Am S-Ortsausgang sind deutliche Überreste des Kohortenkastells Oberscheidental zu sehen (→ Oberscheidental).

▶ 7 Wp 10/44 „Auf dem Hönebuckel"
TK 6520 Zwingenberg

Dies ist nach Wp 10/37 der erste wieder im Gelände sichtbare Wp. Er ist tief im Wald schwer aufzufinden (kein Hinweisschild!). Von Oberscheidental – Sportplatz von Unterscheidental (Privatweg; Anlieger frei!) Parken am Sportplatz. Von hier führt am W-Rand des Sportplatzes vorbei ein Weg am Waldrand (800 m) entlang nach S. Weitere 400 m im Wald, fast am Ende der Waldstraße, zweigt links ein schlechter Holzabfuhrweg ab. Auf ihm stößt man 60 m nach O auf

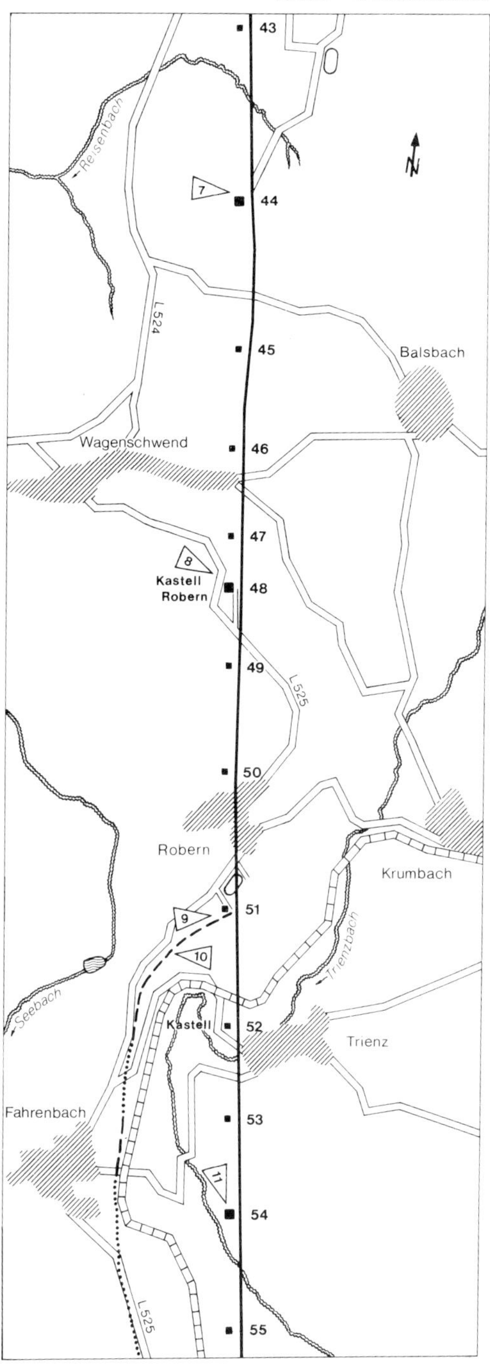

Abb. 175 Limes. Strecke 10, Wp 43–55

den Wp 10/44, den größten Steinturm an der ganzen Strecke (8,20 x 8,20 m).
Er war als einziger (das Heiligtum des Wp 10/37 ausgenommen) mit Dachziegeln gedeckt. 30 m N findet sich der flache Hügel der Holzturmstelle.

▶ 8 Kleinkastell Robern Wp 10/48 ,,Hönehaus"
TK 6520 Zwingenberg, TK 6521 Oberschefflenz
3,5 km S Oberscheidental zweigt man auf die L 525 (Richtung Mosbach) ab. Bei km 1,4 führt eine Waldstraße (Hinweisschild ,,Römerkastell") rund 400 m nach N zurück direkt am O-Rand des Kastellchens vorbei. Es ist als einziges Kleinkastell der Strecke ringsum erhalten, zu gleichmäßiger Höhe rekonstruiert und konserviert. Es hat die typischen Eckabrundungen, ein Fronttor (B ca 3 m) mit Torwangen und ein schmales rückwärtiges Tor. Die Mauern waren mit Zinnendeckeln bewehrt (einige sind auf der Mauer gesichert angebracht), waren verputzt und hatten wie die Steintürme rot ausgemalte Fugenstriche. Reste von Hüttenlehm wiesen auf Lehmfachwerkbauten im Innern des Kastells. Die Funde von hier, darunter ein Relief der Viktoria, befinden sich im BLM Karlsruhe.

▶ 9 Wp 10/51 ,,Auf der Roberner Höhe"
TK 6520 Zwingenberg, TK 6521 Oberschefflenz
Nach der starken Kurve S Robern den zweiten Feldweg nach links, der hinter den Sportplatz führt. Turmstelle liegt dort, wo dieser Feldweg rechtwinklig nach SW abbiegt. Der Wp ist kaum sichtbar. Dieser Feldweg ist von hier ab die ehemalige

▶ 10 Limesbegleitstraße,
die gerade hier den Limes verläßt, um die Geländeeinschnitte des Trienzbachtales zu umgehen. Sie ist zunächst bis hinter den Friedhof von Robern als Geländestufe gut 600 m weit verfolgbar, dann erst wieder als Feldweg O Fahrenbach, bis dieser 1 km SO in die L 525 einmündet und 1,1 km weit bis zum ehemaligen Bahnhof Sattelbach unter ihr liegt. Dann ist die Limesbegleitstraße erst wieder im Neckarburker Bürgerwald über 2,5 km (→ unten) verfolgbar. In Trienz, beim kath Gemeindehaus, befand sich ein Kleinkastell (45 x 45 m), auch Wp 10/52 genannt. Es ist oberirdisch nicht sichtbar.

▶ 11 Wp 10/55 ,,Im Mühlwegschlag"
TK 6520 Zwingenberg, TK 6521 Oberschefflenz
Von Trienz her auf der Waldstraße zum Trienzgrund (1,3 km). Von hier geht der sog Bäckerpfad (röm Postenweg?), der das Trienzbachtal, wie der Limes im spitzen Winkel quert, 150 m bergauf.
Links des Weges liegen die stark zerwühlten Reste einer nicht konservierten Steinturmruine. Dicht dabei, 15 m NW und SW die Reste zweier Holzturmhügel. Es sind die einzigen auf der S-Strecke nachgewiesenen Holztürme.

▶ 10 Limesbegleitstraße und Wp 10/59 und 60
TK 6621 Billigheim
Von der Straße Sattelbach–Mosbach (L 525) kurz vor der Abzweigung nach Lohrbach beim Wirtshaus ,,Zum Hirsch" (Bushaltestelle) Abbiegen nach O bis zum ersten Gehöft. (Parken). Auf einem Feldweg 200 m nach S bis zum Rand des Neckarburker Bürgerwaldes, an diesem nach O entlang (300 m). Von da geht ein Waldweg 210 m nach S auf die geradlinig weiter nach S führende Hauptschneise des Waldes. 100 m O der Hauptschneise stößt man auf die, stellenweise stark zerwühlte, Limesbegleitstraße, die teils als Damm, teils als Terrasse am Hang den ganzen Wald (2,5 km) durchzieht. Sie ist überall, wo der Bewuchs es zuläßt, gut verfolgbar. Zunächst nähert sie sich immer mehr der Hauptschneise, um diese nach 1,3 km bei der Abteilungsgrenze I/4–I/5 in spitzem Winkel zu schneiden, kehrt aber nach 300 m wieder auf die O-Seite zurück und schwenkt dann 1,2 km SO wieder in den Palisadenverlauf ein, wo sie bis zum ,,Alten Dallauer Weg" leicht verfolgbar ist. Die Limesbegleitstraße (B ca 5 m) mit Straßengraben (B 1 m) war bestückt mit ein bis drei Lagen wechselnd flach und hochkant gestellter Steine. Wo sie in Hanglage als Terrasse ausgebildet war, ist auch der Hang bis 1,5 m weit mit Steinpackungen befestigt.
Nahe der Limesbegleitstraße im Bürgerwald befinden sich auch die beiden nächsten spärlichen Überreste von Steinturmstellen.

▶ 12 Wp 10/59 ,,Im Neckarburker Bürgerwald"
Abt. I/4 ,,Römerturm"
TK 6621 Billigheim

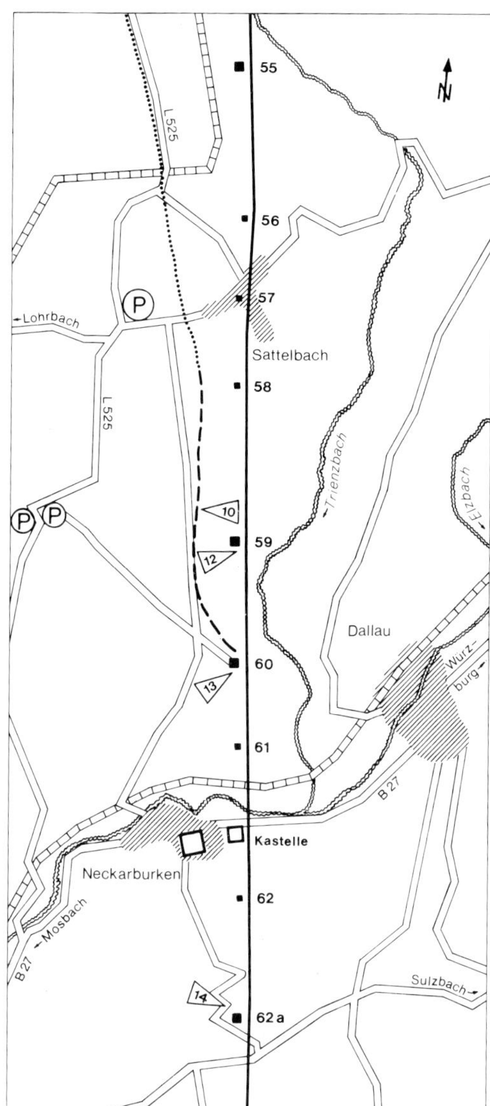

Abb. 176 Limes. Strecke 10, Wp 55–62a

Parkmöglichkeit → ▶ 10. Geht man auf der Hauptschneise bis zur Mitte der Abt. I/4, den Schlagweg 400 m nach O über die Limesstraße hinweg auf einen Querweg 85 m nach S, dann liegen 10 m W (kein Weg) zZ in dichtem Jungholz die konservierten Mauerreste des Wp 10/59, die von dichter Narbe bedeckt sind.

▶ 13 Wp 10/60 ,,Im Neckarburker Bürgerwald" Abt. I/6 ,,Schäbige Hecke"
TK 6621 Billigheim
Parkmöglichkeit → ▶ 10. Von der Hauptschneise gelangt man zur Grenzschneise zwischen Abt. I/5 und I/6. Auf ihr kommt man nach 150 m auf die Limesbegleitstraße, die hier als Terrasse am Hang gut verfolgbar ist, zumal auf ihr zZ eine schmale Schneise nach SO führt. Nach 250 m mündet ein Waldweg von NW ein. Geht man diesen 25 m hinauf, sieht man rechts des Weges die spärlichen Reste des Wp 10/60. Die NW- und die SW-Ecke wurden zur Fixierung aus vorgefundenem Versturzmaterial aufgemauert.
Straße Sattelbach–Neckarburken. Am O Ortsausgang standen ein Kohorten- und ein Numeruskastell (→ Neckarburken).

▶ 14 Wp 10/62a ,,Auf dem Eulberg"
TK 6621
Kurz vor dem O Ausgang Neckarburken führt die Sulzbacher Straße auf die Höhe (ca 1,5 km). Nach weiteren 200 m liegen 70 m nach N im freien Feld unter einem einzelnen Nußbaum die Reste des Wp 10/62a. Die N-Seite fehlt ganz, die übrigen, konservierten Teile stecken fast ganz im Boden. Von dieser Stelle reicht die Sicht 11 km weit bis Wp 10/49 bei Robern. Von der nächsten, nicht mehr sichtbaren Turmstelle, rund 350 m weiter S, reichte die Sicht sogar 15 km weit bis zu dem großen Wp 10/44.
Von hier bis zum Ende der Strecke (es liegt zwischen Kocher- und Jagstmündung) gibt es keine Turmstelle, die heute im Gelände noch einwandfrei zu erkennen ist. Ho

Lit: ORL/Abt. AV und BV – DBaatz ,,Kastell Hesselbach und andere Forschungen am Odenwaldlimes" (Limesforschungen Bd 12) 1973 – DBaatz, Der Röm Limes, 1974

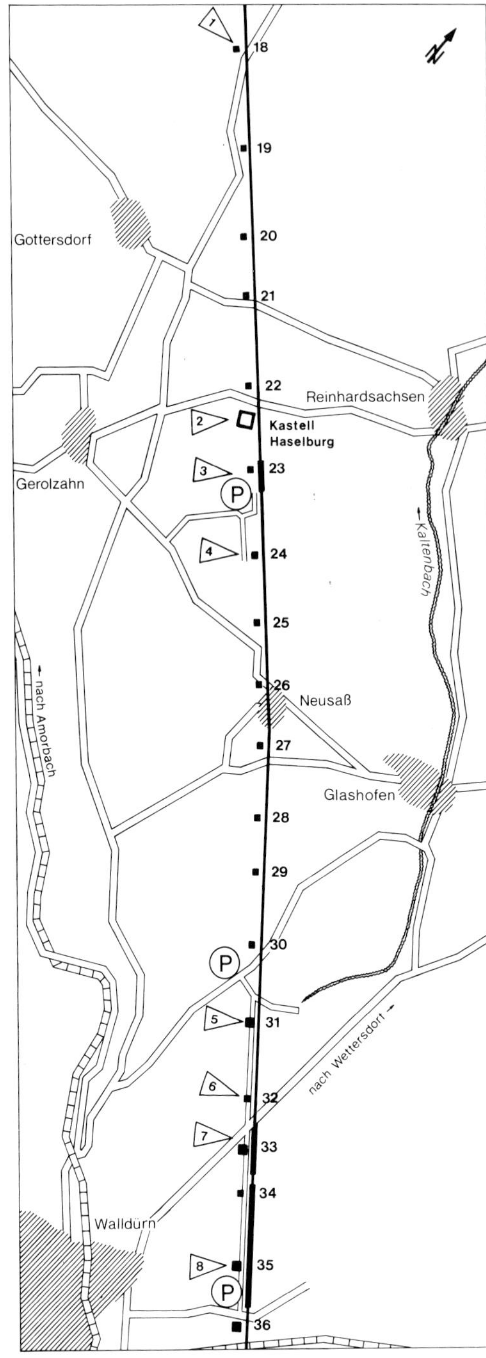

Abb. 177 Limes. Strecke 7, Wp 18–36

Neckar-Odenwald-Kreis

Abb 177–180

Strecke 7, Wp 18–49, Strecke 8, Wp 1–44

▶ 1 Wp 7/18 Erasmuskapelle. An der L 518 Walldürn – Miltenberg (km 2,6)
▶ 2 Kleinkastell Haselburg. S der K 3914 Gerolzahn – Reinhardsachsen
▶ 3 ▶ 4 Pfahlgraben „Gesengte Hecken" und Wp 7/24. Parkplatz N der Straße Gerolzahn – Neusaß (K 3913)
▶ 5 – ▶ 8 Limeslehrpfad. Wp 7/31 konserviert. Rekonstruktion Palisade. Wp 7/32, 7/33, 7/35 konserviert
Parkplatz 7/31 Alte Landstraße Walldürn – Glashofen
Parkplatz 7/35 „Lindig Süd" – Beginn des Lehrpfades – NO von Walldürn
▶ 9 Wp 7/48 (sichtbar) und Kleinkastell Altheimer Straße L 518 Walldürn – Altheim
▶ 10 Kleinkastell Hönehaus und Wp 8/1 (beide konserviert). Parkplatz an der L 518 (km 3,4)
▶ 11 Wp 8/2 (konserviert) L 518 zwischen Hettingen – Rinschheim
▶ 12 Wp 8/5 – 13 (nicht konserviert). L 522 Rinschheim – Osterburken
▶ 13 Wp 8/23 „Roschle" (sichtbar). O der L 582 Bofsheim – Osterburken
▶ 14 Wp 8/25 „Barnholz" (konserviert) und Pfahlgraben (gut erhalten). Parkplatz an der L 582 Bofsheim – Osterburken (km 2,4)
▶ 15 Wp 8/34 „Marienhöhe" (konserviert). Parken an der Straße Wemmershof – Marienhöhe
▶ 16 Wp 8/37 am „Welschen Buckel" (sichtbar) und Pfahlgraben (gut erhalten)
▶ 17 Wp 8/39 „Hergenstädter Wald" (sichtbar) Pfahlgraben (gut erhalten)
▶ 18 Pfahlgraben am Tolnais-Hof. S von Hopfengarten oder Parken an der BAB Heilbronn – Würzburg (km 404,5)

▶ 1 Wp 7/18 Erasmus-Kapelle
TK 6321 Amorbach

An der L 518 Walldürn – Miltenberg (km 2,6) steht eine kleine, dem hl. Erasmus geweihte Kapelle. Sie liegt unmittelbar hinter der Limeslinie, in fast gleichem Abstand wie an anderen Stellen die Wachttürme. Auch die Durchschnittsabstände von Turm zu Turm sprechen durchaus für einen Wp an dieser Stelle. Man hat deshalb angenommen, daß das kleine Bauwerk unmittelbar auf den Mauerresten eines Römerturms aufsitzt. Die plausible Vermutung müßte aber noch durch Grabungen bestätigt werden.

Von den Wp 7/19–22 wurde nur 7/20 nachgewiesen und ausgegraben.

▶ 2 Kleinkastell Haselburg

TK 6322 Hardheim

Die L 518 Walldürn – Miltenberg wird gekreuzt von der Straße Gerolzahn – Reinhardsachsen (K 3914). 600 m Richtung Reinhardsachsen. Rechts neben einer Hinweistafel führt ein schmaler Feldweg nach ca 100 m zu der Stelle, an der noch vor 200 Jahren die Ruinenreste einer Kastellanlage gestanden haben müssen.

Um 1780 beim Bau der Kirche von Reinhardsachsen und danach zum Wegebau soll man damals „Hunderte" von Wagenladungen an Steinmaterialien von hier weggeführt haben. 1892 wurden die Reste des Bauwerks durch Conrady im Auftrag der RLK allerdings nur oberflächlich ausgegraben. Bei neuen Ausgrabungen 1975 wurde der größte Teil des Kastells freigelegt. Schema der Innenbebauung und verschiedene Bauphasen der Umwehrung (ca 40 x 50 m) kamen zutage. Ein Münzfund bewies die militärische Besetzung des Lagers bis zum Fall des Limes. Die Größe der Gebäude (alle aus Holz) im Innenraum läßt Schlüsse auf die Stärke der hier stationierten Truppeneinheit zu. Das Kastell hat 2 Tore (O und W). Nur am O-Tor waren noch Reste der Steinumfassung erhalten (jüngste Bauphase). Sie sollen 1976 von der Stadt Walldürn mit Hilfe des LDA konserviert werden. Der Besucher hat von hier aus einen weiten Überblick über das Vorland des Limes, der im O in etwa 70 m Entfernung vorbeizog. Vermutlich gehörten ein Bad und ein kleiner Vicus zu dem Kastell.

▶ 3 Pfahlgraben im Feldbezirk „Gesengte Hekken"

TK 6322 Hardheim

Gegenüber Kastell Haselburg, auf der anderen Talseite des „Schweinsgrabens" befindet sich am Waldrand ein 200 m langes, gut erhaltenes Stück des Pfahlgrabens, an dessen Anfang der Wp 7/23 ausgegraben wurde (nicht sichtbar). Nur über Straße Gerolzahn – Neusaß (K 3913). 400 m jenseits der Kreuzung dieser Straße mit der Straße Walldürn – Miltenberg (L 518). An der Kreuzung Gerolzahn – Neusaß in Richtung Neusaß links (N) nach 400 m Feldweg. Er endet nach 700 m im Wald (Parkmöglichkeit). Nach ca 150 m in Richtung NW erreicht man das Ende des erhaltenen Pfahlgrabenstückes.

▶ 4 Wp 7/24 „Tannenwald"

TK 6322 Hardheim

Gleicher Weg wie oben (3). Auf dem Feldweg Abzweigung nach rechts schon nach ca 600 m, wo der Wald beginnt. Am Rande einer Lichtung stößt der Weg nach ca 250 m auf eine Tannenschonung. Vom Ende dieser Schonung 60 m in Richtung NO querwaldein.

Hier liegen die Steintrümmer des Turmes verstreut; einst ein quadratischer Bau von 4,30 m Seitenlänge (Mauer B 0,80 m). Die Konturen sind unter dem Bewuchs noch deutlich sichtbar.

Von den folgenden Wp sind 7/25, 27, 29 und 30 durch Untersuchungen sicher nachgewiesen, 7/26 und 28 nur vermutet.

Limeslehrpfad des Staatl Forstamtes Walldürn. Wp 31–35. Angelegt in S-N-Richtung (Wp 35–31) also ▶ 8 – ▶ 5.

Walldürner Kreuz – Wettersdorf. Abzweigung innerhalb von Walldürn hinter dem Industriegelände nach rechts (Hebelstr). Die Straße, dann Schotterweg, führt zum Parkplatz. Hier Erklärungstafel mit historischen Informationen. Sorgfältige Beschilderung der Strecke. Dauer der Fußwanderung hin und zurück ca 1 Stunde.

Die insgesamt 2,2 km lange Wanderstrecke enthält neben den konservierten Bauwerken in regelmäßigen Abständen auf Holztafeln angebrachte Informationen über den Limes, die durch praktische Einzelbeispiele und anschauliche Vergleiche in lebendiger Weise zum Nachdenken über die technische Leistung der röm Militäranlage anregen. Der Benutzer des Lehrpfades muß

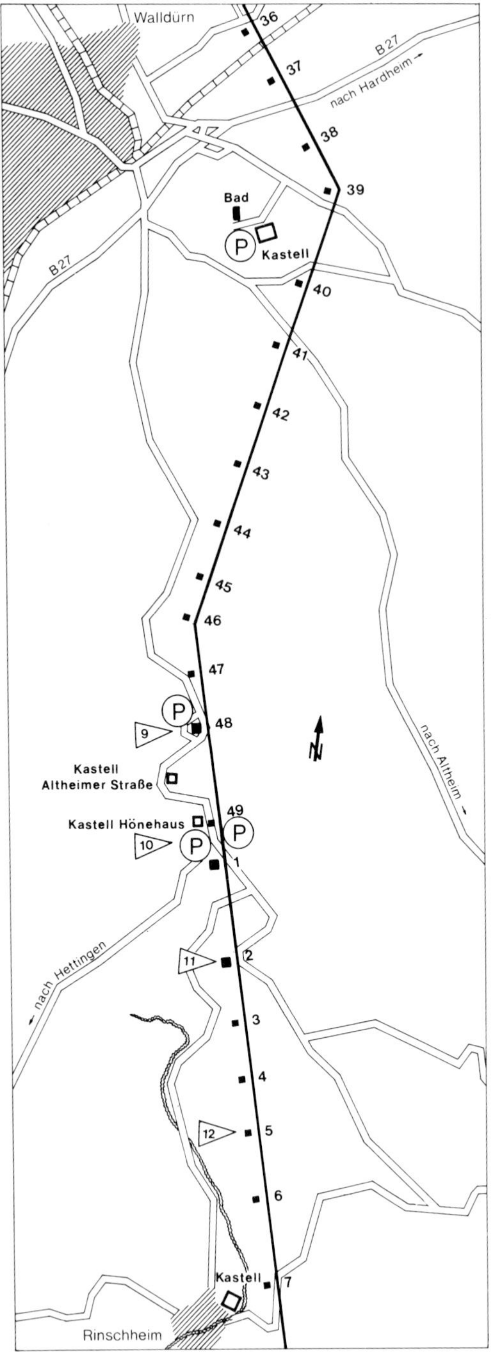

in unserer Beschreibung also mit Wp 7/35 beginnen und entsprechend rückwärts blättern.

▶ 5 Wp 7/31 „Steinernes Haus"
TK 6422 Walldürn

Von der L 518 Walldürn – Miltenberg zweigt N von Walldürn die alte Landstr Walldürn – Glashofen nach rechts ab. Nach ca 1,3 km links der Straße ein Kruzifix (Parkmöglichkeit). Nach rechts führt Waldweg nach 200 m zum Endpunkt des Limeslehrpfades.

Vom Pfahlgraben ist nichts zu sehen. Dafür begegnet man einer Rekonstruktion des Palisadenzaunes und zwei Gebäuden, deren Grundmauern konserviert sind. Auf dem kleineren der beiden Fundamente muß der Wachtturm gestanden haben; auf dem größeren wahrscheinlich ein einstöckiges Nebengebäude.

▶ 6 Wp 7/32 „im Großen Wald"
TK 6422 Walldürn

Die wenig eindrucksvollen Reste dieses Turmes bestehen nur aus konservierten Fundamentteilen und dem wiederausgehobenen Traufgraben.

▶ 7 Wp 7/33 „Lindig Nord"
TK 6422 Walldürn

Vorzüglich konserviertes Steinfundament.

Der zwischen Lindig N und Lindig S angenommene Wp 7/34 konnte bislang nicht nachgewiesen werden.

▶ 8 Wp 7/35 „Lindig Süd"
TK 6422 Walldürn

Beginn des Limeslehrpfades siehe oben. Zwischen dem Anfang des Lehrpfads und dem Wp 7/32 jenseits der Kreisstraße Walldürn – Wettersdorf sind Wall und Graben – wenn auch verflacht – zT gut zu erkennen.

Zwischen Wp 7/35 und 36 verläßt der Limes das ausgedehnte Waldgebiet S des Mains und tritt in die weite Ackerlandhochfläche der Umgebung von Walldürn ein, die die Wasserscheide zwischen Main und den N-Nebenflüssen der Jagst bildet. Obgleich oberflächlich restlos verschwunden, ist der gebrochene Verlauf der Grenzlinie in diesem Abschnitt durch Untersu-

Abb. 178 Limes. Strecke 7, Wp 36–49, Strecke 8, Wp 1–7

chungen eindeutig gesichert: Zunächst läuft die Trasse geradlinig weiter, knickt aber bei Wp 7/39, direkt W Walldürn, aus ihrem NW-SO-Verlauf nach SSW um. Im stumpfen Winkel der nach O gerichteten Grenzspitze lag an dem beherrschenden Punkt des Plateaus das Kastell Walldürn (→ Walldürn). Schon nach 2,6 km beim Wp 7/46, „Im Zentgrafengerent", ändert der Limes erneut seine Richtung. Er nimmt von nun an keine Rücksicht mehr auf die Geländeformen und zieht auf einer 80 km langen Strecke geradlinig über Berg und Tal nach SSO bis Lorch ins Remstal. Die nächsten konservierten Denkmäler des jetzt folgenden Abschnitts liegen alle an der kurvenreichen L 518 Walldürn – Altheim, die im W von Wp 7/46 den großen Wald zwischen Walldürn und Rinschheim erreicht.

▶ 9 Wp 7/48 und Kleinkastell an der Altheimer Straße
TK 6422 Walldürn

Die Grundmauern des Turms stehen bei km 4,4 im ansteigenden Gelände W der Straße. Gute Parkgelegenheit. – Bei km 4,0 kurz vor dem Scheitelpunkt einer nach W schwingenden Straßenkurve lag das Kleinkastell an der Altheimer Straße. Seine Lage läßt sich heute nur noch durch leichte Unebenheiten undeutlich im Gelände erfassen. Die spärlichen Fundamentreste, die bei den Untersuchungen aufgedeckt wurden, lassen vermuten, daß die Anlage nur kurze Zeit bestanden hat und ihr Baumaterial wohl in dem 300 m weiter gelegenen Kleinkastell Hönehaus weiterverwendet wurde.

▶ 10 Kleinkastell Hönehaus und Wp 8/1
TK 6422 Walldürn

Auf der L 518 Walldürn – Altheim bei km 3,4 kurz vor der Abzweigung nach Hettingen großzügig angelegter Waldparkplatz zu beiden Seiten der Straße mit Gelegenheit zu Picknick, Spiel und Ruhepause. Hinter dem Grillplatz führt, an einer Landkarte des röm Reiches vorbei, ein leicht ansteigender Pfad zu einer Anhöhe, auf der das Kastell Hönehaus liegt. Wohlkonservierte Reste der Anlage (40 x 46 m) mit Umfassungsmauer (B ca 1 m). An der O- und der W-Seite je ein Tor (B ca 2,50 m), mit eingezogenen Wangen. Baumaterial ist der im Gelände anstehende Muschelkalk. Im Innern standen Holzbauten, die sich unmittelbar an die Wehrmauern anlehnten. Das Lager hatte keinen Verteidigungsgraben. Auch über die Besatzung ist nichts Genaues bekannt. Vermutlich war hier ebenso wie in Kastell Walldürn eine Einheit der dort inschriftlich erwähnten Brittonen stationiert. An der N-Seite fand man 1967 bei der Neukonservierung des Mauerwerks ein kleines steinernes Votivhäuschen, das nach Aussage seiner Inschrift von einem *Quintinius Lector* den *Bonis Casibus* (= den glücklichen Zufällen) gewidmet war. Den Fundpunkt markiert heute ein Hinweisschild. Der O vom Kastell auf den Karten eingetragene Wp 7/49 konnte bis heute nicht nachgewiesen werden.

Am S-Ende des Spielplatzes auf der anderen Seite der Hettinger Straße liegt etwas versteckt die konservierte Ruine des Wp 8/1.

▶ 11 Wp 8/2
TK 6522 Adelsheim

An der L 518 bei km 2,3 N von Rinschheim ca 50 m W vom Scheitelpunkt einer nach W schwingenden Straßenkurve die konservierte Ruine dieses Turmes, dessen aufgehendes Mauerwerk noch 0,80 m hoch erhalten ist. Auf der gegenüberliegenden Straßenseite primitive Parkgelegenheit.

Vom Kleinkastell Rinschheim NO vom Ort ist heute keine Spur mehr im Gelände vorhanden. Der Limes begleitet nun – wie im Großen Wald nirgendwo mehr sichtbar – über eine Strecke von fast 10 km an den Orten Götzingen und Bofsheim im O vorbeiführend das Rinschbachtal. Das weite hügelige Wiesen- und Ackerland wird nur hin und wieder durch kleine Gehölze und Baumgruppen unterbrochen. Würde man Wall, Graben und Palisade in diesem Landstrich wieder herstellen –, kaum anderswo ließe sich die Sperr- und Schutzfunktion der röm Grenzanlage eindrucksvoller demonstrieren. Wir empfehlen deshalb dem Limeswanderer, dem es nicht genügt, allein die denkmalpflegerisch hergerichteten Schauobjekte in sich aufzunehmen, sondern der selbst den archäologischen Arbeitsvorgang des Suchens und Entdeckens an einem lerntechnisch günstigen Modell nachvollziehen möchte, die

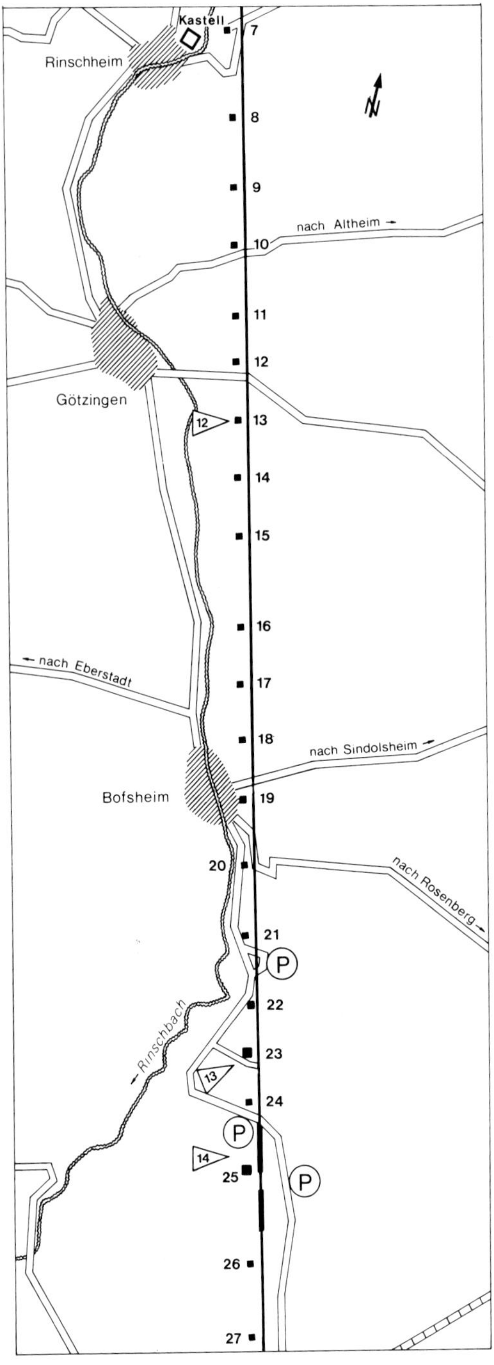

vermutlichen oder gesicherten Wp der oberen Rinschbachtalstrecke aufzuspüren. Die Kuppen und Seitentälchen dieses Landstreifens sind von der modernen Landwirtschaft so gründlich durch kleine Straßen und zT gut befahrbare Feldwege aufgeschlossen; die Sichtweiten von Hügel zu Hügel, was soviel heißt wie von Wp zu Wp, sind günstig; der Kontrast zwischen der trocken-kargen Hochfläche und dem fruchtbar-kultivierten Talstreifen im W ist so stark und anschaulich, daß der Wanderer hier trotz des Fehlens konservierter Denkmäler einen höchst lebendigen und anschaulichen Eindruck vom Bau und der Funktion der röm Grenzwehr gewinnt. Im folgenden sind die Wp und ihre Lage stichwortartig nach dem Limeswerk beschrieben und die günstigsten Zugänge angegeben.

▶ 12 Wp 8/5–13 (nicht konserviert)
TK 6422 Walldürn, TK 6522 Adelsheim

Die Benutzung der obigen topographischen Karten wird als Hilfsmittel empfohlen. Der Autotourist benutzt als Rückgrat dieser Route am besten die Landstraße von Rinschheim nach Osterburken (L 522).

Wp 8/5: Der Turm ist nicht nachgewiesen. Möglicherweise steckt er in den Steinhaufen einer Kirschbaumgruppe am O-Rand eines kleinen Gehölzes und des sog. Deisselbodenwegs, der die Altheimer Landstraße mit der alten Straße zwischen dem Hönehaus und Rinschheim verbindet. –

Wp 8/6 auf dem „Kühbaum“: Überreste des Turms wurden in dem Gehölz am W-Rand der Kuppe in einer mächtigen Steinrutsche festgestellt. –

Wp 8/7: Man vermutet den Turm W des Zossenberges zwischen Landstraße und Feldweg in jenem Streifen, wo deren Trassen von N nach S parallel laufen. Unterhalb auf der W des Rinschbaches gelegenen Anhöhe liegt das Kleinkastell Rinschheim.

Wp 8/8 „Deusterberg“: In der Mitte des Berges, am N-Rand des Waldes, kurz vor dem Waldspielplatz liegen noch heute Steinhaufen, unter denen Reste eines Turmes festgestellt wurden.

Abb. 179 Limes. Strecke 8, Wp 7–27

Wp 8/9 „Lausenberg": Der Turm soll schon vor 100 Jahren von einem Bauern aus seinem Acker ausgegraben worden sein. Standort müßte die SO-Ecke des Waldes am S-Hang des Lausenberges gewesen sein. An dieser Stelle erkennt man allerdings heute noch eine rechteckige Erhöhung im Wiesengelände zwischen zwei schmalen Eichenwaldausläufern des Gehölzes.
Wp 8/10 in den „Deust-Wiesen": Der Wp wurde lediglich angenommen, nie archäologisch ermittelt. Man sieht aber heute in den Weideflächen an dem mutmaßlichen Platz ein auffallend trockenes Wiesenstück.
Wp 8/11 „Hönehaus bei Götzingen": Die Trümmerreste dieses Turmes, der bei der Entdeckung noch 1 m hoch war, liegen in einer Kirschbaumgruppe neben einem Fernleitungsmast. Der Punkt ist S des Eselsweges auf den topographischen Karten eingetragen.
Wp 8/12: Der Turm wurde bislang nicht festgestellt. Er müßte an der Straße Götzingen – Sindolsheim kurz vor dem Steinbruch gelegen haben.
Wp 8/13 „Kerrenberg": Wenig W des auf der Hügelkuppe W-O-verlaufenden Gebüschstreifens erkennt man im Feld eine Geländeerhebung und den Bewuchsunterschied, den die Fundamente im Untergrund hervorrufen.
In der Nähe des Friedhofs von Bofsheim liegt die nördlichste Stelle, an der sich Spuren einer den Limes begleitenden Mauer (B 1,2 m) nachweisen lassen, die sich als zuätzliches Hindernis hinter dem Wall von Wp zu Wp erstreckt hat.
Von den S des Kerrenbergs folgenden Wp sind die Türme 8/15, 8/18 und 21 durch Grabungen sicher festgestellt; 8/20 ist lokalisiert, aber nicht untersucht worden; 8/16, 17, 19 und 22 nur als wahrscheinlich angenommen.

▶ 13 Wp 8/23 „Roschle"
TK 6522 Adelsheim

Bei km 3,7 der Landesstraße Bofsheim – Osterburken (L 582) zweigt nach links ein Feldweg ab, der nach 400 m an einer Waldecke die Höhe der sog Bofsheimer Kalbe erreicht.
Die Stelle, die auch heute noch einen weiten Rundblick gewährt, muß ein Meß- und Signalpunkt erster Ordnung gewesen sein. Die nicht konservierte Turmruine ist in der Waldecke gut sichtbar.

▶ 14 Wp 8/25 „Barnholz" und Pfahlgraben
TK 6522 Adelsheim

Bei km 2,8 der L 582 Bofsheim – Osterburken liegt am S-Rand der Straße ein schmaler Einstieg zu einem Waldweg, der auf etwa 300 m ein gut erhaltenes Stück des Pfahlgrabens begleitet. Der Autotourist findet etwa 100 m O des Wachtturms bei km 2,4 der Landesstraße einen Parkplatz mit guter Rastgelegenheit.
Am Ende dieser Strecke liegen die wohlkonservierten Grundmauern der Turmruine von Wp 8/25. Nach knapp 50 m beginnt ein zweiter Wallabschnitt von rund 100 m Länge, an dem zT auch der Graben recht gut erhalten ist.
Auf dem bis Osterburken folgenden Streckenabschnitt konnten die Wp 8/26 und 27 sicher nachgewiesen werden; die Lage von 8/28 am Abhang über der Kirnau-Niederung im N der Stadt ist nicht ganz gesichert. Das gleiche trifft für Wp 8/29 auf dem „Salzberg" zu. Im W der Stadt ist die Lage der Wp 8/31 und 32 durch Grabungen geklärt, 8/33 wurde nur vermutet.

▶ 15 Wp 8/34 auf der „Marienhöhe"
TK 6522 Adelsheim

Von der L 515 Osterburken – Ballenberg zweigt noch vor der Autobahn eine Kreisstraße nach Adelsheim über Marienhöhe – Wemmershof ab (K 3953). Am „Egelsee" auf der Kuppe hinter dem Gutshof Marienhöhe Parkmöglichkeit.
Bei km 4,3 im Hochwald N der Straße trifft man auf das konservierte aber ziemlich überwucherte Turmfundament von Wp 8/34. Durch die Bäume blickt man weit nach N bis Wp 8/23 auf der sog Bofsheimer Kalbe (→ 13). Die Stelle muß ein wichtiger Meß- und Signalpunkt gewesen sein. Diese Annahme wird unterstützt durch vier in einem Geviert angelegte Pfostengruben, die die Ausgräber als Spuren eines Meßgerüstes gedeutet haben.
Der Wp 8/35 wurde aus zwingenden topographischen Gründen angenommen, aber nicht gefunden; von Wp 8/36 haben sich Mauerreste nachweisen lassen.

▶ 16 Wp 8/37 an dem „Welschen Buckel" und Pfahlgraben

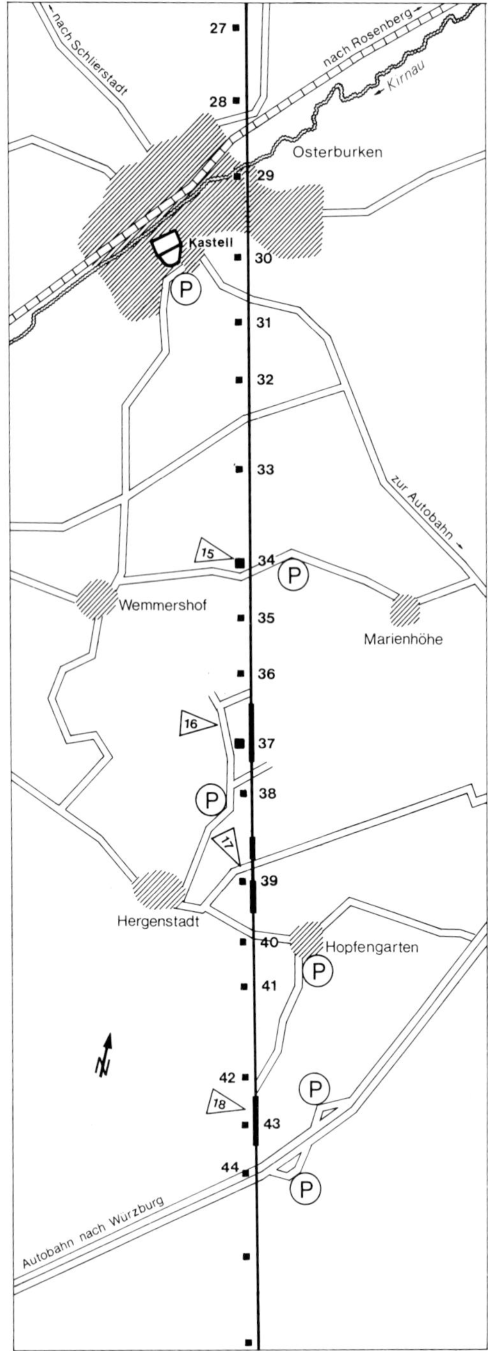

TK 6522 Adelsheim
Auf einem befestigten Feldweg, dessen gebrochene Führung unsere Skizze nachzeichnet, gelangt man von Wemmershof nach Hergenstadt, wo am O-Rand des Hergstgrabens ein Feldweg nach N führt. Immer am Waldrand entlang erreicht man nach knapp 1,5 km das Waldende. Parken. Von hier gelangt man rechts bachaufwärts nach wenigen Minuten an jene Stelle, wo der Pfahlgraben eindrucksvoll durch den Hochwald bergauf steigt. Folgt man seiner Spur, so erreicht man nach etwa 300 m den mächtigen Steinturmhügel von Wp 8/37, in dem noch Mauerreste des Bauwerks sichtbar sind.
Die Reste von Wp 8/38 liegen heute kaum auffindbar in den Dickungen des nächsten Hügels.

▶ 17 Wp 8/39 im „Hergenstädter Wald"
TK 6522 Adelsheim
Der Forstweg von Hergenstadt nach Dörnishof überquert rund 500 m hinter dem Forsthaus kurz vor einer Lichtung den Limes. Auf beiden Seiten des Weges sind nur wenige Meter waldeinwärts gut erhaltene Pfahlgrabenabschnitte zu erkennen. Im S findet man nach knapp 100 m den niedrigen Steinturmhügel von Wp 8/39. Im dichten Wald gewinnt man aber kaum eine Vorstellung davon, daß auch hier einst ein Meß- und Signalpunkt gewesen sein muß.
Der Wp 8/40 wurde von einem älteren Limesforscher noch gesehen. Die Wp 8/41–43 sind nur nach ihren vermuteten Standorten fixiert worden.

▶ 18 Pfahlgrabenabschnitt am ehem Tolnaishof
TK 6622 Möckmühl
Straße Hergenstadt – Hopfengarten. Von dort führt ein Feldweg nach S zur Senke eines Bachbettes hinab. (Parken). Jenseits dieses Baches markiert der Rand des mächtigen Buchenhochwaldes recht eindrucksvoll den Limesverlauf. Zumindest der Wall des Pfahlgrabens ist hier an der ganzen Waldrandstrecke gut zu erkennen. Auf der Höhe des Geländerückens, wo heute die Autobahn Heilbronn – Würzburg entlangzieht,

Abb. 180 Limes. Strecke 8, Wp 27–44

wurden vor einigen Jahren die Reste des Wp 8/44 ausgegraben. Man fand dabei ein zweites Turmfundament und ein Stück der schon bei Bofsheim erwähnten Begleitmauer. Der ganze Grabungsbefund liegt heute unmittelbar unter der Autobahntrasse. Dem Benutzer der Autobahn ist der Parkplatz bei km 404,5 zu empfehlen. Von dort aus gelangt man mit wenigen Schritten an den Kreuzpunkt des Limes mit seinem großartigen Fernblick. Cä

Hohenlohekreis und Landkreis Heilbronn

Abb 181–183

Strecke 8, Wp 46–58. Strecke 9 Wp 1–50

▶ 1 Wp 8/51. Schutthügel sichtbar. Parkplatz Straße Rossach – Jagsthausen.
▶ 2 Wp 9/14 am S-Hang des Kochertales. Steinturm restauriert. Straße Sindringen – Pfahlbach. Naturfreundehaus oder Kochertalstraße, Abzweigung Öhringen. Parkplatz.
▶ 3 Wp 9/16 und Pfahlgraben noch erkennbar. Straße Sindringen – Pfahlbach.
▶ 4 Wp 9/17. Zerwühlter Schutthügel. Straße Sindringen – Pfahlbach.
▶ 5 Wp 9/18 Gerbersholz. Hälfte des Wp zu sehen. Straße Sindringen – Pfahlbach.
▶ 6 Limes am Pfahldöbel und Wp 9/23. Gut erhaltene Strecke. Wanderparkplatz Öhringen – Friedrichsruhe.

Vom Tolnaishof bis Gleichen zieht der Limes durch das Muschelkalkgebiet, das auf weiten Strecken mit Löß bedeckt ist und seit Jahrhunderten landwirtschaftlich genutzt wird. Die Spuren des röm Limes sind deshalb auch größtenteils verschwunden und nur in wenigen Waldungen erhalten geblieben. Bei Wanderungen oder Fahrten entlang dieser Limesstrecke wird man gut daran tun, die angegebenen topographischen Karten (6723 und 6823) zu Hilfe zu nehmen.

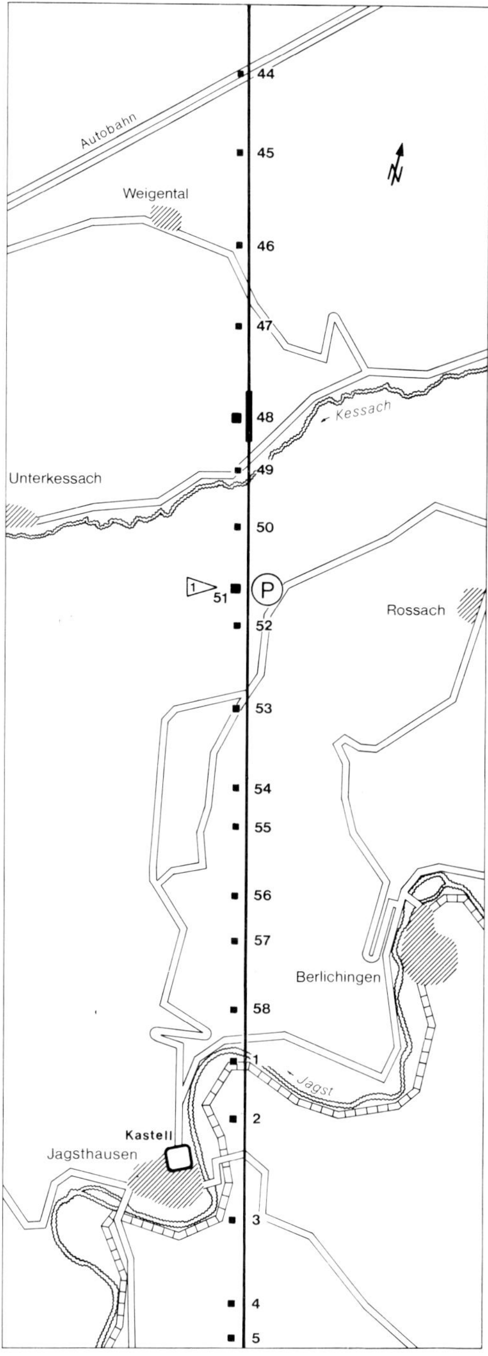

Abb. 181 Limes. Strecke 8, Wp 44–58, Strecke 9, Wp 1–5

Wer diesen Limesabschnitt besucht, schlägt von Unterkessach oder Leibenstadt kommend die Straße nach Weigental ein. 600 m O von Weigental lag auf der markanten Kuppe am Oberkessacher Weg (Punkt 324,9) Wp 8/46; Graben und Palisade sind dort nachgewiesen. Der Verlauf des Limes ist durch den Schnittpunkt der BAB Heilbronn – Würzburg mit der Waldgrenze (= Standpunkt von Wp 8/44) gut zu erkennen. Wp 8/45 muß in der O-Spitze der Waldabt. Lichte Eichen gelegen haben, ist aber noch nicht lokalisiert; ergraben ist dagegen dort die Limesmauer (B 0,75 m). Der nach S folgende Wp 8/47 ist gleichfalls nur erschlossen.

Wp 8/48 im Wald ,,Heiligenrain" kann man an den Schutthaufen früherer Grabungen gut erkennen. Von Graben und Wall ist dagegen nur teilweise ein undeutlicher Rain erhalten. Die Palisade ging genau durch die Ecke des einspringenden Waldwinkels (= O-Ecke des Gewanns Kohlplatte). Der Turm ist schwierig zu finden, am ehesten vom Kessachtal her, entlang des W-Randes der tief eingeschnittenen Heiligenklinge. Die Sicherung des Kessachtales erfolgte durch Wp 8/49, der vermutlich an seinem N-Rand lag. S der Kessach führt der Limes den bewaldeten Hang hinauf. Wp 8/50 lag dicht bei der ehemaligen Landesgrenze von Baden-Württemberg, 30 m NO des Landesgrenzsteines 543. Auf der Ruine stand eine Jagdhütte, die ebenfalls bereits zerfallen ist. Die sichtbaren Fundamente gehörten zum Jagdhaus.

▶ 1 Wp 8/51

TK 6622 Möckmühl

An der Straße Rossach – Jagsthausen, knapp 2 km von Rossach, W der Straße Parkmöglichkeit. Etwa 200 m W davon liegt der markante Schutthügel, gut sichtbar im Hochwald. Der Wp wurde 1897 von Schumacher untersucht. Damals waren von dem 4,30 m großen Turm noch 6–7 Steinlagen erhalten.

Der Sichtverbindung wegen muß man Wp 8/52 auf dem Glasenberg ergänzen. Wp 8/53 im ,,Säuhaus" lag O des Weges zum Hof Leuterstal, 11 m N des Grenzsteines 521 auf badischem Gebiet. Der quadratische Turm von 3,80 m Seitenlänge wurde 1894 ergraben; ebenso die nach N und S abgehende Limesmauer sowie der Graben und die Palisade.

Wp 8/54, im Gewann ,,Heubirken", liegt auf einer kleinen Kuppe mit weitem Rundblick. Nach S reicht die Sichtverbindung bis zum sechseckigen Turm bei Gleichen (Wp 9/51). Die Gunst der topographischen Situation zeigt sich auch daran, daß heute der trig Punkt 341,0 unmittelbar auf der Turmruine steht. Die Kreisgrenze folgt auf einer kurzen Strecke dem Verlauf des Limes. Wp 8/55 und 57 sind nur vermutet. Wp 8/56 wurde dagegen 350 m SO von Leuterstal, etwa 100 m N des Weges von Leuterstal nach Berlichingen, durch Grabung nachgewiesen.

Wp 8/58 auf der Höhe des ,,Mosich" (am Ende des Feldweges, der bei der oberen Straßenkehre nach O abzweigt) war ein wichtiger Signalpunkt, der zum Kastell Jagsthausen (→ Jagsthausen) Sichtverbindung hatte und von dem aus man den Grenzabschnitt im Jagsttal und bis zur Hohen Straße hin sehr gut überblicken konnte.

Die Höhendifferenz bis zum Fluß beträgt ca 100 m.

Die Strecke von der Jagst bis zum Kocher zieht durch Ackerland. Ein Wandern unmittelbar auf der Limeslinie ist deshalb nur im Winter möglich. Vom Graben und den Türmen ist an der Oberfläche kaum etwas wahrzunehmen.

Wp 9/1 mag unmittelbar beim Jagstufer gelegen haben, Wp 9/2 vermutlich in der Mitte des flachen Gleithanges. Den Zugang zu den Türmen ermöglichten zwei Brücken, deren Reste bei niedrigem Wasserstand mehrfach beobachtet wurden.

Wp 9/3 auf dem ,,Vorsteig" ist als erster Turm auf dieser Strecke nachgewiesen. Er liegt 1000 m von der Jagst entfernt und dicht O des Fußwegs zum Stolzenhof. In situ ist nichts erhalten (heute Schafweide). Der Graben davor lag voller Scherben und Kohle. Der Geländepunkt bietet einen guten Überblick über das Kastell Jagsthausen und das Jagsttal. Der trig Punkt 274,6 liegt auf der Flucht der Palisade (schöner Aussichtspunkt). Von Wp 9/4, O des Stolzenhofes in halber Höhe der Flur ,,Roter Grund", ließ sich das tief eingeschnittene Tal gut überblicken. Wp 9/5, 500 m SO des Stolzenhofes ist der Sichtverhält-

nisse wegen an den N-Rand der Kuppe gerückt. Die Sicht reichte von hier nach N bis zum Wp 8/44 beim Tolnaishof (= Autobahn) und nach S bis Wp 19/15 beim Schießhof.
Bei Wp 9/6 kreuzt der Limes die „Hohe Straße" (K 2328). Die wenigen Reste des Turmes, der von einem Ringgraben umgeben war, steckten im S-Rand der Straße.
Nach S folgen mehrere kleine Kuppen, welche durch die nach W ziehenden Klingen voneinander getrennt werden. Auf jeder der Kuppen lag ein Turm. Wp 9/7 im „Hölzle" und Wp 9/8 im „Klumpenfeld" sind durch Fundamentreste nachgewiesen, Wp 9/9 im „Lämmerfeld" dagegen nur vermutet. Wp 9/10 lag auf der Kuppe des „Häuserberges", dicht N des Feldweges.
Jenseits der tiefen Klinge, in der die Reibertssteige nach O führt, liegt im W-Teil des Geländesporns im „Eisenhut" Wp 9/11. (Am besten über einen Fußweg von Sindringen her zu erreichen.) Den SO-Hang zum Kocher konnte man von diesem Turm aus nicht einsehen. Deshalb wird dicht oberhalb der Straße nach Ernsbach Wp 9/12 vermutet. Als Sicherung des Flußüberganges stand vermutlich dicht am Kocher Wp 9/13.
640 m hinter dem Limes wurden unter der Kirche von Sindringen die Reste eines Kleinkastells gefunden. Etwa 1,30 m unter der heutigen Oberfläche wurden Teile einer vermörtelten Mauer (B 1,50 m) und die rechte Wange eines Tores aufgedeckt. Lag das Tor in der Mitte, so ist eine Seitenlänge von 25 m zu vermuten. Röm Kleinfunde fehlen bisher. Die röm Straße von Jagsthausen führte vermutlich durch das Engelbachtal.

▶ 2 Wp 9/14 am S-Hang des Kochertales
TK 6723 Öhringen

Naturfreundehaus an der Straße Sindringen – Pfahlbach. Von dort folgt man zunächst dem Fußweg zwischen Waldpfad und den Wiesen, nach dem Jagdhochsitz auf dem Fußweg im Wald weiter hangabwärts. Oder (leichter zu finden) Parkplatz an der Kochertalstraße bei der Abzweigung nach Öhringen. 400 m S auf der Öh-

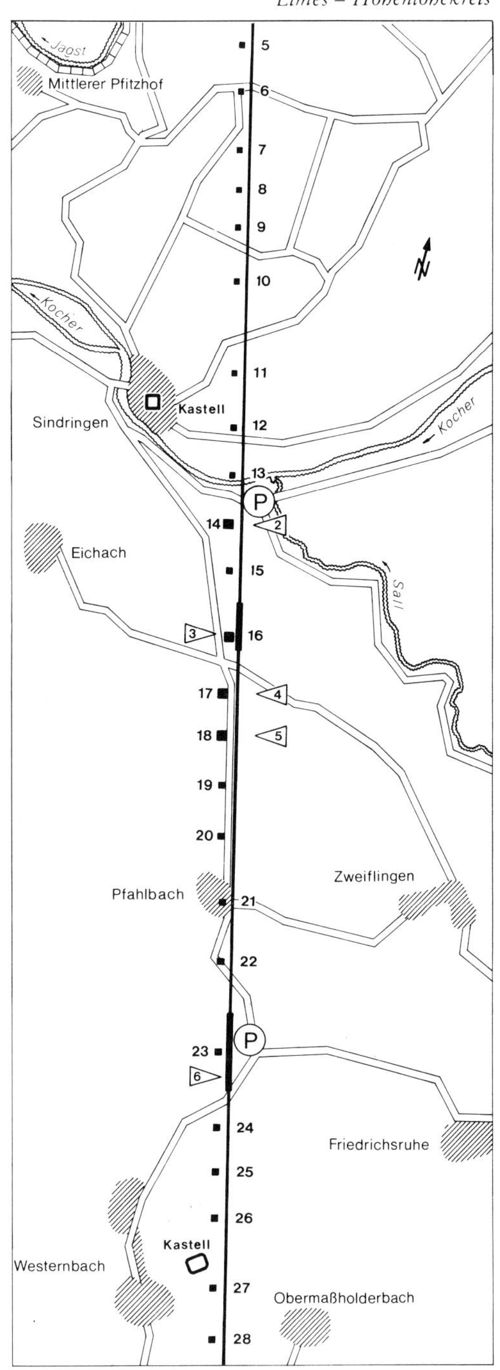

Abb. 182 Limes. Strecke 9, Wp 5–28

ringer Str führt S der Sall beim Waldabt.-Schild „VII, 19 Eichhalde" (neben dem alten Grenzstein Sindringen-Heiligenhaus) im spitzen Winkel ein beschotterter Waldweg den Hang hinauf. Der Weg verläuft zunächst nach NW und nach einer spitzen Kehre nach SO. 140 m weiter liegt links neben dem Weg das Turmfundament, unmittelbar neben einer Sitzgruppe aus zwei Bänken und einem Tisch. Der Turm (4,70 x 3,90 m) wurde 1973 durch Forstdirektor Neunhöffer erneut ausgegraben und anschließend restauriert. Zu sehen ist der Fundamentstumpf der Mauer (B 0,80 m), die aus Muschelkalkbruchsteinen besteht. An der NO-Ecke sitzen wegen der Geländeverhältnisse zwei nach N und O führende Stützmauern (L 1,40–1,50 m) an das Fundament an.

Von Wp 9/15 am Waldrand, 80 m SO des Schießhofes schaut nur die NO-Hälfte des Fundaments unter dem Ackerrain hervor.

▶ 3 Wp 9/16

TK 6723 Öhringen

Straße Sindringen – Pfahlbach, 300 m SO des Schießhofes unmittelbar O der Straße im Hochwald leidlich zu erkennen. 4,50 m W des Turms wurden die Reste des Grenzbegleitweges (B 4 m) angeschnitten. 5 m vor dem Turm ist der große Graben, stellenweise auch der Wall, auf 100 m Länge noch etwas sichtbar, verschwindet gegen S unter der Straße nach Pfahlbach, die auf 2 km Länge bis zum S-Rand des Dorfes genau der Trasse des Limes folgt.

▶ 4 Wp 9/17

TK 6723 Öhringen

An der Straße Sindringen – Pfahlbach, 150 m S der Kreuzung Eichach - Zweiflingen.

Der zerwühlte Schutthügel ist im jungen Tannenwald dicht am W-Rand der Straße leicht zu erkennen.

▶ 5 Wp 9/18 Gerbersholz

TK 6723 Öhringen

Unmittelbar auf der O-Böschung der Straße Sindringen – Pfahlbach, die Hälfte des Wp.

In der folgenden, durch Ackerland führenden Limesstrecke sind an der Oberfläche alle Spuren verwischt. Wp 9/19 ist nur annähernd lokalisiert. Über Wp 9/20 läuft die heutige Straße beim km-Stein 7 hinweg. Gesichert ist der Verlauf des Grabens dort 3,70 m O der Straßenböschung. Wp 9/21 müßte nach den Abständen am O-Rand von Pfahlbach gelegen haben, trotz der ungünstigen Geländesituation wohl in der Talmulde. Wp 9/22 liegt dagegen wieder auf der Höhe im „Bezenfeld". Die Flucht des Walles ist auf 100 m Länge nur als Ackergrenze erhalten. Jenseits der feuchten Wiesenniederung führt der Wall als versteinte Waldgrenze den Hang hinauf (heute Jungwald) zum Pfahldöbel.

▶ 6 Limes am Pfahldöbel und Wp 9/23

TK 6823 Pfedelbach

Von Öhringen über Friedrichsruhe oder über Westernbach. Wanderparkplatz an der Straßenkreuzung gegenüber dem Wasserhochbehälter. Von dort 150 m nach W auf dem alten Kärcherweg.

Der Pfahldöbel zwischen Pfahlbach und Westernbach ist der am besten erhaltene Abschnitt des Limes im Hohenloher Land. Die 270 m lange Strecke liegt im Wald und vermittelt noch heute ein eindrucksvolles Bild vom einstigen röm Grenzwall.

Der Graben war an diesem Teilstück ursprünglich 8 m breit und 2,50 m tief. Unmittelbar davor verlief die Palisade. Der Erdwall hatte an seiner Basis eine Breite von 9 m und war ehedem mehr als 2 m hoch. der Höhenunterschied zwischen Grabensohle und Wallkrone betrug ursprünglich mindestens 5 m.

N des Kärcherweges ist der Limes bis zum Waldrand ebenfalls zu sehen, doch sind Wall und Graben stark verschliffen.

12 m S des Kärcherweges stand Wp 23. Der Turm steckte weitgehend im Erdwall. Die O-Front des Turmes liegt nur 22 cm von der Wallmitte entfernt. Allem Anschein nach existierte der Turm mit seinem Ringgraben schon bevor der Wall aufgeworfen wurde. Ein Meter hinter dem Turm verlief der Begleitweg.

An der Straße nach Westernbach bricht das gut erhaltene Limesstück unvermittelt ab.

Um 1770 war nach den Berichten von Hanßelmann der „Pfahl" zwischen Westernbach und Pfahlbach noch auf 2,5 km Länge erhalten.

Vom Pfahldöbel bis Öhringen verläuft der Limes

ganz durch Ackerland und ist im Gelände kaum noch wahrzunehmen.

Vom Pfahldöbel aus markiert ein Feldweg den Verlauf des Limes auf 400 m Länge. Die regelmäßigen Geländewellen boten gute Standorte für die Wp 9/24–26.

In der leichten Talmulde bis zum Wp 9/27 lag 150 m hinter dem Limes das Numeruskastell Westernbach (117 x 86 m = 1 ha). An der Oberfläche ist nichts zu erkennen. Das Kastell war von einer Steinmauer und zwei Gräben umschlossen. Zwei gegenüberliegende Tore waren nur in der Mitte der Schmalseiten vorhanden. Von Innenbauten wurden keine Reste ermittelt. Das Bad wird S des Lagers vermutet, wegen der dort entspringenden Quellen. Der Name der Besatzung ist bisher unbekannt. Auch das Gründungsdatum ist nicht sicher.

Wp 9/27 lag etwa dort, wo der alte Weg Öhringen – Zweiflingen (als Hohlweg weitgehend erhalten) den Limes überschneidet. Wp 9/28, 29 liegen dicht O des alten Hohlweges im Ackerland. Die Wp 9/30, 31 sind nicht lokalisiert. Wp 9/32 müßte am O-Rand des Maßholderbachtales gelegen haben, etwa in der Gegend des Widerlagers der jetzigen Autobahnbrücke.

Wp 9/33 stand dicht am N-Rand der „Alten Straße", 200 m W des Wasserturmes auf einer Geländekuppe mit guter Fernsicht nach N bis zum Pfahldöbel, nach S bis zur Beckemer Ebene (Wp 9/51). Der heutige „Limesweg" folgt dem Verlauf bis zur Talsohle (= Wollreffenweg).

Wp 9/34 lag wahrscheinlich in der Straße nach Friedrichsruhe. Von ihm aus waren beide Öhringer Kastelle zu sehen. 350 m NO des Rendelkastells wird schließlich Wp 9/35 vermutet, als letzter Turm N der Ohrn.

Von Öhringen (→ Öhringen) bis Gleichen zieht der Limes über den mit Löß bedeckten Rücken W des Ohrntales. Wegen des intensiven Ackerbaus sind keine sichtbaren Überreste des Limes erhalten. Der Verlauf des Grabens und der Palisade ließ sich durch Suchschnitte zwar einwandfrei ermitteln. Die Lage der Wachttürme blieb in vielen Fällen ungesichert. Der erste Turm S der

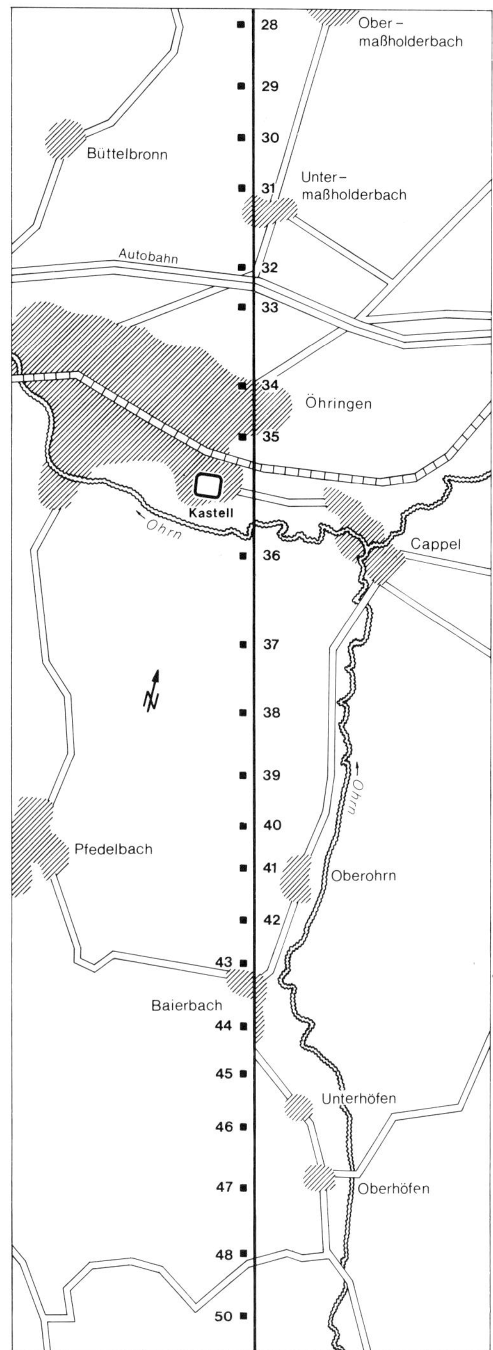

Abb. 183 Limes. Strecke 9, Wp 28–50

Ohrn, Wp 9/36, stand am „Cappelrain", etwas abgerückt von der Terrassenkante.
Jenseits eines Wiesentales folgt Wp 9/37 (500 m W des Tannhofes und 90 m WSW von Punkt 277,9) einer der wenigen an dieser Strecke durch Baureste sicher ermittelten Türme. Erst für Wp 9/40, etwa 400 m NW von Oberohrn, wurde der Platz durch den Bauschutt im davorliegenden Graben ermittelt. Vom Friedhof des Dorfes Oberohrn an hält sich ein Feldweg und die Dorfstraße von Baierbach an die Flucht des Limes (zT idyllischer Hohlweg, markiert bis Oberhöfen mit rotem Kreuz).
Wp 9/41–44 sind nur nach den üblichen Abständen vermutet oder bestenfalls durch verstürzte zugehauene Sandsteine im Graben annähernd lokalisiert. Dasselbe gilt auch für die Wp 9/45–47, S von Baierbach.
Wp 9/48 auf dem „Gaisberg", 300 m von Harsberg, wurde dagegen 1902/03 durch Grabungen nachgewiesen. Die topographische Situation erfordert geradezu an dieser Stelle einen Turm.
Die beiden nächsten Wp 9/49 und 50 müssen auf dem jenseits des Steinbachtales beginnenden, 150 m hohen Abhang des Mainhardter Waldes gelegen haben. Sichtbar erhalten ist der Limes aber erst im oberen Teil des Hanges, kurz vor der Hochfläche, etwa 60 m vor Wp 9/51, dem sechseckigen Turm von Gleichen. Ko

Lit: ORL, Strecke 7–9, 111 ff – Führer zu vor- und frühgeschichtl Denkmälern, Bd 24, Hohenloher Land, 1973 – DBaatz, Der Röm Limes, 194 ff.

Landkreis Schwäbisch Hall

Abb 184–187

Strecke 9, Wp 51–78

▶ 1 Sechseckiger Turm bei Gleichen Wp 9/51. Wanderparkplatz O der Straße Öhringen – Mainhardt bei Gleichen
▶ 2 Reste von Wp 9/64. Daneben Holzrekonstruktion. Aussichtsturm. Parkplatz W der Straße Öhringen – Mainhardt beim Café Römergraben
▶ 3 Restaurierte Turmreste Wp 9/75 bei Mönchsberg. Parkplatz O von Mönchsberg
▶ 4 Limesweg und restaurierter Turm Wp 9/77. Parkplatz N von Grab

Von Gleichen bis Grab durchzieht der Limes das zum Schwäbischen Wald gehörende Keuperbergland des Mainhardter Waldes. Die Hochfläche, in deren ausgedehnten Waldungen der Limes zT vortrefflich erhalten ist, wird von tiefeingeschnittenen Tälern, Schluchten und Klingen außerordentlich zerrissen, so daß die Unübersichtlichkeit des Geländes dazu zwang, besonders zahlreiche Stellen mit Wachtposten zu versehen.

▶ 1 Der sechseckige Turm bei Gleichen Wp 9/51. Pfahlgraben und Reste des Wp 9/57, 60, 63
TK 6823 Pfedelbach

Von der Straße Öhringen – Mainhardt geht beim Ortsschild Gleichen eine Straße nach links ab. Sie führt zu einem Wanderparkplatz (300 m). Von hier zu Fuß weiter bis zur Wegkreuzung W eines Bauernhofes. Der Wanderweg nach links zum Turm (etwa 1 km) ist mit roten, waagrecht liegenden, nach links geöffneten U gekennzeichnet.
Sechseckige Türme sind sehr selten. Sicherlich hat der Turm bei Gleichen eine besondere Bedeutung bei der Vermessung der Limesstrecke gehabt.
Nach dem Wachtposten verläßt der Limes die gerade Streckenführung und umgeht in einem nach W ausholenden Bogen zwei tiefeingeschnittene Wasserläufe, die sich in der Gießklinge zum Volkersbach vereinigen. Vom Turm aus sind Wall und Graben noch etwa 200 m gut nach N zu verfolgen. Danach verläuft der Limes am Rande des sehr steil abfallenden Geländes durch dichtes Dornengestrüpp und fast undurchdringliches Unterholz. Ihm hier zu folgen, ist nicht ratsam! Es ist zweckmäßig, vom Turm auf dem o.g. Wanderweg zum Sträßchen am Waldrand zurückzugehen und diesem nach links bis zum Gleichener See zu folgen.
An der O-Seite des Seedammes verlassen wir dann diesen Weg und gehen nach rechts auf dem Waldweg an der O-Seite des Sees entlang. An der

nächsten Gabelung wiederum nach rechts bis zum Ende der Seewiesen.
Bei den hohen Föhren an der S-Ecke der Lichtung ist der Limes wieder auf einem Pfad zwischen dem Wald links und dem mit Fichten und Pappeln bepflanzten sumpfigen Gelände rechts in S-Richtung zu verfolgen. Wir kommen gleich in den Hochwald. Vom Grenzstein im Graben steigt der Limes O eines Weges leicht an. An der höchsten Stelle der nach O auslaufenden „Hohen Ebene" liegt direkt am Wall Wp 9/56, dessen Steine leider für den Weg daneben ausgebrochen wurden. Dem Limes entlang bis zum Waldrand, dann nach rechts am Jägerstand vorbei über die Wiesen des „Greut" zum gegenüberliegenden Hang. Dort ist am Waldrand auf der linken Seite der Graben leicht zu finden. Er überquert eine kleine Anhöhe – nicht den Weg auf der rechten Seite benützen – und erreicht wiederum eine Lichtung mit Wiesen. Weiter in der Richtung des Limes zum gegenüberliegenden Hang in den Wald. Im Gewirr von ausgewaschenen Gräben

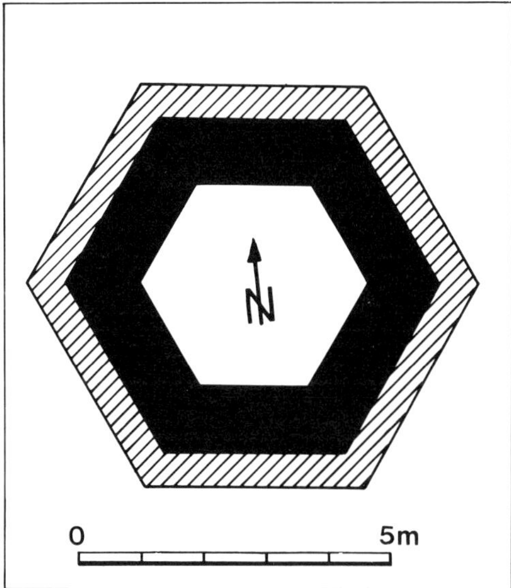

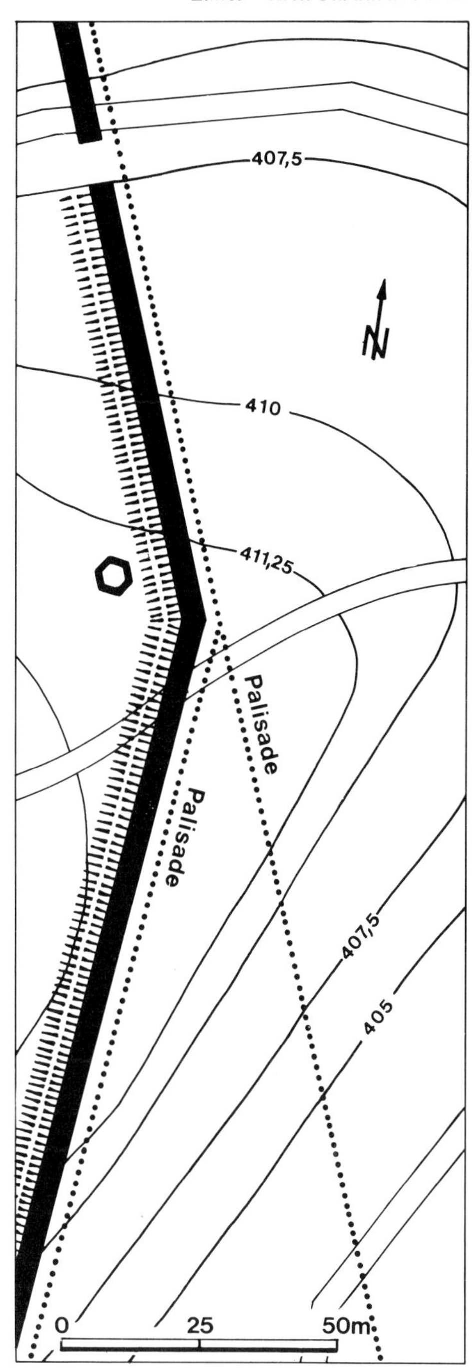

Abb. 184 Limes. Strecke 9, Wp 51. Der sechseckige Turm von Gleichen
Abb. 185 Limes. Palisadenverlauf beim Turm von Gleichen

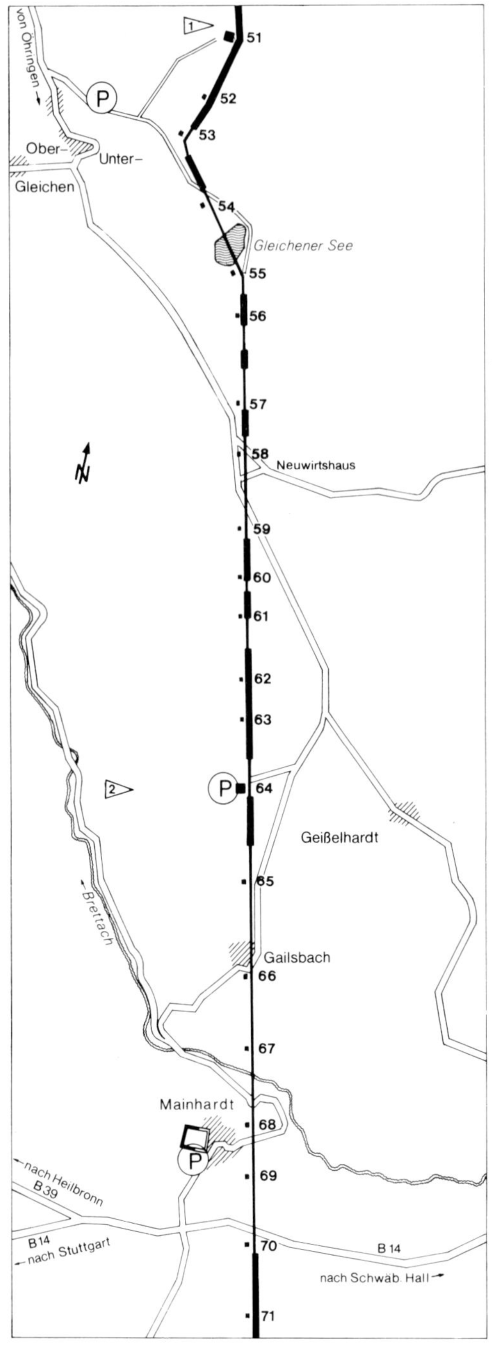

und kleinen Hohlwegen ist an dem nach N geneigten Hang der Limes nicht auszumachen. Bleibt man aber in der Richtung, kommt nach etwa 100 m ein Querweg, an dessen Rande auf einer kleinen Lichtung der große Schutthügel von Wp 9/57 liegt. Wenig S des Turmes führt ein weiterer Weg zuerst nach links, dann nach rechts zur Landstraße. Nach links zum Gasthof „Neuwirtshaus" an der Straße Öhringen – Mainhardt. Im Ackerfeld und in den Wiesen O der Straße ist der Grenzwall als leichte Senke zu erkennen. Von hier verläuft der Limes auf einer Länge von etwa 1,5 km durch ein recht unwegsames Gelände. Nur für jüngere Wanderer zu empfehlen.
Vom Neuwirtshaus in Richtung Mainhardt deckt sich der Straßenverlauf etwa 200 m weit mit dem des Limes. Nach der leichten Straßenbiegung nach links Feldweg nach rechts, dann sofort wieder nach links. Der Weg zum Wald verläuft genau auf dem Grenzwall. In den Wiesen am Waldrand fand H. Blank 1961 noch Spuren von Wp 9/59. Gleich im Wald ist der Limes von Wegen und kleinen Sandgruben arg zerstört. Weiter im Inneren, O des alten, kaum befahrenen Weges, verläuft er als flacher Wall und wenig tiefer Graben. Am Waldrand, beim Sträßchen nach Steinbrück, ist er nur schlecht erhalten, vom Wp 9/60 sind Reste vorhanden. Der Weg führt S der Straße über die Wiesen am Weidezaun entlang. Unter der Hecke dicht am Waldrand ist der Wall erkennbar; hier liegen auch die Reste von Wp 9/61. Nun folgen zwei tief eingegrabene Klingen, zwischen ihnen ein aufgelassener Steinbruch. Hier ist vom Limes nichts mehr zu sehen. Wenn man aber einigermaßen in seiner Richtung bleibt, findet man ihn nach der zweiten Klinge leicht wieder. Vor dem nächsten Waldweg, der den Limes rechtwinklig schneidet, liegt dicht am Wall der Schutthügel von Wp 9/62. Danach Graben gut erkennbar, der Wall stellenweise sehr abgeflacht. Es folgt bald eine weitere Klinge, an deren Hängen der Limes ziemlich abgerutscht, aber erkennbar ist. Nach etwa 50 m liegt wiederum dicht am Wall der Schutthügel von Wp 9/63. Im Mischwald des

Abb. 186 Limes. Strecke 9, Wp 51–71

„Buchrains" ist der Graben leicht verfolgbar. Er überwindet abermals eine steile, tiefe Schlucht und erreicht in einer nach S vorspringenden Waldzunge das offene Ackerland, in dem er als Senke und Ackergrenze zu sehen ist. Auf dem Sträßchen daneben gelangt man zum Café Römergraben.

▶ 2 Der Limesturm beim Café Römergraben Wp 9/64. Pfahlgraben
TK 6923 Pfedelbach

Auf der Straße Öhringen–Mainhardt, etwa 450 m nach der Abzweigung nach Geißelhardt, zeigt ein Schild „Römergraben" den Weg zum Gasthaus. Gleich neben den Resten von Wp 9/64 ist ein hölzerner Limesturm rekonstruiert und als Aussichtsturm begehbar. S davon ist unter der Hecke der Limes gut zu verfolgen. Auch N des Gasthauses ist er im Ackerland als leichte Senke und Akkergrenze, im Wald dann wieder sehr gut zu erkennen.

Links des Weges, der vom Turm zu den Seehäusern und nach Gailsbach führt, sind unter der Hecke guterhaltene Wallreste verborgen. Nach der Hecke verläuft der Weg genau auf dem Limes. Auf einer Anhöhe hinter dem letzten Gebäude der Seehäuser ist der Graben als flache Senke zu erkennen. Hier, am Rande eines alten Steinbruchs, lag Wp 9/65, der aber beim Bau des Wasserbehälters zerstört wurde. Bis zum 400 m entfernten Gailsbach verläuft der Limes unter der heutigen Landstraße. Bis Mainhardt ist der Limes nicht sichtbar. Die Wp 9/66 und 9/67 sind aber nachgewiesen.

Vom Rathausplatz Mainhardt in der Ortsmitte sind es nur wenige Schritte zu den Resten des Kohortenkastells (→ Mainhardt) bei der Turnhalle und zur ehemaligen kath Kirche beim Rathaus, in der jetzt ein kleines, aber sehenswertes Museum (→ Mainhardt) mit den röm Funden untergebracht ist.

Beim Friedhof von Mainhardt geht nach links der Wanderweg ab, der kurz vor der B 14 den Limes (hinter der Tankstelle) wieder erreicht. Nach O bildet der Limes die Ackergrenze, nach dem kleinen Teich ist er in den Wiesen deutlich zu erkennen. Jenseits der Bundesstraße verläuft der Wanderweg auf dem Wall bis zum Waldrand. Im Akkerland ist vom Graben kaum noch etwas zu sehen. Gleich nach der B 14 liegt rechts des Weges, am Ende der Wiesen beim Verkehrszeichen ein unscheinbarer Hügel, in dem die Fundamente von Wp 9/70 nachgewiesen sind. Im Wald sind Wall und Graben gut erhalten, die meisten Wachtposten wurden jedoch bei Wegbauten verschleift. Bald nach dem Waldrand ist dicht am Wall der Schutthügel von Wp 9/72 erhalten geblieben. Bis zum Fahrweg Mönchsberg – Württemberger Hof kann man entweder auf dem Wall oder auf dem ihn begleitenden Wanderweg weitergehen. Danach zieht der Limes durch Gestrüpp, Unterholz und über eine tiefe Klinge gut sichtbar weiter, so daß er ohne größere Mühe zu verfolgen ist. Der Wanderweg aber verläßt den Limes und führt hinab zum Kümmelsbach.

▶ 3 Restaurierte Turmreste auf dem „Hofbergle" bei Mönchsberg Wp 9/75 – Rundwanderung
TK 6923 Pfedelbach

Von Mainhardt die B 14 überquerend nach Mönchsberg, am Forsthaus vorbei bis zum Parkplatz am Waldrand. Zu Fuß weiter auf dem geschotterten Forststräßchen (nicht dem Wanderweg nach rechts folgen!) bis zum Kümmelsbach; dort Hinweisschild zum Wp 9/75, dessen Fundamente 1971 restauriert wurden. Wenige Schritte außerhalb des Limes erkennt man hier die Reste eines weiteren Grabens mit Wallaufschüttung. Entstehung und Zweck dieser Anlage sind nicht geklärt. Man kann vom Turm aus auf den Limes selbst, besser aber auf dem Wanderweg zum Rottal weitergehen. Bei dem Holzsteg über den Kümmelsbach kreuzt der Limes das Tälchen und ist W von diesem noch etwa 140 m zu verfolgen. An den steilen Hängen des Bergvorsprungs zwischen Kümmelsbach und Rot sind Wall und Graben völlig abgerutscht. Deshalb auf dem Schottersträßchen zum Tal der Rot. Von der Brücke ab 300 Schritte talaufwärts sind in den Wiesen zwischen Straße und Bach die Erhebungen eines Kleinkastells zu erkennen. Der Bau wurde nur von außen untersucht (O-Seite 16,3 m, W-Seite 17 m, die N- und S-Seiten 19 bzw 18 m = 300 m^2 Mauer B 1,85). Ecken abgerundet. In der Mitte der O-Seite befand sich ein Eingang (B 1,52 m), nach innen eingefaßt von

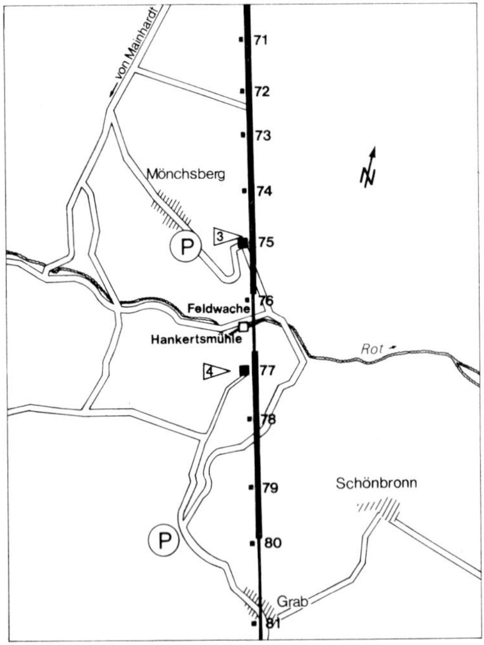

Abb. 187 Limes. Strecke 9, Wp 71–81

Wangenmauern (L 3,50 m, B 1,80 m). Heute ist die NW-Ecke von der Rottalstraße überdeckt. Am steilen N-Hang des Rottales ist der Limes zwar erkennbar, aber nur sehr schlecht zugänglich. Deshalb zurück zur Hankertsmühle.

Der Wanderweg, der kurz vor der Einmündung des Kümmelbaches in die Rot (Sitzbank) links am Hang oberhalb der Viehweide hochzieht, führt zurück zum Parkplatz und nach Mönchsberg. Gesamtwanderzeit: ca $^3/_4$ Std.

Abstecher: Wer die Mühe des steilen Anstiegs nicht scheut, erreicht von der Hankertsmühle aus auf dem Wanderweg nach Grab nach etwa 10 Min das restaurierte Turmfundament Wp 9/77 Färberwald.

▶ 4 Limesweg bei Grab und restaurierter Turm Wp 9/77 – Rundwanderung
TK 6923 Pfedelbach
Von Mainhardt die B 14 überquerend nach S zur Rösersmühle im Rottal. Weiter in Richtung Grab. Auf der Höhe im Wald nach links. Am Ende der geraden Strecke des Forststräßchens bei der scharfen Biegung nach rechts Parkmöglichkeit. Von dort erreicht man auf dem Wanderweg in Richtung Mainhardt in etwa 10 Min die Reste des Wp 9/77. Weiter auf dem Limeswanderweg nach S in Richtung Grab. Nach dem tiefen Tal des Schöntaler Baches auf dem Limes weiter bis zum Waldrand S von Grab. Der Feldweg nach rechts durch die Wiesen führt zum Sträßchen und Wanderweg Grab – Mainhardt, auf dem man zum Ausgangspunkt zurückgelangt. Gesamtwanderzeit: ca $1^1/_4$ Std.

Wp 9/77 Färberwald war von jeher eine der am besten erhaltenen Turmruinen dieser Strecke. Nach verschiedenen mutwilligen Beschädigungen wurde das Fundament 1971 im Auftrage des Forstamtes Mönchsberg restauriert. Vom Weg unterhalb des Turmes kann man nun dem Limes auf dem neuerstellten Limeswanderweg bis in die Nähe von Grab folgen. Bis zum Schöntaler Bach ist er teilweise von tiefen Klingen unterbrochen und stellenweise am nach O abfallenden Hang etwas verschleift. Vor dem Holzsteg, der eine tiefe Klinge überbrückt, ist zu sehen, daß der Wallaushub talwärts, also nach außen, aufgeworfen wurde. Dies sicherlich, um einem Zuschwemmen des Grabens an dem abschüssigen Hang vorzubeugen. Jenseits des Schöntaler Baches führt der bezeichnete Weg auf dem Wall weiter. Cl

Rems-Murr-Kreis

Abb 188–192, Tafel 11, 12b

Strecke 9, Wp 79–138, Strecke 12, Wp 1–21

▶ 1 Wallreste N von Grab mit Wp 9/77 (siehe auch oben) Parkplatz in Ortsmitte Grab

▶ 2 Wallreste und Turmreste Wp 9/85 und Rekonstruktion mit Palisade

▶ 3 Konservierte Turmruine Wp 9/91, Parkplatz in Siegelsberg

▶ 4 Limesturmruine restauriert Wp 9/96. Limesturm, Fundament konserviert Wp 9/98. Limesturmruine Teufelsmauer Wp 9/99. Kastellreste Roßkopf, Parkplatz Straße Murrhardt – Karnsberg und S von der Straße
▶ 5 Limesturmruine konserviert Wp 9/104. Parkplatz an der Straße Köchersberg – Käsbach
▶ 6 Limesturmruine Wp 9/111, Parkplatz Straße Fornsbach – Ebnisee
▶ 7 Wallreste. Grundmauern Limesturm Wp 9/116
▶ 8 Wallreste. Spuren von Wp 9/121, Parkplatz im S von Gausmannsweiler
▶ 9 Kleinkastell Rötelsee → Welzheim, Parkplatz Straße Murrhardt – Welzheim
▶ 10 Limesturmruine konserviert Wp 9/134, Parkplatz Landstraße Murrhardt – Breitenfürst
▶ 11 Limeswanderweg Pfahlbronn – Lorch mit Wp 12/8, 12/9, 12/11, Wanderparkplatz im S von Pfahlbronn
▶ 12 Limesturm Wp 12/13 und Holzturmkonstruktion, Parkplatz Landstraße Lorch – Welzheim oder Klosterberg

Übersicht: Der Limesabschnitt zeichnet sich besonders in seinen N- und O-Bereichen durch ungünstige topographische Verhältnisse aus. Eine große Zahl steiler Klingen, Schluchten, Täler und Höhenrücken hat der Grenzverlauf zu queren. Die höchsten Punkte liegen bei Grab mit 536 m NN, die tiefsten Stellen sind im Murrtal und im Schweizerbachtal bei Lorch mit jeweils ca 300 m NN. Die Grenzlinie verläuft fast durchweg in Keuperschichten, nur im Welzheimer Wald werden streckenweise untere Schwarzjuraschichten berührt. Wohl sehr nachteilig wirkte sich schon beim Bau des Limes das häufige Durchschneiden der zu Rutschungen neigenden Keupermergelschichten aus, besonders mußte sich dies an Knollenmergelhängen zeigen, wo sicher dauernde Unterhaltungsmaßnahmen notwendig waren. Streckenlänge ca 35 km, wobei auf die gerade Linie bis zum Haghof ca 20 km, auf die restliche, mehr oder weniger gut dem Gelände angepaßte Linie ca 15 km entfallen. Auf dieser letzteren Strecke verläßt die Grenze auch ihren seitherigen N-S-Verlauf und geht bei Lorch endgültig in eine W-O-Richtung über.

Die Strecke umfaßt 67 Wp und verläuft entlang der drei Kastelle Murrhardt, Welzheim und Lorch, daneben sind noch drei Kleinkastelle bekannt geworden: Ebnisee, Rötelsee und Kleindeinbach. Eine vom Verf. in den letzten Jahren festgestellte Anlage auf dem Linderst bei Murrhardt könnte jenes seit langem gesuchte Numeruskastell sein.

▶ 1 Wallreste N von Grab
TK 6923 Pfedelbach
Parkplatz in Ortsmitte bei der Kirche. Landstraße Richtung Mainhardt nach NW in Richtung Schöntalhöfle (200 m), nach rechts durch den äußeren Dorfbereich und das dortige Neubaugebiet über einen Feldweg bis zum Waldrand (400 m). Eine Ruhebank steht dort direkt am Limeswall, auf dem bergab und über den Schöntalerbach bis zum Wp 9/77 gewandert werden kann (→ vorheriger Limesabschnitt ▶ 4). Von dort führt der Rückweg über gute Waldwege zur Schöntalsägmühle und dann auf der Landstraße zurück nach Grab. Gesamtweg ca 4 km.

Ein vor kurzem angelegter Pfad ermöglicht dem Wanderer das Begehen des Grenzwalls, wobei der bergauf ziehende Wallgraben außerordentlich gut erhalten ist und einem Wasserlauf streckenweise als Bett dient. Der Waldteil trägt den Namen „Säugraben". Etwa 250 m S des Baches, über dem steilen Abhang wird Wp 9/79 vermutet. Auf der Hochfläche, am Waldrand N von Grab, wo der Grenzwall in eine flache Geländewelle übergeht, die sich bis zur Ortsgrenze im Wiesenland leicht verfolgen läßt, wurde einst Wp 9/80 festgestellt.

Der Dorfname Grab leitet sich vom Grenzwall her, welcher ursprünglich mitten durch den Ort zog. Vom Gasthaus „Zum Rössle", es steht direkt an der Stelle von Wp 9/81, verläuft die Straße nach Morbach direkt auf dem Grenzwall.

▶ 2 Wallreste und Wp 9/83 S von Grab
TK 7023 Murrhardt
Parkplatz direkt am Waldrand an der Straße Grab – Morbach. Zu Fuß 300 m direkt auf dem Wall (teilweise zerstört von einem alten Steinbruch) nach S bergauf bis zur Turmstelle „Mehlhaus" auf dem „Heidenbuckel" (536 m NN). Dort ist noch im Boden das Fundamentquadrat sichtbar.

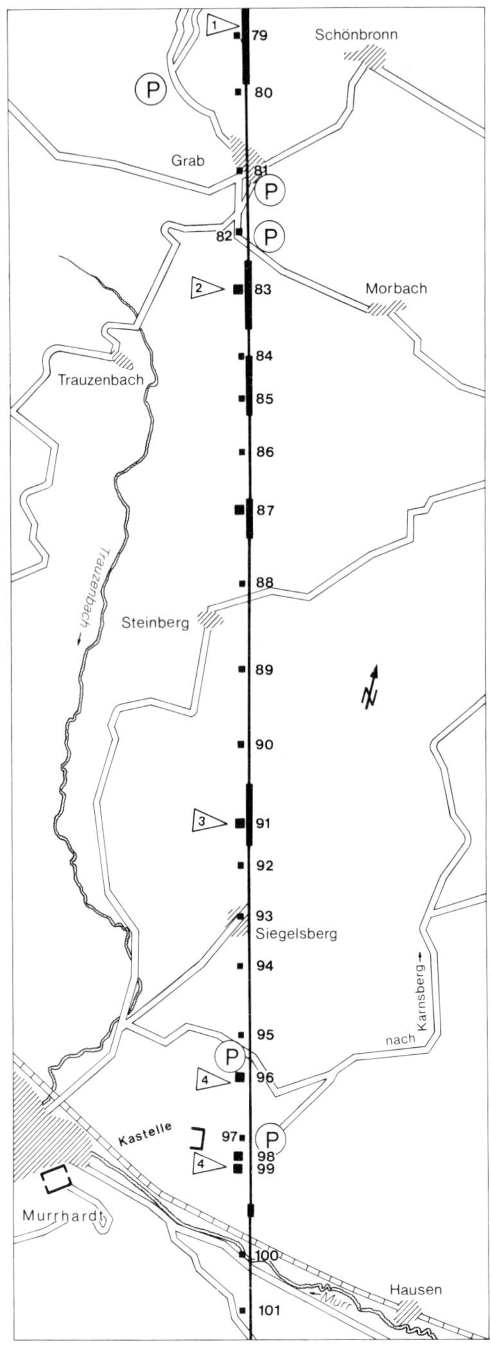

Hier, wo auch Gruben des hölzernen Meßgerüstes festgestellt wurden, dürfte einer der beiden Hauptvermessungspunkte für die gerade Limesstrecke gewesen sein. Von hier reichte der Blick nach N über Mainhardt hinaus, nach S bis Wp 9/116, wohl der zweite Hauptpunkt der Limesvermessung. Etwa 80 m N der Turmstelle ein Rekonstruktionsversuch mit Palisade. Vom „Heidenbuckel" nach S ist der Graben noch fast 1000 m weit zu verfolgen, von zwei tiefen Schluchten im Wald durchschnitten und am Waldrand beim Gutmachhof als flache Welle auf die Wiesen hinausziehend. Hier bildet er auf 200 m Länge die Markungsgrenze zwischen Trauzenbach und Steinberg. Am Waldrand, heute nicht mehr sichtbar, stand Wp 9/85. Bis hinab zum Katzenbach ist vom Wallgraben nichts mehr sichtbar, jedoch hält sich die Feld-Wald-Grenze noch immer an den Limesverlauf. Ca 100 m S vom Katzenbach, der bei 413 m NN überschritten wird, sind letzte, durchwühlte Reste des Wp 9/87 aufzufinden. In seinem Bereich ist der Pfahl wieder auf über 100 m Länge bergauf gut sichtbar, auch hier bildet er teilweise die Waldgrenze. Weiter bergauf geht es durch rutschendes Knollenmergelgebiet zum „Braunbühl", auf welchem, nahe beim Wasserbehälter (513 m NN) der Wp 9/88 nachgewiesen worden war. Auf dem steil nach S abfallenden, ebenfalls durch Knollenmergel führenden, von Klingen stark durchfurchten Steinberger Feldgebiet sind keinerlei Limesreste mehr sichtbar. Die Wp 9/89 und 9/90 sollen früher noch erkennbar gewesen sein.
Im Waldteil „Römerschanz", N von Siegelsberg, sind Spuren von Wall und Graben wieder sichtbar.

▶ 3 Wp 9/91 (konserviert) Hirschreute/Römerschanz N Siegelsberg
TK 7023 Murrhardt
Parkplatz am Sägewerk in Siegelsberg. Ein Feldweg führt nach N bergauf. Am Waldrand den Weg nach rechts bis zur nächsten Gabelung. Dort den Weg nach links steil bergauf, der dann an einer großen Linkskurve von der Limeslinie

Abb. 188 Limes. Strecke 9, Wp 79–101

geschnitten wird. Nach N, leicht hangabwärts ist der Wall im Wald gut sichtbar, nach S liegen schwächere Wallreste unter starkem Bodenbewuchs. In dieser Richtung, ca 80 m links vom Weg, steht die ausgegrabene und 1965 konservierte Ruine von Wp 9/91. Das Mauerwerk erreicht über 4 m Höhe und ist mit Opus-spicatum-Zwischenlagen restauriert. Direkt unterhalb des Turmes führt ein alter Weg, nur für gute Wanderer geeignet, zurück zum Waldrand. Ansonsten den gleichen Weg zurück. – Gesamtstrecke ca 2 km.

In Siegelsberg, wo ein Teilabschnitt der Dorfstraße direkt in Limesrichtung verläuft (317 m NN), wurde bei Kanalarbeiten ein hölzerner Brunnenschacht, wohl röm Herkunft, beobachtet. Hier wird auch wohl zu Recht anstelle eines Wp 9/93 eine etwas größere Feldwache vermutet. S des Ortes liegt die Flur „Pfahlwiesen", wo heute jedoch keinerlei Wallreste mehr sichtbar sind. Der Limes durchquert weiter ohne sichtbare Spuren die „Ulrichsklinge" und steigt auf zum „Heidenbühl", jenem an der Straße Murrhardt – Karnsberg gelegenen Waldteil, wo 150 m S vom Waldrand Wp 9/96 liegt.

▶ 4 Die Limesanlagen bei Murrhardt
TK 7023 Murrhardt

Der „Heidenbühl" mit Wp 9/96

Vor Eintritt der Straße Murrhardt – Karnsberg in den Wald zweigt nach W ein Fahrweg ab, der zu einem Parkplatz erweitert wurde und von hier aus geht ein Trampelpfad 150 m bergauf an die Turmstelle.

Hier wurden von freiwilligen Helfern unter Anleitung des Verf. zwei nebeneinanderliegende Turmfundamente freigelegt und in jahrelanger Hobbyarbeit ab 1961 mittels der ausgegrabenen Mauersteine der W der beiden Türme wieder auf bis 6 m Höhe restauriert. Viel Mühe wurde auf die Wiederherstellung der Mauern mit Zwischenlagen in Opus-spicatum-Technik verwendet. Bei den Ausgrabungsarbeiten konnten eine Hadrian- und eine Marc-Aurel-Münze gefunden werden. Von Wp 9/96 in die gleiche Richtung:

Die „Linderstebene" mit Wp 9/98

Entweder von Wp 9/96, in die gleiche Richtung weiter bergauf bis zur Hochebene oder wieder zurück zum Parkplatz und von dort mit dem Wagen Richtung Karnsberg bis zum nächsten Fahrweg nach rechts. Abbiegen bis zur ersten Wegkreuzung (700 m). Der Fußgänger von Wp 9/96 erreicht hier auch wieder den Fahrweg.

Auf der S angrenzenden „Linderstebene", einer ca 200 m breiten, bewaldeten Hochfläche, waren die Wp 9/97, 9/98 und 9/99 gelegen. Wp 9/97 ist verschwunden, Wp 9/98 wurde erneut ausgegraben und das Mauergeviert restauriert. Bei den Ausgrabungsarbeiten wurde eine bronzene Gewandnadel (L 0,40 m), ein eiserner Schuhlöffel und ein primitiver Feldgrill aus drei Eisenstangen gefunden. Die aufgefundenen Pfostengruben unter dem Turmgemäuer könnten von einem Meßgerüst stammen.

Wp 9/99 „Teufelsmauer"

Weitere 70 m nach S liegt die Ruine (6 x 6,5 m) von Wp 9/99. Der Turm war tief im Berg auf gewachsenem Fels fundiert, H ca 12 m. Er ist zu den größten Wp am Limes zu rechnen, wobei sich seine Größe wohl aus seiner Funktion ergibt. Er war Mittler zwischen Wp 9/83 und Wp 9/116 sowie Signalturm für das über 1 km W im Tal gelegene Kohortenkastell, konnte aber diese Funktion nur durch eine außergewöhnliche Höhe von mindestens 12 m erfüllen, woraus sich wohl die Größe des Grundrisses erklärt. Der Abstand von Wp 9/97 bis Wp 9/98 betrug höchstens 100 m, jener von Wp 9/98 bis Wp 9/99 sogar nicht einmal 80 m. Diese enge Turmstellung ist zweifellos ungewöhnlich und findet vielleicht ihre Erklärung in der Tatsache, daß 350 m weiter W auf dem auslaufenden Bergrücken im Waldteil „Roßkopf" eine vom Verf. angegrabene Anlage (90 x 90 m), O-Mauer mit mittlerem Tor und Ecktürmen sowie vorgelagertem Spitzgraben sich befindet, wohl jenes lange schon gesuchte Numeruskastell bei Murrhardt. Auf den Talseiten im S, W und N scheint nur eine Holzwehr existiert zu haben.

Am steilen Abstieg von Wp 9/99 zum Murrtal sind N des Waldrandes noch dürftige Grabenreste sichtbar. Hier lag auch, S des Waldrandes, die heute von der Almsiedlung überbaute Turmstelle Wp 9/100. Der Limes überquert O des Hirschsägewerkes, 295 m NN das Murrtal. Ca 1,2 km

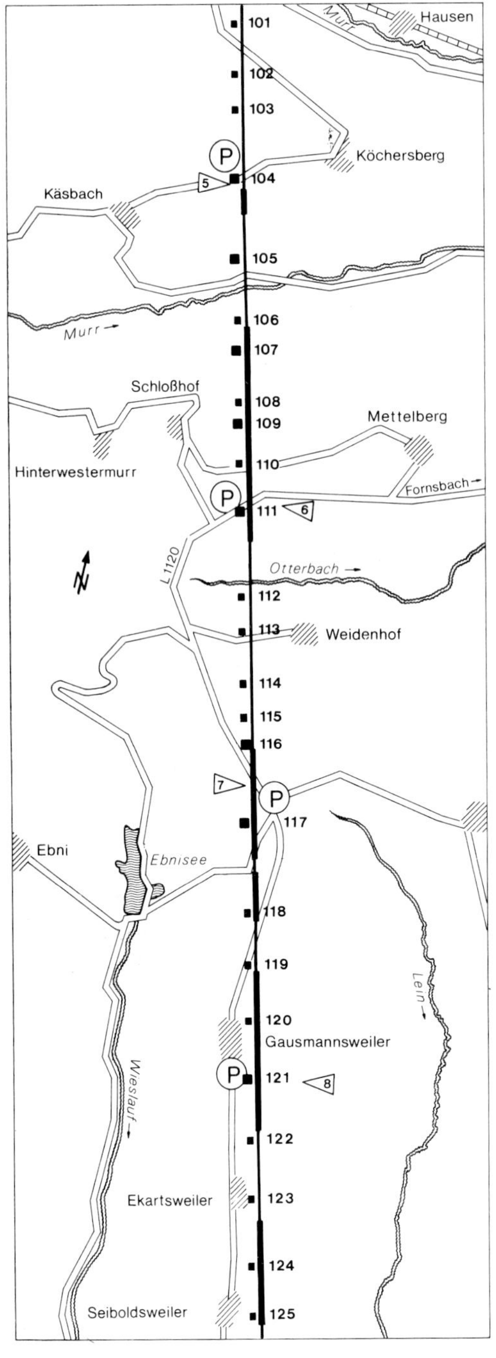

Abb. 189 Limes. Strecke 9, Wp 101–125

weiter W liegt das Kohortenkastell Murrhardt (→ Murrhardt).

Vom Murrtal aus erfolgt ein steiler Aufstieg durch den Wald zum Köchersberger Feld, wo an der oberen Talkante Wp 9/102 gestanden hat. Über Felder zieht die Limeslinie zur Flur „Bildstöckle". Dort stand wenig S des Feldweges Köchersberg – Riesbergebene einst Wp 9/103 (470 m NN), später war an dieser Stelle ein Bildstock am Weg errichtet worden.

▶ 5 Wp 9/104 „Heidenwald"
TK 7023 Murrhardt

An der Fahrstraße Köchersberg – Käsbach, 600 m vom Weiler entfernt, liegt direkt S am Weg, an der Waldecke, die konservierte Ruine von Wp 9/104.

Hier beginnt der Waldteil „Heidenwald", wo wieder Grabenreste sichtbar werden bis hin zur steil abfallenden „Faulklinge", die in die Waldschlucht des Köcherbaches mündet.

Jenseits liegt auf einer steilen, ins obere Murrtal vorspringenden Bergnase Wp 9/105. Dann überquert die Limeslinie ohne sichtbare Spuren bei ca 360 m NN das obere Murrtal. In steilem Anstieg durch den Waldteil „Gieß" wird wieder die Hochfläche O Schloßhof erreicht. Dort ist der Pfahl wiederum auf über 1,5 km Länge sichtbar. Der Wp 9/107 ist verhältnismäßig gut zu erkennen (470 m NN), Wp 9/109 liegt O eines tiefen Bachrisses und ist schlecht zu finden.

▶ 6 Wallreste und Wp 9/111 an der Straße Fornsbach – Ebnisee
TK 7023 Murrhardt

N der Straße 1120 sind deutliche Wallgrabenreste direkt O der Einmündung der Landstraße Murrhardt – Schloßhof auf mehrere 100 m bis zum Wp 9/109 gut zu verfolgen.

Eine tiefe Schlucht S Wp 9/109 davon schneidet den Grenzwall, der gut sichtbar im Hochwald zur Straße 1120 Fornsbach – Ebnisee verläuft. Nahe der Gemeindeverbindungsstraße Mettelberg – Schloßhof wird Wp 9/110 vermutet. 20 m S der genannten Straße 1120 liegt im „Rehwald" die Ruine Wp 9/111 (500 m NN), von wo aus sich der Grenzwall noch ca 150 m weit nach S im Wald verfolgen läßt.

Die Mulden und Senken der Quellbäche von Otter- und Weidenbach überquert die Limeslinie im Wiesengelände wie im Wald ohne sichtbare Spuren.

▶ 7 Wallreste beim Spatzenhof Wp 9/116
TK 7023 Murrhardt

O vom Spatzenhof beginnt wieder eine im Wald liegende gut erhaltene Wallgrabenstrecke (L ca 1,5 km) bis zur Königseiche direkt W der Straße Kaisersbach – Welzheim am Waldrand. Diese Strecke wird ca 300 m SO vom Spatzenhof schräg geschnitten von der Straße 1120, wobei direkt am Wall O dieser Straße Wp 9/116 stand, ein Turm (6 x 6 m) auf der höchsten Stelle (561 m NN) des ganzen vorderen Limes. Diese Stelle müßte neben Wp 9/83 S von Grab der zweite wichtige Meßpunkt des geraden Grenzverlaufes gewesen sein. Vielleicht dokumentiert sich dies, wie auch seine spätere Funktion als „Fernmeldestation", in der außergewöhnlichen Grundrißgröße.

450 m weiter S liegt im Waldteil „Forst" das als Wp 9/117 bezeichnete Kleinkastell Ebnisee (480 qm), dessen Spuren nur dem kundigen Auge noch auffallen. Auch Wp 9/118 an der Königseiche ist nicht mehr zu sehen.

In den Feldern N und O von Gausmannsweiler ist auf weite Strecken der Limes als seichter Graben und flacher Rücken zu erkennen und ab Flur „Bürg" bildet der Pfahl die Feld-Waldgrenze, wobei innerhalb des Waldes Wall und Graben gut sichtbar sind.

▶ 8 Wallreste und Wp 9/121 „Bürg"
TK 7023 Murrhardt

Von der Landstraße Ebnisee – Welzheim zweigt zwischen Gausmannsweiler und Ekartsweiler nach O ein Feldweg ab auf genannte Flur „Bürg". Dort liegt, direkt S des Weges an der Waldecke, aber noch im Feldbereich, der Schuttplatz mit Mauerresten von Wp 9/121.

Zwischen Ekartsweiler und Seiboldsweiler ist der Pfahlgraben im Feld noch leidlich sichtbar. SO Seiboldsweiler verläuft direkt auf der Limeslinie ein Feldweg (L ca 1,2 km).

▶ 9 Kleinkastell „Rötelsee"

Weiter im S, O des Bauhofes der Straßenmeisterei, ist Kleinkastell Rötelsee gelegen (→ Welzheim).

Vom Limes selbst verliert sich bis über Welzheim hinaus nach S jede Spur. Über das W- und O-Kastell Welzheim → Welzheim.

▶ 10 Wp 9/134 „Göckelersturm"
TK 7023 Murrhardt

Parken gleich S des Stadtgartens an der Landstraße nach Breitenfürst. Auf dem Waldsportpfad zur Ruine wandern. Die Mauern sind ca 1,2 m hoch konserviert. Gesamtstrecke hin und zurück ca 2 km.

S von Welzheim, ausgehend vom Stadtgarten oder vom Parkplatz zum Waldsportpfad liegt im Waldteil „Tann" das restaurierte Fundament des Wp 9/134, genannt „Göckelersturm". Der Waldsportpfad tangiert diese Ruine, welche um ca 50 m hinter der leidlich sichtbaren Wallgrenze steht. Der Pfahl erreicht S des Turmes bei 467 m NN annähernd das Bachbett der Lein. Auch im Waldteil „Birkach" – von Burg abgeleitet – sind nur dürftige Wallgrabenreste auffindbar. Dafür ist direkt N des Fahrweges Hagmühle – Birkachhof die durchwühlte Ruine von Wp 9/136 gut sichtbar, wovon der Flurname stammen dürfte. S des besagten Weges tritt der Limes in Wiesengelände ein, wo er seltsamerweise besser erhalten und sichtbar ist als im N gelegenen Waldgebiet. Dieser Pfahlgrabenabschnitt auf Flur „Hag" bis hinauf zur Straße Breitenfürst – Pfahlbronn SO des Haghofes, wo ein Hinweisstein an der Straße steht, ist jene in verschiedenen Luftaufnahmen bekannt gewordene „Bilderbuchstrecke". Sie endet auf der Flur „Pfahl", S der Landstraße mit Wp 9/138, dem letzten Turm der Strecke 9 und zugleich dem ersten Turm der Strecke 12. Von diesem Turm sind keine Reste mehr sichtbar. Die geradlinige Limesstrecke, bei Walldürn beginnend, endet hier. Der Name „Hag" steht noch heute im alemannischen Sprachraum für Zaun oder Grenzzaun.

Die Landstraße Breitenfürst – Pfahlbronn verläuft von W nach O direkt in Limeslinie, wobei S der Straße im Gewand „Pfahl" der Grenzwall da und dort noch leidlich zu erkennen ist. Im Ort Pfahlbronn, wo Wp 12/5 zu vermuten ist, sind keine Reste mehr zu finden. Dort biegt der Limes

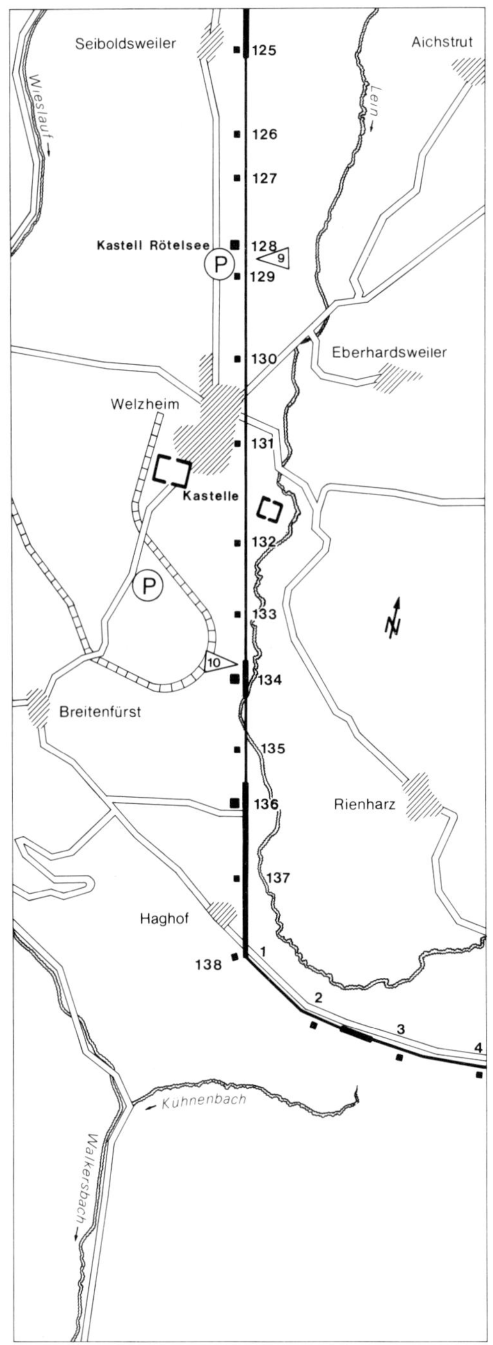

wieder nach S ab und O der parallel zur Grenzlinie verlaufenden „Pfahlstraße" sind deutliche Wallspuren im Wiesengelände sichtbar. Auch hier trägt die Flur den Namen „Pfahl".

Wp 12/7 stand 60 m N des Waldrandes direkt am Weg, worauf der Flurname „Birkhalde" deutlich hinweist (490 m NN). Beim Waldrand ist eine Orientierungstafel aufgestellt für den hier beginnenden Limeswanderweg nach Lorch.

▶ 11 Limeswanderweg Pfahlbronn – Lorch mit Wp 12/8, Wp 12/9 und Wp 12/11
TK 7123 Schorndorf

Mit dem Wagen in Pfahlbronn die „Pfahlstraße" nach S einschlagen bis zum Waldrand auf Flur „Birkhalde" Parkplatz. Dort beginnt der Wanderweg, der zu den drei konservierten Ruinen führt. An jeder Turmstelle steht eine Erläuterungstafel. Von Birkhalde bis Wp 12/11 und zurück sind es 4,5 km. Der gleiche Weg kann auch von Lorch aus ab Parkplatz „Götzenmühle" nach N gemacht werden bis zu Wp 12/8, die Streckenlänge ist die gleiche.

Dem Wallgraben oder dem parallel dazu verlaufenden Weg folgend, den Abhang abwärts, erreicht man W des Fahrweges Wp 12/8 (konserviert, Erläuterungstafel). Auf dem Wanderweg bergab kommt man an die Grenzen der Waldabteilungen „Kreuzbühl"-„Römerstein". Dort kreuzt der Fahrweg den Limes. Steile Klingen, die nach O und W hier ihren Anfang nehmen, markieren die Gemeindegrenze zwischen Alfdorf – Pfahlbronn einerseits und Lorch andererseits. Diese Grenze ist zugleich Kreis- und Regionsgrenze.

Der Limespfad führt nun zum konservierten Wp 12/9 „Bemberlesstein" hinauf. Diese Stelle wurde vor Jahren von Lorch aus archäologisch untersucht und dabei neben röm Tonware auch hoch- bzw spätgotische Keramik freigelegt.

Vom „Bemberlesstein" führt der Wanderpfad steil bergab, immer dem Wall folgend, zT mit dem Lorcher Waldsportpfad verbunden, wird Wp 12/11 N der Götzenmühle erreicht (konserviert, Erläuterungstafel). N wie S des Turmes

Abb. 190 Limes. Strecke 9, Wp 125–137, Strecke 12, Wp 1–4

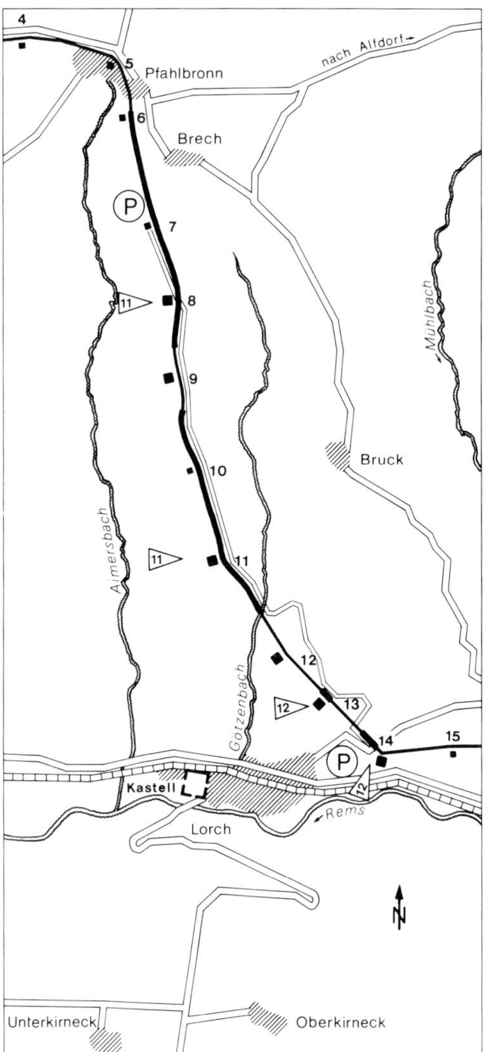

Abb. 191 Limes. Strecke 12, Wp 4–15

stehen entlang des Pfahlgrabens Grenzsteine mit dem Lorcher Abtstab, dieser Limesteil war also noch in jüngerer Zeit, wie an so vielen anderen Stellen auch, als Grenzlinie benutzt worden.
Von Wp 12/11 führt der Pfad auf dem Grenzwall ins Götzenbachtal hinunter, wo der Limes bei 311 m NN den Mühlenweiher und die dortige Fahrstraße quert. Direkt am Straßenrand steht ein Betonstein mit der Aufschrift „Limes". Der Wanderpfad führt nun bergauf über Wald- und Feldwege zum Lorcher Sport- und Spielplatz. Die Limeslinie dagegen steigt steil den Hang vom Mühlenweiher aufwärts, ohne sichtbare Spuren zu zeigen, und auf der bewaldeten Bergnase O der Götzenmühle liegen die Mauerreste von Wp 12/12.
Über eine steile Klinge hinweg verläßt die Limeslinie den Wald und führt durch Äcker, Wiesen und Gartenland, auch hier nicht mehr zu sehen, bis an die NW des Spiel- und Sportplatzes gelegene Waldecke, wo deutliche Wallreste sich zeigen und Wp 12/13 als Feldwachengebäude (10,5 x 10,5 m) gestanden hatte, dessen Fundamentmauern offen liegen.
Der Wanderweg geht nun über Straßen und Feldwege Richtung Kloster Lorch. N des Feldweges, der W der Holzwachtturm-Rekonstruktion in die Straße Lorch – Pfahlbronn mündet, sind schwache Wallreste noch erhalten. An der genannten Straße ist dort, wo der Limes diese quert, ein Hinweisstein aufgestellt. In unmittelbarer Nähe auf dem beherrschend gelegenen Klosterberg, muß Wp 12/14 gestanden haben. Nicht weit davon Holzturm-Rekonstruktion.

▶ 12 Wp 12/13 und Wp 12/14 auf dem Lorcher Klosterberg – Holzturm-Rekonstruktion
TK 7124 Lorch, 7224 Schw Gmünd

An der Landstraße Lorch – Welzheim direkt O der Straße wurde ein hölzerner Wachtturm erstellt, nahe der Stelle, wo Wp 12/14 vermutet wird.
W der Straße kann über einen Feldweg und über eine Fahrstraße die Waldecke N vom Sportplatz erreicht werden, wo Wall und Mauerreste von Wp 12/13 direkt S der Fahrstraße im Wald liegen. Vom Klosterberg aus sind hin und zurück etwa 1,2 km zu gehen. Wp 12/14 stand 55 m über dem Remstal und die Sicht talauf reichte fast annähernd bis zum Kastell Schirenhof (→ Schwäbisch Gmünd). Auch das im Tal liegende Kastell Lorch (→ Lorch) wurde von hier aus eingesehen. In einem Gebäude des Lorcher Klosters ist ein kleines Museum mit Limesfunden eingerichtet. Ab Wp 12/14 verläuft die Limeslinie wieder von W nach

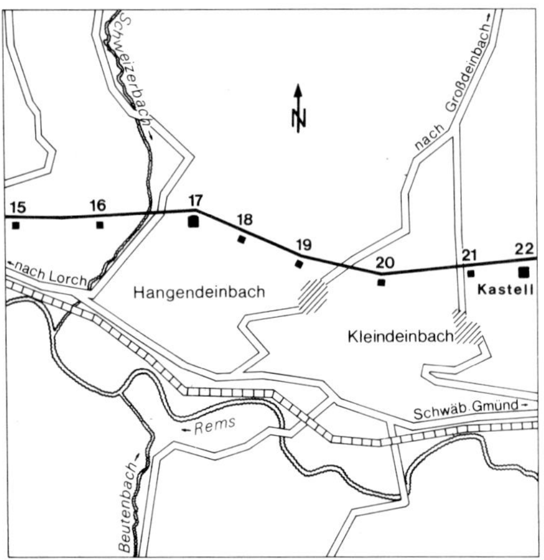

Abb. 192 Limes. Strecke 12, Wp 15–22

O mehr oder weniger parallel zum Abhang und von N überhöht, sie quert bei 293 m NN das Schweizerbachtal. Von Wp 12/14 bis Wp 12/22 am Ende des obergermanischen Limes sind nirgends Wallgrabenreste erkennbar. Vermutlich gab es auf diesem Abschnitt nur eine hölzerne Palisade.

Von Wp 12/17 „Kammerberg" sind nur noch dürftige, fast völlig überwachsene Mauerreste im Wald aufzufinden.

Wp 12/19 ist als ganz flacher Hügel in einer Wiese ca 250 m N Hangendeinbach auszumachen. Am N-Ortsausgang von Hangendeinbach steht an der Straße nach Großdeinbach ein Hinweisstein auf den Limes. Bei dem vermuteten Wp 12/20 dürfte der S Punkt der obergermanischen Grenzlinie gewesen sein. An den Straßen Großdeinbach – Lorch und Großdeinbach – Kleindeinbach stehen ebenfalls „Limessteine". 35 m O des letzteren wurde Wp 12/21 „Gairen" festgestellt.

Die Stelle des Wp 12/22 nimmt das Kleinkastell Kleindeinbach (600 qm) ein. Es liegt im Wald auf einer Terrasse am Hang zum Rotenbachtal, 50 m hinter der Limestrasse, etwa 400 m NO der namengebenden Ortschaft. Die Überreste der Anlage sind nur noch dem kundigen Auge sichtbar.

Schw

Lit: DBaatz, Der röm Limes, Berlin 1974 – RSchweizer, FdbaSchw, NF 17, 181 f, 1965 – RSchweizer, FdbaSchw, NF 18, 152 ff, 1967

Ostalbkreis

Abb 193–202, 282–286, Tafel 8b, 12a, 13a, 15b

Strecke 12, Wp 23 – 113

▶ 1 Der Limes im Rotenbachtal – Beginn der rätischen Mauer. Parkplatz bei Kleindeinbach an der B 29

▶ 2 Der Limes im Schießtal, hintere Ortshalde Parkplatz W des ZF-Werkes Schießtal bei Schwäbisch Gmünd

▶ 3 Limes NW von Böbingen, Parkplatz Bahnhof Böbingen

▶ 4 Limes im Grubenholz zwischen Braunhof und der Straße Mögglingen – Heuchlingen. Parkplatz O vom Braunhof oder Wanderparkplatz an der Straße Mögglingen – Heuchlingen (Limeswanderweg)

▶ 5 Limes zwischen Gollenhof und Sixenhof, Parkplatz Gollenhof. Anfahrt über Straße Mögglingen – Heuchlingen

▶ 6 Limes am Bächholz und Mahdholz in Rainau-Buch Wp 12/77 konserviert. Rekonstruktion von Holzturm, Limespalisade und -mauer, Parkplatz B 290 bei km 4 (Limeswanderparkplatz) oder Straßengabelung Hüttlingen/Buch/Oberlengenfeld

▶ 7 Limes zwischen Rainau – Schwabsberg und Rainau – Dalkingen. Limestor Dalkingen (konserviert). Parkplatz B 290 bei der Jagstbrücke oder Dalkingen (Gasthof „Fäßle")

▶ 8 Der Limes zwischen Ellwangen-Haisterhofen und Ellwangen-Röhlingen, Parkplatz Straßenwärterhaus zwischen den beiden og Stadtteilen

▶ 9 Limes bei Stödtlen – Dambach, Aussichtspunkt NO Oberzell

Auf dieser Strecke sind bis zur Landesgrenze Limeshinweisstelen aufgestellt. Diese Betonstelen sind alten Grenzsteinen nachgebildet und im Bereich des ehemaligen Landkreises Aalen, zwischen Kolbenberg und Strambach, auch in der Weise von Grenzsteinen versetzt, dh die Längsseiten liegen parallel zur Grenze. Die Stelen zeigen also nicht nur den Schnittpunkt des Limes mit der Straße, sondern auch die Richtung des Verlaufs der röm Grenze an. Im Bereich des ehemaligen Landkreises Schwäbisch Gmünd jedoch bezeichnen die Hinweisstelen lediglich den Schnittpunkt, denn die Längsseiten stehen senkrecht zur Straßenachse.

Die Grenze zwischen den beiden Provinzen Obergermanien und Rätien kann nicht mit hinreichender Sicherheit bestimmt werden. Die Verschiedenheit der Struktur der Grenzsicherungsanlagen im Stadium ihres Endausbaus, hier Wall und Graben und Palisade – dort eine 1,2 m starke und, wie man annimmt, gegen 3 m hohe Mauer, läßt den Schluß ziehen, daß die Grenze zwischen beiden röm Provinzen W Schwäbisch Gmünd im Rotenbachtal verlief. Eigenartig bleibt bei einer solchen Annahme indes immer noch das Faktum, daß die rätische Mauer nach den Ergebnissen der Bodenforschung sich W des Rotenbaches und auch der Talsohle, wenn auch nur auf wenige Meter, fortsetzte. Der Fund eines Bruchstückes eines Altares in unmittelbarer Nähe des Mauerkopfes kann dafür sprechen, daß dem Mauerende eine besondere Qualität zuzuerkennen ist, kann aber mE auch damit befriedigend erklärt werden, daß der Mauerbau, aus welchem Grund auch immer, hier endete und aus diesem Anlaß ein Altar errichtet worden ist.

Auf jeden Fall berechtigt der fundamentale Unterschied in der Struktur der Grenzsicherungsanlagen eine Beschreibung des rätischen Limes im Rotenbachtal beginnen zu lassen.

▶ 1 Der Limes im Rotenbachtal und der Beginn der rätischen Mauer – Rundwanderung
TK 7224 Lorch
Wanderparkplatz an der B 29, km 46, unmittelbar O der Abzweigung nach Kleindeinbach. Der Weg führt auf dem O-Ufer des Rotenbaches auf der Talsohle nach N. Serpentinenweg zum Wustenrieter Feld, zurück über Limeswanderweg zum Ausgangspunkt.

Der Beginn der rätischen Mauer liegt rd 90 m W des Rotenbachs am unteren Talhang in einem schwer zugänglichen jungen Fichtenwald; die Reste der Mauer ziehen als flacher Schuttwall aus Liassteinen nach O hangabwärts, sich deutlich von der tonig-erdigen Keuperumgebung abhebend. Am W-Rand der Talsohle sind in einem Wasserriß noch Mauerreste zu erkennen. O des Baches und des Weges ist der Limes besonders gut erhalten; ein flacher Steinriegel (H 0,6 m, B 3 m) aus Liaskalksteinen steigt den steilen Hang empor, markiert durch eine Reihe alter Grenzsteine die ehemaligen Oberämter Welzheim und Gmünd. Der Aufstieg am Hang ist für den Wanderer nur im unteren Teil durch einen Serpentinenpfad einigermaßen bequem, eröffnet aber immer wieder überraschend eindrucksvolle Überblicke über den Verlauf der Mauer. Weniger beschwerlich ist der Aufstieg über den Wustenrieter Heusteig, die Fortsetzung des auf der Talsohle hinziehenden Weges, der nach einer weiten Schleife den Limes in der Nähe eines alten Steinbruchs wieder schneidet. Im Schnitt selbst sind die Reste der Mauer zu erkennen.

Nach Überquerung des Wustenrieter Heusteiges werden die Limesreste zusehends flacher. Den sehr steilen oberen Hangabschnitt überwindet der Limes parallel zu dem Hohlweg, in dem der schon genannte Wustenrieter Heusteig die Hochfläche erklimmt, es sind nur noch leichte Andeutungen der Trasse zu erkennen. Das S und SW von Wustenriet gelegene Schwarzjuraplateau – Flurname Pfahl – überquert der Limes unter Beibehaltung der alten Richtung. Wp 12/24 (nicht sichtbar) liegt dort, wo die Limestrasse den am höchsten gelegenen Teil der Flur Pfahl erreicht. Nach 125 m wird die Trasse bis zur Straße Wustenriet/Vogelhöfe markiert durch einen Feldweg, der auf der N-Seite der Mauer entlangführt. Als Richtungspunkt für den Wanderer bietet sich ein alleinstehender Baum an. Am Schnittpunkt des Limes mit der Straße ist eine Limeshinweisstele aufgestellt.

Von der Straße ab bis zur einspringenden Ecke des Waldes Naber sind keine Spuren der röm Grenzsicherung mehr erhalten; Wp 12/25 O der Straße ist nicht sichtbar. Im Wald selbst ist der Verlauf des Limes S des den Knollenmergelhang

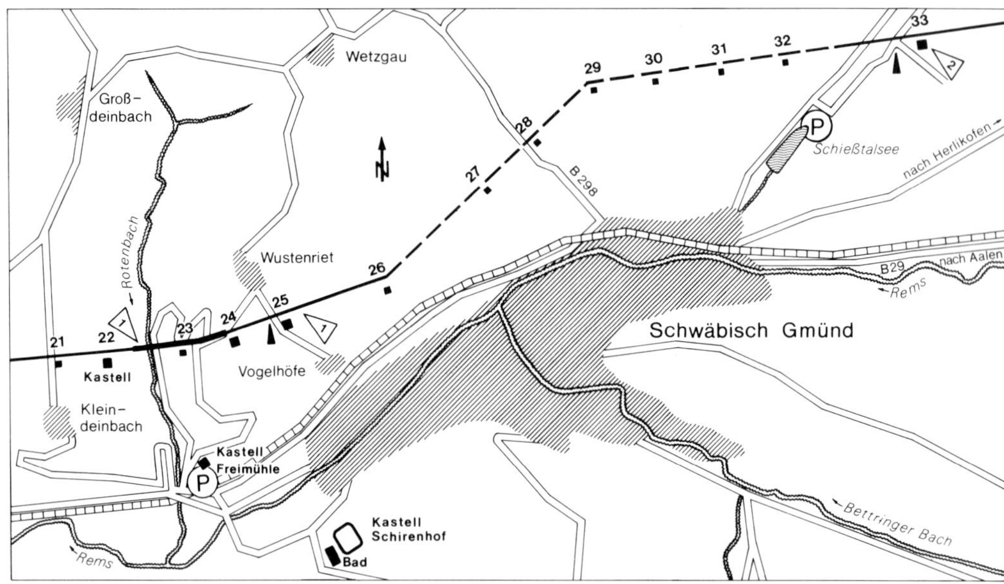

Abb. 193 Limes. Strecke 12, Wp 21–33

entlang laufenden Weges wiederholt durch Grabungen festgestellt worden. Heute lassen sich jedoch infolge des dichten Gestrüppes, welches das von Hochwald bestandene, durchfurchte Gelände weitgehend bedeckt, keine Anhaltspunkte für die Trasse mehr gewinnen. Der Verlauf des Limes ist erst wieder gesichert im Schießtal NO von Schwäbisch Gmünd.

▶ 2 Der Limes im Schießtal, hintere Orthalde
TK 7124 Schwäbisch Gmünd

B 29, Stadtgebiet Schwäbisch Gmünd, Abzweigung Herlikofen-Schießtal, vorbei am Schießtalsee zum Parkplatz W des ZF-Werkes Schießtal. Den nach NW geneigten Hang des Schießtales bedeckt der Wald Orthalde. An der S-Seite des Zweigwerks der Zahnradfabrik Friedrichshafen führt eine Straße nach NO, über der Böschung dieser Straße (Limeshinweisstele) ist deutlich der das durchfurchte Gelände schräg aufwärtsverlaufende Schuttwall des Limes zu erkennen. Nach der Überquerung eines Weges zieht der Damm aus Liassandsteinen, der die Mauerreste birgt, an der N-Seite eines Weges bis zu der in einer Wegegabel liegenden Feldwache Hintere Orthalde Wp 12/33, die 1929 entdeckt und 1931 untersucht worden ist. Die Anlage (14,75 x 15,15 m) wies bei der Ausgrabung noch 5 Schichten des aufgehenden Mauerwerks auf. Lücken in der Mauer (B 0,8 m) an der O- und W-Seite wurden als Tore gedeutet. Die Mauerreste liegen heute in einem Gestrüpp verborgen, das keine Übersicht erlaubt.

Von der Feldwache zieht der Limes weiter als Steinriegel hangabwärts und überquert einen weiteren Waldweg. Die sichtbaren Reste endigen wenige Meter danach am Rande eines Bachgrundes.

Die Trasse erreicht nun nach Überwindung der Wolfsklinge die Kante des Liasplateaus SW Herlikofen. Im schwierigen unwegsamen Knollenmergelgelände, das von jungem Wald bestanden ist, sind keine Spuren mehr zu erkennen. Das Gelände zwischen der Hangkante und der Straße Schwäbisch Gmünd – Herlikofen (Flurnamen Krähenbühl) ist heute überbaut, weder für den Limes, noch für den Wp 12/34 finden sich noch Anhaltspunkte. Der Limes überschreitet bei km 4,375 die Straße, wo heute eine von O kommende Ortsstraße einmündet (Limeshinweisstele). S vom alten Ortskern von Herlikofen ist nach dem 2. Weltkrieg eine umfangreiche Siedlung entstanden, die eben genannte Ortsstraße liegt auf der Trasse des Limes. Wp 12/35 wird bei der Kapelle vermutet, die bei der Einmündung einer von N, aus der Ortschaft kommenden Straße, steht. Die Fortsetzung der Straße folgt wieder dem Zug der Limesmauer, außerhalb dem Bebauungsgebiet biegt sie nach S in Richtung Hussenhofen ab. Im Wiesengelände O der Biegung, von dem aus man einen herrlichen Blick auf den Kolbenberg hat, zeugt ein von einer Hecke bestandener Steinriegel von der rätischen Mauer, dann hören die Spuren auf. Auch am W-Talhang des Aierlinghofer Baches sind zunächst keinerlei Reste zu beobachten. Erst am Waldrand zu beiden Seiten der Straße zum Burgholz, hat sich ein zum Bach ziehender Schuttwall erhalten, der am tief eingeschnittenen Bett selbst abrupt endet. Jenseits des Baches, 20 m N der Brücke, über welche die Straße nach Iggingen führt, eine Hinweisstele. Der Limes überwindet nun, ohne Spuren hinterlassen zu haben, den O-Hang des Tales des Aierlinghofer Baches (Wald Klopferholz). Im obersten Teil des Hanges treten Schwarzjurakalke zutage und bilden eine sehr steile Stufe und eine scharfe Kante. Trümmerschutt an der Kante bezeichnet den Punkt, von dem aus der Limes in der alten Richtung die Lauchäcker und die Zimmerhalde SW Iggingen durchzog. In den an die Kante anschließenden Äckern ist eine dammartige flache Erhöhung wahrzunehmen, in der, bezogen auf die benachbarten Ackerbeete, relativ viele Steine in der Krume auftreten. Auf dem höchsten Punkt der Liashochebene, 120 m von der Hangkante entfernt, liegen die sehr spärlichen Trümmer des Wp 12/37. Auch O des Turmes beobachtet man den flachen Damm im Akkerland, er verschwindet jedoch bald völlig. Der Limes führt nun über einen Knollenmergelhang und durch ein Waldstück ins Remstal hinab, als Orientierung kann das Feldkreuz am Weg Iggingen – Zimmern dienen, das 25 m S der röm Grenzlinie liegt.

Nach dem Abstieg ins Remstal durch den Wald Asang verläuft der Limes auf einer Strecke von 1,5 km auf der Talsohle selbst. Der Bau der Eisenbahn und vor allem die Neutrassierung der B 29, bei der übrigens das Fundament der Limesmauer zutage trat, haben das ursprüngliche Landschaftsbild gerade auch in den Jahrzehnten nach dem 2. Weltkrieg stark verändert. Eine schwache Spur des Limes, einen 50 m langen kleinen Rain, erkennt man lediglich im W der alten B 29 kurz vor der Auffahrt zur Überführung über die neue Straße. Kreuzungspunkte mit Bahn und Straße liegen bei km 55,175 und 58,350. Die alte Straße wird geschnitten bei km 56,87 und 57,7. An der neuen B 29 bezeichnet eine Limeshinweisstele den Schnittpunkt nicht ganz korrekt. Er dürfte weiter O liegen. Unmittelbar nach den oben erwähnten spärlichen Spuren muß der Limes in die neue Richtung ONO eingeschwenkt sein, wie am heute noch gut erkennbaren Zug der Linie am Roten Sturz abzulesen ist.

Jenseits von Straße und Bahn überquert der Limes zunächst einen Wiesenhang und ist dann als kärglicher Schuttstreifen innerhalb des SO-Randes des „Eichholzes" zu beobachten, dann wird der Zug der Mauer durch einen kleinen Rain markiert. Sie überschreitet anschließend eine flache von einem Bach durchzogene Mulde und steigt dann als Ödstreifen und Weg, schon aus großer Entfernung erkennbar, den „Roten Sturz" hinauf. Am höchsten Punkt der Hochfläche, 60 m von ihrem Rand entfernt, ist Wp 12/41 nachgewiesen. Vom Rand der Hochfläche verläuft der Limes in Richtung ONO unter und neben einem Feldweg, der von Hecken bestanden ist, bis zur Straße Unterböbingen – Schönhardt.

▶ 3 Der Limes NW von Böbingen, vom Roten Sturz bis zur Straße Unterböbingen – Schönhardt
TK 7125 Mögglingen

B 29, Abzweigung bei km 58 zur Ortsmitte Böbingen – Unterböbingen. Parkplatz in der Nähe des Bahnhofs. Der Abschnitt ist gut begehbar. Anmarsch auf der N der Bahn zum Bahnwärterhaus führenden Straße bis zur Abzweigung eines nach N verlaufenden Feldwegs, von dem aus in unmittelbarer Nähe eine Feldscheune der auf dem Limes liegende Weg zum Roten Sturz nach NO abbiegt.

Der Limes überquert bei der Brücke den Bach,

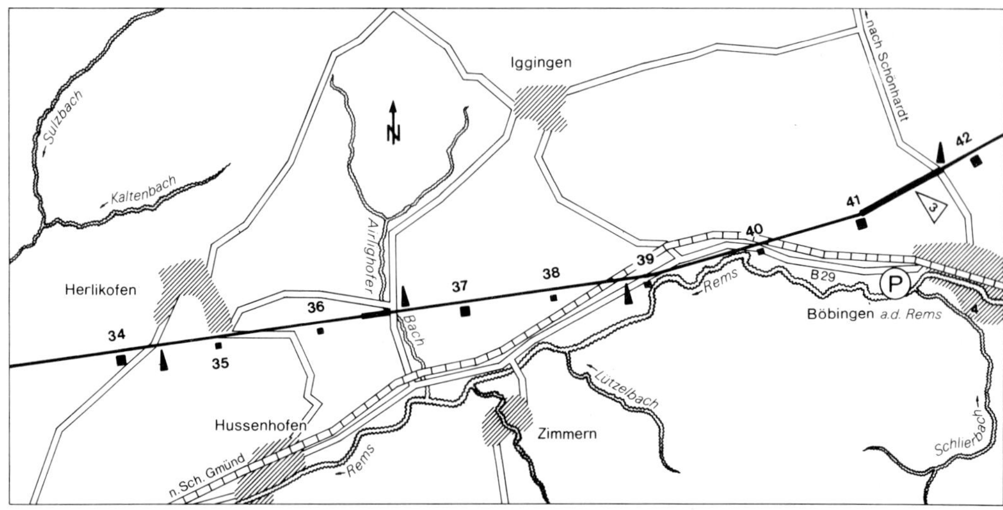

Abb. 194 Limes. Strecke 12, Wp 34–42

nach SW blickend erkennen wir im Zug der Mauer einen kleinen Rain, der zum Mischwald Eichholz zieht, und durch eine Reihe von Obstbäumen markiert wird. Der Limes liegt zT auf der N-Seite, zT direkt unter dem den Hang hinaufführenden Weg, der in dem obersten Abschnitt kaum benutzt wird und sich als weithin sichtbarer breiter Ödstreifen darstellt. Vom Hang aus bietet sich ein sehr schöner Rückblick nach SW auf die Limestrasse zum Wald Eichholz und ins Tal der Rems. Auf der Liashochfläche setzt sich der Weg nach NO fort, zT mit Hecken bestanden, auch durch einige Bäume markiert. Der Limes verläuft zunächst an der N-Seite des Weges, dann benutzt der Feldweg den mächtigen, noch über 0,5 m hohen Schuttwall selbst als verläßlichen Grund, um schließlich im letzten Drittel auf der N-Seite der mit Gebüsch bestandenen Limeslinie entlang zu führen. 170 m O vom Rand der Hochfläche konnte Wp 12/41 „Roter Sturz" nachgewiesen werden, Reste sind nicht mehr sichtbar. Der Feldweg – auch Hetzengasse genannt – mündet in die Straße Unterböbingen – Schönhardt, einen wohl vorröm Weg, der vielleicht die Anlegung des Kastells Unterböbingen (→ Böbingen) mitbestimmt hat. Am O-Rand der Straße eine Limeshinweisstele. (Rückkehr zum Parkplatz auf der Straße Schönhardt – Unterböbingen).

Jenseits der Straße zieht die Linie zunächst durch einen alten Steinbruch und dann einen flachen Hang hinauf. Im Acker ist der Schuttstreifen der Mauer deutlich sichtbar. Auf der Höhe des Bietwang nähert sich das Sträßchen, das zum Braunhof und Brackwanghof führt, dem Limes; der trigonometrische Punkt 439,6 wenige Meter N der Straße, liegt in dem im Jahre 1893 ausgegrabenen Wp 12/42, der über 2 m S der Mauer stand. Das Sträßchen führt nun an der S-Seite des Limes entlang, der eine Mulde durchschreitet, dann durch einen von einer Hecke bestandenen Rain markiert wird und in einer Entfernung von 3 m die Basis eines ehemaligen eisernen Feldkreuzes passiert. Das Sträßchen weicht kurz nach N aus, kehrt aber sofort wieder auf die Limestrasse zurück und folgt ihr auf der S-Seite auf weitere 500 m. Im Gewann Brühl unmittelbar am Rande eines Bacheinschnittes verläßt das Sträßchen, nach N in Richtung Kraußenhof abbiegend, den Limes. In den Äckern, den die Trasse nun durchzieht, sind keine Spuren mehr zu erkennen. Die Linie zielt auf die NW-Spitze des Waldes Grubenholz, die in den davorliegenden Wiesen zu beobachtenden leichten Bodenwellen brauchen

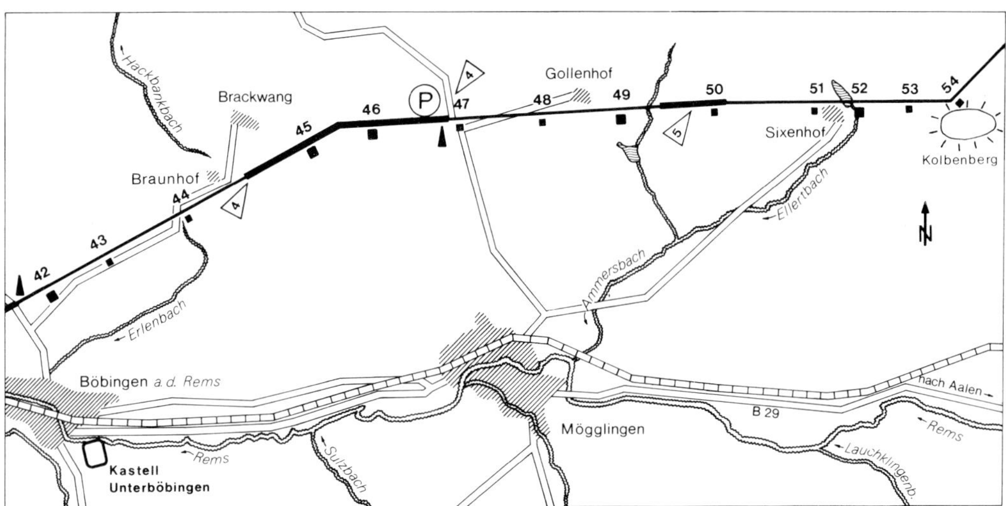

Abb. 195 Limes. Strecke 12, Wp 42–54

nicht von den Resten der Mauer herzurühren, sie finden sich auch N und S der Limeslinie. Von dem gesamten Abschnitt aus besteht Sichtverbindung zum Kastell Unterböbingen.

▶ 4 Der Limes im Grubenholz
TK 7125 Mögglingen

a) B 29 Abzweigung zur Ortsmitte Unterböbingen bei km 58. Nach Schönhardt. Auf der Höhe Abzweigung nach O zum Braunhof und Brackwang. Im O des Braunhofs zur 130 m entfernten Waldecke des Grubenholzes abbiegen. Hier beginnt ein beschilderter Limeswanderweg.

b) B 29. In der Ortsmitte von Mögglingen Richtung Heuchlingen zum Wanderparkplatz am Rande des Grubenholzes (Limeshinweisstele und Beschilderung), O-Ausgangspunkt für eine Begehung des Limes im Grubenholz.

Der Limesabschnitt Grubenholz, zwischen der NW-Spitze des Waldes beim Braunhof und der Straße Mögglingen/Heuchlingen ist neben den Resten der röm Grenzsicherungsanlagen bei Rainau-Buch und bei Rainau-Dalkingen die besterhaltene Strecke der rätischen Mauer in Baden-Württemberg. Vor allem beeindrucken der auf einer Länge von rd 1,5 km fast durchgehend erhaltene Schuttwall, dann die in die Augen fallenden Ruinen von zwei Wp und eines Kalkofens, eingebaut in einen Hallstattgrabhügel, schließlich die ausgedehnte hallstattzeitliche Metropole, durch die der Limes hier führt, ein geschichtsträchtiger Boden, dem der großartige landschaftliche Rahmen noch eine besondere Note verleiht. Über eine Strecke von rd 750 m verläuft nun der Limes innerhalb des Waldes Grubenholz, entlang seines N-Traufes, sehr gut erhalten. Der Schuttwall der Mauer ist zT noch 1 m hoch und 3 m breit. 450 m von der Waldspitze entfernt, fällt die unmittelbar außerhalb der Linie liegende Ruine des Holz-Wp 12/45 in die Augen (der am weitesten im W liegende Holzwachtturm im Bereich des rätischen Limes), ebenso im weiteren Verlauf die vielen Grabhügel einer hallstattzeitlichen Nekropole, die zT von der Grenzmauer geschnitten werden. Wenige Meter O eines Feldweges, der von N kommend in den Wald eintritt, biegt der Limes nach SO ab und nimmt Richtung auf den N-Fuß des Kolbenberges, zunächst immer am Waldrand entlangziehend. Unmittelbar W des nun nach N schwenkenden Waldrandes ragt inmitten zahlreicher hallstattzeitlicher Gräber der mächtige Schutthügel des Wp 12/46 auf, im SO die Reste eines in einen sehr großen Grabhügel eingebauten Kalkofens, der nach Paret wahrscheinlich

röm Ursprungs ist. Der Kalkofen, ein weiterer Grabhügel in seiner Nähe und die Turmruine sind durch Hinweisschilder bezeichnet. Der Limes zieht nun als flacher Steinriegel in der neuen Richtung weiter und führt bald wenige Meter innerhalb des S-Randes des Grubenholzes zur Straße Mögglingen/Heuchlingen, wo eine Betonstele den Schnittpunkt markiert und Schilder auf den im Bereich des Grubenholzes angelegten Limeswanderweg hinweisen. Dieser Wanderweg ermöglicht von der NW-Ecke des Grubenholzes aus bis zu der eben genannten Straße eine bequeme Begehung der Strecke.
Jenseits der Straße Mögglingen/Heuchlingen verläuft das Sträßchen zum Gollenhof an der S-Seite der Mauer entlang bis zu der leichten Abbiegung nach O. In den Äckern und Wiesen SW, S und SO des Gollenhofes sind die Spuren der Mauer verschwunden.

▶ 5 Der Limes im Wald Bibert, zwischen dem Gollenhof und dem Sixenhof
TK 7125 Mögglingen
Siehe Anfahrt zum Wanderparkplatz an der Straße Mögglingen – Heuchlingen (→ ▶ 4 b)
Unmittelbar am Waldrand (Limeshinweisstele) nach O. Feldweg nach NO bis zu befestigtem Weg. Auf diesem, danach einem Feldweg nach S an einer Feldscheune vorbei zur Traufe des Waldes Bibert.

Nach 100 m ist im Wald Bibert der Zug der Mauer an einem zT über 0,5 m hohen und bis zu 4 m breiten Schuttwall wieder zu erkennen, der im Gehölz hangaufwärts führt und die Gemeindegrenze zwischen Mögglingen und Heuchlingen bildet. Auf der höchsten Stelle des Höhenrükkens, am Schnittpunkt mit einem von N kommenden Fußweg, läßt ein ausgedehnter Schutthügel einen Wachtturm vermuten (Wp 12/50). Anschließend wird eine Senke durchschritten, an deren W-Hang die Spuren sich verlieren.
Vom Waldrand aus läßt sich der Zug der Mauer – von der nichts mehr erhalten ist – bis zum N-Fuß des Kolbenberges überblicken. Über stark welliges Wiesengelände verläuft die Trasse zum Sixenhof, durchquert ihn hart N der Scheuer, überwindet eine Senke und erreicht über einen Hang den N-Fuß des Kolbenberges.
Die Limesecke am N-Fuß des Kolbenberges konnte durch Grabungen nicht nachgewiesen werden. Steimle hat diese wichtige Stelle auf der Karte festgelegt, indem er die Linie Grubenholz–Bibert und die Richtung eines Stückes der von ihm 250 m NO des Kolbenberges ausgegrabenen Limesmauer bis zum Schnittpunkt verlängerte. Reste von Wp 12/54 glaubt man hart N des am Fuße des Kolbenberges hinziehenden Weges, etwa 25 m von der Limesecke entfernt, gefunden zu haben. Der Limes verlief von der Ecke aus in Richtung NO durch das Welland zum Kocherknie, von dort zum Jagstübergang bei Schwabsberg, dann zur Sechta und zur Wörnitz, der bestimmende Orientierungspunkt ist der Hesselberg. Natürlich gab es auf dieser langen Strecke immer wieder kleinere Abbiegungen, die Generallinie wurde aber eingehalten.
In den NO vom Kolbenberg bis zur Straße Essingen – Dewangen sich ausbreitenden landwirtschaftlich genutzten Flächen ist der Zug der Mauer an dem von ihr herrührenden Schuttstreifen noch zu erkennen. Sie nähert sich der SO-Traufe des Waldes Riegelhof und schneidet die sog Hochstraße, die Paret als vorröm definiert. Wp 12/56 liegt 3,75 m S der Mauer in der Nähe des trigonometrischen Punktes 513,0. Der Schnittpunkt der Mauer mit der Straße Dewangen – Essingen ist durch eine Limeshinweisstele bezeichnet.
Jenseits der Straße verläuft auf der Trasse des Limes auf 350 m ein Feldweg. Die nächste sichtbare Spur findet man an dem Sträßchen Dewangen – Hüttenhöfe, unmittelbar im N der Brücke über nach einem nach O, in Richtung Hammerstadt fließenden Bach ohne Namen, der in den Pfostenbach mündet. In der im O der Straße liegenden Wiese ist über eine kurze Distanz ein flacher hangaufwärts strebender Damm zu beobachten. Die Reste verlieren sich rasch, auf dem Höhenrücken selbst ist O des trigonometrischen Punktes 496,3 Wp 12/59 in der Flur „Unteres Feld" durch Grabungen festgestellt worden. Nun überschreitet der Limes das Tal des Rombachs. Der Schnittpunkt an der Straße Hammerstadt – Dewangen bei km 5,65, ist durch eine Hinweisstele markiert. Das Bockschafhaus, 125 m O des trigo-

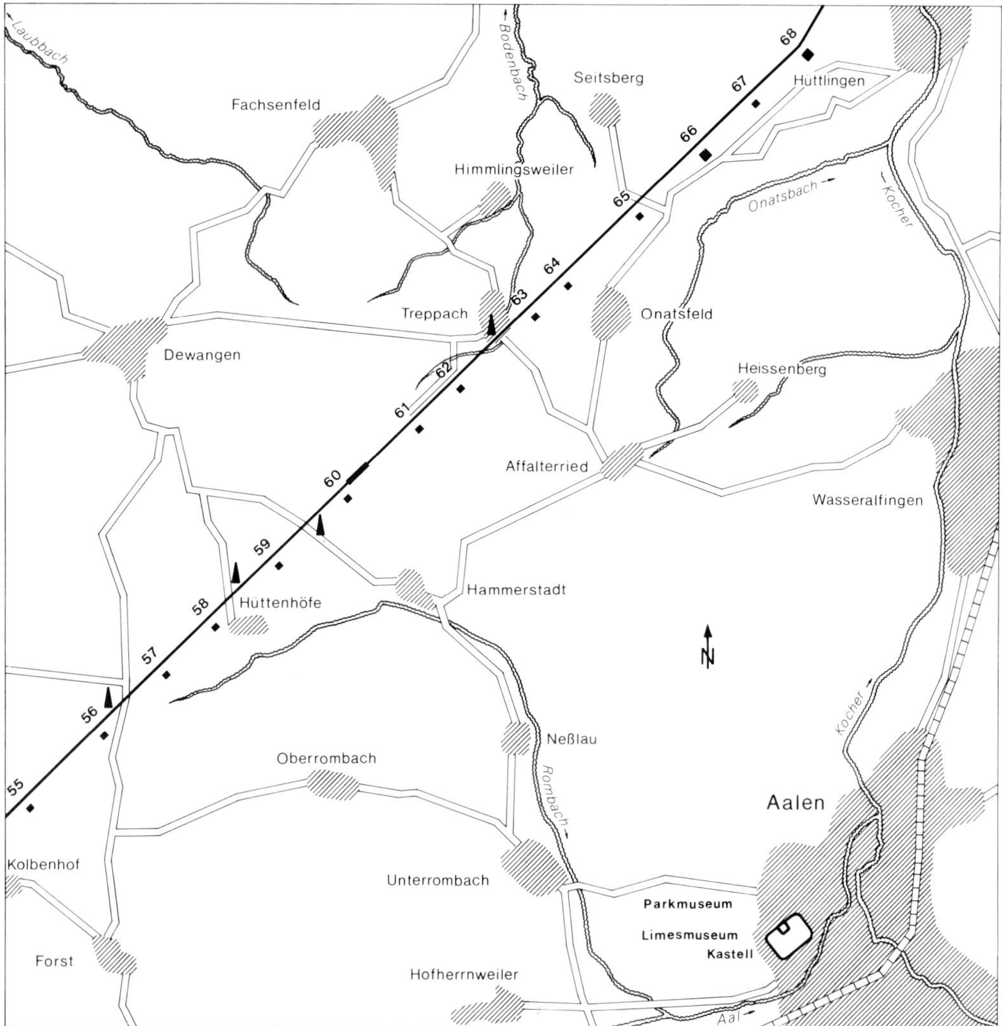

Abb. 196 Limes. Strecke 12, Wp 55–68

nometrischen Punktes 496,7, ist vor fast zwei Jahrzehnten abgebrochen und das Areal aufgeforstet worden. So bietet sich kein Anhaltspunkt mehr für den Standort des Wp 12/60, der durch Ausgrabung an der W-Seite des einstigen Gebäudes nachgewiesen worden war. Die Linie zieht nun eine Mulde hinab und wird jenseits eines Rinnsals zunächst als heckenbestandener Rain, dann als Parzellengrenze und schließlich als flacher Damm sichtbar, der zur NW-Spitze des Waldes Bergholz verläuft. Auf dem Scheitel des Höhenrückens stand Wp 12/61. Auf 600 m wird nun die Linie markiert durch einen Feldweg, der schräg hangabwärts nach Treppach führt, der Limes selbst begleitet ihn auf seiner S-Seite, die zum Teil mit Hecken bestanden ist. Im Talgrund selbst

Abb. 197 Limes. Strecke 12. Rekonstruktion eines hölzernen Limeswachtturmes bei Schwabsberg-Buch (Gde Rainau)

biegt der Weg nach N ab, hier verliert sich die Spur.

Im Bebauungsgebiet von Treppach weist eine holzgeschnitzte Legionarsfigur an der Straße Wasseralfingen – Fachsenfeld auf den Limes hin, der über einen steilen Hang an dem 1974 beseitigten Burgstall vorbei die Hochfläche der Flur Bogenfeld erreicht. Weiter bezeichnet ein Ackerrain die Trasse des Limes, dann ein Feldweg. In der Nähe einer kleinen Baumgruppe wird Wp 12/64 vermutet. Der Feldweg biegt an dieser Stelle nach NO ab. Nach 100 m liegt erneut ein Feldweg auf der Limeslinie, bis dieser in das Sträßchen Onatsfeld – Seitsberg einmündet. Nach 350 m bezeichnet der am SW-Rand des Brücklesholzes entlangführende Weg den Zug der Mauer, nahe der NW-Ecke dieses Waldstückes erkennt man den Schutthügel des Wp 12/66. Nach Überquerung einer flachen Mulde trifft der Limes auf der SO-Traufe des Langholzes und auf die Straße Hüttlingen – Seitsberg. Wp 12/67 ist hier durch Grabung nachgewiesen. Der Waldrand des Langholzes und das Sträßchen markieren weiter den Verlauf der rätischen Mauer bis zum Abstieg ins Kochertal. Unmittelbar über dem Talrand in der Nähe eines Feldkreuzes mit einer Sitzgruppe stand Wp 12/68. Von hier aus wurde in leichter Abbiegung nach W über einen Knollenmergelhang die Talsohle erreicht. Der Kocher wurde hart O der Straubenmühle überschritten, die B 29 10 m O von km 4. Der Schnittpunkt ist durch eine Limeshinweisstele bezeichnet.

Nach Überwindung des besonders im oberen Teil sehr steilen N-Hanges des Kochertals biegt die Limeslinie 100 m NW des trigonometrischen Punktes 458,3 beim Wp 12/70, der aber nicht mit letzter Sicherheit nachgewiesen ist, wieder nach O ab und überquert die Straße Hüttlingen – Sulzdorf kurz vor der Einmündung eines Feldwegs von W. Der Schnittpunkt ist durch eine Limeshinweisstele gekennzeichnet.

▶ 6 Der Limes im Bächholz und Mahdholz, Gemeinde Rainau-Buch
TK 7026 Ellwangen

B 290 Ortsmitte Rainau-Buch, Abzweigung nach W Richtung Oberlengenfeld bis Straßengabel von Hüttlingen her. Oder B 290 Parkplatz am Limes (beschildert) zwischen Rainau-Buch und Schwabsberg. (→ auch Schwabsberg-Buch). Von der Straßengabel Hüttlingen – Buch – Oberlengenfeld aus (Standort von Wp 12/75), bietet sich gegen SW ein herrlicher Blick auf die Trasse des Limes bis zum Kolbenberg. In der Nahzone fällt zunächst der S Unterlengenfeld erstellte Aussiedlerhof, der hart S des Limes liegt, in die Augen. Von der Anhöhe aus, auf der der Hof erbaut ist, zieht der Limes als Damm und als Parzellengrenze über ein Wiesengelände hangabwärts. Nach Überschreiten eines flachen Bachgrundes werden die Reste der Mauer durch einen Rain, der von einer Hecke bestanden ist, markiert, im Acker selbst beobachtet man den Mauerschutt von Wp 12/74. Dann überquert die Linie den Lengenbach und fällt im Frühjahr und Herbst als breiter Steinschuttstreifen im Ackerland auf. Der Wp 12/75 (Bächholz) stand im Bereich der Stra-

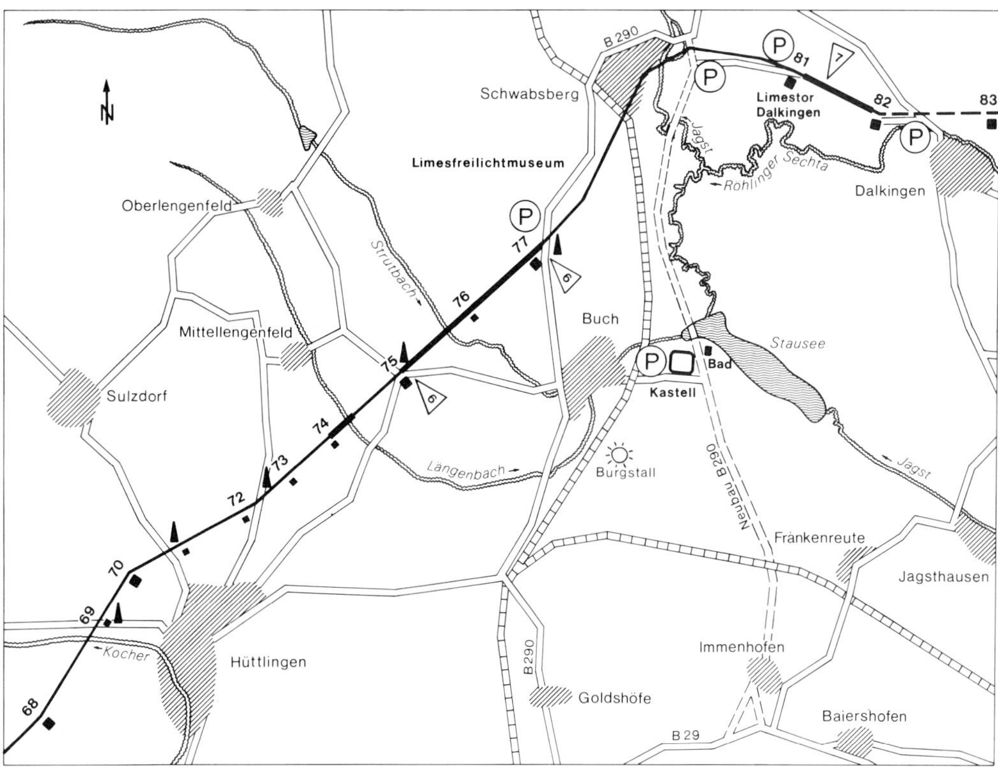

Abb. 198 Limes. Strecke 12, Wp 68–83

ßengabel, der Vorgänger des Steinturms, vielleicht einige Meter SW im Acker, wo noch eine leichte Erhebung zu erkennen ist, die als Ruine des Holzwachtturms interpretiert wird.

Der Limes zieht von der Straßengabel aus als fast 1 m hoher und 3 m breiter Steinriegel am Rand des Bächholzes bis zum Strütbach. Kurz vor dem Abstieg in den Talgrund tritt er in einen Fichtenwald ein. Unmittelbar im NO der Straßengabel eine Hinweisstele direkt auf dem Schuttwall. Am jenseitigen Hang des Strütbachtales führt ein Weg auf dem Limes hangaufwärts, der in einen Wanderweg einmündet, der den Limes begleitet bis zum Freilichtmuseum im Mahdholz. Der Zug der Mauer wird durch den Saum des Mahdholzes auch auf weite Entfernung im Gelände ablesbar. Wp 12/76 wird hart SW des Schnittpunktes der Limestrasse mit dem Weg Buch – Schwenningen vermutet. Die letzten 110 m dieses Abschnittes – der Limes tritt wieder bis zur B 290 in den Wald ein – sind besonders gut erhalten. Man konstatiert einen 2–4 m breiten und 0,75 m hohen Steinwall. In der Waldecke sind vom ehemaligen Landkreis Aalen im Jahre 1968 die Nachbildung eines Holzwachtturmes und der Limespalisade erstellt worden, ein Jahr später wurde die Ruine des Steinwachtturms (Wp 12/77) und der Limesmauer vom LDA ausgegraben. Die Mauer (B 1,18 m) selbst war noch in drei Lagen im Aufgehenden erhalten, allerdings kaum fundamentiert und aus Liassandsteinen doppelhäuptig erbaut. Es konnte ein jüngerer und älterer Steinturm nachgewiesen werden. Vor allem die SW-Ecke des jüngeren Steinturms zeigte sich ausgezeichnet erhalten. Der Befund ist auch deswegen besonders aufschlußreich, da sehr gut zu erkennen ist, daß das

Abb. 199 Limes. Ausgrabung einer Holzpalisade bei Schwabsberg (Gde Rainau)

Mauerwerk des Limes und des Wachtturms nicht ineinander verzahnt sind, also die Mauer sich nach der NW-Front des Wachtturms orientierte und später als der Turm erbaut worden ist. 1969 wurden die ausgegrabenen Reste der beiden Wachttürme und der Limesmauer vom Landkreis Aalen konserviert und zwei Jahre darauf in unmittelbarer Nähe eine Rekonstruktion der Limesmauer (H 2,94 m, B 1,18 m) erstellt. Die Anlage im Mahdholz ist ein Teil des geplanten Limesfreilichtmuseums, das um den Stausee Rainau-Buch entstehen wird (→ Schwabsberg – Buch).

Es sei noch erwähnt, daß der ziemlich tiefe Graben, der innerhalb der S-Traufe des Mahdholzes in O-Richtung bis zur B 290 zieht, nichts mit den Resten aus der Römerzeit zu tun hat.

Am Standort des Holzwachtturms fesseln der imponierende Blick auf den nach Osten ziehenden Steilabfall des Härtsfeldes mit der Kapfenburg, auf die schön hervortretenden Jurastufen und auf den beherrschenden Killinger Hornberg. In unmittelbarer Nähe liegt im SO von Rainau-Buch das Kohortenkastell (→ Schwabsberg-Buch) auf einem Zwickel zwischen der Jagst und dem Albach, die S-Seite des röm Lagers wurde vom LDA freigelegt und vom Ostalbkreis konserviert.

Vom Parkplatz am Limes ist der Zug der röm Grenzsicherung zwischen Schwabsberg und Dalkingen auf dem Grieselberg überschaubar. Dieser Limesabschnitt ist neben den Resten bei Wustenriet, Mögglingen, Gollenhof, Dalkingen und Haisterhofen der besterhaltene Teil der rätischen Mauer auf württembergischen Boden. Er ist auch für die Geschichte der Limesforschung bedeutsam geworden, da durch die Ergebnisse der Grabungen die württembergischen Forscher endgültig davon überzeugt worden sind, daß der sog Limes transdanubianus im Endausbau eine regelrechte Mauer war; bis dahin glaubte man in Württemberg, der Schuttwall des Limes rühre von einer großen Straße her.

▶ 7 Der Limes zwischen Rainau-Schwabsberg und Rainau-Dalkingen
TK 7026 Ellwangen

a) B 290 nach der Jagstbrücke N Schwabsberg bei km 6 Abbiegen in einen Feldweg, der nach S führt. Hier Parkmöglichkeit.

b) Rainau – Dalkingen an der Straße Ellwangen – Westhausen unmittelbar N der Sechtabrücke beim Gasthaus zum „Fäßle" Parkmöglichkeit. Die Ortsstraße geht alsbald in einen Feldweg über, von dem ein hohlwegartiger Weg nach N abzweigt, der schließlich W einer Biegung den Limes auf der Außenseite begleitet.

Der von der B 290 abzweigende Feldweg überquert nach 100 m den Auerbach, unmittelbar nach der Brücke führt ein Feldweg nach O zunächst an dem eben erwähnten Bach entlang; dann steigt er am N-Hang des Grieselberges empor zum Limestor Dalkingen (Wp 12/81) (→ Schwabsberg-Buch). Zwischen Weg und Bachlauf wurde bei Ausgrabungen im Jahre 1973 ungefähr an der Stelle, wo der Weg den Talgrund verläßt, der Kopf der Limesmauer entdeckt. Die Mauer zieht

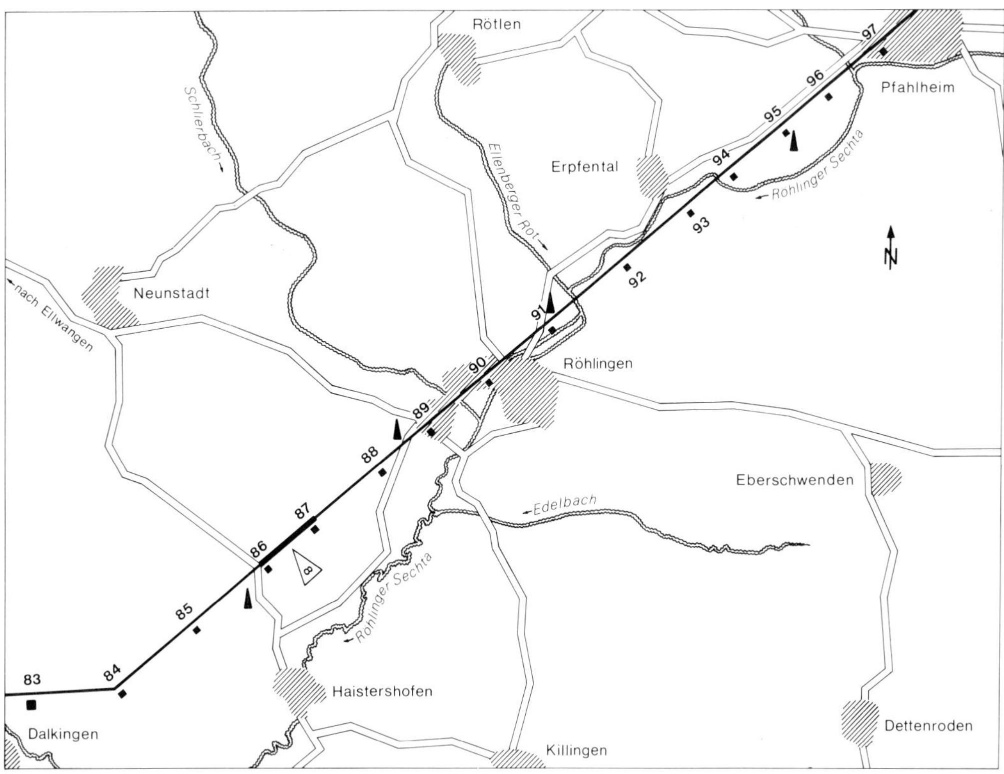

Abb. 200 Limes. Strecke 12, Wp 83–97

zunächst an der N-Seite des neuen Feldwegs – sie wurde durch viele Suchschnitte nachgewiesen – hangaufwärts, überschreitet dann den Weg 200–250 m W des Limestores und stößt in stumpfem Winkel auf die N-Front dieses Baues. Von der NO-Ecke des Limestores aus läuft die Mauer – zunächst an einem Steinbruch vorbei – über den Höhenrücken des Grieselberges als Schuttwall, der von hohem Gebüsch und vereinzelten Bäumen bestanden ist, über 530 m an der S-Seite eines Feldweges entlang, die Spur verliert sich bei der Abbiegung dieses Weges nach S.

Bei der weiteren Trassenführung nahm Paret – entgegen der Auffassung der Limesforschung vor ihm – an, daß die Linie auf gleicher Hanghöhe über die Flur Stadtberg und Jägerhalde zum Gewann Pfahl zog, wo sie wieder nachgewiesen werden konnte. Die ältere Forschung glaubte den Limes bis in die Gegend der heutigen Sechtabrücke in Dalkingen und dann schräg den Hang emporführend verfolgen zu können. Hart O vom Wp 12/84, – er liegt S des kleinen Zipfels des Hartwaldes am oder unter einem von dort nach S verlaufenden Feldweg, bog der Limes wieder nach NO ab in Richtung NO. Vom Rand des Hartwaldes ab bis zur Straße Haisterhofen – Neunstadt verhindert der Übungsplatz der Garnison Ellwangen eine Beobachtung und auch die Begehung des Limes.

▶ 8 Der Limes zwischen Ellwangen-Haisterhofen und Ellwangen-Röhlingen auf dem Hartbühl
TK 7027 Zöbingen
B 290 Ellwangen, im Weichbild der Stadt abbiegen in Richtung Nördlingen. In Ellwangen-Neunstadt Abzweigung Ellwangen-Haisterhofen bis zum Straßenwärterhaus.

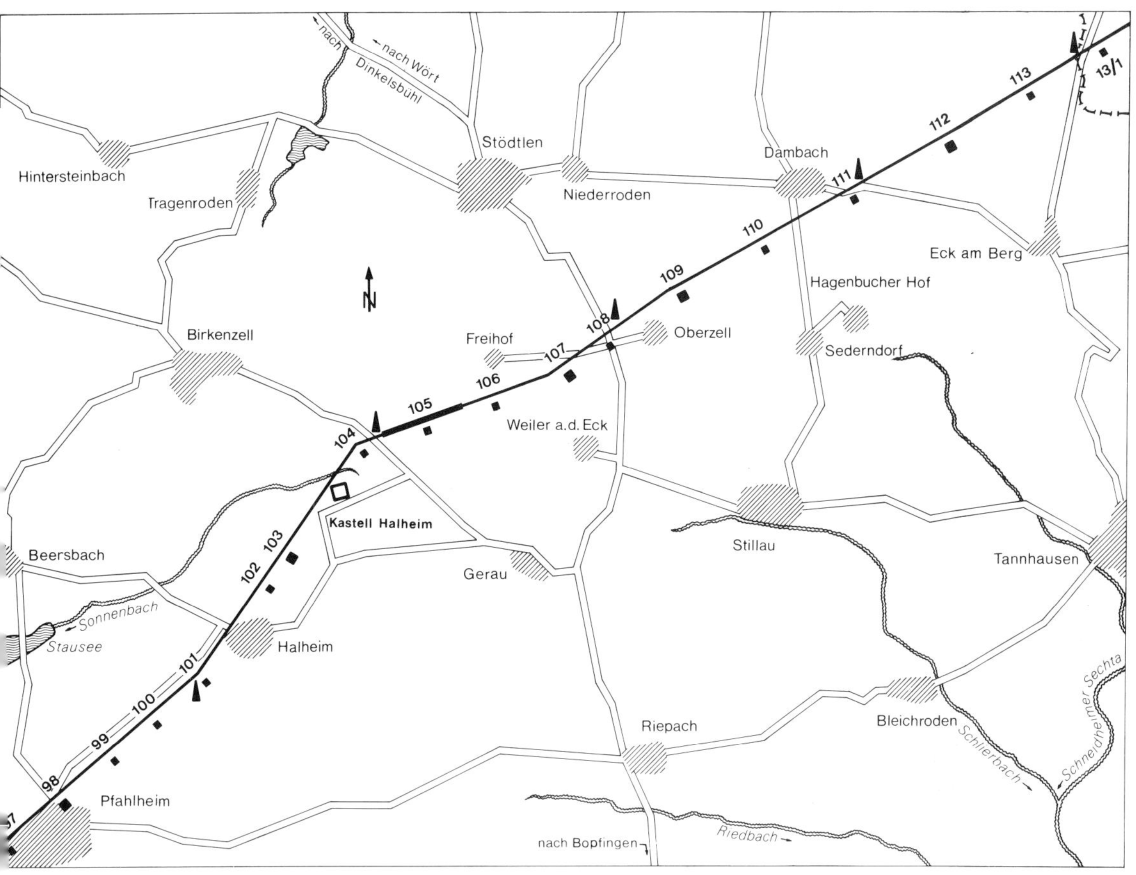

Abb. 202 Limes. Strecke 12, Wp 97–113

Während beim Blick nach SW im Bereich des Übungsplatzes der Garnison Ellwangen vom Limes keine Spuren zu erkennen sind, beginnt gleich hinter der Straßenwärterhütte, zwischen Ackerbeeten zunächst ein 3–4 m breiter Ödlandstreifen, der sich bald dammartig aufwölbt und dann von einer dichten Hecke bestanden ist. Nach 200 m markiert weiter hangabwärts ein Rain den Zug der Mauer, auf deren Resten bald wieder eine Hecke wächst. Beim Erreichen des Talgrundes verschwindet die Spur. Am Giebel der Straßenwärterhütte eine Aluminiumplatte mit der

Abb. 201 Limes. Luftbild. Verlauf bei Röhlingen

Darstellung des rätischen Limes und an der Straße selbst eine Limeshinweisstele. Auf dem Hartbühl ist ein Wp anzunehmen, ein exakter Nachweis gelang bisher allerdings nicht.

Der Limes verläuft, ohne Spuren hinterlassen zu haben, vom Talgrund ab über eine Anhöhe zum SO-Rand des Stadtteils Ellwangen-Röhlingen. Die Trasse liegt innerhalb des Ortes unter der Dorfstraße selbst. Beim Eintritt in das Dorf, an der Straße Haisterhofen – Röhlingen und am O-Ende des Siedlungskerns an der Straße nach Pfahlheim, ermöglichen Limeshinweisstelen eine rasche Orientierung. Von dem zuletzt genannten Schnittpunkt aus überquert die Linie das Sechtatal, am jenseitigen Hang beobachtet man einen zunächst mit einer Hecke bestandenen Rain im Zuge der Mauer, die dann zusammen mit einem Feldweg den fast ganz zerstörten, S von Erpfental gelegenen Burgstall passiert. Die röm Grenze verlief weiter am S-Abhang des Sechtatales entlang und überschritt den Fluß wieder 400 m oberhalb der Erpfentaler Mühle. Ohne sichtbare Spuren streicht die Linie nach Überquerung des Talgrundes hangaufwärts und wird von der Höhe der Kuppe an von der Straße Röhlingen – Pfahlheim markiert. In der Nähe des Standorts von Wp 12/96 an der S-Böschung eines Einschnittes weist eine Betonstele auf den Verlauf der Mauer hin. In Ellwangen-Pfahlheim bezeichnet die dem Friedhof entlangführende Ortsstraße den Limesverlauf. Nach Überquerung der Straßengabel Pfahlheim – Beersbach begleitet die Linie ab dem Anwesen „Ziegelhütte" die Straße nach Halheim auf ihrer S-Seite. Unmittelbar O der erwähnten Straßengabel ist Wp 12/99 nachgewiesen. Auf dem höchsten Punkt der Straße nach Halheim SW des Ortes beim trigonometrischen Punkt 531,2 stand Wp 12/100. Am N-Rand der Straße gegenüber dem Standort des Steinwachtturms und einer Limeshinweisstele ein Feldkreuz zwischen zwei Linden. Die Anhöhe gewährt einen herrlichen Überblick über den Verlauf der Limestrasse in der Liasebene. Vom Wp 12/100 ab biegt der Limes leicht nach N ab, verläuft in der Richtung der zum Dorf führenden Straße und überquert das Tal, in dem die Siedlung liegt und den gegenüberliegenden Hang, wo eine Flurbereinigung alle Spuren beseitigte. Die Abweichung von der bisher eingehaltenen Linie ist verursacht durch die Lage des Numeruskastells Halheim (→ Halheim), das sonst außerhalb der Grenzmauer gelegen wäre.

Der Limes wird wieder sichtbar NO des Numeruskastells und im O der Straße Birkenzell – Gerau, ein alter Höhenweg, mit dem die Anlage des Kastells in Verbindung zu bringen ist. 110 m NW der Brücke über dem „Langen Brunnen" schneidet die Linie die Straße (Limeshinweisstele N eines alten württembergischen Wegzeigers) und bietet sich alsbald im anschließenden Wiesengelände als schmaler Damm dar, der zur N-Traufe des „Fleckenholzes" SW des Freihofes verläuft (NO). Am Waldsaum selbst sind die Reste zunächst noch 0,75 m hoch. Etwa 165 m im O vom trigonometrischen Punkt 545,3 und etwa 400 m vom Freihof entfernt, wurde Wp 12/107 festgestellt. Wenig W von diesem Turm biegt der Limes in Richtung O ab. Die Straße Walxheim – Stödtlen wird 75 m N der Kreuzung mit der Straße Freihof – Oberzell überschritten. Eine Limeshinweisstele bezeichnet den Schnittpunkt. In der Folge verläuft die Linie über eine Senke am Keuperhang und ist beim Aufstieg zu der vorspringenden Zunge im SO der Wildenbergkapelle, die den trigonometrischen Punkt 532,6 trägt, als flacher Damm, der mit einer Hecke bestanden ist, zu verfolgen.

▶ 9 Der Limes bei Stödtlen-Dambach
TK 6927 Dinkelsbühl, 6928 Weiltingen, 7027 Zöbingen

Das letzte Stück des Limes bis zur bayrischen Grenze ist hervorragend zu überblicken von der Höhe der Schwarzjurastufe NO von Oberzell aus, es bietet sich ein Panorama wie vom Flugzeug aus, in der Ferne der Hesselberg, der den Verlauf der röm Grenzsicherung bestimmte. B 290 Ellwangen – Nördlingen bis Röhlingen. Von dort über Pfahlheim, Halheim, Gerau zur Straße Zöbingen – Wört. Abbiegen nach Richtung Stödtlen, nach 1,5 km nach Oberzell. Von hier aus nach NO ein Feldweg zum trigonometrischen Punkt 532,6 in der Flur „Steinacker". Wenige Meter N des Signalsteins ist Wp 12/109 nachgewiesen. Die Aussicht von der Liaskante auf die Keuperniederungen ist überwältigend. Den Abschluß des Panoramas nach NO bildet der Hesselberg, auf dessen Mitte zunächst der weitere Verlauf der Limeslinie ausgerichtet ist. Wenig S von Dambach überquert der Limes nach Überwindung eines Knollenmergelhanges bereits im Talgrund die Straße Dambach – Sederndorf – Stillau und durchzieht zunächst als flacher Damm einen Obstgarten. Dann markiert eine Hecke die röm Grenze, die im S einer Häuserzeile entlangläuft und die dann die Straße Dambach – Eck am Berg schneidet. Eine Limeshinweisstele vermittelt den Schnittpunkt und die Richtung der röm Mauer.

Im Talgrund im NO von Dambach ist das Fundament der Mauer jüngst bei der Regulierung eines Wasserlaufes völlig beseitigt worden, nun liegt ein Feldweg auf der Trasse, er führt am S-Rand des Waldes Eckerheide entlang und biegt kurz vor dem Strambach nach S zur Straße nach Eck am Berg ab. An der SW-Ecke des Waldes Eckerheide beobachtet man die spärlichen Reste von WP 12/112, NO der zuletzt genannten Wegebiegung Wp 12/113, dessen flacher Schuttkegel unschwer im Wiesengelände zu erkennen ist. Jenseits des Bachgrundes erscheint der Limes im „Schwedenholz" zunächst wiederum als flacher Damm, dann weisen spärliche Mauertrümmer und eine leichte Wölbung auf die Mauer hin, die zur Straße Eck am Berg – Mönchsroth zieht. Am Schnittpunkt des Limes mit der Straße steht direkt auf der Landesgrenze die letzte der vom Landkreis Aalen aufgestellten Limeshinweisstelen. Hi

Lit: OParet, ORL Abt. A Str. 12 – DPlanck, Führer zu vor- und frühgesch Denkmälern 22 (1973) 183 ff – HZürn, FdBaBaWü 2, 1975, 207 ff – DPlanck, Ellwanger Jahrbuch 25, 1975, 21 ff.

Lorch AA

Kohortenkastell

Abb 203–206

Das Kastell liegt mitten in der Stadt. Die im 9. oder 10. Jh gegründete Stadtkirche und der Friedhof bezeichnen ungefähr die Mitte des Lagers. Das Fundament ▶ des N-Turmes des W-Tores (1) wurde 1965 beim ev Gemeindezentrum, Kirchstr 30, restauriert (FundamentB 1,06–1,20 m). In der Vorhalle des Gemeindezentrums ist eine Vitrine mit Funden der Ausgrabung aufgestellt. Sonst ist von dem Kastell oberirdisch nichts mehr zu sehen. Über dem W-Portal der Klosterkirche sind zwei ▶ Bruchstücke (H 0,70 m, B 0,60 m) eines Architravs aus blaugrauem, marmorartigen Kalkstein mit Inschriftresten (2) vermauert. Auf dem linken Bruchstück ist in 6,5 cm hohen Buchstaben zu lesen: *IMP(erator) CAE(sar).* Vermutlich war der ehemals 3,25 m lange Stein als Türsturz über einem Tor des Kastells Lorch angebracht und wurde beim Bau des Klosters verwendet. Bei der Renovierung 1879 mußte das offenbar beschädigte Mittelstück ersetzt werden.
Paulus d. Ä. vermutete Mitte des 19. Jh anhand der Funde im Bereich der Stadtkirche eine röm Siedlung und auf dem 1 km entfernten Klosterberg ein Kastell. Steimle fand 1893 das Kastell in der Stadt und untersuchte im Auftrag der RLK die Umfassungsmauer. Während der Kanalisationsarbeiten 1895/96 konnten weitere Beobachtungen gemacht werden.
Die Lagermauer (B 1,24–1,30 m) ist mit 25–30 cm hohen und breiten Steinen aus Stubensandstein außen und innen verkleidet. Sie umschließt ein fast quadratisches Areal von 2,47 ha (O-Seite: 153,40 m; W-Seite: 154 m; N-Seite: 158,40 m;

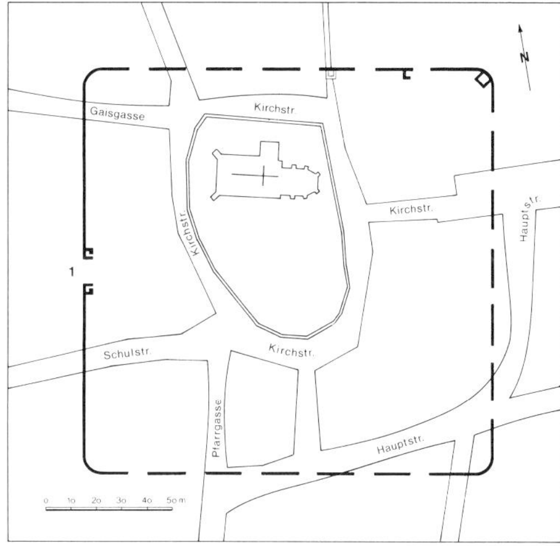

Abb. 203 Lorch. Kohortenkastell. 1 W-Tor. Fundament des N-Turms der Ausfahrt restauriert

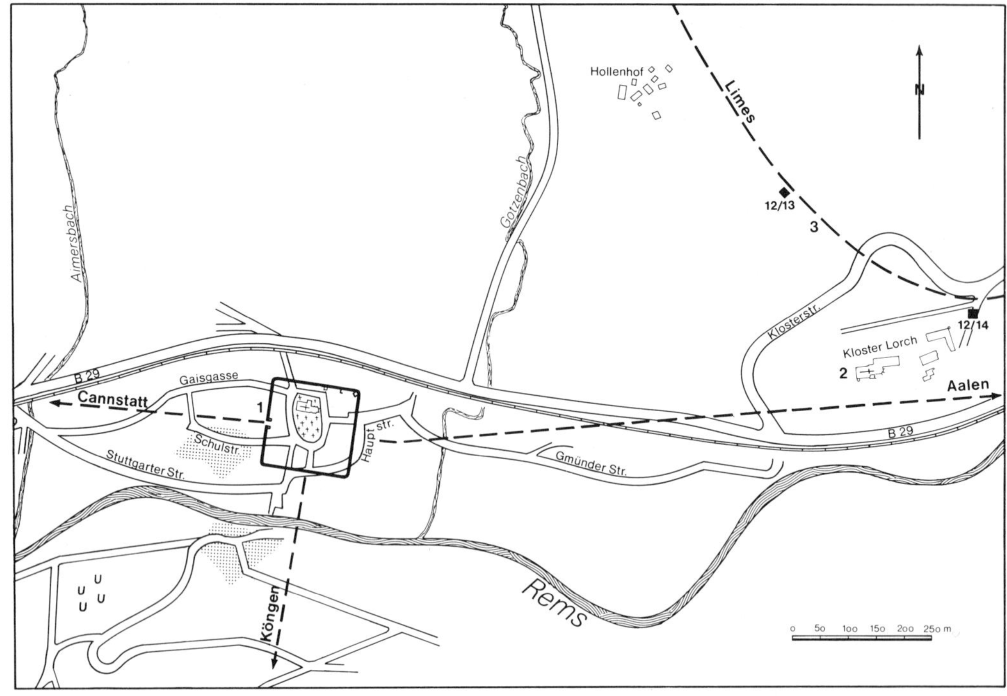

Abb. 204 Lorch. Gesamtübersicht. 1 N-Turm des W-Tores, 2 Inschriftrest an der Klosterkirche, 3 Limes

S-Seite: 162,80 m), das etwa der Lagergröße von Kastell Köngen entspricht. Wahrscheinlich wurde die Besatzung des Kastells Köngen/*Grinario,* ein gemischter Verband aus Infanteristen und Kavalleristen *(cohors quingenaria equitata),* bei Anlage des vorderen Limes um 150 nChr nach Lorch vorverlegt.

Das W-Tor (1) hatte zwei Durchfahrten und lag genau in der Mitte der Lagermauer. Ein an der N-Seite ausgegrabener Zwischenturm läßt vermuten, daß das N-Tor wahrscheinlich nicht in der Mitte der N-Kastellmauer lag, sondern nach O verschoben war. Es ist demnach damit zu rechnen, daß das auf dem rechten Ufer der Rems, zwischen Götzenbach und Rems liegende Kastell eventuell nach O orientiert war. Die Entfernung zum Limes (3) beträgt 1 km. Von dem Umfassungsgraben konnte lediglich die Berme (B 1,2 m) und die Grabenböschung festgestellt werden.

Das Lagerdorf *(vicus)* ist überbaut; vereinzelte Siedlungsspuren konnten W des Kastells festgestellt werden. Das Gräberfeld wurde 1954 etwa 500 m SW vom Kastell gefunden.

Die von Cannstatt kommende W-O-Verbindungsstraße durch das Remstal führte an Kastell Lorch vorbei. Über Faurndau – Plochingen hatte Kastell Lorch Verbindung mit dem Neckarkastell Köngen und gehörte zur Provinz Obergermanien. Der Anfang der obergermanisch-rätischen Provinzgrenze wird O von Kastell Lorch vermutet (→ Limes, Ostalbkreis). Fil

TK 7124 – L 7224
Ao: WLM Stgt M im Kloster Lorch
Lit: Steimle, ORL Abt. B Nr. 63 (1897) – Haug-Sixt, 135 f – RiW 1-3 s.v. Lorch – OParet, ORL Abt. A Str. 12 – OParet, Württ in vor- und frühgeschich Zeit s. v. Lorch.

Heimatmuseum

Im Kloster Lorch. Öffnungszeiten: 8.30–11.30 und 13–17 Uhr
Vor dem Kloster ist ein ▶ Limeswachtturm aufgestellt. – Die Ausstellungsstücke sind im Bereich des Kastells Lorch gefunden: Reste eines Doliumgrabes vom Brandgräberfeld des Kastells. Wandvitrine: Epona-Relief. Sandstein. B 0,20 m. – Kunststeinnachbildung eines Grabsteinfragmentes .. *[Fi]d(e)lis, domo ... [ne]/g(otiator) art(is) c[retariae ...] / [o]bitis parent(ibus) ... [homini] / incomp(arabili) Q ... / f(ecit) fil(ius) dulc[issimus] / [sit]v(obis) [t(erra)*

Abb. 206 Lorch. Eponarelief

l(evis)]. Übersetzung: Fidelis, abstammend von (es folgt der Ortsname), Händler mit Tonwaren, hat seinen verstorbenen Eltern, dem ... (Name des Vaters), einem unvergleichlichen Manne, und der ... (Name der Mutter) (den Grabstein) aufstellen lassen, der vielgeliebte Sohn. Leicht sei euch die Erde. – Keramikformen von dem Brandgräberfeld 500 m SW des Kastells in Flur „Badwiesen“ (Becher, Töpfe, Krüge, Schüsseln, Teller, Topf mit Leichenbrand). – Tischvitrine: Karte „Lorch und Umgebung“. – Gemme (opaker Karneol): Merkur mit Flügelhut, Geldbeutel und Heroldstab, um 200 nChr – Münzen, Tonlampe. Über dem W-Portal der Klosterkirche sind rechts und links des 1879 eingesetzten Türsturzes ▶ zwei Bruchstücke (B 0,6 m) eines röm Architravs erhalten, der vermutlich als Türsturz über einem Tor des Kastells angebracht war. Auf dem linken Stein ist noch schwach zu lesen: *IMP(erator) CAE(sar).* Fil

Abb. 205 Lorch. Siegeszeichen (tropaion)

Lit: FdbaSchw NF 2, 1922–1924, 33; 13, 1952–1954, 62; 14, 1957, 199; 15, 1959, 169 – Haug-Sixt, 135 Nr. 76.77

Mainhardt SHA

Kohortenkastell und röm Zivilsiedlung

Abb 207

Das Kastell liegt im W-Teil des alten Ortskerns und ist teilweise überbaut. Von der Umwallung sind heute nur noch ▶ die W-Seite, ▶ NW- und SW-Ecke und ▶ einige kleinere Abschnitte der N-Seite in den Gärten beim Pfarrhaus zu sehen. Restauriert wurde ein Teil der ▶ W-Mauer hinter der Turnhalle; ebenfalls dort ist ▶ der Doppelgraben in den Wiesen deutlich zu sehen. Die ersten schriftlichen Nachweise einer röm Militärsiedlung in Mainhardt finden wir im „Beweiss, wie weit der Römer Macht" des fürstlich-hohenlohischen Hofrates Ch. E. Hanßelmann aus dem Jahre 1768. Justinus Kerner, damals Oberamtsarzt in Weinsberg, berichtet, daß 1837 aus den noch über 1 m hohen Kastellmauern Steine für den Hausbau gebrochen wurden. Dabei wurden die Torsi zweier Genien gefunden. Im Auftrage der RLK wurden vor und nach der Jahrhundertwende mehrere Untersuchungen vorgenommen. Die für die Besatzung des Kastells aufschlußreichste Fundstätte wurde beim Bau des Hauses Stangenweg 3 angeschnitten und 1944 von O. Paret aufgenommen. Bei weiteren Untersuchungen an dieser Stelle fanden sich neun Weihesteine und drei Reliefdarstellungen von Muttergottheiten. Beim Neubau der Hauptschule und bei der Anlage des neuen Sportplatzes in der Flur Steinbühl SW des Kastells gruben H. Clauß und H. Pasler 1967 insgesamt 21 zum Lagerdorf gehörende Fundstellen aus.

Das Kastell Mainhardt liegt fast genau in der Mitte seiner Nachbarkastelle, Öhringen im N und Murrhardt im S. Die Aufgabe der Besatzung war zweifellos, den N-Teil des schwäbischen Keuperberglandes und den schon vorgeschichtlichen Handelsweg zu sichern, der von Heilbronn über Löwenstein zu den Schwäbisch Haller Salzquellen führte. Die endgültige Lage des Kastells wurde wohl durch die örtlichen topographischen Gegebenheiten bestimmt: Die Befestigung liegt in der Mitte eines sanft nach N geneigten Plateaus, begrenzt im O und N vom tief eingeschnittenen Brettachtal, im W und SW vom Tal des Baadbaches.

Maße der nach O orientierten Anlagen 177 m (S) bzw 176,75 m (N), die Schmalseiten ca 142 m = 2,4 ha. Die vier Tore waren von je zwei Türmen flankiert, das Ausfallstor *(porta praetoria)* (1) hatte zwei fast gleich weite Durchfahrten, getrennt durch einen Mittelpfeiler (B 1,40 m). In den abgerundeten Ecken standen Türme (5 x 5 m). Aus älteren Fundnotizen geht hervor, daß die Türme mit Geschützen bewehrt waren. Im Gegensatz zu den weit vorspringenden Tortürmen ragten die Zwischentürme nicht über die Umfassungsmauern hinaus. In Größe und Form waren sie alle verschieden. Die Kastellmauern bestanden aus einem soliden, gut gemörtelten Gußwerk mit Verschalung der Innen- und Außenseiten aus Stubensandstein. Die Mauer hatte eine 1,70 m breite und 0,50 m tiefe Fundamentierung. Über dem Unterbau (B 1,20 m, H 0,45 m) erhob sich das aufgehende Mauerwerk (B 1 m). Von den Innenbauten wurde nur das Stabsgebäude *(principia)* (5) teilweise untersucht. Wegen des schlechten Erhaltungszustandes wurde von einer umfassenderen Ausgrabung des Innenraumes abgesehen.

Auf einigen Weihesteinen und auf einer Grabplatte ist die Besatzung des Kastells angegeben. Es ist die 1. Kohorte der Asturer. Drei Steine haben den Zusatz equitata. Die Kohorte war also teilweise beritten. Von den Asturern wissen wir, daß sie in starkem Maße zum röm Heeresdienst herangezogen wurden. An Rhein und Donau sind insgesamt vier Kohorten und zwei Alen von ihnen bekannt. Zum ersten Mal ist die *cohors I Asturum equitata* im 1. JhnChr auf einem Ziegel aus einem Brunnen in Heddernheim bezeugt. Die Truppe wurde wahrscheinlich noch in trajanischer oder frühhadrianischer Zeit nach Walheim a. N. verlegt. Von dort kam sie im Zuge der Vorverlegung der Reichsgrenze nach Mainhardt. Um die Mitte des 3. Jh stand die Kohorte in Britannien, wohin sie vermutlich von Septimius Severus (198–211 nChr) verlegt worden war. Es ist nicht bekannt, welche Einheit nach dem Abzug

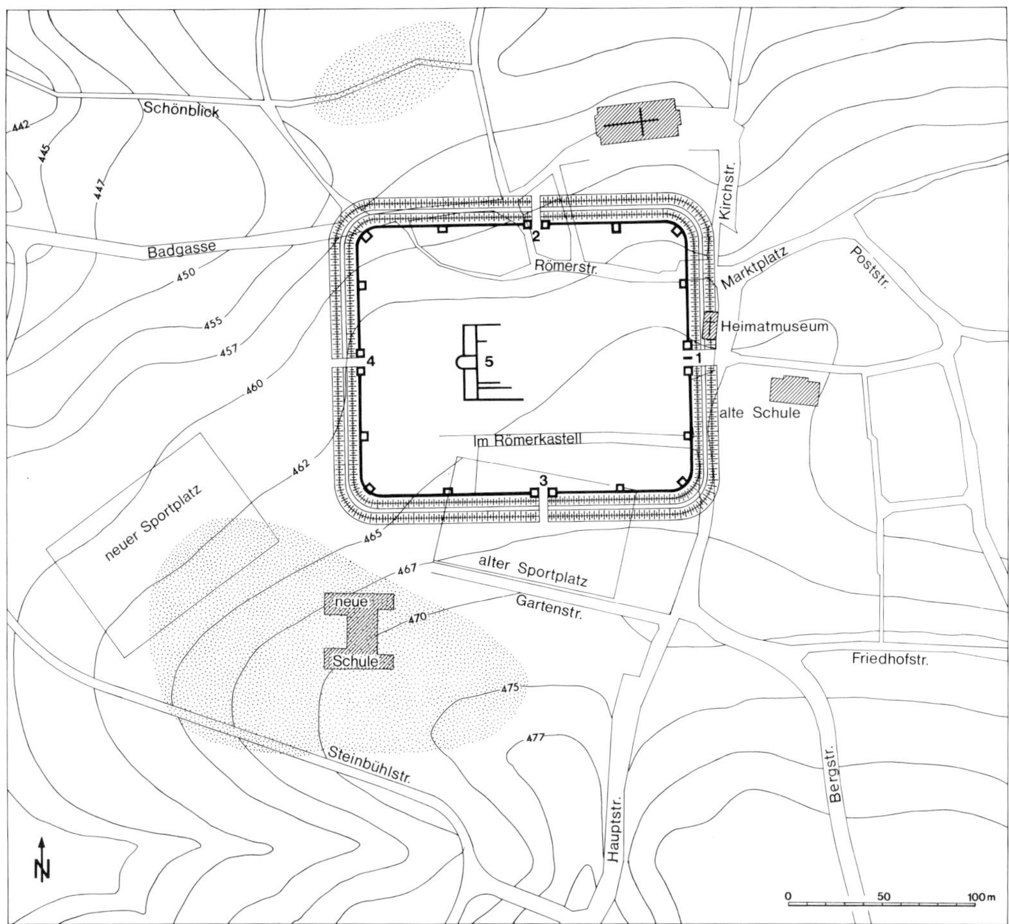

Abb. 207 Mainhardt. Kastell und Siedlung. 1 Ausfallstor, 2 linkes Lagertor, 3 rechtes Lagertor, 4 rückwärtiges Lagertor, 5 Stabsgebäude

der Asturer in Mainhardt lag. Inschriftlich sind elf Namen von Soldaten überliefert. Mit Ausnahme der beiden Präfekten C. J. Artemo und M. Mevius Capriolus, die röm Bürger waren, waren die Soldaten gallischer, aber auch dalmatischer Herkunft. Die wenigen Namen zeigen, daß die Soldaten nicht mehr aus dem der Truppe den Namen gebenden Aushebungsbezirk Asturien rekrutiert wurden.

Die Mainhardter Jupiter-Weihesteine gehörten zu einer geschlossenen Gruppe. Sie sind nicht von Einzelpersonen, sondern von der Truppe als Gesamtheit aufgestellt worden. E. Birley hat ihre Bedeutung erkannt: Es handelt sich um Altäre, die von Auxiliarformationen und Kohorten jährlich anläßlich des *dies imperii* oder zu Neujahr bei der Einlösung und Erneuerung ihrer Gelübde errichtet wurden. Die Mainhardter Steine sind die ersten ihrer Art, die in Germanien und besonders am obergermanischen Limes gefunden wurden. Die Fundumstände und ihre Vergesellschaftung mit drei Reliefdarstellungen von Muttergotthei-

Abb. 208a, b Mainhardt. Museum. Reliefdarstellungen von Muttergottheiten

ten lassen den Schluß zu, daß an der Fundstelle eine dem Jupiter geweihte Kultstätte war.
Das Lagerdorf *(vicus)* befand sich etwa 100 m im SW des Kastells, dort wo heute Hauptschule und neuer Sportplatz liegen. Bei den Ausgrabungen 1967 wurden neben verschiedenen Einzelgebäuden nur zwei Reihen von je vier Häusern festgestellt, so daß von einer geschlossenen Siedlung kaum gesprochen werden kann. Die Häuser (4 x 6 m) wiesen keinerlei gemörteltes Mauerwerk auf. Verkohlte Balken, viele Nägel und eine große Menge gebrannten Lehms beweisen, daß die wesentlichen Bauelemente Holz und Lehm waren. Dachziegel wurden nicht gefunden. Die Keller der Häuser waren in den hier anstehenden Stubensandstein eingetieft und wiesen im Inneren eine erhabene, aus dem Sandstein herausgeformte mauerartige Erhebung (H 0,20–0,30 m) auf, die einen Innenraum mit Eingang bildete. Vermutlich dienten diese Erhebungen zur Verschalung mit Bohlenwänden, deren Reste gefunden wurden. Kellertreppen und Einbuchtungen für hölzerne Türwangen waren ebenfalls aus dem Sandstein ausgehauen. Gräberfeld, Bad und Straßen konnten bislang nicht nachgewiesen werden.
Im Mai 1975 wurde bei Kanalisations- und Bauarbeiten im Neubaugebiet Mainhardt-O ein röm Kleinkastell entdeckt. Das Kleinkastell, mit einer Seitenlänge von 22 m entspricht in seiner Anlage genau dem Kleinkastell Rötelsee (Welzheim); es liegt ca 20 m hinter dem Limes und ist auf diesen ausgerichtet. Die Anlage konnte nicht erhalten bleiben. Cl

TK 6923 – L 6922
Ao: HM Mainhardt
Lit: ORL, Abt. B, FdBaBW 2, 1975, 178 ff.

Museum

Abb 208

In der ehemals kath Kirche gegenüber dem Rathaus. Schlüssel im Textilhaus Pasler, bei Herrn

Clauß, Schulstr 2 oder bei der Gemeindeverwaltung erhältlich. Führung nach Vereinbarung. Das Museum zeigt Funde aus dem Kastell und aus dem Bereich des Lagerdorfes. Besonders sehenswert sind die Weihesteine und die Reliefdarstellungen von Muttergottheiten mit Kindern. Derartige Reliefdarstellungen sind O des Rheins selten: es sind außer den vier Reliefs aus Mainhardt nur noch zwei aus Bad Wimpfen a. N. bekannt. Häufiger sind sie in Frankreich, vor allem am Unterlauf der Mosel. Zusammen mit den beiden Mainhardter Eponareliefs, die dem ostgallisch-rheinischen Typus angehören, dokumentieren sie einen starken gallischen Einfluß auf die Religionsausübung in Mainhardt. Muttergottheiten, die zusammen mit Kindern abgebildet sind, sollen in besonderem Maße eine schützende mütterliche Funktion ausdrücken. Cl

Mannheim MA

Städtisches Reiß-Museum

Abb 209–211

Ehem kurfürstliches Zeughaus, Toulonplatz, Quadrat C 5. Die röm Funde sind im Untergeschoß ausgestellt.
Öffnungszeiten: Di bis Sa 10–13 und 14–17 Uhr, Mi auch von 20–22, So 10–17 Uhr. Eintritt frei.
Die Archäologischen Sammlungen im Städtischen Reiß-Museum sind ur- und frühgeschichtliches Regionalmuseum für den Mannheimer Raum, enthalten aber darüber hinaus umfangreiche Bestände römerzeitlichen Fundgutes aus dem unteren Neckargebiet, vom Mittel- und Niederrhein, aus dem ehem badischen Limesgebiet, aber auch aus dem bayerischen und ungarischen Donauraum. Die bedeutende Sammlung verdankt ihre Entstehung dem früherwachten Interesse des kurpfälzischen Hofes an den Altertümern der Vorzeit, das bereits im Jahre 1749 in einem Zirkular des Kurfürsten Karl Theodor (1742–1799) an die ehem pfälzischen Oberämter bezeugt ist. Es ergeht darin die Weisung, „antiquitäten und andere monumenta", die „durch die Unterthanen oder sonsten gefunden werden mögten", nach Mannheim abzuliefern. 1763 wird die Fürsorge für die heimischen „antiquitäten" von der neugegründeten „Kurpfälzischen Akademie der Wissenschaften" übernommen, die im Jahre 1771 an alle Gemeinden des Landes einen gedruckten Fragebogen versendet, in dem über „Altertümer von Stein, mit Schriften oder Figuren" Auskunft erbeten wird. Auf wissenschaftlichen Studienreisen, die über die Grenzen der Pfalz zT weit hinausgreifen, sammeln die Mitglieder der historischen Klasse der Mannheimer Akademie „Monumente des Altertums und des Mittelalters", denen der Kurfürst „seinen Palast zum Asyl" gibt. Als die rechtsrheinische Pfalz 1806 an Baden fällt, verbleiben die archäologischen Sammelbestände als „Großherzogliches Hofantiquarium" am Ort. Die Tradition der pfälzischen Akademie wird 1859 vom „Mannheimer Altertumsverein" wieder aufgenommen. Aus der beachtlichen Reihe von Grabungen, die der Initiative dieses Vereins zu verdanken sind, erwähnen wir das frühröm Gräberfeld von Mannheim-Wallstadt (von 1860 an), die Untersuchungen in Ladenburg (1898/99; 1908; 1911/12) und in den Limeskastellen Osterburken (1867–1874) und Neckarburken (1881). Die Funde wurden in eine eigene Vereinssammlung eingebracht, die 1879/80 mit dem alten Antiquariumsbesitz zu den „Vereinigten Altertumssammlungen" zusammengelegt wurde. Seit 1921/22 stehen die Bestände unter städtischer Verwaltung und wurden 1926 als Archäologische Abteilung des Schloßmuseums neueröffnet. Im 2. Weltkrieg erlitt die Sammlung empfindliche Verluste. Der größte Teil des erhaltenen Materials ist seit 1963 im Untergeschoß des Reiß-Museums im Rahmen der ur- und frühgeschichtlichen Schausammlung ausgestellt.
Die Ausstellung erstreckt sich über die ganze Länge des Untergeschosses, das durch Pfeilerstellungen als dreischiffige Anlage gegliedert ist. Der Mittelgang enthält ausschließlich Römerfunde; der rechte Seitengang ist fast ganz der Urgeschichte vorbehalten; im linken Seitengang steht Römisches und Frühmittelalterliches.

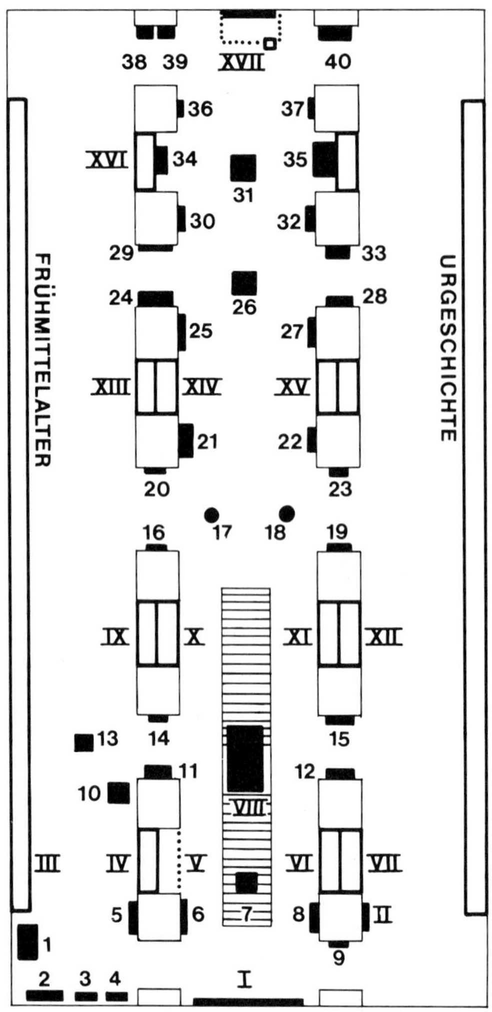

Abb. 209 Mannheim. Städt. Reißmuseum. Untergeschoß

Im Mittelgang konzentrieren sich im Treppenbereich die Funde aus dem unteren Neckargebiet, vor allem aus Mannheim, Ladenburg und Heidelberg (Regionalmuseum); im rückwärtigen Abschnitt dominieren jene Denkmäler aus den Rhein- und Donauprovinzen des röm Reiches, die dem Sammeleifer der „Kurpfälzischen Akademie der Wissenschaften" im 18. Jh zu verdanken sind. Eine Zusammenstellung von Gelehrtenbildnissen und wissenschaftlichen Publikationen in zwei Vitrinen des rechten Seitenganges erinnert an die Tätigkeit dieser Akademie (XII) und an die der Altertumssammlungen (VII).

Ein Rundgang durch die röm Bestände beginnt am sinnvollsten unter der Treppe vor der großen Karte des „Imperium Romanum an Rhein und Donau" (I). Die topographische Situation im Neckarmündungsgebiet zwischen Mannheim, Ladenburg und Schwetzingen veranschaulicht ein Tisch-Diorama direkt unter der Treppe (VIII) mit Fundpunkten von der Römerzeit bis zu den Karolingern. In der Ecke des linken Seitenganges stehen die Steindenkmäler aus dem engeren Mannheimer Raum: ein mächtiger Zinnendeckel der spätröm Burgus-Mauer von Mannheim-Neckarau (1), eine Weihinschrift für Mars und Nemetona aus Altrip/LU (2), und zwei Reliefplatten eines Viergöttersteins mit Fortuna (3) und Vulcanus (4) aus MA-Neckarau. – Aus Ladenburg stammen die Reliefplatte mit einer fliegenden Viktoria (6), der Grabstein des Freigelassenen Annius Januarius (8) und verschiedene Steinfunde (V) im Mittelgang. Die rechte Vitrine (VI) enthält Keramik und andere Kleinfunde vom gleichen Fundort, darunter das Fragment einer Säulentrommel mit der reizvollen Darstellung eines Zweikampfes zwischen Pan und Eros in Hochrelief. – Ein religionsgeschichtlich bedeutsames Denkmal ist die sog Mannheimer Mithras-Tafel am zweiten Pfeiler rechts (12), vermutlich aus Ladenburg. Das flache Relief ist künstlerisch recht anspruchslos, besitzt aber durch die Fülle seiner kultischen Darstellungen hohen dokumentarischen Wert für die Erforschung der Mithras-Religion: Man erkennt rechts oben Mithras als Stiertöter, darüber den Raben. Links steht ein unbekleideter Mann, der mit seiner Linken den Schwanz des Stieres packt und mit der Rechten einen Gegenstand emporhebt (wohl Cautes); hinter ihm ein Eber; unter ihm eine Reihe von sieben Altären. In der unteren Bildzone folgt von links nach rechts: eine Schlange, ein Mischkrug, ein Mann mit Opfergerät vor einem Altar und ein großer Hund, der zu Mithras emporblickt. – Die Vitrinen am Treppenfuß

Abb. 210 Mannheim. Städt. Reißmuseum. Weiheinschrift einer Jupitergigantensäule von Heidelberg-Heiligenberg

vermitteln zwischen dem regionalen und dem überregionalen Teil: rechts sind verschiedene figürliche Kleinfunde unter dem Thema „Röm Religion am Rhein" zusammengestellt; darunter die halblebensgroße Sandstein-Statuette eines Jupiters aus Ladenburg (XI); links stehen Terra-Sigillata-Gefäße aus Ladenburg, Osterburken und anderen Fundorten, dazu eine Verbreitungskarte der Töpferwerkstätten (X). Aus Ladenburg stammt auch der rechte der beiden Meilensteine mit einer Weihung an die Kaiser Valerianus und Gallienus aus dem Jahre 253 nChr (18). – Einen dritten wichtigen Komplex bilden die Steine aus dem Heidelberger Raum: Ein Reliefbild am ersten Pfeiler im rechten Seitengang erläutert die historischen Phasen der Besiedlung des Heiligenberges (II). Daneben folgt eine Weihinschrift für einen Tempel mit Statue des keltischen Gottes Visucius, die in der dortigen Michaelskirche eingemauert war (9), und – direkt unter der Treppe – der Viergötterstein einer Jupitergigantensäule, der – oben ausgehöhlt – einst in der gleichen Kirche als Weihwasserbecken diente

Abb. 211 Mannheim. Städt. Reißmuseum. Viergötterstein der Jupitergigantensäule von Heidelberg-Heiligenberg. Victoria

(7). Die Weihinschrift des Steines sitzt in einem von Bändern umflochtenen Kranz, der von einem Adler mit ausgebreiteten Schwingen getragen wird; die Nebenseiten zeigen Fortuna, Vulcanus und Viktoria. – Aus Neckargemünd-Kleingemünd stammt eine Grabinschrift für einen gewissen Petoatix und seine Frau Meddila (5); aus Heidelberg-Rohrbach ein Block mit der knappen Weihung *Mercurio / Timonia / Vittuo* = dem Merkur (von) Timonia (und) Vittuo, wohl ehemals eine Statuenbasis (15). Ein Weihestein für die Wegegöttinnen kam 1866 in Ubstadt-Stettfeld bei Bruchsal bei Ausgrabungen des Altertumsvereins zutage (14).

Die beiden ersten Vitrinen im linken Gang vervollständigen das Kulturbild des unteren Neckarraumes durch eine Auswahl neckarswebischer Gräberfunde aus Ladenburg, Schwetzingen und Mannheim-Wallstadt (IV) und verschiedene Funde aus neckarswebischen Siedlungen (IX). Dazwischen steht das Modell einer Handdrehmühle mit originalen Mühlsteinen aus Mannheim-Feudenheim (10). In der großen Vitrine gegenüber spiegelt sich „Röm Kultur am Rhein" in einer reichhaltigen Auswahl verschiedenartiger Kleinfunde (III). In der Gangmitte steht ein Viergötterstein aus Godramstein, Kr Landau (13), der durch das Jupitergigantenreiter-Fragment unbekannter Herkunft am nebenstehenden Pfeiler sinnvoll ikonographisch ergänzt wird (11). Aus der linksrheinischen Pfalz kommt auch das Juno-Relief von Hördt, Kr Germersheim, links neben den Meilensteinen (16) und der Viergötterstein von Iggelheim, Kr Landau, am Ende des Mittelganges (31).

Drei Steindenkmäler der überregionalen Sammlung kommen aus dem Gebiet des Odenwaldlimes: der Fortuna-Altar aus Bullau, Kr Erbach (21); eine Weihinschrift für Merkur, dem Tempel, Bildsäule und Ackerland gestiftet wurden, aus Obrigheim (25); und der schöne Wochengötterstein von Neckarelz (26), beide Nekkar-Odenwald-Kreis.

Spitzenstücke sowohl im Hinblick auf künstlerische Qualität wie historisch-epigraphischen Informationsgehalt umfaßt die stattliche Sammlung von Grab- und Weihesteinen aus dem röm Mainz und aus dessen Umgebung, die hier nur in Form einer Aufzählung erwähnt werden können: die Soldaten-Statue (19) und der Grabstein des Reiters Togitio (32) von Gustavsburg bei Groß-Gerau; die Mainzer Grabsteine des Trompeters Sibbaeus (23), der Reiter Tutius (22) und Rufus (27), der Legionare Secundus Metilius (28), Braetius (33) und Antestius (37), schließlich das monumentale Grabrelief (H über 2 m) eines sitzenden Mannes (40); den Granitblock mit Weihinschrift für Fortuna vom Schwerthändler Gentilius Victor (35), das Merkur-Relieffragment von Nierstein (36) und die beiden Weihe-Altäre für Minerva (38) und Fortuna (39) aus Alzey. Auch die Kleinfunde in der rechten Vitrine stammen aus Mainz. – Die niederrheinische Provinz ist durch zwei religionsgeschichtlich interessante Stücke vertreten: den Matronen-Altar von Rödingen, Kr Jülich (34), und eine Reliefplatte mit dem Bild der kleinasiatischen Göttermutter Kybele, die wohl in Neuss gefunden wurde (29). Dazu kommt ein kleiner Weihe-Altar für Herkules aus Remagen ganz am Anfang der großen Vitrine des linken Seitenganges (in III). Remagen heißt auch der Fundort des linken der beiden Meilensteine, der Kaiser Marcus Aurelius und dessen Bruder Lucius Verus 162 nChr geweiht wurde (17).

Die räumliche Spannweite des kurpfälzischen Sammelinteresses markieren zwei Einzelstücke aus ganz verschiedenen Landstrichen: ein Juno-Relief von Neu-Saarwerden (20) und ein Kindergrabstein aus Neuburg/Donau (24) mit einer Weinausschank-Szene an der linken Seite. Ein ähnlich reizvolles Bild aus dem röm Alltag, eine Pachtzahlung, zeigt das Fragment eines Grabdenkmals unbekannter Herkunft (30). – Alte Fundstücke aus dem „Großherzoglichen Hofantiquarium", Gefäße, Lampen, Kleinbronzen und Münzen enthält die Vitrine links im Mittelgang (XIV). Dahinter im Seitengang sieht man unter dem Thema „Röm Kultur an der Donau" Kleinfunde aus Regensburg, Augsburg, Mähren und Ungarn, speziell *Aquincum,* der röm Vorläuferin des heutigen Budapest (XIII). Die letzte Vitrine links zeigt spätröm Fundgut, vor allem frühchristliches, darunter drei Inschriften aus Trier (XVI).

An der abschließenden Wand des Mittelgangs signalisiert eine große Wandkarte des Rhein-Neckar-Raumes Fundplätze aller Epochen der Ur- und Frühgeschichte mit Hilfe aufleuchtender Glühbirnen. Eine Steuerungstafel erlaubt die selektive Hervorhebung der Römerzeit (XVII). Cä

Lit: Wagner II, 235/6, 239/40 (mit Beiträgen von F. Haug). – EGropengießer, Die Ur- und Frühgeschichtsforschung in Mannheim und die Arch Sammlungen des Reiß-Museums – Führer zu vor- u frühgesch Denkmälern 3, 1965, 45 ff – Arch Karte der Kreise Heidelberg und Mannheim (ADauber, EGropengießer, BHeukemes u MSchaab) in: BadFdb, Sonderheft 10 (1965).

Meßkirch SIG

Gutshof

Das Ruinengebiet des röm Gutshofes *(villa rustica)* wird von der B 311 Tuttlingen – Meßkirch etwa in der Mitte durchquert; es liegt in dem kleinen Waldgebiet zwischen dem Weiler Hölzle und dem Hof Altstadt, etwa 4 km W der Stadtmitte von Meßkirch. Erste Ausgrabungen in dem röm Gutshof, auf den schon der alte Flurname „Altstadt" hinweist, unternahm Pfarrer Eitenbenz aus Bietingen 1835/36; er hielt die Anlage allerdings für ein Militärlager. Weitere Ausgrabungen führte 1882 J. Näher durch, dessen Ergebnisse zwar modernen archäologischen Ansprüchen nicht genügen, aber immerhin den Befund eines röm Gutshofes richtig wiedergaben. Bis neuere Ausgrabungen und eine mögliche Konservierung stattfinden, ist man auf die Unterlagen Nähers angewiesen.
Umfassungsmauer und die einzelnen Gebäude können als Wall und Schutthügel mit einiger Sicherheit identifiziert werden. Wie sehr häufig ist auch dieser Gutshof an einem leicht nach S sich neigenden Hang erbaut. Mit einem ummauerten Areal von knapp 8 ha zählt der Hof zu den größten in SW-Deutschland. Bei der Ausgrabung war die aus Kalksteinen errichtete Umfassungsmauer bis zu einer Höhe von 1,2 m (B 0,8 m) erhalten. Das Hauptgebäude steht auf einer natürlichen Erhebung im Gelände. Es scheint dem üblichen Typus der Risalit-Villa anzugehören, wobei der W-Risalit noch einen kleinen Vorbau hat. Je ein Raum in der O- und W-Hälfte des Gebäudes waren mit einer Hypokaustanlage versehen. Kleinere Gebäude O, NO und W des Hauptgebäudes sind in ihrem Zweck nicht gedeutet. Das gleiche gilt für die S der B 311 gelegenen Häuser, wobei einer der Bauten – mit quadratischem Grundriß – besonders dicke Mauern hatte. Zu dem Gutshof gehörten zwei – vielleicht nicht gleichzeitig benutzte – Badehäuser im S des Hofbereiches. Das eine Bad bestand nur aus zwei Räumen und einem kleinen Heizraum. Wesentlich komfortabler zeigte sich das zweite Bad in der SW-Ecke des Hofes mit seinen vier Räumen, zwei mit Hypokausten und Apsiden als Warm- und Laubad *(caldarium, tepidarium)* und je ein Auskleideraum *(apodyterium)* und Kaltbad *(frigidarium)*. Die Nähe von Brunnen ersparte allzu weiten Wassertransport zu den Bädern. Etwa 70 m N der Umfassungsmauer fand man im Schutt eines kleinen Gebäudes – vielleicht ehemals ein Tempelchen – einen Altarstein (→ Donaueschingen). Vermutlich wurde er von dem (oder einem der) Besitzer des Gutshofes geweiht, dessen Namen dadurch überliefert ist. Der Gutshof hebt sich demnach nicht nur durch seine Größe von der Vielzahl anonymer Gutshöfe deutlich ab. Eck

TK 8020 – L 8120
Lit.: JNäher, Die baulichen Anlagen der Römer in den Zehntlanden 1883, 15 ff – Wagner I, 46 f.

Mudau → Oberscheidental

Murrhardt WN

Kohortenkastell

Abb 212

Das Kastell trägt den Flurnamen „Bürg" und liegt ca. 10 m über der Talsohle auf einer alten Terrasse 300 m NN. Es ist vom S-Bereich der Stadt in großen Teilen überbaut. Der mittelalterliche Stadtkern liegt N davon. Ursprünglich war die „Bürg" rings von sumpfigen Wiesen bzw Rinnsalen und Wasserläufen umgeben. Im SW entsprangen am aufsteigenden Hanggelände mehrere Quellen, welche nach O und N entwässerten. Auf der N-Seite fließt direkt vor der Kastellmauer der Kehbach, dessen Bett in diesem Bereich nachweisbar menschliches Werk ist. Lediglich auf der Frontseite im O fiel das Gelände sanft zur Talsohle ab.

Die heutige Riesbergstr nach Richtung Vorderwestermurr durchschneidet das Kastell von N nach S und verläuft direkt auf der ehemaligen Lagerstraße *(via principalis)* vom N-Tor *(porta principalis sinistra)* (2) zum S-Tor *(porta principalis dextra)* (3). Beim Ausbau dieser Straße wurden 1876 die beiden genannten Tore erstmals angeschnitten. Dadurch aufmerksam geworden, veranstaltete der damalige Altertumsverein für den Murrgau 1885 erste erfolgreiche Ausgrabungen.

Ausmaße nach den Ausgrabungen der RLK1892 Anlage: Frontseite im O 135,5 m, Rückseite 131,4 m, N- und S-Seite 164,2 m = 2,2 ha. Die Ecken waren abgerundet und jeweils durch einen Turm gesichert. Auf jeder Seite war ein Tor mit zwei Türmen, wobei das Ausfallstor *(porta praetoria)* (1) (B 7,85 m) eine doppelte Durchfahrt hatte. Alle Tore sprangen über die Umfassungsmauern vor. Zwischen Tor und Eckturm waren auf der Frontseite je eine große Bastion, auf der Rückseite je ein Turm aufgefunden worden. Ob die längeren Flankenseiten ebensolche Zwischentürme hatten, konnte nicht nachgewiesen werden, ist aber wohl anzunehmen.

Der Umfassungsmauer (B 1,2 m) waren eine Berme (B 1,5 m) und mindestens zwei Spitzgräben (B 6–9 m, T 2 m) vorgelagert.

Das Stabsgebäude *(principia)* (5) (46,4 x 38,4 m) setzte sich aus einer großen Halle, mittlerem Atrium und ringsum angeordneten zT heizbaren Räumen zusammen. In der Mitte der W-Seite lag das unterkellerte Fahnenheiligtum *(sacellum)* mit nach W vorspringender Apsis.

Über anderweitige, barackenartige Innenbauten existieren nur dürftige Hinweise, die auf sporadische Beobachtungen anläßlich verschiedenster Bauarbeiten zurückgehen. Bei gleicher Gelegenheit fanden sich im Fundament der Umfassungsmauern an mehreren Stellen zerbrochene Tonfliesen und Dachziegel, die wohl als eindeutige Hinweise für eine dem Steinkastell vorausgegangene Bauperiode gelten können. Bei Grabungen des LDA 1973 zeigten sich ähnliche Befunde. Die Stadt Murrhardt ist in Zusammenarbeit mit dem LDA zZ bemüht, die noch im Boden verborgenen Überreste des Ausfallstores (1), des Lagerheiligtums und des rückwärtigen Lagertores *(porta decumana)* (4) vor weiterer Zerstörung zu bewahren und unter Schutz zu stellen.

Das Kastell liegt 1,5 km hinter dem Limes, was nur durch die Führung der Verbindungsstraßen zu den Nachbarkastellen Welzheim und Mainhardt als sinnvoll erklärt werden kann. Diese außergewöhnliche Lage erfordert jedoch fast zwangsläufig ein zweites Kastell, näher an der Grenze. Diese Frage und eine entsprechende Suche beschäftigt die Archäologie seit bald 80 Jahren, wobei an den Raum Siegelsberg bzw das Murrtal nahe dem Limes gedacht wurde. Mit dem Auffinden des Kastells Linderst-Roßkopf dürfte diese Frage gelöst worden sein.

Als Besatzung des Kastells auf der Bürg ist die 24. Kohorte freiwilliger römischer Bürger *(cohors XXIV voluntariorum civium Romanorum)* durch mehrere Inschriften, davon zwei aus dem Bereich des Stabsgebäudes (5) nachgewiesen. Diese Truppe war von Heidelberg-Neuenheim nach Benningen und von dort nach Murrhardt verlegt worden.

▶ Die Verbindungsstraßen nach den Kastellen Welzheim und Mainhardt sowie zum Etappenort Benningen sind in den Wäldern der Umgebung

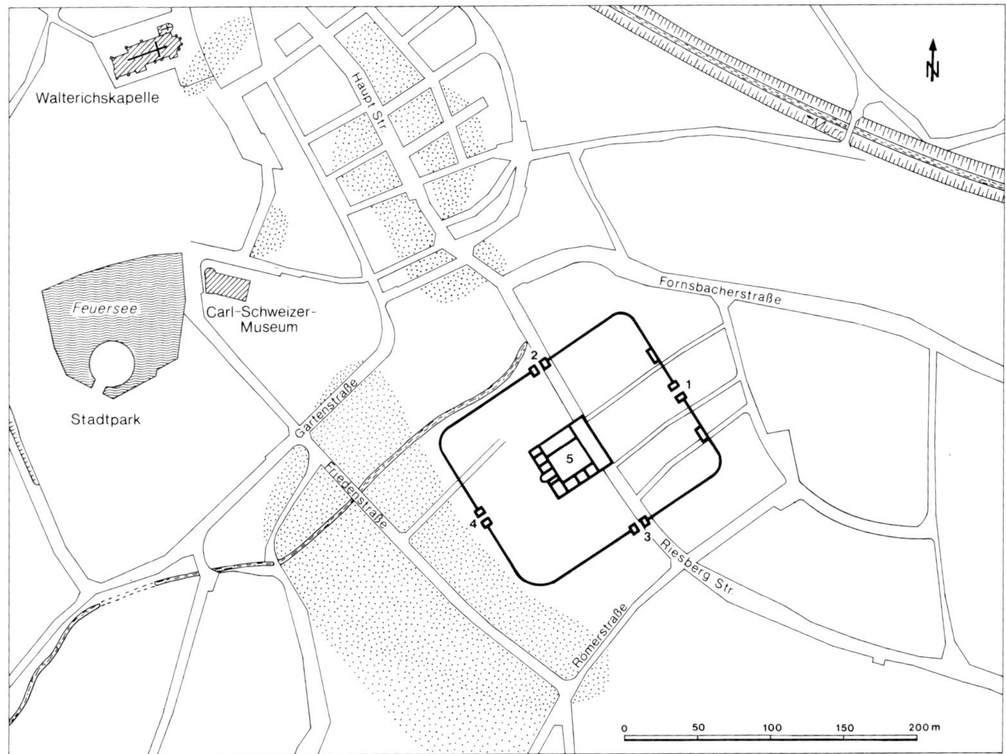

Abb. 212 Murrhardt. Kastell und Siedlung. 1 Ausfallstor, 2 linkes Lagertor, 3 rechtes Lagertor, 4 rückwärtiges Lagertor, 5 Stabsgebäude

streckenweise noch erhalten und begehbar. Weitere alte Wege führen nach Waltersberg, Käsbach und ins Weissacher Tal, wo durch Bodenfunde bzw Flurnamen röm Gehöfte nachgewiesen sind. Auch die Namen Steinmäuerle (im Siegelsberger Tal) und Steinäcker SW vom Kastell (Kehbachtal) weisen nach wenigen Bodenfunden auf solche Gehöfte hin. Ein Bad ist in Murrhardt noch nicht gefunden worden.

Das Lagerdorf *(vicus)* erstreckte sich entlang der Straßen im weiteren Abstand um das Kastell. Die alte Innenstadt und die moderne Bebauung an der Garten-, Frieden-, Kelten- und oberen Römerstr liegt im Bereich dieser Siedlung. Der zugehörige Friedhof lag auf dem Bergsporn um die Walterichskirche, wo bei der Grabung 1963 außerdem die Reste eines größeren Denkmals, Grabsteinfragmente und Fundamentmauern eines nach N ausgerichteten Tempelbaues (wohl Mithräum) gefunden worden sind.

Im Bereich der Klosterkirche St. Januarius – heute ev Stadtkirche – wurden anläßlich der Grabung 1973 umfangreiche Baureste röm Herkunft, und zwar mehrere Holzbau- und Steinbauperioden, festgestellt. Schw

TK 7023 – L 7122
Ao: Schweizer-M Murrhardt, WLM Stgt
Lit: ORL Abt. B 4 Nr. 44 (1894).

Carl-Schweizer-Museum

Abb 213, 214, Tafel 15c

Am Stadtpark. Öffnungszeiten: Karfr – 31. 10. So u Feiert 9–12, 14–18 Mo–Sa 11–12, 16–18 Uhr.

Das Museum wurde 1931 gegründet durch die zoologischen Präparatoren Carl und Egon Schweizer, Vater und Sohn. Nach kriegsbedingtem Verlust erfolgte in den Jahren 1950–1955 der Wiederaufbau durch Egon Schweizer und seine Frau. Der Sohn Dr. rer. nat. Rolf Schweizer, zoologischer Präparator und ehrenamtlicher Heimatpfleger der Stadt Murrhardt ist seit 1974 Besitzer und mit seiner Familie der Träger des Museums. Die private Sammlung umfaßt, in großen, lebensnahen Schaugruppen aufgebaut, fast alle Vögel und Säugetiere Mitteleuropas, daneben existieren Abteilungen bzw sind solche im Aufbau für die Sammlungsbestände aus Erd-, Vor- und Kunstgeschichte sowie Volkskunde des Murrhardter Raumes.

Die röm Abteilung zeigt außer Karten, Reliefs und Modellen vom Limes, eine Anzahl von an Baustellen aufgesammelten Keramik-, Werkzeug-, Waffen- und Münzfunden, die seit 1925 zusammengetragen worden sind. Des weiteren Fundstücke aus den Grabungen in der Walterichskirche (Cichy 1963), in der Stadtkirche (Schweizer 1973) und an den Murrhardter Limestürmen 91, 96, 98, 99 und 104 (Schweizer 1961–72) (teilweise Leihgaben).

Inschrift der Kaiserin Julia Domna: 1885 im Kastell Murrhardt im Stabsgebäude *(principia)* in Bruchstücken aufgefunden. Grüner Schilfsandstein. H 1,52 m. B 0,90 m. Dm 0,25 m. Kopie. 1945 in Backnang kriegszerstört.

Juliae Augus/tae matr[i i]ndul/gentis[si]mi / principi[s] M(arci) / [A]ur(elii) An[to]ni/n[i P]ii [Aug(usti)] ma/tri [sen] atus ma/tri c[ast]ror(um). matri / pat[ri]ae coh(ors) XXIIII / [v]ol(untariorum). Antonini/[a]na c(ivium) R(omanorum) devo/[ta numi]ni eius. Übersetzung: Der Julia Augusta, Mutter des allergnädigsten Fürsten Marcus Aurelius Antoninus, dem frommen Augustus, Mutter des Senats, Mutter des Lagers, Mutter des Vaterlandes. Die 24. Kohorte freiwilliger röm Bürger, die Antoninische, ist ihrer Gottheit sehr ergeben.

Kaiserin Julia Augusta, genannt Domna, war die Mutter Caracallas. Die Truppe nennt sich nach dem Kaiser „die Antoninische". Die Inschrift ist in die Jahre von 211–217 nChr zu datieren.

Inschrift des Kaisers Severus Alexander. 1885 im Kastell im Stabsgebäude in Bruchstücken aufgefunden. Grüner Schilfsandstein. H 1,52 m, B 0,90 m, Dm 0,25 m. Kopie. 1945 in Backnang kriegszerstört. *[Imp(eratori)] Cae[s(ari)] / Marco Au[r] /elio [S]ever[o] / [Alexandro] / Pio Fe[lici] Aug(usto) / coh(ors) X[X]IIII vol(untariorum) Severiana / c(ivium) R(omanorum) devotissi / ma numini eius.* Übersetzung: Dem Imperator Caesar Marcus Aurelius Severus Alexander, dem frommen, dem glücklichen Augustus. Die 24. Kohorte freiwilliger röm Bürger, die Severische, ist seiner Gottheit sehr ergeben.

Nach Kaiser M. Aurelius Severus Alexander (222–235 nChr) nennt sich die Truppe „die Severische". Der Name Alexander in der vierten Zeile ist absichtlich getilgt.

Mithrasaltar. Gefunden in der oberen Vorstadt. Fo sicher nicht ursprünglicher Standort. Grünbrauner Schilfsandstein. H 1,20 m. B 0,63 m. Kopie. (Original im WLM Stgt). *S(oli) i(nvicto) M(ithrae) / Sex(tus) Julius / D(ecimi) f(ilius) Hor(atia) Flo/rus Victori/nus trib(unus) coh(ortis) / XXIIII v(oluntariorum) c(ivium) R(omanorum) tem[p](lo) / a solo restitu[to] votum pro se ac suis solvit.* Übersetzung: Dem unbesiegbaren Sonnengott Mithras hat Sextus Julius Florus Victorinus, Sohn des Decimus, von der Horazischen Tribus, Tribun der 24. Kohorte freiwilliger röm Bürger, durch Wiederherstellung des Tempels von Grund auf, sein Gelübde für sich und die Seinen eingelöst.

Grabstein mit Inschrift und Relief eines Totenmahls. 1499 gefunden beim Anlegen eines Klosterweihers im Bereich des heutigen Stadtgartens neben dem jetzigen Pfarrhaus. Der Stein wurde anschließend im „Hexenturm" eingemauert auf der O-Seite. Rotbrauner Schilfsandstein. H 1,44 m, B 0,84 m, T 0,30 m. Rekonstruktion von Relief und Schrift nach überlieferten Angaben von

Apian anhand des Originalsteines. Schrift nach Haug-Sixt, 581, Nr. 403. *D(is) M(anibus) / Asson(ius) Iustus mil(es) / coh(ortis) XXIIII vol(untariorum) vix(it) / an(nos) XL Cintusmus / s[e] c(undus) her(es) sua vol(untate) f(ecit).* Den Totengöttern. Assonius Justus, Soldat der 24. Kohorte Freiwilliger, hat 40 Jahre gelebt. Cintusmus, sein zweiter Erbe, hat (das Grabmal) aus eigenem Antrieb machen lassen.

Das Relief erstreckt sich auf die obere Hälfte des Steines und zwar auf die Vorderseite und die beiden Seitenflächen. Auf der Hauptszene ist ein Totenmahl dargestellt, wobei ein Sklave einen auf einer Liegestatt ruhenden bärtigen Mann mit Wein bedient. Vor dem Bett steht ein dreibeiniger Tisch, auf dem drei Brote liegen. Auf den Seitenflächen zeigt sich links und rechts eine nackte tanzende Gestalt mit über dem Kopf geschwungenem Schleier. Nach der Darstellung zu urteilen, soll es sich um eines der frühesten Monumente der vorderen Limeslinie handeln. Das Denkmal zählt zu den ersten Funden am Limes überhaupt, die publiziert worden sind.

Grabstein mit Inschrift. Bei Ausgrabung 1963 in der Walterichskirche im zerstörten Grab Walterichs gefunden. Grüner Schilfsandstein. Auf der Vorderseite eine wohl karolingische Lebensbaumdarstellung. Kopie und Rekonstruktion mit Inschrift (Haug-Sixt 583 Nr. 404). *D(is) M(anibus) / Medillio / Caranto patri / et Victorinae / matri Carantia / Aelia filia dulcis / sima heres ex testamento posit.* Übersetzung: Den Totengöttern. Dem Medillius Carantus, ihrem Vater und der Victorina, der Mutter, hat Carantia Aelia, die vielgeliebte Tochter, als Erbin nach dem Testament (den Grabstein) gesetzt.

Grabinschrift. Bei der Grabung in der Stadtkirche (1973) fanden sich als Teile eines frühromanischen Plattengrabes drei Steine mit Inschriftfragmenten, welche sich zusammenfügen ließen. Grüner Schilfsandstein. H 0,82 m, B 1,00 m. *D(is) M(anibus) / M(arco) Coss(eio) Natali(o) / Ci(ves) [et mil(es)] Boior/um et Tribocoru/m Solle [i]a Victo/[r]ina c[oniunx]? . . .* Übersetzung: Den Totengöttern. Dem Marcus Cosseius Natalius, Bürger (und Soldat?) der Boier und Triboker (hat seine Frau?) Solleia Victorina . . .

Vier Reliefbilder von einem größeren Denkmal. Bei der Ausgrabung 1963 in der Walterichskirche fanden sich in zwei frühmittelalterlichen Plattengräbern Fragmente mit verschiedenen Götterdarstellungen. Nach den Fundumständen und der Steinstruktur gehören alle vier zu einem monumentalen Denkmal. Grüner Schilfsandstein.

1. Steinplatte an der S-Seite des Walterichgrabes. Nach der Anfertigung eines Abdruckes wieder zurück ins Grab versetzt. H 0,58 m. L 1,56 m. T 0,16 m. Kapitolinische Wölfin mit Romulus und Remus. Die Wölfin steht mit weit nach vorn und hinten ausgestreckten Beinen und gesenktem Kopf und äugt nach den beiden an ihren Zitzen säugenden Buben. Die Gruppe ist in eine Vertiefung eingestellt. Zu beiden Seiten der Figur sind flache Reliefbänder mit Blatt- und Blumenornamenten gearbeitet. Auf beiden Stirnseiten zeigen sich doppelhenkelige Vasen mit daraus sprießendem Pflanzenwerk.

Über der Nische mit der Hauptgruppe sind Spuren sichtbar, die eine zweite solche, noch größer gearbeitete Nische andeuten.

2. Im gleichen Grab, als N-Wand ist eine gleichgroße Steinplatte verwendet, die auf beiden Stirnseiten das Relief je eines menschlichen Unterschenkels trug. Eine Seite war durch natürlichen Bruch von der Platte getrennt und wurde deshalb im Original aus dem Grab entnommen. Von der Figur ist der nackte linke Unterschenkel bis zum Knie zu erkennen (H 0,3 m), daneben sind in Spuren noch die Klauen eines Paarhufers angezeigt. Den besagten Relikten nach handelt es sich wohl um die Darstellung eines Merkurs mit Ziegenbock.

3. Die gleiche Steinplatte trägt an der gegenüberliegenden Stirnseite einen rechten menschlichen Unterschenkel, der in einem Rohrstiefel steckt (H 0,3 m). Dieses Schuhwerk ist sicher eher heimisch als röm zu bezeichnen, so daß die Vermutung, es handle sich wohl um eine keltische Gottheit, mehr noch um eine männliche, nicht von der Hand zu weisen ist. Bei dem Waldreichtum um Murrhardt ist der Gedanke an den Waldgott Silvanus wohl naheliegend. Vom Original wurde eine Kopie hergestellt.

4. Aus einem zweiten Plattengrab stammt ein

Abb. 213 Murrhardt. Carl-Schweizer-Museum. Tülle und Röhre eines Horns (cornu) mit Mars und Minerva. Spitze abgebrochen

Stein, auf dem das Relief einer linken Löwenhinterpranke und dessen Schwanzquaste zu sehen ist. Dem Löwenfuß gegenüber steht ein nackter linker menschlicher Fuß, ebenfalls in Relief gearbeitet. Direkt über diesem Fuß, nur in Umrissen in den Stein geschnitten, erscheint die rechte Löwenpranke. Aus diesen Bildresten läßt sich die Gesamtgruppe recht eindeutig rekonstruieren: Ein nackter Mensch kämpft mit einem aufrecht stehenden Löwen – das ist Herkules mit dem nemeischen Löwen. H 0,55 m. L 0,64 m. T 0,16 m.

Reliefbild eines Stieres. Sandstein. H 0,13 m. B 0,22 m. T 0,07 m. Ursprünglich wohl aus dem Kastell stammend, im Fundament einer kleinen Feldscheune ca. 100 m SW des Kastells gefunden. Flaches Relief eines liegenden Stieres, vielleicht im Zusammenhang mit dem hier nachgewiesenen Mithraskult zu sehen.

Relief-Fragment einer Diana. Bei den Ausgrabungen 1973 in der Stadtkirche aus dem Fundament des romanischen Baues geborgen. Sandstein. H 0,19 m. B 0,21 m. T 0,09 m. Vorhanden sind die beiden nackten Unterschenkel einer stehenden menschlichen Figur. In Kniehöhe beginnt ein Gewand. Zu beiden Seiten der Figur ist je ein Tier in Fragmenten zu erkennen, wobei das rechts der Person deutlich als liegender Hirsch auszumachen ist. Aus dem gesamten Ensemble, Tracht und Tieranordnung, muß es sich um die Darstellung einer Diana handeln.

Plastik eines Apollo. Grüner Schilfsandstein. H noch 0,56 m. Apollo hält seine Lyra in der Linken und in der rechten Hand das Stäbchen, er ist bis auf ein über die linke Schulter hängendes Gewandstück nackt. In der Friedenstr, SW des Kastelles wurde 1955 die Apollostatue vom Bagger beschädigt gefunden. Der anfänglich fehlende Kopf fand sich neun Monate später nahe der Baustelle. Die Unterbeine und Füße fehlen.

Fragment eines Altares. Grüner Schilfsandstein. H noch 0,88 m. B noch 0,42 m. T 0,13 m. Gefunden bei der Grabung 1963 in der Walterichskirche, verwendet zum Bau eines frühmittelalterlichen Plattengrabes. Der Altar kann nur noch identifiziert werden anhand eines zur Hälfte erhaltenen Rundwulstrestes und dem Rest einer zwischen zwei solchen Wülsten angeordneten runden Scheibe, der Stelle, wo das Opfer niedergelegt worden war. Die Inschriftseite ist leider abgespitzt.

Bronzenes Schwert. 1954 an der Friedenstr W vom Kastell gefunden. Das 1,15 kg schwere Fundstück (L 0,63 m) hat einen 26 cm langen Griff in Form eines Adlerkopfes. Nach Paret stammt es von einer lebensgroßen Kaiserstatue, eine Verwendung zu kultischen Zwecken ist jedoch nicht ohne weiteres zu widerlegen.

Zwei Spitzen aus Bronze. Beide Stücke wurden

Abb. 214 Murrhardt. Carl-Schweizer-Museum. Tülle und Röhre eines Horns

zusammen mit dem Schwert 1954 gefunden. Ein Stück ist unbeschädigt 25,3 cm lang und zeigt zwei Delphine. Dem zweiten Stück fehlt die eigentliche Spitze, es ist nur 13,5 cm lang und trägt zwei 2 cm große Büsten von Mars und Minerva. Eine Spitze hatte noch in der Tülle Reste der Holzstange stecken. Es handelt sich hier um Teile eines Blashorns. Am Fundort wurden vom Blashorn selbst keinerlei Spuren geborgen, dagegen sei auf jene 1873 in nächster Nähe gefundene Eule verwiesen, die möglicherweise zu einem Feldzeichen gehört hat.

Bronzene Nadel. Gefunden am WP 9/98. Der ca 3,5 mm dicke und 37,5 cm lange Schaft trägt am oberen Ende aufgesetzt einen 2,8 cm großen Ziegenbockskopf.

Gürtelschnalle – Eisen vergoldet. 1938 an der Ecke Mittelgasse–Entengasse zusammen mit viel Keramik beim Kellerbau gefunden. Die vorhandene Hälfte (5,8 x 6,6 cm) ist als durchbrochene Platte gearbeitet. Schw

Neckarburken Elztal MOS

Kohortenkastell und Numeruskastell

Abb 215–217

Die beiden Kastelle, deren Überreste – ebenso wie in Osterburken – den Ortsnamen bestimmten, liegen unter dem O-Teil bzw im O des Ortes. In den Flurnamen „in der Berk (= Burg) und „in der Beiberk“ (= Beiburg) hat der Volksmund seine Deutung der beiden Trümmerstätten zum Ausdruck gebracht.

Seit Beginn des 19. Jh bezeugte Funde lenkten den Blick der Forschung auf Neckarburken. Erste Grabungen unternahm der Mannheimer Altertumsverein 1881 an der N-Mauer des Ostkastells *(Numeruskastell).* Grabungen der RLK (1892–1894) unter der Leitung von K. Schumacher erstreckten sich auf beide Kastelle. Eine begrenzte Nachuntersuchung im Bereich des Westkastells *(Kohortenkastell)* erfolgte durch E. Gose 1949 vor der Überbauung des Geländes. Die Verbreiterung der Bundesstraße 27 führte 1957 zu Tastuntersuchungen im O-Kastell durch W. Kleiß.

Kohortenkastell (Westkastell)

Das nach O orientierte Kastell (131,5 x 158 m = ca 2 ha) liegt auf einer leicht gegen N in das Elzbachtal vorspringenden Geländewelle, hart S der

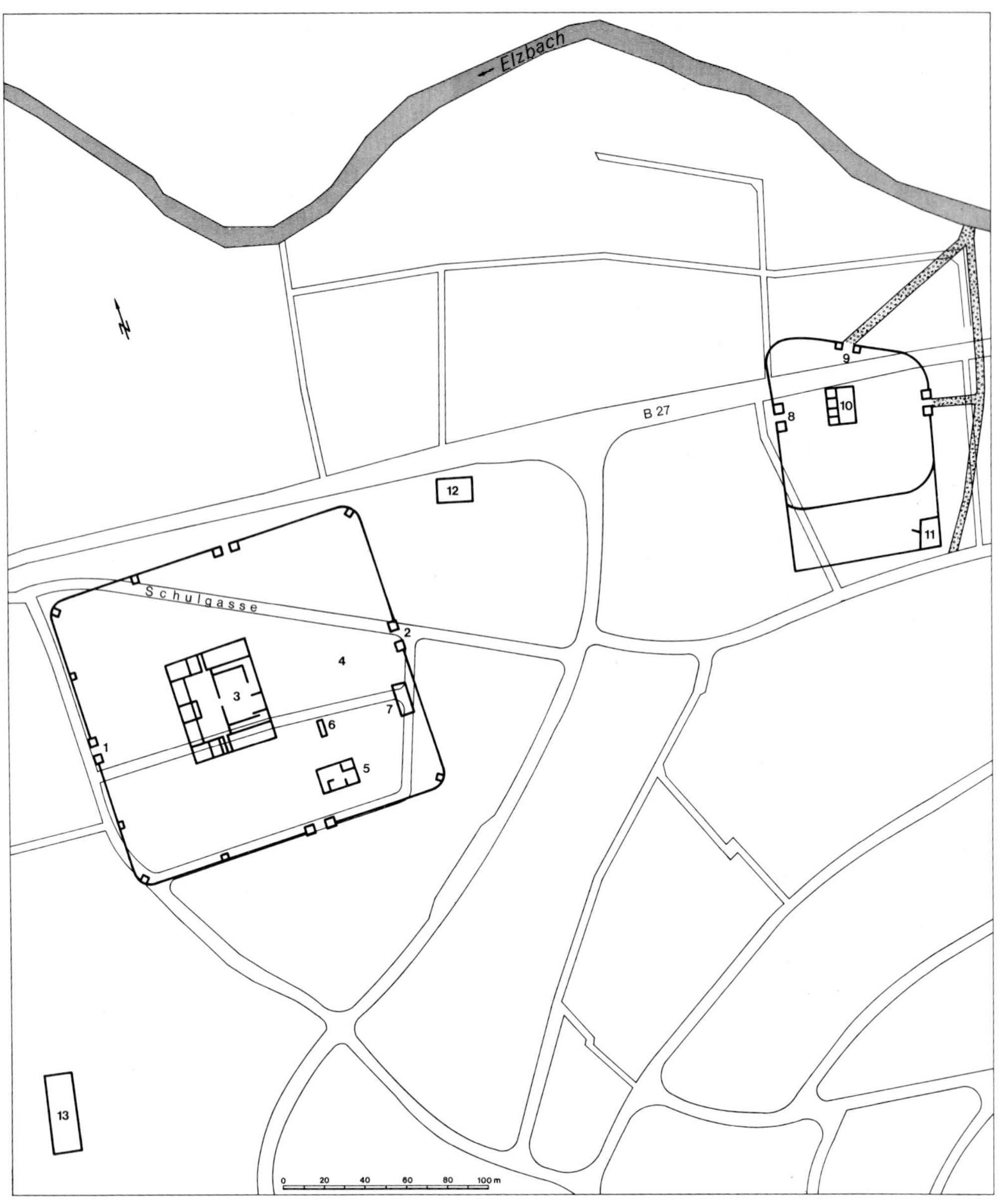

Abb. 215 Neckarburken. Kohorten- und Numeruskastell. Kohortenkastell: 1 rückwärtiges Lagertor, 2 Ausfallstor, 3 Stabsgebäude, 4 Vorderlager, 5, 6 Kommandantenwohnung mit Bad, 7 Geschützplattform?, Numeruskastell: 8 linkes Lagertor, 9 Ausfallstor, 10 Stabsgebäude, 11 nachkastellzeitl Gebäude, 12 Kastellbad, 13 Zivilgebäude

Bundesstraße 27, an der Stelle wo diese den Ort nach O verläßt. Es ist in neuerer Zeit fast ganz überbaut worden, so daß von der Anlage heute oberflächlich nur noch eine Geländestufe vor dem N-Teil der O-Mauer zu erkennen ist.
Die Umfassungsmauer des letzten Bauzustandes, dem ein Erdkastell vorausging, zeigte im Fundament Mauerstärken von 1,45–1,50 m. Aufgehendes Mauerwerk in Stärke von 1,40 m wurde nur in unmittelbarer Nähe des W-Tores *(porta decumana)* (1) beobachtet. Die abgerundeten Ecken waren mit einspringenden Türmen verstärkt, jeweils zwischen Tor und Ecke stand ein Zwischenturm, so daß – die Tortürme eingerechnet – die ganze Anlage mit 20 Türmen versehen zu denken ist. Für die übliche Besetzung der Mauerkrone mit Zinnen fanden sich keine Anhaltspunkte. Der Graben (B 5 m, T 1,63 m) war an der Stelle der Tore unterbrochen. Der Erdwall an der Innenseite der Mauer war nicht mehr zu erkennen, scheint aber nach einer parallel der O-Mauer verlaufenden Stückungskante 9 m Sohlenbreite gehabt zu haben. Die Tore entsprachen nach Lage, Größe und Bauart der Regel. Das Ausfallstor *(porta praetoria)* (2) (B 8,95 m) hatte eine doppelte, die anderen Tore nur eine einfache Durchfahrt. Das Stabsgebäude *(principia)* (3) (40x40m) folgte nur in seinem rückwärtigen Teil, in dessen Mitte sich das Fahnenheiligtum *(sacellum)* befand, dem geläufigen Schema. Im S-Teil des Vorderlagers *(praetentura)* (4) lagen drei weitere Gebäude, von denen ein mehrräumiges Haus (12 x 19 m) (5) mit Keller und Fußbodenheizung *(hypocaustum)* und ein kleines Badehaus (6) vielleicht als Kommandantenwohnung gelten können. Knapp hinter der Frontmauer lag ein großer nicht unterteilter Bau (7), der versuchsweise als Geschützplattform gedeutet wird.
Das Kohortenkastell ist als Holz-Erde-Kastell wohl gleich mit der Besetzung erbaut worden, die erste Besatzung ist unbekannt. Die *cohors III Aquitanorum equitata,* die nach Bauinschriften später das Steinkastell errichtete und es bis zu ihrer Verlegung nach Osterburken Mitte des 2. Jh besetzt hielt, stand damals noch in Stockstadt a. M.

Numeruskastell (Ostkastell)

Das Kastell (80 x 80 m = 0,6 ha) entspricht der üblichen Größe der Numeruskastelle am Odenwaldlimes und liegt 200 m im O des Kohortenkastells, von diesem durch eine flache Mulde getrennt. Seine Fläche wird von der Bundesstraße 27 durchschnitten. Unmittelbar im S von dieser ist das ▶ W-Tor *(porta principalis sinistra)* (8) konserviert und sichtbar gehalten (Hinweistafel). Es zeigt sich im Grundriß als zweiteilige Anlage, indem dem eigentlichen Kastell an der S-Seite ein Erweiterungsbau angefügt ist. Durch Anlehnung der N-Seite an ein altes Elzhochufer ist die quadratische Grundform zu einem unregelmäßigen Fünfeck verändert.
Die Umfassungsmauer war fast überall bis auf die Fundamente abgetragen, diese selbst waren sehr tief und von wechselnder Stärke (1,40–1,50 m). Für das aufgehende Mauerwerk wurden daraus Stärken zwischen 0,95 und 1,55 m errechnet. Das Kastell hatte abgerundete Ecken von ungleichen Radien, Zwischentürme fehlten, Wallhinterschüttung der Mauer war nicht nachweisbar. Der Graben scheint auf der N-Seite ganz zu fehlen, hier hat wohl der hart vorbeifließende Elzbach dessen Rolle übernommen. Auf den drei anderen Seiten wurde er 3,40 m von der Mauer entfernt mit wechselnden Breiten zwischen 8 und 13 m festgestellt. Von den drei Toren auf der W-, N- und O-Seite ist am gründlichsten das ▶ W-Tor (8) untersucht, es besaß am meisten erhaltene Substanz und wurde deshalb auch konserviert. Seine Durchfahrt (B 3,70 m) ist von Türmen (B 5 m) flankiert, deren Innenräume von rückwärts her zugänglich sind. Es zeigt beispielhaft das im Buntsandsteingebiet übliche saubere zweihäuptige Handquader-Mauerwerk, das zudem mit Fugenbestrich und roter Ausmalung der nachgezogenen Fugen versehen war. Aufgefundene Profilstücke lassen erkennen, daß die Türme in höheren Partien auch architektonisch gegliedert waren, sie sind heute – nicht in der ursprünglichen Anordnung (!) – auf dem Stumpf des S-Turmes vermauert. Zur baulichen Gestaltung des Tores gehörte auch die an dieser Stelle gefundene ▶ Bauinschrift, die über der Durchfahrt

versetzt war und den *numerus Brittonum Elantiensium* als Erbauer nennt.
In einem Gebäude (19,50 x 16,15 m) im Innern des Kastells wurde trotz ungewöhnlicher Lage und von der Norm abweichendem Grundriß das Stabsgebäude *(principia)* (10) gesehen. Entlang seiner W-Seite hatte es vier kleine Räume, von denen einer – unterkellert – als Fahnenheiligtum *(sacellum)* gedeutet wurde, zumal in diesem Keller das Bruchstück eines Militärdiploms gefunden wurde. Der der S-Seite des Kastells angefügte Anbau, der die ummauerte Fläche um etwa ein Drittel vergrößerte, hatte schwächere Mauern als das Kastell. Tore und Türme fehlten ebenso wie Wall und Graben, die Ecken waren scharfwinklig. In seiner SO-Ecke lag, die Umfassungsmauer mitbenützend, ein Gebäude (16,25 x 10,70 m) (11), an das sich vielleicht ein weiteres nach W anschloß.
Eine Reihe von Abweichungen von der kanonischen Ordnung des Lagerbaues, vor allem die regelwidrige Lage und der abweichende Grundriß des Stabsgebäudes sowie der unbefestigte Anbau auf der S-Seite des Kastells hatten den ersten Ausgräbern Deutungsschwierigkeiten bereitet. Sie sind in jüngster Zeit beseitigt worden durch eine Neuinterpretation, die sich auf die Ergebnisse der Untersuchung des Kastells Hesselbach stützt.
Danach ist das Numeruskastell nach N orientiert, das N-Tor demnach das Ausfallstor *(porta praetoria)* (9), das auf eine Elzfurt ausgerichtet ist. Das konservierte Tor, bisher stets als rückwärtiges Lagertor *(porta decumana)* beschrieben, ist linkes Lagertor *(porta principalis sinistra)*. Der Erweiterungsbau nach S ist nicht militärischer Art, sondern als späterer Ausbau des aufgelassenen Kastells zum landwirtschaftlichen Gutsbetrieb *(villa rustica)* anzusehen. Das Gebäude im Innern des Kastells stellt in seiner letzten Form nicht das Stabsgebäude (10) des Lagers, sondern das Wohnhaus des Gutshofes dar, wiewohl es sicher durch Umbauten aus jenem hervorgegangen ist. Der Fund einer Jupitergigantengruppe innerhalb des Grundrisses unterstreicht diese Deutung. Das im Keller des Gebäudes gefundene Bruchstück eines Militärdiploms wird als besonders gehüteter Familienbesitz des Eigentümers gedeutet.
Das Numeruskastell, laut Bauinschrift von einem Numerus der Elz-Brittonen *(Brittoni Elantienses)* erbaut und besetzt, ist sicher, wie alle Brittonenbauten am Odenwaldlimes, um die Mitte der 40er Jahre des 2. Jh entstanden. Wie lange es als Militäranlage bestand und besetzt war, ist unbekannt.
Zwischen den Kastellen befindet sich ein größeres Badegebäude (12), das jedoch zur Hälfte von der B 27 bedeckt ist, im N vielleicht noch über diese hinausreicht. Sein ▶ S-Teil wurde 1974/75 von der Abt. Bodendenkmalpflege bei der Außenstelle Karlsruhe des LDA ausgegraben und wird zZ konserviert.
Die Kastelle von Neckarburken sind Anlagen des Odenwaldlimes, der wohl unter Domitian, spätestens unter Traian besetzten Grenzstrecke zwischen Main und Neckar. Sie hatten die Aufgabe, das Elztal, einen wichtigen Zugang von O ins Neckartal, zu überwachen.
Bis zur Vorverlegung des Limes um die Mitte des 2. Jh endete in Neckarburken eine von dem Etappenort Heidelberg–Neuenheim kommende

Abb. 216 Neckarburken. Numeruskastell. Bauinschrift

Abb. 217 Neckarburken. Hauptabwasserkanal des Militärbades nach der Freilegung im Jahre 1975

Frontstraße. Die Verbindung mit den Nachbarkastellen – Oberscheidental (N) und Wimpfen (S) – und den dazwischen liegenden Wachttürmen und Feldwachen vermittelt der „Kolonnenweg", der hart O des O-Kastells zwischen diesem und der Grenzpalisade verläuft.
Das geschlossene Lagerdorf *(vicus)* befand sich im SW des Kohortenkastells auf leicht nach S ansteigendem Gelände. Die vom Neckar herkommende Militärstraße bildete wohl die Achse der Siedlung. An ihr lagen kleine Rechteckhäuser. Parallel und senkrecht zur Hauptstraße sind kleinere Nebenstraßen nachgewiesen, an deren einer ein langgestrecktes Haus (18,6 x 6,6 m) aufgedeckt wurde. In weiterem Umkreis gestreute Einzelbauten gehören sehr wahrscheinlich der Nachmilitärzeit an. Über die Lage des Gräberfeldes ist bis heute nichts bekannt geworden.

Dau

TK 6621 – L 6720
Ao: BLM Karlsruhe – HM Mosbach
Lit: ORL Abt. B Nr. 53 und 53[1] (1898) – Wagner, II 383 ff – WBarthel, Die Erforschung des obergerm-raet Limes in den Jahren 1906–1907/08. Ber. RGK III, 1906/07, 167 ff – DBaatz, Kastell Hesselbach und andere Forschungen am Odenwaldlimes. Limesforschungen 12 (1973).

Neckarsulm HN

Jupiterkopf

Abb 218

In der O-Seite des Wohnhauses Urbanstr 14 (gegenüber dem Schloß und dem Zweirad-Museum) ist neben dem Hintereingang – zur Kurzen Gasse – ▶ ein Jupiterkopf in der Wand eingemauert. Sandstein, mit heller Farbe überstrichen. H ca 0,18 m.

Abb. 218 Neckarsulm. Jupiterkopf

In einer ovalen Aussparung des Wandverputzes ist das bärtige Gesicht und der Ansatz des stark gelockten Haares zu sehen. Wahrscheinlich stammt der Kopf von einer Jupitergigantensäule. Ko

Lit: FdbaSchw NF 9, 1938, 94.

Neuenstein KÜN

Hohenlohe-Museum

Öffnungszeiten: Tägl Sommer 8–12, 13.30–18 Uhr. Winter 9–10, 13–15 Uhr. Parkplatz vor dem Schloß.

Im Schloß zu Neuenstein werden seit 1878 jene röm Funde aufbewahrt, die Hofrat Christian Ernst Hanßelmann bei seinen Grabungen 1766–1770 vor allem in Öhringen geborgen hat und die er in seinen beiden Veröffentlichungen: „Beweiss, wie weit der Römer Macht . . .“ (1768) und „Fortsetzung des Beweisses . . .“ (1773) zum großen Teil auch bereits abgebildet hat. Neben Sigillata-Scherben und Grobkeramik, Metallgeräten und Haarnadeln aus Bein, sind es vor allem die Ziegelstempel der verschiedenen Öhringer Truppeneinheiten: der 8. und der 22. Legion, der *cohors I Helvetiorum,* des *numerus Brittonum Cal.* und des *numerus B. M.* Von den Inschriften sind eine Inschriftplatte der Kaiser Maximus und Verus von 237 nChr, die im Rendel-Kastell in Öhringen an einem wichtigen öffentlichen Gebäude angebracht war, und die Bauinschrift des gleichen Kastells zu nennen. Inschrift: *Ped(atura) c(enturiae) Iul(ii) Silvani / sub cura Vaterculi(i) Proculi, c(enturionis) legio(nis) / VIII Aug(ustae), opus per(fectum).* Übersetzung: Arbeitsstrecke der Centurie des Julius Silvanus. Unter dem Kommando des Vaterculius Proculus, Centurio der 8. Augustischen Legion, wurde das Werk vollendet.

Von den sonstigen Fundstücken aus Stein verdienen besonders der Kopf einer Kaiserin mit einer kranzartigen Frisur Beachtung; vermutlich ist Faustina, die Gemahlin des Kaisers Antoninus Pius, dargestellt. Ferner wird in Neuenstein ein Wochengötterstein (Teil einer Jupitergigantensäule) aus Jagsthausen aufbewahrt. Ko

Lit: Haug-Sixt, 596 ff – RKoch, Kunst der Römerzeit 106 ff.

Nußloch HD

Römisches Zinkerzbergwerk

1851 und 1855 wurden im Bereich der dicht N der Wieslocher Gemarkungsgrenze gelegenen Berghöhe „Im Hessel“ ein röm Bergwerk entdeckt. Wenig N liegt heute ein ausgedehnter Kalksteinbruch, an dessen S- und O-Wänden beim Abbau gelegentlich verschüttete Schächte aufgeschlossen werden. Einige dieser Schächte konnte Verf. in den letzten Jahren untersuchen. – Nach der Mitte des 19. Jh stieß man tief im Berginneren auf verlassene Stollen, in denen Bergbaugeräte, aufbereitetes Zinkerz und Münzen von 69/71 nChr (Vespasian) – 238/244 nChr (Gordian III) gefunden wurden. Der bis 1954 von Wiesloch aus betriebene Erzabbau hat dieses wichtige Bergwerk unkenntlich gemacht.

Die röm Bronzeindustrie benötigte das seltene Zink zum Härten von Bronze. Wie Plinius berichtete, haben die Römer in Germanien Zinkerz *(galmei)* abgebaut. Lange Zeit hat man dies röm Galmeibergwerk in Stolberg bei Aachen vermutet. Da aber spätere Bronzefunde aus der Zeit nach der Aufgabe des rechtsrheinischen Gebietes 260 nChr plötzlich Zinkzusätze vermissen lassen, kann dies nur bedeuten, daß das Nußlocher Bergwerk der von Plinius erwähnte Platz sein muß. Heu

TK 6618 – L 6718
Ao: BLM Karlsruhe
Lit: EWagner, 321 – FSprater, Die pfälzischen Industrien in vor- und frühgeschichtl Zeit (1926) 11 ff – Ders, Die Pfalz unter den Römern (1930) 103 – Nußloch. Heimatbuch, 1966 herausgegeben vom BMamt Nußloch 25 ff (Heukemes).

Oberdorf/Ipf Bopfingen AA

Kastell

Abb 219, 220

Das Kastell liegt am NO-Rand von Oberdorf N der kath Christ-König-Kirche. Das Kastellgelände erreicht man am besten über den Vohbühlweg. Im Gelände ist heute nichts mehr zu sehen. Das röm Lager liegt auf einer Anhöhe zwischen der Niederung der Eger und der von N kommenden Sechta, die sich in Oberdorf vereinigen. Die Hochfläche erlaubt einen weiten Einblick nach S, W und NO.

Das Kastell liegt am Schnittpunkt zweier röm Straßen. Die vom Kastell Heidenheim kommende „Alblimesstraße" und die von S über Faimingen kommende Straße vereinigen sich hier zu der nach NO führenden Straße, die außerdem die Verbindung zum Kastell Munningen herstellt. Eine vierte Straße wurde später – nach dem Bau des rätischen Limes – nach Buch und dem dortigen Limeskastell angelegt.

Schon Ende des 19. Jh wurde im Raum Bopfingen ein röm Lager vermutet. Doch erst 1912 gelang es F. Hertlein, das Kastell selbst nachzuweisen. Nach seinen Untersuchungen hatte das Kastell als Grundfläche ein Trapez mit abgerundeten Ecken. Die Maße sind alle nur ungefähr, da zZ der Ausgrabung auch der Graben schon stark durch Störungen des Steinbruches zerwühlt war. Die W-Seite (L ca 153 m), S-Seite (L ca 137 m), O-Seite (L ca 160 m), N-Seite (L ca 118 m) = ungefähr 1,7 ha.

Das Kastell war mit einem Graben (B max 8,5 m, T 2,9 m) umgeben. Spärliche Beobachtungen an der Innenseite: einzelne Pfostengruben vor allem an der NW-Ecke sowie am W- und S-Tor lassen auf ein Holz-Erde-Kastell schließen. Wie eine Grabung im Sommer 1974 gezeigt hat, besitzt das Kastell nur eine Bauphase und wurde nicht in Stein ausgebaut. An allen vier Seiten wurden Grabenunterbrechungen beobachtet, wobei das W-Tor sicher nur eine Durchfahrt besaß.

Im Innern des Lagers waren die Befunde schon weitgehend durch neuzeitlichen Steinbruchbe-

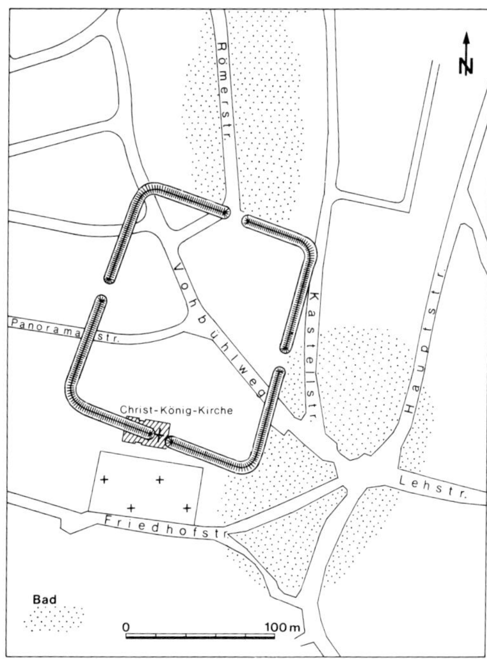

Abb. 219 Oberdorf. Gesamtplan des Kastells und der Siedlung

trieb zerstört. Man konnte lediglich in der NW-Ecke eine „Kellergrube" (2,7 x 1,5 m) untersuchen, die in den anstehenden Fels eingetieft war. Außerdem wurde weiter S ein Estrichboden stückweise freigelegt.

Die zum Kastell gehörende Zivilsiedlung (*vicus*) erstreckt sich nach SW, SO und NO. Spärliche Kleinfunde lassen diese Vermutung zu. Die zivile Ansiedlung wird sich vor allem im Bereich der Ausfallsstraßen erstrecken. Etwa 100 m S des S-Tores gefundene zahlreiche Hypokaustpfeilerplatten deuten auf die Lage des Kastellbades hin. Die bisher vorliegenden Funde, vor allem das Vorkommen südgallischer Sigillata, lassen vermuten, daß das Kastell Oberdorf im späten 1. JhnChr errichtet wurde und bis ins frühe 2. Jh bestand. Dafür spricht auch, daß das Kastell nicht in Stein ausgebaut wurde. Die wenigen Münzen reichen von Prägungen Kaiser Domitians bis zu Prägungen Kaiser Hadrians. Die Be-

Abb. 220 Oberdorf. Profil durch den Kastellgraben an der SW-Ecke, der in den anstehenden Fels eingehauen werden mußte (Ausgrabung 1974)

satzung kann nach der Größe des Lagers nur eine *cohors quingenaria* gewesen sein.
Der antike Name für das Kastell und die Zivilsiedlung ,darf sehr wahrscheinlich mit *Opie* gleichgesetzt werden, das uns auf der *Tabula Peutingeriana* überliefert ist. Wie sprachgeschichtliche Untersuchungen dieses Namens gezeigt haben, scheint Opie eine prähistorische Bezeichnung für den nahegelegenen Ipf zu sein, dessen bedeutende vorgeschichtliche Befestigungen wohl als ein Zentrum keltischer Besiedlung anzusehen ist. Dieser Name wurde vermutlich auf das Lager übertragen. Die auf der *Tabula Peutingeriana* überlieferte Station Septamiacum sucht F. Hertlein mit einigem Recht 7 km NO von Oberdorf, wo auch schon seit 1913 zahlreiche röm Funde bekannt geworden sind, unter denen sich ebenfalls südgallische Terra-Sigillata-Scherben aus dem späten 1. Jh befinden. Auch vom Goldberg bei Goldburghausen am W-Rand des Nördlinger Rieses liegen Funde dieser Zeit vor. Es ist durchaus möglich, daß hier im Bereich der Straßenkreuzung bei Sechtenhausen ein bisher unbekanntes Kastell liegt. Pl

TK 7128 – L 7128

Ao: WLM Stgt – Privatbesitz

Lit: FHertlein, Kastell Opie-Oberdorf bei Bopfingen in Festschr. zur Feier des 50jährigen Bestehens der K.Altertümerslg. in Stgt (1912) 65 ff. – Ders., ORL Abt. B Nr. 67 b (1915).

Oberkochen AA

Römisches Gebäude

Abb 221, 222

Das röm Gebäude liegt O der Bundesstraße 19 von Aalen nach Heidenheim auf Markung Oberkochen in der Flur „Weilfeld". Am besten erreichbar über die Landstraße Oberkochen – Unterkochen, von der nach etwa 1 km ein Feldweg nach O abbiegt. Er führt den Besucher unmittelbar an das Gebäude.
Im Herbst 1971 konnte eine Schülergruppe unter Leitung von D. Bantel, Oberkochen, ein röm Bauwerk freilegen, von dem bis zu diesem Zeitpunkt nichts bekannt gewesen war. Das Gebäude liegt auf einer Anhöhe des Schwarzen Kocher unmittelbar in der Talbiegung, von wo man einen vorzüglichen Einblick nach N und S hat.
Die Untersuchung ergab ein ▶ Gebäude (ca 12,9 m x 11,6 m). An der S-Seite ist ein ▶ Keller (5,5 x 5,5 m) eingebaut, der über eine Rampe zu erreichen ist. Vom aufgehenden Mauerwerk konnte nichts mehr nachgewiesen werden. Lediglich Fundamente sind vorhanden. Das Mauerwerk des Kellers besteht aus mehr oder weniger

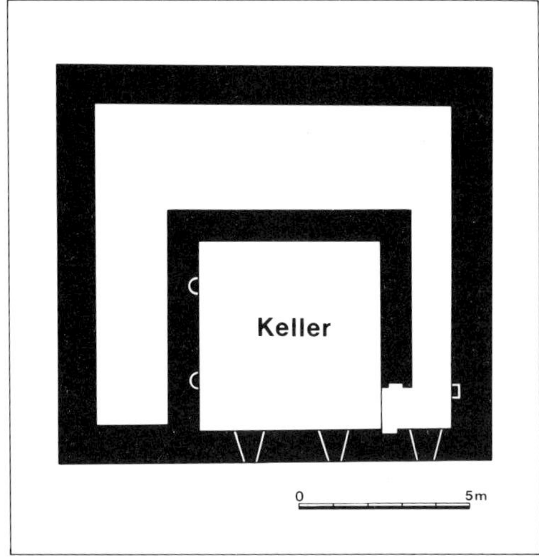

Abb. 221 Oberkochen. Röm Gebäude. Gesamtplan

Abb. 222 Oberkochen. Röm Gebäude. Keller

gut behauenen Kalksteinen, zwei Fenstern, von denen jeweils die Schräge des Lichtschachtes vorhanden ist, außerdem zwei Nischen mit halbrundem Abschluß. In einer Kellerecke wurde 1972, anläßlich einer Nachuntersuchung des LDA, der Rest eines hölzernen Behälters (Faß?) mit vielen botanischen Funden, wie Getreide und ähnlichen Früchten gefunden. Vermutlich handelt es sich hier um ein Nebengebäude eines Gutshofes (*villa rustica*), der nach den Funden im 2. und 3. JhnChr benutzt wurde.

Dank dem Verständnis der Gemeinde Oberkochen konnte mit Hilfe zahlreicher freiwilliger Helfer das gesamte Gebäude konserviert und damit der Öffentlichkeit zugänglich gemacht werden. Pl

TK 7226 – L 7326

Ao: Schulsammlung Gymnasium Oberkochen

Lit: FdbaBW 3, 1976

Oberndorf RW

Heimatmuseum

Kameralstr 8. Öffnungszeiten: Mi und Sa 14–16, So 10–12 Uhr, Eintritt frei.

Das 1935 gegründete Museum befindet sich in der ehemaligen Vogtei der Stadt. Neben umfangreichen stadtgeschichtlichen Sammlungen beherbergt es vor allem waffengeschichtliche Bestände. Die hier ausgestellten vor- und frühgeschichtlichen Sammlungen umfassen Bodenfunde aus Oberndorf und Umgebung. Von den röm Funden sind vor allem die wichtigsten Funde aus der Zivilsiedlung vom Kastell Waldmössingen zu erwähnen, daneben größere Fundaufsammlungen vom Gelände des kleinen Heubergs, insbesondere von der Umgebung des Häsenbühlhofes bei Geislingen a. R. (BL), die vor allem für die Frühzeit röm Okkupation des Albvorlandes von Wichtigkeit sind. Pl

Oberriexingen LB

Römischer Weinkeller

Tafel 29b, 31

Zweigmuseum des Württembergischen Landesmuseums Stuttgart. Öffnungszeiten: nach Vereinbarung mit BM a. D. Louis Geiger, Weilerstr 14. Eintritt frei.
In Oberriexingen wurden beim Ausheben der Baugruben Weilerstr 11–18 in den Jahren 1957/58 die Mauerfundamente eines seit langem an dieser Stelle vermuteten röm Gutshofes *(villa rustica)* angeschnitten. BM Geiger ist es zu verdanken, daß ein Teil (5,2x4,2 m) eines ursprünglich etwa 13,6 m langen röm Kellerraumes vor der Zerstörung gerettet und der Öffentlichkeit zugänglich gemacht werden konnte. Herr Geiger stellte einen Teil seines Kellers als Zugang zu dem Römerkeller zur Verfügung.
Der Römerkeller liegt unter dem Säulengang eines Gebäudes (40,5x25 m), einer sog. *villa rustica* mit Säulenfassade und Eckrisaliten. Der Keller ist aus regelmäßig behauenen Muschelkalkquadern (H 0,1–0,12 m) aufgemauert, deren Fugen in aufgelegten Kalkmörtelleisten mit dem Fugeisen nachgezogen und rot ausgemalt sind. Die beiden untersten Steinlagen sind nicht mehr ausgemörtelt. Sie stecken in einer Sandschicht (H 0,2 m), die den Keller bedeckt.
An der Schmalseite und dem erhaltenen Teil der W-Längsseite des Kellers sind je zwei Wandnischen und an der O-Längsseite die Schräge eines Kellerfensters erhalten. In Bodennähe zeigen die Kellerwände starke Hitzeeinwirkung, was dafür spricht, daß der Gutshof einem Brand zum Opfer gefallen ist und dabei die Holzdecke brennend in den Keller stürzte.
Eine Ausstellung im Eingangsraum und im Römerkeller behandelt das Thema „Weinbau in röm Zeit".
Eingangsraum: 1. Kunststeinnachbildung eines in Owen/ES gefundenen Reliefs des Silvanus/Sucellus, Schutzpatron der Winzer. Winzermesser aus Eisen mit sichelförmiger Schneide. Die Römer brachten den Weinbau im 1. JhnChr nach Baden-Württemberg. – 2. Karte: Transport des Weines von Italien durch das Rhonetal zum Rhein und in das Limesgebiet. – 3. Weinamphore von der Schiffsladung eines an der Mittelmeerküste untergegangenen Weintransportschiffes. – 4. Diorama: Mittelmeerhafen, Umschlagplatz des italischen Weines für Gallien und Germanien. – 5. Wandvitrine: Ein Foto zeigt eine Tafelszene von der Igeler Säule bei Trier. Röm Trinkbecher aus Terra Sigillata, Weinkanne, Weinschöpfer und Kessel aus Bronze von württ Fundplätzen. 2./3. JhnChr – 6. Wandvitrine: Küchenszene, Foto eines Reliefs der Igeler Säule bei Trier. Röm Küchengeschirr und Tafelgeschirr aus Terra Sigillata von württ Fundplätzen. 2./3. JhnChr. – 7. Diorama: Weinlese in röm Zeit am Neckar. – 8. Diorama: Die Trauben wurden auf Fuhrwerken in den Gutshof gebracht und durch Treten gekeltert. – 9. Diorama: Weinfest. Das Ende der Weinlese bezeichnete das Fest der Meditrinalia am 11. Oktober, an dem der junge Most zum ersten Male gekostet wurde. – 10. Röm Siedlungen an der Enz und röm Gutshöfe des 2./3. JhnChr auf Markung Oberriexingen – 11. Karte: Röm Siedlungen in SW-Deutschland. – 12. Foto eines Steindenkmals aus Neumagen bei Trier: Röm Moselschiff mit Weinfässern. 2./3. JhnChr.
Römerkeller: Röm Kellertisch. Weinkrüge in den Nischen. Wie in röm Zeit sind die Weinamphoren in den lockeren Sandboden gesteckt. – Ausgrabungsplan und Fotos des 1957/58 in Flur „Weiler" ausgegrabenen röm Gutshofes. – Rekonstruktionszeichnung des röm Gutshofes bei Ludwigsburg-Hoheneck. Fil

Lit: HZürn, Ein röm Gutshof bei Oberriexingen, in: FdbaSchwNF 16, 1962, 167 ff. - PhFiltzinger, Röm Weinkeller Oberriexingen (Stuttgart 1970). – SJunghans, Diorama in Oberriexingen: Weinernte in röm Zeit (Stuttgart 1972). – ORoller,

Die Landwirtschaft in den Nordprovinzen des röm Reiches 1/73 (Stuttgart 1973). – HReim, Ein röm Gutshof bei Inzigkofen (Sig) 2/74 (Stuttgart 1974). – ORoller, Landwirtschaftliche Geräte: 1. Sensen und Sicheln 3/74 – 2. Mähmaschinen 4/75.

Oberschefflenz Schefflenz MOS

Weihinschrift für Fortuna

Oberschefflenz liegt direkt an der Militärstraße, die – vom Neckar kommend – über Neckarburken (s. dort) zum Kastell Osterburken, also zur damaligen Reichsgrenze führt.

▶ Der Stein ist in der SW-Außenmauer der kath Ortskirche eingemauert; sein Gesims ist zerstört. Die noch gut erhaltene Fläche H ca 0,65 m, B 0,37 m. Die Inschrift lautet: *Fort[unae] sacrum ex voto. Gimillius Ianuarius v(otum) s(olvit) l(aetus) l(ibens) m(erito). Falcone consule.* Übersetzung: Der (Göttin) Fortuna geweiht nach einem Gelübde. Gimillius Januarius hat sein Gelübde eingelöst, froh und freudig, wie es gebührt, unter dem Konsulat des Falco. Der Name des Stifters, Gimillius, findet sich in dieser Schreibweise sonst nirgendwo überliefert. Es ist möglich, daß hier durch Nachlässigkeit in der Aussprache oder Schreibung der geläufige keltische Name Giamillius verstümmelt wurde. Der zum Schluß genannte Konsulname bezieht sich auf Q. Sosius Falco, der zusammen mit C. Julius Erucius Clavus im Jahre 193 nChr, also im ersten Regierungsjahr des Kaisers Septimius Severus, dieses Amt bekleidet hat. Bei Renovierungsarbeiten in den 50er Jahren wurde der Weihestein neu versetzt. Dabei kam eine früher verdeckte Seitenfläche zum Vorschein. Sie zeigt in feinem Flachrelief einen preziös geformten Mischkrug (kratér), der mit Blattwerk und Früchten gefüllt ist. In der Mitte erkennt man einen Pinienzapfen.

Cä

TK 6521 – L 6520

Lit: Wagner II, S. 394 f – BadFdb 21 (1958), 259

Oberscheidental Mudau MOS

Kohortenkastell

Abb 223

In 518 m H auf einer Hochfläche im Quellgebiet des Elzbaches, am SO-Rand von Oberscheidental im Gewann „die Burgmauer" gelegen. O der Straße, die von Wagenschwend von S nach Oberscheidental führt, ist das Kastellgelände noch heute als Geländestufe deutlich erkennbar.

▶ Die Mauerreste der beiden Türme des S-Tors *(porta principalis dextra)* (1) sind konserviert. 1880 durch K. Christ und L. Conrady festgestellt. 1883 Sondierungen durch Conrady und E. Wagner. 1885 durch K. Schumacher im Auftrage der RLK ausgegraben.

Die Anlage folgt dem gewöhnlichen Schema. Die Langseiten (N und S) messen 152 bzw 153 m, die Schmalseiten (O und W) 134,5 bzw 137 m. Die Umfassungsmauer (B ca 1,20 m) besteht aus sauber gearbeiteten, waagrecht geschichteten Quadern aus rotem Sandstein. Eck- und Zwischentürme fehlen. Der vor der Mauer gelegene Graben (B ca 6 m, T ca 1,50 m) war – soweit festgestellt – an den Toren nicht unterbrochen (Zugbrücke?). Hinter der Mauer lief ein Erdwall (B 5,50–7,50 m), an seinem Fuß durch rohe Steinsetzungen vor dem Abrutschen geschützt. Die vier Tore werden von je zwei Türmen flankiert.

▶ Das konservierte S-Tor (1) mit einer Einfahrt (B 3,60 m) läßt die hervorragende Sorgfalt in der Bearbeitung des Mauerwerks und verschiedene technische Einzelheiten gut erkennen: den Schwellstein (B 1,50 m) am Eingang des W-Turmes mit dem 0,85 m breiten Anschlag, der die lichte Weite der Tür markiert, und die Türangellöcher an den Turmeingängen; die mächtigen Anschlagsteine des Torweges mit ihrer differenzierten Bearbeitung in teils glatter, teils rauhbossierter Steinmetztechnik.

An der Rückseite des Stabsgebäudes *(principia)* (2), dessen Mauerrechteck (52,80x41,70 m) unfundamentiert auf dem Lehmboden stand, fand sich die Steinfundamentierung für ein Fahnenheiligtum *(sacellum)* (3). Ein rechteckiges Ge-

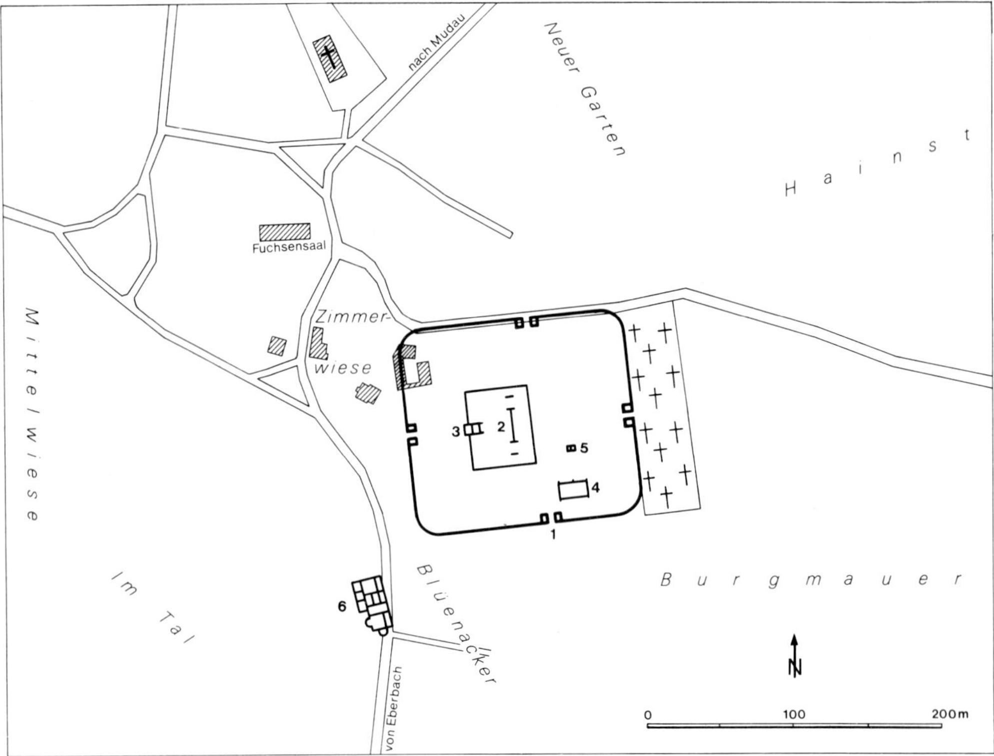

Abb. 223 Oberscheidental. Gesamtplan des Kastells. 1 S-Tor, 2 Stabsgebäude, 3 Fahnenheiligtum, 4, 5 Kommandantenwohnung mit Bad, 6 Kastellbad

bäude (20,75 x 16,80 m) (4) war mit Ziegeln gedeckt und dürfte das Wohnhaus des Kommandanten *(praetorium)* gewesen sein. In seiner Nähe stand ein einfaches, nur aus zwei Räumen bestehendes Bad (5).

SW vom Kastell, ca 40 m von dessen SW-Ecke entfernt, lag das große Badegebäude (20,40 x 34,30 m) (6) mit insgesamt 13 einzelnen Räumen in der üblichen Abfolge der sanitären Nutzung. Reste der bürgerlichen Niederlassung liegen unter der heutigen Ortschaft. Das Gräberfeld konnte bislang nicht nachgewiesen werden. Vor der O-Seite des Kastells zog knapp hinter dem Palisadenzaun, etwa 20 m von der Kastellfront entfernt, die Militärstraße, die von Schlossau kommend nach Neckarburken weiterlief.

Oberscheidental ist das einzige Kohortenkastell der Odenwaldlinie. Es sicherte das Terrain jener weiten, offenen Hochfläche, die sich zwischen der Kammlage des hohen Odenwaldes im N und dem Quellgebiet des nach S in Richtung Neckarburken fließenden Trienzbaches erstreckt. Gleichzeitig sperrt die Anlage den natürlichen Zugang zu diesem Plateau, den die ostwärts auf der Feindseite gelegene flache Talmulde des oberen Elzbaches vermittelt.

Der Name der Truppe, die das Kastell beherbergt hat, läßt sich nicht mit Sicherheit angeben. Es spricht aber vieles dafür, daß die *cohors I Sequanorum et Rauracorum equitata,* die 1. berittene Kohorte der Sequaner und Rauracer hier stationiert war, eine Einheit keltischer Herkunft, deren Mannschaft in der heutigen N-Schweiz (Baselland) und im französischen Juravorland ausgehoben wurde. Belege für diese Vermutung bilden zwei Inschriften: ein Votiv-Altar für die Göttin Minerva, vom Bläserkorps dieser Truppe gestiftet, früher in der Kirche von Steinbach, 8 km im NO von Oberscheidental vermauert, der andere Stein stammt von einem 6 km entfernten Wachtturm und belegt als Bauinschrift die Teilnahme einer kleineren Abteilung dieser Kohorte bei der Errichtung des Bauwerks. Da dieselbe Truppe später in einem Kohortenkastell des vorderen Limes bei Miltenberg a.M. inschriftlich belegt ist, besitzt die Verknüpfung der genannten Inschriften mit Oberscheidental einen sehr hohen Wahrscheinlichkeitsgrad. Unter den spärlichen Funden, die die Grabungen erbracht haben, befinden sich Ziegel mit den Stempeln verschiedener Truppenteile, darunter der 8. und der 22. Legion, der 3. Dalmater-Kohorte und der 24. Kohorte freiwilliger röm Bürger. Bemerkenswert ist ein Munitionsfund von rund 60 kleinen Schleuderkugeln aus rotem Sandstein (Dm ca 0,1 m).

Mit der Vorverlegung des Limes in der Mitte des 2. JhnChr verliert Oberscheidental seine militärische Bedeutung. Cä

TK 6420 – L 6520
Ao: BLM Karlsruhe
Lit: ORL Abt. B Nr. 52 (1913)

Öhringen KÜN

Kohortenkastelle und Zivilsiedlung

Abb 224, 225, Tafel 14d, e

Bürgkastell. Das Lager, auf einer Terrasse über der Ohrn gelegen, wurde erstmals 1766/67 durch Ch. E. Hanßelmann entdeckt. Die RLK ermittelte die Tore und die Umfassungsmauer. Beim Bau des Bezirkskrankenhauses (1909/10) wurden Teile des Stabsgebäudes *(principia)* beobachtet. Es bestand weitgehend aus Holz. Nur das Fahnenheiligtum *(sacellum)* und wenige Räume der W-Seite waren aus Stein gemauert. Unmittelbar S lag ein Heiligtum für die Nymphen, zu dem eine 187 nChr erbaute und später zweimal erneuerte Wasserleitung hinführte. In einem Brunnen in der Nähe fand man fünf Inschriften, die sich auf die Wasserleitung beziehen. Sonst wurden im Kastellinneren nur wenige Reste von Baracken und Steinbauten sowie von Straßen beobachtet. Neue Untersuchungen von 1959–1970 brachten wichtige Aufschlüsse zur Lagerumwehrung. Obwohl im Bereich der Tore keine Grabung möglich war, konnte H. Schönberger drei Bauphasen ermitteln: 1. Das älteste Kastell hatte eine Holz-Erde-Mauer (B ca 3 m) und drei Verteidigungsgräben. Der äußere Graben (B 9 m, T 4 m) war der größte. Seine Spitze lag 24 m vor der Holz-Erde-Mauer. 2. Später wurde eine schmale Steinmauer (B ca 1 m) gebaut und dadurch die Spuren der älteren Holzbefestigung teilweise zerstört. Auch der innere Graben wurde durch einen doppelten Spitzgraben ersetzt. 3. Nach längerer Zeit errichtete man eine vollständige neue Wehrmauer (Fundament B ca 1,50 m). Davor lag eine Berme (B 2–3 m) und ein einzelner Spitzgraben.

Die Größe des Lagers war in allen Bauphasen annähernd gleich. Besonders auffallend ist die starke Umwehrung des ersten Kastells mit drei Gräben. Vermutlich hat man es als Basis vom Neckarlimes her in die *regio translimitana* vorgeschoben, um von diesem wichtigen Verkehrspunkt aus die Maßnahmen für die Errichtung der vorderen Limeslinie zu treffen.

Die älteste Einheit war in Öhringen die *cohors I Helvetiorum.* Durch Ziegelstempel sind außerdem von beiden Kastellen ein *n(umerus) Brit(tonum) Cal( )* und *Aure(lianses)* bekannt, vom Bürgkastell ferner ein *num(erus) B(rittonum) M(urrensium).* Als Grenzverstärkung kam im Zuge von Truppenbewegungen des Kaisers Severus Alexander (222–235) vor dem Jahr 231 die *cohors I Septimia Belgarum* nach Öhringen. Sie hat wahrscheinlich das Lager völlig neu gebaut und von ihr stammt wohl die Umwehrung der Bauphase 3. Auch die Wasserleitung zum Bürg-

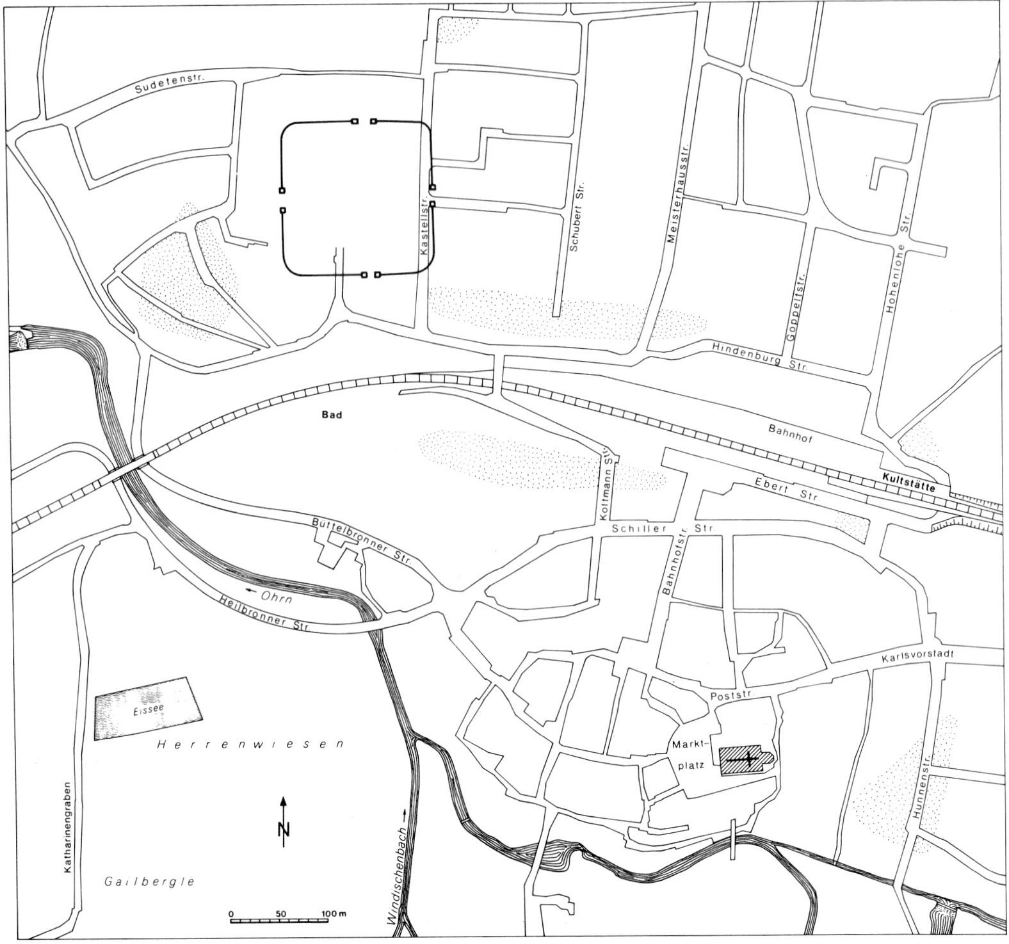

Abb. 224 Öhringen. Gesamtübersicht Bürgkastell mit Zivilsiedlung

kastell wurde von ihr 231 und 241 erneuert. Das Kastellbad lag 150 m S vom Lager und wurde schon durch Hanßelmann teilweise aufgedeckt. *Rendelkastell.* Etwas später als das Bürgkastell wurde das Lager beim ,,Rendelstein" nur 230 m vom Limes entfernt gegründet. ▶ Der Rendelstein steht an der Haller Straße und ist ein Bildstock auf einem röm Säulenschaft.

Entdeckt wurde das Kastell 1768/69 durch Ch. E. Hanßelmann. Planmäßige Untersuchungen erfolgten 1892–94 durch die RLK; damals ermittelte E. Herzog den Umfang des Kastells (2,16 ha). Bevor das Gelände durch neue Wohnhäuser überbaut wurde, führte 1957 H. Schönberger erneut Grabungen durch und untersuchte das bis dahin unbekannte S-Tor. Wichtigstes Ergebnis war die Erkenntnis zweier Bauphasen.

Zur ersten Kastellperiode gehörte zwar eine Steinmauer, die Tore bestanden aber aus Holz. Sechs große Holzpfosten, die mindestens 1,80 m

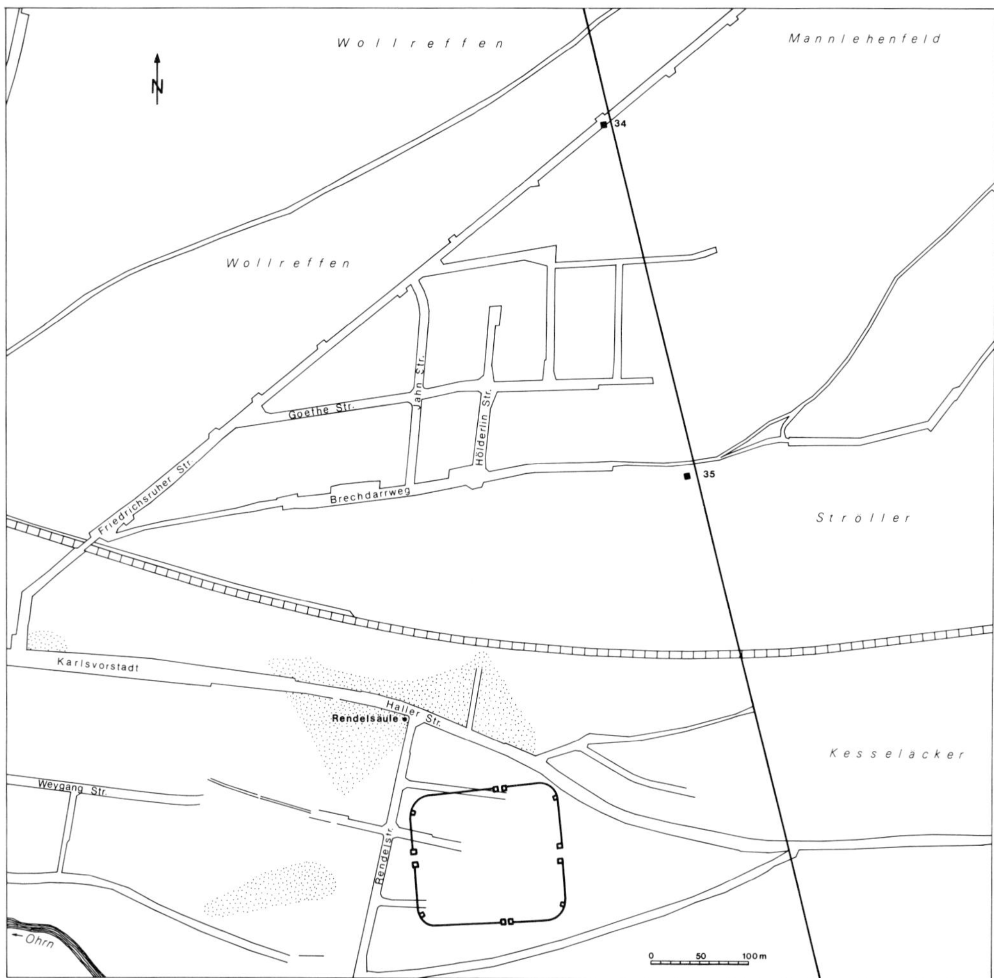

Abb. 225 Öhringen. Rendelkastell am Limes und Rendelsäule

eingetieft waren, flankierten in zwei Reihen die Torgasse und hatten mittels einer an ihnen befestigten Bohlenwand den Walldruck auf beiden Seiten aufgefangen. Im Oberbau kann die Torgasse flach überdeckt gewesen sein; wegen der tief verankerten Pfosten ist aber auch ein hölzerner Turm denkbar. An die vordere Pfostenreihe setzte eine flach fundamentierte Kastellmauer (B 0,70–0,90 m) an. Dahinter war ein Erdwall *(vallum)* (B 4,30 m) angeschüttet bis hin zur Lagerringstraße *(via sagularis)* (B 3 m). Vor der Mauer befand sich ein doppelter Spitzgraben, der vor dem S-Tor unterbrochen war. An der N-Front hatte diese ältere Mauer bereits E. Herzog ermittelt, aber damals nicht deuten können. Nach der Lage der Tore war das Kastell in beiden Bauperioden nach O orientiert, da sich dort das doppeltorige Ausfalltor *(porta praetoria)* befand.

In der zweiten Bauperiode wurde die Größe des Kastells nicht verändert; es erfolgte nur eine Verstärkung der Wehranlagen. Rund 1,50 m vor der alten Mauer wurde eine stärkere Mauer (B 1,50 m) aufgesetzt. Der Wall dahinter konnte dadurch auf 6,60 m verbreitert werden. Im Bereich des zugefüllten älteren Doppelgrabens wurde ein einzelner tiefer Spitzgraben ausgehoben. Er war vor dem S-Tor nicht unterbrochen. Das Tor bestand nur aus zwei quadratischen Steintürmen. An der Außenfront lief ein Spannfundament durch. In der SO-Ecke wurde bei dieser 2. Bauperiode ein Turm (2,80 x 4,20 m) errichtet. Ähnliche Türme sind für die übrigen Ecken anzunehmen.

Von der Innenbebauung sind keine ergänzbaren Baureste nachgewiesen, auch nicht vom Stabsgebäude *(principia)* in der Mitte. Das schon von Hanßelmann im S-Teil entdeckte „Kastellbad" war vermutlich ein Teil der Kommandantenwohnung *(praetorium).*

Als Besatzung lag wahrscheinlich von Anfang an die *cohors I Helvetiorum* im Rendelkastell und blieb dort bis ins 3. Jh stationiert. Vielleicht wurde das Kastell schon einige Zeit vor 259 ganz oder teilweise geräumt. Spuren einer gewaltsamen Zerstörung wurden in beiden Kastellen nicht gefunden. Die jüngste Inschrift beim Rendelkastell stammt aus dem Jahre 237 unter Kaiser Maximinus.

Zivilsiedlung. Wie bei allen Kastellen haben sich auch in Öhringen bald Lagerdörfer gebildet, in denen Händler, Marketender und Handwerker wohnten. Die Spuren davon fanden sich vor allem W und S des Bürgkastells sowie W und NW des Rendelkastells. Anscheinend war aber auch im Bereich der heutigen Stadt eine Zivilsiedlung *(vicus)* entstanden, die rasch eine Bedeutung erlangt haben muß, so daß sie schon unter Marc Aurel (161–180) zu Ehren des Kaisers zum *vicus Aurelianus* erhoben wurde. Vermutlich war der *vicus* auch zentraler Ort einer *civitas Aurelia G. S.*, deren Gebiet nach Inschriften von Neuenstadt und Hagenbach bis zum Neckar reichte.

Obwohl markante röm Baureste aus Öhringen fehlen, sprechen doch manche Funde – besonders die Bildwerke und Inschriften – für die Wohlhabenheit der Bevölkerung. Beim Bau der Eisenbahn wurde 1861 zB eine Gruppe von religiösen Denkmälern ua zwei Standbilder und ein bronzener Kopf der Minerva sowie ein Relief der Epona gefunden, die vermutlich zu einem Kultbezirk gehörten.

Im *vicus Aurelianus* bestand – wie ein 222 gestifteter Weihestein berichtet – auch ein Jugendverein *(collegium iuventutis)*, der ua die Aufgabe hatte, regelmäßig Spiele *(ludi iuvenales)* zu veranstalten, die zugleich auch kultische Bedeutung hatten. Ein weiterer Kultbezirk bestand wahrscheinlich N des Rendelkastells, wo 1961 Reste von Figuren und Inschriften beim Bau einer Tankstelle an der Haller Straße entdeckt wurden. Von dort stammen vier Weihesteine und drei Standbilder. Ihre Inschriften besagen, daß sie zT erst im Dezember 232 – kurz vor dem Alamanneneinfall von 233 – durch ein *collegium convenarum* gestiftet wurden. Dies war offenbar eine Berufsvereinigung von Personen, die nicht im *vicus Aurelianus* ansässig waren, sich aber dort immer wieder trafen; gleichzeitig war es eine Kultgemeinschaft, welche besonders Diana und Herkules verehrte. Was die Leute nach Öhringen lockte, ist unbekannt, möglicherweise der Handel mit den Germanen jenseits des Limes.

Den endgültigen Fall des obergermanischen Limes in den Jahren 259/60 hat auch der *vicus Aurelianus* nicht überstanden. Über sein Schicksal im 4. Jh wissen wir durch gesicherte Bodenfunde nichts. Ko

TK 6722 – L 6723

Ao: WLM Stgt. M Öhringen, Schloß Neuenstein

Lit: Herzog, ORL Abt. B Nr. 42 (1897) (dort die ältere Lit). – Haug-Sixt, 607 ff – HNesselhauf-VMStrocka, Weihdenkmäler aus Öhringen, FdbaSchw NF. 18/I, 1967, 112 ff. – HSchönberger, Eine Grabung im Rendelkastell zu Öhringen, FdbaSchw NF 15, 1959, 46 ff. – Ders., Das Römerkastell Öhringen-W (Bürgkastell), 53 Ber. RGK 1972, 233 ff – Ders. Das röm Öhringen in: Führer zu vor- und frühgeschichtl Denkmälern 24 (1973) 119 ff (dort weitere Literatur).

Weygang-Museum

Tafel 62a

Karlsvorstadt 30, Öffnungszeiten: Di – So 9–11, 14–16 Uhr
Im Weygang-Museum werden einige röm Funde aus Öhringen aufbewahrt. Von Keramik sind glatte und verzierte Sigillaten zT mit Ritzinschriften der Besitzer *(grafitti)* zu nennen, ferner tongrundiges Gebrauchsgeschirr, ua Amphoren, Krüge, Reibschalen, Schüsseln sowie zwei verzierte Öllampen. Außer einigen Bronzemünzen sind nur wenige Kleinfunde aus Eisen vorhanden.
Von den zahlreichen Inschriften und Bildwerken aus Öhringen sind meist nur Nachbildungen ausgestellt (Originale im WLM Stgt): so die beiden Minervastandbilder, die Inschriftsteine für die Nymphen und die Wasserleitung und zwei Weihesteine von der Haller Str.
An Originalen sind folgende Bildwerke vorhanden: ein Relief der Göttin Epona, ein Relief des Vulkan und eine Reliefplatte mit den drei Gottheiten Merkur, Minerva und Apollo, außerdem das Oberteil eines Altars mit guterhaltener Spendenschale, verziert mit feinen Ranken und zartem Blattwerk; von seiner Inschrift ist nur die Anfangsformel *PRO SALVTE . . .* zu lesen.
Von figürlichen Gegenständen aus Bronze sind zwei kleine Statuetten eines Silen mit einer Weintraube und des Merkur mit dem Schlangenstab zu nennen sowie schließlich ein Schlüsselgriff in Form eines Hundekopfes.
Die Lage der beiden röm Kastelle veranschaulicht ein Reliefmodell der unmittelbaren Umgebung von Öhringen. Ko

Lit: Haug-Sixt 607 ff – HNesselhauf-VMStrokka, Weihdenkmäler aus Öhringen FdbaSchw NF 18 I, 1967, 112 ff.

Öhringen → Ohrnberg

Offenburg OG

Ritterhaus-Museum

Abb 226, Tafel 24b

Ritterstr 10, Öffnungszeiten: Mi 14–16, So 10–12 Uhr
Das Museum der Stadt Offenburg ist im ehem Herrschaftshaus des 1756–1800 residierenden Reichsschultheißen Franz Georg von Rieneker untergebracht. Im 2. Obergeschoß der Sammlung befinden sich die Räume der Ur- und Frühgeschichte, die eine Reihe röm Kleinfunde, vor allem Keramik, aus dem Offenburger Raum beherbergen. Auf den ersten Blick verblüfft die Spärlichkeit der Bestände. Denn Offenburg liegt am Schnittpunkt zweier wichtiger Fernstraßen,

Abb. 226 Offenburg. Ritterhaus-Museum. Merkur mit Mäntelchen, Flügelhut und Geldbeutel

der rechtsrheinischen N-S-Route Heidelberg–Basel und der den Schwarzwald überschreitenden Kinzigtalstrecke von Straßburg nach Rottweil. Nicht zu Unrecht hat man hier deshalb von jeher bedeutende röm Siedlungsreste zu finden gehofft. Die Hoffnung wurde bestärkt durch den schon um 1790 im Bett der Kinzig zutage gekommenen Grabstein eines Hauptmanns *(centurio)* der 1. Thraker-Kohorte, der – nach dem Stil des Denkmals zu urteilen – noch im 1. Jh geschaffen worden sein muß. Dieser bedeutende Fund macht es wahrscheinlich, daß in frühröm Zeit an dem wichtigen Verkehrsknotenpunkt im Vorfeld des Straßburger Legionslagers ein Kohortenkastell gestanden hat. Leider haben sich bis heute weder Grabenspuren noch Gebäudereste eines Kastells oder einer Ansiedlung nachweisen lassen. Es mag sein, daß beide Anlagen, die am SW-Rand der heutigen Altstadt gelegen haben könnten, durch spätere Gebäudeabtragung und Überbauung weitgehend zerstört worden sind.

Das Fundmaterial in den Vitrinen stammt aus Notbergungen im Offenburger Stadtbereich, vor allem der Kornstr (1894) und aus dem Gewann Nachtweide im jetzigen Industriegebiet Offenburg-W. Unter dem einfachen, zT stark restaurierten Tongeschirr übersieht man leicht ein zierliches Kabinettstück röm Kleinkunst: die Silberstatuette (H nur 7,7 cm) des Gottes Merkur, der sich in schwungvoller Haltung darbietet, mit der Flügelhaube auf dem Kopf, dem Geldbeutel in der Rechten und einem elegant drapierten Mäntelchen. Der Schlangenstab *(caduceus)* in seiner Linken ist verlorengegangen. Die voll gegossene Figur trägt noch Spuren einstiger Vergoldung. Fundort des Miniaturobjekts ist die städtische Kiesgrube im Gewann Nachtweide zwischen Marlener Str und Kinzigdamm, wo es im März 1936 nach Angaben von Arbeitern aus 3–4 m Tiefe vom Bagger zutage gefördert wurde.

Neben den Originalfunden sind die Gipsabgüsse von zwei wichtigen historischen Denkmälern ausgestellt: Der bereits oben erwähnte Soldatengrabstein, dessen Original heute im Steinsaal des BLM steht (→ BLM), und der vieldiskutierte Meilenstein von Offenburg (Original im Studien-Magazin des BLM). Der fragmentarisch erhaltene Stein, H 1,44 m, Dm 0,44 m, mit den wenigen schlecht erkennbaren Buchstaben der Inschrift ist dennoch ein geschichtliches Dokument allerersten Ranges. Die wissenschaftliche Entzifferung und Ergänzung der Schriftzeilen ergibt einen Text, aus dem hervorgeht, daß um das Jahr 74 nChr unter der Regierung des Kaisers Vespasian von dem kaiserlichen Legaten Cn. (Pinarius) Cornelius Clemens von Straßburg aus eine mit Meilensteinen besetzte Straße angelegt wurde.

Cä

Lit: Wagner I, 247–250. – OKähni, Das Ritterhausm der Stadt Offenburg 1970. – LHahl, Eine silberne Merkurstatuette aus Offenburg, in: Bad Fdb 13, 1937, 97 ff.

Ohrnberg Öhringen KÜN

Römisches Gebäude

Auf dem Hörnle im Gemeindewald hat Hauptlehrer W. Schlumberger mit seinen Schülern das seit langem bekannte ▶ röm Gebäude (11 x 13,5 m), Mauer B 0,70 m, 1,5 km ONO des Dorfes, nahe der Markungsgrenze freigelegt.

Die Funde der Grabung werden in der Schule Ohrnberg aufbewahrt: Hacke, Sichel, Messer und Nägel aus Eisen; Zügelring aus Bronze. Terra Sigillata: Tasse, Drag. 33 und Bruchstück einer Bilderschüssel. Tongrundige Keramik: 2 Töpfe, Faltenbecher, Schüssel, Oberteil eines Einhenkelkruges, Reibschalenbruchstück, Bruchstücke von 3 Tellern, Rand- und Wandbruchstücke.

Fil

TK 6722 – L 6722
Ao: Schule Ohrnberg
Lit: FdbaSchwNF 16, 1962, 262

Olnhausen Jagsthausen HN

Weihealtar für Jupiter und Juno

Abb 227

Der Weihealtar ist in der Kirche von Olnhausen neben der Kanzeltreppe eingemauert, Sandstein H ca 1,20 m (darüber Nachbildung Inschrift WLM Stgt Nr. 10).

▶ Auf dem Altar mit Sockel und Gesims steht die Inschrift: *I(ovi) o(ptimo) m(aximo) I(unoni) r(eginae) et/his sed(ibus) T(itus) F(lavius)/Vitalis Ael(ia) Aug(usta)/mil(es) leg(ionis) XXII p(rimigeniae) p(iae) f(idelis) / b(ene)f(iciarius) co(n)s(ularis), stip(endiorum) XXVI, pro / salute sua et sui omnium / v(otum) s(olvit) l(ibens) l(aetus) m(erito) / Imp(eratore) Com(modo) P(io) F(elice) V et/Glabri(one) co(n)s(ulibus).* Übersetzung: Jupiter dem besten, größten, der Königin Juno und dieser Station hat Titus Flavius Vitalis, aus Aelia Augusta (= Augsburg), Soldat der 22. Legion, der allerersten, pflichtbewußten, getreuen, Gefreiter des Konsularlegaten, mit 26 Dienstjahren, für sein und all der Seinen Wohl sein Gelübde eingelöst froh und freudig nach Gebühr, als der Kaiser Commodus Pius Felix zum 5. Mal und Glabrio Konsuln waren (= 186 nChr).

Kaiser Hadrian (Publius Aelius Hadrianus 117–138 nChr) hat bei seinem Besuch der Westprovinzen des röm Reiches (Gallien, Germanien, Rätien) 120/121 nChr der rätischen Provinzhauptstadt Augsburg/*Augusta Vindelicum* das Stadtrecht verliehen und Augsburg zum *municipium Aelium Augustum* erhoben. Von Augsburg stammte Titus Flavius Vitalis. Er diente in der Garnison Mainz/*Mogontiacum* als Soldat der 22. Legion, im 26. Dienstjahr (die normale Dienstzeit betrug in der Legion 20 Jahre und weitere fünf Jahre als Veteran in Reserve). Von Mainz aus war er von dem Provinzstatthalter *(legatus Augusti pro praetore)* als Kommandant der Polizeistation Jagsthausen an den Limes abkommandiert worden. Zur Überwachung der bedeutenderen Straßen wurden seit flavischer Zeit *beneficiarii* – von den niederen Diensten befreite *(beneficia)* Soldaten – als Kommandanten von Polizeistationen *(stationes)* mit einigen ihnen untergebenen Soldaten und kleinerem Personal an wichtigen Punkten des Straßennetzes eingesetzt. In der Kirche von Olnhausen waren ursprünglich drei Benefiziarierinschriften vermauert. Zwei dieser Inschriften kamen in das Lapidarium des WLM Stgt. Das Bruchstück einer 4. Inschrift wurde im Bad des Kastells Jagsthausen gefunden. Die zu diesen Inschriften gehörende Straßenstation lag sehr wahrscheinlich zwischen Olnhausen und Kastell Jagsthausen, wofür eine 1953 W des Kastells gefundene 5. Benefiziarierinschrift spricht. Fil

Abb. 227 Olnhausen. Röm Weihealtar in der Kirche

Lit: Haug-Sixt, 651 Nr. 453. – PhFiltzinger, FdbaSchwNF 19, 1971, 183 ff.

Osterburken MOS

Kohortenkastell mit Anbau

Abb 143, 228, 229, Tafel 60a

Das Doppelkastell liegt W des alten Stadtkerns und ist umschlossen von modernen Baugebieten im Gewann Hager am S-Hang des Kirnautales. ▶ Der Anbau ist konserviert, das Kohortenkastell bis auf die gemeinsame Trennmauer überbaut. Osterburken ist als Römerort erstmals 1768 genannt im „Beweiss, wie weit der Römer Macht" (S 88 f) des fürstlich-hohenlohischen Rates Christian Ernst Hanßelmann (1699–1775), wo zwar der Standort des Kastells mit Fundstükken erwähnt, die Bedeutung desselben aber nicht erkannt wird. Erste Grabungen im Kastellbereich und dem röm Gutshof *(villa rustica)* im Gewann Heiligenbrunnen führte 1839 Karl Wilhelmi durch, und in den fünfziger und sechziger Jahren ließ der Pfarrverweser Michael Wenz im Bereich des Kohortenlagers „schürfen". Die Funde wurden teils vom badischen Staat angekauft, teils gelangten sie in die Sammlung des Historischen Vereins für Württembergisch-Franken, teils sind sie mit Wenz privater Sammlung verlorengegangen. 1863 wurde bei Ausschachtungsarbeiten das berühmte Mithrasrelief gefunden. Bei Grabungen des Mannheimer Altertumsvereins 1867 wurden erstmals die Umfassungsmauern aufgedeckt und der Charakter als Doppellager erkannt. Karl Schumacher leitete im Auftrage der RLK 1892 eine sehr ausführliche Grabung, in deren Anschluß das Annexkastell konserviert wurde.

Das Kohortenkastell. Das Kohortenkastell liegt 455 m hinter dem Limesgraben und ist auf diesen ausgerichtet. Seine S-Flanke liegt etwa 3 m über der Talsohle des S-Talhanges, der hier Hundsrück genannt wird, die N-Flanke in der Talaue der Kirnau selbst. Das Flüßchen floß damals weiter im S als heute und wahrscheinlich unweit der Mauer entlang. Erst im Zusammenhang mit dem Bau des Bahnkörpers und des Bahnhofgebäudes sind die derzeitigen Terrainverhältnisse entstanden. Zwischen den beiden Flanken besteht ein Höhenunterschied von 15 m.

Der Grundriß entspricht dem üblichen Rechteckschema, weicht aber durch eine auffällige Streckung ab. Dies, wie die Lage, ist zu erklären durch die geringe Breite der Talaue und die Absicht, größere Höhenunterschiede innerhalb des Kastells zu vermeiden. Auf die Höhen auszuweichen, verbot sich durch die Wasserlosigkeit des Muschelkalkes. Von der Bergseite abgesehen, war die Lage nicht ungünstig, da die O-Seite zusätzlich durch den (heute überdolten) Wasserlauf der Hahnklinge geschützt war.

Die Maße des Lagers betrugen: NW 185,50 m, SO 187,75 m, SW 115,10 m, NO 114,50 m = 2,14 ha. Material ist örtlich gewonnener Kalkstein. Aufschlüsse über die bauliche Substanz ließen sich besonders an der N-Rundung gewinnen (Fundament B 2,12 m, T ca 0,90 m). An der besterhaltenen Stelle konnte das Aufgehende noch mit fünf Schichten = 0,70 m ermittelt werden. Das Mauerwerk war mit Kalkmörtel verputzt, und in diesen Bestich war ein Quadermuster eingetieft, dessen Fugen rot ausgemalt waren.

Insgesamt verstärkten 16 Türme die Umfassung: 8 Tortürme, 4 Ecktürme und je 2 Türme im SW der Flankentore.

Die vier Tore hatten mit Ausnahme des rückwärtigen Lagertores *(porta decumana)* (4) doppelte Ausfahrten. Beim Ausfallstor *(porta praetoria)* (1) war der O-Teil der Ausfahrt (Gesamt B 8,30 m) zugemauert worden. Die Türme (7,70 x 6 m) des rechten Lagertores *(porta principalis dextra)* (3) sprangen über die Mauerflucht vor. Vom linken Lagertor *(porta principalis sinistra)* (2) wurde nur der N-Turm (5 x 5 m) untersucht.

Vom Wall waren beim rückwärtigen Lagertor (4) noch Reste (B 10–11 m) erhalten. Der der Mauer vorgelegte Graben konnte nur an der Decuman (= SW)-Seite untersucht werden (B ca 7 m, T ca 2 m). Beim Ausfallstor (1) lief der Graben durch, was auch für die anderen Tore angenommen werden darf.

Von den Innenbauten wurden vom Stabsgebäude *(principia)* (5) (38,50 x 45,80 m) nur ein Teil der Apsis mit dem Fahnenheiligtum *(sacellum)* und die NW-Ecke ausgegraben. An weiteren Baulichkeiten ermittelte Schumacher in der N-Ecke

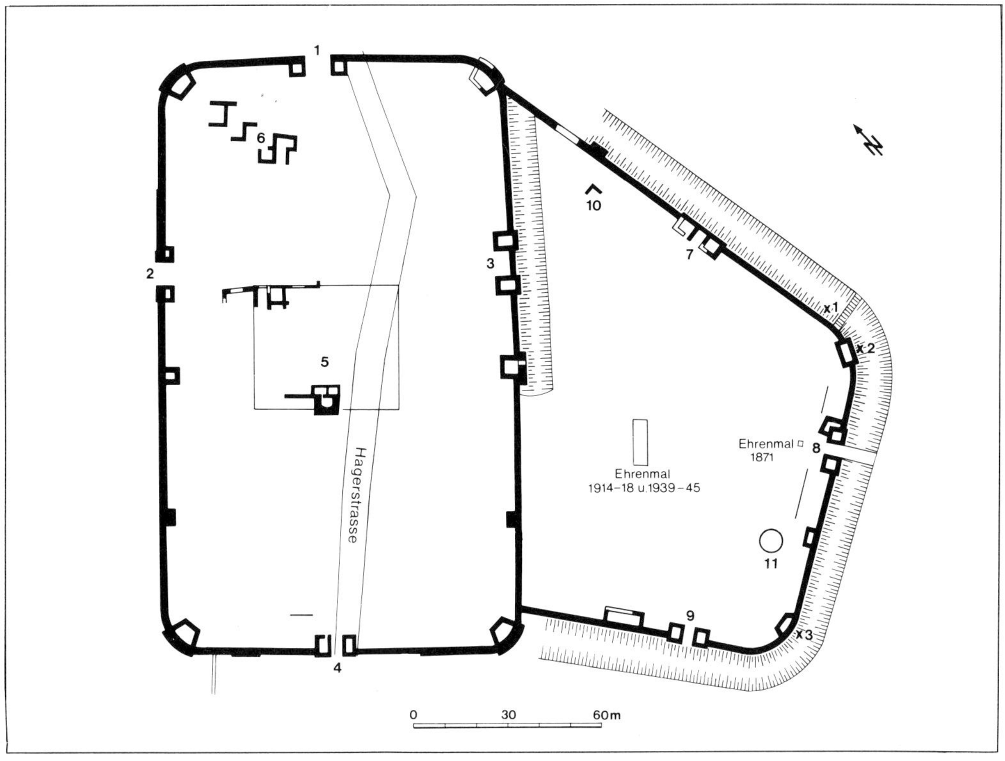

Abb. 228 Osterburken. Kohortenkastell mit Anbau. Kohortenkastell: 1 Ausfallstor, 2 linkes Lagertor, 3 rechtes Lagertor (später vermauert), 4 rückwärtiges Lagertor, 5 Stabsgebäude, 6 Speicher? Anbau (Annexkastell): 7 O-Tor, 8 S-Tor, 9 W-Tor, 10 Fundamentreste, 11 Zisterne? x 1–3 Bauinschriften

des Kastells einen Komplex zerrissener Fundamente (6). Große Mengen verkohlter Getreidekörner deuten auf einen Speicher *(horreum)*.

Annexkastell. An die SO-Flanke des Kohortenkastells schloß sich ▶ das Annexkastell an, eine einzigartige Erscheinung unter den Limesbauten. Die Maße sind: W-Seite 86 m bei einer Steigung nach S von 20 m, O 143 m mit 22 m Steigung nach S und S-Seite 99 m = 1,35 ha. Das an das Kohortenkastell anschließende Drittel der trapezoiden Fläche war weitgehend eben, um dann steil anzusteigen.

Der Anschluß an das Kohortenkastell war nur an der NO-Ecke zu untersuchen; es zeigte sich, daß der Verputz der Mauer des Kohortenkastells durchlief, dieses also älter ist.

Das Annexkastell hat drei Tore mit flankierenden Türmen, von denen das S-Tor (8) (B 3,90 m) am besten erhalten ist. Sein O-Turm ist mit treppenartigen Verstärkungen versehen, da er schon in röm Zeit aus dem Lot gewichen war. Neben die sechs Tortürme treten vier turmartige, langgestreckte Einbauten. Das rechte Lagertor (3) des Kohortenkastells wurde beim Bau des Annexkastells zugemauert. Der im SW dieses Tores gelegene Zwischenturm wurde mit einem Durchgang (B 1,33 m) nebst Vorbau versehen. Letzterer war teilweise dem Graben aufgesetzt, der beibehalten worden war. Zu beiden Seiten des S-Tores (8) fand man Reste des Walls (B ca 7 m). Der Graben (B ca 6 m, T ca 1,70 m) lief vor den Toren durch (vor dem S-Tor modern unterbrochen).

Der Innenraum ist kaum untersucht worden. Dabei fanden sich spärliche Fundamentreste (10) und eine kreisrunde Grube (Dm 7 m, T 1,40 m) (11), vermutlich eine Zisterne.

▶ Der Anbau ist konserviert, wobei zu beachten ist, daß das Mauerwerk um höchstens ein bis zwei Schichten ergänzt worden ist, also die originale röm Bausubstanz erhalten ist. Allerdings ist bei den Konservierungsarbeiten das Fischgrätmuster *(opus spicatum)* zu reichlich verwendet. Das Mauerwerk des S-Tores ist noch über 2 m hoch. Im N der SO-Ecke (x1), in der SO-Ecke (x2) und in der SW-Ecke (x3) sind drei Bauinschriften der 8. Legion *(legio VIII)* vermauert, zwei davon Kopien. Die Innenfläche des Annexkastells ist gärtnerisch gestaltet; zwei Denkmale erinnern an die Gefallenen der Kriege von 1870/71 und 1914/18 bzw 1939/45.

Lagerdorf. Spuren einer zivilen Siedlung sind reichlich vorhanden. Sie erstreckte sich auf der S-Kirnauseite zwischen Kastell und Limes. Zusammenhängende Bauspuren waren nicht zu gewinnen. An der Stelle der Kirche hat sich ein Bau mit Fußbodenheizung *(hypocaustum)* befunden. Die Pfeilerplättchen der Heizung wurden zum Fußboden einer Kirche des 8. Jh verwendet.

Am W-Rand der Zivilsiedlung in Richtung zum Kastell befand sich ein Badegebäude, dessen Reste im Keller des Gasthauses „Badischer Hof" teilweise aufgedeckt werden konnten; ca 15 Platten der Hypokaustpfeiler trugen Stempel der 22. Legion. Auf dem rechten Kirnauufer (Bofsheimer Str) ist 1863 das berühmte Mithrasrelief entdeckt worden (→ BLM Karlsruhe). Reste des Gräberfeldes wurden unlängst bei Kanalisationsarbeiten im Gewann Affeldürn an der N-Talkante unmittelbar hinter dem Limes angeschnitten; eine nähere Untersuchung war nicht möglich.

Aus der näheren Umgebung sind verhältnismäßig wenige Spuren bekannt. Zu nennen wäre der von Wilhelmi angegrabene röm Gutshof *(villa rustica)* ca 500 m im W des Kastells.

Die Geschichte des Kastells Osterburken reiht sich ein in die der anderen Kastelle am äußeren obergermanischen Limes. Im allgemeinen setzt man dessen Errichtung in die Zeit um 155 nChr. Neuere Untersuchungen lassen es möglich erscheinen, daß einige Kastelle eine etwas frühere Entstehungszeit haben.

Besatzung des Kohortenkastells war die *cohors III Aquitanorum,* die in den obergermanischen Militärdiplomen der Jahre 74, 82, 90 und 134 nChr erscheint und die wohl in der Regierungszeit Vespasians (69–79 nChr) rekrutiert worden ist. Vermutlich war sie die erste Garnison des Kastells Stockstadt/Main. Von hier wurde sie vielleicht schon 134 nChr nach Neckarburken verlegt. Als *equitata civium Romanorum* bezeichnen sie Inschriften aus Neckarburken und Wimpfen. In Osterburken ist ihre Reiterei bezeugt durch verschiedene Inschriften. Unter Severus Alexander und Philippus Arabs führte die Kohorte nach dem üblichen Gebrauch die Beinamen Severiana und Philippiana. Letztere ist die jüngste datierbare Inschrift; das Kastell ist also mindestens bis gegen Mitte 3. Jh gehalten worden. Dem entsprechen auch die Münzfunde. Daneben hat sich hier, nachgewiesen durch mehrere Inschriften, eine Benefiziarierstation befunden.

Gegen Ende des 2. JhnChr ist der trapezförmige Anbau errichtet worden, einmal um eine weitere Truppe unterzubringen und zum anderen um die gefährliche Überhöhung der S-Seite mit in den umwehrten Bereich einzubeziehen. Der trapezförmige Grundriß ist dabei durch die Geländeverhältnisse bestimmt worden. Die Zeit der Erbauung läßt sich ziemlich genau bestimmen durch fünf Inschriften der 8. Legion. Es sind Platten aus Lettenkeupersandstein (L 0,42 m, H 0,46 m, B 0,12 m). Drei dieser Inschriften (x1, x2, x3) sind heute in das Mauerwerk eingelassen, davon ein Original. *Leg(io) VIII / Aug(usta) / p(ia) f(idelis) c(onstans) C(ommoda) / a s(olo) f(ecit).* Übersetzung: Die 8. Legion Augusta die fromme, treue, beständige des Commodus hat dies von Grund auf errichtet.

Das C von Commoda ist dabei unvollständig radiert. Commodus regierte von 185–192 nChr. 186 schlug die *legio VIII p f* in Obergermanien einen Aufstand gegen den Kaiser nieder, wofür sie den Beinamen *constans Commoda* verliehen bekam. Die Straßburger 8. Legion hat also das Baukommando für das Annexkastell gestellt, für

Abb. 229 Osterburken. Mithrasrelief

das Kohortenkastell kommen Bautrupps der 22. Legion in Betracht.

Welche Truppe den Anbau bezog, ist nicht bekannt. Gegen eine weitere Kohorte spricht schon der verfügbare Raum. Einen Anhaltspunkt bietet die Tatsache der strikten räumlichen Trennung der beiden örtlichen Lager. Da in ein und demselben Standlager immer nur gleichrangige Truppenkörper lagen, ist das ein deutliches Indiz dafür, daß das obere Kastell von einem im Vergleich zur Kohorte als minderrangig angesehenen Einheit bezogen worden sein muß, einer Milizeinheit etwa. Ob dies der für das O-Kastell Neckarburken nachgewiesene *numerus Brittonum Elantiensium* war, muß dahingestellt bleiben.

Neu

TK 6522 – L 6622
Lit: ORL B Nr 40 (1895) – ORL A Str 7–9, 102 ff, 225 ff – Wagner 2, 430 ff – HNeumaier, Eine Beobachtung zum Anbau des Kastells Osterburken, FdbaBaWü 1, 1974, 497 ff.

Pfinztal → Söllingen

Pforzheim PF

Römische Siedlung PORT(us)

Abb 230

Die verhältnismäßig reiche und nachhaltig wirkende röm Vergangenheit Pforzheims hat gleichwohl im Stadtgebiet keine sichtbaren Spuren hinterlassen. Von den in den Wiederaufbaujahren (1949–1959) entdeckten röm Resten konnte nichts konserviert und sichtbar gehalten werden. Doch ist der Name der Stadt selbst röm Erbe. Seine Deutung beschäftigte die Gelehrten schon im 16. Jh und lange ehe der Meilenstein von Friolzheim (1934) die röm Namensform *portus* bezeugte, ist die lateinische Wortwurzel *port-* als Bestandteil des ON Pforzheim vermutet worden. Sieht man von Reuchlin's spekulativer Ableitung des Namens von dem Trojaner Phorkys als mythischem Stadtgründer ab, so haben die beiden allein möglichen Formen portus und porta seit je die Diskussion beherrscht, finden sich doch für beide Stützen in der örtlichen Situation. So ist ungeachtet der Tatsache, daß sich die Historiker für portus als antike Namensform entschieden haben, auch Melanchthon's porta (sc. hercyniae silvae) wenigstens in den Werbeprospekten ein Weiterleben gesichert. Zur Erklärung des Namens sind längst alle Übersetzungsmöglichkeiten des vieldeutigen Wortes *portus* von Anlände bis Zollstation herangezogen worden, ohne daß Einigkeit erreicht worden wäre. Die Ergänzung des antiken Wortteils port – durch die frühdeutsch ON-Endung -heim geschah in merowingischer Zeit. Sie setzt das Weiterleben romanischer Volksreste als Träger des abstrakten Erbes über viele Generationen voraus.

Röm Funde aus Pforzheim sind vereinzelt aus dem 16. und dem 18. Jh bezeugt. Dabei handelt es sich ausschließlich um Steindenkmäler und Inschriften, die ihrer Größe wegen auffallend waren. Seit der Mitte des 19. Jh gesellen sich dazu auch Nachrichten über die Auffindung von röm Bauresten, vor allem S der Enz. Hier knüpfen sie sich an große Bauvorgänge, die Errichtung der ersten Krankenhausbauten in den 60er und 70er Jahren des 19. Jh und die Enzkorrektion (1903–1910). Im einzelnen erwähnt wird eine Fußbodenheizung *(hypocaustum)* und „ziemlich unversehrt erhaltene Teile eines röm Daches nebst Holzgespärre". Genauere Vorstellungen von der Topographie des röm Pforzheim vermitteln jedoch erst die im Zug des Wiederaufbaues (1949–1959) gemachten Beobachtungen und Rettungsgrabungen der staatlichen Denkmalpflege. N der Enz führten baugeschichtliche Untersuchungen in der kriegszerstörten Altenstädter Kirche St. Martin und ihrer Umgebung nicht nur zur Fixierung der Römerstraße auf eine Länge von 90 m wenigstens an einer Stelle innerhalb der Stadt, sondern auch zur Entdeckung einer Frühphase der röm Bebauung. Sie gibt sich als umfangreiches Schichtpaket zu erkennen, in welchem Lehmschichten (Fußböden) mit Anhäufungen von verziegeltem Wandlehm, Brandschutt und Siedlungsabfällen wechseln. Sie bezeugen barackenähnliche Leichtbauten nach Art der Kastellsiedlungen *(canabae)*, die mehrfach durch Brand zerstört, immer wieder aufgebaut wurden und nach Ausweis der Funde (ostgallische und Westpfälzer Sigillata und Firniskeramik) bis gegen die Mitte des 2. Jh Bestand gehabt haben dürften. In zusammenhängender Fläche wurden diese Brandschichten im Bereich und im Umkreis der Altenstädter Kirche, entlang der Kappelhofstr sowie S der Enz, im Krankenhausbereich festgestellt, doch beweisen auch punktförmige Beobachtungen in kleinen Bauaufschlüssen, daß sie ehemals weitere Verbreitung gehabt haben müssen, vielleicht sogar einen größeren Raum einnahmen als spätere Perioden. Mit Kellern und Hypokaustanlagen in die Brandschich-

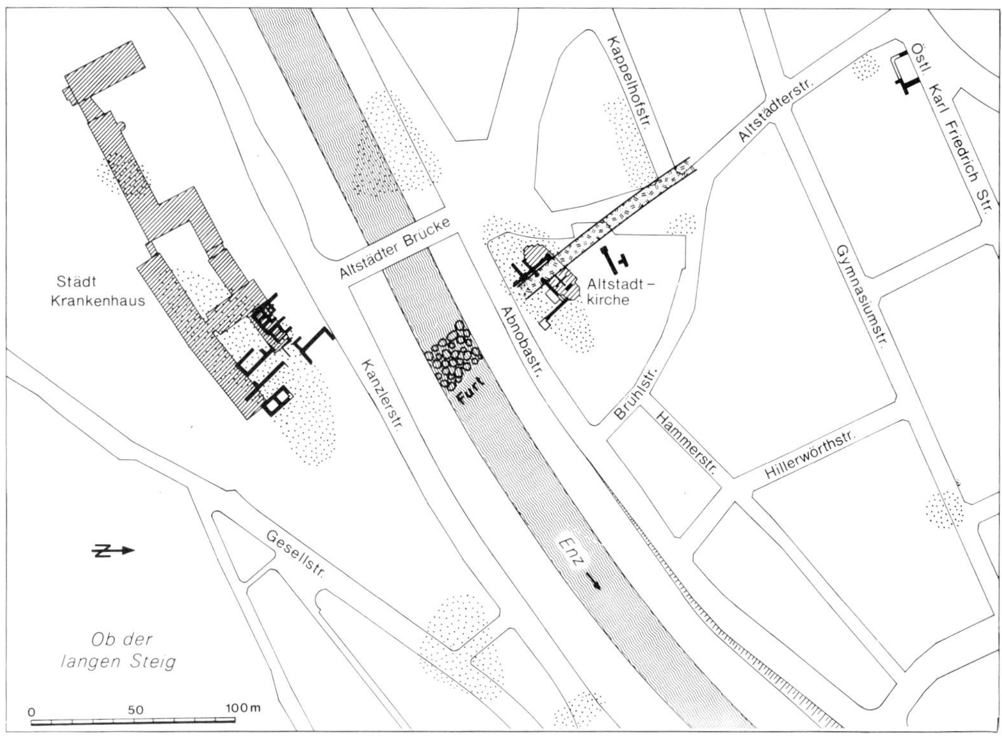

Abb. 230 Pforzheim. Röm Siedlung. Vereinzelte Steinbauten und röm Straße

ten eingeschnitten, also jünger, waren Steinbauten verschiedener Größe, die N der Enz vereinzelt, im Krankenhausgelände S der Enz in einer Gruppe von vier Gebäuden faßbar wurden. Hier bildeten wahrscheinlich je zwei hintereinanderliegende Bauten eine Einheit, indem einem gegen die Enz hin orientierten Wohnbau nach S hin ein langgestrecktes Gebäude als Hinterhaus (Lagergebäude oä) zugeordnet war. Ganze Grundrisse konnten nur für die beiden Lagerhäuser, nicht jedoch für die Wohnbauten ermittelt werden. Immerhin ließ der eine ein differenziert unterteiltes Kellergeschoß mit zwei voneinander unabhängigen Hypokaustanlagen erkennen. Von den im Krankenhausgebiet entdeckten elf röm Brunnen konnten zwei dieser Häusergruppe zugeordnet werden. Die restlichen neun Brunnen, ausnahmslos um unbekannte Meterbeträge geköpft, hatten keine Verbindung zu röm Mauern mehr und zeigten damit an, daß die Krankenhausbauten des 19. Jh zahlreiche röm Bauten bis unter die Fundamentsohle beseitigt, an anderen entstellende Verstümmelungen verursacht haben müssen.

Während die Gebäude S der Enz in zahlreichen Spuren von Veränderungen und Umbauten eine lange Gebrauchsdauer erkennen lassen, ist die Steinbauperiode N der Enz nur an wenigen Stellen greifbar und nur ein Objekt, ein Keller mit Treppenabgang, ganz erfaßt. Dagegen hat hier die Untersuchung der Altenstädter Kirche den Nachweis erbracht, daß diese mit ihren romanischen Langhausmauern röm Mauern aufsitzt, die zu einem ausgedehnten Großbau gehören, der nach N und S weit über die heutige Kirche hinausreicht. Da er die Römerstraße unmittelbar vor ihrem Anschluß an die Furt überbaut, also eine Straßenverlegung und wahrscheinlich den Bau einer Brücke voraussetzt, kann es sich nur um ein öffentliches Bauwerk handeln. Es kann in Zusammenhang gebracht werden mit der wohl im 3. Jh erfolgten Erhebung der Siedlung zum Vorort *(civitas)* und war vielleicht als Marktbasilika gedacht, doch wurde der Bau, wie das auch anderwärts beobachtet wurde, nicht mehr zu Ende gebracht.

Die topographische Geschichte des röm Pforzheim stellt sich nach diesen Beobachtungen so dar:

Etwa 800 m O der Nagoldmündung ermöglicht eine Furt den Übergang über die Enz. Die röm Militärstraße Straßburg – Cannstatt angelegt spätestens um 90 nChr benutzte diese Furt und schuf damit den Anlaß zur Entstehung einer Ansiedlung, deren Bewohner in Dienstleistungen aller Art für den Verkehr ihren Lebensunterhalt fanden. Die günstige Entfernung von den nächsten größeren Orten (nach Ettlingen und nach Rutesheim je etwas mehr als 20 km) machten zudem den Platz an der Enzfurt zum Etappenort, der auch Rast- und Übernachtungsmöglichkeiten bieten mußte. Die Stationierung eines Postens der Straßenpolizei *(beneficiarii)* ist aus Inschriften erschließbar.

Das Auslaufen der ersten Phase der Besiedlung gegen Mitte des 2. Jh und der Wechsel der Bauformen hängt möglicherweise mit der Vorverlegung des Limes unter Antoninus Pius zusammen, die mit der nun größeren Entfernung zur Grenze und einer Abnahme des Truppenverkehrs auf der Straße durchaus eine Änderung der wirtschaftlichen Struktur der Siedlung herbeigeführt haben kann. An die Stelle verkehrsorientierter Dienstleistungen treten jetzt mehr Handels- und Verwaltungsfunktionen für das Umland. Die großen Lagerhäuser S der Enz, nicht zuletzt die Erhebung des *vicus PORT . . .* zur *civitas* im 3. Jh und der sicher damit zusammenhängende Bau eines großen öffentlichen Gebäudes N der Enz verdeutlichen diese Entwicklung, die allerdings noch in den Ansätzen durch die Alamannenstürme abgebrochen wurde.

Es gibt in den röm Ruinen von Pforzheim einzelne Hinweise auf episodäre Weiter- oder Wiederbenützung bis ins 10./11. Jh. Für das Überleben eines romanischen Bevölkerungsrestes über mehrere Jahrhunderte hinweg allerdings ist der archäologische Nachweis nicht zu erbringen, wenngleich die Überlieferung des Ortsnamens diese Annahme zwingend nahelegt. Die Karolingerzeit knüpft, wie andernorts, an die röm Ruinenstätte an. Die Kirche St. Martin (!) benützt röm Grundmauern als Fundamente und das älteste Pforzheim (1067 Phorzheim), die „Altenstadt", hält sich an den Raum der Römersiedlung N der Enz, von der anfangs des 13. Jh gegründeten Neustadt noch bis an die Schwelle des 19. Jh durch einen bebauungsfreien Raum getrennt. Röm Gräber sind an keiner Stelle mit Sicherheit festgestellt worden, ältere Nachrichten darüber sind unverbürgt. Seine Entstehung sowohl wie seinen Namen verdankt das röm Pforzheim der um 90 nChr angelegten großenteils neutrassierten Verbindungsstraße zwischen der Rheinebene und dem mittleren Neckar (Cannstatt). Sie ist seit dem 18. Jh bekannt, wenn auch ihr Verlauf noch immer nicht in allen Streckenabschnitten gesichert ist. So fehlt noch immer der Pfinzübergang bei Nöttingen-Dietenhausen und von ihrem Verlauf innerhalb des Stadtgebietes von Pforzheim ist nur ein kleines Stück bei der Altenstädter Kirche bekannt. Die Straße diente primär sicher der Verbindung des Limesgebietes mit Straßburg. Ihre Linienführung ist bestimmt durch die Absicht, den Schwarzwald in engstmöglichem Bogen N zu umgehen, so daß die tiefeingeschnittenen Täler von Enz, Nagold und Würm unterhalb ihrer Vereinigung mit einem einzigen Tal- und Flußübergang bewältigt werden können. Wie der in Pforzheim gefundene Weihestein an Abnoba und die Vierwegegöttinnnen *(deae Quadriviae)* bezeugt, wird diese Straße im Bereich von *PORT(us)* von einer zweiten gekreuzt. Dafür scheint nur eine Enztalstraße in Frage zu kommen. Eine solche kann von Pforzheim talabwärts auch mit Sicherheit erschlossen werden. Sie verbindet *PORT(us)* mit der 12 km enzabwärts gelegenen röm Siedlung *(vicus)* bei Mühlacker und erreicht bei Illingen die zweite große Straße, die das mittlere Neckargebiet mit dem Rhein verbindet, den sie bei Mainz erreicht. Ihre Fortsetzung nach W, enzaufwärts also, bereitet indes Schwierigkeiten, sofern man nicht die alte, inzwischen mit guten Gründen widerlegte Vorstellung einer röm Direktverbindung zwischen Baden-Baden und Pforzheim wieder aufnehmen will. Immerhin könnte eine Zugangstraße zu der kleinen Siedlungsgruppe im Quellgebiet der Pfinz erwogen werden, auch eine Stichstraße in das Erzgebiet von Neuenbürg ist denkbar, wenngleich dort bisher nur latènezeitliche Erzförderung und -verarbeitung nachzuweisen ist. Wahrscheinlicher ist eine geradlinige Verbindung zu der 10 km NW von Pforzheim gelegenen röm Siedlung *SENOT(ensis)* über den „Siehdichfür", die beim Wallberg (N Pforzheim) von der Militärstraße abgegangen wäre und bei Wilferdingen das Pfinztal erreicht hätte, das sicher durch eine Talstraße erschlossen war. Daß der Begriff der Straßenkreuzung damit nicht mehr im wörtlichen Sinn erfüllt wäre, braucht ebensowenig zu stören, wie andere Ungereimtheiten der Straßenführung. Das Straßennetz war nicht von Anfang an fertig da. Dau

TK 7117, 7118 – L 7118
Ao: BLM Karlsruhe. HM Pforzheim.
Lit: JGFPflüger, Geschichte der Stadt Pforzheim (1862) – EWagner, II, 142 ff – KFStaehle, Urgeschichte des Enzgebietes (1923) – WFischer, Die Römer im Enz-Pfinzgebiet, Bad. Heimat, H 1925 (Enz- und Pfinzgau) 20 ff – PGoessler, Altertümer II, Die römische Zeit in: Beschreibung des Oberamts Leonberg[2] (1930) 173 ff – FHertlein, Alte Wege, ebenda 240 ff – OParet, Ein Leugenstein von Friolzheim, südöstlich Pforzheim, Germania 19, 1935, 234 ff – PGoeßler, Zum neugefundenen Leugenstein A PORT (= Pforzheim), Saalburg-Jahrbuch IX, 1939, 23 ff – ADauber, Röm Holzfunde aus Pforzheim, Germania 28, 1944–50, 227 ff – Ders, Ein röm Brunnen von Pforzheim, BadFdb 19, 1951, 63 ff, 197 f und 20, 1956, 234 (Fundschau). – RNierhaus, Röm Straßenverbindungen durch den Schwarzwald, Ber. z. Deutschen Landeskde 31, 1963, 253 ff.

Heimatmuseum

Abb 231, 232, Tafel 43a

1. Reuchlinhaus, Jahnstr 42. Öffnungszeiten: Di–Sa 10–17, Mi bis 20, So 10–13 u 15–17 Uhr. Eintritt frei
2. Allgemeine Abteilung mit Lapidarium. Westliche Karl-Friedrich-Str 243 (alte Brötzinger Kirche St. Martin). Geöffnet jeden 1. So im Monat 11–13 Uhr, sonst nach Vereinbarung. Eintritt frei

Das um die Jahrhundertwende von Altstadtrat Alfons Kern begründete Heimatmuseum wurde 1924 aus dem Dachgeschoß des Rathauses in das ehemalige Einnehmereigebäude am Schloßberg verbracht, dort als „Reuchlinmuseum" neu er-

Abb. 231 Pforzheim. Heimatmuseum. Sirona aus Holz aus einem Brunnen

Abb. 232 Pforzheim. Heimatmuseum. Geflügelte Victoria

öffnet und 1932/33 erweitert. In erster Linie dem Andenken Reuchlins und der Stadtgeschichte gewidmet enthielt es in kleinerem Umfang auch röm Funde, die vor allem der Enzkorrektion in den Jahren um 1910 entstammten. Mit dem Großteil der Stadt wurde das Reuchlinmuseum im Februar 1945 zerstört.

Reste der alten Bestände, die teils ausgelagert waren, teils aus den Trümmern geborgen werden konnten, bildeten den Grundstock für die Nachkriegsentwicklung, die über verschiedene Zwischenstadien zum heutigen Heimatmuseum führten.

Während der Neubeginn nach dem Kriege ideell von einer freien Bürgervereinigung, der ,,Stiftung der Freunde der Schloßkirche Pforzheim", getragen wurde, ist heute Rechtsträger und Eigentümer der Bestände die Stadt Pforzheim. Sie stützt sich auf die Hilfe zahlreicher freiwilliger Mitarbeiter, besonders auf die ,,Löbliche Singergesellschaft von 1501", den ältesten Verein der Stadt.

Die 1961 im neuerbauten Reuchlinhaus eröffnete Archäologische Abteilung enthält Funde aus dem Bereich des röm Pforzheim und seiner Umgebung, die in den Wiederaufbaujahren 1948 bis 1957 geborgen werden konnten. Besonders hervorzuheben sind Funde aus elf röm Brunnen vom Gelände des Städt Krankenhauses, darunter einmalige Holzobjekte (Joch, Packsattel, Holzfigur der Quellgöttin Sirona), Eisenwerkzeuge und das Lackfilmprofil einer röm Schichtenfolge aus der Altenstädter Kirche. Funde aus dem röm Gutshof von → Kieselbronn erläutern bautechnische Einzelheiten (Gußmörtelboden, Wandputz- und -malerei, Dachdeckung). Prähistorisches aus der Umgebung, Reihengräberfunde und Mittelalterliches aus Pforzheim binden die röm Bestände in einen historischen Zusammenhang ein.

Von den zahlreichen röm Steindenkmälern, deren Auffindung zT schon für das 18. Jh bezeugt ist, kann im Reuchlinhaus nur eine beschränkte Auswahl gezeigt werden (Abgüsse des Leugensteins von Friolzheim (AoWLM Stgt) und einer Jupitergigantengruppe vom alten Krankenhaus sowie – im Garten – Hypokaustpfeiler und Brunnenumrandung). Die Mehrzahl der Steindenkmäler und Architekturteile lagert im Lapidarium in der alten Brötzinger Kirche, wo die figürlich verzierten Stücke im ehemaligen Chor aufgestellt sind. (Viergötter- und Wochengöttersteine, Einzelreliefs und Inschriftenbruchstükke.) Die Unterbringung der Architekturteile in gedeckter Freihalle ist in Vorbereitung. Dau

Lit: OTrost, In Memoriam Alfons Kern 1859–1941. Pforzheimer Geschbl 1, 1961, 11 ff – Führungsblatt in der Archäolog Abt.

Pforzheim-Brötzingen PF

Römischer Gutshof

Abb 233, 234

Hart N der Straße Pforzheim – Dietlingen, 1,8 km NW Ortsmitte Brötzingen, liegen im Wald Mittelstberg ausgedehnte Reste eines röm Gutshofes *(villa rustica)*, an die sich früher die Bezeichnung ,,altes Schloß" heftete. Den bequemsten Zugang vermittelt der W der Hühnerfarm nach N von der Straße abgehende Waldweg.

Trotz sicher bedeutender Substanzverluste durch den Steinraub des Mittelalters und der Neuzeit sowie durch wilde Grabungen Unbefugter, bildet die Anlage noch immer ein eindrucksvolles Beispiel für das im Schutz des Waldes überlebende röm Baudenkmal, dessen Grundformen im Kleinrelief ablesbar sind.

▶ Die verstürzte Hofummauerung bietet sich als flacher Steinwall, Gebäudereste als scharf umgrenzte Trümmerhügel dem Auge dar. Die von einer Hofmauer umgebene Anlage, an steilem S-Hang (ca 15% Neigung) gelegen, bildet ein Trapez von etwa 1 ha Fläche. Die vier Seiten der Hofummauerung messen: 81,5 m (W) – 91,5 m (N) – 95 m (O) – 147,5 m (S). Ursprüngliche Zugänge sind nicht erkennbar, doch könnte einer in der Mitte der S-Seite gelegen haben, an der Stelle etwa, wo man heute die Anlage betritt. Ein zweiter Zugang ist mit Sicherheit in der N-Mauer zu

Abb. 233 Pforzheim-Brötzingen. Viergötterstein. Vulcanus

Abb. 234 Pforzheim-Brötzingen. Viergötterstein. Venus

suchen, zieht doch hier in geringer Entfernung die röm Militärstraße Straßburg – Pforzheim – Cannstatt vorüber, an welche die meisten Gutshöfe der Pforzheimer Gegend Weganschluß gehabt haben dürften.
Von der Innenbebauung, soweit sie aus Steinbauten bestand, lassen sich mindestens drei Gebäude erkennen. In der NW-Ecke, an die W- und die N-Seite der Hofmauer angelehnt, befindet sich ▶ ein Haus (ca 10 x 20 m), weiter S, ebenfalls der W-Mauer angefügt, ▶ ein Bau (ca 7,5 x 12 m). Es handelt sich dabei um Wirtschaftsgebäude, die in den Gutshöfen gern an die Hofmauer angebaut, oft auch in deren Ecken gestellt erscheinen. ▶ Weitere Schuttwälle, wohl ebenfalls Mauern enthaltend, finden sich im NO- und SW-Sektor der Anlage, ohne jedoch für eine Deutung ausreichende Anhaltspunkte zu bieten.
Im SO-Viertel des Hofraumes schließlich liegt ▶ ein hoher Trümmerhügel (ca 20 x 30 m), in dem nach geläufigem Schema das Herrenhaus des Gutshofes gesehen werden darf. Die Breite des Hauses ist an zwei sich gegenüberliegenden, noch am Platz befindlichen Türschwellen mit 12,5 m zu messen, seine Länge, für die nicht ebenso feste Anhaltspunkte verfügbar sind, kann mit 17–18 m geschätzt werden.
Alle Gebäude sind, im Gegensatz zu den S der Enz gelegenen Gutshöfen, in Muschelkalkmauerwerk aufgeführt. Vermutlich wurde das Baumaterial aus Kostengründen im eigenen Gutsbereich gewonnen. Nur die eindrucksvollen Türschwellen – an den Längsseiten des Herrenhauses und an der Hofseite des kleineren Wirtschaftsgebäudes – mit Längen bis zu 3 m, sind aus Buntsandstein gefertigt und mögen aus Steinbrüchen oder Werkplätzen jenseits der Enz kommen.
Obwohl die Anlage schon J. Leichtlen bekannt war, ist sie selbst noch nicht wissenschaftlich untersucht worden, es haben daher auch keine konservierenden Maßnahmen stattgefunden. Eine flüchtige Sondierung von F. Fischer (1952) diente lediglich der Gewinnung von Mauerpunkten als Anhalt für eine Planaufnahme durch das Städtische Vermessungsamt Pforzheim. Dagegen regten Beobachtungen beim Straßenbau (1877) und der Funde einer Fortunastatuette (1882) den Pforzheimer Architekten Waag zu einer Grabung in der unmittelbaren Umgebung an, die den Grundriß eines Badegebäudes freilegte, das zweifellos zu dem Gutshof gehörte, aber außerhalb der Ummauerung lag. Die Lage selbst ist heute nicht mehr bekannt, aber sicher im Raum zwischen S-Mauer und Landstraße zu suchen. Das Bad (8,8 x 9,1 m) zeigt die klassischen Baderäume.
Das Fehlen datierender Funde wiegt bei einem röm Gutshof nicht so schwer wie bei anderen Fundgattungen. Als zweifellos länger benutzte Anlage, die vermutlich bis zum Ende der Römerherrschaft Bestand gehabt hat und frühestens zu Beginn des 2. Jh entstanden sein kann, ist sie mit der Angabe 2./3. Jh sicher nicht falsch datiert. Über einen zu ihr gehörenden Begräbnisplatz ist nichts bekannt. Bei der Nähe des röm *vicus PORT . . .*, der mindestens *ein* geschlossenes Gräberfeld gehabt haben muß, braucht vielleicht an ein besonderes Villengräberfeld nicht gedacht zu werden.
Wie sicher alle im Umkreis von Pforzheim gelegenen Gutshöfe hat auch dieser Straßenverbindung mit dem *vicus PORT . . .* gehabt, hier über die N vorbeiziehende Militärstraße Straßburg–Cannstatt. Dau

TK 7117 – L 7116
Ao: BLM Karlsruhe
Lit: JLeichtlen, Schwaben unter den Römern (1825) I, 77 f – EWagner II, 125 ff – PRevellio, Röm Bäder in Baden, Badfdb 14, 1938, 33 ff.

Pforzheim – Hagenschieß PF

Gutshof

Abb 235–237

Die Anlage liegt ca 2 km O von Pforzheim. Man erreicht das Gelände von der Enzbrücke am Städt. Krankenhaus aus auf der Kanzlerstr in Richtung Eutingen-Mäurach. Nach 500 m zweigt bergauf ein asphaltierter Waldweg ab

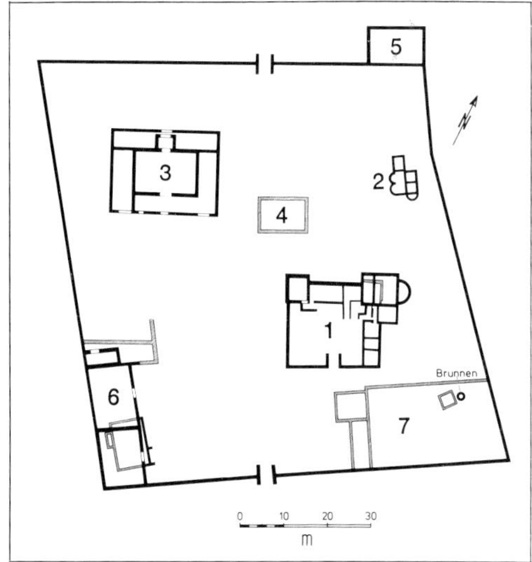

Abb. 235 Pforzheim-Hagenschieß. Gesamtanlage des röm Gutshofes. 1 Hauptgebäude, 2 Bad, 3 Gesindewohnhaus, 4–7 weitere Nebengebäude. Die schwarz ausgezogenen Teile sind sichtbar

(Einbahnstraße), der mit einem Hinweisschild versehen ist. Nach mehreren Kurven führt ein nach links abzweigender Weg über ein tiefeingeschnittenes Bachbett zu einem Waldparkplatz ca 100 m vor dem Ziel.

Der ▶ röm Gutshof im Hagenschieß gilt als eine der besterhaltenen und vollständigsten Anlagen dieser Art, die im ehem badischen Landesteil entdeckt wurden. Die Mauerreste liegen in einem alten Staatsforst, dessen Areal nachweisbar seit dem späten Mittelalter, möglicherweise aber sogar seit dem Abzug der Römer durchgängig bewaldet gewesen ist. Für diese Annahme sprechen auch die geologischen Verhältnisse: der wenig ergiebige Buntsandsteinboden des N-Schwarzwaldes, auf dem die Anlage errichtet ist, wurde von den ackerbautreibenden alamannischen Nachfolgern der Römer in auffallender Weise gemieden. Der einmalige Erhaltungszustand der Ruine kommt auch in der Bezeichnung „Kanzlerschloß" zum Ausdruck, die auf älteren Landkarten überliefert wird.

Bereits 1832 unternahm Oberforstrat Arnsperger mit Unterstützung von Großherzog Leopold die erste Untersuchung der Gebäudetrümmer. 1879 fertigte J. Näher einen Plan an, den er 1883 veröffentlichte. Die fortschreitende Zerstörung der Ruine veranlaßte aber bereits 1882 den Großherzogl. Konservator der Altertümer, eine gründliche Bauaufnahme in Auftrag zu geben, die Direktor Waag und Architekt Koch durchführten. Auf ihrer Arbeit fußen alle bis heute vorliegenden Gesamtpläne und Rekonstruktionen der Gebäudekomplexe. Auf Initiative von Oberforstrat K. Hepp findet seit 1967 eine Neuuntersuchung des Baubestandes statt, die eine sichtbare Konservierung und Teilrekonstruktion der Gesamtanlage zum Ziel hat. Die Ergebnisse der bisherigen Ausgrabungen, die von 1970–1975 vom Verfasser und von der Abt. Bodendenkmalpflege bei der Außenstelle Karlsruhe des LDA vorgenommen wurden, sind hier in Text und Plan nur teilweise aufgenommen, da ihre endgültige wissenschaftliche Bearbeitung noch nicht abgeschlossen ist.

Der Gutshof *(villa rustica)* liegt im Mittelpunkt einer nach N zum Enztal hin sich absenkenden Ebene, die im O und W von zwei tiefen Bachtälern begrenzt wird und im S unbegrenzt in die weite Hochfläche des sog Hagenschieß übergeht. Etwa 1 km SO der Anlage zieht das zwischen Pforzheim und Friolzheim gelegene Stück der röm Fernstraße vorbei, die von Straßburg am N-Rand des Schwarzwaldes entlang nach Stuttgart-Bad Cannstatt führt. Wie manch anderer röm Gutshof in der Umgebung von Pforzheim folgt die Anlage in Ausmaß und Gliederung einem Schema, das für diesen Raum charakteristisch zu sein scheint. Ein leicht verschobenes Mauergeviert (knapp 100 x 100 m) umschließt eine Reihe von Gebäuden, die in ihrer Funktion nicht immer klar zu bestimmen sind, von denen sich aber zumindest das Hauptgebäude (1) durch seine Gliederung und das Badegebäude (2) durch seine typischen technischen Merkmale eindeutig fassen lassen. Der seit 1969 nach dem Grabungsplan von 1882 wiederhergestellte Grundriß des Badegebäudes ist übersichtlich gegliedert: Man betrat die Räumlichkeiten von außen über eine Schwelle und gelangte zunächst in das Kaltbad

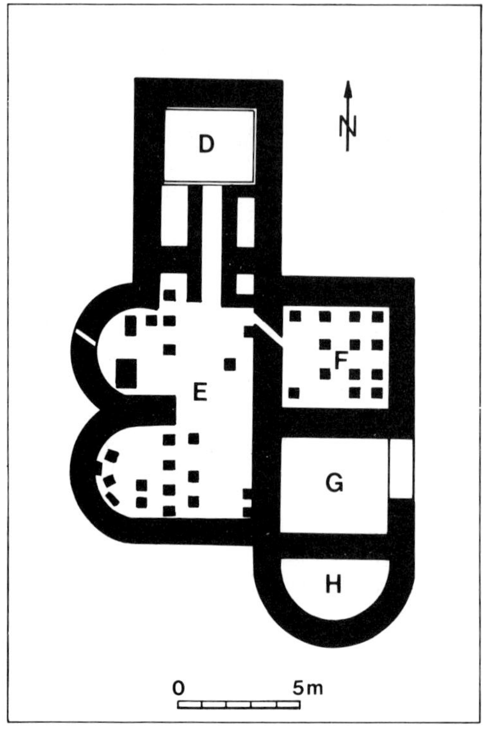

Abb. 236 Pforzheim-Hagenschieß. Röm Gutshof. Badegebäude. G Kaltbad mit H Kaltwasserbecken, F Warmluftraum, E Warmbad, D Feuerungsraum

(frigidarium) (G) mit dem in einer Rundnische untergebrachten Kaltwasserbecken *(piscina)* (H). Über den winzigen Warmluftraum *(tepidarium)* (F), der hier bestenfalls die Rolle eines Windfangs gespielt haben kann, erreicht man das geräumige Warmbad *(caldarium)* (E), in dessen Rundnischen die Wannen für die heißen Bäder gedacht werden müssen. Die Befeuerung erfolgte von Raum D aus, der mit den Räumen E und F durch Luftkanäle verbunden ist. Ob Umkleideraum und Kaltbad in dieser Anlage zusammenfielen oder ob die Kleiderablage sich in einem hölzernen Vorbau vor dem Eingang zum Kaltbad befand, könnte mit Hilfe moderner Grabungstechnik vielleicht noch ermittelt werden.

Gebäude 3, das von 1970–1972 in allen Teilen gründlich untersucht wurde, kann heute mit einer gewissen Zuversicht als eine Kombination von Gesindewohnhaus und Wagenremise angesprochen werden. Ältere Rekonstruktionen, die auf diesem Gebäudegrundriß ein Atriumhaus entstehen lassen, sind mit Sicherheit falsch. Denn die breiten und tief fundamentierten Innenmauern, an die die schwächer gegründeten und schmaleren Verbindungs- und Außenmauern nur locker angelehnt sind, fordern einen Aufriß, bei dem der Kernraum höher als die Seitenräume gewesen sein muß, wahrscheinlich ein Obergeschoß mit Fenstern besaß, während die ringsum laufenden Nebenräume wohl mit niedrigen Pultdächern an den Hauptbau angelehnt waren. Gewichtige Indizien zwingen zu der Annahme, daß dieser Kernbau zunächst allein bestand, Seitenflügel und Vorraum später angefügt wurden und zum Schluß erst der N-Längsraum entstand, an dessen N-Eingang eine noch heute sichtbare gestückte Rampe das Gefälle zwischen tieferliegendem Hof und hochliegender Eingangshalle vermittelte. Während das Fundgut in dem Längsraum, das aus verschiedensten Gebrauchsgefäßen, Metallgegenständen und Tierknochen bestand, auf intensive menschliche Nutzung hindeutet, dürften die beiden seitlichen Querräume mit ihren breiten Eingängen und ihrem unausgeglichenen Gefälle mit hoher Wahrscheinlichkeit Wagenremisen gewesen sein, in die das abgeschirrte Gefährt mühelos rückwärts an seinen Platz gestoßen werden konnte. Die Funktion der Gebäude 4 und 5 und der Raumgruppen 6 und 7 läßt sich vorläufig nicht ermitteln. Raumgruppe 6 – 1973/74 freigelegt – erbrachte nur wenige aussagekräftige Funde, dafür aber ein tiefergelegenes System von Fundamentmauerresten, die auf eine ältere Hofanlage, zumindest aber auf einen Vorgängerbau schließen lassen. Der im N gelegene Toreingang, an dem der zur röm Enztalstraße führende Verbindungsweg seinen Ausgangspunkt nimmt, wurde bislang als Haupteingang des Gutshofs betrachtet. 1974 konnte aber in der S-Mauer, direkt gegenüber dem N-Tor, unweit des Hauptgebäudes, eine weitere ebenso sorgfältig konzipierte Toranlage freigelegt werden, der sich nach S zu – in Richtung Fernstraße – eine festgestückte Wegpflasterung anschließt. O vom

Abb. 237 Pforzheim-Hagenschieß. S-Tor nach der Konservierung. Im Hintergrund der Schutthügel des Hauptgebäudes (Freilegung 1975)

Hauptgebäude liegt ein ebenfalls neuentdeckter Brunnenschacht, der 1973 von A. Dauber ausgehoben wurde.
Sämtliche Gebäude des Gutshofes waren in dem hangabwärts und in den Seitentälern unmittelbar anstehenden roten Buntsandstein errichtet und mit Kalkmörtel verfugt. An den W und N Außenwänden von Gebäude 3 kann man noch heute stellenweise die Spuren eines weißen Kalkmörtelfugenbestichs feststellen, der in der üblichen Weise mit rot ausgemalten Rillen verziert ist. Im N-Tor ist auf der O-Seite der originale Eckstein mit der Pfanne für den Torflügelzapfen erhalten, ebenso der Schwellstein mit dem Toranschlag.
Cä

TK 7118 – L 7118
Ao: HM Pforzheim
Lit: Wagner II, 137 ff

Pliezhausen RT

Merkurrelief

Abb 238

Links vom Eingang der Kirche liegend eingemauert. ▶ Merkur mit Flügelhut und Mäntelchen über dem linken Arm hält den Schlangenstab in der Linken und den Beutel in der Rechten. Unter dem Beutel der Ziegenbock. Sandstein, H 0,42 m.
Fil

TK 7421 – L 7520
Lit: Haug-Sixt, 332 Nr. 211.

Rainau → Schwabsberg – Buch – Dalkingen

Abb. 238 Pliezhausen. Merkur

Rastatt RA

Heimatmuseum

Abb 239

Herrenstr 11. Das Gebäude liegt schräg gegenüber der Haupteinfahrtsrampe zum Ehrenhof des Rastatter Schlosses. Öffnungszeiten: Mi, Frei, So und Feiert 10–12 und 15–17 Uhr.

Im Kellergeschoß des Hauses befindet sich eine kleine ur- und frühgeschichtliche Sammlung, deren Schwerpunkt die Römerfunde darstellen. Die Mehrzahl der Stücke stammt aus einer regionalen Privatsammlung, deren Material überwiegend im Raum Seltz auf der französischen Rheinseite zusammengebracht wurde. Der Bestand umfaßt vier Vitrinen mit 1. Keramik, 2. Gegenständen aus Bronze, darunter Teile von Geräten, Möbeln, Frauenschmuck und Fibeln, 3. Eisengeräte und Waffen, ua einem Wurfspieß *(pilum)*, einem Schwert, Pfeilspitzen, einem Pfahlschuh und Schlüsseln, 4. Sigillata-Gefäßen, Lampen und Gläsern des 1./2. JhnChr. Das Museum besitzt auch jenen 1959 im Goldkanal bei Illingen geborgenen Meilenstein des Kaisers Victorinus aus dem Jahre 269 oder 270 nChr, der eine Zeitlang als wichtiges Zeugnis röm Machtausübung auf rechtem Rheinufer nach dem Fall des Limes bewertet wurde. Nach neuen Untersuchungen ist dieser Fund jedoch eindeutig auf linksrheinischem Boden zu lokalisieren.

Unter den Kleinfunden aus dem engeren Rastatter Raum verdient die Bronze-Statuette eines bewaffneten Reiters erwähnt zu werden, die 1968 bei Iffezheim gefunden wurde. Cä

Abb. 239 Rastatt. Heimatmuseum. Bronzestatuette eines bewaffneten Reiters

Reutlingen RT

Heimatmuseum

Oberamteistr 22 (ehemaliger Königsbronner Klosterhof). Öffnungszeiten: Mi 15–17, Sa 14–17, So 10.30–12, 14–17 Uhr.
Die ausgestellten röm Funde, darunter einige Münzen, ein Bronzegefäß, Bruchstücke von Terra-Sigillata-Gefäßen, Grobkeramik, Ziegel, und Stücke von bemaltem Wandverputz, stammen aus dem 1905 ausgegrabenen röm Gutshof *(villa rustica)* von Reutlingen-Betzingen. Re

Lit: FdbaSchw 13, 1905, 63 ff.

Reutlingen → Sickenhausen

Rheinheim Küssaberg WT

Römische Brücken

Abb 240

Zwischen Zurzach, dem antiken Tenedo, und Rheinheim am deutschen Ufer überquerte die wichtige Straße von Windisch/*Vindonissa* über Hüfingen nach Rottweil den Rhein. Vor der Aufstauung des Stromes waren bei niedrigem Wasserstand die Pfähle von zwei verschiedenen Brükken zu sehen. 1819 zeichnete der Zurzacher Arzt Dr. Schaufelbühl einen genauen Plan der erhaltenen Reste. Ein Großteil der Pfähle wurde in der Folgezeit entfernt; was noch im Flußgrund steckt, entzieht sich wegen der heute beträchtlichen Tiefe und der starken Verschmutzung des Wassers genauerer Feststellung. Die Römerstraße erreichte von S durch einen tiefen natürlichen Einschnitt das Ufer. Auf deutscher Seite läßt sich die Trasse wegen starker Geländeveränderungen nicht mehr erkennen. Beide Brücken, die oberhalb der heutigen Straßenführung den Fluß überschreiten, laufen jedenfalls auf den Bereich von Kirche und Pfarrhaus in Rheinheim zu.

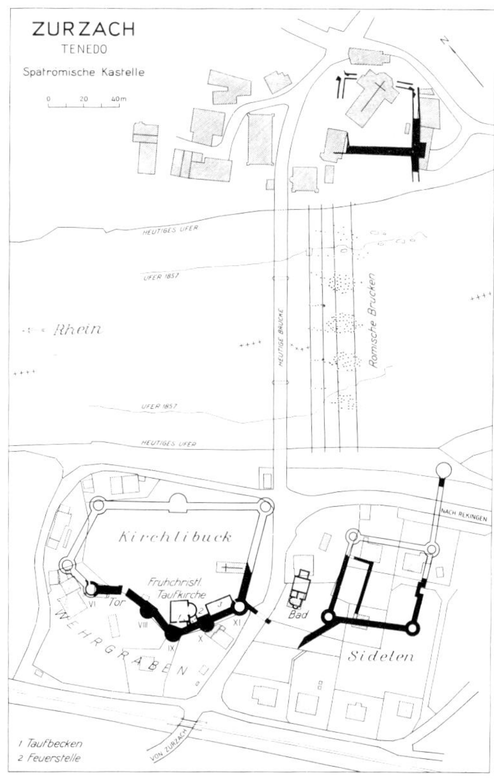

Abb. 240 Rheinheim. Röm Brücken zwischen Zurzach und Rheinheim

Der Plan läßt zwei grundverschiedene Konstruktionen erkennen.
Die stromabwärts gelegene Brücke war aus Holz errichtet, wahrscheinlich in einer ähnlichen Bauweise, wie sie Cäsar bei seinen Rheinübergängen angewendet und genau beschrieben hat. Tragende Elemente waren acht Joche aus je fünf Pfosten, der mittlere senkrecht, die beiden äußeren schräg gegen die Mitte gestellt (nach einem Bericht von 1783). Darüber wurde dann eine flache Fahrbahn gelegt. Vermutlich ist dieses Bauwerk im Zusammenhang mit der Einrichtung des Militärlagers von Dangstetten (15–9 vChr) entstanden und dürfte damit neben einer Brücke bei Augst die älteste feste Verbindung über den Hochrhein sein (eine schon vermutete Brücke keltischer Zeit an dieser Stelle ist nicht erwiesen).

Die zweite, wenig stromauf gelegene Römerbrücke entstand wohl in der Zeit, in der die erwähnte Fernverbindung zu einer befestigten Heerstraße ausgebaut wurde. Sie hatte vier steinerne Jochbögen, die auf fünf schiffsförmig begrenzten, sehr dicht geschlagenen Pfahlrosten aufsaßen. Dazu sind zwei weitere Jochbögen zu ergänzen, die den Anschluß zu den Ufern herstellen. Diese Brücke existierte zumindest bis in spätröm Zeit. Als nach dem Fall des Limes der Rhein erneut Grenze des röm Reiches wurde, entstanden zum Schutz dieser nach wie vor wichtigen Übergangsstelle Befestigungswerke auf beiden Ufern. Fin

TK 8415 – L 8514
Lit: JHeierli, Das röm Kastell Burg bei Zurzach. Teil V: Röm Straße und Brücke. Anz f Schweizerische Altertumskde, NF 9,1907,91 – Aargauer Heimatführer 6, 1960, 7 (Zurzach).

Spätrömischer Brückenkopf

Abb 241, 242

Der gegen das umliegende Terrain leicht erhöhte Platz, auf dem Pfarrscheune, Kirche und alter Friedhof von Rheinheim liegen, birgt in seinem

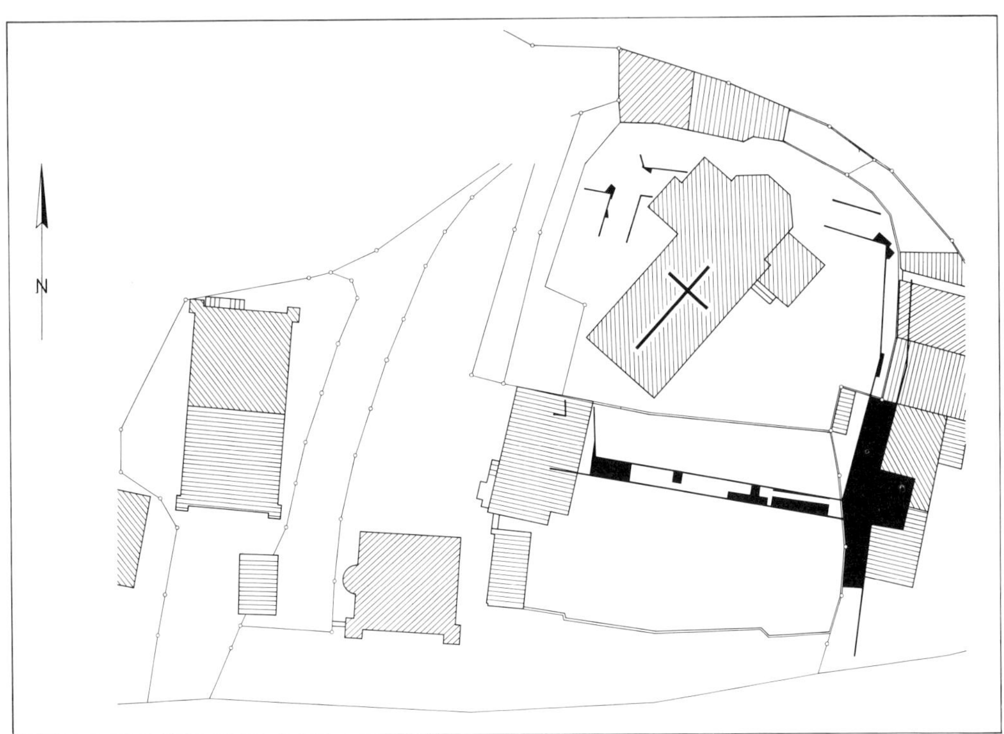

Abb. 241 Rheinheim. Plan des spätröm Brückenkopfes (schwarz = Grabungsbefund) Grabung 1975

Untergrund die Fundamente eines befestigten Brückenkopfes, vergleichbar der Anlage in Wyhlen gegenüber Kaiseraugst. Das spätröm Mauerwerk wurde schon bei verschiedenen Gelegenheiten aufgedeckt, doch brachten erst jüngste Sondierungen (1975) genaueren Aufschluß über Lage und Grundriß dieses kleinen Festungswerkes. In mehreren Schnitten und Grabungsflächen konnten Teilstücke der Außenmauer und ein mächtiger Eckturm freigelegt werden. Obwohl damit erst ein kleiner Ausschnitt bekannt ist, läßt sich doch mit Sicherheit eine rechteckige Anlage mit vorspringenden rechteckigen Türmen rekonstruieren. Starke Flankenmauern führten von diesem hoch über dem Fluß gelegenen Kastell zum Ufer und machten eine Umgehung oder Einschließung des Brückenkopfes unmöglich. Sichtbar erhalten ist ein kleines Teilstück der rheinwärts gelegenen ▶ Festungsmauer und der Rest eines steinernen Hausfundaments (Mannschaftsbaracke?), beides im Pfarrgarten, hinter der ehemaligen Scheune (heute Jugendzentrum). Vollständig ergraben ist dafür das auf dem S-Rheinufer gelegene Doppelkastell von Zurzach, das den Aufstieg der Straße von der Brücke her abriegelt. Der wahrscheinlich ▶ ältere Teil dieser Anlage auf dem ,,Kirchlibuck", gleich rechts hinter dem Schweizer Zollgebäude, ist zu einem großen Teil konserviert und vermittelt ein sehr anschauliches Bild einer spätantiken Grenzbefestigung. Im Innenraum können die Grundmauern einer frühchristlichen Kirche mit kleinem Taufbecken besichtigt werden. Ein Gesamtbild von Straßenführung, Brückenverbindung und den zusammengehörenden Fortifikationen an beiden Ufern ergibt sich nur von dieser Stelle aus, wo auch entsprechende Erläuterungstafeln und ein Übersichtsplan angebracht sind. Fin

TK 8415 – L 8514
Ao: Hist M Zurzach (Kastellfunde)
Lit: Wagner I 140 – FStähelin, Die Schweiz in röm Zeit (1931) 572. – RLaur-Belart, Eine frühchristliche Kirche mit Baptisterium in Zurzach (Aargau). Ur-Schweiz 19, 1955, 65 – Ders., Ein zweites frühchristliches Kultgebäude in Zurzach. Ur-Schweiz 25, 1961, 40 – RDegen, Spätröm Befestigungen am Rhein: Weiach, Koblenz und Zurzach. Helv Arch 1, 1970, H 2, 41.

Abb. 242 Rheinheim. Grabstein des L. Ferridius

Riegel EM

Kastell und Vicus

Abb 243, 244

Vom röm Riegel, das zum größten Teil unter der heutigen Ortschaft liegt, ist bisher nichts konserviert oder in anderer Weise gekennzeichnet worden. Die mittelalterliche und moderne Überbauung macht es zudem schwierig, sich eine richtige Vorstellung von der antiken Topographie zu bilden, von Lage und Ausdehnung des Ortes, den der Freiburger Historiker Heinrich Schreiber schon zu Beginn des 19. Jh „einen der merkwürdigsten Plätze des röm Breisgaus" genannt hat. „Die Lage von Riegel ist vortrefflich, man mag sie sowohl in militärischer als bürgerlicher Beziehung erwägen" fügt er an anderer Stelle hinzu, um dann zu dem Schluß zu kommen, daß der Platz „ohne Zweifel von den Römern sogleich nach ihrer Besitznahme des Landes in seiner Wichtigkeit erkannt und zu einem Hauptpunkte der Umgebung erhoben" wurde.

Seit Schreibers Zeit datieren die Bemühungen, in Riegel ein röm Kastell zu lokalisieren. Obwohl einzelne Sondierungen dieses Ziel nur knapp verfehlten, gelang es erst im Frühjahr 1974, mit einer großflächigen Untersuchung einen längeren Abschnitt des Grabens und eine Lagerecke im Gelände festzulegen. Von der hinter dem Graben errichteten Umwehrung ließen sich außer den Fundamenten eines Holzturms keine Spuren mehr nachweisen. Lehmziegel in der Grabenfüllung könnten vom Versturz dieser Mauer stammen und damit einen Hinweis auf die Konstruktion geben: möglicherweise waren nur die Türme in Holzbauweise erstellt, die Mauer dagegen als außen senkrechter Wall aus luftgetrockneten Lehmziegeln aufgesetzt. Aus dem Innenraum sind bisher nur einige Backöfen bekannt. Die spätere Überbauung durch eine röm Töpferei, ein frühmittelalterliches Dorf und schließlich durch die heutige Ortschaft hat die Chance, hier noch zu einem aussagefähigen Plan zu kommen, erheblich reduziert. Sehr wahrscheinlich standen innerhalb der Umwehrung nur Holzgebäude, die mit ihren Fundamenten nicht tief in den Boden reichten. Alle bisher festgestellten Mauerzüge gehören sicher in späteren Zusammenhang, ebenso die Masse der hier geborgenen Funde. Eindeutig auf das Kastell zu beziehen sind ohnehin nur die wenigen Fundstücke, die während der Besetzungszeit oder kurz danach, beim Ausplanieren des Geländes, in den tiefen Spitzgraben geraten sind. Entsprechende Zurückhaltung ist bei einer vorläufigen Zusammenfassung der Geschichte Riegels als Kastellort geboten. Anscheinend schon in vorflavischer Zeit, vielleicht unter Nero oder Claudius, legten die Römer hier ein Holz-Erde-Kastell an, vermutlich für eine Auxiliarkohorte. Sie wählten dafür ein ebenes Terrain am Fuß des Michelberges (NW-Ausläufer des Kaiserstuhls), das sich terrassenartig wenige Meter über die Rheinebene erhebt. Dieser Stützpunkt wurde im späteren 1. JhnChr wieder aufgegeben, wahrscheinlich im Zusammenhang mit der Vorverlegung der Truppen an den unter Domitian erreichten Alb-Neckarlimes.

Die schon von H. Schreiber erkannten Vorzüge des Platzes liegen vor allem in seinen strategisch

Abb. 243 Riegel. Töpferofen mit Fehlbränden

bedeutsamen Fernverbindungen, aber auch in der Möglichkeit, von hier aus die Engstelle des Rheintals zwischen Kaiserstuhl und Schwarzwald zu sperren. Diese Aufgabe des Riegeler Kastells wurde noch begünstigt durch die Unwegsamkeit der von drei Nebenflüssen (Glotter, Elz, Dreisam) durchzogenen, stellenweise versumpften und häufig überschwemmten Ebene. Tatsächlich müssen wir heute auch aufgrund anderer Indizien annehmen, daß schon in vorflavischer Zeit das ganze S-Oberrheintal zum röm Reich gehörte. Die von Riegel nach W zum Rheinübergang bei Sasbach, nach O über den Schwarzwald (Glottertal?) nach Hüfingen führende Straße markiert damit höchstwahrscheinlich den ungefähren Grenzverlauf bis zum röm Vorstoß durch das Kinzigtal in der Regierungszeit Kaiser Vespasians (73/74 nChr). Riegel hat damit direkte Verbindung mit der seit Claudius bestehenden Kastellreihe an der oberen Donau und sichert offenbar, zusammen mit dem Lager in Sasbach, den Anschluß dieser Linie an das röm Reichsgebiet im W.

Bestimmend für die Entwicklung des Ortes nach dem Abzug der Truppen war aber die rechtsrheinische Straße von Basel nach Mainz, die bei Riegel die erwähnte Verbindung vom Rhein zur Donau kreuzt. Nach dem Bau der Kinzigtalstraße verlor dieser Schwarzwaldübergang seine Bedeutung; das Teilstück von Riegel nach Sasbach diente wohl nur noch dem Nahverkehr.

Von der bürgerlichen Siedlung, die sich aus dem Lagerdorf *(canabae)* entwickelt hat, wissen wir durch zahlreiche kleine Grabungen mehr als über das Kastell. Trotzdem ist der Plan erst andeutungsweise erfaßt. Ähnlich wie bei anderen Plätzen beschränkt sich die Steinbebauung auf einen kleinen Kernbereich beidseitig der Hauptstraße (heute Sankertweg). An der Peripherie siedeln sich im späten 1. und 2. JhnChr größere handwerkliche Betriebe an, vor allem eine Ziegelei und mehrere Töpfereien. Für solche Anlagen wird auch das ehemalige Kastellareal in Anspruch genommen. Im gleichen Bereich entsteht das von einem griechischen Kaufmann gestiftete Mithräum, vielleicht innerhalb eines Kultbezirks, der noch weitere, uns allerdings nicht bekannte

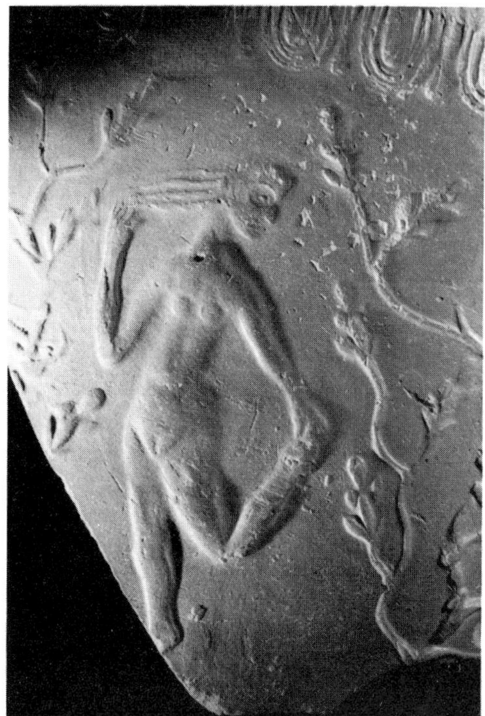

Abb. 244 Riegel. Fragment einer Sigillataschüssel

Heiligtümer umfaßt. Mit Funden sakralen Charakters scheint sich ein zweiter Tempelbezirk am W-Rand der Siedlung abzuzeichnen, dort wo die vom Rhein kommende Straße, etwa dem Verlauf des „Sankertweges" folgend, den Ort erreicht (heutiger Friedhof). Beidseitig dieser Straße erstreckt sich, offenbar über mehrere hundert Meter nach W der zugehörige Bestattungsplatz.

Das bisher Ergrabene vermittelt uns das Bild eines röm Landstädtchens von immerhin beachtlicher Ausdehnung, mit Steinbauten im Kern, mit Außenbezirken, die in Fachwerk oder anderer Holzbauweise errichtet sind und daran anschließenden Gewerbegebieten. Die Kleinfunde, darunter vor allem die zahlreichen reliefverzierten Sigillatagefäße, lassen auf eine Blütezeit im 2. JhnChr schließen. Anscheinend hatte der Ort im 3. Jh, als er wie die anderen Plätze an der Rheintalstraße durch die alamannische Eroberung sein Ende fand, schon erheblich an Bedeutung verloren. Fin

TK 7812 – L 7912
Ao: LDA Außenstelle Freiburg (MFreiburg), teilweise ausgestellt im M für Ur- und Frühgesch Breisach.
Lit: HSchreiber, Über die neuentdeckte röm Niederlassung zu Riegel i. Br. (1825) KSchumacher, Neues vom alten Riegel. Schauinsland 28, 1901, 1 – FDrexel, Zur Geschichte des röm Riegel. Röm-German Korrespondenzbl 3, 1910, 90 – IHuld, Beitrag zur röm Besiedlung im Bereich von Riegel, BadFdb 22, 1962, 51.

Mithräum

Abb 245, 246

Am W-Rand des Gartengrundstückes des Erzbischöflichen Kinderheims St. Anton stieß man im Dezember 1932 beim Tiefpflügen auf die Reste eines Gebäudes und auf einen Steinaltar (H 1,20 m) mit der Weihung *deo invicto* (dem unbesiegten Gott). Der Wortlaut der Inschrift ließ vermuten, daß an dieser Stelle einst ein Mithras-Heiligtum lag. In einer ersten Untersuchung im Frühjahr 1933, die von W. Schleiermacher im Auftrage des Museums für Ur- und Frühgeschichte in Freiburg durchgeführt wurde, fand sich diese Annahme bestätigt. Die in den Suchschnitten auftauchenden Mauerzüge ließen sich zu einem rechteckigen Bauwerk (9,90 x ca 7 m) ergänzen, das im O durch einen Stufeneingang betreten werden konnte und im W in einer rechteckigen Apsis-Nische seinen Abschluß fand. Leider beschränkte sich die Grabung auf zwei Schnitte im O und W der Anlage und allein auf das Areal des Kinderheims, so daß die ganze S-Mauer, das Vorfeld und ein Großteil vom Innenraum des Tempels damals nicht untersucht wurden. Als sich im Frühjahr 1974 bei der Entdeckung des frühröm Kastells herausstellte, daß Wall und Graben dieses Schanzwerks den Mithräumsbereich unmittelbar schneiden, wurde der Verf. von der Außenstelle Freiburg des LDA mit der Freilegung des gesamten Bauwerkes und seiner abschließenden Untersuchung beauftragt.

▶ Das Riegeler Mithräum war wie vergleichbare Anlagen dieser Art in den Erdboden eingetieft. Von den oberirdisch gelegenen Teilen des Mauerwerkes ist nichts mehr erhalten geblieben. Die unter dem heutigen wie in dem antiken Bodenniveau erhaltenen Mauerreste bestehen aus unvermörtelten Bruchsteinen. B ca 0,50 m vom Fundamentabsatz gemessen H noch ca 0,80 m. Die Innenseiten des Kultraumes (9,10 x 6,40 m) besitzen ein Blendmauerwerk aus grob behauenen Handquadern, während der Mauerkern und die gegen das Erdreich angelehnten Außenseiten der Wände wie ein Fundament aus kleinen geschichteten Gesteinsbrocken zusammengesetzt sind.

An der Rückseite des Raumes (4) tritt die Wand in einer Breite von 1,80 m um 1,00 m zurück und bildet so eine rechteckige Nische, die einst jenes Kultrelief beherbergt haben muß, nach dessen Resten bei beiden Grabungen leider vergeblich gefahndet wurde. Nirgendwo ließen sich Spuren eines Innenausbaus oder Bodenbelags feststellen. Dennoch konnte durch sorgfältige Beobachtung der Füllschichten ermittelt werden, daß der Raum einst die klassische Dreiteilung mit vertieftem Mittelgang (2) und seitlichen Podien (3) besaß, auf denen die Gläubigen während des Kultzeremonials liegend Platz nahmen. Fußboden und Seitenwände der Podien müssen aus Holzbohlen bestanden haben. Schichtbeobachtungen geben auch den Hinweis auf eine Art hölzerner Vorhalle (1), die bei einer Tiefe von 2,50 m die volle Breite der Eingangsfront besessen haben muß. Dementsprechend ist der Mauerzug der O-Wand, der in der Mitte vom Eingang (B 1,50m) unterbrochen wird, im Gegensatz zu den übrigen Wänden nicht nur nach innen zum Kultraum hin, sondern auch außen mit Sichtmauerwerk verblendet. Zwei Ecksteine als Aufleger für die hölzernen Eckpfosten der Vorhalle stimmen in ihrer Lage exakt mit den stratigraphischen Beobachtungen überein.

Zum großen Altar mit Weiheinschrift aus der älteren Grabung (zur Inschrift und ihrer Deutung

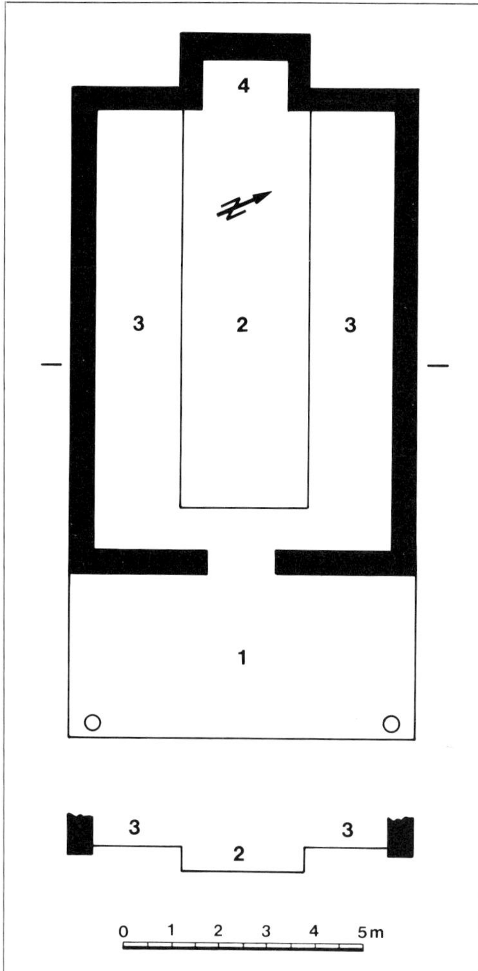

Abb. 245 Riegel. Mithräum. Grundriß. 1 hölzerne Vorhalle, 2 Mittelgang, 3 seitliche Podien, 4 Apsis

→ Freiburg, Museum) kamen 1974 noch zwei kleinere Altäre mit Kalkstucküberzug und Resten roter Malerei, die – zwar umgestürzt, aber wohl an ihrem ursprünglichen Standort – vor dem S-Portal auf dem Boden des Mittelgangs lagen. Im Tempelraum wie in der Vorhalle kamen zahlreiche Kleinfunde, vor allem Gefäße, Lampen und Räucherkelche zum Vorschein. Im N-Flügel der Vorhalle lagen Kannen, Teller, Reibschalen und Trinkbecher von feinster Qualität – teilweise völlig intakt – in solcher Häufung, daß die Ausgräber an ein Kultgeschirrdepot dachten. Diese Annahme wird unterstützt durch einen merkwürdigen Einzelfund, ein eisernes Schwert, dessen Schneide in der Mitte durch einen halbkreisförmigen Bügel unterbrochen wird und wohl nur als kultisches Zeremonialgerät, eine Art „Theaterschwert" betrachtet werden kann.

Das schlichte ländliche Heiligtum mit seinem einfachen Mauerwerk kann im Oberbau nur aus Holz oder Holzfachwerk bestanden haben. Es wird nach Aussage der Funde wohl bereits in der Mitte des 2. Jh errichtet worden sein und hat sicher auch im 3. Jh noch seinen Gläubigen als Versammlungsort gedient. Das Fehlen jeglicher Reste des Kultbildes einerseits und die zT vorzügliche Erhaltung unbedeutender Kleinfunde andererseits läßt uns eher an einen langsamen Verfall als eine gewaltsame Zerstörung denken. Cä

Ao: M Freiburg. BLM Karlsruhe (Grabung 1974)
Lit: WSchleiermacher, Ein Mithräum in Riegel, BadFdB 3 1933, S. 69 ff.

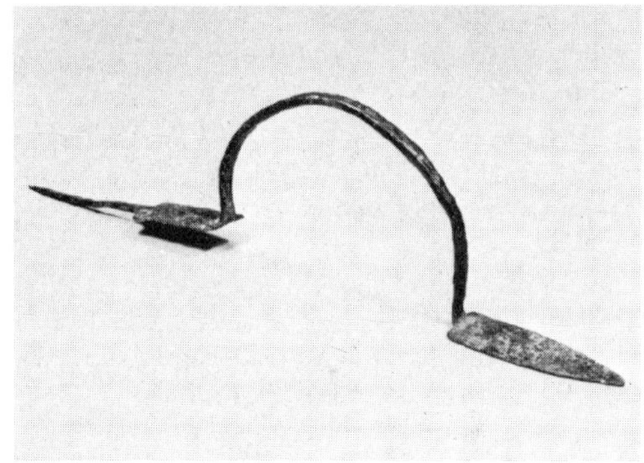

Abb. 246 Riegel. Mithräum. Kultschwert

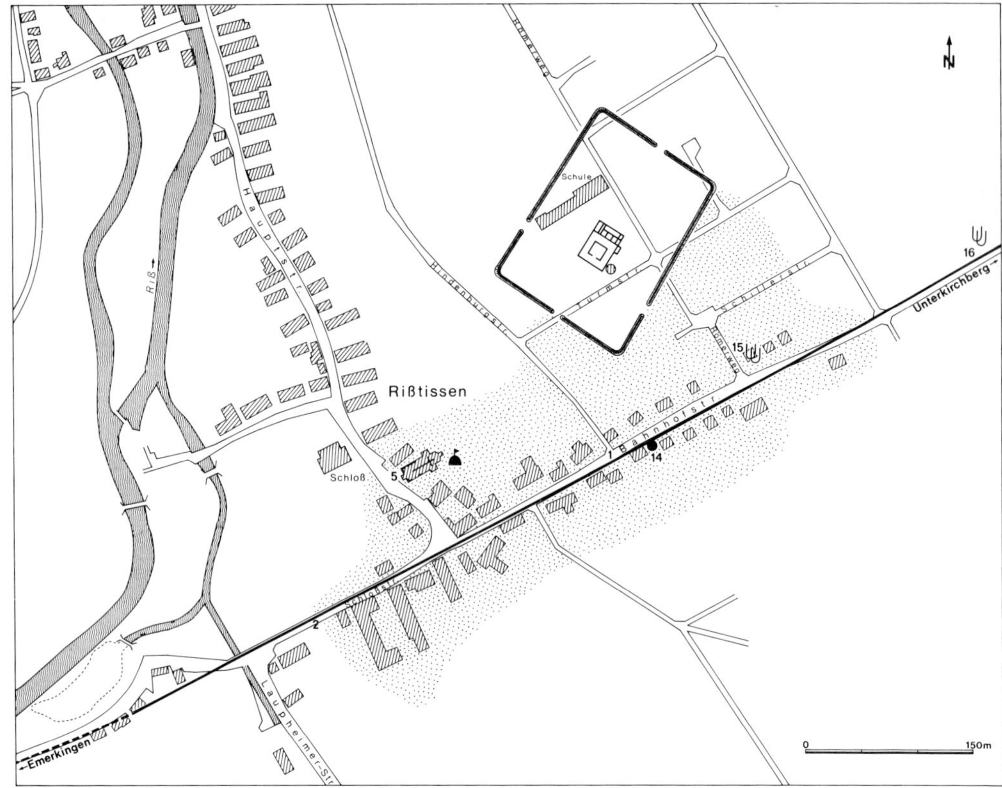

Abb. 247 Rißtissen. Gesamtübersicht Kastell und Zivilsiedlung. 1, 2 röm Donaustraße, 5 Kirche mit eingemauerten Inschriftsteinen und Reliefs, 14 Falschmünzerwerkstatt, 15, 16 Gräberfelder

Rißtissen Ehingen UL

Kohortenkastell

Abb 247, 248, Tafel 16a, b, 22a, 50b

Das Kastell liegt O des Dorfes, etwa 50 m N der röm Donaustraße, deren Verlauf die Bahnhofstr (1) und Schloßstr (2) widerspiegeln. Das nach SW orientierte Kastell liegt auf einem langgestreckten, bis zur Westernach reichenden Höhenrükken, der zum Dorfe etwa 15 m abfällt. Der 1951 erbaute Wasserturm (3) steht mitten im Lager, unmittelbar SO des Stabsgebäudes *(principia)* (4). Von dem um 50 nChr erbauten, 69/70 nChr niedergebrannten und 70/71 nChr wieder errichteten Holz-Erdelager ist heute oberirdisch nichts mehr zu sehen. Seine Größe (1,7 ha, später 1,9 ha) eignete sich für eine Einheit mit 500 Soldaten *(cohors quingenaria)*. Der Name der Truppe ist noch unbekannt. Die gefundenen Pferdegeschirrteile weisen darauf hin, daß in dem Kastell auch Reiter stationiert waren.

„Auf dem Römerberg" O Rißtissen wurde 1845 zum ersten Male gegraben. Um 1850 fand man beim Ort ein Badegebäude und 1891 an der Donaustr die Mauern eines großen röm Gebäudes. Vor allem wurden immer wieder Münzen gefunden. 1912 entdeckte G. Burkhardt das Kastell,

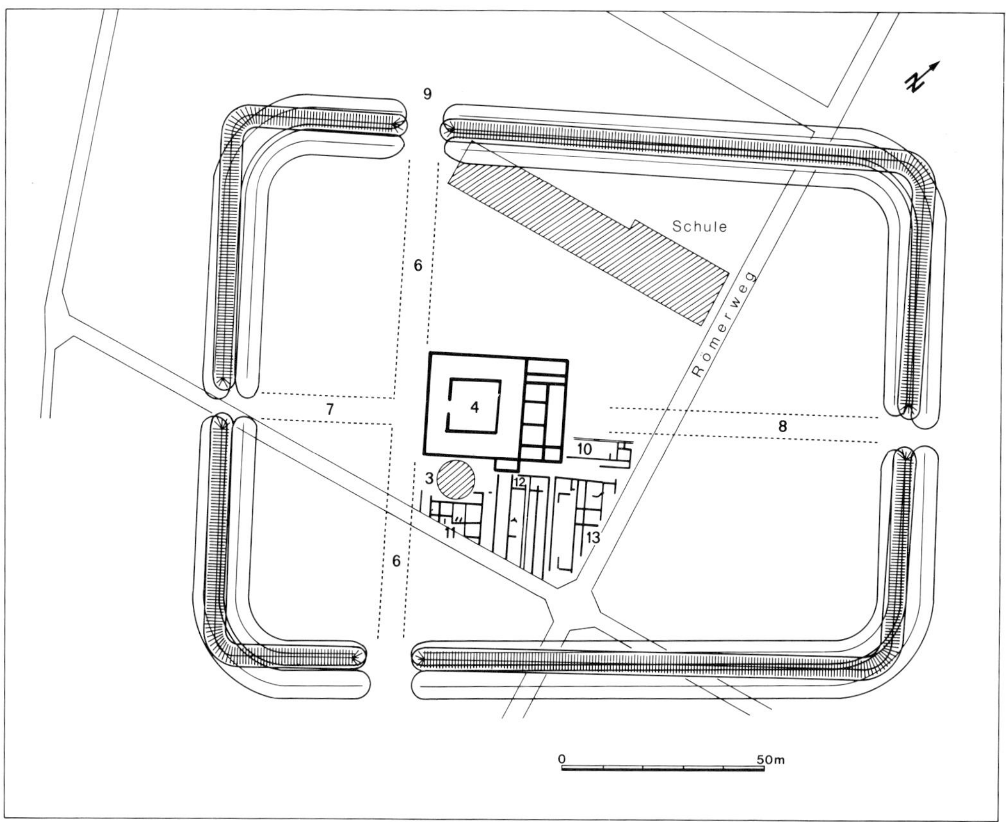

Abb. 248 Rißtissen. Kastell. 3 Wasserturm, 4 Stabsgebäude, 6 Lagerhauptstraße, 7 Ausfallsstraße, 8 rückwärtige Lagerstraße, 9 rechtes Lagertor, 10 Speicher, 11 Wohnhaus des Kommandanten, 12 Krankenrevier, 13 Kasernen

dessen Umfassungsgräben und Teile der Innenfläche P. Goessler und G. Bersu 1912–1914 untersuchten. Der 1. Weltkrieg verhinderte die Fortführung der Grabung und später kam es nur noch zu kleineren Untersuchungen im Bereich der Zivilsiedlung und im Gräberfeld. Dem Interesse und der Aufmerksamkeit der Stauffenbergschen Schloßgärtner Schwarz, Vater und Sohn, werden zahlreiche Fundbeobachtungen und das sachgemäße Bergen der Einzelfunde verdankt, die zum Teil im Schulmuseum ausgestellt sind. Beim Bau des Wasserturmes 1951 wurden röm Mauern angeschnitten und die Kastellgräben der SW-Front vom Wasserleitungsgraben durchschnitten. Als 1959 eine Schule im Kastell erbaut wurde, haben G. Mildenberger und B. Hänsel 1959/60 das Gelände des Schulhofes und der Grünanlage untersucht. Weitere Ausgrabungen führte S. Schiek 1967 beim Bau eines Kindergartens durch; außerdem untersuchte J. Löhausen 1967 Flächen in der SW-Ecke des Kastells.

Das claudische (um 50 nChr) und das vespasianische (70/71 nChr) Kastell sind nach SW orientiert und haben die Lagerhauptstraße *(via principalis)* (6), die Ausfallsstraße *(via praetoria)* (7), die rückwärtige Lagerstraße *(via decumana)* (8) und die vier Tore an der gleichen Stelle. Die Achse des vespasianischen Kastells ist lediglich um wenige Grad nach O verschoben. Die Tordurchfahrt des rechten Lagertores *(porta principalis dextra)* (B ca

6 m) (9) wurde von zwei Holztürmen flankiert. G. Mildenberger konnte 1959 die übereinanderliegenden Innenbauten der beiden Lagerperioden unterscheiden. Es waren Holzpfostenbauten mit Lehmwänden. Nur das Stabsgebäude (4) des vespasianischen Kastells war ein Steinbau und erheblich größer als sein Vorgängerbau aus Holz. In den Plan sind die von Mildenberger ausgegrabenen Innenbauten der vespasianischen Kastellperiode eingezeichnet; ihrer Lage nach dürften sie die gleichen Funktionen gehabt haben wie die Vorgängerbauten der ersten Kastellperiode.

Claudisches Holz-Erde-Kastell (um 50 nChr). Das um die Mitte des 1. JhnChr angelegte Kastell (ca 110 x 152,5 m = 1,67 ha) wird von einem Doppelgraben umgeben. Die Gräben setzen an den vier Toren aus, so daß Erdbrücken für die aus dem Lager führenden Straßen entstehen. Das breit-rechteckige Stabsgebäude *(principia)* hat Zimmer auf der rückwärtigen Seite und davor einen von Pfosten begrenzten Innenhof, der sich auf die Lagerhauptstraße öffnet. Der Raum zwischen Pfosten und Außenwand des Gebäudes war sehr wahrscheinlich überdacht. Ein hinter dem Stabsgebäude liegender Holzbau mit Stützwänden für einen erhöhten Boden war vermutlich der Getreidespeicher *(horreum)*, ein Bau SO des Stabsgebäudes nach Form und Lage das Wohnhaus des Kommandanten *(praetorium)* ein schmal rechteckiges Gebäude NO davon könnte das Krankenrevier *(valetudinarium)* gewesen sein; anschließend folgen zwei Kasernenbauten. Das claudische Kastell wurde durch einen Brand zerstört. Das beweist eine mehrere Zentimeter starke Rußschicht und eine 0,3 m starke Schicht aus gebranntem Lehm: Reste der beim Brand zerstörten Lehmwände der Holzbauten.

Vespasianisches Holz-Erde-Kastell (70/71 nChr). Das von einem Graben umgebene Kastell (117,5 x 162,5 m = 1,9 ha) hatte ein Stabsgebäude *(principia)* (4) aus Stein, dessen Mauern (B 0,6–0,8 m) aus rechteckig behauenen Tuffblöcken mit Kalkmörtel auf einem Kalksteinfundament aufgemauert waren. Das Gebäude hatte im rückwärtigen Teil zwei Reihen kleinerer Räume und davor einen fast quadratischen Gebäudeteil (24,5 m Seitenlänge) mit einem quadratischen Mauerfundament, das den Hof bezeichnete. Der Raum zwischen Hofmauer und Außenmauer war wahrscheinlich überdacht. An die SO-Mauer war außen ein rechteckiger Raum angebaut. Alle anderen Innenbauten des vespasianischen Kastells waren Holzbauten mit vermutlich den gleichen Funktionen wie ihre Vorgängerbauten im claudischen Kastell: Getreidespeicher *(horreum)* (10), Wohnhaus des Kommandanten *(praetorium)* (11), Krankenrevier *(valetudinarium)* (12), Kasernen (13).

Die durch Funde in die 60er Jahre des 1. JhnChr datierte Brandschicht wurde auch in anderen Donaukastellen beobachtet. Aus Tacitus (Hist. 1,67) wissen wir, daß der Legat Caecina im Januar 69 nChr von dem Legionslager Windisch/*Vindonissa* aus den rätischen Auxiliareinheiten befahl, die aufständischen Helvetier im Rücken anzugreifen. Die Brandschicht in den Donaukastellen kann entweder damit erklärt werden, daß nach Abzug der rätischen Auxiliarkohorten im Januar/Februar 69 nChr Wachkommandos in den Donaukastellen zurückblieben, die im Sommer 70 nChr von den von Österreich/*Noricum* durch Rätien an den Rhein marschierenden Auxiliareinheiten des Sextilius Felix überrannt wurden oder daß die abziehenden Auxiliareinheiten ihre Kastelle selbst niederbrannten. Nach der Niederwerfung des Bataveraufstandes 70 nChr wurden an der oberen Donau an den gleichen Stellen wie in claudischer Zeit erneut Kastelle zum Schutze des Donaulimes errichtet. Der Bau der Rhein-Donau-Straße 73/74 nChr von Straßburg/*Argentorate* über Offenburg durch das Kinzigtal – Rottweil/*Arae Flaviae* nach Tuttlingen zur Donau hatte zur Folge, daß die Donaukastelle um 80 nChr auf die Schwäbische Alb vorverlegt wurden. Die Besatzung des Kastells Rißtissen kam sehr wahrscheinlich nach Donnstetten. Nach Abzug der Truppe im Kastell Rißtissen errichtete Steingebäude gehören wahrscheinlich zu einer Straßenstation *(statio, mansio)*.

Das Lagerdorf *(vicus)* erstreckte sich um das Lager herum. Aus der Zeit der Nachfolgesiedlung stammen die an der Kirche (5) ▶ eingemauerten Inschriften und Reliefs von Grabdenkmälern, die

auf eine wohlhabende Bevölkerung schließen lassen. Inmitten der bürgerlichen Siedlung wurde 1920 die Werkstatt eines Falschmünzers (14) entdeckt, der um 218 nChr seine „Blüten" in Umlauf brachte. Es handelt sich um 300 Gußformen aus Ton für Denare des Septimius Severus (193–211 nChr), Caracalla (212–217 nChr) und Diadumenianus (217–218 nChr).
Ein älteres Gräberfeld (15) liegt etwa 100 m O der S-Ecke des Kastells, offenbar beiderseits der Straße. Ein Gräberfeld vom Ende des 2. JhnChr (16) wurde 1912 etwa 200 m vom Kastell entfernt an der Donaustraße nach Unterkirchberg festgestellt. Das an der Donaustraße liegende Kastell Rißtissen hatte Straßenanschluß zur Provinzhauptstadt Augsburg/*Augusta Vindelicum* und zu den Legionslagern Windisch/*Vindonissa* und Straßburg/*Argentorate.* Fil

TK 7724/25 – L 7724
Ao: SchulM Rißtissen. WLM Stgt
Lit: GMildenberger, Neue Grabungen im Kastell Rißtissen, FdbaSchw NF 16, 1962, 106 ff – PhFiltzinger, Wehranlagen am Donaulimes in Ba-Württ im Luftbild, FdbaSchw NF 18/I, 1967, 106 ff – GUlbert, Das röm Donaukastell Rißtissen. Die Funde aus Metall, Horn und Knochen. Urk. zur Vor- und Frühgesch. aus S-Württ-Hohenzol. H 4, 1970.

Römische Steindenkmäler an der Außenmauer der Kirche

Abb 249, 250

Beim Neubau der Pfarrkirche waren 1784 in der älteren Kirche vermauerte röm Steindenkmäler gefunden worden. Diese sind heute an der Kirche (5) außen eingemauert.
▶ *Weiheinschrift für Jupiter und Danuvius.* Weißer Jura. H 0,75 m. B 0,5 m. S-Seite der Kirche: *In h(onorem) d(omus) d(ivinae) / I(ovi) o(ptimo) m(aximo) et Danu/vio ex vot/o Primanus / Secundi (filius) v(otum) s(olvit) l(aetus) l(ibens) / Muciano et Fabi[ano co(n)s(ulibus)].* Übersetzung: Zur Ehre des Kaiserhauses (hat) Jupiter dem besten und größten und Danuvius nach einem Gelübde Primanus, Sohn des Secundus (den Weihestein aufstellen lassen und damit) sein Gelübde eingelöst froh und freudig im Konsulatsjahr des Mucianus und Fabianus (= 201 nChr).
▶ *Bruchstück einer Bauinschrift.* Weißer Jura. H der Buchstaben 0,19 m. N-Seite der Kirche: *I N.* Wohl zu ergänzen: In [h(onorem) d(omus) d(ivinae)]. Zur Ehre des Kaiserhauses.
▶ *Heimkehr von der Jagd: Eckstein an der SW-Ecke der Kirche mit 2 Reliefs.* Weißer Jura. H 0,59 m. B 0,90 und noch 0,72 m. a) Seite gegen S: Zwei Männer in kurzem Gewand tragen auf der linken Schulter eine lange Stange, an der ein Bär oder Eber mit den Füßen aufgehängt ist. Der vordere Mann blickt rückwärts; er hält mit der Rechten die Stange und in der Linken einen Stock oder eine Jagdwaffe. Der hintere Mann hält in der rechten Hand einen Stock oder Waffe. b) Seite gegen W: Nach rückwärts schauender Mann in kurzem Gewand trägt auf der linken Schulter einen Jagdspieß, an dem ein Netz hängt. Vor ihm ein Baum als Andeutung des Waldes.
▶ *Zwei Reliefs: Mythologische Szenen.* Weißer Jura. H 0,54 m. B 1,01 und noch 0,71 m. Eckstein an der NW-Ecke der Kirche. a) Seite gegen W: Verwandlung der Daphne, die die Werbung Apollos verschmähte, in einen Lorbeerbaum. Daphne, frontal dargestellt, den Kopf nach links gewendet, streckt die Arme nach beiden Seiten; ihre Hände beginnen sich in einen Lorbeerbaum zu verwandeln. Der Körper ist nackt, das Gewand hängt nur leicht über den rechten Arm herab und schlingt sich vorne um die Beine. Rechts eilt erschrocken eine ihrer Gespielinnen herbei, ebenfalls mit entblößtem Oberkörper. Sie streckt als Ausdruck des Entsetzens ihre rechte Hand nach Daphne hin und wendet das Gesicht ab. Das Gewand flattert über ihren Rücken hinunter. b) Seite gegen N: Zwei geflügelte Eroten fliehen und wehren einer von links drohenden Gefahr. Der linke Erote, von hinten dargestellt, flieht nach rechts, den Kopf nach links gewendet und beide Arme hilfesuchend ausgestreckt. Der

Abb. 249 Rißtissen. Kirche. Eckstein. Heimkehr von der Jagd

rechte Erote, frontal dargestellt, hat den Kopf nach links gewendet und hält in der erhobenen Rechten eine Peitsche wie zur Abwehr. Vielleicht war auf dem abgeschlagenen Stein links ein Hahn dargestellt, vor dem der eine Eros flieht, während der andere sich mit der Peitsche zur Wehr setzt.

▶ *Relief: Kampf der Lapithen und Centauren?* (Lapithen = Volk in Thessalien; Centaur = Pferd mit menschlichem Oberkörper). Weißer Jura. H 0,57 m. B noch 0,97 m. S-Seite der Kirche: Krieger, unbekleidet, frontal dargestellt, die Beine gespreizt, streckt den rechten Arm nach links aus; in der ausgestreckten Linken hält er einen Rundschild. Unter dem Rundschild ist das Hinterteil eines Pferdes mit Reiter zu erkennen. Links zwei menschliche Beine einer wahrscheinlich auf einem Felsen ruhenden Gestalt.

▶ *Relief: Zwei Eroten.* Weißer Jura. H noch 0,59 m. B 0,93 m. N-Seite der Kirche: Die Eroten sind frontal dargestellt. Der eine hält in der Linken einen Speer und wendet den Kopf nach rechts. Der andere hält den Speer in der Rechten und hebt die Linke gegen den ersten, dem er auch sein Gesicht zuwendet.

▶ *Relief: Herakles raubt den heiligen Dreifuß in Delphi.* Weißer Jura. H noch 0,50–0,60 m. B etwa 0,95 m. N-Seite der Kirche: Das Relief ist stark zerstört. Links sitzt Apollo mit der Lyra; rechts steht der von einer Schlange umwundene heilige Dreifuß, den Herakles zu rauben sich anschickt.

Die Reliefs gehörten sehr wahrscheinlich zu einem turmartigen Grabmal. Das bekannteste Grabmal dieser in der Gallia Belgica und Germa-

Abb. 250 Rißtissen. Kirche. Mythologische Szene

nien beheimateten Denkmälergattung ist das 23 m hohe Grabmal in Igel bei Trier, verziert – wie in Rißtissen – mit Reliefs aus der Mythologie und dem Alltag. Die Secundinier hatten das Grabmal um 250 nChr in der Nähe ihrer Villa aufstellen lassen: Auf stufenförmigen Unterbau und Sockel folgt das Hauptgeschoß mit Eckpfeilern und der Darstellung der Familie der Secundinier auf der Vorderseite; darauf steht das Obergeschoß mit pyramidenförmigem Schuppendach und Kapitell, auf dem im Relief die Entführung Ganymeds durch den Adler dargestellt war. Fil

Lit: Haug-Sixt 50 Nr 18–24 – HDragendorff u. EKrüger, Das Grabmal von Igel (Trier 1924).

Museum in der Kastellschule

Vorhof: Nachbildungen der sieben an der Kirche eingemauerten Reliefs. – *Eingangsraum:* Karte ‚SW-Deutschland zur Römerzeit'. – Plan des Kastells Rißtissen. – Zeichnungen: Töpfer und Schmiede bei der Arbeit. Bewaffneter Legionar. – Fotos: Schloßgärtner Alois Schwarz, Vater und Sohn, die viele der ausgestellten Funde geborgen haben. – Fotos: Münzbildnisse der Kaiser Claudius (41–54 nChr) und Vespasian (69–79 nChr) unter deren Regierung Kastell Rißtissen von Truppen besetzt war. – Tischvitrine 1: Tonlampen, Bronzespiegel, Schwertgriff, Löffel, Nadeln und Würfel aus Bein. – Tischvitrine 2: Waffen und Gerät aus Eisen und Bronze (Lanzen-,

Pilum-, Pfeilspitzen, Messer, Panzer- und Gürtelbeschläge, Schlüssel, Gewichte), Arztbesteck aus Bronze, Münzen und Tonformen von einer Falschmünzerwerkstatt. – Vitrine 1 und 2: Terra Sigillata (Schüssel, Teller, Näpfe) und tongrundige Ware (Töpfe, Krüge, Reibschüsseln, Teller etc.) des 2./3. JhnChr. Fil

Römerstein → Donnstetten

Rommelshausen
Stetten-Rommelshausen WN

Römischer Gutshof

Abb 38, 251, 252

Knapp 0,5 km S vom Ort liegt die Flur „Mäurech" mitten in einem Wochenendhausgebiet, zu erreichen vom Gasthaus „Lamm" über die Jägerstraße, rechts am Hohlweg vorbei über einen grasigen Weg nach SW.

Vom Gutshof *(villa rustica)* sind ▶ konservierte Mauerzüge und besonders ▶ ein wohlerhaltener Keller zu sehen.

Schon O. Paret vermutete hier einen röm Gutshof. Doch erst 1971 konnte, dank dem Spürsinn von W. D. Forster und M. Benzin, der Gutshof lokalisiert werden. In einer mehrmonatigen Ausgrabung gelang es auf Initiative von W. D. Forster in privater Regie mit einer Gruppe von interessierten Heimatfreunden, die Anlage in Teilen freizulegen. Das gesamte Gehöft (ca 0,75 ha) war von einer Mauer (ca 95 x 72 m) umschlossen; an die NW-, NO- und SO-Ecke der Mauer waren jeweils rechteckige Gebäude, vermutlich Wirtschaftsbauten, angebaut. Ungefähr in der Mitte konnte das Hauptgebäude (21,3 x 12,5 m) des Anwesens fast vollständig freigelegt werden. Damit gehört es zu den kleineren Anlagen seiner Art. Allerdings sind bisher nur drei Ecken des Baues erfaßt. Leider blieben bei der Grabung viele Fragen offen, so daß es schwierig ist, den Typus des Hauses zu erkennen. Doch handelt es sich wohl um ein Gebäude mit rechteckigem Grundriß. In der Mitte der Frontseite nach S befindet sich ein gut erhaltener Keller (1) mit Kellerrampe (2), Türschwelle, zwei Fenstern nach S und zwei Abstellnischen. Das vorzüglich gesetzte Quadermauerwerk war weiß ausgefugt. Anläßlich der Konservierung im Jahre 1973 wurde diese inzwischen abgeblätterte Ausfugung neu angebracht und vermittelt heute einen Eindruck, wie der Keller in röm Zeit ausgesehen hat. Der Raum W des Kellers hat einen Estrichboden mit Fußbodenheizung *(hypocaustum)* und ist deshalb als Wohnraum (3) anzusprechen. Die übrigen Räume können nicht mehr bestimmt werden.

Ob zu diesem Gutshof noch ein separates Badegebäude gehört hat, können wir nicht mit Sicherheit sagen. Möglicherweise befinden sich im S-Bereich der Hofanlage – sie konnte nicht untersucht werden – weitere Gebäude.

Unter den zahlreichen Funden, die die Freilegung erbrachte, sind vor allem Beschläge einer vermutlich hölzernen Truhe, Gefäße aus Glas und Rohstücke beinerner Haarnadeln zu erwähnen. Besonders interessant sind zahlreiche Eisenbeschläge von Türen und mehrere vorzüglich erhaltene Mahlsteine. Wie die Keramik und die übrigen datierbaren Funde zeigen, wurde der Gutshof in der zweiten Hälfte des 2. Jahrhunderts erbaut und bestand bis zur Mitte des 3. Jahrhunderts.

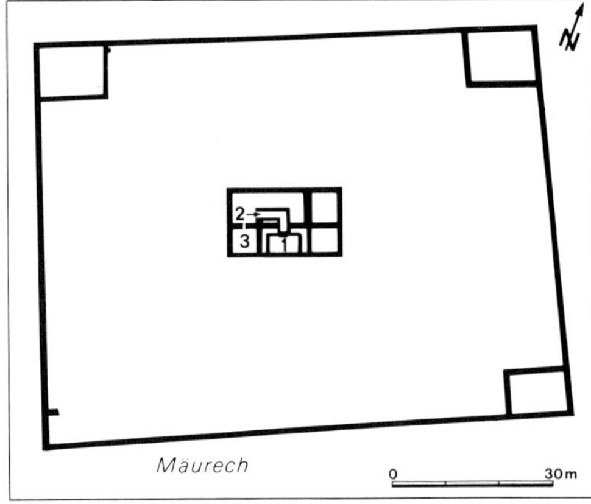

Abb. 251 Rommelshausen. Röm Gutshof. 1 Keller, 2 Kellerzugang, 3 Wohnraum mit Fußbodenheizung

Abb. 252 Rommelshausen. Röm Gutshof. Keller mit Kellergang und Rampe. Vorne zwei Schächte gegenüber zwei Nischen

Einige Gefäßscherben und ein beinerner Kamm mit runder Griffplatte zeigen, daß die frühen germanischen Bewohner im 4. Jahrhundert diesen römischen Gutshof erneut aufsuchten. Einige Pfostenstellungen könnten mit dieser Ansiedlung in Verbindung zu bringen sein. Gerade diese Beobachtung beweist, daß die frühen Alamannen röm Ruinen nicht immer mieden, sondern vielmehr sich in ihnen wieder niedergelassen haben. Ähnliche Befunde konnten in jüngster Zeit auch im römischen Kastell Heidenheim und im Bereich des römischen Gutshofes von Bondorf nachgewiesen werden. Pl

TK 7121 – L 7120

Ao: Schulsammlung Rommelshausen

Lit: WDForster, RMatt, Rommelshausens röm Erbe – HZürn, FdBaBW 2, 1975, 193 ff.

Rosenfeld BL

Römischer Gutshof?

Abb 253

Im N der Altstadt von Rosenfeld, von dieser durch das tief eingeschnittene Tal des Weingartenbaches getrennt, lag auf einer sanft nach O abfallenden Fläche eine Gruppe von mindestens zwei Gebäuden, von denen das SO nur durch Luftaufnahmen bekannt ist. Das andere wurde in ein Neubaugebiet einbezogen und 1973 ausgegraben.

Der Grundriß des Gebäudes bildet ein Rechteck von etwa 31,5 zu 42 m. Die Schmalseiten sind gegen SO durch zwei je knapp 20 m lange Flü-

Abb. 253 Rosenfeld. Röm Gutshof. 1 Säulenhalle, 2 Gang, 3 offener Innenhof, 4–13 Wohn- und andere Räume, 14a, b Keller, 15–19 Räume unbekannter Funktion, 20 Bad, 21 Feuerungsraum, 22 Abwasserkanal, 23 Toilette

gelbauten verlängert. Durch eine gegen SO offene Säulenhalle *(porticus)* (1) erfolgte der Zugang durch einen Gang (2) zum offenen Innenhof (3). Um diesen Hof gruppierten sich die Wohn- und sonstigen Räume 4–13. Die O-Seite des Hofes nahm ein – wohl als Folge eines Umbaus zweigeteilter – Keller (14a - b) ein, dessen Zugang an der gegen NW gerichteten Schmalseite lag. Die einstige Funktion der Räume 15–19 in den beiden Flügelbauten ist unbekannt. Vielleicht dienten sie als Arbeits- und Handwerksräume. Das an die gegen SW gerichtete Schmalseite angebaute kleine Bad (20) mit Auskleideraum, Kalt- und Heißwasserbad, halbrunder Piscina und Schwitzbad ist ein späterer Anbau. Beheizt wurde es durch den Feuerraum 21. Der Abwasserkanal (22) des Bades durchzog den kleinen Anbau 23, einen Toilettenraum.

Der ▶ W-Teil, etwa ein Drittel des Gebäudes, konnte erhalten und als Freilandanlage innerhalb des Baugebietes restauriert werden. Das zweite Gebäude scheint, soweit die Luftaufnahme dies erkennen läßt, ähnliche Formen und Ausmaße wie das ausgegrabene zu haben. Über die ehemalige Funktion der Anlage läßt sich derzeit noch nichts sicheres aussagen. Gegen eine Deutung als Gutshof *(villa rustica)* spricht das Vorhandensein von zwei so großen Hauptgebäuden, gegen eine eventuelle Deutung als Straßenstation *(mansio)* die Entfernung zur röm Straße (etwa 1,6 km).

Schi

TK 7718 – L 7718
Lit: RiW 3, 365.

Rottenburg a. N. TÜ

Römische Stadt Sumelocenna

Abb 31, 39, 254–257, Tafel 26b

Die röm Siedlung liegt vorwiegend auf der linken Neckarseite im Bereich der heutigen Stadt und ist größtenteils schon durch mittelalterliche Gebäude zerstört. Aus diesem Grund kennen wir bisher auch nur wenige Teile der röm Bebauung, und nur geringe Hinweise deuten auf die große historische Vergangenheit dieser Neckarstadt hin, die ohne Zweifel zu den wichtigsten Siedlungen röm Zeit im rechtsrheinischen Gebiet der Provinz Obergermanien *(Germania superior)* zählt. Im O der Stadt in der Mechthildstr unter dem heutigen Eugen-Bolz-Gymnasium ist ein ▶ röm Bad konserviert und für die Öffentlichkeit zugänglich (1). Siehe dazu die ausführliche Beschreibung unter S. 478. Vereinzelte in den öffentlichen Anlagen der Stadt aufgestellte ▶ röm Säulen, vor allem auch die beiden W der Stadt oberhalb des Neckartales in der „Kesselhalde" ▶ wiederaufgerichteten Säulen erinnern an röm Bauwerke, die heute zum Teil bis zu 3 m unter der Oberfläche im Boden liegen. Unmittelbar im S des Eugen-Bolz-Platzes im oberen Teil des zugefüllten mittelalterlichen Stadtgrabens ist außerdem ein Stück der ▶ röm Wasserleitung aufgestellt, die in antiker Zeit die Wasserversorgung der Stadt zum Teil sichergestellt hat (5) (vgl. hierzu unter S. 480). Wie im einleitenden historischen Kapitel ausführlich dargestellt wurde, können wir zwischen 85 und 90 nChr unter Kaiser Domitian mit der frühesten röm Ansiedlung rechnen. Ob in diesen Jahren hier ein Kastell angelegt worden ist, wie ein Teil der Fachwelt annimmt, ist bis heute nicht sicher nachweisbar. Ein im Bereich des Landesgefängnisses gefundener Altar für den Jupiter, nennt eine *ala Vallensium*, eine Reitereinheit mit 500 oder 1000 Mann, die jedoch bisher an keinem anderen Ort nachgewiesen werden konnte. Ob hier ein Lager dieser Einheit lag, können wir daraus jedoch nicht sicher schließen. Die Ziegelstempel der *LEG (io) VIII AVG (usta)*, die im Bad I im Bereich der N

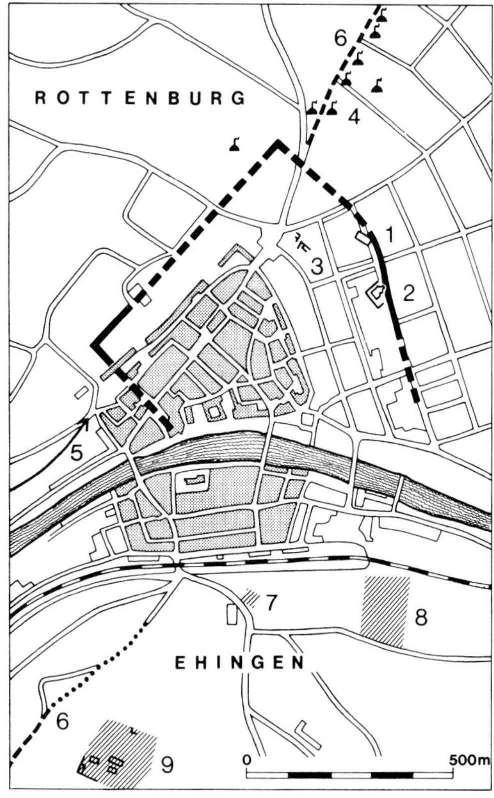

Abb. 254 Rottenburg in röm Zeit. 1 Bad I, 2 Bad II, 3 Grabungsstelle 73/74, 4 Töpfereien, 5 Wasserleitung, 6 Straße nach Köngen, 7–9 Gutshöfe

Mechthildstr gefunden wurden, sind nicht unbedingt Hinweise auf ein Lager, da sie dem 2. JhnChr angehören.

Wir müssen also schon für die Frühzeit der röm Besiedlung eine größere röm Zivilsiedlung annehmen, die hier an einem geographisch vorzüglichen Punkt angelegt worden ist. Die röm Stadt liegt unmittelbar am Übergang vom Muschelkalk zum Keuper, der von Rottenburg ab eine breite Talführung des Neckars erlaubte, dieser gewährte der Stadt einen natürlichen Schutz gegen W. Mitentscheidend für die Entwicklung der röm Ansiedlung war ohne Zweifel das röm Straßennetz. Zum einen lag die Siedlung an der S-N-

Straße von der Schweiz über Rottweil nach Cannstatt. Diese Straße ist auch auf der Straßenkarte aus der Mitte des 4. JhnChr *Tabula Peutingeriana* überliefert, die jedoch sicherlich auf ältere Karten zurückgeht. Der Ort wird hier mit *Sumelocenna* bezeichnet und durch zwei Türme hervorgehoben, eine Signatur, die nur wenigen Orten in den germanischen Provinzen zukommt. Zum anderen liegt der Ort an einer wichtigen Straße von Rottenburg nach N entlang dem O-Rand des Schwarzwaldes, die dann in die große Straße vom Oberrhein über Pforzheim nach Cannstatt mündet. Eine weitere Straße können wir als Verbindung zwischen Kastell Sulz a. N. und Rottenburg annehmen. Für die Entwicklung der Stadt, insbesondere auch für die Stellung innerhalb der Verwaltung, ist außerdem die zentrale Lage im Gebiet im O des Schwarzwaldes bis zum obergermanischen Limes zu beachten.

Der antike Name der röm Siedlung *Sumelocenna* ist mehrfach auf Inschriften, die hier oder in den benachbarten röm Siedlungen *(vici)* gefunden worden sind, überliefert. Für die Zeit des Kaiser Trajan ist Sumelocenna als Sitz eines Prokurators *(saltus Sumelocennensis)* bekannt. Eine 1887 in Düdzdsche in Bitynien (Kleinasien) gefundene Inschrift besagt, daß das Gebiet um *Sumelocenna* kaiserliche Domäne wurde, deren Bewohner ihr Land vom Kaiser zur Pacht erhielten. Von anderen ähnlichen Fällen wissen wir, daß gerade in neueroberten Gebieten derartige Domänen eingerichtet wurden, die einem Prokurator aus ritterlichem Stande unterstellt waren. Der Sitz dieses Verwalters war sicherlich in Rottenburg selbst. Wie groß allerdings dieses Gebiet war, können wir bisher nicht sicher sagen. Eine Weiheinschrift mit der Nennung des *saltus Sumelocennensis*, 1850 am N-Rand der Stadt in Flur „Graibel" gefunden, nennt den Gemeinderat *(ordo)* sowie die beiden Vorsteher des Ortes. Die Inschrift lautet: *In honorem / domus divin(ae) / e decreto ordinis / saltus Sumelocennensis curam agentib(us) Iul(io) Dextro et G(aio) Turran(io) / Marciano . . .* Übersetzung: Zur Ehre des Kaiserhauses, nach Beschluß des Bezirksrates der Landschaft (des Dominiallandes) von Sumelocenna, unter Leitung des Julius Dexter und des Gaius Turranius Marcianus, der Vorsteher des Ortes . . .

Wohl um die Mitte des 2. JhnChr wird *Sumelocenna* Vorort der *civitas Sumelocennensis* und dadurch Mittelpunkt eines größeren Gebietes mit Sitz der zentralen Verwaltung. Die Weiheinschrift für Diana, eine Stiftung für die Jungmannschaft *(pro iuventute)* der *civitas Sumelocennensis,* die in Rottenburg gefunden wurde, heute jedoch verschollen ist und die Weiheinschrift eines Bezirksrates von Sumelocenna namens Publius Quartanius Secundinus aus Köngen, bezeugen diese verwaltungspolitische Stellung. Die Inschrift aus Köngen, gefunden 1832 zwischen Dorf und Flur „Burg", dem röm Kastellgebäude, lautet: *Deo Mercurio Visucio et sa(n)ct(a)e Visuci(a)e P(ublius) Quartionius / Secundinus decu(rio) / civi(tatis) Sume(locennensis) ex iu(ssu) v(otum) s(olvit) l(ibens) m(erito).* Übersetzung: Dem Gott Mercurius Visucius und der heiligen Visucia hat Publius Quartionius Secundinus, Bezirksrat von Sumelocenna, auf Geheiß sein Gelübde eingelöst froh nach Gebühr. Zwei weitere Inschriften aus Köngen/*Grinario*, nämlich die Weiheinschrift der sumelocennensischen Bürger von *Grinario* sowie eine Weiheinschrift für die Bürger von Grinario, aufgestellt an der Straße nach Sumelocenna, nennt uns den antiken Ortsnamen von Rottenburg. Besonders interessant ist der im Jahre 1900 gefundene Meilenstein von Köngen aus dem Jahre 129 nChr, dessen Inschrift eine Entfernung von 29 000 Schritte von *Sumelocenna* (→ Köngen) angibt, was tatsächlich mit der wirklichen Entfernung recht gut übereinstimmt. Zwei weitere Inschriften, nämlich ein Grabstein eines Veteranen der 8. Legion in Straßburg und Bürgers von *Sumelocenna* wurde 60 km SW von Genf bei dem Ort Belley gefunden. Der Stein ist heute leider verschollen. Eine Weiheinschrift aus Mainz/*Mogontiacum* nennt zwei Bürger von *Sumelocenna*.

Wie uns die beiden Inschriften aus Köngen sowie die Weihung für die Jungmannschaft von *Sumelocenna* zeigen, hatte die *civitas Sumelocennensis* eine beachtliche Ausdehnung. Auf jeden Fall gehörte Köngen/*Grinario* zu dieser *civitas*. Vermutlich umfaßte der Bezirk das gesamte mittlere

Neckarland. Gerade die schon oben erwähnte zentrale Lage zwischen Schwarzwald und obergermanischem Limes, etwas abgerückt vom eigentlichen Grenzgebiet, unterstützte den raschen Aufschwung dieser röm Siedlung, die jedoch – soweit wir dies heute sagen können – nicht Stadt im rechtlichen Sinne gewesen ist, jedoch sicher stadtartiges Aussehen gehabt hatte.

Gerade die röm Vergangenheit der Stadt zog schon sehr früh die Aufmerksamkeit zahlreicher Gelehrter des Humanismus auf sich. So spürte 1520 Andreas Rüttel zusammen mit Andreas Althamer zahlreichen röm Inschriften aus Rottenburg nach. Ganz besonders intensiv war schließlich die Forschungstätigkeit des Rottenburger Domdekans I. v. Jaumann, der 1840 die erste Beschreibung der röm Stadt unter dem Titel: „Colonia Sumlocenne" herausbrachte. Ihm werden viele wichtige Zeugnisse und Beobachtungen der röm Vergangenheit Rottenburgs verdankt, obwohl er leider das Opfer zahlreicher Fälschungen wurde. Um die Jahrhundertwende bis 1935 machte dann der Rottenburger Arzt F. Paradeis wichtige Beobachtungen, eine der wichtigsten war die Entdeckung der röm Stadtmauer. Auch die Fachwissenschaftler P. Goessler und O. Paret leiteten hier immer wieder kleinere Grabungen. Nach 1945 wurden in Rottenburg verschiedene Grabungen durchgeführt, zuletzt die Teiluntersuchung eines Stadtviertels am O-Rand des Eugen-Bolz-Platzes 1974 durch das LDA, Außenstelle Tübingen.

Trotz dieser über Jahrhunderte währenden Forschungsgeschichte wissen wir vom inneren Aufbau und dem Aussehen dieser röm Stadt sehr wenig. Dies liegt einerseits daran, daß die mittelalterliche Stadt fast ganz auf den röm Ruinen aufgebaut worden ist und sicher viele Reste schon in früheren Jahrhunderten völlig zerstört worden sind. In den Gebieten, die von der mittelalterlichen Bebauung verschont blieben, liegen die röm Schichten stellenweise bis zu 2,5 m unter einem Schwemmlehmhorizont, verursacht durch den Neckar und vor allem durch den Weggenbach. Die röm Ruinen werden daher auch heute bei Erdarbeiten nur selten erreicht, da die wenigsten Bauten so tief fundamentiert werden.

Die gesamte Kernstadt wurde im späten 2. oder zu Beginn des 3. Jh mit einer großen, nahezu 10 m hohen Mauer umgeben. Die Mauer (B 1,8–2 m) war aus gleichmäßig behauenen Muschelkalksteinquadern errichtet, wie sie vor allem entlang der O-Seite der Mechthildstr beobachtet werden konnte. Deckplatten (L bis 1,4 m) mit sauber gearbeiteter Hohlkehle sowie halbrunde Zinnensteine aus Stubensandstein beweisen, daß diese Mauer einen Wehrgang gehabt hatte. Vor der Mauer lag eine Berme (B knapp 3 m) und ein Spitzgraben (B bis zu 9 m). Ausgrabungen 1964/65 im Bereich des Landesgefängnisses und in der Flur „Graibel" brachten wichtige Hinweise zum Aussehen dieser Stadtbefestigung. An der N-Ecke der Mauer, S der Seebronnerstr, konnte ein Turm nachgewiesen werden, der hier auf einem der höchsten Punkte der Umfassungsmauer (L 1,8 km) errichtet worden ist. Im Bereich der Seebronnerstr am Schnittpunkt mit der Stadtmauer konnten 1957 vermutlich Teile eines

Abb. 255 Rottenburg. Verteidigungsgraben mit Zinnendeckeln (vorne), Ausbruchsgrube der Vicusmauer

Stadttores aufgedeckt werden, von denen wir sicherlich weitere, auch an anderen Stellen anzunehmen haben. Dieses eindrucksvolle Bauwerk, in sehr solider Bauweise errichtet, unterstreicht ganz besonders die wichtige Stellung der röm Siedlung *Sumelocenna*. Nur wenige Orte rechts des Rheines können eine derartige Stadtbefestigung aufweisen. Besonders enge Verwandtschaft zeigt ihr Aufbau zur Stadtmauer von Ladenburg/*Lopodunum* (vgl. S. 345).

Innerhalb der Stadtmauer kennen wir bisher zwei Badeanlagen im O der Stadt: Im N-Bereich der Mechthildstr konnte 1899 ein großes Badegebäude (25 x 7 m) aufgedeckt werden. Der unvollständige Grundriß läßt eine sichere Deutung der einzelnen Räume nicht zu. Besonders bemerkenswert sind zahlreiche gestempelte Ziegel der *legio VIII Augusta* aus der Mitte des 2. JhnChr, die beweisen, daß hier ein öffentliches Gebäude vorliegt. Wir dürfen annehmen, daß dieses Badehaus eine öffentliche Badeanstalt darstellte, obwohl sicher weitere derartige Gebäude vorhanden waren.

1929 wurde dann etwa 300 m SO von Bad I Teile des ▶ Bades II aufgedeckt, das schließlich 1962 völlig untersucht und konserviert wurde und heute unter dem Eugen-Bolz-Gymnasium sichtbar und als Museumsraum zugänglich ist.

Vom sonstigen Stadtbereich kennen wir nur einzelne kleinere Gebäudeteile oder zusammenhanglose Mauern. Über die Lage der Tempel, der Verwaltungsgebäude und der übrigen großen öffentlichen Bauten, die wir in einer derartigen Siedlung sicher anzunehmen haben, können bis heute nur Vermutungen angestellt werden. Aufgrund allgemeiner topographischer Überlegungen werden im Bereich des Marktplatzes das Forum und die wichtigsten öffentlichen Bauten gewesen sein, obwohl dies bisher noch nicht näher bewiesen werden kann. Bei den Untersuchungen des LDA, Außenstelle Tübingen, im Herbst 1973 und Frühjahr 1974 am O-Rand des Eugen-Bolz-Platzes konnten insgesamt drei übereinanderliegende Steinbauperioden sowie Reste einer ältesten Holzbauperiode festgestellt werden. Vor allem die jüngste Phase ergab Teile eines stattlichen Gebäudes mit Säulenvorhalle *(porticus)*, von dem Reste großer Säulenstellungen entlang eines Straßenzuges freigelegt werden konnten.

Die röm Stadt ist jedoch weit über die von der Stadtmauer umgrenzten Teile hinausgebaut. Vor allem an der Straße nach Köngen/*Grinario* und auf den Höhen im NO der Stadt der heutigen Jahnstr konnten zum Teil großflächige Bauwerke aufgedeckt werden. Hier liegt ein großes Töpferviertel, von dem zahlreiche Brennöfen, Brunnen sowie eine Reihe kleinerer Bauten nachgewiesen werden konnten. Dazu gehören auch mehrere Keller, über denen wir die Wohnbauten der Handwerker anzunehmen haben. ▶ Ein Brunnen, der ebenfalls unmittelbar in den Bereich der Töpferei gehört, ist heute noch im Garten von Haus Jahnstr 2 zu sehen. Weiter O im Verlauf der röm Straße, etwa mit der heutigen Jahnstr identisch, konnten schon im vergangenen Jahrhundert Teile eines wohl sehr umfangreichen Brandgräberfriedhofes erfaßt werden. Ein weiterer Friedhof ist im SO der Stadt in Siebenlinden und in der Neckarhalde, wo hinter Haus 38 Aschentröge aus Sandstein und das Relief des Quell- und Heilgottes Apollo Grannus gefunden worden sind, zu vermuten. In den letzten Jahren auf der rechten Neckarseite im Stadtteil Ehingen nachgewiesene röm Siedlungsreste machen auch hier

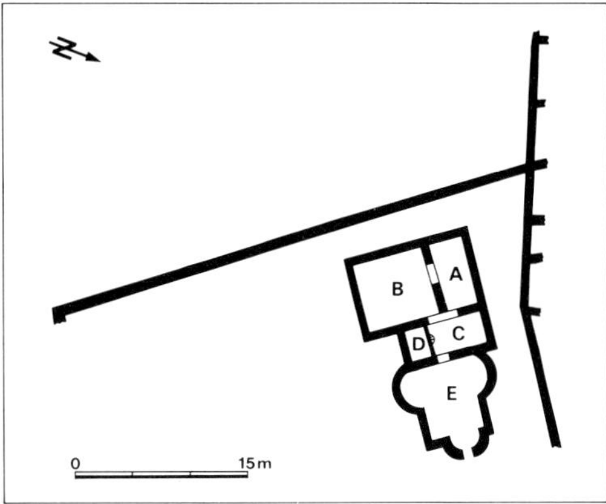

Abb. 256 Rottenburg. Plan Bad II. A Auskleideraum, B Laubad, C, D Kaltbad mit Becken, E Warmbad

Abb. 257 Rottenburg. Bad II während der Ausgrabung im Jahre 1972

zumindest eine lockere Besiedlung wahrscheinlich.
Die einzelnen Mauerzüge deuten innerhalb der röm Stadt auf eine planmäßige, vermutlich rechtwinklige Stadtanlage hin. Über die innere Struktur der Stadt geben leider nur sehr spärliche Funde Auskunft. Besonders auffallend ist, daß im eigentlichen Stadtbereich bisher wenige Kleinfunde geborgen worden sind. Auch die neuesten Grabungen haben dies bestätigt. Vermutlich sind die zerfallenen röm Bauwerke im frühen Mittelalter völlig geplündert worden. Dagegen haben sich zahlreiche Bildwerke röm und keltischer Gottheiten erhalten, zB Bildwerke und Weihedenkmäler für Mithras, Diana, Jupiter, Merkur, Minerva, Juno, Epona und zahlreiche Teile von mehreren Jupitergigantensäulen.
Neben dem Sitz der Verwaltung mit dem dazugehörenden Beamtenapparat können wir in Sumelocenna aufgrund von Inschriften einen Geschirrhändler sowie einen Textilhändler nachweisen. Vermutlich waren hier auch Steinmetze und Bildhauer tätig. Eine wichtige Rolle im wirtschaftlichen Leben der Stadt hat sicherlich auch die Landwirtschaft gespielt. So konnten in der direkten Umgebung der Stadt bisher über zehn Stellen nachgewiesen werden, auf denen röm Gutshöfe *(villae rusticae)* gestanden haben. 1965

konnte im Kreuzerfeld im S der Stadt das Hauptgebäude (L über 50 m) eines großen Gutshofes untersucht werden. Der fruchtbare Boden um Rottenburg war sicherlich schon in röm Zeit dicht besiedelt, geprägt von den oft stattlichen Gutsanlagen mit mehreren Wirtschaftsgebäuden. Die Blütezeit der röm Siedlung können wir – soweit dies die bisher vorliegenden Münzfunde zeigen – um die Mitte des 2. bis zu Beginn des 3. JhnChr annehmen. Eine Besiedlung der Stadt ist sicher bis zum endgültigen Fall des obergermanischen Limes um 259/60 nChr anzunehmen. Pl

TK 7519 – L 7518
Ao: Sülchgau-M Rottenburg – WLM Stgt
Lit: Haug-Sixt, 199 ff – RKnorr, Die verzierten Terra-Sigillata-Gefäße von Rottenburg-Sumelocenna (1910) – RiW 1–3 s. v. Rottenburg. Teil 3 365 ff – OParet, Das Kastell Rottenburg, ORL Abt. B Nr. 61 (1936) – FParadeis, Sumelocenna-Sülchen-Landskron (1935) – PGoessler, Ein röm Relief aus Rottenburg. Germania 15, 1931, 163 ff – DPlanck, Der röm Gutshof im Kreuzerfeld bei Rottenburg a. N. Der Sülchgau 1968, 8 ff – DPlanck, Neues zur röm Vicusmauer in Rottenburg a. N. Sumelocenna. Der Sülchgau 1967, 9 ff – OParet, Das röm Rottenburg in der Landkr Tübingen Amtl. KRB Bd. I, 1967, 180 ff.

Die römische Wasserleitung vom Rommelstal bis Rottenburg

Abb 258, 259

Vom Rommelstal, einem nach NW verlaufenden Seitental des Neckars, das bei Obernau in das Neckartal mündet, bis nach Rottenburg, ist die röm Wasserleitung am N-Talhang heute im Gelände stellenweise noch zu verfolgen. Besonders gut und leicht zugänglich ist die Wasserleitung in Obernau ▶ hinter den Häusern im N (1) und ▶ unterhalb des Ortes (2). Weitere sichtbare Stellen sind auf der Karte markiert.
Die röm Wasserleitung, deren Quellfassung 1893 1,2 km oberhalb von Obernau an der Stelle der heutigen Quellfassung gefunden wurde, ist mit 7,16 km L die längste gemauerte röm Wasserleitung im rechtsrheinischen Gebiet und ein eindrucksvolles Denkmal röm Architektur. Zwischen zwei mit Ziegelbeton verputzten Mauern verläuft ein Kanal (B 0,32 m, T 0,35 m). Die Oberseite schließt ein halbrunder Wulst ab. Der Kanal ruht auf einem Fundament (H ca 0,6 m, B ca 1,7 m). Die Außenmauern, ein vorzügliches Muschelkalksteinmauerwerk, verraten große Sorgfalt der Maurer. Der Kanal selbst war ursprünglich wohl im gesamten Verlauf offen, wurde jedoch an manchen Stellen später überwölbt, da vermutlich Abrutschungen des Hangschuttes Störungen verursacht haben. Das Gefälle der gesamten Leitung hatte etwa 0,2 Prozent und dadurch eine Wasserförderung von 74 l/sec. Die Wasserleitung mündete, wie Beobachtungen von I. Jaumann gezeigt haben, in einen Sammelbehälter, der zu Beginn des 19. Jh im Bereich des Landesgefängnisses gefunden wurde. Pl

TK 7519 – L 7518
Lit: GMönch, Die röm Wasserleitung Rommelstal-Rottenburg a. N., Bl.d.Schw.Albv. 25, 1913, 401 ff – OParet, Neues zur röm Wasserleitung von Rottenburg, in Württ. Studien. Festschr. zum 70. Geburtstag von Professor Eugen Nägele (1926) 206 ff – ESamesreuther, Röm Wasserleitungen in den Rheinlanden 26. BerdRGK 1936, 24 ff bzw. 98 ff.

Sülchgau-Museum

Abb 260, 261

Bahnhofstr (ehem. Zehntscheuer der Grafschaft Hohenberg), Öffnungszeiten: So 11–12.30 Uhr, sonst nach Voranmeldung in der Buchhandlung A. Unteregger, Bahnhofstr.
Das Sülchgau-Museum, im Besitz des Sülchgauer Altertumsvereins e. V., umfaßt eine reiche vor- und frühgeschichtliche sowie stadtgeschichtliche Sammlung. Die archäologischen Funde stammen vorwiegend aus Rottenburg oder der nächsten

Tafel 73 Rottweil. Mosaikboden mit der Darstellung des Orpheus. 2. Hälfte 2. Jh.

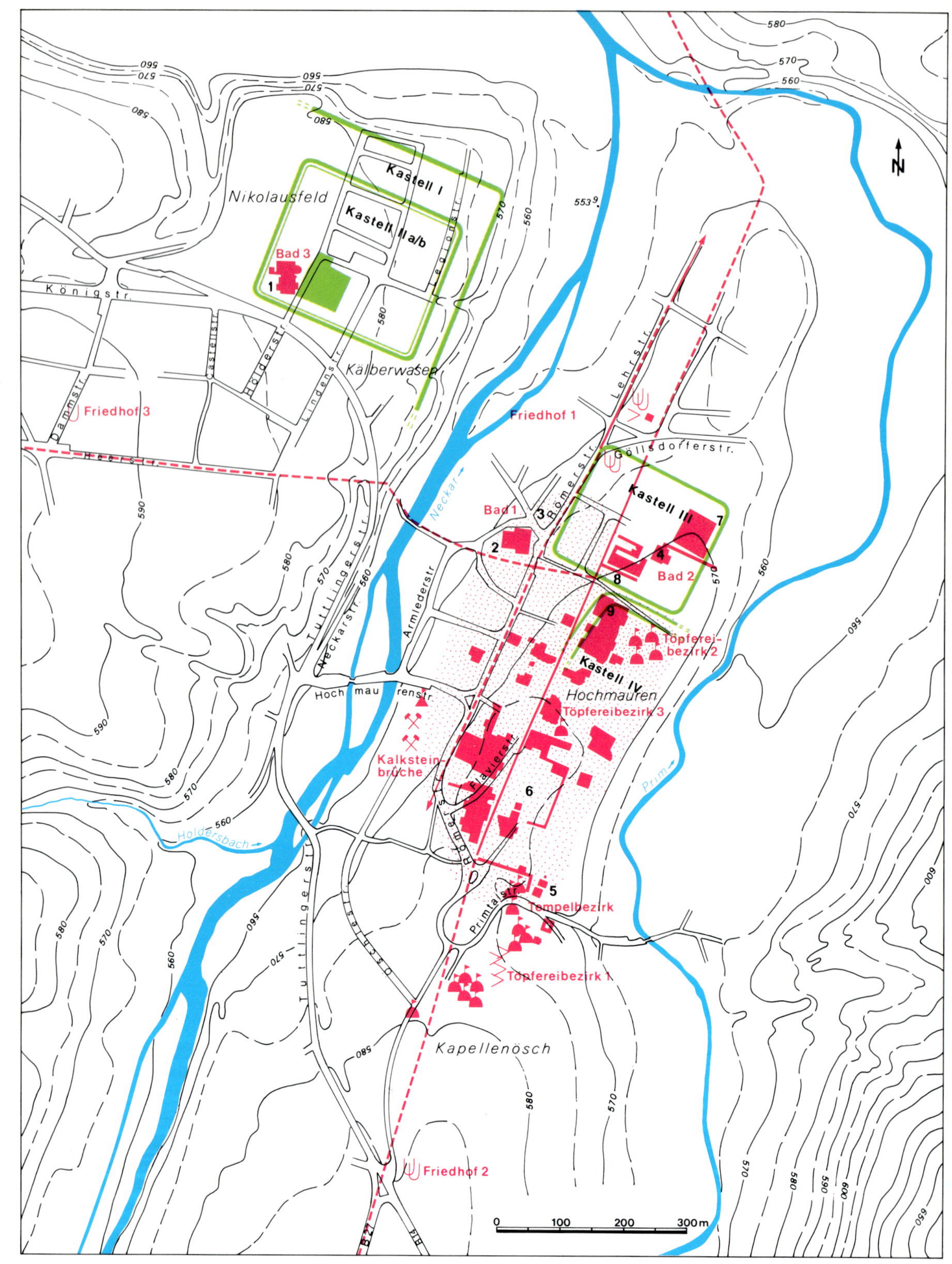

Tafel 74 Plan Rottweil. 1 Bad 3, 2 Bad 1 (Pelagiuskirche), 3 labrum (Pelagiuskirche), 4 Bad 2, 5 Tempelbezirk, 6 Forum?, 7 Villa C, 8 Magazin, 9 ausgedehnte Zivilsiedlung (laufende Grabungen)

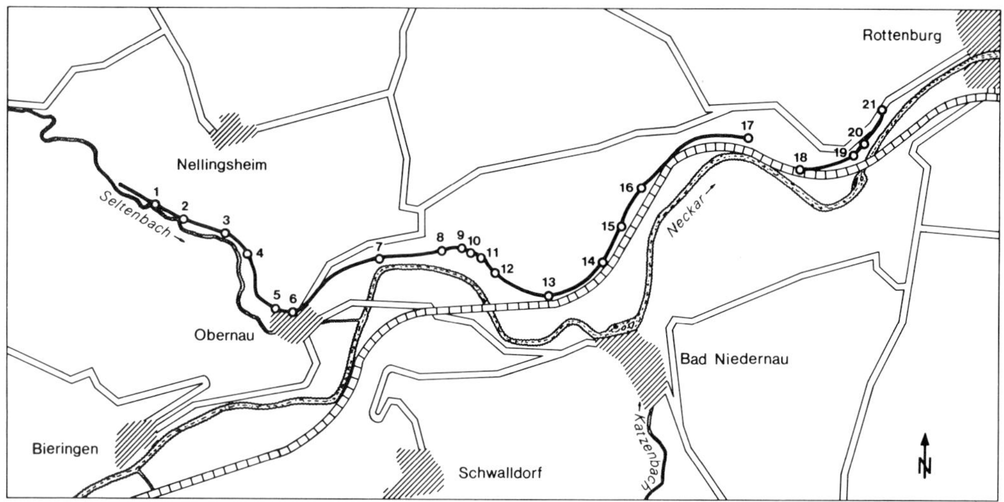

Abb. 258 Rottenburg. Gesamtverlauf der röm Wasserleitung mit sichtbaren Punkten

Umgebung. Mittelpunkt der vor- und frühgeschichtlichen Sammlung, die vor allem auf die Sammlungstätigkeit des Rottenburger Arztes und Heimatforschers F. Paradeis zurückgeht, bilden die Ausgrabungen und Funde aus der röm Stadt *Sumelocenna.* Das Museum wurde 1969 nach modernen Gesichtspunkten aufgestellt und gibt einen vorzüglichen Überblick über die Bedeutung und Geschichte der röm Siedlung. Neben der Ausstellung von originalen Funden wurde versucht, durch Schaubilder, Texte und Rekonstruktionen einzelne Themen der Bedeutung von Sumelocenna anzusprechen.

Vitrine 1 stellt die bisher vorliegenden militärischen Funde aus diesem Bereich dar. Neben der Inschrift der *Ala Vallensium* sind Ziegelstempel der 8. Legion ausgestellt. *Vitrine 2* gibt einen Überblick über die Topographie der röm Siedlung. Ein Modell der röm Stadt vermittelt einen besonders guten Überblick über die geographische Lage. *Vitrine 3* gibt einen Überblick in die Wasserversorgung der Stadt. Mittelpunkt ist die gemauerte, über 7 km lange Wasserleitung.

Weitere Themen werden in den folgenden Vitrinen angesprochen. So etwa Geräte aus dem täglichen Leben wie Schmuck, Arztbestecke, Eßgeräte und eine vorzüglich erhaltene röm Waage.

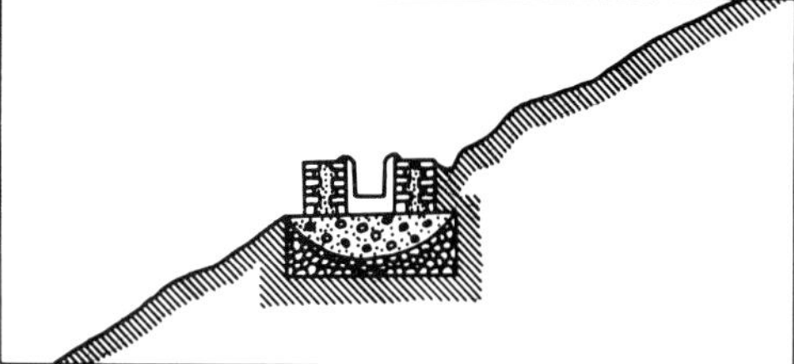

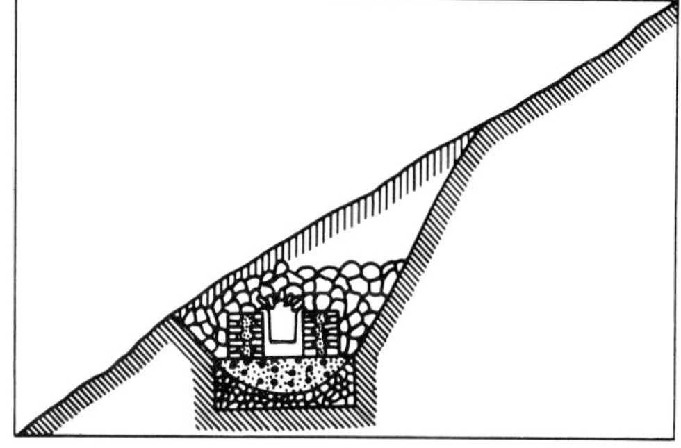

Abb. 259 Rottenburg. Querschnitt durch die röm Wasserleitung

Einen interessanten Bestand bildet das röm Handwerkszeug wie Säge, Meißel, Bohrer, Kelle, Lot usw. Eine umfangreiche Sammlung röm Keramik folgt; in einer anderen Vitrine sind röm

Abb. 260 Rottenburg. Sülchgaumuseum. Ziegelstempel LEG(io) VIII AUG(usta) mit Abdruck eines genagelten Schuhes

Brandgräber aufgestellt, die teilweise aus den bisher bekannten drei Friedhöfen von *Sumelocenna* stammen. Kopien von Inschriften geben einen Überblick über die verwaltungspolitische Stellung der Stadt. Schließlich sind an einer Wand die bisher bekannten röm Götterbilder zusammengestellt, in deren Mittelpunkt das prachtvolle, nahezu lebensgroße Bild des Gottes Merkur steht. Eine vorzügliche Arbeit stellt das Relief des Quell- und Heilgottes Apollo Grannus dar und die Portraits der Göttinnen Minerva und Juno. Dazu gehört eine kleine Auswahl röm Architekturteile und die Kopie des Apolloreliefs aus der Römerquelle von Bad Niedernau (→ Bad Niedernau). Eine weitere Vitrine steht unter dem Thema die röm Gutsanlagen um Rottenburg und die Landwirtschaft. Einige vorzüglich erhaltene Geräte wie Schaufel, Hacken und Pflug veranschaulichen dies. Den Abschluß der röm Sammlung bilden weitere Keramikgegenstände. In einem nachgebildeten Regal eines röm Geschirrhändlers stehen zahlreiche Gefäße wie Reibschüsseln, Kochtöpfe, Vorratsgefäße und Amphoren und geben einen guten Einblick in den Formenbestand der röm Keramik, wie wir sie in jeder Siedlung finden. Eine besondere Vitrine gilt der Terra Sigillata. Neben der durch Text und Rekonstruktion veranschaulichten Herstellung dieser feinen Tonware zeigt diese Vitrine eine Verbreitungskarte der Terra-Sigillata-Manufakturen, die nach *Sumelocenna* geliefert haben. Neben der verschiedenartigen Verzierungsart der einzelnen Töpfereien, werden hier auch einige interessante handelspolitische Hinweise ge-

Abb. 261 Rottenburg. Sülchgaumuseum. Merkur mit Flügelhut, Mäntelchen, Schlangenstab, Geldbeutel und Ziegenbock

geben. Im Treppenhaus sind außerdem noch eine Grabinschrift, eine Säule und die Kopie des Meilensteins von Köngen/*Grinario* aufgestellt, auf der die Entfernungsangabe von *Sumelocenna* nach *Grinario* angegeben ist. Es ist beabsichtigt, in den kommenden Jahren im Erdgeschoß des Hauses das röm Lapidarium zugänglich zu machen, das vor allem eine Vielzahl röm Architekturteile, Steintische und Reliefs enthält. Pl

Rottenburg → Bad Niedernau

Abb. 262 Rottweil. Röm Wasserbecken (labrum) vor der Pelagiuskirche

Rottweil RW

Römische Stadt Arae Flaviae

Abb 262–267, Tafel 73, 74

Die röm Stadt bei Rottweil, deren antiker Name *Arae Flaviae* lautet, liegt 2 km im O der mittelalterlichen, auf staufische Zeit zurückgehenden Stadt. Der antike Name ist uns auf der *Tabula Peutingeriana* und bei Claudius Ptolemaeus überliefert. Außerdem nennt der Text einer im Jahre 1950 gefundenen hölzernen Schreibtafel im Vollzugsvermerk die Ortsangabe *actum municipio Aris,* zu deutsch: ausgestellt in der Stadt Arae. Diese Angabe besagt, daß die röm Siedlung den verwaltungspolitischen Rang eines *municipium* innehatte, dh offiziell das röm Stadtrecht besaß. Eine Auszeichnung, die im 1. und 2. JhnChr nach dem derzeitigen Forschungsstand, keiner anderen röm Siedlung in der Provinz Obergermanien *(Germania superior)* zukam.

Von der röm Stadt sind heute einmal auf der linken Neckarseite im Nikolausfeld unmittelbar an der Bundesstraße 27 im O des Ruhe-Christi-Friedhofes (1), die im Jahre 1967 entdeckten und untersuchten und später ▶ konservierten röm Thermen zu sehen (s. u.). Auch auf der rechten Seite des Neckars im Bereich von Rottweil-Altstadt können im Bereich der Pelagiuskirche röm Überreste besichtigt werden. Vor dem Portal der Kirche steht heute, als Brunnen umgebaut, ▶ ein röm Wasserbecken *(labrum)*, das 1899 im Fundament der romanischen Kirche gefunden wurde und nun hier wieder aufgestellt worden ist (3). An der N-Seite der Kirche kann außerdem über eine Treppe begehbar, ein Teil der ▶ Heizanlage *(hypocaustum)* des röm Gebäudes unter der Kirche besichtigt werden (2).

Die röm Stadt *Arae Flaviae* liegt am Kreuzungspunkt zweier wichtiger antiker Heerstraßen. Einmal die von S, vom Legionslager Windisch/*Vindonissa* über Hüfingen/*Brigobanne* nach Rottweil und weiter nach Sulz bzw Rottenburg/*Sumelocenna* führende S-N-Verbindung und zum anderen die wichtige W-O-Verbindung vom Legionslager Straßburg/*Argentorate* durch das Kinzigtal nach Waldmössingen und Rott-

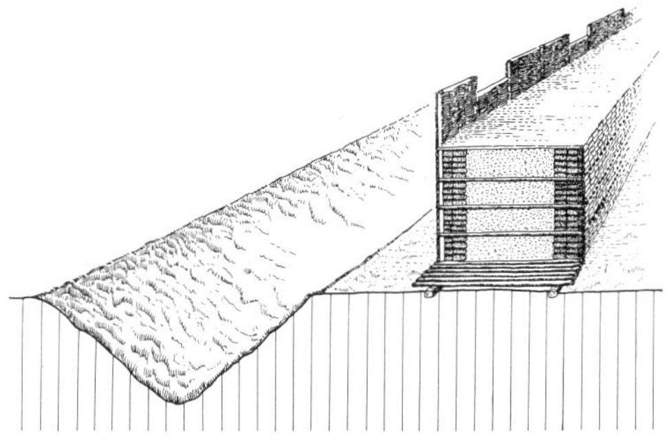

Abb. 263 Rottweil. Kastell III. Rasensodenmauer mit Holzversteifung

weil, die weiter SOwärts nach Tuttlingen verlief und dort Anschluß an die, vor allem im 1. JhnChr wichtige Donautalstraße hatte. Die röm Stadt hat ihren Ursprung in frühvespasianischer Zeit, als kurz nach 70 vermutlich um 72 nChr im N-Bereich der Flur Hochmauren auf der rechten Neckarseite, ein röm Lager in Holz-Erde-Bauweise angelegt worden ist. Dieses Lager, 1968 entdeckt, wurde von 1968–70 soweit wie möglich erforscht. Neben drei zentralen Gebäuden konnten insgesamt acht Mannschaftsbaracken (L über 70 m), drei Toranlagen und die Konstruktion der aus Rasensoden errichteten Umfassungsmauer untersucht werden.

Unmittelbar S dieses Lagers wurden 1971 Teile eines weiteren Kastells angeschnitten, das möglicherweise noch etwas älter ist als das Lager III im N-Teil der Flur Hochmauren.

Auch auf der linken Neckarseite im Bereich der Flur Nikolausfeld, N der heutigen König- bzw Tuttlingerstr, konnten schon 1913 zwei röm Lager festgestellt werden. Das Kastell I (über 8 ha), von dem wir bis heute nur die N- und O-Seite in Teilen kennen, könnten möglicherweise das Marschlager einer größeren militärischen Einheit, vielleicht sogar einer Legion, darstellen. Kastell II (6 ha) hatte, wie Untersuchungen 1967 erbracht haben, zwei Ausbauphasen. Zunächst wurde dieses Kastell ebenfalls in Holz-Erde-Bauweise errichtet und Anfang des 2. JhnChr in

Abb. 264 Rottweil. Stempel der 3. Dalmaterkohorte

Stein ausgebaut. Zumindest erhielt diese Anlage eine massive Umwehrung und einzelne, auf massiven Mauern ruhende Innenbauten. Durch zahlreiche gestempelte Ziegel kennen wir verschiedene Namen militärischer Einheiten, die zeitweise in Rottweil Garnison hatten. Neben Stempeln der *legio IX C(laudia) p(ia) f(idelis)*, die von 69 bis um 101 nChr im Legionslager Vindonissa stationiert war, liegen Stempel der *cohors I Biturigum*, der *cohors I Flavia*, der *cohors II Aquitanorum eq(uitata) c(ivium) R(omanorum)* sowie der *coh(ors) III Dal(matarum) p(ia) f(idelis)* vor. Die letztgenannte Kohorte kann mit einiger Sicherheit als die letzte hier stationierte Einheit angesehen werden. Sie wurde vermutlich um 110 bis 115 nChr von Rottweil abgezogen.

Wie die Ausgrabungen in Rottweil bisher gezeigt haben, hatte *Arae Flaviae* schon zu Beginn der Besetzung des Neckarlandes eine verkehrsgeographische Schlüsselstellung und wurde sehr rasch ein wichtiger zentraler Ort. Schon die ersten Grabungen im röm Stadtgebiet, durchgeführt 1784 vom damaligen Hofgerichtsassessor und späteren Rottweiler Bürgermeister Johann Baptist Hofer, erbrachten bedeutende Funde. In jenem Jahr konnte der erste Mosaikfußboden freigelegt werden, der jedoch erst im Jahre 1915 wieder entdeckt und geborgen wurde. Es handelt sich hier um das Solmosaik (→ MRottweil). Vor allem im 19. Jh und zu Beginn des 20. Jh wurden in Rottweil zahlreiche Ausgrabungen mit mehr oder weniger großem Erfolg durchgeführt. Seit 1967 wurde das röm Stadtgebiet, das bis zu diesem Zeitpunkt noch nicht modern bebaut worden ist, Ziel großangelegter archäologischer Ausgrabungen, die seitdem jährlich hier vom LDA Baden-Württemberg, Abt. Bodendenkmalpflege, durchgeführt werden. Ohne Zweifel ist die Untersuchung zu einem Schwerpunkt provinzialröm Archäologie in SW-Deutschland geworden, da hier die Möglichkeit besteht, wenigstens Teile einer kleinen röm Landstadt genau zu untersuchen. Wie die bisherigen Ausgrabungen gezeigt haben, entstand an der nach S verlaufenden Straße eine zum Kastell III gehörende kleine zivile Siedlung, wohl vor allem Wohnstelle von Handwerkern und Kaufleuten. Aus dieser

Abb. 265 Rottweil. Hypokaustanlage unter der Pelagiuskirche

Kernsiedlung entstand sehr bald die Landstadt *Arae Flaviae*. Vermutlich schon Ende des 1. JhnChr wurden Teile der zum Teil großflächigen Holzbauten in Stein ausgebaut. Wie die neuesten Ausgrabungen zeigen, scheint sich ein regelmäßiger Stadtgrundriß abzuzeichnen, der nicht etwa kleine länglich-rechteckige Steinbauten, sondern großflächige Wohnviertel (L 80 m, B 50–60 m) umfaßt. Die überaus zahlreichen Kleinfunde, wie der reiche Bestand an Geschirr aus Terra Sigillata, zahlreiche Geräte aus Metall sowie eine Vielzahl verschiedener Schmucksachen verraten den Reichtum der Bewohner der Stadt *Arae Flaviae*. Aus einer etwas späteren Zeit als die meisten Funde stammen zwei vorzüglich gearbeitete farbige Mosaikfußböden, die in einem derartigen Gebäudekomplex den Boden zweier Räume zierten. Beschreibung beider Mosaike → unter Stadtmuseum.

Betrachten wir die zivile Stadt im einzelnen, so sind zunächst die öffentlichen Gebäude der Landstadt anzusehen. Bisher kennen wir von Rottweil-Altstadt drei Badeanlagen. 1898 konnten bei Erweiterungsarbeiten der ursprünglich romanischen Pelagiuskirche Teile einer großen Badeanlage (2,3) ermittelt werden, deren Grundriß allerdings nicht vollständig erhalten ist. Umfang der bisher freigelegten Mauerzüge 42×40 m. Möglicherweise wurde die Anlage in späterer Zeit umgebaut und als Wohnhaus benutzt. Besonders auffallend sind ungewöhnlich hohe Hypokausträume, von denen der unter Raum E liegende Teil heute noch begangen werden kann. Eine zweite Badeanlage (4) wurde im Jahre 1968 und 1969 SW der „Villa C" im Bereich der N-Flur Hochmauren untersucht. Die unmittelbare Lage zwischen der „Villa C" und dem als Lagerhalle anzusehenden Gebäude weiter im SW könnte vermuten lassen, daß hier ein privates Bad vorliegt, das nur einem bestimmten Personenkreis

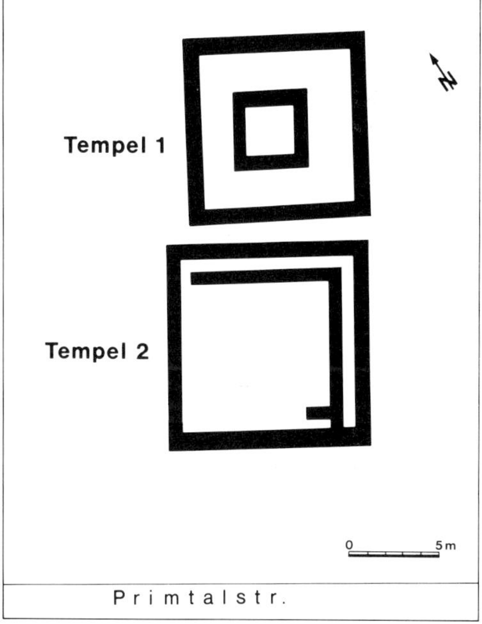

Abb. 266 Rottweil. Gallo-römischer Tempelbezirk am SO-Rand der röm Stadt

zur Verfügung stand. Das dritte Bad (1) liegt auf der linken Neckarseite im Bereich der Flur Nikolausfeld und stellt die größte Badeanlage der Stadt dar (s. u.).
Weitere öffentliche Bauwerke konnten im SO des Stadtgebietes festgestellt werden. Hier in Flur Kappellenösch im Bereich der Fabrikgelände Mahle KG und Günther konnten bisher drei galloröm Umgangstempel (5) freigelegt werden, der größte mit einer Seitenlänge von 20 m ist zu den größeren Tempelbauten dieser Art zu zählen. Die eigentlichen Tempelbauten, die sehr wahrscheinlich am Forum standen und die möglicherweise mit der Bedeutung der Stadt als Mittelpunkt der Verehrung des Kaiserhauses in Verbindung standen, kennen wir bis heute noch nicht. Auch die Lage des Forums, an dem sicherlich weitere öffentliche Bauwerke lagen, so etwa eine Gerichts- bzw. Markthalle *(basilica)*, ist bisher noch nicht sicher zu lokalisieren. Lang ausgedehnte Mauerzüge und einzelne Gebäudeteile lassen vermuten, daß wir das Forum der Stadt *Arae Flaviae* unmittelbar S des Hofgutes Hochmauren anzunehmen haben (6). Sichere Hinweise werden die Grabungen der kommenden Jahre erbringen. Gerade in diesem Bereich konnten mehrere Bauwerke aufgedeckt werden, deren Ausstattung ungewöhnlich ist; so liegen hier die beiden Gebäudekomplexe, in denen die schon erwähnten farbigen Mosaikfußböden aufgefunden worden sind.
Im Bereich der N-Flur Hochmauren konnte P. Goessler schon 1906 ein Gebäude (46 x 54 m), die „Villa C“ (7) untersuchen, vom Grundriß her ein sog Peristylhaus, die möglicherweise das Wohnhaus einer höher gestellten Persönlichkeit war. SW konnte dann 1968/69 das zweite kleine Bad (4) erforscht werden und schließlich noch weiter im SW unmittelbar an der großen röm Durchgangsstraße von Rottweil nach Rottenburg ein Gebäude (48 x 16 m) (8). Der Haupttrakt stellt ein längliches Rechteck dar, das entlang einer Mittelhalle (B 5 m) je 10 kleine Räume besitzt. Unmittelbar im N des Bauwerkes konnte noch ein kleiner Wohnbau freigelegt werden. Vermutlich wurde dieses Bauwerk am Anfang 2. JhnChr errichtet und diente als großes Magazingebäude.

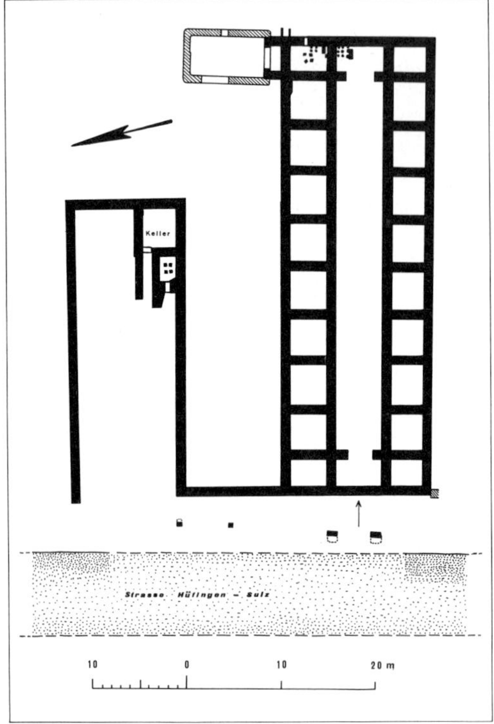

Abb. 267 Rottweil. Magazingebäude

Die seit dem Jahre 1970 jährlich durchgeführten Ausgrabungen (9) des zivilen Stadtbereiches S von Kastell III haben weitere großflächige Steinbauten erbracht, die teilweise mehrere Bauphasen aufweisen. Auffallenderweise lassen sich an den einzelnen Steinbauphasen deutliche Rückschritte erkennen. So konnte 1970 nachgewiesen werden, daß auf ein hervorragendes Mauerwerk der älteren Steinbauphase sehr viel einfacheres und schlechteres Mauerwerk der jüngeren Steinbauphase folgt. Ob dies allerdings durchgehend vorliegt, kann beim derzeitigen Forschungsstand noch nicht abschließend beurteilt werden.
Was die bisher erfaßten Wohnbauten anbelangt, so reichen sie im S bis zur kleinen Kapelle an der heutigen Römerstr und umfassen das gesamte Gebiet zwischen dem Abhang zur Prim und dem Ufer des Neckars. Im N reicht die Bebauung bis an den heutigen Friedhof von Rottweil-Altstadt.

Weiter N und S jeweils entlang der Hauptausfallstraße können wir Reste von röm Begräbnisstätten nachweisen. Leider haben in diesen Bereichen keine planmäßigen Ausgrabungen stattgefunden, so daß wir über die genaue Zahl und das genaue Alter der Brandgräber nichts Näheres aussagen können.

Die W- und O-Begrenzung der Stadt im Bereich von Rottweil-Altstadt markieren Handwerkerviertel. So wurde am W-Rand unmittelbar am Neckar in der Öschlestr ein röm Kalksteinbruch und ein Kalkbrennofen erfaßt. Im O und SO der Stadt gelang es, zwei große Töpfereien festzulegen, die hier den eigentlichen Stadtrand kennzeichnen.

Der somit umrissene Teil der röm Stadt hat eine NS-Ausdehnung von knapp 600 m und eine WO-Ausdehnung von über 300 Metern. Wie jedoch das Bad im Nikolausfeld zeigt, wurde vermutlich im frühen 2. JhnChr der Stadtbezirk hier erweitert. Gerade das Gelände der ehemaligen Kastelle, die in trajanischer Zeit aufgegeben worden sind, eignete sich dafür besonders gut. Wie die Masse der Kleinfunde aus der röm Stadt zeigt, hat sich diese Siedlung sehr rasch zu einem zentralen Ort entwickelt. Der Schwerpunkt liegt im späten 1. und frühen 2. Jh. Ab der 1. Hälfte des 2. Jh scheinen sich aufgrund des Fundmaterials schon deutliche Rückschritte abzuzeichnen. Sollte sich diese Beobachtung durch die neue Grabung weiter bestätigen, ist damit zu rechnen, daß Ende des 2. Jh *Arae Flaviae* ein unbedeutender kleiner Ort geworden war. Für diese Beobachtung könnte auch das gänzliche Fehlen einer Ummauerung sprechen, wie sie gerade in ähnlichen Siedlungen wie etwa Rottenburg, Wimpfen und Ladenburg am Ende des 2. und zu Beginn des 3. Jh erbaut worden sind.

Die gesamte Entwicklung von *Arae Flaviae* in röm Zeit macht aufgrund des derzeitigen Forschungsstandes den Eindruck einer großartig geplanten Stadtanlage, die ihren politischen Hintergrund in der Verleihung der Munizipalrechte durch einen flavischen Kaiser erhielt. Der Plan scheint jedoch nicht von langer Dauer gewesen zu sein, da sich schon spätestens ab der Regierungszeit Kaiser Hadrians deutlich Hinweise eines Rückganges verzeichnen lassen. Sicher blieben einzelne größere und gut ausgestattete Gebäude erhalten, doch als größere Stadt scheint sie nicht weiterbestanden zu haben. Der Grund für diesen Bedeutungsrückgang könnte einmal in der geographischen Lage weit im Hinterland des obergermanisch-rätischen Limes abseits der großen Verbindungsstraßen von Mainz nach Augsburg zu suchen sein, da nach Aufgabe des Legionslagers Vindonissa in der N-Schweiz die Straße über Hüfingen–Rottweil nach Rottenburg ihre ursprüngliche Schlüsselstellung als große Heer- und Durchgangsstraße von S nach N verlor. Außerdem könnte aber auch der Stillstand der Siedlung und damit gleichzeitig der Rückgang einen politischen Hintergrund gehabt haben. Vermutlich wurde *Arae Flaviae* unter Kaiser Domitian als Zentrum der Verehrung seiner Familie eingerichtet. Man könnte daran denken, daß hier ein zentraler Ort geplant war, der jedoch nach der Ermordung des Kaisers und nach der über ihn verhängten *damnatio memoriae* – der Auslöschung seines Namens aus der Erinnerung – nicht weiter ausgebaut worden ist und zwar zunächst noch als Handelsplatz weiterbestand, jedoch nach und nach an Bedeutung verlor. Der endgültige Untergang der röm Ansiedlung ist wohl in den Jahren 259/60 anzunehmen, als mit der Aufgabe des obergermanisch-rätischen Limes auch das Ende der röm Herrschaft im rechtsrheinischen Gebiet der Provinz Obergermanien gekommen war.

Die röm Ruinen wurden dem Verfall preisgegeben und bildeten im Mittelalter einen vorzüglichen Steinbruch. Es ist anzunehmen, daß große Teile der mittelalterlichen Stadt aus röm Bausteinen errichtet worden sind. Pl

Ao: Stadtm Rottweil. – WLM Stgt

Lit: PGoessler, Das röm Rottweil, hauptsächlich auf Grund der Ausgrabungen vom Herbst 1906 (1907) – Ders, Germania 9, 1925, 145 ff – Ders, Arae Flaviae. Führer durch die Altertumshalle der Stadt Rottweil (1928) – Haug–Sixt 143 ff – OHölder, Die röm Thongefäße der Altertumsslg in Rottweil (1889) – RKnorr, Die verzierten Terra-Sigillata-Gefäße von Rottweil (1907) – Ders,

Südgallische Terra-Sigillata-Gefäße von Rottweil (1912) – HNesselhauf, 40. Ber. RGK 1959, 170 Nr. 129 (mit weiterer Literatur zur hölz. Schreibtafel) – OParet, Germania 15, 1931, 230 ff – DPlanck, Die Beziehungen von Rottweil zur Schweiz in röm Zeit, in Festschr 450 Jahre Ewiger Bund (1969) 9 ff – Ders, Arae Flaviae. Neue Untersuchgen z Gesch des röm Rottweil. Forschungen und Berichte zur Vor- und Frühgesch in Baden-Württemberg Bd. 7 (1975) – WSchleiermacher, Das große Lager und die Kastelle von Rottweil, ORL Abt. B Nr. 62 (1936) – Ders, Municipium Arae Flaviae, in Gymnasium Beihefte 1 I (1962) 50 ff – LSontheimer, Führer durch die Altertumshalle in Rottweil a. N. (1913).

Die römische Badeanlage im Nikolausfeld

Abb 268, 269, Tafel 75

Das röm Bad liegt etwa 1,5 km SO der Kreuzung Hauptstr–Friedrichsplatz und Hochbrücktorstr an der Königstr bei der Ruhe-Christi-Kirche. Die Anlage ist von der Königstr, der Hölderstr oder durch den Städt Friedhof zu erreichen. Vor einem Rundgang um die Anlage sollte man sich auf der S-Anhöhe über die gesamte Anlage anhand des dort aufgestellten Planes orientieren. In der Grünanlage sind vor allem zahlreiche ▶ Säulen aus dem Gebiet der röm Stadt aufgestellt.
Auf dem Gebiet des Nikolausfeldes fanden sich sehr frühe Siedlungsspuren, wie zB eine ausgedehnte Siedlung der Bandkeramik, der ältesten jungsteinzeitlichen Kulturgruppe. Auch in nachröm Zeit war dieser Platz bedeutend. Der gesamte Bereich wurde im frühen Mittelalter mit einer Mauer umgeben, von der heute vor allem im S noch ansehnliche Wallreste zu besichtigen sind. Diese Befestigung steht vermutlich mit dem etwa 100 m S lokalisierbaren karolingischen Königshof in Beziehung.

A. Mettler leitete hier 1895 die ersten Ausgrabungen und konnte einzelne Mauerzüge der Badeanlage freilegen, ohne allerdings ihre Größe und Bedeutung erkennen zu können.
Bis 1967 blieb dieses Areal unbebaut. In diesem Jahr sollte dann der Städt Friedhof erweitert werden. Bei Grabarbeiten für Wasserleitungsanschlüsse stieß man auf röm Mauerwerk. Dank der Umsichtigkeit eines ehrenamtlichen Mitarbeiters des damaligen Staatl. Amtes für Denkmalpflege in Tübingen konnte die Anlage von August bis November 1967 vollständig untersucht werden. Im Frühjahr 1968 beschloß der Stadtrat, die ganze Anlage zu konservieren und der Öffentlichkeit zugänglich zu machen.
Ein erster Überblick über ▶ das gesamte Badgebäude zeigt, daß von der Anlage nur noch die Fundamente erhalten geblieben sind. Das eigentliche aufgehende und in der Antike sichtbare Mauerwerk (H ca 10 m), wurde bis auf diese Reste im Mittelalter abgebrochen. Zahlreiche schwarze und weiße Mosaiksteinchen, die im

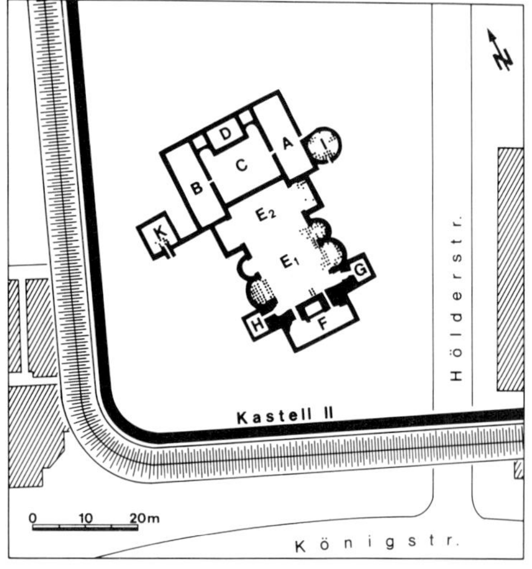

Abb. 268 Rottweil. Gesamtplan der großen Thermen (Bad 3) innerhalb der SW-Ecke von Kastell II im Nikolausfeld. A, B Auskleideraum, C mit D Kaltwasserbad, E 1 Warmbad, E 2 Warmluftraum, H, G, F Heizräume, I Schwitzbad, K Raum mit ungesicherter Bedeutung

Abb. 269 Rottweil. Die konservierten Grundmauern von Bad 3

Raum E 1 gefunden wurden, lassen vermuten, daß zumindest dieser Raum einen zweifarbigen Mosaikfußboden hatte. Die von der zentralen Feuerungsstelle durch die Heizkanäle in den Hohlraum geleitete heiße Luft umstrich die Pfeiler und erwärmte dadurch den Boden. In den Räumen E 1 und vielleicht E 2 konnten außerdem noch die Wände erwärmt werden. Die verschiedenen Herdstellen wurden von einem großen Heizraum *(praefurnium)* F und zwei kleineren Heizräumen G und H beheizt. Im Bereich der Doppelmauern zwischen den Heizräumen und dem Warmbad *(caldarium)* (E 1) waren direkt über der Feuerstelle, wie besser erhaltene röm Bäder zeigen, ursprünglich große Kessel aus Metall angebracht, in denen das Wasser erhitzt wurde und von dort wohl durch Bleileitungen in die einzelnen Badewannen geleitet werden konnte. Die Räume I und K sind bei diesem Bad jeweils von einem kleinen Heizraum an der S-Seite des Raumes aus beheizt worden.

Begleiten wir nun einen röm Badegast beim Badevorgang. Zunächst betrat er einen der beiden Auskleideräume A und B *(apodyterium)*, in denen wir sicher Bänke, Tablaren und Nischen, wo man die Kleider ablegte, anzunehmen haben. Wo die Eingänge lagen, wissen wir nicht. Sehr wahrscheinlich wurde das Gebäude von N her betreten. Da außerdem zwei gleich große Auskleideräume vorliegen, ist es möglich, daß man für Männer und Frauen getrennte Auskleideräume errichtete.

Von hier begab sich der Badegast in den mittleren Raum, den Warmluftraum E 2 *(tepidarium)*, dessen Boden indirekt über Raum E 1 beheizt wurde. Die hier herrschende angenehme Wärme war gleichsam die Vorbereitung für das Heißbad. Von dort gelangte man in das Warmbad E 1 *(cal-*

darium). Von diesem Raum, wohl der Hauptraum, kennen wir leider ebenfalls nur den Grundriß. Besonders charakterisiert wird dieser große Raum durch die vier symmetrisch angelegten Apsiden. Wo die Badewannen eingebaut waren, wissen wir nicht sicher. Man wird sie am S-Ende des Raumes sowie in den Apsiden anzunehmen haben. Daß das *caldarium* während des Bades von großer Wärme erfüllt war, versteht sich von selbst. Hier waren meist große Becken aufgebaut. Ein solches Wasserbecken *(labrum)* besitzen wir ebenfalls aus dem Boden Rottweils. Eine Trennmauer zwischen Warmbad (E 1) und Warmluftraum (E 2) ist wohl erst über dem Fußboden eingezogen worden. Spuren dieser Mauer wurden nicht beobachtet. Auffallend sind die großen, massiven Sandsteinfundamente, die ohne Zweifel große Träger oder Säulen getragen haben, auf denen die Haupttraglast des Gewölbes geruht hat.

Um sich wieder zu erholen oder sich abzukühlen, tauchte man anschließend ins kalte Wasser des Badebecken D *(piscina)* im Kaltbad C *(frigidarium)*. Diese Abkühlung war vor allem dafür geschaffen, die Poren der Haut wieder zu schließen und sich so abzuhärten. Das Badebecken D konnte durch einen großen gemauerten Abwasserkanal entwässert werden, in den zweifellos auch die anderen Abwässer, insbesondere die des Warmbades eingeleitet wurden.

Als besonderer Teil des Bades ist das Schwitzbad I *(sudatorium* oder *laconicum)* anzusehen. In unserem Fall ist es von einem der beiden Auskleideräume zu betreten. Dieser runde Raum ist besonders charakteristisch für das Schwitzbad, da durch diese Bauform die Wärme heiztechnisch am besten ausgenutzt wurde. Der ebenfalls beheizbare Raum K ist in seiner Bestimmung nicht sicher zu deuten. Der etwas abseits gelegene kleine separate Anbau spricht für einen Aufenthaltsraum des Personals der Badeanlage. Zweifellos müssen wir aber noch mit ausgedehnten Wandelhallen *(palaestra)* und Höfen für Spiele rechnen, die allerdings nicht mehr archäologisch nachweisbar sind, da die nicht sehr tief gehenden Fundamente wahrscheinlich vollständig dem Steinraum zum Opfer gefallen sind.

Die Badeanlage zeigt außerdem zwei Bauphasen. Der ältere Bau besaß nur den großen Heizraum F. Die Räume G und H wurden später angebaut. Ihre Mauern, die auch eine geringere Breite aufweisen als die Mauern des eigentlichen Gebäudes, zeigen Baufugen gegenüber den anderen Mauern. Doch gerade die Heizräume mit den Heizkanälen zeigen deutlich, daß die Anlage länger benutzt wurde. Die Ziegelplatten der Kanäle waren zum Teil sehr stark ausgeglüht. Die Kanäle des Raumes F wurden offenbar kurz vor der Aufgabe der Anlage erneuert, da sie einen fast ungebrauchten jedoch sekundär erbauten Eindruck machten.

Der Fußboden in den drei Heizräumen bestand aus gestampftem Lehm. In allen Heizräumen konnten starke Brandschuttschichten beobachtet werden. Zum Teil waren sogar die Wände der Räume stark geschwärzt.

Die Badeanlage mit ihrer axialen Anordnung der Hauptgebäude *caldarium* (E 1), *tepidarium* (E 2) und *frigidarium* (C) entspricht der von röm Architekten der mittleren Kaiserzeit besonders oft benutzten Anordnung. Dieser sog Reihentypus stellt die allgemein übliche Form röm Bäder in Ober- und Untergermanien dar.

Für ihre Datierung ist das Rund*sudatorium* oder *laconicum* (I), das in unserem Fall vom *apodyterium* A her zugänglich ist, von Wichtigkeit. Diese Anordnung widerspricht allerdings der Forderung des antiken Architekten Vitruv (Vitruv 10, 5), der den Schwitzraum neben den Warmluftraum legt. Gerade diese Abweichung finden wir jedoch verschiedentlich an röm Bädern. Wie die bisher bekannten Anlagen zeigen, kommt diese Anordnung spätestens in der 1. Hälfte des 2. JhnChr noch vor. Die meisten derartigen Anlagen gehören schon ins 1. JhnChr.

Dagegen stellt die rein axiale Anordnung von *caldarium, tepidarium* und *frigidarium* (E 1, E 2 und C) eine Bauform dar, die vor allem im 2. Jh gebräuchlich war. Da die vorliegenden Kleinfunde für die Bestimmung der Erbauungszeit nicht ausreichen, muß diese also in erster Linie auf baugeschichtlichen und topographischen Überlegungen beruhen.

Wie schon erwähnt, liegt das Bad in der SW-Ecke

des jüngsten Kastells innerhalb der röm Stadt, das frühestens zwischen 105 und 110 nChr aufgelassen worden sein kann. Damit muß die Erbauung dieser Anlage um einige Jahre jünger sein, dh das Bad wurde vermutlich in der späten Regierungszeit Kaiser Trajans oder zu Beginn der Regierungszeit Kaiser Hadrians erbaut, also zwischen 110 und 120 nChr. Dies würde auch mit der oben dargelegten baugeschichtlichen Datierung zusammenpassen.

Wie nicht anders zu erwarten war, ist die Zahl der bei den Ausgrabungen geborgenen Kleinfunde recht gering. Aus den einzelnen Räumlichkeiten der Badeanlage selbst konnten fast ausschließlich nur Scherben von Gebrauchskeramik und aus Terra Sigillata geborgen werden.

Besonders wichtig für die Geschichte des röm Rottweil sind zahlreiche Ziegelbruchstücke mit Stempeln verschiedener in Rottweil zeitweilig stationierter militärischer Einheiten. Derartige Ziegel wurden in Ziegeleien des röm Militärs hergestellt und bekamen gewissermaßen als Herstellerbezeichnung den Stempel der jeweiligen Einheit. Alle hier im Bad gefundenen Stempel fanden sich als Altmaterial in den Heizkanälen verbaut. Von den noch in Originallage vorgefundenen Ziegelplatten der Hypokaustenpfeiler war kein einziger gestempelt. Aus dieser Tatsache geht hervor, daß die hier verbauten Ziegel von älteren Bauten stammen müssen und hier in zweiter Verwendung eingebaut wurden. Sehr häufig fanden sich Ziegelplatten mit dem Stempel der 11. Legion: *LEG XI C P F (= legio XI Claudia pia fidelis)*. An Hilfstruppen *(auxiliae)*, dh an militärischen Einheiten, die aus in Provinzen rekrutierten Soldaten bestanden, sind folgende Einheiten durch Stempel nachzuweisen: *COH I BITVR (= cohors I Biturigum), COH III DAL P F (= cohors III Dalmatarum pia fidelis), COH I F (= cohors I Flavia)* und die *COH II AQ EQ CR (= cohors II Aquitanorum equitata civium Romanorum)*. Die drei zuletzt genannten Einheiten wurden durch diese Funde für Rottweil zum ersten Mal nachgewiesen. Ihr Aufenthalt in Rottweil fällt ans Ende des 1. und zu Beginn des 2. JhnChr.

Besonders schöne und wichtige Funde fanden sich dagegen in der sandigen Auffüllschicht des großen, gemauerten Abwasserkanals. Zunächst seien hier die zwölf bestimmbaren Münzen erwähnt. Die älteste Münze dieser Reihe stellt ein Denar des Kaisers Augustus dar und die beiden jüngsten Stücke sind zwei Asse des Kaisers Trajan, geprägt in den Jahren 98/99 bzw 99/100 nChr.

Außerdem wurden zwei sehr schöne Gemmen aus Onyx bzw aus Glaspaste gefunden. Daneben seien hier zahlreiche Spielsteine aus Bein, beinerne Haarnadeln und Scherben von verschiedenen Glasgefäßen erwähnt.

Unter den übrigen Metallfunden ragen besonders die gut erhaltene Gürtelschnalle sowie das in röm Siedlungen häufig zu findende Amulett in Form eines Phallus hervor, das sehr wahrscheinlich zum Pferdegeschirr zu rechnen ist.

Zu diesen neuen Funden gehört aber auch der Stempel eines Augenarztes mit der Aufschrift *M ULPI THEODORI CROCODES* (= Safranin von Marcus Ulpius Theodorus). Der Stempel ist in ein dünnes Plättchen aus Talgschiefer eingraviert.

Besonders interessant ist der Beiname des Arztes Theodorus. Er besagt, daß dieser Arzt in *Arae Flaviae* griechischer Herkunft gewesen sein muß. In röm Zeit waren die meisten Ärzte griechischer Herkunft. Das Mittel, das auf diesem Stempel genannt wird, war eine Safransalbe gegen die Entzündung der Bindehaut. Pl

Ao: Stadtm Rottweil.

Lit: DPlanck, Das Rottweiler Römerbad. Kl. Schriften des Stadtarchivs Rottweil 2 (1972).

Stadtmuseum

Abb 270–273, Tafel 35a, 36b, 44a, 45b

Hauptstr 21. Öffnungszeiten: Mo–Sa 9–12 und 14–17, So 10–12 Uhr. Eintritt frei

Das Museum, 1884 von dem Rottweiler Kunsterzieher Oskar Hölder gegründet, ist eines der größten Heimatmuseen des Landes. Neben der

Abb. 270 Rottweil. Museum. Salbgefäßtopf in Tiergestalt

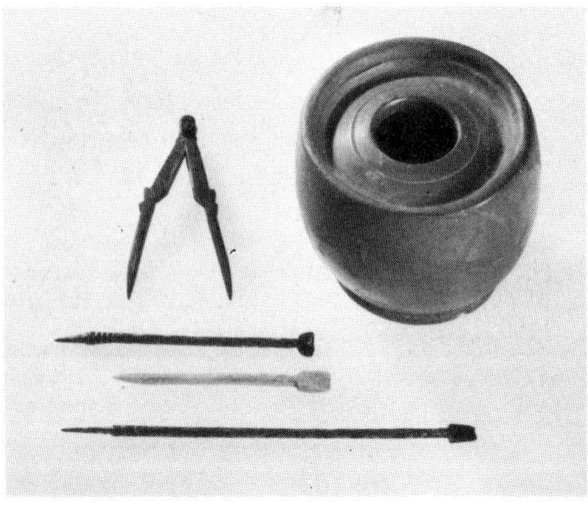

Abb. 271 Rottweil. Museum. Schreibgriffel, Zirkel und Tintenfaß

vor- und frühgeschichtlichen Abteilung im Erdgeschoß verfügt es über eine umfangreiche und sehenswerte stadtgeschichtliche Sammlung.

Den Mittelpunkt der vor- und frühgeschichtlichen Abteilung bilden die röm Funde aus dem Stadtgebiet Rottweils, dem antiken *Arae Flaviae*, eine der umfangreichsten Sammlungen röm Altertümer in Württemberg. Sie beruht im wesentlichen auf der Sammelarbeit zahlreicher örtlicher Forscher, zB F. v. Alberti, O. Hölder, K. Bertsch und R. Ströbel. Daneben sind vor allem die riesige Zahl von Funden aus Grabungen des LDA Baden-Württemberg, die seit 1967 durchgeführt werden, hier untergebracht und haben das Museum bereichert. Allerdings ist nur ein kleiner Teil der Bestände für die Öffentlichkeit zugänglich.

Die Aufstellung der jetzigen Sammlung wurde um 1963 neu gestaltet, wobei auch diese Ausstellung nur ein Provisorium ist, da ein neuer großer Museumsbau in Planung ist.

Im Vordergrund der ausgestellten Bestände stehen die Kleinfunde. Eine reiche Auswahl vermittelt einen vorzüglichen Überblick über die Gegenstände an Keramik, Schmuck, eisernen und bronzenen Geräte des 1. und 2. JhnChr. Die Bestände an Geschirr aus Terra Sigillata stammen vor allem aus den südgallischen Töpferzentralen La Graufesenque und Banassac und gehören zum größten Teil dem 1. und frühen 2. JhnChr an. Eine weit geringere Zahl kommt aus den ostgallischen und obergermanischen Manufakturen, wie etwa Rheinzabern. Dabei gibt es verschiedenste Verzierungsarten der Gefäße und einzelne Töpferstempel. Besonders auffallend sind zahlreiche schwarze, durch Brandeinwirkung sekundär verfärbte Gefäße. Vermutlich ist die Ursache in mehreren größeren Stadtbränden zu suchen.

Von der kleinen Sammlung bronzener Götterbilder verdienen vor allem die beiden Jupiterstatuetten besondere Beachtung. Auch Öllampen und Glasgefäße gehören zu den Kostbarkeiten dieses Museums. Besonders interessant sind hier drei Bruchstücke von gläsernen Bechern mit der Darstellung von Wagenrennen. Das Bruchstück eines Steckkalenders aus Terra Sigillata ist bisher in Württemberg einmalig.

Überaus vielseitig ist auch der Bestand an beinernen Geräten. So finden wir zB eine Vielzahl an Spielsteinen, beinerne Pfriemen, Haarnadeln und sonstige Geräte. Ein besonders seltenes Stück ist die Haarnadel mit einem aus Bein geschnitzten Frauenkopf. Aus einer umfangreichen Sammlung eiserner und bronzener Gerätschaften sind etwa Schreibgriffel, Zirkel, Siegelkapseln, Schlüssel, Arztbestecke und Waffen hervorzuheben. Wohl das historisch wertvollste Fundstück stellt die hölzerne Schreibtafel dar. 1950 in einem Brunnen gefunden, ist sie das wichtigste Dokument der röm Geschichte der Stadt *Arae Flaviae.*

Eine besonders schöne Sammlung von Fibeln beginnt mit augusteischen Formen und endet mit emailverzierten Stücken des 2. und 3. Jh. Bisher seltene Funde in unserem Raum sind der hölzerne Eimer aus einem Brunnen in Rottweil-Altstadt und der bronzene Wasserhahn, aus dem warmes und kaltes Wasser fließen konnte. Die militärische Bedeutung der Stadt veranschaulicht neben den Waffenfunden auch das Modell des röm Kastells III auf Hochmauren, entdeckt 1968 und bis 1970 ausgegraben.

Interessante Einblicke in die Art der Bevölkerung gestattet die Sammlung der einfachen, groben Keramik mit starken keltischen Einflüssen. So wurden in Rottweil Gefäße gefunden, die in Form und Art ihrer Bemalung in spätkeltischer Tradition stehen. Die für Rottweil nachweisbare Töpferei des *ATTO* und *VATTUS* fertigte einerseits Gefäße in Form des Terra-Sigillata-Geschirrs und andererseits Gefäße in rein keltischer Manier.

Den wertvollsten Teil der röm Sammlung stellen wohl die Fragmente der beiden farbigen Mosaikfußböden dar. Das in seiner Art ganz vorzügliche Orpheusmosaik, gefunden 1834, ist wohl eines der beeindruckendsten Kunstwerke röm Zeit in SW-Deutschland. Das farbige Mosaik – es zierte ursprünglich einen Boden (ca 8×8 m) – zeigt im Mittelfeld den Gott Orpheus auf einem Fels sitzend, umgeben von verschiedenen Tieren, die seiner Musik lauschen. Der nach rechts gewandte Sänger hält eine fünfsaitige Leier *(kithara)* mit neun Schallöchern auf dem Schoß. Sein lockiges,

Abb. 272 Rottweil. Museum. Hölzerne Schreibtafel, wichtigstes Dokument der röm Stadt Arae Flaviae

nach rechts gewandtes mit einer phrygischen Mütze bedecktes Haupt, ist eine ausgezeichnete Arbeit röm Mosaikkunst und verrät die Hand eines vorzüglichen Künstlers. Die Bildfelder, die sich an das Mittelquadrat anschließen, sind nur in Fragmenten erhalten. Teile eines Wagenrennens lassen vermuten, daß hier Rennwagenszenen in verschiedenen Kampfphasen abgebildet waren. Aufgrund der Untersuchungen glaubt K. Parlasca, die Entstehungszeit dieses für Baden-Württemberg einmaligen Kunstwerks ans Ende des 2. JhnChr setzen zu können.

Schon 1784, als die Erforschung des röm Rottweil begann, war das zweite farbige Mosaik gefunden worden, es wurde aber erst 1915/16 wiederentdeckt und ausgegraben. Die Fundstelle liegt nur knapp 100 m vom Orpheusmosaik entfernt. Da leider nur Fragmente von diesem Boden vorliegen, läßt sich die ursprüngliche Größe heute nicht mehr sicher bestimmen. Im Hauptfeld greift links der Sonnengott Sol mit seinem

Abb. 273 Rottweil. Museum. Bronzener Wasserhahn für kaltes und warmes Wasser

Strahlenkranz und der Peitsche in rascher Bewegung nach der halb in Rückenansicht wiedergegebenen Leukothoe, die erschrocken zurückweichen will. Sol hat ihr das Gewand schon teilweise herabgezogen. Stilistische Untersuchungen veranlassen auch hier K. Parlasca, eine Entstehungszeit im späten 2. oder gar um 200 nChr annehmen zu können, obwohl die historischen Überlegungen und die Auswertung der übrigen Kleinfunde mit diesen Datierungen nicht voll im Einklang stehen. Diese beiden Mosaikfußböden lassen auch einige Rückschlüsse auf die Größe und den Reichtum der Bauten von *Arae Flaviae* zu.

In einem tiefer gelegenen Untergeschoß des Museums sind einige interessante bauliche Details aufgebaut. Vor allem wurde hier ein Teil der Hypokaustanlage wiederaufgestellt aus einem Badegebäude unter der heutigen Pelagiuskirche in Rottweil-Altstadt. Sie gibt einen guten Einblick in den technischen Aufbau einer röm Fußboden- und Wandheizung.

In einem kleinen Lichthof am Ende des Museums sind Bauteile und Inschriftenfragmente ausgestellt. Dabei hat das Fragment eine Kaiserinschrift, 1906 von P. Goessler beim Hofgut Hochmauren in Rottweil-Altstadt entdeckt, einen sicher wichtigen historischen Inhalt. Es läßt sich aber leider nicht ergänzen.

Daneben ist hier noch eine Sammlung gestempelter Dach- und Heizziegel ausgestellt. Pl

Abb. 274 Säckingen. Museum. Eulenfigur aus einem Brandgrab

Lit: LSontheimer, Führer durch die Altertumshalle in Rottweil a. N. (1913) – PGoessler, Arae Flaviae. Führer durch die Altertumshalle der Stadt Rottweil (1928). Haug-Sixt, 143 ff – KParlasca, Die röm Mosaiken in Deutschland. Röm-German Forschgen Bd 23 (1959) 96 ff.

Säckingen WT

Hochrheinmuseum

Abb 274

Wernergasse 3. Öffnungszeiten: Di, Do, So 15–17 Uhr

Das Hochrheinmuseum in den beiden obersten Stockwerken des „Trompeterschlosses" wurde 1968 als Regionalmuseum durch das damalige Amt für Urgeschichte Freiburg (A. Eckerle) eingerichtet. Vorläufer war eine durch E. Gersbach zusammengetragene und betreute vorgeschichtliche Sammlung im Gallusturm (seit 1925), die später ins Schloß verlegt wurde.

Wie der Name andeutet, ist das zentrale Thema der Ausstellung die Ur- und Frühgeschichte des Hochrheintals, beschränkt auf die deutsche Talseite zwischen Grenzach bei Basel und Altenburg bei Schaffhausen. In dieser seit ältesten Zeiten dicht besiedelten Landschaft liegt das Schwergewicht der Funde verständlicherweise bei den vorgeschichtlichen Perioden. Entsprechend herausgehoben sind in der Schausammlung die altsteinzeitlichen Wohnplätze von Murg und Öflingen, die jungsteinzeitliche Siedlung von Säckingen oder die reichen Grabinventare von Tiengen aus der mittleren und späten Bronzezeit.

Unter den jüngeren vorröm Fundplätzen verdient das keltische Oppidum von Altenburg, die erste stadtähnliche Siedlung des Hochrheintals, besondere Erwähnung. Die Geschichte dieses Platzes reicht, wie wir heute wissen, bis in den Beginn der röm Zeit.

Säckingen selbst hat ein röm Brandgräberfeld geliefert. Von hier stammt neben einer Serie interessanter Tongefäße eine eigenartige Terrakotte in Gestalt einer sitzenden Eule. Größeren Raum beanspruchen die Funde des Gutshofs in Laufenburg. Dazu gehören Architekturfragmente, Reste von Mosaiken und farbigem Wandverputz, die Rekonstruktion der Hypokaustheizung und schließlich eine reichhaltige Auswahl an verzierter und einfacher Keramik, an Schmuckstücken und Geräten aus Bronze, Eisen und Bein.

Eine Vitrine mit Münzen aus den Altbeständen des Museums zeigt die wichtigsten röm Kaiser in der Reihenfolge ihrer Regierungszeit. Bedeutendstes Stück dieser Sammlung ist ein gut erhaltener Solidus des Magnentius (350–353 nChr), bei dem leider, wie auch bei anderen Münzen aus dem Rheintal, keine genauen Fundortangaben vorliegen. Fin

TK 8413 – L 8512

Lit: HEiden, Aus dem HM in Säckingen. BadFdb III, 1933–1936, 220 – AEckerle, Hochrheinm Säckingen. ArchNaB, April 1969, 16.

Sasbach EM

Versorgungslager (?)

Abb 275, 276

Auf der Straße Sasbach in Richtung Frankreich, wird kurz nach Verlassen der Ortschaft der riesige Steinbruch am S-Ende des Limbergs sichtbar, dessen Anfänge übrigens auch in röm Zeit zurückreichen. Vor diesem Steinbruch biegt ein asphaltierter Weg nach rechts (N) ab, der fast geradlinig an der O-Flanke des Berges hochführt. Oben steht man nach einer scharfen Linkskurve (kleiner Parkplatz) vor einem spätkeltischen Abschnittswall (1. JhvChr), unmittelbar dahinter liegt das röm Lager auf dem N-Plateau des Limbergs, einem der NW-Ecke des Kaiserstuhlmassivs vorgelagerten Höhenrücken vulkanischen Ursprungs, dicht am heutigen Rheinufer. Der ursprüngliche Verlauf des Flusses folgte unmittelbar dem Hangfuß und schloß den Berg auf drei Seiten ein (SWN). Manches spricht dafür, daß auch nach O ein schmaler Seitenarm vorgelagert war, daß der Limberg also zumindest zeitweise wie eine Insel in der Rheinniederung lag. Die steilen Hänge und die Höhe von mehr als 90 m über der Ebene gaben dem Lager zusätzlichen Schutz. Das ursprünglich stark bewegte Oberflächenrelief des Limbergplateaus wurde 1971/72 durch eine Rebflurbereinigung völlig nivelliert und dabei der größere Teil des Lagerareals abgetragen. Erhalten blieb lediglich das O-Drittel, das unter älteren Rebpflanzungen liegt und vorerst auch nicht untersucht werden kann. Ein Besuch vermittelt also nur eine Vorstellung von der ungewöhnlichen Situation dieses Stützpunktes, seiner den Fluß und die umgebende Landschaft beherrschenden Lage und von dem wirklich großartigen und weitreichenden Überblick, der sich von dieser Stelle bot. Bei klarem Wetter reichte die Sichtverbindung bis zum röm Lager von Straßburg.

Vor Beginn der erwähnten Rebflurbereinigung waren vom Limberg keine röm Funde bekannt. Bei einer Voruntersuchung verschiedener, meist frühmittelalterlicher Wallreste wurde im Herbst 1971, noch vor Beginn der Planierarbeiten, die SW-Ecke des Lagers entdeckt. So war es trotz der äußerst knappen Zeit möglich, innerhalb des betroffenen Gebiets den gesamten Verlauf der Befestigung zu klären und die Innenfläche vollständig aufzudecken.

Das Ergebnis dieser Freilegung war ein Lager ungefähr lang-ovaler Form (L 250 m, B mindestens 120 = 2,5–3 ha).

Soweit möglich folgte die Umwehrung der vorgegebenen Geländeform, meist bestimmten Höhenlinien. Dies gilt wahrscheinlich auch für die noch nicht untersuchten Teile im N und O. In

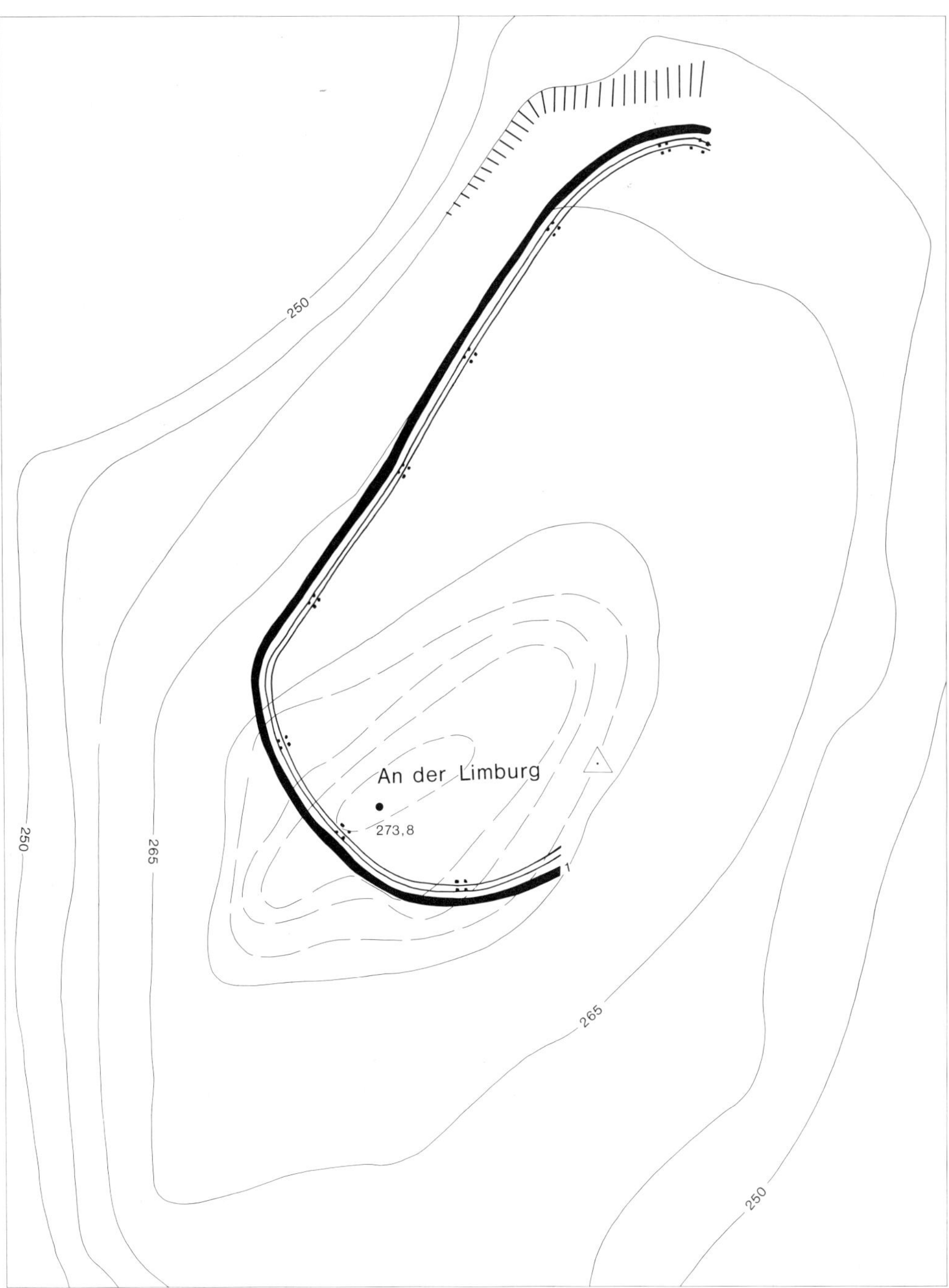
250
An der Limburg
273,8
1
250
265
265
250

den natürlichen Gegebenheiten des Platzes liegt auch die Erklärung dafür, daß nur ein einziger Eingang ins Innere führte. Dieses bisher erst zur Hälfte ergrabene Tor liegt am N-Ende des Lagers, dicht hinter dem erwähnten keltischen Abschnittswall, der die günstigste Zugangsmöglichkeit zur Hochfläche abriegelt. Dieser Wall bildete ohne Zweifel auch noch in röm Zeit eine zusätzliche Sicherung des Vorgeländes.

Ähnlich wie in Dangstetten bestand die Lagermauer aus hölzernen Schalwänden mit Erd- oder Bruchsteinfüllung, je nachdem, welches Material beim Ausheben des davorliegenden Spitzgrabens (B bis 4,50 m, T 2,50 m) anfiel. Holztürme verstärkten diese Verteidigungslinie in durchschnittlich 50 m Abstand, deren Hauptpfosten zT tief in den anstehenden Fels eingelassen waren.

Völlig ohne Ergebnis blieb die Untersuchung der Innenfläche; es fanden sich weder Straßengräbchen noch Bauspuren. Läßt sich dieser negative Befund vielleicht mit älteren Terrainveränderungen und mit der maschinellen Rodung in Zusammenhang bringen, müssen für das Fehlen von Abfall- oder Kellergruben, die normalerweise tief in den Boden hinabreichen, andere Ursachen vorliegen. Vielleicht sind sie in der Funktion des Stützpunktes zu suchen, der in erster Linie als Versorgungsdepot gedient haben könnte. Die Reservierung großer Flächen für Speicherbauten würde sehr gut das Fehlen von Kellern und anderen Gruben erklären, die in der Regel bei den Kasernen angelegt wurden. Andere Ursachen lassen sich aber nicht ausschließen. Vor der Untersuchung des ungestörten O-Lagerteils bleiben solche Vermutungen noch ohne rechte Grundlage. Leider gilt dies auch für die Frage der Zeitbestimmung und damit für die geschichtliche Einordnung des Platzes. Bisher liegen mit Ausnahme einer Münze keine wirklich exakt zu datierenden Funde vor. Innerhalb der frühen Kaiserzeit, der das Lager in jedem Fall zuzuweisen ist, bleibt deshalb jeder Vorschlag mit Unsicherheiten behaftet. Manches spricht dafür, daß Sasbach gleichzeitig mit Dangstetten angelegt wurde, mit dem es auch die Lage am Rhein, der röm Grenze zur Zeit des Kaisers Augustus, gemeinsam hat. Der Platz würde sich dann in die Reihe der kleineren augusteischen Stützpunkte einreihen, deren Aufgabe teils in der Sicherung militärisch wichtiger Straßen, teils in der Nachschubversorgung der von großen Lagern aus operierenden Heeresgruppen lag. Mit Sasbach wäre dann die bisher bestehende Lücke zwischen Straßburg und Basel geschlossen. Aber auch eine spätere Gründung, erst in der Regierungszeit der Kaiser Claudius oder Nero (nach 41 nChr) erscheint möglich. Jedenfalls war das Lager über einen längeren Zeitraum hin in Benutzung, vielleicht bis zur Verlegung der Truppen in die neuen Limeskastelle im späten 1. JhnChr.

Abb. 275 Sasbach. Röm Lager auf dem N-Plateau des Limbergs

Abb. 276 Sasbach. Röm Brunnen aus einer Zivilsiedlung in der Rheinebene

Bis zur Sicherung der rechtsrheinischen Landgewinne blieb der Limberg ohne Zweifel von militärischem Wert, da hier eine aus dem Inneren Frankreichs kommende Straße den Rhein überquert. Im N-Kaiserstuhlvorland bis nach Riegel konnte ihr Verlauf durch Geländebegehungen und Suchschnitte gesichert werden. Unbekannt ist dagegen bis heute noch die Route, auf der man in röm Zeit den S-Schwarzwald überquerte (Glottertal – Thurner – Urachtal – Bregtal?), um bei Hüfingen den Anschluß an die Donaustraße zu erreichen. Fin

TK 7811 – L 7910
Ao: LDA, Außenstelle Freiburg
Lit: GFingerlin, Keltenstadt und Römerlager: Der Limberg bei Sasbach (I–II). ArchNaB 10, 1973, 5 und 15, 1975, 9 – Ders, Ein neues röm Lager am Oberrhein. Vorber über die Grabungen 1971–1972 in Sasbach. Akten des Internationalen Limeskongresses 1974 in Xanten (im Druck)

Schirenhof Schwäbisch Gmünd AA

Kohortenkastell und Lagerdorf am rätischen Limes

Abb 277

Im W des Stadtgebietes senkt sich am S-Rand des Remstales eine Geländezunge („Ramsnest"; 350 m Höhe) zur Eutighofer Str. Von den benachbarten Anhöhen überragt, wird sie seitlich durch Wasserläufe begrenzt. In den unteren Regionen besteht sie aus Stuben-, in den oberen aus Liassandstein; beide Gesteine wurden in röm Zeit zu Bauzwecken verwendet. Das Areal des Kastells, dessen antiker Name nicht bekannt ist, überzieht die NO-Spitze der Kuppe. Unter dem alten Wohnhaus des Schirenhofes liegt die NW-Ecke der Vorderfront des Lagers. Obertägig sind vom Kastell keine Reste mehr erkennbar; das Kastellbad ist konserviert.

Grundlage für die Veröffentlichung im Limeswerk bildete die Grabung von E. v. Kallee 1886, fortgeführt bis 1888 von Major Steimle. Das Kastellbad sowie ein N davon gelegenes Gebäude wurden 1893 untersucht. Nach dem 2. Weltkrieg erlaubte die Überbauung des Vorgeländes Einblicke in die Besiedlung. 1972–73 fand im Auftrag des LDA eine Untersuchung des Kastellbades statt.

Kastell. Im Bereich der SW-Umwehrung (4) verlaufen im Abstand von etwa 17, 11 und 5 m drei Spitzgräben vor der Kastellmauer. Ihre genauen Abmessungen, die Unterbrechungen vor der Toreinfahrt und ihr Verlauf vor den übrigen Fronten müssen noch geklärt werden. Die Umwehrungsmauer (Fundament B 1,20 m) bildete ein Rechteck mit gerundeten Ecken (157 x 130,60 m = ca 2 ha). Von den Toren sind nur das rechte *(porta principalis dextra)* (3) und das rückwärtige *(porta decumana)* (2) ergraben. Letzteres wies eine einfache Durchfahrt (B 3,80 m) auf, flankiert von zwei halbrund nach außen vorspringenden Türmen (späterer Umbau?). Das rechte Lagertor – hier als Doppeltor rekonstruiert – schützte ein rechteckiger N-Turm (3,80 x 6,40 m), der nur wenig vor die Mauer kragt. Rückwärtig öffnete sich eine Tür (B 1,20 m). Türdurchlässe (B 0,80 m) wiesen die trapezoiden Ecktürme auf, von denen diejenigen der Rückfront untersucht worden sind. Die Wallanschüttung aus Erde (B ca 5 m) stieß innen gegen die Lagerringstraße *(via sagularis)*, die ihrerseits durch einen im Abstand von 12 m verlaufenden Wassergraben begrenzt wurde. – Von der Innenbebauung sind nur die rückwärtigen Teile des Stabsgebäudes *(principia)* (1) bekannt geworden. Sie weisen in ihren Abmessungen große Ähnlichkeit mit der analogen Raumflucht im O-Nachbarkastell Böbingen a. d. R. auf. Deutlich tritt die halbrunde Apsis des Fahnenheiligtums

Abb. 277 Schirenhof. Übersichtsplan. 1 Stabsgebäude, 2 rückwärtiges Lagertor, 3 rechtes Lagertor, 4 SW-Umwehrung, 5, 11, 17 Straßenstück, 6, 8, 15, 19 Steingebäude, 7 Kastellbad, 9 Kommandantenwohnung (?), 10, 12, 14, 18 Flächen röm Besiedlung, 13 Grabfund, 16 Bachbett zu röm Zeit

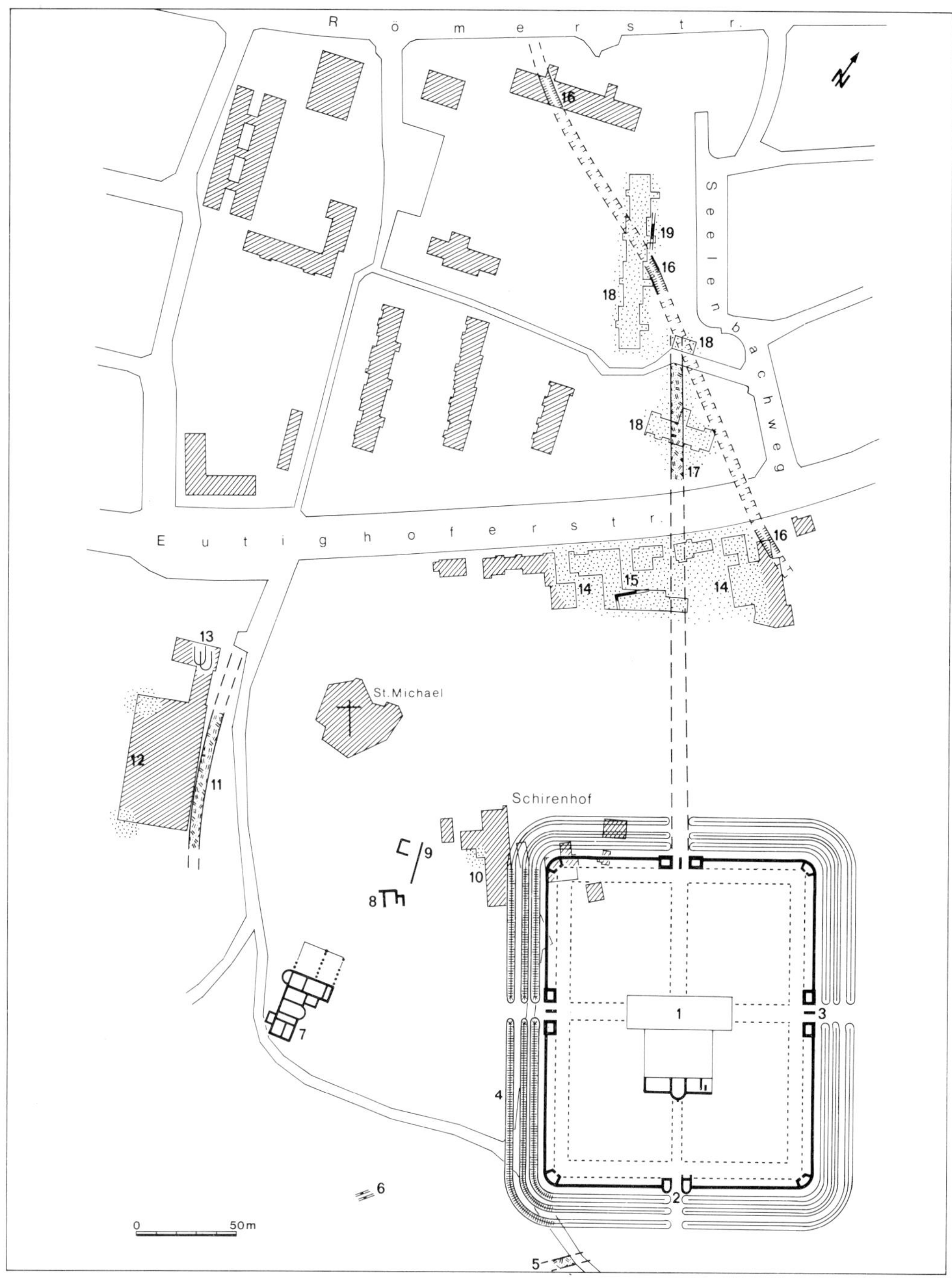
Römerstr.
N
16
19
16
18
Seelenbachweg
18
18
17
Eutighoferstr.
16
14
15
14
13
St.Michael
12
11
Schirenhof
9
10
8
7
1
3
4
6
2
0
50m
5

(sacellum) hervor; links gefolgt von einem heizbaren Raum.
Die Gründungszeit des Kastells fällt nach den Kleinfunden in die Mitte 2. JhnChr, unter die Regierungszeit des Kaisers Antoninus Pius (138–161 nChr). Hinzu kommen dendrochronologische Daten, die an Eichenstämmen aus dem Lagerdorf gewonnen wurden: zwei Proben verweisen auf 138 bzw 139 ± 6; eine auf 150 ± 6 nChr. Das Ende der röm Besiedlung ist aufgrund eines Münzfundes aus dem Kastellbad in die Zeit nach 248 nChr anzusetzen.
Die Truppe, die hier mit großer Wahrscheinlichkeit stand, war die *cohors I Raetorum*, eine ursprünglich in der Provinz rekrutierte Infanterieeinheit von 500 Mann Stärke. Ihre Anwesenheit wird durch Ziegelstempel: *·COH(o)R(tis) P(rimae) F(laviae?) RAET(orum)* und das Bruchstück einer Geniusstatue belegt, das einen *lib*[*r(arius) coh(ortis) I*] *Raet*[*orum*] (librarius = Schreiber) mit dem Namensrest [*F*]*idelis* nennt. Der früheste Beleg für diese Einheit ist eine Ehreninschrift für den ehemaligen Kommandanten C. Caelius Martialis, der in domitianischer Zeit diese Kohorte befehligt hat. In welchem Kastell Rätiens sie zu dieser Zeit stand, ist unbekannt. Auf den Truppenlisten der Militärdiplome erscheint sie von 107 bis 167/168 nChr. Nach der Mitte des 3. Jh dürfte die Einheit untergegangen sein. Die *cohors I Herculia Raetorum* in Burgheim/*Parrodunum* war wohl eine Neugründung des späten 3./4. Jh.
Die Funde aus dem Kastellbereich sind nicht sehr zahlreich. Erwähnenswert sind die Reste einer Bronzebuchstabeninschrift vom rechten Lagertor.

Lagerdorf. Das Lagerdorf *(vicus)* erstreckte sich am S- und NW-Hang der Hügelkuppe, entlang der Ausfallstraßen des Kastells, die an einzelnen Stellen (5, 11, 17) gefaßt werden konnten. Wichtig war die Trasse nach N, die auf den Remsübergang zielt. Hier überquerte die vom W Nachbarkastell Lorch am N-Ufer ziehende Remstalstraße den Fluß, um von jetzt ab am S-Ufer nach Böbingen zu verlaufen. Ein Straßenstück (11) führte um den Hügel herum und auf halber Hanghöhe in Richtung Straßdorf weiter, wohl um die rückwärtige Verbindung über Waldstetten und Christental zu erreichen. – Das Bett des Seelenbaches (16) verlief in röm Zeit quer durch die besiedelten Flächen (14, 18). Am Schnittpunkt von Bach und Straße ist ein „gewölbeartiges" Mauerwerk (Brücke?) bei Bauarbeiten zerstört worden. – Ein bescheidener Grabfund kam bei (13) ans Licht; möglicherweise gehören die Fundstellen (12) gleichfalls zum Gräberfeld.
Von den außerhalb der Lagermauern gelegenen Gebäuden deuten (6, 15, 19) auf eine einfache Steinbauweise. Mehr Beachtung verdienen die schlecht erhaltenen und schwierig zu deutenden Reste (8, 9, 10), die aufgrund ihrer Ausdehnung, Heizbarkeit und hervorragenden Lage am ehesten als Kommandantenwohnung oä angesprochen werden können. Mit Sicherheit gibt sich das Kastellbad zu erkennen (7). Nu

Kastellbad

Abb 278–280

Die im Remstal einzigartige ▶ Anlage (48 x 25 m) liegt 120 m W des linken Lagertores *(porta principalis sinistra)*, an der unteren Hangkante, unmittelbar über einem Steilabfall. Durch das Gefälle wurde das Problem der Wasserzufuhr sowie das der Abwässer auf natürliche Weise gelöst. Die Hanglage brachte es ferner mit sich, daß die Mauern im oberen Abschnitt noch 1 m über dem Fußboden erhalten waren, während unten stellenweise bereits die Fundamente fehlten. Besonders gelitten hat die Bausubstanz unter dem Stein- und Ziegelraub des 19. Jh.
Die Badeanlage vom sogenannten Reihentyp ist entsprechend den antiken Bauvorschriften genau N-S orientiert. Sie teilt sich in zwei Komplexe, einen hölzernen Vorbau und einen steinernen Badetrakt. Es lassen sich mehrere Bau- und Benutzungsperioden unterscheiden: Gründungs-, Erweiterungs- und Spätphase. Die Reste des ältesten Baues, nach Ausweis der Funde gleichzeitig mit dem Kastell errichtet, sind durch ein regel-

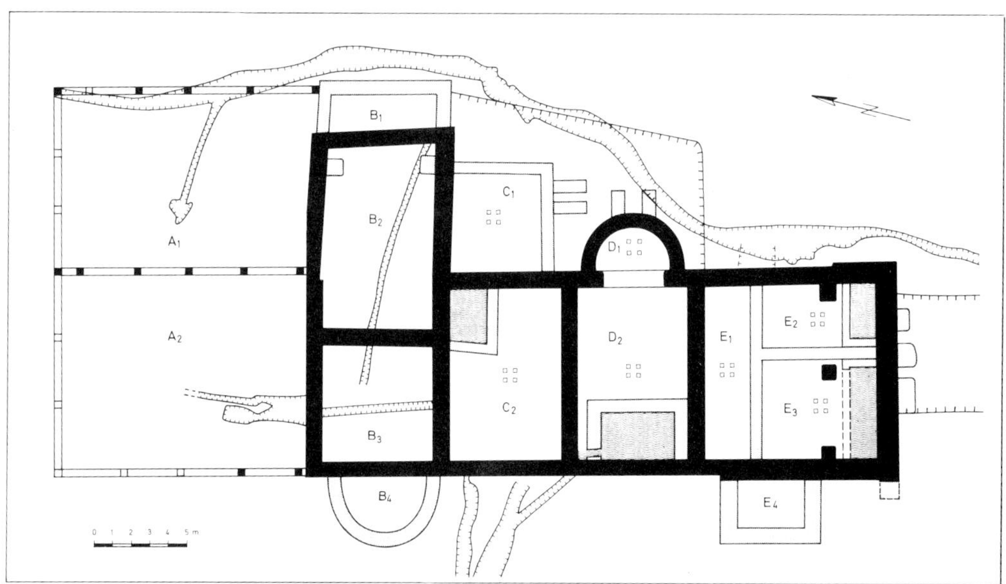

Abb. 278 Schirenhof. Kastellbad. Gesamtplan. A 1, A 2 Aufenthaltsraum, B 2 Auskleideraum, C, D Laubäder, E Warmbad

Abb. 279 Schirenhof. Kastellbad. Konservierte Anlage

Abb. 280 Schirenhof. Kastellbad. Relief einer Quellnymphe

mäßiges Stubensandsteinmauerwerk gekennzeichnet, in dem die vier aufeinanderfolgenden Räume B-E (6 x 9 m = 20 x 30 röm Fuß) errichtet worden waren. Im NO erstreckte sich der Holzbau A ursprünglich weiter nach S; erst später wurden die SO-Abschnitte in Stein ausgebaut. Raum E 4 gehört gleichfalls in die erste Periode. Diese Räume umfaßten alle notwendigen Einrichtungen für den römischen Badebetrieb. Den Aufenthalts- und Versammlungsraum *(basilica)*, (A 1 und A 2) betrat man von N. Vom Auskleideraum *(apodyterium)* (B 2) erreichte man die Laubäder *(tepidaria)* (C-D), um sich zu waschen. Das Warmwasserbad *(caldarium)* (E) wies im S, außerhalb des Gebäudes, Vorrichtungen für die Befeuerung von Wasserkesseln auf. Durch dieselbe Heizstelle *(praefurnium)* war zugleich die Raumheizung der Zimmer C-E gewährleistet. Mittels Durchzügen unter den Hohlböden und Wandschächten konnte die Heißluft verteilt werden (Rekonstruktion in Raum C 2). Zusätzlich bestanden für jeden Raum Heizmöglichkeiten von O her. – Auf dem Rückweg gelangte man über das Kaltwasserbad *(frigidarium)* (B 3) wieder in die Kleiderablage. Da die Badeabwässer zugleich der Spülung der Latrine dienten, müßte sie unterhalb des Kaltbades zu suchen sein, zugänglich auch vom Aufenthaltsraum. – Die Frischwasserzufuhr dürfte von einem Verteiler etwas oberhalb am Hang ausgegangen sein. Mit Sicherheit ist nur der Kanal für das Kaltbad nachgewiesen, der Raum B 2 durchquerend, in Raum B 3 mündete.

Im Lauf der Zeit erfuhr das Bad manchen Umbau und Vergrößerung. Den Kern bildeten jedoch immer die ursprünglichen vier Räume. Die Anbauten erkennt man an der überwiegenden Verwendung von Liassandsteinen. Die Vorhalle wurde geringfügig nach N verbreitert. Raum B 2 erfuhr einen Abschluß durch Mauerwerk (konservierter Zustand) nach O, später noch einmal bis zur Höhe der O-Flucht des Aufenthaltsraumes. An Raum B 3 wurde im W ein halbrunder Anbau hinzugefügt, der leider für eine genaue Zweckbestimmung zu schlecht erhalten war, vielleicht diente er als Kaltwasserwanne *(piscina)*. In den Zwickel zwischen B 2 und C 2 fügte man einen von S aus heizbaren Auskleideraum an, der nach Ausweis der Funde auch von Frauen benutzt wurde. In der NO-Ecke von C 2 fand sich eine gut erhaltene Wanne, die hier nicht ursprünglich gestanden hatte und die aus gestempelten Dachziegeln aufgemauert war. Ihr Ablauf führte in Fußbodenhöhe nach W. D 2 wurde im O durch eine Apsis (konserviert) erweitert, die eine heizbare Wanne enthalten hat. Später wurde die Heizöffnung zurück und die Wanne wieder nach innen verlegt. Das Warmwasserbad erfuhr eine beträchtliche Ausdehnung nach S (konserviert), die den Einbau von Stützpfeilern notwendig machte. Den vergrößerten Raum teilte man später in drei Gelasse auf; E 3 enthielt anfangs eine große Warmwasserwanne. In severischer Zeit (1. Drittel 3. Jh) hatte die Badeanlage ihre größte Ausdehnung erreicht.

Ein Umschwung deutet sich an, als im Zuge der Alamanneneinfälle die Römer in Bedrängnis gerieten. Die Befunde im Kastellbad spiegeln diese letzte Phase deutlich wider, die durch einen Rückzug auf die notwendigsten Einrichtungen auf kleinem Raum charakterisiert wird. Die große Eingangshalle besteht nicht mehr; ein Graben zum Auffangen des Hangwassers führt hindurch. Die O-Teile des Raumes B 2 werden zugefüllt, ebenso Raum C 1. Raum B 3 dient als Latrine. Raum C 2 versucht man eine Zeitlang von W zu heizen, gibt es aber bald auf. Die Heizeinrichtung in D 2 wird stillgelegt; dafür richtet man im W-Teil eine große Kaltwasserwanne ein, deren Ablauf durch die Außenmauer geschlagen wird. Als einzig heizbarer Trakt verbleiben die drei Räume E 1–3. Für die Wanne in E 2 wird eine neue Heizöffnung durch die Mauer gebrochen. Da auch die Wanne in E 3 noch in Benutzung ist, sind hier auf kleinstem Raum Laubad und Warmwasserbad vereint. Diese letzte Phase, die auf eine reduzierte Truppenstärke schließen läßt, fällt in die Zeit von 233 bis etwa 250 nChr. Danach wurde das Bad nicht mehr benutzt und zerfiel.

Die Kleinfunde aus dem Bad waren recht zahlreich. Neben Eß- und vor allem Trinkgeschirr, sind Toilette- und Kleidungsbestandteile zu nennen. Es fanden sich auch Waffen und Ausrüstungsstücke. Die Münzreihe von über 50 Exemplaren reicht von voraugusteischen Geprägen bis in die Mitte des 3. Jh. Den schönsten Fund, dessen genaue Fundstelle nicht mehr rekonstruierbar ist, stellt die 1893 entdeckte Brunnennymphe im Museum Schwäbisch Gmünd dar. Nu

TK 7124 – L 7124
Ao: WLM Stgt, Städt. M Schw Gmünd
Lit: Steimle, ORL Abt. B Nr. 64 (1897) – Haug-Sixt 128, Nr. 65–73 – RiW 1–3 s. v. Schirenhof – HUNuber, FdbaSchw NF 18/II (1967) 115 f.

Schramberg → Waldmössingen

Schriesheim HD

Keller eines römischen Gutshofes

Tafel 2a

Im Kellergeschoß des Rathauses, Friedrichstr 28
Besichtigung Mo–Fr, während der Dienstzeit.
Der 1971 hierher übertragene ▶ Keller (4,04 x 4,06 m) zeigt quadratischen Grundriß. Da er einst unter einer Hausecke saß, besitzt er an zwei Wänden Schrägen für die Kellerfenster. Rechts des Einganges und an der gegenüberliegenden Wand je zwei Nischen mit Rundbögen. Die drei Mauerschlitze links vom Eingang dienten vermutlich zum Einsetzen eines Holzgestells. Als Baumaterial wurden Quader (H ca 0,12 m) aus bräunlichem Granit verwendet, deren ausgezogene Fugen im Kalkmörtelbestich Reste roter Ausmalung zeigen. Das Mauerwerk (H noch 1,70 m) ist zT in Buntsandstein ergänzt. Der mitten im Raume stehende runde Steintisch wurde rekonstruiert.

Am NW-Rand des Ortes, an der Einmündung der von Ladenburg kommenden Landesstr 536 in die B 3 (Bergstraße) erinnert eine ursprünglich 150 m weiter O im Gewann Schanz aufgestellte, erst 1971 hierher versetzte ▶ Säule an einen bedeutenden, frühen denkmalpflegerischen Vorgang. 1766 hatte die Kurpfälzische Akademie unter dem Kurfürsten Karl Theodor dort das Herrenhaus (ca 30 x 30 m) eines röm Gutshofes *(villa rustica)* ausgegraben und wenig später von J. D. Schöpflin vorbildlich publizieren lassen. Damals glaubte man, eine Begräbnisstätte mit Urnenraum *(columbarium)*, ein Heiligtum *(sacellum)* und einen Speisesaal *(cenaculum)* entdeckt zu haben, worauf der lateinische Text der urnenbekrönten Gedächtnissäule hinweist. Der Steinkeller aus der SW-Ecke des Herrenhauses gelangte erst 1971 wegen bevorstehender Zerstörung durch Straßenbau in das neue Rathaus von Schriesheim. Heu

TK 6517 – L 6516
Ao: Römerkeller im Rathaus Schriesheim
Lit: EWagner II, 245

Schwabsberg – Buch – Dalkingen
Rainau AA

Limesfreilichtmuseum mit Kastell Buch und rätischer Mauer

Abb 281–288, Tafel 8b, 12a, 15b

Das neuerrichtete Limesfreilichtmuseum im Raum Schwabsberg, Buch und Dalkingen ist am besten von Aalen über die Bundesstraße 290 in Richtung Ellwangen zu erreichen. Ungefähr 1 km N von Buch liegt auf der Höhe links der Limesparkplatz, Ausgangs- und Endpunkt eines Rundganges. Im Rahmen der Anlage eines künstlichen Sees wird hier in den kommenden Jahren ein Erholungszentrum entstehen. Ein etwa 4,5 km langer Rundweg zeigt dem Besucher alle Bauphasen bzw Elemente des rätischen Limes. Hier soll am originalen Befund gezeigt werden, mit welchen Mitteln die Römer die Provinz Rätien gegen die Germanen schützten. Es ist als wesentliche Ergänzung des Limesmuseums in Aalen aufzufassen und dem Besucher wird vor oder nachher der Besuch dieses Museums empfohlen. (→ Aalen, Limesmuseum u → Limes Ostalbkreis)

▶ Der rätische Limes verläuft von W nach O entlang dem Wald, heute noch als Damm (H 1 m, B 3 m) deutlich zu erkennen. Dieses Limesstück (vom Parkplatz aus Richtung SW) wird dem Be-

Abb. 281 Schwabsberg-Buch-Dalkingen. Gesamtanlage des Limesfreilichtmuseums. 1 Wachtposten 12/77 Mahdholz, 2 Feldwache Dalkingen, 3 röm Gutshof?, 4 Kastell Buch, 5 Kastellbad Buch

sucher besonders empfohlen, da es wohl eines der besterhaltenen Ausschnitte der rätischen Mauer in Württemberg ist. Ein Wanderweg entlang der Grenzmauer führt den Besucher leicht zu diesem hervorragenden Bodendenkmal. Nach Rückkehr zum ▶ Wachtposten Strecke 12 Nr. 77 (1) im Walde „Mahdholz" direkt SW des Parkplatzes ist die erste Station des Freilichtmuseums erreicht. Die Reste des Wachtturmes und die des ▶ rätischen Limes wurden 1969 vom LDA untersucht und vom Ostalbkreis konserviert und restauriert. Die Befunde der Ausgrabungen wiesen zwei Bauperioden nach. Der ersten Bauphase gehörte ein nur noch in wenigen Fundamentresten vorhandener rechteckiger Turm (6,5 x 5,5 m) an. Er stand vermutlich in einer Waldschneise und markierte gleichzeitig die Grenze. Reste einer grabenartigen Vertiefung, die bei der Ausgrabung stellenweise vorgefunden wurde, deuten darauf hin, daß dieser Turm mit einem kleinen Graben wohl als Annäherungshindernis für Tiere umgeben war. Die durchgehende Limesmauer gehörte einer späteren Ausbauphase der Grenzsicherung an. Dies wird daran deutlich, daß die NW-Seite hinter der Limesmauer lag, dh der Turm beim Bau der Mauer abgebrochen worden war.

Als jüngere, zweite Bauphase konnte hier ein quadratischer Turm (5 x 5 m) nachgewiesen werden, der wohl gleichzeitig mit dem Bau der durchgehenden Limesmauer errichtet wurde, obwohl auch hier Baufugen zu beobachten sind, vermutlich jedoch bautechnischer Natur. Außerdem konnte die Limesmauer (B 1,1 m) auf ein größeres Stück freigelegt werden. Nach antiken Darstellungen hatte sie eine H von ca 3 m. Einen vorzüglichen Eindruck davon vermittelt ▶ ein in originaler Höhe an den Turm anschließendes wiedererrichtetes Mauerstück. Diese Rekonstruktion ist bisher einmalig am gesamten rätischen Limes und führt dem Besucher das Bauwerk in eindrucksvoller Weise vor Augen, welche Steinmassen notwendig waren, um eine derartige Mauer von Lorch bis zur Donau W von Regensburg zu erbauen.

Die zahlreichen Kleinfunde, die bei der Ausgrabung des Wachtturmes geborgen wurden, deuten

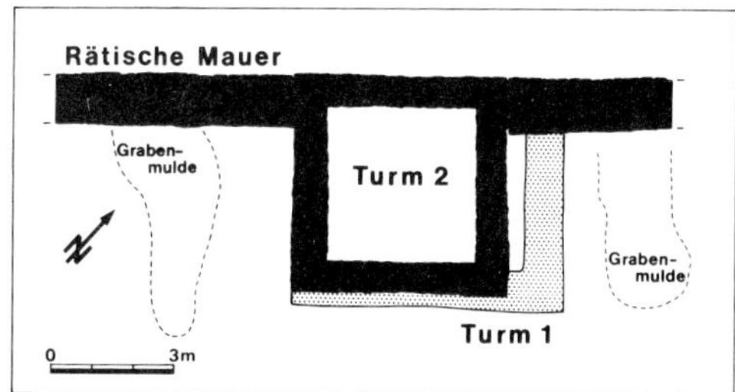

Abb. 282 Limesfreilichtmuseum. Gesamtplan der Turmstelle im Wald Mahdholz nach den Ausgrabungen 1969

darauf hin, daß diese Türme dauernd besetzt waren, vermutlich mit einer Wachmannschaft von vier bis fünf Soldaten. Reste von rot nachgezogenem Fugenputz vom aufgehenden Mauerwerk beweisen, daß der Turm in dieser Art verziert gewesen war.

Die Rekonstruktion eines ▶ hölzernen Wachtturmes mit dazugehörender Palisade rundet das Bild der Befestigung in den verschiedenen Zeitabschnitten ab. Wenn auch Einzelheiten der hier vorliegenden Rekonstruktion nicht mit den bisherigen Beobachtungen übereinstimmten, gibt der Turm doch einen lebendigen Eindruck vom Aussehen dieser Grenzposten der Frühzeit des obergermanischen und rätischen Limes. S von Schwabsberg im Jahre 1969 und 1974 bei der sogenannten Feldwache Dalkingen, wurden Reste dieser Palisade aufgedeckt. E. Holstein datierte 1975 vier Pfähle dendrochronologisch auf das Jahr 139 nChr als Entstehung dieser Palisade.

Vom Parkplatz verläuft der Limes nach NO weiter hinab zur Jagst. Im Verlauf dieses Limesstükkes wurde ein Limeswanderweg angelegt, der genau den Verlauf der rätischen Mauer kennzeichnet, die Jagst überquert und hinauf zum ▶ Limestor bei Dalkingen (2) führt. Nach der Überquerung der Jagstniederung, in der Reste der Mauer nicht nachgewiesen werden konnten, gelang es im Jahre 1973 im Rahmen der Flurbereinigung, den Verlauf der Mauer genau festzulegen. In einer deutlichen Hangkante verlief sie direkt S des Auerbaches schräg hangaufwärts zum Wachtposten Strecke 12/81 (2). Ob zwischen

Abb. 283 Limesfreilichtmuseum. Limestor bei Dalkingen. Gesamtansicht von NO. Im Vordergrund die Limesmauer mit anschließendem Steingebäude

Abb. 284 Limesfreilichtmuseum. Limestor bei Dalkingen. W-Teil der S-Mauer mit Netzmauerwerk

Nr. 77 und 81 weitere Türme standen, entzieht sich bisher unserer Kenntnis.

Diese sog Feldwache wurde zum ersten Mal in größerem Stil von E. Paulus d. J. im Jahre 1885 freigelegt. Eine Deutung dieses Bauwerkes schien nicht ganz einfach und verschiedene Deutungen wurden erörtert. O. Paret schließlich glaubte im Rahmen der Beschreibung des rätischen Limes hier eine einfache Feldwache vorliegen zu haben. Im Herbst 1973 und Frühjahr 1974 wurde das Gebäude erneut durch das LDA untersucht. Es ergab sich ein rechteckiges Gebäude (ca 13 x 12 m), dessen S-Seite, also die ins Landesinnere weisende Front, besonders betont war. Die Fassade ist reich durch Vor- und Rücksprünge gegliedert und außerdem durch gleichmäßig zugesägte Kalksintersteine verblendet.

Abb. 285 Limesfreilichtmuseum. Limestor bei Dalkingen. Die S-Seite des Limestores nach der Restaurierung

Die anderen Mauern des Gebäudes sind in normaler Mauertechnik ausgeführt.
Dem an der S-Seite vorliegenden Tor in das Innere entspricht an der N-Seite durch die Limesmauer ein ebenso breites Tor, so daß wir hier einen Torbau durch den rätischen Limes vorliegen haben, dessen S-Front in einer jüngeren Bauphase besonders repräsentativ ausgestattet wurde. Ohne Übertreibung darf hier von einem Prunktor durch den rätischen Limes gesprochen werden, wie es bisher ohne Parallele ist. An der SO-Seite wurden Bruchstücke einer überlebensgroßen bronzenen Kaiserstatue gefunden, deren Teile etwa Bruchstücke des Panzers vorzüglich gearbeitete Ornamente aufweisen. Dieses Standbild das einst sicher hier stand, unterstreicht den Charakter dieses Torbaues.
Wie die Ausgrabungen 1974 gezeigt haben, befand sich an dieser Stelle zunächst eine Palisade mit quadratischem Turm aus Holz, der eine jüngere Palisade gefolgt ist. An dieses jüngere Annäherungshindernis wurde ein Holzgebäude (ca 15 x 15 m) errichtet, das an der S-Seite einen Eingang besaß und vermutlich auch durch die Limespalisade einen Durchgang aufwies. Der mittlere Gang war von jeweils drei Räumen flankiert, die Unterkunftsräume der Wachmannschaft. Diese Holzanlage mit sicherlich militärischer Funktion, hat bisher am rätischen Limes keine Parallele. Wir möchten vermuten, daß hier eine Militärstation vorliegt, die die Aufgabe hatte, den Durchgang durch die Palisade zu überwachen. Dieser Bau wurde abgebrochen, um einem Steinturm (5 x 5 m) Platz zu machen, der wohl einen Fachwerkaufbau hatte. In der vierten Bauphase wurde schließlich im Zusammenhang mit dem Bau der massiven Limesmauer ein rechteckiges Torgebäude errichtet, dessen S-Rand im Rahmen

Abb. 286 Limesfreilichtmuseum. Limestor bei Dalkingen. Bruchstück des Bronzeschwerts der Kaiserstatue mit Adlerkopfknauf

eines Umbaues abgetragen und durch die og Prunkfassade ersetzt wurde.
Zahlreiche weitere Funde, vor allem auch Gebrauchskeramik, Ausrüstungsteile wie Fibeln, Handwerkszeug, Teile von Pferdegeschirr und zahlreiche Münzen bestätigen, daß hier in dem jüngeren Gebäude – dem Torbau – ebenfalls eine Wachmannschaft gelegen hat. Wann dieses Tor mit der etwas ungewöhnlich ins Landesinnere weisende Fassade erbaut worden ist, läßt sich zur Zeit noch nicht sicher sagen, da die Auswertung der Befunde und der Kleinfunde noch nicht abgeschlossen ist. Vermutlich dürfen wir den Bau im frühen 3. Jh annehmen.
Eine Brandkatastrophe vernichtete offenbar das gesamte Bauwerk. Deutliche Spuren dieses Brandes konnten bei der Ausgrabung festgestellt werden. Wie die in dieser Brandschicht gefundenen Münzen zeigen, ist diese Katastrophe um 234 nChr anzusetzen und sehr wahrscheinlich auf Einfälle der Alamannen zurückzuführen.
Von diesem Gebäude verläuft der rätische Limes weiter nach SO und ist heute deutlich noch als Schuttwall zu verfolgen, der mit Bäumen und Hecken bewachsen ist. Der Wanderweg begleitet vorerst noch den Limes und führt durch Dalkingen, verläßt ihn aber dann in SW-Richtung und führt durch den Wald „Rain" vorbei an einer Stelle, wo schon früher röm Reste gefunden worden sind (3). Ob hier eine kleine Siedlung ziviler Art, also etwa ein Gutshof oder vielleicht ein bisher unbekanntes militärisches Gebäude stand, entzieht sich bisher unserer Kenntnis. Nur erneute Grabungen könnten hierüber Auskunft geben. Weiter im SW geht es Richtung Jagstniederung, die in einiger Zeit als Speichersee angelegt werden wird und dann hangaufwärts zum Kastell Buch (4).

Das Kastell lag über der Niederung der Jagst und über dem von Buch herkommenden Ahlbachtal in der Flur „Haldenäcker", etwa 1,2 km von der rätischen Mauer entfernt und gehörte zur Sicherung der Reichsgrenze.
Sichtbar ist hier bisher ▶ das S-Tor (7) und ▶ die nach O sich anschließende Kastellmauer mit Zwischenturm, die im Jahre 1972 untersucht worden sind und anschließend konserviert wurden. In den kommenden Jahren ist beabsichtigt, weitere Teile des röm Kastells freizulegen und sichtbar zu machen.
Die röm Funde, die hier immer wieder ans Tageslicht kamen, haben schon zu Beginn des 19. Jh zu Ausgrabungen geführt. Ein Fund von über 700 eisernen Geschoßspitzen an der NO-Seite des Kastells brachte den Beweis, daß hier eine militärische Anlage vorlag. Ausgrabungen der RLK 1887 erbrachten die Kenntnis von Größe und Resten der Innenbebauung. Im Frühjahr 1972 wurde dann mit der teilweisen Freilegung begonnen. Untersucht wurde das S-Tor (7) mit der sich daran anschließenden Kastellmauer.
Die Kastellanlage bildet ein fast regelmäßiges Rechteck (N 151 m; S 149 m, W 139,5 m = ca 2,1 ha). Das Stabsgebäude *(principia)* (6) ist nach O ausgerichtet, dh daß hier auch die Front des Kastells liegt. Das konservierte S-Tor ist demnach das rechte Lagertor *(porta principalis dextra)* (7). An der Kastellmauer (B 1,2 m) konnten an einigen Stellen Ausbesserungen des Mauerwerks festgestellt werden, die möglicherweise auf eine gewaltsame Zerstörung hinweisen. Diese Ausbesserungen sind sehr viel einfacher gemauert. Auf der Innenseite der Steinmauer fanden sich Reste einer Erdrampe (B 3 m), die zur Lagerringstraße *(via sagularis)* durch Pfosten abgegrenzt war. Diese dienten vermutlich als Verschalung der Erdrampe. Wie die Ausgrabung 1972 gezeigt hat, geht dem Steinkastell kein älteres Holz-Erde-Kastell voraus. Wie das S-Tor, so hatten auch das N- und O-Tor zwei Durchfahrten. Das W-Tor, das rückwärtige Lagertor, *(porta decumana)* dagegen hatte nur eine Durchfahrt. Die Toranlagen waren jeweils von einem viereckigen Torturm flankiert. Sie sahen etwa gleich aus, wie die Zwischentürme von denen

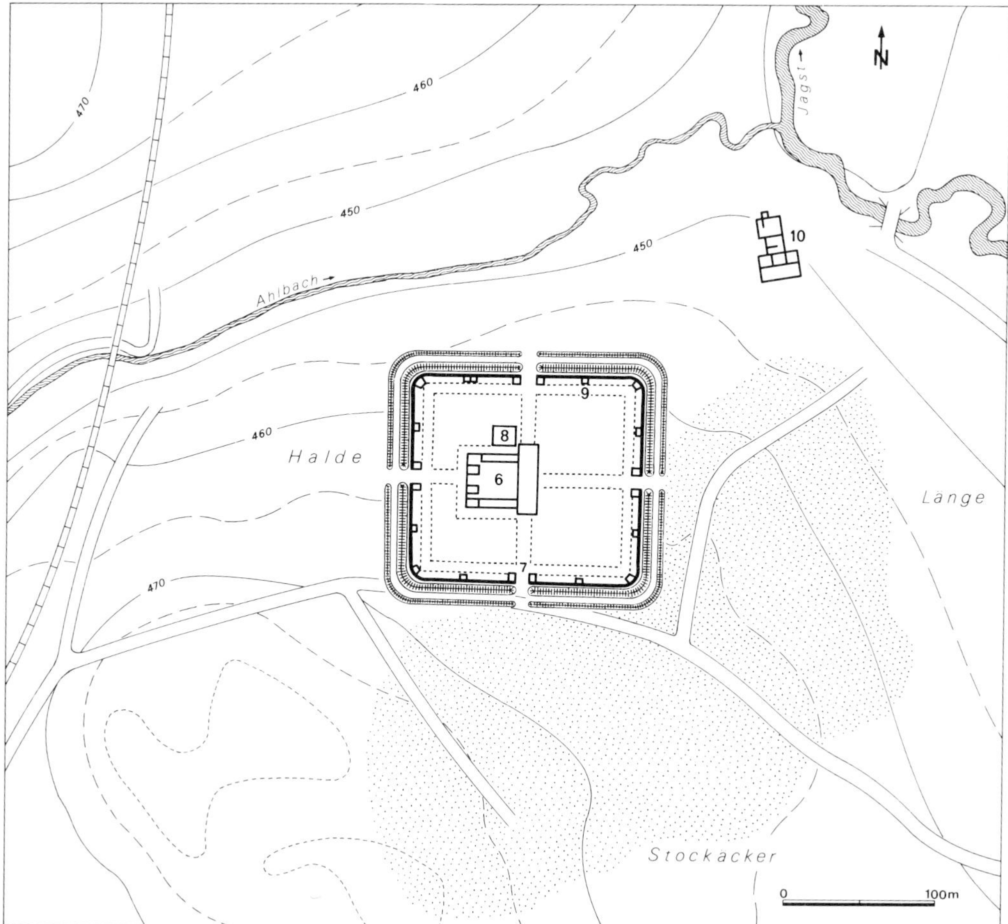

Abb. 287 Limesfreilichtmuseum. Kastell Buch. 7 S-Tor, 6 Stabsgebäude, 8 Getreidespeicher, 9 Waffenkammern, 10 Bad

ebenfalls einer konserviert worden ist. Die Türme hatten jeweils an der Innenseite einen Eingang. Reste einer Torverriegelung konnten ebenfalls festgestellt werden.

Die gesamte Kastellmauer wurde von einem Spitzgraben (B 6 m) umgeben, dem ein weiterer kleinerer Graben (B ca 2 m) noch vorgelegt war. Ob weitere Gräben, wie etwa im Kastell Böbingen, wo wir drei derartige Verteidigungsgräben nachweisen konnten, vorhanden sind, müssen erst weitere Untersuchungen erbringen.

Die Innenbebauung ist bis heute nur durch die Grabungen der RLK bekannt. Vor allem das Stabsgebäude (6) ist in seiner Größe und Lage nach recht genau bekannt. Es hat den üblichen Grundriß mit Innenhof, rückwärtigen Räumen mit dem Fahnenheiligtum *(sacellum)* in der Mitte. Die Hauptlagerstraße *(via principalis)* war mit einer sog Exerzierhalle (L 46,6 m) überdacht, wie wir sie in eindrucksvoller Weise auf der Saalburg wieder aufgebaut vorfinden.

N der Stabsgebäude konnte ein rechteckiges Ge-

Abb. 288 Limesfreilichtmuseum. Kastell Buch S-Tor während der Ausgrabung 1972

bäude in Teilen festgestellt werden, daß wir analog den Befunden in Böbingen als Getreidemagazin *(horreum)* (8) ansprechen möchten. An der N-Seite wurde ein weiterer Gebäudeteil angeschnitten, dessen Bedeutung allerdings bisher nicht sicher nachzuweisen ist. Besonders auffallend ist, daß hier zahlreiche eiserne Geschoßspitzen gefunden worden sind. Auch bei den Grabungen der RLK und bis in jüngster Zeit wurden hier immer wieder Waffenteile gefunden, die auf die Waffenkammern *(armamentaria)* (9) hinweisen, obwohl erst erneute Grabungen hierüber sicheren Aufschluß geben werden.

An weiteren Innenbauten sind bisher nur einzelne Mauerreste vorhanden. Sicher zu erwarten sind die langen Mannschaftsunterkünfte, das Wohnhaus des Lagerkommandanten *(praetorium)* sowie vielleicht noch eine Handwerksstätte *(fabrica)*.

Bei den Grabungen der RLK und im Jahre 1972 fanden sich zahlreiche Bruchstücke von Gesichtshelmen, wie sie etwa in so seltenem Erhaltungszustand in Straubing gefunden werden konnten. Darüber hinaus fanden sich Münzen, die mit Prägungen der späten Republik beginnen und mit einer Münze Kaiser Gordianus III aus dem Jahre 241/43 enden. Weitere zum Teil reich verzierte Zierbleche, vermutlich von sog Phalerae, Reste vom Pferdegeschirr und Teile von zahlreichen Handwerkszeugen sind zu erwähnen. Wie im Limestor bei Dalkingen konnten ausgedehnte Brandschichten festgestellt werden, die offenbar auch hier das Ende der Anlage kennzeichnen.

Die Bedeutung dieser Kastellanlage liegt sicher in der Überwachung des natürlichen Zugangs zum röm Gebiet, den das Tal der Jagst bildete. Wahrscheinlich gab es hier schon eine wichtige NS-Durchgangsstraße in vorgeschichtlicher Zeit, und es ist anzunehmen, daß hier auch die Hauptverbindung vom Kastell Aalen ins freie Germanien durchzog. Eine geographische Situation, die auch für die Bedeutung des Bauwerkes bei Dalkingen von Wichtigkeit ist. Außerdem war vom Kastell Buch ein beträchtlicher Teil der Reichsgrenze überwacht und mit Wachpersonal ausgestattet worden.

Die Besatzung des 2,1 ha großen Kastells ist bis heute inschriftlich noch nicht nachgewiesen. Vermutlich war es eine der in jener Zeit in Rätien nachweisbaren *cohors quingenaria*.

Kastell Buch wurde, wie der bisherige Forschungsstand vermuten läßt, als Ersatz des wahrscheinlich nicht in Stein ausgebauten Kastell Oberdorf/Ipf angelegt und bestand ohne Zweifel bis zum endgültigen Fall des rätischen Limesabschnittes, der vermutlich nicht vor 259 nChr stattfand.

Auch aus der Umgebung des Kastells sind weitere Spuren röm Bauten bekannt. So konnte etwa 100 m NO der NO-Ecke des Kastells direkt oberhalb der Einmündung des Ahlbaches in die Jagst durch die RLK ein ▶ Badgebäude *(balineum)* (5) (40 x 22 m) aufgedeckt werden. Das Badegebäude wurde im Herbst 1975 und im Frühjahr 1976 vom LDA untersucht. Neben der vollständigen Erfassung des Grundrisses der Anlage sind vor allem eine große Zahl von

Schmuckgegenständen zu erwähnen. In den Abwassergräben, die das Badegebäude umgeben, wurden neben Münzen, Fibeln, mehrere Gemmen aus Karneol, eine große Anzahl von beinernen und bronzenen Haarnadeln gefunden.
Das übrige Lagerdorf können wir bis heute noch nicht sicher nachweisen. Wie jedoch Oberflächenfunde und Beobachtungen während der Flurbereinigung 1973 und 1974 gezeigt haben, erstreckt sich diese Siedlung vom Kastell nach S und O in den Fluren „Stockäcker" und „Länge". Die Fundstreuung ist bisher auf eine Ausdehnung von über 250 m nachgewiesen worden. Vermutlich war das Kastell Buch einerseits mit einer Straße zum Kastell Aalen, andererseits zum Kastell Halheim verbunden. Ein bis 1973 bestandener Weg nach SO geht wohl auf diese Straße zurück.
Die Besatzung des Kastells Buch dürfte wie die der anderen Limeskastelle von Lorch bis Halheim dem Oberkommando des Präfekten der im Kastell Aalen stationierten *ala milliaria* unterstanden haben.
Nach W über Buch gelangt der Wanderer wieder zur rätischen Mauer. SO des Wachtturmes 12/77 wäre der Rundgang durch das Limes-Freilichtmuseum abgeschlossen.
Dieser historische Lehrpfad in seiner Art bisher einmalig in S-Deutschland, gewährt dem Besucher einerseits eine sachbezogene Weiterbildung und andererseits eine Erholung in einer noch bis heute natürlichen Umgebung. Pl

TK 7026 – L 7126
Ao: WLM Stgt. – Limesm Aalen. – Germanisches Nationalm Nürnberg. – Städt M Wiesbaden – Saalburg-M.
Lit: OParet, ORL Abt. A Str. 12 (1934) 3 ff Kartenbeilage 1–3 – WSchleiermacher, Der röm Limes in Deutschland (1967) 164 ff – HSchönberger, The Roman Frontier in Germany: An Archaeological Survey. Journal of Rom Studies 59, 1969, 144 ff bzw 154 ff – BHildebrand, Zwischen Kolbenberg und Wörnitz. Autowanderungen am Limes. Führungsblatt (1971) – DPlanck, Das Limesfreilichtmuseum Schwabsberg-Buch, Ostalbkreis. Denkmalpflege in Baden-Württemberg 2. 1973 Heft 3, 40 ff – DPlanck Der rätische Limes zwischen Gollenhof bei Mögglingen und Halheim in Führer zu vor- und frühgeschichtl Denkm Bd. 22 (1973) 183 f – DPlanck, Das Limesfreilichtmuseum am rätischen Limes im Ostalbkreis, in Ellwanger Jahrb 25, 1975, 21 ff – Ders, Neue Ausgrabungen am Limes, 1975. Zum Kastell Buch: RHerzog, ORL Abt. B Nr. 67 (1898). – Haug-Sixt 110 ff – DPlanck, Das Limeskastell Buch in Führer zu vor- und frühgeschichtl Denkm Bd. 22 (1973) 213 ff.

Schwäbisch Gmünd AA

Kleinkastell Freimühle

Abb 289

An der Bundesstraße 29 von Schwäbisch Gmünd nach Lorch, unmittelbar am W-Rand der Stadt, befindet sich die Einmündung des Rotenbachtales. Auf der O-Höhe im Wald „Vogelhau", die das Seitental nach O abschließt, liegt das Kleinkastell Freimühle. Es wird empfohlen, von der Abzweigung der Straße nach Kleindeinbach den Fußweg auf die Höhe einzuschlagen, der unmittelbar an die NO-Seite des Lagers führt.
Das kleine quadratische Kastell (1) hat eine Seitenlänge von etwa 53 m = ca 0,29 ha. Die 1901 entdeckte Anlage wurde 1902 von Major H. Steimle im Auftrag der RLK untersucht. Die Umfassungsmauer (B ca 1,2 m) hatte offenbar an den Ecken jeweils trapezförmige Türme, von denen einer freigelegt werden konnte. An der O-Seite sowie an der W-Seite konnten Reste eines einfachen Tores freigestellt werden, das von je einer zungenartigen Mauer flankiert wird. Ob auch an den beiden anderen Seiten Tore bestanden haben, läßt sich zur Zeit nicht sagen. Die gesamte Anlage war von einem Graben (B 5 m) umgeben. Über das Aussehen der im Inneren aufgedeckten Reste von Holzbauten sind wir uns nicht im Klaren. Ebenso unsicher sind Spuren einer zweiten Mauer an der W- und O-Seite. Etwa 50 m im SW des Kastells wurden Reste eines Kastellbades (2) aufgedeckt, die heute im Wald als Bodenerhebung kaum erkennbar sind.

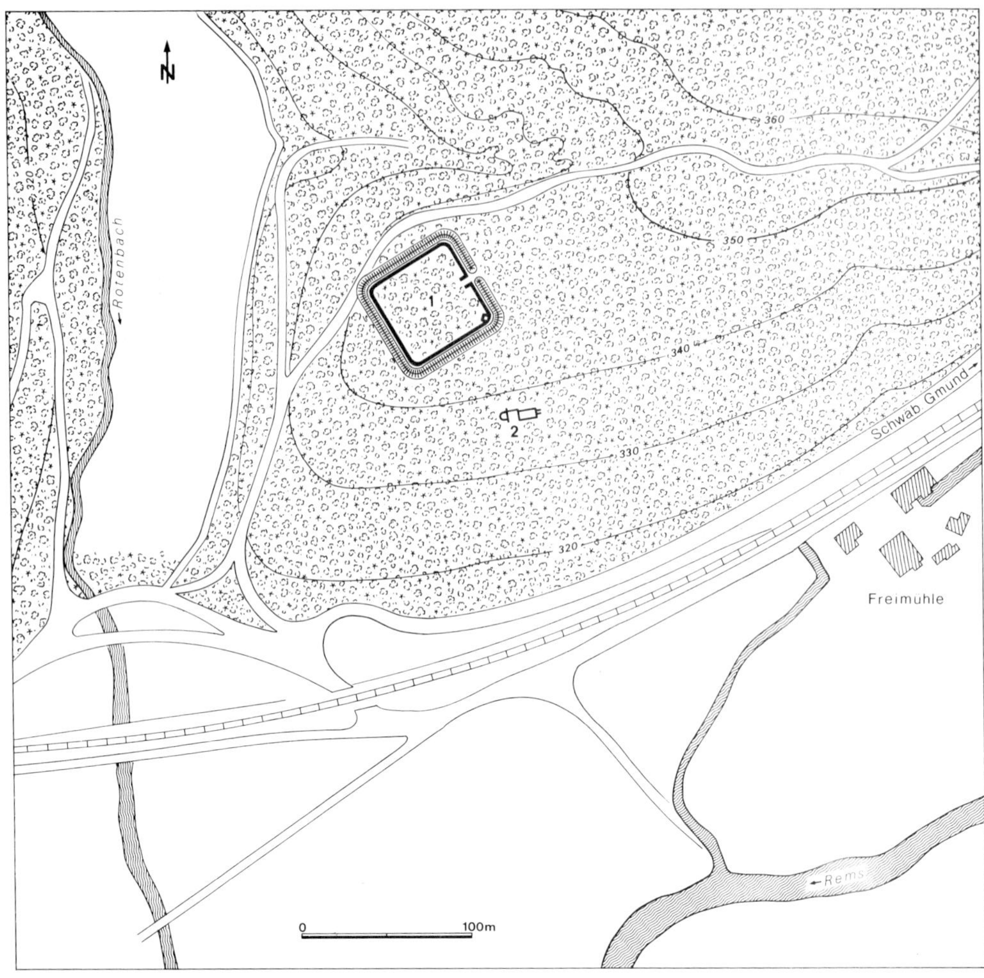

Abb. 289 Schwäbisch Gmünd. Kleinkastell Freimühle. 1 Kastell, 2 Badegebäude

Das Kastell liegt etwa 1,7 km S vom Limes selbst, der jedoch hier über 100 m höher liegt, so daß die Bedeutung dieser Anlage im Zusammenhang mit der Limesmauer und deren Überwachung nicht klar zu verstehen ist. Das Kleinkastell könnte zur Überwachung der hier vermuteten Grenze zwischen Obergermanien und Rätien erbaut worden sein. Über die in diesem Kastell stationierte Einheit liegen uns bisher keine Hinweise vor. Vermutlich lag hier eine Abteilung der im Kastell Schirenhof stationierten Truppe. Pl

TK 7224 – L 7324
Lit: ORL Abt A Str 12, 44 ff – Schleiermacher, Limesführer 161 f

Schwäbisch Gmünd → Schirenhof

Schwäbisch Hall SHA

Keckenburg-Museum

Untere Herrengasse 8–10. Öffnungszeiten: Di–So 9–12, 14–17 Uhr
Das Keckenburg-Museum in Schwäbisch Hall umfaßt eine reiche Sammlung vor- und frühgeschichtlicher Bodenfunde aus dem Hohenloher Raum. Die Sammlung, im Besitz des Historischen Vereins für Württembergisch Franken, beruht zu einem großen Teil auf der Forschungstätigkeit des hohenlohischen Forschers E. Kost. Neben vorgeschichtlichen Sammlungen sind hier vor allem zum Teil umfangreiche Bestände aus verschiedenen Kastellen des obergermanischen Limes hervorzuheben, so Funde aus Mainhardt, Osterburken und Öhringen. Besonders umfangreich ist die Sammlung von Pfarrer Wenz aus Osterburken, die neben Gefäßen aus Terra Sigillata, zahlreiche limeszeitliche Fibeln und bronzene Gegenstände, Waffen und beinerne Geräte wie Nadeln und Spielsteine, umfaßt. Hervorzuheben sind fünf steinerne Altäre: Von Mainhardt der Weihestein für Jupiter, gestiftet von der 1. Kohorte der Asturer. Vom Kastell Osterburken vier Fragmente von Altären und Weihesteine: Fragment einer Weiheinschrift für den Genius der 3. Aquitanischen Kohorte, Altar eines Veteranen sowie zwei nicht näher deutbare Fragmente. Pl

Lit: HZürn, Katalog Schw. Hall. Die vor- und frühgesch Funde im Keckenburgm. Mit Beiträgen von ChFischer, ENau, WTaute. Veröffentl. des Staatl. Amtes für Denkmalpflege Stgt Reihe A, H 9 (1965).

Sickenhausen Reutlingen RT

Viergötterstein

Im Staatswald „Süssenwasen", etwa 850 m NO von Einsiedel, an dem vom dortigen Schlößchen ausgehenden archäologisch-historischen Lehrpfad.
▶ Der Stein bildet den Rest einer Jupitergigantensäule. Erhalten ist der untere Teil des Viergöttersteins. Auf zwei Seiten sind nur noch die Beine von je einer unbestimmbaren Götterdarstellung erhalten, auf der dritten Seite ist der Beutel des Merkur zu erkennen, die vierte Seite ist zerstört. Die Oberfläche des Steins zeigt ein Dübelloch. Dabei liegt ein Säulenfragment, vermutlich von der dazugehörigen glatten Säule.
Die Fragmente wurden um 1865 „unter dem Stock einer alten Eiche" gefunden und sind die einzigen bekannten Reste einer Jupitergigantensäule, die sich noch am Ort ihrer einstigen Aufstellung befinden. Schi

TK 7420 – L 7520
Lit: Haug-Sixt 1914, 331 Nr. 208

Sigmaringen SIG

Hauptgebäude eines römischen Gutshofs

Abb 290

In Flur „Steinäcker", 1,5 km NO, auf einem Geländerücken, der nach O ins Hanfertal abfällt, wenig O von Pkt 646,8. 1881 von Hofrat v. Lehner ausgegraben. Das Gebäude ist eine Porticusvilla mit Eckrisaliten (33,25 x 21,40 m). Die Frontseite zwischen den Eckrisaliten war unterkellert und über eine Treppe vom Innenhof her begehbar. Hohlziegel *(tubuli)* weisen auf Wandbeheizung einzelner Räume hin, Reste von Estrichböden lassen auf Fußbodenbeheizung *(hypocaustum)* schließen. Im NO-Eckrisalit fanden sich zwei Mühlsteine einer Handmühle. Nach Ausweis der Funde, vor allem von Sigillaten aus dem pfälzischen Rheinzabern, kann der Gutshof in die Zeit um Mitte 2. JhnChr bis Mitte 3. Jh datiert werden. Re

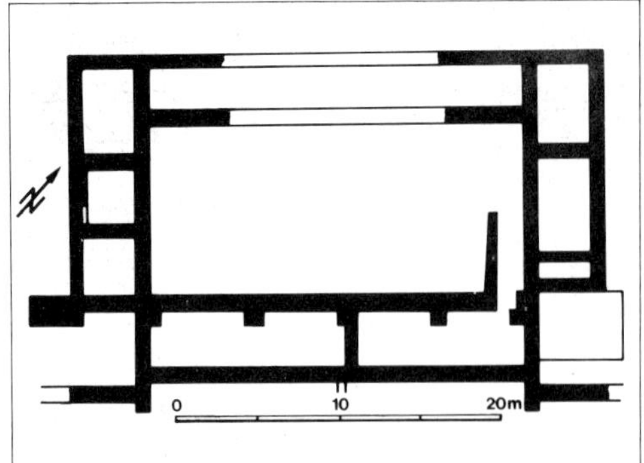

Abb. 290 Sigmaringen. Hauptgebäude eines röm Gutshofes

TK 7921 – L 7920
Ao: M Sigmaringen
Lit: vLehner, Das röm Haus auf den Steinäckern, in: Mitt. d. Ver. f. Gesch. u. Altertumskde. in Hohenzollern 16, 1882/83, 104 ff – RiW 3, 376

Römischer Gutshof

Abb 291

Im Wald ,,Wachtelhau", 2 km SO, auf einer Geländezunge über der Donau. Ende der vierziger Jahre des vorigen Jh vom Fürstl. Hohenzoll. Archivrat Schwarzmann ausgegraben, der die Anlage als röm Winterlager gedeutet hat. Es handelt sich um einen röm Gutshof *(villa rustica)* mit mindestens fünf Gebäuden. Die ▶ Schutthügel der Bauten sowie die Umfassungsmauer sind im heute mit Fichten bestandenen Waldgelände noch zu erkennen. Die Umfassungsmauer aus Kalksteinen schließt ein unregelmäßiges Viereck mit Seitenlängen von 210 m im N, 184 m im S, 122 m im W und 220 m im O ein. Das Wohngebäude (25 x 33 m), eine Porticusvilla mit Eckrisaliten, liegt im O-Teil der Anlage. Der Grundriß kann nach den Unterlagen von Schwarzmann nur unvollständig erschlossen werden. Im N-Seitentrakt fand sich eine Heizanlage *(hypocaustum)* und Reste von Hohlziegeln *(tubuli)*. Nach den Beschreibungen von Schwarzmann soll das Fundamentmauerwerk aus Ziegeln bestanden haben. In der Mitte des Hofraumes liegt ein Schutthügel, in welchem keine Mauern gefunden wurden, es muß sich demnach um einen Holzbau handeln. Im W-Teil der Anlage fanden sich die Fundamente von zwei Nebengebäuden, das am weitest W gelegene ist mit der Umfassungsmauer verbunden. Im S fanden sich die Spuren eines weiteren Baues, vermutlich einer Badeanlage, S von diesem Gebäude befand sich eine Quelle. Die Hofanlage wurde um die Mitte des 3. JhnChr durch einen Brand zerstört. Die Zerstörung dürfte mit einem der ersten Vorstöße der Alamannen in die röm Provinz Rätien in unmittelbarem Zusammenhang stehen. Re

TK 7921 – L 7920
Ao: M Sigmaringen
Lit: FKnickenberg, Reste aus röm Zeit in u um Sigmaringen, in: Mitt. d. Ver. f. Gesch. u. Altertumskde. in Hohenzollern 26, 1892/93, 53 ff – RiW 3, 375 f

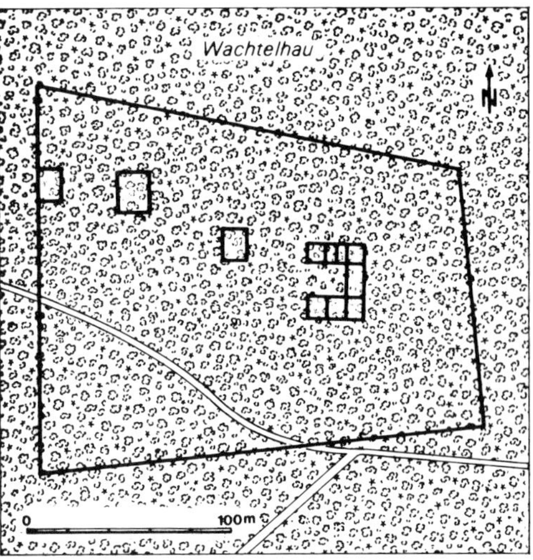

Abb. 291 Sigmaringen. Röm Gutshof. Gesamtübersicht

Fürstlich Hohenzollernsches Museum

Schloß. Öffnungszeiten: tägl 8–18 Uhr Monsignore Dr. Walter Kaufhold und Frau Prof. Dr. Stein haben 1974/75 die archäologische Sammlung (Vor- und Frühgeschichte, röm Zeit) nach modernen Gesichtspunkten neu aufgestellt. Röm Funde aus der Umgebung von Sigmaringen: Eisengeräte von Laiz (SIG). – Fibeln und Fingerringe von Laiz, Langenenslingen (BC), Inneringen (SIG) und Sigmaringen-Morgenweide. – Spätröm Riemenzunge aus der Umgebung von Sigmaringen. – Eisenschlüssel von Veringenstadt (SIG). Arretinastempel *TETTI SAMIA* von Inzigkofen (SIG). – Eisengerätehortfund von Sigmaringen-Nollhof. – Schatzfund von Hettingen (SIG). Münzschatz (N) aus der Zeit des Alamanneneinfalls 233 nChr, gefunden in der Straßenstation *(statio)* Sigmaringen. – Haarnadeln aus Bein, Bronzeglocken, Bronzeschlüssel, Amulettenanhänger, Dolch, Eisenwerkzeuge und Terra Sigillatagefäße. Fil

Söllingen Pfinztal KA

Herkules-Relief

An der O-Außenwand der Kirche, hoch über dem spitzen Giebelende des Choranbaus sitzt ▶ ein Relief-Fragment, das stark verwittert ist. Man erkennt Teile eines nackten männlichen Oberkörpers und den Rest eines Löwenfells mit Kopf. Die Darstellungsform ist charakteristisch für die Gestalt des Herkules auf dem Viergöttersein der Jupitergigantensäulen. Fragmente solcher Säulen finden sich häufig in Kirchenmauern wiederverwendet. Cä

Lit: Wagner II, 94

Sontheim → Brenz a. d. Brenz

Starzach → Bierlingen

Starzach → Wachendorf

Abb. 292 Steinheim a. d. Murr. Rohling eines Inschriftensteins

Steinheim a. d. Murr LB

Römischer Steinbruch

Abb 292

Am NO-Rand der Gemeinde unmittelbar im W der alten Kleinbottwarer Straße befindet sich ein alter Steinbruch.

1974 konnten hier beim Bau des Hauses unmittelbar S des bekannten, vor einigen Jahren zugeschütteten Steinbruches, Spuren eines röm Steinbruches nachgewiesen werden. Der hier in mehreren Kubikmeter großen Blöcken anstehende Lettenkeupersandstein bildet ein vorzügliches Ausgangsmaterial für röm Inschriften und Bildwerke. Beim Ausbaggern der Baugrube wurde ein roh bearbeiteter Block (H 1,4 m) geborgen. Offenbar wurde der Stein, der von der Form her für einen Inschriftenstein bestimmt war, an Ort und Stelle grob vorgearbeitet, um dann in diesem Zustand an den Bestimmungsort abtransportiert zu werden. Eine ähnliche Feststellung konnte auch bei den bekannten antiken Steinbrüchen im Odenwald gemacht werden.

▶ Der Rohling befindet sich heute unmittelbar NO der Fundstelle in einer öffentlichen Grünanlage. Pl

TK 6921 – L 7120

Stetten-Rommelshausen
→ Rommelshausen

St. Ilgen HD

Dionysisches Grabrelief

▶ Innen an der S-Wand des quadratischen Chors über dem Eingang zur Sakristei der kath Kirche St. Aegidius eingemauert. Gelblicher Sandstein, H 0,50 m, B 0,40 m. – In der mitten im Ort liegenden ehemaligen spätromanischen Klosterkirche befindet sich seit langem das Bruchstück eines röm Grabreliefs, das einst offensichtlich in der Annahme, daß es ein biblisches Thema darstelle, hierhergelangte. Es handelt sich um die linke obere Ecke eines rechteckig gerahmten Reliefs, oben durch einen Halbrundstab abgeschlossen, das wegen Form und Qualität am ehesten von einem Turmgrabmal vom Ende des 2. JhnChr stammen wird. – Ein Jüngling führt mit dem erhobenen rechten Arm eine Traube an seinen Mund. Der gelockte Kopf ist hochgereckt, die seitliche Halsmuskel angespannt. Über die rechte Schulter fällt schräg ein schmaler Gewandstreifen; eher ist es aber ein Stück Fell, von dem man hochgegürtet unter der nackten Brust noch einen Ansatz sieht. Auffallend plastische Arbeit von sehr guter Qualität. Vermutlich eine Gestalt aus dem Gefolge des Gottes Dionysos/Bacchus darstellend. Auf den Totenkult übertragen, symbolisierte diese Darstellung den glückseligen Mysten im Garten des Jenseits, wo ihn Trauben und Wein im heiligen Rausch mit Dionysos selbst verbanden. Heu

TK 6618 – L 6718
Lit: Wagner II, 309 f – HGHorn, Mysteriensymbolik auf dem Kölner Dionysosmosaik. Beihefte Bonner Jahrb 33 (1972) 17.

Stuttgart S

Römisches Gebäude

Abb 293, 294

Im Rotwildpark, etwa 800 m O vom Bärenschlößle, am Oberlauf des dort entspringenden Glemsbaches, ungefähr 1 km O der röm Straße Vaihingen – Solitude haben O. Paret und G. Bersu 1921 und 1922 ein ▶ röm Mauerfundament (26 x 26 m) mit einem Tor (B 2,7 m) im S ausgegraben. Eine erneute Untersuchung durch das LDA Stuttgart fand 1976 statt. Das Fundament der Umfassungsmauer (B 0,6–0,8 m) besteht aus zwei Lagen grätenartig hochkant gestellter Sandsteinbrocken, die von einer 0,2 m starken Ausgleichsschicht überlagert werden. Von dem aus Quadern bestehenden aufgehenden Mauerwerk sind noch fünf Lagen erhalten.
In dem von den Mauern eingefaßten Terrain fanden sich in 6 m Abstand von der Innenkante der Außenmauer an den vier Ecken quadratische Pfostenstellungen mit Steinplatten (Dm 0,8 m) und zwischen diesen je zwei aus Steinen bestehende Sockelpackungen im Abstande von je 4 m. Sockel und Pfosten sprechen für einen quadratischen Holzbau (12 x 12 m) mit leichtem Dach. Zwischen dem Holzbau und der Umfassungsmauer dürfte ein offener Umgang anzunehmen sein. Keramikfunde datieren das Gebäude in die Mitte des 2. JhnChr.

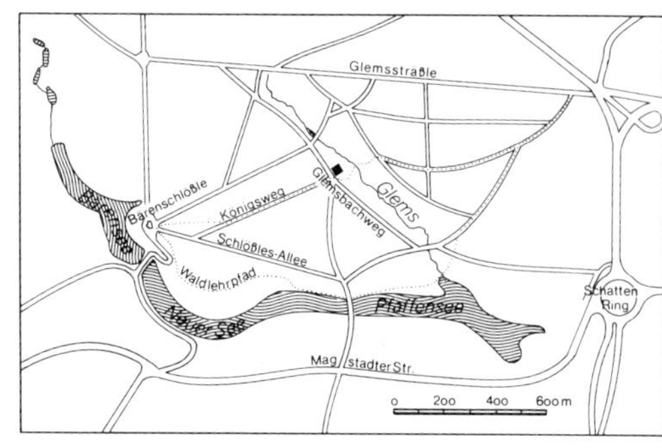

Abb. 293 Stuttgart. Röm Gebäude im Rotwildpark

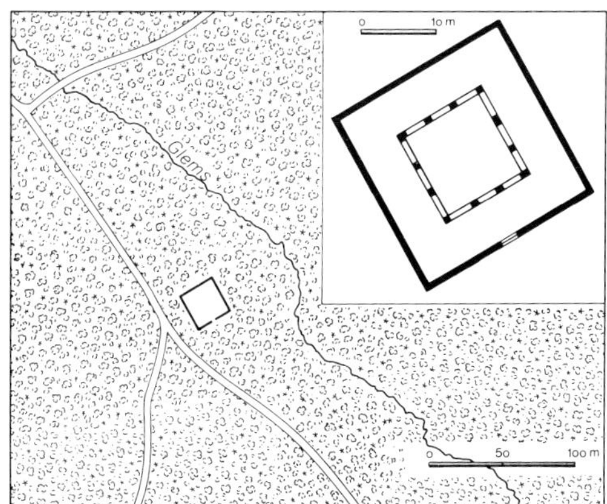

Abb. 294 Stuttgart. Rotwildpark. Plan röm Gebäude

Der quadratische Grundriß ist für gallo-röm Tempel charakteristisch. Eine Umfassungsmauer *(maceria)* wird zB bei dem Jupiterheiligtum in Köngen/*Grinario* inschriftlich erwähnt. Fil

TK 7220 – L 7320
Ao: WLM Stgt
Lit: GBersu, Röm Gebäude im Rotwildpark bei Stuttgart. Germania 7, 1923, 117 ff.

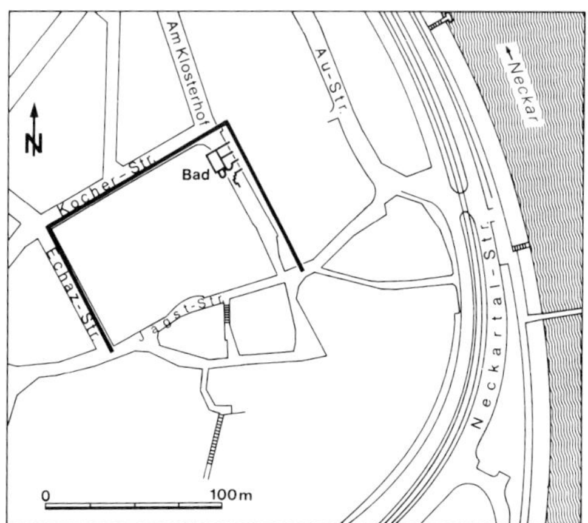

Abb. 295 Stuttgart-Münster. Gesamtübersichtsplan des röm Gutshofes im Bereich des alten Dorfkerns

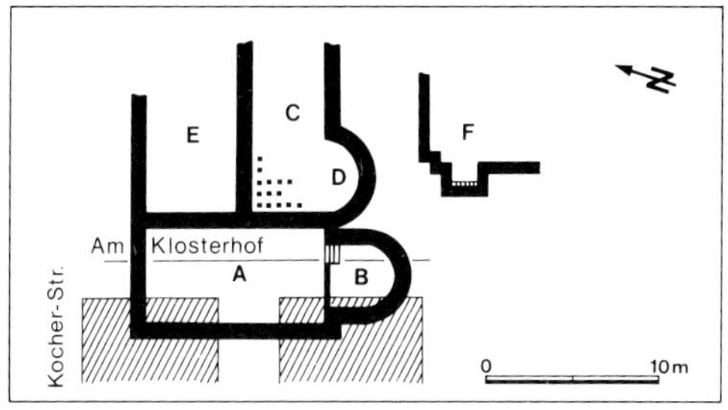

Abb. 296 Stuttgart-Münster. Badeanlage des Gutshofes. A mit B Kaltwasserbecken, C mit D Warmbad, E Laubad, F nicht näher zu deuten

Römischer Gutshof

Abb 295, 296

Im Bereich des alten Ortskernes von Münster auf einem nach O zum Neckar geneigten Hang wurden schon um 1843 und 1844 beim Bau von Straßen röm Siedlungsreste festgestellt. Unter den Häusern Klosterhof 19 und 23 wurde 1844 der Teil einer Badeanlage ausgegraben, die sicher zu diesem röm Gutshof gehört hat. Raum A (5,2 x 10,4 m) mit angebautem halbrundem Becken, das als Kaltwasserbecken *(piscina)* angesprochen werden kann, liegt unter der heutigen Straße. Nach O schließen sich zwei beheizte Räume E und C mit D an, die jedoch nicht völlig freigelegt werden konnten. Sie dürfen als Warmbad *(caldarium)* und Laubad *(tepidarium)* angesehen werden. Die röm Baureste sind auf das Viereck zwischen Klosterhof, Kocherstr und Echazstr begrenzt. Dieser Bereich darf als der eigentliche Hofbereich angesehen werden, zumal hier immer wieder Reste der Umfassungsmauer festgestellt werden konnten. Sehr wahrscheinlich darf man in diesem Viereck ein Weiterleben der alten Umfassungsmauer des Gutshofes erkennen. Pl

TK 7121 – L 7120
Ao: WLM Stgt
Lit: RiW 3, 84 und 345.

Württembergisches Landesmuseum Stuttgart

Altes Schloß. Öffnungszeiten: Di–So 10–16 Uhr. Eintritt frei

Die röm Ausstellung ist zur Zeit wegen Heizungsumbaues geschlossen. Röm Funde des Landesmuseums sind zu sehen: im Limesmuseum Aalen und im röm Weinkeller Oberriexingen. Wechselausstellungen im Limesmuseum werden kommentiert durch die Schriftenreihe: „Kleine Schriften zur Kenntnis der röm Okkupationsgeschichte Südwestdeutschlands". Seit 1957 sind die in Württemberg gefundenen röm Steindenkmäler im röm Lapidarium (→ unten) im Stiftsfruchtkasten zu besichtigen.

Unter der Regierung König Wilhelms I. von Württemberg war am 17. Juni 1862 die Sammlung für vaterländische Kunst- und Altertumsdenkmale gegründet worden. Eine Neugliederung der Kunstsammlungen des Landes im Jahre 1931 hatte zur Folge, daß damals die kunst- und kulturgeschichtlichen Sammlungen im Neuen Schloß als „Schloßmuseum" und die vor- und frühgeschichtlichen Sammlungen im Alten Schloß als „Altertümersammlung" untergebracht wurden. Diese Trennung wurde nach dem 2. Weltkrieg wieder aufgehoben. Mit Verordnung des Staatsministeriums vom 18. Juni 1947 erhielten die seitdem im Alten Schloß untergebrachten Sammlungen den Namen: Württembergisches Landesmuseum Stuttgart. Fil

Lit: Württembergisches Landesmuseum Stuttgart. Ein Überblick anläßlich der Wiederherstellung des Alten Schlosses 1971 – KMerten, Altes Schloß Stuttgart.

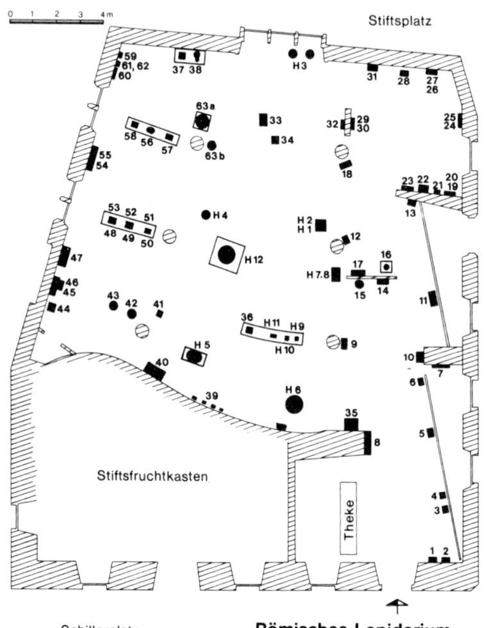

Abb. 297 Stuttgart. Lapidarium. Plan

Römisches Lapidarium des Württembergischen Landesmuseums

Abb 55, 113, 148, 297–301, 309, 310, 325, 326, 340, Tafel 14b – d, 26a, b, 27a, 52a, 55a, b, 60b, 64a – c, 65a

Stiftsfruchtkasten, Schillerplatz 1 (neben der Stiftskirche). Öffnungszeiten: Di–So 10–16 Uhr. Eintritt frei

Auf Anregung des Marbacher Präzeptors Simon Studion (geb. 1543 in Urach) sammelte Herzog Ludwig (1568–1593) im Lande gefundene röm Steindenkmäler und ließ diese in seiner Kunstkammer aufstellen (1583). Herzog Eberhard III. (1628–1674) und Herzog Karl Eugen (1737 bzw 1744–1793) vermehrten die Altertümer der Stuttgarter Sammlung, so daß die röm Steindenkmäler den Grundstock bildeten für die am 17. Juni 1862 unter König Wilhelm I. (1781–1864) gegründete „Königliche Staatssammlung vaterländischer Kunst- und Altertumsdenkmale". Die Königliche Staatssammlung war der Vorläufer des mit Verordnung des Staatsministeriums vom 18. Juni 1947 konstituierten „Württembergischen Landesmuseums" im Alten Schloß. Einen Teil der nach dem 2. Weltkrieg neu geordneten röm Steindenkmäler haben S. Junghans, R. Roeren und G. Walzer 1957 im Stiftsfruchtkasten, Schil-

Abb. 298 Stuttgart. Lapidarium. Jupitergigantensäule aus Hausen a. d. Zaber

lerplatz 1, neu aufgestellt und der Öffentlichkeit zugänglich gemacht.
Der 1393 erstmals als „Herrschaftliche Große Kelter" erwähnte Stiftsfruchtkasten wurde 1578 stark erneuert und 1596 unter Herzog Friedrich I. (1593–1608) bei Anlage des neuen Schloßplatzes (heute Schillerplatz) an seiner O-Seite verkürzt und mit einer neuen Fassade nach Schickhardts Entwurf versehen. Seitdem bildet der Stiftsfruchtkasten zusammen mit der Stiftskirche, dem Prinzenbau und der Kanzlei den repräsentativen Vorhof zum herzoglichen Schloß. Nach dem Brand von 1944 wurde der Bau annähernd in den alten Formen wiederhergestellt.

1. Der Skulpturenfund von Hausen an der Zaber/HN (1–12)
Im Mittelpunkt der Ausstellung steht die Kunststeinnachbildung (H 7,50 m) der im Jahre 1964 vom LDA in Hausen a. d. Zaber, HN, ausgegrabenen Jupitergigantensäule (12). Die in allen Teilen erhaltene Jupitergigantensäule (1–4) war in einer Geländemulde in der Nähe des seit langem in Hausen bekannten röm Gutshofes *(villa rustica)* bei Bauarbeiten entdeckt worden. Die Säulenteile waren vergesellschaftet mit zwei Sitzfiguren der Fruchtbarkeitsgöttin Herecura (7), die in steinernen Tempelchen (8) aufgestellt waren und drei Weihereliefs für die Pferdegöttin Epona (9–11) sowie dem Unterteil eines Viergöttersteines (5) und einer reliefierten Säulentrommel mit der Darstellung der siegreichen himmlischen Götter (Jupiter, Mars, Vulkan, Herkules) über die schlangenfüßigen Giganten, die Dämonen der Unterwelt (6).
Jupitergigantensäule (12) (nähere Beschreibung → Hausen a. d. Zaber)
Als Basis dient ein Viergötterstein (Venus, Vulkan, Diana, Apollo) mit Inschrift.
Auf den Viergötterstein folgt als Zwischensockel ein Siebengötterstein mit Victoria und den 7 Wochengöttern (Saturn, Sol, Luna, Mars, Merkur, Jupiter, Venus) und darauf eine mit Eichenlaub verzierte Säule mit Basis und Kopfkapitell. An dem Kapitell sind die Köpfe der Vierjahreszeiten dargestellt: Frühling *(ver)* mit Blütenkranz, Sommer *(aestas)* mit Ähren, Herbst *(autumnus)* mit Früchten im Haar; der Winter *(hiems)* ist in ein Tuch gehüllt. Auf dem Kapitell reitet Jupiter, der höchste Himmelsgott, blitzschleudernd über einen am Boden liegenden Giganten hinweg.
Der mit den Attributen „Blitz" und „Rad" dargestellte Jupiter ist der vornehmlich von der Landbevölkerung angerufene Wettergott, der mit seinem Blitz den Regen hervorruft, vor Hagel schützt und die Fruchtbarkeit der Felder gewährleistet. Caius Vettius Connougus hat Jupiter die Säule für das Gedeihen und Wachstum seiner Felder, für eine gute Ernte und volle Fässer im Herbst auf dem Gelände seines Gutshofes um 200 nChr aufstellen lassen.

2. Das Land und seine Bewohner (1–7)
Die in Württemberg gefundenen Inschriften nennen den Schwarzwald *(Abnoba)* (1), die Flüsse Metter *(Matisa oder Matisona)* (2), Donau *(Danuvius)* (3), Murr *(Murra)* (4) und Erms *(Armissa)* (5.). Aus Gallien und der Schweiz nach Württemberg eingewanderte keltische Siedler ließen auf ihren Grabsteinen ihre Stammeszugehörigkeit als Helvetier *(civis Helvetius)* (6) und Mediomatriker *(civis Mediomatricus)* (7) vermerken. *1. Weihealtar für die Göttin Abnoba.* Stubensandstein. H 0,45 m. Fo Stgt-Bad Cannstatt. M(arcus) Proclinius Verus hat den Altar der Göttin Abnoba aufstellen lassen. Er gehörte als *stator* dem Stab einer Reitereinheit an und war für den Polizei- und Gerichtsdienst zuständig. (Inv.R L 344. H.S. 369 Nr. 530) – *2. Statue eines Genius* (Schutzgeist). Lettenkohlensandstein. H noch 0,61 m. Fo Bietigheim/LB. Der Genius mit Füllhorn opfert aus einer Schale (abgebrochen) auf einem neben ihm stehenden Altärchen. Drei Männer, deren Namen nur fragmentarisch erhalten sind, haben die Statuette dem Verbande der Metteranwohner *(collegium Matisonensium)* gestiftet. Die Metter *(Matisa oder Matisona)* mündet bei Bietigheim in die Enz. (Inv.R L 345. H.S. 496 Nr. 580) – *3. Altar für den Flußgott Danuvius* (Donau). Kalkstein. H 0,83 m. Fo Mengen/SIG. Queranus (oder Quintus Veranius?) hat den Altar dem Flußgott Danuvius geweiht. (Inv.RL 346. H.S. 44 Nr. 14) – *4. Altar für Vulkan.* Schilfsandstein. H 0,92 m. Fo Benningen/LB.

Die Dorfbewohner an der Murr *(vicani Murrenses; Murra* = Murr) haben den Altar dem Gotte Vulkan aufstellen lassen. Vulkan = Feuer- und Herdgott; Gott der Metallarbeit; Beschützer vor Feuersgefahr. (Inv.R L 347. H.S. 459 Nr. 323) – *5. Altar für Jupiter.* Stubensandstein. H 1,17 m. Fo Metzingen/RT. Die Tempelgenossen an der Erms *(confanenses Armisenses)* haben den Altar Jupiter geweiht. Die Erms *(Armissa)* mündet bei Neckartenzlingen in den Neckar. (Inv.R L 348. H.S. 289 Nr. 174) – *6. Grabstein der Tessia Iuvenilis,* einer Helvetierin. Stubensandstein. H 0,95 m. Rottenburg/*Sumelocenna*/TÜ. Silius Victor, ein Helvetier *(civis Helvetius),* hat seiner mit 37 Jahren verstorbenen Gemahlin Tessia Iuvenilis, einer Helvetierin *(civis Helvetia),* und für sich den Grabstein aufstellen lassen (Inv.R L 349. H.S. 238 Nr. 128). – *7. Grabstein des Jumma und seiner Gemahlin Atuns.* Kalkstein. H 0,55 m. Fo Brackenheim-Meimsheim/HN. Domeius Quartus hat seinem Vater Jumma (Sohn des Exobnus), der 100 Jahre alt wurde, und seiner Mutter Atuns (Tochter des Bunna), die mit 80 Jahren starb, den Grabstein aufstellen lassen. Jumma war Mediomatriker *(civis Mediomatricus).* Die keltischen Mediomatriker wohnten im heutigen Lothringen. Ihre Hauptstadt war Metz/*Divodurum.* (Inv.R L 350. H.S. 507 Nr. 359).

3. Das römische Heer (8–13)

Das in der Provinz stationierte röm Heer *(exercitus)* bestand aus Legionen und Hilfstruppen *(auxilia).* Die Legionen (8 a–c) waren am Rhein stationiert in den Legionslagern: Straßburg/*Argentorate*, Mainz/*Mogontiacum*, Bonn/*Bonna*, Xanten/*Vetera Castra.* Das rechtsrheinische Gebiet war von Hilfstruppen *(auxilia)* (8 d–h) besetzt: Kavallerie- *(alae)* und Infanterieeinheiten *(cohortes)* von 500 *(quingenariae)* oder 1000 Mann *(milliariae).* Die für den Bau ihrer Lager *(castra)* benötigten Ziegel *(tegula, later, imbrex)* haben die Soldaten in ihren eigenen Ziegeleien hergestellt und mit dem Namen ihrer Einheit gestempelt. Ziegelstempel: 8 a. *LEG(io) VIII AVG(usta).* Fo Hn-Böckingen. (Inv.R L 351. H.S. 539 Nr. 379). – 8 b. *LEG(io) VIII AVG(usta).* Fo Rottenburg/*Sumelocenna*/TÜ. (Inv.R L 170, 52 H.S. 242 Nr. 133). – 8 c. *LEG(io) XXII PR(imigenia) P(ia) F(idelis).* Fo Hn-Böckingen (Inv.R L 353. H.S. 539 Nr. 380). – 8 d. *AL(a) II FL(avia).* Aalen (Inv.R L 358. H.S. 119 Nr. 55). – 8 e. *COH(ors) V DEL(matarum)* Fo Hn-Böckingen (Inv.R L 354. H.S. 542 Nr. 381). – 8 f. *COH(ors) I HEL(vetiorum).* Fo Öhringen/KÜN (Inv.R L 355 H.S. 637 Nr. 344). – 8 g. *COH(o)R(s) P(ia) F(idelis) RAET(orum).* Fo Schirenhof b. Schwäbisch Gmünd/AA (Inv.R L 356. H.S. 130 Nr. 68). – 8 h. *COH(ors) II (H)IS(panorum).* Fo Oedheim/HN (Inv.R L 357. H.S. 558 Nr. 390).

4. Religion des Heeres (9.10.12.13)

Die seit dem Jahre 71 nChr in Straßburg/*Argentorate* stationierte *legio VIII Augusta* brachte die Mithrasreligion (9) aus Moesien mit an den Rhein. Legionscenturionen (Hauptleute), die von dem Legionslager Straßburg als Kastellkommandanten in das rechtsrheinische Limesgebiet abkommandiert wurden, werden ua wesentlich zur Verbreitung des Mithriazismus in den Militärlagern rechts des Rheines beigetragen haben.

Centurionen haben Jupiter, dem höchsten Himmelsgott, und dessen Gemahlin Juno, der Beschützerin des röm Staates und Göttin für Haus, Ehe, Sitte und Familie Altäre aufstellen lassen (10.12). Ein aus Sicca Veneria, El Kef in Tunesien, stammender Tribun (Oberst) weihte als Kommandant der in Benningen stationierten Einheit den Göttern des Exerzierplatzes *(campestres)* einen Altar (13). – *9. Altar für Mithras.* Schilfsandstein. H 1,20 m. Fo Murrhardt/WN. Dem unbesiegbaren Sonnengott Mithras *(sol invictus)* ließ Sextus Julius Florus Victorinus, Oberst der 24. Kohorte freiwilliger römischer Bürger, in Murrhardt einen bereits baufällig gewordenen Tempel wieder aufbauen (um 200 nChr). (Inv.R L 359. H.S. 577 Nr. 400). – *10. Altar für Jupiter und Juno.* Sandstein. H 1,08 m. Fo Jagsthausen/HN. Jupiter dem besten und größten und dessen Gemahlin, der Königin Juno, hat Lucius Petronius Tertius, Hauptmann der *cohors I Germanorum,* einen Altar aufstellen lassen. (Inv.R L 360 H.S. 648 Nr. 451). – *12. Altar für*

Jupiter. Stubensandstein. H 1,03 m. Fo Welzheim/WN. Jupiter dem besten und größten und für das Wohl der kaiserlichen Herren (Septimius Severus 193–211 nChr und Caracalla) hat Marcus Octavius Severus, Hauptmann der *legio VIII Augusta* und Befehlshaber der Brittonen und der Kundschafter, den Altar geweiht. (Inv.R L 362. H.S. 570 Nr. 393). – *13. Altar für die Schutzgöttinnen des Exerzierplatzes.* Stubensandstein. H 1,06 m. Fo Benningen/LB. Den Schutzgöttinnen des Exerzierplatzes *(campestres)* hat P(ublius) Quintius Terminus aus Sicca Veneria (El Kef in Tunesien), Oberst der 24. Kohorte freiwilliger römischer Bürger, den Altar aufstellen lassen. (Inv.R L. 363. H.S. 456 Nr. 322).

5. Bauten des Heeres (11.14–17)
Die Soldaten sicherten im Rahmen der röm Expansionspolitik strategisch wichtige Punkte durch Militärlager *(castra)* (17); sie sorgten für ein gut ausgebautes Straßennetz und übten die Polizeigewalt in dem besetzten Gebiet aus (14). An den Straßen aufgestellte Meilensteine mit Entfernungsangaben von Ort zu Ort dienten als „Hinweisschilder" (15.16). Das Militär sicherte die Wasserversorgung durch den Bau von Wasserleitungen (11.17). – *11. Bauinschrift einer Wasserleitung.* Lettenkohlensandstein. H 1,00 m. Fo Öhringen/HN. Die alexandrinische Wasserleitung *(aqua Alexandriana)* ließ der Statthalter von Obergermanien Sextus Catius Clementinus Priscillianus von dem Kommandanten der 1. Kohorte der Belger, der alexandrinischen, in Öhringen bauen. Die Wasserleitung war fertiggestellt und konnte eingeweiht werden am 23. Juli, im Konsulatsjahr des Pompeianus und Pelignianus (= 231 nChr). (Inv.R L 361. H.S. 625 Nr. 599). *–14. Altar für die Vierwegegöttinnen.* Stubensandstein. H 1,22 m. Fo Stgt-Bad Cannstatt. Serenius Atticus war aus dem Stab *(officium)* des Statthalters von der Provinzhauptstadt Mainz/*Mogontiacum* als Kommandant der Straßenstation *(statio)* Cannstatt/Steig abkommandiert worden. Er hat am 29. Dezember 230 nChr – sehr wahrscheinlich an dem Tage, an dem er abgelöst wurde – den Vierwegegöttinnen, Jupiter sowie allen Göttern und Göttinnen den Weihe-

Abb. 299 Stuttgart. Lapidarium. Altar für die Vierwegegöttinnen

stein aufstellen lassen an der Stelle, wo die Rhein-Donau-Straße die röm Neckarstraße vor dem rechten Lagertor des Kastells Cannstatt *(porta principalis dextra)* kreuzte. An der Kreuzung entstanden vier Wege, die den Vierwegegöttinnen *(deae Quadriviae)* empfohlen wurden. Beschreibung → Aalen, Röm Parkmuseum. (Inv.R L 364). – *15. Leugenstein* aus dem Jahre 245 nChr. Buntsandstein. H 1,80 m. Fo Friolzheim/PF. Der Leugenstein stand an der röm Straße von Pforzheim/*Portus* nach Cannstatt. Er gibt die Entfernung vom röm Pforzheim *(A PORTV)* mit 5 Leugen an. 1 leuga = 2,22 km (keltisches Entfernungsmaß). Der Leugenstein wurde 245 nChr aufgestellt (Inv. R L 365). – *16. Meilenstein.* Stubensandstein. H noch 1,15 m. Fo Köngen/ES. Der Meilenstein stand in der Nähe des rechten Lagertores *(porta principalis dextra)* des Kastells Köngen/*Grinario*, an der röm Nekkarstraße von Rottenburg/*Sumelocenna* nach Köngen. Er gibt die Entfernung von Rottenburg *(A SVMELOCENNA)* mit 29 röm Meilen an (= 42,86 km. 1 römische Meile = 1478 m). Aufgestellt 129 nChr, als Kaiser Hadrian die tribunizische Gewalt zum 13. Male innehatte und zum 3. Mal Konsul war. (Inv.R L 366. H.S. 308 Nr. 499). – *17. Bauinschrift einer Wasserleitung.* Lettenkohlensandstein. H 1,22 m. Fo Öhringen/KÜN. Die gordianische Wasserleitung *(aqua Gordiana)* der 1. Septimischen Kohorte, der Belger, die lange Zeit unterbrochen war (siehe Nr. 11), ließ der Kohortenpraefekt Caius Julius Rogatianus am 4. Dezember 241 nChr fertigstellen. Die Leitung versorgte das Wohnhaus des Kastellkommandanten *(praetorium)* und das Bad mit Wasser. (Inv.R L 367. H.S. 627 Nr. 600).

6. Bürgerliche Berufe, Vereine (18–23.31)

Die Inschriften nennen eine Schiffergilde (18), Zunftgenossen (19), einen Geschirrhändler (20), einen Jugendverein (31) und einen Verein von Fremden (22). Ein Relief zeigt einen Schmied bei der Arbeit (21). *18. Weihestein für den Schutzgeist einer Schiffergilde.* Schilfsandstein. H 0,72 m. Fo Marbach/LB. Caius Julius Urbicus hat den Weihestein für den Schutzgeist *(genius)* der Schiffergilde *(collegium nautarum)* aufstellen lassen. (Inv.R L 368. H.S. 468 Nr. 330). – *19. Bruchstück einer Weiheinschrift* von der Basis einer Statue, gestiftet von einer Zunftgenossenschaft *(contubernales).* Schilfsandstein. H noch 0,18 m. Fo Walheim/LB (Inv.R L 369. H.S. 501 Nr. 582).– *20. Bruchstück eines Grabsteines*, den ein Geschirrhändler *(negotiator artis cretariae)* für seine Eltern aufstellen ließ. Sandstein. H noch 0,36 m. Fo Lorch/AA (Inv.R L 370. H.S. 135 Nr. 77). – *21. Relief eines Schmiedes* bei der Arbeit. Kalkstein. H 0,35 m. Fo Waiblingen/WN. (Inv.R L 371. H.S. 431 Nr. 302). – *22. Basis mit Inschrift für eine Statue der Victoria.* Lettenkohlensandstein. Fo Marbach/LB. Domitius Condollus hat dem Verein der Fremden *(collegium peregrinorum* = Einwohner eines Ortes, die das röm Bürgerrecht nicht besaßen) eine Victoriastatue aufstellen lassen. (Inv.R L 372. H.S. 466 Nr. 328). – *23. Relief zweier Männer*, die sich die Hand reichen. Darüber die Inschrift *CONCORDIA* (Freundschaft). Lettenkohlensandstein. H 0,86 m. Fo unbekannt. (Inv.R L 432. H.S. 674 Nr. 478).– *31. Relief zweier Männer*, die sich die Hand reichen. Stiftung von fünf Dedikanten für einen Jugendverein *(collegium iuventutis).* Lettenkohlensandstein. H 0,60 m. Fo Neuenstadt a. K./HN (Inv.R L 380. H.S. 552 Nr. 386).

7. Provinzen, Verwaltungsbezirke. Städte, Dörfer und Gemeinden (24–30. 32–34)

Das röm besetzte Gebiet war in Provinzen eingeteilt. Die Provinz verwaltete ein vom Kaiser in Rom (32) ernannter Statthalter. Württemberg gehörte zwei röm Provinzen an: der obergermanischen Provinz *(Provincia Germania superior)* und der rätischen Provinz *(Provincia Raetia).* Der Statthalter von Obergermanien *(legatus Augusti pro praetore)* (33) residierte in der Provinzhauptstadt Mainz/*Mogontiacum* und der Statthalter *(procurator)* von Rätien (34) in der Provinzhauptstadt Augsburg/*Augusta Vindelicum*. Die Provinz war in Gaue *(civitates)* (25) gegliedert. Jeder Gau hatte ein Verwaltungszentrum: den Gauvorort oder Hauptort (25), wo der aus 100 Mitgliedern *(decuriones)* (26–28) und zwei Vorstehern *(magistri)* bestehende Bezirksrat *(ordo)* (24) tagte. Der Bezirksrat beriet und entschied die kommunalen Belange der Städte *(municipia)*, Dörfer *(vici)* und Einzelsiedlungen *(villae rusticae)*.

Die Lagerdörfer und Lagerterritorien unterstanden der Militärverwaltung. Nach Abzug der Truppe konnte sich aus dem Lagerdorf *(vicus)* eine selbständige Siedlung (30) entwickeln, die sodann der Zivilverwaltung unterstellt wurde. – *24. Steinplatte mit Bauinschrift*, die an einem öffentlichen Gebäude in Rottenburg angebracht war. Stubensandstein. H 55 cm. Fo Rottenburg/

TÜ. Auf Beschluß des Bezirksrates der Landschaft von Rottenburg wurde unter Leitung der Vorsteher Julius Dexter und Gaius Turranius Marcianus ein Gebäude in Rottenburg errichtet. (Inv.R L 373. H.S. 227 Nr. 117). – *25. Basis mit Inschrift* für die Bildnisse des Merkur Visucius und der Visucia, geweiht von Publius Quartionius Secundinus, Bezirksrat *(decurio)* des Gaues von Rottenburg *(civitas Sumelocennensis)*. Schilfsandstein. H noch 0,48 m. Fo Köngen/ES (Inv.R L 374. H.S. 302 Nr. 184). – *26. Weiheinschrift* des Tiberius Julius Severus, Bezirksrat *(decurio)* des Gaues von Baden-Baden *(civitas Aurelia Aquensis)*. Keupersandstein. H noch 0,79 m. Fo Mühlacker-Dürrmenz/PF (Inv.R L 375. H.S. 444 Nr. 315). – *27. Basis mit Inschrift* für eine Statue des Merkur, gestiftet von Avitius Maiiorinus und Avitius Apollinaris, Bezirksräte *(decuriones)* des Gaues von Baden-Baden *(civitas Aurelia Aquensis)*. Schilfsandstein. 0,22 x 0,39 m. Fo Bad Friedrichshall-Hagenbach/HN (Inv.R L 376). – *28. Altar des Apollo Grannus*, gestiftet von Lucius Julius Victorinus, Bezirksrat *(decurio)* des Gaues von A.G. *(civitas Aurelia Aquensis?)*. Schilfsandstein. H 1,40 m. Fo Neuenstadt a. K./HN (Inv.R L 377. H.S. 554 Nr. 387). – *29. Statue der Minerva* auf einer Basis mit Inschrift, geweiht von Faustinus Faventinus, Gemeinderechner *(quaestor)* des Dorfes Öhringen/*vicus Aurelianus*, im Konsulatsjahr des Lupus und Maximus (= 232 nChr). Lettenkohlensandstein. H der Figur noch 0,63 m. H der Basis 0,19 m. Fo Öhringen/KÜN (Inv.R L 378. H.S. 613 Nr. 430). – *30. Bauinschrift* für eine Umfassungsmauer eines Jupiterheiligtums in Köngen/*vicus Grinario*. Die Dorfbewohner haben als Bürger des Gaues von Rottenburg *(cives Sumelocennenses)* die Mauer mit eigenen Mitteln errichtet. Stubensandstein. H 0,47 m. Fo Köngen/ES (Inv.R L 379. H.S. 304 Nr. 497). – *32. Kopf und linker Unterarm einer überlebensgroßen Statue*, die möglicherweise Kaiser Commodus (180–192 nChr) als Herkules darstellt. Stubensandstein. H. des Kopfes 0,34 m. H des Löwenfelles 0,67 m. Fo Köngen/ES (Inv.R L 381. H.S. 313 Nr. 191). – *33. Den Nymphen geweihter Altar.* Der Statthalter *(legatus Augusti pro praetore)* Clemens Dextrianus ließ von Julius Demetrianus, Hauptmann der 8. Legion, im Jahre 187 nChr, als Crispinus und Aelianus Konsuln waren, eine Wasserleitung bauen. Lettenkohlensandstein. H. 1,37 m. Fo Öhringen/KÜN (Inv.R L 382. H.S. 624 Nr. 598). – *34. Basis mit Weiheinschrift* für den unbesiegbaren Sonnengott Mithras *(Sol invictus)*, gestiftet von Valerius Venustus, Statthalter der Provinz Rätien *(vir perfectissimus praeses provinciae Raetiae)*. Aus Dank für seine wiedererlangte Gesundheit hat Valerius Venustus den Mithrastempel in Zwiefalten wiederherstellen lassen. Weißer Jura. H 0,88 m. Fo Zwiefalten/RT (Inv.R L 383. H.S. 47 Nr. 17). –

8. Totenkult (35–39 und 6.7)

Die Toten durften nach dem Gesetz nur außerhalb der Siedlung verbrannt und bestattet werden. Im 1. und 2. JhnChr dominiert die Brandbestattung. Körperbestattungen werden seit dem 2. JhnChr häufiger. Die Friedhöfe lagen beiderseits der aus den Siedlungen führenden Straßen.

Über der Beisetzung ließen die Angehörigen oder Erben einen Grabstein aufstellen. Die Form der Grabsteine variiert: Grabstelen mit giebelförmigem Aufbau oder halbrundem Abschluß, mit und ohne Relief (35); Grabsteine in Hausform mit einer Höhlung für die Aschenurne (37); pfeilerartige Turmgrabmäler mit pyramidalem Schuppendach mit Pinienzapfen und mit Plastiken und Reliefs (39). Im Bedarfsfalle benutzte man auch vorhandene, noch nicht beschriftete Altäre oder Steinplatten als Grabsteine (6.7). Totenmahlszenen wurden für Soldatengrabsteine bevorzugt (36). Um den Toten am Totenmahl der Überlebenden teilnehmen zu lassen, wurde ihm das hierfür benötigte Geschirr, oft ganze Geschirrsätze, mit ins Grab gegeben. Der auf Grabdenkmälern und Grabeinfassungen häufig dargestellte Löwe, der einen Eber oder einen Esel schlägt, symbolisiert den allbezwingenden Tod (38).

Die Grabinschriften beginnen gewöhnlich mit Anrufung der Götter der Unterwelt *(Dis Manibus)*, deren Huld und Gnade die Verstorbenen empfohlen werden. Die Grabinschrift nennt: den Namen des (der) Verstorbenen, dessen (deren) Eltern, das Alter, bei Beamten das bekleidete

Amt. Auch können Heimat und Stammeszugehörigkeit vermerkt sein. Bei Soldaten wird die Truppe, Dienstgrad, Dienstzeit etc. erwähnt. Die Inschrift schließt mit dem Namen des Angehörigen oder Erben, der den Grabstein hat aufstellen lassen. – *35. Grabstein mit Inschrift.* Kalkstein. H noch 1,44 m. Fo Langenau/UL. Flavius Serenus hat seiner Mutter Aelia Novella (70 Jahre), seiner Gattin Victoria (40 Jahre) und seinem Sohn Hermes (19 Jahre) den Grabstein aufstellen lassen (Inv.R L 384. H.S. 78 Nr. 27). – *36. Grabrelief mit Totenmahl.* Stubensandstein. H noch 0,82 m. Fo Stgt-Bad Cannstatt. In einer Doppelnische ist der Verstorbene auf einem Bett *(cline)* mit hohen Seitenlehnen und einer hohen Rückwand liegend dargestellt. Er ist mit Unter- und Obergewand *(tunica und toga)* bekleidet und läßt sich von einem Diener einen gefüllten Becher reichen. Vor ihm stehen auf einem dreibeinigen runden Tischchen drei Trinkgefäße. Inschrift: *Ingenu(u)s vix(it) a(nnos) LI.* . Ingenuus hat 51 (?) Jahre gelebt (Inv.R L 385. H.S. 399 Nr. 541). – *37. Grabstein in Hausform* mit viereckiger Höhlung für die Aschenurne. Stubensandstein. H 0,86 m. Fo Rottenburg/TÜ (Inv.R L 386. H.S. 263 Nr. 152). – *38. Kopf eines Löwen*, der einen Esel im Genick packt, von einem Grabdenkmal. Lettenkohlensandstein. H noch 0,56 m. Fo Heilbronn-Klingenberg/HN (Inv.R L 387. H.S. Nr. 587). – *39. Vier Köpfe von einem pfeilerartigen Turmgrabmal* nach Art der 23 m hohen Igeler Säule bei Trier. Stubensandstein. Fo Kirchentellinsfurt/TÜ. 1. Kopf einer Sphinx, überlebensgroß. Es wurden außerdem der Leib, Bruchstücke der Arme und Flügel gefunden. – 2. Kopf einer Sphinx. – 3. Attis-Kopf mit phrygischer Mütze. H 0,38 m. – 4. Bärtiger Kopf. H 0,30 m (Inv.R L 388a–d).

9. Religion (40–63)

Die Bewohner des Limesgebietes: Römer, Kelten und Germanen haben Götter des Mittelmeerraumes (kleinasiatische, persische 59–62, syrische, ägyptische, italische 40–45.47–54.56) und einheimische, keltische (46.55.57.58) und germanische Götter verehrt. Den Göttern wurden Bildnisse, Altäre aufgestellt und Tempel errich-

Abb. 300 Stuttgart. Lapidarium. Grabrelief mit Totenmahl

tet. Die lateinischen Namen der Inschriften verbergen oft einheimische Gottheiten (55.57.58), denn die Römer glaubten, die fremdsprachigen Namen der Götter mit ihren eigenen Götternamen gleichsetzen zu dürfen, wie man etwa ein keltisches Wort ins Lateinische übersetzte. Tacitus nennt diesen Vorgang *interpretatio romana.* Bei manchen Gottheiten werden jedoch die einheimischen Religionsvorstellungen noch deutlich (46). – *40. Weiherelief für Merkur, Apollo und Minerva.* Buntsandstein. H 2,40 m. Fo Conweiler/PF (Inv.R L 389. H.S. 195 Nr. 112). – *41. Viergötterstein* (Juno, Apollo, Hercules, Minerva). Basis einer Jupitergigantensäule. Schilfsandstein. H 0,79 m. Fo Maulbronn/PF (Inv.R L 390. H.S. 482 Nr. 337) (Beschreibung → Aalen, Röm Parkmuseum). – *42. Siebengötterstein* (Sol, Luna, Venus, Vesta, Neptun, Merkur, Maia Rosmerta). Zwischensockel einer Jupitergigantensäule. Schilfsandstein. H 0,70 m. Fo Schwaigern-Stetten/HN (Inv.R L 391. H.S. 511 Nr. 393). – *43. Siebengötterstein* (Saturn, Sol, Luna, Mars, Merkur, Jupiter, Venus). Zwi-

Abb. 301 Stuttgart. Lapidarium. Relief der Herecura

schensockel einer Jupitergigantensäule. Stubensandstein. H 0,70 m. Fo Stgt-Plieningen (Inv.R L 56,8). – *44. Relief der Herecura.* Stubensandstein. H 1,20 m. Fo Stgt-Bad Cannstatt. (Inv.R L 392. H.S. 393 Nr. 272). – *45. Altar für Dis pater und Proserpina*, geweiht von Julia Flora. Kalkstein. H 0,85 m. Fo Brenztal (?) (Inv.R L 393. H.S. 88 Nr. 33). – *46. Relief der drei Matronen (matronae, matres).* Stubensandstein. H 0,60 m. Fo. Stgt-Zazenhausen (Inv.R L 394. H.S. 420 Nr. 292). – *47. Relief des Merkur.* Stubensandstein. H 1,56 m. Fo Rottenburg/TÜ (Inv.R L 395. H.S. 260 Nr. 146). – *48. Statue der Fortuna.* Sandstein. H noch 0,63 m. Fo. Weinsberg/HN (Inv.R L 396. H.S. 547 Nr. 589). – *49. Altar für Mars und Victoria*, geweiht von Claudia Messorina. Stubensandstein. H 0,73 m. Gingen a. F./GP (Inv.R L 397. 686 Nr. 621). – *50. Altar für die Göttinnen des Exerzierplatzes (campestres)*, geweiht von C. Sanctinius Aeternus, Kommandant der Böckinger Einheit. Kalkstein. H noch 1,02 m. Fo Hn-Böckingen/HN (Inv.R L 398. H.S. 532 Nr. 373). – *51. Relief der Diana.* Stubensandstein. H 0,90 m. Fo Weil im Schönbuch/BB (Inv.R L 399. H.S. 344 Nr. 234). – *52. Altar für Mercurius Cultor*, geweiht von Ripanus. Schilfsandstein. H 0,64 m. Fo Hn-Böckingen/HN (Inv.R L 400. H.S. 538 Nr. 377). – *53. Relief des Silvanus* (Gott des Waldes und der Viehweide, ist im besonderen für die Weinberge zuständig). Sandstein. H 0,59 m. Owen/ES (Inv.R L 57,2). – *54. Reliefplatte mit Merkur* und elf anderen Gottheiten. Schilfsandstein. H 0,55 m. Fo Marbach/LB (Inv.R L 401. H.S. 469 Nr. 331). – *55. Bauinschrift eines Tempels* für Apollo und Sirona (Heilgott und Schützerin der Gesundheit). Caius Longinius Speratus, Veteran der 22. Legion, und seine Familie haben den Tempel errichten lassen. Schilfsandstein. H 0,82 m. Fo Großbottwar/LB (Inv.R L 402. H.S. 477 Nr. 336). – *56. Statue der Minerva* (Beschützerin des röm Staates). Stubensandstein. H noch 0,93 m. Fo Öhringen/KÜN (Inv.R L 403. H.S. 614 Nr. 431). – *57. Altar für Mars caturix* (Kampfkönig). Schilfsandstein. H 1,20 m. Fo Hn-Böckingen/HN (Inv.R L 404. H.S. 529 Nr. 371). – *58. Altar für Taranucnus* (keltischer Donnergott, Gewittergott). Schilfsandstein. H 0,99 m. Fo Hn-Böckingen/HN (Inv.R L 405. H.S. 531 Nr. 372). – *59. Kopf des Mithras* (Lichtgott), von einem großen Altarbild. Stubensandstein. H 0,36 m. Fo Sindelfingen/BB (Inv.R L 406). – *60. Figur von einem Mithrasrelief*, nackte männliche Gestalt greift nach der Frucht eines Baumes und hält ein Messer in der Rechten. Stubensandstein. H 0,54 m. Fo Stgt-Zazenhausen (Inv.R L 407. H.S. 422 Nr. 295). – *61. Untere Umrahmung eines Mithrasreliefs* (Mithras mit Pfeil und Bogen; Stierraub; Mithras besteigt den Sonnenwagen). Lettenkohlensandstein. H 0,31 m. Fo Hn-Hölzern/HN (Inv.R L 408. H.S. 548 Nr. 384). – *62. Zwei Reliefs mit den Köpfen von Windgöttern,* von einem Mithrasaltarbild. Stubensandstein. H 0,41 und 0,36 m. Fo Stgt-Zazenhausen (Inv.R L 409. H.S. 421 Nr. 293).

63 a. Viergötterstein (Juno, Minerva, Herkules, Merkur) *und Siebengötterstein* (Victoria, Mars, Vesta ?, Vulkan, Juno, Apollo, Jupiter, Fortuna). Stubensandstein. H 2,06 m. Fo Walheim/LB (Inv. R L 68, 160. 1–6) (Aufstellung und Beschreibung der Jupitergigantensäule → Aalen, Röm Parkmuseum). – *63 b. Reliefverzierte Säule mit Basis und Kopfkapitell.* Die obere Säulentrommel ist mit Weinranken verziert, die aus 3 Rebstöcken hervorwachsen. Weinstock 1: Rechts von Weinstock 1 sitzt ein nach rechts gerichteter Mann mit maskenartigem Gesicht; er greift nach einer übergroßen, vor ihm hängenden Traube (*mystica vitis* = mystische Traube), auf der zwei antithetisch angeordnete Vögel sitzen und an der Traube picken. An der Traube hängt rechts eine Schlange. Im oberen Viertel von Weinstock 1 packt ein nach rechts fliegender Erote einen an den Trauben pickenden Vogel. Über seinem Kopfe sitzt ein großer Vogel auf einem Rebzweig. Links an Weinstock 1 angelehnt steht frontal eine Figur mit gekreuzten Beinen. Vor ihr sitzt eine nach links gerichtete Figur auf dem Boden und greift nach einer großen, von oben herabhängenden Traube. Oberhalb der Traube windet sich eine Schlange und beißt in die Zipfelmütze ? (phrygische Mütze ?) des rechts von Weinstock 2 Sitzenden. Darüber ein nach links schreitender Mann, der einen Fuchs mit der Rechten an der Lunte packt und in der Linken einen Henkelkorb hält. – Weinstock 2: Rechts von Weinstock 2 sitzt auf dem Boden eine nach rechts gerichtete Figur mit langer Zipfelmütze, in die eine von oben herabhängende Schlange beißt und hält mit beiden Händen einen Henkelkorb auf dem angewinkelten, linken Oberschenkel. In dem unteren Bogen des S-förmig gebogenen Weinstockes ein nach links schreitender Erote; er packt mit der rechten Hand nach dem Schwanz eines nach oben zu fliehen suchenden Vierfüßlers. In seiner Linken hält er einen Henkelkorb. Am oberen Ende von Weinstock 2 ein nach rechts gewendeter Erote, der nach einer Traube greift. – Weinstock 3: Rechts von Weinstock 3 ein nach rechts schreitender Mann. Er greift nach einem Vierfüßler mit langem Schwanz, der nach rechts entflieht. Über ihm packt ein Erote nach rechts den nach oben flüchtenden Vierfüßler am Hinterteil. In der Linken hält er einen Henkelkorb. Links an Weinstock 3 angelehnt sitzt eine Figur nach links auf dem Boden und greift mit der Rechten nach oben in den Weinstock. Das Relief wird unten von einem umlaufenden fischgrätenartigen Blattfries mit ausgeprägtem Stengel begrenzt, der unter dem vor Weinstock 1 mit maskenartigem Gesicht Sitzenden nach rechts und nach links seinen Anfang nimmt. Die untere Säulentrommel ist in ihrem unteren Teil mit abwärts weisenden Schuppen verziert. – Stubensandstein. H 3,11 m. Fo Walheim/LB (Inv. R L 68, 160, 7–10). (Aufstellung und Beschreibung der Jupitergigantensäule → Aalen, Röm Parkmuseum). – *64. Statue des Merkur und der Rosmerta.* Graugrüner Schilfsandstein. H 1,60 m. Fo Sulz a. N./RW (Inv.R L 73, 2269). – *65. Weiherelief für Epona.* Grobkörniger Stubensandstein. H 0,54 m. Fo Sulz a. N./RW (Inv. R L 73, 2307). – *66. Hölzerne Brunnenverschalung.* H 1,95 m. *Holzeimer*. H 0,40 m. Fo Sulz a. N./RW (Inv. R 73, 1122, 1121). *Leitrad mit Aufhängung*. Eisen, Holz. Fo Stgt-Bad Cannstatt (Inv. R 190, 513).

Fil

Bei den einzelnen Objekten ist die Inventarnummer (Inv.R) im Museum und die Literatur zu den einzelnen Objekten bei Haug-Sixt (H.S.) angegeben.

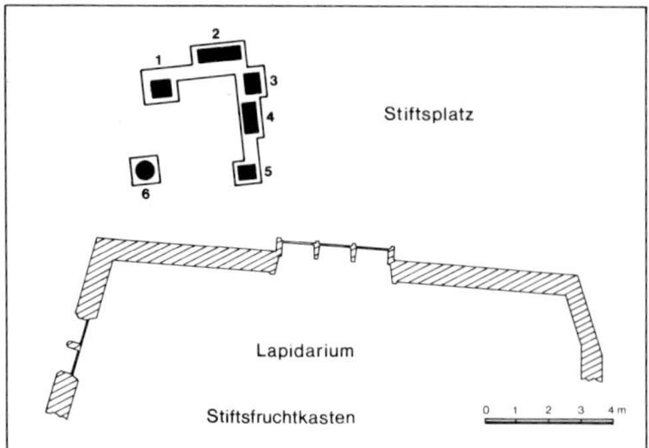

Abb. 302 Stuttgart. Stiftsplatz. Plan

Stiftsplatz

Abb 302

1974 hat die Commerzbank auf dem Stiftsplatz zwischen Stiftskirche und Commerzbank sechs Abformungen in Kunststein von in Württemberg gefundenen röm Steindenkmälern des 2. und 3. JhnChr aufstellen lassen.

1. Viergötterstein. Basis einer Jupitergigantensäule. Fo Waiblingen/WN. Stubensandstein. H 0,90 m. Juno mit Untergewand *(chiton)*, Obergewand *(himation)* und Schleier bekleidet opfert mit der Rechten auf einem Altärchen. – Mars (Kriegs- und Siegesgott) unbekleidet, mit Schild und Lanze. – Herkules mit Löwenfell hält in der Rechten die Keule. Über seiner rechten Schulter ist der Köcher zu sehen. – Minerva in langem Chiton, mit Helm, Schild und Lanze.

2. Ruhender Löwe auf zinnenartigem Stein. Bruchstück von der Einfassung einer größeren röm Grabstätte. Fo Stgt-Bad Cannstatt. Stubensandstein. L 1,67 m.

3. Mittelstück eines Grabmals, mit Inschrift. Fo Neuhausen/ES. Stubensandstein. H noch 0,36 m. Inschrift: . . .*[he]redes eius / faciendum curaverunt.* Übersetzung: . . . seine (ihre?) Erben haben (den Grabstein) aufstellen lassen. – Die von Rankenornamenten eingerahmte Inschrift wird von zwei geflügelten Eroten getragen. Auf den beiden Nebenseiten je eine Tänzerin zwischen Weinreben und Trauben.

4. Oberteil eines Viergöttersteines. Fo Maulbronn/PF. Stubensandstein. H noch 0,54 m. Juno mit Schleier. Rechts oben der Pfau; links das Zepter (?). – Geflügelte Viktoria schreibt auf den Schild. – Herkules mit Löwenfell schwingt in der erhobenen Rechten die Keule. – Minerva mit Helm und Brustpanzer mit Medusenhaupt hält in der erhobenen Rechten die Lanze. Links oben die Eule.

5. Votivstein für Jupiter und Juno. Fo Steinheim a. d. Murr/LB. Schilfsandstein. H 0,81 m. Inschrift: *[I(ovi) o(ptimo) m(aximo) et] Iun[oni / reginae pr]o sal(ute) / L(uci) Dub[it]ati(i) pereg / rini, vet(erani) [ex] c(enturione) vol(untariorum) / et suorum omni / um voto suscepit l(aetus) l(ibens) m(erito).* Übersetzung: Jupiter dem besten und größten und der Königin Juno für das Wohl des Lucius Dubitatus Peregrinus, Veteran und gewesenen Hauptmanns der Freiwilligen (= cohors XXIV voluntariorum civium Romanorum, die zuerst in Benningen, später in Murrhardt stationiert war) und all der Seinigen. Er hat das Gelübde übernommen, froh und freudig nach Gebühr.

Nach seiner Entlassung hat sich der ehemalige Hauptmann der 24. Kohorte in Steinheim a. d. Murr niedergelassen und Jupiter und Juno den Weihestein aufstellen lassen.

Relief auf der rechten Nebenseite: Herkules umklammert den Riesen Antaeus und hebt ihn in die Höhe, damit er nicht durch Berührung mit seiner Mutter, der Erde, neue Kraft gewinnt. Zuschauerinnen sind: rechts oben Minerva in Untergewand *(chiton)* und Obergewand *(himation)*, mit Helm und Lanze; vor ihr sitzt auf dem Boden Gaea, die Mutter des Antaeus. Relief auf der Rückseite: Diana im Bade, die Rechte wie abwehrend nach links oben erhoben. Hinter ihr hält eine höher stehende Nymphe mit beiden Händen ein ausgebreitetes Tuch empor. Links und rechts von Diana steht je eine leicht bekleidete Nymphe. Die eine, mit gekreuzten Beinen, lehnt sich auf einen Krug, aus dem sich Wasser ergießt. Die andere Nymphe hält einen Krug mit beiden Händen und schüttet Wasser auf die Göttin. Links oben in der Ecke scheint der Oberkörper mit der rechten Schulter eines Zuschauers hinter einem Felsen noch zu erkennen zu sein. Wahrscheinlich handelt es sich um Aktaeon, der die badende Göttin hinter einem Felsen belauscht. Relief auf der linken Nebenseite: Fortuna in Chiton und Himation hält in der gesenkten Rechten das Steuerruder und in der Linken das Füllhorn. Neben ihr Merkur; er stellt den rechten Fuß auf den Ziegenbock und hält in der Rechten den Beutel auf seinem rechten Oberschenkel. Über die linke Schulter trägt er ein Mäntelchen und hält in der Linken den Schlangenstab. Die Inschrifttafel wird von zwei Genien getragen, zwischen denen anscheinend ein dritter Genius mit Füllhorn steht.

6. Viergötterstein und Siebengötterstein einer Jupitergigantensäule. Fo Walheim/LB. Stubensandstein. H 2,24 m (nähere Beschreibung → Aalen, Röm Parkmuseum). Viergötterstein: Juno, in Chiton und Himation. Herkules, bärtig, mit Keule und Hesperidenäpfel. – Minerva mit Helm, in langem Chiton und Himation und Brustpanzer mit Medusenhaupt. Merkur mit Flügelhut, Schlangenstab und Geldbeutel. Siebengötterstein: 1. Geflügelte Victoria – 2. Mars mit Helm und Panzer – 3. Vesta (?) in langem Chiton und Himation – 4. Vulkan mit Filzmütze *(pilos)* und Arbeitsrock *(exormis)* – 5. Juno in Chiton und Himation – 6. Apollo mit Leier – 7. Jupiter thronend, bärtig mit Blitzbündel – 8. Fortuna mit Füllhorn und Steuerruder.

Fil

Stuttgart-Bad Cannstatt S

Alenkastell für 500 Reiter

Abb 299, 303–308, Tafel 45a

Das Kastell liegt am linken Ufer des Neckar, 450 m vom Fluß entfernt „auf der Steig“, am Rande eines Plateaus, das 25 m tief zum Neckartal abfällt. Die SW-Seite des Lagers schmiegt sich an eine kleine vom Tal heraufziehende Schlucht (Altenburger Steige).

Das Kastellgelände (NO des Steigfriedhofes) ist heute von einer Kaserne überbaut. Von den Mauern des Kastells ist oberirdisch nichts mehr zu sehen. Altenburger Steige und Sparrhärmlingweg treffen vor dem rechten Lagertor *(porta principalis dextra)* (1) zusammen; die NO-Begrenzung des Hallschlags markiert ungefähr den Verlauf der Lagermauer der rechten Lagerseite; die vordere Lagermauer bis zum Ausfallstor *(porta praetoria)* (2) liegt unter der Rommelstr. Die Lagermauer umschließt ein nicht ganz rechteckiges Areal (Vorderseite 215 m; Rückseite 220 m x 170,5 m = 3,74 ha), das einer Einheit von 500 Reitern *(ala quingenaria)* Platz bot. Als Kastellbesatzung kommt die *ala I Scubulorum* in Betracht, die später in Welzheim lag. Kastell Cannstatt war der Straßenknotenpunkt – gewissermaßen die Drehscheibe – des Fernverkehrs von den Rhein- zu den Donauprovinzen: Vor dem rechten Lagertor trafen die von Mainz/*Mogontiacum*, Straßburg/*Argentorate*, Rottweil/*Arae Flaviae* und Wimpfen kommenden röm Straßen zusammen. Von der Kastellhöhe aus konnten der Neckarübergang und die nach Köngen/*Grinario* in das Fils- und Remstal führenden röm Straßen weithin eingesehen werden. Dem Kommandanten *(praefectus alae)* des Kastells Cannstatt unterstanden vermutlich die Besatzungen der Nachbarkastelle am Neckarlimes.

In Cannstatt waren bereits im 16. Jh röm Inschriften gefunden worden, auf dem Altenburger Feld erste röm Funde im 18. Jh. Das Kastell entdeckte E. Kapff im Jahre 1894, als er in einem Rübenfeld herauskommenden Gußmauerbrokken nachging und dabei einen der Türme des N-Tores fand. Der Cannstatter Altertumsverein, RLK, Landeskonservatorium und Statistisches Landesamt haben sodann in den Jahren 1894–1896 damit begonnen, das Kastell durch Ausgrabungen zu erforschen. Als 1908 das Kastellgelände von einer Reiterkaserne überbaut wurde, hat P. Goessler großflächige Ausgrabungen durchgeführt. Er fand ein dem Steinkastell vorausgehendes Erdkastell, angelegt in den Jahren vor 90 nChr.

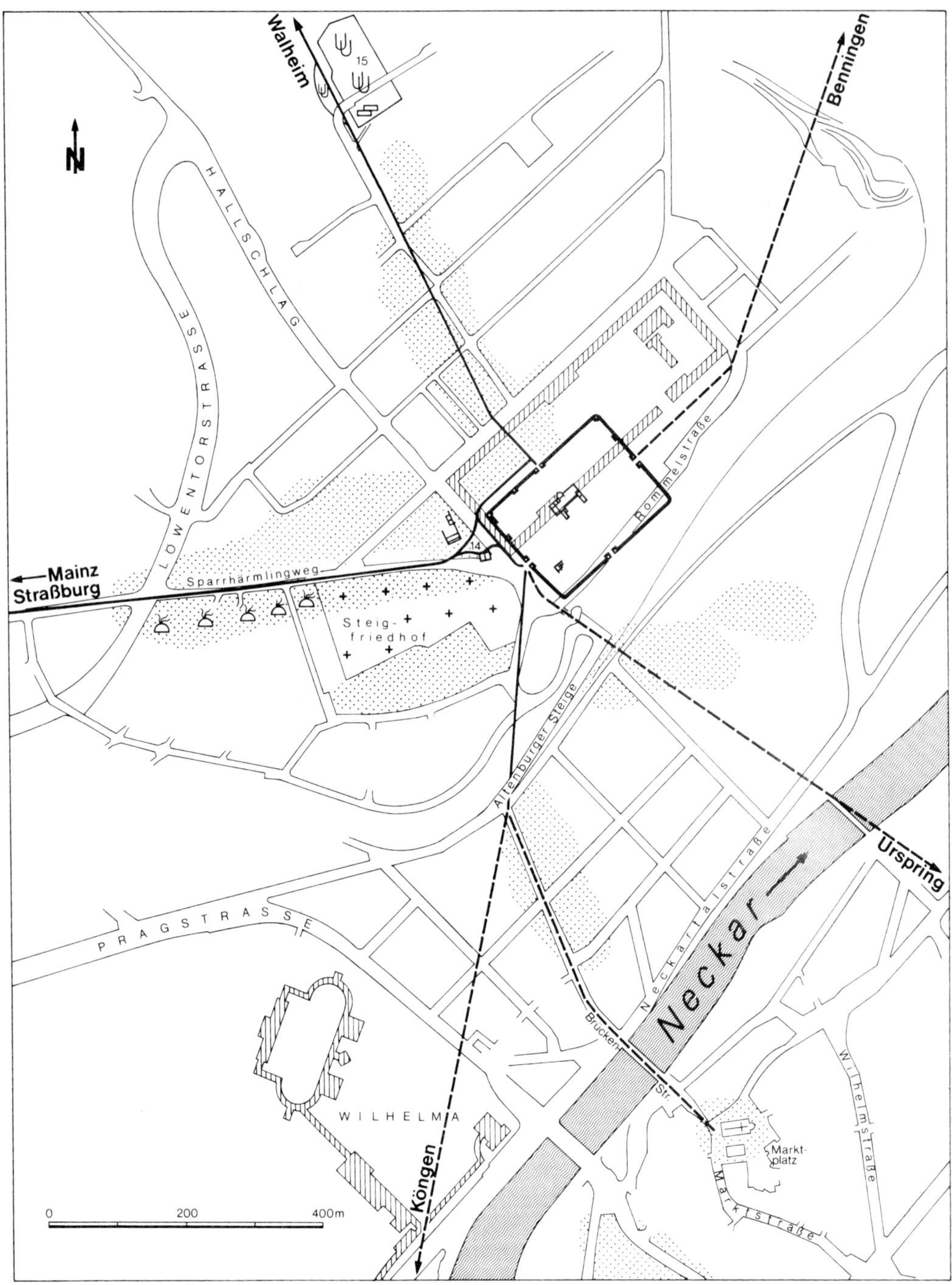
Walheim
15
Benningen
N
HALLSCHLAG
LÖWENTORSTRASSE
Mainz
Straßburg
Sparrhärmlingweg
14
Steig-
friedhof
Römerstraße
Altenburger Steige
Urspring
Neckar
Neckartalstraße
PRAGSTRASSE
Brücken
Str.
WILHELMA
Markt-
platz
Wilhelmstraße
Marktstraße
Köngen
0
200
400m

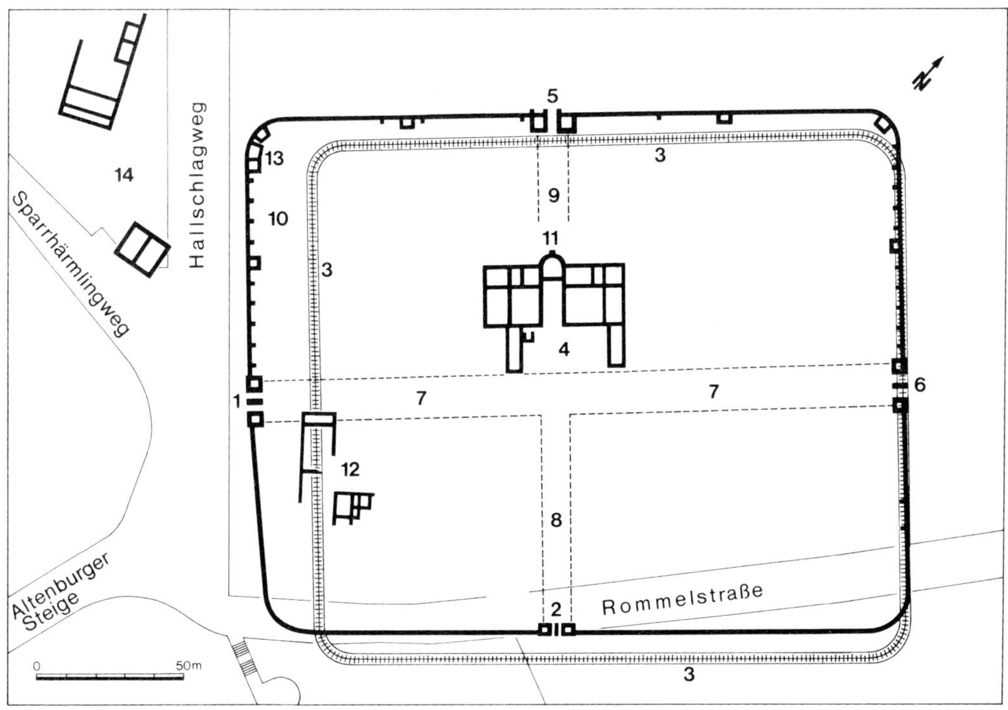

Abb. 304 Stuttgart-Bad Cannstatt. Alenkastell. 1 rechtes Lagertor, 2 Ausfallstor, 3 Holzerdekastell, 4 Stabsgebäude, 5 rückwärtiges Lagertor, 6 linkes Lagertor, 7 Lagerhauptstraße, 8 Ausfallsstraße, 9 rückwärtige Lagerstraße, 10 Lagerringstraße, 11 Fahnenheiligtum, 12 zwei Steingebäude unbekannter Bestimmung, 13 zwei nachkastellzeitliche Einbauten, 14 Straßenstation

Erdkastell

Ein Spitzgraben (B 6–7 m, T 2–3 m) (3) umschließt ein rechteckiges Areal (185x160 m = 2,97 ha). Der Umfassungsgraben verläuft nachweislich vor zwei Lagertoren durch, so daß zumindest an diesen beiden Toren die aus dem Lager herausführenden Straßen den Graben über Brücken passiert haben müssen. Es konnten Reste der Holztore festgestellt werden. Hinter dem Graben folgt nach einer Berme (B 0,15 m), eine sog Holzerdemauer (B 3–3,50 m), eine durch Pfostenwände verschalte Erdaufschüttung (H ca 3 m), auf der die Soldaten im Verteidigungsfalle hinter einer Brustwehr Stellung bezogen. Von den Innenbauten (Holzbaracken) konnten nur noch wenige Überreste festgestellt werden, so daß über die Orientierung des Holzerdelagers nichts gesagt werden kann.

Steinkastell

Um 100 nChr wurde das Erdkastell durch ein Steinkastell ersetzt. Die Mauern des Steinkastells gingen im NW und W einige Meter über das Erdkastell hinaus, während die SO-Lagermauer innerhalb des Erdkastells lag. Die linke Umfassungsmauer wurde mitten auf den Erdkastellgra-

Abb. 303 Stuttgart-Bad Cannstatt. Alenkastell mit Siedlung im röm Straßennetz

ben aufgesetzt. Das nach SO ausgerichtete Stabsgebäude *(principia)* (4) bestimmte die Orientierung des Lagers nach SO, zum Neckar hin. Die Umfassungsmauer (B 0,90–1,20 m) bestand aus Gußmauerwerk, auf beiden Seiten mit kleinen Sandstein- und Tuffsteinquadern verkleidet. Sie hatte auf der Innenseite in regelmäßigen Abständen von 5,5–6 m Sporen (B 0,70 m, L 1,5 m). Die Sporen trugen sehr wahrscheinlich den Wehrgang aus Holz. Im rückwärtigen Lagerteil *(retentura)* sind an der Lagermauer Eck- und Zwischentürme nachgewiesen.

Das rückwärtige Lagertor *(porta decumana)* (5) hatte nur eine Durchfahrt (B 1,50 m). Alle übrigen Tore hatten Doppeldurchfahrten: Ausfallstor *(porta praetoria)* (2) (B 3,40 m, Durchfahrten: 1,10 und 1,50 m); rechtes Lagertor *(porta principalis dextra)* (1) (B 6 m, Durchfahrten: 2,20 m und 2 m); linkes Lagertor *(porta principalis sinistra)* (6) (Durchfahrten je 3,10 m). Kastellgraben O des rückwärtigen Lagertores: B 4,50 m, T 1 m, BermenB 2,50 m, N des linken Lagertores: B 8 m, T 1,50 m, BermenB: 1 m.

Die Lagerstraßen bestanden aus einer Kiesschicht mit Steinen: Lagerhauptstraße *(via principalis)* (7) B 10–12 m, Ausfallsstraße *(via praetoria)* (8) B 8 m und rückwärtige Lagerstraße *(via decumana)* B 10 m (9). In einem Abstande von 3,50 m verläuft die Lagerringstraße *(via sagularis)* (10) B 4 m, der Lagermauer parallel.

Das etwas aus der Mitte des Lagers nach der rechten Lagerseite hin verschobene Stabsgebäude hatte zwei Höfe, von denen der vordere Hof beiderseits von je einer Halle begleitet war. Die Mauern des durch eine Apsis hervorgehobenen Fahnenheiligtums *(sacellum)* (11) gehen durch bis zur Trennmauer der Höfe. Beiderseits der Apsis gruppierten sich je drei Räume und rechts und links des hinteren Hofes je ein größerer und ein kleinerer Raum. Von den übrigen Lagerinnenbauten konnten lediglich zwei Steingebäude (12) an der Lagerhauptstraße hinter dem rechten Lagertor festgestellt werden.

Das Lagerdorf *(vicus)* erstreckte sich beiderseits der aus dem rechten und rückwärtigen Lagertor führenden Straßen. Die in Fachwerkbauweise errichteten Häuser *(canabae)* waren unterkellert

Abb. 305 Stuttgart-Bad Cannstatt. Grabstein der beiden Brüder Aurelius Saluda und Aurelius Regreteus, Reiter

und hatten bis zu 15,80 m tiefe Brunnen, die neben den Häusern lagen. Es wurden auch Häuser mit Fußbodenheizung *(hypocaustum)* festgestellt. Von einem großen Töpfereibetrieb zwischen Steigfriedhof und Löwentorstr sind bis

Abb. 306 Stuttgart-Bad Cannstatt. Bronzestatuette des Mars

Der Friedhof (15) der Kastellbesatzung *(ala I Scubulorum)* und der Bewohner des Lagerdorfes liegt 600 m NNW des Kastells beiderseits der nach Walheim führenden röm Straße auf dem Gelände der Ziegelei Höfer (Fläche NO der Straße 150x75 m, Fläche SW der Straße 65x15 m). Die NW-Seite und zumindest eine Strecke der SW-Seite des Gräberfeldes war von einer Mauer umgeben. Den Friedhof entdeckte Memminger 1817. Seitdem wurde immer wieder in dem Friedhof gegraben und ua ein Grabgebäude mit Weihungen an Herecura (1898), Skulpturen von Grabbauten, meist Löwenplastiken (1901), Grabreliefs und Skulpturenreste von Grabdenkmälern (1906) gefunden. 1955 hat das LDA SW der Straße 83 Gräber ausgegraben. Die Belegung des Gräberfeldes begann bald nach Gründung des Kastells um 90 nChr und dauerte bis in die 60er Jahre des 2. JhnChr. Seitdem verminderte sich die Belegung, und noch vor der Wende zum 3. JhnChr scheint der Friedhof im großen und ganzen aufgegeben worden zu sein. Es gibt jetzt 40 Töpferöfen gefunden worden. Inschriften lassen vermuten, daß es im Lagerdorf einen Tempel der Großen Göttermutter *(Magna Mater)* und der *Diana Abnoba* gab. Das Bruchstück eines Gigantenreiters weist auf eine Jupitergigantensäule.

Als die *ala I Scubulorum* um 150 nChr Cannstatt verließ, wurde auch das Kastellgelände, wie in Köngen und Walheim, in die bürgerliche Nachfolgesiedlung einbezogen. In diese Zeit gehören zwei Einbauten in der W-Lagerecke (13), wo ua ein Epona- und ein Nymphenrelief gefunden wurden.

Die inschriftlich bezeugte Straßenstation *(statio)* (14) lag sehr wahrscheinlich vor der W-Ecke des Kastells, wo die von Straßburg, Mainz, Benningen und Köngen kommenden röm Straßen zusammentrafen. An dieser Stelle hatte *Serenus Atticus,* Kommandant der Straßenstation *(statio),* den Vierwegegöttinnen *(deae Quadriviae)*, einen Weihealtar aufstellen lassen, im Jahre 230 nChr

Beschreibg → Aalen, Röm Parkmuseum.

Abb. 307 Stuttgart-Bad Cannstatt. Silen-Gewicht

Abb. 308 Stuttgart-Bad Cannstatt. Lichthäuschen

einige wenige Gräber aus dem frühen 3. JhnChr. Die Gesamtzahl der Bestattungen (Brandgräber und etwa 5% Körpergräber) etwa 3000.

Das an der Neckarstraße gelegene Kastell Cannstatt hatte Straßenverbindungen nach den Provinzhauptstädten Mainz/*Mogontiacum* und Augsburg/*Augusta Vindelicum,* zu dem Legionslager Straßburg/*Argentorate* und ins Nekkar- und Remstal. Fil

TK 7121 – L 7120
Ao: WLM Stgt
Lit: WBarthel, ORL B 59 Cannstatt (1907). – Haug-Sixt, 357 ff – PGoessler, Vor- und Frühgesch Stuttgart-Cannstatt (Stuttgart 1920) – PGoessler, RKnorr, Cannstatt zur Römerzeit (Stuttgart 1921) – RiW s.v. Cannstatt – WSchleiermacher, ORL Abt. A Str. 11 (1934) 13 f. – OParet, Württ in vor- und frühgesch Zeit (1961) 429 s.v. Bad Cannstatt

Sulz RW

Kohortenkastell am Neckar

Das Kastell in 527 m Höhe liegt auf einer Hochfläche, SO der Stadt Sulz im Gewann Guldenhalde rechts des Neckars. Das Gelände fällt nach W und N um 100 m zum Neckartal ab, im NO wird das Plateau durch die bis zu 80 m tief eingeschnittene Schinderklinge begrenzt. Am W-Hang der Klinge verläuft die Straße nach Vöhringen. Am gleichen Hang führten in röm Zeit die vereinigten Straßen von Lautlingen (BL) und von Rottweil talwärts. Die Spornlage des Kastells bedingt abschüssiges Gelände vorn im NO und auf beiden Flanken. Spätere Bodenveränderungen durch Abbruch der Gebäude und Planierung einzelner Flurstücke lassen das Kastellgelände nicht mehr deutlich erkennen.

Die Anlage ist seit dem 19. Jh bekannt. Die ersten Grabungen haben 1890/91 stattgefunden, durchgeführt vom Altertumsverein Sulz. 1895 hat R. Herzog im Auftrage der RLK eine Untersuchung vorgenommen.

Das Kastellgelände war uneben und fiel von S nach N um 6 m ab. Die Form war etwa rechteckig mit abgerundeten Ecken (NO-Seite 114 m, SW-Seite 111 m, SO- und NW-Seiten 157 bzw 150 m = 1,75 ha). Die Anlage war von einer Umfassungsmauer umgeben, sorgfältig aus Natursteinen mit Mörtelbindung gefertigt, außen mit gut behauenen Kalk- und Sandsteinquadern verkleidet. An der SW-Seite – wo sich die Hochfläche fortsetzt – war ein Spitzgraben (T 2,00 m) vorgelagert. Die Mauer wurde in diesem Bereich nicht untersucht. An den anderen Seiten wurden drei Tore aufgedeckt, das Ausfallstor *(porta praetoria)* (B 3,2 m) im NO, wegen der Nähe des Abhanges schmal wie das Tor an der NW-Seite *(porta principalis sinistra)* (B 2,7 m). Das Tor an der SO-Seite *(porta principalis dextra)* (B 7,8 m) lag in der Nähe der vorbeiführenden röm Straße. Alle Tore waren mit je zwei seitlichen Türmen versehen. Außer den Tortürmen gab es an den abgerundeten Ecken sowie an den Seiten in 12–15 m Abstand Zwischentürme, die sich innerhalb

des Mauerrings befanden und nur infolge ihrer größeren Mauerstärke etwas über die äußere Flucht hinausragten. Sie waren mit gut gearbeiteten Sandsteinplatten verblendet. Die Stärke der Umfassungsmauer schwankte zwischen 1 und mehr als 2,5 m. Die Differenzen sind durch Hangnähe bedingt: abschüssiges Gelände erforderte sehr starke Substruktionen.
Über die Innenbebauung ist wenig bekannt. Aus der Lage der drei festgestellten Tore ergibt sich die Gliederung des Straßensystems im Inneren. Mauerreste des Stabsgebäudes *(principia)* wurden im Zentrum der Anlage festgestellt, ferner Mannschaftsunterkünfte an der Peripherie, die parallel zur Umfassungsmauer lagen und damit einen streng rechtwinkligen Aufbau des Innenraumes erweisen. Alle im 19. Jh ermittelten Gebäude waren in Stein errichtet. 1969 wurden vom Verf. kleine Sondierungsschnitte an der S-Seite des Kastells angelegt, die große rechteckige Pfostengruben ergaben – wahrscheinlicher Hinweis auf eine erste Holzbauphase aus vespasianischer Zeit.
Über die Zeitstellung des Sulzer Kastells geben die Kleinfunde Auskunft, vorwiegend Münzen und Terra-Sigillata-Reste. Nach Ausweis dieser Fundgattungen war das Kastell im späten 1. und frühen 2. JhnChr besetzt. Die schon von Herzog vermutete kurze Belegungszeit ist gesichert durch Beobachtungen in der benachbarten Zivilsiedlung *(vicus)*. Dort wurde eine große Anzahl von Spolien aus dem Kastell bereits in trajanischer Zeit verwendet. So wurden Buntsandsteinplatten dort gefunden, die zT mit Nagellöchern versehen waren, was ursprünglich eine vertikale Anordnung als Mauerverblendung nahelegt, wie sie von den Kastelltürmen bekannt ist. Ferner wurden für eine Erweiterung der Straße im Bereich der Siedlung Zinnensteine der Kastellmauer als Bordsteine benutzt. Schließlich lag in einem Holzkeller der Zivilsiedlung ein Sandsteinfragment, das die Buchstabenfolge . . . *IUNI(A)* . . . und darunter die Folge . . . *OH.XX* . . . aufweist. Die Inschrift ist in ihrem unteren Teil sicher zu . . . *COH(ors) XX* . . . zu ergänzen. Sie dürfte sich am ehesten auf die *cohors XXIV voluntarium civium Romanorum* (24. Kohorte freiwilliger röm Bürger) beziehen, die in flavischer Zeit in Neuenheim, später in Benningen und Murrhardt bezeugt ist.
Die Anlage des Kastells auf der recht witterungsungünstigen und unebenen Hochfläche wird mit strategischen Gründen und maßgeblich mit der röm Straßenführung in diesem Gebiet erklärt. Es handelt sich um zwei Straßen, eine von Rottweil/*Arae Flaviae* kommend und geradlinig von S über die Hochflächen das Gebiet 100 m O des Kastells erreichend; die andere vom Kastell Lautlingen über den Häsenbühl führend und von SO über Vöhringen ebenfalls geradlinig die Hochfläche 100 m O des Kastells berührend, sich dort mit der Rottweiler Straße vereinigend und im NO einem Geländeeinschnitt zum Neckartal folgend. Der Neckarlauf wurde gekreuzt und auf der linken Seite des Flusses führten die Straßen nach Waldmössingen bzw nach Rottenburg/*Sumelocenna* weiter. Die N-Seite des Kastells bietet einen ausgezeichneten Überblick über das Nekkartal im Bereich des Flußüberganges. Mü

Zivilsiedlung

Abb 309, 310, Tafel 75, 76

Von der Straße Sulz – Vöhringen biegt nach 2 km, bei Erreichen der Hochfläche, ein Weg nach NW ab. Auf ihm gelangt man in das Gebiet an der Hanglage nach Sulz.
Erhalten ist dort noch ▶ ein Steinkeller (5 × 7 m) aus dem 2. JhnChr mit Steintreppe, Wandnischen und geometrischen sowie vegetabilen Bemalungsresten. Der Keller gehört zu der Zivilsiedlung *(vicus)*, die beiderseits der Straße nach Rottweil unmittelbar im SO des Sulzer Kastells entstanden war und bereits seit Jahrhunderten bekannt ist, weil immer wieder röm Funde aus diesem Bereich stammten und bis ins 19. Jh Steine aus den Äckern zu Bauzwecken ausgegraben wurden.
Ausgegraben wurde die Siedlung im Auftrage des LDA, Außenstelle Tübingen, von 1967–1972 durch den Verf. Untersucht wurden 7000 qm auf

Abb. 309 Sulz. Eponarelief

durch Ackerbau genutztem Gelände, das die röm Straße nach Rottweil sowie Siedlungsspuren aus Holz und Stein aufwies. Anlaß der Grabung war das Vorhaben der Stadt Sulz, auf dem Gelände eine Wohnsiedlung zu errichten. Da in der Hanglage im NO des Kastells eine künftige Veränderung durch moderne Bautätigkeit nicht vorgesehen ist, wurde dieses Gebiet von der Grabung ausgeklammert. Im Bereich der Siedlung – unmittelbar O des Kastells – fällt das Gelände leicht nach N ab. Deshalb und wohl wegen unterschiedlichen Pflanzenbewuchses nach der Auflassung der Siedlung ist die römerzeitliche Oberfläche teilweise völlig abgetragen und selbst der Straßenschotter sowie der Horizont der eingetieften Pfostengruben völlig zerstört. Deshalb bezieht sich das Grabungsgebiet auf den Bereich von 150–300 m S des Kastells.

Wesentlich für die Untersuchung ist die Freilegung der Rottweiler Straße (B 5–7 m). Das Straßenfutter besteht in den unteren Lagen vorwiegend aus großen flachen Kalksteinen. Die oberen Schichten enthalten unregelmäßige Schotter von feinem Kies bis über Kopfgröße. Das Material besteht aus Kalkstein, selten aus Tuff, Sandstein oder Ziegelbrocken. Die Straßendecke scheint vorwiegend aus feinem Flußkies gebildet, teilweise mit flachen Steinplatten gepflastert gewesen zu sein und ist durch Auswitterung zerstört. Der Verlauf ist nicht exakt geradlinig, sondern nach Ausweis des an der W-Seite meist deutlich erkennbaren Straßengrabens leicht gewunden. Die nur teilweise erhaltenen Steine der Straßenbegrenzung (0,7 x 0,25 m) sind aus Kalk-, Tuff- und Sandstein. Unter der Straße ist eine B von wenigstens 5 m völlig frei von Kulturresten. Deswegen und weil alle Baulichkeiten in ihrer Orientierung auf den Straßenverlauf Bezug nehmen, ist die Straße vor der Siedlung entstanden. Die in Stein und Holz aufgeführten Gebäude reichen O der Straße mit ihren Giebelfronten bis zu deren Rand, W der Straße liegt ein Säulengang *(porticus)* (B 3 m), nachgewiesen anhand von Säulensubstruktionen in regelmäßigen Abständen von etwa 5 m. Unmittelbar im W von ihr beginnen die Häuser (L bis 38 m, B bis 27 m), deren Giebel stets zur Straße gewandt sind. Die Keller in diesem Bereich liegen meist talwärts, im O an der Straße, im W an der von der Straße abgelegenen Seite. Bei einigen Gebäuden können getrennte Wohn- und Wirtschaftskeller unterschieden werden. Letztere haben Einfüllschächte, schräge Zugangsrampen und sind innen nicht verputzt und sehr oft in Holz aufgeführt. Bei den Wohnkellern läßt sich nur Steinbauweise beobachten. Der Zugang erfolgt über Treppen. Die Seiten sind mit gewölbten oder rechteckigen Nischen versehen. Die Stirnseite hat ebenerdige Fenster. Die Wände sind verputzt und teilweise bemalt. Der Fußboden besteht aus Steinplatten oder einem Mörtelestrich. Vom aufgehenden Mauerwerk sind nur selten untere Lagen erhalten. Die große Menge trotz später erfolgter Steinausbeutung vorgefundener Mauersteine erweist aber, daß wenigstens das Erdgeschoß der mit Steinen fundierten Gebäude in Stein errichtet war. Wenige Scherben und Bleireste bezeugen Glasfenster. Die Dächer waren aufgrund der häufig gefundenen Ziegel *(tegulae)* mit Ziegeln gedeckt. Bei den Holzhäusern ist Fachwerkbauweise mit

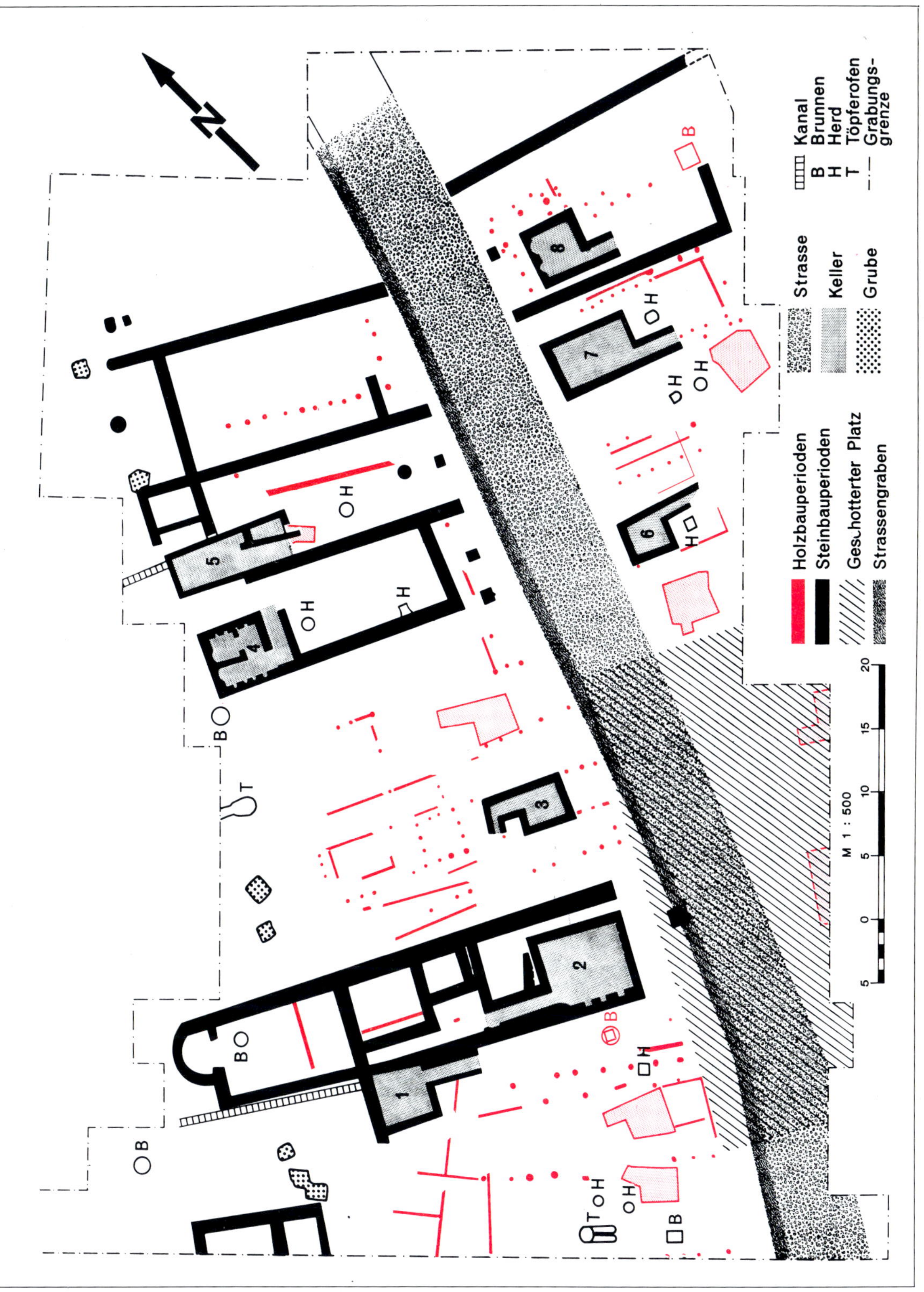

Tafel 75 Sulz. Plan der Zivilsiedlung. 1–8 Kellerräume

Tafel 76 Sulz. Keller im Lagerdorf

Lehmflechtwänden durch verkohlte Holzbalken und Hüttenlehm mit Flechtwerkabdrücken gesichert. Es wurden neun Brunnen (T 6–9 m) aufgedeckt. Sie sind in Stein aufgeführt und rund gemauert, wo die Bodenbeschaffenheit das erforderte. Bei felsigem Untergrund sind sie quadratisch und die Wände in Kastenbauweise mit Eichenholzbohlen verkleidet. Es lassen sich mehrere Bauphasen unterscheiden.

Die zivile Siedlung auf der Höhe wurde angelegt, weil die Soldaten Sachgüter und Dienstleistungen aus dem zivilen Bereich benötigten, ferner, weil das Kastell Schutz versprach, und schließlich, weil der vorhandene Straßenknotenpunkt günstige Voraussetzungen für Handel und Gewerbe bot. Nach den Untersuchungen umfaßte die Siedlung den Zeitraum vom späten 1. JhnChr bis Mitte des 3. Jh. Händler und Handwerker waren die Bewohner.

Aus dem späten 1. Jh stammen einfache Handwerkerhäuser, in Holzbauweise mit Lehmflechtwänden errichtet. Gleichzeitig ist das Kastell belegt, für das die Bewohner der Siedlung gearbeitet haben dürften, da sich im Zusammenhang mit den frühen Bauten Schmiedeöfen und für Metallverarbeitung bezeichnende Funde wie Eisen- und Kupferschlacke, Metallabfälle von Goldschmiedewerkstätten und Töpfereien nachweisen lassen. Zu Beginn des 2. Jh änderte sich das Bild: Häuser wurden niedergebrannt, Brunnen zugeschüttet; das Kastell wurde aufgegeben. Denn in der Folgezeit benutzten die Bewohner der Siedlung Mauersteine aus dem Kastellbereich. Ob es sich bei den Zerstörungen um Feindeinwirkungen oder einen zufällig ausgebrochenen Brand handelte, ist fraglich. Danach begann ein wirtschaftlicher Aufschwung, der sich in Steinbauten mit wohlgefügtem gut vermörteltem Mauerwerk, in verhältnismäßig kostbaren Gefäßen aus Ton und Glas, in anspruchsvollem Schmuck und häufiger Verwendung von Edelmetall manifestiert. In einem Keller wurde neben einem Relief und einer Statue des Merkur ein Relief der Epona gefunden. Wenigstens die führenden Familien waren schreibkundig: Neben vielen Schreibgeräten *(stili)* erweisen das lateinische Inschriften, die von den Benutzern in

Abb. 310 Sulz. Statue des Merkur mit Kultgenossin Rosmerta

Teller und Tassen eingeritzt wurden *(MATERNA, PATERNUS).* Auf dem Höhepunkt dieser Entwicklung – während der die einfachen Handwerkerviertel weiter bestanden – wurde die Straße in der Ortsmitte zu einem gepflasterten Platz erweitert. Wenig später – gegen Ende des 2. Jh – trat eine Katastrophe ein. Die Mehrzahl der Häuser wurde niedergebrannt, Steindenkmäler zerschlagen, Hausrat vernichtet. Hier liegt zweifellos ein kriegerischer Eingriff vor, da absichtliche Zerstörungen nachweisbar sind. In der Folgezeit sind die zerstörten Gebäude nicht wieder aufgebaut worden. Auf dem Schutt der Ruinen entstanden provisorische Notunterkünfte. Der Ort begann zu zerfallen und wurde um die Mitte des 3. Jh – Zeit der alamannischen Landnahme – von den letzten Bewohnern verlassen.

Mü

TK 7617 – L 7716
Ao: WLM Stgt
Lit: RHerzog, ORL B Nr. 61 a. (1897) – HFMüller, Der röm Vicus von Sulz am Neckar, FdbaBW 1, 1974, 483 ff.

Tomerdingen Dornstadt UL

Römischer Gutshof

Abb 311

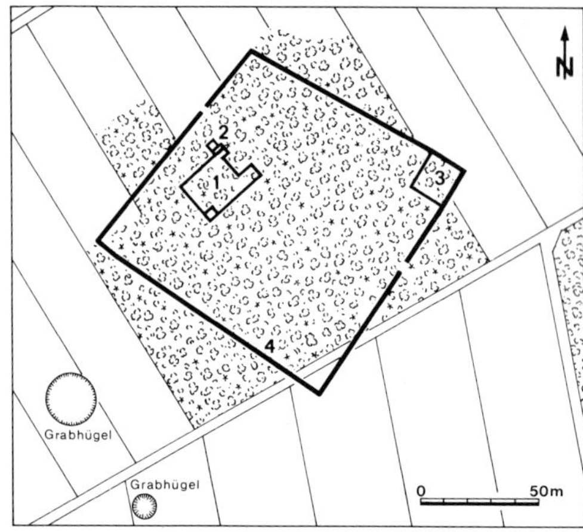

Abb. 311 Tomerdingen. Röm Gutshof. 1 Hauptgebäude, 2 Mauerviereck vor der N-Ecke des Hauptgebäudes, 3 Wirtschaftsgebäude, 4 Hofmauer

Der röm Gutshof *(villa rustica)* liegt etwa 2 km SW von Tomerdingen im Wald „Hardt“ und ist am besten über die Fahrstraße nach Bollingen zu erreichen, die man nach etwa 750 m in W Richtung verläßt. Der Feldweg, der unter der Autobahn hindurchgeht, führt nach 1,9 km an den Gutshof.

Bis zum Jahre 1928 wurde die vorzüglich erhaltene Ruine als mittelalterliche Burg angesehen. Erst die Untersuchungen von O.Paret erbrachten den Nachweis, daß hier eine der am besten erhaltenen Ruinen eines röm Gutshofes in Württemberg vorliegt. Die Grabung von Paret beschränkte sich auf die Erfassung der Außenmauern. Im Inneren sind bis heute noch keine Untersuchungen durchgeführt worden.

Vom gesamten Anwesen ist heute zunächst als deutlicher Schuttwall ▶ die Hofmauer (4) zu erkennen, die die gesamte Anlage umgibt. Die leicht trapezförmige Hofmauer (NW-Seite 98 m, NO-Seite 100 m, SO-Seite 109 m, SW-Seite 110 m), hatte an der NW- und SO-Seite je ein Tor. ▶ Ein Gebäude (3) (L 17 m) an der N-Ecke war wohl ein Wirtschaftsgebäude. Auch seine Mauern sind heute noch als Schuttwall zu verfolgen. Im W-Teil des umschlossenen Vierecks liegt der über ein Meter hohe Schutthügel ▶ des Hauptgebäudes (1) (20,9 x 18,5 m) der Gutsanlage. Bisher sind auch hier lediglich die Umfassungsmauern freigelegt und aufgenommen worden mit zwei turmartigen Vorsprüngen, wohl Eckrisaliten gegen NO. Ein vor der N-Ecke dieses Baues freigelegtes, isoliertes Mauerviereck (2), das wir bei mehreren derartigen Anlagen im Lande vorliegen haben, deutete Paret als turmartigen Speicher. Da das heutige Gelände nach NO leicht abfällt, möchten wir annehmen, daß die Hauptfront in dieser Richtung liegt. Auch ein in der S-Ecke des Hauptgebäudes freigelegter Keller kommt häufig bei Anlagen dieser Art vor. Nahe an der NO-Mauer der Hofeinfassung ist das Ge-

bäude noch heute sehr feucht. Vermutlich liegt hier ein separates Badegebäude.
Diese röm Ruine ist vor allem deshalb gut erhalten, da die nächste moderne Siedlung weiter weg liegt und sie aus diesem Grunde nicht so sehr als Steinbruch benützt worden ist.
Vor der SW-Seite der Hofmauer befinden sich noch zwei vorgeschichtliche Grabhügel, die nach den in ihnen geborgenen Funden der frühen Eisenzeit, auch Hallstattzeit genannt, zuzuordnen sind. In einem dieser Grabhügel wurden verbrannte röm Scherben gefunden, die die Vermutung nahelegen, daß hier der kleine, für den Gutshof bestimmte Begräbnisplatz vorliegt.
Die Funde, die bei den Ausgrabungen im Jahre 1928 ans Tageslicht kamen, deuten darauf hin, daß dieser Gutshof um die Mitte des 2. JhnChr entstand und vermutlich bis ins 3. Jh bewohnt war. Pl

TK 7525 – L 7524
Ao: WLM Stgt
Lit: O.Paret, Tomerdingen. Röm Gutshof. FdbaSchw NF 4, 1928, 100 ff – RiW 3, 382.

Tuttlingen TUT

Kohortenkastell

Abb 312

In der Zeughausstr in Tuttlingen wurde 1953 bei Kanalisationsarbeiten zwischen Bismarck- und Olgastr in 1,6 m – 2 m Tiefe eine röm Kulturschicht der 2. Hälfte 1. JhnChr angeschnitten. Die Funde sind in die Zeit der claudisch-vespasianischen Donaukastelle zu datieren und sprechen für ein Holz-Erde-Kastell am Donaulimes im Stadtgebiet von Tuttlingen.
Zum ersten Male berichtet Paulus im Jahre 1874 von röm Funden im Bereich von Flur „Stadtäkker". Weitere Funde kamen 1893 hinzu. In der Zeughausstr 44 war 1892 eine röm Mauer beobachtet worden. Beim Bau des Hauses Ecke Zeughaus-/Bismarckstr war man 1894 auf die NO-

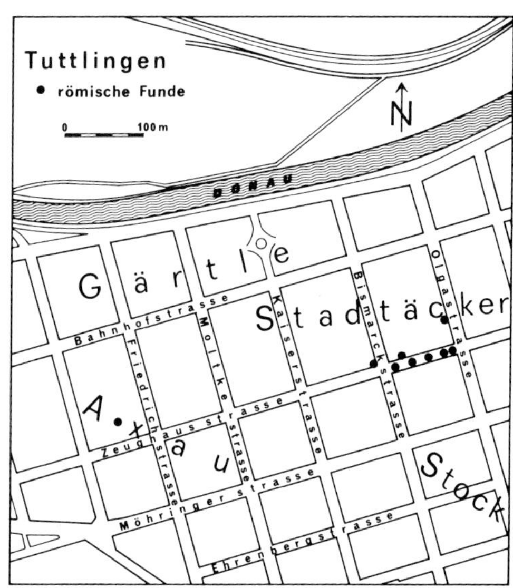

Abb. 312 Tuttlingen. Röm Fundstellen

Ecke eines NW-SO orientierten röm Gebäudes gestoßen. Im Garten der Fabrik Sax, Friedrichstr 18, war 1925 eine röm Kulturschicht angeschnitten worden. In der Olgastr 22 wurde 1969 eine Münze des Kaisers Vespasian gefunden.
Das röm Gebäude Ecke Zeughaus-/Bismarckstr lag in der gleichen Tiefe wie die Kulturschicht in der Zeughausstr. Der nur wenige Quadratmeter große Raum (B der Mauern 0,6 m–1 m) in der NO-Ecke des Gebäudes erinnert an den NO-Eckraum des Stabsgebäudes *(prinicipia)* des Kastells Rißtissen (ca 3 x 2,75 m) und den N-Eckraum des Stabsgebäudes von Kastell Emerkingen (ca 3,80 x 5 m). Es wäre denkbar, daß es sich bei dem Tuttlinger Gebäude um das Stabsgebäude *(principia)* des Kastells handelt. Dann wäre Kastell Tuttlingen nach SO orientiert gewesen. Allerdings ist zu bedenken, daß seit der Mitte des 1. JhnChr zu einem Auxiliarkastell ein Lagerdorf *(vicus)* gehörte und somit die Kulturschicht in der Zeughausstr evtl auch zum Lagerdorf des in unmittelbarer Nähe gelegenen Kastells gehört haben könnte. Von dem Gräberfeld wurde bis jetzt noch keine Spur gefunden.
Kastell Tuttlingen hatte sehr wahrscheinlich

Straßenverbindung zu dem Nachbarkastell Hüfingen/*Brigobanne*, obwohl bis jetzt noch kein röm Straßenkörper zwischen Tuttlingen und Hüfingen archäologisch nachgewiesen werden konnte. Das gleiche gilt für eine Straßenverbindung donautalabwärts bis in die Gegend von Neuhausen ob Eck. Wahrscheinlich hat man vorhandene vorgeschichtliche Straßen weiterbenutzt. Ähnlich verhält es sich mit der S-N-Straße nach Rottweil/*Arae Flaviae*. Als Anschluß des nach 73/74 nChr auf dem Offenburger Meilenstein genannten Weges von Straßburg/*Argentorate* nach Rätien – *iter de[rectum ab Arge]ntorate in R(aetiam)* –, der sog Kinzigtalstraße über den Brandsteig nach Waldmössingen–Rottweil, gewinnt nun die Verlängerung durch das Primtal – Aldingen – Spaichingen – Rietheim – W von Weilheim und Wurmlingen vorbei nach Tuttlingen an Wahrscheinlichkeit. Diese alte N-S-Straße dürfte die Ortswahl des Donaukastells Tuttlingen mitbestimmt haben. Fil

TK 8018 – L 8118
Ao: M Tuttlingen. WLM Stgt
Lit: PhFiltzinger, FdbaBW 1, 1974, 417 ff.

Heimatmuseum

Fruchtkasten. Öffnungszeiten: So 13.30–16.30 Uhr. Eintritt frei
Das 1923 gegründete Museum war zunächst in der Friedrichschule untergebracht. 1935/36 wurde die Ausstellung in das Dachgeschoß des ‚Fruchtkastens' verlegt, wo 1939 ein Teil der Ausstellung eröffnet werden konnte. Von 1945–1952 mußten die Museumsbestände verlagert werden.
Für die Neugestaltung des Tuttlinger Museums übernahm das WLM Stgt alle vor- und frühgeschichtlichen Museumsbestände, um diese in den Museumswerkstätten restaurieren zu lassen. Die Tuttlinger Funde wurden im WLM inventarisiert und die für die Ausstellung notwendigen Funde in restauriertem Zustande dem HM Tuttlingen als Leihgaben zur Verfügung gestellt. So war es möglich, eine für den landeskundlichen Schulunterricht überregionale Ausstellung aufzubauen (Eröffnung 1967).
Vitrine 1–6 zeigen Altsteinzeit bis Latènezeit (Kelten), die *Vitrinen 7–10* sind der röm Zeit gewidmet. – *Vitrine 7:* Karte des röm Imperiums zur Zeit seiner größten Ausdehnung; Foto: Grabstein eines Soldaten der im Limesgebiet stationierten Hilfstruppen *(auxilia)*; Waffen des röm Soldaten: Schwert, Dolch, Lanzenspitzen, Pfeilspitze, Schildbuckel. – *Vitrine 8:* Plan mit den röm Fundstellen in Tuttlingen und Umgebung; Karte: Die röm Besetzung Südwestdeutschlands 15 vChr–260 nChr; Großfotos von Münzbildern röm Kaiser von Augustus (30 vChr–14 nChr) bis Gallienus (253–268 nChr). – *Vitrine 9:* Grundriß und Rekonstruktion des auf der Bleiche bei Tuttlingen ausgegrabenen röm Gebäudes; Funde dieser Ausgrabung: Schnellwaage, Brunnenkette, Spaten, Messer, Hohlmeißel, Kastengriff, Pferdeschuh. – *Vitrine 10:* Karte SW-Deutschland in spätröm Zeit 3.–5. JhnChr; Depotfund mit Eisenwerkzeugen aus Tuttlingen um 300 nChr. – *Vitrine 11 und 12:* Funde der Alamannenzeit (7. JhnChr). Fil

Lit: MSchröder, Die vor- und frühgesch Slg im Tuttlinger HM, in: Tuttlinger Heimatbl. 1967, 35 ff.

Ulm UL

Prähistorische Sammlungen

Frauenstr 4. Öffnungszeiten: Di–So 14–17 Uhr. Eintritt frei
Die vor- und frühgeschichtliche Sammlung der Stadt Ulm wurde 1970 von Frau Dr. Chr. Seewald neu aufgestellt: Übersichtskarte der röm Fundstellen und Straßen im Landkreis Ulm. – Plan 1:100 des röm Gutshofes *(villa rustica)* auf dem Kuhberg in Ulm. Rekonstruktion einer hier gefundenen bemalten Wand. – Luftaufnahme des Kastellgeländes von Urspring von SO. – Funde

aus dem Gräberfeld in der Nähe des Kastells Unterkirchberg in Flur „Streckäcker" (Terra Sigillata-Gefäße, Zweihenkelkrug, Tonlämpchen, Löffel aus Bronze). – Fibel (Bronze), Schlüssel (Eisen), Glocke (Bronze), Pferdeschuh (Eisen) von Unterkirchberg, aus der Bärenhöhle, aus der Donau und von Albeck-Osterstetten. – Modell eines röm Limeswachtturmes und Palisadenzaun aus Holz. Fil

Lit: WVeeck, M der Stadt Ulm. Verz der vor- und frühgesch Altertümer (1927) – Chr Seewald, Das röm Brandgräberfeld Urspring (Ulm), Ulm 1966 – Dies, Der Stadt- u. d. Landkr. Ulm. Amtl. Kreisbeschr. (1972) 261 ff.

Unterkirchberg
Illerkirchberg UL

Kohortenkastell der Donau-Linie

Abb 313, Tafel 3

Dicht N des Ortes, unmittelbar im O der von Wiblingen nach SO führenden Straße. Das Kastell liegt auf einer nach W, N und O steil abfallenden Anhöhe (Flur „Bleiche", H 492,6 m NN) zwischen der Weihung im O und dem N des Hügels in die Weihung mündenden Fischbaches im W.

Im Gelände sind keine baulichen Reste zu erkennen.

Das Kastell wurde 1927 durch General Michahelles entdeckt. 1927/28 erfolgten Grabungen durch Michahelles und das Württ. Landesamt für Denkmalpflege (Suchschnitte), 1974 eine Flächengrabung durch das LDA, bei der auch Reste der Zivilsiedlung *(vicus)* angeschnitten wurden. Durch Luftaufnahmen konnten 1960–1962 mehrere Innenbauten festgestellt werden.

Von der Umwehrung ist bisher nur der S-Teil bekannt. Die gegen SW gerichtete Front ist auf 178 m Länge, die gegen SO gerichtete auf 115 m Länge gesichert. Im W und O stoßen beide Enden an den Böschungen des Hügels in den freien Raum. Die Fortsetzung der Umwehrung dürfte hier abgeschwemmt, zum Teil vielleicht auch künstlich abgetragen sein, ebenso wohl weitgehend – wenn nicht völlig – die gegen NW und NO gerichtete Umwehrung mit Teilen der Innenbebauung.

Die Umwehrung bestand ursprünglich aus einem doppelten Spitzgraben, dem in etwa 6 m Abstand nach innen ein weiterer, kleinerer Graben folgte. Hinter dem letzteren verlief die Mauer, eine Holz-Erde-Konstruktion mit Eck- und Zwischentürmen. In den Doppelgraben eingetieft zeigte sich ein einfacher Spitzgraben einer jüngeren Anlage. Die Lage der Tore ist nicht bekannt, das Ausfallstor *(porta praetoria)* wäre an der SO-Seite zu suchen. Wenn das Kastell nach dem üblichen Schema errichtet war, müßte das Vorderlager *(praetentura)* den SO-Bereich eingenommen haben. Hier wurden die Köpfe mehrerer NW-SO orientierter Mannschaftsbaracken, die in Holz errichtet waren, angeschnitten. Von der übrigen Bebauung sind nur einige wohl in Stein errichtete Gebäude durch Luftaufnahmen festgestellt. Deutlich ist das Stabsgebäude *(principia)* zu erkennen, das dem des gleichzeitigen Kastells Emerkingen entspricht. N davon zeichnet sich ein wohl ungegliederter Bau unbekannter Bestimmung ab, O vom Stabsgebäude liegt ein großes Gebäude mit parallel verlaufenden Fundamenten, wohl ein Getreidespeicher *(horreum)*. Etwa 120 m SO des Stabsgebäudes zeichnete sich 1974 im Bewuchs ein weiterer Steinbau ab, der vielleicht nachkastellzeitlich ist. Ebenfalls wohl nachkastellzeitlich ist ein kreisförmiger Graben von etwa 50 m Durchmesser, der die Barackengräben überschneidet, und ein rechtwinklig verlaufender Spitzgraben, der jünger als jener Kreisgraben ist.

Das Kastell gehört zu der in claudischer Zeit Ende der 40er Jahre nChr entlang der Donau angelegten Kastell-Linie. Die ältere Anlage ist – wie die Nachbarkastelle – abgebrannt. Dies geschah wohl im Zusammenhang mit den politisch-militärischen Ereignissen der Jahre 69/70 nChr. Unter Vespasian wurde es wieder aufgebaut, wobei die Zentralgebäude diesmal in Stein erstellt wur-

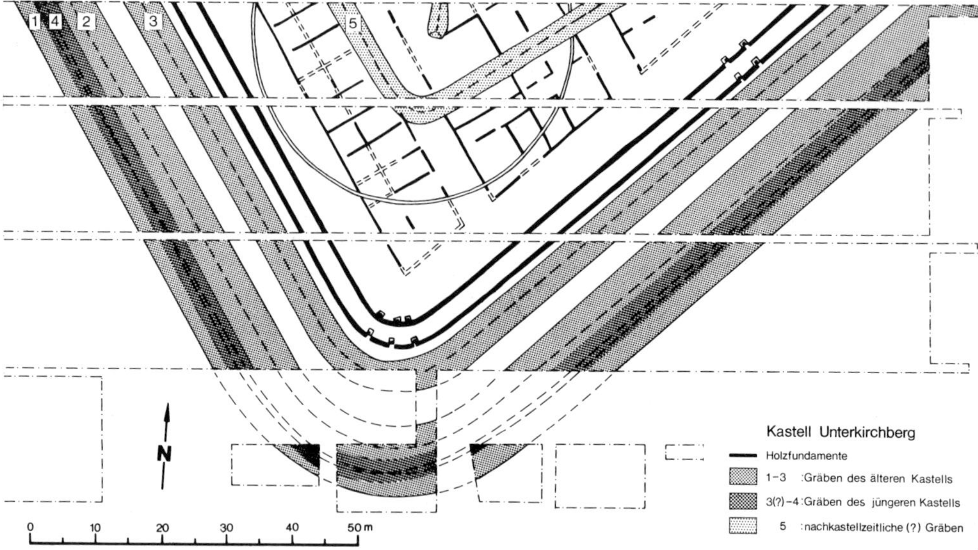

Abb. 313 Unterkirchberg. Kastellplan

den. Nach der Verlegung der Truppen auf die Höhen der Schwäbischen Alb wurde das Kastell aufgelassen. Anzeichen sprechen jedoch für eine weitere militärische Nutzung des Geländes, jedoch nicht als Truppen-Standort. Der Name der im Kastell Unterkirchberg stationiert gewesenen Kohorte ist unbekannt.

Die Zivilsiedlung *(vicus)* scheint SW vom Kastell gelegen zu haben. Hier wurden 1974 Reste von Holzbauten, Lehmgewinnungsgruben und sonstige Hinweise auf handwerkliche Betriebe festgestellt. Ihre einstige Ausdehnung ist nicht bekannt.

NW des Kastells verläuft die röm Donautalstraße, deren Überquerung der Iller im N des Lagers zu suchen ist. Schi

TK 7626–L 7726
Ao: WLM Stgt
Lit: Germania 13, 1929, 1 ff – RiW 2 207; 3 386. – GUlbert, Die röm Donau-Kastelle Aislingen und Burghöfe. Limesforschungen 1 (1959) 22 mit Taf. 67, 22–33 u. 68.

Unterkochen
Aalen AA

Römischer Pinienzapfen

Abb 314

Vor der Kirche in Unterkochen befinden sich ▶ ein röm Pinienzapfen (H ca 0,9 m) und ▶ ein Säulenkapitell mit Köpfen (H ca 0,5 m). Beide Bauteile bestehen aus Kalkstein und wurden beim Umbau der Kirche im Jahre 1765 gefunden. Sie waren vermutlich Teile eines Bauwerks. Gerade der Pinienzapfen kommt häufig bei röm Grabdenkmälern vor, wahrscheinlich stammen beide Steine vom röm Gräberfeld der Zivilsiedlung *(vicus)* des Kastells Aalen, das an dessen SO-Rand in der Nähe des mittelalterlichen Burgstalles nachgewiesen wurde. Pl

TK 7126 – L 7126
Ao: Kirchplatz Unterkochen

Abb. 314 Unterkochen. Röm Pinienzapfen

Lit: Haug-Sixt, 123 Nr. 59 – RiW 3, 273 – DPlanck, Führer zu vor- und frühgesch Denkmälern Bd 22, 56 f.

Urspring Lonsee UL

Kohortenkastell

Abb 315, 316, Tafel 40a

Das Kastell liegt etwa 500 m NO von Urspring, 250 m links der Lone, auf dem nach S sich senkenden Abhang eines Plateaus, das „An der Herberge", „Herberge" und „Guckele" genannt wird. Das Gelände des nach S orientierten Kastells ist ringsum von bewachsenen, wallartigen Erhebungen umschlossen und wird daher „Ringäcker" genannt.

Im N wird das Lager begrenzt von ▶ der Böschung (1) eines 2–3 m höher als der Ringacker gelegenen Feldes. Die S-Begrenzung markiert ▶ eine Terrasse (2), die zu dem etwa 3 m tiefer gelegenen Acker abfällt. Die ▶ W-Seite (3) liegt etwa 2,5 m höher als der an ihr vorbeiführende Feldweg. Auf der O-Seite ist ▶ der Wall (4) im rückwärtigen Lagerteil *(retentura)* bis zum linken Lagertor *(porta principalis sinistra)* (5) noch 1,5 m hoch erhalten.

Die Lagermauer (135 x 132,5 m = 1,7874 ha) umschließt eine Fläche, die einer Einheit von 500 Soldaten *(cohors quingenaria peditata)* Platz bot. Der Name der Einheit ist noch nicht bekannt. Unbekannt ist auch das Anfangsdatum des Kastells. Sehr wahrscheinlich hat der Statthalter *(procurator)* der Provinz Rätien *(provincia Raetia)* bald nach dem Bau der Rhein-Donau-Straße: von Straßburg/*Argentorate* – Rottweil/*Arae Flaviae* nach Tuttlingen 74 nChr die damals durch Kastelle gesicherte N-Grenze Rätiens von der Donau auf die Schwäbische Alb vorverlegen lassen.

Das Kastellgelände fällt von N nach S, von dem rückwärtigen Lagertor *(porta decumana)* (6) zum Ausfallstor *(porta praetoria)* (7) um etwa 20 m. Von der Anhöhe des Kastells aus konnten die im Lonetal sich kreuzenden Rhein-Donau-Straße und die Alblimesstraße weithin eingesehen werden.

Von den röm Überresten bei Urspring berichtete zum ersten Male Andreas Buchner im Jahre 1821. Er identifizierte einen großen Steinhaufen und eine Mauer in der NO-Ecke des Kastells mit einer der hl. Agatha geweihten Kapelle, die bis zum beginnenden 18. Jh im NO des Kastells bezeugt ist (8). Der Ulmer Altertumsverein untersuchte 1886/87 unter Leitung von Landgerichtsrat a. D. Bazing und Generalmajor a. D. v. Arlt die Umfassungsmauer, die Lagertore und den Pfeilerbau. Die Ausgrabungen der RLK im Jahre 1904 standen anfangs unter Leitung von Th. Drück und später unter Aufsicht von F. Leonhard und E. Fabricius.

Die aus weißen Jurakalksteinen mit Kalkmörtel aufgemauerte Lagermauer (B 0,95 m) ruht auf einem Fundament aus Lesesteinen, die ohne Bindemittel in der Fundamentgrube liegen. Der

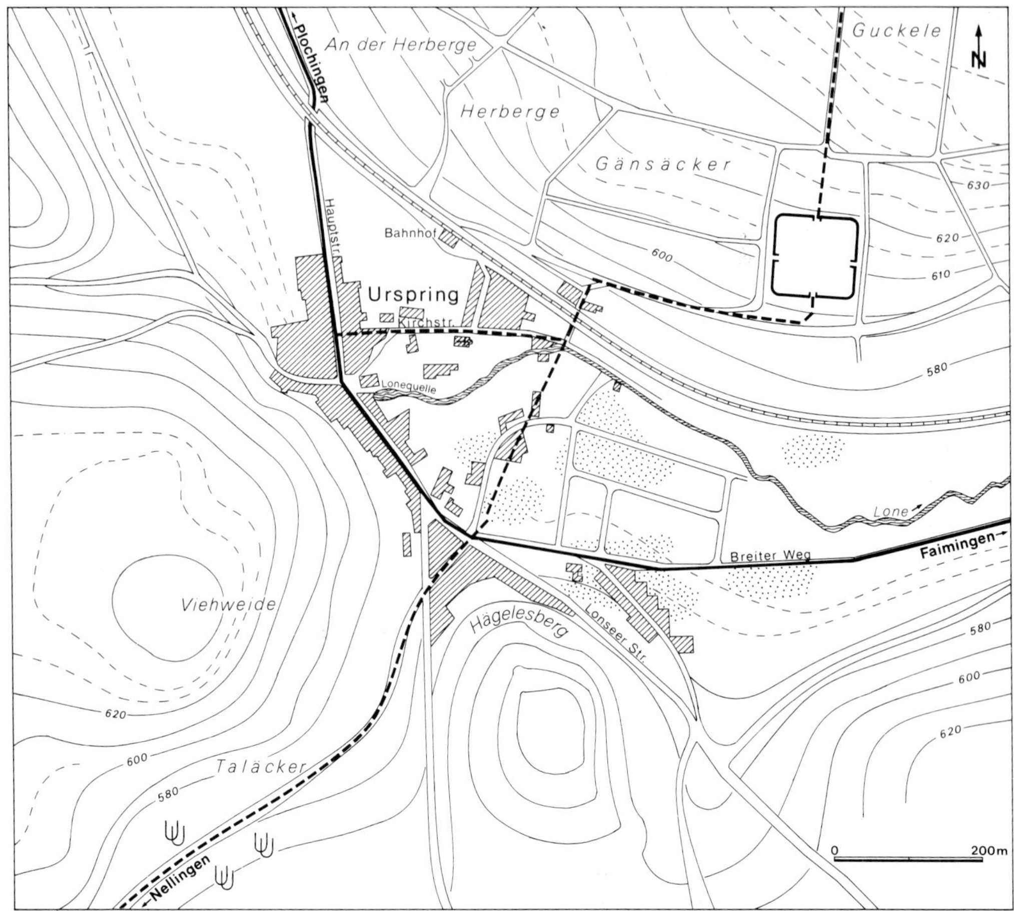

Abb. 315 Urspring. Kastell, Zivilsiedlung und röm Straßenverlauf

Mauerkern besteht aus kleinen, in Kalkmörtel gebetteten Steinen, die außen durch Blöcke ungleicher Größe in horizontalen Schichten verblendet sind. Auf der Innenseite der Mauer sind die Steine unregelmäßig und teils mit nach außen weisenden Kanten und Ecken vermauert. Die Steinmauer lehnte sich nämlich innen an eine ältere Holzerdemauer, eines dem Steinkastell vorausgegangenen Holzerdelagers an. Das beweisen die in regelmäßigen Abständen auf der Mauerinnenseite nachgewiesenen Mauerschlitze, die durch das aufgehende Mauerwerk und durch das Fundament bis auf den gewachsenen Boden hinabreichen. In diesen Mauerschlitzen standen die Pfosten *(valli)* der vorderen Pfostenreihe der Holzerdemauer, die zur Zeit des Steinkastells gewissermaßen als Wall *(vallum)* weiterbenutzt wurde. Die Mauerschlitze (B 0,23–0,28 m, T 0,32–0,40 m) S des rechten Lagertores *(porta principalis dextra)* (9) haben einen Abstand von 1,00–1,23 m zueinander.

Holzerdekastell. Die erste Anlage auf den „Ringäckern" war ein Holzerdekastell, von dem die Holzerdemauer, der Lagergraben und vereinzelte Pfosten der Lagertore nachgewiesen werden konnten. Die Lagermauer bestand, wie bereits erwähnt, aus einer 4,20 m breiten, kastenartigen Holzkonstruktion: in ein dem Lagergraben parallel verlaufendes Palisadengräbchen (T 0,8 m) wurden Pfosten (ca 0,2 x 0,3 m) eingerammt und hinter diesen im Abstande von 4,20 m eine parallele Pfostenreihe in ein Palisadengräbchen (B 0,6 m) eingeschlagen. Die Pfostenreihen wurden durch horizontale Hölzer untereinander verbunden und verstrebt, so daß ein kastenartiger Hohlraum entstand, den man mit dem Grabenaushub und Rasenstücken füllte (Pfostenstärke: N-Seite 0,16 x 0,23 m; W-Seite 0,23 – 0,28 x 0,32 – 0,40 m; Pfostengruben im hinteren Palisadengräbchen: 0,45 x 0,45 m, T 0,40 m). Der vor der Holzerdemauer liegende Umfassungsgraben (B 7,40 m, T 2,90 m) hatte eine schmale Berme.

Steinkastelle. Zu einem noch nicht bekannten Zeitpunkt wurde das Holzerdelager in ein Steinkastell umgebaut: Man setzte die Steinmauer vor die Holzerdemauer und ummauerte deren äußere Pfosten, so daß die Holzerdemauer jetzt die Funktion des Erdwalls *(vallum)* erhielt. Zur Sicherung des Mauerfußes wurde die innere Grabenböschung des Erdkastellgrabens mit Steinen und Lehm gefestigt, weswegen der Graben des Steinkastells jetzt nur noch 6 m breit und 1 m tief war.

Die Holztortürme wurden durch Steintürme ersetzt: Das Ausfallstor war ein Doppeltor (Tordurchfahrten: B 3 m, Tortürme: 3,94 x 4,40 m). Das rückwärtige Lagertor hatte nur eine Durchfahrt (B 3,43 m, Tortürme: 3,26 x 4,25 m). Das rechte Lagertor war ein Doppeltor (B 7,03 m, Tortürme: etwa 5,60 x 3,70 m). Nach v. Arlt soll das linke Lagertor nur eine Durchfahrt (B 3,86 m) gehabt haben. Ecktürme und Zwischentürme in Stein fehlen. Vermutlich wurden noch nicht erkannte Holztürme aus der Zeit des Holzerdelagers weiterbenutzt.

Das Stabsgebäude *(principia)* (10) war ein Holzfachwerkbau (31 x 26 m) mit einem großen Innenhof, seitlich überdachten Hallen und 5 rückwärtigen Räumen, deren Wände einen 3–6 cm dicken Kalkverputz hatten. Ein Vorbau (40 x

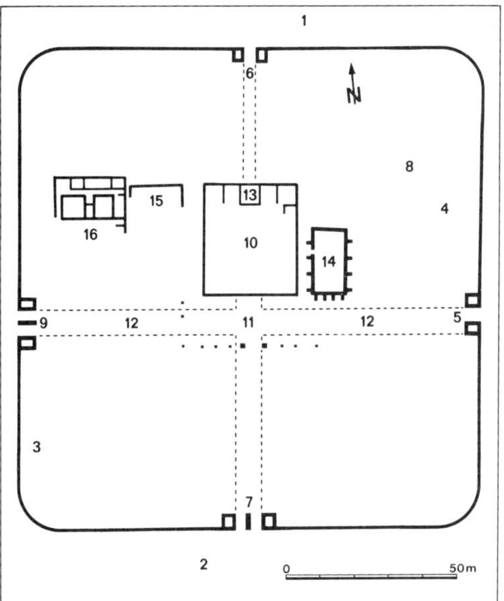

Abb. 316 Urspring. Kastell. 1 Böschung, 2 Terrasse, 3 W-Seite, 4 Wall, 5 linkes Lagertor, 6 rückwärtiges Lagertor, 7 Ausfallstor, 8 Steinhaufen und Mauer, 9 rechtes Lagertor, 10 Stabsgebäude, 11 Vorbau des Stabsgebäudes, 12 Lagerhauptstraße, 13 Fahnenheiligtum, 14 Getreidespeicher, 15, 16 Fachwerkbauten

13 m) (11) umschloß das mittlere Drittel der Hauptlagerstraße *(via principalis)* (12), von der ein Eingang (B 5,50 m) über eine dreistufige Treppe in den Innenhof führte. Das Gelände fällt von der mit Steinen aufgemauerten Rückwand des Fahnenheiligtums *(sacellum)* (13) bis zur Lagerhauptstraße auf einer Länge von 44 m um 6,5 m.

Die mit Kalksteinen aufgemauerten Fundamente (B 0,90 m) eines Getreidespeichers *(horreum,* ca 10 x 18 m) (14) O des Mittelgebäudes werden im S, O und W durch jeweils vier Strebepfeiler (B 0,80 m, H 1,40 m) nach außen abgestützt. Das Gelände, auf dem der Getreidespeicher steht, fällt von N nach S um 2,80 m. Die O-Mauer hat zwischen dem 1. und 2. und zwischen dem 2. und 3. Pfeiler Mauerlücken; auch auf der W-Seite wurde eine Mauerlücke festgestellt. Der zum Aufbewahren von Getreide dienende Fachwerk-

bau hatte einen hohlliegenden Holzfußboden mit einem darunter liegenden kellerartigen Raum, der durch die Mauerlücken Licht und Luft erhielt und somit den Holzfußboden und das Getreide gegen Erdfeuchtigkeit schützte.
W des Stabsgebäudes stießen die Ausgräber auf einen rechteckigen Fachwerkbau (B 15,1 m) (15), dessen S-Teil stark zerstört ist (Mauerstärke: im N 0,45 m, im O 0,33 m) und W daneben auf einen Holzfachwerkbau (B 20 m) (16), den sie als „Westbau" bezeichneten. Er hat vier verschieden große Räume im N, getrennt durch einen Korridor von zwei S davon liegenden großen Räumen mit Heizanlage; nach S schließt ein Hof an. Die Mauern (B 0,30–0,45 m) des „Westbaus" sind nicht sehr sorgfältig ausgeführt, bisweilen stehen sie im schiefen Winkel. Möglicherweise gehört das „Wohnhaus" (Straßenstation, *statio*?) erst der Nachkastellzeit an.
Lagerdorf. Das Lagerdorf *(vicus)* erstreckte sich S des Kastells im Lonetal, beiderseits der nach Faimingen führenden röm Straße. Ein Brandgräberfeld des 2. und 3. JhnChr wurde 1965 beim Straßenbau in Flur „Taläcker" an der nach Nellingen führenden röm Alblimesstraße angeschnitten. Das LDA hat 82 Gräber ausgegraben. Urspring war wegen der Lonequelle – der einzigen Quelle weit und breit – in röm Zeit ein wichtiger Straßenknotenpunkt. Südlich der Lonequelle kreuzte die Rhein-Donau-Straße (Mainz – Stettfeld – Cannstatt – Filstal – Urspring – Faimingen – Augsburg) die Alblimesstraße (Burladingen – Gomadingen – Donnstetten – Nellingen – Urspring – Amstetten – Heidenheim), in die bei Nellingen die von Kastell Köngen/*Grinario* (über Kirchheim – Wiesensteig) kommende röm Straße einmündete.
Es wird vermutet, Urspring sei mit der in der *Tabula Peutingeriana* erwähnten Straßenstation *Ad Lunam* zu identifizieren. Allerdings fehlen hierfür bis jetzt noch inschriftliche Zeugnisse. Fil

TK 7425 – L 7524
Ao: WLM Stgt
Lit: EFabricius, ORL B Nr. 66a (1904) – RiW 1–3 s.v. Urspring – ChSeewald, Der Stadt- und Landkr Ulm. Amtl. Kreisbeschr. (1972) 261 ff.

Wachendorf Starzach TÜ

Schloßmuseum

Schloß Wachendorf. Öffnungszeiten: nur nach Voranmeldung. Eintritt: frei
Das Schloßmuseum in Wachendorf, im Besitz des Freiherrn von Ow-Wachendorf, enthält neben umfangreichen historischen und kunsthistorischen Beständen zahlreiche röm Funde aus der Umgebung von Wachendorf. Besonders zu erwähnen sind die drei kleinen bronzenen Statuetten aus dem röm Gutshof von Bierlingen-Neuhaus (→ Bierlingen). Pl

TK 7519 – L 7519

Waghäusel → Wiesental

Waiblingen WN

Römisches Gebäude mit Keller

Abb 317–319

Restauriert und zugänglich ist der ▶ röm Keller beim Altersheim des Feierabendvereins Waiblingen e. V. am NO-Rand der Stadt zwischen Holzweg und Am Katzenbach.
1965 stieß man in Flur „Hochgericht" auf einem flach nach N und W abfallenden Hang beim Bau des Altersheimes auf ausgedehnte röm Mauerzüge. Die Ausgrabung des LDA legte zwei Kellerräume, zwei Baderäume und einen Teil eines mit einer Mauer eingefaßten Hofes frei. Alle Bauteile gehören vermutlich zu einem Gutshof *(villa rustica)* über dessen Größe und Aussehen jedoch keine klaren Ergebnisse erbracht werden konnten, da der Bagger die meisten Mauerteile schon zerstört hatte.
Der am besten erhaltene ▶ Keller (9,8 x 3,3 m) (1) wurde konserviert und ist heute zugänglich. Im S führt ein abgewinkelter Gang in einen weiteren,

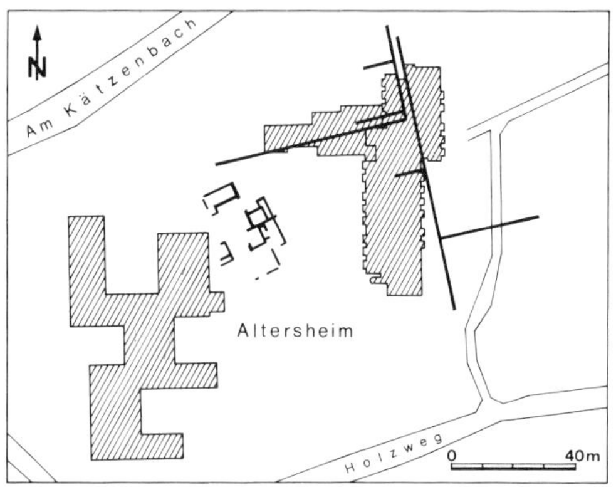

Abb. 317 Waiblingen. Röm Gebäude beim Altersheim

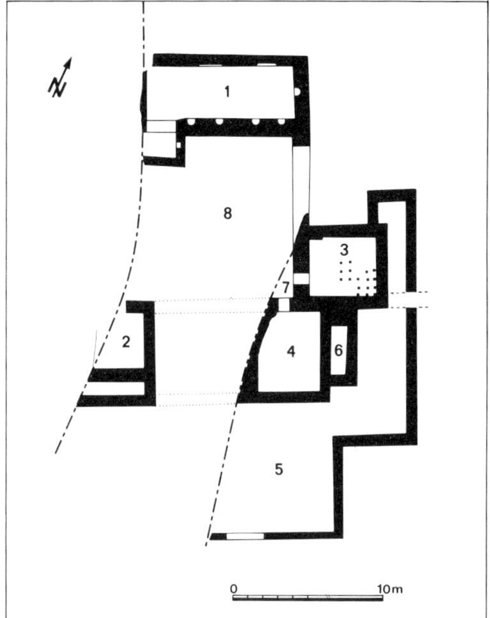

Abb. 318 Waiblingen. Detailplan des Wohngebäudes. 1 Keller, 2 Wohnraum, 3 Baderaum, 4 Baderaum (?) 5 Hof, 6 Toilette (?) 7 Heizkanal, 8 Raum unbekannter Bestimmung

nicht näher bekannten Gebäudeteil. Vier Abstellnischen an der S-Mauer, eine weitere in der NO-Mauer und die Ansätze zweier Lichtschächte konnten in der NW-Mauer beobachtet werden. Drei Entwässerungskanäle im Boden des Kellers mündeten in einen gemeinsamen Entwässerungsschacht in der W-Ecke des Kellers. In der S-Ecke konnte noch eine massive, aus Stubensandstein bestehende Türschwelle freigelegt werden. Der Boden, im ursprünglichen Zustand aus Lehm, hatte an der SO-Wand einen sandigen Belag, vermutlich zum Eintiefen der Amphoren. Die Ausgrabungsfunde, insbesondere die Keramik, deuten auf einen Gutshof hin, der im 2. JhnChr erbaut wurde und wohl bis um die Mitte des 3. Jh bestand. Pl

Abb. 319 Waiblingen. Keller des röm Gebäudes

TK 7121 – L 7120
Ao: WLM Stgt – HM Waiblingen
Lit: ENeuffer, Zwei neue röm Gutshöfe in Waiblingen-„Hochgericht" und Köngen „Fuchsgrube". FdbaSchw NF 19, 1971, 230 ff.

Römische Töpferei

Abb 320–322, Tafel 37a, b

Die röm Töpferei liegt 1,5 km SO Waiblingen am S Talrand, wo die von Kastell Cannstatt kommende röm Straße N des Schüttelgrabens das Remstal erreicht. Der hier anstehende Lößlehm, das vorhandene Wasser und vor allem die gün-

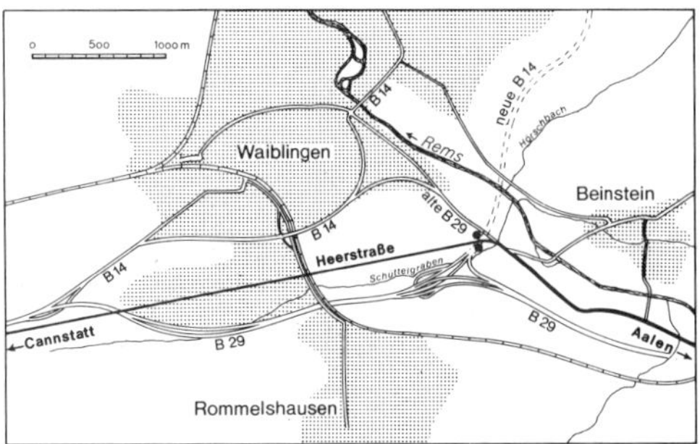

Abb. 320 Waiblingen. Röm Töpfereibezirk

stige Verkehrslage haben im 2. JhnChr röm Töpfer angelockt. Ihre Werkstätten gehören zu den bedeutendsten und größten im Limesgebiet. Auf dem bis jetzt untersuchten Töpfereigelände von 40 x 50 m (2000 qm) sind nachgewiesen: 27 Töpferöfen, 5 Gebäude, 6 Brunnen und 65 Töpfereiabfallgruben. Den Schwerpunkt der Produktion bildeten tongrundige Gefäßformen. Die Waiblinger Töpfer verstanden aber auch Überzugsware, bemalte Ware und sowohl glattwandige als auch verzierte Terra Sigillata herzustellen.

Die ersten Töpferöfen in Flur „Bildstöckle" entdeckte 1822 der Waiblinger Ziegler Bihl, als er nach Lehm für die Herstellung seiner Ziegel suchte. Er fand zehn Töpferöfen; 1840 kamen drei weitere Töpferöfen hinzu. Aber dann scheint die Fundstelle in Vergessenheit geraten zu sein, bis der Sandgrubenbesitzer Aldinger von Beinstein 1912 auf drei weitere Töpferöfen und die Abfallgrube eines Terra Sigillata-Brennofens stieß. In der Grube lagen Brennständer und Sigillaten mit den Stempeln der Töpfer Augustinus und Tertius. Eine Formschüssel zur Herstellung von Terra Sigillata-Bilderschüsseln mit dem Fundort „Waiblingen" befand sich bereits in der Stuttgarter Sammlung. Da Chr. Stälin diese kurz nach 1830 inventarisiert hatte, war anzunehmen, daß sie aus den Grabungen von Bihl stammte. P. Goessler, K. Hähnle und G. Bersu untersuchten 1912/13 die von Aldinger angeschnittenen Öfen und gruben vier weitere aus. 1931 war ein Töpferofen N der röm Straße gefunden worden und 1938 ein Brunnen (T 9 m).

Als 1967 die Bundesstraße 14 mitten durch das Waiblinger Töpfereigelände gelegt werden mußte, untersuchte zuvor E. Neuffer vom LDA die Bebauungsfläche. Er fand fünf Gebäude: Stein-, Fachwerk- und Holzbauten. Ein unterkellertes Haus (H 2,16 x 10 m) mit massivem Mauerwerk war wahrscheinlich eine Werkstatt. In dem Keller waren Abstellnischen und ein Fenster eingebaut. Die Keller der Häuser 4 und 5 waren lediglich in den Lehm eingegraben und dann mit einer Holzverschalung ausgekleidet worden. Haus 3, das einem Brand zum Opfer fiel, war vermutlich ein Lagerhaus für die zum Verkauf fertigen Gefäße. Neuffer stellte nämlich an der O-Wand dieses Hauses paarweise angeordnete runde Vertiefungen im Boden fest, die er als Standspuren hölzerner Regale deutete. In diesen Regalen lagerten die Töpfer ihre Fertigware. Beim Brand des Hauses waren offenbar die Regale mitsamt ihrem Inhalt umgestürzt. Jedenfalls war der Boden an manchen Stellen bis zu 30 cm hoch mit Scherben bedeckt, die zu ganzen Gefäßen zusammengesetzt werden konnten.

Neuffer fand die ersten Waiblinger Bildstempel aus Ton, die zur Herstellung der Formschüsseln dienten: einen Krieger, einen Gladiator, ein Fabelwesen (Greif) und einen auffliegenden Vogel. Die Töpferöfen waren alle nach dem gleichen Prinzip gebaut: Feuerungsloch (Fuchs), Feuerungsraum, Brenndecke, Brennraum. Die durchlöcherte Brenndecke der größeren Öfen wurde in der Mitte durch eine Mauer gestützt, die von der Rückwand des Feuerungsraumes bis nahe an den Fuchs reichte und den Feuerungsraum in zwei Kammern teilte. Ein flaches Gewölbe aus Lehmziegeln, das auf der Mauer und der Ofenwand auflag, stützte die Brenndecke. Der Brennraum war von einer Kuppel aus Lehm umgeben mit einem kaminartigen Abzug oben in der Mitte. In den Brennraum wurden auf die durchlöcherte Brenndecke die an der Luft getrockneten Gefäße in lederhartem Zustand eingesetzt und im Feuerungsloch ein Feuer entzündet. Die Heißluft zog durch die Löcher der Brenndecke in den Brennraum, in dem eine Temperatur von etwa 800° C erreicht werden konnte. Zwei bis drei Öfen gruppierten sich jeweils um eine Grube, den sog

Abb. 321 Waiblingen. Töpferei. Ausgrabungsfoto

Abb. 322 Waiblingen. Keramikformen der Töpferei

Arbeitsraum, von dem aus der Töpfer die Öfen bediente. Der Arbeitsraum konnte mit Ziegeln aufgemauert sein.
Den Schwerpunkt der Waiblinger Manufaktur bildete die Produktion tongrundiger Ware (Töpfe, Becher, Ein-, Zwei-, Dreihenkelkrüge, Amphoren, Schüsseln, Teller). Es wurden auch Gefäße mit Bemalung und Überzug produziert. Eine Waiblinger Spezialität sind sehr dünnwandige, schwarzbraun gefirnißte Becher mit hohem zylindrisch-konischem Hals und weit ausladendem Bauch mit Dellen oder Falten (Faltenbecher). Waiblinger Töpfer – *Avetedo, Tertius, Marinus, Reginus, Augustinus* ua – beherrschten die Technik der Terra Sigillata-Herstellung. Es liegen Fehlbrände von glattwandigen Terra Sigillata-Gefäßen vor (Teller, Näpfe, Schüsseln). Formschüsselbruchstücke und Punzen beweisen die Produktion verzierter Terra Sigillata-Schüsseln.
Das genaue Anfangsdatum der Töpferei Waiblingen im 2. JhnChr und das Enddatum der Manufaktur im 3. JhnChr wird ua die Bearbeitung der 25 Tonnen Keramikbruchstücke der Grabung von 1967 ergeben. Fil

TK 7121 – L 7320/22
Ao: WLM Stgt u M Waiblingen
Lit: OParet, Die röm Töpferei Wn-Beinstein – HRicken, Die Bilderschüsseln der Töpferei von Wn-Beinstein, in: Festschr für August Oxé (Darmstadt 1938) 57 ff und 64 ff – ENeuffer, Die röm Töpferei von Waiblingen, in: Remstal, Heimat- und Kulturzeitschr für den Kreis Waiblingen 9. Jg Dez 1969, 62 ff.

Waldmössingen Schramberg RW

Römisches Kastell und zivile Siedlung

Zum Kastell Waldmössingen führt die Straße Waldmössingen – Winzeln. Nach ungefähr 1 km biegt ein Feldweg ziemlich genau nach SO ab, der geradlinig nach ungefähr 500 m auf die Hochfläche des Kastells führt.
Vom Kastell selbst ist heute im Gelände nichts mehr erhalten. Jedoch ist seine Lage und der Verlauf der ▶ röm Straße nach W vom Kastell selbst gut zu überblicken und ergibt einen vorzüglichen Eindruck der topographischen Lage des Kastells. 1896 erbrachte die RLK auf dem „Schafbühl", diesem spornartigen Vorsprung zwischen Nekkar und Kinzig, den Nachweis des Kastells. Die Anlage liegt an der für die Okkupationsgeschichte des oberen Neckarlandes wichtigen Kinzigtalstraße, die das Legionslager Straßburg/*Argentorate* mit der Provinz Rätien verband, zu deren Sicherung dieses und die Kastelle bei Rottweil angelegt worden sind. Hier zweigt

dann auch die NO-Verbindung zum Kastell Sulz ab, die dann wieder eine Verbindung zu den Kastellen der Schwäbischen Alb und des mittleren Neckarlandes herstellt.
Die damaligen Grabungen erbrachten ein älteres Holz-Erde-Kastell mit fünfeckigem Grundriß sowie ein jüngeres, ebenfalls unregelmäßiges Kastell, das in Stein ausgebaut wurde. Die Unregelmäßigkeit ist auf die topographische Lage zurückzuführen. Beide Anlagen haben eine Innenfläche von etwa 2 ha, waren also vermutlich normale Kohortenkastelle.
Von der älteren Anlage kennen wir bisher nur den Verlauf des Spitzgrabens. Von der jüngeren trapezförmigen Anlage die Umfassungsmauer, Teile des Wehrgrabens, sowie drei Kastelltore an der N-, O- und S-Seite. Von der Innenbebauung liegen nur unklare Befunde vor. Teile des Stabsgebäudes *(principia)* und einzelne langausgedehnte Mauerzüge, deren Bedeutung nicht näher zu ermitteln sind. Nach der Ausrichtung des Stabsgebäudes war das Ausfallstor *(porta praetoria)* nach O orientiert.
Wenn bisher auch nur wenige Funde vorliegen, so darf doch angenommen werden, daß die Anlage mit dem Bau der röm Hauptstraße durch das Kinzigtal spätestens 74 nChr angelegt worden ist. Wann der Steinausbau vollzogen wurde, bleibt vorerst unklar. Das Ende des Kastells läßt sich demgegenüber etwas genauer festlegen. Mit dem Bau der Kastelle am mittleren Neckar verlor die Kinzigtalstraße ihre große Bedeutung als Heerstraße, da es nun die große Verbindung von Mainz über Cannstatt nach Augsburg gab, die Hauptdurchgangsstraße wurde.
Aus der Umgebung des Kastells liegen zahlreiche Hinweise auf eine Zivilsiedlung *(vicus)*, vor allem unmittelbar W und S des Kastells vor. Funde aus jüngster Zeit, beim Bau der Kläranlage deuten darauf hin, daß diese zivile Siedlung schon in vespasianische Zeit zurückreicht. Die wenigen Funde aus dem 2. Jh erlauben bisher noch keine Aussage über das Ende der Siedlung. Vermutlich gab es am Kreuzpunkt zweier Straßen während der röm Herrschaft stets eine kleine Ansiedlung.
Aus der Umgebung des Kastells stammt ein Votivstein der Abnoba, der heute allerdings verschollen ist. Die og röm Straße nach W bildet das letzte Endstück der Heerstraße durch den Schwarzwald und kommt über die Straßenstation beim Hof Brandsteig hierher zum Kastell. Der Straßenverlauf ist heute noch über mehrere Kilometer Fahrstraße bzw Feldweg und bildet so ein eindrucksvolles Bodendenkmal. Pl

TK 7716 – L 7716
Ao: WLM Stgt, HM Oberndorf
Lit: ENägele, ORL Abt. B Nr. 61 b – RiW 2,3 13 f und Abb. 4 – u. 390. – WSchleiermacher in ORL Abt. A Strecke 11, 19 f. Haug-Sixt, 176 f. Nr. 99 – CIL XIII 6536.

Walheim LB

Kohortenkastell

Abb 323–328, Tafel 38a

Das Kastell liegt am linken Neckarufer (10 m höher als der Neckar) zwischen Baumbach und Neckar, 700 m NO der Enzmündung. Die Walheimer Hauptstr (1) und Bahnhofstr (2) – Neckarstr (3) spiegeln die beiden Hauptvermessungsachsen des röm Lagers wider: den *cardo maximus* (1) und den *decumanus maximus* (2.3), *cardo* und *decumanus maximus* sind senkrecht aufeinanderstehende Vermessungsachsen. Der Schnittpunkt beider Achsen (4) war der Mittelpunkt im röm Lager; hier stand das Vermessungsinstrument *(groma)* beim Einmessen der Lagerstraßen, weswegen diese Stelle im Lager „groma" genannt wurde. Die Hauptstraße hat im Zuge der Fernverkehrsstraße Stuttgart – Heilbronn ihre alte Funktion als ehemalige Lagerhauptstraße *(via principalis)* (1) selbst in ihrer Benennung über nahezu 2000 Jahre behalten. Die Neckarstraße deckt sich mit der Ausfallsstraße *(via praetoria)* (3) und die leicht gebogene Bahnhofstraße liegt über der *via decumana* (2). Die im Viertelskreis geführte Kirchhofmauer (5) vor der Kirche benutzt die Lagermauer als Fundament und markiert ungefähr – etwas nach innen verschoben – die SO-Lagerecke.

Die Lagerfläche (ca 134 m x 156 m = ca 2,1 ha) bot Platz für eine Einheit von 500 Soldaten *(cohors quingenaria)* (Frontseite: 133,5 m; Rückseite: 134,20 m; rechte Seite: 156 m; linke Seite: 156,20 m). Der Name der Einheit ist noch unbekannt. Wahrscheinlich kommt als Besatzung die später in Mainhardt stationierte *cohors I Asturum equitata* in Betracht. Für die Ortswahl des Lagerplatzes war wohl der Enzübergang der von Cannstatt kommenden röm Neckarstraße bestimmend: das Lager wurde an der dem Enzübergang am nächsten liegenden Stelle am Neckarufer angelegt, wo der Neckar am leichtesten zu überbrücken war.

Zum ersten Male erwähnt Paulus d. Ä. im Jahre 1853 eine röm Niederlassung bei Walheim. 1886 fand K. Miller das Kastell, dessen Umfassungsmauer A. Mettler im Auftrag der RLK 1894 untersuchte. Als 1907 in Walheim Wasserleitungsrohre verlegt wurden, haben A. Mettler und W. Barthel diese Gelegenheit zu weiteren Forschungen benutzt. Die Fundbeobachtungen von O. Paret und G. Gengenbach vor und nach dem 2. Weltkrieg vervollständigten das Bild der röm Besiedlung im Raume Walheims.

Die Lagermauer (B 1,30–1,50 m) war aus vierkantig zugehauenen Kalksteinen in verschieden hohen Schichten mit Kalkmörtel aufgemauert. Die Breite des Fundamentes schwankte zwischen 1,50–1,60 m. Die röm Mauer ist noch 0,78 m hoch unter der Kirchhofsmauer NO vom Kirchturm erhalten. Der Wehrgang bestand sehr wahrscheinlich aus Holz.

Das linke Lagertor *(porta principalis sinistra)* (6) hatte eine von Türmen flankierte Durchfahrt (B 4 m). Die gleiche Breite hatte die Durchfahrt des rechten Lagertores *(porta principalis dextra)* (7), während vom rückwärtigen Lagertor *(porta decumana)* (8) nur noch Reste eines Torturmes festgestellt werden konnten. Die Mauern des Ausfallstores *(porta praetoria)* (9) sind herausgerissen.

Nach A. Mettler und W. Barthel: Doppelgraben (B 15 m einschl BermenB) vor der Frontseite des zum Neckar orientierten Lagers und Graben vor

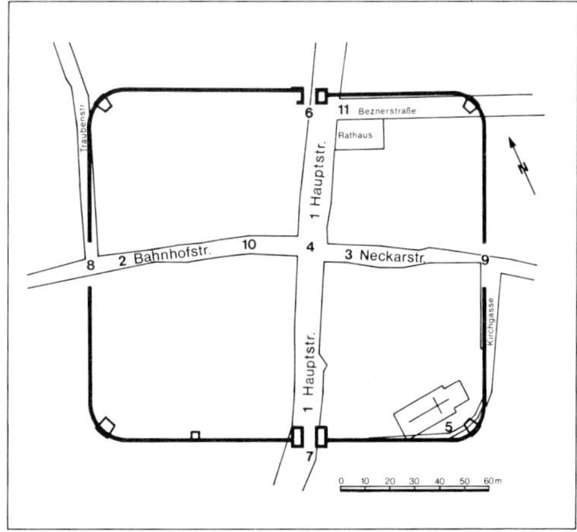

Abb. 323 Walheim. Kastell. 1 Lagerhauptstraße, 2 rückwärtige Lagerstraße, 3 Ausfallsstraße, 4 Standpunkt des Vermessungsinstrumentes, 5 SO-Lagerecke, 6 linkes Lagertor, 7 rechtes Lagertor, 8 rückwärtiges Lagertor, 9 Ausfallstor, 10 Stabsgebäude, 11 Spuren vom Holzerdekastell

der rückwärtigen Lagerseite (B 7,50 m, T 1,50 m, BermenB 1,50 m). Die Ecktürme sind entsprechend den in der NO- und SW-Ecke festgestellten Ecktürmen zu ergänzen.

Von den Lagerinnenbauten wurden 1907 zahlreiche Mauern angeschnitten, ua die Rückseite des Stabsgebäudes *(principia)* (10). Jedoch dürften manche Mauern bereits in die Nachkastellzeit gehören, als das Kastellgelände, wie in Köngen und Cannstatt, in die bürgerliche Siedlung einbezogen worden war. In die Nachkastellzeit sind zB sechs nebeneinander liegende Keller an der Hauptstraße datiert.

Das Lagerdorf *(vicus)* umgab das Kastell auf allen Seiten, besonders im N, W und S. Ein vor der NW-Lagerecke festgestelltes Badegebäude ist sehr wahrscheinlich mit dem Kastellbad zu identifizieren. SW des Kastells fand O. Paret an der nach Benningen führenden röm Straße einen röm Töpferofen (1911).

Am NO-Rand der Siedlung hat das LDA im Jahre 1957 in Flur Mühlwiesen am Neckar ein Gebäude (18,5 x 18 m) der 2. Hälfte des 2. JhnChr ausgegraben. Am S-Rand der Siedlung

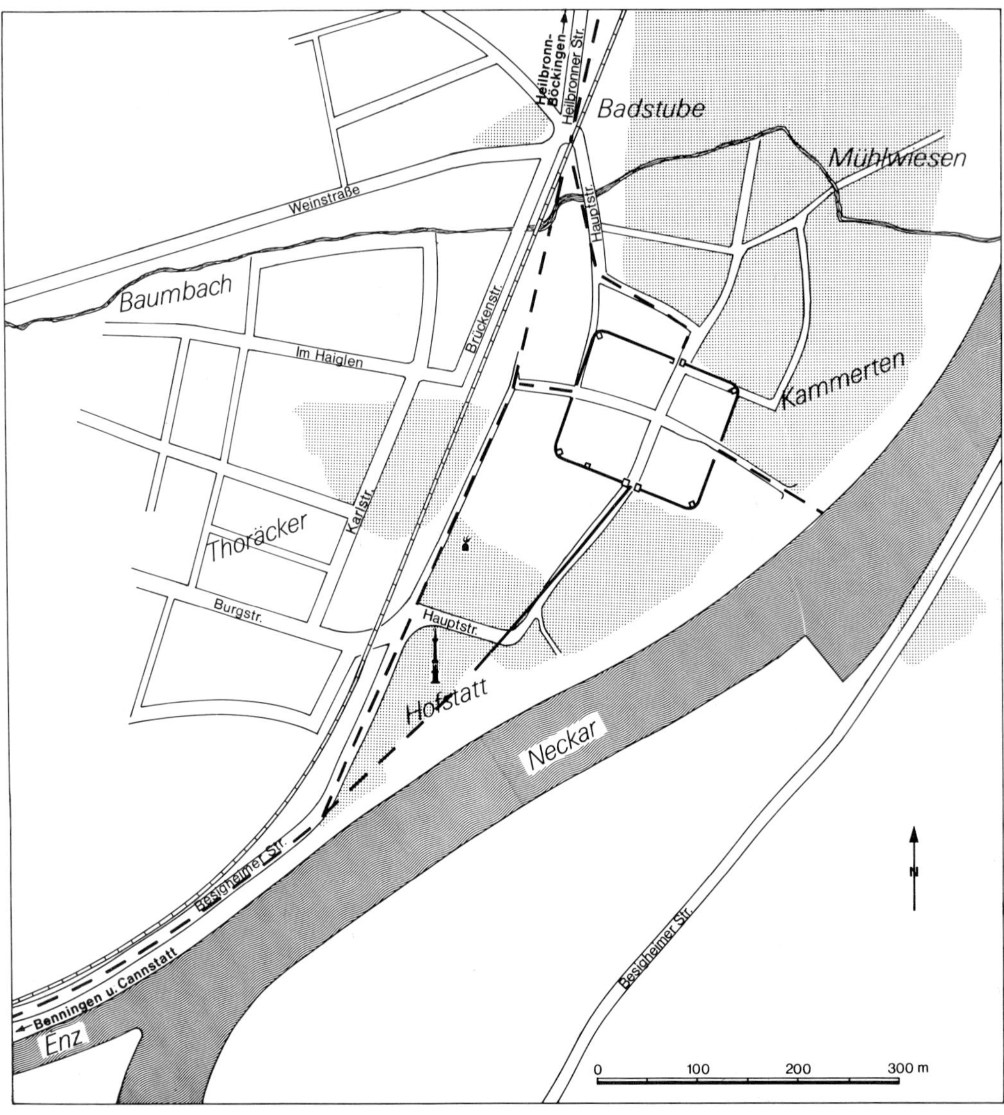

Abb. 324 Walheim. Kastell und Zivilsiedlung im heutigen Straßennetz

kam bei Bauarbeiten im Jahre 1968 in Flur Hofstatt eine vollständig erhaltene Jupitergigantensäule heraus, zu datieren in die Zeit um 200 nChr. Die Reliefs auf dem Säulenschaft zeigen eine Vermischung mithrisch-dionysischer Jenseitsvorstellungen, so daß ua die Säule mit dem seit langem in Walheim gesuchten Mithräum in Verbindung gebracht werden kann. Beschreibung → Aalen, Röm Parkmuseum. Seit dem Fund eines Aion (Unendliche Zeit) auf der Burg SW von Walheim im Jahre 1892, suchte man nach dem Mithräum, in dem der Aion aufgestellt war. Zu

Abb. 325 Walheim. Jupitergigantensäule

Abb. 326 Walheim Säulendetails der Jupitergigantensäule

Abb. 327 Walheim. Eponarelief

Abb. 328 Walheim. Votivring, Bronze

dem Walheimer Mithräum gehören außerdem sehr wahrscheinlich auch zwei im Rathaus in Besigheim vermauerte Bruchstücke von der Einfassung eines Mithrasaltarbildes.
Die Siedlungskontinuität des röm Walheim (Waleheim, Welschheim) in das Mittelalter und in die Neuzeit könnte eventuell mit dem Weinbau erklärt werden: die günstigen Lagen bei Walheim und Besigheim werden ein Grund dafür gewesen sein, daß die Walheimer Weinbauern gebraucht wurden und daher unbehelligt blieben. Der Versteckfund von neun Bronzegefäßen aus der Zeit der Alamanneneinfälle des 3. JhnChr 1,5 km N von Walheim läßt andererseits erkennen, daß damals die Bevölkerung um ihr Hab und Gut fürchtete. Wahrscheinlich wurde in diesen Notzeiten auch die Jupitergigantensäule sorgsam vergraben.
Das Gräberfeld wurde 1847 beim Bahnbau 500 m N des Kastells in Flur Michelstein entdeckt. Der Flurname Michelstein (= großer Stein) könnte an ein röm Grabdenkmal an dieser Stelle erinnern. Die N-S-Ausdehnung des Gräberfeldes wird auf etwa 160 m geschätzt. 200 m SO des Gräberfeldes und in den „Toräckern" W des Kastells stieß man 1882 und 1886 auf je ein Steinkistengrab.
Die röm Baureste auf dem rechten Ufer des Neckar, am Fuße des Berghanges, in Verlängerung des *decumanus maximus,* lassen an dieser Stelle eine Holzbrücke über den Neckar vermuten.
Bei kleineren Erdarbeiten im Bereich der Betzener Straße wurden 1972 Spuren eines älteren Holz-Erde-Kastells angeschnitten.
Kastell Walheim liegt an der röm Neckarstraße Wimpfen–Rottenburg/*Sumelocenna.* Fil

TK 6920 – L 6920
Ao: WLM Stgt
Lit: AMettler, ORL B 57 Walheim (1897). – Haug-Sixt, 488 ff – RiW 1–3 s.v. Walheim – WSchleiermacher, ORL A 11, Die Neckarlinie (1934) 10 f – OParet, Württ in vor- und frühgesch Zeit (Stuttgart 1961) 444 s.v. Walheim – DPlanck, Das röm Walheim, in: 900 Jahre Walheim (1972) 9 ff – PhFiltzinger, die Jupitergigantensäule v Walheim, FdbaBW 1, 1974, 437 ff.

Walldürn MOS

Numerus-Kastell und Badgebäude

Abb 42, 43, 329, 330

Auf der Landstraße von Walldürn nach Waldstetten (L 577) zweigt bei km 0,6 rechts ein gut befahrbarer Feldweg ab, der nach 400 m in einen Parkplatz vor den konservierten Resten des Badgebäudes einmündet.
Die Stelle, an der das Kastell stand, liegt 1 km SO Walldürn im freien Feld auf einer flachen Anhöhe inmitten der weit überschaubaren Hügellandschaft. Im W fällt das Gelände zum Quellgebiet des Marbaches ab, dem die im NW gelegene Badeanlage ihren Wasserbedarf entnommen haben dürfte. In einer Entfernung von ca 300 m zog im O der Limes vorbei; 500 m NO lag der Wachtposten 7/39, wo die aus dem Raum Miltenberg von NW kommende Strecke nach S umknickt. Oft hat man sich gefragt, warum dieser strategisch wichtige Punkt nur von einem Numerus, nicht von einer Kohorte geschützt wurde, zumal auch

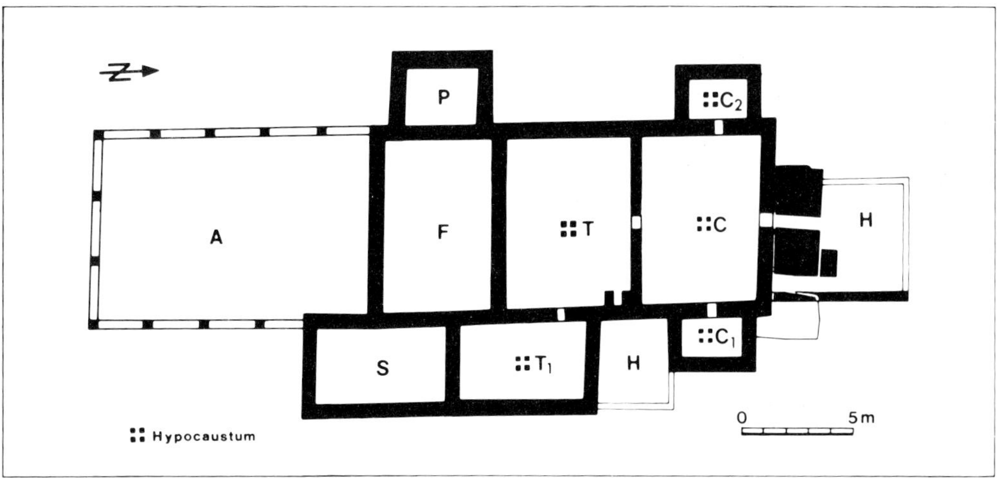

Abb. 329 Walldürn. Badegebäude. A Umkleidehalle, F mit P Kaltbaderaum, S Raum unsicherer Bedeutung, T 1, T 2 Laubad, C mit C 1 und C 2 Warmbaderaum, H Heizraum

der Rhythmus der Kastellabstände auf der Gesamtstrecke zwischen Miltenberg und Osterburken eigentlich ein Kohortenlager verlangt. Aber bis heute konnten im Raum Walldürn nicht die mindesten Spuren einer größeren Anlage entdeckt werden. Die Spuren des Numerus-Kastells haben dagegen schon früh die Aufmerksamkeit der Gelehrten erweckt. Hansselmann läßt auf einer Karte in seiner „Fortsetzung des Beweises" von 1773 die röm Grenze an Walldürn vorüberziehen. Paulus berichtet von einer Grabung im Jahre 1828, bei der Grundmauern des Kastells freigelegt wurden. 1891/92 und 1896/97 wurde dann durch Conrady, dem Streckenkommissar der RLK, die systematische Freilegung von Kastell und Badgebäude durchgeführt. 1972/73 konnte Baatz bei einer Neuuntersuchung des Bades die ältere Bauphase dieser Anlage sowie die Spuren der in Holzbauweise errichteten Umkleideräume beider Anlagen ermitteln. Im Anschluß an diese Untersuchung wurde der Grabungsbefund konserviert und als Freilichtmuseum hergerichtet.

Das durch Conrady untersuchte Kastellareal umschloß ein Rechteck (B 84,3 m und L 96,5 m = 8000 qm). Die Frontseite blickt nach NO zum oben erwähnten Limes-Winkel hin. An verschiedenen Stellen waren Reste der Umfassungsmauer (B ca 2,50 m) erhalten. Die Fundamente des Mauerzuges saßen teilweise in der Auffüllung eines Grabens – ein Befund, der auf ein älteres Kastell von etwas geringerer Fläche hindeutet. Das Baumaterial bestand aus leicht behauenen Kalksteinplatten in dichtem Kalkmörtelverband. Die einfach konstruierten Tore besaßen keine Türme. Nur an der O-Seite des rechten Seitentores *(porta principalis dextra)* (B 3,90 m) saß ein vereinzelter Turm (5,30 x 5,30 m). Die Innenbauten des Kastells müssen aus Holzbaracken mit Lehmfachwerk bestanden haben und scheinen durch Feuer zerstört worden zu sein. Mit Ausnahme einiger flacher Bodenwellen, aus denen sich die Lage der Umfassungsmauern erahnen läßt, ist von der gesamten Anlage überirdisch heute nichts mehr zu erkennen.

Bad. Dagegen verdient ▶ das Badgebäude das hervorragende Interesse aller Limeswanderer. Denn hier sind nicht nur die Reste des Buntsandsteinmauerwerks mit dem Schwellstein des Eingangs und den Hypokaustpfeilern an Ort und Stelle sorgfältig konserviert; auch die durch Baatz nachgewiesene ▶ hölzerne Vorhalle des

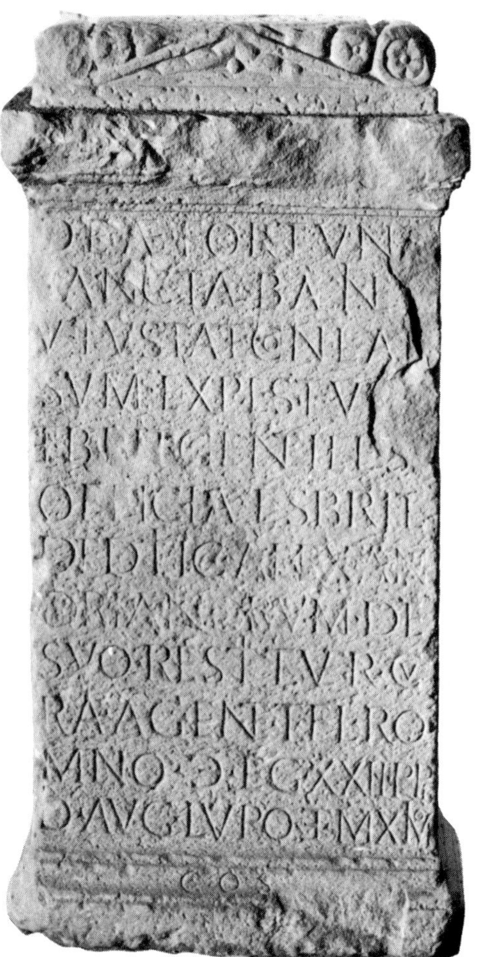

Abb. 330 Walldürn. Sandsteinaltar für Fortuna

Umkleideraumes der späteren Bauphase ist durch Holzpfeilerstellungen rekonstruktiv angedeutet. Das Funktionieren des Heizsystems erläutert eine nachgebaute Mustergruppe von Hypokaust-Elementen. Gesamtplan der Badeanlage, technische Details und historische Daten über das Bauwerk werden auf einer Informationstafel vermittelt. Man betritt die ▶ konservierten Ruinenreste heute von S durch die Holzpfeilerstümpfe der ehem Umkleidehalle A *(apodyterium)* und gelangt über eine Schwelle in den Kaltbaderaum F *(frigidarium)*, an dessen linker Seitenwand eine Nische für ein Kaltwasserbekken P *(piscina)* angebaut war. Nach rechts schließt ein nicht sicher zu deutender Raum S an, der möglicherweise für Schwitzkuren benutzt wurde *(sudatorium)*. Es folgen in der Hauptflucht wie auf dem rechten Flügel je ein Lauwarmbad T und T_1 *(tepidarium)* mit Fußbodenheizung. Von dort betrat man schließlich das Warmbad C *(caldarium)* mit den beiden seitlich symmetrisch angebauten Warmwasserbecken C_1 und C_2. Von den Räumen H aus, im N und W, wurde die Heizung beschickt. An der W-Seite im Winkel zwischen C und C_2 sieht man einen Mauerrest des halbkreisförmigen Warmwasserbekkens einer älteren Anlage konserviert (→ Allg. Teil). Auf den Zerfall dieses älteren Bades und auf den Neubau, vor dessen Resten wir heute stehen, bezieht sich der Wortlaut der Inschrift auf einem Sandstein-Altar, der in der Mitte des Umkleideraums entdeckt wurde. Am Fundort wurde ein ▶ Abguß des Originals aufgestellt. Die Inschrift lautet: *Deae Fortuna(e) sanctae balineu(m) vetustate conlapsum expl(orates) Stu . . . et Brit(tones) gentiles (et) officiales Brit(tonum) deditic(iorum) Alexandrianorum de suo restituer(unt) cura(m) agente T(ito) Fl(avio) Romano (centurione) leg(ionis) XXII pr(imigeniae) p(iae) f(idelis) id(ibus) Aug(ustis) Lupo et Maximo co(n) s(ulibus).* Übersetzung: Der heiligen Göttin Fortuna haben die Kundschafter der Stu . . . , die Brittones gentiles und die Anführer Brittonum dediticiorum Alexandrianorum das aus „Altersschwäche" eingestürzte Badegebäude aus eigenen Mitteln wieder aufbauen lassen, unter der Leitung des Flavius Romanus, Hauptmann der 22. Legion, der allerersten, frommen und treuen, an den Iden des August, unter dem Konsulat des Lupus und Maximus. –

Das Datum ist der 13. August 232 nChr. Die erwähnten Kundschafter mit dem unvollständig erhaltenen Eigennamen sind sonst nicht bekannt, ebensowenig die *dediticii Alexandriani.* Alle drei Gruppen gehörten wohl zur Besatzung des Walldürner Kastells. Cä

TK 6422 – L 6522

Ao: BLM Karlsruhe

Weinsberg HN

Bad eines römischen Gutshofes

Abb 44, 331

Das Gebäude, in Flur Leibling im W der heutigen Stadt, ist am besten über die Bundesstraße 39 zu erreichen (Hinweisschilder). Zugänglich ist das vollständig konservierte ▶ Badegebäude. Es ist heute in Form des Grundrisses zum Schutz überdacht.

Die gut erhaltene Baderuine (14 x 15 m) wurde 1906 entdeckt und von A. Schliz in Zusammenarbeit mit P. Goessler ausgegraben. Der rechteckige Auskleideraum *(apodyterium)* (A) ist durch eine Tür von SO her zugänglich und wird nach SW von einem halbrunden Kaltwasserbecken abgeschlossen. Besonders zu beachten ist das noch erhaltene bronzene Abwasserrohr. Das hier entdeckte halblebensgroße Relief der Bade-Glücksgöttin *(Fortuna balinearis)* war vermutlich in einer Nische über den Sitzbänken angebracht. Vom Raum A führt jeweils eine Tür in den Warmluftraum *(tepidarium)* (C) bzw in das Warmwasserbad *(caldarium)* (D). Raum C und D hatten eine Fußbodenheizung *(hypocaustum)*.

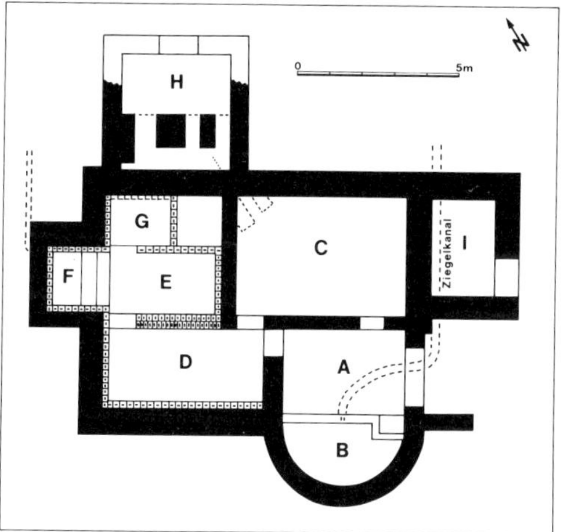

Abb. 331 Weinsberg. Badegebäude. A Kaltbad, B Badebecken, C Warmluftraum, D und E Warmbad, F Badebecken, G Schwitzraum, H Heizraum, I Toilette

An das Warmbad schließt sich ein weiterer rechteckiger Raum an, ebenfalls ein Warmwasserbad (E). In der Nische ist hier noch nachträglich ein flaches Becken zusätzlich eingebaut worden. NO von Raum E ist ein weiterer Raum vorhanden, den O. Paret als Schwitzraum *(sudatorium)* (G) gedeutet hat. Alle Räume D, E und G sowie das Becken haben neben der noch recht gut erhaltenen Fußbodenheizung eine Wandbeheizung durch die hier stellenweise noch original erhaltenen Heizröhren *(tubuli)*. Alle beheizbaren Räume wurden von einem zentralen Feuerungsraum *(praefurnium)* (H) aus beheizt, in dem noch Pfeiler erhalten sind, die als Fundamente für den metallenen Wasserbehälter gedient haben. Der im O ausgebaute Raum ist entsprechend zahlreicher anderer Badehäuser als Toilette (I) zu deuten.

Das kleine Badegebäude in Weinsberg bildet ein vorzügliches Demonstrationsobjekt zur Anlage röm Bäder, da das kleine übersichtliche Gebäude alle technischen Details zeigt.

Das Badehaus gehört entgegen der von A. Schliz vermuteten Theorie eines öffentlichen Anwesens, zu einem normalen Gutshof *(villa rustica)*. 1928 wurden auf dem S angrenzenden Gelände Gebäudeteile nachgewiesen. Allerdings konnten damals keine größeren Ausgrabungen vorgenommen werden, so daß wir heute leider keine genaueren Aussagen über Aufbau und Größe dieses Gutshofes machen können.

Die schon erwähnte Statue der Fortuna ist aus gelbem Sandstein, H 0,63 m. Die Göttin trägt ein langes Gewand *(chiton)* und ein unter der Brust mit starkem Wulst über den linken Arm gezogenes Tuch *(himation)*. Kopf und rechter Unterarm sind abgeschlagen. In der Rechten hielt sie das Steuerruder, neben dem ein sechsspeichiges Rad angelehnt ist. Die linke Hand hält das Füllhorn. Beides sind Attribute der Göttin Fortuna. Pl

TK 6821 – L 6920
Ao: WLM Stgt
Lit: ASchliz, Das röm, öffentl Badegeb b Weinsberg. FdbaSchw 14, 1906, 47 ff – Haug-Sixt, 547, Nr. 589 – RiW 3, 79 f., 393 – OParet, Württbg in vor- und frühgesch Zeit 358 f.

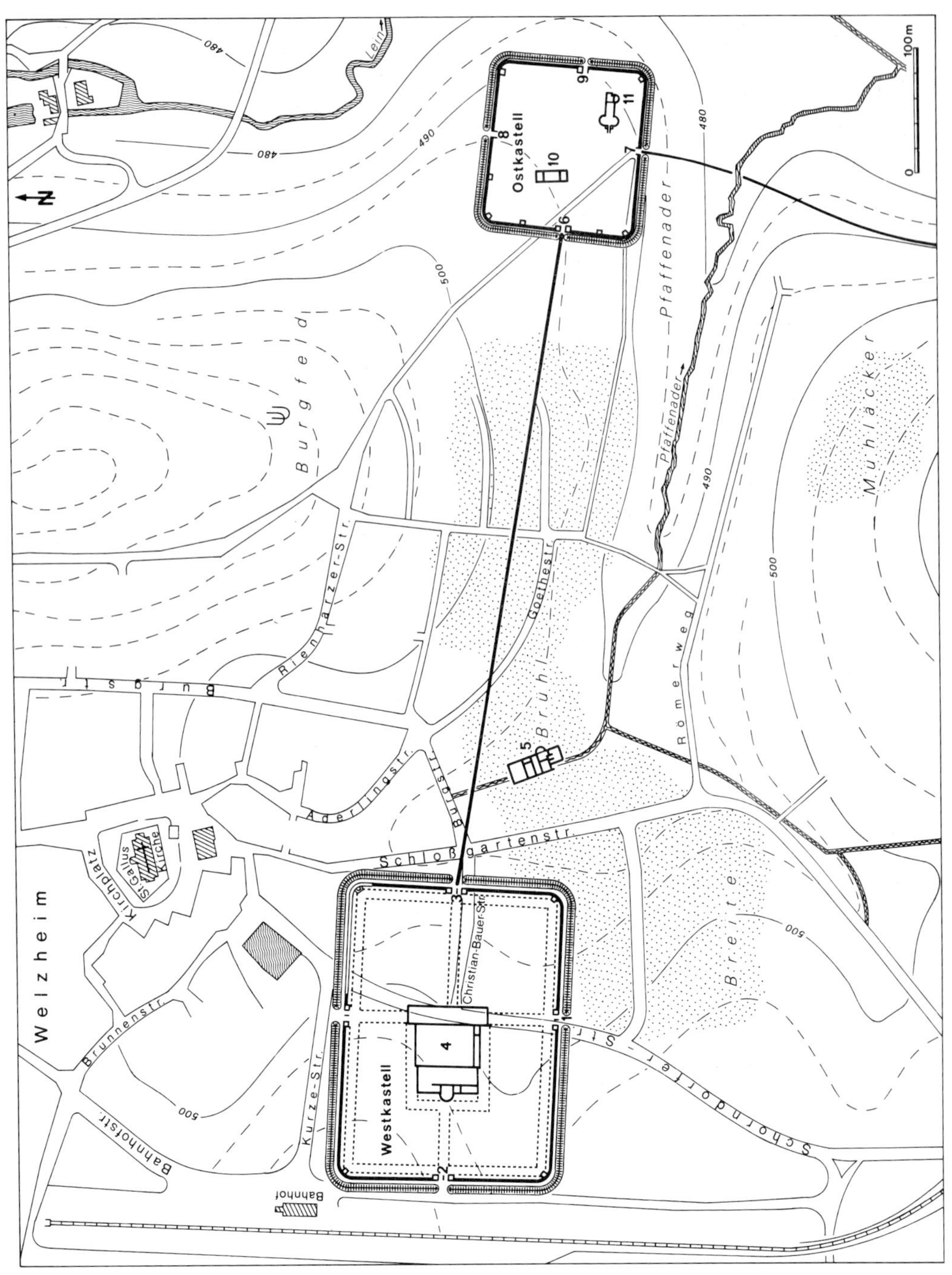

Ostkastell
Westkastell
Welzheim
Burgfeld
Brühl
Breite
Mühläcker
Pfaffenader
Römerweg
Schloßgartenstr.
Christian-Bauer-Str.
Goethestr.
Rienharzer-Str.
Burgstr.
Aderlingstr.
Brunnenstr.
Bahnhofstr.
Kurze-Str.
Schorndorfer Str.
Kirchplatz
St. Gallus Kirche
Bahnhof
Lein
100m

Welzheim WN

Römische Kastelle und Zivilsiedlung

Abb 332, 333

Der Kastellort Welzheim liegt am Ende des ungefähr 80 km langen, geradlinigen, obergermanischen Limesstriches.

Die beiden Kastelle, durch eine Straße verbunden, befinden sich auf der Hochfläche über der Lein. Das W-Kastell ist nahezu völlig bebaut. Die nach Schorndorf führende Straße verläuft im Bereich der Kronenstr annähernd im Zuge der Lagerhauptstraße *(via principalis)* (1). W davon lag das Stabsgebäude *(principia)* (4). Das kleinere O-Kastell liegt ungefähr 530 m im O direkt auf der Hochfläche über der Lein. Mit Hilfe der Landesregierung von Baden-Württemberg war es möglich, das Gelände des O-Kastells aufzukaufen und so vor einer drohenden Bebauung zu bewahren. In den kommenden Jahren ist hier eine planmäßige Untersuchung durch das LDA vorgesehen. Die untersuchten Teile sollen konserviert werden, um dem Interessierten wenigstens ein Limeskastell am obergermanischen Limes in Württemberg zugänglich zu machen.

Schon im 18. Jh erkannte Pfarrer H. Prescher, daß hier eine röm Ansiedlung gewesen ist. Seine Vermutung, daß hier in Flur „Bürg" ein Kastell lag, wies jedoch erst 1886 K. Miller durch Grabungen nach. 1894 fanden schließlich Grabungen der RLK unter Leitung von A. Mettler statt.

Bis heute nimmt man an, daß das O-Kastell außerhalb des Limes liegt, was auch für den Oberförster Schultz im Herbst 1895 die Veranlassung war, ein zweites Kastell weiter im W zu suchen. Grabungen unter Leitung von Schultz 1895 und 1896 erbrachten den endgültigen Nachweis des W-Kastells. Unsere heutige Kenntnis dieser Anlage beruht auf seinen Beobachtungen.

Westkastell. Das Lager liegt im S-Teil der Stadt auf einem nach O geneigten Hang. Mit 236 m L und 181 m B = 4,3 ha ist es eines der größten Kastelle am obergermanischen Limes. Die Kastellmauer (B 1,4–2,1 m) hatte jeweils an den Ecken rechteckige bis trapezförmige Türme. Von den vier sicher vorhandenen Toren konnte das S-Tor *(porta principalis dextra)* (1) in Teilen, das W-Tor *(porta decumana)* (2) und das O-Tor *(porta praetoria)* (3) freigelegt werden. Alle drei Tore hatten zwei Durchfahrten und waren von je einem Torturm flankiert. Das Kastell war von einem Graben umgeben. Ob weitere Gräben bestanden, entzieht sich unserer Kenntnis.

Von den Innenbauten konnte nur das Stabsgebäude *(principia)* (4) teilweise untersucht werden. Die Lagerhauptstraße *(via principalis)* war hier mit einer Halle überdeckt, an die sich der Innenhof und die rückwärtigen Räume anschlossen, von denen wiederum das Fahnenheiligtum *(sacellum)* sich durch eine Apsis hervorhebt. In diesem Raum konnte ein rechteckiger Keller untersucht werden, in dem einst die Lagerkasse aufbewahrt worden ist. Die Ausmaße des Gebäudes sind nicht völlig gesichert.

Das Kastell hatte als Besatzung die *ala I Scubulorum*, die vorher im Kastell Cannstatt stationiert gewesen war. Eine Inschrift aus Welzheim selbst nennt wenigstens *ala I.* Etwa 100 m OSO des O-Tores liegt das offenbar gut erhaltene Badegebäude (44 x 16 m) (5) in Flur Brühl (heute noch nicht bebaut). Die Lage direkt an der Pfaffenader ist bedingt durch eine nahe Quelle. Das Bad hat einen großen Auskleideraum *(apodyterium)*, Kaltwasserbad mit Badebecken *(frigidarium mit piscina)*, Warmluftraum *(tepidarium)* und Warmwasserbad *(caldarium)* und einen großen Heizraum *(praefurnium).* Allerdings sind die Befunde der Ausgrabungen von 1896 nicht völlig klar. Erst erneute Ausgrabungen können eine sichere Datierung und Bedeutung der einzelnen Räume erbringen.

Ostkastell. Dieses Kastell liegt vermutlich außerhalb des Limes 534 m vom Alenkastell auf der „Bürg" entfernt und ist mit diesem durch eine

Abb. 332 Welzheim. Gesamtübersichtsplan des W- und O-Kastells und der Zivilsiedlung. 1 S-Tor, 2 W-Tor, 3 O-Tor, 4 Stabsgebäude, 5 Badegebäude, 6 W-Tor, 7 S-Tor, 8 N-Tor, 9 O-Tor, 10 Gebäude unbekannter Bestimmung, 11 Badegebäude

Abb. 333 Welzheim. Gesichtsurne

geradlinige Straße verbunden. Es liegt auf einem spornartigen Vorsprung über der Lein mit natürlichem Schutz an der SO- und teilweise auch an der N-Seite und bietet einen weiten Einblick in den Verlauf des obergermanischen Limes nach S und N. Das Kastellgelände senkt sich von NW nach SO um etwa 10 m. O- und W-Seite (L 123 m), N-Seite (L 130 m) und S-Seite (L 136 m) = 1,63 ha. Die O-Seite ist zu den übrigen Seiten nicht rechtwinklig angelegt. Gewisse Beobachtungen am NO-Turm und am O-Tor lassen eine Ausbesserung vermuten, möglicherweise in Verbindung mit einer Abrutschung. Die Kastellmauer (B 1,1–1,4 m) wird von mindestens einem Kastellgraben umgeben. Insgesamt konnten vier Tore festgestellt werden, die jedoch sowohl in Form als auch in der Größe ungewöhnlich sind. Am W-Tor (6) flankieren die üblichen zwei Tortürme eine Durchfahrt. Das S- (7) und das N-Tor (8) haben ebenfalls nur je eine Durchfahrt, flankiert nur von je einer in das Lagerinnere vorspringenden Mauerzunge. Das O-Tor (9) mit einer Durchfahrt, besitzt an der N-Seite einen Turm, an der S-Seite wiederum nur eine Zungenmauer. Zwischentürme befinden sich nur an der W-Seite und am W-Teil der N-Seite. Sie fehlen auf den anderen Seiten. Auch dies entspricht nicht dem allgemeinen Befund an röm Kastellen. F. Hertlein begründet dies mit der Lage des Kastells, dessen W- und N-Seite keinen natürlichen Schutz haben. Spuren des üblichen Stabsgebäudes konnten nicht beobachtet werden. Dafür deckte Schultz W der Mitte ein dreiteiliges Bauwerk auf mit verkohlten Getreidefunden, vermutlich ein Speicher *(horreum)* (10). In der SO-Ecke wurde außerdem ein Badgebäude (11) freigelegt mit drei Raumeinheiten: Raum A Kaltwasserbad mit Badebecken *(frigidarium mit piscina)*, Raum B Warmluftbad *(tepidarium)* und Raum C Warmwasserbad *(caldarium)*. Außerdem wurde an der W-Seite der Heizraum *(praefurnium)* aufgedeckt.

Die gesamte Anlage dieses Kastells und die Lage eines Bades innerhalb des Kastells ist sehr ungewöhnlich und ist nur mit der besonderen Bedeutung des Kastells und seiner Besatzung zu erklären. Nach der Inschrift des Votivsteines, der im Schutt des Badegebäudes im O-Kastell gefunden wurde, waren in diesem Kastell der Numerus Brittonum L . . . und Kundschafter *(exploratores)* stationiert. Die Inschrift *I(ovi) o(ptimo) M(aximo) pro salut(e) dominor (um) imp(eratorum) M(arcus) Octavius Severus (centurio) leg(ionis) VIII Aug(ustae) praeposit(us) Brit(tonum) et expl(oratorum).* Jupiter dem besten und größten für das Wohl der kaiserlichen Herren hat Marcus Octavius Severus, Centurio der 8. Legion Augusta Befehlshaber der Brittonen und der Kundschafter den Altar geweiht. Wichtige Aufschlüsse über die Besatzung geben auch die beiden Ziegelstempel aus zwei Ziegelöfen im „Tannwald" S des O-Kastells.

Der erste Stempel nennt den *numerus Brittonum L*, der zweite den *numerus Brittonum Cr . . . .* Leider lassen sich bei beiden die Beinamen nicht sicher ergänzen. Für die Bedeutung und die Besatzung des O-Kastells und für die zeitliche Zuordnung der beiden Lager, aber auch für die Frage, ob das Lager wirklich außerhalb des Limes lag, werden die geplanten Ausgrabungen sicherlich wichtige Ergebnisse erbringen.

Zivilsiedlung. Die zu den beiden Kastellen gehörende Zivilsiedlung *(vicus)* liegt zwischen den

Lagern. Da jedoch das gesamte Gebiet fast durchweg bebaut ist, können hier keine Ausgrabungen mehr durchgeführt werden. Wir können deshalb leider auch keine Aussagen über Aufbau und Struktur dieser Siedlung machen. Im O der Schule in Flur „Burgfeld", etwa 100 m W der NW-Ecke des O-Kastells wurden beim Bau eines Sportplatzes Reste eines Brandgräberfriedhofes festgestellt. Gerade auch in den letzten Jahren im Gebiet direkt im W des O-Kastells nachgewiesene zahlreiche Siedlungsreste lassen vermuten, daß der *vicus* sich über das gesamte Areal zwischen den beiden Kastellen erstreckt hat. Dies hat dann jedoch berechtigte Zweifel zur Folge, daß der Limes hier zwischen den beiden Kastellen verlief. Vermutlich ist er O des O-Kastells zu suchen, wenn überhaupt hier eine mit Wall und Graben verlaufende Grenzlinie vorlag. Pl

TK 7123 – L 7122
Ao: WLM Stgt, HM Welzheim
Lit: AMettler, PSchultz, ORL Abt B, Nr 45 u 45a – ORL Abt A Str 7–9, 190 ff – Schleiermacher, Limesführer 156 f – RiW 1, 113 ff – Haug-Sixt, 566 ff.

Das Kleinkastell Rötelsee

Abb 334, Tafel 11

Etwa 1,5 km N vom W-Kastell liegt etwa 40 m innerhalb des Limesgrabens das Kleinkastell Rötelsee. Das konservierte Kastell liegt in Flur „Ländlesäcker" auf einer Anhöhe O der Straße Welzheim – Gausmannsweiler und ist leicht über einen befestigten Fahrweg etwa 500 m N des Stadtrandes nach O zu erreichen.
Vom Kleinkastell mit einer Innenfläche von 324 qm sind ▶ die Kastellmauern konserviert. Die ▶ hölzernen Innenbauten sind mit Holzbohlen im Grundriß angedeutet.
1895 wurde das Kleinkastell von G. Sixt im Auftrag der RLK untersucht, wobei er die Umfassungsmauer und das zum Limes, dh nach O weisende Tor aufdecken konnte. 1974 untersuchte das LDA im Rahmen der Flurbereinigung dieses Kastell nochmals und konnte seinen kompletten Grundriß samt der noch fast vollständig nachweisbaren Innenbauten aufdecken. Damit wurde zum erstenmal der gesamte Grundriß mit allen Innenbauten eines derartigen Kleinkastells am obergermanischen Limes erfaßt.
Das Kastell wird von einem Graben (B ca 2 m) umgeben, der unmittelbar vor dem Tor unterbrochen ist. Hier konnten zwei ovale Gruben festgestellt werden, die möglicherweise zu einer Verriegelung der Erdbrücke benutzt worden sind. Die Kastellmauer (B ca 1 m) war nur noch an wenigen Stellen in aufgehendem Mauerwerk erhalten. Sonst konnte lediglich das breitere Fundament freigelegt werden. Eine durchgehende Reihe von Pfosten entlang der Mauerinnenseite lassen die Deutung zu, daß sich hier ein durch Holzpfosten getragener Wehrgang befand. Das von zwei Torwangen gebildete Tor mündete in einen befestigten Innenhof, um den sich ein hufeisenförmiges Holzgebäude mit je drei Räumen und zum Hof hin überdachtem Gang befand. Dieses Gebäude war das eigentliche Unterkunftshaus für die hier stationierten Mannschaften. An der Stirnseite des Hofes wurde außerdem noch eine große Feuerstelle aufgedeckt. Die geringe Breite der Mauern läßt die Vermutung zu, daß diese Anlage möglicherweise nur ein massives Fundament und einen Fachwerkaufbau besaß. Eine ältere Anlage ging nicht voraus. Von dem Schwellbau waren nur noch zentimeter-starke Verfärbungen erkennbar, die bei tieferem Pflügen völlig zerstört worden wären.
Besonders interessant ist, daß dieses späte Bauwerk am Limes nicht, wie allgemein angenommen, in Stein, sondern daß die Innengebäude und Teile der Befestigung in Holz errichtet wurden. Dies ist bei zahlreichen Limeskastellen zu beobachten, in denen nur Haupt- und Zentralbauten in Stein, die Kasernen aber auch weiterhin in Holzbauweise errichtet wurden.
Wie die Kleinfunde, insbesondere die Keramik zeigen, entstand dieses Bauwerk möglicherweise erst im späten 2. Jh und wurde bis zum Fall des obergermanischen Limes 260 nChr benutzt.

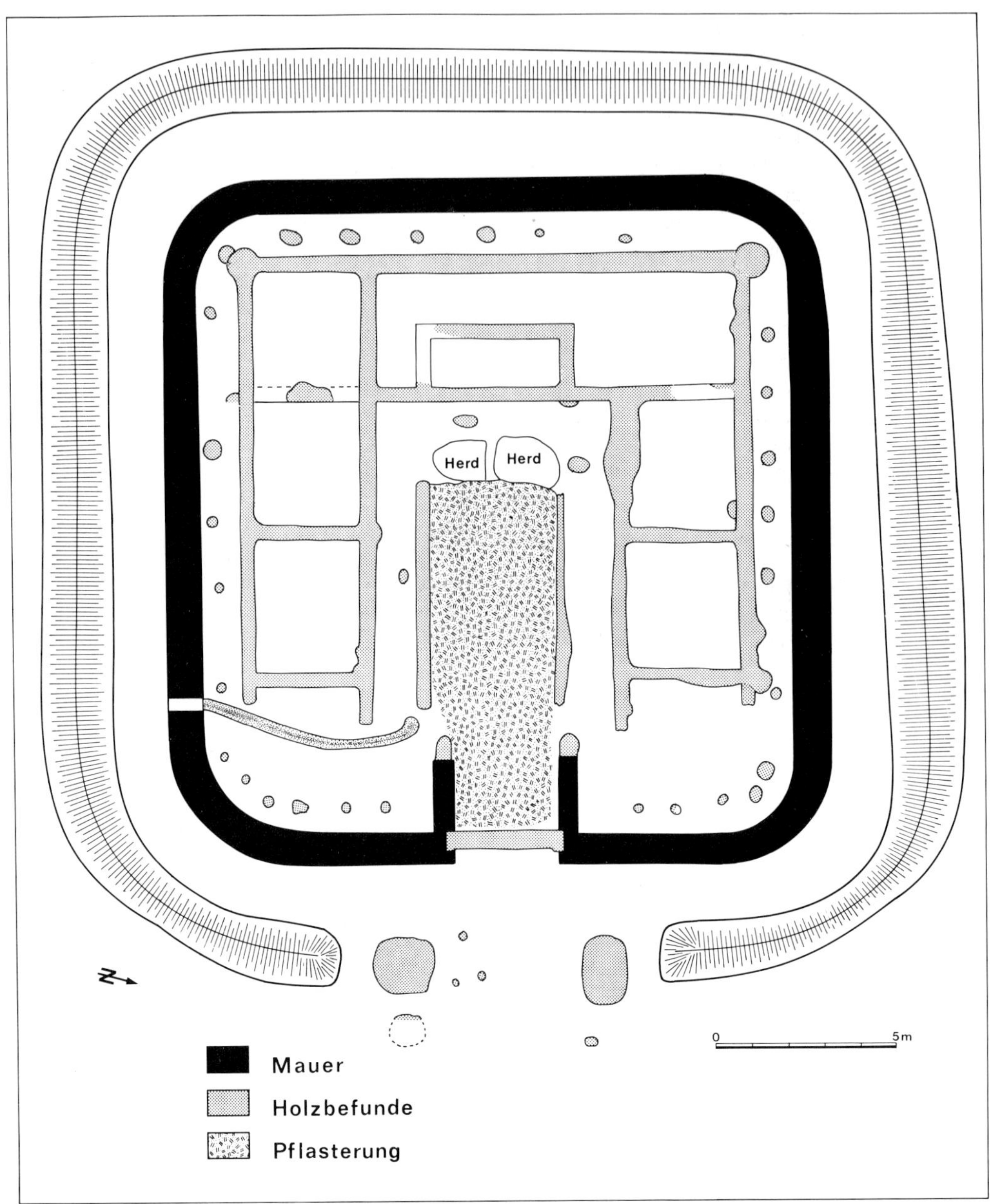

Abb. 334 Welzheim. Kleinkastell Rötelsee. Gesamtplan aufgrund der Ausgrabung 1974

Die Lage dicht bei den beiden in Welzheim entdeckten Kastellen ist besonders auffallend. Vermutlich steht das Bauwerk mit einem Durchgang durch den Limes in Zusammenhang, den wir jedoch bisher nicht kennen. Im übrigen spielt sicher die beherrschende Lage auf einer Anhöhe mit weitem Einblick in das freie Germanien und mit einem vorzüglichen Überblick nach N eine entscheidende Rolle für die Anlage dieses Kleinkastells. Pl

Ao: WLM Stgt
Lit: ORL Abt A Str 9, 188 und Taf 18, 3 a u. b – DBaatz, Der römische Limes, 204 – DPlanck, Archäologische Ausgrabungen 1974, 40 ff – Ders, Neue röm Ausgrabungen am obergerman Limes bei Welzheim in: An Rems und Murr 1975, 55 ff.

Wiesenbach HD

Römischer Gutshof

Abb 335, Tafel 30a

Der Gutshof *(villa rustica)* liegt 2,0 km NNO von Wiesenbach am S-Hang eines bewaldeten Hügels (Walddistrikt Hirschhag im Herrenwald) dicht O vom Nonnenbrunnen. Ausgangspunkt für Wanderer und Autofahrer ist markierter Waldparkplatz an der Landstraße Neckargemünd–Wiesenbach, wenig N von Wiesenbach und 250 m W der Straße. 1,7 km Fußweg bis zum spätmittelalterlichen Nonnenbrunnen. ▶ Dort Rekonstruktion eines an dieser Stelle ausgegrabenen röm Holzbrunnens (1). Wenig O davon ist der weitgehend ▶ freigelegte Bezirk des Gutshofes (2) mit konserviertem Hauptgebäude, mit zT aufgedeckten Nebengebäuden und der alles umfassenden Hofmauer über beschilderten Lehrpfad erreichbar. Der Gutshof erstreckt sich inmitten eines alten Buchenwaldes am Hang nach S, von wo aus er einst über einen nach N führenden Weg von der Römerstraße Heidelberg–Nekkarburken (3) aus erreicht wurde. Zunächst stößt man auf das Geviert der Hofmauer (85 x 110 m), in deren NW-Ecke die ▶ konservierten Mauern eines Nebengebäudes (8 x 13 m) sichtbar sind. Von dort aus sieht man bereits das inmitten der N-Hälfte des Hofbezirks aufragende und weitgehend ▶ konservierte Hauptgebäude, dessen Mauerfundamente zT hochgemauert wurden. Vier weitere Nebengebäude sind bereits ermittelt, aber zT noch nicht freigelegt.

Das bisher ermittelte Hauptgebäude (24 x 17 m), heute fünf Räume aufweisend, reichte noch weiter hangabwärts. Von N her gelangt man in einen Nebenraum, wo von W nach O verlaufende Mauerfundamente und eine Feuerstelle eines Vorgängerbaues offengehalten werden. S schließt sich die Mittelhalle an. Dort Abgang in einen Steinkeller (4,15 x 3,65 m) mit drei Wandnischen und der Schräge eines später zugesetzten Kellerfensters. Der Kalkmörtelbestich mit den rot ausgemalten Fugen wurde nach vorgefundenen Resten erneuert. Der Keller lag einst unter einem Holzboden, von wo er durch eine Falltür erreichbar war. Die Mittelhalle wurde durch eine offene Feuerstelle *(praefurnium)* geheizt, von deren Apsis man zugleich auch den O angrenzenden kleinen Hypokaustraum bedient hat. Die dort über einem Mörtelestrich stehenden 56 Pfeilerchen (H 0,70 m) aus Ziegelplatten (0,20 x 0,20 m) trugen einen weiteren Gußmörtelestrich.

Nachdem 1969 zufällig der röm Holzbrunnen (1) beim Nonnenbrunnen entdeckt worden war, wurde planmäßig nach einer zugehörigen Siedlung gesucht. 1970 gelang es, den Gutshof und andere röm Siedlungsstellen weiter SO davon zu ermitteln. Zugehörige Gräber sind bis heute nicht bekannt. Sehr wahrscheinlich war das Gebiet des Herrenwaldes bis zur 0,7 km S des Gutshofes über ein Hangplateau verlaufenden Römerstraße Heidelberg–Neckarburken waldfrei und als Ackerland genutzt. Dies spricht für eine beachtliche röm Kolonisation in diesem später nicht mehr gerodeten Waldland. Der 1972–1974 unter Leitung des Verf. vom LDA und Kurpfälzischen Museum Heidelberg ausgegrabene Gutshof wies drei Bauperioden auf und ist etwa in die Zeit 130–260 nChr zu datieren. Vermutlich fiel er einem Brand in der Zeit des Alamanneneinbruchs zum Opfer. Vor Jahrhunderten wurden seine Mauern von den Wiesenbacher Bauern nach Stei-

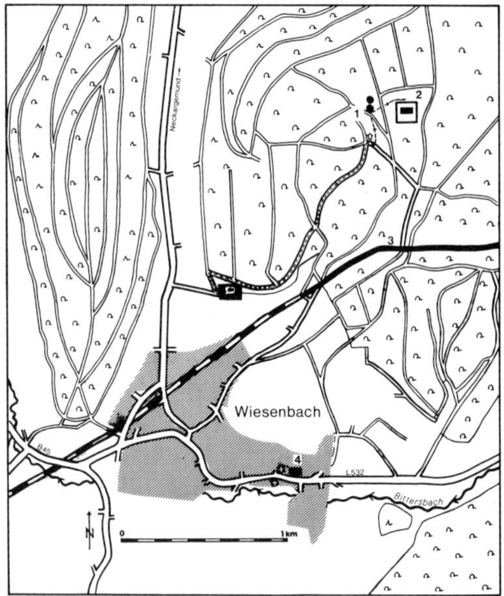

Abb. 335 Wiesenbach. Gesamtübersicht. 1 röm Holzbrunnen, 2 röm Gutshof, 3 Römerstraße, 4 röm Wohngebäude

nen ausgeplündert. Damals entstand die Sage von einem Nonnenkloster im Walde, woraus sich auch der Name des naheliegenden Nonnenbrunnens erklärt. Heu

Römisches Wohngebäude

Hauptstr 77 (4) (wenig O der ev Kirche). Am Hang N des bäuerlichen Anwesens sind ▶ Mauerreste eines terrassenförmig angelegten röm Wohngebäudes zugänglich, das nur zT freigelegt wurde. Trotz des zZ schlechten Erhaltungszustandes der aus kleinformatigen Buntsandsteinquadern aufgeführten Mauern, die noch Reste von rot ausgemalten Kalkmörtelfugen aufweisen, ist dieser Baurest wegen der ungewöhnlichen Hanglage sehenswert. Deutlich erkennt man den auf den angrenzenden Grundstücken Hauptstr 75 und 79 verlaufenden Hangabsatz, in dem sich die seitlichen Fortsetzungen des vermutlich einem Gutshof *(villa rustica)* zugehörigen Gebäudes verbergen.

Das röm Gebäude wurde 1959 bei einer Suchgrabung angeschnitten. Farbig bemalter Wandverputz, Ziegelstücke einer Hypokaustheizung und der Basisrest einer Buntsandsteinsäule (Dm 0,45 m) sind die ersten bescheidenen Funde. Die ausgegrabene Keramik entstammt zumeist der 2. Hälfte des 2. Jh und dem Anfang des 3. Jh.

Heu

TK 6618 – L 6718
Ao: KM Heidelberg
Lit: GWüst, Zur Geschichte von Wiesenbach und Langenzell. Heimatbuch, 1970 Hrsg BMA Wiesenbach 36 ff.

Wiesental Waghäusel KA

Straßenkastell

Die Landstraße von Wiesental nach Hambrücken überquert knapp 2 km vom Ortsausgang Wiesental entfernt den Waagbach. Das Kastell liegt kurz vor der Waagbachbrücke links im Wald.

Die viereckige Schanze, die bereits auf älteren Meßtischblättern eingetragen ist, wurde früher mit den Kämpfen um die ehem Reichsfestung Philippsburg im 17. und 18. Jh in Verbindung gebracht. Im Winter 1952/53 wurde die SO-Ecke der Wallanlage bei Straßenbauarbeiten zerstört. In dem zerwühlten Gelände entdeckte F. Hormuth im Januar 1953 röm Fundmaterial sowie eine ausgedehnte Kultur- und Brandschicht. Damit war klar, daß hier nur ein röm Kastell vorliegen konnte. Im Frühjahr desselben Jahres unternahm der Entdecker eine erste Untersuchung des Objekts.

Das kleine Kastell besitzt annähernd Trapezform. Auf den Wallkronen wurden folgende Seitenlängen ermittelt: N-Seite 46,25 m; W-Seite 52,60 m; S-Seite – soweit erhalten – 12,80 m; O-Seite noch 25,95 m. Setzt man eine geradlinige Fortsetzung der Fluchten voraus, so ergibt sich

für die O-Seite eine L von 75 m, für die S-Seite 55 m. Die Längsfront war also nach O, dem Waagbach zugewandt.
Im W der Anlage, in einer Entfernung von nur 175 m, zieht die röm Fernstraße von Straßburg nach Heidelberg-Neuenheim vorbei. Das Kastell wurde sicher erbaut, um den Verkehr auf dieser Straße und die in der Nähe liegenden Brückenübergänge vor einem von O drohenden feindlichen Zugriff zu sichern. Es kann also nur in der Frühzeit der röm Besetzung entstanden sein. Die Auswertung der Sigillata-Funde und der Ziegel mit Militärstempeln durch F. Hormuth macht eine Entstehung um 80 n Chr sehr wahrscheinlich. Cä

TK 6717 – L 6916

Lit: FHormuth, Das Waagbachkastell bei Wiesental, Kr Bruchsal, in: Germania 33, 1955, 46 ff.

Abb. 336 Wimsheim. Viergötterstein. Merkur

Wimsheim PF

Viergötterstein

Abb 336

An der SW-Ecke des Kirchturmes ist ein ▶ Viergötterstein eingemauert, von dem zwei Seiten zu sehen sind. Auf der einen Seite spendet Juno mit der Rechten auf einem vor ihr stehenden Altar; sie hält in der Linken das Weihrauchkästchen. Die andere Seite zeigt Merkur mit Mäntelchen *(chlamys)* und Flügelhut; er hält in der Rechten den Schlangenstab und den Beutel(?) in der Linken. Auf den nicht sichtbaren Seiten dürften Minerva und Herkules dargestellt sein. Fil

Lit: OAB Leonberg 1858, 83 f 272 Abb – Haug-Sixt 442 Nr 313.

Wolfschlugen ES

Römischer Gutshof

Abb 337

Mit dem Auto zu erreichen von Oberensingen aus in NO-Richtung durch den alten Ortskern, über Denkendorfer Weg auf die Höhe. Dem beschilderten Albvereinsweg in N-Richtung 1,25 km bis zum Waldrand, von dort zu Fuß 250 m weiter nach N, dann 500 m W dem Albvereinsweg folgend bis zum Gutshof „Waldhauser Schloß“. Von Wolfschlugen zu Fuß etwa 2,5 km auf beschildertem Albvereinsweg.
Zu sehen ist ▶ die Umfassungsmauer auf allen vier Seiten, der hohe Schutthügel ▶ des Hauptgebäudes sowie der Schutthügel ▶ eines kleineren Nebengebäudes in der SW-Ecke. Der ummauerte Hofraum hat einen sehr unregelmäßigen Grundriß. Die Hofmauer ist im Gelände als kräftiger Absatz nach außen bzw innen deutlich zu sehen, nahe der SW-Ecke ist sie durch einen Waldweg etwas gestört. Im W-Teil des Hofes

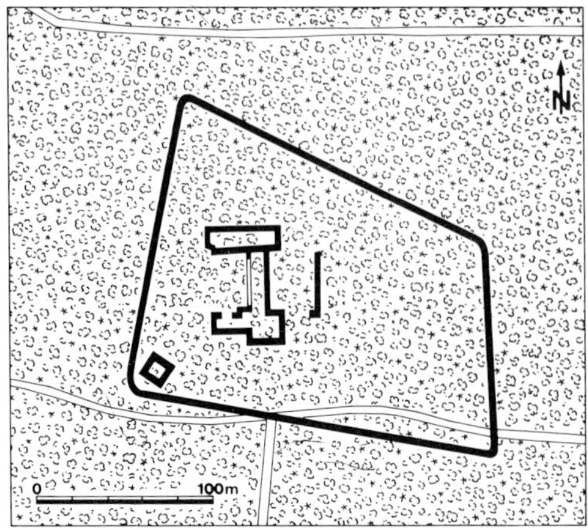

Abb. 337 Wolfschlugen. Gesamtplan des röm Gutshofes

liegt der bis zu 2 m hohe Schutthügel des Hauptgebäudes. Der Grundriß ist undeutlich, doch sind die beiden Eckvorsprünge der O-Front gut zu erkennen. Auch der Schutthügel des viereckigen Nebengebäudes ist noch recht hoch, durch Grabungsspuren jedoch etwas verunstaltet. Weitere Gebäude sind bisher nicht nachgewiesen.
Die Ruine wurde durch eine kleine Grabung der RLK 1895 als röm Gutshof *(villa rustica)* erkannt. 1899 erfolgte eine weitere Grabung, auf deren Ergebnissen der abgebildete Grundriß beruht. Von dem Hauptgebäude wurde lediglich die O-Front ausgegraben, dabei fand man in den vorspringenden Eckräumen Estrichböden und bemalten Wandverputz. Die Breite des Gebäudes beträgt hier immerhin 52,5 m. Die Deutung des Baues in der SW-Ecke als Badegebäude bedarf einer Nachprüfung, ebenso die abgerundeten Ecken der Umfassungsmauer. Unklar ist die Bedeutung eines Mauerzuges O vor der Front des Hauptgebäudes. 1919 fand man bei Waldarbeiten ein Säulenkapitell, wohl von der Fassade des Hauptgebäudes.
An diesem auffälligen Geländepunkt stoßen die Grenzen dreier Markungen zusammen. Bi

TK 7321 – L 7320
Lit: OAB Nürtingen (1848) 227 – Bl des Schwäb Albvereins 1900, 220 ff – FdbaSchw NF 1, 1917–22, 89 – RiW 3 s. v. Wolfschlugen.

Wyhlen Grenzach-Wyhlen LÖ

Spätrömischer Brückenkopf

Abb 338, 339

auf dem rechten Rheinufer, gegenüber dem spätantiken Castrum von Kaiseraugst.
Erreichbar auf der B 34 von Wyhlen oder Rheinfelden. Zwischen den beiden Orten 500 m O des Bahnübergangs zweigt ein Feldweg nach S ab (neben der großen Kiesgrube), der zur Rheinfähre nach Augst und zum Brückenkastell führt.
Der an dieser Stelle fast 15 m steil zum Fluß abfallende Uferrand wird unterhalb und oberhalb der Befestigung durch zwei tiefe Einschnitte unterbrochen, die vielleicht natürlichen Ursprungs sind, zusammen mit einem gegen die Landseite gezogenen Graben jedoch eine zusammenhängende Sperrlinie bilden. Die so umschlossene Innenfläche ist durch den Rhein weitgehend abgetragen worden. Heute sind von der hier erbauten rechteckigen Festungsanlage mit insgesamt sechs Türmen nur noch kleine Teilstücke der gegen die Landseite gelegenen Turmfront erhalten. Alles übrige hat der Fluß im Lauf der Jahrhunderte unterspült und weggeschwemmt.
Die sichtbaren, schon vor längerer Zeit ▶ konservierten Fundamente der drei vorderen Rundtürme stehen auf gleicher Linie in je 10 m Abstand. Sie zeigen die typische spätröm Bauweise: Kern aus Gußmauerwerk mit vorgeblendeten Quadern. Auch die Mauerstärke bis zu 2,00 m bei einem äußeren Dm von ca 8,00 m ist kennzeichnend für Befestigungsanlagen dieser Zeit.
Wegen der Nähe des berühmten Grabungsplatzes in Augst hat sich die archäologische Forschung diesem kleinen Objekt schon verhältnismäßig früh zugewandt. 1886 und 1889 erfolgte durch E. Wagner die erste Freilegung, 1933 wurden die Untersuchungen und Sicherungsarbeiten

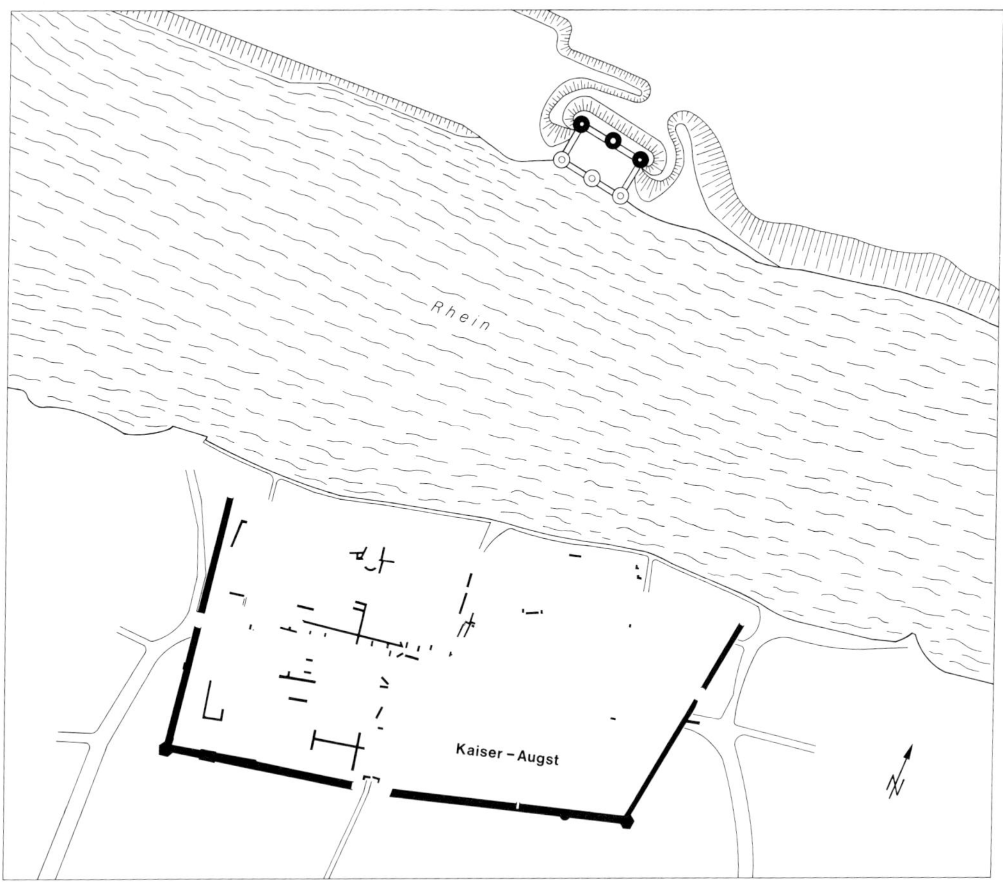

Abb. 338 Wyhlen. Gesamtplan spätröm Brückenkopf mit Lager Kaiseraugst

unter der Leitung von R. Laur-Belart fortgesetzt. In beiden Fällen kam außer dem Baubefund nichts Nennenswertes zutage. Einzige Ausnahme bilden einige Ziegel mit Stempel *legio I Martia*, die als Besatzungstruppe auch in Kaiseraugst und in Breisach nachgewiesen ist. Diese Ziegelstempel belegen eindeutig den Zusammenhang mit dem linksrheinischen Castrum Rauracense, ohne daß sich daraus ein gesichertes Baudatum gewinnen ließe. Möglicherweise spricht die Fundarmut dieses Platzes für eine kurze Benützungszeit und damit für eine späte Entstehung innerhalb des 4. JhnChr (Zeit Valentinians I.). Von der Steinbrücke, die von der Mitte des Kastells Kaiseraugst wahrscheinlich auf den W der erwähnten Geländeeinschnitte zulief, hat sich auf dem felsigen Rheinboden keine Spur erhalten. 1589 allerdings konnte man nach einem zeitgenössischen Bericht noch „die Vestigia einer gewaltigen steinen Brucken" sehen, „daran wiederumb ein Castell gelegen, wider die Allemannier".

Die Bedeutung dieser Brücke im röm Straßennetz hat R. Laur-Belart geklärt. Hier lag die Übergangsstelle der von Gallien über Basel kommenden Fernstraße zum oberen Donautal. Auch nach

Abb. 339 Wyhlen. Blick über den spätröm Brückenkopf auf Kaiseraugst

dem Verlust des Dekumatlandes behielt dieser Flußübergang seine wirtschaftliche und strategische Bedeutung, wie die Anlage von Kaiseraugst am S- und der Bau des Brückenkastells am N-Rheinufer zeigen. Fin

TK 8412 – L 8512
Lit: EWagner 162. – RLaur-Belart, Ausgrabung am röm Brückenkopf Wyhlen April–Juli 1933. BadFdb III, 1934, 105.

Zwiefalten RT

Basis mit Inschrift zu Ehren des unbesiegbaren Sonnengottes

Abb 340

Gegenüber der Klosterkirche Zwiefalten steht in einem Garten neben der Hauptstr 36 die Kunststeinnachbildung des um 1520 im Hochaltar, später in der Apsis in der Klosterkirche ehemals vermauerten Weihesteins, der sich jetzt im Lapidarium des WLM im Stiftsfruchtkasten befindet (Nr. 34). Inschrift: *Deo invicto / Soli templum / a solo resti/tuit Valerius / Venustus, v(ir) p(erfectissimus), p(raeses) / p(rovinciae) R(aetiae). Sicuti voto / ac mente con/ceperat, red/ditus sanitati / v(otum) s(olvit) l(aetus) l(ibens) m(erito).* – Übersetzung: Dem unbesiegbaren Sonnengott (Mithras) hat den Tempel von Grund auf wiederher-

Abb. 340 Zwiefalten. Weihestein für Mithras

stellen lassen: Valerius Venustus, ritterlichen Ranges, Statthalter der Provinz Rätien. So wie er es in Gelübde und Gedanken sich vorgenommen, hat er, nachdem er seine Gesundheit wiedererlangte, sein Gelübde eingelöst froh und freudig nach Gebühr. Der Mithrastempel dürfte in der Nähe der Fundstelle zu suchen sein. In diesem Zusammenhang ist darauf aufmerksam zu machen, daß an der Klosterkirche die Zwiefalter Ach vorbeifließt. Fil

TK 7722 – L 7722
Ao: WLM Stgt
Lit: Haug-Sixt 47 Nr. 17

Anhang

Zeittafel

Literaturverzeichnis

Namen- und Sachregister

Ortsregister

Zeittafel

um 400 v. Chr.	Vorstoß der Kelten (lat. Galli) über die Alpen nach Italien (Abb. 2).
387	Niederlage des römischen Aufgebotes an der Allia. Kelten plündern Rom.
113–101	Kimbern und Teutonen bedrohen Italien. Heeresreform des Marius.
102	Marius besiegt die Teutonen bei Aquae Sextiae (Aix-en-Provence) und
101	die Kimbern bei Vercellae (Vercelli).
58–51	Cäsar (100–44 v. Chr.) unterwirft Gallien. Der Rhein wird zur Grenze des Imperiums (Abb. 6).
30 v. Chr.–476 n. Chr.	Kaiserzeit.
30 v. Chr.–68 n. Chr.	Julisch-claudisches Kaiserhaus.
30 v. Chr.	Ende der Bürgerkriege. Octavian als Imperator „Wächter des Reiches".
27 v. Chr.–14 n. Chr.	Augustus als Princeps (der ‚Erste'). 27 v. Chr.–305 n. Chr. Prinzipat.
27 v. Chr.	Neugliederung des Imperiums in kaiserliche und senatorische Provinzen.
16	Sugambrer, Usipier und Tencterer überschreiten den Rhein nördlich von Bonn, vernichten die 5. Legion und erbeuten den ersten Legionsadler.
16–13	Augustus in Gallien. Neuordnung Galliens: Belgica, Lugdunensis, Aquitania. Es wird der Plan konzipiert: Germanien bis zur Elbe zu unterwerfen.
15	Drusus und Tiberius unterwerfen die in den Alpen und im Voralpenland wohnenden Räter und Vindeliker. Königreich Noricum von römischen Truppen bis zur Donau friedlich besetzt.
12–9 v. Chr.	Tiberius unterwirft Pannonier und Dalmater.
1. August 12	Drusus weiht als Oberstatthalter von Gallien in Lugdunum/Lyon, der Hauptstadt von Gallien, den Altar der Roma und des Augustus ein. Erster Provinziallandtag von Gallien.
12–9	Feldzüge des Drusus in Germanien bis zur Elbe. Tod des Drusus. Tiberius übernimmt das Kommando über die Legionen.
6 v. Chr.–4 n. Chr.	Tiberius geht freiwillig in die Verbannung nach Rhodos.
4 n. Chr.	Tiberius, von Augustus adoptiert, kehrt auf den germanischen Kriegsschauplatz zurück.
5	Germanien bis zur Elbe wahrscheinlich römische Provinz mit Provinzhauptstadt Köln/Oppidum Ubiorum. Der Altar der Ubier (Ara Ubiorum) in Köln nach gallischem Vorbild geistiger Mittelpunkt der germanischen Provinz.

6	Tiberius greift mit einem Zangengriff vom Rhein und der Donau die Markomannen unter Marbod in Böhmen an.
6–9	Aufstand der Pannonier und Dalmater.
9	Arminius vernichtet im Teutoburger Wald 3 Legionen, 3 Alen und 6 Kohorten (ca. 25 000 Soldaten). Tiberius sichert die Rheingrenze durch Militärlager.
13	Germanicus, Sohn des Drusus, wird Oberstatthalter von Gallien und Germanien und Oberbefehlshaber der Rheinarmee.
14–16	Feldzüge des Germanicus in Germanien.
14–37	Tiberius.
16	Abberufung des Germanicus vom germanischen Kriegsschauplatz. Wahrscheinlich Anlage des Legionslagers Windisch/Vindonissa in der Nordschweiz. Militärstationen am Alpenrand.
37–41	Caius Cäsar Germanicus (Caligula).
40	Caligulas Chattenfeldzug. Rechtsrheinischer Brückenkopf im Vorfelde des Doppellegionslagers Mainz/Mogontiacum.
41–54	Claudius.
46/47	Via Claudia Augusta, Fernverkehrsstraße von Italien an die Donau. Wahrscheinlich wird Rätien erst unter Claudius römische Provinz. Kastelle an der oberen Donau.
54–68	Nero.
Frühjahr 68	Rebellion der Statthalter von Gallien und Spanien gegen Nero.
8. Juni 68	Senat ernennt Servius Sulpicius Galba, Statthalter von Hispania Tarraconensis, zum Kaiser. Nero endet durch Selbstmord.
1. Januar 69	Mainzer Legionen verweigern Galba den Treueeid.
2. Januar 69	Rheinarmee ruft Aulus Vitellius, Statthalter von Niedergermanien, in Köln zum Gegenkaiser aus.
15. Januar 69	M. Salvius Otho stürzt mit den Prätorianern Kaiser Galba.
17. April 69	Vitellianer besiegen die Truppen Othos bei Bedriacum.
Frühjahr 69	Bataveraufstand.
69–96	Flavisches Kaiserhaus.
Juli 69–79	Vespasian.
Ende Oktober 69	Sieg der Truppen Vespasians über die Vitellianer bei Cremona.
70	Niederwerfung des Bataveraufstandes. Wiederaufbau der Kastelle an Rhein und Donau.
74	Bau einer Straße vom Rhein zur Donau (Straßburg – Offenburg – Waldmössingen – Rottweil – Tuttlingen) durch Cn. Pinarius Cornelius Clemens. Anlegung von Kastellen zum militärischen Schutz.
79–81	Titus.
81–96	Domitian.
83	Chattenkrieg Domitians.
+ 85	Taunus-Wetterau-Limes. Kastelle am mittleren Neckar.
89	Aufstand des Antonius Saturninus, Kommandant der beiden Mainzer Legionen.
nach 89	Main-Odenwald-Neckar-Limes durch eine Straße von Köngen nach Urspring verbunden.
96–192	Adoptivkaiser.
96–98	Nerva.

Oktober 97	Nerva adoptiert Marcus Ulpius Traianus, Statthalter von Obergermanien (Germania superior).
98–117	Trajan. Ausbau der Rhein-Donau-Straße Mainz – Stettfeld – Cannstatt – Urspring – Augsburg.
117–138	Hadrian. Verstärkung des Limes durch eine fortlaufende Palisade.
138–161	Antoninus Pius. Vorverlegung der Odenwald-Neckar-Kastelle nach Osten (Miltenberg a. M. bis Lorch), der Albkastelle ins Remstal.
161–180	Marc Aurel.
162	Chatten fallen in Obergermanien und Rätien ein.
167	1. Markomannenkrieg. Vorstoß der Markomannen, Quaden, Naristen, Jazygen über die Donau durch das Burgenland nach Italien.
172	Vertreibung der Markomannen aus Noricum und Rätien durch die Legionen II und III Italica unter P. Helvius Pertinax.
177	2. Markomannenkrieg. Marc Aurel und Commodus überschreiten mit dem römischen Heer die Donau.
179	Sieg über Markomannen und Quaden.
179/180	Das Legionslager Castra Regina/Regensburg wird bezugsfertig.
17. März 180	Tod des Marc Aurel.
180–192	Commodus.
193	Fünfkaiserjahr: Pertinax und Didius Iulianus von den Prätorianern ausgerufen. Pescennius Niger von seinen Truppen in Syrien auf den Schild erhoben. Septimius Severus von seinen Truppen in Oberpannonien (Carnuntum) zum Kaiser ausgerufen. Clodius Albinus, Legat in Britannien wird als Gegenkaiser 197 n. Chr. bei Lugdunum besiegt.
193–284	Soldatenkaiser.
193–235	Severisches Kaiserhaus.
193–211	Septimius Severus Erlaubt den Soldaten außerhalb des Lagers bei ihren Familien zu wohnen.
211–217	M. Aurelius Antoninus (Caracalla).
212	Constitutio Antoniniana: Verleihung des römischen Bürgerrechtes an die Bewohner des Reiches.
213	Römische Grenzwachen melden das Auftauchen ‚alamannischer Reitergeschwader' am Limes. Caracalla in Rätien, überschreitet den rätischen Limes und besiegt die Alamannen in der Nähe des Mains.
217–218	M. Opellius Macrinus.
218–222	M. Aurelius Antoninus (Elagabal).
222–235	Severus Alexander.
231–232	Perserkrieg.
233	Alamannen fallen in Obergermanien und Rätien ein. Marsch des Severus Alexander mit einem Teil des Heeres vom persischen Kriegsschauplatz zum Rhein; er verhandelt mit den Alamannen.
235	Soldaten ermorden Severus Alexander und dessen Mutter Julia Mamaea bei Mainz.
235–238	Maximinus Thrax.

235	Vertreibung der Alamannen aus dem Limesgebiet. Wiederaufbau der zerstörten Limeskastelle.
238	Gordian I. Gordian II in Nordafrika. Senatskaiser in Rom: Balbinus, Pupienus.
238–244	Gordian III.
um 242	Alamannen durchbrechen vermutl. den rätischen Limes im Osten Bayerns.
244–249	Philippus Arabs.
249–251	Decius.
251–253	Trebonianus Gallus.
253	Aemilianus.
253–260	Valerianus setzt seinen Sohn
253–268	Gallienus als Mitregenten ein.
254	Alamannen überfallen das nordwestliche Rätien und die Nordschweiz.
258–268	Postumus gründet ein gallisches Sonderreich (258–273 n. Chr.): Hispania, Gallia, Britannia.
259/260	Franken und Alamannen stoßen über den Rhein und die Donau weit nach Westen und Süden vor. Goten, Quaden und Sarmaten fallen in Pannonien und Oberitalien ein. Der obergermanisch-rätische Limes geht verloren.
260/261	Gallienus besiegt mit den rheinischen und rätischen Truppen die Alamannen bei Mailand.
268–270	Claudius II Gothicus.
270–275	Aurelian.
270	Juthungen und Alamannen fallen in Italien ein und bedrohen Rom. Bau der Aurelianischen Mauer (16 m hoch und 4 m breit).
271	Niederlage der Germanen bei Fano und in der Gegend von Pavia.
273	Tetricus, der letzte gallische Sonderkaiser, übergibt Aurelian kampflos das seit 258 n. Chr. abgetrennte gallische Sonderreich.
275	Franken und Alamannen fallen in Gallien ein.
276–282	Probus.
277–278	Probus vertreibt Franken und Alamannen aus Gallien sowie Burgunder, Goten und Vandalen aus Rätien und stellt die Rhein- und Donaugrenze wieder her.
284–305	Diokletian. Reichsreform. Teilung des römischen Reiches in West- und Osthälfte.
286	Maximianus zum Augustus ernannt.
290/291	Beschluß von Diokletian und Maximian, die Rhein- und Donaugrenze wieder zu befestigen.
293	Aufteilung des Reiches in vier Verwaltungsbezirke: Tetrachie.
297	Einteilung des Reiches in 12 Diözesen (unter 12 Vicarii).
306–337	Konstantin der Große.
306–312	Maxentius.
307–311	Galerius.
312	Schlacht an der Milvischen Brücke.
330	Byzanz wird in Konstantinopel umbenannt und christliche Hauptstadt (2. Rom) im bewußten Gegensatz zum heidnischen Rom.
340–350	Constans, Sohn Konstantins, regiert im Westen.
340–361	Constantius II, Sohn Konstantins, regiert im Osten.

355	Constantius II ernennt seinen Vetter Julian zum Cäsar und schickt ihn nach Gallien.
357	Schlacht bei Straßburg. Julian besiegt die Alamannen.
357–359	Julian befreit auf seinen Feldzügen im rechtsrheinischen Gebiet 20 000 Kriegsgefangene aus den Händen der Alamannen.
361	Julian zieht mit seinen Truppen von Kaiseraugst mitten durch alamannisches Gebiet zur oberen Donau und donauabwärts nach Sirmium gegen Constantius II (+ 3. Nov. 361 n. Chr.).
361–363	Julian Alleinherrscher.
363–364	Jovian.
364–375	Valentinian I.
364–378	Valens.
365	Alamannen fallen in Gallien ein.
368	Alamannenprinz Rando plündert (am Osterfest?) Mainz.
368	Feldzug Valentinians I in das ehemalige Limesgebiet. Ausbau des Rhein-Donau-Limes.
375	Vorstoß der Hunnen. Beginn der germanischen Völkerwanderung.
378	Valens fällt in der Schlacht bei Adrianopel.
375–383	Gratian.
378	Alamannen überschreiten den Rhein. Schlacht bei Horburg. Gratian stößt in das Gebiet der Lentienser vor, um Vergeltung zu üben: Letzter Feldzug eines römischen Kaisers in das rechtsrheinische Gebiet.
379–395	Theodosius I.
375–392	Valentinian II.
392–394	Eugenius.
391	Christentum wird Staatsreligion.
392, 396 u. 398	Verträge von Eugenius und Stilicho mit Franken und Alamannen.
395	Reichsteilung:
395–423	Honorius im Westen.
395–408	Arcadius im Osten.
401	Vandalen und Alanen fallen von Osten entlang der Donau in Rätien ein. Die Westgoten unter Alarich überfallen Oberitalien.
Ende 401	Stilicho, magister equitum, zwingt mit den Grenztruppen vom Donau-Iller-Rhein-Limes Alarich, Italien zu verlassen.
405	Ostgoten unter König Radageis fallen in Italien ein.
406	Alanen, Vandalen, Sweben überschreiten den Rhein bei Mainz, durchziehen Gallien und treffen 409 in Spanien ein.
410	Westgoten plündern Rom.
424–455	Valentinian III.
429	Vandalen in Nordafrika.
451	Sieg des Aetius über König Attila und seine Hunnenscharen auf den katalaunischen Feldern (westlich Troyes).
455	Vandalen plündern Rom.
475	Heermeister Orestes setzt seinen Sohn Romulus als Augustus ein.
476	Odoaker, Sohn eines Skirenfürsten, wird von den Soldaten zum König (rex) von Italien ausgerufen. Odoaker dringt in Ravenna ein und setzt den Kaiser Romulus Augustus ab. Ende des römischen Kaisertums im Westen.

Abkürzungsverzeichnis Literatur

ArchNaB	Archäologische Nachrichten aus Baden
BadFdB	Badische Fundberichte
CIL	Corpus Inscriptionum Latinarum
DmpfliBW	Denkmalpflege in Baden-Württemberg
NachrbldLDA	Nachrichtenblatt des Landesdenkmalamtes
FdbaBW	Fundberichte aus Baden-Württemberg
FdbaSchw	Fundberichte aus Schwaben
FMRD	Christ, K. (Bearb.): Die Fundmünzen der römischen Zeit in Deutschland
Haug-Sixt	Haug, F., und G. Sixt: Die römischen Inschriften und Bildwerke Württembergs
ORL	Fabricius, E., F. Hettner, O. v. Sarway: Der obergermanisch-raetische Limes des Römerreiches Abteilung A Streckenbeschreibung Abteilung B Beschreibung der Kastelle
RiW	Goessler, P., F. Hertlein, O. Paret: Die Römer in Württemberg
Wagner	Wagner, E.: Fundstätten und Funde im Großherzogtum Baden

Allgemeine Literatur

Archäologische Ausgrabungen (Stuttgart 1974–1975)

Archäologische Karte der Stadt und der Landkreise Heidelberg und Mannheim. Bearb. von A. Dauber, E. Gropengießer, B. Heukemes, M. Schaab. Badische Fundberichte Sonderheft 10 (Freiburg 1967)

Archäologische Nachrichten aus Baden Heft 1 (1968) bis Heft 15 (Freiburg 1975)

Aufstieg und Niedergang der römischen Welt. Geschichte und Kultur Roms im Spiegel der neueren Forschung (Berlin/New York 1972 ff.)

Baatz, D.: Der römische Limes. Archäologische Ausflüge zwischen Rhein und Donau 2. Auflage (Berlin 1975)

– : Lopodunum-Ladenburg a. N. Die Grabungen im Frühjahr 1960. Badische Fundberichte Sonderheft 1 (Freiburg 1962)

: Mogontiacum. Neue Untersuchungen am römischen Legionslager in Mainz. Limesforschungen Baden 4 (Berlin 1962)

Badische Fundberichte 1–23 (Freiburg 1925–1967)

Barthel, W.: Die Erforschungen des obergermanisch-raetischen Limes in den Jahren 1908–1912. 6. Bericht der Römisch-Germanischen Kommission 1913, 114–181

Bayerischer Vorgeschichtsfreund 1 (1921/22) – 9 (1930)

Bayerische Vorgeschichtsblätter, Jahrgang 10 (1931/32)–39 (1974)

Bengtson, H.: Grundriß der römischen Geschichte Band 1 Handbuch der Altertumswissenschaften III, 5.1 (München 1967)

Braunert, H.: Zum Chattenkrieg Domitians, Bonner Jahrbuch 153, 1953, 97 ff.

Capelle, W.: Das alte Germanien. Die Nachrichten der griechischen und römischen Schriftsteller, 2. Auflage (Jena 1937)

Christ, K.: Antike Münzfunde Süddeutschlands. Vestigia Band 3 (Heidelberg 1960)

– : (Bearb.) Die Fundmünzen der römischen Zeit in Deutschland Abt. II Baden-Württemberg Band 1–4 (Berlin 1963/64)

Corpus Inscriptionum Latinarum (CIL) (Berlin 1893 ff.)

Dessau, H.: Inscriptiones latinae selectae Band 1–3 Nachdruck (Berlin 1955)

Dragendorff, H.: Terra Sigillata. Bonner Jahrbuch 96/97, 1895, 18 ff.

Fabricius, E.: Die Besitznahme Badens durch die Römer. Neujahrsblätter der Badischen Historischen Kommission. N. F. 8 (Heidelberg 1905)

– : RE Bd. XIII Limes 572 ff. Limitatio 672 ff.

–, F. Hettner, O. von Sarway: Der obergermanisch-raetische Limes des Römerreiches, (Berlin u. Leipzig 1894–1937) Abt. A Streckenbeschreibung. Abt. B Beschreibung der Kastelle

Filtzinger, Ph.: Bemerkungen zur römischen Okkupationsgeschichte Südwestdeutschlands, Bonner Jahrbuch 157, 1957, 181 ff.

Fischer, F.: Der Heidengraben bei Grabenstetten. Führer zu vor- und frühgeschichtlichen Denkmälern in Württemberg und Hohenzollern 2 (Stuttgart 1971)

Fundberichte aus Baden-Württemberg Band 1 ff. (Stuttgart 1974 ff.)

Fundberichte aus Schwaben 1–21 (1893–1916) Neue Folge 1–19 (Stuttgart 1922–1971)

Garbsch, J.: Der spätrömische Donau-Iller-Rheinlimes. Limesmuseum Aalen 6 (Stuttgart 1970)

Germania Romana I. Römerstädte in Deutschland. Gymnasium Beihefte 1 (Heidelberg 1960)

Germania Romana II. Kunst und Kunstgewerbe im römischen Deutschland. Gymnasium Beihefte 5 (1965)

Goessler, P., F. Hertlein, O. Paret: Die Römer in Württemberg Band 1–3 (Stuttgart 1928–1932)

Haug, F. und G. Sixt: Die römischen Inschriften und Bildwerke Württembergs, 2. Auflage (Stuttgart 1914)

Heukemes, B.: Römische Keramik aus Heidelberg. Materialien zur römisch-germanischen Keramik 8. (Bonn 1964)

Hirschfeld, O.: Die kaiserlichen Verwaltungsbeamten bis auf Diokletian. 3. Auflage (Berlin 1963)

Howald E. und E. Meyer: Die römische Schweiz. Texte und Inschriften mit Übersetzung (Zürich 1940)

Kellner, H. J.: Die Römer in Bayern. 2. Auflage (München 1972)

Kimmig, W.: Die Heuneburg an der oberen Donau. Führer zu vor- und frühgeschichtlichen Denkmälern 1 (Stuttgart 1968)
Knorr, R.: Töpfer und Fabriken verzierter Terra Sigillata des ersten Jahrhunderts (Stuttgart 1919)
Kornemann, E.: Römische Geschichte Band 1 und 2 (Stuttgart 1941. 1954)
Kraft, K.: Zur Rekrutierung der Alen und Kohorten an Rhein und Donau, Dissertationes Bernenses Ser. I, Fasc. 3 (Bern 1951)
Krencker, D. und E. Krüger: Die Trierer Kaiserthermen. Trierer Grabungen und Forschungen 1 (Augsburg 1929)
Latte, K.: Römische Religionsgeschichte. In: Handbuch der Altertumswissenschaft 5. Abt. 4. Teil (München 1960)
Liebenam, W.: Städteverwaltung im Römischen Kaiserreich. Unveränd. Nachdruck der Ausgabe Leipzig (Amsterdam 1967)
Limesforschungen. Studien zur Organisation der römischen Reichsgrenze an Rhein und Donau Band 1, (Berlin 1959 ff.)
Marquardt, J.: Römische Staatsverwaltung Band 1–3. 3. Auflage (Nachdruck Darmstadt 1957)
– : Das Privatleben der Römer. 2 Teile. Nachdruck der 2. Auflage Leipzig 1886 (Darmstadt 1964)
Mattingly, H. und E. A. Sydenham: The Roman Imperial Coinage, Vol. I-IX (London 1923–1951)
Nesselhauf, H.: Tacitus und Domitian. Hermes 80, 1952, 222 ff.
– : Umriß einer Geschichte des obergermanischen Heeres, Jahrbuch des Römisch-Germanischen Zentralmuseums 7, 1960, 151 ff.
Niedergermanischer Limes. Materialien zu seiner Geschichte. Führer des Rheinischen Landesmuseums Bonn Nr. 50 (Köln 1974)
Nierhaus, R.: Das römische Brand- und Körpergräberfeld „Auf der Steig" in Stuttgart-Bad Cannstatt. Veröffentlichungen des Staatlichen Amtes für Denkmalpflege. Stuttgart Reihe A Heft 5 (Stuttgart 1959)
– : Das swebische Gräberfeld von Diersheim. Röm.-Germ. Forschungen Bd. 28 (Berlin 1966)
Oswald, F. und T. D. Pryce: An Introduction to the study of Terra Sigillata (London 1920)
Ovid (Publius Ovidius Naso): Fasti – Festkalender Roms. Lateinisch-deutsch ed. W. Gerlach (München 1960)
Parlasca, K.: Die römischen Mosaiken in Deutschland, Römisch-Germanische Forschungen 23 (Berlin 1959)
Pauly, A. und G. Wissowa: Realencyclopädie der klassischen Altertumswissenschaft (Stuttgart 1894 ff.)
Petrikovits, H. von: Das römische Rheinland, Archäologische Forschungen seit 1945 (Köln 1960)
Planck, D.: Arae Flaviae. Neue Untersuchungen zur Geschichte des römischen Rottweil Teil I und II Forschungen und Berichte zur Vor- und Frühgeschichte in Baden-Württemberg Band 6 (Stuttgart 1975)
Polybios: Geschichte. Eingeleitet und übertragen von Hans Drexler (Zürich/München 1963)
Riese, A.: Das Rheinische Germanien in den antiken Inschriften (Nachdruck der Ausgabe von 1914 Groningen 1968)
Ritterling, E.: Legio, in Pauly-Wissowa, Realencyclopädie der klassischen Altertumswissenschaft Band XII, Sp 1211 ff.
– : Fasti des römischen Deutschland unter dem Prinzipat (Wien 1932)
– : Die kaiserlichen Beamten und Truppenkörper im römischen Deutschland unter dem Prinzipat (Wien 1932)
Römer an der Donau. Noricum und Pannonien. Landesausstellung in Schloß Traun, Petronell, NÖ (Wien 1973)

Römer am Rhein, Katalog der Ausstellung des Römisch-Germanischen Museums Köln vom 15. 4. bis 30. 6. 1967

Robinson, M. R.: The Armour of imperial Rome (London 1975)

Saalburg Jahrbuch 1 (1910) – 32 (1975)

Schleiermacher, W.: Der obergermanische Limes und spätrömische Wehranlagen am Rhein. 33 BRGK 1943–1950, 133 ff.

– : Flavische Okkupationslinien in Rätien. Jahrbuch RGZM 2, 1955, 245 ff.

Schmidt, L.: Geschichte der deutschen Stämme bis zum Ausgang der Völkerwanderung. Die Ostgermanen 2. Auflage (1941) – Die Westgermanen 1. Teil 2. Auflage (1938); 2. Teil 2. Auflage (München 1940)

– : Geschichte der germanischen Frühzeit 2. Auflage (Köln 1934)

– : Geschichte der Wandalen 2. Auflage (München 1942)

Schönberger, H.: Neuere Grabungen am obergermanischen und rätischen Limes, Limesforschungen Band 2 (Berlin 1962) 69 ff.

– : The Roman frontier in Germany: an archaeological survey. Journal of Roman Studies 59, 1969, 144 ff.

Schumacher, K.: Siedlungs- und Kulturgeschichte der Rheinlande von der Urzeit bis ins Mittelalter, Teil 2 (Mainz 1923)

Staehelin, F.: Die Schweiz in römischer Zeit, 3. Auflage (Basel 1948)

Stroheker, K. F.: Germanentum und Spätantike (Zürich/Stuttgart 1965)

Ulbert, G.: Das römische Donau-Kastell Rißtissen Teil 1. Die Funde aus Metall, Horn und Knochen. Urkunden zur Vor- und Frühgeschichte aus Südwürttemberg und Hohenzollern 4 (Stuttgart 1970)

– : Der Lorenzberg bei Epfach (München 1965)

– : Die römische Keramik aus dem Legionslager Augsburg-Oberhausen. Materialhefte zur Bayerischen Vorgeschichte Heft 14 (Kallmünz 1960)

Vermaseren, M. J.: Mithras – Geschichte eines Kults. (Stuttgart 1965)

Vittinghoff, E.: Römische Kolonisation und Bürgerrechtspolitik unter Cäsar und Augustus. Abhandlung d. Geistes- u. Sozialwissenschaft. Klasse Jg. 1957, Nr. 14 (Wiesbaden 1951)

Vogt, J.: Der Niedergang Roms (Zürich 1965)

Vollmer, Fr.: Inscriptiones Baiuariae Romanae (München 1915)

Vries, J. de: Keltische Religion. In: Die Religionen der Menschheit. Hrsg. Chr. M. Schröder. Band 18 (Stuttgart 1961)

Wagner, E.: Fundstätten und Funde im Großherzogtum Baden, 2 Teile (Tübingen 1908 und 1911)

Walser, G.: Der Putsch des Saturninus gegen Domitian: Provincialia. Festschrift für R. Laur-Belart (Basel/Stuttgart 1968), 497 ff.

Webster, G.: The Roman imperial Army of the first and second centuries a. D. (London 1969)

Namen- und Sachregister

Ortsregister

Fotonachweis

Die Zeichnungen fertigten Christof Matz, Karl-Heinz Ponradl, Hubert Hettrich und Eckart Munz. Als Kartengrundlage für die Vorsätze diente die Reliefkarte 1:600000 des Landes Baden-Württemberg mit Genehmigung des Landesvermessungsamtes Baden-Württemberg.

F. Bergs: Abb. 99 (P1002766); Tafel 3 (P1002875), 4 (P1002721), freigegeben vom Reg.-Präs. Südwürttemberg
A. Brugger, Luftbild: Abb. 98 (2/22036), 109 (2/25342), 118 (2/21130), 210 (2/25341); Tafel 7 (2/40630 C), 11 (2/14497 C), freigegeben v. Reg.-Präs. Nordwürttemberg
P. Gautel: Abb. 65, 70, 158, 274; Tafel 63c
P. Häusser: Tafel 67
Dr. H. Hell: Abb. 257
Dr. B. Heukemes: Abb. 114, 116, 163; Tafel 2a, 6, 8a, 10a, b, 13, 30a, 51a, b, 53, 54a, 70b, 72
B. Hildebrand: Abb. 199, 285, 314
Hirmer-Fotoarchiv: Abb. 3a–c, 5a, b, 7a–c, 9a–c, 20a–c, 28a, b, 30; Tafel 17–20 (Diese Bilder entnommen aus Kent, J.P.C., B.O. Overbeck, A.U. Stylow, M. u. A. Hirmer: Die römische Münze. München 1973)
H. Humm: Abb. 115, Tafel 70a
Landesbibliothek Stuttgart: Tafel 2b
H. Quayzin: Tafel 12b
Reiss-Museum Mannheim: Abb. 210, 211
W. Röckle: Abb. 77; Tafel 31
C.O. Rübartsch: Tafel 9
J. Scherrer: Tafel 54b
G. Sokolowski: Abb. 269 (Nr. 38/1125–T3, freigegeben v. Reg.-Präs. Südbaden)
Stober-Foto: Tafel 32
G. Tillmann-Matter: Abb. 159
T. Uhland-Clauss: Abb. 319; Tafel 76
Tafel 1 nach K. Miller, Die Peutingersche Tafel, F. A. Brockhaus, Stuttgart 1962.
Die nicht genannten Fotos verdanken wir dem Landesdenkmalamt Baden-Württemberg mit seinen Außenstellen, dem Badischen Landesmuseum Karlsruhe und dem Württembergischen Landesmuseum Stuttgart (Fotografen Karl Natter, Irene Nägele, Karin Bühring u. a.).

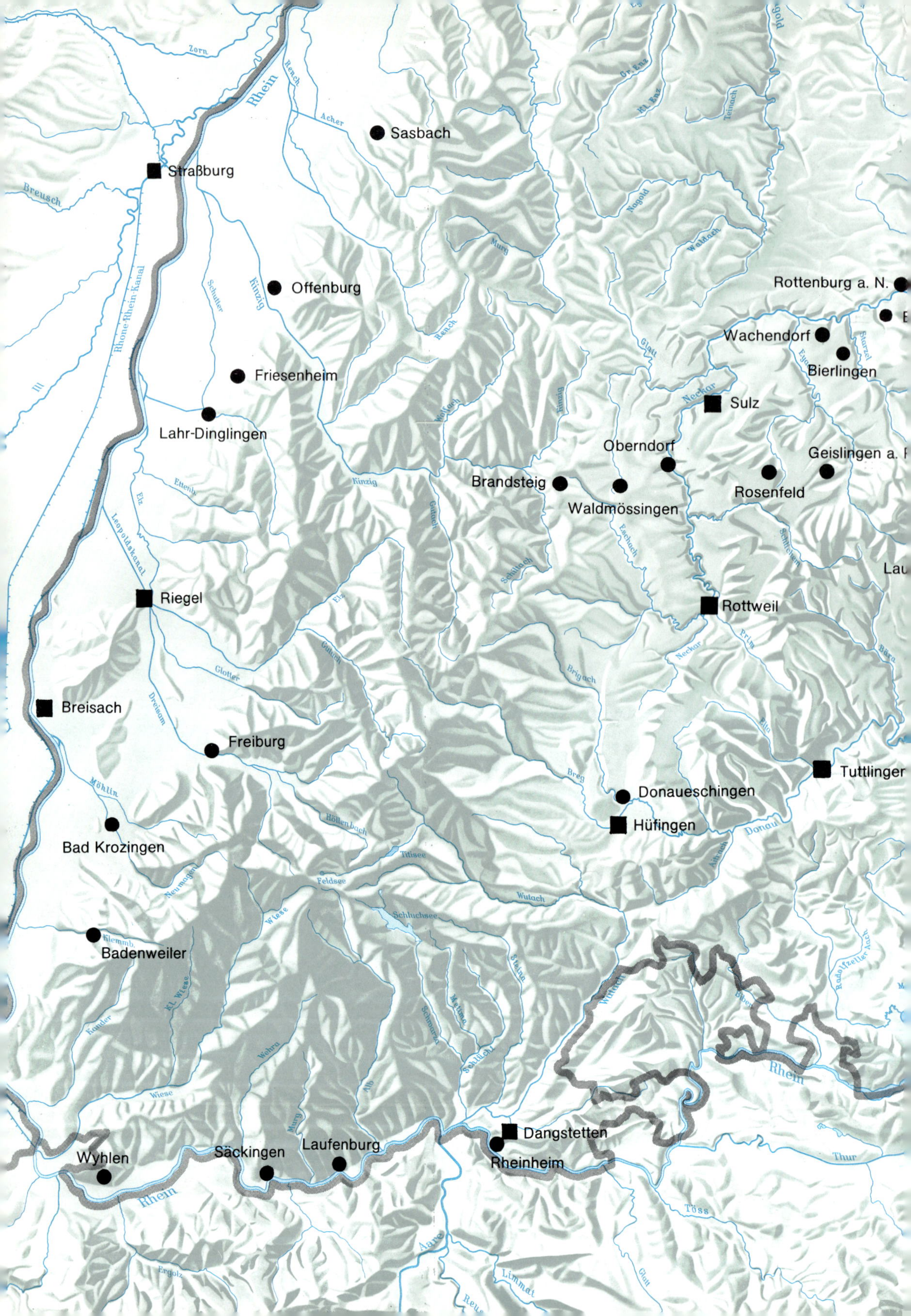
Sasbach
Straßburg
Offenburg
Friesenheim
Lahr-Dinglingen
Riegel
Breisach
Freiburg
Bad Krozingen
Badenweiler
Wyhlen
Säckingen
Laufenburg
Dangstetten
Rheinheim
Rottenburg a. N.
Wachendorf
Bierlingen
Sulz
Oberndorf
Geislingen a.
Brandsteig
Waldmössingen
Rosenfeld
Rottweil
Tuttlinger
Donaueschingen
Hüfingen
Rhein
Zorn
Rench
Acher
Breusch
Rhone-Rhein-Kanal
Ill
Schutter
Kinzig
Murg
Nagold
Glatt
Neckar
Elz
Leopoldskanal
Glotter
Dreisam
Möhlin
Brigach
Breg
Donau
Wutach
Titisee
Feldsee
Schluchsee
Wiese
Kl. Wiese
Kander
Alb
Aare
Thur
Töss
Limmat